해상법연구 Ⅱ

Maritime Law Treaties II

by

Professor, In Hyeon, Kim (Captain / Ph.D. in Law)

2008
Samwoo Publishing Co.
Seoul, Korea

海商法研究 Ⅱ

金 仁 顯 著

三 宇 社

서 문

2002년 「해상법연구」를 발간한 지 6년이 지나서 제2권을 발간하게 되었다. 본 연구는 필자가 각종 학회지에 발표한 글 44편을 수정(기 발표된 글은 그 사실을 기재하였다)하고, 발표하지 않은 글 11편을 편제에 맞추어 편집한 것이다. 필자는 교수로서 학문을 시작하면서 해상법과 해상교통법을 주전공으로 하게 되었다. 학자로서의 연구성과를 강의서와 연구서로 나누어 집필하려는 계획을 잡고, 강의서는 「해상법」(법문사)과 「해상교통법」(삼우사)으로 정리를 하고, 심층연구의 결과인 연구서에는 「해상법연구」(삼우사)와 「선박충돌과 항법연구」(다솜출판사)를 출간하였다. 본서는 2002년에 나온 「해상법연구」의 후속편이다. 본서는 필자가 2002-2007년에 작성한 논문들로서 구성되어 있다.

일반적인 해상법의 편제와 같이 제1편 해상기업과 설비, 제2편 용선과 운송, 제3편 해상위험과 해상보험, 제4편 종합, 그리고 부록 순서로 글을 편제하였다. 해상보험법은 독자적인 학문분야로 할 수도 있고 해상법의 일 분야로 할 수 있다. 해상위험과 가장 관계가 있어서 이렇게 편제하였다. 종합부분에서는 전체에 걸치는 논문을 배치하였다. 새로운 UNCITRAL 운송법조약도 여기에 편제하였다. 부록에는 논문이라기보다는 일반 전문지에 기고한 글로서 참고가 될 만한 것을 첨부하였다. 여기에는 IOPC FUND의 야콥슨사무총장의 연설문, 제2회 옥스퍼드-고베 국제해운세미나, 필자의 텍사스 대학 유학과 관련된 미국해상법에 대한 글을 실었다.

2002년 제1권이 발간되고 난 다음 5년 동안 필자에게 학자로서 더 성장할 수 있는 좋은 기회가 제공되었고 필자는 이를 흔쾌히 받아들여 성장의 기회로 삼고자 하였다.

2003년에서 2004년간에 필자는 재직중이던 목포해양대학교로부터 연구년을 받아 University of Texas at Austin에서 법학석사(LLM)과정을 이수하면서 미국법 일반과 해상법을 연구하게 되었다. 여기에서 여러 편의 논문을 작성하였다. 본서에 추가된 선주책임상호보험조합의 직접청구권, 해상사건에서의 법인격부인론, 선원재해배상보상제도, 선박충돌에서 불법행위법리 등에 대한 한미간 비교법적 연구는 모두 이 기간에 작성된 것이다. 미국해상법의 대가인 로버슨(Robertson) 교수와 스털리(Sturley) 교수로부터의 지도는 필자에게 영미법적 시각을 심어주었다. 또한, 두 분의 해상법에 대한 사랑과 학자로서의 성실성은 필자의 학자로서의 길에 큰 모토가 되게 하여주었다. 미국법에 대한 이해가 아직 초보단계이기는 하지만, 해상법 판례를 큰 어려움없이 읽을 수 있게 되었다는 것은 연구에 큰 도움이 된다.

2004년부터 2008년까지 운시트랄 운송법회의의 한국대표단의 일원으로서 활동한 것도 필자에게 또 다른 성장의 계기가 되었다. 필자는 원래 선장출신이기 때문에 선박충돌 등 해상위험에 더 장기가 있다. 이는 불법행위를 기초로 한다. 운송법회의는 운송계약을 다루게 된다. 5년간의 활동을 통하여 필자는 계약법의 기초와 다양한 이슈를 이해하고 파악하게 되었다. 본 회의는 각국의 상법학자 혹은 해상법학자들이 주도를 하였기 때문에 이들의 의견을 청취하고 토론의 과정을 거치게 되었다. 필자로서는 비교법적인 접근을 많이 하게 되는 계기가 되었다. 그리고 일반법의 기초가 없이는 세계적인 학자가 되기 어렵다는 점을 통감하게 되었고, 필자가 학사편입을 하여 기초 공부를 더하여야겠다는 결심을 굳힌 결정적인 계기를 마련하여주었다. 1년에 두 번씩 본회의에 참석하고 전문가 회의 등에 참석하는 것은 쉬운 일이 아니었다. 많은 것을 희생하고 경제적인 어려움도 따랐다. 그러나, 돌이켜보니 이것은 시간과 돈으로 바꿀 수 없는 소중한 경험과 자산을 필자에게 선사한 것이었다. 조약을 만드는 입법자가 되어보는 것은 학자에게 큰 행운이었다고 생각한다. 이러한 작업에 종사하는 것은 필자의 학자로서의 신념인 篤行하는 하나의 길이기도 한 것이다. 본서의 제4편에 마련된, 운시트랄 운송법회의의 주요내용, 운송인의 책임제도, 처분권, 운송증권에 대한 논문은 본회의에 한국 대표로 참가한 그간의 노력의 결과물이다.

2001년부터 시작되어 2006년까지 지속된 한국해법학회의 해상편 개정위원으로서의 활동도 필자로 하여금 우리 해상법을 제대로 이해할 수 있는 기회를 제공하여주었다. 해법학계의 원로이신 배병태, 임동철, 박길준, 채이식, 최준선, 정완용 교수님과 실무계의 대가들이신 유록상, 정병석, 최종현, 김현 변호사를 모시고 함께 우리 상법 해상편을 개정하는 작업을 하는 것은 소장학자인 필자에게 해상법의 역사를 알게 하고, 대립되는 학설을 모두 섭취할 수 있게 하여 주었다. 지금 생각하니 필자는 최연소위원으로서 또 제자그룹의 일원으로서 이번의 개정작업의 내용을 후배 교수들에게 넘겨주는 가교 역할을 하게 된 것이다. 전체 해상법을 조망하는 큰 시야를 가지게 된 것이 큰 수확이다. 이러한 참여의 결과는 본서 제4편의 2007년 개정 상법해상편의 주요내용으로 집약되어 나타난다.

미국 Texas 대학을 다녀오고 운시트랄 운송법회의에 나가면서 필자가 국내적으로나 국제적으로 더 성장하기 위하여는 해상법의 기초가 되는 일반법에 대한 실력을 더 닦지 않으면 아니되겠다는 판단을 하게 되었다. 그래서 학사편입을 준비하여 어려운 시험을 통과한 다음 고려대학교 법과대학에서 2005년과 2006년 2년간 학부과정을 다니게 되었다. 시간을 쪼개어 열심히 공부하였다. 회사법, 보험법, 국제법, 경제법, 노동법, 국제거래법, 형사법, 국제사법 등 해상법과 연결되는 과목의 수업은 필자의 학문영역을 넓히고 뿌리를 내리는 데에 큰 도움이 되었다. 미국에서 계약법, 불법행위, 회사법, 증거법에서 이해하기 어려웠던 부분들도 법학부 과정을 먼저 마쳤더라면 더 효율적으로 시간을 아끼면서 공부할 수 있었을 터인데 하는 진한 아쉬움을 가지게 되었다. 본서에 추가된 선박의 진정한 연계, 선원의 노동법적인 문제, 전속적 합의관할에 대한 문제, 해상보험법에서 담보의 개혁에 대한 논문은 모두 학부의 수업을 통하여 다듬어진 논문들이다.

이러한 연구를 위한 공적인 기회 제공 이외에도 사적인 기관에서 필자에게 강의를 부탁하여 연구가 이루어진 것도 있다. 한진해운 법무팀의 의뢰로 "실무자를 위한 정기용선법"을 강의한 것, 서울지방법원 국제거래 전담 판사들을 위한 워크숍에서 "해상법의 전통적 이론과 최근의 동향"을 발표한 것, 정읍지청에서 발표한 "골든 로즈호 충돌사건의 법적 쟁점", 일본의 Oxford-Kobe 재단의 초청으로 "운송인의 책임제한배제사유"에 대하여 강의한 것이 그러한 것들이다.

2005년부터 시작한 *Journal of Maritime Law & Commerce* 등에 기고한 영어로 된 논문 및 우리나라 판례도 추가할까 생각도 하였지만, 이는 다음 기회에 미국 해상법을 저술할 때에 추가하기로 하였다.

본서의 논문은 몇 편을 제외하고 모두 필자가 목포해양대학교 교수로 재직하던 동안에 작성된 것이다. 목포해대는 필자가 학문적인 열정을 불사르던 곳이다. 이곳은 비록 작은 학교이지만 아름다운 경관과 조용함으로 필자에게 더할 수 없이 좋은 학문할 수 있는 환경을 만들어 준 곳이다. 또한 필자를 아끼는 선후배 교수님들의 애정과 관심이 필자를 자유롭게 학문연마에 매진할 수 있도록 하여주었다.

본 논문에 실린 글들 중 다수는「한국해법학회지」에 기고된 것을 수정한 것이다. 한국해법학회는 해상법학자들이 토론하고 연구하면서 우리나라 해상법의 발전을 목적으로 하는 좋은 장이다. 이 자리를 빌려 한국해법학회가 필자에게 많은 지면을 할애하여 준 것에도 감사드린다.

필자가 자문을 하여주고 있는 법무법인 세경도 필자의 해상법에 대한 의문점을 풀어주고 많은 자료를 제공하여주었다. 필자가 갖는 의문점은 법무법인 세경의 해상변호사들과의 대화에서 많이 풀리게 되었다. 김창준 대표변호사님과 고문이신 최종현 교수에게도 감사드린다. 필자가 해상법 실무를 익히고 틀을 잡은 친정인 김&장 해상팀의 정병석, 이진홍 변호사님의 지속적인 지원과 격려에도 감사드리지 않을 수 없다.

필자로 하여금 선장으로서의 武를 가지게 해준 한국해양대학교, 일본 산코기센 및 한주상운의 관계자, 법학박사로서의 文을 가지게 해준 고려대학교 법과대학, 텍사스 대학의 은사님들에게 감사의 말씀을 전하고 싶다. 고려대학교 법대의 학부와 대학원에서 마도로스를 법학도로 이끌어주신 채이식 교수님, 이기수 총장님, 정동윤 교수님, 정찬형 교수님, 김정호 교수님, 유진희 교수님에게 감사드린다. 또한 원고를 정독하고 좋은 의견을 제시해준 명지대학교 법과대학의 최세련 교수님, 실무상 좋은 자료와 의견을 제공해준 한진해운의 나우경 과장에게도 감사를 드린다.

워낙 전문서적이라 판매가 어려울 것을 알면서도 전문분야 학문의 발전을 위하여 본서 출간을 허락하여준 도서출판 삼우사 조병철 사장님에게도 감사드린다. 1권과 같이 우수학술도서로 선정되어 출판사에 재정적인 어려움을 끼치지 않았으면 하는 바람이 간절하다.

어선 선주로서 수산업에 오래 종사하셨기 때문에 필자의 해운업계의 헌신과 해상법학자로서의 성장을 항상 자랑스럽게 생각하시고 격려하여 주시던 아버님이 작년에 작고하시어 본서의 출간을 보고드리지 못함은 아쉬운 점이다.

필자는 법학전문대학원(로스쿨) 체제가 도입되면서 해운에 특화를 하여 해상변호사를 배출하겠다는 부산대학교의 야심찬 계획에 동참하게 되었다. 이는 필자가 평소에 생각해 온 바이기도 하였다. 선박보유량으로 세계 6위, 무역규모 10위 그리고 조선 1위인 우리나라의 이러한 실물경제 규모에 비하면 우리 해상법은 글로벌 기준에 많이 뒤떨어져 있다. 로스쿨 체제하에서 해상법이 더 크게 발전할 것으로 기대한다. 필자의 해상법 연구와 강의도 더 전문화되고 실무와 밀접한 관계를 맺어야 한다는 사명을 부여받게 되었다.

필자도 해상법을 시작한 지 13년이 지났기 때문에 이제 중견학자라고 할 수 있다. 글자 하나하나에 책임을 져야 하는 압박을 받게 된다. 내용 중에 오류가 있다면 모두 필자의 학문이 아직 얕고 공부가 부족하여 완성단계에 이르지 못하였기 때문이다. 아무쪼록 본서가 학계, 실무계에 도움이 되고 그 결과로서 우리 해상법이 글로벌 기준에 근접하여 한국 법정이 수요자들로부터 많이 선택되는 데에 일조를 할 수 있다면 해상법 교수로서 큰 보람을 느끼게 될 것이다.

2008. 11.

花井의 서재에서

김 인 현(金仁顯)

차 례

제 I 편　海上企業과 設備

제 1 장　海上企業主體

제 1　상법 海商編에서의 船舶所有者 및 運送人의 槪念과 改正案

제 2　海商事件 관련 法人格否認論에 대한 韓國과 美國간 比較法的 研究

제 II 편　海上企業活動

제 1 장　傭 船 契 約

제 1　스페이스(슬로트) 傭船의 法律關係

제 2　船舶會社 實務者를 위한 定期傭船法

제 2 장 運 送 契 約

제 2 장 海 上 保 險 法

제 Ⅳ 편 綜合 및 其他

제 1 장 海 商 法 一 般

제 2 2007.7.3. 改正 商法 海商編에 대한 고찰

제 2 장 새로운 運送法條約

제 1 유엔 운시트랄(UNCITRAL) 運送法條約案의 주요내용

부 록

제 I 편

海上企業과 設備

제 1 장　海上企業主體

제 2 장　物的設備(船舶) 및 人的設備(船長)

제 1 장
海上企業主體

제 1 논 문

상법 海商編에서의 船舶所有者 및 運送人의 槪念과 改正案*

Ⅰ. 序

2005년 11월 26일 고려대학교 법과대학에서 한국경영법률학회 주최의 제20회 학술발표회가 개최되었다. 현재 진행되고 있는 상법 회사편과 해상편의 개정작업과 관련한 발표와 토론이 있었다. 필자의 발표는 법무부 상법 해상편 개정안에 대한 것이었다. 플로어에서 "선박소유자와 운송인의 개념의 차이, 현행상법이 운송인 중심주의이므로 더 이상 선박소유자의 개념은 필요없다(이하 Ⅱ, Ⅲ, Ⅳ)," "개정안의 내용 중에 선박임차인과 다른 용선이 나열식으로 된 것

* 본 논문은 "제20회 경영법률학회 가을철 학술발표회 후기"라는 제목으로 법률신문(2005.12.15)에 기고된 것을 필자가 일부수정한 글이다.

이 체제가 부자연스럽다(이하 Ⅳ, Ⅴ)"는 등의 지적이 있었다.

이 문제는 우리 해상법의 중핵에 해당하는 중요한 내용이고, 실무적인 감각이 없는 경우에는 이해하기가 어려우므로 이에 대하여 발표당일의 응답에 이어 필자가 이해하고 있는 점을 좀더 소상히 밝히고자 한다.

Ⅱ. 船舶所有者와 運送人의 概念

질의 중의 하나는 1991년 상법개정시 운송인 중심주의를 취하였으면 해상기업은 운송인이 되므로 선박소유자라는 용어는 더 이상 필요 없는 것이 아닌가? 양자의 개념의 차이는 무엇인가 하는 것이었다. 필자는 이에 대하여 "화주의 상대방이 되는 운송인은 그 지위가 다양하고 이 점이 해상법을 어렵게도 하지만, 이에 대한 이해는 매우 중요하다. 해상운송의 원천으로서의 선박소유자가 있고, 선박소유자로부터 선박을 나용선하는 선박임차인이 있고, 다시 이들로부터 선박을 정기용선하는 정기용선자가 있게 된다. 또한 이들로부터 선박을 한 항차만 용선하는 항해용선자도 있다. 이들 모두는 화주와 운송계약을 체결하여 운송인이 될 수 있다. 그러므로 화주의 상대방으로서의 운송인은 각각 선박소유자, 선박임차인(나용선자), 정기용선자, 항해용선자가 있게 된다. 운송인과 선박소유자는 이와 같이 다른 개념이므로 존치되어야 한다"고 답하였다.

1. 선박소유자

협의로의 선박소유자는 선박에 대한 물권적인 소유를 하고 있는 자를 말한다(물론 등기부의 소유자라는 설명도 가능함). 선박에 대하여 총제적 책임제한권을 갖는 소유자의 개념은 바로 이러한 소유의 개념이다. 그런데 선박충돌과 관련된 상법 제845-847조에서 말하는 선박소유자가 선박충돌에 대한 책임을 부담한다고 할 때 그 소유자는 선박에 대한 점유를 나타내는 의미로서 사용된다. 선박충돌에 대한 책임은 사용자책임이고, 이는 자신의 피용자인 선원의 선임감독과 관계하고 있기 때문이다. 한편, 개정안이 항해용선에서 화주의 상대방으로서의 일방 당사자를 운송인이 아니라 선박소유자라고 표기할 때(개정안 제828조)의 선박소유자는 사용의 개념을 나타낸다.

이렇듯 선박소유자라는 용어는 다양한 개념으로 사용되고 있다. 이렇게 우리 상법에서 선박소유자를 다의적으로 사용하고 있는 것은 이것이 다양한 해상기업의 주체를 포섭하는 최선의 방법이기 때문이라고 생각한다. 예컨대, 선박충돌에서 사용자책임의 주체를 선박임차인으로 개정한다고 해보자. 선박의 운항은 선박소유자가 직접 자신의 선원을 고용하여 행하는 것이 가장 단순한 방법이다. 그러나 선박소유자는 자신이 선박을 소유만 하고 인적 설비를 갖춘 다른 자(선박임차인 혹은 나용선자)에게 선박을 임대하여 주고 자신은 나용선료의 취득으로서 만족하기도 한다. 즉, 선원이라는 점에 초점을 맞춰보면 선원은 선박소유자 자신의 선원일 수도 있고 선박임차인의 선원일 수도 있다. 그러므로 전자에서는 선박소유자가 사용자책임을 부담하고, 후자에서는 선박임차인이 사용자책임을 부담하여야 한다. 이 양자를 모두 포괄하는 조문을 어떻게 둘 것인가? 선박임차인으로 둔다면 선박소유자를 포섭할 수 없다. 선박소유자 없이는 선박임차인은 없지만, 선박임차인이 없어도 선박소유자는 존재할 수 있다.

우리 상법이 제766조를 두어 선박임차인이 선박을 운항할 때에는 선박임차인이 제3자에 대하여 선박소유자와 동일한 권리와 의무가 있다는 규정을 둔 근거에는 이러한 선박소유자가 갖는 다양한 개념을 바탕에 둔 것이다.

2. 운송인

1991년 개정시 우리 상법이 운송인 중심주의를 취하였다는 것은 선박소유자만이 운송인이 될 수 있었던 것을 운송을 인수하면 누구나 운송인이 될 수 있도록 한 것을 가리키는 말이다. 그리하여 이제는 운송주선인도 주선의 범위를 넘어서 운송을 인수하면 운송인이 되는 것이다. 화주와 운송계약을 체결하는 운송인은 선박소유자, 선박임차인, 정기용선자, 항해용선자, 운송주선인 등 다양한 지위를 가지고 있다.

이러한 운송인에는 다시 운송계약의 종류에 따라서 개품운송인과 항해용선에서의 운송인이 있게 된다(상법 제780조). 여기서 준별되어야 하는 개념이 용선자라는 것이다. 항해용선에서 운송인이 되는 자는 선박소유자, 선박임차인, 정기용선자, 항해용선자 등이다. 그 상대방으로서의 화주를 우리 상법은 용선자라고 한다. 그러므로 운송인으로서의 항해용선자와 정기용선자를 통칭하는 용선자와 화주로서의 용선자를 상황에 따라서 구별하여야 한다. 이에 반하여 개품운송에서의 화주는 송하인으로 불리므로 구별된다.

Ⅲ. 船舶所有者와 運送人을 규율하는 각기 다른 條約

1. 책임제한제도

해상법이 인정하는 독특한 제도인 책임제한제도는 기본적으로 선박소유자를 위한 것이다. 우리 법의 모법이 된 1976년 선박소유자책임제한조약(LLMC)이 이를 인정하는 대표적인 것이다. 이것은 운송인의 책임제한을 목적으로 입법된 것이 아니다. 운송에 대한 조약은 운송계약만을 다루지만, 선박소유자책임제한조약은 선박소유자가 선박운항중 부담하게 되는 책임을 포괄적으로 규율한다. 예컨대, 유조선의 오염으로 인한 선박소유자의 책임, 선박충돌로 인한 상대선박의 손해에 대하여도 선박소유자는 책임을 제한할 수 있다. 운송인인 선박소유자는 운송물 손상에 대하여도 본 책임제한제도의 이용이 가능하다.

이에 반하여 운송인은 포장당 책임제한제도의 이익을 향유한다. 이것은 헤이그비스비규칙의 여러 내용 중의 하나를 이룬다. 이는 자신이 운송하던 운송물에 대하여만 적용된다. 그러므로 운송인이 아닌 선박소유자, 정기용선자 등은 이를 향유하지 못한다.

2. 선하증권

우리 상법이 근간으로 취하고 있는 헤이그규칙, 헤이그비스비규칙 등은 모두 선하증권을 규율하는 조약이다. 즉, 이는 운송인과 화주 사이의 운송계약에서 부합계약의 성질을 갖는 개품운송에서 발행되는 선하증권을 규율하고 있다.

그러므로 이 조약의 적용대상은 선박소유자, 나용선자, 정기용선자, 항해용선자가 아니라 이들이 개품운송인이 될 때에 비로소 적용대상이 된다. 항해용선에서도 선하증권이 발행되면 선박소유자(운송인)와 선하증권소지인 사이에는 이 조약이 적용된다.

Ⅳ. 海上企業의 收入의 源泉으로서의 傭船料와 運賃

해상기업은 이윤의 극대화를 추구하는 점에서 일반기업과 다르지 않다. 그 수단으로서는 용선과 운송이 있다. 운송인은 운송의 대가로서 운임을 취득한다. 선박소유자는 사정에 따라서 선박 한 척을 나용선하여 주고 자신은 용선료의 취득으로 만족하기도 한다. 화주와의 관계가 좋은 자는 선박을 용선한 다음 화주와 운송계약을 체결하여 자신이 지급하는 용선료와 자신이 지급받는 운임의 차액을 얻음으로써 이윤을 획득하고자 한다.

우리 상법은 해상기업의 영업활동으로 운송만을 예정하고 있다. 그리하여 용선은 해상운송을 위한 보조적 상행위로 이해한다. 운송인의 개념만 필요하고 선박소유자의 개념이 필요 없다는 것은 운송인이면 모두 해상기업의 주체가 된다는 전제에 서는 것으로 이해된다. 그렇다면 현재 보조적 상행위로 해석하여 상인성이 인정되어 해상기업의 범주에 넣고 있는 각종의 용선활동을 하는 자는 해상기업주체가 아닌 것이 된다. 한 척의 선박을 건조하여 소유자가 되었으나 운항능력이 없는 자가 선박을 나용선준 경우에도 동 소유자는 유류오염손해배상법상 손해배상책임의 주체가 되고 선박소유자책임제한제도의 이익도 누릴 수 있는 것이 현행법의 입장이다.

개정안은 다행히 현행 상법보다 발전적으로 용선을 해상기업의 영업활동의 두 축 중의 하나로 분명히 하고 있다는 점에서 해운실무를 잘 반영한 것으로 환영할 일이다. 이제는 정기용선과 나용선은 상법 제46조 기본적 상행위의 하나인 "동산의 임대차"를 업으로 행하는 것이기 때문에 용선만을 하는 자도 기본적 상행위를 하는 자로서 상인성을 갖고 해상기업의 주체가 되게 된다는 해석이 가능하다고 필자는 본다.

Ⅴ. 改正案에서의 傭船과 運送의 배치

개정안은 용선과 운송을 하나의 장으로 두고 개품운송, 여객운송, 항해용선, 정기용선, 나용선을 순차로 나열하여 배치한다. 현행 상법은 운송의 장에 개품운송과 항해용선이 섞여 있고, 나용선은 선박임차인으로서 선박소유자 편에 있고 정기용선자는 운송계약의 말미에 있다. 물건운송의 절에 함께 기술되어 있는 개품운송과 항해용선은 알기 어렵게 되어 있음은 주지의 사실이다. 개정안은 이러한 점을 개선하기 위하여 개품운송과 항해용선을 구별하여 별도의 절에 배치하였다. 각국이 취하고 있는 개품운송에 대한 법을 단행법으로 하면서 이를 국제운송에만 적용하려고 할 때 발빠르게 움직일 수 있는 기초가 마련되었다는 점에서 환영할 일이다.

그러나 나용선(선체용선)이 용선계약 중에서도 마지막에 배치됨으로써 강학상 선박소유자→나용선자→정기용선자→항해용선자로 이어지는 용선의 순서가 역전된 상태로 법전에 기술되는 혼란을 가져올 것으로 본다. 많은 경우는 선박소유자→나용선자를 거친 다음 정기용선, 항해용선이 된다. 더구나 상법 제766조는 선박소유자로부터 나용선자를 거쳐서 선박사용이 다기화되어가는 법적 근거로서 작용한다. 그러므로 용선의 순서가 역전되어 있다고 말할 수 있다.

Ⅵ. 結

위에서 본 바와 같이 선박소유자와 운송인의 개념은 다른 개념이고 우리 상법 해상편이 기초로 삼고 있는 각종 국제조약이 이를 구분하여 입법되어 있음을 고려하면 우리 현행 상법이 이를 구별하면서 두 가지 개념을 동시에 사용하고 있음은 잘못된 것이 아니라 해운실무를 반영한 것으로 온당하고, 개정안도 이와 같은 입장인 것은 다행스럽다고 필자는 생각한다.

요컨대, 해상기업의 주체는 운송인은 물론이고 선박소유자 및 용선자도 될 수 있는 것이다.[1)] 선박소유자와 용선자는 운송인이 될 수 있지만, 선박소유자 및 용선자가 모두 운송인의 지위에 있는 것은 아니다. 그러므로 선박소유자의 개념은 필요하고 운송인과 구별되어야 한다. 우리 상법 해상편은 단행법으로서의 국제해상물품운송법만으로 되어 있는 것이 아니라 선박소유자의 책임제한제도와 선박충돌에 대한 법률관계 등을 모두 다루고 있기 때문에 이러한 구별 실익은 중요한 것이다.

개정안이 선박소유자라는 표제를 비록 책임제한제도에 두기는 하였지만 존치시킨 것은 다행스럽다. 또한 개정안이 비판의 여지는 있지만, 용선을 운송과 나란히 해상기업의 기본적 상행위로 격상시킨 것은 상법 해상편을 해운실무와 일치시킨 것으로서 환영한다. 개정안이 항해용선에서 운송인을 선박소유자로 표시한 것은 위에서 설명한 바와 같이 선박소유자의 다양한 개념 중에서 선박의 사용에 초점을 맞춘 것으로서, 선박소유자는 물론 나용선자, 정기용선자

1) 자세한 논의는 졸저, 「해상법」(법문사, 2007), 32면 이하를 참조바람.

등 운송인이 되는 자의 지위를 포괄적으로 지칭하는 것으로 이해하여야 할 것이다. 이러한 이해의 바탕에서 보면 항해용선계약도 운송계약의 일종이 된다는 점에서 개정안은 현행 상법 및 통설과 동일한 입장이 된다.

제 2 논 문

海商事件 관련 法人格否認論에 대한 韓國과 美國간 比較法的 硏究*

Ⅰ. 序 論

주식회사에서 주주는 회사의 의무로부터 발생하는 책임을 부담하지 않는다. 이러한 주식회사의 특질은 주식회사에서 주주에 해당하는 조합원이 조합의 의무에 따른 전적인 책임을 부담하는 조합과 크게 다른 점이다. 그러므로 청구인(원고)은 주식회사에 대한 청구권을 가지고 주주를 상대로 소를 제기할 수 없다. 이러한 주식회사의 책임제도는 일반 주주들의 주식회사에 주주로서의 참여를 장려하게 한다.

그러나 주식회사가 도산이 되어 채권자들에게 적절한 구제수단이 없는 경우에는, 채권자와 법원은 선의의 채권자를 보호하기 위하여 주주의 재산에 주의를 기울이게 된다. 미국에서는 일정한 제한하에서 폐쇄회사(closed company)에 대한 채권자로 하여금 회사의 이사, 임원 혹은 주주들로부터 손해배상을 받을 수 있도록 하는 "법인격부인론"(piercing the corporate veil)이라는 법리가 발달되어 있다.[1] 한국도 유사한 법리가 있고, 이러한 법리는 입법을 통하여 마련된 것이 아니라 미국과 한국 양국 모두에서 법원의 판결에 의하여 확립되었다.[2]

---

* 본 논문은 「한국해법학회지」, 제29권 제2호(2007.11)에 게재된 것임을 밝혀둔다. 본 논문은 필자가 University of Texas at Austin School of Law의 LLM 과정에 다니던 2004년 봄학기에 Business Association 수업을 수강하면서 작성한 영문 학기말 보고서를 필자가 번역하면서 수정하고 여기에 최근의 우리나라의 판례의 동향을 추가하면서 수정한 것이다. 필자는 당시 수업을 지도한 Sokolo 교수에게 감사의 뜻을 전한다.

1) Robert Hamilton and Jonathan Macey, *Corporation including Partnership and Limited Liability Companies,* 2003, p. 18.

2) 그러나 텍사스주에는 제정법이 있다(텍사스 회사법 제2조 제21항). 특이한 점은 계약책임에

해운산업에 있어서도 법인격부인론을 지지하여야 할 필요성이 증대하고 있다. 이는 세계해운의 보편적인 현상이 된 편의치적선의 확대 때문이기도 하다. 편의치적하에서, 진정한 선박소유자는 배후에서 나타나지 않고 지면(종이)상의 선박소유자만이 진정한 선박소유자인 것처럼 나타난다. 편의치적과 관련된 사안에서 선의의 원고를 보호하기 위한 적절한 구제수단을 부여하기 위하여 한국의 대법원은 선박의 수리비채권과 관련한 제3자 이의의 소에서 1988년 11월 22일 법인격부인론을 인정하였다. 18년이 지난 2006년 10월 26일 대법원은 지면회사(paper company)와 관련된 사안에서 본안소송의 운송계약과 관련하여 법인격부인론을 채택하였다.

주식회사구조의 이익을 유지하려고 하는 사회의 필요성과 그러한 구조의 남용을 방지하지 위한 갈등의 산물이 법인격부인론이라고 할 수 있으므로 동 이론은 제한적인 형태로 허용되어야 한다.[3]

본 논문에서는 법인격부인론의 일반이론을 소개한 다음, 해상사건과 관련된 특별한 문제에 대하여 논하고자 한다. 특히, 해상사건에서 흔히 회사의 법인격이 부인되는 특별한 상황을 일반 회사사건과 관련하여 다루고자 한다. 연구방법은 미국법과 한국법을 비교하는 형식이 된다.[4]

Ⅱ. 美國에 있어서의 法人格否認論

1. 일반론

(1) 배 경

미국은 세 가지 다른 형태의 회사조직을 가지고 있다. 일반 합명회사(general

만 적용된다는 것이다.

3) Bonnie E. Raquet and Randall J. Romsdahl, "Piercing the Corporate Veil under the Oil Pollution Act of 1990," *U.S.F. Mar. L. J.*, Vol. 5, p. 371.

4) 법인격부인론과 관련한 일반 논문으로는 우리나라에서 정동윤, "주식회사의 법형태의 남용의 규제와 법인격부인론,"「저스티스」, 제10권 제1호(한국법학원, 1972); 이주흥, "법인격부인과 신의칙위반,"「사법행정」, 제360호(한국사법행정학회, 1990.12); 임재연, "법인격부인론—미국의 이론과 판례를 중심으로,"「법조」, 제43권 제8호(법조협회, 1994.8); 정찬형, "법인격부인론,"「현대민상법의 연구」(1984); 김정호, "법인격부인론의 적용범위,"「고려법학」, 제41호(고려대학교 법학연구소, 2003); 원용수, "법인격부인의 법리의 성립요건,"「상사판례연구」(상사판례학회, 2007) 등 많은 논문이 있다.

partnership), 합자회사(limited partnership) 그리고 주식회사(corporation)가 있다. 주식회사는 두 가지 종류로 나누어진다. 하나는 폐쇄회사이고 다른 하나는 공개회사이다.[5] "공개된"의 의미는 주식회사는 연방법의 적용을 받는 공개주식시장에서 거래가 이루어진다는 의미이다. 공개적으로 거래되는 주식을 가지지 않는 주식회사는, 주주의 숫자가 아무리 많다고 하더라도, 폐쇄된 회사이다.[6] 조합(partnership)이나 유한회사(Limited Liability Company; LLC)에는 주주가 없고 조합원이 조합의 채무에 대한 최종적인 채무자가 되기 때문에, 법인격부인의 문제가 발생하지 않는다. 통계적으로 보면, 법인격부인론은 전적으로 폐쇄회사에서 발생하는 문제이면서 일인회사에서 발생한다.[7]

주식회사는 주식회사법에서 정한 간략한 절차에 의하여 성립된다. 모델 회사법(1984년) 제2조 제3항은 회사의 설립등기(articles of incorporation)를 신청할 때에 시작한다고 한다. 회사의 설립은, 전적으로 자신의 의무에 대한 책임을 부담하는 가상의 사람(a fictitious person)으로서의 새로운 법인의 창설을 낳게 된다. 일반 합명회사 혹은 합자회사와 달리, 주식회사는 모든 투자자와 참가자들에게 제한된 책임을 제공한다. 주식회사는 주주와 분리 독립된 별개의 법인격이라는 사상은 미국에서는 아주 오랜 기간 정착된 것이다.[8] 주식회사의 형태는 투자자들에게 회사의 자산가치로 자신의 책임을 제한하도록 하는 데에 사용된다. 다른 말로 환원하면 주식회사는 주주와는 분리된 법인으로서 인정된다는 것이다.[9] 그러므로 주주로서의 투자자들은 경제적으로 유효한 방식으로 자신들의 자원을 합동으로 집합시키도록 유인받는다. 주식회사는 다른 회사의 주식을 소유할 수도 있고 다른 자회사의 유일한 주주가 될 수 있다.

법인격부인론은 주식회사의 사기적인 행위가, 회사의 지배구조의 배후에 숨어 있는 모회사 혹은 사주에 의하여 행하여질 때, 이에 의하여 야기된 손해

---

5) James D. Cox, Thomas Lee Hazen and F. Hodge O'Neal, *Corporation*, 1997, p. 24.

6) Ibid.

7) 톰슨의 연구에 따르면 공개회사의 경우에 법인격이 부인된 경우는 한 케이스도 없고, 모회사 자회사 관계이거나 혹은 폐쇄회사에서 주주가 10인 이내의 경우에만 발생한다. Robert B. Thompson, "The Limits of Liability in the New Limited Liability Entities," *Wake Forest L. Review*, Vol. 32(1997), pp. 9–10.

8) Mark S. Cohen, "Grounds for Disregarding the Corporate Entity and Piercing the Corporate Veil," *AMJUR POF*, Vol. 45(2003), p. 7.

9) B. Raquet and R. Romsdahl, op. cit., p. 371.

를 배상받는 방법으로 이해되고 있다.[10] 자회사가 단지 모회사의 도구에 지나지 않을 때(instrumentality of parent theory) 혹은 회사가 투자자의 단순한 분신에 불과할 경우에(alter-ego of the shareholder) 법원은 회사의 법인격을 무시하고 모회사 혹은 주주에게 책임을 부과하게 된다.

법인격부인론은 도산된 회사의 주주에게 원고가 책임을 부과하기 위한 경우에 사용하기도 하지만, 다른 경우에도 이용된다. 즉, 관할의 선택, 세금문제 혹은 송달의 유효성의 문제에서도 발생한다.[11][12]

(2) 成立要件

지배주주 혹은 지배주식회사가 회사의 업무를 장악하고 있고(dominate the affairs of the corporation) 그래서 그 주식회사의 실체가 아예 존재하지 않는지 여부가 법인격부인론 인정을 위하여 가장 많이 고려되는 사항이다. 주식회사의 실체가 부인되지 않는 경우에는 통상 사기(fraud), 불법(illegality), 혹은 중한 불공정(gross unfairness)이 추가적인 고려사항이 된다.[13][14]

전통적으로 사기는 법인격부인론의 필수적인 요구사항이었다. 그러나 1944년 연방대법원의 Anderson v. Abbot 사건에서 사기의 요건은 더 이상 필수적인 요건이 아닌 것이 되었다.[15] 1976년 제4순회법원의 DeWitt Truck Brokers, Inc v. Flemming Fruit Company 사건에서 사기만이 유일한 요건이 아니라 다른 요소, 즉 결과적인 부당함(injustice) 혹은 근본적인 불공정(fundamental unfairness)

---

10) Ibid., p. 372.

11) Mark S. Cohen and Others, op. cit., p. 8.

12) 이러한 미국법의 준거법 선택에 있어서 법인격부인을 이용하는 입장에 대한 소개로는 김진권, "해사국제사법상 편의치적에 관한 고찰,"「한국해법학회지」, 제25권 제1호(2003.4), 155면 이하가 있다.

13) James D. Cox, *Corporation*(1997), p. 115; William v. McAllister Bros., 534 F. 2d 19, 21(2nd Cir., 1976).

14) Powell 교수가 제시한 기준으로 (i) 완전한 지배 (ii) 불공정기준 (iii) 부당손해기준이 있다. 남장우, "회사법인격무시의 법리"(고려대학교 박사학위논문, 1996.2), 43면. (i)에는 분신기준(alter ego test), 단순한 도구기준(mere instrumentality test) 또는 지배기준(control test)이 포함된다. (ii)에는 사기기준(fraud test), 부정행위기준(wrong test), 또는 불의기준(injustice test)이 포함된다. (iii)은 부당손해기준(unjust loss or injury test) 혹은 실질손해기준(actual harm test)이라고 하면서, 원고가 피고의 행위에 의하여 부당한 실질손해를 입었을 것을 요건으로 한다고 한다.

15) 64 S.Ct. 531(1944).

행위가 있어야 한다고 판시되었다.[16] 1985년 제5순회법원의 U.S. v. Jon-T Chemical 사건에서 계약책임에서 사기의 존재는 절대적인 요건이지만 불법행위 책임에서는 사기는 절대적인 것이 아니라고 판시되었다.[17] 1998년 대법원의 United States v. Bestfoods 사건에서 주식회사가 개인 주주의 사기와 같은 불법의 목적을 달성하기 위하여 사용된 경우에 개인 주주는 회사의 행위에 대하여 책임을 부담하여야 한다고 판시되었다.[18] 그러므로 사기는 필수적인 것은 아니지만, 여전히 미국법원에서 법인격을 부인하기 위한 하나의 요건이 된다.

결과의 부당함(injustice)요건이 1957년 캘리포니아주 대법원에 의하여 Automotriz Del Golfo De California v. Resnik 사건에서 추가되었다.[19] 법원은 주식회사와 개인 주주 사이의 독립된 법인격이 더 이상 존재하지 않을 정도의 형해화가 있고, 만약 회사의 행위만으로 처리가 된다면 부당한 결과가 초래되는 경우에 법인격 부인이 인정된다고 하였다. 1986년 웨스트버지니아주 대법원은 Laya 사건에서 위 사건을 인용하면서 첫 번째 요건을 형태요건의 무시(disregard of formalities requirement), 두 번째 요건을 공정성의 요건의 무시(disregard of fairness requirement)로 표현하였다.[20]

요약하면, 전통적으로 지배(dominance)와 사기(fraud)는 법인격부인론 인정을 위하여 반드시 갖추어야 하는 가장 강력한 두 가지 요건이었다. 이제 사기는 선택적인 하나의 요소가 되었다. 부당함 요건(injustice)이 적어도 불법행위에는 추가되었다.[21]

(3) 효 력

법인격부인이 된다고 하여 주식회사가 더 이상 회사로서 존재하지 않는다는 의미가 아니라, 피고로서의 주주만이 회사의 채무에 대하여 책임을 부담한다는 것이다. 다른 주주는 유한책임의 법리에 따라서 여전히 보호받는다.[22]

---

16) 520 F. 2d 681(4th Cir., 1976).
17) 768 F. 2d 686, 692(5th Cir., 1985).
18) 524 U.S. 51(1998).
19) 47 Cal. 2d 792(1957).
20) Laya v. Erin Homes, Inc, 352 S.E. 2d(1986), p. 99.
21) 미국 판례에서 나타나는 injustice 요건은 개인에게 책임을 묻지 않으면 결과적인 부당함이 되면 법인격을 부인한다는 것이고, fairness 요건은 부정한 행위가 있어야 한다는 것으로 서로 다른 것으로 이해된다. fraud도 fairness의 한 요소라고 생각된다.

(4) 적용범위

해밀턴 교수는, 계약책임의 경우에는 채권자는 회사의 실체의 결여에 대하여 쉽게 알 수 있는 기회가 제공되고 있는 반면에 불법행위책임의 경우에 피해자는 그렇지 못하므로 불법행위에서 법인격부인론이 더 많이 허용되어야 한다고 주장한다.[23] 그러나 실증적인 연구에 의하면 계약책임의 경우에 더 많이 법인격이 부인되었다.[24] 이는 법인격 부인의 전통적인 요건인 사기적인 요소가 불법행위보다는 계약책임에 더 많이 개입되기 때문으로 파악된다.[25]

2. 해상사건에서의 법인격부인론

(1) 일 반

해상사건은 미국 헌법 제3조 제2항 제1호에 따라 연방의 관할하에 있다. 연방법원이 해상사건을 다룰지라도 법원은 주법을 적용할 수 있다. 그러므로 일반해상법과 주법 모두가 검토되어야 한다.[26][27]

1980년 Kirno Hill Corp. v. Holt 사건[28]에서 제2순회법원은 일반해상법을 적용하면서 해상사건에서의 법인격부인론 적용에 적용되는 선구적인 기준을 제시하였다. 법원은, "법인격 부인은 보통 회사가 회사법인의 배후에 있는 사람이나 법인에 의하여 완전히 지배당하고 통제당할 때 혹은 회사라는 조직이 사기적 혹은 부적당한 목적으로 창설되거나 이용되었을 때 통상 정당화된다"고 판시하였다. 그리하여 법인격부인적용을 위한 두 가지 선택적인 요건이 탄생되었다: (i) 사기를 영속화시키기 위하여 회사 조직형태를 사용하는 것 혹은 (ii) 다른 회사의 업무를 지배회사가 장악하는 것.

---

22) R. Hamilton and J. Macey, op. cit., 322.

23) R. Hamiton, *The Law of Corporation*, 2000, pp. 138-139.

24) Robert Tompson, "Piercing the Corporate Veil: An Empirical Study," *Cornell L. Rev.*, Vol. 76(1991), p. 1036.

25) Ibid., p. 1039.

26) 법인격부인을 위한 일반해상법과 주법이 반드시 동일하지 않다. Northern Tankers v. Backstrom 사건에서 미국 코네티컷 연방지방법원은, 뉴욕주법은 사기 혹은 불형평이 존재할 것을 필요로 하지만, 연방해상법에는 그러한 요건은 필요없다고 판시하였다. 967 F. Supp 1391(1997), p. 1401.

27) Pincus는 법인격부인에 대한 통합된 연방법의 요건 확립을 주장한다.

28) 618 F. 2d 982(2nd Cir., 1980).

Kirno Hill 사건 3년 후, 텍사스주 동부지원은 Sabine Towing 사건에서 "제3자에 대한 명백한 불합리(manifest injustice)를 방지하기 위한 것"이라는 3번째 정당화 요건을 추가하였다.29) 몇 명의 비평가는 명백한 불합리의 기준은 불법행위에만 적용되어야 하고, 계약책임에는 적용되지 않아야 한다고 한다.30) 왜냐하면 채권자는 계약에서는 자신을 보호할 큰 능력을 가지고 있기 때문이다. Pincus는 명백한 불합리의 요건의 적용에 대한 불일치에도 불구하고, 법인격부인의 요건으로서 모든 법원이 회사가 다른 법인 혹은 개인에 의하여 지배되고 통제되어야 한다는 점을 요구하는 점에서 일치한다고 한다.31) 해상사건에서 (i) 완전한 지배 혹은 사기의 요건 그리고 (ii) 제3자에 대한 명백한 부당함은 일반회사법 사건에서의 그것과 불일치하지는 않는다.

Pincus는 고려될 사항으로서 (i) 회사가 실제함을 보여주는 형태(주식의 발행, 이사의 선임, 회의록의 존재 등)가 존재하지 않는 것, (ii) 적절한 자본이 결여된 것, (iii) 회사를 위한 목적 이외의 목적을 위하여 회사의 자금이 적립되고 인출되는 것, (iv) 소유, 임원 등이 중복되는 것, 공통의 공간, 공통의 주소 및 전화번호 등이 사용되는 것, (v) 지배하는 회사에 의하여 자금이 재량껏 사용되는 것, (vi) 사기, 악행 혹은 제3자에 대한 부당함이 존재하는 것 등 15가지를 소개한다.32) 이러한 열거된 15개의 고려요소는 일반 사건과 다르지 않다.

Pincus에 따르면 계약상 채권자는 계약체결 이전에 피고의 재정상태를 발견하기가 쉽고 계약을 진행시키기 위하여 인적 담보를 요구할 수 있기 때문에 법인격 부인의 적용에 성공하기가 어려울 것으로 본다. 법원은 나중에 나쁜 흥정으로밖에 되지 않는다고 보이는 경우에는 큰 동정심을 가지지 않을 것이기 때문이다. 오히려 개인적인 불법행위의 경우에 법인격부인론 성공의 가능성이 더 높다. 사기적인 행위가 없는 경우에 불법행위에서 법인격부인의 인정여부는 제3자에 대한 부당한 결과를 막기 위하여 법원이 얼마나 기꺼이 개입하는가에 달려 있다. Pincus는 대중적인 불법행위(mass tort)의 경우에는 피해자를 보호하기 위하여 쉽게 법인격이 부인될 수 있을 것이라고 한다.33)

---

29) 575 F. Supp. 1446.

30) William H. Pincus, "Piercing the Corporate Veil in Maritime Cases," 28 *J. Mar. L& Com.* 345(1997), 348.

31) Ibid., p. 343

32) Ibid., p. 346.

(2) 계약책임

1) 운송물 사고

1991년 Wm. Passalacqua Builders v. Resnick Developers South 사건에서 제2순회법원은, 뉴욕주법을 적용하면서 뉴욕주에서 법인격을 부인하기 위하여는 원고는 거래시점에 (i) 자회사가 모회사의 단순한 수단에 불과할 정도로 모회사는 자회사에 대한 통제권을 행사하고 혹은 (ii) 그러한 통제는 사기 혹은 다른 악행을 행함에 사용되고 그리고 (iii) 사기 혹은 악행이 원고에게 부당한 손해 혹은 손상이 된다는 점을 원고가 입증하여야 한다고 하였다.[34] 법원은 법인격 부인에는 지배와 사기 양자 모두에 대한 입증이 필요하다는 American Protein 사건을 배척하고, 사기 혹은 지배회사에 의한 완전한 통제 중 하나만을 입증하면 된다고 판시하였다. 법원은 10개의 요소를 제시하였다.[35] 결과적으로 Passalacqua 법원은 (i) 완전한 통제(complete control) 혹은 사기(fraud)를 하나의 요건으로 하고,[36] 그리고 (ii) 부당함(injustice)을 해상사건에서 법인격부인론의 인정을 위한 다른 하나의 요건으로 판단한 것이다.

1992년 Holborn Oil Trading v. Interpetro Bermud 사건에서 미국연방법원 남부지원은, 해상사건을 처리하는 연방법원은 회사법의 책임주체를 정함에 있어서 연방 보통법을 적용하여야 한다고 하면서, 제2순회법원에서의 Kirno Hill 사건을 인용하면서 연방 보통법하의 법인격 부인을 위한 두 가지 요건 테스트를 하였다. 피고는 자신의 분신을 사기를 영속화시키는 데에 사용하였거나 혹은 피고는 자신의 분신으로서의 회사형태를 지배하고 무시하여 결국 분신은 실

---

33) Ibid., p. 346.

34) 933 F. 2d 138(1991).

35) Ibid.

36) 사기에 대한 좋은 사례로서 1991년의 M. Prusman v. Ariel Maritime Group 사건이 있다. 자블린은 운송인으로서 프루스만의 화물운송을 위하여 유통선하증권 2개를 발행하였다. 운송인인 자블린은 클라우스 그룹의 일부로서 아리엘이라는 회사명으로 선하증권을 발행하였다. 메리트는 아리엘의 사장이면서 주주의 한 사람이었고 메리트의 부인도 아리엘의 이사였다. 프루스만은 화물손상에 대하여 아리엘을 피고로 소를 제기하였다. 메리트는 거짓 선하증권의 제시와 관련된 사기를 행한 죄를 시인하였다. 주요쟁점은 메리트의 개인적인 책임이었다. 아리엘 이외의 피고들이 아리엘 혹은 메리트의 분신이었는가에 있었다. 뉴욕주 남부법원은 사기를 방지하고 형평을 달성하기 위하여 법인격을 부인한다고 하였다. 메리트는 자블린, 클라우스, 딘, 아리엘 등을 분신으로 가상의 이름을 사용하였고, 메리트는 디스커버리를 하는 동안에도 강제집행을 피하기 위하여 이러한 법인을 자신의 사기적인 목적을 위하여 사용하였다. 1992 AMC 1059(1991).

제 자신의 영업을 하는 것이 아니라 피고의 영업을 영위하였어야 한다.[37] 법원은 뉴욕주법이나 연방법에서는 사기 혹은 지배를 요구한다고 하였다.[38]

최근의 사례에서 지배와 사기라는 두 가지 선택적 요건이 다시 지지되었다. U.S. v. Afram Lines(1997) 사건[39]에서 미연방합중국은 Afram Lines(USA)와 Afram Lines(International)에 의하여 발행된 선하증권에 의하여 운송되던 화물에 대한 손해배상을 청구하였다. Afram Lines(International)이 도산이 되었기 때문에, 미합중국은 법원에 법인격부인론을 적용하여 Afram Lines(USA)이 Afram Lines(International)의 채무에 책임을 부담하도록 하는 판결을 구하였다. 미국 뉴욕남부지방법원은 준거법으로서 연방 보통법을 지정하였다. 피고는, 지배와 사기 요건 모두가 충족되어 회사의 법인격을 무시하는 기초가 되어야 한다고 하였다. 그러나 법원은 Kirno Hill 사건에서 한 회사는 다른 회사를 지배하여야 한다는 요건이 필요하기는 하였지만, 여기에 제한되지 않고 정의를 달성하기 위하여도 법인격부인론은 적용된다고 하였다. 법원은 (i) 동 사건에서 회사의 형태요건을 충족하려는 기도가 있기는 하였지만, 사무실의 공간, 전화 그리고 직원을 두 회사는 공유하였고, 공통의 소유와 이사와 임원도 중복되어 있었다 (ii) 양 회사는 Bott가 효과적으로 운영하였지만, 주주들은 그들의 투자에 대한 대가를 수령하지 못하였고, 회사의 자본은 Bott의 개인적인 이익을 위하여 인출되었다 (iii) 피고는 Afram Lines(USA)에 대한 재무제표를 제공하기는 하였지만, Afram Lines(International)을 위한 그것은 제공하지 않았고 Afram Lines(International)에 의하여 소유된 선박은 부풀려진 가격으로 USA에게 이전되었다. 법원은 결론적으로 Afram Lines(International)과 Afram Lines(USA)은 독립된 실체로서 운영된 것이 아니고, Afram Lines(USA)의 자산이 Afram Lines(International)을 지탱하는 것에 사용되었기 때문에, Afram Lines(International)이 회사의 실체라는 믿음을 가지고 이것과 거래한 사람들의 손해배상채권을 만족시키기 위하여 Afram Lines(USA)의 자산이 사용되어야 형평에 맞는 것이라고 판시하였다.[40] 결국 법원은 지배와 사기 두 가지 요건이 아니라

37) 1992 AMC 825.

38) Ibid.

39) 1998 AMC 241(1997).

40) Ibid., 242.

지배 혹은 사기 요건을 취하고 사기를 방지하고 형평을 달성하기 위하여는 언제나 법인격부인을 한다는 입장을 취한 것이다.

2) **선원의 손해배상청구**

1974년 Carlos FanFan v. Berwind 사건에서 푸에르토리코 선원이 푸에르토리코 영해 내에서 사고를 당하였다. 자회사인 부선회사가 소유하고 운항하던 예인선에서 발생한 사고에서 원고는 부선회사의 법인격을 부인하고 Berwind(모회사)에게 존스법(Jones Act)상의 과실에 의한 책임과 불감항에 의한 책임을 부과하려고 하였다. 미국연방 지방법원 펜실베니아 동부법원은 일반원칙으로 자회사가 모회사의 단순한 도구에 지나지 않은 경우에만 모회사는 자회사의 행위에 대하여만 책임을 부담한다고 하였다. 법원은 1966년 Whayne 사건[41]에서 정하여진 "단순한 도구"(mere instrumentality)의 세 가지 요소를 인용하였다: (i) 모회사는 자회사가 단순한 도구일 정도로 자회사를 지배할 것; (ii) 모회사는 자회사를 통하여 사기 혹은 악행(즉, 불법행위, 법령위반 등)을 영속화시킬 것 그리고 (iii) 자회사가 도산되는 것과 같이 원고에게 부당한 손상과 손해를 야기할 것. 법원은 원고는 위 세 가지 요소를 입증함에 실패하였다고 하면서 모회사에게 책임을 인정하는 것을 부인하였다. Carlos 사건에서 법원은 지배, 사기 그리고 부당함이라는 세 가지 요소를 지지하고 테스트하였다.[42]

1983년 Cunningham v. Rendez-Vous 사건[43]에서 유족들은 선박의 소유자인 회사(Rendez-Vous) 및 회사의 세 명의 이사를 상대로 위자료 청구소송을 제기하였다. 미연방 제4순회법원은 "DeWitt 사건에서 사기는 법인격 부인의 필수요건이 아님을 분명히 보았다"고 하면서, 법원은 사기가 법인격이 부인되기 위하여 반드시 입증되어야 한다는 1심법원 판사의 배심원에 대한 지시사항은 잘못이라고 판시하였다. 동 판결은 DeWitt 사건의 판결을 지지하면서 법인격부인론에서 사기가 반드시 필수요건이 아님을 인정한 것에 의의가 있다.

(3) 편의치적선의 경우

존스법이 문제가 된 사안에서, 편의치적선과 관련하여 법인격부인론이 인

41) Whayne v. Transportation Services 252 F. Supp. 583(1966).
42) 1974 AMC 131.
43) 1983 AMC 1366.

정되었다.[44] 외국회사에 의하여 운영되는 선박의 외국선원이 미국법원에서 소송을 제기하였다. 원고는 성공적으로 선박의 진정한 선주는 미국회사였다고 주장하였다. 그리하여 존스법이 적용되기 위하여는 피고가 미국국민이어야 하는 요건이 충족되었다. 1953년의 Lauritzen v. Larsen 사건[45]에서 미국 대법원은 피고 선주의 주소지(allegiance)가 존스법의 적용에서 중요한 요소라고 하였다. 동 사건 이후 미국법원은 편의치적선이 개입된 사안이 미국과 진정한 관련성을 갖는지 결정하기 위하여 피고 선주의 주소가 어디인지 조사하여 왔다.

1969년 Hellenic Lines Limited v. Rhoditis 사건[46]에서 그리스 국적인 Hellenic Hero호에 승선한 그리스 선원이 미국의 항구에서 상해를 입었다. 선원들은 미국법정에서 그리스 선주를 상대로 소를 제기하였다. 선원승선계약에서는 그리스 법에 의하여 분쟁이 해결되도록 되어 있었다. 쟁점은 미국의 존스법이 적용될 수 있는가에 있었다. 제5순회법원은 선박은 파나마 회사의 소유였지만, 이 회사는 그리스 회사에 의하여 소유되고 있다고 판단하였다. 그런데 95%의 그리스 회사의 주식은 미국의 주민에 의하여 소유되었고 또한 그 회사는 뉴욕에 주사무소를 두고 운영되고 있었으며 P와 그 아들에 의하여 소유되고 있었고 P는 그리스 국민이지만 1945년 이래로 미국에 거주하고 있었다. 코네티컷주의 그리니치에 집을 두고 뉴욕에 사무소를 가지고 있으면서 P는 회사의 상무이사로서 미국으로부터 그 회사를 운영하고 있었던 것이다. 결론적으로, 법원은

---

44) 가장 대표적인 사건이 Bartholomew v. Universe Tankerships, Inc 사건이다. 선박은 라이베리아 선적이고 선박은 라이베리아 회사에 의하여 소유되고 있었지만 라이베리아 회사의 주식은 모두 파나마회사에 의하여 소유되어 있고 이 회사의 주식은 모두 미국민이 소유하고 있었다. 선원들은 브리티시 웨스트 국적이다. 라이베리아 회사의 임원은 모두 미국민이고 회사의 본부는 미국 뉴욕에 있고 승선고용계약도 발티모어에서 체결되었다. 동료선원으로부터 폭행을 당한 피해자는 첫 고용계약 체결후 미국에서 거주하였으며 그 폭행도 미국 영해내에서 이루어졌다. 폭행을 당한 후 피해자는 미국 시민권을 얻으려는 선언을 하였다. 따라서 사건과 미국과는 상당한 관련성이 있다. 제2순회법원은 "외국에 등록한 허구를 관통하여 이를 부인하고 그 배후의 미국 소유관련성을 찾아내는 것은 현재 잘 정립된 법리이다. 이것은 법률상의 의무를 회피하는 의도를 가진 선주들이 단순히 외국에 회사를 설립하여 선박을 등록함으로써 존스법의 목적을 좌절시키는 것을 막기 위하여 필요하다. 본 사안에서 항소인(선주)은 국적(깃발)과 선박의 진정한 소유권 사이에 추가적인 명목상의 외국회사를 개입시킴으로써 말썽을 일으키고 있다. 존스법을 적용하기 위하여 미국소유권을 인정함에 어려움이 없다"고 판시하였다. 263 F. 2d 437(2nd Cir., 1959), 442.

45) 345 U.S. 571(1953).

46) 412 F. 2d 919(1969).

그 회사는 상업적인 목적으로 보아, 미국에 주거를 가지는 사람에 의하여 소유되고 운영되었고 그리하여 동 선박의 국적(船籍이라고 함)은, 운영과 소유가 그리스인이 아니라 미국인에 의하였다는 사실에 의하여 입증된 바와 같이, 단지 상징적인 의미를 가질 뿐이라고 하였다. 법원은 그리스의 깃발은 단지 편리에 의한 것일 뿐이라고 법인격의 실체를 파악하여 미국회사와의 관련성을 인정하여 존스법을 적용하였다. 미국 연방대법원은 이를 인용하였다.[47]

그러나 1976년 Mateos v. Texaco Panama, Inc 사건에서 사망한 선원의 유산관리인이 선주인 Texaco Panama(Texpan)를 상대로 미국법원에 소를 제기하였다.[48] 존스법 적용을 받기 위하여 원고는 선주 텍스판은 미국의 해상법의 적용을 회피하기 위하여 만든 허구에 불과하다고 주장하였다. 피고는 텍스판은 실제로서 모회사와는 분리된 독립되고 실재하는 것이라고 항변하였다. 미국 연방 펜실베이니아 동부지방법원은, "텍스판은 파나마에 주소를 둔 파나마 회사이고, 파나마에 세금을 납부하고, 그 회사의 일상의 영업을 위하여 사용하는 파나마의 은행에 유효한 계좌를 가지고 있다. 텍스판의 사장은 미국 시민이지만, 텍스판의 이사회의 구성원 누구도 텍사코(Texaco, Inc)의 이사가 아니다; 더구나 매일매일의 사무는 파나마의 텍스판 사무실에서 이루어졌다." 그러므로 법인격이 부인될 수 없고, 피고는 파나마 회사로서 파나마의 법이 적용되어야 한다고 판시하였다.

위의 사건들은 법인격부인이 인정된 일반사건들과 달리, 주주들에게 손해배상책임 등을 부과하는 것이 아니라, 국제사법상 연결점으로서 외국회사들을 미국회사인 것처럼 간주하는 기능을 한다.[49]

---

47) 90 S.Ct. 1731; 1970 AMC 994.

48) 417 F. Supp. 411(1976).

49) 캐나다의 Tetley 교수는 Piercing the corporate veil은 회사의 권리와 책임을 주주의 권리와 책임으로 인정하는 회사법상의 개념이고, lifting the corporate veil은 연결점을 정하는 것을 목적으로 하는 국제사법상의 개념으로 서로 다르다고 한다. William Tetley, "The law of the flag, flag shopping and choice of law," *Tulane Maritime Law Journal*, Vol. 17(1993), pp. 179-183. 김진권 교수는 법인격실체 파악론이라고 구별한다. 김진권, "해사국제사법상 편의치적에 관한 고찰,"「한국해법학회지」, 제25권 제1호(2003.5), 175면; 강종쾌 판사는 두 가지를 동일한 것으로 파악한다. 강종쾌, "법인격부인,"「회사법상의 제문제(상)」, 재판자료 제37집(법원행정처, 1987.12), 10면.

Ⅲ. 韓國에서의 法人格否認論

1. 일반론

(1) 배 경

한국 상법상 회사들은 모두 법인격을 부여받고 있다(상법 제171조 제1항). 법인격의 부여로 회사는 독자적인 권리주체로서 스스로 권리와 의무의 주체가 되며, 주식회사의 채무는 오로지 회사의 자산만으로 담보되고 주주는 오로지 경제적으로 이익배당의 감소 혹은 주식시세의 하락 등으로 인한 간접손해를 볼 뿐이다.[50] 법인과 그 구성원간의 법적 분리의 원칙을 관철할 경우에 정의와 형평의 이념에 반하여 법률상 용납될 수 없는 부당한 결과를 가져올 경우 그 특정 사안에 한하여 일시적으로 법인격을 부인하고 그 배후의 실체를 파악하여 구체적으로 타당한 결과를 모색하는 법이론을 법인격부인론이라고 한다.[51][52]

(2) 요 건

한국에서, 미국과 마찬가지로 법인격 적용의 요건은 통일되어 있지 않다. 대체로 (i) 형태요건(formalities requirement)과 (ii) 남용요건 혹은 공정성요건(fairness requirement)을 요구하는 것이 공통적인 견해이다.[53] 여기에 더하여 (iii) 보충성의 요건을 요구하기도 한다.[54]

형태(지배)요건이란 사원과 구별되는 회사법인격의 독립성이 사실상 형해에 불과할 정도로 형식화한 경우를 지칭한다. 회사의 실질은 전적으로 개인기업화하였거나, 회사와 사원의 업무 및 재산상태가 전반적으로 또 계속적으로 혼융되어 있으며, 주주총회나 이사회의 운영과 관련된 화사법상의 강행규정들이 전적으로 무시되는 경우이다.[55]

---

50) 김정호, 「상법강의(상)」(법문사, 2005), 414면.

51) 정찬형, 「상법강의요론」(박영사, 2006), 204면; 김정호, 전게서, 414면.

52) 법인격부인론에 대한 박사학위논문으로는 남장우, "회사법인격무시의 법리"(고려대학교 법과대학 박사학위논문, 1996.2)이 있다.

53) 정동윤, 「회사법」(법문사, 2000), 31면; 김정호, 전게서, 417면.

54) 김정호, 전게서, 417면.

55) 상게서, 417면. 미국법의 complete dominion or control, commingling, undercapitalization 등이 여기에 해당한다고 한다.

공정성요건을 충족하기 위하여는 주주가 지배적 지위를 이용하여 계약상의 의무를 회피하거나 법령을 위반하거나 신의칙에 위반하는 불공정한 행위를 하여야 한다.[56][57] 불공정행위를 함에 있어서 지배사원 혹은 주주가 법인격남용에 대한 고의를 가져야 하는가에 대하여 주관적 요소를 적용요건으로 하면 고의의 입증이 어려워 이론의 실질적인 적용가능성을 현격히 저해시키므로 이를 제외하고, 불공정행위는 객관적으로 존재하여도 된다고 하기도 하고,[58] 남용의 고의가 필요하다는 견해도 있고,[59] 남용의 고의는 필요하지 않다고 하기도 한다.[60] 또한 공정성요건이 필요없다는 견해도 있다.[61]

우리나라 대법원이 명백히 법인격부인론을 취한 첫 판결로 이해되는 것은 대법원 2001.1.19. 선고 97다21604 판결이다.[62]

대법원은 「회사가 외형상으로는 법인의 형식을 갖추고 있으나 이는 법인의 형태를 빌리고 있는 것에 지나지 아니하고 그 실질에 있어서는 완전히 그 법인격의 배후에 있는 타인의 개인기업에 불과하거나 그것이 배후자에 대한 법률적용을 회피하기 위한 수단으로 함부로 쓰여지는 경우에는 비록 외견상으로는 회사의 행위라 할지라도 회사와 그 배후자가 별개의 인격책임을 내세워 회사에게만 그로 인한 법적 효과가 귀속됨을 주장하면서 배후자의 책임을 부정하

---

56) 정동윤, 전게서, 31면.

57) 한편 공정성요건에 대하여, 그 행위가 회사의 행위로 인정되면 형평에 어긋나는 결과가 발생하여야 한다는 것으로서 공정성요건의 평가에서 핵심적인 사항은 자본불충분이 된다고 하는 견해가 있다. 정찬형, 전게서, 204면. 이 견해는 공정성요건의 결과를 말하거나 혹은 미국법에서 말하는 결과적 부당함(injustice)을 의미하는 것으로 이해된다.

58) 김정호, 전게서, 418면; 원용수, 전게논문, 41면; 독일연방대법원의 입장이라고 함.

59) 채이식, 「상법(상)」(박영사, 1996), 384면; 손주찬, 「상법(하)」(박영사, 1993), 401면; 일본의 통설이라고 함.

60) 정동윤, 「상법(상)」(법문사, 2000), 323면; 남장우, 전게논문, 215면.

61) 이철송, 「상법강의」(박영사, 2007), 254면. 이철송 교수는 판례(대판 2006.8.25, 2004다26119)가 법인격을 부인하기 위하여는 회사의 법인격이 지배주주에 대한 법률 적용을 회피하기 위한 수단으로 함부로 사용되거나 채무면탈이라는 위법한 목적 달성을 위하여 회사제도를 남용하는 등의 주관적 의도가 있어야 한다고 이해한다. 나아가 이철송 교수는 주관적요건(남용의사)을 요구한다면 입증의 어려움으로 법인격부인론의 효용은 반감될 것이다. 회사의 사업이 특정주주의 개인사업처럼 운용된다는 사실 자체만으로도 회사제도의 이익을 누릴 가치가 없으므로 주주의 남용의사는 필요하지 않다고 본다. 이철송 교수의 이론에 의하면 형태요건만 갖추어도 법인격부인론이 적용되어야 한다는 결론이 된다.

62) 甲이 완전히 지배하는 X라는 회사가 오피스텔을 신축분양하였다. 자금난으로 공사를 계속하지 못하여 분양계약자들이 분양계약을 해제하고 분양대금의 반환을 청구하자, X회사에는 자금이 없어 분양계약자들이 X의 지배주주인 甲을 상대로 분양대금의 반환청구를 시작하였다.

는 것은 신의성실의 원칙에 위반되는 법인격의 남용으로서 심히 정의와 형평에 반하여 허용될 수 없다 할 것이고, 따라서 회사는 물론 그 배후자인 타인에 대하여도 회사의 행위에 대한 책임을 물을 수 있다고 보아야 할 것이다」고 판시하였다.[63] 이 판결을 형태요건과 공정성요건을 취한 것으로 보는 견해가 있다.[64]

그 뒤의 대법원 2004.11.22. 선고 2002다66892 판결에서,[65] 대법원은 「기존회사가 채무를 면탈할 목적으로 기업의 형태 내용이 실질적으로 동일한 신설회사를 설립하였다면, 신설회사의 설립은 기존회사의 채무면탈이라는 위법한 목적달성을 위하여 회사제도를 남용한 것이므로, 기존회사의 채권자에 대하여 위 두 회사가 별개의 법인격을 갖고 있음을 주장하는 것은 신의성실의 원칙상 허용될 수 없다 할 것이어서 기존회사의 채권자는 위 두 회사 어느 쪽에 대하여서도 채무의 이행을 청구할 수 있다고 할 것이다」고 판시하였다.[66]

대법원 2006.8.25. 선고 2004다26119 판결에서, 대법원은 「친자회사는 상호간에 상당 정도의 인적 자본적 결합관계가 존재하는 것이 당연하므로 자회사의 임직원이 모회사의 임직원 신분을 겸유하고 있었다거나 모회사가 자회사의 전 주식을 소유하여 자회사에 대해 강한 지배력을 가진다거나 자회사의 사업규모가 확장되었으나 자본금의 규모가 그에 상응하여 증가하지 아니한 사정 등만으로는 모회사가 자회사의 독자적인 법인격을 주장하는 것이 자회사의 채권자에 대한 관계에서 법인격의 남용에 해당한다고 보기에 부족하고, 적어도 자회

---

63) 법원은 1) 지배주주인 피고 甲이 주식의 대부분을 소유하고 있다는 점, 2) 주주총회나 이사회의 결의와 같은 법적 절차가 제대로 지켜지지 않고 피고의 의사대로 회사 운영에 관한 일체의 결정이 이루어진 점, 3) 회사의 재산과 피고의 개인 재산이 제대로 구분되어 있지 아니한 사실, 4) 회사의 분양대금이 수백억원에 이르는 데에 반하여 회사의 자본금은 5,000만원에 불과할 뿐인 사실을 지적하고 법인격부인을 원용하여 甲에게 분양대금의 반환을 명하였다.

64) 정찬형, 전게서, 208면.

65) 동 사안은, 甲이라는 건설회사가 을에 대하여 임차보증금채무를 부담하고 있었는바, 甲의 주주와 임원들이 이 채무를 면탈할 목적으로 X라는 새로운 회사를 설립하여 甲의 건설업면허를 양수받아 갑과 동일한 회사인 것으로 홍보하며 갑과 관련된 건설공사를 수주하였다. 이에 법원은 X회사의 설립은 법인격의 남용에 해당한다고 하면서 乙은 X에 대하여도 채권을 행사할 수 있다고 판단하였다.

66) 이 판시에 대하여 이철송 교수는, 주주와 회사의 관계로 연결되지 않는 두 개의 회사를 대상으로 그 실질이 같다고 하여 동일성을 인정하였다는 점에서 법인격부인론의 적용범위를 크게 넓힌 판례라는 평가를 내린 바 있다. 이철송, 전게서, 253면.

사가 독자적인 의사 또는 존재를 상실하고 모회사가 자신의 사업의 일부로서 자회사를 운영한다고 할 수 있을 정도로 완전한 지배력을 행사하고 있을 것이 요구되며, 구체적으로는 모회사와 자회사간의 재산과 업무 및 대외적인 기업거래활동 등이 명확히 구분되어 있지 않고 양자가 서로 혼용되어 있다는 등의 객관적 징표가 있어야 하며, 자회사의 법인격이 모회사에 대한 법률적용을 회피하기 위한 수단으로 사용되거나 채무면탈이라는 위법한 목적달성을 위하여 회사제도를 남용하는 등의 주관적 의도 또는 목적이 인정되어야 한다」면서 법인격부인론의 적용을 배제하였다. 동 판결은 법인격부인을 위하여 요구되는 객관적 요건으로서 형태요건을 갖추지 못하였고 또한 주관적 요건으로서 남용성을 갖추어야 하지만 이를 갖추지 못하였기 때문에 법인격부인론이 적용되지 못한 것으로 판단된다.[67]

위 2004년 및 2006년 판결에 대하여 일본의 통설인 주관적 남용설을 취한 국내 판례라고 하면서, 주관적 의도 또는 목적을 요구하는 것은 국내의 다수설과 다른 견해로서 원고의 입증이 어려워 법인격부인론의 목적을 다하지 못하는 결과가 된다고 하면서 이를 비판하는 견해가 있다.[68]

우리나라 다수학설은 법인격 부인을 위하여 형태요건과 공정성요건을 요구하는 것으로 이해된다. 공정성요건은 필요하지 않다는 소수설이 있고, 이러한 소수설은 사기적인 요소를 필요로 하지 않는 미국의 최근의 경향과 유사하다. 우리 대법원은 형태요건은 물론 공정성요건에서 남용의사를 요구한다는 점에서 미국보다도 엄격한 요건을 요구한다. 미국에서 불법행위에서 요구하는 부당한 결과요건을 우리 다수학설은 요구하지 않는 점에서 차이를 보이고 있다.

(3) 효 력

회사의 채권자는 사원에 대하여 회사의 채무에 대한 책임을 물을 수 있다. 그러나 해당 회사의 법인격 자체가 소멸하는 것은 아니며 계류중인 사안 해결을 위하여 필요한 범주 내에서 법인격의 독립성이 무시될 뿐이다. 회사에 대한

67) 동 판결의 전단부는 형태요건을, 후단부인 "법률적용을 회피하기 위한 수단으로 사용되거나 공정…" 이하는 공정성요건을 의미한다고 생각한다. 그러나 공정성요건에 대한 언급은 없는 것으로 판단하고 이에 대하여 비판하는 견해로는 원용수, 전게논문, 50면이 있다.

68) 원용수, 상게논문, 45면.

이행판결의 기판력과 집행력의 범위가 사원에까지 확장되지는 않는다.[69] 이러한 점은 미국과 동일하다.

(4) 적용범위

우리나라의 판례의 대부분은 손해배상의 책임에 집중되어 있다.[70]

2. 해상사건에서의 법인격부인론

(1) 일 반

한국법원은 일반 사건은 물론 해상사건에서도 법인격을 부인하는 것에는 인색하다. 한국에서 법인격부인론이 개입된 사건은 대부분 편의치적과 관련된 사안이라는 것은 흥미롭지만,[71] 최근 편의치적이 아니라 일반 지면회사와 관련된 운송계약에서 법인격부인론이 인정되었다.

외국선박이 개입되게 되면 국제사법사건이 되어 한국의 국제사법에 따라 어떤 국가의 법인격부인론이 적용될지 결정되어야 한다.

(2) 편의치적선 사건

한국 대법원이 판단한 첫 법인격부인론 사건은 1988년에 있었다. 우리나라의 해상사건에서 법인격이 부인된 예는 소수이지만 대개가 편의치적선과 관련되어 있다.

편의치적선(Flag of Convenience vessel)이란 선박에 국적을 부여하기 위하여는 자국국민의 선박소유 등의 요건을 갖추어야 하지만,[72] 단지 서류상의 연결

---

69) 김정호, 전게서, 420면.

70) 그러나 대법원 2005.10.28. 선고 2005두6683 판결에서 대법원은 법인격부인론의 적용범위를 행정적 법률관계에까지 확장하였다. 동 사건에서 건축불허가처분의 취소를 구하는 원고의 청구에 대하여 소외 회사의 대주주가 원고의 대표이사이고 부지 매수과정에서부터 토지분할, 토지거래허가절차, 건축허가신청절차 등에 이르기까지 원고와 같은 사업계획하에 공동으로 사업을 추진하여 왔음이 인정되어, 대법원은 원고와 소외회사 각각의 사업면적을 합산한 면적을 기준으로 검토되어야 한다고 판시하였다.

71) Dong Hee Suh, "Recent Developments in Korean Maritime Law: Improved Shipowner's Remedy in Wrongful Arrest," 2002 *Tulane Maritime Law Journal*, Vol. 26, p. 638.

72) 편의치적선이 유엔해양법상 갖추어야 하는 진정한 연계(genuine link)의 문제에 대하여는 김인현, "선박국적부여조건으로서의 진정한 연계와 국제사회의 대응,"「해사법연구」, 제18권 제1호(2006.3), 69면 이하를 참고하기 바람.

만 있어도 국적을 허용하는 제도를 말한다. 국제경쟁에 노출되어 있는 선주들이 싼 임금, 저렴한 세금 등을 목적으로 선박을 파나마, 라이베리아 등 행정규제가 느슨한 국가에 선박의 국적을 옮겨둔다.[73] 형식상의 선박소유자와 실질상의 선박소유자가 동시에 존재하면서 많은 법률적인 문제가 발생한다.[74] 편의치적선의 모든 경우가 법인격 부인의 요건을 갖추는 것은 아니다.[75] 편의치적을 하는 주된 이유는 선원비의 절감, 세금의 절감으로 국제경쟁력을 갖추기 위함이다.[76] 국제적으로 대형선사가 편의치적을 하는 경우에는 실질 선박소유자 자신이 선박을 나용선의 형식으로 운항하는 경우가 대부분이다. 이 경우는 나용선자가 운송인이 되고 등록상 선박소유자는 편의치적회사가 되고, 나용선자가 법인격부인론에서 배후의 사원에 해당하지만, 물적 설비와 인적 설비를 갖추고 있는 나용선자가 운송인으로서의 책임을 회피하지는 않는다. 그러므로 이러한 경우에는 운송계약과 관련한 법인격 부인의 문제가 발생하지 않는다.[77]

편의치적선으로 법인격이 부인된 대표적인 사례로는 1988.11.22. 선고 87다카1671 판결이 있다.[78]

---

73) 志津田氏治, 「現代海商法の諸問題」, 139頁; 김인현, 「해상법」(법문사, 2003), 62면.

74) 동지, 志津田氏治; 국제사법에서 선적국에 따라서 준거법이 달라지는바, 편의치적선의 경우에 진정한 연계가 없는 선적국을 국제사법상의 선적국으로 인정할 것인가의 문제도 있다.

75) 선원의 재해보상이 문제된 경우에, 필리핀 선원이 한국의 실질선박소유자가 운항하는 파나마 선박에 승선한 경우에 자신에게 유리한 한국선원법을 적용받기 위하여 한국법원에 소를 제기한 경우에 한국선적의 선박에 승선하는 선원에게 한국선원법이 적용되므로, 법원은 파나마회사의 법인격을 부인하고 한국선주의 실제 국적인 한국을 인정할 수 있을 것이다. 이 경우에 형태요건은 인정이 가능할 것이고, 공정성요건은 객관적으로 인정이 가능할 것이다.

76) 선박을 건조하기 위하여 금융기관으로부터 자금을 대여받을 때, 금융을 제공하여주는 자가 수요자인 선박운항자에게 저당권의 실행을 용이하게 하기 위하여 자신이 설립하는 지면회사를 특정 편의치적제공 국가로 할 것을 요구하는 경우도 있다. 이 경우에 등록선박소유자는 나용선자로 등장하는 선박운항자와 일체라고 보기도 어렵고, 설립당시에 어떤 채무면탈 등의 의사도 선박운항자는 가지고 있지 않다고 보인다.

77) 그러나 선박의 소유와 관련된 문제, 예컨대 선박의 소유자로서 책임을 부담하여야 하여야 하는 경우, 예컨대, 동 선박이 침몰하여 제거를 할 의무가 선박소유자에게 있음에도 선박소유자가 종이회사로서 배상능력이 없는 경우에 배후의 개인 혹은 법인에게 책임을 묻기 위하여 법인격부인론이 문제될 수 있다.

78) 어떤 선박이 등기부상 원고 甲의 소유로 되어 있고, 현대미포(피고)가 丙과 수리계약을 체결하고 수리를 한 후 丙이 수리비를 지급하지 않자, 수리비채권을 행사하기 위하여 이 선박의 소유자가 丙이라고 주장하면서 이 선박을 가압류하자, 甲이 자신이 위 선박의 소유자라고 주장하면서 제3자 이의의 소를 제기하고 가압류취소를 구하였다. 甲은 乙과 선박관리계약을 체결하고 乙은 다시 丙과 선박관리 복대리계약을 체결하고 있었다.

현대미포와 수리계약의 당사자는 丙인데, 수리비채권에 대하여 현대미포가 甲이 소유자로 되어 있는 선박을 가압류하자 甲이 제3자 이의의 소를 제기하였다. 대법원은 「원심이 확정한 원고 甲 및 乙과 丙은 외형상 별개의 회사로 되어 있으나, 원고 및 乙은 이건 선박의 실제상 소유자인 丙이 편의치적을 위하여 설립한 회사들로서 실제로는 사무실과 경영진 등이 동일하므로 이러한 지위에 있는 원고가 법률의 적용을 회피하기 위하여 별개의 법인격을 가지는 회사라는 주장을 내세우는 것은 신의성실의 원칙에 위반하거나 법인격을 남용한 것으로서 허용되어서는 아니된다. 원심이 이와 같은 취지에서 편의치적을 위하여 설립된 회사에 불과한 원고가 이건 선박의 소유자라고 주장하면서 이건 가압류 집행의 불허를 구하는 것은 선박의 편의치적이라는 일종의 편법행위가 용인되는 한계를 넘어서 채무면탈이라는 불법목적을 달성하려고 함에 지나지 아니하여 신의칙상 허용될 수 없다고 판단하였음은 정당하다」고 판시하였다.[79]

이 판결에 대하여 법인격부인론을 대법원이 정식으로 채택한 것이 아니라는 비판적인 견해도 있지만,[80] 형태요건과 불공정성요건을 갖추었다는 견해도 있다.[81] 그러나 위에서 본 바와 같은 주관적 남용의사를 대법원이 요구하지는 않은 것으로 판단된다.

(3) 운송계약 사건

운송계약과 관련된 사건으로는 2006년 10월 26일 판결이 있다. 갑판적 사건에서 운송인 甲은 한국회사인 선박소유자로부터 선박을 용선한 정기용선자였다. 운송인은 브리티시 버진 아일랜드에 등록한 종이상의 회사였다(법원은 지면회사라고 명함).[82] 한국에 사무실을 가지고 있었고 한국회사의 명칭도 따로 있

79) 법원공보, 839호, 17면.

80) 이 판결에 대하여 대상이 되는 회사가 모두 외국회사인 점, 판결문에서 법인격부인론에 관한 요건이나 채택근거 등에 관한 설시가 전혀 없이 다만 신의성실의 원칙 위반에 대체되는 개념으로 사용하고 있을 뿐이라는 점 등에서 미루어 보건대 이 판결을 우리 대법원이 최초로 법인격부인론을 인정한 판결로 보기 어렵다는 견해가 있다. 정찬형, 「상법강의(상)」(박영사, 2006), 422면; 공정성요건에 대한 판단이 부족하다는 견해로는 남장우, 전게논문, 206면 및 김진권, 전게논문, 180면.

81) 동지, 김정호, 전게서, 422면. 다만, 공정성요건 중에서 실제선박소유자의 주관적 남용의사는 없는 것으로 판단된다.

82) 본 사안에서는 실질선박소유자가 형식상의 회사를 외국에 세우고 이를 정기용선자로 하여 화주와 운송계약을 체결하게 한 것이다. 이는 선박의 등록과는 관계없는 순수한 형식상의

었다. 원고는 운송인이 아니라 선박소유자 乙을 피고로 하여 손해배상청구를 제기하였다. 그 근거로는 법인격부인론을 제시하였다. 선박소유자는 실제로는 운송인과 동일한 일체라는 것이었다.

대법원은 「원심이, 甲은 해상운송에서 운송인의 책임을 부당하게 회피할 목적으로 피고와 영업상 실질이 동일함에도 불구하고 형식상으로만 브리티시 버진 아일랜드에 설립된 회사(소위 paper company)로서 피고와 동일한 법인격처럼 운영되어 왔다. 이 사건 운송계약이 외관상 원고와 甲 사이에 체결되었다고 하더라도 甲의 배후자인 피고 乙은 甲과 별개의 법인격임을 주장하며 이 사건 운송계약에 따른 채무가 甲에만 귀속된다고 주장할 수 없고, 피고 역시 운송계약에 따른 채무를 부담한다고 판단한 조치는 정당하다」고 판시하였다.[83]

동 사안은 편의치적사건과 다르다. 편의치적에서는 선박의 등록과 관련되지만, 본 사안은 실질 선박소유자가 선박의 등록과는 무관하게 자신의 지면회사를 외국에 설립하고 이 회사를 이용하여 운송행위를 하고 자신은 책임이 없다고 주장하는 것이다. 채권자의 보호 면에서 볼 때, 편의치적회사에서 종이회사는 동 선박을 소유하고 있으므로 채권자는 어느 정도 보호될 여지가 있다. 그러나 본 사안에서의 지면회사는 동 선박을 소유하지 않으므로 채권자는 보호될 여지가 없다. 이러한 측면에서 법인격부인론의 적용여지는 본 사안이 훨씬 커진다고 할 것이다.

실무상으로 중요한 것은 어떻게 지면회사와 배후의 회사(실질 선박소유자)가 동일하다는 점, 즉 형태요건을 밝혀내는 것이다. 원심에서 법인격부인론을 적용하기 위한 요소로서, (i) 사무실의 주소 동일, 직원들의 이메일 주소도 피고를 의미하는 것과 동일하게 사용된 점, (ii) 직원들의 월급명세서 및 근로소득원천징수 증명서의 사업자명의도 피고인 점, (iii) 피고의 명칭 내지 乙회사의 명의로 된 운임청구서를 사용한 점, (iv) 대표자 역시 동일인으로서, 실질적으로 피고와 같이 운영되었다는 점 등이 인정되었다. 이는 해상사건에서 법인격을 부인하기 위한 좋은 평가요소가 될 것으로 생각된다.[84]

회사를 설립하여 운항하는 것으로 대법원에서 법인격이 부인된 편의치적선 관련 사건(대법원 1988.11.22. 선고 87다카1671 판결)과는 구별되어야 할 개념이다.

83) 이미 다른 유사한 운송계약사건에서 정기용선자로서 운송인이던 동일 甲과 소유자 乙은 법인격이 부인되는 판결을 받은 바 있다. 서울중앙지방법원 제20민사부, 2004.7.16. 선고 2003가합50554 판결, 서울고등법원 제12민사부 2005.6.1. 선고 2004나63738 판결.

사안에서 원심이 인정한 위의 요소들로부터 乙회사와 甲회사는 조직과 영업이 혼융되어 있음을 알 수 있고 이로써 법인격 부인을 인정하기 위한 형태요건이 충족되었다고 할 수 있다. 원심이 인정한 바와 같이 乙회사는 운송계약에 따른 책임을 회피할 목적으로 甲회사라는 지면회사를 만들었다고 인정되므로 공정성요건도 충족되었다고 할 수 있다. 대법원이 주관적 남용의사에 대한 언급은 하고 있지 않지만, 주관적 남용의사도 있다고 판단된다. 甲회사를 운송인으로 인정한다면 원고로서는 손해배상을 받지 못하는 부당한 결과가 되므로 부당한 결과요건(injustice)도 충족한다고 할 수 있다.[85]

사안에서 책임제한이 배제되는 행위의 기준으로 운송인 甲회사의 경영진을 삼았다. 이는 올바른 것으로, 선박소유자 乙의 경영진이 되는 것은 아니다. 책임이 일단 인정된 다음 법인격이 부인되는 것이기 때문이다. 법인격부인의 효과는 본 사안의 책임에 그치는 것이다.

우리나라 원고와 외국의 피고와의 문제이므로 국제사법의 문제가 된다. 어느 나라 법인격부인론을 적용할 것인지가 문제된다. 동 사건에서 지면상의 회사인 정기용선자로서 운송인은 브리티시 버진 아일랜드에 치적을 하고 있었다. 그리고 실질 소유자는 한국회사이다. 원고는 한국인이므로 국제사법적인 문제가 개입된다. 국제사법 제16조에 의하면 법인 또는 단체는 그 설립의 준거법에 의하지만,[86] 단서 규정에 의하면 대한민국에 주된 사업을 하는 경우에는 대한민국법을 적용한다. 사안에서 지면회사는 우리나라에서 영업을 하고 사무실도 있으므로 우리 법이 적용된다고 생각된다.

---

84) 이러한 방법으로 법인격부인을 입증하는 것은 세계적인 공통사항이다. 미국 Silver Faith호 사건에서 루이지애나주 동부지방법원은 피고들은 동일한 사무실을 사용하였고, 전화번호도 동일하고 중요 직원들도 동일하고 서로 봉급을 지급하기도 하였다. 그리고 하나의 법인이 사라지고나면 다른 법인이 미안하다, 이것은 우리의 영수증이 아니다, 다른 법인의 것이다라고 말하는 것은 법이 허용하지 않는 부당함(injustice)이라고 판시하였다. Coatal Cargo v. M/V Silver Faith(1992) 1992 WL 116055. 일본에서 보고된 판례로는 東京地方裁判所 民事第31部 1998.4.30 판결이 있다. 자세한 것은 김인현, 「해상법연구」(삼우사, 2003), 190면 이하를 참고바람.

85) 부당한 결과요건을 필요로 하는 입장의 경우에 해당한다.

86) 제16조에는 회사의 설립뿐만 아니라, 사원의 권리와 의무도 적용범위에 속한다고 한다. 석광현, 「국제사법해설」(도서출판 지산, 2003), 143면.

(4) 선박압류 사건

한국에서는 채권자의 선박을 압류하기 위하여는 두 가지 다른 방법이 있다. 하나는 선박우선특권에 의하는 것이고 다른 하나는 가압류에 기한 방법이다.[87] 선박우선특권에 기한 압류는 채권자는 선박의 소유권과 관계없이 선박을 압류할 수 있으므로 법인격부인론과 관련이 없다.

가압류에 의한 방법에서는 등록선박소유자의 채무일 것을 요구한다. 한국법하에서 세 가지 요건이 충족되어야 한다. (i) 채무가 존재하여야 한다, (ii) 압류는 손해배상을 확보하기 위하여 필요하다, (iii) 대상선박은 채무자에 의하여 소유되어 있어야 한다. 채권자는 압류당시에 채무자가 소유하는 어떠한 선박도 압류할 수 있다.[88] 선박은 통상 일련의 용선계약하에서 이루어지기 때문에 진정한 소유자가 의심스러운 경우에는 법인격 부인이 자주 문제가 된다.

대법원 1989.9.12. 선고 89다카678 판결에서 선박의 가압류와 관련하여 편의치적선에 대하여 법인격을 부인하면서 지면상의 회사가 아니라 배후의 실질 선박소유자를 채무자로 간주하여 선박 가압류를 인정하였다.

그러나 서울고등법원의 도쿄 베이호 판결(2000.6.13. 선고 99나31232 판결)에서 법인격의 부인은 인정되지 않았다. 도쿄 베이호의 등록선주인 Fuji shipping Company는 Seatrade Pool에게 용선을 주었다. Fuji와 Seatrade Pool의 합의내용은 나용선계약과 유사한 점이 많았다. Seatrade Pool은 동 선박을 Discovery Navigation에게 정기용선을 주었다. 동 선박은 Discovery Navigation에 의하여 Hanway Shipping에게 항해용선되었다. 나중에 Discovery는 Hanway와의 용선계약을 위반하였다. 운송계약상의 채권을 확보하기 위하여 Hanway는 선박을 압류하였다. 채무자는 Discovery였으므로 선박압류가 가능하기 위하여는 Discovery가 등록선박소유자인 Fuji와 일체가 되어야 한다. 법원은 등록선박소유자 Fuji와 운송인 Discovery는 동일한 법인격이 아니라고 판시하였다.[89][90]

87) Dong Hee Suh, op. cit., p. 633.

88) Ibid., p. 633.

89) Dong Hee Suh, op. cit., p. 639.

90) 일본에서 선박압류사건에서 법인격부인이 인정된 사례로서 1993년 12월의 Cape Wind 사건이 있다. 홍콩의 페인트 공급자가 라이베리아 주식회사가 소유하는 파나마 국적의 동 선박을 Primera Ship Management로 불리는 홍콩회사에 공급한 페인트 공급대금의 담보로서 압류하였다. 원고는 도산된 Primera는 진정한 소유자라고 주장하였다. 그러므로 등록선주의 법

(5) 기 타

해상사건과 관련된 불법행위책임에 있어서 한국에서 아직 법인격이 부인된 판결은 없다.[91] 선박충돌사고에서 등록선박소유자가 편의치적선사인 경우에는 나용선자가 선원을 선임 감독하였을 것이므로 책임의 주체는 나용선자이고(상법 제766조 및 제845조) 선박우선특권이 인정되므로(상법 제861조) 선박에 대한 압류가 가능하므로 법인격 부인의 문제는 발생하지 않을 것으로 생각된다. 유류오염사고를 발생시킨 경우에도 유류오염손해배상보장법상 등록선주가 강제보험에 가입하고 있으므로 법인격부인론이 문제되지 않을 것으로 생각된다.

이외에 난파물 제거와 관련하여 난파물의 소유자 혹은 점유자가 난파물 제거의무와 비용을 부담하는 경우에(공유수면관리법 제13조), 유실된 화물의 점유자는 나용선자가 된다. 그러므로 유실된 화물의 제거의무와 비용을 부담하는 자는 나용선자이다. 이 비용은 한국법하에서는 선박우선특권의 대상이 아니다. 따라서 선박을 가압류하기 위하여는 나용선자와 선박소유자가 일체라는 점이 입증되어야 한다. 즉, 등록선박소유자는 편의치적회사로서 나용선자가 실제 선박소유자라는 점이 입증되어야 한다. 이러한 경우에 법인격부인론이 적용될 여지가 있다고 생각한다.

Ⅳ. 要約 및 結論

법인격부인론의 적용요건에서, 미국은 (i) 지배(dominance; control) 혹은 사기(fraud)만으로 족하는 경우도 있고 (ii) 부당한 결과(injustice)를 포함하는 경우도 있다. 미국의 해상사건에서, 지배 혹은 사기는 법인격 부인을 위하여 반드시 필요한 요소이다. 이러한 요건들은 일반 사건에서나 연방 해상사건에서나 동일한 것으로 파악된다. 법인격부인론에 적용되는 일반 해상법과 주법은 서로 접근하는 경향을 보이고, 법인격 부인이 관련된 해상사건들은 화물사고에서 선원관련 청구에까지 이른다. 미국에서 많은 존스법 관련 사건은 편의치적선과 관

인격이 부인되어야 한다고 원고는 주장하였고, 피고는 불법압류라고 주장하였다. 1998년 4월 13일 일본의 동경지방법원은 등록선주의 법인격은 부인되어야 한다고 하면서 불법압류가 아니라고 판단하였다. Mitsuhiro Toda, Piercing the Corporate Veil Concerning Arrest of Ship in Japan, Feb 13, 2004.

91) 불법행위에의 적용을 강조하는 입장으로는 이철송, 전게 상법강의, 255면이 있다.

련되고 외국의 종이회사의 법인격이 부인되어 원고인 선원에게 유리한 판결이 나온다.

한국의 법원은 형태요건은 물론 공정성요건을 요구하면서 주관적 남용의사까지를 요구한다. 다만, 해상사건에서 이를 요구하는지는 불분명하다. 따라서 공정성요건에서 사기를 필수적이 아니라 선택으로 생각하는 미국의 판례보다는 엄격한 요건을 요구한다는 것을 알 수 있다.

편의치적선의 경우에는 실제선박소유자가 등록선박소유자와 일체를 이루고 있으므로 형태요건은 쉽게 인정이 된다고 생각된다. 문제가 되는 것은 공정성요건이다. 만약 소수설에 따라서 형태요건만 갖추면 되고 공정성요건은 필요없다고 한다면, 편의치적선의 경우 법인격부인론은 쉽게 인정될 것으로 보인다.

공정성요건에서의 남용의 의사를 어떻게 해석하는가에 따라 법인격부인론이 인정될 여지가 달라지게 된다. 다수설과 같이 공정성의 요건에서 객관적 남용의사만 있으면 된다는 입장에 의하면, 편의치적의 목적인 선원, 절세, 행정규제의 면에서는 법인격의 남용은 쉽게 인정될 것으로 판단된다. 기타의 편의치적의 목적이 아닌 것에 대한 법인격의 남용은 객관적으로 인정되기 어려울 것이다. 그런데 대법원의 2004년과 2006년의 판결에 의한 주관적 남용의사가 있어야 한다는 입장에서는, 실질 선박소유자가 편의치적은 국제적인 경쟁력을 갖추기 위한 관습화된 국제적인 관행이라고 주장하면 선원비 절감 등에서 남용의사를 인정하기가 어려울 것으로 생각된다. 또한 1988년 현대미포 수리비채권사건과 같은 경우도 편의치적 회사 설립시 채무를 면탈하려는 것에 대한 의사는 없었던 것이 되므로 설립당시의 주관적 남용의사의 입증은 어렵고 따라서 법인격 부인은 힘들 것으로 생각된다. 결국, 주관적 남용의사설을 취하더라도 회사 설립시에는 그러한 채무면탈의 목적이 없었다고 하더라도 사안이 문제될 때에 채무면탈의 의도가 나타나면 주관적 남용의사를 인정하여야 채권자보호라는 법인격부인론의 인정 목적을 달성할 것이다.

한편, 대법원 2006.10.26. 선고 2004다27082 판결과 같이 실제 선박소유자가 지면회사를 만들어 이 회사를 운송인으로 등장시키는 경우는 지면회사를 설립할 당시부터 채무를 면탈할 법인격 남용의 의사가 있다고 보이고 이러한 주관적 의사는 계속되는 것이므로 문제가 된 사안에서도 법인격 부인은 쉽게 인정될 수 있을 것이다.

이런 점에서 우리 대법원의 법인격부인의 적용요건은 너무 엄격한 것이라는 생각이 들고, 다수설과 같이 객관적 남용의사설이 법인격의 부인을 통한 선의의 제3자를 보호 혹은 형평을 달성하면서도 한편 유한책임제도의 취지도 살리는 합리적인 합의점이라고 생각된다. 다만, 부당한 결과라는 요건도 충족되어야 할 것으로 생각된다. 왜냐하면 회사의 법인성은 원칙으로서 지켜져야 하고 이러한 원칙을 지키는 경우에 부당한 결과가 초래되는 경우에 한하여 법인격부인론이 인정되어야 하기 때문이다. 이 요건은 쉽게 인정될 수 있을 것으로 본다.

손해배상청구와 제3자 이의의 소 등에서 법인격부인론을 인정한 우리 대법원은 해상사건에 있어서 불법행위 및 선원법의 연결점 등에까지 법인격부인을 인정하는 미국에 비하여 법인격부인론의 적용범위가 협소하다고 할 수 있다.[92)]

---

92) 국제사법 제60조에 따라 선박우선특권의 인정과 책임제한권의 인정 등은 선적국법에 따른다고 할 때, 편의치적으로 등록된 국가를 선적국으로 할 것이 아니라 실질선박소유자의 영업본거지를 선적국의 기준으로 하여 불합리를 해소하는 것도 한 가지 방안이라고 본다. 이때에도 편의치적된 등록국가의 법인격을 부인할 수 있을 것으로 생각한다. 편의치적에 대한 준거법지정 예외조항을 이용하는 방안에 대한 논의로는 김진권, 전게논문, 192면 이하가 있다.

제 3 논 문

定期傭船중인 선박의 責任主體에 대한 大法院 判決分析*
—대법원 2003.8.22. 선고 2001다65977 판결을 중심으로

Ⅰ. 序 論

선박운항과 관련한 책임주체 확정은 해상법에서 다툼이 있는 아주 큰 부분이다. 특히 정기용선중인 선박에 대하여는 선박소유자와 정기용선자 중에서 누가 책임의 주체가 될 것인지, 정기용선자가 운송인이 되는 경우에도 상법 제806조가 적용될 것인지에 대하여 크게 다투어지고 있다.

정기용선계약이란 선박소유자(혹은 선박임차인)가 용선자에게 선원이 승무하고 항해장비를 갖춘 선박을 일정한 기간 동안 항해에 사용할 것을 약정하고 용선자가 이에 대하여 기간으로 정한 용선료를 지급할 것을 약정함으로써 효력이 생기는 계약이다(상법 제812조의2). 선원을 자신이 직접 승무시키고 선박을 점유하게 되는 선박임대차(나용선)와 이 점에서 차이가 있다.[1)]

그간 우리 대법원은 정기용선자가 개입된 사건에서 정기용선자의 계약책임과 불법행위책임에 대한 책임이 인정된 세 가지 판결을 가지고 있었다. 1992년의 폴사도스호 판결과 1994년의 로스토치호 판결 그리고 2001년의 도쿄 세나토르호 판결이 그것이다. 폴사도스호 사건에서 대법원은 정기용선을 선박임대차와 유사한 것으로 보아 선하증권상 운송계약불이행으로 인한 계약상의 책임을 정기용선자에게 인정하였다. 로스토치호 및 도쿄 세나토르호 판결에서 대법원은 전자의 선박임대차 유사설을 취하면서 정기용선자의 화물관리에 대한 불법행위책임을 인정하였다.

---

* 본 논문은 고려대학교 법과대학 100주년 기념논문집(2005.12)에 발표한 내용이다.

1) 정찬형, 「상법강의(하)」(박영사, 2005), 775-776면.

그런데 2003년 8월 22일 선박충돌과 관련된 예인선 301호 판결에서 대법원은 정기용선자가 아닌 선박소유자를 책임주체로 확정하였다. 위의 선행되는 두 판결에 의하면 본 사안에서도 정기용선자가 책임의 주체가 되어야 한다고 생각될 수 있다. 그런데 대법원은 선박충돌과 관련한 손해에 대하여는 정기용선자가 아니라 선박소유자가 책임의 주체라고 판시한 것이다. 정기용선과 관련된 대법원 판결을 중심으로 이러한 판결들이 서로 모순되고 있는지 아니면 조화롭게 해석될 수 있는지에 대한 논의를 전개하고자 한다.

Ⅱ. 定期傭船에 대한 學說

1. 임대차유사설

이 학설은 정기용선은 순수한 임대차 계약은 아니지만 선박임대차와 유사하다고 본다. 따라서 상법 제766조를 정기용선에 유추적용할 수 있다고 한다.[2)] 즉, 상법 제766조 제1항은 "선박임차인이 상행위 기타 영리를 목적으로 선박을 항해에 사용하는 경우에는 그 이용에 관한 사항에는 제3자에 대하여 선박소유자와 동일한 권리의무가 있다"고 규정한다. 그러므로 정기용선자는 선박임차인을 대신하여 책임의 주체가 될 수 있다.

여기에는 정기용선계약을 선박임대차와 선원의 노무공급계약의 혼합계약으로 보는 견해, 선박임대차의 요소를 포함하는 해상법상의 특수한 계약으로 보는 견해, 선박이용에 관한 海技事項은 선박소유자에게 귀속하고 商事事項은 정기용선자에게 속한다고 보는 견해[3)] 등이 있다.

---

2) 손주찬, 「상법(하)」(박영사, 1996), 768면; 정동윤, 「상법(하)」(법문사, 2001), 735면; 배병태, 「주석해상법」(한국사법행정학회, 1980), 139면; 최기원, 「해상법」(박영사, 1997), 66면; 김정호, 「상법강의(하권)」(법문사, 1996), 563면; 김인현, 「해상법」(법문사, 2003), 113면; 미국에서도 선장은 선박의 항행과 관련하여서는 선반소유자의 대리인이지만, 화물의 취급과 선적항 및 양륙항의 선정에 있어서는 정기용선자의 대리인이라는 주장이 많다. Frank L. Maraist, *Admiralty*, 1996, 50면; Healy and Sharpe, *Admiralty*, 1999, 305면. 이는 해기상사구별설을 기초로 하는 선박임대차설과 유사한 것으로 해석된다.

3) 해기상사구별설을 독자적인 별개의 것으로 보는 견해도 있다. 이기수외 2인, 「보험해상법」(박영사, 2003), 355면. 그러나 상사사항에 대하여 정기용선자의 사용자책임을 인정하기 위하여는 상법 제766조를 매개로 하여야 하므로 선박임대차와 관련을 맺지 않으면 이론 구성이 어렵게 되는 문제가 있다.

이러한 학설을 충실히 따른다면 정기용선중인 선박에 대한 충돌사고에서 책임의 주체는 정기용선자가 되어야 할 것이다. 일본의 1992년 최고재판소는 이러한 입장을 취하였다.4)

2. 운송계약설

이 학설은 정기용선을 운송계약의 일종으로 보는 학설이다. 정기용선계약에서는 선원에 대한 선임감독권은 선박소유자에게 유보되어 있으므로, 정기용선자는 선박의 사용수익권을 갖지 않으며 계약의 외부관계에서 해상기업자의 지위를 갖게 되는 것은 선박소유자라고 한다.5)

Ⅲ. 2003.8.22. 판결 이전의 세 가지 대법원 판결

1. 대법원 1992.2.25. 선고 91다14215 판결(폴사도스호 판결)

폴사도스호는 NYPE 서식을 사용하여 한국의 D사에 정기용선되었다. 화주에게 발행된 선하증권은 폴사도스호의 선박소유자만이 사용하는 양식 혹은 D사 고유의 양식이 아니라 전면 우측상단이 아무런 선사의 표시가 없이 공란으로 되어 있는 콘라인 양식이었다. D사의 대리점인 카라나 라인은 선하증권을 발행함에 있어서 전면 우측하단에 '선장을 위하여'라는 문구를 타이핑하여 삽입한 후 자신의 회사이름을 표기하고 서명하였다. 환적도중 선원들의 취급부주의로 화물인 합판이 파손되어 하주의 보험자가 정기용선자(피고)에게 손해배상을 청구하였다. 피고인 정기용선자는 선박소유자가 운송인이라고 주장하였다.

대법원은 정기용선의 법적 성질에 대하여 "원심이 확정한 사실관계하에서의 정기용선계약은 선박에 대한 점유권이 용선자에게 이전되는 것은 아니지만 선박임대차와 유사하게 용선자가 선박의 자유사용권을 취득하고 그에 선원의

---

4) 이 판결(日本最高裁判所 平成4年4月2日, 昭和63年第1737號)은 일본의 국내는 물론 한국에서도 많은 비판을 받았다. 이에 대한 자세한 논의는 전게 해상법연구, 412면 이하를 참고바람. 대표적인 것으로 戶田修三 · 西島梅治, 「保險法海商法」(青林書院, 1996), 218頁.

5) 박용섭, 「해상법론」(형설출판사, 1994), 37면; 이기수, 전게서, 356면; 채이식, 「상법IV」(박영사, 2001), 245면; 정찬형, 전게서, 775면; 김동훈, "정기용선계약에 대한 법적 검토," 「한국해법학회지」, 제24권 제2호(2002년 11월), 16 및 33면. 그러나 김동훈 교수는 상사적 사항에 대하여는 정기용선자에게 사용관계의 성립을 인정할 수 있다고 한다. 33면.

노무공급계약적인 요소가 수반되는 내용으로서 해상기업활동에서 관행적으로 형성 발전된 특수한 계약관계라 할 것이고, 이 경우 정기용선자는 그 대외적인 책임관계에 있어서 선박임대차에 관한 상법 제766조의 유추적용에 의하여 선박소유자와 동일한 책임을 지는 것이라 할 것이므로 정기용선자인 피고는 선장이 발행한 이 사건 선하증권상의 운송인으로서의 책임을 부담한다 할 것이다"고 판시하였다. 대법원은 정기용선에 대한 법적 성질에 대하여 혼합계약설(임대차유사설)의 입장을 취하면서 정기용선자의 운송계약상의 책임을 인정하였다.[6)]

2. 대법원 1994.1.28. 선고 93다18167 판결(로스토치호 판결)

소외 甲회사가 피고와의 사이에 甲이 남대서양 어장에서 잡은 냉동오징어를 피고가 부산항까지 해상운송하기로 하는 계약을 체결하였고, 그에 따라 피고가 위 냉동오징어를 냉동운반선인 로스토치호에 싣고 운송하였으나 하역작업시 냉동오징어 일부가 부족하고 나머지 오징어도 대부분이 녹아있거나 재냉동되어 변질된 하자가 발생한 사실이 확인되었다.

그에 따라 위 甲과 냉동오징어의 운송에 관하여 적하보험계약을 체결한 보험자인 원고가 甲에게 보험금을 지급한 다음, 원고는 보험자 대위의 법리에 따라 피고 정기용선자에게 손해배상청구를 하였다. 피고는 자신은 정기용선자에 불과하므로 선장의 불법행위에 대하여는 자신이 아니라 선박소유자가 책임을 부담한다고 항변하였다.

대법원은 "선박의 소유자 아닌 정기용선자라 하여도 다른 특별한 사정이 없는 한 대외적인 책임관계에 있어서는 선박임차인에 관한 상법 제766조가 유추적용되어 선박소유자와 동일한 책임을 지는 것이므로(당원 1992.2.25. 선고 91다14215 판결), 가사 피고가 위 로스토치호의 소유자가 아니라 정기용선자에 불과하다고 하더라도 원심이 적법하게 확정한 바와 같이 甲이 피고와 화물운송계약을 맺었는데, 위 로스토치호의 선원 기타 선박사용인의 과실로 인하여 그 화물에 손상이 있었다면 피고는 위 甲 내지 그를 대위하는 원고에 대하여 불법행위책임을 부담하여야 할 것이다"고 판시하였다.

---

6) 자세한 논의는 김인현, 「해상법연구」(삼우사, 2002), 406면 이하를 참고바람.

대법원은 화물손상에 대한 불법행위책임에 대하여 선박소유자가 아니라 정기용선자가 책임의 주체가 된다고 판시하였다. 다만, 그 근거에 대하여는 별다른 설시없이 상법 제766조를 유추적용하였다.[7]

3. 대법원 2001.7.10. 선고 99다58327 판결(도쿄 세나토르호 판결)

선박의 소유자로부터 정기용선자는 도쿄 세나토르호를 용선하여 조양상선에 선복용선을 주었다. 화주 대영컨벌팅과 운송계약을 체결한 대유해운은 조양상선과 재운송계약을 체결하였다. 운송중 화재의 연기로 인하여 오염된 화물손상에 대하여 대영컨벌팅의 보험회사인 원고는 정기용선자를 상대로 계약상의 책임과 불법행위에 기한 책임을 묻고자 하였다. 원고는 조양상선은 단지 피고 정기용선자의 대리인의 자격으로 선하증권을 발행하였으므로 운송인은 피고 정기용선자가 되고, 또한 선원들의 사용자라는 지위에서 선원들의 불법행위에 대하여 손해배상책임이 있다고 주장하였다.

원심은 "선박소유자가 아닌 정기용선자라 하여도 다른 특별한 사정이 없는 한 대외적인 책임관계에 있어서는 선박임차인에 관한 상법 제766조가 유추적용되어 선박소유자와 동일한 책임을 진다"고 하면서,[8] 피고 정기용선자의 과실에 대한 입증책임은 일반원칙에 따라 피해자인 원고가 부담하지만, 사안에서는 피고에게는 주의의무 위반이 없다고 판시하였다.

대법원은 "이 사건에서 조양상선이 발행한 선하증권의 이면약관에서 조양상선이 위 운송계약의 운송인이 됨을 명시하고 있을 뿐만 아니라, 조양상선은 피고에게 일정한 선복용선료만 지급할 뿐이고 대영컨벌팅과 조양상선 사이의 운송계약에 따른 운임은 모두 조양상선의 수입으로 되는 것으로 보인다. 이러한 사정을 고려하면 원심이 피고가 이 사건 화물에 대한 운송인의 지위에 있지 아니하다고 판단한 것은 옳다"고 하면서 정기용선자의 책임을 부인하였다.

본 판결에서 대법원은 정기용선자와 또 다른 용선자(운송인) 사이의 운송계약상의 책임주체를 다루었다. 여러 가지 사정을 고려하여 정기용선자가 아닌

---

7) 이에 대하여는 상게 해상법연구, 472면 이하를 참고바람.

8) 1심은 "선원들은 운송물의 수령, 선적, 적부, 운송, 보관 등에 관하여 피고 정기용선자의 지휘감독을 받는다는 점에서 피고는 위 선원들의 운송상의 과실에 대하여 사용자로서 책임을 부담한다고 하였다.

다른 용선자가 운송인임을 인정하였다.

또한 대법원은 정기용선자는 상법 제766조에 따라 불법행위에 대한 책임도 부담한다고 하였다.[9)]

Ⅳ. 대법원 2003.8.22. 선고 2001다65977 판결 (예인선 제301호 사건)[10)]

1. 사실관계

(1) 소외 정기용선자는 선박소유자(이하 선주)인 피고로부터 이 사건 예인선인 제301호를 부선과 함께 각 1년간 정기용선하기로 하면서 용선기간중 피고가 선장을 포함한 선원 3명을 고용한 뒤 예인선에 승선시켜 선원의 급여 및 선박수리비 등을 부담하고, 예인선의 선원과실 및 선체결함으로 인한 사고 발생시에는 피고가 전적으로 배상책임을 지기로 약정하였다. 이 사건 예인선이 부선을 예인하던 중 야간정박하고 있던 어선과 충돌하였고 어선선원들이 사망하였다. 어선의 유족들은 피고 선주에 대하여 손해배상청구소송을 제기하였다.

(2) 원심(부산고법 2001.9.6. 선고 2000나15801 판결)에서 피고는 정기용선자가 선박충돌에 대한 책임의 주체가 되어야 한다고 주장하였으나, 법원은 피고인 선주에게 손해배상책임을 인정하였다.

2. 대법원의 판시 내용

(1) 타인의 선박을 빌려쓰는 용선계약에는 기본적으로 선박임대차계약, 정기용선계약 및 항해용선계약이 있는데, 이 중 정기용선계약은 선박소유자 또는 임차인(이하 통칭하여 '선주'라 한다)이 용선자에게 선원이 승무하고 항해장비를 갖춘 선박을 일정한 기간 동안 항해에 사용하게 할 것을 약정하고 용선자가 이에 대하여 기간으로 정한 용선료를 지급할 것을 약정하는 계약으로서 용선자가

---

9) 자세한 논의는 전게 해상법연구, 472면 이하를 참고바람. 이에 대한 판례평석으로는 김현, "정기용선자의 제3자에 대한 책임," 「인권과 정의」, 제256호(1997년 12월호), 105면.

10) 본 판결에 대한 구체적인 판례평석으로는 김인현, "정기용선된 선박의 선박충돌에 대한 책임주체," 법률신문 2004.1.8.자; 이승호, "정기용선 선장의 불법행위에 대한 선주의 책임," 「한국해법학회지」, 제26권 제1호(2004.4), 197면; 김현, "2003년 주요해상판례회고," 「국제거래법연구」, 제12집, 372면 이하가 있다.

선주에 의해 선임된 선장 및 선원의 행위를 통하여 선주가 제공하는 서비스를 받는 것을 요소로 하는 것이고, 선박 자체의 이용이 계약의 목적이 되어 선주로부터 인도받은 선박에 자기의 선장 및 선원을 탑승시켜 마치 그 선박을 자기 소유의 선박과 마찬가지로 이용할 수 있는 지배관리권을 가진 채 운항하는 선박임대차계약과는 본질적으로 차이가 있으며, 정기용선계약에 있어서 선박의 점유, 선장 및 선원에 대한 임면권, 그리고 선박에 대한 전반적인 지배관리권은 모두 선주에게 있고, 특히 화물의 선적, 보관 및 양하 등에 관련된 상사적인 사항과 달리 선박의 항행 및 관리에 관련된 해기적인 사항에 관한 한 선장 및 선원들에 대한 객관적인 지휘 · 감독권은 달리 특별한 사정이 없는 한 오로지 선주에게 있다고 할 것이다.

(2) 원심의 위 인정 사실과 그 밖에 기록상 나타난 여러 사정을 보태어 보면, 예인선에 대한 위 용선계약은 선박임대차계약과 구별되는 정기용선계약으로서의 기본 요건을 모두 갖추었다고 봄이 상당하고, 이처럼 정기용선된 선박의 선장이 항행상의 과실로 충돌사고를 일으켜 제3자에게 손해를 가한 경우 용선자가 아니라 선주가 선장의 사용자로서 상법 제845조 또는 제846조에 의한 배상책임을 부담하는 것이고, 따라서 상법 제766조 제1항이 유추적용될 여지는 없으며, 다만 정기용선자에게 민법상의 일반 불법행위책임 내지는 사용자책임을 부담시킬 만한 귀책사유가 인정되는 때에는 정기용선자도 그에 따른 배상책임을 별도로 부담할 수 있다 할 것이다.

(3) 상고이유에서 들고 있는 대법원 판결들은 사안이 모두 다른 것이어서 이 사건에 원용하기에 적절하지 아니하다.[11]

3. 평 석

본 판결은 정기용선중인 선박의 선박충돌사고에서 책임의 주체를 정기용선자가 아닌 선박소유자(혹은 선박임차인)로 판시한 리딩 케이스이다. 대법원은 상법 제846조의 책임은 사용자책임으로 보아, 선장의 사용자인 선박소유자가 책임의 주체가 되어야 한다고 판시한 것이다. 본 판결에서 대법원은 海技商事 구별설의 입장을 취하면서,[12][13] 선박충돌과 같은 海技事項은 선장을 선임하고

11) 판례공보(2003), 1912면.

감독하는 선박소유자가 부담한다는 점을 분명히 하였다.[14)15)16)]

이러한 결과는 기존의 1992년 대법원의 판례(대법원 1992.2.25. 선고 91다14215 판결)(이하 1992년 폴사도스호 판결)를 포함하여 다수설이 취하는 정기용선에 대한 선박임대차 유사설의 입장과는 배치되는 것으로 볼 여지가 있기 때문에,[17)] 기존의 대법원 판결과의 조화로운 해석이 문제된다.

V. 調和로운 解釋의 시도

1. 문제의 제기

그간 우리 대법원은 위에서 본 바와 같이 정기용선자가 개입된 사건에서 계약책임과 불법행위책임에 대한 세 가지 판결을 가지고 있었다. 즉, 대법원은 폴사도스호와 로스토치호 및 도쿄 세나토르호 사건에서는 정기용선자를 책임의 주체로 보았다. 그런데 다시 본 판결에서는 선주가 책임의 주체가 된다는 판결을 내린 것이다. 대법원은 기존의 상기 판례들을 본 판결로써 변경한 것인가?

---

12) 종래 해기상사구별설은 임동철 교수가 지지하였다. 임동철, 「해상법 국제운송법연구」(진성사, 1990), 523-528면. 프랑스 1966년 용선계약 및 해상운송계약에 관한 법률 제21조의 입장이기도 하다.

13) 김정호 교수는 이 판결에 대하여 대법원이 해기상사구별설의 입장을 취한 것으로 보면서 적극 찬성한다. 김정호, 전게서, 600면.

14) 종래에 이 문제는 정기용선의 법적 성질이 선박임대차와 유사한 것인가 아니면 항해용선과 유사한 것인가에 논의의 초점이 모아져 있었다. 즉, 선박임대차와 유사하다고 본다면 상법 제766조 제1항을 준용하여 정기용선자도 선박소유자와 동일한 책임을 부담하게 되나, 항해용선으로 본다면 선박임대차에 관한 규정인 동조를 적용하지 못하고 결국 선박소유자가 책임의 주체가 되게 된다는 결론에 이르렀다. 이러한 논쟁은 우리 상법이 정기용선에 대한 규정을 가지고 있지 않았고, 정기용선이 임대차적인 성격과 아울러 항해용선의 성격도 포함하고 있기 때문이었다. 1991년 상법개정시에 정기용선계약을 운송의 장에 포함시킴으로써 논의는 일단락되는가 싶었지만 아직 논의는 종식되지 않고 있다.

15) 동지, 김현, 전게논문, 372면.

16) 종래에도 대다수의 학자와 실무의 변호사들은 정기용선에 대한 학설대립과 관계없이 정기용선중인 선박의 충돌사고에 대하여 책임주체는 선박소유자가 되어야 한다고 주장하였다. 임동철, 「해상법 국제운송법연구」(진성사, 1992), 540면; 채이식, 「상법강의(하)」(박영사, 1992), 685면; 김인현, “정기용선중인 선박의 충돌사고에 대한 책임주체,” 「한국해법학회지」, 제19권 제1호(1997.3), 202면; 김창준, “Demise Clause와 정기용선자의 제3자에 대한 책임,” 「인권과 정의」(1994.11), 109면; 심재두, “정기용선자의 제3자에 대한 책임,” 「판례월보」, 294호(1995.3), 41면.

17) 선박임대차유사설을 취하면서 선박충돌에 대하여도 정기용선자가 책임을 부담한다는 견해로는 손주찬, 「상법(하)」(박영사, 1996), 772면이 대표적이다.

2. 이전의 판결과의 차이점

폴사도스호 판결은 운송계약상의 책임을 정기용선자 혹은 선박소유자 누구에게 추궁이 가능한가에 대한 판결이다. 이 판결에서 대법원은 정기용선의 법적 성질을 근거로 정기용선자의 책임을 인정하였다. 그러므로 선박충돌에서 제3자에 대한 불법행위책임의 주체를 다루고 있는 예인선 제301호 사건과 다르다.

로스토치호 판결은 정기용선된 선박의 화물과 관련된 불법행위책임을 구하고 있는 것이다. 그러므로 비록 정기용선자의 불법행위책임을 다루고 있다는 점에서 예인선 제301호 사건과 같지만, 선박충돌이 아닌 화물관리와 관계되는 사안이라는 점이 다르다.

도쿄 세나토르호 판결은 정기용선 및 선복용선이 된 선박의 운송계약상의 책임과 불법행위책임을 묻고 있다. 위 폴사도스호와 로스토치호의 결합으로 볼 수 있다.

위와 같이 볼 때, 본 사안은 선박충돌과 관련되어 정기용선자 혹은 선박소유자 중 누가 책임의 주체가 되어야 하는지에 대한 대법원의 판시로서 위 사안들과는 모두 다른 것임을 알 수 있다.

3. 종합적인 해석

대법원의 판시 중 "정기용선계약에 있어서 선박의 점유, 선장 및 선원에 대한 임면권, 그리고 선박에 대한 전반적인 지배관리권은 모두 선주에게 있고, 특히 화물의 선적, 보관 및 양하 등에 관련된 상사적인 사항과 달리 선박의 항행 및 관리에 관련된 해기적인 사항에 관한 한 선장 및 선원들에 대한 객관적인 지휘 · 감독권은 달리 특별한 사정이 없는 한 오로지 선주에게 있다고 할 것이다"라는 내용은 중요한 의미를 갖는다.

이 내용은 海技事項과 商事事項을 나누어서 대법원이 입장을 정리한 것으로 해석이 가능하다. 즉, 선박충돌과 같은 海技事項에 대하여는 선주가 여전히 선장에 대한 지휘감독권을 가지므로 선주가 사용자책임의 주체가 되지만, 화물의 관리와 같은 경우는 商事事項으로서 정기용선자가 선장에 대한 지휘감독권이 있다는 것이다.

이에 따르면 선박충돌의 경우에는 선주는 선장에 대한 사용자가 되고, 화물의 관리에 대하여는 정기용선자가 선장의 사용자가 되어 각각 사용자책임을 부담하게 된다는 결론에 이르게 된다. 이러한 논리에 따라 예인선 제301호 사건에서는 선박소유자가 책임의 주체가 되었다. 로스토치호의 경우에 정기용선자가 불법행위상의 책임을 부담한 것도 같은 맥락에서 이해할 수 있다. 이렇게 해석하는 한, 본 판결은 정기용선에 대한 위 두 개의 불법행위와 관련된 기존 대법원 판결과 조화롭게 된다.

대법원이 정당하게 지적한 바와 같이, 선박의 商事事項에 대하여는 정기용선자가 선장을 지휘감독하여 선박을 자신의 영업에 사용하고, 海技事項은 선주가 여전히 자신이 고용한 선장을 지휘감독한다는 것이 정기용선계약의 요체이다. 그러므로 정기용선계약에서 종국적으로 전반적인 지배관리권은 모두 선주에게 있는 것이 아니라, 商事事項에 대하여는 선장에 대한 지휘감독을 통하여 정기용선자가 지배관리권을 갖고 항해사항에 대하여는 선주가 지배관리권을 갖는다. 이러한 분배된 지배관리권에 기초하여 선주는 자신의 선원을 계속 고용함으로써 항해사항에 대하여 사용자책임을 부담하게 되는 것이다. 商事事項에 대하여는 정기용선자가 선박을 지배관리한다는 점은 바로 선박임대차유사설의 근거가 된다. 선박임대차의 본질은 선박의 임차와 점유에 있다. 정기용선계약의 주내용은 "운송"에 있는 것이 아니라,[18] 선박을 빌려서 사용(즉, 운송에 제공)함에 있다(상법 제812조의2). 선박에 대한 점유는 선장에 대한 지휘권 여부에 있다.[19] 海技商事 구별설에 의하여 정기용선자의 선장에 대한 지휘권이 제한적으로나마 인정된다. 그 결과로 정기용선자는 비록 선장을 직접 고용하지는 않았다고 하더라도, 로스토치호 판결에서와 같이 화물의 관리에 대하여 불법행위책임을 부담하게 되는 것이다.[20]

대법원의 전반적인 지배관리권은 모두 선주에게 있다는 전자의 내용은, 후자의 商事事項에 대한 지배관리권의 인정에 대한 보충설시로 보완하여 해석되어야 하는 것이 대법원 판시의 취지가 아닌가 생각된다.

폴사도스호 판결은 운송계약상의 책임이 문제된 사안으로서 정기용선자와

18) 그러므로 정기용선에 대한 법적 성질에 대한 논의에서 운송계약설을 취하기는 어렵다.
19) 채이식, 전게서, 245면.
20) 구체적인 이론구성에 대하여는 김인현, 전게 해상법연구, 486-489면을 참고바람.

선박소유자 중에서 누가 책임의 주체가 되는가 하는 문제이고, 도쿄 세나토르호 사건에서는 동일한 운송계약상의 책임이 문제된 것이지만, 정기용선자와 그로부터의 재용선자 중에서 누가 운송인이 되는가 하는 문제이다. 그 점에서 제3자의 불법행위책임과 관련된 본 사안은 다르다. 따라서 폴사도스호 판결과 도쿄 세나토르호 판결은 여전히 유효하다. 다만, 선박임대차와 본질적으로 다르다는 내용이 정기용선에 대한 선박임대차유사설을 부인하는 것인가에 대하여는 확실하지 않다. 사견으로는 海技商事 구별설은 선박임대차유사설과 연결될 수 있고 그 일부로 볼 수 있으므로[21] 여전히 정기용선의 법적 성질은 선박임대차 유사설을 취하고 있는 것으로 이해하고자 한다. 다만, 정기용선된 선박의 운송계약상의 책임주체를 확정함에 있어서도 우리 대법원은 법적 성질을 추종하던 폴사도스호의 판결에서 벗어나 제반사정을 고려하는 도쿄 세나토르호 판결로 한 걸음 나아간 점을 유의하여야 할 것이다.[22]

Ⅵ. 結 論

이제 우리나라는 정기용선중인 선박에 대하여 각기 다른 사실관계를 다룬 4가지 대법원 판결을 가지게 되었다. 화물관리와 같은 商事事項인 경우에는 정기용선자가(로스토치호 및 도쿄 세나토르호 판결), 선박충돌과 같은 항해사항에 대하여는 선박소유자가 책임의 주체가 되고(예인선 제301호 판결), 정기용선자와 선박소유자가 문제가 되는 운송계약상의 문제에 있어서는 정기용선자가 책임의 주체가 되고(폴사도스호 판결), 정기용선자와 재용선자 사이의 운송인 확정의 문제에 있어서는 제반사정을 고려하여 정기용선자가 운송인이 되지 않을 수도 있는 판결(도쿄 세나토르호 판결)이 서로 상존하게 되었다.

정기용선중인 선박의 불법행위책임은 항해사항에 대하여는 선박소유자가 선원에 대한 지휘 명령, 관리 감독권을 가지므로 그가 사용자책임을 부담하고, 商事事項에 대하여는 정기용선자가 선원에 대한 지휘명령권을 가지므로 그가

---

21) 김동훈 교수도 해기상사구별설을 선박임대차유사설의 일종으로 본다. 전게논문, 16면.

22) 그런데 선하증권상 책임주체의 문제는 선하증권 등에 나타나는 여러 가지 표지로서 운송인을 확정하는 것이지 반드시 법적 성질로서 운송인을 확정하는 것은 아니다. 김인현, 전게 해상법, 118면.

사용자책임을 부담한다는 대법원의 판결에 찬성한다. 이 점에서 우리나라는 일본과 다른 대법원의 판결을 가지게 되었다.

정기용선중인 선박의 운송계약상의 책임에 대하여는 정기용선의 법적 성질에 따라 정할 것이 아니라 일차적으로는 운송체결과정에 나타난 여러 가지 사정을 고려하여 운송인을 확정하여야 한다고 본다. 이러한 전개가 정기용선계약의 법적 성질이 무용하다는 것을 의미하는 것은 아니다. 그것은 선하증권이 발행되지 않은 경우에 운송인의 확정이 어려운 경우, 해난구조 등의 책임주체 등을 확정함에 여전히 유용하게 사용될 수 있다.

제 4 국내판례

商法 제806조 船舶所有者의 범위와 運送人 確定

(대법원 2004.10.27. 선고 2004다7040 판결)

Ⅰ. 事實關係

선박소유자 L은 선박을 C에게 나용선(선박임대차)하여 주었고 C는 다시 피고에게 동 선박을 나용선하여 주었다. 피고는 동 선박을 다시 C에게 항해용선 주었고 C는 다시 A에게 일부용선을 주었다. A는 URM과 일부용선계약을 체결하고, URM은 창진교역과 서림수산으로부터 어획물을 운반하는 용선계약을 체결하였다. 그런데 용선계약서에는 선박소유자는 A로 되어 있었고, 선하증권은 제2나용선자인 피고가 발행한 것으로 되어 있다. 화물손상을 입은 창진교역과 서림수산을 대위한 보험회사인 원고가 (1) 피고를 운송인으로 보아 운송인으로서의 채무불이행책임을, 다른 한편으로는 (2) 상법 제806조의 선박소유자로서의 책임을 부담한다는 점을 근거로 손해배상청구를 제기하였다.

선박소유자 L → 제1나용선자 C → 제2나용선자(피고) → 항해용선자 C → 일부항해용선자 A → 일부항해용선자 URM ↔ 창진교역+서림수산(원고)

원고 창진교역과 서림수산은 피고에 대하여 (1) 운송인으로서 채무불이행책임을 (2) 상법 제806조의 선박소유자로 책임을 묻고 있음

원심인 부산고등법원(부산고법 2003.12.11. 선고 2003나172 판결)은 (1) 피고가 선하증권을 발행한 것은 인정되나 용선계약서에 URM이 계약당사자로 되어 있는 점, 운송료는 URM을 통하여 A에게 지급된 점 등에 비추어 창진교역과 서림수산과 운송계약을 체결한 자는 URM이고 피고는 단지 URM의 대리인으로서

선하증권을 발행한 것에 불과하다고 배척하였다. 또한 원심은 (2) 상법 제806조에서 말하는 선박소유자는 L이 분명하므로 피고가 이 사건 선박의 소유자임을 전제로 하는 원고의 청구는 이유없다고 배척하였다. 이에 원고는 대법원에 상고하였다.

II. 大法院의 判示內容

1. 재용선계약의 경우, 선주와 용선자 사이의 주된 용선계약과 용선자와 재용선자 사이의 재용선계약은 각각 독립된 운송계약으로서 선주와 재용선계약의 재용선자와는 아무런 직접적인 관계가 없다 할 것인바, 재용선계약 등에 의하여 복수의 해상운송주체가 있는 경우 운송의 최종수요자인 운송의뢰인에 대한 관계에서는, 용선계약에 의하여 그로부터 운송을 인수한 자가 누구인지에 따라 운송인이 확정되는 것이고, 선하증권의 발행자가 운송인으로 인정될 개연성이 높다 하겠지만, 그렇다고 하여 선하증권 발행사실만으로 당연히 운송인의 지위가 인정되는 것은 아니다. 창진교역 및 서림수산과 운송계약을 체결한 운송인은 피고가 아니라 URM이라고 본 원심의 판단은 수긍이 간다.

2. 이 사건 선박의 소유자를 L로 본 원심의 사실인정은 정당하다. 그러나 선박의 소유자가 선박임대차계약에 의하여 선박을 임대하여 주고, 선박임차인은 다른 자와 항해용선계약을 체결하여 그 항해용선자가 재용선계약에 의하여 선복을 제3자인 재용선자에게 항해용선하여 준 경우에 선장과 선원에 대한 임면 지휘권을 가지고 선박을 점유 관리하는 자는 선박의 소유자가 아니라 선박임차인이라 할 것인바, "선박임차인이 상행위 기타 영리를 목적으로 선박을 항해에 사용하게 하는 경우에는 그 이용에 관한 사항에는 제3자에 대하여 선박소유자와 동일한 권리의무가 있다"고 규정한 상법 제766조 제1항의 취지에 따라, 선박임차인은 재용선자인 제3자에 대하여 상법 제806조에 의한 책임, 즉 자신의 지휘 감독 아래에 있는 선장의 직무에 속한 범위내에서 발생한 손해에 관하여 상법 제787조 및 제788조의 규정에 의한 책임을 진다 할 것이고, 이는 재용선자가 전부 혹은 일부 선복을 제3자에게 재재용선하여 줌으로써 순차로 재재재용선계약에 이른 이 사건의 경우에도 마찬가지라 할 것이다. 그럼에도 불구하고, 원심이 피고가 이 사건 선박의 소유자가 아니라는 이유만으로 상법 제

806조의 책임이 없다고 판단한 것은 상법 제766조 제1항 및 제806조의 해석을 그르쳐 판결에 영향을 미친 위법을 저지른 것이라 할 것이고 이를 지적하는 원고의 상고이유는 이유있다.[1]

Ⅲ. 評 釋

1. 문제의 제기

본 사건은 해상법에서 두 가지의 이슈를 대법원이 다루고 있다. 하나는 상법 제806조의 연대책임을 부담하는 선박소유자의 범위의 문제이고, 다른 하나는 그 전제가 되는 운송인 확정의 문제이다.[2]

상법 제806조는 재운송계약과 선박소유자의 책임이라는 표제하에 "용선자가 자기의 명의로 제3자와 운송계약을 체결한 경우에는 그 계약의 이행이 선장의 직무에 속한 범위안에서 선박소유자도 그 제3자에 대하여 제787조와 제788조의 규정에 의한 책임을 진다"고 정한다. 즉, 우리 상법은 선박이 재용선된 경우에는 선박소유자도 선장의 직무범위 내에서 운송물에 대한 주의의무와 감항성의무와 관련하여 운송인과 함께 화물손상에 대하여 책임을 부담한다고 한다. 원칙적으로는 송하인 혹은 화주로서의 용선자와 운송계약을 체결한 운송인만이 운송계약상의 책임을 부담하면 될 것이지만, 선박소유자가 비록 자신이 운송인이 아닌 경우에도 운송인과 함께 연대책임을 부담하게 함으로써 제3자를 보호하고자 하는 것이 상법의 태도이다.

1991년 상법 개정전에는 "용선자가 자기의 명의로 제3자와 운송계약을 체결한 경우에도 그 계약의 이행이 선장의 직무에 속한 범위안에서는 선박소유자만이 그 제3자에 대하여 책임을 진다. 이 경우에도 선박소유자는 제746조 또는 제747조의 규정에 의한 권리를 행사할 수 있다"고 하였다. 선박소유자만이 책임을 부담하던 것이 개정을 통하여 운송인과 선박소유자가 연대책임을 부담하는 것으로 변경되었다.[3]

1) 판례공보(2004), 1911면.

2) 상법 제806조에 대한 전반적인 내용을 다룬 논문으로는 임동철, "재운송계약과 선박소유자의 책임," 「해법회지」, 제15권 제1호(1993.3), 9면 이하; 김인현, 「해상법연구」(삼우사, 2002), 493면; 김인현, "상법 제806조의 적용에 대한 법적 검토," 「한국해법학회지」, 제24권 제1호(2002.4), 193면 이하가 있다.

그런데 상법에서 정하는 선박소유자라는 개념에 선박이 나용선(선박임대차)된 경우에는 상법 제766조가 존재하기 때문에 과연 나용선자(선박임차인)가 책임의 주체가 되는지가 논란이 된다.

상법 제806조를 적용하기 위하여는 우선 운송인이 확정되어야 하고 다음 선박소유자를 누구로 할 것인가가 결정되어야 한다.[4] 운송인의 확정과 관련하여 여러 다양한 표지가 있을 경우에는 누구를 운송인으로 간주할 것인가는 "運送人確定"의 문제로 많이 다루어지고 있는 문제이다.

실무적으로 제806조와 관련하여 가장 크게 다투어지고 있는 것은 선박소유자-정기용선자-화주로 이어지는 운송에서 이 경우에도 제806조가 적용되어 선박소유자는 운송인인 정기용선자와 함께 연대책임을 부담하는가의 여부이다. 다수설은 선박소유자와 정기용선자의 계약은 임대차와 유사하여 정기용선자와 화주가 체결하는 계약은 '재'운송계약이 아니므로 상법 제806조의 적용이 없다고 한다.[5] 소수설은 선박소유자와 정기용선자의 계약을 운송계약으로 보기 때문에 정기용선자와 화주가 체결하는 계약은 재운송계약이고 따라서 제806조의 적용이 있다고 한다.[6] 이 문제는 본 판결에서 다루어지지 않았으므로 논의는 생략한다.

2. 운송인의 확정

(1) 일반론

선박이 항해용선된 가운데 선하증권이 발행된 경우에는 운송인(선주)과 용선자(화주) 사이의 법률관계는 용선계약서가 우선한다. 용선자(화주)로부터 선하증권을 취득한 제3자와 운송인(선주)의 관계에서는 선하증권이 우선한다.[7]

---

3) 연혁적으로 일본 상법이 독일 상법으로부터 이를 계수하였으나, 독일 상법(제662조)은 이미 1937년 개정시 동 조항을 완전히 삭제하였고, 일본 상법(제759조)은 이를 국내운송에는 적용하나, 국제해상물품운송법(제19조 제1항)에서는 이를 삭제하고 화주에게 낮은 순위의 우선특권을 주는 것으로 변경되었다. 김인현, 전게 해상법연구, 496면.

4) 김인현, 「해상법」(법문사, 2003), 126면.

5) 정기용선계약의 법적 성질을 선박임대차와 유사하게 보는 학설의 논리적 귀결이다. 김인현, 전게 해상법연구, 506면; 박용섭, 「해상법론」(형설출판사, 1994), 346면.

6) 채이식, 「상법(하)」(박영사, 2003), 736면; 김동훈, "정기용선에 대한 법적 검토," 「한국해법학회지」, 제24권 제2호(2002.11), 42면.

7) 채이식, 상게서, 718면.

실제로는 선박소유자의 피용자인 선장이 선하증권에 서명을 하는 경우도 있으므로 누가 운송인인지가 불분명한 경우가 있다. 선장이 서명한 선하증권이 발행되었다고 하여 반드시 선장의 사용자인 선주가 운송인이 되는 것은 아니다. 선장은 선주의 대리인으로서 서명하기도 하지만, 용선자의 대리인으로서 서명하기도 하기 때문이다. 선박이 나용선된 경우에는 선장의 선임과 감독은 나용선자가 하고 선장은 나용선자의 대리인으로 혹은 용선자의 대리인으로서 선하증권에 서명하기도 한다.

(2) 사 견

그러므로 운송인을 확정함에 있어서는 선하증권상의 서명자(사안에서는 나용선자가 선임한 선장이 서명함)뿐만 아니라 운임수령자 등 여러 사정을 고려하여야 한다. 이런 입장을 취한 대법원의 판시는 정당하다. 본 사안은 화주와 운송인(선주)이 용선계약을 체결하고 이에 기하여 손해배상청구를 운송인에게 하는 경우이다. 그러므로 운송인(선주) (사안에서 URM)과 화주로서의 용선자(사안에서 원고) 사이에는 선하증권이 먼저 적용되는 것이 아니라 용선계약에 따르므로, 선하증권의 서명자가 누구인가에 관계없이 용선계약상의 운송인이 누구인지를 판단하면 된다.[8] 본 사안에서는 일부용선자인 URM이 운송인이었다.

3. 상법 제806조의 선박소유자의 범위

(1) 상법 제806조의 의의

상법 제806조는 선박이 재운송(재용선)된 경우에 운송인과 함께 선박소유자도 일정한 조건하에서 운송인과 연대책임을 부담한다는 것이다. 그 존재이유에 대하여 다수설은 구상관계를 간편하게 한다거나,[9] 제3자를 보호하기 위한 규정으로 설명하고 있다.[10]

선박의 운항은 반드시 선박회사가 하여야만 하는 것은 아니다. 화주들은 운송인이 누구인지에 대하여는 관심이 없고, 어떤 선박에 의하여 운항되는지에

8) 본 사안에서 선하증권은 제2나용선자인 피고가 발행한 것으로 되어 있다고 한다. 이것은 결국 선장은 용선자인 URM의 대리인으로 서명한 것으로 보아야 할 것이다.
9) 송상현 · 김현, 「해상법원론」(박영사, 1999), 367면.
10) 배병태, "해상법개정안과 그 취지," 손주찬 교수 정년기념논문집, 1989, 751면.

대하여만 관심이 있고 또한 우리 상법이 운송인에 대하여 어떤 특별한 제한을 두고 있지 않으므로, 선박을 소유하지 않는 많은 사람들이 운송인이 된다. 특히 대부분의 항해용선자들은 운임차액을 노리고 선박소유자 혹은 선박임차인으로부터 선박을 용선한다. 그런데 이들은 재산이 없는 경우가 많으므로 운송인으로서 책임을 부담하여야 하는 경우에도 화주가 손해를 보는 경우가 있다. 이러한 경우에는 선박소유자에게도 책임을 부과하여 제3자를 보호하겠다는 취지를 상법 제806조는 가지는 것으로 이해된다. 다만, 선박소유자는 선장의 감항능력 위반과 운송물에 대한 위반에 대하여만 책임을 부담한다.

그러나 아래에서 보는 바와 같이 상법 제806조는 해석상 여러 가지 어려운 점을 안고 있다.[11)]

(2) 적용요건

첫째, 상법 제806조가 적용되기 위하여는 우선 주운송계약이 존재하여야 한다. 선박소유자가 바로 화주와 운송계약을 체결한 것은 재운송이 아니므로 제806조가 적용되지 않는다.

둘째, 재운송계약이 있어야 한다. 즉, 선박소유자-항해용선자-화주가 계약을 체결하였다면, 선박소유자와 항해용선자는 운송계약이고 다시 항해용선자와 화주가 체결한 계약은 운송계약이므로 재운송계약이 된다.[12)] 이 때 운송인인 항해용선자와 선박소유자가 연대책임을 부담한다는 것이다.

그런데 항해용선자 대신으로 정기용선자가 화주와 운송계약을 체결한 경우에도 상법 제806조가 적용될 것인지에 대하여 논란이 있다. 다수설은 상법 제806조가 적용되는 경우는 항해용선자가 있는 경우를 말하고 정기용선자는 오히려 선박소유자의 책임을 부담하는 경우가 있을 것이라고 한다. 소수설은 정기용선계약도 운송계약으로 이해하므로 이 경우도 정기용선자와 제3자가 체결하는 계약은 재운송계약이 된다. 그러므로 운송인으로서의 정기용선자와 선박소유자가 연대책임을 부담한다는 것이다.[13)14)]

---

11) 여기에 대한 자세한 논의는 김인현, 전게 해상법연구, 493면 이하를 참고바람.

12) 김인현, 전게 해상법연구, 506면.

13) 여기에 대한 자세한 논의는 김인현, 전게 해상법연구, 502-508면을 참고바람.

14) 한국해법학회의 해상법개정연구회에서도 이 문제가 다루어졌다. 이에 따르면, 제806조는 1991년에 개정되었으나 그 적용범위가 항해용선의 경우에 적용되는 것인데 실제에 있어서

선박소유자-나용선자-화주로 운송계약이 이어지는 경우에는 나용선자와 화주 사이의 계약은 재운송계약이 아니므로 제806조가 적용되지 않는다.[15]

(3) 효과 및 선박소유자의 범위

운송인과 선박소유자가 연대책임을 부담한다.

이 때 선박소유자의 범위가 어디까지인가가 의문이다. 만약 선박임대차(나용선)가 된 경우에 상법 제766조를 적용할 수 있다면 선박임차인(나용선자)이 곧 선박소유자의 지위에 들어갈 수 있다.[16]

제806조의 존재의 의의를 제3자를 보호하기 위하여 海產을 가진 선박소유자를 책임의 주체로 하였다는 논거에 따른다면, 선박소유자만이 책임의 주체로 되어야 할 것이다. 나용선자를 책임의 주체로 하면, 선박우선특권이 아닌 한 선박에 대한 채권이 소유자에 대한 것이 아니므로 선박소유자의 선박에 대하여 강제집행을 할 수 없게 되고 이는 입법취지에 어긋나기 때문이다.

(4) 사 견

그런데 우리 상법의 선박소유자의 개념은 협의의 소유, 점유의 개념을 포함하고 있다.[17] 상법 제766조에 의하여 선박소유자의 자리에 나용선자를 대체하여야 하는 경우가 많이 있다.[18] 본 사안에서처럼 선박이 나용선된 경우에는 나용선자가 선박소유자를 대신하여 운송인과 함께 연대책임을 부담하게 된다.[19] 개정상법은 개정전 상법 제806조와는 달리 제787조와 제788조의 책임을

는 정기용선에 적용됨으로써 원래의 개정취지를 이탈하는 결과를 가져오고 불합리하게 운용되고 있으므로 원래의 입법취지에 따라서 항해용선의 경우에만 적용된다는 뜻을 명백히 하기 위하여 개정초안을 마련하였지만, 정기용선의 성질과 관련하여 보다 더 심도있는 검토가 필요하다고 보아 최종결론을 유보하였다. 한국해법학회 해상법개정문제연구회, 해상법개정문제연구보고서(2004.4), 38면.

15) 김인현, 전게 해상법연구, 505면.

16) 대법원 1975.3.31. 선고 74다847 판결.

17) 이에 대한 자세한 논의는 김인현, "선박운항과 관련한 책임주체확정에 대한 연구"(고려대학교 법학박사학위논문, 1999), 210면 이하.

18) 나용선된 선박에서 불법행위책임의 주체는 선박소유자가 아니라 나용선자(선박임차인)가 된다는 대법원의 판결이 대표적인 것이다. 대법원 1975.3.31. 선고 74다847 판결.

19) 김인현, 전게 해상법, 126면; 동지, 천종호, "선박임차인의 법적 지위,"「판례연구(부산판례연구회)」, 제17집(2006.2), 610면.

선박소유자가 부담하게 된다. 제787조의 의무는 감항능력주의의무이다. 그리고 제788조의 책임도 운송인의 주의의무에 대한 것이다. 따라서 선박이 나용선된 경우에는 제787조와 제788조의 의무를 실제로 행하는 자는 선박소유자가 아닌, 선원을 고용하고 선박을 관리하게 되는 나용선자이다. 그러므로 선박이 나용선된 경우에는 선박소유자가 아닌 나용선자가 운송인과 함께 연대책임을 부담하는 자가 된다고 필자는 보아왔다.[20][21]

4. 결 론

이 판결은 상법 제806조의 선박소유자의 개념을 정의한 첫 대법원 판결로서 의의가 있으며, 상법상 선박소유자의 개념은 점유의 개념도 포함하는 것이고, 감항능력과 제806조가 연결되어 있으므로 나용선자가 선박을 운항하는 경우에 제806조의 선박소유자는 바로 나용선자가 된다는 대법원의 판시에 찬성한다.

운송인의 확정에 있어서도 대법원의 판결은 기존의 대법원의 입장과 궤를 같이하는 것으로 필자는 찬성한다. 다만, 제806조는 해석상 정기용선을 둘러싸고 학설의 대립이 심하고,[22] 선박소유자에게 연대책임을 부담하는 근거에 대한 이론 구성이 쉽지가 않으므로 이를 삭제하거나, 함부르크규칙처럼 차라리 실제운송인-계약운송인의 개념을 도입하여 선박소유자에게 실제운송인으로서의 책임을 부과하는 것이 간명하고 제3자의 보호에도 좋다고 본다.[23][24]

---

20) 김인현, 전게 해상법연구, 509면.

21) 그러나 이러한 입장을 취한다고 하더라도, 나용선이 된 선박을 화주가 압류할 수 있는 경우는 선박충돌이 아닌 한 없다. 이는 우리 상법이 1991년 개정작업을 하면서 화물의 손상에 의한 채권을 선박우선특권에서 삭제하였기 때문이다(상법 제861조 제1항). 이러한 한도에서 제806조의 유용성과 법적 근거 등이 비판을 받고 있고 필자도 이에 대하여 의문을 가지고 있다.

22) 위에서 본 한국해법학회의 해상법개정문제연구회에서도 제806조를 "항해용선자가 자기의 명의로"로 개정하여 항해용선의 경우에만 제806조를 적용하자는 가안이 나왔지만, 논란이 있어 장기과제로 넘겼다.

23) 동지, 임동철, 전게논문, 24면; 김인현, 전게 해상법연구, 516면. 다만, 제806조의 용선자는 계약운송인이고, 선박소유자는 실제운송인에 해당한다고 보는 견해도 있다. 손주찬, 「상법(하)」(박영사, 1996), 794, 981면.

24) 2007년 개정상법은 정기용선자가 운송인이 되는 경우에도 선박소유자가 연대책임을 부담하는 것으로 명문화하여 입법적인 해결을 시도하였다(제809조).

제 2 장
物的設備(船舶) 및 人的設備(船長)

제 1 논 문

船舶國籍 부여조건으로서의 眞正한 連繫(genuine link)와 국제사회의 대응*

Ⅰ. 序 論

사람이 국적을 갖는 것과 마찬가지로 선박은 국제법상 반드시 어떤 국가의 국적(선적)을 갖는다. 국적이 없는 경우에는 무국적자와 같이 외교적 보호기대를 할 수 없고 공해에서는 해적으로 의심을 받아 임검 등을 받아야 한다. 이러한 선박과 국가간의 밀접한 관계는 선박을 보호할 필요성뿐만 아니라 공해의 질서를 유지하기 위함에 목적이 있다.[1] 유엔해양법협약 제92조도 선박은 1개국

---

* 본 논문은 「해사법연구」, 제18권 제1호(2006.3)에 실린 글이다.

1) (財)日本海運振興會, 「海洋法と船舶の通航(이하 海洋法)」(成山堂書店, 2002), 10면; T.G. Power, *EC Shipping Law*, LLP, 1998, p. 8.

만의 국기를 게양하고 항행하여야 하며 공해에서 그 국가의 배타적 관할에 속하게 하고, 편의에 따라 2개국 이상의 국기를 게양하는 선박은 무국적 선박과 동일시된다고 하여 선박에 대한 보호와 공해상의 질서를 기하고자 한다. 전통적인 이론인 선박은 기국의 배타적 관할에 속한다는 것은 그 기국만이 선박에 대하여 법률상의 규제를 할 수 있다는 의미이므로, 효과적인 통제권을 갖는 선적국(기국)의 존재는 오염의 방지나 선박의 안전항행에 중요한 의미를 갖는다.[2)]

그런데 어떤 기준에 의하여 선박에 대한 국적을 어떠한 기준에 따라 허용할 것인가가 문제이다. 국적을 허용하는 기준으로 대표적인 것은 선박의 소유권과 선원이다. 전통적으로 해운국은 자국의 국민이 소유하는 선박 혹은 일정한 규모의 자국 선원이 승선하는 경우에 자국의 국적을 부여하여 왔다. 그런데 이러한 선박의 소유 혹은 선원의 승선과 무관함에도 불구하고 서류상의 연계만으로도 국적을 허용하는 편의치적(Flag of Convenience)이라는 제도가 있다. 이것은 선주들이 세제상의 혜택이나 선원비의 절감을 위하여 자국에서 편의치적국으로 선박을 이적하는 것으로 편의치적국가가 행정상 선박의 안전 확보를 하지 못함으로써 대체로 기준미달선박(sub-standard vessel)을 양산한다는 비판에 처하여 있다.

이러한 문제점을 해결하기 위하여 유엔해양법협약 제91조는 선박의 기국과 선박은 "진정한 연계"(genuine link)가 있어야 한다고 규정하고 있다. 그런데 진정한 연계란 무엇을 말하는지에 대하여 두 가지 해석이 있다고 볼 수 있다. 하나는 선박에 국적을 부여하는 조건이 유엔해양법협약이라는 국제법상에 규정된 것으로 보아 국가에게 선박과 국가간에 진정한 연계를 갖출 의무를 부과한 것이라고 보는 것과, 다른 하나는 국적부여조건은 개별 국가에 남겨져 있다고 보는 것이다.[3)] 첫 번째의 견해에 따르면 선박은 해양법에서 정한 통일되고 엄격한 진정한 연계가 있어야 한다. 결국 선박과 국적을 제공한 국가 사이에 진정한 연계가 없는 편의치적선은 해양법 위반이 될 것이다. 두 번째의 견해에 따르면 선박은 각 국가가 설정한 국적부여조건에 따르므로 통일성이 없어지고 결

---

2) *The law of the Sea and International Shipping,* W.E. Butler, Oceana Publications. Inc, 1985, p. 413.

3) 山本草二(번역 최홍배), 「海洋法」(지산, 2002), 149面; 전게 *海洋法* 10면; T.G. Power, op. cit., p. 179.

국 편의치적선도 합법적인 것이 된다.

유엔해양법협약 제91조에서는 단순히 진정한 연계에 대하여만 규정하고 있다. 뒤이어지는 제94조의 국가의 의무규정이 진정한 연계의 내용인지가 의문이다. 아래에서 보는 바와 같이 1958년 공해협약에서는 제5조의 진정한 연계에 뒤이어 기국의 의무에 대하여 기술하고 있으므로 이것이 진정한 연계의 판단기준이 될 수 있다는 해석이 가능하였지만,[4] 유엔해양법협약은 제94조에서 국가의 의무라는 별도의 조항을 마련하여 선원에 대한 통제를 다루고 있으므로 현 해양법하에서 진정한 연계에 대한 판단기준은 각국의 국내법에 맡겨져 있는 것으로 해석된다.[5] 그러므로 각국은 자국의 국적부여조건을 가지고 있고, 여기에 따라서 선박에 국적을 부여하는 것이 가능하게 된다. 이러한 해석은 편의치적이 위법이 아니라는 이론적인 근거를 제시할 수 있다.

유엔해양법협약에서 선박과 선적국가간에 국적부여의 요건을 규정하고 이에 위반한 선박은 해양법 위반이 된다고 규정하여야 함에도 그렇지 않으므로 구체적인 규정을 하여야 한다는 비판이 있다. 한편, 경제적으로 편의치적선이 가져다주는 이익을 외면하지 못하여 편의치적선을 그대로 존치하려는 국가들도 있다.[6] 이와 같이 유엔해양법협약하에서 진정한 연계에 대한 기준이 제시되지 않음으로써 선박과는 단순히 종이상의 연결만이 있음에도 불구하고 국적을 부여하는 편의치적이 불법화되지 않고 있으므로, 편의치적을 제공하는 기국정부는 자신이 국적을 허용한 선박에 대하여 효과적인 통제를 하지 못하여 그 편의치적선이 오염 등 선박사고에 쉽게 노출되도록 하게 하고 있다.[7] 따라서 현실적인 대안으로 편의치적선의 기준미달로 인한 해양사고의 방지를 위하여 실효적인 조치들을 취할 필요가 있다

또한 선박에 대한 私法的인 이용방법으로서 소유와는 분리된 사용이라는 개념이 도입되어 선박이 나용선된 경우가 많은바, 선박의 안전확보를 위하여는

---

4) Satya N. Nandan C.B.E. and Shabtai Rosenne, United Nations Convention on the Law of the Sea 1982 A Commentary, Vol. III, Center for Ocean Law and Policy(University of Virginia School of Law, 1995, 이하 주석서라고 함), p. 105.

5) 동지, 山本草二, 전게서, 149면.

6) 편의치적선은 1981년 세계선대의 25%를 차지하던 것이 1999년에는 48%로 증가하였다. 전게 海洋法, 11면.

7) 동지, 이명규, “공해어선에 대한 항만국통제,” 「한국해법학회지」, 제27권 제2호(2005.11), 214면.

전세계 선박치적 현황(1999.1.1.현재)(한국선주협회)[8][9]

선박종류	선복량(DWT)(척)	구성비
자국 선적	264,000,000톤 (22,097척)	35%
편의치적	397,000,000톤 (13,793척)	53%
제2선적	90,000,000톤 (2,674척)	12%
합계	751,000,000톤 (38,564척)	100%

실제선박을 점유하고 운항하는 나용선자를 통제하는 것이 효율적일 수 있다. 그런데 이렇게 하기 위하여는 나용선자의 국가가 선박에 대한 기국이 되어야 할 필요성이 제기된다. 여기에 대하여는 해양법이 명문의 규정을 두고 있지 않다.

이러한 일련의 조치들은 국제해사기구(IMO)를 중심으로 이루어지고 있다. 국제해사기구는 진정한 연계에 대한 정의를 새롭게 함으로써 편의치적의 문제를 해결하려는 것은 멀리하고, 현실적인 대안으로써 선적국(기국)이 더욱 적극적으로 선박에 대한 안전확보를 위한 행정력을 행사하도록 하고 있다. 편의치적국들이 행정력을 행사하지 않는 경우에는 항만국통제(PSC)라는 제도를 통하여 항만국이 외국국적선박에 대하여 출항정지를 할 수 있도록 한다. 2006년부터 실시 예정인 MAS제도는 IMO가 각 회원국가가 안전협약을 어느 정도 실행하고 있는지를 확인하는 제도이다. 책임의 주체를 나용선자로 하는 논의도 IMO의 각종 새로운 협약체결 혹은 개정작업을 통하여 논의되고 있다.

본고에서는 선박의 진정한 연계에 대한 법률적 해석과 판례의 경향을 알아보고, 편의치적을 규제하기 위한 국제적인 동향에 대하여 알아본다.

---

8) 「해양한국」(2001.2), 25면.

9) 그리스, 일본, 미국, 노르웨이, 중국의 선박을 합한 선복량은 전세계 선복량의 50% 이상을 차지한다. 그리스의 70%, 일본의 86% 그리고 미국의 76%가 편의치적선이며, 2002년에 편의치적선이 차지하는 비중은 전세계 총 선복량의 약 54%에 이른다고 한다. Francisco J. Montero Llacer, "Open registers: Past, Present and Future," *Marine Policy*, Vol. 27, No. 6 (2003.11), p. 522(전게 이명규, 214면에서 재인용함).

Ⅱ. 眞正한 連繫에 대한 海洋法 규정

1. 1958년 (공해)협약

(1) 전개과정

선박의 진정한 연계에 대한 개념은 1955년 국제사법재판소의 노테봄 사건[10]의 판결에 영향을 받아 국제법위원회가 협약초안에 이를 추가하면서 비롯되었다. 1958년 공해협약에서 "진정한 연계"를 네덜란드가 처음 주장하여 논의가 시작되었다.

국제법위원회(ILC)는 1차 유엔해양법회의(1958.2.24.-4.27)에서 "모든 국가는 선박에 대한 자국의 국적허용, 자국 영역내에 있어서의 선박의 등록 및 자국의 국기를 게양할 권리에 관한 조건을 정하여야 한다. 선박은 그 국기를 게양할 권리를 가진 국가의 국적을 가진다. 다른 국가로부터 선박의 국적을 승인받으려면 국가와 선박 사이에는 진정한 관련이 존재하여야 한다"는 제29조를 준비초안으로 제출하였다.[11] 이탈리아와 프랑스 그리고 네덜란드의 개정안으로 제1항의 "특히" 이하가 완성되어 선박과 국가간에 진정한 연계의 요소를 제공하려고 하였다.[12]

전통적인 해운국은 선박에 국적을 부여하기 위하여는 선박의 선주 혹은 승선선원과의 관련성이 필요하다는 주장을 지지하였다. 반면, 편의치적 제공국가인 파나마와 라이베리아는 미국의 지지를 받으면서 이에 반대하였다.[13] 이들은 선적부여의 유일한 기준은 선박국적증명서라고 하였다. 토론 끝에 준비초안 제29조의 조문을 제5조로 하면서 불승인제도는 삭제되었고, 진정한 관련성에 대하여는 "특히" 이하의 문구를 추가하게 되었다.

---

10) 이 판결은 국가와 개인 사이에 진정한 연계가 없음에도 불구하고, 단순히 교전국의 국민의 지위를 이탈하여 중립국 국민의 지위를 얻고자 귀화를 원하는 개인에게 국적을 부여하는 것은 위법이라고 한 것이다. 상게 山本, 148면.

11) 주금동, "국제법상 편의치적에 관한 연구," 연세대학교 법학박사논문, 1988, 128면.

12) 개정안은 40:7 기권 11의 찬성으로 통과되었다. 전게 주석서, 105면.

13) Alex G. Oude Elferink, "The Genuine Link Concept; Time for a Post Mortem?" p. 3.

(2) 1958년 협약의 규정

위와 같은 논의를 거친 다음 1958년 협약은 아래와 같은 규정을 가지게 되었다.

제5조

① 선박국적을 부여하는 국가는 선박에 대한 국적의 부여, 등록, 국기게양의 조건 등을 국내법으로 확정하여야 하고 선박은 국기게양을 허가받은 국가의 국적을 소유한다. 선박의 국적을 부여하기 위하여는 선박과 기국 사이에 진정한 연계가 있어야 하며, 특히, 기국은 자국의 국기를 게양한 선박에 대하여 행정적, 기술적, 사회적 분야에서 실제로 관할권과 통제를 행사하여야 한다.

② 각 국가는 국기를 게양할 권리를 부여한 선박에 대하여는 그러한 취지의 문서를 발급하여야 한다.[14)]

제6조

모든 선박은 하나의 국적만을 소유할 수 있다.

제10조

① 모든 국가는 자신의 선적 선박에 대하여 아래와 같이 해상에서의 안전을 확인하기에 필요한 조치를 취하여야 한다: (a) 선박의 충돌을 방지하기 위한 신호와 통신의 유지; (b) 적용가능한 국제협약 등을 고려한 선박의 선원관리와 노동조건; (c) 선박의 건조, 장비 그리고 감항성.

② 그러한 조치를 취함에 있어서 각 국가는 일반적으로 승인된 국제기준에 일치할 것이 요구되고 그러한 준수를 확인하기에 필요한 조치를 취하여야 한다.

(3) 해 설

동 협약 제5조는 "선박의 국적을 부여하기 위하여는 선박과 기국 사이에 진정한 연계가 있어야 한다"고 선언한다. 이 내용은 그 뒤에 개정된 유엔해양

---

14) 1. Each State shall fix the conditions for the granting of its nationality to ships, for the registration of ships in its territory, and for the right to fly its flag. Ships have the nationality of the State whose flag they are entitled to fly. There must exist a genuine link between the State and the ship; in particular, the State must effectively exercise its jurisdiction and control in administrative, technical and social matters over ships flying its flag.
2. Each State shall issue to ships to which it has granted the right to fly its flag documents to that effect.

법협약 제91조와 다르지 않다. 제5조는 정의규정에 뒤이어 "특히, 기국은 자국의 국기를 게양한 선박에 대하여 행정적, 기술적, 사회적 분야에서 실제로 관할권과 통제를 행사하여야 한다"고 규정한다. 이것이 진정한 연계에 대한 기준점이 된다는 견해들이 있다.[15] 그러나 이러한 행정적, 기술적, 사회적 분야에서 관할권과 통제권을 행사한다는 것은 전통적인 선박에 대한 소유권이나 선원의 승선이라는 국적부여요건을 정한 것은 아닌 것으로 생각된다.

2. 1982년 협약의 규정

(1) 전개과정

1971년 해저위원회(Sea-Bed Committee)에서 말타는 공해협약 제5조를 그대로 인용하고, (1) 단지 하나의 등록이나 국적을 가지지 않고; (2) 선적국적증서를 가지고 있지 않고; 혹은 (3) 국기를 게양하고 있으나 선적국이 효과적인 관할과 관리를 행사하지 않고 있는 경우에는 국제해양법재판소에서 벌칙을 가하자는 안을 제안하였다.[16][17]

제2회기에서 영국대표는 1958년 공해협약에서 기국의무가 분명하지 않은 점을 지적하고 기국은 자국국기를 게양한 선박에 대하여 관할권과 통제를 유효하게 행사하여야 한다고 주장하였다.[18] 소련대표도 기국의 국제적 및 법적인 의무와 책임에 관한 특별규정을 보완할 것을 주장하였다. 프랑스 대표도 동일한 주장을 하였다. 이외에도 벨기에, 덴마크, 프랑스, 서독, 이탈리아, 아일랜드 및 네덜란드 등은 기국의 법적 의무를 강조하였다. 본 회의에서는 해양법협약 제94조에 해당하는 기국의 의무(1958년 공해협약 제10조)에 대하여 깊은 논의를 하였을 뿐 제91조에 해당하는 진정한 연계에 대하여는 논의가 없었다.[19]

---

15) 전게 주석서, 105면.

16) 상게서, 105면.

17) 제3차 유엔해양법회의의 제2회 회기(1974년)에서 공해협약 제5조는 초안 제140조로 옮겨졌고, 제3차 회의(1975년)에서 공해협약 제5조 제1항의 마지막 부분("특히" 이후)은 당시 제142조(현 제94조 제1항)와 관련된다고 하여 삭제되었다. 제4차 회의(1976년)에서 제목이 선박의 국적(Nationality of Ships)으로 변경되었고, 제6차 회의(1977년)에서 제91조로 되었다. 상게 주석서, 105면.

18) UNCLOS III, Off. Rec., VOL II, p. 237, para 69, 31st Meeting 1974.8.7.

19) 주금동, 전게 학위논문, 143면.

(2) 1982년 협약의 규정

제90조 항행의 권리

연안국이나 내륙국에 관계없이 모든 국가는 공해에서 자국국기를 게양한 선박을 항행시킬 권리를 가진다.[20)]

제91조 선박의 국적

① 모든 국가는 선박에 대한 자국국적의 부여, 자국에서의 선박의 등록 및 자국국기를 게양할 권리에 관한 조건을 정하여야 한다. 선박은 그 국기를 게양할 수 있는 국가의 국적을 가진다. 국가와 선박간에는 진정한 관계가 존재하여야 한다.

② 모든 국가는 국기게양권을 부여한 선박에 대하여 그 증명서를 발급하여야 한다.[21)]

제92조 선박의 지위

① 선박은 1개국만의 국기를 게양하고 항행하여야 하며 국제조약 또는 이 협약에 명시적으로 규정된 예외적인 경우를 제외하고는 공해에서 그 국가의 배타적 관할권에 종속된다. 선박은 소유권의 진정한 양도 또는 등록변경의 경우를 제외하고는 항행중 또는 기항중에 그 국기를 변경할 수 없다.

② 편의에 따라 2개국 이상의 국기를 게양하고 항행하는 선박은 다른 국가에 대하여 그 어느 국적도 주장할 수 없으며 또한 그 선박은 무국적선박과 동일시될 수 있다.[22)23)]

---

20) Article 90(Right of Navigation) Every State, whether coastal or land-locked, has the right to sail ships flying its flag on the high seas.

21) Article 91(Nationality of Ships) 1. Every State shall fix the conditions for the grant of its nationality to ships, for the registration of ships in its territory, and for the right to fly its flag. Ships have the nationality of the State whose flag they are entitled to fly. There must exist a genuine link between the State and the ship. 2. Every State shall issue to ships to which I has granted the right to fly its flag documents to that effect.

22) Article 92(Status of ships) 1. Ships shall sail under the flag of one state only and, save in exceptional cases expressly provided for in international treaties or in this Convention, shall be subject to its exclusive jurisdiction on the high seas. A ship may not change its flag during a voyage or while in a port of call, save in the case of a real transfer of ownership or change of registry. 2. A ship which sails under the flags of two or more States, using them according to convenience, may not claim any of the nationalities in question with respect to any other State, and may be assimilated to a ship without nationality.

23) 이외에도 제94조는 기국의 의무에 대하여 아래와 같이 정하고 있다.
① 모든 국가는 자국의 국기를 게양한 선박에 대하여 행정적, 기술적 및 사회적 사항에 관한 관할권과 규제를 효과적으로 행사하여야 한다.

(3) 해 설

진정한 연계에 해당하는 해양법협약 제91조의 문제가 회원국으로부터 상대적으로 관심을 많이 끌지 못한 이유는 (1) 1970년대에 선박의 안전에 관한 논의는 편의치적의 문제에서 일반적인 기준선박의 문제로 이동되어 기국의 효과적인 통제와 관할권을 강화하는 방향으로 나타났다(1958년 공해협약의 제10조는 해양법협약 제94조로 이동 강화됨). (2) 진정한 연계의 문제는 UNCTAD에서 의제로 상정되어 있었기 때문이다.[24]

---

② 특히 모든 국가는 다음 각호의 사항을 행하여야 한다.

(a) 소규모이기 때문에 일반적으로 수락된 국제규제로부터 배제된 선박을 제외하고는, 자국국기를 게양한 선박의 선명과 세부사항을 포함하는 선박등기부를 유지하여야 한다.

(b) 선박에 관한 행정적, 기술적 및 사회적 사항에 관한 국내법에 따라서 자국국기를 게양한 선박 그리고 당해 선박의 선장, 사관 및 승무원에 대하여 관할권을 행사하여야 한다.

③ 모든 국가는 자국국기를 게양하는 선박에 대하여 해상안전을 확보하기 위하여 특히 다음 사항에 관하여 필요한 조치를 취하여야 한다.

(a) 선박의 건조, 장비 및 감항성

(b) 적용가능한 국제조약을 고려한 선박의 선원배치, 승무원의 근로조건 및 훈련

(c) 신호의 사용, 통신의 유지 및 충돌의 방지

④ 상기 조치는 다음을 보장하기 위하여 필요한 사항을 포함하여야 한다.

(a) 각 선박은 등록전과 등록후 적당한 시간간격으로 자격있는 선박검사원에 의하여 검사를 받아야 하며 선박의 안전항행에 적절한 해도, 항행간행물, 항행장비 및 기구를 선박내에 비치하여야 한다.

(b) 각 선박은 적당한 자격 특히 선박조종술, 항행, 통신 및 해양기관학에 관한 자격을 가지고 있는 선장 및 사관의 책임하에 있어야 하며 승무원은 자격과 인원수에 있어서 선박의 형태, 크기, 기기 및 장비에 적합하여야 한다.

(c) 선장, 사관 및 적당한 범위의 승무원은 해상에서의 인명의 안전, 충돌의 방지, 해양오염의 방지, 경감, 억제 및 무선에 의한 통신유지에 관하여 적용가능한 국제규칙에 완전히 정통하여야 하고 또한 이를 준수하여야 한다.

⑤ 제3항 및 제4항에서 요구되는 조치를 취함에 있어서 각국은 일반적으로 수락된 국제규칙, 절차 및 관행을 따라야 하고 그 준수를 보장하기에 필요한 조치를 취하여야 한다.

⑥ 선박에 관하여 적절한 관할권 및 규제가 행사되지 아니하였다고 믿을 만한 명백한 근거를 갖고 있는 국가는 기국에 그 사실을 통보할 수 있다. 기국은 그 통보를 접수한 즉시 그 사항을 조사하여야 하고 적절한 경우에는 상황을 시정하기 위하여 필요한 조치를 취하여야 한다.

⑦ 각국은 자국국기를 게양한 선박이 관계되고, 타국의 국민에 대한 인명손실이나 중대한 상해 또는 타국의 선박이나 시설 또는 해양환경에 대한 중대한 손해를 끼친 공해상의 모든 해난이나 항행사고에 관하여 적절한 자격을 갖춘 사람에 의하여 또는 그 입회하에 조사를 행하여야 한다. 기국 및 기타 국가는 타국이 그 해난이나 항행사고에 관한 조사를 실시하는데 협력하여야 한다.

24) Alex G. Oude Elferink, op. cit., p. 6.

유엔해양법협약은 공해협약 제5조 후단의 내용을 조문을 따로 하여 국가의 의무로 제94조로 옮겨두었다. 결국, 공해협약에서나 유엔해양법협약에서나 선박의 진정한 연계라는 일반적인 원칙만 정하였지 구체적인 국적부여의 요건을 정한 것은 아니라고 판단된다.

Ⅲ. 眞正한 連繫에 대한 學說과 判例의 경향

1. 학 설

진정한 연계의 개념에 대하여, 제1설은 선박에 국적을 부여하는 조건이 유엔해양법협약이라는 국제법상에 규정된 것으로 보아 국가에게 선박과 국가간에 진정한 연계를 갖출 의무를 부과한 것이라고 보는 반면, 제2설은 국적부여 조건은 개별 국가에 남겨져 있다고 보는 것이다. 유엔해양법협약 제91조에서 말하는 진정한 연계는 해양법에서는 원칙만 정하고 각국의 국내법에 남겨져 있다고 보는 제2설이 다수견해이다.[25]

바하마는 1982년 협약비준국가이지만, 바하마법은 어떠한 국가의 국민도 바하마에 선박등록을 할 수 있으며 그가 선호하는 국가 어디에서건 관리를 할 수 있으며 그리고 어떤 국가의 국민이든 원하는 바대로 사관이나 선원을 고용할 수 있다고 하면서, 유엔해양법협약의 진정한 연계의 개념의 실효성에 대하여 비판하는 견해가 있다.[26][27]

2. 판 례

(1) 국제해사기구(IMO)의 이사국진출과 관련된 국제사법재판소(ICJ)의 1960년 판결

IMCO(IMO의 옛이름) 이사국을 선출하는 규정의 해석과 관련하여, "가장 많은 선박을 소유하고 있는 국가"의 정의에 대하여 라이베리아와 파나마를 편의치적국가라는 이유로 많은 국가가 배척하자, 1960년 ICJ는 동 규정은 객관적으

---

25) 전게 山本, 149면; 전게 주석서, 105면.

26) 상게 주석서, 105면.

27) T.G. Power, op. cit., p. 179에서 재인용(Burns, Registration of EC Vessels, Key Legal and Commercial Issues, London, 28-29 June 1990, p. 5).

로(objective) 해석되어야 하며 따라서 등록된 톤수가 기준이 되어야 한다고 판시하였다.[28]

이 판단은 진정한 연계의 개념을 약화시키는 것으로 이해된다.[29] 즉, 선박의 소유권이나 자국 선원의 승선을 고려하였다면 등록된 톤수는 적어졌을 것이지만, 이와 상관없이 현재의 등록톤수만을 고려하였으므로 진정한 연계의 개념을 약화시킨 것이 된다.

(2) 국제해양법재판소의 사이가 2호 판결

1999년 7월 1일 국제해양법재판소 사이가호 제2차 판결로 불리는 동 판결은 진정한 연계와 관련된 첫 판결로 평가된다.[30]

유조선인 사이가호의 선주는 사이프러스, 운항자는 스코틀랜드였고 스웨덴 회사에 용선되었다. 선박은 임시적으로 세인트 빈센트/그래나디네스에 등록되었다. 선박은 기니아의 관세법을 위반하였다는 이유로 기니아정부에 의하여 압류되었고 기니아정부는 선장에게 형사책임을 물어 선장을 구속하였고 상당한 벌금을 부과하였다. 이에 유엔해양법협약 제292조에 따라 기국임을 주장하는 세인트 빈센트가 선장의 조속한 석방을 요구하였고 벌금에 대한 분쟁을 국제해양법재판소의 중재에 의하도록 당사국들이 합의하였다. 기니아는 세인트 빈센트가 선박과 진정한 연계가 없고 따라서 선박은 세인트 빈센트의 국적을 가지고 있지 않았으므로 세인트 빈센트가 기국으로서 해양법상의 권리를 주장할 수 없다고 하였다.

기니아는 진정한 연계는 기국에 의한 선박의 선주에 대한 효과적인 통제의 가능성이 있어야 한다고 주장하였다. 세인트 빈센트는 그러한 통제를 할 수는 없지만, 진정한 연계는 주로 선박자체에 대한 관할권과 통제권의 행사를 요구한다고 항변하였다.[31]

국제해양법재판소는 두 가지 점을 판단하였다. 첫째, 진정한 연계가 없는 경우에는 다른 국가는 그 선박에 대한 국적인정을 거부할 수 있는지, 둘째, 사

28) Alex, op. cit., p. 5.
29) Alex, ibid., p. 5.
30) 자세한 번역은 해양수산부, 「국제해양분쟁사례연구(II)」(2004), 65면 이하를 참조바람.
31) "선주에 대한" 효과적인 통제가 아니라 "선박자체에 대한" 통제를 의미한다는 것으로 이해된다.

고 당시에 세인트 빈센트와 선박 사이에 진정한 연계가 있었는지 여부이다.

첫째, 국제해양법재판소는 ① 제91, 92, 94조에는 첫 번째 질문에 대한 해답이 없고, 제1차 유엔해양법회의에서 다른 국가가 선박의 국적을 인정하기 위하여는 진정한 연계가 있어야 한다는 안이 제출되었으나 공해협약 제5조에서 이것은 채택되지 아니하고, 단지 국가와 선박 사이에 진정한 연계에 대한 의무만을 규정하고 있으며, 공해협약의 입장을 유엔해양법협약에서도 추종하고 있다. ② 진정한 연계를 요구하는 이유는 기국의 의무에 대한 효과적인 통제를 확보하기 위한 것이지, 기국의 선박등록의 유효성이 다른 국가에 의하여 도전받는 참고기준을 제시하려는 것은 아니다. ③ 세인트 빈센트와 선박 사이에 진정한 연계가 없다고 하여, 기니아가 선박이 그 국기를 게양할 권리를 거절할 수 있는 이론적인 근거가 되는 것은 아니다고 판시하였다.

둘째, 국제해양법재판소는 두 번째 질문에 대하여 기니아가 선박과 세인트 빈센트 사이에 진정한 연계가 없다는 주장을 입증하지 못하였다고 판시하였다. ① 선박이 선적항으로 세인트 빈센트의 수도인 "킹스톤"을 선적항으로 선박외판에 기록하고 있다는 점, ② 선박의 서류와 선박의 도장에도 이것이 기록된 점을 세인트 빈센트가 근거로 제시하자, 법원은 선박은 세인트 빈센트에 유효하게 등록되었음을 인정하면서도 이제는 기니아가 그렇지 않음을 입증하였어야 함에도, 이를 입증하지 못하였다고 하였다.[32)]

사견으로는, 이 판결은 선박의 진정한 연계가 없다고 하더라도 외형상 갖춘 국적의 효과를 타국이 부인할 수 없다는 점과, 진정한 연계에서의 기준을 선박의 소유권이나 선원의 승선에서 찾지 않고 외형적인 서류상의 것만으로도 가능하다는 점을 지지한 것으로 편의치적을 옹호하는 판결로 해석될 여지가 있다.

---

32) *The International Journal of Shipping Law*, The M.V. Saiga, Dec. 1999, pp. 299-302.

Ⅳ. 眞正한 連繫에 대한 최근의 국제사회의 동향

1. 국제사회에서의 입장

(1) 나용선과 1986년 선박등록조건에 관한 유엔협약

1) 나용선과 유엔해양법

나용선이란 선박소유자는 용선자에게 선박자체만을 빌려주고 용선자가 자신의 선원을 승선시켜 선박을 운항하는 것으로서, 나용선자는 자신이 선임한 선장을 통하여 선박에 대한 직접점유와 통제관리를 하게 된다.[33]

유엔해양법협약이 나용선의 등록을 금지하지 않고 있고 선박과 기국 사이에 진정한 연계가 있으면 된다고 하므로 원칙적으로 나용선등록은 유엔해양법협약하에서 가능하다고 해석될 수 있을 것이다. 다만, 제91조 제2항에서 이중국적선이 되면 무국적선이 된다고 하므로 나용선등록이 되는 경우에 원국적을 정지하는 한 유엔해양법협약의 위반이 아닌 것이 될 것이다. 그리하여 독일, 이탈리아, 필리핀, 영국과 같은 국가는 나용선의 등록을 인정하고 있다. 즉, 이와 같은 나용선등록은 이중국적을 가지지 않는 한 현 유엔해양법협약의 위반이 아니다는 주장이 가능할 것이다. 다만, 우리나라는 나용선의 등록을 허용하지 않는 국가 중의 하나이다.

1986년 선박등록협약 제12조는 명시적으로 나용선의 등록을 허용한다고 함으로써 유엔해양법협약과 다른 입장을 취하고 있다. 즉, 자국의 법령에 따라서 국가는 자국내의 용선자가 나용선한 선박에 대하여 그 용선기간 동안 등록과 자국국기를 게양할 수 있는 권리를 허용할 수 있다(제12조).

2) 1986년 선박등록조건에 관한 유엔협약

편의치적을 해소하여 개발도상국의 선대증강과 국제경쟁력 강화를 목적으로 UNCTAD의 후원하에 동 협약이 마련되었다.[34] 미국과 일본 등 편의치적을 이용하는 선주국가들과 편의치적 제공국가는 편의치적의 존치를 희망하였으나, 기타 77그룹 개발도상국과 동유럽 국가들은 편의치적의 폐지를 희망하였다.[35]

---

33) 김인현, 「해상법」(법문사, 2003), 29면.

34) 운크타드는 선박의 안전, 노동의 착취 그리고 제3세계의 선대의 확장을 진정한 연계 강화의 이유로 하고 있었다. W.E. Butler, *The Law of the Sea and International Shipping*, 1985, p. 424.

개발도상국은 편의치적선이 없어져야만 선진국은 자국선원 등을 승선시킴으로써 운항비용이 증가하여 자신들의 선주들이 선진국과 경쟁이 가능할 것으로 보아 폐지를 주장한 것으로 보인다.

제7조에 의하면, 기국과 선박간의 진정한 연계를 설정하는 기준에 있어 제8조의 선박소유권 또는 제9조의 선박의 선원배승에 관한 규정 중 어느 하나 이상을 충족하면 되는 것으로 하였다.[36]

제8조는 선박의 소유권에 대한 것으로서, 기국은 자국선박에 대한 자국의 관할권과 통제권을 효과적으로 행사하기에 충분할 정도로 자국민 또는 자국법인의 선박소유권에 대한 참여범위를 자국법령으로 정하여야 한다고 한다.

제9조는 선박에의 선원배승에 대한 것으로서, 기국은 자국선박의 선원 중 만족할 만한 부분이 자국국민 또는 자국 영주권자이어야 한다는 원칙(제1항)을 선언하여 자국선원이 승선한 경우에만 진정한 연계가 설정됨을 정하였다. 그러나 이러한 원칙에서 양보하는 세 가지 요소를 추가하였다. 즉, (a) 등록국내에서 유자격 선원의 이용가능성, (b) 다자간이나 양자간 협정 또는 기타 등록국의 법률에 따른 유효하고 시행가능한 모든 종류의 협정, (c) 건전하고 경제적으로 실현가능한 자국선박의 운항의 요소를 고려하여(제2항) 그 조건이 완화될 수 있음을 인정하고 있다. 다시 등록국가는 선박, 회사 혹은 선단을 단위로 제1항의 내용을 실행하여야 하며 선원의 요건을 더 완화하고 있다(제3항).[37][38]

---

35) 「해운실무강좌」(한국해운항만정보센타, 1982), 87-88면.

36) J.G. Power, op. cit., p. 179.

37) 제3항의 요건이 적용되면 여러 척의 선박이 선단을 이루고 있는 경우에 어떤 선박에는 등록국의 선원이 한 명도 승선하지 않으면서도 국적이 부여되는 경우도 있게 된다. Alex, op. cit., p. 8.

38) 선박회사와 선박의 관리에 관한 기국의 역할: 기국은 선박등록 전에 선박소유회사 또는 그 자회사와 이들의 주사무소를 설치하여야 하고, 이것이 불가능한 경우에는 자국의 국민 또는 기국내에 거주자인 대표자나 관리인을 두어야 하며, 대표자나 관리인은 자연인 또는 법인으로서 선박소유자를 대리하여 등록국의 법령에 따른 모든 법적 절차와 책임이행이 가능하여야 한다. 또한 등록국은 국제해안운송에서 통상적으로 발생할 수 있는 제3자에 대한 손해를 보상할 수 있도록 재정적 책임을 보장하여야 하며, 이를 위한 수단으로 보험 등의 증명서를 제공할 수 있든지 선박우선특권이나 정부보증과 같은 적절한 장치를 갖추어야 한다(제10조). 등록국은 권한 있는 국가해사행정기관을 설치하여 선박과 선원의 안전 및 해양오염방지에 관한 적용가능한 국제적인 규칙과 기준을 시행하여야 하고, 선박운항자 및 그의 책임이행에 필요한 식별가능한 정보체제를 정비하여야 한다(제5조 및 제6조). 위 두 가지는 진정한 연계와 관련되는 기준이 아니라 기국의 의무로 이해된다.

미흡하나마 진정한 연계의 기준을 설정한 것으로 평가되고 있지만,[39] 동 협약은 아직 발효되지 않고 있다.

(2) 어업관련국제협약

어족의 자원을 보호하는 것과 관련하여 지역협의체에서 한 당사국의 국적을 갖는 선박이 비당사국의 국적으로 이적하는 현상이 발생하여 어족자원을 위한 지역협력에 방해를 가져왔다. 이를 방지하기 위하여 FAO는 "공해 조업선의 국제적 보존관리조치 준수촉진이행협정"을 체결하였다. 그런데 제20차 수산위원회(COFI)가 마련한 1993년 3월의 협상초안에는 선적국과 어선 사이에 진정한 연계가 필요하다는 규정을 두고 있었다.

> 제4조
> ① 이적하여오는 선박과 체약국 사이에, 자신의 국내법에 따라, 진정한 연계가 존재한다는 점이 만족되지 않으면, 어떠한 체약국도 국적을 허용하여서는 아니된다.
> ② 제1항하의 진정한 연계의 존부를 결정함에 있어서 각 체약국은 아래 사항을 포함한 모든 해당 요소를 고려하여야 한다: (i) 국내법에 따른 수혜선주 혹은 선주의 국적 혹은 상주주소, (ii) 선박의 활동에 대한 실효성이 있는 통제가 행사되고 있는지 여부[40]

그러나 진정한 연계에 대한 요건은 합의에 이르기 어렵다는 이유로 1993년 최종협약에서는 채택되지 아니하였다.[41][42] 최종협정 제3조 제1항 제3호는

39) 山本, 전게서, 151면.

40) Draft Agreement on the Flagging of Vessels Fishing on the High Seas to Promote Compliance with Internationally Agreed Conservation and Management Measures, FAO document COFI/93/10 of January 1993, Annex 2.

41) Agreement to Promote Compliance with International Conservation and Management Measures by Fishing Vessels on the High Seas,(1994). www.fao.org/fi/agrem/complian/complian.asp. Robin R Churchill, The Meaning of the Genuine Link Requirement in relation to Nationalty of Ships, Oct. 2000, ISBN 0901969508, p. 64. 여기에 대하여는 김선표외 3인, "유엔해양법협약 이후 새로운 공해어업질서의 법적 성격 연구"(한국해양수산개발원, 2000.12), 165-174면을 참고바람.

42) 제3조(기국의 책임)는 최종적으로 아래와 같이 되었다. 1. (a) 각 당사자가 제2조 제2항에 따라 자국선을 취득한 길이가 24미터 미만인 어선에 대하여 동 협정의 여타 규정의 적용을 면제시킨 경우에도 동 어선들이 국제적 보존과 관리조치의 효율성을 해치지 않도록 실효적

"어떠한 당사자(체약국)도 어선과의 사이에 존재하는 진정한 연계를 고려하여야 한다"고 함으로써 유엔해양법협약 제91조의 이념을 그대로 승계한 것으로 평가된다.[43)]

(3) 해상안전관련협약

2001년 미국의 9.11 테러사건을 계기로 2003년 5월 31일 부시 미국대통령은 대량살상무기 확산방지안보구상(PSI: Proliferation Security Initiative)을 발표하였다. 2003년 9월에 차단원칙이 정하여졌다. 이 원칙에 따르면 대량살상무기의 화물수송을 차단하기 위하여, 기국은 자국적 선박이 그러한 화물수송이 의심스러운 경우에는 승선검사를 실시하고, 타국에 의한 자국선 선박의 정선과 임검에 동의하도록 한다.[44)]

2004년 7월부터 시행된 국제선박 및 항구시설에 대한 안전코드(ISPS: International Ship & Port Facility Security Code)에서도 권리와 의무의 주체는 기국이다. 제3조는 각국의 행정기관은 국적선에 대하여 안전등급을 부여할 것을 의무화하고 있다.

해상에서의 불법행위억제에 대한 협약(SUA) 제6조는 체약국은 자신의 기국에 대하여 기국선박 위에서 행하여진 범죄에 대하여 관할권을 행사함에 필요한 조치를 취하여야 한다고 한다. 동 협약 개정초안 제8조의2 제2항에 따르면, 의심선박에 대한 검색을 위하여 요청국가는 기국에게 승선에 대한 허가를 구하여야 한다(b항). 기국은 요청국가에게 승선허가를 주거나 거부하여야 한다(c항). 요청국가는 기국으로부터의 명시적인 승낙을 얻지 못한 경우에는 의심선박에 승선하지 못한다(c항). 제4항에 따르면 의심선박에 승선하여 범죄혐의가 확인된 경우에는 요청국가는 기국에게 이를 알려야 한다. 기국은 공해에서 선

인 조치를 취하여야 한다. 이 때 실효적인 조치란 어선들이 국제적 보존과 관리조치의 효율성을 해치는 활동을 중지하도록 보장하는 조치를 의미한다. 2. 특히, 어떠한 당사자도 내부의 관계당국에 의해 허가되지 않는 한, 자국 어선들이 공해상에서 조업하도록 허용하여서는 아니된다. 허가를 받은 어선은 허가의 구체적인 조건에 따라 조업하여야 한다. 3. 어떠한 당사자도 어선과의 사이에 존재하는 연관관계(links)를 고려하여야 한다. 4. 협정 당사자에 의하여 공해상 조업에 참여하도록 허가된 어선이 동 국가의 기를 더 이상 게양할 수 없게 된 경우에는 공해상 조업에 대한 허가도 취소된 것으로 간주되어야 한다.

43) 최종화, 「현대 국제해양법」(두남, 2004), 308면.

44) 최종화, 상게서, 477면.

박의 승선검색 등에 대하여 절대적 배타적 관할권을 갖는다.

이와 같이 PSI, ISPS 협약 및 SUA협약 개정초안은 선박의 기국을 선박에 대한 의무와 권리를 갖는 자로 인정하고 있다. 진정한 연계가 없는 편의치적 제공국가라고 하더라도 동 협약상 기국으로서 권리와 의무를 갖는다. 그러나 편의치적인 경우에 기국이 효과적인 선박에 대한 통제를 하고 있지 않으므로 기국의 동의가 무의미하여지는 경향이 있을 것으로 보인다.

(4) 각종 오염관련국제협약에서의 책임주체

각종 오염관련국제협약에서 손해배상책임의 주체는 선박의 등록소유자이다. 예컨대, 민사책임협약(CLC)하의 책임주체는 등록선주이다(1992년 의정서 제4조). 등록선주가 손해배상책임을 부담하면서 동시에 강제보험에 가입하여야 한다(제7조). 미발효상태인 유해독극물협약(HNS)도 책임의 주체와 강제보험의 가입은 등록선주로 한정하고 있다(제7조와 제12조).

그러므로 편의치적이 된 경우에는 서류상의 편의치적회사가 책임주체가 된다. 보험에 가입하여 재정적인 책임을 부담하는 자는 오히려 선박을 운항하고 관리하는 나용선자가 더 적합하다는 지적이 있고 이에 대한 논의가 진행중이다.[45] 난파물제거협약의 초안작성에서도 보고의무자는 선박의 소유자보다는 나용선자나 현장의 선장이 더 적합하다는 지적에 따라 초안이 개정되었다.[46]

(5) 국제해사기구의 진정한 연계와 분리된 안전강화 노력

국제해사기구(IMO)는 선박의 안전을 확보하기 위한 유엔 산하기구의 하나이다. IMO는 많은 안전관련 국제협약을 제정하여 선박의 안전을 도모하고자 한다. 협약의 준수를 위하여는 기국의 행정기관이 효과적인 통제를 하는 것이 필요하다. 그러나 편의치적의 경우에는 행정기관이 효과적인 통제를 하지 못하고

45) 2004년 10월의 IMO 제89차 법률위원회에서 국제해법회는 각국에 회람을 한 결과 등록선주보다는 나용선자가 아테네협약 등에서 강제보험에 가입하여야 하는 주체로서 더 적절하다는 결론을 얻었다는 보고서를 제출하였다. LEG 89/6. 여기에 대하여는 김인현, IMO 제89차 법률위원회 참가보고서를 참고바람.

46) 2004년 10월의 IMO 제89차 법률위원회에서 캐나다는 제6조 제1항의 난파물 보고의무자는 등록선주가 아니라 선장과 선박운항자로 하자고 제의하였다. LEG 89/5/5. 여기에 대하여는 김인현, IMO 제89차 법률위원회 참가보고서를 참고바람.

있으므로 IMO는 이를 해결하고자 기국실행감시(FSI: Flag State Implementation)라는 소위원회를 안전위원회(MSC) 안에 설치하여 협약의 준수여부를 확인하고 기국에게 안전관련 IMO협약이행을 충실히 하도록 경고하고 지도하는 기능을 하고 있다.[47] FSI는 IMO의 협약실행에 대한 기국을 위한 지침을 만들었다.[48] FSI는 결국 선박의 진정한 연계와 분리하여 독자적인 안전확보의 기능을 하고 있는 것이다.

또한, 편의치적선에 대한 기국의 효과적인 행정기관의 통제가 이루어지지 않자, 각국은 항만국통제(PSC)라는 제도를 도입하여 각국은 자신의 항구에 입항하는 외국적선박에 대하여도 안전과 관련된 점검을 실시하고 기준미달선박에 대하여는 제재를 가하고 있다.[49]

2006년부터 실시될 예정인 기국감사제도(MAS)도 이러한 일환으로 볼 수 있다. 국제해사기구는 선적국(기국) 정부가 안전관련국제협약을 얼마나 유효하게 실행하고 있는지를 감시할 예정이다. 이는 선적국가가 선박안전에 대한 효과적인 감독과 관리를 하고 있는지를 감사함으로써 효과적인 행정력을 갖지 못하는 편의치적 제공국가에 타격이 있을 것으로 생각된다.

(6) 소 결

진정한 연계에 대한 명확한 정의를 국제협약에 두어 편의치적선을 퇴치하려는 국제사회의 노력은 실패로 돌아간 것으로 나타났다. 현실적으로 편의치적선 등의 문제를 타결하기 위하여 국제해사기구(IMO)를 중심으로 선박안전에 대한 선적국가의 행정력 행사를 강요함으로써 이를 우회적으로 해결하고자 하고 있음을 알 수 있다.

선박안보에 대한 협약이 제대로 실행되기 위하여는 기국의 통제가 효과적이어야 함에도 불구하고, ISPS, SUA 등의 협약에서는 등록선주를 기준으로 함으로써 이러한 경향에 일치하지 않는 모습을 보이고 있다. 진정한 연계에 대한 강화된 개념정의가 어렵다면, 선박에 대한 관리와 운항을 담당하는 나용선자를 의무의 주체로 하는 대안이 마련되어야 할 것으로 본다.

---

47) Alex, op. cit., pp. 8-9; 전게 *海洋法*, 12면.

48) Adopted through IMO Assembly Resolution A. 847(20) of November 27, 1997.

49) 어선의 항만국통제에 대하여는 전게 이명규, 215면 이하를 참고바람.

2. 각 개별국가의 입장

(1) 일반적인 입장

선진국들은 선박의 진정한 연계에 대하여 두 가지 상반되는 입장을 취하고 있다. 선박의 진정한 연계를 강화하여 선박에 대한 소유와 자국선원의 승선이라는 요건을 강화하면 할수록 선진국들의 선주들은 선박을 편의치적화하지 못함으로써 국제경쟁력에서의 약화를 가져오므로 이를 환영하지 않고 있다. 한편으로는 약화된 선박의 진정한 연계 개념에 따라 편의치적화된 선박의 숫자가 늘어가면서 선진해운국들은 선복량 감소라는 취약점을 안게 되었다. 이에 따라 선진국들은 이중등록 혹은 개방등록이라는 제도를 취하여 자국 선주들이 실제로 보유하고 있는 선박들을 다시 자국으로 환원시키는 제도를 마련하였다.[50] 말하자면 선진해운국들은 현재의 느슨한 선박의 진정한 연계 개념을 그대로 유지하면서 선대확충을 위한 다른 수단을 사용하고 있다는 것이다.

한편, 개발도상국은 진정한 연계와 관련하여 두 가지 상반되는 이해관계를 가지고 있다. 하나는 편의치적국에 선박을 이적시켜서 선박경영에서 이익을 가져오지 못하는 개발도상국은 느슨한 진정한 연계로 인한 편의치적선제도에 있어서 선진국과 비교하여 불리한 지위에 있기도 하지만, 선원을 제공하는 필리핀 등과 같은 국가는 편의치적선제도의 이익을 향유하므로 "진정한 연계"의 개념을 강화시키는 것에 반대한다.

편의치적선은 편의치적 제공국가가 행정력이 떨어져서 선박의 안전에 대한 통제를 하지 않아 기준미달이 된다는 점이 지적되어 왔다. 선진해운국들은 편의치적선을 용인하는 한편, 선박을 실제소유자에게 환원시켜 행정력이 있는 해운국의 해사행정기관이 선박의 안전에 대한 통제를 하도록 하지 않고, 그 대신으로 편의치적선에서 나타나는 기준미달선박의 퇴치를 위한 활동을 국제해사기구를 통하여 강화하고 있다.

(2) 대한민국

우리나라는 기본적으로 편의치적을 제공하지 않는 국가이다. 즉, 선박법은

50) 전게 *海洋法*, 13면.

원칙적으로 한국국민이 선박을 소유하고 있는 경우에 한국의 국적(선적)을 인정하여주는 국가이다.[51] 그러므로 선박이 대한민국의 국적을 갖기 위하여는 한국국민과 선박 사이에 소유라는 연계가 있음을 요구하는 국가이다. 다만, 국적취득조건부 나용선 선박에 대하여 국제선박등록법에 따라 등록이 가능하게 하고 있지만 우리나라 국기를 부여하지는 않는다.

한편, 우리나라는 대한민국 선박이 편의치적하는 것을 명문으로 금지하고 있지는 않다. 그러나 선박법의 규정이 우리나라 선주는 한국에 선적을 두어야 하는 의무를 부담하는 것으로 해석하면,[52] 한국국민이 소유하고 있는 선박은 해외로 치적, 즉 편의치적될 수 없다. 이러한 해석론을 제외하고라도, 실무상 편의치적된 선박의 선주들은 외환관리법과 관세법위반으로 형사처벌을 받아왔다.[53] 사법적으로는 편의치적선에 대하여 법인격 부인론을 통하여 실질 선주에게 법적 책임을 인정하고 있다.[54] 우리나라 선박의 상당량이 편의치적이 되어있고, 우리나라 선원들의 상당수가 편의치적된 선박에 근무하여 왔기 때문에 우리나라는 편의치적으로 인하여 경제적으로는 득실양면이 모두 평가되어 왔다. 그리하여 적극적으로 편의치적을 부인하는 정책을 펴기가 어려운 실정이다. 한편으로는 한국선대의 감축을 우려하여 국제선박등록법을 도입하여 한국국적을 이미 가지고 있는 선박에게 편의치적선이 갖는 세제상 그리고 저임금의 외국선원을 승선하게 하는 조치를 취하여 왔다.[55]

(3) 기타 국가

영국과 독일은 국적을 부여함에 있어서 소유권 전속주의를 취하고 있고, 프랑스(자국민의 1/2)와 이탈리아(자국민의 2/3)는 소유권 부분주의를 취한다. 미국은 소유권 전속주의 및 선원일부주의를 취한다. 그리스는 소유권 일부 및 선원일부주의를 취한다. 이러한 선진국들은 선박과 국적 사이에 적어도 선박 혹

---

51) 동지, 채이식, "선박의 국적제도에 관한 연구," 「한국해법학회지」, 제19권 제1호(1997.3), 73면.

52) 상게 채이식, 74면.

53) 여기에 대하여는 김인현, 전게 해상법, 65면을 참고바람.

54) 대법원 1988.11.22. 선고 87다카1671 판결. 상게 김인현, 63면.

55) 국제선박등록법상의 등록제도는 부가등록제도이다, 여기에 대하여는 최낙정, "우리나라 국제선박등록법에 관한 고찰," 「한국해법학회지」, 제20권 제1호(1998.3), 169면 이하.

은 선원과의 연계가 있으므로 편의치적국가라고 할 수 없다.[56)]

파나마는 국적부여를 위한 소유요건은 전혀 없다. 따라서 선박소유자가 파나마인인지 외국인인지 전혀 상관이 없다. 세계 여러 국가의 선원자격을 인정하고 자국 선원의 승선을 요구하지 않는다.[57)] 그러므로 많은 선진해운 국가의 선주들이 파나마에 편의치적을 하여두고 있다.

Ⅴ. 綜合 및 立法論

1. 종 합

현재의 유엔해양법협약의 해석상 진정한 연계의 기준에 대하여는 각국의 국내법에 일임하여 둔 것으로 해석하는 것이 다수설이고 판례의 입장이다. 이러한 해석과 판결의 결과에 따르면 선박과 기국간의 진정한 연계의 존부는 각국의 국내법에 따라 결과가 달라진다. 그러므로 일률적으로 편의치적선은 해양법위반이라고 말할 수 없다.

진정한 연계에 대한 기준을 설정하려는 노력은 이해관계에 부딪쳐 번번히 실패로 돌아갔다. 그 주된 이유는 편의치적선이 경제적인 이익을 가져다 준다는 점에 있다. 여기에 편승하는 분위기가 해운선진국에도 있고, 이러한 결과로 편의치적선이 증대되고 있다. 편의치적선은 행정기관이 효과적인 통제를 하지 못함으로써 기준미달선이 많다. 그러므로 유엔해양법협약에서는 기국에게 통제에 대한 의무를 부과하여 이를 방지 개선하고자 한다. 그러나 편의치적국은 현실적으로 효과적인 통제를 하지 못하고 있다. 이에 국제해사기구를 비롯한 국제기구들은 이러한 해결하기 어려운 편의치적의 문제를 그대로 둔 채로 항만국통제(PSC)나 FSI, MAS제도 등을 통하여 기국과 선박에게 안전을 확보하도록 압력을 넣고 있다.

2. 입법론

진정한 연계의 기준을 정하여줌으로써 이러한 부작용을 막을 수 있다고 본다. 진정한 연계의 기준은 선박에 대한 소유 혹은 선원의 승선이다. 이는 1986

56) 전게 채이식, 36면.
57) 상게 채이식, 43면.

년 선박등록에 대한 협약에서 제시된 바 있다.

첫째, 선박의 소유는 전통적인 진정한 연계의 기준이 된다.

둘째, 선원의 승선에 대하여 본다. 선박이 나용선이 된 경우에는 나용선자가 자신의 선원을 고용하여 선박을 운항함으로써 선박소유자와 비교하여 나용선자가 오히려 선박의 안전확보나 책임의 이행부분에서 더 적절한 당사자가 된다. 그러므로 선박소유자가 운항하는 경우에는 선박소유자가, 나용선이 된 경우에는 나용선자의 국가가 기국이 되는 것이 좋다. 나용선자의 국적 국가가 기국이 되기 위하여는 선박과 연계가 될 수 있는 것은 오직 선원이다. 선박에 대한 소유권은 선박소유자에게 있으므로 나용선자와 선박 사이에 진정한 연계가 되지 못한다. 다만, 국적취득부나용선의 경우에는 소유권에 대한 기대권을 나용선자가 가지므로 소유권과도 일정한 연계가 될 수 있다. 나용선자는 선박을 용선하여 자신의 선원을 승선시켜 선박을 운항하는 것이므로 선원이 그 연계가 된다. 이런 의미에서 1986년 협약은 나용선자와 선박간의 연계에 대한 접근을 가능하게 하고 있다. 즉, 동 협약은 선원과의 관계만 있어도 그 국가는 선박에 대하여 국적을 부여할 수 있도록 하고 있다. 따라서 유엔해양법협약에 구체적인 기준, 예컨대, 선박의 소유권의 몇 %가 자국민이 소유하고 있어야 하는지의 여부(혹은 승선 선원의 몇 %가 자국민이 승선하고 있어야 하는지)는 각국의 국내법에 일임한다고 하더라도, 선박에 대한 소유권에 추가하여 자국의 선원도 하나의 연결점으로 두어야 한다.

선박에 대한 점유권을 진정한 연계의 하나로 둘 수 있는지를 검토할 수 있을 것이지만, 점유는 소유권과 구분되는 개념으로서 나용선이 되는 경우에 점유권은 선장을 고용하는 나용선자가 갖는 경우가 많다. 나용선자가 다시 점유권을 재나용선자에게 넘기는 경우도 있고, 나용선자라고 하여도 소유권과 선원에 대한 통제권이 없는 자들은 선박을 효율적으로 관리할 수 없다. 이런 의미에서 선원을 통하여 선박을 점유하는 경우에만 국적의 연결점으로 인정하는 것이 좋다. 점유라는 큰 개념 중에서 선원을 통제하는 경우로 제한하는 것이 좋다고 본다. 결국, 점유라는 개념은 도입하지 않고 오직 선원만 요소로서 도입하여 국적부여를 제한하도록 한다.

위에서 본 바와 같이 선박의 실효성 있는 통제와 책임보험의 가입을 위한 목적으로도 나용선 등록이 필요하다. 현재의 협약내용으로도 나용선 등록이 금지되는 것은 아니지만, 명확한 규정이 없기 때문에 논란의 소지가 있을 수 있다. 따라서, 나용선이 된 경우에는 나용선자의 국가가 기국이 될 수 있다는 조문을 삽입할 필요성이 있다.

이상에서 본 바와 같이 진정한 연계와 관련하여 유엔해양법협약은 진정한 연계의 기준점 설정과 나용선 등록과 관련한 규정화가 필요함을 보았다. 1986년 선박등록에 대한 협약 제7조와 제12조를 해양법 제91조에 추가하는 개정안을 고려할 수 있다. 즉, 제91조 제1항의 단서에 "특히, 모든 국가는 진정한 연계에 있어서 선박에 대한 소유 혹은 승선선원의 요소를 고려하여야 한다"는 문구를 추가하고 제3항을 신설하여 "자국의 법령에 따라서 국가는 자국내의 용선자가 자국의 선원을 승선시켜 나용선한 선박에 대하여 그 용선기간 동안 등록 및 자국국기를 게양할 수 있는 권리를 허용할 수 있다"고 하는 개정안을 제시하고자 한다.

제1항을 추가하면, 느슨한 형태로나마 선박에 대한 소유와 선원과의 관련성이 없는 경우에는 해양법에서 요구하는 진정한 연계가 없음으로써 선박은 해양법위반이 되어 편의치적으로 인한 기준미달선이 감소함으로써 안전한 선박운항이 가능하여질 것이다.

제3항을 통하여, 편의치적선으로 그대로 방치하는 것보다는 나용선한 국가가 자신이 선적국으로서 행정적인 규제를 선박에 대하여 함으로써 기준미달선이 없어질 것이다. 또한 PSI, ISPS 그리고 SUA협약 등의 의무이행에 있어서도 선박에 대한 실질적인 통제권을 갖는 나용선자의 국가가 의무이행을 부담하게 됨으로써, 편의치적국가로 그대로 방치하는 것에 비하여 선박의 안보와 안전이 확보된다. 오염과 관련된 책임문제에 있어서도 실제 운항자인 나용선자가 책임의 주체가 되고 그가 책임보험에 가입함으로써 피해자들은 한층 안정적으로 손해에 대한 배상을 받을 수 있다.

그러나 현재와 같은 느슨한 진정한 연계의 개념에 대하여 미국과 일본 등 해운선진국이 찬성 혹은 묵인하고 있고, 각국의 이중등록제도 도입과 IMO의 FSI 등 안전확보수단의 실시로 느슨한 진정한 연계의 개념이 가지고 오는 편의치적의 폐해를 시정하려고 노력하고 있으므로, 개정안이 제대로 관철되지 않을 가능성도 있다.

제 2 　논 문

韓國과 美國의 船員災害賠償 및 補償法에 대한 比較法的 研究*

I. 序論

미국과 우리나라의 선원재해배상 및 보상법에 대한 비교연구는 학문적인 이유뿐만 아니라 실무적으로도 중요하다. 우리나라 선원들이 미국선주[1]의 선박에 승선하는 경우에는 미국 선주에 대하여 미국법에 따라 불법행위에 기한 손해배상청구가 가능할 것이다. 그 대표적인 예가 1996년에 발생하여 2002년 6월 14일 우리나라 대법원의 판결을 받은 아틀란티아호 사건이다. 미국 존스법상 청구와 불감항에 기한 청구를 미국법원에 제기하면서 동시에 우리 법원에 선원법상 재해보상청구를 한 사안에서 우리 대법원은 이들 소송은 청구권 경합관계에 있어서 소송물을 달리하므로 중복제소에 해당하지 아니한다고 판시한 바 있다.[2]

우리나라에서는 선원의 승선중 재해에 대하여 크게 두 가지로 처리가 되고 있다. 하나는 선원법에 의한 재해보상이고 다른 하나는 민법의 불법행위에 기한 손해배상책임이다. 선원법상 재해보상은 유족보상과 요양 및 상병보상으로 크게 나누어볼 수 있다. 이는 당연히 모두 제정법상 인정되는 것이다. 우리 법은 선원법상의 재해보상은 민법의 불법행위에 기한 손해배상청구와 청구권 경합의 관계에 있는 것으로 이해하므로, 선원은 재해보상이나 불법행위에 기한

---

* 본 논문은 「한국해법학회지」, 제26권 제1호(2004.4)에 게재된 글로서, 필자가 제1저자(제2저자 박성일 목포해대교수)이다.

1) 본고에서 선주라고 함은 선박소유자 나용선자 및 운항자를 포함하는 개념으로 사용하고, 나용선자 등을 제외한 선박소유자만을 의미하는 경우에는 선박소유자라고 한다.

2) 대법원 2002.6.14. 선고 2001다2112 판결. 법원공보 2002하, 1641면.

청구 중에서 유리한 것을 선택하여 제기할 수 있다.

그런데 미국은 존스법(Jones Act)상의 청구, 불감항(Unseaworthiness)에 기한 청구 그리고 상병보상청구(Maintenance & Cure) 등 3가지의 청구권을 재해를 당한 선원들이 갖는다.[3)4)] 존스법상의 청구만 제정법으로 인정되나 나머지 두 가지는 판례법으로 인정되어온 것이다. 미국의 선원보호정책은 연방대법원의 판결로 지지된다. 연방대법관들은 스스로를 선원의 후견인으로 자처한다. "무역과 국가방위를 위하여 이러한 중요한 시민인 선원을 보호하는 것이 공공정책이다"[5)] 혹은 "위험한 환경에서 근무하는 선원은 연방대법원의 후견을 받아 마땅하다"[6)]는 선언에서 미국법원의 선원보호정신을 느낄 수 있다.

본고에서는 미국법상 선원재해배상 및 보상법을 먼저 논의하고 다음으로 우리 법을 살펴본 다음 양자를 비교하여 본다.

Ⅱ. 美國의 制度

1. 존스법(Jones Act)상 청구권

(1) 일 반

오시엘라(Osceola) 사건에서, 선장의 무리한 작업지시에 따라서 바람이 강하게 부는 가운데 갱웨이에서 작업을 하던 중 부상을 당한 선원이 선장의 과실에 대한 책임을 선주에게 청구하였다. 이에 대하여 미국 연방대법원은 1903년 동료선원들의 과실에 기하여 자신이 입은 상해에 대하여 상병보상청구를 넘어서는 범위에 대하여 선주에게 사용자책임을 물을 수 없다고 하였다.[7)] 불리한

3) 시간적으로 보아서는 상병보상청구권이 가장 먼저 인정되었고, 다음으로 19세기에 불감항청구권이 그리고 1920년대에 제정법으로 존스법상의 청구가 인정되었다. G. Mangone, *United States Admiralty Law*(Kluwer Law International, 1997), p. 119.

4) 이외에도 근해 오일리그(oil rig)에서 근무하는 근로자들을 위하여 1953년 OCSLA(The Outer Continental Shelf Lands Act; 43 U.S.C. §1331-1356)를 제정하여 보호하고 있다.

5) Harden v. Gordon, 11 Fed. Cas. 480(C.C.D. Me. 1823)(No. 6047).

6) Fisher v. Nichols, 81 F.3d 319, 323(2d Cir., 1996).

7) 이외에도 동 판결에서 연방대법원은 (1) 선박과 선주는 선원이 승선근무중 병을 얻거나 상해를 당한 경우에 적어도 항해가 계속되는 동안의 보상과 치료 그리고 봉급을 지급하여야 할 책임이 있다(이는 상병보상청구권을 인정한 것이다). (2) 선박과 선주는, 영국법과 미국법에 따르면, 선박의 불감항에 기인하여 혹은 선박에 적절한 장비를 갖추지 못한 것에서 기인하는 선원의 상해에 대하여 배상할 책임이 있다. (3) 선원은 선장 혹은 다른 선원의 과실

지위에 놓인 선원을 보호하기 위하여 미국 의회는, 철도노동자를 보호하기 위한 1908년 연방 노동자보상책임법(FELA)[8]을 본받아, 선원에게 명령을 하는 입장인 선장 등에 의한 과실에 대하여 선주는 사용자책임을 부담한다는 법을 제정하였고, 1920년 그 이름을 Jones Act로 하였다.

(2) 적용주체 및 적용범위

1) 적용주체

존스법의 적용주체는 해상의 선원을 일방으로 하고 그 사용자를 타방으로 한다.[9] 선원이 아니면 존스법의 적용을 원칙적으로 주장할 수 없다. 선원을 고용한 자가 선원의 상대방으로서 책임의 주체가 된다.[10] 그러므로 나용선자가 선원을 고용한 경우에는 선박소유자가 아니라 나용선자가 존스법상의 책임주체가 된다.

존스법에서 선원에 대한 정의를 하지 않았고, 하천을 이용한 각종 다양한 형태의 선박에 다양한 노무를 제공하는 사람들이 가능하기 때문에 판례법으로 선원의 지위인정에 대하여 많은 변천이 있어왔다. 1926년에서 1959년까지는 항행에 도움을 주는 사람(a worker must have duties that aid in navigation)만을 선원으로 인정하였다. 1959년 로비슨(Robison) 사건에서 제5순회법원은 선박의 기능 혹은 선박의 임무의 달성에 도움을 주면 선원이 된다고 하였다. 1991년 윌란더(Wilander) 판결에서 연방대법원은 항해 혹은 수송에 도움이 되는 경우만을 선원으로 인정하던 그간의 태도를 파기하고 로비슨 판결을 지지하였다. 그리하여

에 기인하여 배상을 청구하는 것이 허용되지 않지만, 그 상해가 선원의 과실 혹은 사고에 기인하든간에 상병보상을 받을 자격이 있다고 판시하였다. 189 U.S. 158. D. Robertson and two others, Admiralty and Maritime Law in the United States, Carolina Academic Press, 2001, p. 187.

8) 미국은 산업의 발달을 촉진하기 위하여 (1) 동료근로자들의 과실에 의한 피용자의 재해에 대하여는 사용자가 사용자책임을 부담하지 않는 이론, (2) 원고에게 과실이 조금이라도 있는 경우에는 손해배상청구를 할 수 없다는 기여과실(contributory negligence)이론, (3) 위험을 인수한 근로자는 사용자에 대하여 재해에 대한 보상을 청구할 수 없다는 이른바 위험인수(assumption of risk)이론을 개발하여 사용자를 보호함으로써 기업을 보호하고자 하였다. (1)과 관련하여 노동자를 보호하고자 한 입법이 바로 이것이다. 45 U.S.C. §51-60. 존스법은 이 법을 준용하고 있다. 46 U.S.C. app. §688(a).

9) Shoenbaum, *Admiralty and Maritime Law*(Thomson West, 2001), p. 281.

10) G. Gilmore and C. Black, *The Law of Admiralty*(The Foundation Press, Inc, 1985), p. 335.

선박의 기능 혹은 임무달성에 기여하면(to the function of the vessel or the accomplishment of its mission) 선원이 된다는 확대된 해석을 확립시켰다. 그리하여 외부에서 승선한 페인트공이 선박의 항행에 직접 도움을 주지는 아니하더라도 선원으로 인정되었다.[11] 1995년 샨드리스(Chandris) 판결에서 연방대법원은 존스법상의 선원이 되기 위하여는 (1) 선박의 기능 혹은 임무달성에 기여하여야 하고 (2) 기간과 성질면에서도 선박의 항해에 관련하여 상당한 관련을 맺고 있어야 한다는 요건을 제시하였다.[12] 파파이(Papai) 판결에서 연방대법원은 1997년 샨드리스 판결의 요건을 적용하면서 파파이는 동일 선원노동조합을 통하여 각 선박에 공급된 경우에는 그 기간이 합산되지 않으므로 승선기간요건을 충족하지 못하였다고 판시하였다.[13]

존스법보다 늦게 제정된 1972년 승선하역근로자보상법에서 승선하역근로자를 정의함에 있어서 "선장 및 선원"은 제외한다는 문구가 있어서 이것이 간접적인 정의규정으로서 기능하게 되었다.[14]

2) 적용범위

바다에 있는 선박위에서 선원의 업무에 종사하던 중에 상해를 입은 경우가 존스법상의 적용범위에 해당한다는 것은 의문의 여지가 없다. 오도넬(O'donnell) 판결에서, 미시간호의 갑판원이 선장의 명령에 따라서 하역작업을 위하여 선박과 육상 사이를 연결하는 연결장비의 수리를 돕기 위하여 육상측에서 작업을 하던 중, 동료선원의 과실로 상해를 입게 되었다. 1심법원과 항소심은 "해상에서 발생하지 않은 선원에 대한 상해"라는 이유로 존스법상의 청구를 인용하지 않았다. 그러나 연방대법원은 상해발생장소가 중요한 것이 아니라 역무의 성질과 해상을 항해하는 선박의 운항과의 관련성이 중요하다고 하면서 선원의 청구를 인용하였다.[15] 이 판결에서 연방대법원은 존스법이 "고용중에 개인적인 상

---

11) 1991년 기조니(Gizoni) 판결에서, 연방대법원은 윌란더 판결에서의 선박기능에의 기여요건을 지지하면서, 플로팅 플랫폼에 의장용 인부로 고용된 기조니에 대하여 선주 승소의 약식판결을 내린 1심법원의 판결은 잘못이라고 판시하였다. Southwest Marine, Inc v. Gizoni(S.C. 1991), 502 U.S. 81, 1992 AMC 305.

12) Chandris, INC. v. Latsis(S.C. 1995), 515 U.S. 347, 1995 AMC 1840.

13) Harbor Tug & Barge Co. v. PaPai(S.C. 1997), 520 U.S. 548, 1997 AMC 1817.

14) The term "employee"... but such term does not include-(G) a master or member of a crew of any vessel). 33 U.S.C. §902(3)(G).

15) O'donnell v. Great Lakes Dredge & Dock Co(S.C. 1943), 318 U.S. 36, 1943 AMC 149.

해를 입은 모든 선원"[16]이라고 하고 있어서 장소요건을 명시하고 있지 않다는 점을 지적하고 있다.

브래이언(Braen) 판결에서, 바지와 도크를 연결하는 뗏목(raft) 위에서 목수관련 작업준비를 하던 항해사가 사망하였다. 항소법원은 선상에서의 작업이 아니라는 이유로 이를 부인하였으나, 연방대법원은 고용관련작업을 하던 중으로 보아 청구를 인용하였다.[17]

(3) 과 실

불감항에 기한 청구나 상병보상청구와 달리 존스법상의 청구는 사용자측의 과실에 대한 책임을 묻는 것이다. 그리하여 선주 자신이나 동료선원의 과실이 전제가 되어야 한다. 통상 불감항 청구가 유리하므로 선주측의 과실이 불감항에 기한 소제기가 가능하면 존스법의 필요성은 낮아지지만, 사고원인이 선박의 감항성과 관련이 없을 때에는 존스법은 중요한 역할을 하게 된다. 예컨대, 선원이 선박을 벗어난 위치에서 작업을 하던 중 다친 경우에도 안전한 작업장을 마련하여야 할 주의의무는 위임불가능한 의무(non-delegable duty)이므로 선주가 책임을 부담하게 된다.[18]

동료선원의 과실은 쉽게 찾아볼 수 있다. 과실행위자가 동료선원이 아니라 독립계약자인 경우에는 원칙적으로 선주는 책임이 없다. 그러나 借用한 피용자(borrowed servant)이론 혹은 중요사항(vital part)이론에 따라서 독립계약자의 과실에 대하여 선주가 책임을 부담하기도 한다.[19]

미국법은 인과관계를 사실관계로서의 인과관계(cause in fact)와 법률상의 인과관계(legal cause)로 나누어 본다.[20] 일반과실행위와 안전관련법규를 위반한 행위를 구분하여 후자의 경우에는 주의의무위반과 법률상 인과관계의 입증을 완화하여 피해자의 피해배상이 쉽도록 하고 있다. 그런데 존스법상의 청구에

---

16) Any seaman who shall suffer personal injury in the course of his employment may.

17) Braen v. Peeifer Oil Transportation Co(S.C., 1959), 361 U.S. 129, 1960 AMC 2.

18) Verrett v. McDonough Marine Service(5th Cir., 1983), Martin v. Walk, Haydel & Associates, Inc.(5th Cir., 1984).

19) 홉슨사건에서 선원을 병원으로 이송하던 택시운전자가 과실이 있었던 경우에도 선원의 병원이송은 선주로서는 중요한 업무이므로 제3자에게 위임이 불가능하고 따라서 선주는 존스법상 책임을 피할 수 없다고 판시되었다. Hopson v. Texaco 383 U.S. 262(S.C. 1966).

20) D. Robertson, *Torts*(West Group, 1998), p. 183.

있어서는 안전관련법규 위반에 대하여, 법률상 인과관계는 필요 없는 것으로 해석을 하여 원고는 더욱 유리한 입장에 놓이게 된다. 케르난(Kernan) 판결에서, 충돌예방규칙상 규정된 높이보다 낮게 석유등을 항해등으로 설치한 것이 화재사고의 원인이 되었다. 1심은 이 법령은 충돌을 방지하기 위한 목적으로 제정된 것이지 화재를 예방하기 위한 것은 아니라는 이유로 법률상 인과관계를 원고가 입증하지 못하였다는 것을 근거로 원고패소판결을 내렸다. 그러나 연방대법원은 사실로서의 인과관계만 인정되면 법률상 인과관계여부는 완화되어 있다(즉, 선원의 상해가 입법의 목적범위 내에 있지 않다고 하더라도)고 하면서 원고승소판결을 내렸다.[21][22] 일반과실행위의 경우에도, 불법행위에서 요구되는 예견가능성 요건을 완화하여 일부라도 관련이 되면 법률상의 인과관계를 입증한 것으로 인정하는 판결이 있다. 퍼거슨(Ferguson) 판결에서 여객선의 요리사가 단단히 굳은 아이스크림을 칼로 자르다가 손을 다쳤다. 항소법원은 아이스크림을 자르기 위한 칼의 사용은 선주가 합리적으로 예견가능한 범주내가 아니라고 하여 손해배상청구를 부인하였다. 그러나 연방대법원은 더 안전한 얼음 깨는 송곳을 공급하지 아니한 선주의 과실을 인정하였다.[23]

(4) 항변사유

전통적인 불법행위상의 기여과실제도(contributory negligence)나 위험인수이론(assumption of risk)의 적용이 배제된다.[24] 이것이 바로 존스법의 입법목적의 하나이다. 원고에게 조금이라도 과실이 있는 경우에는 피고에 대한 손해배상청구가 부인되는 기여과실제도 및 근로자는 사용자와 근로계약시 명시적 또는 묵시적으로 작업에 대한 위험을 인수하였으므로 사용자에게 손해배상청구를 할 수 없다는 위험인수이론이 각각 적용되지 않는다는 것이다(45 U.S.C. §53, §55). 그리하여, 쌍방의 과실의 경중에 따라서 손해배상액이 정하여지게 된다.[25]

---

21) Kernan v. American Dredging Co.(Supreme Court, 1958), 1958 AMC 251.

22) 그 근거로는 존스법이 준용하고 있는 연방노동자배상책임법의 such injury or death resulting in whole in part from the negligence of the officers, FELA §1, 45 U.S.C. §51가 인용되고 있다.

23) Furguson v. Moore-McCormack Lines, Inc(Supreme Court, 1957), 352 U.S. 521, 1957 AMC 647.

24) Shoenbaum, op. cit., p. 268.

25) Robertson, Admiralty, op. cit., p. 222.

(5) 배상범위

존스법은 선원이 상해를 입은 경우나 사망한 경우에 모두 적용된다. 일반불법행위에서 가능한 손해배상이 인정된다. 판결전의 임금상실, 장래가동능력의 상실, 치료비 등 경제적 손실이 배상의 대상이다. 생존소송(survival action)만 인정되고 불법사망소송(wrongful death action)에서 비금전상 손해는 인정되지 않는다.[26)27)] 징벌적 손해배상(punitive damages)도 인정되지 않는다.[28)]

(6) 절 차

존스법에 기한 소송은 원칙적으로 연방법원 관할이나 주법원에 제소할 수도 있다.[29)] 다른 해상사건과 달리 배심원 심판(jury trial)을 한다. 그리하여 과실

---

26) 우리 법에 비하여 사망자에 주어지는 배상이 적게 보이는 것은, 영국법상 살인은 피해자에 대한 잘못이라기보다 왕의 평화를 어긴 것으로 이해한 결과 때문이다. 즉, 살인은 형법상의 중죄에 해당하고 죄인자신이 사형을 당하고 재산이 전부 몰수당하기 때문에 피해자는 손해배상을 구할 수가 없었다. 이러한 결과에 대한 반성으로 영국법과 미국법은 19세기 중반부터 불법사망소송제기권을 유족에게 부여하는 법을 제정하였다. 처음에는 금전으로 환산가능한 손해만 청구의 범위에 속하였지만, 점차 비금전상의 청구도 허용하게 되었다. 불법사망소송이란 사망자의 유족들 자신이 사망자의 사망으로 인하여 입게 되는 여러 가지 손해를 청구하는 것을 말한다. 여기에는 부모들이 갖는 사망자로부터의 보조(loss of support; 금전상 계산이 가능한 소위 pecuniary losses이다), 배우자의 결혼생활로 인한 정신적인 행복(loss of society; non-pecuniary losses이다) 등이 있다. 나아가 생존소송제기권을 상속인에게 부여하게 되었는바, 생존소송이란 사망자가 사망하지 않고 생존하고 있었다면 가해자에게 청구가 가능한 소송을 상속인에게 허용한다는 것이다. 사망자가 사고에서 사망에 이르기까지 발생시킨 손해(치료비) 그리고 정신상 고통으로 인한 위자료도 가능하다(캘리포니아주는 이를 허용하지 않는다). D. Robertson, Tort, op. cit., pp. 373-377.

27) 존스법은 FELA법을 준용하고 있다. FELA법상 제51조와 제59조에서 각각 불법사망소송과 생존소송을 인정한다. Gilmore, op. cit, p. 361. 연방대법원은 미시간 사건에서 FELA의 불법사망소송이 재산상손해에 한하여 배상을 허용한 Lord Campbell's Act(1846)을 반영한다는 점을 들어 손해배상의 범위를 금전상의 손해로 한정하였다. 이에 따라 존스법도 불법사망소송에 있어서는 금전상의 손해만 배상된다. 그리하여 배우자권의 상실(loss of society)은 배상받지 못한다. 여기에 대하여는 M. Breaux, "No Special Solicitude for Seamen's Wife," 8 *Mar. Law.*, 371을 참고바람.

28) 송상현 · 김현, 「해상법원론」(박영사, 1999년), 178면. 그러나 전통적인 견해와는 달리 인정되는 경우도 있지만, 마일(Miles) 사건에서 연방대법원이 존스법과 일반해상법상 비금전적인 손해는 배상되지 않는다고 하였고, 징벌적 손해도 비금전적인 손해로 분류되므로, 더 이상 허용되지 않는 것으로 이해한다. W. Pallas, "The elimination of Punitive Damages for Seamen," 18 *Tul. Mar. L. J.* 89.

29) 존스법은 연방법이므로 이에 기한 소송은 연방법원법(Federal Judicial Code; 28 U.S.C.) 제1331조의 연방법관할소송 혹은 제1333조 해상법관할 그리고 제1332조의 상이한 주관할을

과 손해배상의 크기도 배심원들이 정함으로써 선원들에게 유리한 결과가 되기도 한다. 존스법에 기한 소송은 불감항에 기한 소송과 같이 제기될 수 있다. 존스법에 기한 소제기는 3년의 제척기간을 갖는다(45 U.S.C. §56, 46 U.S.C. §763a). 존스법에 기한 손해배상청구는 대물소송을 제기할 수 없다.

2. 불감항에 기한 청구권

(1) 일 반

선박의 운항에는 선원이 절대적으로 필요하다. 선원의 거주지이면서 근무지인 선박이 근무하기에 적절하고 거주하기에 안전하여야 한다. 이러한 장소를 제공할 의무가 선주에게 있다는 관념에서부터 선원의 불감항에 의한 손해배상청구권이 시작되었다.[30]

미국법에서는 불법행위에 기초하는 개념으로 이해된다.[31] 그러므로 우리나라 대법원이 아틀란타호 사건에서 불감항에 기한 청구를 미국법원에 제기하면서 동시에 우리 법원에 선원법에 기한 재해보상청구를 하는 것을 청구권의 경합으로 보아 중복제소에 해당하지 않는다고 판단한 것은 정당하다고 하겠다.[32][33]

선주는 합리적인 주의의무를 다하면 된다. 예컨대, 악천후에서의 갑판상의 물기는 불감항을 구성하지 않지만, 청명한 날씨의 그것은 불감항을 구성할 수 있다.[34]

보통 선원의 상해는 동료선원들의 과실에 기인하여 발생하는 것이므로 존

근거로 연방법원에 제기할 수가 있다. 그런데 예외조항(saving clause)에 따라 주법원에 제소할 수도 있다.

30) Robertson, Admiralty, op. cit., p. 193.

31) 불감항에 기한 청구권자는 선주와 고용관계에 있는 선원만이 아니라 방문객, 도선사 등도 포함되므로 불법행위에 기초하는 것으로 이해된다. 불법행위에 기인한 인사사고에 적용되는 1980년 소멸시효법이 불감항청구소송에도 적용된다.

32) 우리 대법원은 선원법상의 재해보상청구권과 불법행위에 기한 청구를 다른 소송물로 보고 있으며(대법원 1987.6.23. 선고 86다카2228)(법원공보, 1987, 1219) 이러한 기본원칙하에 미국의 존스법상의 청구 및 불감항에 기한 청구를 우리나라의 불법행위에 기한 청구로 보았다. 그러므로 비록 미국에서 불감항에 기한 소를 제기하고 있다고 하더라도 한국에서의 재해보상청구도 가능하다는 결론에 이른다.

33) 동지, 권창영, "해외취업선원의 재해보상,"「저스티스」, 2003년 8월호(통권 제74호), 한국법학원, 221면.

34) Maraist, op. cit, p. 194.

스법에 의한 청구로 해결이 가능하다. 상해가 동료선원이나 사용자의 과실 없이 야기된 경우, 원고가 선박에 대한 우선특권을 행사하고자 하는 경우 혹은 선원이 선주의 피용자가 아닌 경우에 특히 효용성이 있다. 존스법에서 요구하는 선주측의 과실을 입증하는 것보다 불감항 사실을 입증하는 것이 쉽지만 불감항 청구에는 보다 엄격한 인과관계의 입증이 필요하다는 점에서 불감항에 기한 청구가 반드시 원고에게 유리하다고 할 수 없다.[35)]

(2) 적용주체

적용주체는 선원과 선주측이다. 감항성에 대한 주의의무를 부담하는 자는 선박의 운항자인 선주이다. 그러므로 선원의 사용자와 선박의 운항자가 다른 경우에는 사용자는 존스법상의 책임을 부담하나, 운항자는 불감항에 기한 책임을 부담하게 된다. 불감항에 기한 손해배상청구주체의 범위는 판례법에 의하여 인정되어 온 것이기 때문에 그 범위가 제정법인 존스법보다 넓다고 할 수 있다. 하역업자나 도선사 등 선박에 근무하는 사람도 선원의 범주에 포함된다. 1946년 시에라키(Sieracki) 판결에서 승선하역근로자에 대한 불감항소송이 인정되어 그 후 1972년 승선하역근로자배상법이 제정되어 승선하역근로자의 불감항에 기한 청구가 입법적으로 제한되기까지 승선하역근로자에 의한 많은 소송이 제기되었다.[36)]

한편, 미국의 대물소송개념에 따라 선박자체도 피고적격을 갖는다.

(3) 과실여부

선주가 불감항인 선박을 제공하여 선원이 상해를 입은 경우에 선주는 불감항에 기한 손해를 배상하여야 한다. 불감항인 사실은 선박자체뿐만 아니라 선원의 불감항도 청구원인이 된다. 그 불감항인 사실이 선원의 상해에 직접적인 인과관계가 있어야 한다. 인과관계에 대한 입증책임은 원고인 선원에게 있다.[37)]

선주가 부담하는 불감항에 대한 책임은 무과실책임으로 이해되지만, 발항

---

35) Robertson, Admiralty, op. cit, p. 235.

36) 하역인부는 불감항에 기한 손해배상청구를 더 이상 선주에게 제기하지 못하지만, 선주가 과실이 있는 경우에는 여전히 청구가 가능하다(LHWCA §905(b)). Maraist, op. cit., p. 196.

37) Shoenbaum, op. cit., p. 291.

시의 하자에 선주의 책임이 국한되는지 아니면 항해중에 발생한 사유에 대하여도 부담하는지에 대하여는 다툼이 있다.[38] 예컨대, 발항당시에는 감항성에 이상이 없었지만, 하역작업을 하면서 고기가루 등이 갑판에 묻어 있었고 이에 기하여 선원이 미끄러져 다친 경우에 불감항이 되는가에 대한 대법원의 미첼(Michell) 판결에서 대법원은 일시적인 불감항(transitory unseaworthiness)도 불감항사유가 되어 선주는 불감항상의 책임을 부담한다고 판시하였다.[39] 선주가 그 사정을 몰랐다고 하더라도 선주는 불감항에 기한 손해배상책임을 부담한다고 판시한 것이다.

불감항 사실은 선박자체의 불감항과 선원의 불감항으로 나누어 볼 수 있다. 북극지방에서 상륙을 하는데 열 구두(thermal boots)를 제공하지 못한 경우[40]도 불감항이 되었다. 올바른 장비가 갖추어져 있었지만 하자 있는 장비를 사용한 경우에도 불감항이 인정되었다.[41] 부딩(Boudoin) 판결에서 연방대법원은, 폭행을 일삼는 선원은 "가닥이 약한 로프보다 치명적으로 위험하다"고 하면서 선주는 불감항책임을 부담한다고 판시하였다.[42] 1등항해사가 상습적으로 폭행을 가한 경우에 피해선원에 대하여 불감항에 의한 손해배상청구가 인정되었다(The Rolph, U.S. 1923). 1904년 제9순회법원의 리우데자네이로 판결에서도 선원의 불감항에 대하여 선주의 책임이 인정되었다. 한편, 우스너(Usner) 판결에서, 윈치를 이용하여 하역작업을 하던 중 동료 승선하역근로자의 과실로 승선하역근로자가 다친 경우에 선주의 책임은 부인되었다.[43]

선원의 과실은 기여과실제도가 적용되지 않고 순수한 비교과실제도에 따라 손해배상액이 감액될 뿐이다.[44]

(4) 배상범위

손해배상의 범위는 일반불법행위의 범위와 동일하다. 치료비, 일실손해, 정

---

38) 긍정하는 견해로는 Maraist., op. cit., p. 199.
39) Mitchell v. Trawler Racer, INC(S.C., 1960), 362 U.S. 539, 1960 AMC 1503.
40) Webb v. Dresser Industries(5th Cir., 1976), 536 F. 2d 603.
41) Mahnich v. Southern Steamship Co(S. Ct. 1944). 321 U.S. 96.
42) Boudoin v. Lykes Brothers Steamship Co., 348 U.S. 336(1955).
43) Usner v. Luckenbach Overseas Corp.(Supreme Court, 1971), 400 U.S. 494, 1971 AMC 277.
44) Maraist, op. cit., p. 200.

신상의 손해 등을 배상받을 수 있다. 그리하여 한편 존스법상의 배상의 범위와 동일하지만, 존스법에서 인정되지 않는 불법사망소송에서의 배우자 청구권(loss of society) 및 징벌적 손해배상이 추가적으로 가능한 것으로 이해되었다.[45] FELA에서는 징벌적 손해배상이 불가능하고 존스법은 이를 준용하고 있으므로, 징벌적 손해배상이 불가능하다. 그러나 불감항 청구에서 선주가 불감항 사실에 대하여 고의성이 있으면(grossly negligent or willful) 징벌적 손해배상이 가능하다고 판시되었다.[46][47]

(5) 절 차

일반해상사건도 연방법의 관할이다. 그러므로 연방지방법원이 관할을 갖는 전형적인 해상사건이 된다. 이 해상사건으로서 소를 제기하면 배심원이 없는 재판이 된다. 선박우선특권이 인정되어 선박에 대한 압류경매가 가능하다. 이 점은 선원들을 보호하는 강력한 수단이 된다.

불법행위로 인한 인사사고에 적용되는 1980년 소멸시효법(46 U.S.C. app. §763a)이 적용되기 전까지는 불감항에 기한 손해배상청구는 일반시효법의 적용을 받고 존스법은 3년의 소멸시효의 적용을 받았기 때문에 시효기간이 지난 경우에 불감항에 기한 손해배상청구도 유효하였으나, 동법을 불감항에 기한 손해배상청구에도 적용하게 되어 양자의 차이는 없게 되었다.[48]

3. 상병보상청구권

(1) 일 반

상병보상청구권(Maintenance and Cure)은 선원의 열악한 지위를 보호하기 위하여 인도적인 차원에서 인정되는 것으로, 연방대법원의 1903년 오시엘라 판결에서 확인된 바 있다.[49]

---

45) Ibid, p. 201.

46) Complaint of Merry Shipping, Inc.(5th Cir., 1981), 650 F. 2d 622.

47) 그러나 1990년의 마일사건에서 연방대법원의 판결로 징벌적 손해배상과 배우자청구권도 인정되지 않는다는 견해도 많다. 아직 확정되지 않은 것으로 보인다. Miles v. Apex Marine Corp(S.C., 1990) 1991 AMC 1. Mangone, op. cit., p. 143.

48) Maraist, op. cit., p. 197.

49) 1823년 Harden v Gorden 사건에서 연방대법관인 스토리 판사에 의하여 처음으로 언급되었다. 역사적인 흐름에 대하여는 M. Frevola, "Maintenance: Ancient Seaman's Right or Collective

이 청구권은 선원의 과실이나 선주의 과실을 요건으로 하지 않는다. 선원이 승선중 발생한 사고에 대하여 선원을 보호하려는 것이므로 업무와의 관련성을 불문하는 것이 원칙이다.

상병보상청구권에서 Maintenance는 식사와 숙박을 그리고 Cure는 치료를 의미한다.[50)]

(2) 적용주체 및 적용범위

적용주체는 선원과 그 사용자이다. 여기에서의 선원과 사용자의 관계는 가장 좁은 개념이다. 즉, 존스법의 적용은 선박의 업무에 종사하는 것(in the employment of the vessel)이지만, 상병보상청구권은 선박에 승선근무하는 것(in the service of the vessel)으로서 더 좁은 개념이다. 존스법상의 선원은 사용자와의 승선계약관계를 반드시 필요로 하지는 않지만, 상병보상청구권에서의 선원은 승선계약관계가 존재하여야 한다. 그러므로 도선사나 하역근로자 등은 상병보상청구의 대상이 되지 않는다.

판례법은 선원들이 상륙중 발생한 사고에 대하여도 상병보상청구권을 인정한다. 이는 선원들의 승선생활은 육상에서의 생활과 다른 환경에서 행하여지는 것이고 육지의 상륙은 고용자가 당연히 제공하여야 하는 의무의 연장으로 보기 때문이다. 1943년 아귈라(Aguilar) 판결에서 연방대법원은 승선근무 자체가 선원으로 하여금 사회로부터 격리되게 하였고, 선원의 상륙은 근무의 연장으로 보아 비록 공무가 아닌 사무로서 상륙으로부터 귀선하거나 선박에서 상륙을 실시하는 중의 사고라고 하더라도 상병보상청구권이 인정된다는 취지의 판결을 하였다.[51)] 나아가 술집에서 술을 마시다가 폭력을 피하기 위하여 자리에서 떨어진 경우에도 상병보상청구권이 인정되었다.[52)]

(3) 선주 및 선원의 과실여부

상병보상청구권은 선원을 보호하려는 취지에서 인정된 것이므로 선주의

Bargaining Issue?," 26 *J. Mar. L. & Com.*, p. 239을 참고바람.

50) Shoenbaum, op. cit., p. 303.

51) Aguilar v. Standard Oil. Co.(S.C., 1943), 318 U.S. 724, 1943 AMC 451.

52) Koistinen v. American Export Lines, Inc. 83 N.Y.S 2d 297(City Court of NY, 1948).

과실이나 동료선원의 과실을 요건으로 하지 않는다.[53] 그러나 선원측의 고의나 중과실이 인정되는 경우에는 청구가 인용되지 않는다. 1951년 와렌(Warren) 판결에서, 상륙중 술을 마시고 술집에서 창밖을 내다보다가 떨어져 다친 경우에도 선원의 과실은 단순한 과실로 인정되어 선원의 상병보상청구가 인정되었다.[54] 선주의 항변으로서 가장 많이 사용되는 것은 선원의 음주와 성병 그리고 약물중독이다.[55]

(4) 보상범위

보상이 되는 범위는 하선시까지의 숙식비(room and board)와 완치될 때까지의 치료비(medical care)이다.[56] 계약기간중 상병으로 인하여 일을 하지 못한 경우에도 봉급이 지급된다.[57] 그러나 이 청구를 기초로 자신의 일실손실을 청구할 수 없다. 숙박비는 1940년대와 1950년대의 하루당 $8에서 1989년 현재 $54.43에서 $14까지 인정되고 있다.[58] 파웰(Farrell) 판결에서 치료는 병이 영구적으로 치료가 불가능하다는 판정이 있을 때까지라고 판시되었다.[59] 합리적인 이유없이 상병보상을 선주가 이행하지 아니하는 경우에는 이로 기인하는 손해를 추가로 배상하여야 하며, 선주가 중과실로서 상병보상을 이행하지 아니하면, 징벌적 손해배상에 처하여질 수 있다.[60]

(5) 절 차

일반해사법으로 인정되기 때문에 연방법원의 관할이다. 동료선원의 과실로 상해를 입은 경우에는 존스법상의 청구와 상병보상청구를 동시에 제기할 수 있지만, 이중으로 보상을 지급받지는 못한다.[61] 선박소유자와 사용자가 다른 경우에 선박은 대물소송의 대상이 되기도 한다.[62] 불법행위에 기인하는 인사사고에

---

53) Shoenbaum, op. cit., p. 304.
54) Warren v. United States.(S.C., 1951), 340 U.S. 523, 1951 AMC 416.
55) Robertson, Admiralty, op. cit., 201.
56) Maraist, Admiralty, 1996, p. 199.
57) Robertson, Admiralty, op. cit., p. 207.
58) Ibid., p. 206.
59) Farrell v. United States(S.C., 1949), 336 U.S. 511, 1949 AMC 613.
60) Robertson, op. cit., p. 207.
61) Shoenbaum, op. cit., p. 304.

적용되는 소멸시효법(46 U.S.C. §763 a)은 본 경우에는 적용되지 않고 형평법상의 일반 시효법(laches)이 적용된다.[63]

4. 세 가지 제도의 비교

존스법은 불법행위법의 불합리함을 시정하기 위하여 기여과실제도 등을 폐지하여 선원들을 보호할 목적으로 제정되었다. 또한, 선주측의 과실에 대하여 원고에게 법률상의 인과관계의 입증을 요구하지 아니한다. 그런데 불감항에 기한 손해배상청구는 무과실책임을 선주가 부담하기는 하지만, 손해를 야기한 행위에 대한 입증책임을 선원들이 부담하여야 하는 어려움이 있다. 존스법의 적용주체는 선원과 그 사용자이다. 반면, 불감항에 의한 책임은 선주 혹은 선박의 운항자가 부담하는 책임이다. 불감항에 기한 청구는 선박우선특권이 인정되고 또한 징벌적 손해배상이 가능하므로 존스법보다 선원에게 유리하다. 한편, 존스법은 배심원이 없는 심판이 되지만, 불감항에 기한 소송은 배심원 심판을 하므로 선원에게 유리하게 작용한다고 할 수 있다.

상병보상청구는 선주측에 아무런 과실이 없는 경우에도 인정되므로 선원을 보호하게 된다. 상병보상청구는 선주에게 다만 치료비와 치료기간중의 숙식비를 지급하게 함으로써 선원을 보호하는 것으로서 일실소득을 청구할 수 없다는 점에서 청구액의 범위가 존스법에 비하여 좁다.

Ⅲ. 우리 法

1. 불법행위에 기한 손해배상책임

(1) 일 반

불법행위책임은 피해자인 원고가 가해자측의 과실 및 손해에 대한 인과관계에 대하여 입증책임을 부담한다.

우리 법은 불법행위에서 손해배상의 범위를 채무불이행에 기한 손해배상범위를 준용하고 있다(민법 제763조). 그리하여 특별손해는 예견가능한 경우에만 지급이 가능하다.[64] 사망한 선원의 유족에 대하여 선주는 위자료에 대하여

---

62) Ibid.

63) Maraist, op. cit., p. 187.

도 배상하여야 한다.[65] 불법행위에 기한 손해배상청구는 피해자들이 그 손해 및 가해자를 안 날로부터 3년과 불법행위가 있었던 날로부터 10년의 소멸시효에 걸린다.[66]

불법행위에 기한 선원의 선주에 손해배상청구권은 상법 제860조 제2호의 선박우선특권의 대상 채권이 아니다.

(2) 사용자책임

선원과 선원을 고용한 자인 선주와의 관계는 민법상 피용자와 사용자로 환원시켜 볼 수 있다. 그리하여 선주는 선원에 대하여 사용자책임을 부담한다. 예컨대, 동료선원의 과실로 다른 선원이 상해를 입거나 사망을 당한 경우에는 선주는 민법 제756조상의 사용자책임[67]을 부담하게 된다.

사용자책임을 부담하는 자는 선원의 고용자로서의 사용자이다. 그러므로 단순한 대리점은 사용자가 아니다. 선원송출업무를 담당하는 해외취업선사는 선원의 사용자가 아니므로 불법행위상 책임을 부담하지 아니한다.

(3) 공작물상 책임

나용선자와 선박소유자는 선박자체의 하자에 대하여 민법 제758조상의 공작물상의 책임[68]을 부담하는 경우가 있다. 예컨대, 선박에 설치된 엔진수리작업

---

64) 제393조(손해배상의 범위) ① 채무불이행으로 인한 손해배상은 통상의 손해를 그 한도로 한다. ② 특별한 사정으로 인한 손해는 채무자가 그 사정을 알았거나 알 수 있었을 때에 한하여 배상의 책임이 있다.

65) 제752조(생명침해로 인한 위자료) 타인의 생명을 해한 자는 피해자의 직계존속, 직계비속 및 배우자에 대하여는 재산상의 손해없는 경우에도 손해배상의 책임이 있다.

66) 제766조(손해배상청구권의 소멸시효) ① 불법행위로 인한 손해배상의 청구권은 피해자나 그 법정대리인이 그 손해 및 가해자를 안 날로부터 3년간 이를 행사하지 아니하면 시효로 인하여 소멸한다. ② 불법행위를 한 날로부터 10년을 경과한 때에도 전항과 같다.

67) 제756조(사용자의 배상책임) ① 타인을 사용하여 어느 사무에 종사하게 한 자는 피용자가 그 사무집행에 관하여 제3자에게 가한 손해를 배상할 책임이 있다. 그러나 사용자가 피용자의 선임 및 그 사무감독에 상당한 주의를 한 때 또는 상당한 주의를 하여도 손해가 있을 경우에는 그러하지 아니하다.

68) 제758조(공작물 등의 점유자, 소유자의 책임) ① 공작물의 설치 또는 보존의 하자로 인하여 타인에게 손해를 가한 때에는 공작물 점유자가 손해를 배상할 책임이 있다. 그러나 점유자가 손해의 방지에 필요한 주의를 해태하지 아니한 때에는 그 소유자가 손해를 배상할 책임이 있다.

용 크레인의 로프가 낡아서 크레인에 달려있던 엔진이 떨어지면서 선원이 다친 경우에 선박장비의 하자로 인한 공작물상의 책임이 문제된다. 선박이 나용선된 경우에는 선박소유자는 무과실책임을 부담하고 나용선자는 과실책임을 부담한다.

그러나 공작물상의 책임은 선원의 하자에 대하여는 적용되지 않는다.

2. 선원법상 재해보상제도

선원법은 해상의 근로자인 선원을 일반 근로자보다 더욱 보호할 목적으로 제정된 법이다. 선원법은 제10장에서 재해보상규정을 가지고 있다. 이는 사용자측의 과실을 요건으로 하지 않음으로써 선원을 보호하는 기능을 하게 된다.

우리 법원은 선원법상의 재해보상규정은 민법상의 다른 청구와는 청구권경합의 관계로 보아 재해보상을 청구하지 않고 민법상의 불법행위책임을 사용자에게 제기할 수 있다고 한다.[69]

선원법상 의무의 주체인 선주가 되기 위하여는 선원의 사용자의 지위에서 선원을 고용하고 임금을 지급하여야 한다.[70] 해외송출선사는 기본적으로 선주의 대리인의 역할을 하는 자이므로 선원법상 재해보상책임을 부담하지 않는다.[71] 사용자는 재해보상을 충족하는 보험에 가입하여야 한다(선원법 제98조).

통상 실무상 해외취업선원의 경우에는 선원과 사용자 사이에 재해보상에 관하여는 해외취업선원재해보상에관한규정(이하 보상규정)으로 하기로 약정하여 이에 따라 재해보상이 이루어지는바, 유족보상은 선원법 소정의 법정재해보상과 특별보상금으로 구성된다.[72]

---

69) 재해보상을 받을 수 있는 동일한 사유로 인하여 민법 그 밖의 법령에 의하여 이 법에 의한 재해보상에 상당하는 급여를 받은 경우에는 선박소유자는 그 가액의 범위 안에서 이 법에 의한 재해보상의 책임을 면한다(선원법 제94조).

70) 선주 · 선박차용인 · 선박관리인 · 용선인 등의 명칭에 불구하고 선원을 고용하고 그 선원에 대하여 임금을 지급하는 자에게 이 법 중 선박소유자에 관한 규정을 적용한다(선원법 제2조 제3항). 선원법은 선박소유자라는 용어를 사용하고 있으나 여기서 말하는 선박소유자는 선원의 사용자이므로 상법에서 말하는 소유의 개념으로서의 선박소유자가 아니다. 논문에서의 용어에 통일성을 기하기 위하여 선박소유자에 대신하여 선주라는 용어를 사용한다.

71) 서울고법 2000.11.24. 선고 2000나28645 판결. 아래의 아틀란티아호 사건에서도 해외송출회사의 재해보상에 관한 책임이 부인되었다. 대법원은 선원법 제103조 제2항에서 말하는 수탁받은 업무가 승원명부의 작성 등 인사관리업무에 한정되는 경우에 선원관리사업자는 재해보상의 의무를 부담하지 않는다고 하였다.

선원법에 기한 재해보상청구에는 과실상계가 적용되지 않으므로 선주가 선원에게 경과실이 있다고 주장하는 것은 법률상 의미가 없다.[73][74]

상법 제860조 제2항은 선원 기타 선박사용인의 고용계약으로 인한 채권에 대하여 선박우선특권을 인정하고 있다. 장해보상, 요양보상 등에 기한 청구권도 여기에 포함된다.[75]

선원법상 재해보상은 유족보상과 요양 및 장해보상으로 크게 나누어진다.

(1) 유족보상

유족보상은 직무상 사망과 비직무상 사망으로 나누어 전자의 경우는 평균임금의 1,300일분에 상당하는 금액을(선원법 제90조 제1항), 후자의 경우는 평균임금의 1,000일분에 상당하는 금액을(동 제2항) 유족에게 지급하도록 하고 있다(다만, 사망의 원인이 선원의 고의 또는 중대한 과실로 인한 것으로 선원노동위원회의 인정을 받은 경우는 제외된다). 비직무상 사망은 선원이 승무중이었다는 사실만으로도 재해보상을 받을 수 있다는 점에서 근로기준법과 다르다. 선원법 제85조 제2항은 기항지에서의 상륙기간, 승하선에 수반되는 여행기간도 승무중에 포함되는 것으로 규정하고 있다. 따라서 정박중 시내에 상륙한 경우에도 적어도 비직무상 사망으로 처리가 된다.[76][77]

---

72) 아틀란티아호 사건에서, 미국선주의 선박에 승선중인 선원의 사망과 관련하여 유족이 위 보상규정 제3조 제2항에서 정한 별도의 특별보상금을 지급할 것을 요구하였다. 원심은 원고가 근거로 삼은 보상규정이 선주에게 재산상의 의무를 부과하는 것으로서 이는 입법사항임에도 객관적 기준을 정하여 대통령령이나 규칙에 위임하여야 할 것임에도 선원법에 근거가 없으므로 보상규정 제3조 제2항은 무효라고 하였다. 대법원은 보상규정의 내용은 계약의 내용으로 정당하게 편입되므로 선원은 약정에 기한 재배보상금을 청구할 수 있다고 하였다. 대법원 2002.6.14. 선고 2001다2112 판결. 권창영 판사는 보상규정의 성질을 당사자의 사법관계에 적용준칙이 되는 임의규정으로 보아야 할 것이고 보상규정은 행정청이 제정한 약관유사의 성질을 가진다고 한다. 권창영, "해외취업선원의 재해보상," 「저스티스」, 2003년 8월호(통권 제74호), 한국법학원 전게논문, 212면.

73) 동지, 상게논문, 236면.

74) 고의 중과실에 의하여 선주가 면책되는 것은 과실상계와는 다른 것이다.

75) 송상현 · 김현, 전게서, 408면. 국내 교과서에는 요양보상만 언급되어 있지만 장해보상도 여기에 포함된다고 생각된다.

76) 대법원 1999.9.17. 선고 99다24836 판결에서 대법원은 휴무기간중 잠을 자기 위하여 임의로 승선하다가 사망한 사건에서 이를 승무중 직무외의 원인으로 사망한 경우에 해당한다고 보아 사용자는 선원법 제90조 제2항의 유족보상을 지급하여야 한다고 판시하였다. 자세한 판례평석은 김인현, 「해상법연구」(삼우사, 2003), 386-389면을 참고바람.

(2) 요양 및 상병보상

선원법 제85조는 요양보상에 대하여 정하고 있다. 선주는 선원이 직무상 부상하거나 질병에 걸린 때에는 그 부상이나 질병이 치유될 때까지 선주의 비용으로 요양을 시키거나 요양에 필요한 비용을 지급하여야 한다(동조 제1항). 선주는 선원이 승무중 직무외의 원인에 의한 것으로서, 국민건강보험법에 의한 요양급여의 대상이 되는 부상을 당하거나 질병에 걸린 경우에는 요양을 받는 선원이 부담하여야 하는 비용을 3월의 범위내에서 지급하여야 하고, 동법에 의한 요양급여의 대상이 되지 아니하는 부상을 당하거나 질병에 걸린 경우에는 그 선원의 요양에 필요한 비용을 3월의 범위내에 한하여 지급하여야 한다(제2항). 선주는 제2항의 규정에 불구하고 선원의 고의 또는 중대한 과실로 인한 부상 또는 질병에 대하여는 선원노동위원회의 인정을 받은 경우에는 그 비용을 지급하지 아니할 수 있다(제3항).

요양의 범위는 1. 진찰 2. 약제 또는 치료재료와 의치 기타 보철구의 지급 3. 수술 그 밖의 치료 4. 병원 · 진료소 그 밖에 치료에 필요한 자택외의 곳에의 수용(식사의 제공을 포함한다) 5. 간호 6. 이송 7. 통원치료에 필요한 교통비 등이다(선원법 제86조).

나아가 선원법 제87조에 따라 선주는 선원에게 상병보상을 지급하여야 한다. 선주는 직무상 원인에 의하여 요양중에 있는 선원에게 4월의 범위안에서 그 부상 또는 질병이 치유될 때까지 매월 1회 통상임금에 상당하는 금액의 상병보상을 행하여야 하며, 4월이 지나도 치유되지 아니하는 경우에는 치유될 때까지 매월 1회 통상임금의 70퍼센트에 상당하는 금액의 상병보상을 행하여야 하고(동조 제1항), 승무중 비직무상 원인에 의하여 요양중에 있는 선원에게 3월의 범위내에서 요양기간중 매월 1회 통상임금의 100분의 70에 상당하는 금액의 상병보상을 행하여야 한다(제2항).

(3) 장해보상

선주는 선원에 대하여 장해보상을 하여야 한다. 선원이 직무상 부상 또는 질병이 치유된 후에도 신체에 장해가 남는 경우에는 선주는 지체없이 산업재해

77) 다만, 유급휴가중이거나 임의로 하선한 기간은 승무중의 범주에서 제외된다. 동지, 권창영, 전게논문, 239면.

보상보험법이 정하는 장해등급에 따른 일수에 승선평균임금을 곱한 금액의 장해보상을 행하여야 한다. 선박소유자는 제85조 제1항 및 제87조 제1항의 규정에 의하여 보상을 받고 있는 선원이 2년이 지나도 그 부상 또는 질병이 치유되지 아니하는 경우에는 산업재해보상보험법에 의한 제1급의 장해보상에 상당하는 금액을 선원에게 일시에 지급함으로써 제85조 제1항 · 제87조 제1항 또는 제88조의 규정에 의한 보상책임을 면할 수 있다(선원법 제89조).

(4) 기 타

선주는 선원이 사망한 경우에는 장제비 및 유실물에 대한 가액을 지급하여야 한다(선원법 제91조 및 제93조).[78] 현행법은 단순히 선원이 사망한 것을 요건으로 하므로 사망의 원인이 직무상 직무외의 경우뿐만 아니라 기타 사유로 인한 경우에도 유족은 장제비를 청구할 수 있다.[79]

Ⅳ. 美國法과 우리 法의 비교

1. 존스법과 우리 법의 사용자책임 및 유족보상

존스법이 사용자측의 과실에 대한 사용자의 책임을 규정하고 있으므로 우리 법상으로는 민법의 사용자책임(민법 제756조)과 유사하다고 할 수 있다. 민법상의 사용자책임은 피해자에 제한이 없지만 존스법은 선원만을 대상으로 한다. 존스법에서는 사용자측의 과실행위에 대한 법률상 인과관계의 입증이 필요없지만, 우리 법의 사용자책임은 피용자의 과실행위와 피해자의 손해에 대한 완전한 인과관계가 입증되어야 한다. 존스법상의 청구권은 3년의 제척기간에 걸리지만, 우리 법의 사용자책임은 3-10년의 소멸시효에 걸린다(민법 제766조).

---

78) 선박소유자는 대통령령이 정하는 유족에게 승선평균임금의 120일분에 상당하는 금액을 장제비로 지급하여야 한다(선원법 제91조 제1항). 선박소유자는 선원이 해상에서 행방불명이 된 경우에는 대통령령이 정하는 피부양자에게 1월분의 통상임금과 승선평균임금의 3월분에 상당하는 금액의 행방불명보상을 행하여야 한다(선원법 제92조 제1항). 선원의 행방불명기간이 1월을 경과한 때에는 제90조 및 제91조의 규정을 적용하여(동 제2항), 유족보상과 장제비를 선박소유자가 지급하게 된다. 선박소유자는 선원이 승선중 해양사고로 인하여 소지품을 잃어버린 경우에는 통상임금의 2월분의 범위안에서 그 유실된 소지품의 가액에 상당하는 금액을 보상하여야 한다(선원법 제93조).

79) 권창영, 전게논문, 244면.

존스법은 손해배상의 범위에 있어서 사망의 경우에 생존소송에 기한 손해배상만 인정되고 불법사망소송에서의 비금전적 손해는 인정되지 않는다. 우리 법상으로는 유족들의 위자료도 인정되는 것과 다른 점이다. 생존소송을 통하여도 사망자의 일실손실이 지급되지 않는 주가 많고 유족의 위자료가 청구되지 않으므로 존스법상 손해배상청구액은 우리 법상 불법행위에 기한 청구액보다 작다고 할 수 있다.

존스법은 일반 불법행위법의 특별법으로서 기능하므로 우리 법상 선원법의 재해보상규정(선원법 제90조)과 비교할 수 있다. 우리 법은 직무중인 경우와 비직무인 경우에 따라서 청구액이 달라진다. 미국 존스법은 이러한 구별이 없다. 우리나라 선원법은 선박에 승선중인 경우에는 직무여부에 관계없이 재해보상청구가 가능하도록 한다는 점에서 이의 판단을 법원에 일임하고 있는 미국과 다르다. 선원법은 보상액이 확정되어 있지만, 미국법은 사안에 따라서 법원이 판단한다.

2. 불감항에 기한 책임과 공작물상 책임

미국에서 선원들에게 허용되는 불감항에 기한 청구는 엄격히 말하면 우리나라에는 없는 제도이다. 우리나라는 선원에 대한 감항의무를 선주에게 부과하고 있지 않다. 불감항에 기한 청구는 무과실책임으로서 선박하자를 원인으로 하는 것이라는 점에서 우리 민법의 공작물 등의 소유자의 책임(민법 제758조)과 유사하다고 할 수 있다. 다만, 우리나라의 경우에 인적 불감항에 대하여는 공작물상의 책임을 묻지 못한다.

미국법상 불감항에 기한 청구는 불법행위에 기초하는 것으로 이해되므로, 우리나라 대법원이 아틀란타호 사건에서 불감항에 기한 청구를 미국법원에 제기하면서 동시에 우리 법원에 선원법에 기한 재해보상청구를 하는 것을 청구권의 경합으로 보아 중복제소에 해당하지 않는다고 판단한 것은 정당하다고 하겠다.[80][81]

불감항에 기한 손해배상청구에 있어서 손해배상액의 범위는 일반불법행위와 동일하므로 존스법에서 인정되지 않는 불법사망소송에서의 비금전적 손해

---

80) 각주 32) 참고바람.

81) 동지, 권창영, 전게논문, 221면.

에 대하여도 청구가 가능하다. 그리하여 배우자 등이 위자료 등을 청구할 수 있게 된다. 그리하여 우리 법상의 불법행위상의 청구액과 근접하게 된다. 징벌적 손해배상청구가 가능할 수도 있다는 점에서 우리 법과 다르다.

한편, 미국법상 불감항에 기한 청구는 대물소송을 발생시키는 채권이 되므로 선박에 대한 압류경매가 가능하게 된다. 우리 법상으로는 선주의 선원에 대한 불법행위에 기한 손해배상청구권은 상법 제860조의 선박우선특권을 발생시키지 않는다. 불감항에 기한 소송은 우리나라에 비하여 미국의 선원들이 더욱 보호받는 강력한 제도라고 할 수 있다.

3. 상병보상청구권과 선원법의 요양보상

미국법의 상병보상청구권은 판례법으로 인정되고 있으나, 선원법은 제정법인 점에서 다르다. 상병보상청구권은 선원법 제85조의 요양보상에 대응된다. 양자 모두 선주의 과실을 요구하지 않는 점에서 동일하다. 미국의 상병보상청구권은, 우리 법의 재해보상제도와는 달리 보상범위가 완치될 때까지의 치료에 한정되므로, 이 청구권을 기초로 장해보상을 청구할 수 없다는 점에서 큰 차이가 있다. 따라서 미국법하에서 장해보상에 해당하는 금액을 수령하기 위하여는 선원들은 존스법이나 불감항에 기한 손해배상청구소송을 제기하여야 한다.

V. 結 論

우리 법은 제정법으로서 선원법상 재해보상규정을 두고 있으므로 이러한 제정법상 규정들이 미비된 미국법에 비하여 예측가능하고 안정적이라고 할 수 있다.

미국법원이 선원에 대하여도 선주에게 감항의무를 부담시키고 있는 점은 선원보호에 만전을 기하고자 하는 미국법의 정신을 이해할 수 있다. 나아가 선원에 대한 보호에 선주가 중과실이 있는 경우에는 징벌적 손해배상을 가함으로써 선원을 더욱 보호하고 있다. 불감항에 기한 손해에 대하여는 선박이 대물소송의 대상이 됨으로써 선원은 더욱 보호된다.

손해배상의 범위에 있어서 미국법은 기본적으로 사망한 자의 손해배상청구권은 사망함으로써 소멸한다는 원칙하에 있기 때문에, 사망자의 일실소득이 인정되지 않는 주가 많고 유족들의 정신상 손해배상(위자료)이 인정이 어렵다는 점에서 우리 법에 비하여 유족에게 불리하다.

미국과 우리 법상 선원의 재해보상 및 배상제도의 공통점은 일반법리에 비하여 선원을 보호하기 위하여 특별한 조치들을 마련하고 있다는 것이다. 존스법은 일반법리에서는 부인되어야 할 기여과실제도를 선원의 재해에서는 적용하지 않는 것이고, 상병보상청구권과 불감항에 기한 청구는 무과실제도를 택하고 있다는 점에서 선원에게 유리한 제도이다. 우리 법으로도 선원법상 재해보상제도는 선원의 승무자체로도 유족보상 및 상병보상이 가능하게 하는 것으로 선원을 특별히 보호하는 제도이다. 이러한 공통점은 열악한 지위에 있는 선원을 특별히 보호함으로써 선원을 안정적으로 해운기업에 공급하자는 취지도 담고 있다. 이러한 점은 우리 법의 운용에서도 계속 견지되어야 할 사항이다.

제 3 논 문

船舶 관련 종사자의 勤勞三權에 대한 소고

I. 序 論

우리 헌법은 근로자의 근로3권을 보장하고 있다. 근로3권은 단결권, 단체교섭권 그리고 단체행동권을 내용으로 한다. 근로3권은 원칙적으로 보장되기 때문에, 헌법이나 법률에서 명문규정을 통해 제한하지 않는 한 근로3권은 인정된다. 이러한 제한은 우리 헌법 제33조 제2항과 제3항에서 보듯이, 공무원과 방위산업체에 근무하는 자들에 대하여 인정될 수 있다. 이는 다른 한편 선박과 관련된 선원, 선급협회 등은 무제한의 근로3권을 가질 것으로 생각되기도 한다.

선박을 운항하는 주체로서 선원들이 있다. 그런데 선박은 항해의 위험에 노출되어 있고 여러 관련자들의 이익이 결부되어 있으므로 단체행동권의 행사로 인하여 선박자체가 위험에 빠지거나 단체행동권 행사의 대상인 선박소유자(이하 선주) 이외의 제3자들이 피해를 입을 경우가 있다. 선원의 일부를 구성하는 선장은 선주의 대리인이다. 그러므로 항상 선주의 이익을 대변하는 자로서 노동조합을 결성하거나 노동조합에 가입할 수 없다. 선급협회는 선박의 안전에 대한 검사를 행하는 기관이다. 이 검사원들이 단체행동권을 행사하면 선박은 검사를 받지 못함으로써 출항이 정지되는 경우도 있을 수 있다. 이러한 경우에 대비하여 선원법과 선박안전법 등 특별법에서는 선박관련 근로자들의 단체행동권을 제한하거나 제한하기 위한 입법을 하고 있다.

이하에서는 이러한 논점에 대하여 살펴본다.

Ⅱ. 勤勞三權에 대한 一般論

1. 입법적 근거

헌법 제33조는 제1항에서 "근로자는 근로조건의 향상을 위하여 자주적인 단결권, 단체교섭권 및 단체행동권을 가진다"고 하여 원칙적으로 모든 근로자는 노동3권을 가짐을 천명한다.[1]

이러한 헌법에 보장된 근로3권을 보장하기 위하여 노동조합및노동관계조정법(이하 노조및조정법)이 마련되어 있다. 노조및조정법은 집단적 노사관계의 일반법으로서의 기능을 한다.[2]

2. 근로3권의 내용

(1) 단결권

단결권이란 근로자가 작업환경의 유지 개선을 실현하기 위하여 자주적으로 단체를 조직할 수 있는 권리를 말한다.[3]

단결권에는 개인 근로자가 노동조합을 결성할 수 있는 권리와 그가 원하는 노동조합에 가입하고 그 조합에 머물 수 있을 권리를 가진다(개별적 단결권). 또한 단결체로서 노동조합이 향유하는 단결권이 있다.

(2) 단체교섭권

근로자들은 근로조건을 유지, 개선함으로써 그 경제적, 사회적 지위의 향상을 도모하기 위하여 노동조합을 결성하고 단결력을 배경으로 쟁의행위에 호소함으로써 그 요구를 관철한다. 다만 쟁의행위에 돌입하기 전에 노동조합이 평화적인 방법으로 구체적으로 그 목적을 실현하는 단체교섭이 존재한다.[4]

단체교섭의 대상은 조합원 전체에 관한 임금, 근로시간 기타 근로조건은 물론 작업시설, 근로환경, 복리후생시설에 관한 사항과 조합활동, shop제도 등

1) 허영, 「한국헌법론」(박영사, 2000), 480면.
2) 김형배, 「노동법강의」(신조사, 2004), 11면
3) 허영, 전게서, 481면.
4) 김형배, 전게서, 550면.

이 해당된다. 그러나 경영권에 대한 사항은 단체교섭의 대상이 될 수 없다.[5]

(3) 단체행동권

단체행동은 단결체의 존립과 목적을 실력으로 관철하려는 투쟁수단이다. 근로자들이 그들의 경제적 지위를 사실적인 힘을 사용하여 향상시킬 것을 제도적으로 인정한 것이며 사용자와 근로자들의 이해관계의 대립을 투쟁행위에 의하여 해결하도록 하는 것이다.[6]

노조및조정법 제3조와 제4조는 근로자들의 정당한 단체행동 내지 쟁의행위의 민사상 형사상 면책을 규정한다. 이에 대하여는 위법성조각설과 구성요건해당성조각설이 있지만, 헌법 제33조에서 단체행동권은 보장된 것이므로 정당한 쟁위행위는 구성요건에 해당하지 않는다고 파악된다.[7]

3. 근로3권의 제한

(1) 헌법적 근거

제33조 제2항은 "공무원인 근로자는 법률이 정하는 자에 한하여 단결권, 단체교섭권 및 단체행동권을 가진다"고 하고, 제3항은 "법률이 정하는 주요방위산업단체에 종사하는 근로자의 단체행동권은 법률이 정하는 바에 의하여 이를 제한하거나 인정하지 아니할 수 있다"고 하여 근로3권의 제한에 대하여 정한다.

헌법 제37조 제2항은 "국민의 모든 자유와 권리는 국가안전보장, 질서유지 또는 공공복리를 위하여 필요한 경우에 한하여 법률로써 제한할 수 있으며, 제한하는 경우에도 자유와 권리의 본질적인 내용을 침해할 수 없다"고 한다. 그러므로 공무원이 아닌 사인이라고 하더라도 그의 근로3권은 국가안전보장, 질서유지 또는 공공복리를 위하여는 법률로써 허용되지 않을 수 있다.

---

5) 김형배, 상게서, 559면.
6) 김형배, 상게서, 61면.
7) 김형배, 상게서, 642면.

(2) 개별 법률상 근로3권 제한의 모습

1) 공무원의 근로3권 제한

공무원은 일반근로자와는 달리 공무원이라는 신분을 가지고 있으므로 이에 근거하여 법률로 정하는 자에 한하여 근로3권이 인정된다(헌법 제33조 제2항). 국가공무원법 제66조 및 지방공무원법 제58조는 사실상 노무에 종사하는 공무원 이외에는 노동운동 기타 공무 이외의 일을 위한 집단적 행위를 할 수 없다고 정한다.

2) 교원의 근로3권 제한

종래에는 국공립학교교원이든 사립학교교원이든 간에 근로3권이 인정되지 않았다. 사립학교교원은 교육공무원이 아니지만 사립학교법 제55조 및 제58조 제1항 제4호에 의하여 사립학교교원의 노동기본권의 행사가 인정되지 않았다. 그러나 합헌이 결정되었다(1991.7.22 89헌가106).

1999년 1월 29일 교원의노동조합설립및운영등에관한법률이 제정되어 초중등교육법에서 말하는 교원은 단결권을 향유하게 되었다. 다만, 쟁의행위는 금지된다(법 제8조).[8] 즉, 단결권과 단체교섭권은 인정된다.

3) 사업의 성질상의 제한

주요방위산업체에 종사하는 근로자의 단체행동권은 법률이 정하는 바에 따라 이를 제한하거나 인정하지 아니할 수 있다(헌법 제33조 제3항). 노조및조정법 제41조 제2항은 "방위산업에 관한 특별조치법에 의하여 지정된 주요방위산업체에 종사하는 근로자 중 전력, 용수 및 주로 방위물자를 생산하는 업무에 종사하는 자는 쟁의행위를 할 수 없으며, 주로 방산물자를 생산하는 업무에 종사하는 자의 범위는 대통령령으로 정한다"고 규정한다.

노조및조정법 제71조 이하에서는 공익사업과 필수공익사업을 정하여 단체행동권의 행사를 일정한 경우 제한하고 있다. 공익사업은 공중의 일상생활과 밀접한 관련이 있거나 국민경제에 미치는 영향이 큰 사업으로서 정기노선여객운송사업, 수도전기가스석유정제 및 석유공급사업, 공중위생 및 의료사업, 은행 및 조폐사업, 방송 및 통신사업을 말한다(법 제71조 제1항).[9]

---

8) 노동조합과 그 조합원은 파업, 태업, 기타 업무의 정상적인 운영을 저해하는 일체의 쟁의행위를 하여서는 아니된다(제8조).

9) 김형배, 전게서, 67면.

헌법 제37조 제2항은 단체행동권을 제한하는 한계조항으로서의 기능을 한다. 그러므로 국가안전보장, 질서유지 또는 공공복리를 위하여 필요불가결한 범위내에서만 제한이 허용되어야 한다.

Ⅲ. 船員의 爭議行爲의 制限

1. 의 의

선원이란 임금을 받을 목적으로 배안에서 근로를 제공하기 위하여 고용된 자를 말한다(선원법 제3조 제1호). 선원은 선장과 해원, 예비원으로 구분된다.

쟁의행위란 파업, 태업, 직장폐쇄 기타 노동관계 당사자가 그 주장을 관철할 목적으로 행하는 행위와 이에 대항하는 행위로서 업무의 정상적인 운영을 저해하는 행위를 말한다. 단체행동이란 동일한 목적을 추구하는 다수 근로자의 의식적이며 의욕적인 공동행위를 말한다. 여기에는 파업, 태업 등은 물론, 가두시위, 집회, 완장착용, 피케팅 등 모두 이에 속한다. 단체행동은 반드시 업무의 정상운영의 저해를 수반하지 않는다는 점에서 쟁의행위보다 개념이 넓다.[10)]

2. 법적 근거

선원법 제27조는 쟁의의 제한이라는 표제하에, "선원은 선박이 항행중이거나 외국의 항구에 있는 경우 그밖에 인명 또는 선박에 위해를 줄 염려가 있는 경우에는 선원관계에 관한 쟁의행위를 하여서는 아니된다"고 한다.

3. 쟁의행위의 주체

쟁의행위를 할 수 있는 자는 선원이다. 선원에는 선장과 해원이 있다. 여기에서의 선원과 노동조합과의 관계가 문제된다.

전혀 노동조합에 가입되어 있지 않은 선박의 선원들이 쟁의행위를 할 수 있는지가 의문이다. 전국해상산업노동조합연맹 내에 고려해운 선원노조, 한진해운 선원노조 등이 존재하지 선박별로 단위노조가 존재하지 않는다. 이는 선원은 선박별로 노동조합을 결성할 수 없도록 하였던 법규정 때문이었다. 그리

10) 김형배, 상게서, 636면.

하여 단체교섭도 육상에서 이루어지고 노동조합의 간부도 선내에 있지 않는 경우가 대부분이다. 그러므로 선원법 제27조에서 규율하는 선원의 쟁의행위는 선원노동조합에 의하여 주도되는 경우는 극히 예외적이다. 따라서 선원법이 예정하는 쟁의행위는 노동조합이 주동하지 않는 비공인파업과 쟁의행위의 주체가 노동조합이 아니고 노동조합과 무관한 다수의 선원들의 비노조파업도 포함된다고 해석된다.[11]

그러나 쟁의행위가 가능한 선원이란 단체교섭 및 단체협약을 체결할 능력이 있는 선원노동조합에 한정된다는 견해가 있다. 노조및조정법 제37조 제2항이 조합원은 노동조합에 의하여 주도되지 아니하는 쟁의행위를 하여서는 아니된다는 것을 근거로 한다.[12]

4. 내 용

선원의 쟁의행위는 원칙적으로 허용되지만, (1) 선박이 항행중 혹은 (2) 외국의 항구에 있는 경우 혹은 (3) 그 밖에 인명 또는 선박에 위해를 줄 염려가 있는 경우에는 제한된다.

(1) 선박이 항행중이라 함은 선박이 출항하여 목적항을 향하여 진행하고 있는 과정을 말한다. 항행중에 쟁의행위를 하면 선박은 바다에서 고립되므로 선박자체와 선원들의 안전을 위하여 쟁의행위를 제한한 것이다.

(2) 외국의 항구에 있는 경우에는 외국에서는 쟁의행위의 처리가 곤란하고, 외국의 간섭을 초래하기 때문에 쟁의행위를 제한한다.

(3) 그 밖에 인명 또는 선박에 위해를 줄 염려가 있는 경우란 (1)의 항행중이 아닌 경우로서 예컨대, 정박중인 경우라고 하더라도 태풍이 내습할 것이 예보된 상태에서 선원들이 쟁의행위를 하는 것을 말한다. 선박과 선원들의 안전을 위하여도 당연히 파업을 하여서는 아니될 것이다.

5. 위헌성 여부

선원법 제27조는 헌법상으로 보장된 선원들의 단체행동권을 과도하게 제한함으로써 기본권 제한의 최소침해의 원칙이나 이익형량의 원칙에 위배된다

11) 권창영, “선장의 노동법상 지위,” 「사법논집」(제36집), 443면.
12) 김동인, 「선원법」(법률문화원, 2004), 193면.

는 지적이 있다.[13] 그 근거로서 선원들의 쟁의행위의 목적과 방법에 정당성이 인정된다고 하더라도 선원법에서 제한하는 시기에는 쟁의행위를 할 수 없고, 결국 선원들은 한국항에 기항중이면서 인명 또는 선박에 위해를 줄 염려가 없는 경우와 예비원 기간 동안만 쟁의행위를 할 수 있다는 점을 들고 있다. 요컨대 선원법 제27조는 선원들의 쟁의행위를 사실상 전면적으로 금지시키는 효과가 있기 때문이라고 한다.[14]

그러나 사견으로는 선박은 여러 이해당사자들이 있고 육상의 근로자들과 달리 직장에 해당하는 선박자체의 안전과 다른 선원들의 안전이 위협당하는 경우의 쟁의행위는 제한되어야 한다고 본다. 예컨대, 한국에 기항중 태풍이 내습한 경우에도 파업을 하여 선박에 선원이 없다면 선박은 좌초될 것이다. 이러한 경우까지 쟁의행위를 허용하는 것은 무리라고 본다. 근로3권이라는 사익과 선박과 선원의 안전이라는 공익을 비교할 때 선원법 제27조상의 제한은 합리적이라고 본다.

다만, 선박의 항행중에 모든 쟁의행위를 제한하는 것은 완화할 필요가 있다. 일본 선원법은 이 경우에도 쟁의행위가 가능하게 한다(일본 선원법 제30조).

Ⅳ. 船長의 勤勞三權

1. 선장의 법적 지위

선장이란 해원을 지휘 감독하여 선박의 운항관리에 관하여 책임을 지는 선원을 말한다(선원법 제3조 제2호). 선장도 선주와 고용계약을 체결하고 급료를 수령하는 근로자이다.[15] 그러나 선장은 여러 가지 법률에 의하여 특별한 지위를 가지고 있다.

상법상 선장은 선주가 지명한 임의대리인으로서 그 대리권의 범위는 법정되어 있다(상법 제773조). 특히 선적항내에서는 해원의 고용과 해고를 할 권한을 가지고 있다.[16] 선원법상 선장은 선박운항에 대한 책임과 권한 및 해원에 대

13) 박영선, "선원의 쟁의행위제한에 대한 비판적 검토," 「해사법연구」, 제19권 제2호(2007.9), 43면 이하, 201면.

14) 김동인, 전게서, 201면.

15) 김인현, 「해상법」(법문사, 2003), 79면.

16) 김인현, 상게서, 82면.

한 징계권을 행사할 수 있는 선박권력을 가지고 있다(선원법 제6조 내지 제26조). 사법경찰관리의직무를행할자와그직무에관한법률에 따르면 선장은 선상에서 발생하는 범죄에 대하여 사법경찰관으로서의 직무를 행한다(법 제7조).

이러한 지위에 있는 선장은 선주의 피용자로서 근로자인 해원과는 다른 지위에 있으므로, 근로자가 가지는 근로3권을 모두 가지는가에 대한 의문이 제기된다.

2. 선장의 단결권 향유 주체성

(1) 의 의

노조및조정법 제2조 제4호는 "노동조합이란 근로자가 주체가 되어 자주적으로 단결하여 근로조건의 유지 개선 기타 근로자의 경제적 사회적 지위의 향상을 도모함을 목적으로 조직하는 단체 또는 그 연합단체를 말한다"고 정의한다. 다만, "사용자 또는 항상 그의 이익을 대표하여 행동하는 자의 참가를 허용하는 경우에는 노동조합으로 보지 않는다"고 규정한다. 이것은 노동조합의 결성 운영에 있어서 노동조합이 자주성을 확보할 수 없으며, 나아가서는 어용조직화될 가능성이 있기 때문이다.[17)]

그런데 선원 중에서 해원이 노조원이 될 수 있는 것은 의문의 여지가 없다. 그러나 선장의 경우에는 위에서 본 바와 같은 선주와의 관계에 의하여 그 가입여부가 문제된다.

(2) 학설의 대립

1) 부정설

부정설은, 노조및조정법의 "항상 사용자의 이익을 대표하여 행동하는 자"란 근로기준법의 사업경영담당자나 근로자에 관한 사항에 대하여 사업주를 위하여 행동하는 자와 같은 개념인데(동법 제15조), 선장이 근로자에 관한 사항에 대하여 사업주를 위하여 행동하는 자에 해당하는 이상 노동조합원이 될 수 없다고 한다.[18)]

---

17) 김형배, 「노동법」(박영사, 1996), 431면.

18) 김동인, 전게서, 96면.

2) 긍정설

선장은 실제로 법정대리권을 행사하지 못하고, 노동조합법의 결격요건을 적극적으로 갖추지도 못하였고, 현실문제로 선장의 지위가 사회적으로 경제적으로 불안정한 점을 고려하여 사회정의의 관점에서 노동조합법의 보호를 받도록 하는 것이 타당하다는 견해가 있다.[19] 다른 근거로서는 선박권력은 인명, 선박, 화물의 안전과 공공의 안전을 위하여 법이 선장에게 특별히 부여한 공법상의 권한이지 선주의 경영목적 달성을 위한 권한이 아닌 점, 선장의 대리권은 항해의 목적을 달성하기 위한 것으로 항해 전후에만 해당하므로 선장이 "항상" 사용자의 이익을 대표하는 것이 아닌 점을 들어 선장에게도 노동조합원의 자격을 인정하고자 한다.[20]

3) 사 견

노동부의 유권해석에 따르면, 이사회 또는 이와 유사한 기관의 구성원, 공장지배인, 이사 및 회계책임자, 비서, 인사회계 및 근로관계에 관한 기밀사무를 담당하고 있는 자, 대내외 관계법규 기타 전문적 사항에 관한 회사의 정책결정에 대하여 권한을 갖거나 혹은 이에 관여하는 자 그리고 노무부서의 직원은 "항상 사용자의 이익을 대표하여 행동하는 자"라고 한다(1987.4.1. 노조 01254-6139).[21]

긍정설이 논거로 제시하는 선박권력이 공법상의 것이라는 점은 비록 공법상의 것이라고 하더라도 그것이 결국 선주의 경영상의 이익과 연결되는 점을 부인할 수 없다. 선장의 대리권은 선장이 승선하는 중에 선주로부터 별도의 수권을 받는 것은 사실이다. 그런데 최근의 고용의 행태는 선장은 승선시부터 고용계약이 체결되는 형편이므로 승선시에만 선주의 대리인이므로 승선하지 않는 경우에는 선장의 노조가입이 허용된다는 것은 현실과 맞지 않다.

선장은 선주의 임의대리인으로서 선주의 이익을 위하고, 해원에 대한 징계권을 행사할 수 있고 사법경찰관으로서의 지위를 가지고 있으므로, 노조및조정법 제2조 제4호의 정의규정의 "사용자 또는 항상 그의 이익을 대표하여 행동하는 자"의 범주에 속한다고 생각된다. 그러므로 선장은 노동조합원이 될 수 없

---

19) 박용섭, 「해상법론」(형설출판사, 1994), 171면.

20) 권창영, 전게논문, 437.

21) 김형배, 전게서, 431면.

다는 부정설에 찬성한다.

다만, 선장들도 자신들만으로 구성된 노동조합을 결성할 수 있다고 본다.[22] 실무상, 선장들만으로 구성된 노동조합은 없고, 선장을 제외한 선원들로 구성된 선원노동조합이 있다.

3. 선장의 단체행동권 향유 주체성

선원법 제22조는 선원의 쟁의행위를 일정한 범위에서 제한할 뿐, 선장에 대하여 쟁의행위를 금지하지 않고 있다. 법문상 "선원"이라고 하였으므로 선장도 특별히 금지되지 않는 경우에는 쟁의행위를 할 수 있는 것으로 해석할 여지가 있다.

그러나 선장은 선박권력의 보유자로서, 선박의 안전을 위하여 공법적인 의무가 부과되어 있으므로 승선중에는 단체행동권을 행사할 수 없다고 해석된다.[23] 특히 선장은 항해성취의무가 있다. 즉, 선원법 제8조는 선장은 항해의 준비가 끝난 때에는 지체없이 출항하여야 하며, 부득이한 사유가 있는 경우를 제외하고는 예정항로를 따라 도착항까지 항행하여야 한다고 한다. 이러한 공법적인 의무를 부담하는 한 선장은 단체행동권을 행사하지 못한다. 다만 정박중인 경우에는 단체행동권의 행사가 가능하다고 생각한다.

V. 船級協會 檢査員의 爭議行爲의 제한

1. 의 의

선급협회(Classification Society)란 선박의 안전을 검사하고 선급검사에 통과한 선박을 선급명부에 등재시켜주는 역할을 하는 비영리 사단법인이다.[24]

선급협회의 입장에서 검사의 종류는 선박보험과 관련된 임의선급검사와 정부에서 행하여야 하는 검사를 대행받아서 하는 정부대행검사로 나누어 볼 수 있다.[25]

---

22) 동지, 권창영, 전게서, 97면.
23) 권창영, 전게서, 443면.
24) 김인현, 「해상법연구」(삼우사, 2002), 301면.
25) 김인현, 전게 해상법연구, 303면.

선급(임의)검사란 선박을 보험에 가입시키기 위하여서는 선박의 감항성이 갖추어져야 하는데 그 여부를 판단하는 것을 말한다. 선박보험에서는 공적인 기관으로부터 그러한 감항성에 대한 확인을 받은 다음에 보험에 가입시키고자 한다.[26] 한국도 1960년에 한국선급을 만들었다.

정부는 선박의 안전을 유지하기 위한 책무를 부담한다. 그래서 자신이 보유하는 검사원으로 하여금 선박의 안전성을 검사하고 검사에 합격한 선박에 대하여만 운항을 허용한다. 그런데 사실상 선급협회가 행하는 선급검사와 중복되는 부분이 있기 때문에 각국 정부는 정부검사의 대부분을 선급협회에 대행을 시킨다. 이를 선급협회의 입장에서는 정부대행검사라고 부른다.

2. 정부대행검사에서 선급협회 검사원의 지위

국가는 선박의 안전을 확보할 의무가 있다(선박안전법 제1조). 우리 선박안전법은 한국 국적의 선박에 대한 검사의무를 국가에 부여하고 있다(선박안전법 제5조). 이에 따라 정부는 선박검사를 행하고 검사에 통과한 선박에 대하여 선박검사증서를 발급하여 준다(선박안전법 제9조). 그러나 선급협회에서 행하는 선박검사와 정부에서 행하여야 할 검사가 중복되는 경우도 있고, 정부검사원을 유지하기가 곤란한 행정경제상의 문제가 있으므로 정부는 선급법인에 정부검사를 대행할 수 있도록 하고 있다(선박안전법 제8조). 이러한 근거에 따라 선급협회가 외항선박에 대한 검사를 하고 있다.

정부검사를 행할 경우에 검사원은 공무수탁사인으로서의 지위를 갖는다. 즉, 공무원과 유사한 지위에 있다고 본다.[27]

3. 한국선급의 노조활동과 선박안전법 개정안

사단법인 한국선급에도 노동조합이 결성되었다. 2004년부터 노사갈등이 계속되어 2005년 3월 28일부터 회사 본관 앞에서 노조는 천막농성을 하며 회장의 노사합의서 불이행, 회사공금 유용, 노조간부 폭행지시 등으로 노사관계를 파탄으로 몰고간 만큼 퇴진해야 한다고 요구하였다. 2006년의 경우 실제 이루어지지는 않았지만, 노조는 파업을 하겠다고 공언한 바 있다.[28]

---

26) 영국의 로이드선급, 미국의 ABS, 일본의 NK 등 11개 정회원으로 된 세계선급협회가 있다.
27) 김인현, 전게 해상법연구, 336면.

이에 대하여 정부에서는 한국선급의 검사원들이 임의선급검사의 경우에는 별개의 문제로 한다고 하더라도, 정부검사의 경우에는 공익의 목적상 노동쟁의는 제한되어야 한다는 생각을 가지게 되었다. 정부검사가 제대로 이루어지지 못하면 선박은 외국에서 출항이 정지되고 선주들은 피해를 보게 된다. 그리하여 정부에서는 선박안전법을 개정하면서 아래와 같은 규정을 추가하고자 하였다.

제67조(공단 및 선급법인의 쟁의행위 제한)
① 공단 및 선급법인은 제66조 제1항 및 제2항의 규정에 의한 검사 등 업무에 대하여 「노동조합 및 노동관계조정법」 제2조 제6호의 규정에 의한 쟁의행위를 하여서는 아니된다.
② 해양수산부장관은 제1항의 규정에 불구하고 검사 등 업무에 차질이 발생하는 경우에는 해양수산부장관이 수행하거나 해양수산부장관이 지정하는 공단 또는 선급법인에 대행시킬 수 있다.

4. 개정안 제67조의 위헌성 여부

(1) 제1항의 위헌여부

선급협회는 기본적으로 비영리사단법인이므로 그 근로자는 국가공무원인 신분이 아니다. 따라서 원칙적으로 근로3권이 모두 인정되어야 할 것이다. 그런데 정부검사를 대행하는 경우에는 공무수탁사인의 지위에 있다고 보므로 공무원과 유사한 지위를 인정할 수 있다. 그러므로 헌법 제33조 제2항에 따라 특별히 선급에게 단체행동권을 제한할 수 있다.

만약 사인으로 판단된다고 하더라도, 헌법 제33조 제3항에서와 같이 사인(방위사업체 종사자)일지라도 강한 공익성을 가지고 있는 분야에 대하여는 단체행동권은 제한이 가능하다. 또한 위에서 본 바와 같이 사립학교교원도 학생들의 지도라는 면에서 강한 공익성을 가지고 있으므로, 단체행동권이 허용되지 않는다.

정부대행검사로서의 선급협회의 검사를 받지 못하게 되어 검사일을 넘기면 증서가 무효가 되어 각국의 입항이 거부되고 외국에서 억류되는 일이 발생

---

28) 박영선, 「선박안전법해설」(한국해사문제연구소, 2008), 293면.

할 수 있다. 특히 외항선의 경우 검사에 따른 협약증서를 발급받지 못하면 외국의 항만국통제(PSC)에 의하여 선박이 억류됨으로써 대외무역 의존도가 큰 우리나라의 국민경제에 큰 차질이 발생할 수도 있다.[29] 이는 큰 공익과 관련된다.

위헌성여부에 대하여 살펴본다.

1) 평등권침해여부

다른 선박관련 종사자의 단체행동권의 제한과 비교할 때 선급협회 검사원의 쟁의행위제한은 헌법 제11조의 평등권에 위반된다는 지적이 있을 수 있다. 그러나 동일한 선박관련 종사자로서 선원에 대하여도 쟁의행위가 제한된다. 또한 동일한 선급협회의 업무라고 하더라도 공익성이 떨어지는 선급검사의 경우에는 쟁의행위가 제한되지 아니하므로 평등권의 침해라고 할 수 없다고 본다.

동일한 업무를 정부의 검사원이 하게 되면 정부검사원은 헌법 제33조 제2항에 따라 쟁의행위를 할 수 없다는 점도 고려되어야 한다.

2) 헌법 제37조 제2항

검사업무 종사 근로자에 대하여 단체행동을 원천적으로 금지하는 것은 기본권의 본질적 내용 침해 금지가 되어 위헌의 소지가 있다는 지적이 있을 수 있다.

그러나 국민의 권리는 공공의 이익을 위하여 필요한 경우에 한하여 법률로써 제한할 수 있고(헌법 제37조 제2항), 정부대행검사의 중단없는 시행은 공공의 이익을 위한 것이다. 이는 정부대행검사에 대하여 근로3권 중에서 단체행동권만을 제한하는 것이고, 근로3권이라는 사익과 선박의 안전 및 국익이라는 공익의 보장의 조화적 실현이라는 관점에서 볼 때 검사업무종사자에 대한 단체행동 제한은 제37조 제2항에서 말하는 본질적인 침해금지라고 볼 수 없다.

공익의 보호라는 목적이 정당하고(목적의 정당성), 정부검사를 제때하지 못하는 경우를 방지하기 위한 다른 대체할 수단이 쟁의행위의 제한 말고는 제시될 수 없으므로(수단의 적정성), 쟁의행위만을 제한하므로 선급협회 검사원의 피해가 최소화되는 수단이므로(피해의 최소성), 그리고 침해되는 사익인 선급협회 검사원의 근로3권과 선박의 안전과 국익의 보호라는 법익이 균형을 이루고 있

29) 항만국통제란, 항만국(Port state)이 자국에 입항하는 선박이 국제협약에 의한 안전기준에 적합한지를 확인함으로써 자국 연안에서의 해양사고를 예방하는 제도이다. 확인 결과 안전기준에 미달할 경우 해당 선박을 억류할 수 있다.

으므로(법익균형성), 비례성의 원칙에 위반되지 않는다고 본다.

(2) 제2항의 법률위반여부

노조및조정법 제43조는 사용자의 채용제한이라는 표제하에 제1항에서 사용자는 쟁의행위기간중 그 쟁위행위로 중단된 업무의 수행을 위하여 당해 사업과 관계없는 자를 채용 또는 대체할 수 없다고 하고, 제2항에서 사용자는 쟁의행위기간중 그 쟁의행위로 중단된 업무를 도급 또는 하도급을 줄 수 없다고 규정하고 있다.

현재의 규정대로라면 제2항은 노조및조정법 제43조와의 충돌의 문제가 발생하므로, 제2항을 "노조및조정법 제43조에도 불구하고"라는 용어를 추가하여 입법하는 것이 좋을 것으로 본다. 만약, 동 제1항에서 정부검사에 대하여 쟁의행위를 금지시켰음에도 불구하고 쟁의행위를 할 경우에는 이는 위법쟁의행위이므로 제2항의 규정에 따라 다른 공단이나 다른 선급에 위임할 수 있도록 하여야 할 것이다.

(3) 2007년 1월 3일 개정 선박안전법

위 개정안은 노동부 등에서 근로자의 헌법상 권리를 제한하므로 문제가 있다는 의견이 제시되고, 정부대행업무에 대하여 쟁의행위를 제한하는 다른 입법례를 찾기가 어려워 아래와 같은 대안을 마련하게 되었다.[30)]

제61조(대행업무의 차질에 따른 조치)
국토해양부장관은 공단 및 선급법인이 제60조 제1항 및 제2항의 규정에 따른 검사 등 업무의 대행을 함에 있어 차질이 발생하거나 발생할 우려가 있다고 인정되는 때에는 국토해양부장관이 직접 이를 수행하거나 국토해양부장관이 지정하는 자로 하여금 대행하게 할 수 있다.

30) 박영선, 전게서, 294면.

VI. 結 論

우리 헌법은 공무원이 아닌 국민에게는 원칙적으로 근로3권을 보장한다. 그러므로 선박과 관련된 종사자들도 근로3권을 갖는다. 그런데 선박은 육지를 떠나 위험한 바다를 항해하므로, 선박과 인명의 안전이 중시되므로 일정한 경우 근로3권이 제한될 수 있다. 즉 선원의 쟁의행위는 선원법에 따라 정박중에 선박이나 인명에 위험이 없을 경우에만 허용된다.

또한 선장은 사용자인 선주를 위한 대리인이므로 단결권과 관련된 선원노동조합에의 가입이 허용되지 않는다고 해석된다. 다만, 선장으로 구성된 노동조합의 결성은 가능하다고 본다.

선박의 안전성을 검사하는 기관으로서 선급협회의 검사원의 근로3권도 원칙적으로 인정된다. 그러나 정부대행검사에 대하여는 이들은 공무원과 유사한 지위에 있고, 정부검사라는 업무의 공공성과 국익에 미치는 영향이 크므로 이들의 쟁의행위는 제한될 수 있다고 본다.

선원과 선급협회의 근로3권의 제한의 문제는 이들이 모두 선박의 안전과 관련이 된다는 점에서 같은 차원에서 다루어질 가치가 있다.

제 4 논 문

船級協會의 損害賠償責任과 그 對策*

Ⅰ. 序 論

선급협회(Classification Societies)는 선박의 검사를 행하는 기관으로 선주·화주·보험자와는 독립한 제3자적인 입장에서 선박의 안전성을 공평하게 검사하고 그 결과에 따라 정하여진 선급(class)을 선박에 부여하고 그 선박에 관한 사항 등을 협회의 원부에 등재하고 이것에 기초하여 선명록을 발행하고 선주에게 선급증서를 발행하여 준다. 선주는 선박의 안전성을 확인받고 이를 근거로 선박의 매매나 용선 등에 나서게 된다.

선급검사의 종류에는 보험목적상 선주의 요청에 의하여 선급협회가 선박의 검사를 하고 해당 선박을 자신의 선급에 등록하는 선급고유의 업무인 선급검사(임의검사)와 각국 정부의 강제규정에 따라 정부가 행하는 검사를 선급이 대행하는 정부대행검사(법정검사)가 있다(선박안전법 제8조).

선급협회가 검사나 증서의 발행 혹은 선명록의 작성에 하자가 있어서 검사의 당사자인 선주 혹은 화주·선박의 매수인과 같은 제3자가 손해를 입은 경우에는 선급협회에 손해배상청구가 제기된다. 1990년대에 들어 선급협회의 선주 혹은 제3자에 대한 손해배상책임의 문제가 크게 다루어지고 있다. 미국선급협회(ABS), 일본선급협회(NK)가 각각 "선덴서"호 사건, "니콜라스 에이치"호 사건에서 제소되어 비록 책임이 부인되기는 하였지만, 큰 홍역을 치른 바 있다.[1)]

---

* 본 논문은 「한국해법학회지」, 제27권 제1호(2005.4)에 기고된 글을 일부 추가한 것임을 밝힌다.

1) 특히 니콜라이 에이치호 사건의 경우에는 1심에서는 선급협회의 제3자에 대한 책임이 인정

2002년 11월 19일에 발생한 프레스티지호(The Prestige) 오염사고에 있어서도 스페인정부는 프레스티지호의 선급검사를 담당하였던 미국선급협회에 손해배상청구를 제기한 상태이다.[2)]

이러한 변화하는 환경에 대응하기 위하여 국제선급연합회(IACS)[3)]는 세계해법회(CMI)와 공동으로 합동실무위원회를 만들어 선급협회의 의무와 책임 그리고 책임제한에 대한 논의를 1992년 10월부터 계속하여 왔다. 이러한 노력의 산물이 "선급협회의 행동원칙"(1998.5.15. 런던회의에서 완성)과 "모델계약조항"(1999.5.8. 뉴욕회의에서 완성)의 최종안 작성이다.

"선급협회의 행동원칙"은 선급협회가 선급검사를 포함한 선급업무를 행함에 있어서 선급협회가 취하여야 할 주의의무를 말하고 있다. 이것은 일면으로는 선급협회에게는 자신들의 주의의무를 한정하여 한정된 범위 내에서만 주의의무를 부담하자는 것이고 다른 면으로는 선급협회의 선급업무에 대한 자신들의 결연한 의지를 표명하여 고객들인 선주에게 신뢰를 주겠다는 취지이다.

"모델계약조항"은 선급협회가 정부대행검사와 선급검사를 행하고 여기에 따르는 제반 선급업무를 취급함에 있어서 자신들의 책임범위를 확정하고 손해배상을 일정한 액수로 제한하려는 취지인 것이다. 양 문안 모두 임의적인 것으로서 강제성이 없고 국제선급연합회 산하 각국 선급협회들이 향후 선주와의 선급관련 계약에서 각자 국내법에 맞게 수정하여 사용할 것을 목표로 하고 있다.

우리나라의 한국선급도 국제선급연합회의 회원이므로 조만간 "선급협회의 행동원칙"과 "모델계약조항"을 선급규칙의 일부로 삽입하거나, 아니면 표준약관의 형식으로 우리 법에 맞게 손질하여 입급 선박의 선주와 선급계약을 맺을 것으로 생각되며, 외국 선급협회에 가입된 우리나라 선박의 선주들도 세계 각

되었으나 영국의 최고법원인 귀족원에서 다수결로 이것이 부인되었다. 자세한 내용은 김인현, "선급협회의 손해배상책임에 관한 연구"(고려대학교 법학석사학위 논문, 1995.12), 39-41면 및 김인현, 「해상법연구」(삼우사, 2003), 315면 이하를 참고하기 바람.

2) 미국선급협회의 과실있는 선급검사가 프레스티지호의 사고를 야기하였다는 점을 근거로 스페인정부는 뉴욕연방지방법원에 20억유로, 스페인의 바스크 지방정부는 텍사스연방지방법원에 미화 5천만달러의 손해배상청구를 제기하여 둔 상태이다. www.eagle.org/news/press/oct302003.html; www.txattorneys.com/CM/Inthenews39.asp.

3) 1968년 설립된 국제선급연합회(International Association of Classification Societies: IACS)의 정회원은 2005년 1월 현재 미국의 ABS, 프랑스의 BV, 영국의 LR, 독일의 GL, 노르웨이의 DNV, 소련의 RS, 일본의 NK, 중국의 CCS, 이탈리아의 RINA 그리고 우리나라의 KR 등 총 10개 선급협회이다.

국 선급협회가 사용하게 될 "모델계약조항"을 조만간 접하게 될 것이다. 또한 보험사측에서도 선급협회의 손해배상책임을 담보하는 보험상품을 개발하게 될 것으로 생각된다. 이러한 측면에서 보면 "선급협회의 행동원칙"과 "모델계약조항"은 한국선급이나 선사 그리고 손해보험사측에서 화급히 심도있게 다루어야 할 문제로 보인다.

본 논문에서는 선급협회의 손해배상책임에 대한 일반론을 전개한 다음 최근의 국내외의 선급의 책임이 인정된 판례를 알아보고, 국제해법회가 제시한 선급협회의 행동원칙과 모델계약조항을 소개한 다음 한국선급의 책임규정을 검토하도록 한다.[4)]

Ⅱ. 船級協會의 損害賠償責任의 構造

1. 주의의무

선급협회는 선주로부터 선박의 상태에 대한 검사를 의뢰받아 검사를 행하고 이에 대한 결과를 선주에게 알려주고 이에 대한 증거로서 선급명부에 선박을 등재하고 증서를 발급하여 달라는 의뢰를 받고, 그 일을 완성하고 이에 대한 반대급부로서 검사료를 수령한다.

선급협회는 독립적인 지위에서 임무를 수행하므로 고용계약과 다르다. 선급검사는 일의 완성을 목적으로 하므로 도급과 가장 유사하다.[5)] 도급에 있어서 수급인은 약속한 작업을 완료할 의무를 부담한다(민법 제664조). 정부대행검사의 경우에 정부와 선급협회는 위임관계(민법 제680조)에 있고 선급협회는 선량한 관리자로서의 주의의무를 부담한다(민법 제681조).

우리 법의 책임의 원칙은 과실책임주의이고, 특히 선급협회에 대하여 무과실책임을 부과하고 있는 법규정이 없으므로, 선급협회에 과실이 있는 경우에만 책임을 부담한다.

---

4) 필자는 전게 석사학위논문 이외에도, 전게 해상법연구의 300면 이하에서 선급협회의 손해배상책임에 관한 연구("선급협회의 손해배상책임에 관한 최근의 국제적인 동향," 「한국해법회지」, 제18권 제1호(1996.3), 333면 이하)에서 선급협회의 모델계약조항과 행동원칙에 대하여 논한 바 있다.

5) 이은영, 「채권각론」(박영사, 1999), 385면은 도급을 어떠한 재료에 완성물을 만드는 경우와 통역, 출판, 업무대행 등 서비스 자체를 목적으로 하는 경우로 구분하고 있다.

선급협회가 원고에 대하여 주의의무를 부담하게 된 경우에만 그 주의의무 위반은 곧 과실이 되고 다음에 보는 손해배상청구권의 발생요건을 충족하게 된다. 예컨대, 선주에 대하여는 선급협회는 직접적인 계약관계에 있으므로 선급검사에 있어서 주의의무를 부담하지만, 그 선박이 매수가 된 경우에 그러한 매수사실을 모른 경우에는 적어도 선급협회는 매수인에 대하여는 직접적인 계약관계가 없으므로 주의의무를 부담하지 않고 매수인은 원칙적으로 계약에 기한 손해배상청구를 제기할 수 없을 것이다.

또한 불법행위에 기한 청구에 있어서도 과실책임주의의 원칙에 따라 선급협회가 과실이 있는 경우에만 책임을 부담한다. 그런데 모든 사람에 대하여 검사에 관한 주의의무를 선급협회가 부담하는 것은 아니다.[6)]

2. 청구권의 기초

선급협회의 손해배상책임이 문제가 되는 것은 (1) 선박 상태에 대한 하자를 발견하지 못한 가운데에 선급협회가 선박의 안전성에 대하여 양호하다는 판정을 내리고 선박이 출항하였으나 선체가 파손되어 침몰하는 등의 경우에 선주가 선급계약위반으로 채무불이행책임을 제기하거나 혹은 제3자인 화주가 선급협회에 불법행위책임을 제기하는 경우, (2) 발급된 증서를 신뢰한 제3자인 선박의 매수인이 허위작성 혹은 과실에 의한 서류의 발급 등을 이유로 불법행위책임을 제기하는 것을 예상할 수 있다.

이와 같이 선급협회에 대한 손해배상청구는 채무불이행책임과 불법행위책임이 그 청구권의 기초가 된다.

(1) 채무불이행책임

채무불이행책임이란 계약관계에 있는 채무자가 약정된 채무를 이행하지 못한 경우에 발생하는 것이다. 선급협회가 도급 혹은 위임계약에 따른 선량한 관리자로서의 주의의무를 다하지 못하여 선주가 손해를 입은 경우에 손해배상을 청구하는 것이다. 우리 법상으로는 민법 제390조 이하의 채무불이행책임법

---

6) 선박에 대한 매수인이 선급증서를 신뢰하여 손해를 입은 경우에 선급협회가 매수인에게까지 검사에 대한 주의의무를 부담하는지가 의문이라는 지적이 있다. Chris Moore, U.K & Far East Perspective, Classification Societies, LLP, 1993, p. 47.

리가 적용된다. 예컨대, 민법 제390조는「채무자가 채무의 내용에 좇은 이행을 하지 아니한 때에는 채권자는 손해배상을 청구할 수 있다. 그러나 채무자의 고의나 과실없이 이행할 수 없게 된 때에는 그러하지 아니하다」고 정한다.

당사자자치의 원칙에 의하여 당사자들은 위와 같은 계약상 책임에 대하여 책임을 제한하는 약정을 할 수 있다. 각국의 선급은 선급규정집 등에 자신의 선급검사와 관련된 책임은 검사수수료의 몇 배로 제한된다고 정하고 있다. 이러한 규정은 당사자자치의 원칙에 따라 공서양속에 반하지 않는 한 유효하다. 민법 제398조 제1항은 당사자는 채무불이행에 관한 손해배상액을 예정할 수 있다고 정한다. 책임제한규정의 근거로는 책임액수의 제한과 저렴한 검사수수료가 대가관계를 이룬다는 것을 하나로 들 수 있다.

그러나 양 당사자가 동등한 협상력을 갖추지 않았고 따라서 당사자들의 진정한 합의가 있은 것으로 인정되지 않으면 약관은 무효가 된다. 또한 고의나 중과실인 경우에도 책임이 일정한 액수로 제한된다는 것은 대체로 무효로 해석된다(약관규제에관한법률 제7조).

(2) 불법행위책임

불법행위책임은 피해자가 가해자와 계약관계가 없는 경우에 가해자에 대하여 손해배상청구를 가능하게 한다. 즉, 선급협회와 선급검사 계약관계가 없는 제3자, 예컨대 화주 혹은 선박의 매수인이 선급검사의 잘못으로 자신이 손해를 입었음을 이유로 손해배상책임을 선급협회에 제기하는 것이다.

우리 법상으로는 민법 제750조 이하의 불법행위책임법리가 적용된다. 민법 제750조에 의하면「고의 또는 과실로 인한 위법행위로 타인에게 손해를 가한 자는 그 손해를 배상할 책임이 있다」고 규정하고 있다. 따라서 일반불법행위의 성립요건으로서는 ① 가해자의 고의 또는 과실 ② 가해자의 책임능력 ③ 가해행위의 위법성 ④ 가해행위에 의한 손해발생 ⑤ 가해자의 고의 또는 과실과 손해의 인과관계를 들고 있다.[7)]

---

7) 곽윤직,「채권각론」(박영사, 1992), 627면.

3. 이행보조자책임과 사용자책임

계약관계에서 채무는 반드시 계약당사자가 이행하여야 하는 것은 아니다. 오히려 현대사회에서는 계약당사자인 채무자가 법인인 경우에는 자신이 고용한 자들이나 대리인 등을 통하여 채무를 이행하는 경우가 더 일상적이다.

부연하면, 선급협회는 자신이 선주와의 관계에서는 본인의 지위에 서지만, 계약내용으로서의 선급업무의 이행은 피용자인 검사원들로 하여금 처리하게 하는 것이다.

(1) 이행보조자책임

채무불이행책임에 있어서 이러한 선급검사원의 과실은 곧 본인인 선급협회의 과실이 되고, 선급협회가 그 손해배상책임을 부담하게 된다. 이를 이행보조자책임이라고 한다.

즉, 우리 민법 제391조는「채무자의 법정대리인이 채무자를 위하여 이행하거나 채무자가 타인을 사용하여 이행하는 경우에는 법정대리인 또는 피용자의 고의나 과실은 채무자의 고의나 과실로 본다」고 정한다. 채무불이행책임에 있어서 원고는 본인인 선급협회에만 손해배상책임을 물을 수 있지 그 이행보조자인 검사원과는 직접적인 계약관계가 없으므로 청구를 할 수 없는 것으로 이해된다.[8] 다만, 내부관계로서 선급협회는 검사원에게 구상청구가 가능할 것이다.

(2) 사용자책임

불법행위책임에 있어서 선급검사원의 과실에 기인한 손해에 대하여는 그 사용자인 선급협회가 부담하게 되는바 이를 사용자책임이라고 한다.

민법 제756조는 제1항에서「타인을 사용하여 어느 사무에 종사하게 한 자는 피용자가 그 사무집행에 관하여 제3자에게 가한 손해를 배상할 책임이 있다. 그러나 사용자가 피용자의 그 선임 및 그 사무감독에 상당한 주의를 한 때 또는 상당한 주의를 하여도 손해가 있는 경우에는 그러하지 아니하다」고 정한다. 이 때 불법행위자인 검사원의 책임은 면제되는 것이 아니라 검사원은 민법

---

8) 양창수,「민법주해(IX) 채권(2)」(박영사, 1996), 428면.

제750조에 기한 책임을, 선급협회는 민법 제756조에 기한 책임을 부담하고 양자의 책임은 연대책임이다.

대부분의 경우에 원고는 선급협회에 대하여 사용자책임을 물을 것이고, 손해를 배상한 선급협회는 불법행위자인 검사원에게 구상청구가 가능하다. 민법 제756조 제3항은 「전 2항의 경우에 사용자 또는 감독자는 피용자에 대하여 구상권을 행사할 수 있다」고 정한다. 우리 대법원은 사용자의 면책을 인정하지 않고 있어서 사용자는 마치 무과실의 책임을 부담하는 것과 같이 운용된다.

4. 정부대행검사

임의검사와 달리 정부가 선급협회에게 자신이 수행하여야 하는 법정검사를 위임하여 선급협회가 공적인 검사를 행하는 정부대행검사의 경우에는 (1) 정부와 선급협회 (2) 선급협회와 선주 혹은 제3자 (3) 선주 혹은 제3자와 정부의 삼각관계가 형성된다.

정부대행검사의 잘못으로 손해를 입은 선주 혹은 제3자가 손해배상청구를 하는 경우에 (1) 검사원 (2) 선급협회 (3) 정부가 각각 피고가 될 수 있다. 선급협회와 선주 혹은 제3자의 경우에는 위에서 논한 일반론이 적용되고, 다만 정부와 선급협회, 정부와 제3자와의 관계는 특별한 논의가 필요하다.

(1) 정부가 피고가 되는 경우에는 정부와 선급협회의 관계에 있어서 선급협회는 公務受託私人으로 인정되므로, 국가배상법의 유추적용이 가능할 것으로 본다. 원고는 국가배상법을 기초로 정부를 상대로 손해배상청구를 제기할 것이다. 이 경우에 민법의 사용자책임과 유사한 책임구조가 되지만, 정부는 선급협회가 고의 혹은 중과실이 있을 경우에만 구상청구를 할 수 있다는 점에서 민법의 사용자책임과 차이가 있다.[9]

---

9) 선박안전법 개정안 제60조 제4항은 이러한 취지의 입법으로 해석된다. 즉, 국가가 국가배상법에 따라서 책임을 부담한 경우에 국가가 다시 구상청구를 선급에 하게 되면, 선급은 검사원의 고의 혹은 중대한 과실이 없는 경우에는 책임을 지지 않는다고 규정한다(제60조 제4항 "제1항 및 제2항 규정에 의한 공단 또는 선급법인의 검사 등 업무의 대행과 관련하여 발생한 손해에 대하여는 해당 공단, 선급법인 또는 소속 검사원의 고의 또는 중대한 과실이 없는 경우 책임을 지지 아니한다")(국가배상법 제2조 제2항과 유사함). 2007.1.3. 개정 선박안전법은 제67조 제2항에 "국가는 제1항의 규정에 따른 손해배상에 있어 대행검사기관에 고의 또는 중대한 과실이 있는 경우에는 해당 대행검사기관에 구상할 수 있다"고 정하게 되었다.

(2) 선급협회 혹은 검사원이 피고가 되는 경우는, 임의검사와 동일하게 민법이 적용될 것이다.

Ⅲ. 船級協會의 損害賠償責任과 관련된 事例

1. 우리나라의 경우

우리나라에서는 아직 한국선급이 피고로서 재판에 회부되어 손해배상에 대한 판결이 나온 것은 없다.

공인회계사의 감사보고서에 대한 책임인정과 같은 사례는 한국선급의 책임인정과 관련되어 참고가 될 수 있는 사례들이다.

서울지방법원 서부지원(1993.2.3. 선고 91가합17696)은 "중요한 사항에 관하여 감사보고서에 기재하지 아니하거나, 허위의 기재를 하였다할 것이므로 증권거래법 제197조 제1항 및 이에 따라 준용되는 주식회사의외부감사에관한법률 제17조 제2항 내지 제4항의 규정에 의하여 흥양에 대한 감사에 참여한 공인회계사들인 피고인들은 연대하여 선의의 투자자인 위 원고들이 위와 같이 감사보고서의 기재내용에 따라 영향을 받은 가격에 주식을 매입함으로써 입게 된 손해를 배상할 책임이 있다할 것이다"고 하여 (주)흥양의 감사인인 공인회계사에 대하여 손해배상책임을 인정하였다.[10]

선급의 검사증서 혹은 선명록의 내용을 신뢰하고 선박을 매수하거나 용선을 한 자들에 대한 관계는 회계사의 감사보고서를 신뢰하고 투자한 자들에 대한 관계와 유사하다고 할 것이다.

2. 외국의 경우

(1) 대표적인 사례

1) 계약책임과 관련된 미국의 선덴서호 사건

1984년 선덴서호가 좌초하여 침몰하였고 미국선급협회가 여객선을 호화유람선으로 개조하는 과정에서 본선의 수밀상태에 영향을 미치는 요소들의 검사에 과실이 있었고 이것이 사고에 영향을 미쳤다는 점을 들어서 선주와 운항자

---

10) 자세한 내용은 김인현, 전게 학위논문 44면을 참고바람; Sean Diederich Durr, an analysis of the potential liability of classification societies, www.uctshiplaw.com/theses/durr.htm. p. 26.

는 미국선급협회에 손해배상청구소송을 제기하였다.[11)]

이 판결에서 미국법원은 선급증서는 완벽한 선박건조를 보장하는 것으로 볼 수 없다는 종래의 입장을 재확인하면서 선주가 제기한 선급협회에 대한 손해배상책임을 부인하였다.

그 논거는 아래와 같다; ① 검사의 대가로 받은 검사수수료 USD85,000과 제기된 배상액 USD26,400만과의 엄청난 불균형은 계약시에 양 당사자 사이에 이러한 결과에 대한 의사가 없었다는 명백한 증거가 된다. 통상적으로 보험회사가 인수하는 이러한 책임을 선급협회가 진다는 조건이라면 선급협회는 지탱할 수 없을 것이다.

② 선급협회가 아니라, 선주가 자신의 통제에 따르는 본선의 행위에 대하여 최종적인 책임을 진다. 본건의 경우에 선주가 본선의 개조, 수리 그리고 유지에 대하여 총책임을 진다. 이러한 원칙, 즉 해상운송을 위하여 선박에 감항능력을 갖추는 것이, 선주에게 주어진 履行委任이 불가능한 의무(non-delegable duty)라는 것은 해상법에서 확립된 것이다.

③ 1972년의 Ryan 사건에서 확립된 Ryan 원칙(직업인으로서 이행하여야 할 묵시담보: Implied warranty of workmanlike performance)하에서 선박의 불감항상태에 대한 책임이 하역업자에게 전환된 이유 중의 하나는, 선주가 하역업자 또는 하역업자의 노무제공을 지배하지 못하였고, 설사 지배하였다 하더라도 그 지배는 간접적이었다는 점에 있었다. 즉 하역업자의 독립적 지위가 인정된 것이다. 선급협회의 노무제공과 활동은 하역업자 · 선박청소업자 · 선박수리업자 등과 비교할 때 매우 다르다. 선주가 승선하고 있는 선급협회의 활동을 지배하지 못하고, 설사 지배한다고 하여도 그 지배가 간접적인 점은 하역업자의 경우와 같으나, 선급협회는 그의 노무제공 혹은 활동중에 위험이나 결함을 발생시키지 않는다. 선급협회는 하역업자 혹은 유사한 노무를 제공하는 계약자와 달리 기능적으로 보아, 자기 또는 타인에 의해서 발생한 위험 또는 결함을 제거하는 것이 불가능하다. 선급협회가 하는 임무는 선박의 검사를 실시하여 그 검사의 결과를 선주에 보고하는 것이다. 즉 하역업자는 독립적으로 위험야기가 가능하나, 선급협회는 선주의 영역에서 이미 만들어져 있는 위험상태를 검사하는 것

11) 여기에 대한 자세한 판결의 내용은 김인현, 전게 학위논문, 33면 이하를 참조바람.

이다.

이상에서 언급한 선급협회와 하역업자와의 노무제공의 성질에 관한 차이점을 고려하여 볼 때, 선급협회가 아니라 선주 혹은 선박의 운항자가 Ryan 원칙의 엄격한 적용에 의한 감항상태에 있는 선박을 제공하여야 한다.[12)]

2) 불법행위사건과 관련된 영국의 니콜라스 에이치호 사건[13)]

1986년 본선은 남아프리카에서 납과 아연을 싣고 이탈리아를 향하여 출항하다가 선창에 균열이 생긴 것이 발견되었다. 일본선급협회의 검사원이 손상된 부분을 검사하고 선급의 정지를 조건으로 가능한 한 조속히 수리를 하도록 명하였다가 처음의 결정을 번복하여 이탈리아로의 항해를 허락하여 주었다. 이탈리아에서 양하를 마치는 즉시 수리를 할 예정이었다. 일주일 후 선박은 대서양에서 침몰하였다. 화주는 미화 550만달러에 상당하는 손해배상을 일본선급을 상대로 불법행위에 기한 청구를 한 것이다. 일본선급의 검사원이 수리를 부주의하게 승인하였고 만약 승인하지 않았다면 그 선박은 항해를 시작하지 않았을 것이고 화물은 멸실되지 않았을 것이라는 것을 청구의 이유로 제시하였다.[14)]

1심인 여왕좌부의 상사법원은 선급협회는 안전의무를 다하지 못하였다고 판시하였다. 선급협회의 선주에 대한 절대적인 영향은 선주에 대한 일종의 통제권으로까지 간주될 수 있기 때문에 화주와 선급협회 검사원 사이에는 매우 밀접한 근접성이 존재한다는 것이 그 근거였다.

1994년 항소심은 화물의 이익과 관련하여 1심에서 인정된 근접성의 존재를 부정하였고 선급협회는 주의의무가 없다는 선언을 하면서 1심에서의 판결을 파기하였다. Saville경은 화주와 선급협회 사이에는 어떠한 종류의 근접성도 존재하지 아니한다고 하였다. 양자 사이에는 어떠한 계약관계도 존재하지 않고, 화주가 자신의 재산에 대한 보호조치로 선주에 의존하는 것 이외에는 아무것도 하지 아니하였으며 선급협회측이 선박을 검사하도록 요청된 사실을 알지 못하였는지도 모른다고 하였다.

1995년 7월 6일자의 귀족원의 판결에서도 4:1의 다수견해로 항소심의 판

12) Sundance Cruises Corp. v. American Bureau of Shipping, 1992 AMC 2946(S.D.N.Y., 1992), 1994 AMC 1(2d Cir., 1993), cert. denied, 114 S.Ct. 1399(1994).

13) The Nocolas H [1992] 2 Lloyd's rep. 481(Q.B.); [1994]1 Lloyd's rep. 492(C.A.); [1995] LLoyd's Rep. 299(H.L.).

14) 여기에 대한 자세한 소개는 김인현, 전게 석사학위논문, 40면을 참고바람.

결이 그대로 유지되었다.

양 사건 모두에서 선급의 손해배상책임은 논란 끝에 부인되었다. 이에 대하여는 많은 찬반 양론이 제시되었다.[15)]

(2) 기타 사례

많이 알려지지 않은 사건이지만, 미국의 해피 스프라이트와 졸리 스프라이트(The Happy Sprite and The Jolly Sprite)호 사건에서 선주에 대한 책임이 인정되었다. 또한 프랑스의 엘로디 제2호(Elodie II) 사건과 벨기에의 스페로호(The Spero) 사건은 제3자에 대한 책임이 인정된 사례들로서 중요한 판례이다. 형사사건으로서는 영국로이드선급이 형사처벌을 받은 람스게이트(The Ramsgate Trial) 사건도 있다.

1) 해피 스프라이트/졸리 스프라이트 호 사건 - 불법행위책임

피고인 미국선급(ABS)은 선주로부터 의뢰받은 수에즈 선박톤수를 측정함에 있어서 24%나 작게 측정을 하였다. 선주는 선박을 정기용선자에게 용선하여 주었고 선급증서에 나타난 톤수를 신뢰한 정기용선자는 선박을 항해용선자에게 용선하여 주었다. 용선료를 적게 받게 된 정기용선자에게 선주는 20만달러를 배상하여야 하였다. 이에 선주는 선급을 상대로 손해배상청구를 하였다.

법원은 불법행위에 기한 구상청구를 선주에게 인정하였다. 미국선급이 과실있는 부실표시(negligent misrepresentation)의 불법행위를 범하였다고 법원은 판시하였다.[16)]

법원은 "선박의 톤수계산은 선박의 선주 혹은 관리자의 피용인이 갖는 지식을 넘어서는 교육과 전문성이 요구된다. 선박의 선주는 물론 정부검사를 대행하도록 하여주는 정부조차도 그러한 선급협회의 톤수계산을 신뢰하고 의존

---

15) 선급협회의 책임을 인정하는 논문으로는 ① P.F Cane, "The liability of Classification Societies," *Lloyd's Maritime & Commercial Law Quarterly(LMCLQ)*, 1994, p. 363 ② Lars Lindfelt, "A Future for Classification Societies," *CMI Yearbook 1994 Sydney II*, pp. 253-255 ③ Brian D. Starer, *US Perspective, Classification Societies*(London: Lloyd's of London Press Ltd.,1993), p. 57. 이 논문에서 그는 선급협회의 과실에 대하여 100% 민사책임을 그대로 인정하여야 하며, 불가능할 경우에 적어도 여객선의 협약검사(법정검사)의 경우만이라도 이것을 인정하여 선박의 안전을 도모하여야 한다고 주장하고 있다.

16) Somerelf, Elf Union and Fairfield maxwell Services Ltd. v the American Bureau of Shipping, 1989 AMC 2330.

한다. 미국선급은 수에즈 선박톤수증명서가 해사산업계의 다른 3자의 이익을 위하여 사용될 수 있다는 것을 충분히 이해하고 있었다"고 하면서 주의의무를 인정하였다.[17)]

이 판결은 선급협회에 의하여 제공되는 서비스는 선주와 제3자에게 높은 정도의 전문기술로서 인정되어 이들은 그 서비스에 대하여 강한 신뢰를 갖고 이에 근거하여 법률행위를 하므로 이들에 대한 선급협회의 주의의무가 인정된다는 취지의 중요한 판결이다.

2) 엘로디 제2호 사건 - 불법행위책임

1988년 프랑스선급이 선박의 정기검사를 실시하고 증서를 발급하였다. 매수희망자가 1990년에 프랑스선급의 검사원에게 검사를 의뢰하였고 다시 검사증서가 발급되었지만, 프랑스정부가 그 선박을 검사한 다음 수년 동안 명백하게 존재하였던 선박의 하자를 이유로 선박의 항행허가증을 취소하여버렸다. 선박은 필요한 수리에 비용이 너무 많이 들므로 해철되어 버렸다. 손해를 본 매수인이 프랑스선급을 상대로 불법행위에 기한 손해배상청구를 제기하였다.

프랑스 1심법원은 선박의 하자는 수년 동안 지속되어 왔고 프랑스선급은 여러 차례에 걸쳐서 이를 발견하지 못하였다고 결론지었다. 선박의 선급은 잘못 주어졌고 선급협회는 매수인이 입은 직접손해에 대하여 손해배상책임이 있다고 판시되었다.[18)] 1992년 낭트 항소법원에서도 1심법원의 판결이 유지되었다.[19)]

3) 람스게이트 판결

1994년 9월 영국의 람스게이트 항구에서 여객 페리선(passenger ferry)의 복도(walkway)가 붕괴됨으로 인하여 여객 6명이 사망하고 7명이 부상을 입었다. 영국건강및안전법(UK Health and Safety Act)하에서 공공의 안전을 확인하는 점에 위반하였다는 이유로 영국선급은 237년 역사상 첫 유죄가 인정되었다. 영국선급은 벌금으로 50만파운드와 비용으로 25만 2천파운드를 지급하여야 하였다.[20)]

설계와 건조에 개입된 람스게이트 항만과 두 스웨덴 건축회사도 유죄를 받

---

17) Sean Diederich Durr, op. cit., at p. 20.

18) Dr. Philippe Boisson, "Classification Society Liability," 35th CMI Conference Sydney, Oct. 4, 994, p. 11.

19) 김인현, 전게 해상법연구, 318면.

20) Sean Diederich Durr, op. cit., at p. 25.

았지만, 검사기관인 선급이 더 큰 벌금을 받은 것이 관심의 대상이 되었다.

이 판결은 영국에서도 여객이 사망한 경우에는 제3자에 대한 선급협회의 민사책임도 인정될 수 있다는 가능성을 열어둔 것으로 평가된다.

Ⅳ. 國際海法會가 작성한 船級協會의 行動原則 및 모델契約條項

니콜라스 에이치호 사건 등 일련의 선급협회의 책임과 관련된 소송에 대하여 국제선급협회인 아약스(IACS)와 세계해법회(CMI) 그리고 세계선주협회 등은 선급협회의 책임문제에 대하여 1992년 10월 런던에서 첫 회의를 가진 이래 몇 년의 토의를 거쳐 몇 가지 결과물을 도출하였다. 우선 선급협회의 책임의 출발점이 되는 선급협회의 주의의무를 명확히 하고자 하였다. 이것은 선급협회의 행동원칙(Principles of Conduct for Classification Societies)으로 나타났다. 다음 선급협회와 선주 사이의 채무불이행책임에 대한 문제를 규율하는 모델계약약관(Model Contract Clause)을 제정하였다. 이는 모델계약조항이다. 다음으로 불법행위책임에 선급협회의 책임을 제한하는 시도를 하였지만, 반대에 부딪쳐 결과가 도출되지 아니하였다.

1. 주의의무와 관련된 선급협회의 행동원칙

1998년 5월 15일 런던에서 CMI에 의해 완성된 '선급협회의 행동원칙'은 일반(Introduction)규정 6개조와, 선급협회의 이행기준으로서 A, B, C, D에 기술된 선급협회가 업무를 수행함에 있어서 다하여야 할 특별한 주의의무의 기준 등 4개조로 이루어져 있다. 이러한 행동원칙은 선급협회의 의무이행의 기준으로 작용한다(모델계약규정 제4조 b항).

(1) 일반의무

제2조 선급협회는 선주와 정부 및 제3자와는 독립된 지위에서 검사업무를 행하여야 한다.

제3조 약속된 서비스는 선급의 규칙 혹은 정부검사증서 발급을 위한 약정에 따라 공정하고 선의에 따라 행하여야 한다.

제4조 선급은 상당한 주의의무로서 선주와 합의된 서비스를 제공하여야 한다.

제5조 본 행동원칙을 채택한 선급은 아래의 의무를 인정한다:

(a) 선박의 선급에 대한 규칙과 다른 서비스에 대한 지침을 출간하고 이를 정기적으로 재검토하고 필요에 따라 새롭게 할 것.

(b) 규칙, 규정 그리고 출간된 요구사항에서 제시된 요건에 따라 선급의 계획승인과 검사를 수행할 것.

(c) 통상 필요한 검사와 증서발급업무를 행하기 위하여 국제적인 사무실조직망을 설치하고 유지할 것.

(d) 선급의 서비스를 이행하기 위하여 적합한 유능한 사람들을 사용할 것.

(e) 아약스의 QSCS 혹은 ISO 9000의 품질보증제도를 준수할 것.

(f) 기술개발 프로그램을 수행할 것.

제6조 선급협회의 품질시스템에 대한 규정은 선급의무의 이행, 행동 그리고 목적에 대한 모든 사항을 규율하여야 한다.

제2조는 선급협회의 법적 지위에 대한 것으로 선급협회는 독립된 지위에서 검사업무를 행한다는 원칙을 천명한 것이다. 그러므로 선급협회는 선주나 정부 등의 피용자가 아니며 이들의 지시에 따르지도 않는다.

제3조와 제4조는 일반적인 수급인 혹은 수임인의 의무를 규정한 것으로 이에 따라 선급협회는 일반적인 수급인 혹은 선량한 관리자의 주의의무를 부담하는 것으로 이해하면 된다.

제5조는 선급협회에 특수한 주의의무를 인정한 것이다. (d)에서 선급협회가 적절하게 자격을 갖춘 사람들을 서비스의 제공에 사용할 것을 자신들의 의무로 받아들이고 있으며, 이를 위한 검사원에의 강화된 교육을 약속하고 있다. 만약 선급검사의 잘못이 검사원의 부적격에서 발생하였다면 선급협회는 적절한 검사원을 제공할 의무에 위반한 책임을 지게 될 것이다.

(2) 구체적인 주의의무

본 행동원칙을 승인한 각 선급협회는 자신의 의무와 책임을 이행함에 있어서 아래 행동기준을 준수하여야 한다;

A. 기술, 행정 및 경영진에 대한 의무

(a) 각 품질시스템에 따라 합의된 서비스의 수행이 각 품질시스템에 따라 수행되는지를 확인할 수 있는 인적 및 경영구조를 갖추고 유지할 것;

(b) 체계적인 형태로 규칙과 규정과 지침을 유지할 것;
(c) 규칙, 규정과 지침과 관련하여 이들의 준수를 촉진하는 행동을 취할 것;
(d) 기국선박에 대하여 그 정부의 검사와 증서발급에 관하여 그 국가 해사행정청의 적용법규를 준수할 것

B. 기술진

(a) 선급 기술진들의 교육과 자격을 위한 적절한 기준을 설정하고 유지할 것;
(b) 그러한 교육과 자격을 위한 기준에 대한 정기적인 검토체제를 설정하고 유지할 것;
(c) 계획승인, 검사 혹은 다른 기술서비스를 개인적으로 수행하기에 앞서, 그러한 기술적인 학문 과정을 갖는 공인된 교육기관에서 강좌를 통하여 기술진들이 교육을 받도록 할 것; 그리고 (i) 기술교육의 프로그램을 성공적으로 이수하거나 혹은 (ii) 사전에 충분하고 서면으로 확인되는 직무경험을 갖출 것

C. 선급증서와 보고서

(a) 선급규정에 따라서 선급보고서와, 필요한 경우에, 선급증서를 발행하고 국내 해사행정청의 적용법규에 따라 정부검사증서를 발행할 것;
(b) (a)에 따른 선급 관련 자료는 入級선박이 입급기간 동안은 물론이고 탈급 이후에도 적어도 5년간은 보관할 것;
(c) (a)에 따른 서류에 대한 복사본을 아래의 경우에 발급하여 줄 것;
  (i) 요청이 있으면, 선주와 선급협회와 동등한 계약관계에 있는 다른 사람에게
  (ii) 선주 혹은 선급협회와 동등한 계약관계에 있는 다른 사람의 서면요청이 있는 경우에 제3자에게 혹은 사법 혹은 행정절차에 의하여 그렇게 지시된 경우 그리고
  (iii) 기국이나 법적 권한을 갖는 다른 국가기관에게
(d) 선급과 관련된 선박의 명세를 포함한 선급명부를 정기적으로 출간할 것

D. 비밀유지

C조 (c)항의 경우를 제외하고, 본 행동원칙을 승인한 각 선급협회는 선급과 정부검사와 관련된 모든 서면과 자료와 정보를 기밀로 처리할 의무를 부담한다.

A조는 검사원 개개인의 의무가 아니라 경영진의 주의의무를 정하고 있다. 이러한 의무에 위반된 경우에는 선급협회 자체 즉 선급검사계약에서 채무자 본인인 선급협회 자체의 과실이 인정되게 된다.

B조는 검사원 등 기술진에 대한 교육프로그램을 갖추고 계속적인 교육을 제공할 의무를 선급협회에 부과하고 있다.

C조는 선급협회의 증서와 보고서에 관련된 주의의무를 설정하고 있다. 이러한 의무와 관련하여 사법적인 손해배상책임이 제기되는 경우는 드물 것으로 보인다.

D조는 C조 (c)항에 해당되지 않는 사람에게 선급의 자료가 공개되어 선주가 손해를 입는 경우에는 선급은 손해배상의 책임을 부담한다는 취지이다.

2. 계약책임과 관련된 모델계약조항

1999년 5월 8일 CMI에 의하여 뉴욕에서 완성된 "모델계약조항"은 (1) 정부대행검사의 경우에 선급협회와 정부간에 맺는 계약에 사용될 조항(제1조에서 제3조)과 (2) 선급검사(임의선급)의 경우에 선급협회와 선주간에 맺는 계약에 사용될 조항(제4조에서 제11조)으로 규정되어 있다.

2005년 1월 현재까지도 선급협회와 선주협회 사이에 제II-8과 제II-9의 책임제한액수에 대한 합의가 이루어지지 아니하였다.

(1) 정부대행검사의 경우

정부대행검사는 선박의 안전에 관한 검사를 정부가 직접 하지 않고 이를 선급협회에 대행시키는 것이므로 정부와 선급협회, 그리고 선급협회와 선주간의 삼자관계가 형성된다. 후술하는 바와 같이 정부와 선급협회는 모델협정이, 선급협회와 정부대행검사의 대상인 선박의 선주와는 모델계약조항이 적용될 것이다. 우리가 다루고자 하는 모델계약조항은 선급협회와 선주 사이의 정부대행검사의 경우를 규율한다.

1) 모델협정

모델협정은 선급협회와 선주간의 정부대행검사에 관한 모델계약조항이 적용되는 전제가 되는 정부와 선급협회간의 업무대행관계를 규율한다.

국제해사기구(IMO)에서는 국가와 선급협회와 같은 정부검사대행기관의 관계를 통일적으로 규율하기 위하여 1993년 11월 4일 결의 A.739를 채택하였다. 그 후속조치로서 1995년 3월 23일의 FSI 3/17 Annex 6의 Draft MSC/MEPC Circular "정부를 대신하여 업무를 수행하는 공인기관에의 권한위임을 위한 모델협정"(이하 모델협정, Model agreement for the authorization of recognized organizations acting on behalf of the Administration)을 만들고 또한 1995년 11월 결의 A.789(19)에서 정부검사위임의 기준을 제시하였다.

모델협정 제6.6 책임조항에 의하면, 제1항은「본 계약에 있어서, 공인기관, 공인기관의 임원, 이 계약에 따라 공인기관을 대신하여 행동하는 피용자 혹은 다른 사람의 과실이나 부작위에 기인하였음이 법정에서 인정된 멸실이나 손상에 대하여 정부가 최종적으로 책임을 부담하여야 하는 경우에, 정부는 공인기관으로부터 보상(compensation)을 받을 수 있으며 그 액수는 공인기관의 규칙이나 조건에서 기술된 금전적 배상액(the amount of financial liability)을 초과하지 않는다」고 하고 제2항은「본 계약하에서 정부를 대신하여 행위하는 경우에, 공인기관은 고객과 직접 계약을 체결할 자유가 있으며 그러한 계약에는 공인기관 자신의 법적 책임을 제한하는 통상의 계약조건을 포함시킬 수 있다」고 규정하고 있다.[21][22]

여기에 기하여 해양수산부와 한국선급 사이의 정부대행검사의 대행에도 상기의 모델협정이 사용될 전망이다.

2) 모델계약조항

제2조 부속서 제1에서 정한 의무와 책임을 수행함에 있어서 선급협회는 전적으로 정부의 대리인으로서 행동하며, 정부의 위임하에서 혹은 정부를 대신하여 그러한 검사를 한다.

제3조 선급협회나 그 피용자 그리고 대리인들은, 문제가 된 검사와/혹은 증서를 정부의 검사원들이 처리한 경우에 그들이 주장가능한 동일한 항변(책임면제 혹은 책임제한을 포함하나 이에 한정하지 아니한다)을 제기할 자격이 있다.

"모델계약조항"은 정부대행검사의 경우에 선급협회와 선주 사이의 관계를

---

21) 이러한 상기의 내용은 모델계약조항 제2조에서 언급하는 부속서 1에 해당하는 것이다.

22) 한편 부속서(Attachment)에 의하면, 각국은 아래의 조항들을 상기한 6.6에 대신하여 사용할 수 있도록 하고 있다. 제1안은「본 계약에 의거하여, 계약의 범위내에서 공인기관, 공인기관의 임원, 피용자 혹은 공인기관을 대신하여 행동하는 타인에 의하여 고의 혹은 중대한 과실인 작위 혹은 부작위에 기인하였음이 입증된 멸실이나 손상에 대하여 정부가 최종적으로 책임을 부담하여야 하는 경우에, 정부는 국가를 대신한 공인기관으로부터 완전보상(full compensation)을 받을 수 있다」고 하고 제2안은「…정부는 국가를 대신한 공인기관의 표준계약조항에서 명시하고 있는 배상액 혹은 X액 둘 중에서 큰 것을 한도로 공인기관으로부터 보상을 받을 수 있다」고 하고 있다.

규율하는 것으로, 선급협회의 검사원을 기본적으로 정부의 검사원과 같은 지위를 갖는 것으로 보고 있다.

정부대행검사의 경우에 선급협회의 지위가 국가공무원으로 의제할 수 있는지 혹은 전혀 私人인지에 관한 의문이 제기되어 왔다.[23] 만약 私人이라면 민법의 규정이 적용될 것이고 국가공무원으로 볼 수 있다면 국가배상법상의 규정이 적용될 것이다.

필자의 사견으로는 정부대행검사의 경우에 선급협회는 公務受託私人으로 보아 국가배상법이 적용된다고 보았다.[24] 따라서 정부대행검사의 잘못으로 선주가 손해를 입은 경우에 정부는 국가배상법상의 책임을 부담하면 되고 정부가 국가배상법상의 책임을 지게 되는 경우라도 선급협회는 고의 또는 중과실이 아닌 한 국가로부터 구상을 당하지 않을 것이지만, 국가와 선급협회가 맺게 될 양자간의 "모델협정"의 내용이 우선적으로 적용될 것이다.[25][26]

(2) 선급검사(임의선급)의 경우

임의선급은 선급협회의 고유의 기능으로서 선주들이 해당 선박을 보험에 부보시키기 위하여 선급협회에 선급검사를 받고 선급에 가입하는 것이다.

"모델계약조항"에서 관심을 모으는 중요한 조항은 제7, 8, 9, 10조이므로 이를 구체적으로 항을 따로하여 살펴본다. 제4조는 선급협회의 의무에 대하여

23) 1986년 선박안전법 개정이전까지는 제8조에서 선급법인을 공무원으로 의제한다는 규정이 있었으므로 별다른 의문이 없었다.

24) 선급협회의 검사원이 공무수탁사인의 지위에 있다고 본다면, 선급협회의 검사원의 과실은 국가배상법상의 공무원의 과실로 인정되어 해양수산부가 국가기관으로서 국가배상법상의 손해배상의 책임을 지고 공무원의 취급을 받는 선급협회에 대하여는 구상권을 행사하게 된다. 이러한 공무수탁사인으로는 집달관이나 사설우체국장 등이 있다.

25) 국가배상법 제2조[배상책임] 제2항에 의하면 "제1항 본문의 경우에 공무원이 고의 또는 중대한 과실이 있는 때에는 국가 또는 지방자치단체는 그 공무원에게 구상할 수 있다"고 규정하고 있다.

26) 정부대행검사에 있어서 선급협회의 책임문제가 다루어진 최근의 판례로는 1994년 미 대법원 판결의 선덴서호 사건이 있다. 이 사건에서 선덴서호는 바하마선적이었는데 바하마정부는 바하마상선법에서 "정부의 위임을 받은 자는 선의로 법정검사증서를 발행한 경우에는 면책된다"(any government appointee is immunized from liability for issuing statutory certificates in good faith)는 규정을 두었다. 미국의 법원은 선덴서호의 기국법을 적용하였고 선급협회는 이러한 바하마상선법의 규정을 주장하여 면책이 되었다. 자세한 내용은 김인현, 전게논문, 32-34면을 참고바람.

정하고 제5조는 선주의 주의의무를 정한 다음 제6조에서 제5조의 의무위반은 선급의 취소로 이어질 수 있음을 정한다.

1) **제7조**(선급협회의 책임발생요건)

제7조 선급협회의 규칙에 따라 서비스를 제공함에 있어서 야기되는 손해배상청구로서 그것이 아래의 작위 혹은 부작위인 경우에만 선급협회가 책임을 부담한다;

(a) 선급협회 혹은 그 피용자, 대리인 혹은 선급협회를 대신하여 행동하는 사람의 잘못으로 인하여 발생한 것으로 그러한 작위 혹은 부작위가 상당한 주의의무의 기준을 위반한 경우, 혹은

(b) 선급협회의 피용자에 의한 것으로서 고용의 내용이나 범위를 벗어나지 아니한 경우, 혹은

(c) 선급협회의 대리인 혹은 선급협회를 대신하여 행동하는 사람에 의한 것으로서 그러한 작위 혹은 부작위가 선급협회가 그들에게 허용한 대리권의 범위를 넘지 않은 경우.

(a)항은 선급협회 법인 자신의 직접책임이나, 이행보조자책임 혹은 사용자책임의 경우에 과실의 기준을 상당주의의무로 확정한 것이고 (b)항은 선급협회의 피용자의 과실에 의한 이행보조자책임 혹은 사용자책임상의 책임범위에 대하여 언급하고 있고 (c)항은 선급협회가 다른 선급협회에 업무를 위임한 경우의 선급협회의 책임에 대하여 정하고 있다.

2) **제8조**(손해배상의 범위)

제8조 상기 제7조의 이익향유를 방해받음이 없이, 선급협회 규칙과 관련한 서비스의 제공에서 야기되는 손해배상청구에 있어서 선급협회는 다만 선박 사용에 대한 손실, 혹은 선박의 손상 혹은 손해, 혹은 선박의 그 손상 혹은 손해를 경감함에 있어서 야기된 비용만에 대하여 책임을 부담한다.

이 조항은 선급협회의 손해배상책임은 직접손해만 부담하지 간접손해 혹은 결과손해(consequential losses)는 부담하지 않는다는 것이다. 이에 따른다면 선급검사의 잘못으로 선박에 물이 스며들어 화물손상이 발생하였고 선박의 출항이 지체된 경우에 선급협회가 배상하여야 할 책임은 선박자체의 손해에 대한 것에 지나지 않고, 화물손상액은 배상의 대상이 되지 않는다. 출항이 지체되어 발생한 체선료는 배상의 대상이 된다. 다음 항차에 적재할 화물을 집화하지 못하여 혹은 미리 잡아둔 화물운송계약이 취소되어 발생한 운임 등 이익의 상실

은 논란이 있을 수 있지만, 본 조항에서의 선박사용에 대한 손실은 본 항차에 대한 것으로 제한되는 것으로 해석된다.

우리 민법 제393조 제1항에서는 「채무불이행으로 인한 손해배상은 통상의 손해를 그 한도로 한다」고 하고 동 제2항은 「특별한 사정으로 인한 손해는 채무자가 그 사정을 알았거나 알 수 있었을 때에 한하여 배상의 책임이 있다」고 정하고 있다.[27] 그러므로 위의 경우에 배상의 대상이 되지 않는 화물손상에 대한 것은 예견가능한 경우라면 배상의 대상이 된다. 한국선급의 경우, 적어도 국내선주를 위한 경우에는 간접손해라는 개념을 설정할 것이 아니라 통상손해와 특별손해로 나누어 보는 것이 좋을 것으로 본다.

3) **제9조**(책임제한액)

> 제9조 이 규칙에 따르는 서비스의 제공에서 야기되는 한 사고당 선급협회의 어떠한 책임도 아래의 액수를 초과하지 않는다: [미화 X백만달러] [당해 서비스 수수료의 Y배 혹은 미화 X백만달러 중에서 적은 금액] [미화 X백만달러 혹은 당해 서비스 수수료의 Y배 중에서 큰 금액]

논의의 과정에서 선급협회의 책임은 수수료의 10배 혹은 3,000,000SDR 중 큰 것으로 제한되게 된다는 안이 제시되었었다. 즉 적어도 3,000,000SDR 이상의 책임을 선급협회가 부담하게 된다.[28] 이는 약 미화 4,000,000달러(한화 약 36억원)로서 한국선급과 같은 열악한 선급협회의 경우에는 큰 액수이다. 이러한 안이 합의에 이르지 아니하자 CMI는 위 괄호의 세 가지 안을 제시하고 있다. 선급협회로 보아서 가장 유리한 책임제한액수는 중간인 제2안일 것이다. 즉, 수수료의 Y배로 책임이 제한되는 것이다.

지금까지 선급규칙에서 가장 높은 책임제한액을 제시한 선급협회는 미국선급협회로서 당해 서비스의 수수료의 10배 혹은 미화 10만달러였다. 주지하다시피 한국선급은 선급규칙에서 아예 책임을 부담하지 아니하는 것으로 하였고 일본은 검사수수료로 책임을 제한하였다.

---

27) 이 경우 배상하여야 할 손해의 범위는 채무불이행과 인과관계가 있는 손해이다. 이때 인과관계는 상당인과관계설에 따르는 것이 우리나라의 다수설이다.

28) 1997년 6월의 안티워프 세계해법회 100주년 기념회의에서 노르웨이 선급(DNV)의 스코우(Skou)씨는 선급수수료가 전형적인 보통 선박인 경우에 연간 20,000달러 정도이므로 300만SDR은 너무 크므로 반으로 줄인 150만SDR로 하고 책임의 최고한도액도 정하여야 한다고 주장하였다.

이렇게 고액으로 책임을 제한하게 되면 선급협회들은 이러한 위험을 보험으로 커버할 것이고 추가비용의 발생은 필연적으로 수수료의 대폭인상을 불러올 것이다.

책임제한액수는 공서양속이나 약관규제법 등에 비추어 형평에 어긋나 무효가 되지 않으며 경제적으로도 선급협회나 선주에게 합리적인 것이 되는 수준이어야 할 것이다. 따라서 한국선급이 모델계약조항을 채택하여 책임제한액을 정할 때에는 선주측, 화주측을 바롯한 여러 당사자가 머리를 맞대어 가장 합리적인 수치를 찾도록 하여야 할 것이다.

모델계약조항에서 특기할 만한 것은 해상법에 있어서 책임제한제도에서 필연적으로 포함되어온 책임제한배제사유가 없다는 점이다. 선주책임제한에서도 1957년 조약에서는 선주의 고의 또는 과실(actual fault or privity) 혹은 1976년 조약에서는 미필적 고의에 가까운 과실 등이 책임제한배제사유로 규정되어 있다. 우리나라의 상법 제746조에 따르면 "선박소유자 자신의 고의 또는 손해발생의 염려가 있음을 인식하면서 무모하게 한 작위 또는 부작위로 인한 경우에는" 선박소유자(선주)는 책임제한의 이익을 향유하지 못한다. 선급협회가 책임제한의 이익을 향유하게 된다면 책임제한배제사유가 포함되는 것이 형평상 맞다고 생각한다.

4) **제10조**(준거법)

제10조 선급협회의 규칙과 관련하여 발생하는 어떠한 분쟁이나 의무, 책임 혹은 책임제한에 관한 문제는 각국 법에 따라 결정된다.

이 조항에 대한 주석에서 세계해법회는 각국 법이란 선급협회의 주소지가 있는 곳의 법이 될 것이라고 설명하고 있다. 즉, 한국선급에 가입한 선주와의 분쟁은 한국법이 적용됨을 시사하고 있다. 우리나라의 경우는 민법 혹은 국가배상법이 적용될 것이다.

3. 불법행위에 대한 논의

불법행위에 대한 책임을 약관으로 규제할 수는 없다. 왜냐하면 약관은 당사자의 의사를 요구하기 때문에 불법행위에 대한 책임은 당사자의 의사와는 무관한 관계이기 때문이다. 이를 규율할 수 있는 방법은 법률의 규정에 의하는 것이다.

법률에 의하는 경우에 선급의 제3자에 대한 책임을 면제하거나 책임을 제한하는 방법을 생각할 수 있다. 책임에 대한 면제는 극단적인 방법으로서 인정하기 어렵다. 운송인의 항해과실면책도 계약당사자에 대한 것으로서 이것조차도 비판의 대상이 되고 있다. 이것보다는 책임을 일정한 액수로 제한하는 것은 논의의 대상이 될 수 있을 것이다.[29] 선박의 매수인이나 화주 등과 같은 제3자에 대하여는 1976년 해사채권에 대한 책임제한조약(일명 선주책임제한조약, LLMC)에서 정하고 있는 바의 선주의 책임제한을 선주와 매우 밀접한 관계에 있는 선급협회에도 적용하려는 움직임을 보이고 있으나, 명문의 삽입 또는 개정이라는 어려운 과정을 고려하여 독자적인 국제조약에 의하여 책임제한을 하려는 노력을 보였지만, 실효성있는 결과를 낳지 못하고 있다.

그러므로 현재의 상황에서는 불법행위책임에 있어서 선급협회는 100%의 책임에 노출되어 있다고 할 것이다. 다만, 선급협회는 불법행위책임을 부담하지 않는다는 이론 구성이 영국이나 미국에서는 가능하다. 그러나 우리나라의 경우에는 아직 테스트되지는 않았지만 불법행위책임을 널리 인정하는 법원의 입장을 고려하면 쉽게 배척되지는 않을 것으로 보인다.

V. 韓國船級의 責任規定

1. 임의(선급)검사

(1) 계약책임

1) 한국선급에서 사용하는 각종 약관

현재 한국선급이 사용하는 약관에는 선급증서와 선급규칙이 있다. 이들의 법적 성질에 대하여 먼저 살펴본다.

선주는 선박검사신청서를 작성하여 입급을 목적으로 하는 검사를 선급협회에 의뢰한다. 이는 입급계약에 대한 청약이다. 이 때 선주는 선급규칙에 있는

---

29) 선급협회는 "선박 · 화물 · 여객의 안전의 확보를 위하여 선박의 검사를 행하는 공적인 업무를 수행하고 있는 비영리사단법인이다. 만약, 선급협회가 선주 또는 제3자에 대하여 책임을 부담하는 경우에 사법 일반원리에 따라서 손해배상액전액을 선급협회가 배상하게 된다면 영세한 선급협회는 도산하게 될 것이고 이 경우의 바다의 안전은 위태롭게 될 것이다"는 것을 선급협회의 손해배상책임의 제한근거로 들고 있다. 기타 상세한 근거에 대한 상세는 김인현, 전게 학위논문, 81면을 참고하기 바람.

내용에 구속될 의사를 제시한다고 본다. 선급협회는 검사를 하여 입급하여 주는 대가로서 검사수수료를 수령한다는 내용의 승낙을 한다. 여기에는 검사에 합격하면 입급을 시켜주고 그렇지 않은 경우에는 입급이 되지 않는다는 조건이 내용으로 포함된다고 본다. 검사에 합격하게 되면 검사시부터 입급이 되고 검사에 합격하지 못하면 계약이 성립하지 않는다.

검사에 통과된 선박에 대하여는 선급협회는 선급증서와 선급규칙을 선주에게 주게 된다. 선급증서의 이면에는 선급 및 강선규칙 제803조의 내용을 동일하게 기재하고 있다. 통상 선급증서가 먼저 선주에게 전달될 것이므로 선주와 선급협회는 증서의 뒷면에 기재된 내용에 따른 법적 책임에 귀속될 의사표시에 합치가 있었던 것으로 해석된다. 선급규칙에 구속되겠다는 의사표시는 선박검사신청서의 내용[30]에서 찾을 수 있을 것으로 본다.

검사계약서나 선급규칙이나 모두 약관으로서의 기능을 한다. 모두 선급협회가 일방적으로 작성하고 수요자인 선주는 수동적으로 이를 받아들이는 입장이므로 이들도 부합계약의 성질을 갖는다.

보통거래약관이란 다수인을 상대로 동종의 거래를 반복하는 경우에 거래를 위하여 미리 작성해 놓은 정형적인 계약조건을 의미한다.[31] 약관이 당사자를 구속하게 되는 법적 근거로는 규범설과 의사설(계약설)이 있다.[32] 당사자들이 스스로 구속되겠다는 약속을 한 것에서 구속력의 근거를 찾는 것이 판례[33]와 다수설의 입장이다.

그러므로 당사자의 자유로운 의사의 합치가 없다면 약관의 내용은 효력이 없다. 그러므로 최소한 수요자인 선주가 내용을 알도록 하여야 할 것이다. 비록 선급규칙에 대하여 일일이 설명받지 못하였다고 하더라도 주무관청인 정부로부터 심의를 받고 공람이 되어 있다면 선급규칙의 내용은 유효하다고 보아야 할 것이다. 다만, 약관의 내용이 선의성실의 원칙에 반하거나 고의나 중과실일 경우에도 면책이 되는 내용이라면 이는 무효가 될 것이다.[34] 국제운송에 관련

30) 아래에 서명한 신청자는 한국선급의 관련 규칙을 이해하고 상기의 검사를 시행하여 줄 것을 요청하며, 또한 상기의 검사와 관련하여 발생하는 모든 경비와 검사수수료를 지불하는 것에 동의합니다.

31) 이기수, 「상법학(상)」(박영사, 1997), 26면.

32) 상게서, 27면.

33) 대법원 1985.11.25. 선고 84다카 2543 판결; 이기수, 전게서 27면.

되는 것이 아니므로(제15조) 이들 약관은 예외없이 약관규제에관한법률의 적용을 받을 것이다.

2) 1994년 선급규칙의 규정

한국의 1994년 선급규칙 제8절 검사원의 권한 및 의무편에서 제803조의 선급의 책임에 따르면, "본 선급은 본 선급의 사업수행을 위하여 종사하는 검사원 및 기타 인원에 대한 보증에 전력을 다하고 숙련된 유능한 인원을 선택할 책임을 가지지만 검사원이나 소속인원의 행동 또는 과오나 본 선급에서 발행하는 기록, 증서, 보고서에 의하여 발생되는 손해에 대하여는 책임을 지지 아니한다"고 정하고 있었다.

이에 대하여 필자는 선급측의 고의나 중과실의 경우에는 약관규제법 제7조에 따라 무효가 되고, 선급계약을 체결할 당시에 선주가 이러한 내용을 충분히 숙지하고 내용을 받아들였는지 의문이므로 부합계약의 성질상 무효로 해석될 가능성이 있고 따라서 미국선급[35]과 같이 일정한 수수료의 몇 배로 책임을 제한한다는 규정을 두는 것이 합리적일 것이라고 의견을 제시한 바 있다.[36]

3) 2004년 한국선급 강선규칙 제1편 제1장 제803조

2004 한국선급의 선급 및 강선규칙 제1편 제1장 제803조는 1994년 당시의 규정에 비하여 상세한 규정을 두고 있다. 이에 대하여 검토하여 본다.

〈803 선급의 책임〉

1. (면책) 우리 선급과 자기 대리인은 상당한 주의로써 검사 또는 용역 기타 관련 업무를 실행하여야 한다. 그러나 우리 선급 또는 자기의 대리인이 제공한 검사 또는 용역 기타 관련 업무로 인하여 발생한 손해가 다음 각호로 인하여 발생하였을 때는 손해배상의 책임을 면한다.
   (1) 검사 목적물의 정비불량 또는 표시불량
   (2) 해상고유한 위험 또는 화재
   (3) 천재지변

---

34) 계약당사자의 책임에 관하여 정하고 있는 약관의 내용 중 다음 각호의 1에 해당하는 내용을 정하고 있는 조항은 이를 무효로 한다. 1. 사업자, 이행보조자 또는 피용자의 고의 또는 중대한 과실로 인한 법률상의 책임을 배제하는 조항(약관의규제에관한법률 제7조 제1호)

35) 예컨대, 미국선급은 당해 수수료의 10배 혹은 미화 10만달러 중에서 큰 것으로(1995년 규정), 프랑스선급은 수수료의 5배로(1994년 규정) 책임을 제한하고 있다.

36) 김인현, 전게 해상법연구, 340면.

(4) 전쟁, 폭동, 내란 또는 시민소요
(5) 해적, 강도 또는 절도
(6) 재판상 또는 행정상의 조치
(7) 검사 목적물의 소유자나 그 사용인의 행위
(8) 인명 또는 재산의 구조행위
(9) 검사 목적물의 숨은 흠

2. (고의면책) 제1항의 규정에도 불구하고 우리 선급 또는 자기의 대리인이 고의 또는 손해가 발생할 염려가 있음을 인식하면서 무모하게 행한 작위 또는 부작위로 인하여 생긴 때는 손해배상의 책임을 져야 한다.

3. (유한책임) 제2항의 규정에 의하여 발생한 손해배상책임은 우리 선급이 수령한 수수료를 한도로 제한한다. 다만 검사 목적물의 소유자가 서면으로 담보작업요청을 하고, 우리 선급이 정하는 특별요금을 지불한 경우에는 위 수수료의 10배를 넘지 않는 범위로 제한할 수 있다.

4. (중재) 우리 선급이 제공한 검사 또는 용역 기타 관련 업무로 인하여 발생한 다툼은 대한상사중재원에서 중재에 의하여 최종적으로 해결한다.

5. (준거법) 우리 선급이 제공한 검사 또는 용역 기타 관련 업무로 인하여 발생한 다툼은 대한민국의 법원에 제소하고 대한민국의 법률을 준거법으로 한다.

6. (시효) 우리 선급이 제공한 검사 또는 용역 기타 관련업무로 발생한 손해에 대한 손해배상청구권은 그 업무를 완료한 날로부터 6월이 지나면 소멸한다.

4) 제803조에 대한 평가

우선 위의 규정들은 보통거래약관으로 이해되고 따라서 약관의 당사자들인 선주와 선급협회 사이에만 적용된다. 그러므로 제3자의 불법행위에 기한 손해배상책임에 대하여는 적용이 없다.

동 제803조는 약관규제에관한법률의 적용을 받고 제6조 일반원칙에 따라서 신의성실의 원칙에 반하여 공정을 잃은 약관조항은 무효가 된다(제1항).[37]

우리나라의 책임체제는 과실책임을 취하고 있다. 그러므로 채무자인 선급협회가 과실이 있다면 책임을 부담하는 것이 원칙이다. 그럼에도 불구하고 제803조 제1항, 제2항과 제3항은 일단 면책규정을 앞세우고 고의와 고의에 준하

37) 고객에 대하여 부당하게 불리한 조항, 고객이 계약의 거래형태 등 제반사정에 비추어 예상하기 어려운 조항 그리고 계약의 목적을 달성할 수 없을 정도로 계약에 따르는 본질적인 권리를 제한하는 조항은 공정을 잃은 것으로 추정된다(제2항).

는 미필적 고의가 있는 경우에만 선급협회는 책임을 부담하고 그 경우에도 특별한 경우가 아닌 한 선급의 책임은 수수료로 제한된다고 한다. 이는 우리 법의 과실책임체제와 다른 것으로 수긍하기 어렵다.

제2항에 있어서 "손해가 발생할 염려가 있음을 인식하면서 무모하게 행한 작위 또는 부작위로 인하여 생긴 때"란 미필적 고의에 해당하는 것으로 해석된다. 결국 제2항에 따르면 선급협회가 경과실과 중과실이 있는 경우에도 선주에 대하여는 책임을 부담하지 않는다는 취지이다. 적어도 중과실에 대하여도 면책을 하는 규정은 약관규제법에 따라서 무효가 될 것으로 본다. 선급의 책임은 일단 수수료의 몇 배로 제한되지만 고의나 중과실의 경우에는 책임을 제한할 수 없도록 하는 것이 되어야 합리적이다.

제3항에서 선급이 수령한 수수료로 책임을 제한하는 것은 너무 낮은 액수로서 무효가 될 가능성이 있다. 앞에서 본 모델계약조항도 수수료의 X배로 하고 있고 미국선급의 경우는 수수료의 10배로 하고 있다.

이러한 지나치게 보호적인 약관의 내용은 우리 법원이 청구권경합의 입장을 취하고 있으므로,[38] 불법행위에 기한 청구에는 약관이 적용되지 않는다는 판결을 하게 되면 무용의 것이 됨도 주지하여야 한다.

제1항의 면책규정도 해상운송에서 운송인에게 적용되는 규정과 유사한 것이 많다. 그러나 (1)항과 (9)항을 제외하고 구체적으로 열거한 사항들이 선급의 과실로 인한 손해와 어떠한 관련이 될는지 선뜻 이해되지 않는다.

제5항의 제목은 준거법으로 할 것이 아니라 관할도 한국으로 하고 있으므로 '관할 및 준거법'으로 하는 것이 좋다.

제6항의 6개월의 단기시효는 너무 짧은 것이다. 선급계약은 상행위로서 상사시효인 5년이 적용되는 것이 원칙이지만(상법 제64조), 다른 법령에 이보다 단기의 시효의 규정이 있는 때에는 그 규정에 의한다고 한다(제64조 후단). 그런데 선급의 검사는 연차검사까지는 선주는 선급의 검사를 신뢰할 것이므로 최소한 1년은 되어야 할 것으로 본다.

---

38) 대법원 1980.11.11. 선고 80다1812 판결.

(2) 불법행위책임

불법행위책임에 대하여는 약관으로 규율할 수 없다. 약관은 계약관계에 있는 당사자의 의사의 합치로서 효력이 발생하는데, 불법행위에는 당사자 사이의 의사의 합치라는 것이 존재하지 않기 때문이다.

불법행위책임은 법률로서 책임이 제한될 것이지만, 우리 법으로는 여기에 대한 규정이 없다. 그러므로 선급협회의 불법행위책임에 대하여는 100% 열려 있다고 생각된다.

이와는 달리 선주는 책임제한제도가 도입되어 있어서 책임제한이 가능하다(상법 제746조 이하).

2. 정부대행검사[39)]

(1) 계약책임

만약 정부검사에 있어서도 계약이 존재한다고 해석된다면, 정부대행검사를 선급협회가 대신하는 경우에 검사계약의 당사자는 (1) 정부와 선주 혹은 (2) 선급협회와 선주로 구성이 가능하다. (1)의 경우에는 검사의 잘못에 대한 채무자(피고)는 정부가 될 것이다. (2)의 경우에는 선급협회가 된다.

그러나 정부검사는 선주들은 검사를 받아야 하는 의무를 부과받고 있고 검사는 의무를 면하기 위하여 행하는 행위라고 보아야 하고 결국 계약관계는 존재하지 않는다고 보는 편이 더 현실에 부합하는 것이다.

(2) 불법행위책임

정부대행검사의 잘못으로 제3자 등이 불법행위에 기한 손해배상을 청구하면 선급협회를 정부의 피용자로 보아 국가배상법상의 책임을 국가가 부담하게 될 것이다(국가배상법 제2조 제1항).

이 때 국가는 선급협회에 구상청구가 가능할 것이다. 국가배상법에 의하여도 고의나 중과실이 있는 경우에만 선급협회가 책임을 부담한다(국가배상법 제2조 제2항). 선급협회가 책임을 부담하는 경우에는 정부와 선급협회가 체결한 약정에 따라 책임이 제한되도록 할 수 있다. 그런데 고의 혹은 중과실이 있는

---

39) 발표논문에서 추가된 부분임.

경우에도 책임을 제한하는 것은 공서양속에 반하여 무효가 될 수 있다고 본다.

현재 진행되고 있는 선박안전법의 개정안 제60조 제4항은 "제1항 및 제2항 규정에 의한 공단 또는 선급법인의 검사 등 업무의 대행과 관련하여 발생한 손해에 대하여는 해당 공단, 선급법인 또는 소속 검사원의 고의 또는 중대한 과실이 없는 경우 책임을 지지 아니한다"고 규정하고자 한다. 이 규정은 선급협회가 검사중 과실로 제3자에게 손해를 가하여 국가가 손해배상책임을 부담한다는 전제하에서 구상책임을 국가에 대하여 갖는 경우에 적용하는 규정이다.[40]

이와 관련하여 유럽연합의 규정과 비교하는 것도 흥미롭다. 유럽연합은 (1) 고의중과실이 있는 경우에는 인적책임과 물적책임의 구별이 없이 선급협회는 책임을 제한하지 못하도록 하고 있다(제6조 제2항 b.호 i). (2) 경과실이 있을 경우에 인적손해에 대하여는 4백만유로로 책임제한이 가능하고(제6조 제2항 b.호 ii) (3) 경과실이 있을 경우에 물적손해에 대하여는 2백만 유로로 책임제한이 가능하다(제6조 제2항 b.호 iii).[41]

따라서, 유럽연합의 책임제한규정을 우리 법과 비교하면, 아예 경과실인 경우에는 선급협회는 정부로부터 구상책임을 부담하지 않으므로 우리나라가 더 유리하다고 할 수 있다. IMO에서는 경과실인 경우에도 구상이 가능하다는 전제하에서 책임제한액에 대한 합의를 하도록 권고하고 있지만, 우리나라의 국가배상법을 적용하는 경우에는 경과실의 경우는 구상책임을 부담하지 않으므로 유리하다고 할 수 있다.

---

40) 2007년 1월 3일 선박안전법은 제67조에 대행검사기관의 배상책임에 대하여 정한다.
제67조(대행검사기관의 배상책임) ① 국가는 공단, 선급법인, 컨테이너 검정 등 대행기관 및 위험물검사 등 대행기관(이하 "대행검사기관"이라 한다)이 해당 대행업무를 수행함에 있어 위법하게 타인에게 손해를 입힌 때에는 그 손해를 배상하여야 한다.
② 국가는 제1항의 규정에 따른 손해배상에 있어 대행검사기관에 고의 또는 중대한 과실이 있는 경우에는 해당대행검사기관에 구상할 수 있다.
③ 제2항의 규정에 따른 대행검사기관에 대한 구상은 대통령령이 정하는 금액을 한도로 한다.
제1항과 제2항은 선급협회의 정부대행검사시 국가배상법의 책임규정을 적용한다는 것이다. 제3항에 따른 시행령 제15조에 의하면 선급법인은 50억원으로 책임이 제한되고 선급법인은 보험에 가입하도록 협정서가 체결되어 있다. 박영선, 「선박안전법해설」(한국해사문제연구소, 2008), 303면.

41) Council Directive 94/57/EC of 22 November 1994 on common rules and standards for ship and survey organizations and for the relevant activities of maritime administrations.

VI. 結 論

선급협회는 선박의 안전을 향상하는 공적인 기능을 한다. 최근까지 선급협회가 손해배상책임을 부담하지는 않아왔지만, 1990년대에 들어와서 프랑스의 엘로디 제2호 사건과 같은 경우는 제3자에 대한 책임이 인정되었다. 그리고 영국의 니콜라스 에이치호 사건에서도 1심에서는 제3자에 대한 책임이 인정되었다.

이에 각국의 선급협회는 자신들의 손해배상책임에 대하여 관심을 갖고 대처하기 시작하였다. 선급협회, 선주단체 그리고 세계해법학회로 구성된 공동작업반의 결과물로 행동원칙과 계약모델조항이 제시되었다. 이는 선주와의 계약관계를 규율할 목적의 것이다. 제3자가 선급협회를 상대로 제기하는 불법행위책임에 대하여는 진전이 없는 상황이다. 일단 행동원칙에 따라서 선급업무를 수행한 선급은 일응 무과실로 추정될 것이다. 계약모델조항은 합리적인 내용이라고 할 수 있으므로 각국 선급은 선주와의 선급계약에서 이를 약관으로서 사용하여 자신의 책임을 합리적으로 제한할 필요가 있다.

한국 선박의 대부분을 선급에 가입시키고 있는 한국선급도 선급규칙을 개정하든지 아니면 표준약관을 사용하든간에 어떠한 형태로든 '모델계약조항'을 수용하는 편이 좋을 것이다. 현재의 책임에 대한 규정은 무효가 될 가능성이 높기 때문이다. 이 '모델계약조항'은 임의성을 가진 권고안이므로 이를 한국의 실정에 맞게 수정하는 절차를 거쳐야 할 것이다. 선사측, 학계, 법조계와의 폭넓은 논의를 거쳐 합리적인 표준약관을 만들기를 기대한다.

첨언하고자 하는 것은 제3자에 대한 선급협회의 손해배상책임은 '모델계약조항'으로 규율될 수 없다는 것이다. 영국의 니콜라스 에이치호 사건에서 보는 바와 같이 법원이 선급협회의 제3자에 대한 주의의무를 인정하기는 쉽지 않을 것이지만, 이미 프랑스와 벨기에 등에서는 선급협회의 제3자에 대한 주의의무가 인정되어 선급협회가 책임을 부담하는 사례도 나타나고 있다. 이러한 위험에 대비하여 법률을 통하여 선급협회의 책임을 제한하는 것이 가장 간명한 방법일 것이나 선급협회의 책임제한의 근거가 일반화되어야 할 것이다.

향후 국제선급연합회는 선급협회의 책임제한을 선주책임제한제도와 연계시켜서 포괄적인 책임제한을 시도하려고 할 것이다. 선급협회는 완벽한 선급서비스 제공을 위하여 부단히 노력하여야 할 것이고 불행히도 사고가 발생하는 경우를 대비하여 자신의 대선주 또는 제3자에 대한 선급의 위험을 담보하는 보험에 가입하도록 하여야 할 것이다.

제 5 국내판례

船員의 災害補償金 請求訴訟*

(대법원 2002.6.14. 선고 2001다2112 판결)

I. 事實關係

(1) 3등기관사 이××은 유조선 아틀란티스호의 소유자(피고)의 선원관리사업자(선원송출회사)(공동피고)와의 사이에 근로계약을 체결하고 동 선박에 3기사로 근무중 갑판에서 시체로 발견되었다. 이에 3기사 이××의 어머니가 피고들에게 망인의 사망으로 인한 재해보상금을 지급할 것을 청구하였다. 피고들은 망인이 자살하였다고 주장하면서 선원법 제90조 제2항[1] 단서에 따라 피고들이 재해보상금을 지급할 의무가 없다는 취지로 항변하였다. 선박소유자와 선박관리사업자(선원송출회사) 양자를 피고로 한 제1심소송에서 원고의 사망은 직무외 재해보상으로 인정받게 되었다.

(2) 서울고등법원(서울고법 2002.11.26. 선고 2000나37582 판결)은 「1) 피고는, 원고가 이미 미국에 피고를 상대로 손해배상청구소송을 제기하여 소송계속 중에 있으므로 선원법에 기한 재해보상을 구하는 이 사건 소는 중복제소에 해당하여 부적법하다고 항변한다. 미국 제34지방법원에 같은 피고를 상대로 손해배상청구소송을 제기한 사실은 인정되나, 선박소유자의 불법행위를 이유로 한

---

* 본 논문은 「한국해법학회지」, 제25권 제2호(2003.11)에 기고한 "2002년도 해사판례평석"의 일부를 추가한 것이다.

1) 선원법 제90조 제2항은 「선박소유자는 선원이 승무(제85조 제21항의 규정에 의한 요양을 포함한다)중 직무외의 원인으로 사망한 경우에는 지체없이 대통령령이 정하는 유족에게 승선평균임금의 1천일분에 상당하는 금액의 유족보상을 행하여야 한다. 다만, 사망의 원인이 선원의 고의 또는 중요한 과실로 인한 경우에 선박소유자가 선원노동위원회의 인정을 받은 때에는 그러하지 아니하다」고 정하고 있다.

손해배상청구와, 선원법상의 재해보상청구는 소송물을 달리하는 것이므로 피고의 본안전 항변은 이유없다.[2] 2) 선원송출회사의 항소에 대하여, 선원법 제90조는 유족보상들을 규정하면서 선박소유자가 그 보상의무자임을 명시하고 있고, 선원송출회사는 선원관리사업자로서 선원법 제103조에 의하면 그 업무의 내용은 선박소유자의 선원에 대한 인사관리업무를 수탁받아 대행하는 것이 전부이다. 따라서 선원의 사망에 대한 선원법상의 보상의무자는 선박소유자에 한정된다고 할 것이고, 선원관리사업자가 선원의 사망에 대하여 유족보상 등을 하는 업무를 수행한다고 하더라도 이는 선박소유자와의 계약관계에 기하여 선박소유자가 이행할 채무를 대행하는 데 불과하다고 할 것이므로 사망한 선원의 유족은 선원관리사업자에 대하여 직접 유족보상 등의 지급을 청구할 수 없다.[3] 3) 원고의 유족보상청구 등에 대하여, 선원법 제90조 제2항에 의한 직무외의 사망으로 인한 것으로 인정하여 청구를 인용한다. 4) 원고의 피고 선박소유자에 대한 특별보상금청구에 대하여는 아래와 같이 기각한다. 사고당시 시행중이던 해운항만청의 해외취업선원재해보상에관한규정(이하 보상규정) 제3조 제2항은 선박소유자는 선원이 승무중 직무외의 원인으로 사망한 경우에는 그 유족에게 특별보상금으로 3만달러를 지급하여야 한다고 규정하고 있고, 동 제1조는 규정 제정의 목적에 관하여 선원법 제103조 및 동법 시행령 제38조 제2항의 규정에 의하여 선원관리사업자가 외국 선주로부터 위탁받은 사항 중 재해보상에 관한 사항을 정함을 목적으로 한다고 정하고 있다. 그러나 선원법 제103조나 동법 시행령 제38조 제2항은 선원관리사업자의 업무범위에 관한 규정이지 선

---

2) 동일한 소송물에 대하여는 두 번 소송을 제기할 수 없다(이를 중복제소금지의 원칙이라고 한다)(민사소송법 제259조; 법원에 계속되어 있는 사건에 대하여 당사자는 다시 소를 제기하지 못한다). 즉, 미국에 제기중인 손해배상청구소송과 선원법에 의한 재해배상청구가 동일한 소송이라면 이는 중복제소로서 받아들여지지 않는다.

3) 서울고등법원은 「선원법 제103조 제2항은, 선원관리업자가 수탁받은 업무 중 대통령령으로 정하는 업무에 관하여는 선원법의 적용에 있어서 선박소유자로 본다고 규정하고 있다. 그러나 이 위임입법에 근거한 선원법 시행령 제38조 제1항은, 선원관리업자를 선박소유자로 간주하는 업무의 범위를 승무원 명부의 작성, 승하선 공인신청, 승무경력증명서 교부 등의 단순업무에 한정하고 있고 유족보상의 의무에 관하여는 규정하지 아니하였다. 나아가 위임입법의 규정은 선원관리사업자가 선박소유자로부터 수탁받은 업무에 관한 것일 뿐 아니라 선박이 그 지배하에 있는 것도 아니고 재해방지를 위하여 선박소유자에 대하여 어떠한 감독권도 행사할 입장에 있지 않은 선원관리사업자에게 선박내의 재해에 대하여 그 보상책임을 부과하는 것과 같은 의무의 창설은 대통령령으로 정할 사항이 아니라고 판단된다. 따라서 원고의 피고 선원송출회사에 대한 청구는 이유없다」고 판시하였다.

박소유자의 재해보상에 관한 규정이 아니다. 또한 규정에서 정한 특별보상금과 같이 선박소유자에게 재산상의 의무를 부과하는 것은 입법사항이라고 할 것이므로 법률로 그 요건 및 금액을 정하든가 이를 구체적으로 정할 수 있는 객관적인 기준을 명시하여 대통령령이나 규칙에 위임하여야 할 것이다.[4] 그런데 선원법 제 규정을 살펴보아도 보상규정에서 정한 특별보상금에 대한 근거를 찾아볼 수 없다. 따라서 동 보상규정 제3조 제2항은 위임입법의 한계를 일탈한 무효의 규정이라고 할 것이고 이를 근거로 한 원고의 특별보상금청구는 이유없다」고 판시하였다. 이에 원고는 4) 특별보상금에 대하여, 피고 선박소유자는 3) 유족보상금에 대하여 대법원에 상고를 제기하였다.

Ⅱ. 大法院의 判示內容

대법원은 상고이유에 대하여 아래와 같이 판시하였다.

「(1) 선원법상의 재해보상청구권과 민법상의 불법행위로 인한 손해배상청구권은 청구권 경합의 관계에 있는 것으로서 소송물을 달리한다 할 것이며(대법원 1987.6.23. 선고 86다카2228 판결 참조), 선박이 안전한 항해를 할 수 있는 능력을 구비하지 못하였다는 이른바 불감항성을 이유로 한 손해배상청구소송도 손해배상청구소송이라는 점에서 불법행위로 인한 손해배상청구권과 동일한 성격을 가진다고 할 것이므로 그 소송과 선원법상의 재해보상청구소송은 소송물을 달리하는 것으로 보아야 할 것이다. 원심이 선박소유자의 불법행위를 이유로 한 손해배상청구와 선원법상의 재해보상청구는 소송물을 달리하므로 중복제소가 될 수 없다는 이유로 이를 배척한 것은 정당하다.

(2) 선원법 제90조 제2항에 비추어 볼 때, 선원의 사망이 선원의 고의 또는 중대한 과실로 인한 것이라는 사실의 입증책임은 승무중 사망한 선원에게 지급하여야 할 유족보상책임의 면책을 주장하는 선박소유자가 진다고 보아야 한다. 원심이 이××이 자살을 하였다거나 자신의 중대한 과실로 사망하였다는 확신을 갖게 하기에는 부족하다고 판단하여 피고의 면책항변을 배척한 것은 정당한 것으로 수긍이 가고 상고이유에서와 같은 위법이 있다고 할 수 없다.

---

4) 헌법 제75조는 「대통령은 법률에서 구체적으로 범위를 정하여 위임받은 사항과 법률을 집행하기 위하여 필요한 사항에 관하여 대통령령을 발할 수 있다」고 정하고 있다.

(3) 선원법 제5조 제1항에 의하여 적용되는 근로기준법 제2조에 따르면 근로기준법 및 선원법에서 정하고 있는 근로조건은 최저기준임을 알 수 있다 하겠으므로, 근로기준법 및 선원법 소정의 재해보상에 관한 규정도 최저기준을 정하고 있는 것에 불과하다고 할 것이어서, 계약자유의 원칙상 근로계약 당사자는 근로기준법이나 선원법 소정의 재해보상금 이외에 별도의 재해보상금을 지급할 것을 약정하는 것은 얼마든지 가능하고, 그러한 약정을 한 이상 근로자의 재해발생시 사용자는 그 약정에 따른 별도의 재해보상금을 지급할 의무가 있다고 보아야 할 것이므로, 그 약정이 선원법에 근거규정이 없는 별도의 재해보상금인 특별보상금을 지급할 것을 규정하고 있는 해운항만청의 보상규정에 의한 것이라 할지라도, 근로계약 당사자가 위 해운항만청의 규정에서 정하고 있는 특별보상금을 재해보상금으로 추가로 지급하기로 약정하였다면 이에 따라 사용자는 위 특별보상금을 지급하여야 할 의무를 부담한다고 할 것이다. 그런데 피고를 대리한 해외선박과 이××은 근로계약을 체결하면서 재해보상은 규정에 의하기로 약정한 사실이 있으므로, 피고는 선원법 소정의 재해보상금보다 더 많은 유족보상금을 특별보상금이라는 명목으로 지급하도록 정하고 있는 위 항만청 보상규정에 의하여 재해보상을 하기로 근로계약에서 약정하였다고 할 것이므로, 그 약정에 따라 피고는 그 유족인 원고에게 특별보상금으로 미화 3만달러를 지급할 의무를 지게 되었다고 봄이 상당하다. 원심은 규정 제3조 제2항이 위임입법의 한계를 일탈한 무효의 규정이라는 이유만으로 원고의 청구를 기각한 것은 위법이고, 이를 지적한 상고이유는 이유있다.」[5]

III. 評 釋

본 사안에서 해외취업선원인 3등기관사의 사망과 관련하여 네 가지 쟁점이 다루어졌다. 첫째, 선원송출회사가 재해보상책임을 부담하는가, 둘째, 미국에서 제기한 불감항에 기한 손해배상청구와 선원법상의 재해보상청구는 동일한 소송물인가, 셋째, 선원법 제90조 제2항에서 정한 재해보상청구권이 배제되는 사유로서의 선원의 고의 혹은 중과실의 입증책임은 누가 부담하는가, 넷째,

---

5) 판례공보(2002년), 1641-1645면.

항만청 고시에 의거한 특별보상금은 유효한가 하는 것이다. 세 번째의 입증책임은 입증이 됨으로써 이익을 얻는 자가 부담하므로 선주가 입증책임을 부담하는 것에 큰 이론이 없다.

1. 선원송출회사의 재해보상책임

선원송출회사는 선원의 송출업무만 대리하고 있으므로 선박소유자가 부담하여야 하는 재해보상책임을 부담하지 않는다.[6] 1심에서는 송출회사도 재해보상책임을 부담하였으나, 2심에서는 송출회사의 항소가 인용되어 송출회사는 재해보상책임을 부담하지 않는 것으로 판시되었다. 선원송출회사는 선원의 사용자가 아니므로 항소심의 판단은 정당한 것으로 생각된다.[7] 다만, 최근의 전문 선박관리회사가 선주의 선박을 관리하는 경우 그 선박관리회사가 선원을 고용·선임·감독하는 경우도 있으므로 주의를 요한다.

2. 청구권 경합

민법상의 불법행위에 기한 청구와 선원법에 기한 재해보상청구권은 별개의 소송물로서 하나의 소가 제기되어 있어도 다른 소는 중복제소가 되지 않는다는 것이 우리 대법원의 입장이다. 그러므로 재해를 당한 자가 가동연한이 많이 남은 젊은 사람의 경우에는 민법상의 불법행위책임에 기한 손해배상청구를 하는 것이 유리하고 가동연한이 얼마 남지 않은 경우에는 재해보상에 기한 청구를 하게 된다. 본 사안에서 문제가 되는 것은 원고가 미국의 법원에 불감항을 근거로 소송을 제기한 것에 있었다. 대법원은 불감항에 기한 손해배상청구권도 불법행위와 동일한 성격을 갖는 것으로 보아 이를 선원법상 재해보상청구권과 별개의 청구권으로 인정하여 원고의 재해배상청구권은 중복제소가 아니

---

6) 김인현, 「해상법」(법문사, 2003), 80면.

7) 부산지방법원은 1991.2.26. 선고 90가합21653 판결에서 「선주가 선박에 감독자를 승선시키켜 선원들을 감독하고, 그 해고권한도 갖고 있으며 선원들에 대한 급료지급 및 보상 등 일체의 책임을 부담하고 있는 반면, 선원관리대리점은 선주의 요구에 상응한 선원을 모집하여 선박에 승선시키고 선주로부터 수령한 급료 등을 선원들에게 전달 지불하며 선원의 요구 및 건의사항을 해결해 주는 등 선원을 위한 일반관리만 하고 그 대가로 선주로부터 수수료를 지급받는 경우, 선원관리대리점은 사실상으로나 객관적으로도 선박에 승선중인 선원을 지휘감독할 관계에 있지 아니하여 선원의 사용자라고 할 수 없다」고 판시하였다. 여기에 대하여는 김인현, 「선원의 법적책임과 보호」(효성출판사, 2001), 127면을 참고바람.

라고 하였다. 미국법상으로 불감항에 기한 소송은 불법행위에 기한 소송으로 보므로,[8] 대법원의 판시는 정당하다고 판단된다. 미국법상 선원의 사망시 인정되는 청구권의 기초(cause of action)는 존스법, 불감항 그리고 상병보상청구권이 있다. 우리 법의 재해보상청구권과 가장 가까운 것은 상병보상청구권이다.

3. 특별보상금

해외취업선원의 경우에는 한국선원법이 적용되지 않고 편의치적선 국적법의 선원법이 적용되는 것이 원칙이다. 이렇게 되면 한국선원은 우리나라 선원법의 적용을 받는 것보다 더 낮은 보상만을 받게 되는 불이익이 있다. 그리하여 해운항만청 시절부터 정부는 이를 고시라는 형태로서 규율하고 있다. 이러한 고시에 근거하여 선박소유자를 대리하는 송출회사는 선원들과 고시에 따른 재해보상을 하겠다는 약정을 맺게 된다. 본 사안에 있어서 원심은 추가로 특별보상금을 지급하도록 한 보상규정은 법률(선원법)에 근거를 두지 않은 위임입법의 한계를 벗어난 것이므로 피고 선박소유자는 보상의 의무가 없다는 판결을 내렸으나, 대법원은 이를 사적자치의 원칙에 따라 선박소유자와 선원들 사이의 특약으로서의 효력을 인정하여 선박소유자는 특별보상금을 지급하여야 한다고 판시하였다. 보상규정이 효력이 없다고 하더라도 특별보상을 지급하겠다는 선박소유자와 선원 사이의 약정은 그 내용이 선량한 풍속이나 사회질서에 반하지 아니하므로, 보상규정의 내용은 계약의 내용으로 편입되어 당사자를 구속한다고 보아야 할 것이다.[9]

---

8) 선박의 불감항성을 원인으로 선원이 재해를 입은 경우에 미국 보통법은 이를 negligence의 일종으로 보아서 불법행위(torts)소송을 인정한다. David W. Robertson, Steven F. Friedell and Michael F. Sturley, *ADMIRALTY AND MARITIME LAW IN THE UNITED STATES*(Caroline Academic Press, 2001), p. 226.

9) 동 보상규정은, 형식상 법규명령이지만, 구속력은 존재하지 아니하므로 당사자 사이에 강행적으로 적용되는 법규로서의 성질을 가지는 것은 아니라, 당사자의 사법관계에 적용준칙이 되는 임의규정으로서 행정청이 제정한 약관유사의 성질을 가진다고 하는 견해가 있다. 권창영, "해외취업선원의 재해보상,"「저스티스」, 2003년 8월호(통권 제74호), 211면.

제 6

국내판례

船舶優先特權과 賃金優先特權의 優先順位*

(대법원 2005.10.13. 선고 2004다26799 판결)

I. 事實關係

장영해운 소유의 제8장영호와 원고 신우쉬핑 소유 선박 솔레치니호가 충돌하여 솔레치니호가 좌초되는 사고가 발생하였다. 이에 신우쉬핑은 위 사고로 인한 손해배상청구권이 상법 제861조 제1항 제4호 소정[1]의 선박우선특권에 해당됨을 이유로 제8장영호에 대한 임의경매를 신청하였다. 그런데 피고(선원은 아니지만 장영해운의 근로자임)는 자신의 재해보상금채권이 근로기준법 제37조 제2항에 의한 우선임금채권자에 해당됨을 이유로 한 배당요구를 하였다.

부산지방법원은 원고와 피고를 모두 동일한 제2순위 채권자로 보아 배당표를 작성하였다(제1순위로는 접안료, 감수보존비 등 집행비용을 청구한 부산지방해양수산청장과 대일 썬 주식회사로 결정함). 이에 원고는 선박우선특권은 당해 선박과 관련하여 발생한 특정채권에 대해 당해 선박에 한해 인정되는 법정담보권으

---

* 본 논문은 「한국해법학회지」, 제28권 제2호(2006.11)에 기고된 "2005년도 해상법 주요판례 평석"의 일부를 수정한 것이다.

1) 제861조(선박우선특권있는 채권)

① 다음의 채권을 가진 자는 선박, 그 속구, 그 채권이 생긴 항해의 운임, 그 선박과 운임에 부수한 채권에 대하여 우선특권이 있다.

1. 채권자의 공동이익을 위한 소송비용, 선박과 속구의 경매에 관한 비용, 항해에 관하여 선박에 과한 제세금, 도선료, 예선료, 최후 입항후의 선박과 그 속구의 보존비와 검사비
2. 선원 기타의 선박사용인의 고용계약으로 인한 채권
3. 선박의 구조에 대한 보수와 공동해손의 분담에 대한 채권
4. 선박의 충돌로 인한 손해 기타의 항해사고로 인한 항해시설, 항만시설 및 항로에 대한 손해와 선원이나 여객의 생명, 신체에 대한 손해의 배상채권

로서 우선임금채권보다 우선한다고 보아야 할 것이므로 피고들에게 배당하는 것으로 작성된 금액은 선순위자인 원고에게 먼저 배당되어야 한다고 주장하면서 배당이의의 소를 제기하였다.[2)]

II. 下級審 判決

부산고등법원(2004.4.30. 선고 2003나14195 판결)은, 입법취지를 통하여 본 임금우선특권의 공익적 성격을 고려한다면 오히려 선박우선특권보다 임금우선채권을 강하게 보호할 필요가 있지만, 상법 제861조 제2항과 근로기준법 제37조 제2항에서의 각 채권은 모두 다른 채권들에 우선하여 변제받도록 규정하고 있으므로, 양 제도의 입법취지와 더불어 위 규정의 형식 등을 종합적으로 고려하여 해석할 경우 양자를 동일한 순위로 배당하는 것으로 작성된 배당표를 위법하다고 볼 수 없다고 판시하였다. 원고 신우쉬핑은 선박우선특권이 우선 배당되어야 함을 주장하면서 대법원에 상고하였다.

III. 大法院의 判示內容

대법원은, 「선박우선특권과 임금우선특권의 순위에 대한 규정이 없음을 인정한 다음, 선박우선특권제도는 원래 해상기업에 수반되는 위험성으로 인하여 해사채권자에게 확실한 담보를 제공할 필요성과 선박소유자에게 책임제한을 인정하는 대신 해사채권자를 두텁게 보호해야 한다는 형평상의 요구에 의하여 생긴 제도임에 반하여, 임금우선특권제도는 근로자의 생활안정, 특히 사용자가 파산하거나 사용자의 재산이 다른 채권자에 의하여 압류되었을 경우에 사회경제적 약자인 근로자의 최저생활보장을 확보하기 위한 사회정책적 고려에서 일반담보물권자 등의 희생아래 인정된 제도로서 그 공익적 성격이 매우 강하므로, 양 우선특권제도의 입법취지를 비교하면 임금우선특권제도를 더 강하게 보호할 수밖에 없다. (중략) 임금우선특권을 선박우선특권보다 우선시키는 것이 합리적인 해석이다. 양 채권을 동일순위로 배당한 점에서 잘못이지만, 선박우선특권을

---

2) 법원공보(2005), 1784면.

임금우선특권보다 우선시켜야 함을 전제로 하는 원고의 주장을 배척한 결론에 있어서는 정당하다. 그러므로 원고의 상고를 기각한다」고 판시하였다.

Ⅳ. 評 釋

본 판결은 선박우선특권과 임금우선특권의 우열에 대한 대법원의 첫 판결로서, 원심은 양자를 동순위로 보았지만, 대법원은 후자가 우선한다고 판단하였다.

선박채권자를 보호하기 위하여 상법은 선박우선특권이라는 제도를 두고 있다. 그런데 우선특권을 발생시킨 선박의 소유자가 일반근로자에게 근로기준법에 기한 임금우선특권을 부담하게 되는 경우도 있다. 이렇게 되면 배당의 순서를 정하기 위하여 상법상의 선박우선특권과 근로기준법에 기한 임금우선특권 사이의 우선순위가 다투어진다. 선박우선특권도 상법 제861조 제2항에 따라 "이 법 기타의 법률의 규정에 따라 다른 채권자보다 자기채권의 우선변제를 받을 권리가 있고," 임금우선특권도 근로기준법 제37조 제2항에 따라 "질권 또는 저당권에 의하여 담보된 채권, 조세 공과금 및 다른 채권에 우선하여 변제되어야 한다"고 하므로, 양자 모두 우선변제권을 가진다. 본 판결에서 대법원은 후자가 우선한다고 판시하고 있다.

이와 관련하여 이론상 (1) 선박우선특권 우선설, (2) 임금우선특권 우선설, (3) 동순위설이 있을 수 있다.[3] 선박우선특권은 해사채권자를 보호하고 선박금융을 원활히 하기 위함에 목적이 있다. 반면 임금우선특권은 경제적 약자를 보호하기 위함에 목적이 있다. 따라서 경제적 약자의 보호가 우선되어야 한다고 생각한다.

대법원은 임금우선특권이 근로자의 생활안정을 위한 공익적 목적에서 만들어진 것이므로 해사채권자의 보호를 위한 것보다는 우선적으로 적용되어야 한다고 보았다. 대법원의 논지에 찬성한다.

---

3) 이에 대한 자세한 내용은 이원형, "선박우선특권 있는 채권과 임금우선특권 있는 채권의 배당에서의 우선순위," 「대법원판례해설(2005 하반기)」, 제57호(2006.7), 463면 이하를 참고 바람. 이 외에도 김동진, "선박우선특권과 임금우선특권 사이의 순위," 「판례연구」, 제18집(2007.2), 471면 이하가 있음.

그런데 당해 선박의 선원들이 임금채권을 확보하기 위하여 상법 제861조 제1항 제2호의 선박우선특권을 행사하여 임의경매를 신청한 경우에 선박소유자의 다른 근로자들의 근로기준법 제37조 제2항에 근거한 임금우선특권과의 관계에서 우선순위가 어떻게 판단될 것인지 의문이 제기된다. 대법원의 논지에 따른다면 두 가지 채권 모두 근로자를 보호하기 위한 공익적 목적으로 만들어진 것이기 때문이다. 이 경우에는 동순위가 되어야 할 것으로 생각한다.

대법원의 판결결과에 따르면 선박이 임의경매되면 배당순위는 ① 집행비용, ② 임금우선특권 있는 임금채권, ③ 상법상 선박우선특권이 될 것이다.[4)]

---

4) 동지, 이원형, 앞의 책, 475면.

제 7

국내판례

荷役業者와 包裝當 責任制限權*

(대법원 2002.2.8. 선고 2001다58641 판결)

Ⅰ. 事實關係

(1) 소외 동국제강은 전기로를 수입하면서 원고 보험회사와 위 수입물품에 대하여 피보험자를 서울은행 리싱(주)으로 하는 해상적하보험계약을 체결하였다. 그 후 동국제강은 제1심 피고 甲해운회사와의 사이에 운송계약을 체결하였다. 동국제강은 다시 소외 천양항운과 사이에 수입화물에 대한 하역운송계약을 체결하였고, 천양항운은 다시 피고 乙하역회사에게 하역운송작업을 위탁하였다. 甲은 이 화물을 운송하여 포항항에 도착하였다. 피고 乙은 천양항운과의 위탁계약에 따라 소속직원을 동원하여 하역작업을 시작하였는데 데리크(derrick)를 이용하여 전기로를 하역하던 중 전기로가 붐(boom)대에 매달린 채 지면으로 추락하여 그 충격으로 파손되었다.

(2) 원고 보험회사는 동국제강에 보험금을 지급하였고, 천양항운은 이 사건 사고에 기인한 피고에 대한 손해배상청구권을 동국제강에 양도하고 동국제강은 다시 이것을 원고에게 양도하였다. 천양항운과 동국제강은 각 피고에게 양도사실을 통지하였다. 원고는 천양항운으로부터 양도받은 피고 乙의 천양항운에 대한 운송위탁계약상의 의무위반을 근거로 손해배상을 청구하였다.

(3) 원심(서울지방법원 2001.7.24. 선고 99나82626 판결)은 화물자체의 불충분한 포장이 사고의 주된 원인이지만, 완벽하지 못한 나무상자로 포장된 화물을 하역하는 피고로서도 그 포장상태에 따라 적절한 조치를 취한 다음 이를 안전

* 본 논문은 「한국해법학회지」, 제25권 제2호(2003.11)에 게재된 "2002년도 해사법 판례평석"의 일부를 수정한 것이다.

하게 하역할 주의의무가 있음에도 버팀목을 완벽하게 끼우지 아니한 과실이 있음을 인정하였다. 피고가 이 사고는 나무상자 포장의 불충분함으로 인하여 발생한 것이므로, 상법 제789조 제2항 제9호에 의하여 면책되어야 한다고 주장하였으나,[1] 원심은 상법 위 조항은 해상운송인의 면책사유에 관한 것으로서, 해상운송인이 아닌 피고와 같은 하역업자는 위 조항에 의한 면책을 주장할 수 없다고 판시하였다.

원심은, 천양항운으로서도 피고에게 위와 같이 포장이 불완전한 화물의 하역을 의뢰하면서 좀더 세심한 주의를 기울이도록 촉구하는 등 사고의 발생을 방지하지 위한 조치를 취하지 아니한 사실을 인정할 수 있고, 이러한 천양항운의 과실을 참작하면 피고의 손해배상책임은 그 60%에 해당한다고 판시하였다. 피고가, 히말라야약관이 있었다면, 상법 제789조의2에 의하여 포장당 500계산단위의 범위내로 손해배상액이 제한되어야 한다고 주장하자, 그러한 약관이 있었다고 하더라도 피고는 해상운송인인 甲으로부터 이 사건 하역작업을 의뢰받은 것이 아니라 수하인인 동국제강으로부터 의뢰받은 천양항운으로부터 다시 의뢰받은 것이어서 해상운송인의 운송업무의 이행을 보조하는 사람이라고 할 수 없어 위 약관을 원용할 수 없다고 원심은 판시하였다.

이에 대하여 피고는 자신은 상법상 면책주체인 점과 과실비율이 대하여 불복하여 상고하였다.

II. 大法院의 判示內容

대법원은, 「원심이 운송인이 아닌 하역업자인 피고로서는 위의 사고가 포장나무상자의 불충분함으로 인하여 발생한 것임을 들어 상법 제789조 제2항에 의한 면책을 주장할 수 없다고 판단하였는바, 피고가 그 조항에 의한 면책을 주장할 지위에 있다는 점에 관한 입증이 없는 이 사건 사실관계에서는 원심의 판단은 정당하고, (중략)」, 「불법행위에 경합된 당사자들의 과실정도에 관한 사실인정이나 그의 비율을 정하는 것은 그것이 형평의 원칙에 비추어 현저하게 불합리하다고 인정되지 않는 한 사실심의 전권사항에 속하는 것인바(대법원 2000.

---

1) 상법 제789조 제2항 제9호는 운송물의 포장의 불충분 또는 기호의 표시의 불완전을 운송인의 면책사유의 하나로 정하고 있다.

6.9. 선고 98다54397 판결, 2000.5.26. 선고 99다31100 판결), 원심이 이 사건 사실관계에서 피해자의 과실을 40%로 판단한 것은 수긍되고 그 판단이 형평의 원칙에 비추어 현저하게 불합리하다고 볼 것은 아니다」고 판시하면서, 피고 하역업자의 상고를 기각하였다.

Ⅲ. 評 釋

본 사안은 화주인 동국제강이 하역운송계약을 천양항운과 체결하였고, 천양항운은 다시 피고 乙하역회사에 하역작업을 위탁하였다. 따라서, 하역업자인 피고 乙하역회사는 운송인이 아니라 수하인인 화주와 하역계약을 체결하였다. 이 점에서 하역회사가 운송인과 하역계약을 체결하는 경우와 법률효과면에서 큰 차이가 나게 되었다. 보험회사가 구상권을 행사하자 하역회사는 상법 제789조 제2항의 운송인의 면책 및 책임제한주장을 주장하면서 동시에 원수 하역업자에게 과실상계를 주장하였다.

1. 제789조 제2항 제9호에 의한 면책여부

대법원은 상법 제789조 제2항의 운송인의 면책조항은 운송인에게 적용되는 것이므로 피고와 같은 하역업자는 운송인이 아니므로 면책을 주장할 수 없다고 판시하였다. 운송인은 (1) 운송물의 포장이 불충분한 사실이 있었고, (2) 운송물에 관한 손해가 이 사실로 인하여 보통 생길 수 있는 것임을 증명한 때에는 손해배상책임을 면한다. 이것은 송하인이 운송물에 대한 포장을 불충분하게 한 경우 운송인이 책임을 면하게 하는 규정이다.

그런데 본 사안에는 피고는 운송인이 아니라 하역업자이면서 더구나 운송인과 계약관계에 있는 자도 아니다. 그러므로 본 주장은 근거가 없다고 하겠다.

2. 히말라야조항의 원용가능성

상법 제789조의 제2항은 "운송인"이 면책의 주체임을 규정하고 있지만, 한편 제789조의3 제2항은 운송인의 사용인 또는 대리인인 경우에도 운송인이 주장할 수 있는 항변과 책임제한을 가능하게 하고 있다. 그러므로 하역업자가 과연 운송인의 사용인이나 대리인의 지위에 있었느냐가 책임제한인정의 관건이 된다.

히말라야약관에 의하면 하역업자도 운송인의 이행보조자 혹은 대행자로 되어 운송인이 주장할 수 있는 책임제한권이 인정되면 책임제한이 가능할 것이지만,[2] 이 부분에 대하여는 다툼이 있다. 그런데 책임제한의 원용이 가능하려면 우선 "해상운송인"의 운송업무의 이행보조자라야 하는바, 본 사안에서는 수하인인 화주로부터 하역업무를 의뢰받은 것이므로 운송인의 책임제한항변을 원용할 수 없다고 원심은 판시하였다.

제789조의3 제2항에 따라 운송인의 책임제한권을 하역업자가 갖는지에 대하여 대법원에서는 다투지 않은 것으로 보이지만, 결론으로는 피고는 수하인과 하역계약을 체결한 자와 다시 하역계약을 체결한 것이므로 운송인의 사용인이나 대리인이 될 수 없으므로 책임제한권을 갖지 못한다고 본다.

3. 과실비율

원수 하역업자로서 천양해운과 하수 하역업자로서의 피고 乙하역회사의 과실이 경합하여 본 사고가 발생하였고, 乙의 과실이 60%, 천양해운의 과실이 40%라고 원심은 판단하였다.

과실비율의 산정에 대하여 대법원은, 형평의 원칙에 어긋나지 않는 한 사실심의 전권사항으로서 대법원이 관여하지 않는다는 점을 분명히 하였다. 그런데 화주인 동국제강의 포장의 불충분이 사고의 일부원인이 되었다면 동국제강, 천양항운 그리고 乙하역회사의 공동불법행위가 성립하고 과실비율은 3자에 배분되어야 할 것으로 생각되나 동국제강이 소외이므로 양자만으로 과실비율이 배분된 것으로 생각된다.

---

2) 상법 제789조의3 제2항은 「운송물에 관한 손해배상청구가 운송인의 사용인 또는 대리인에 대하여 제기된 경우에 그 손해가 그 사용인 또는 대리인의 직무집행에 관하여 생긴 때에는 그 사용인 또는 대리인은 운송인이 주장할 수 있는 항변과 책임제한을 원용할 수 있다(이하 생략)」고 정하고 있다. 헤이그비스비규칙 제4조의2 제2항에서는 사용인 또는 대리인은 독립계약자(independent contractor)가 아닐 것이라고 부기하고 있으나, 우리 상법은 이를 부기하지 않고 있으므로 하역업자와 같은 독립계약자가 책임제한을 할 수 있는 여지가 있다.

제 8

국내판례

獨立的 契約者의 範圍

(대법원 2004.2.13. 선고 2001다75318 판결)

I. 事實關係

창고업자인 ××창고는 운송인을 위하여 화물을 보관하고 있다가 선하증권과 상환없이 운송물을 인도하였다. 선하증권을 소지한 고려무역은 ××창고에 대하여 인도받지 못한 운송물에 대한 손해배상청구를 제기하였다. 피고 ××창고는, 원고로부터의 소송은 운송물의 인도 후 1년이 지난 다음에 제기되었으므로 상법 제811조에 기하여 원고는 더 이상 손해배상청구를 할 수 없다고 항변하였다.

원심인 서울고등법원(서울고법 2001.10.12. 선고 2001나18676 판결)은 피고 ××창고는 독립적인 계약자로서 상법 제789조의3 제2항의 사용인이나 대리인에 해당하지 아니하므로 상법 제811조에 기한 항변을 원용할 수 없다고 판단하였다.

II. 大法院의 判示內容

「상법 제789조의3 제2항 소정의 '사용인 또는 대리인'이란 고용계약 또는 위임계약 등에 따라 운송인의 지휘감독을 받아 그 업무를 수행하는 자를 말하고 그러한 지휘감독과 관계없이 스스로의 판단에 따라 자기 고유의 사업을 영위하는 독립적인 계약자는 포함되지 아니한다. 원심이 피고 ××창고는 독립적인 계약자로서 상법 제789조의3 제2항의 사용인이나 대리인에 해당하지 아니하므로 상법 제811조에 기한 항변을 원용할 수 없다고 판단한 것은 위 법리에 따른 것으로서 정당하고, 거기에 채증법칙 위배로 인한 사실오인의 위법 내지는 상법 제789조의3 제2항의 사용인 또는 대리인에 관한 법리를 오해한 위법이 있다고 할 수 없다.」[1)]

Ⅲ. 評 釋

해상운송계약은 운송인이 해상운송을 약속하고 송하인은 운임지급을 약정하는 계약이다. 운송인은 운송의 이행이라는 채무를 이행하면서 자신이 모든 것을 처리할 수 없다. 선원 등과 같은 피용자를 고용하여 직접 운송을 행하게 하거나 적하 양하작업은 하역업자를 이용하기도 한다. 이 경우 이와 같은 이행보조자들의 과실은 운송인 자신의 과실이 되어 운송인은 책임을 부담한다(민법 제391조 및 상법 제788조 제1항). 한편, 이들은 운송인이 누리는 해상법상의 다양한 권리(예컨대, 상법 제811조의 제척기간의 항변)를 향유할 수 있다. 그러므로 이행보조자의 범위에 속하는지는 중요한 의미를 갖는다. 특히 운송인의 지시를 받지 않는 독립계약자(independent contractor)와 이행보조자의 구분이 문제가 된다. 독립계약자는 위와 같은 법리의 적용에서 제외되기 때문이다.[2)]

헤이그비스비규칙 제4조의2 제2항은 운송인의 피용자와 대리인은 운송인의 운송계약상의 항변이나 책임제한을 원용할 수 있음에 반하여 독립계약자는 이러한 원용을 할 수 없다고 명문화하고 있다. 그런데 우리 상법은 이러한 명문규정을 두고 있지 않기 때문에 해석의 문제가 발생한다.

어떠한 자를 독립계약자로 볼 것인지가 문제된다. 여기에 대하여는 첫째, 노무를 제공하는 자가 자신의 도구를 가지고 있는가, 둘째, 자신의 보조자를 그 자가 다시 사용하고 있는가, 셋째, 자신이 부담하는 경제적인 위험의 정도, 넷째, 투자 혹은 경영에 대하여 부담하는 책임의 정도, 다섯째, 건전한 경영을 하는 경우에 이익을 획득할 기회가 있는지, 있다면 그 정도 등이 판단의 기준으로 제시되고 있다.[3)] 우리나라에서 대리인 개념에는 독립계약자는 당연히 포함되지 않는다는 기록이 나온다.[4)] 그러므로 우리 법은 헤이그비스비규칙과 같이

1) 판례공보(2004), 460면.
2) 김인현, 「해상법」(법문사, 2007), 113면.
3) 鄕原資亮, "港灣荷役事業者, 獨立契約者 槪念," 「海事法硏究會誌」, No. 116(1993.10), 32頁.

독립계약자는 운송인이 누리는 항변을 누릴 수 없다, 대법원은 창고업자는 독립계약자로서 상법 제789조의3의 이행보조자의 이익을 향유할 수 있는 주체가 아니므로 제척기간경과의 항변을 할 수 없다고 판시한 것이다. 다만, 운송인이 발행한 선하증권에 삽입된 히말라야조항에 독립계약자도 운송인의 피용자 혹은 대리인(servant or agent)과 함께 기재되어 있으면, 독립계약자에는 창고업자도 포함되므로 당사자의 약정에 기하여 운송인이 누리는 책임제한이나 제척기간의 이익을 향유할 수 있다. 본 사안에서는 다투어지지 않았다.

운송물의 불법인도와 관련하여서는 대법원은 창고업자는 운송인의 이행보조자로 보아 운송인이 책임을 부담하는 경우도 있으므로,[5] 주의를 요한다.

---

4) 법무부, 상법개정특별분과위원회 회의록(보험해상편II), 1990.12, 609-611면.

5) 대법원 2004.1.27. 선고 2000다63639 판결. 이에 대한 자세한 논의는 김인현, 전게 해상법, 221면 이하 및 최종현, "보세창고업자의 화물불법인도에 대한 운송인의 채무불이행책임," 「한국해법학회지」, 제27권 제2호(2005.11), 282면 이하를 참고바람.

제 9

국내판례

運送人 및 倉庫業者의 損害賠償責任과 船荷證券의 擔保的 機能*

(대법원 2002.10.25. 선고 2002다23598 판결)

I. 事實關係

(1) 오스모닉 인크(甲)는 이건 화물을 삼광수기(乙)에게 수출하는 계약을 체결하였고, 오션 브릿지(제1운송인)와 이건 화물의 운송을 위한 운송계약을 체결하였다. 오션 브릿지가 발행한 선하증권(제1선하증권 혹은 하우스 선하증권)에는 송하인 甲, 수하인 乙로 되어 있었다. 오션 브릿지는 원고(제2운송인)와의 사이에 하수운송계약을 체결하였고, 원고는 송하인을 오션 브릿지, 수하인을 오션 브릿지의 국내대리점인 국제 포워딩(丙)으로 기재한 선하증권(제2선하증권 혹은 마스터 선하증권)(이하 이 사건 선하증권)을 발행하였다. 원고는 부산항에 이 사건 화물을 운송하여 양하한 후 丙의 요청에 따라 양산시의 피고(창고업자)의 창고에 보관을 의뢰하여 입고시켰다. 피고는 원고의 요청에 따라 "원고 회사의 선박편으로 반입되는 보세화물을 피고가 화주의 요청 기타 사유로 보관하는 경우 원고 발행의 화물인도지시서 없이는 어떠한 경우에도 화물을 출고하지 아니하며 이를 위반하여 발생되는 모든 민사 형사상 책임을 지겠다"는 취지의 각서를 원고의 국내대리점인 ××해운에게 제출한 바 있다.

(2) 그런데 丙은 아직 원고 발행의 이 사건 선하증권을 오션 브릿지로부터 수령하지 못한 상태에서 乙에게 자신 명의의 화물인도지시서를 발행하였다. 乙은 위 화물인도지시서와 수입화물대금 결제은행인 기업은행으로부터 발급받은 화물선취보증서를 제출하면서 이 사건 화물의 인도를 요구하여 피고 창고업자

---

* 본 논문은 「한국해법학회지」, 제25권 제2호(2003.11)에 게재된 "2002년도 해사법 판례평석"의 일부를 추가 수정한 것이다.

가 이 사건 선하증권이나 원고의 인도지시서 없이 화물을 乙에게 인도하였다.

(3) 오션 브릿지는 丙에게 채권을 가지고 있었는데, 이 채권의 담보를 위하여 자신이 송하인으로 되어 있는 원고 발행의 이 사건 선하증권을 丙에게 보내지 않고 있었다. 오션 브릿지는, 위 채권을 변제받지 못하자 이 사건 선하증권의 상환없이 화물이 불법반출되어 선하증권의 정당한 소지인으로서 권리가 침해되었음을 이유로 원고를 상대로 손해배상청구를 제기하였고, 원고는 오션 브릿지와 소송합의를 하면서 합의금으로 금원을 지급한 다음 구상청구를 창고업자에게 제기하였다.

(4) 원심(부산지법 2002.3.22. 선고 2001나12840 판결)은, 피고는 이 사건 화물의 인도전에 원고측에 대하여 원고 회사의 선박편으로 반입되는 보세화물을 피고가 화주의 요청으로 보관하는 경우 원고 발행의 화물인도지시서 없이는 어떠한 경우에도 화물을 출고하지 않을 것임을 확약한 바 있으면서도, 원고의 동의나 화물인도지시서 없이 이를 수입업자에게 임의로 인도하였고, 그로 인하여 선하증권소지인으로서 권리가 침해된 오션 브릿지가 원고를 상대로 미국에서 소송을 제기하여 그 소송과정에서 원고가 오션 브릿지에게 합의금을 지출하는 손해를 입었으므로 피고는 원고에게 불법행위 또는 채무불이행에 기한 손해배상책임을 부담한다고 판시하였다. 이에 피고 창고업자가 상고하였다.

Ⅱ. 大法院의 判示內容

대법원은「오션 브릿지는 자신의 丙에 대한 채무에 대한 담보조로 이 사건 화물에 대한 원고 발행의 이 사건 선하증권을 유치하고 있었다는 것이고, 그럼에도 피고가 이 사건 화물을 임의로 인도함으로써 오션 브릿지가 丙에 대하여 가지고 있는 채무에 대한 담보인 이 사건 화물을 상실하는 손해를 입었다는 이유로 원고를 상대로 미국에서 손해배상청구소송을 제기하였다는 것이나, 오션 브릿지는 자신이 운송주선인으로서 발행한 위 선하증권(제1선하증권 혹은 하우스 선하증권)이 제출되면 운송주선인으로서 그 즉시 이 사건 화물을 수하인인 乙에게 인도하여 주어야 할 의무를 부담하고 있음이 원심이 인정한 사실자체에서 분명하여, 이 사건 화물을 자신의 丙에 대한 채권확보를 위하여 언제까지든지 유치하여두는 등으로 담보를 삼을 수 있는 권리가 전혀 없는 자임이 명백하다할 것이므로, 피고가 이 사건 화물을 임의로 인도하였다고 할지라도 특별한 사정이 없는 원고로서는 미국에서의 위 소송에서 오션 브릿지에게 피고의 위 행위를 이유로 오션 브릿지가 주장하는 손해를 배상할 아무런 의무가 없다고 할 것이다. 그렇다면, 위 합의금의 지급 및 소송비용의 부담은 피고의 임의인도라는 위 채무불이행 내지 불법행위로 인하여 원고에게 귀책사유가 있는 손해배상에 의한 것이라고 볼 수는 없다 할 것이므로, 위 합의금지급 및 소송비용부담으로 인한 원고의 손해와 피고의 위 행위 사이에는 법률적으로 상당인과관계가 없다고 할 것이다(대법원 1992.12.22. 선고 92다28518 판결). (중략) 원고가 입은 위 손해를 특별사정으로 인한 손해로 인정할 가능성도 없으므로, 원고의 이 사건 손해배상청구는 기각될 수밖에 없다. 이 부분에 대하여는 원심판결을 파기환송한다」[1]고 판시하였다.

Ⅲ. 評 釋

오션 브릿지는 운송주선인으로서 介入權을 행사하여 선하증권을 발행함으로써 운송인이 되었다. 오션 브릿지는 제1선하증권(하우스 선하증권)을 발행하였고, 자신은 다시 원고(실제운송인)와 운송계약을 체결하였다. 그리하여 제2선하증권(마스터 선하증권)이 발행되었다. 이 선하증권에는 송하인은 오션 브릿지, 수하인은 오션 브릿지의 국내대리점인 丙이 기재되었다. 제2선하증권의 수하인(丙)은 실제운송인(원고)에게 선하증권을 제시하여 화물을 수령하여두든가 아니면 선하증권과 상환하여 화물인도지시서를 받아두게 된다. 제1선하증권상의 수하인(매수인) 혹은 소지인이 제1선하증권상 운송인(오션 브릿지)에게 선하증권을 제시하면 위에서 미리 수령하여둔 화물이나 인도지시서를 소지인에게 넘기게 되고 운송물 인도는 정상적으로 종료되게 된다. 여기서 유통성이 있어서 은행 네고용으로 사용되는 선하증권은 제1선하증권(하우스 선하증권)이다.[2] 만약, 수하인이 물품대금을 정상적으로 지급하지 않는 경우가 있으면 매도인으로서 송하인은 운송인이 발급한 제1선하증권을 계속 소지하고 있게 되고 이는 결국 대금에 대한 담보로서 기능하게 된다.

---

1) 판례공보(2002), 2837면.
2) 김인현, 전게 해상법, 172면.

본 사안에서는 제2선하증권(마스터 선하증권)상의 송하인(오션 브릿지)이, 제2선하증권상 수하인으로 기재된 자신의 국내대리점에 채권이 있었고 이를 담보하기 위하여 송하인이 제2선하증권을 자신의 국내대리점에 송부하지 않고 있었지만, 국내대리점이 자신 명의의 화물인도지시서를 매수인에게 주어버렸고, 창고업자인 피고는 원고의 화물인도지시서 없이 화물을 수입자에게 내어주었다(그러나 정당한 자가 화물을 수령한 것이 되었다). 제2선하증권상의 송하인인 운송주선인(오션 브릿지)은 창고업자의 불법행위와 채무불이행을 근거로 창고업자의 사용인에 해당하는 제2운송인인 원고에게 책임을 물었다. 이에 원고는 운송주선인(오션 브릿지)과 합의금 등을 지급한 다음 구상청구를 창고업자에게 제기한 것이다.

이에 대하여 대법원은 제2선하증권의 송하인은 제1선하증권의 운송인의 지위에 있고, 제1선하증권의 제시가 있으면 즉시 소지인에게 화물을 인도하여야 할 의무가 있으므로(즉, 유통성이 있는 선하증권은 제1선하증권인 하우스 선하증권이라는 취지이다), 담보로서 선하증권을 소지하고 있을 권리가 없고, 따라서 제2운송인인 원고가 화물을 임의로 인도하였다고 하더라도 그 이행보조자로서의 창고업자의 행위로 인하여 제2선하증권의 송하인이 손해를 입었다고 할 수 없다고 보았다. 즉, 제2운송인은 제2선하증권의 소지인에게 손해를 배상할 의무가 없으므로 합의금을 지급한 것은 임의지급에 지나지 않고, 제2운송인이 이를 창고업자에게 다시 구상청구하는 것은 허용되지 않는다는 것이다. 제1운송인이 제2선하증권을 담보의 목적으로 소지할 수 없기 때문에 권리가 없으므로 손해를 입었다고 할 수 없다는 것이다. 그러므로 이것을 근거로 한 제1운송인과 원고의 합의는 임의지급에 지나지 않고, 따라서 원고는 자신의 잘못으로 인한 임의지급금을 다시 피고에게 청구할 수 없는 것이다.

제2운송인은 제2선하증권과 상환하여 운송물을 인도할 의무는 있다. 만약 제2운송인이 이 의무를 위반하여 운송물을 제3자에게 인도하였고, 선하증권소지인으로부터 제1운송인이 손해배상청구를 당하면 자신은 구상청구의 대상이 될 것이다. 본 사안에서는 은행의 선취보증장이 제시되었고, 실수입업자가 화물을 수령하여 문제없이 해결되었다. 본 사안은 이와 달리 제1운송인이 유통성이 없는 제2선하증권을 담보로써 이용하려는 경우이다.

본 사안과 같은 경우는 실제에 있어서 드물게 발생하는 것이다. 실제로 전형적으로 발생되는 사건은, 제1선하증권의 송하인이 수하인(매수인)에 대한 화물대금채권 담보를 위하여 선하증권을 계속 소지하는 경우에, 화물선취보증장 등을 제시받고 운송인이나 창고업자가 화물을 수하인에게 인도하면 선하증권 소지인의 권리가 침해되는 경우이다. 이 때, 운송인은 채무불이행 혹은 불법행위책임을 송하인에게 부담하게 된다.

제 10 국내판례

船舶代理店의 法的 地位
(대법원 2005.1.27. 선고 2004다12394 판결)

Ⅰ. 事實關係

운송인의 선박대리점은, 실수입자인 골드 텍스타일의 요청에 따라 이 사건 화물을 금천이 운영하는 보세창고에 입고시켰다. 골드 텍스타일은 영업용 보세창고인 금천과 공모하여 위 보세창고에서 이를 무단반출하여 화물이 멸실되었다.

이에 이 화물에 대한 선하증권을 소지하고 있던 우리은행이 선박대리점과 운송인인 해운회사에 불법행위책임을 묻는 소를 제기하였다.[1] 원고들은 선박대리점(피고)이 영업용보세창고로부터 자신들 발행의 화물인도지시서가 없이는 화물을 출고하지 않겠다는 내용의 각서가 있다는 점을 불법행위청구의 근거로 하였다.

Ⅱ. 下級審 判決

서울고등법원(2004.1.20. 선고 2003나31079 판결)은

(1) 불법행위책임의 성립에 대하여, 운송인과 선박대리점은 선하증권과 상환하지 아니하고는 운송물을 인도하여서는 아니되는 의무를 부담하므로, 실수입업자의 요청에 따라 보세창고에 입고시켰다면 피고들의 중대한 과실로 말미암아 선하증권소지인에 대한 소유권을 침해한 것으로 그 소지인에 대하여 불법

1) 법원공보(2005), 305면.

행위가 성립된다고 하였다.

(2) 사용자책임에 대하여, 피고는 화물의 무단반출을 방지하기 위하여 금천으로부터 피고들 발행의 화물인도지시서가 없이는 화물을 출고하지 않겠다는 내용의 각서를 받은 사실을 인정할 수 있으므로 보세창고업자인 금천은 이 사건 화물을 보관하고 있다가 피고들의 지시에 따라 피고들이 지정하는 자에게 화물을 인도할 의무가 있다고 할 것이고, 금천이 이 사건 화물을 보관하고 이를 인도하는 것은 수하인에 대한 관계에서는 운송인의 선박대리점인 피고들의 이행보조자 내지 피용자의 지위에서 하는 것이라고 할 것이므로 보세창고업자인 금천이 독립계약자의 지위에 있다고 하더라도, 적어도 이 사건 화물의 보관인도에 관하여는 피고들의 위와 같은 지시와 감독을 받으면서 화물의 보관인도 등의 업무를 수행하여야 하는 것이므로, 금천이 화물을 정당한 수하인의 지시 없이 수하인이 아닌 사람에게 인도한 경우에는 피고들은 금천의 사용자로서 정당한 선하증권소지인에 대하여 운송물의 소유권 침해에 따른 불법행위책임을 부담한다고 판단하였다. 이에 선박대리점이 원심법원의 판결에 불복하여 대법원에 상고하게 되었다.

Ⅲ. 大法院의 判示內容

그러나 대법원은, (1) 불법행위책임의 성립에 대하여 「해상화물운송에서 선하증권이 발행된 경우 그 화물은 선하증권과 상환으로 선하증권의 소지인에게 인도되어야 하는 것이므로 운송인 또는 그 국내 선박대리점이 선하증권의 소지인이 아닌 자에게 화물을 인도함으로써 멸실케 한 경우에는 선하증권의 소지인에 대하여 불법행위에 기한 손해배상책임을 진다고 할 것이지만, 운송인의 국내 선박대리점이 실수입업자의 요청에 의하여 그가 지정하는 영업용 보세창고에 화물을 입고시킨 경우에는 보세창고업자를 통하여 화물에 대한 지배권을 계속하고 있다고 할 것이어서 운송인의 국내 선박대리점이 선하증권의 소지인이 아닌 자에게 화물을 인도한 것이라거나, 선하증권의 소지인에게 인도되어야 할 화물을 무단반출할 위험이 현저한 장소에 보관시킨 것이라고 할 수는 없으므로, 영업용 보세창고업자가 실수입자와 공모하여 보세창고에 입고된 화물을 무단반출함으로써 화물이 멸실되었다고 하더라도 선박대리점의 중대한 과실에 의하여 선하증권소지인의 운송물에 대한 소유권이 침해된 것이라고는 할 수 없다」고 판시하였다.

(2) 사용자책임에 대하여, 「영업용 보세창고업자가 수입화물의 실수입자와의 임치계약에 의하여 수입화물을 보관하게 되는 경우, 운송인 또는 그 선박대리점의 입장에서는 수입화물이 자신들의 지배를 떠나 인도된 것은 아니고 보세창고업자를 통하여 수입화물에 대한 지배를 계속하고 있다고 볼 수 있으므로, 보세창고업자는 수입화물에 대한 통관절차가 끝날 때까지 수입화물을 보관하고 적법한 수령인에게 수입화물을 인도하여야 하는 운송인 또는 그 선박대리점의 이행의무를 보조하는 지위에 있다고 할 수 있으나, 영업용 보세창고업자는 일반적으로 독립된 사업자로서 자신의 책임과 판단에 따라 화물을 보관하고 인도하는 업무를 수행하고, 운송인 또는 그 선박대리점의 지휘감독을 받아 수입화물의 보관 및 인도 업무를 수행하는 것이라고는 할 수 없으므로, 특별한 사정이 없는 한 운송인 및 그 선박대리점이 영업용 보세창고업자에 대하여 민법상 사용자의 지위에 있다고 볼 수는 없다」고 하면서 원심법원의 판결을 파기환송하였다.

대법원은 무단방출을 방지하기 위한 위 각서에 대하여도 이는 불법행위책임이 있다는 주의를 촉구한 것에 지나지 않는다고 보았다.

Ⅳ. 評 釋

본 판결은 선박대리점과 창고업자의 관계에 대하여 전자는 후자의 사용자의 지위에 있지 않다는 대법원의 첫 판시로 평가된다.

동 사건은 실수입자와 창고업자가 결탁하여 운송물을 무단반출한 사건이다. 이러한 사건에서 창고에 운송물이 보관되어 있는 동안에도 아직 인도가 이루어지지 않아 운송인이 지배를 계속하고 있다고 보는 경우에 선박대리점에 과실이 있다면 운송인은 선박대리점의 사용인으로서 사용자책임을 부담하는 경우가 있다. 또한 선박대리점이 창고업자의 지위에 있다면 선박대리점도 불법행위책임을 부담하게 된다.

1. 운송인의 책임

운송인은 화물이 영업용 보세창고에 입고되어 있는 경우에도 현실적 인도가 이루어지지 않았기 때문에 선하증권과 상환없는 불법인도가 일어나면 운송인은 선하증권소지인에 대하여 책임을 부담한다. 원심에서 운송인의 이러한 책임이 인정되었고, 운송인도 상고하지 않았다.

2. 선박대리점의 불법행위책임

선박대리점의 불법행위여부는 인도여부와 결부된다. 영업용보세창고에 입고시킨 경우에도 운송인이 여전히 운송물에 대한 점유를 하고 있고 선하증권소지인에 대한 인도가 이루어지지 않은 것으로 보는 대법원의 입장에 따른다면, 비록 보세창고에 입고시킨 시점에 선하증권과 상환하지 않았어도 선하증권과 상환하여 운송물을 창고에 입고시킬 이유가 없으므로 선박대리점이 선하증권소지인의 권리를 아직 침해한 것이 없다. 따라서, 그 후에 운송물이 선하증권과 상환할 의무에 위반될지라도 선박대리점으로서는 창고업자가 보관하고 있다면 무단반출을 방지할 의무를 부담하지 않으므로 불법행위책임을 부담하지 않는다. 이 점에서 대법원의 판시에 찬성한다.

3. 선박대리점의 사용자책임

다음으로 영업용 보세창고업자의 과실에 대하여 선박대리점이 사용자책임을 부담하여 선박대리점이 불법행위책임을 부담하는가가 쟁점이 되었다. 선박대리점은 운송인의 지시를 받아 운송물의 인도 등 선박관련업무를 항구에서 처리하는 역할을 한다. 선박대리점이 운송물을 보관하게 한 창고업자의 잘못으로 운송물이 무단반출된 경우에 과연 창고업자는 선박대리점의 피용자인가? 본 사건에서 선박대리점이 창고업자로부터 각서를 받은 사실이 있으므로 과연 선박대리점이 사용자의 지위에 있었는지가 문제되었다. 대법원은 본 판결에서 선박대리점은 사용자책임을 부담하지 않는다고 판시하고 있다. 창고업자로부터 받은 각서는 불법행위를 부담한다는 주의를 환기하는 정도의 의미만을 갖는 것으로 대법원은 평가하여 창고업자는 독립계약자로서 선박대리점의 피용자가 아니라고 보았다.

창고업자는 대표적인 독립계약자로서 실제 지시감독을 받지 않으므로 단순한 각서의 존재로서 사용자 피용자 관계에 있다고 보기 어려우므로 대법원의 판시에 찬성한다.

제 II 편

海上企業活動

제 1 장
傭船契約

제 1 논 문

스페이스(슬로트) 傭船의 法律關係*

I. 序論

스페이스(슬로터) 용선(space charter; slot charter)(일부 법원에서는 상호일부용선계약 혹은 선복용선계약이라고 부르기도 한다)이란 정기선사들이 확정된 선박기항일정을 가지고 선박을 운항하는 경우에 용선자인 스페이스 용선자가 일정한 船腹을 빌려서 자신이 운송인으로서 영업활동을 하는 것을 말한다.

그런데 이러한 스페이스 용선은 상법에 규정되어 있는 4가지 형태의 용선과 운송계약 중 어떠한 것인지가 의문이다. 우리 商法에 규정되어 있는 용선계

* 본 논문은 「한국해법학회지」, 제25권 제1호(2003.4)에 기고한 글이다.

약은 선박임대차(상법 제766조)와 정기용선(상법 제812조의2) 그리고 개품운송에 대응되는 운송계약으로서의 항해용선계약(상법 제780조)이다.[1)2)] 스페이스 용선자는 '선복을 빌려서' 자신의 영업의 물적 수단으로 선복을 이용하면서 자신이 運送人이 된다는 점에서는 정기용선자와 비슷한 지위에 있으나, 선박의 항해 스케줄은 확정되어 있어서 용선자는 확정된 스케줄의 한도에서만 화물을 운송할 수 있다는 점에서 용선자의 선박사용권이 정기용선자의 경우보다 많이 제한되어 있으므로 항해용선 혹은 개품운송에 가깝게 보이기도 한다. 스페이스 용선은 일정한 선복을 장기간 주기적으로 빌리는 계약으로서 개개의 화물의 운송을 인수하지 않는다는 점, 스페이스 용선자는 송하인이 아니라 운송인이 된다는 점에서 스페이스 용선이 개품운송과 다르다는 점은 분명하다. 선박소유자와 스페이스 용선계약을 체결하여 선박을 용선한 스페이스 용선자가 송하인과 맺는 계약이 개품운송계약이 될 것이다. 일견 이러한 정의에 따르면, 스페이스 용선은 상법에 규정되어 있지 않은 것으로 해석된다. 스페이스 용선은 최근에 나타난 선박운항형태로서 우리 상법이 이를 아직 규범화하지 못하고 있기 때문이다. 그러므로 스페이스 용선에 관련되는 법률관계는 해석에 의할 수밖에 없다.

정기선사들이 개품운송을 위한 컨테이너 운송을 하면서 다른 정기선사들과 상호 선복을 공유하는 이와 같은 스페이스 용선에 의한 운송이 증대하면서 스페이스 용선자가 개입된 판례가 우리나라에서도 나타나기 시작하고 있다.

이러한 스페이스 용선은 필연코 책임주체의 문제를 야기하게 된다.[3)] 스페이스 용선의 법적 성질을 어떻게 보든간에 스페이스 용선은 용선계약의 일종이므로 선박소유자와 용선자 두 사람이 책임의 주체로 될 가능성이 상존하게 된

---

1) 정기용선계약을 운송계약의 일종으로 보는 입장(채이식, 「상법IV」(박영사, 2001), 246면)에서는 제780조의 용선계약에는 정기용선계약도 포함되는 것으로 볼 것이다.

2) 우리 상법 제780조는 운송계약의 종류라는 제목하에 「물건의 운송계약은 다음의 2종으로 한다. 1. 선박의 전부 또는 일부를 물건의 운송에 제공함을 목적으로 하는 용선계약 2. 개개의 물건의 운송을 목적으로 하는 계약」이라고 정하고 있다. 1호의 용선계약에는 항해용선만을 의미한다는 견해가 다수설이다. 배병태, 「주석 해상법」(한국사법행정학회, 1981), 172면; 김인현, 「해상법연구」(삼우사, 2002), 518면. 채이식 교수는 정기용선의 법적 성질에 대하여 운송계약설을 취하면서도 제780조의 용선계약은 주로 항해용선을 의미한다고 한다. 채이식, 전게서, 283면. 2호의 계약은 개품운송계약이라는 점에서는 이론이 없다.

3) 선박운항과 관련한 책임주체의 확정과 관련하여서는 김인현, "선박운항과 관련한 책임주체 확정에 대한 연구"(고려대학교 법학박사학위논문, 1999)를 참고바람.

다. 다른 책임주체의 논의와 마찬가지로 이들의 책임주체성은 운송계약과 관련한 책임, 불법행위책임 그리고 공동해손이나 해난구조와 같은 특수한 법률요건상의 책임 등으로 나누어 볼 수 있을 것이다. 해상법은 선박소유자 등 운송인과 화주와 같은 그 상대방을 동시에 보호하고 있다. 그러므로 스페이스 용선의 경우에도 이들 스페이스 용선자는 상법상 어떠한 보호를 받고 있는지, 또한 그 상대방인 화주는 어떠한 보호를 받을 수 있는지에 대하여도 논의가 필요하다. 이러한 책임문제는 용선계약의 내용을 구체적으로 살펴보고 그 법적 성질이 어떠한지를 파악한 다음에야 해답을 얻을 수 있는 성질이다.

Ⅱ. 傭船契約書를 통하여 본 法的 性質

스페이스 용선의 법적 성질은 용선계약서의 내용을 분석함으로써 이해될 수 있다고 본다. 크게 보아 우리나라에서 실무적으로 스페이스 용선을 이용하는 자들은 정기선사로서 다른 선사와 선복만을 공유하는 형태와 공동운항 형태를 취하면서 그 일환으로 스페이스 용선계약을 취하는 형태 등 두 가지로 크게 나누어 볼 수 있다.

1. 선복만을 공유하는 스페이스 용선계약(이하 A형)

(1) 내 용

본 계약은 甲과 乙 사이에 2000년 9월 21일자에 체결 및 발효된다.

제1조(정의) 선박소유자란 본 계약하에서 선박을 제공하고 유지하고 운항하는(provide, maintain and operate) 일방 당사자를 말한다(제1항).[4] 용선자는 본 계약의 조건에 따라 운항되는 선박의 소유자로부터 슬로트를 용선하는 타방 당사자를 말한다(제2항).

제2조(서비스조항) 갑(을)은 을(갑)에게 부산/이시카리/사카다가 운항순서인 서비스 항로에 본 계약에서 정한 수의 슬로트를 제공하고 을(갑)은 이를 사용하게 된다.

---

4) 일반화시켜서 말한다면, 여기서 말하는 선박소유자는 소유의 개념으로서의 선박소유자, 선박임차인(나용선자) 및 정기용선자가 모두 포함될 것이다. 즉, 甲과 乙은 반드시 자신이 소유하고 있는 선박만을 제공하는 것이 아니라, 나용선 혹은 정기용선을 하여 빌려온 선박을 제공할 수도 있다.

제3조(개시, 기간과 종료) 본 계약은 위에서 언급한 일자에 시작하여 2001년 8월 31일까지 효력을 갖고 일방 당사자가 60일 전에 서면으로 종료를 통지하지 않는 한 1년 동안 연장된다(제1항). 양 당사자는 90일 전 사전 서면통지와 상호 서면합의가 있으면 본 계약을 종료시킬 수 있다(제2항). 일방 당사자의 계약조건의 이행위반이나 불이행에 대하여 그러한 위반을 적시하면서 시정을 보고하는 서면통지가 있는 후 30일 동안 치유없이 계속된다면, 타방 당사자는 본 계약을 해지(terminate)시킬 수 있다(제3항). 다음 사항이 일방 당사자에게 발생한 경우에는 타방 당사자는 즉시 본 계약을 해지시킬 절대적인 권리를 갖는다; 일방이 지급불능되거나, 채권자의 이익을 위하여 영업양도가 되거나, 청산절차나 화의가 자발적으로나 강제적으로 진행되는 경우, 회사 자산의 중요부분이 법원의 명령에 의하여 압류당하는 경우 그리고 어음결제소(clearing house)에 의하여 거래가 정지된 경우.

제4조(선박의 제공과 대체) 선박소유자는 용선자에게 사용선박의 명세를 제공하여야 한다.

제5조(용선된 슬로트) 선박소유자는 부속서의 기본 슬로트약정에 기재된 TEU[5] 선복을 용선자에게 제공하여야 한다.

제6조(용선료 기타) 항차당 TEU당 용선료는 부속서에 기재된 바에 따르고 용선료는 사용여하에 관계없이 전체 슬로트수에 따라 지급되어야 한다(제1항).[6] 기본슬로트약정 이상의 슬로트를 사용한 경우에는 제1항과 같이 본다(제2항). 상기 용선료에는, 선박연료유, 청수, 대리점사용료, 항비, 톤세, 등대사용료, 부두사용료, 예선사용료, 접안비용, 도선료, 정박료, 영사료, 공무비용, 서류관련비용 등 선박과 선주에 의하여 발생된 모든 비용이 포함된다. 그러나 용선자의 특별요청에 의한 비용은 용선자의 비용으로 한다(제3항).

제7조(터미널 사용비용 등) 각 기항항에서 크레인사용료, 검수료, 고박료 그리고 기타 부두와 컨테이너야드에서 발생하는 하역작업비용은 용선자가 지급하기로 한다.

제8조(용선료 기타의 정산) 선박소유자는 매월 12일에 서면으로 매월의 용선료에 대한 청구서를 제출하고 용선자는 월말에 상계없이 미화로 청구금액을 정산한다. 용선자가 이에 이의가 있으면 지체없이 그 이유를 선박소유자에게 알려야 한다. 선박소유자는 즉시 용선자에게 그 이유를 설명하거나 용선자에 의하여 요구된 조정

---

5) TEU란 Twenty-Foot Equivalent Unit의 약자로, 20피트짜리 컨테이너 한 개를 의미한다. 그러므로 100TEU라고 하면, 20피트짜리 컨테이너 100개 혹은 40피트짜리 50개를 의미한다.

6) 보통은 예컨대, 부산에서 상해까지의 구간에 슬로트 용선된 TEU당 미화 X달러로 정하여져 있다. 다른 경우에는 적재된 TEU당 미화 X달러이지만, 최소 용선된 TEU당 미화 Y달러는 지급하여야 한다고 되어 있다. 용선된 선복인 슬로트(스페이스) TEU는 용선자가 이를 운송에 사용하였건 아니건간에 용선료를 지급하여야 함을 의미한다.

을 하여야 한다(제1항). 용선자의 몫이 포함된 터미널운영자 비용이 선박소유자 혹은 그 대리점에게 청구된 경우에는, 선박소유자나 그 대리점은 해당부분에 대하여 용선자 혹은 그 대리점에게 청구서를 제출하여야 한다. 용선자는 이를 기한내에 지급하여야 한다(제2항).

제9조(용선자의 의무) 용선자와 그 대리점은 선박소유자나 그 대리점에게 화물에 대하여 선박소유자의 지방대리점이 지방의 운영관습에 따라 지정한 시간까지 필요한 모든 정보를 제공하여야 한다(제1항). 용선자는 선박의 스케줄을 방해하지 않도록 선박소유자의 대리점에 의하여 지정된 시간까지 선적을 위하여 화물을 선박소유자의 항만 대리점 혹은 지정된 사람에게 인도하여야 한다(제2항). 특별히 처리되어야 할 화물에 대하여는, 용선자 혹은 그 대리점은 특별한 화물처리에 필요한 정보를 그 지방의 운용관습에 따라 선박소유자나 그 대리점에 의하여 지정된 시간까지 선박소유자나 그 대리점에게 제공하여야 한다(제3항).

제10조(선박소유자의 의무) 선박소유자는 선박이 특정한 선급협회에 가입되어 있으며, 선체, 기계와 장비들이 정상적인 상태에 있으며, 선박이 모든 면에서 堪航性을 갖추고 화물의 운송에 적합하다는 점에 대하여 담보한다(제1항). 선박소유자는 용선자에 의하여 제공된 화물을 적합하게 운송하도록 노력하여야 한다(제2항). 선박소유자는 국제협약에 의하여 요구되는 모든 증서와 다른 요구사항을 유지하여야 한다(제3항). 선박소유자는, 본 계약에 따라 선박소유자가 화물을 점유하고 있는 동안에 용선자의 화물에 대한 손실과 지연 그리고 誤引渡에 대하여 발생하는 모든 비용과 책임에 대하여 용선자에게 보상하여 용선자가 손해를 보지 않도록 한다. 그러나 용선자, 그 대리인, 피용자의 과실이나 고의적인 행위(negligence or willful misconduct)에 직접적으로 기인한 손실, 비용, 지연 혹은 誤引渡에 대하여는 그러하지 아니하다(제4항).

제11조(스케줄의 변경) 선박소유자는 제공되는 선박을 자신의 재량에 따라 운항할 권리를 갖는다. 그러나 부속서에 기재된 선박의 서비스 스케줄이 조정되거나 취소 혹은 변경되는 경우에는 그러한 결정 이전에 용선자와 충분한 협의를 한 다음에야 이루어져야 한다. 그리고 비상사태의 경우를 제외하고는 선박소유자는 용선자에게 그 결과를 양륙항 도착 48시간 이전에 통지하여야 한다(제1항). 선박소유자는 부속서에 기재된 선박의 항차당 계획된 운항스케줄과 입출항시간(transit time)을 유지하여야 한다. 선박이 계획된 스케줄보다 48시간 이상 지연된 경우에는 용선자는 지연된 선박/항차에 대하여 용선료지급중단(off-hire)을 선언할 권리가 있다(제2항).

제12조(클레임) 용선자는 당해 화물이 자신의 선박에 적재되어 운송되었던 것과 동일하게 용선자의 선하증권(charterer's Bill of Lading)에 의하여 운송된 화물에 대한

클레임을 수령하고 처리하여야 한다. 용선자가 요구하는 경우에는 선박소유자는 클레임과 관련되는 소송에 용선자의 비용으로 선박관련 서류를 제출하고 그 피용자와 대리점을 소송에 참가시키도록 협력할 수 있다(may) (제1항). 용선자의 선하증권에 의하여 운송되던 화물과 관련하여 선박소유자에게 어떠한 클레임이 제기된 경우에 선박소유자의 통지가 있는 즉시 용선자는 그 클레임을 처리하여 해결하여야 한다(제2항).

제13조(책임과 배상) 선박소유자는 화물이 선박에 적재된(are loaded) 순간부터 선박으로부터 화물이 양륙되는 순간까지 책임을 부담한다(제1항). 선박소유자는 선박소유자나 그 대리점의 고의적인 행위 혹은 중과실에 의하여 전적으로 야기된 클레임에 대하여 용선자에게 배상을 하고 용선자가 손해를 보지 않도록 하여야 하지만, 그 이상은 그러하지 아니하다. 선박소유자는 준거법(applicable law) 혹은 선박소유자의 선하증권계약조항하에서 허용되는 책임제한을 넘어서는 부분에 대하여는 책임을 부담하지 않는다(제2항). 용선자는, 용선자, 그 대리인, 이행보조자 혹은 피용자 등의 작위나 부작위에 기인하여 혹은 관련하여 어떠한 벌금 혹은 세금과 비용을 포함한 손실, 사망사고에 대하여 선박소유자에게 배상하고 선박소유자가 손해를 부담하지 않도록 한다. 그러한 벌금, 손실 등은 화물명세표의 오기, 컨테이너 용기내의 화물의 부적절한 적부, 화물이나 컨테이너의 하자를 포함하고 여기에 제한되지 않는다(제3항). 용선자가 본 계약에 위반한 결과로 선박이 압류된 경우에, 용선자는 합리적인 시간 안에 선박이 해방되도록 모든 합리적인 조치를 취하여야 하고, 선박의 해방을 확보하도록 용선자의 비용으로 공탁금을 제공하여야 한다(제4항).

제14조(불가항력) 내란, 반란, 사보타지, 스트라이크, 정부(국가 및 주, 지방정부)의 법률, 통제 혹은 행위, 천재지변, 재료나 용역을 구입할 수 없는 경우, 혹은 당사자의 통제권의 범위를 넘어서는 어떠한 원인에 의하여 본 용선계약의 조건을 이행하지 못하는 경우에는 어떠한 당사자도 여기에 대하여 책임을 부담하지 아니한다.

제15조(입거) 선박소유자는 선박이 입거하기 적어도 1개월 전에는 사전통지를 주어야 한다. 입거 때문에 필요한 제3자에 의하여 화물이 환적되는 경우, 위에 따른 통지가 있은 경우에는, 양 당사자의 수배와 비용하에 이루어져야 한다. 선박소유자는 입거되는 선박과 특히 용적과 속력에 있어서 합치하는 대체선박을 제공하기 위한 최선의 노력을 다하여야 한다. 선박소유자가 대체선박을 제공하지 못하는 경우에는 입거로 인하여 상실되는 슬로트의 숫자는 제5조에서 정한 고정된 슬로트 차터로 간주하여서는 아니된다.

제16조(제3자의 선적) 양 당사자는 운항에 사용되도록 할당된 선복을 공식적으로

(on committed base) 제3자에게 매도하거나 교환하는 행위는 금지된다.

제17조(준거법과 중재) 본 계약에 대한 유효성 여부 및 해석은 한국법에 의한다. 본 계약과 관련하여 발생하는 당사자 사이의 분쟁은 대한상사중재원의 중재에 의한다. 중재인이 내리는 중재판정은 최종적인 것이며 양 당사자를 구속한다.

제18조(기타) 공동해손은 YAR 1990 개정판에 따른다. 용선자는, 선박소유자가 원하면, 선박소유자에게 용선자의 화주를 대신하여 공동해손 보증장을 제공하여야 한다(제1항). 용선자는 자신의 위험과 비용으로 본 계약에 따라 운송되는 화물을 위하여 자신의 서식의 선하증권에 서명하여 발행하는 것이 허용된다. 용선자의 선하증권은 뉴제이슨약관, 쌍방충돌약관, 헤이그규칙 혹은 헤이그비스비규칙, 1974년 YAR이 포함되어야 한다(제2항). 양 당사자는 화물의 적절한 관리와 화물에 관한 정보에 대한 운용절차에 별도로 합의할 수 있다(제3항). 본 계약에 포함되어 있지 않은 사항은 국제해상관습과 한국법에 따라 해결되고 결정된다(제4항).

(2) 분 석

1) 선박의 점유와 감항성의 유지

선박에 대한 증서, 선체능력과 감화능력 그리고 운항능력에 대한 감항성을 유지하여야 하는 자는 선박소유자이다(제10조). 선박에 대한 입거도 선박소유자의 책임부분이다(제15조). 선박소유자측에서 선원을 고용하고 선박에 대한 수리까지 부담하는 계약으로서 선박에 대한 점유는 선박소유자가 가지므로, 선박소유자는 소유의 개념으로서의 선박소유자이거나 선박임차인일 수밖에 없다. 그 상대방으로서 스페이스 용선자는 선장을 통하여 선박을 직접 점유하지 못한다. 정기용선계약의 사용약관이 존재하지 않는다. 이러한 점에서는 스페이스 용선은 선박임대차(나용선)나 정기용선의 성격을 가지고 있는 것이 아니라, 항해용선이나 개품운송의 성질을 갖는다.

2) 선박의 사용

스페이스 용선자는 선박소유자가 제공하는 선박의 선복을 일정기간 사용할 수 있다(제5조). 그러나 용선자는 용선한 선복을 제3자에게 재용선하여 줄 수 없다(제16조).[7] 항로도 한국과 일본의 항구로 정하여져 있고(제2조), 선박소유자가 정한 스케줄을 이용한다(제11조)는 점에서 용선자의 선박사용권은 정기

7) 1993년 NYPE 제18조는 재용선을 원칙적으로 허용하고 있다.

용선자에 비하여 대단히 제한되어 항해용선자의 그것과 유사한 정도가 된다. 그러나 용선계약이 1년 단위의 장기로 되어 있고(제3조), 용선료는 기본적으로 TEU당으로 계산되지만 사용여하에 관계없이 용선료가 지급되어야 한다는 조항(제6조) 및 용선료 지급중단(off-hire)을 선언할 수 있다는 조항(제11조 제2항) 등은 스페이스 용선자가 선박소유자로부터 선복을 임차하였다는 것을 의미한다.[8] 이 점에서 운송계약에 지나지 않는 개품운송과 완전히 다르고, 항해용선과도 다르다. 정박일수의 시작과 종료라는 개념이 없다는 것도 또한 항해용선과 다른 점이다.

한편, 선박소유자는 운송인으로서의 의무를 스페이스 용선자에게 부담한다(제2조). 이는 도급계약으로서 운송계약의 성질을 스페이스 용선이 갖는다고 볼 수 있으므로, 스페이스 용선자는 오히려 송하인에 가까워 선박에 대한 사용권이 제한됨을 의미한다.

이러한 점을 감안한다면 스페이스 용선자가 갖는 선박사용권은 정기용선자와 항해용선자의 중간선에 유치한다고 하겠다.

3) 비용부담

스페이스 용선료에는 선박연료유, 항비, 도선료 등 운항과 관련되는 모든 비용이 포함되어 있어서 운항비를 선박소유자가 부담하고(제6조) 별도로 스페이스 용선자가 부담하지 않는다. 이런 점에서는 스페이스 용선은 정기용선과 다르다.

한편, 스페이스 용선자의 화물에 대하여는 FIOS[9] 개념이 도입되어 선박소유자는 화물이 선적된 시점에서 양륙시까지 책임을 부담함으로써, 용선자 자신

---

8) 만약 항해용선이나 개품운송계약이라면 실제 적재된 화물에 대한 운임만 지급하면 될 것이므로, 사용여하에 관계없이 용선료를 지급할 필요는 없을 것이다. 또한 용선자로서는 1년이라는 기간 동안 20항차가 예정되었음에도 선박소유자의 귀책사유로 1항차를 못하게 되었으니 사용하지 못하게 된 1항차에 대하여는 용선료지급을 중단하여야 할 것이다. 만약, 항해용선이었다면 용선자는 운송되는 화물에 대하여 일정한 운임만 지급하면 되므로 용선료지급중단이라는 개념을 도입할 필요가 없고, 지연에 대한 손해배상의 문제가 발생할 것이다. 용선료는 A, B, C항의 구간을 1단위(leg)로 적재된 1TEU당으로 용선료가 계산된다. 1구간을 항해함에는 일정한 시간이 걸리므로 그 주기를 짧게 하면 스페이스 용선자는 더 많은 개품운송을 하게 되어 유리하게 된다. 이 점에서 스페이스 용선자는 시간의 상실에 대하여 정기용선자와 유사한 이해관계를 갖게 된다.

9) FIOS(Free In and Out, Stow)이란 적양하 및 적부비용을 용선자가 부담하는 하역관련 계약조건이다.

이 운송하는 화물에 대한 작업비용을 부담한다(제7조). 정기용선계약에서는 선박을 단순히 임대하여주기 때문에 이러한 규정을 두지 않고 있다. 이러한 규정이 존재하는 것은 스페이스 용선은 화물의 운송에 대한 약정이 포함되기 때문이고, 항해용선의 성질이 내포됨을 의미한다.[10] 정기선의 개품운송에 있어서 선박소유자가 직접 운항하는 경우에는 선박소유자가 적양하비용을 총괄하여 부담하는 liners terms로 하역비 정산이 된다.

4) 선하증권

용선자는 자신의 선하증권을 발행하여 운송인이 될 수 있다. 이는 정기용선이나 항해용선 등에서 용선자는 누구나 행사할 수 있는 권리이다.

2. 공동운항 형태의 스페이스 용선계약(이하 B형)

공동운항의 형태를 취하는 경우에는 공동운항계약이 존재하고 부차적으로 스페이스 용선계약을 추가로 약정하게 된다. 공동운항계약에는 정기선의 영업의 효율을 극대화하기 위하여 운항사의 터미널 및 컨테이너의 이용에 대하여도 약정을 맺고 있다.

(1) 내 용

제6조(운항책임) 선박운항자/소유자는 합의된 항해를 수행함에 있어서 모든 운항적인 측면에 대하여 책임을 부담하고 감항성과 감화성을 갖춘 선박의 선복을 제공하도록 하기 위하여 항상 상당한 주의의무를 행사하여야 한다.

선박운항자/소유자는 구매자(용선자, 이하 생략)가 정시성과 신뢰성을 갖는 광고를 할 수 있도록 구매자에게 모든 운항스케줄의 변경에 대하여 통지하여야 한다. 그러한 조정은 선박운항자/소유자뿐만 아니라 구매자의 법적인 이해관계를 보호하도록 상당한 고려를 하여야 한다.

제8조(슬로트 및 화물무게할당) 양 당사자는 제7조에서 정한 서비스에서 양 당사자에 의하여 운항되는 슬로트를 제공하고 구매하여야 한다. 선박운항자/소유자는 합의약정에 따라 슬로트를 제공하고 구입하여야 한다.

제9조(슬로티지와 추가비용) 구매자는 본 협약서의 각 추가조항에 규정된 바의 구간당 TEU, FIO조건의 총괄운임(a lump-sum FIO rate per leg/TEU)을 지급하여야

---

10) 동지, John Richardson, Combined Transport Documents, LLP., 2000, p. 124.

한다. 슬로티지(slottage)는 슬로트 임차료(slot hire), 선박연료유비용, 관리비용, 선박의 항비, 운하통과비 기타 비용을 포함한다. 구매자는 약정된 슬로트에 대하여는 사용여부에 상관없이 슬로티지를 지급하여야 한다(제1항).

제11조(전손 및 추정전손) 슬로트 할당과 선박공유에 있어서 타방은, 대체선박이 공동운항에 투입될 때까지는 전손된 선박의 구매슬로트에 대하여 용선료 지급중단(off-hire)을 선언할 권리가 있다.

제14조(영업활동과 서류) 각 당사자는 자신의 독자적인 정체성 및 자신들의 독자적인 기구를 가지고 자신의 영업활동을 한다(제1항). 선박운항자/소유자는 필요한 경우에는 선박운항자/소유자의 선박에 적재된 구매자의 컨테이너에 대하여 유통불능 마스터 선하증권을 발행하여야 한다. 그리고 마스터 선하증권은 실제 발행여부에 관계없이 발행되고 수령된 것으로 합의한다(제2항). 양 당사자는 자신의 고유의 선하증권을 발행하여야 한다(중략)(제3항). 구매자는 자신의 선하증권을 발행함에 있어서 구매자나 그 대리인이 부담하는 책임의 결과에 대하여 선박운항자/소유자는 손해가 없도록 하여야 한다(제4항).

제15조(보험과 운항비용) 각 당사자는 자신의 선박의 선체보험, 용선한 선박에 대한 구매자의 책임, 타방으로부터 구매한 슬로트에 대한 구매자의 책임, 선주상호보험 등에 가입하여야 한다(제1항). 특별한 약정이 없는 한, 선박연료유비용, 항만비용 그리고 운하통과비용과 같은 선박운항비용은 선박운항자가 책임을 부담한다(제2항). 적재되었건 빈 컨테이너건간에 모든 컨테이너를 처리하는 하역 및 부두비용은 화물을 수배하는 측에서 부담한다(제3항).

제19조(선박운항자/선박소유자의 책임) 선박운항자/소유자는 헤이그비스비규칙 제3조 제1항 및 제4조 제1항에 따라서 선박의 감항성에 대하여 책임을 진다. 선박운항자/소유자는 헤이그비스비규칙 제4조 제1, 제2, 제4, 제5항 그리고 제6항에 규정된 권리와 면책의 이익을 누릴 수 있다(제1항). 선박운항자/소유자는 적재되어 있는 화물의 적절하고 주의깊은 운송에 대하여 책임이 있고, 재선적되거나 다른 화물의 선적이나 양륙을 위한 목적으로만 양륙된 화물의 양하, 처리(handling) 그리고 보관(storing)에 대하여 책임이 있고, 이들을 재선적하고 재적부함에도 동일하다(제2항). 인사사고에 대한 클레임은 구매자, 하역인부를 포함한 구매자의 被用者 혹은 대리인의 과실이나 해태가 아닌 한 선박운항자/소유자가 부담한다(제6항).

제20조(구매자의 책임) 구매자는 컨테이너 및 약정된 화물을 선적항과 양륙항에서 배치하고 관리하고 환적을 주선하고 목적지에서 화물을 인도받아야 한다(제1항). 구매자는 자신의 비용과 자신의 책임하에서, 약정된 화물을 선적, 적부, 고박하고 양륙하여야 하지만, 항해의 문제에 대하여는 선장의 지시를 받는다. 구매자는 적부

와 고르기의 목적상 각 개개 컨테이너의 총톤수에 관하여 선장에게 고지한 정보에 대하여 책임을 부담한다(제2항).

제21조(공동해손) 공동해손은 선박운항자/소유자의 선택에 의하여 정하여진 어떠한 항구나 장소에서 1990년 요크안티워프 규칙 혹은 개정규칙에 따라 선박운항자/소유자에 의하여 지명된 한 명 혹은 수명의 정산인에 의하여 정산된다. 선박운항자/소유자에 의하여 혹은 그들에 기인하여 수령된 용선료는 공동해손분담에 해당하지 않는다. 구매자는 자신의 계산으로 합동정산인을 선임함에 있어서 자유롭다(제1항). 구매자는 약정된 화물에 대한 공동해손분담금의 회수에 대하여 책임을 부담한다. 그러나 선박운항자/소유자가 공동해손보증이 필요하다는 것을 구매자에게 통지하기 전에 화물이 수하인에게 인도된 경우에는 예외이다(제2항). 약정된 화물은 갑판상에서 운송되건 갑판하에서 운송되건 공동해손분담의 대상이 된다(제3항). 선박운항자/소유자는 공동해손희생액이 25만달러를 초과하지 않는 경우에는 공동해손을 선포하여서는 아니된다. 선박운항자/소유자는 선박보험자로부터 총액을 청구할 권리가 있다(제4항).

제23조(해양사고구조) 다른 선박에 대한 모든 구조료와 원조대가는 선박소유자와 구매자(할당된 슬로트수에 비례함) 공동의 이익으로 한다. 다만, 선장과 해원의 몫, 다른 모든 법률적 비용, 구조 때문에 상실된 시간에 대하여 용선하에서 지급된 용선료(hire paid under the charter for time lost in the salvage), 손상수리비 그리고 소모된 선박연료유비용 등은 먼저 공제한다.

(2) 분 석

1) 선박의 점유와 감항성의 유지

A형과 마찬가지로 선박에 대한 점유는 선장을 선임하고 감독하는 선박소유자가 부담하고, 감항성의 유지도 선박소유자가 한다.

2) 선박의 사용

선박소유자는 선복을 제공하고 스페이스 용선자인 구매자는 선복을 사용한다(제6조). 용선자는 주어진 기항순서에 의거하여 용선된 선복을 사용할 수 있다. 이는 스페이스 용선은 임대차성을 갖는다는 의미이다. 사용여하에 관계없이 용선료가 지급되어야 하고(제9조) 용선료지급중단약관이 있다는 점(제11조)은 A형과 동일하다. B형에서는 선박소유자는 적재된 화물의 운송에 대하여 책임이 있고, 운송인으로서 헤이그비스비규칙상의 책임제한과 면책의 이익을 운송인이 누린다고 한다(제19조). 이는 스페이스 용선이 운송계약의 성질을 띠고 있다는 의미이다. 다만, 이 때의 선박소유자의 의무는 스페이스 용선자에 대한 의무라는 점이 개품운송에서의 운송인의 의무와 다르다.

3) 비용분담

하역작업에 대하여는 FIOS 조건으로 선적시에 발생하는 비용 및 양륙시에 발생하는 비용은 모두 구매자인 스페이스 용선자의 부담이다. 운항비와 항비도 선박소유자가 부담한다. 이처럼 B형에서는 비용부담은 항해용선과 유사하다.

4) 선하증권

A형과 다른 점은, B형에서는 선박소유자는 마스터 선하증권을 발급하거나 이미 발급한 것으로 간주하는 조항이 있다는 것이다. 이는 스페이스 용선자는 개입권을 행사한 운송주선인과 유사한 지위에 있다는 점을 보여준다. 스페이스 용선자의 선박사용권은 극도로 제한되게 된다.

5) 기 타

해양사고구조료를 선박소유자와 스페이스 용선자가 비용 등을 공제한 다음 공유하는 것(제23조)은 개품운송계약이나 항해용선에서는 존재하지 않는다. 왜냐하면 이들은 운송계약으로서 도급의 성질을 갖는 것이기 때문이다. 해양사고구조료를 공유하는 점은 스페이스 용선에 임대차성이 인정되기 때문일 것이다. 즉, 스페이스 용선자의 선박사용권이 일시적으로 중단되기 때문에 이를 보전하기 위함이다.

3. 항해용선(기업형)과의 異同

화주와 운송계약을 체결한 선박회사가 자신의 선박에 적재하지 못하고 남은 화물이 있고 이 화물은 어떤 선박의 일부공간만 있으면 되는 경우에 이 선박회사는 다른 선박회사의 일부공간에 대하여 항해용선계약을 맺을 것이다. 그러면, 선박소유자는 실제운송인, 그 선박회사는 운송인으로서 항해용선자(기업형 항해용선자)가 될 것이다. 이러한 일반 일부항해용선(전자)과 스페이스 용선(후자)의 차이는 무엇인지 살펴본다.[11]

첫째, 선박소유자가 운송인으로서의 주의의무를 용선자에 대하여 부담한다는 점 및 선하증권을 발행하여 운송인이 될 수 있다는 점은 동일하다.

---

11) 항해용선에서 용선자 자신이 직접 운송인이 되는 경우는 기업형 항해용선이라 하고, 대량화주로서 자신이 화주의 지위에 있는 경우를 운송형 항해용선이라고 부를 수 있다.

둘째, 전자는 일회성이지만 후자는 1년 단위의 주기성을 갖는다.

셋째, 전자에서 용선자는 적재화물에 대한 운임만 지급하면 된다. 후자에서는 용선료는 시간의 요소가 가미된 것으로 미리 정하여진 용선료를 지급하나 용선료지급중단이 되기도 한다.

넷째, 전자에서는 용선자는 고정된 선복을 갖지 않음으로써, 선박과 용선자는 정기적인 관련성을 갖지 않으나, 후자에서는 용선자는 고정된 선복을 확보하였으므로 이를 자신의 안정된 물적 설비로서 이용할 수 있다.

다섯째, 전자에서는 항해용선은 운송계약이므로 불법행위책임은 선원의 사용자인 선박소유자가 부담한다. 후자에서는 스페이스 용선을 운송계약의 일종으로 본다면 위와 같으나, 임대차성을 갖는다고 보면 스페이스 용선자가 불법행위책임을 부담하는 것으로 될 것이다.

여섯째, 전자에서 항해용선자는 재운송인이 되므로 상법 제806조가 적용되어, 일정한 조건하에 선박소유자는 항해용선자와 연대책임을 부담하게 된다. 그러나 후자의 경우는 스페이스 용선의 법적 성질에 따라 적용여부가 결정될 것이다.

4. 운송주선인이 운송인이 되는 경우(개품운송)와의 異同

운송주선인이 송하인과 운송계약을 체결하고 자신이 선박소유자와 운송계약을 체결하여 자신이 송하인이 되는 경우(이하 전자)를 스페이스 용선(이하 후자)과 비교하여 본다. 스페이스 용선이 있는 경우의 화물의 운송은, 선박소유자가 직접 정기선 영업을 하는 상황에서 스페이스 용선자가 개입하는 형태가 되고, 선박소유자와 송하인의 사이에는 개품운송을 하고 있으므로 운송주선인이 개입하는 것과 유사한 구조가 된다. 전자의 경우에 운송주선인은 송하인에게 하우스 선하증권을 발행하고 자신은 선박소유자(운송인)로부터 마스터 선하증권을 발행받는다. 마스터 선하증권상으로는 자신이 송하인의 지위에 있다.

첫째, 개품운송인이나 스페이스 용선자나 송하인에 대하여 선하증권을 발행하여 운송인이 된다는 점은 동일하다. 어느 경우에나 송하인과 선박소유자는 직접 계약관계가 없으므로 송하인은 선박소유자에 대하여 운송계약상의 책임을 물을 수 없다는 점은 동일하다.

둘째, 전자에서 선박소유자와 개품운송인 사이에서 개품운송인은 완전한 송하인이 되지만, 후자에서는 스페이스 용선자는 운송인으로 예정되어 있다. 그리하여 전자에서 화물의 인도는 컨테이너 야드에서 이루어지면서 선박소유자(운송인)가 하역작업을 실시하나, 후자에서는 화물의 인도는 선적시점에 이루어지면서 스페이스 용선자가 하역작업을 실시한다.

셋째, 전자에서 개품운송인은 부정기적으로 선복을 이용하지만, 후자에서 스페이스 용선자는 정기적으로 일정 선복을 이용한다.

넷째, 전자에서는 운임은 운송된 컨테이너에 따라서 정하여지나, 후자에서는 빌린 슬로트 단위 및 항차(구간)별로 사용여부에 관계없이 이루어진다.

다섯째, 해양사고 구조료에 대한 이익을 개품운송인은 구할 수 없지만, 용선된 선복에 대한 사용권을 갖는 자로서 스페이스 용선자는 구조료에 대한 이익을 스페이스량에 비례하여 공유한다(B형).

5. 소 결

(1) 임대차성

어떤 용선계약이 임대차성을 갖기 위하여는 선박을 임차한다는 요소와 약한 형태로나마 선장을 통하여 선박을 점유한다는 요소가 충족되어야 한다. 앞에서 본 바와 같이 선박을 빌려서 사용한다는 요소는 스페이스 용선에 포함되어 있다는 점(A형 제5조 및 제11조, B형 제6조)은 쉽게 이해가 된다. 선장의 선임과 감독은 선박소유자가 하므로 엄격한 의미에서의 선박에 대한 점유를 용선자가 가지지 못함은 분명하다. 그런데 약한 의미로나마 점유의 요소를 갖는지를 검토하여야 한다. 정기용선을 선박임대차와 유사하게 보는 근거가 되는 사용약관(employment clause)이 스페이스 용선계약에는 보이지 않는다. 스페이스 용선이란 이미 정하여진 선박소유자의 운항 스케줄을 용선자가 이용하는 것이므로 항로지정권 등은 스페이스 용선자가 갖지 않음은 성질상 분명하므로 이에 대한 지시를 용선자가 선장에게 할 수는 없다. 용선계약서에는 운송될 화물의 명세를 선박소유자에게 통지하고 이에 대한 책임을 용선자가 부담한다는 내용 이상의 약정은 없다. 선박소유자는 용선자에 의하여 제공된 화물을 적절하게 운송하려고 노력하여야 한다고(A형 10조 제2항), 선박소유자의 의무에 대하여 규정하고 있을 뿐이다. 그러므로 사견으로는 스페이스 용선은 선박임대차의 성격 중에서 선박을 빌려 사용한다는 요소만 충족되어 있고, 그 임대차성도 재용선이 불가능하고 항로지정권도 없는 극히 제한적인 것이고 선박에 대한 점유도 하지 못하고 있으므로, 스페이스 용선은 임대차성의 관점에서는 항해용선에 가깝고 정기용선으로까지 볼 수는 없다고 생각한다.[12)]

(2) 운송계약성(도급성)

운송계약이란 운송인이 화주에게 화물의 운송을 약정하고 화주는 운송인에게 운임지급을 약정하는 계약이다. 그러므로 운송계약의 성질을 갖는 요소는 '화물의 운송을 약정하는 것'과 운송의 대가로서 '운임을 지급하는 것'으로 볼 수 있다.

스페이스 용선에서 운송인이 용선자에게 약속하는 것은 일정한 선복을 장기적으로 주기적으로 제공하면서 그 화물을 운송하여 주겠다는 것이다(A형 제10조, B형 제19조). 선복을 제공하겠다는 점에서는 정기용선 및 항해용선과 동일하다. 항해용선계약을 운송계약으로 보는 것은 실질이 도급으로서의 운송계약이기 때문이다. 즉, 항해용선계약의 내용은, 비록 선복을 제공하지만 화물을 장소적으로 이동시켜주고 적재된 화물량에 따라서 톤당 운임을 받는다는 것이 내용이므로,[13)] 이를 운송계약으로 보는 것이다. 스페이스 용선에서 선박소유자는 용선자에 대하여 실질로는 운송을 약속하고 있으므로(A형 제10조, B형 제19조) 항해용선에 가깝다. 스페이스 용선에서는 운송한 화물에 대하여 운임을 지급하는 것이 아니라 사용여부에 관계없이 빌린 선복에 대한 용선료를 지급하므로 대가지급의 측면에서는 정기용선계약의 성질을 가지나, 실질면에서 컨테이너 운송에서 운임계산의 기준이 되는 TEU로 용선료가 계산되는 점에서는 항해용선에 가깝다.

(3) 사 견

그러므로 위에서 본 바와 같이 임차성과 운송계약성을 고려하면 스페이스 용선은 정기용선과 항해용선의 성격을 모두 갖는 특수한 용선계약이지만 항해

---

12) 영국의 Tychy 사건에서 항소법원은 스페이스 용선을 항해용선의 일종으로 보았다. The "Tychy," [1999] 2 Lloyd's Reports, 21.

13) 항해용선계약서인 GENCON(1994년 서식)에 따르면, 약정된 선박은 신속히 선적항으로 항진하여 약정된 화물을 만재하고 약정된 양륙항으로 항진하여 거기에서 화물을 인도한다(제1조)고 되어 있다. 그리고 운임은 운송된 화물량에 따라 계산되어 지급된다고 한다(제4조).

용선에 더 가까운 계약이라고 볼 것이다.[14)]

III. 對內 및 對外關係

1. 대내관계

선박소유자와 스페이스 용선자의 법률관계는 사적자치의 원칙에 따라 용선계약의 약정에 의하여 규율된다. 이들 관계에 대하여 상법이 특별히 규정한 것은 없다. 선박소유자는 스페이스 용선자에게 감항능력주의의무 및 운송물에 대한 주의의무를 부담하게 되고, 스페이스 용선자는 선박소유자에게 용선료 및 공적운임을 지급할 의무를 부담한다. FIOS조건이므로 선적, 양륙 및 고박에 대한 의무는 스페이스 용선자에게 있다.

스페이스 용선의 법률적 성질이 무엇인지에 따라서 상법의 정기용선 혹은 항해용선 규정의 준용이 가능한지가 결정될 것이다. 스페이스 용선은 정기용선과 항해용선의 성질을 모두 가지므로, 사안에 따라서 상법의 적용여부를 결정하여야 할 것으로 본다. 선박소유자와 스페이스 용선자 사이의 채권 · 채무관계는 어느 입장을 취하든 1년의 제척기간에 걸린다(상법 제811조 및 제812조의6). 항해준비완료통지서를 선박소유자가 스페이스 용선자에게 할 필요는 없으므로 상법 제782조는 적용이 없다.

성질상 항해에 대한 지시를 용선자가 선장에 대하여 할 수 없으므로 상법 제812조의3의 정기용선자의 선장지휘권조항은 적용이 없다. 그러나 선박소유자가 정기용선자로부터 운송에 대한 용선료를 받지 못하는 경우에 운송물에 대하여 행사하는 유치권은 스페이스 용선에도 유추적용이 가능하다고 본다(상법 제812조의4).

2. 대외관계

(1) 운송계약상의 책임

스페이스 용선자는 자신의 이름으로 선하증권을 발행하여 운송인이 된다.

14) 존 리차드슨은 스페이스 용선을 항해용선도 정기용선도 아니면서도 유사성을 가지고 있다고 한다. John Richardson, op. cit., p. 145.

이 경우에는 선하증권상의 운송인으로서의 책임을 스페이스 용선자가 부담한다. 그러나 용선계약에 따라서 운임의 수령을 선박소유자가 하도록 하는 경우에는 선박소유자가 운송인이 되고 스페이스 용선자는 단순히 대리인에 지나지 않는 경우도 있다.

스페이스 용선자가 하우스 선하증권을 발행한 운송주선인으로부터 운송의 인수를 하는 경우에 송하인은 스페이스 용선자와는 운송계약관계가 없으므로 선하증권계약상의 책임을 물을 수가 없다.

甲은 수출자인 乙과 해상운송계약을 체결하고, 甲은 다시 丙과의 사이에 하수운송계약을 체결하였고, 丙은 피고 정기용선자와의 사이에 스페이스 용선을 한 스페이스 용선자의 지위에서 화물을 적재하고 선하증권을 발행하였다. 화물사고에 대하여 화주로부터 대위권을 취득한 보험회사가 정기용선자를 상대로 운송계약상의 책임을 묻게 되었다. 원고는 丙은 피고 정기용선자의 대리인의 자격으로 선하증권을 발행하였으므로, 운송인은 정기용선자가 되어야 한다면서 상고하였다. 대법원(대법원 2001.7.10. 선고 99다58327 판결)은 「이 사건에서 丙이 발행한 선하증권의 이면약관에서 丙이 위 운송계약의 운송인이 됨을 명시하고 있을 뿐만 아니라, 丙은 피고에게 일정한 선복용선료만 지급할 뿐이고 乙과 丙 사이의 운송계약에 따른 운임은 모두 丙의 수입으로 되는 것으로 보인다. 이러한 사정 등을 고려하면, 원심이 피고가 이 사건 화물에 대한 운송인의 지위에 있지 아니하다고 판단한 것은 옳다」고 하면서 스페이스 용선자를 운송인으로 인정하였다.[15)]

채권자 丙은 쿠릴해에서 잡은 냉동꽁치를 부산항으로 운송하기 위하여 甲회사와 용선계약을 체결하였다. 乙회사는 선박의 소유자(채무자)로서 甲회사에게 이 사건 선박을 스페이스 용선하여 준 관계에 있었다. 乙회사는 丙으로부터 화물을 인도받아 적재한 다음 선하증권을 발행하여 주었다. 양륙항에 도착한 다음 화물에 이상이 발견되었다. 채권자 丙회사는 손해배상청구권을 확보하기 위하여 이 사건 선박에 대한 가압류신청을 하자 선박소유자인 乙회사는 운송인은 스페이스 용선자인 甲회사라고 하면서 가압류 이의신청을 하였다. 부산지방법원(2002.11.7. 선고 2002카단22487 판결)은, 「선박소유자인 채무자가 채권자 丙

15) 법원공보(2001년), 1819면.

에 대하여 직접 선하증권을 발행하여 준 점과 아울러, 채권자와 甲회사 사이의 용선계약서상 선복일부용선자인 甲회사가 송하인인 채권자와 재운송계약을 체결하는 형식을 취하면서도 그 용선료(운임)는 위 계약서상 선박소유자로 기재된 丁회사 명의로 채권자에게 직접청구되어 선박소유자 명의의 계좌로 송금받은 점 등에 의하면 甲회사가 이 사건 선박의 실제소유자인 채무자를 대리하여 채권자와 이 사건 화물의 운송을 위한 이 사건 용선계약을 체결하였다고 봄이 상당하므로(위 丁회사는 이 사건 선박을 채무자와 공동으로 운항하는 회사이거나 채무자가 위 계약에서 선박소유자로 내세운 형식상 명의인에 불과한 것으로 보인다), 위 용선계약상의 운송인은 선박소유자인 채무자라고 할 것이다」고 하면서, 가압류 결정을 인가하였다.

(2) 불법행위책임

원칙적으로 스페이스 용선자는 선박의 운항과 관련하여 불법행위책임을 부담하지 않는다. 이는 용선자는 선박을 점유하지 않을 뿐만 아니라 선장의 항해에 대하여도 지시를 하지 않기 때문이다. 그러므로 선박충돌사고에서 불법행위책임을 부담하는 자는 선장에 대한 사용자로서 선박소유자이다. 다만, 화물의 관리상의 책임과 관련하여서는 추가적인 논의가 필요하다. 화물의 관리와 관련하여서 선장이 용선자의 지시와 감독을 받는 경우에는 비록 선장을 고용하고 있지 않더라도 선장은 스페이스 용선자의 피용자로 의제할 수 있고,[16] 선장의 화물관리상의 과실에 기인한 손해에 대하여는 스페이스 용선자가 사용자책임을 부담하게 될 것이다.[17] 스페이스 용선계약에서는 정기용선계약에서 사용되는 사용약관이 보이지 않는다.[18] 이런 점에서는 선장과 스페이스 용선자 사

16) 우리 대법원은, 민법 제756조의 사용자-피용자 관계는 반드시 유효한 고용관계가 있는 경우에 한하는 것이 아니고, 사실상 어떤 사람이 다른 사람을 위하여 그 지휘감독아래 그 의사에 따라 사무를 집행하는 관계에 있으면 족한 것으로 보고 있다(대법원 1998.8.31. 선고 97다13072 판결). 정기용선자의 화물관리에 대한 사용자책임을 인정한 판결로는 로스토치호 사건(대법원 1994.1.28. 선고 93다18167 판결) 및 도쿄 세나토르호 사건(대법원 2001.7.10. 선고 99다58327 판결)이 있다.

17) 여기에 대하여는 김인현, 전게 해상법연구, 489면.

18) 정기용선에서는 사용약관(1993년 NYPE 제8조 a항)(The master shall be under the orders and directions of the Charterers as regards employment and agency) 및 항해지시권한약관(1993년 NYPE 제15조)(The charterers shall furnish the Master from time to time with all

이의 실제적인 사용자-피용자 관계를 인정하기가 어렵다.

사용자책임을 근거지우는 보상책임설에 따르면, 스페이스 용선의 결과 수익은 용선자가 얻으므로 제한된 범위 내에서는 사용자책임을 인정할 수 있을 것 같기도 하다.[19] 그러나 이러한 보상책임설을 인정하기 위하여는 기본적으로 스페이스 용선자와 선장 사이에 적어도 지시감독하는 관계가 있어야 할 것이나, 용선자의 선장에 대한 지시는 없고 화물에 대한 정확한 명세만 알려주면 되도록 하고 있다. 공동운항형태를 취한다고 하더라도 선장에 대한 지시를 용선자가 하지 않는다. 그러므로 화물사고에 대하여도 선원의 사용자는 선박소유자이고 용선자는 이들에 대하여 지시하는 관계에 있지 않으므로 사용자책임의 주체가 되지 않는다.

냉동 컨테이너의 온도조절을 잘못하여 화물에 손상을 입은 화주의 보험자가 보험자대위권을 행사하여 실제 운송인인 스페이스 용선자에게 불법행위책임을 추궁하였다.[20] 서울지방법원(서울지법 2002.2.6. 선고 2001가단81229 판결)은, 「피고 甲회사는 乙, 丙, 丁 등 4개 회사 사이에 체결한 아래(공동선단운영) 계약에 따라 乙회사 소유의 위 이 사건 선박의 일부 선복을 용선하였는바, 위 공동선단운영계약의 내용은 위 4개 회사가 상호간에 1997.3.1.부터 18개월 동안 자사 선박의 일부 선복을 타방에게 사용하도록 할당해주며, 위 선복 이용시 선복용선계약을 체결하도록 되어 있는 사실, 이에 따라 피고가 화물을 이 사건 선박을 통하여 운송할 때에도 피고는 乙회사와 사이에 이 사건 선박의 일부 선복을 용선하는 계약을 체결한 사실(위 선복용선계약서를 피고가 제출하지 않아 그 구체적인 내용을 알 수는 없음), 한편 이 사건 선박의 선장 및 선원은 모두 乙회사가 고용, 제공한 자들인 사실을 인정할 수 있는바, 위 인정사실에 의하면, 이 사건 선박의 선장 및 선원들의 고용 등에 피고가 직접적으로 관리감독권을 행사하지는 않지만, 위 인정과 같이 피고 등 4개 회사가 상호간에 자사 선박을 용

---

requisite Instruction and sailing direction)이 존재하여 정기용선자와 선장과의 사용자-피용자 관계를 근거지울 수 있다.

19) 여기에 대하여는 김인현, 전게 박사학위논문, 167-171면을 참고바람.

20) 수출자인 송하인에게 제1운송인이 하우스 선하증권을 발행하여 준 다음, 제1운송인은 다시 피고와 제2운송계약을 체결하였다. 이 때 발행되는 마스터 선하증권상의 송하인은 제1운송인이다. 즉, 마스터 선하증권상 제2운송계약에서 운송계약의 당사자는 제1운송인과 제2운송인이다. 그러므로 송하인은 제2운송인인 피고에 대하여 운송계약상의 책임을 물을 수 없다. 그러므로 송하인은 제2운송인에게 불법행위책임을 묻게 된 것이다.

선해주거나 용선하는 것에 의하여 형성되는 공동선단(선복) 및 그 피용자들은 실질적으로 용선하는 회사의 물적, 인적 조직이나 기관에 준한다고 할 것이고, 게다가 위 공동선단운영계약에 따라 乙회사 소유의 선박을 수시로 일정한 선복량을 용선하고 있는 피고는 실질적인 정기용선자로 봄이 상당하므로 대외적인 책임관계에 있어서는 선박임차인에 관한 상법 제766조를 유추적용하여 선박소유자와 동일한 책임을 부담시킴이 상당한바, 위와 같은 점을 고려할 때 피고는 이 사건 선박의 선장, 선원 등에 대하여 사용자의 지위에 있다고 할 것이다. (중략) 피고는 냉동장치를 위 선원들로 하여금 적정하게 보수, 운영하도록 하여야 할 지휘, 감독의무를 소홀히 한 잘못으로 인하여 화물을 손상시켰으므로 원고에게 손해를 배상할 책임이 있다」고 판시하였다.

이 사안은 선박소유자인 乙회사가 도산된 상태에서 乙회사에 대하여 불법행위책임을 추궁하더라도 소용이 없게 되자 스페이스 용선자에게 불법행위책임을 물은 것이다. 법리적인 판단보다도 피해자를 구제하겠다는 의도가 담긴 판결로서 필자의 사견으로는, 공동선단 운영형태의 스페이스 용선이라고 하더라도 B형에서 보는 바와 같이 용선자가 선장에 대하여 지시하는 것은 없으므로 사용자-피용자 관계를 설정하기가 어렵고, 오히려 스페이스 용선계약은 항해용선계약에 가까운 것이므로 상법 제766조를 적용할 수 없고 따라서 스페이스 용선자에게 사용자책임을 추궁하기는 어렵다고 본다.

(3) 해양사고구조 및 공동해손

선박소유자(운송인)와 스페이스 용선자는 선박운항을 공동으로 하는 관계로서 발생비용을 모두 공유하므로, 해양사고구조에서 생긴 이익도 사용 선복의 비율에 따라 동일하게 분배하여야 한다고 하므로(B형 제23조), 사적 자치의 원칙상 스페이스 용선자도 구조료 청구권이 있다.[21]

공동해손이 발생하면 1990년 YAR에 따르고(B형 제21조), 스페이스 용선자는 적하이해관계자에 대하여는 다른 운송인의 운임과 비례하여 공동해손분담의무를 부담하게 된다. 자신의 컨테이너가 유실된 경우에는 스페이스 용선자는 공동해손분담금 청구권자로서의 지위에 설 것이다.

---

21) 이와는 달리 우리 상법은 정기용선자가 개입된 경우에 대한 규정을 두고 있지 않다(상법 제854조).

Ⅳ. 스페이스 傭船者, 제3자 및 船舶所有者의 보호

1. 스페이스 용선자의 보호

(1) 책임제한제도

스페이스 용선자도 용선자이므로 선박소유자의 책임제한제도의 이익(상법 제750조 제1항 제1호)뿐만 아니라 운송인으로서의 상법상 보호제도의 이익(상법 제789조의2)을 향유할 수 있는지는 논란이 있었다. 스페이스 용선자는 선박소유자나 기타 용선자에 비하여 선박사용권이 제한되어 있다는 점에서 부정적인 견해가 지배적이었다고 한다. 그러나 영국의 최근의 판결에서 스페이스 용선자도 용선자로 인정되었고,[22] 스페이스 용선자도 책임제한의 이익을 누릴 수 있다고 한다.[23] 그런데 현행법상 스페이스 용선자가 선박소유자 책임제한제도를 이용하게 될 경우에 용선된 선박의 선복비율만큼에 해당하는 총톤수가 기준이 되는지가 의문이다. 그런데 우리 상법은 물론 모법인 1976년 선주책임제한조약에도 이러한 규정이 없이 총톤수를 기준으로 책임제한액수를 산정하게 되어 있다(상법 제751조; 1976년 조약 제6조 제5항). 따라서 스페이스 용선자는 불리한 지위에 놓이게 된다.[24] 이는 조약의 성안당시에 이러한 스페이스 용선이 상용되지 않았기 때문으로 보인다.

(2) 기타 운송인으로서의 이익향유

스페이스 용선도 항해용선으로 본다면, 스페이스 용선자는 운송인으로서 상법 제800조 및 제804조상의 유치권 및 운송물경매권을 갖는다. 또한 상법 제811조의 1년 단기제척기간의 이익과 상법 제137조의 정액배상주의의 이익을 향유한다(상법 제812조). 정기용선으로 본다면 정기용선의 규정이 준용될 것이므로, 스페이스 용선자는 상법 제812조의4 제1항의 운송물유치권 및 경매권을 가지며 상법 제812조의6의 1년 단기제척기간의 이익을 누릴 수 있지만, 이론상

22) John Richardson, op. cit., p. 279.

23) 동지, Chris Moore, English law-charterers and the right to limit liability under 1976 Limitation Convention, Gard News Issue 163(19 September, 2001) <www.gard.no /publish/Gardnews/>, p. 2.

24) 동지, Chris Moore, ibid., at p. 4

상법 제812조의 준용규정은 항해용선에만 적용되므로 상법 제137조의 정액배상주의의 이익은 누릴 수가 없다.

2. 제3자의 보호

(1) 상법 제806조의 적용

상법 제806조를 스페이스 용선자에게도 적용할 수 있는지의 문제가 있다. 즉, 스페이스 용선자가 제806조의 재운송인에 해당한다면 화물사고 등에 대하여 선박소유자도 연대책임을 부담한다. 선박소유자→스페이스 용선자→화주로 용선이 이어진 경우에 선박소유자와 스페이스 용선자의 용선계약을 항해용선의 일종으로 보게 되면 스페이스 용선자와 화주의 운송계약은 재운송이 되어 이론상 상법 제806조가 적용된다. 앞에서 본 바와 같이 스페이스 용선은 정기용선, 항해용선, 개품운송의 모든 요소를 복합적으로 가지고 있으므로 이러한 법적 성질을 가지고 제806조를 적용하기가 어렵다. 입법취지로 판단한다면, 스페이스 용선자는 해상기업이 정기선영업을 하면서 부족한 선복을 확보하는 수단으로 이용되므로 스페이스 용선자는 물적 인적 설비를 갖추고 있고 따라서 적하 이해관계인이 손해배상을 받기에 충분한 지위에 있으므로 스페이스 용선자의 경우에는 굳이 상법 제806조를 적용할 필요가 없다고 본다.[25)]

(2) 선박우선특권의 행사

우리 상법은 선박우선특권이라는 제목하에 채권자의 공동이익을 위한 소송비용, 선박과 속구의 경매에 관한 비용, 항해에 관하여 선박에 과한 제세금, 선원 기타의 선박사용인의 고용계약으로 인한 채권, 선박의 충돌로 인한 손해 등에 대한 채권을 가진 자는 선박과 그 속구 등에 대하여 우선특권을 갖는다고 한다(상법 제861조).

그런데 이러한 선박우선특권은 영미법의 대물소송제도를 도입한 것으로 선박자체가 책임의 주체가 된다는 관념임에도,[26)] 우리 상법은 채무자와의 관련성을 요건으로 하고 있다(상법 제766조 제2항). 즉, 우리 상법은 선박임대차의 경우에 선박임차인이 채무자인 경우에는 상법 제861조의 선박우선특권이 인정된

---

25) 자세한 논의는 김인현, 전게 해상법연구, 508면.

26) 배병태, 전게서, 406면.

다는 취지인 것이다. 그러므로 선박임대차가 아닌 경우에 발생된 제861조하의 채권은 어떻게 되는지가 문제된다. 예컨대, 정기용선자가 선박을 운항하는 경우에는 도선료와 선박연료유는 정기용선자의 몫이다. 그러므로 정기용선자가 도선료를 지급하지 않고 있는 경우에 도선사가 선박우선특권을 갖는지가 의문이다. 정기용선을 선박임대차와 유사하게 보는 혼합설의 입장에서는 상법 제766조 제2항을 유추적용하여 도선료 채권도 선박우선특권이 된다. 정기용선을 항해용선의 일종으로 본다면 상법 제766조 제2항을 유추적용하지 못하므로 선박우선특권의 행사는 불가능하다. 정기용선자에게 선박연료유를 공급한 급유회사의 입장도 동일하다.

마찬가지로 스페이스 용선의 경우에도 이러한 논의는 가능하다. 만약 스페이스 용선의 법적 성질을 정기용선과 유사하게 보아 임대차성이 인정된다면 선박우선특권이 인정된다. 만약, 스페이스 용선의 법적 성질을 항해용선의 일종으로 본다면 선박우선특권은 발생되지 않는다고 할 것이다. 사견으로는 선박우선특권에 해당하는 채권인지의 여부는 스페이스 용선계약의 내용에 따라 구체적으로 판단할 사안이라고 본다.[27]

(3) 마스터 선하증권이 발행된 경우

마스터 선하증권이 발행된 경우에 송하인과 계약관계에 있는 자는 운송주선인이므로 마스터 선하증권을 발행한 실제운송인에게 손해배상청구를 할 수 없다. 이 때에는 스페이스 용선자에게 불법행위책임을 물어야 할 것이지만, 선장과 용선자 사이에는 사용자-피용자 관계가 없으므로 사용자책임을 추궁할 수 없다. 송하인의 입장에서는 선원의 사용자인 선박소유자에게 불법행위책임을 묻게 될 것이다. 그런데 선박소유자가 도산된 경우에는 승소한다고 하여도 소용이 없으므로, 피해자인 송하인은 정당한 구제를 받지 못하는 결과가 된다.

입법적으로는 함부르크규칙처럼 계약운송인과 실제운송인의 개념을 도입하여 이들을 연대채무자로 하여야 할 것이다.

---

27) 만약 도선료와 선박연료유 등을 스페이스 용선자가 부담하는 약정이 있는 경우에는 도선사나 선박연료유공급자는 용선자가 발생시킨 채무에 대하여 우선특권을 갖는다고 생각된다. 또한 공동해손의 분담에 대한 채권에 있어서 스페이스 용선자가 운송인인 화물이 공동해손이 된 경우에 스페이스 용선자는 운송인으로서 공동해손 분담채무자가 될 것이고 이에 대한 선박우선특권이 화주에게 발생할 수 있지 않나 생각된다.

3. 선박소유자의 보호

선박소유자는 책임제한이익의 향유가 가능할 것이다. 선박충돌과 같은 경우에는 선박소유자로서 총체적 책임제한이 가능하고, 운송계약상의 책임을 부담하는 경우에는 포장당 책임제한도 가능하다. 스페이스 용선의 성질을 항해용선 혹은 정기용선으로 보아도 선박소유자는 스페이스 용선자가 운송중이던 화물에 대하여 유치권을 행사함으로써 용선료를 확보할 수 있다(상법 제800조 제2항 및 제804조, 제812조의4 제1항). 이를 명시하고 있는 용선계약(B형)도 있다. 기타 단기제척기간의 이익을 누릴 수 있다는 점은 앞에서 본 바와 같다.

Ⅴ. 結 論

스페이스 용선은 법적 성질로 보아서는 정기용선, 항해용선의 성질을 복합적으로 갖는다. 이를 순수한 정기용선으로 볼 수 없는 점은 항로지정권이 없다는 점에 있다. 즉, 정기용선자는 선박의 사용에 대하여 광범위한 권한을 갖지만 스페이스 용선자는 항로지정권이 없을 뿐만 아니라 용선한 선복을 다시 재용선하여 줄 수 없는 것이 원칙이다. 선박소유자는 운송인으로 화물의 운송을 약정하고 있는 점과 FIOS조건이 있다는 점은 스페이스 용선이 항해용선의 성격을 띠고 있는 것이다.

스페이스 용선자가 선하증권을 발행하여 스스로 운송인이 되는 경우에는 스페이스 용선자가 선하증권상 책임을 부담하게 된다. 불법행위책임에 대하여는 해기사항은 물론 선원의 사용자인 선박소유자가 부담한다. 화물의 관리와 같은 상사사항에 대하여도 선원은 스페이스 용선자의 지시를 받는다고 보기 어려우므로 사용자-피용자 관계를 의제할 수 없고 스페이스 용선자는 사용자책임을 부담하지 않는다.

다만, 보상책임설의 입장에서 선박소유자와 스페이스 용선자는 동업관계에 있고 특히 공동선단 운영의 경우(B형)에는 물적 · 인적 설비를 공동으로 이용하므로, 사용자-피용자 관계를 의제한다는 논의는 가능할 것이다. 그러나 법리적으로 말하면 사용자-피용자 관계가 인정되어야 사용자책임이 인정되는 구조를 우리 법이 취하고 있다는 점을 고려하여야 한다고 본다.

선주책임제한제도에서 스페이스 용선자는 불리한 지위에 있다. 용선한 선복이 책임제한의 기준이 된다면 책임제한액수가 훨씬 낮아질 것이다. 그럼에도 현행 상법은 선박 총톤수라는 단일지표만 가지고 있다. 이는 시정되어야 할 사항이라고 본다.

현재 국내에서 사용되고 있는 용선계약은 통일된 정형이 없다. 법적 안정성을 위하여도 통일적인 표준약관을 만드는 것이 중요하다. 구체적인 용선계약서 없이 스페이스 용선이 이루어지고 있는 경우에는 상법의 규정이 적용되어야 할 것이다. 본문에서 본 바와 같이 스페이스 용선은 일률적으로 항해용선이나 정기용선으로 보아 상법규정을 획일적으로 적용할 수 없다는 문제가 있다. 즉, 법적 성질로부터 상법의 규정을 준용하는 것으로서는 풀리지 않는 사항들이 많으므로 스페이스 용선을 특수한 용선계약으로 입법화함으로써 법적 안정성을 도모하여야 할 것이다.

제 2 논 문

船舶會社 實務者를 위한 定期傭船法*

I. 定期傭船契約의 意義

1. 해상기업의 영리활동

해상기업의 영리활동은 용선과 운송으로 대별될 수 있다. 용선을 통하여 선박소유자는 용선료를 획득하게 되고 운송을 통하여 운송인은 운임을 취득하게 된다.

2. 나용선 및 항해용선과 구별되는 정기용선

용선에는 나용선과 정기용선 그리고 항해용선이 있다. 나용선(선박임대차, 선체용선)은 장기간 선박을 용선하여 자신의 선원을 승선하여 선박을 운항하는 것으로 선박소유자와 유사하다. 한편 정기용선은 이미 선박소유자 혹은 나용선자가 고용한 선원이 승선된 선박을 1년 정도 빌려와 자신의 영업에 이용하는 것이다. 이러한 선원의 승선이라는 점은 정기용선의 법적 성질과 책임의 주체를 확정함에 있어서 중요한 기능을 한다. 나용선자는 자신의 선원을 보유하고 있어야 하므로 선박회사가 아니면 나용선자가 되기 어렵다. 이 점에서 나용선자가 운송인이 되는 경우에 화주를 보호할 필요성은 낮아진다. 한편, 정기용선자는 반드시 자신의 선원을 승선시킬 필요가 없기 때문에 반드시 선박회사가 아니어도 정기용선자가 되어 운송인이 될 수 있다. 이 점에서 정기용선자가 운송인이 되는 경우에 화주를 보호할 필요성이 나용선보다는 많아지게 된다.

---

* 본 내용은 2007.11.15. 한진해운의 사내 해상법강좌에서 강의한 발표문을 수정한 것이다.

정기용선자는 선박을 자신의 영업활동에 이용하기 위하여 용선을 하는 것이므로, 소위 말하는 상사사항에 대하여는 자신이 선장을 지휘한다는 규정, 즉 employment clause(사용약관)을 NYPE 등 표준정기용선약관에 두고 있다. 그러나 선박의 조종과 관련된 사항은 정기용선자는 전문가가 아니고 이는 해기사항으로서 선박소유자의 고유의 권한과 의무로 남겨두는 것이 합리적이다. 따라서, 정기용선은 선박소유자와 정기용선자의 합작회사(joint venture)라는 설명도 있다. 정기용선자가 운송인이 되어 획득하는 운임의 상당부분은 다시 용선료로서 선박소유자에게 환원되게 되고, 선박운항과 관련된 사항을 해기사항과 상사사항으로 나누어 선박소유자와 정기용선자가 각자 책임과 권한을 가지는 점에서도 그러하다.

정기용선자는 용선료를 일당 얼마씩 지급하기 때문에 선박의 효율적인 가동은 중요한 의미를 갖는다. 따라서 선박이 가동되지 않아 이용이 불가하다면 용선료 지급은 중단되어야 할 것이다. NYPE 등 표준정기용선계약에서는 off-hire 조항을 두고 있다. 한편, 항해용선계약에서는 선박의 사용기간에 대하여 더 많은 이해관계를 가지는 자는 선박소유자가 된다. 왜냐하면 항해용선계약에서는 그 일자로 기간이 특정되지 않게 되는 항차당 용선계약이 되고 적재된 화물량에 따라서 운임을 지급받기 때문에, 즉 운임은 확정되어 있고 용선기간은 불확정되어 있기 때문에 선박소유자는 가능하면 짧은 기간동안 한 항차가 종료되기를 희망한다. 따라서 빠른 항차의 종료를 위하여 조출료(despatch money)와 지체료(demurrage) 조항을 두게 된다. 이와 같이 선박의 사용기간에 대하여 더 많은 이해관계를 가지는 자는 정기용선에서는 정기용선자가 되지만 항해용선에서는 선박소유자가 된다.

3. 해운경영 측면의 정기용선

정기용선은 선박회사의 선박확보의 수단이 되는 동시에 용선료의 변동에 따라 큰 차익을 올리게 되는 수단이 되기도 한다. 반대로 용선을 잘못하게 되면 큰 손해가 발생하게 된다.

국내의 대형선사의 정기용선의 비율은 60% 정도이다.

Ⅱ. 定期傭船의 對內的 關係

1. 의 의

정기용선의 대내적 관계란 선박소유자와 정기용선자의 관계를 의미한다. 정기용선기간중 연료유를 누가 공급하는가, 선원의 임금은 누가 지급하는가 등의 문제이다.

2. 法源의 적용순서

법원의 적용순서는 강행법규, 당사자의 의사 그리고 임의규정이다. 통상 선박회사에서 사용하는 NYPE 표준정기용선계약서는 당사자의 의사의 결정판이다. 당사자의 의사는 계약으로 나타나게 되고 이를 서면화한 것이 NYPE이다.

당사자의 의사가 나타나지 않은 것, 즉 계약으로 정하지 않은 것은 어떻게 할 것인가? 이 때에는 상인들간의 거래관계이므로 상법에 규정이 있는지를 찾아본다. 상법의 규정이 임의규정으로서 당사자의 의사가 없는 내용을 보충하는 것이다. 예컨대, 손해배상은 무엇으로 할 것인가는 정하지 않았다. 민법의 손해배상은 별다른 약정이 없으면 금전으로 한다는 규정이 적용된다. 별다른 약정이 있다면, 즉 NYPE에 선박연료유로 한다는 규정이 있다면 이것이 먼저 적용되게 된다. 당사자의 의사는 당사자 자치(사적자치의 원칙)원칙에 따라 임의규정에 앞서서 적용된다.

한편, 임의규정을 많이 만들어 두면 당사자의 약정이 없는 경우에는 상법의 규정이 적용될 것이므로 거래의 당사자들은 굳이 힘들여 계약내용을 만들 필요가 없어지므로 편리하게 된다. 이렇게 당사자의 의사와 임의규정은 서로 보완하는 관계를 가지고 있다.

세계적으로 정기용선의 대내적인 관계에 대하여 규정을 가진 나라는 많지 않다. 왜냐하면 선박소유자와 정기용선자는 모두 상인으로서 대등한 협상력을 가지고 있다고 생각되기 때문에 굳이 법이 개입할 필요가 없기 때문이다. 규정을 가지고 있다고 하더라도 대개가 임의규정이다.

3. NYPE

현재 실무에서 가장 많이 사용되는 것은 1982년 NYPE이다. 정기용선계약서가 선하증권과 구별되는 가장 큰 특징은 정기용선자와 선박소유자는 직접 협상을 하여 용선계약서의 문구를 수정하고 추가조항(rider)를 둘 수 있다는 점이다. 선하증권은 이미 선박회사가 작성하여 미리 만들어 둔 것이기 때문에 화주는 이에 따르는 길밖에는 없다. 따라서 후자의 경우에 화주를 보호할 필요성이 제기되는 것이다.

NYPE의 내용에 대하여는 한국형 표준계약서를 설명할 때 하도록 한다. 추가조항의 대표적인 것으로는 Interclub agreement라는 것이 있다.[1)2)]

4. 우리 상법의 규정

(1) 현행상법

우리 상법이 규정하는 것은 정기용선의 대내적인 관계에 관한 것이다. 1991년 개정상법은 5개 조문을 추가하였다.

제812조의2는 정기용선계약의 의의이다. 선원이 승무하고 있는 선박을 용선하여 준다는 것이 중요한 점이다.

제812조의3은 NYPE의 제8조(사용약관)를 그대로 옮긴 것이다.[3)] 정기용선

---

1) Inter-Club New York Produce Exchange Agreement(1984)에 따르면, 선박소유자와 정기용선자의 운송물관련 사고와 관련하여서는 아래와 같이 책임이 분배된다. (1) 불감항, 항해상의 과실이나 선박관리상의 과실로 인한 클레임은 선주가 100% 부담한다. 단, 불감항이 선적, 적부, 고박, 양륙 혹은 이외의 화물취급에서 기인한 경우는 (2)와 같다. (2) 선적, 적부, 고박, 양륙 혹은 이외의 화물취급에서 기인한 클레임은 용선자가 100% 부담한다. 다만, 제8조에 "그리고 책임(responsibility)으로"라는 단어가 삽입되거나 혹은 선장이 화물취급에 책임을 진다는 취지의 문장의 삽입이 있는 경우에는 용선자는 50%를, 선주가 50%를 각각 부담한다. 선적, 적부, 고박, 양륙 혹은 화물취급의 잘못이 선박의 불감항에서 기인하였음을 용선자가 입증하는 경우에는 선주가 100%를 부담한다. (3) (1)(2)를 제외하고 화물부족 혹은 과적으로 인한 클레임은 용선자가 50%, 선주가 50%를 부담한다. 다만, 상기 클레임이 당사자의 어느 쪽의 발생 혹은 기타 행위나 태만에 의하여 발생하였다는 반론의 여지없는 증거가 있는 경우에는 그 당사자가 100% 책임을 부담한다. (4) 기타 모든 다른 화물클레임은 용선자가 50%를 선주가 50% 부담한다. 다만, 상기 클레임이 당사자의 어느 쪽의 행위나 태만에 의하여 발생하였다는 반론의 여지없는 증거가 있는 경우에는 그 당사자가 100% 책임을 부담한다.

2) NYPE 93은 제27조에 이를 명기하고 있으므로 rider를 이용할 필요가 없다.

3) 제8조 선장은 신속히 항해를 완성하여야 하고 또한 용선선박의 선원과 선박으로써 관습상의

자의 선장지휘권에 대한 것이다. 정기용선자는 선장을 상사적인 사항에 대하여 지휘할 권한이 있음을 정한다.

제812조의4는 선박소유자의 운송물유치권 및 경매권을 인정한 것으로서 정기용선자가 선박소유자에게 용선료를 지급하지 않은 경우에 선장은 운송물을 유치할 권리가 주어지고 경매할 권리도 주어진다는 것이다. 그러나 정기용선자가 발행한 선하증권을 선의로 취득한 제3자에 대하여는 행사할 수 없다.[4] 제812조의5는 용선자가 용선료지급을 연체하면 선박소유자에게 계약 해제 또는 해지권을 준다(제1항). 제1항의 경우에 선박소유자는 적하이해관계인에 대하여 정기용선자와 동일한 운송의무가 있다(제2항). 운송을 계속하여야 하는 운송인을 보호하기 위하여 이 때 정기용선자가 적하이해관계인에게 가지는 용선료/운임의 채권을 목적으로 질권을 설정한 것으로 간주한다(제3항). 선박소유자가 질권자가 되고 정기용선자는 질권설정자가 된다.

제812조의6은 정기용선계약의 채권의 소멸은 선박이 선박소유자에게 반환된 날로부터 1년임을 정한다.

(2) 개정상법

2007년 개정상법은 체제를 변경하면서 용선계약을 별도의 절로 나열한다. 정기용선은 제4절로서 제842조 이하에 규정된다.

정기용선계약상의 채권의 소멸에 대한 제척기간이 2년으로 연장된 점이 다르다. 위에서 말한 바와 같이 선박소유자의 연대책임이 적용되는 상법 제806조가 개정상법하에서는 제809조[5]로 되면서 정기용선자가 재운송인인 경우에도

모든 지원을 제공하여야 한다. 선장은 (비록 선박소유자가 선임하였다고 하더라도) 사용(취항)과 대리업무에 대하여 정기용선자의 명령과 지시에 따라야 한다. 그리고 정기용선자는 자기의 비용으로써 선장의 감독하에서 운송물의 선적, 적부 및 조정을 실행하여야 한다. 선장은 운송물에 관하여 제시된 선하증권에 대하여 운송물 수령증 또는 검량서류에 따라서 서명하여야 한다. (That the Captain shall prosecute his voyages with utmost despatch, and shall render all customary assistance with ship's crew and boats. The Captain(although appointed by the Owners), shall be under the orders and directions of the Charterers as regards employment and agency; and Charterers are to load, stow and trim and discharge the cargo at their expense under the supervision of the Captain, who is to sign Bills of Lading for cargo as presented, in conformity with Mate's or Telly Clerk's Receipts.

4) 그러므로 결국 정기용선자가 화주인 경우 혹은 정기용선자가 운송인이 된 경우에 송하인에 대하여만 적용된다고 생각된다.

적용되게 되었다.

Ⅲ. 定期傭船의 對外的 關係

1. 의 의

정기용선의 대외적 관계란 정기용선자와 선박소유자의 관계가 아니라 제3자, 예컨대 화주 혹은 선박충돌의 상대방 등을 말한다.

제3자에 대한 책임이 불법행위가 되는 경우에는 계약으로써 이를 규율할 수는 없다. 그러므로 법규정에 이러한 관계를 규율하는 내용이 있는지 살펴보아야 한다.

2. 학설의 입장

다수학설은 정기용선을 임대차와 유사한 것으로 이해한다.[6] 이의 장점은 상법 제766조를 이용할 수 있다는 점에 있다. 상법 제766조는 선박임대차(나용선)에 있어서 선박운항과 관련하여 선박임차인이 선박소유자와 동일한 권리와 의무의 주체가 되기 때문이다. 따라서 제766조를 이용하여 정기용선자가 선박소유자와 동일한 권리의무의 주체가 될 수 있어서 법률관계를 단순화시킬 수 있다는 것이다.

1991년 대법원은 선하증권상의 책임주체를 확정하는 사안인 폴사도스호 사건에서 정기용선자를 책임의 주체라고 판단하였다. 그 이론적인 근거는 정기용선계약은 선박임대차와 유사하므로 선박임차인에 해당하는 정기용선자가 상법 제766조에 따라 책임의 주체가 된다고 한 것이다.

이에 대하여 운송계약설이 있다. 주로 영국에서 공부를 한 분들의 견해이다.[7] 정기용선자는 최종적으로 운송계약을 체결하게 되므로 정기용선자는 선박

5) 제2장 운송과 용선 제1절 개품운송 제809조(항해용선자 등의 재운송계약시 선박소유자의 책임) 항해용선자 또는 정기용선자가 자기의 명의로 제3자와 운송계약을 체결한 경우에는 그 계약의 이행이 선장의 직무에 속한 범위안에서는 선박소유자도 그 제3자에 대하여 제794조와 제795조의 규정에 의한 책임을 진다.

6) 손주찬, 「상법(하)」(박영사, 1996), 768면; 정동윤, 「상법(하)」(법문사, 2003), 735면; 김인현, 「해상법」(법문사, 2007), 130면.

7) 채이식, 「상법(하)」(박영사, 2003), 643면; 박용섭, 「해상법」(형설출판사, 1998), 237면.

소유자의 대리인에 지나지 않고 운항을 하는 자는 선박소유자이므로 선박소유자와 화주 사이에 운송계약이 체결되는 것으로 이해한다.

3. 대법원 판례의 입장

대법원은 1991년의 폴사도스호 판결 이래로 두 개의 판례를 더 내놓았다.

(1) 폴사도스호 판결(대법원 1992.2.25. 선고 91다14215 판결)

폴사도스호 판결은 선하증권이 발행된 경우에 운송인으로서 책임주체는 누구인가 하는 문제였다. 대법원은 법적 성질을 이용하여 정기용선자가 책임의 주체라고 판시한 것이다.[8)]

(2) 로스토치호 판결(대법원 1994.1.28. 선고 93다18167 판결)

로스토치호 사건에서 대법원은 정기용선자가 자신의 책임하에 운송물을 고박할 의무가 있으므로 이를 잘못한 정기용선자가 운송물의 손상에 따른 책임을 부담한다고 판단하였다. 그러므로 불법행위를 청구권의 기초로 한 경우에 운송물에 대한 고박은 정기용선자의 책임하에 있으므로 정기용선자가 책임의 주체가 된다고 판시한 것이다. 대법원이 정확한 근거는 밝히고 있지 않지만, 운송물에 대한 고박의 경우에 선원들은 정기용선자의 피용자로 볼 수 있고 따라서 정기용선자가 사용자책임을 부담하는 것으로 이해할 수도 있을 것이다.[9)]

(3) 예인선 301호 판결(대법원 2003.8.22. 선고 2001다6977 판결)

2003년 예인선 301호 사건에서 대법원은 선박충돌은 해기사항이므로 해기사항은 선박소유자가 부담하는 사항으로서 선박소유자가 책임의 주체가 되어야 한다고 판시하였다.[10)] 이 판결은 일본의 풀문호 판결을 따르지 않은 것으로 획기적인 판결이라고 할 수 있고 그간의 실무의 이론과 맥을 같이한다고 할 수 있다.[11)]

---

8) 자세한 논의는 김인현, 「해상법연구」(삼우사, 2003), 393면.

9) 자세한 논의는 김인현, 전게 해상법연구, 475면.

10) 자세한 논의는 김인현, 전게 해상법, 134면.

11) 며칠 전에 발생한 코스코 부산호의 사고에서도 정기용선자인 한진해운은 불법행위책임을 부담하지 않는다고 생각된다.

따라서, 우리 대법원의 입장은 (i) 선하증권과 관련한 운송물사고의 경우에 운송인으로서 책임의 주체가 되는 자는 법적 성질에 따라서 정기용선자가 된다, (ii) 선박충돌과 같은 해기사항이 관련된 불법행위책임은 선박소유자가 된다, (iii) 화물의 적부 등과 같은 상사사항과 관련된 불법행위책임은 정기용선자의 책임이 된다.

책임	선하증권상 운송인의 계약책임	선박충돌과 같은 해기사항의 불법행위 책임	하역, 적부 등과 같은 상사사항의 불법행위 책임	항로의 선정
책임주체	정기용선자 (폴사도스호 판결)	선박소유자 (예인선 301호 판결)	정기용선자 (로스토치호 판결)	정기용선자의 권한
근거	법적 성질(선박임대차유사설), 상법 제766조	해기사항이므로 선박소유자가 사용자임	상사사항이므로 정기용선자가 선원의 사용자로 의제됨	NYPE 제8조

(i)에 대하여는 국내외적으로 많은 비판에 직면하여 있고, 앞으로 대법원의 판결이 있을 경우에는 선하증권의 유통성 등을 참조하여 책임의 주체가 확정될 것으로 판단된다.

4. 상법 제806조의 문제

상법 제806조는 선박이 재운송된 경우에 선박소유자도 운송인과 같이 법정의 연대책임을 부담한다는 내용이다.[12] 따라서, 선박이 선박소유자→용선자→화주로 된 경우에 용선자는 운송인으로서 선박소유자는 법정 연대책임자로서 함께 책임을 부담하게 된다.

현실적으로 이것은 화주를 보호하는 기능을 하게 된다. 예컨대, 운송인인 용선자가 자산이 없는 경우에 화주가 손해배상청구를 하여도 화주는 손해배상을 받지 못하게 된다. 만약, 선박소유자가 책임의 주체가 되면 채무자의 재산인 선박을 가압류할 수 있고, 승소하면 그 선박을 경매처분할 수 있는 것이다.

이 제806조에 대하여 용선자는 누구를 말하는지, 즉 항해용선자만을 말하는지 정기용선자도 포함되는지 논란이 되고 있다. 다수학설은 이 때의 용선자

12) 자세한 내용은 김인현, 전게 해상법, 144면 이하.

는 항해용선자를 의미한다고 해석하는 반면, 실무의 해상변호사들은 정기용선자도 포함된다고 한다. 선박소유자→정기용선자→화주로 용선이 된 경우에 선박소유자도 운송인인 정기용선자와 함께 책임을 부담한다는 것이다.

2007년 상법을 개정하면서 한국해법학회에서는 제806조를 항해용선자라고 명기하고자 하였으나, 법무부 개정위원들은 오히려 정기용선도 포함한다고 개정하였다. 그러나 적용범위는 개품운송에 한정됨으로써 선박소유자로서는 한결 가벼운 책임이 되었다고 생각한다.

대법원은 제806조가 적용되는 경우에 선박소유자는 나용선자가 된다고 판시하였다. 그러므로 선박소유자의 선박이 가압류되지는 않게 되었다.

Ⅳ. 定期傭船과 관련된 最近의 이슈

1. 힐하모니(Hill Harmony)호 사건(영국 귀족원 2000.12.7. 판결)

(1) 사실관계

위 사건은 선박소유자와 정기용선자의 대내적인 책임을 다룬 사례이다. 선박은 정기용선이 되었다. 선장은 선박소유자가 선임감독하는 상황이다. 미국 서해안과 일본을 오고가는 항해를 하던 중 선장은 대권항해를 하여 유니막 패스를 하지 않고 럼브라인으로 남쪽으로 내려와서 항해를 시도하였다. 선장은 유니막 패스를 하다가 저기압을 만나서 혼이 난 적이 있어서 이를 염려하여 항정이 더 걸리는 럼브라인 항해를 선택하였다.

다음 항차에서 정기용선자는 대권항해를 하라고 하면서 오션루트(ocean route)를 통하여 최적의 항로를 권고하였다. 이 때에도 선장은 럼브라인을 선택하였다. 공교롭게도 저기압을 만나 항해가 더 걸리게 되었다.

이에 정기용선자는 ① 2항차 5일에 해당하는 용선료지급중단(off-hire)을 요구, ② 5일 동안의 선박연료유 소모에 대하여 클레임을 청구하였다. 정기용선자의 주장은 선장이 정기용선자의 지시를 따르지 않았기 때문에 발생한 손해라는 것이었다. 이에 대하여 선주는 항로의 선정은 선장의 고유의 권한이므로 정기용선자의 지시를 따를 이유가 없다고 항변하였다.[13]

13) 자세한 논의는 전게 해상법연구, 459면 이하.

(2) 판결의 내용

중재, 1심법원, 2심법원은 반전을 거듭하였다. 영국의 귀족원은 항로의 선정은 선박의 사용과 관련되는 것이지 해기사항과 관련되는 것이 아니라고 판시하였다. 정기용선은 용선자가 선박을 자신의 영업에 이용하기 위하여 빌리는 것으로 항로선정이 잘못되어 항차가 길어지면 용선자는 손해를 보게 되므로, 항로의 선정은 항구의 지정 혹은 선택과 동일한 의미를 가진다고 하였다.[14)]

이러한 판결의 근거는 제8조 사용약관(employment clause)에 있다.

(3) 교 훈

정기용선계약은 항해(해기)사항과 상사사항으로 나뉘어 항해사항은 선박소유자의 고유의 영역이고 상사사항은 정기용선자의 고유의 영역이다. 선장이 선박을 조종하는 것은 항해(해기)사항임에 틀림없다. 태풍을 만나서 선박이 피항조치를 취하는 것은 해기사항이 되지만, 항로선정을 하는 것은 상사사항에 해당하게 된다. 그러므로 정기용선자가 특별한 지시를 하면 이에 따르지 않으면 용선계약위반이 된다.

본 판결은 물론 영국법이 준거법이었지만, 우리나라도 제8조 사용약관이 입법화되어 있으므로, 동일한 해석이 내려질 것으로 본다. 영업에서는 이를 숙지하여야 할 것이다.

2. 스타신(Starsin)호 사건(영국 귀족원 2003.3.13. 판결)

(1) 사실관계

선박이 정기용선이 되었다. 선원들의 운송물 적부불량으로 손해가 발생하였다. 선하증권이 발행되었는데 정기용선자의 서식이 사용되었다. 서명을 정기용선자의 대리인 X가 서명한 것이다. 그런데 이면에는 선박소유자가 운송인이라는 취지의 운송인특정약관이 있었다.

정기용선자가 도산하자, 화주측은 선박소유자를 상대로 손해배상청구소송을 제기하였다.[15)16)]

---

14) The Hll Harmony, [2001] 1 Lloyd's Rep., 156.

15) 이 판결의 평석에 대하여는 김인현, "정기용선하에서 발행된 선하증권상의 운송인의 확정과 히말라야약관의 적용범위에 대한 영국 귀족원 스타신호 사건(2003.3.13)," 「한국해법학회

(2) 판결의 내용

1심에서는 정기용선자의 서식이 사용되고 정기용선자가 서명한 것이므로 정기용선자가 운송인이라고 판시되었다. 그러나 항소심에서는 선하증권 이면의 운송인특정약관을 우선시켜 선박소유자가 운송인으로서 책임을 부담한다고 판시되었다. 소수의견으로서 타이핑된 문구가 프린트된 문구보다 우선적으로 적용되어야 한다는 의견이 제시되어 정기용선자가 운송인이라고 하였다.

귀족원에서는 (i) 화주 혹은 선하증권의 소지인은 이면의 내용을 읽지 않고 전면의 운송인이 누구인지를 판단할 것이므로 이에 무게를 두어야 한다, (ii) UCP에서 운송인의 성명은 기재되도록 되어 있다, (iii) 타이핑된 문구가 프린트된 문구보다 우선적인 효력이 부여되는 것이 일반원칙이다는 점을 근거로 정기용선자의 선하증권임을 인정하였다.

(3) 교 훈

정기용선의 경우에 많이 발생하는 쟁점은 역시 운송인으로서의 책임주체가 누구인가 하는 점이다.

영국에서는 정기용선에서는 선장은 선박소유자가 선임감독하는 것이므로 선장이 서명하게 되면 선박소유자의 선하증권이 됨이 전통적인 견해였다. 그러나 여러 사정을 통하여 선하증권의 운송인이 확정되는 것이 최근의 경향이다. 스타신 판결도 이러한 판결의 추세를 말한다.

해운회사가 정기용선자로서 운송인이 되는 경우에는 서명란에 정기용선자로서 서명을 하는 것이 법률관계를 분명히 하는 것으로 좋다고 본다. 만약 해운회사가 선박소유자로서 선박을 정기용선하여 주는 경우라면 운송인특정약관을 삭제하라는 약정을 정기용선자와 체결하는 것이 좋다고 본다.

Ⅴ. 韓國海法學會의 한국형 定期傭船契約書式[17)]

1. 연 혁

2005년 8월 배병태 전 해법학회 회장이 상사중재원, 한국선주협회 등과 같

지」, 제29권 제1호(2007.4), 55면 이하.

16) The Starsin, [2003]1 Lloyd's Rep., 578.

이 한국형 해사표준계약서를 해법학회에서 작성하는 것이 어떠한가라는 주제를 가지고 한국해법학회 이사회가 개최되었다.

이에 대하여 반대의 견해도 있었다. 하나는 상사중재원에서 용역을 실시한다면 상사중재원을 용선계약서 등에 유일한 중재기관으로 하고자 할 것인바 이는 최근에 논의되어 온 해양수산부와 선주협회 주관의 해사중재원의 설립이라는 장기적인 계획과 배치되는 것이 된다는 점, 한국형이라는 것은 결국 용선계약 등이 다른 국가의 용선자와 연결되는 문제가 있으므로 영문판이 없으면 실효성이 떨어질 것인바 영문판을 작성한다는 것은 쉽지 않은 일이 된다는 점 등이 그 이유였다.

이러한 반대견해에 대하여, 한국의 중재에 의한다고 하면서 상사중재원을 기입하지 않는다는 중도적인 견해가 제기되기도 하였다. 결국 한국해법학회가 판권을 가지므로 장래 해사중재원이 설립되고 업계가 희망하면 중재기관을 해사중재원으로 기입하는 것은 문제가 없다는 것으로 정리를 하면서 대한상사중재원을 중재기관으로 기입하고 이의 사용은 업계의 판단에 맡기기로 하였다. 영문판의 문제는 표준영문서식으로부터 꼭 필요한 준거법과 중재 그리고 한국법하에서 무효의 가능성이 있는 것만 우리 것으로 교체하고, 교체한 것은 별도로 영문을 만들어 해설에 추가하도록 하고, 표준영문서식의 것을 그대로 첨부하여 업계의 사용에 이용하도록 하기로 하였다.

이렇게 하여 업계의 수요조사를 마친 결과, 항해용선표준계약서(GENCON)(박길준 교수), 석탄용 항해용선표준계약서(정완용 교수), 정기용선표준계약서(NYPE)(김인현 교수), 정기선용 및 용선계약표준선하증권(최준선 교수), FIATA 복합운송선하증권(임동철 교수), 선박매매계약서(최종현 교수) 그리고 표준조선계약서(배병태 박사) 등 8종을 선정하였다.

한국해법학회는 여러 차례의 회의를 마친 다음 완성품을 상사중재원에 제출하였고, 상사중재원은 이를 상용화하기 위하여 1000권을 책자로 만들어 배포하면서 2006년 11월 설명회를 개최하였다.

한국해법학회와 상사중재원은 각 표준계약서의 각각을 사용이 가능한 형태로 인터넷의 홈페이지에 올려서 업계에서 무료로 다운로드받아서 각 선사 혹

---

17) 부록참조. 대한상사중재원의 홈페이지에서도 얻을 수 있다.

은 화주가 사용이 가능하게 할 생각이다. 수요자들이 변경을 희망하는 경우에는 그렇게 하는 것도 가능하지만, 통일성을 기하기 위하여는 현재의 서식을 그대로 유지하는 것이 소망스럽다. 서울(무역협회)과 부산(상공회의소)에서 있은 설명회에는 각각 150여명과 50여명의 관계자들이 참석하여 성황을 이루었다.

2. 한국형 정기용선표준계약서 일반

(1) 의 의

한국형 정기용선표준계약서는 NYPE 93을 근간으로 하여 가능하면 우리 법체제에 적합하도록 하는 한편, 원문 그대로 번역하고 꼭 필요한 부분만은 수정을 가하였다. 수정이 된 부분은 한국법 준거법(제45조), 선택적인 소송 및 중재조항(제46조)이다.

본 용선계약을 제대로 이해하기 위하여는 용선계약과 개품운송계약의 차이점을 명확히 이해하여야 한다. 용선계약에는 나용선(선박임대차), 정기용선 그리고 항해용선이 있다. 상법 제780조에서 말하는 운송계약의 두 가지 종류는 개품운송과 항해용선계약을 말하는 것이다.

정기용선은 선박소유자와 정기용선자 사이의 관계를 다루는 것이고, 정기용선자는 그 다음 단계로서 화주와 항해용선계약 혹은 개품운송계약을 체결하게 된다. 용선계약의 당사자는 수많은 선주와 용선자들이 있기 때문에 자유롭게 협의한 다음 계약이 성립되므로 계약자유의 원칙이 적용된다. NYPE 서식을 당사자들이 협의하에 삭제하고 추가하고 심지어 많은 추가내용(rider)을 삽입하고 있다. 이것이 바로 계약자유의 원칙이 적용된다는 실례가 된다.

이에 반하여 선하증권의 발행을 동반하는 개품운송계약은 운송인이 미리 작성한 선하증권의 내용을 송하인이 받아들여야만 하는 입장에 있다. 개품운송인, 예컨대 컨테이너 운송인의 경우에는 한 척당 1000여명에 이르는 송하인과 일일이 모든 사항에 대하여 협의를 할 수가 없기 때문에 선하증권을 미리 작성하여 두고 변경없이 선하증권이 발행되어 이것이 운송계약의 내용을 증명하게 되고 운송인과 송하인의 관계를 결국 규율하게 된다. 이런 점에서 개품운송은 부합계약이라고 하고, 화주의 보호가 필요하게 된다. 그리하여 헤이그규칙이나 헤이그비스비규칙 등 선하증권과 관련한 국제조약이 존재하게 되는 것이고, 우리 상법 해상편에서도 주된 규율의 대상은 개품운송이 되는 것이다.

(2) 정기용선의 두가지 要諦

1) 선박사용의 허락과 용선료지급

정기용선의 요체는 일정한 기간동안 선박의 사용을 선박소유자가 정기용선자에게 허락하고, 정기용선자는 이에 대한 대가로 용선료를 지급함에 있다. 이에 대한 약정이 있을 수밖에 없다. 선박소유자는 자신이 선임 · 감독하는 선장을 통하여 선박을 계속하여 점유 · 지배한다(제6조). 정기용선자는 용선기간동안 자신의 영업에 선박을 사용할 권한을 가진다(제7조, 제8조).

2) 해상기업주체로서의 정기용선자

정기용선자는 해상기업의 주체가 된다. 해상기업의 수입의 원천은 용선과 운송에 있다. 용선을 통하여 용선료를 취득하고 운송을 통하여 운임을 취득한다. 용선계약은 정기용선자로 하여금 그 다음 단계로서 정기용선자 자신이 선주가 되어 선박을 용선하여 줄 수 있게 하고 운송이 가능하게 하여주는 약정이 필요하게 될 것이다(제18조).

3. 한국형 정기용선표준계약서 주요내용

(1) 선박의 인도규정과 대가규정

용선의 요체는 선박에 대한 사용권의 허락에 있으므로 선박의 인도가 불가결의 요소가 된다(제2조). 이에 대한 반대급부로 용선자는 용선료를 지급하여야 한다(제11조).

(2) 선박소유자와 용선자의 역할 분담

선박소유자는 선원이 승선하고 비품이 갖추어진 선박을 용선자에게 제공하여야 한다(제6조, 제26조). 이에 대하여 용선자는 도선사의 승선과 연료유의 보급에 대한 비용과 책임을 부담한다(제7조, 제9조). 전자는 항해사항으로부터 기초하고 후자는 상사사항으로부터 기초한다. 선장은 선박소유자가 선임 · 감독하지만 상사사항에 대하여는 용선자의 지시에 따라야 한다. 이에 대한 규정이 사용약관(employment)에 나타나 있다(제8조).

선박의 조종은 항해사항이다. 선박충돌, 좌초, 항로선정의 잘못 등은 항해사항에 해당한다. 이에 반하여 선적항 및 양륙항의 선정, 항로의 지정 등은 상사사항이다. 그러므로 항해사항에서 사고가 발생하면 선박소유자가 책임의 주체가 된다. 정기용선중인 선박의 충돌사고에서 선박소유자가 책임의 주체가 된다는 2005년 대법원의 판결은 이에 기초한다. 영국 귀족원의 Hill Harmony 사건(2000.12.7)에서 정기용선자의 항로선정에 대한 지시사항을 무시한 선장은 용선계약위반이 된다는 판결도 이를 상사사항으로 이해한 결과이다.

(3) 용선료지급중단약관(off-hire)

정기용선에 있어서 용선선박의 사용은 가장 중요한 것이다. 그런데 선주측의 잘못으로 선박을 사용하는 것이 불가능할 경우에는 용선료의 지급은 중단되어야 한다. 이러한 내용이 용선료지급중단약관의 내용이다(제17조). 그런데 어떠한 사정까지 용선료중단사유가 될 것인가가 항상 문제가 된다. 선박자체의 완전한 가동이 방해를 받는 경우에만 용선료지급중단이 된다. 다만, 무엇이든(whatsoever)이라는 단어가 추가된 경우에는 그 사유가 확장되는 효과가 있다. 선박의 크레인이 고장나서 하역작업을 하지 못하는 경우, 기관고장으로 선박이 항행을 계속하지 못하는 경우가 용선료지급중단이 되는 대표적인 사유이다.

(4) 선하증권의 발행

선하증권은 선장이 서명하여 발행하는 것이 원칙이다. 정기용선자가 송하인과 운송계약을 체결하여 선하증권을 발행하게 되는 경우에 정기용선자 자신이 선하증권에 서명을 하는 경우도 있지만 그렇지 못할 경우에는 선장이 서명을 하여 선하증권을 발행한다. 이러한 경우에 대비하여 선장은 용선자의 지시에 따라 선하증권에 서명을 하여야 한다고 정한다(제30조).

그런데 정기용선하에서 선하증권이 발행된 경우에 선장이 서명하면 누가 선하증권의 발행주체가 되는지, 즉 선하증권상 책임의 주체가 되는지가 크게 다투어지고 있다. 영국에서는 선장이 서명한 경우에는 선박소유자가 선하증권의 발행주체가 된다고 해석한다. 그러나 선하증권상 책임주체는 선하증권상 여러 가지 요소를 고려하여 책임의 주체를 정하여야 한다.

우리나라의 1992년 폴사도스호 사건에서 대법원(1992.2.25. 선고 91다14215 판결)은 법적 성질을 이용하여 정기용선자가 운송인으로서 책임의 주체가 된다고 판시하였지만, 일본의 쟈스민호 판결(1998.3.27)과 영국의 스타신(Starsin)호 판결(귀족원 2003.3.13) 등에서 선하증권의 유통성을 강조하여 선하증권의 발행주체가 누구인가를 파악하여 책임의 주체로 한다. 이러한 경향은 우리나라 실무에서도 받아들여지고 있기 때문에 대법원의 폴사도스호 판결은 변경될 것으로 보인다.

(5) 안전항

용선자는 상사사항에 대한 권리를 가지기 때문에 항구의 선정은 전적으로 용선자의 지배하에 있게 된다. 그런데 용선자가 지정한 항구가 안전하지 않은 경우에는 선박이 선저손상을 입거나 좌초하거나 하게 될 것이다. 그러므로 용선자는 안전한 항구를 지정하여 선박을 입항하게 할 의무를 부담하게 된다. 이를 위반하게 되면 이에 대한 모든 손해를 배상하여야 한다. 이것이 제12조의 내용이다.

(6) 선박소유자의 불법행위책임의 근거

第26조(항해)는 본 용선계약서의 어느 조항도 용선자에 대하여 선박을 임대차한 것으로 해석되어서는 아니되고, 선박소유자는 용선선박의 항해, 선원 등의 사항에 대하여 자기의 계산으로 항해하는 경우와 동일한 책임을 부담한다고 정한다.

이 조항은 책임의 주체를 확정함에 있어서 중요한 역할을 한다. 용선자가 나용선자가 되는 것은 아니라는 것이다. 선박소유자가 자신의 선원을 통하여 항해에 대하여 전적으로 책임을 부담한다는 내용이다. 상법 제766조에 따르면 나용선의 경우에는 나용선자가 선박소유자를 대신하여 선박운항과 관련한 권리와 의무의 주체가 된다. 그러므로 나용선의 경우에 선박충돌의 책임의 주체는 선박소유자가 아니라 나용선자가 되는 것이다. 이 조항에 의하면 정기용선자는 나용선자가 되는 것이 아니라 여전히 선박에 대한 항해와 선원에 관한 사항은 선박소유자가 지배하는 것이라고 하므로, 선박충돌과 같은 항해사항에 대한 책임의 주체는 선박소유자가 되는 것이다.

(7) 선하증권에 추가되어야 할 사항

본 계약서에서 가장 이해하기 어려운 부분이 제31조(보호조항)이다. 본조는 정기용선하에서 선하증권이 발행되는 경우를 적용대상으로 한다. 위에서 본 바와 같이 정기용선자가 자신의 영업을 위하여 운송계약을 체결한 경우에 선하증권이 발행되어 원칙적으로 자신이 운송인이 되어 책임의 주체가 되어야 하지만, 영국법하에서는 선장이 서명하면 이는 선박소유자의 선하증권이 되어 선박소유자가 책임의 주체가 되는 경우도 있다. 또한 대물소송(action in rem)의 법리에 따라 선주가 최종적인 책임의 주체가 된다. 이러한 경우에 대비하여 선박소유자는 정기용선자에게 자신의 이익을 보호하기 위하여 일정한 내용을 가지는 조항들을 정기용선자가 발행하는 선하증권에 추가하기를 요구하게 된다. 이것이 바로 제31조의 내용들이다.

1) 지상약관

지상약관은 미국의 해상물건운송법(COGSA) 혹은 헤이그비스비규칙이 우선적용되는 준거법이 된다는 것이다. 비록 제45조에서 한국법이 준거법이 된다고 하여 이것이 선하증권에 추가된 경우에 운송계약과 관련하여서는 미국의 해상물건운송법 등이 적용되고, 계약의 성립 등 일반적인 내용에 대하여는 한국의 상법이나 민법이 적용될 것이다.

2) 쌍방과실충돌약관

이 조항은, 각종 상법교과서에서 아직도 일본의 법을 우리 법과 동일하게 설명하고 있는 점에서 이해를 어렵게 한다. 선박충돌손해에 대하여 우리나라는 분할책임을 부담하고 있다는 점을 염두에 두어야 한다. 일반충돌은 연대책임이지만, 우리 상법 해상편은 1910년 국제조약의 입장을 수용하여 이를 변경하였다. 그러나 미국과 일본은 아직도 연대책임으로 한다. 연대책임으로 한다는 것은 甲선박(화주 A)과 乙선박(화주 B)이 있고, 양 선박의 쌍방과실로 인한 충돌사고로 화주 B의 화물이 10억의 손상을 입었다면, B는 甲선박 혹은 乙선박 어느 쪽에나 자신의 손해의 전액인 10억을 청구할 수 있다는 것이다. 우리 상법은 甲선박과 乙선박은 각각 자신의 과실비율에 따른 책임만 부담하도록 되어 있다(상법 제846조). 그러므로 각각의 과실비율이 50%씩이라면, 화주 B는 乙에게는 항해과실이 인정된다면 乙은 면책되고,[18] 甲에게만 5억만을 청구할 수 있다는 것이 된다. 그런데 미국법과 일본법하에서는 연대책임을 부담하므로 甲에게도 100%인 10억을 청구할 수 있게 된다. 이 점에서 우리 법과 차이가 있다.

---

18) 실제로는 화주 B는 자신의 적하보험자로부터 보험금을 수령할 것이다.

쌍방과실충돌약관의 내용은 아래와 같다.

① 화주 B는 甲선박에게서 10억을 배상받았다. ② 화주 A는 乙선박에게서 다시 10억의 청구가 가능하다. ③ 전체로 보면 甲과 乙은 항해과실이 인정되므로 전체 손해의 1/2만 배상하면 될 것이 전액의 배상이 된 것이 된다. ④ 甲선박과 乙선박은 내부적으로는 과실비율에 따라 구상청구가 가능하므로 甲은 乙에게 자신이 초과지급한 부분만큼 구상을 하게 된다. ⑤ 그러면, 그 구상을 받게 되는 금액만큼 자신의 화주로부터 회수받는다는 취지의 약정을 하게 된다(즉, 화주 B에게 10억을 배상한 甲선박은 乙선박에게 자신이 초과지급한 5억을 구상하게 되면 乙은 이를 화주 B에게 회수받는다).

미국법에서는 이러한 선하증권의 내용이 운송인이 자신의 책임을 면하거나 감경하게 된다고 하여 유효성이 문제가 된다. 우리 법하에서는 분할책임을 취하고 있으므로 유효할 것으로 보이고, 미국에 기항하는 경우에 대비하여 본 조항은 그대로 존치하였다. 한국에서만 운항하는 선박의 경우에는 선하증권에 본 조항을 삽입할 필요가 없으므로 본 용선계약서에서도 삭제하여도 될 것이다.

(8) 준거법 및 재판/중재약정

한국형 표준계약서식을 만드는 것이므로 굳이 외국법을 준거법으로 할 수 없고 한국법을 준거법으로 하였다(제46조). 외국의 용선자 등과 합의하는 과정에서 중도적인 국가의 법을 준거법으로 할 수 있을 것이다. 다만, 한국법도 우수한 해상변호사와 해상법교수들의 노력으로 안정되어 있으므로 굳이 한국인 사이의 계약에도 외국법을 준거법으로 할 이유가 없다.

원래 NYPE 원본에서는 영국 런던과 뉴욕 중재 중에서 선택하여 중재로 처리하도록 되어 있다. 그런데 본 계약에서는 서울중앙지방법원과 대한상사중재원을 선택적으로 취할 수 있고, 만약 선택이 되지 않은 경우에는 대한상사중재원의 중재를 하는 것으로 간주하는 규정을 두었다.[19]

---

19) 제46조 중재/재판관할

(1) 이 계약으로부터 또는 이 계약과 관련하여 또는 이 계약의 불이행으로 말미암아 당사자간에 발생하는 모든 분쟁, 논쟁 또는 의견차이는 대한민국 서울에서 대한상사중재원의 중재규칙 및 대한민국법에 따라 중재에 의하여 최종적으로 해결한다. 중재인(들)에 의하여 내려지는 판정은 최종적인 것으로 당사자 쌍방에 대하여 구속력을 가진다. (2) 본 계약으로부터 발생되는 모든 분쟁의 본안에 관한 제1심 재판의 관할은 서울지방법원의 전속관할로 하

4. 結

유치권조항과 같은 경우는 우리 법하의 유치권과 전혀 다른 문구를 가지고 있다. 우리 법하에서 유치권은 법정담보물권으로서 점유를 전제로 하지만, 본 계약서의 것은 약정유치권의 성격을 가지고 있으며 우선변제권으로 번역하는 것이 더 좋을지 모른다. 이와 같은 부분에 대한 연구가 진행되어야 할 것으로 보인다.

한국형 표준계약서의 작성이 당장 실무에 어떠한 큰 영향을 미칠 것으로 생각하지는 않는다. 그러나 이러한 시도가 한국의 해상법을 세계화시키고 발전시키는 계기가 될 것으로 믿는다. 이러한 노력들이 쌓이게 될 때 한국법정은 고객들이 선호하는 법정이 되어 한국의 사건이 우리나라 법정에서 많이 해결될 것으로 본다.

기로 한다. 제46조 제1항 및 제2항은 선택적임. 두 조항 중에 적용되지 않는 조항은 삭제할 것. 삭제되지 않는 경우에는 제46조 제1항을 적용함.

제 3

외국판례

定期傭船하에서 발행된 船荷證券상의 運送人의 確定과 히말라야약관의 적용범위*

(英國 貴族院의 Starsin 판결(2003.3.13))

Ⅰ. 序 論

해상기업의 영업활동은 용선과 운송으로 대별된다. 선박을 소유한 자는 자신이 직접 선박을 운항하기도 하고, 선박을 다른 자에게 용선하여 주기도 한다. 용선자와 소유자 사이는 용선계약이 존재하고 용선료를 선박소유자가 용선자로부터 지급받는다. 다음 단계로서 용선자는 화주와 운송계약을 체결한다. 용선자와 화주 사이에는 운송계약이 존재하고 운송인으로서 용선자는 화주로부터 운임을 지급받는다.[1] 용선료와 운임은 해상기업수입의 원천이 된다.

선박은 육상의 다른 동산과 달리 선박의 사용방법이 다양화됨으로써, 다양한 지위를 갖는 운송인이 등장하는 것이 해상법의 특징의 하나로 되어 왔고 여기에 따라 많은 법률적인 문제도 야기된다. 특히 선박이 정기용선되고 정기용선자가 운송인이 되는 경우에 운송계약상의 책임주체가 누가 되는 것인지에 대하여 많은 논란이 있어 왔다. 이러한 논란은 정기용선의 경우에 정기용선자가 운송계약을 체결하기는 하지만 그 계약을 실행하고 선하증권에 서명하는 자는 선박소유자가 선임하고 관리하는 선장이 되므로 외관상 마치 선박소유자가 운송계약을 이행하는 것으로 보이기 때문이기도 하다. 선박소유자가 여전히 운송인이라는 운송계약설의 입장을 뒷받침하는 논거로서 運送人特定約款(Identity of

---

* 본 논문은 2006년 9월 15일 한국해법학회 제1회 판례연구회에서 발표한 내용을「한국해법학회지」, 제29권 제1호(2007.4)에 기고한 글이다.

1) 상법 해상편은 운송계약을 주로 규율하지만, 실무적으로는 용선도 중요한 해상기업활동의 하나이다.

Carrier/Demise Clause)이 있다. 이는 본 운송계약에서 선박소유자가 운송인이라는 취지이다. 이와는 반대로 정기용선자가 운송인이 된다는 선박임대차유사설에서는 정기용선의 법적 성질이 선박임대차와 유사하므로 상법 제766조를 이용하여 정기용선자가 운송인이 된다고 한다. 정기용선하에서 선하증권이 발행된 경우에 선하증권의 유통성을 보호하기 위하여 선하증권의 문면에 나타난 여러 사정을 감안하여 운송인을 확정하여야 한다는 입장도 있다. 이러한 논쟁은 우리나라를 비롯한 세계 선진해운국에 공통으로 존재하여 왔다. 본 평석대상의 판결은 선하증권의 문면의 내용을 강조하는 입장으로서 정기용선자를 운송인으로 보았다.

다양한 형태의 용선과 운송이 관여된 해상법의 영역에서는 운송인이 누리는 면책이나 책임제한의 이익을 피용자 혹은 독립계약자에게도 누리게 할 필요성이 제기된다. 그리하여 각 선하증권에는 히말라야약관이 삽입되어 있다. 그런데 히말라야약관의 내용에 대한 합의를 하는 당사자는 운송인과 송하인이고, 직접 제3자인 피용자 혹은 독립계약자들이 송하인과 계약을 체결한 것이 아니기 때문에 그 유효성이 항상 문제되어 왔다. 이에 따라 영국에서는 히말라야약관의 작성자들은 주의깊게 문구를 작성하여 대리의 법리를 통하여 효력이 부여되도록 하였다. 히말라야약관과 관련하여 문제가 되는 것은 그 유효성, 독립계약자 등 수익자의 범위, 면책 등의 범위이다. 복합운송이 발전하면서 더 많은 운송인과 독립계약자들이 하나의 운송계약에 개입되게 됨으로써 히말라야약관은 더욱 법률가들로부터 각광을 받고 있다.[2] 본 판결에서는 그 중에서도 독립계약자의 인정범위와 면책의 범위가 논하여졌다.

II. 事實關係

피고 선박소유자는 본선을 CPS에 정기용선하여 주었다. 본선은 1995년에 말레이시아에서 안티워프에까지 각재 및 합판(timbers) 등을 싣고 왕복 운항하는 운송에 투입되었다. 화주와의 운송계약에 있어서 운송인측에 정기용선자와

2) 미국 연방대법원 2004.11.19. 판결의 커비 사건은 그 좋은 예이다. 이에 대하여는 김인현, "철도운송인의 히말라야약관의 책임제한규정 원용가능여부에 대한 미국연방대법원의 2004.11.9. 커비사건,"「상사판례연구」(2006.10)를 참고바람.

선박소유자가 관여하게 되었다.

선박소유자와 정기용선자 사이에는 NYPE 정기용선계약서가 사용되었고, 아래와 같은 전통의 제8조가 들어 있었다.

> 제8조
>
> 선장은 비록 선박소유자에 의하여 지명되지만, 선박의 이용과 대리에 대하여는 용선자의 지시와 명령에 따라야 한다. 그리고 용선자는 자신의 비용으로, 선장의 감독하에, 화물을 선적, 적부, 고박, 양륙한다. 선장은 화물수령증에 따라 제시된 선하증권에 서명을 한다.3)

발행된 선하증권은 표면에 큰 글씨로 회사명의 頭書와 로고 마크를 표기한 정기용선자 CPS의 서식이 사용되었다. 선하증권 전면의 우측 하단의 서명란에 "As Agent for Continental Pacific Shipping(The Carrier) UNITED PANSAR SDN. BHD(운송인 CPS의 대리인으로서 UPS)"라고 타이핑되어 기재되어 있고 현지대리인인 UPS가 서명을 하였다. 본 사안에서의 준거법은 헤이그규칙이다.

전면의 선언조항(Attestation clause)에서는 선장이 선하증권에 서명한다는 내용이 있었다.4)

선하증권의 이면에는 운송인에 대한 정의, 디마이즈 약관, 운송인 특정약관 그리고 히말라야약관도 들어 있었다.

> 선하증권 이면 제1조 정의
>
> 본 선하증권의 전면과 이면에서 아래의 표현은 아래와 같이 지정된 의미를 가진다.
>
> (c) 운송인이란 본 선하증권에 자신을 위하여 서명할 당사자를 의미한다.5)

---

3) The Captain (although appointed by the Owners), shall be under the orders and directions of the Charterers as regards employment and agency; and Charters are to load, stow, trim, tally/lash/unlash/secure/unsecure/demurrage/undemurrage and discharge the cargo at their expense under the supervision of the Captain, who is to sign bills of lading for cargo as presented, in conformity with Mate's or Tally Clerk's receipts.

4) IN WITNESS whereof the Master of the said Vessel has signed the number of original Bills of Lading stated below, all of this tenor and date, one of which being accomplished, the others to stand void.

5) 1. DEFINITION In this Bill of Lading on the front and on the back the following expressions shall have the meanings hereby assigned to them... (c) "Carrier" means the party on whose behalf this Bill of Lading has been signed.

선하증권 이면 제33조 운송인특정약관(Identity of Carrier Clause)

이 선하증권에 의하여 증명되는 계약은 상인과 선박소유자 사이에 체결된 것이고 선박소유자만이 본 운송계약에 의하여 발생하는 손해에 대하여 책임을 부담한다. 전문에도 불구하고 다른 자가 운송인으로 판시되면 법률 혹은 본 선하증권에서 제공되는 면책 혹은 책임제한은 그 자에게도 적용된다. 본 선하증권을 선장을 대리하여 서명하여 발행하는 선박회사 혹은 대리인은 본 거래에서 본인이 아니기 때문에 그 선박회사 혹은 대리인은 본 운송계약으로부터 야기되는 어떠한 책임도 부담하지 않고 운송인이 아니다.6)

선하증권 이면 제35조 디마이즈 약관(demise clause)

본선이 본 선하증권이 발행된 회사에 의하여 소유되거나 나용선되지 않은 경우에는 본 선하증권은… 선박소유자를 본인으로 하여 개인적인 책임을 부담하지 않는 대리인을 통하여 체결된 운송계약으로서의 효력을 가진다.7)

선하증권 이면 제5조 히말라야약관

<제1문> 어떠한 사용인 혹은 대리인(독립계약자 포함)도 화주에 대하여 어떠한 책임도 부담하지 않는다.8)

<제2문> 그리고 운송인에게 적용되고 운송인에게 자격이 주어지는 모든 권리, 책임제한, 항변 등은 독립계약자를 포함한 모든 그러한 운송인의 사용인과 대리인의

---

6) The contract evidenced by this Bill of Lading is between the merchant and owner of the vessel ... and ...the shipowner only shall be liable for any damage ... arising out of the contract of carriage. If despite the foregoing, it is adjudged that any other is the carrier and/or bailee of the goods ship hereunder, the carrier and/or bailee of the goods ship hereunder, or limitation of, and exoneration from liabilities provided for by law or by this Bill of Lading shall be available to such other. It is further understood and agreed that as a line, company or agent who has executed this Bill of Lading for and on behalf of the master is not a principal in the transaction and the said line, Company or agent shall not be under any liabilities arising out of the contract of carriage, nor as carrier nor bailee of the goods.

7) 본 사안에서는 다마이즈 약관이라는 제목이 붙어 있지 않다. If the ocean vessel is not owned or chartered by demise to the company or line by whom this Bill of Lading is issued ... this Bill of Lading shall take effect only as a contract of carriage with the owner ... as principal made through the agency of the said company or line who act solely as agent and shall be under no personal liability whatsoever.

8) It is hereby expressly agreed that *no servant or agent of the carrier* ... including *every independent contractor* from time to time employed by the carrier) *shall in any circumstances whatsoever be under any liability whatsoever to the shipper, for any loss,* damage....,

원용이 가능하다. 그 운송인은 자신의 대리인 혹은 사용인으로 되는 모든 사람을 대리하여 그리고 그들의 이익을 위하여 행위를 하는 것으로 간주된다.[9)]

<제3문> 그리고 그러한 사람들은 이러한 한도에서 본 선하증권에 포함되고 증명되는 당사자로 간주된다.[10)]

<제4문> 화주는 운송인이 이러한 조건을 향유할 수 없는 제3자에 의하여 운송인에게 제기된 손해배상에 대하여, 만약 당사자들이 이러한 조건이 적용되면 운송인이 책임이 면제되는 한, 운송인에게 보상하여 주어야 한다.[11)]

갑판하에 실린 각재에 적절히 통풍이 되지 않아 응결이 일어나 각재에 누손이 발생하였다. 건조한 각재와 물기가 있는 각재를 한 선창에 혼재하였고 갑판상의 선적에 의하여 통풍구가 막혀 통풍이 잘 되지 않은 것도 사고의 원인이 되었다.

정기용선자인 CPS는 도산하였기 때문에 원고 화주는 선박소유자에 대하여 主位的으로는 선하증권 계약위반을 청구권의 기초로, 豫備的으로는 불법행위에 기초한 손해배상을 청구하였다.

본 사안에서는 (1) 선하증권상의 운송인은 선박소유자인가 아니면 정기용선자인가? (2) 정기용선자가 운송인으로 확정되는 경우에 원고는 선박소유자에게 불법행위 청구적격이 있는가? 불법행위청구가 가능한 경우에 선박소유자는 선하증권상의 히말라야약관의 면책항변을 누릴 수 있는가가 쟁점이 되었다.

이를 각각 나누어서 본다.

---

9) and ... every exemption limitation, condition and liberty herein contained and every right exemption from liability, defence and immunity applicable to the carrier or to which the carrier is entitled ... shall also be available to and shall extend to protect every such servant or agent of the carrier (who) is or shall be deemed to be acting on behalf of and for the benefit of all persons who are or might be his servants or agents.. including every independent contractor.

10) and all such persons shall to this extent be deemed to be parties to the contract contained in or evidenced by this Bill of Lading.

11) The Shipper shall indemnify the carrier against any claim by third parties against whom the carrier cannot rely on these conditions, in as far as the carrier's liability would be excepted if said parties are bound by these conditions.

Ⅲ. 船荷證券上의 運送人의 確定

1. 쟁 점

선하증권의 소유자로서 원고는 主位的으로 운송계약위반을 청구권의 기초로 하여 선박소유자에게 손해배상청구를 제기하였다.

정기용선하에서 선하증권이 발행되었는바, 비록 선하증권에 용선자의 로고마크가 있고 용선자를 대리하여 대리인이 서명하기는 하였지만, 선하증권 이면에 선박소유자가 운송인이라는 문구가 있으므로 선박소유자가 운송인으로 된다고 원고는 주장하였다. 피고 선박소유자는 정기용선자가 운송계약의 당사자라고 주장하였다.

2. 하급심 판결

(1) 제1심법원의 콜만 판사는 선하증권상의 운송인의 확정은 선하증권 전체의 해석에 따라야 하고, 선하증권 전면을 해석하면 선하증권은 정기용선자가 발행한 용선자 선하증권으로서 선하증권의 서명자 CPS가 운송인이 되고 결론적으로 이를 이면의 디마이즈 약관의 내용보다 우선시켰다.[12] 콜만 판사는 선하증권 이면의 운송인특정약관과 디마이즈 약관 등에서 선박소유자가 운송인이라는 문구가 있다면 일단 이것이 우월적인 지위를 가지고, 선하증권의 서명란에 이러한 문구를 부정하는 다른 내용이 있으면 이에 따라야 한다는 기존의 판례를 존중하면서,[13] 본 증권에는 전면에 운송인으로서(as Carrier) 정기용선자

---

12) The Starsin, [2000] 1 Lloyd's Reports, 86.

13) 원고측 변호사는 선박소유자가 운송인이라는 점을 입증하기 위하여 선박소유자의 선하증권으로 판시된 플레차 판결을 제시하였다. The Flecha, [1999] 1 Lloyd's Reports, 612. 동 사건에서 판사는 선박소유자를 운송인으로 한다는 여러 가지 문구(디마이즈 약관, 운송인특정약관 등)에도 불구하고 정기용선자가 자신을 운송으로 하여 발행한 선하증권이 진정 자신이 운송인이 된다는 의도로까지 볼 수 없다고 하였다. 판사는 "운송인으로서" 정기용선자라는 문구에서 운송인이라는 말은 선사들이 부주의하게 사용하는 것으로 여기에 무게를 두지 않았다. 이네스(Ines) 사건에서는 "운송인으로서" 정기용선자라는 서명란의 내용은 운송인특정약관을 함께 고려할 때 정기용선자는 운송인인 선박소유자의 대리인으로 해석될 여지도 있다고 보았다. 정기용선자 자체가 운송인인지 아니면 운송인인 선박소유자의 대리인인지가 불명확하다고 보았다. The Starsin, op. cit., 91. 이에 대하여 피고측 변호사는 플레차 판결에서 판사는 전면의 확실한 문구부터 보아야지 이면의 작은 글씨에서부터 출발한 잘못이 있

를 대리하여 대리점이 선하증권에 서명한다는 점을, 서명하는 대리점(즉, 대리인)이 화주에게 나타내려 한 것이 분명하므로 전면의 서명란의 내용이 이면의 디마이즈 조항보다 우선하여 당사자의사 해석을 한다고 근거를 제시하였다.[14)][15)]

(2) 항소법원은 2:1의 다수결로 디마이즈 조항을 유효라고 보았다. 따라서 선박소유자가 운송인이 되었다. 다수 견해는 계약의 해석은 전체적으로 행하여져야 한다고 하면서 선하증권 이면의 세세한 규정까지 상당한 주의를 하였다. 항소법원의 다수견해는 제33조(운송인특정약관)와 제35조(디마이즈 약관)가 같이 존재하는 이유는 반복하기 위함이 아니라 보충하기 위함이라고 하고, 서명란의 정기용선자가 운송인이라는 기재는 제33조와 충돌이 일어나고 이러한 경우에 대비하여 제35조가 존재한다.[16)] 제35조는 (i) 선하증권의 표면상으로는 선하증권을 선박소유자가 발행하였지만 (ii) 기초적인 사실로부터는 선박소유자가 아닌 사람이 선하증권을 발행한 경우에 (iii) 선하증권을 발행한 사람이 선박소유자를 대리하여 선하증권을 발행할 권한을 가지는 경우에 적용되어 선하증권은 선박소유자와의 운송계약으로 효력을 가지도록 하는 것이다. 본 사안과 같이 정기용선자가 선하증권을 발행한 것으로 보이는 경우를 해결하기 위하여 존재하는 것이다. 이것은 선박소유자가 용선자에게 자신을 대리하여 선하증권에 서명할 권한을 부여하였을 때 구속될 것에 만족한 그런 계약인 것이다.[17)] 본 증권에서 서명란의 정기용선자가 운송인이라는 점만 제외하고 모든 사항이 선박소유자의 선하증권이다.[18)]

음을 지적하였다.

14) 피고측 변호사는 제33조의 운송인특정약관이 존재하면서도 정기용선자가 서명한 선하증권상의 책임주체에 대하여 정기용선자의 선하증권으로 판시된 핵터 사건을 근거로 제시하였다. The Hector, [1998] 2 Lloyd's Reports 287.

15) 콜만 판사는 제33조 운송인특정약관 후단이 선박소유자 이외의 다른 자가 운송인이 될 수 있는 여지를 가지고 있고, 서명란의 운송인에서 Carrier가 대문자로 된 점, as Carrier로 된 점을 참고하였다.

16) 릭스 판사가 의지하는 핵터 판결은 제35조의 디마이즈 약관이 없는 점이 다르다고 다수견해는 지적한다. Ibid., p. 468. 또한 플레차 판결은 제33조와 제35조가 동시에 존재하여 제35조가 제33조를 보강 및 보충하고 있는 점에서 핵터 판결과 달라야 함을 강조한다. Ibid., p. 469.

17) The Starsin, op. cit., 470.

18) The Starsin, [2001] 1 Lloyd's Reports, 438.

그러나 소수의견을 낸 릭스 판사는 상인들의 선하증권에 대한 실무상 접근법을 강조하고 타이핑된 문구의 프린트된 문구에 대한 우월성을 인정하면서 전면의 서명란의 문구를 우선하여야 한다고 하였다.[19]

이에 선박소유자는 귀족원에 상고를 하게 되었다. 이러한 항소법원의 판결에 대하여 영국에서는 데바티스타,[20] 가스킬 교수 등이 비판을 가하였다.

3. 귀족원의 판결

귀족원의 5명의 재판관은 전원일치로 정기용선자의 선하증권으로 보아 정기용선자가 운송인이었다고 판시하면서 원고의 상고를 인용하였다. 그 이유는 아래와 같다.

(1) 제33조(운송인특정약관)와 제35조(디마이즈약관)에 의하고 선장이 선하증권에 서명을 하는 경우에 선하증권은 선박소유자와 화주 사이의 계약으로 체결된 것으로 보이지만, 현재의 사안에서는 선장이 서명한 것이 아니다. 본 사안에서는 정기용선자가 운송인으로서 서명하였고 운송인의 의미에 대하여는 누구도 의문을 가지지 않을 것이고, 의문을 가진다고 하더라도 제1조 정의에 의하여 곧 자신을 위하여 선하증권에 서명하는 자라는 것을 알게 된다. 따라서 화주 혹은 선하증권의 소지인이 이면의 구체적인 내용을 읽을 것으로 기대되지는 않는다고 생각된다. 더구나 선하증권의 전면이 분명하게 운송인이 누구인지를 나타내는 경우는 더욱 그러하다.[21] 이것은 상인들의 거래는 확실성을 가지는 것이 좋다는 원칙에 부합한다.

(2) 국제상공회의소(ICC) 작성의 화환신용장에 대한 통일규칙과 관례

---

19) 릭스 판사는, (1) 영국법하에서 선장을 대리하여 발행된다는 서명을 가진 선하증권은 선박소유자의 선하증권이 되는 것이 원칙이지만, 반드시 그렇지는 않고 선하증권상 해석이 정기용선자의 선하증권임을 나타내면 정기용선자의 선하증권이 된다는 판결도 있다. The Starsin, op. cit., 447. (2) Kelvie 사건 이래로 선하증권의 전면에 기재되는 내용이 이면의 내용과 다를 때에는 이의 효력이 인정된다(인쇄된 문자보다 타이핑 혹은 스탬프로 찍은 문자가 우선함). 본 건에서도 운송인이라는 단어는 이면의 다른 내용보다 우선되어야 한다. 본 사건에서와 같이 정기선사와 운송계약을 체결하는 화주는 정기선사를 선주로 생각을 할 것이지 제35조 등의 내용을 알지도 못한다. 디마이즈 약관의 목적은 정기용선자 자신이 희망하지 않으면 운송인이 되지 않기 위함이지 지상약관의 성질을 가지는 것은 결코 아니다. Ibid., 448-451.

20) Debattista, Lloyd's List, Feb. 21, 2001, p. 5.

21) The Starsin, [2003] 1 Lloyd's Reports, 578.

1 심	2 심	3 심
o전면의 서명란의 정기용선자가 운송인이라는 기재에 우선권을 부여함 o핵터 판결을 인용함	o디마이즈 약관에 우선권을 부여함 o플레차 판결을 인용함	o전면의 서명란에 우선권을 부여함
정기용선자의 선하증권이 됨 →원고는 패소함	선박소유자의 선하증권이 됨 →원고는 승소함	정기용선자의 선하증권이 됨 →원고는 패소함

(UCP) 500을 고려하여야 한다. UCP 500은 운송인의 성명은 선하증권의 전면에 기재되지 않으면 아니된다고 한다(1993년 개정판, 제23조 a항). 은행신용장과 대조하여 인수가능한지 여부를 판단하는 때에는 은행원은 선하증권의 이면조항은 참고하지 않는다고 하고 있다(제23조 제5항)(UCP 500 Position paper No. 4-Transport documents articles). 이러한 업계의 관행을 무시하여서는 아니된다.[22)]

(3) 당사자가 특히 작성, 기재하여 포함시키기로 한 것(여기서는 서명란의 운송인이라는 기재)에 대하여, 이것과 모순되며 당사자들의 의사로서 참고하기로 생각하지 않은 많은 상황을 예상하여 만들어 미리 인쇄된 문언(여기서는 디마이즈 약관)보다 우선하는 효력을 부여하는 것이 일반적이다.[23)]

(4) 항소심의 판결결과에 이는 정기용선자가 운송인인 선하증권임이 분명함에도 선하증권의 소지인이 누가 운송인인지 파악함에 어려움을 부과하므로 반대한다고 몇몇 학자들이 비판하고 있다.[24)]

결론적으로, 운송인은 정기용선자가 되고 선박소유자를 피고로 한 원고의 청구는 기각되게 되었다.

Ⅳ. 不法行爲에 기한 請求와 히말라야約款의 適用範圍

1. 쟁 점

선하증권에 기한 청구가 패소되는 경우를 대비하여 원고는 불법행위에 기

22) Ibid. 578.

23) Ibid., 577.

24) Ibid., 578. Yates, Contracts for the Carriage of Goods by Land Sea and Air, LLP, 2001. pp. 1-380; Dr. Girvin and Professor Bennett, English Maritime Law 2000, [2002] LMCLQ 84-87.

한 손해배상청구를 예비적으로 하게 되었다.[25] 선박소유자가 불법행위책임을 부담하는 경우에 히말라야약관을 기초로 면책이 가능한지가 문제되었다. 선장의 적부불량으로 사고가 발생하였고 선박소유자가 선장의 사용자로서 불법행위책임을 부담하게 된다면, (1) 정기용선자가 운송인이라면, 선박소유자는 운송인의 운송을 이행하는 지위에 있으므로, 정기용선자의 독립계약자가 되어 히말라야약관에 따라 책임제한이 가능한가 하는 점과, (2) 선하증권 이면약관 제5조의 내용에 따라 독립계약자 등의 면책이 가능할 때 그 면책의 범위에 운송인의 적부불량도 포함되는가에 쟁점이 있었다.

피고 선박소유자는 자신은 정기용선자를 위한 독립계약자의 지위에 있고, 히말라야약관 제5조 제1문에 의하여 자신은 화주에 대하여 어떠한 책임도 부담하지 않는다고 주장하였다. 이에 대하여 원고인 화주는 홍콩 법원의 판례를 예로 들면서 선박소유자는 정기용선자의 독립계약자가 될 수 없다고 하고, 제5조 제1문이 아니라 제2문에 의하여 운송인이 누리는 한도내에서 면책이나 책임제한 등의 이익의 향유가 가능하지만, 문제가 된 적부불량은 운송인의 면책사항이 아니므로 선박소유자는 면책이 되지 않고 따라서 책임을 부담한다고 주장하였다.[26]

2. 하급심의 판결

(1) 제1심법원의 콜만 판사는 아래와 같이 판시하였다.

① 선박소유자가 불법행위책임을 부담하는가에 대하여 사고의 원인이 습도가 다른 두 가지 각재를 하나의 선창에 혼재하였고, 통풍장치가 막히도록 적재를 허용하고 이에 대하여 경고를 하지 않은 선장의 과실에 있으므로 선박소유자는 정기용선계약 제8조의 규정(정기용선자의 감독이 적부작업에 대한 지시를 내림)에도 불구하고 불법행위에 대한 책임이 있다.[27] 정기용선계약하에서 선박소유자는 정기용선자의 적부에 개입할 의무가 없다는 선주측 주장에 대하여 정

25) 불법행위에 기한 청구에서는 이외에 과연 원고가 원고적격이 있는지가 문제가 되었다. 사고가 발생할 당시에 원고는 소유자 혹은 점유자이어야 하는바, 사고는 선적시에 발생하였고 원고는 당시 아직 소유권이나 점유권을 취득하지 못하였으므로 원고적격이 없다고 피고는 주장하였다. 이 부분은 지면 관계상 생략한다.

26) The Starsin, [2000] 1 Lloyd's Reports, 99.

27) Ibid., p. 102.

기용선자의 의무는 용선자와의 계약에 의하는 것이 아니라 화물이 선적되면 일반적인 의무로서 운송물에 대한 주의의무가 선박소유자에게 발생한다. 손상의 위험에 화물을 노출시키는 상태로 감화능력이 결여된 선창(uncargoworthy holds)에 적재하도록 선박소유자가 허용한 점에 잘못이 있다.[28]

② 정기용선계약에서 선박소유자는 독립계약자가 되지 않는다는 홍콩 법원의 The Makhutai 판결[29]을 받아들이지 않고, 선박소유자는 독립계약자가 된다.[30]

③ 제1심법원의 콜만 판사는, "제5조 제1문은 운송인이 가처분(injunction)권을 행사함으로써 실행될 수 있는 것으로, 화주가 운송인의 피용자 혹은 대리인에게 소를 제기하지 않겠다는 약속을 운송인에게 하는 제소금지조항(prohibiting actions against the servants or agents of the carrier, a prohibition which can be enforced by the carrier by injunction)에 지나지 않고(따라서 이는 독립계약자들이 이를 원용할 수 없고 운송인이 화주의 소제기를 가처분으로 막을 수 있다), 제2문이 독립계약자로 하여금 운송인이 누리는 면책을 향유하게 한다. 여기에 따르면 독립계약자는 운송인이 누리는 면책의 범위로만 독립계약자도 면책이 가능하다. 이러한 독립계약자가 누리는 면책 등은 운송인의 면책을 기초로 하는 것이기 때문에 헤이그규칙 제3조 제8항의 운송인의 책임감경금지조항의 적용범주에 한정된다.[31] 제

---

28) Ibid., p. 103.

29) The Mahkutai, [1996] 2 Lloyd's Reports, 1. 동 사건에서 선박소유자는 정기용선자의 독립계약자가 되어 정기용선자가 발행한 선하증권상의 전속관할을 원용하고자 하였으나 홍콩의 항소법원은 선박소유자가 정기용선자의 독립계약자라고 보는 것은 너무 기교적이라고 하여 부인하였다.

30) The Starsin, [2000] 1 Lloyd's Reports, 99. 콜만 판사는 아래와 같이 설시하였고 이는 귀족원까지 인정하였다. Ordinarily understood the word "independent contractor" in the context of a head contract means a third party with whom a party to a contract enters into a contract under which the third party contracts to perform some or all of the obligations which that party had undertaken to perform under the head contract, in other words, a sub-contractor. Where a carrier has chartered a vessel to perform the sea carriage which that carrier has contracted with the shipper to perform, he has in effect employed the shipowners to carry out the substantial part of his own contractual obligations. He has therefore employed the shipowner as an independent contractor just as if he had employed a stevedore to carry out the handling of the goods at the port of loadig. Accordingly, unless the construction of cl. 5 requires it to be given some restricted meaning excluding the owners of a chartered ship, the defendants are independent contractors in this case.

31) 논의에서 생략되었지만 본 선하증권을 규율하는 준거법으로 헤이그규칙이 확정되었다.

1문과 같은 광범위한 면책은 허용되지 않으므로 이를 기초로 한 독립계약자도 이러한 광범위한 면책은 허용되지 않는다.[32]

(2) 항소심의 다수의견은 아래와 같이 판시하였다.

선박소유자는 운송인의 계약상의 의무를 이행하기 위하여 운송인인 정기용선자에 의하여 고용된 독립계약자이다.[33] 히말라야약관에 대하여 1심법원 콜만 판사의 판시에 찬성하면서(즉, 제1문은 독립계약자에게 면책권을 준다고 해석하면 제2문은 소용없는 반복이 되므로, 제1문은 운송인에게 제소금지의 가처분을 할 수 있는 권리를 준 것이다),[34] 제5조(제2문에서)에서는 독립계약자에게 운송인이 누리는 만큼의 면책 등의 이익을 부여하는 것이고, 운송인은 적부불량에 대하여 면책이 되지 못하므로,[35] 선박소유자는 면책을 주장할 수 없다.[36]

3. 귀족원의 판결

귀족원의 판사는 전원일치로 아래와 같이 판시하였다.

(1) 선박소유자가 정기용선자의 독립계약자가 되는 것은 문제가 없다.[37]

(2) 독립계약자에 대하여 사용가능한 면책 등의 범위가 제1문에 의한 것인지 아니면 제2문의 제한된 것인지에 대하여,[38] 제1심 판사와 항소심의 전원은 제1문을 이를 제소금지조항으로(운송인에 의한 금지처분이 가능한) 것으로 보았다. 그러나 이는 잘못으로, 본 조항은 화주가 단순히 소를 제기하지 않는 조항으로 해석하여서는 아니된다. 여기서는 제3자는 어떠한 책임도 부담하지 않

---

32) The Starsin, [2000] 1 Lloyd's Reports, 100.

33) The Starsin, [2001] 1 Lloyd's Reports, 461.

34) The Starsin, [2001] 1 Lloyd's Reports, 462에서 릭스 판사는 관련 판결로서 The Elbe Maru ([1978] 1 Lloyd's Rep., 206)의 제소금지조항의 문장을 설명하고 있다. 동 사건에서는 "상인(화주)은 운송인의 사용인, 대리인, 독립계약자에 대하여 손해배상청구를 하지 않고, 만약 그러한 청구가 있는 경우에는 그로 인한 모든 결과에 대하여 운송인에게 구상할 것을 약속한다"는 것이다. 릭스 판사는 이 문장이 축약되어 본 사건의 것이 되었다고 설명한다.

35) 운송인에게 면책이 인정되는 항해과실, 화재면책 등의 범주에 적부불량은 포함되지 않는다는 취지이다.

36) The Starsin, [2001] 1 Lloyd's Reports, 462.

37) The Starsin, [2003] 1 Lloyd's Reports, 573.

38) The Starsin, [2001] 1 Lloyd's Reports, 460. 제1문에 의하면 독립계약자들이 모든 책임에 대하여 면하게 되고, 제2문에 의하면 운송인이 누리는 만큼의 면책이익만 가지게 된다. 불량한 적부는 운송인의 면책사항이 아니므로 독립계약자인 선박소유자는 면책항변을 할 수 없게 된다.

는다는 것이다. 이는 화주와 제3자 사이의 면책약정으로 보아야 한다.[39] 화주의 제소금지조항으로 보는 근거로는 운송인이 독립계약자를 대리하여 화주와 계약을 체결하지 않았다는 점에 있다.[40] 그러나 제2문에 의하면 제1문의 경우도 운송인은 독립계약자의 대리인으로서의 역할을 하였다. 그러므로 제2문은 독립계약자와 화주 사이에 계약이 체결된 것이다. 그러므로 제1문은 독립계약자로서 선박소유자에게 모든 책임에 대하여 책임을 부담하지 않는다는 권리를 준 것으로 해석하여야 한다.[41]

(3) 다음으로는 제1문이 운송인의 책임감경금지를 규정한 헤이그규칙 제3조 제8항[42]에 위반하는가를 살펴본다. 제3문에 의하면 "독립계약자는 선하증권에 의하여 증명되는 이러한 한도에서 선하증권에 표창된 계약의 당사자로 간주된다"고 한다. 이것은 화주와 선하증권의 양수인에 대하여 면책조항의 이익을 누리는 목적 내에서만 당사자가 된다는 것이다. 제2문에 의하여 헤이그규칙 제3조 제8항이 면책조항에 영향을 미친다.[43] 헤이그규칙은 화주와 운송인간의 균형을 유지하는 정신하에 있다. 그런데 정기용선자에 의하여 발행된 선하증권하에서 운송되는 운송물에 있어서, 정기용선자에 대한 인적책임으로는 화주는 선박에 대한 압류를 할 수 없다. 선박소유자가 불법행위책임을 부담하는 경우에만 선박압류가 가능하다. 따라서 불법행위에 기한 선박소유자에 대한 책임에 대하여 면책을 하도록 약정하여버린다면 그러한 책임은 존재하지 않게 되고, 헤이그규칙이 보존하기로 희망하였던 구제수단은 불가하게 된다. 이는 부당한 결과가 될 것이다. 그러므로 제3조 제8항의 제한을 받아 무효가 된다.[44][45]

---

39) The Starsin, [2003] 1 Lloyd's Reports, 592.

40) 따라서 제1심과 2심에서는 독립계약자로서의 선박소유자는 제2문에 의하여 면책권이 주어지고, 이 면책권은 운송인이 누리는 면책으로 한정된다고 하였다.

41) The Starsin, [2003] 1 Lloyd's Reports, 592.

42) Any clause, covenant, or agreement in a contract of carriage relieving the carrier or the ship from liability for loss or damage to, or in connection with, goods arising, from negligence, fault or failure in the duties and obligations provided in this Article or lessening such liability otherwise than as provided in this Convention, shall be null and void and of no effect.

43) Ibid., 594.

44) Ibid., 594.

45) 한편 스타인 경은 강행규정위반이라는 주장에 대하여, 제3조 제8항은 "운송계약"의 조항 등에서라고 하므로, 과연 이 조항 제1문이 "운송계약"에 속하는가가 쟁점이 된다. 의무에 대한 내용이 없고 면책규정만 있으므로 운송계약이라고 할 수 없다. 결론적으로 선박소유자는 불법행위에 기한 어떠한 책임에 대하여도 면책된다고 하면서 소수의견을 내었다. The

(4) 결론적으로 선박소유자의 상고는 기각되고 피고 선박소유자는 불법행위책임을 부담하면서 면책되지 않게 되었다.

V. 評 釋

1. 정기용선하에서 운송인의 확정에 대하여

(1) 우리나라의 입장

1) 법적 성질에 따라 책임주체를 확정하는 이론[46]

우리나라는 전통적으로 정기용선의 법적 성질은 임대차와 유사하다고 보아왔다. 정기용선은 임대차와 유사하고 따라서 상법 제766조가 정기용선에도 적용되어 정기용선자는 선박소유자의 지위를 대신하게 된다. 그러므로 정기용선자는 운송인으로서 책임의 주체가 된다고 한다.[47] 우리나라 대법원의 1991년 폴사도스 판결(대법원 1992.2.25. 선고 91다14215 판결)이 이러한 전통적인 이론에 바탕을 두고 있다.[48]

이에 대하여 운송계약설을 취하는 소수설이 있다. 이 설은 운송은 선박소유자가 선임 · 관리하는 선장을 통하여 실행되는 것이므로 정기용선자는 선박소유자의 대리인으로 볼 수 있고 결국 정기용선계약은 운송계약으로 보아야 한다는 것이다.[49]

2) 선하증권의 유통성을 강조하는 입장

정기용선계약하에서 선하증권이 발행되어 선하증권상 운송인에 대하여 손

Starsin, [2003] 1 Lloyd's Reports, 585.

46) 이에 대한 자세한 논의는 김인현, "선박운항과 관련한 책임주체확정에 대한 연구"(고려대학교 법학박사학위논문, 1999), 108면 이하를 참고바람.

47) 서돈각 · 정완용, 「상법강의(하)」(법문사, 1996), 520면; 최기원, 「해상법」(박영사, 1997), 67면.

48) 대법원은 "원심이 확정한 사실관계하에서의 정기용선계약은 선박에 대한 점유권이 용선자에게 이전되는 것은 아니지만 선박임대차와 유사하게 용선자가 선박의 자유사용권을 취득하고 그에 선원의 노무공급계약적인 요소가 수반되는 내용으로서 해상기업활동에서 관행적으로 형성 발전된 특수한 계약관계라 할 것이고 이 경우 정기용선자는 그 대외적인 책임관계에 있어서 선박임대차에 관한 상법 제766조의 유추적용에 의하여 선박소유자와 동일한 책임을 지는 것이라고 할 것이므로 정기용선자인 피고는 선장이 발행한 이 사건 선하증권상의 운송인으로서의 책임을 부담한다 할 것이다"고 판시하였다. 법원공보 918호, 1120면.

49) 채이식, 「상법강의(하)」(박영사, 1992), 681면; 박용섭, 「정기용선계약법론」(한국선원 · 선박문제연구소, 1989), 116면.

해배상청구를 하는 경우에도 정기용선의 법적 성질에 따라 운송인을 확정하는 것은 잘못이라고 하면서 폴사도스 판결을 비판하는 견해가 1990년대부터 실무에서는 지배적인 견해로 자리를 잡았다.[50][51] 이 견해는 선하증권의 유통성을 보장하기 위하여 선하증권상의 문면 등이 운송인 확정에 대한 지표로서 작용되어야 한다고 한다.

위 폴사도스 판결에서 대법원은 디마이즈 약관에 대하여 판단을 하지는 않았지만, 고등법원에서는 이를 무효로 보았다. 학설로는 이를 무효로 하여야 한다는 견해가 있다. 서헌제 교수는 약관규제법에 위반되어 무효라는 입장을 취한다.[52] 김창준 변호사는 상법 제790조는 운송인의 책임범위와 관련된 것이고, 이 약관 자체는 운송인의 책임범위를 정하는 것이 아니라 운송의 주체를 정하는 것이기 때문에 상법 제790조에 위반되지 아니하여서 유효이지만, 폴사도스의 경우는 여타 선하증권의 기재내용 및 주변정황과 모순됨으로써 그 적용이 배제되어야 한다고 주장한다.[53]

3) 사 견

사견으로 선하증권은 유통증권으로서 문면의 내용에 대하여 채권적 효력이 발생하는 것이므로, 선하증권 자체의 내용에서 운송인을 확정하여야 한다고 본다.[54] 운송인특정약관(혹은 디마이즈약관)은 실제운송인이 정기용선자인 경우에도 선박소유자를 운송인이라고 하는 것으로서 운송인이 책임을 회피하는 것이고, 연혁적으로도 영국법하에서 선박소유자만이 책임제한이 가능하였던 시절에 사용되었던 문구가 지금도 존치된 것으로 당사자 사이에는 선박소유자를 운송인으로 한다는 의사는 없는 것으로 생각되므로, 이는 적용이 배제되어야 한다고 본다.

---

50) 심재두, "정기용선자의 제3자에 대한 책임," 「판례월보」, 295호(1995.4), 41면; 김창준, "디마이스 클로스와 정기용선자의 제3자에 대한 책임," 「인권과 정의」(1994.11), 106면.

51) 채이식 교수도 정기용선중인 선박에 선적한 운송물에 관하여는 원칙적으로 정기용선자가 선하증권의 발행인이 된다. 발행인은 운송인으로서 운송을 인수하면 족하고 반드시 선박소유자나 관리인일 필요는 없다고 한다. 전게서, 778면.

52) 서헌제, "정기용선자의 선하증권소지인에 대한 책임," 「고시계」(1992.9), 127면.

53) 김창준, 전게논문, 102-103면.

54) 김인현, 「해상법연구」(삼우사, 2003), 410면.

(2) 일본의 입장

1) 법적 성질에 따르는 입장

우리나라의 선박임대차유사설은 일본으로부터 유래한다. 그러므로 일본에서의 논의도 우리나라와 유사하다.

2) 선하증권의 유통성을 강조하는 입장

쟈스민호 판결에서 일본의 최고재판소는 기존의 법리를 떠나서 선하증권의 유통성을 보장하는 입장을 취하였다.[55] 정기용선하에서 발행된 선하증권과 관련하여 화주측은 정기용선자에게 손해배상청구를 하였다. 동 선하증권에는 전면에는 정기용선자의 회사 로고가 있고, 서명은 "선장을 대신하여"(for the master) 대리점이 하였다. 이면에는 디마이즈 약관이 들어 있었다. 동경지방재판소에서는 비록 선하증권의 정기용선자의 로고는 중요하지 않고, 디마이즈 약관에 운송인으로 표기된 것은 선박소유자임을 강조하여 선박소유자가 운송인이라고 하였다. 디마이즈 약관은 日本海上物品運送法 제15조 제1항(운송인에게 유리한 특약의 금지)조항에 반하지 않아서 유효하다고 하였고, 고등법원 그리고 최고재판소는 공히 이를 지지하였다.[56] 그 뒤 컴페어호 사건(동경지방재판소 1997.9.30. 판결)에서는 디마이즈 약관은 무효라고 판시하면서 운임의 수령권자를 강조하여 정기용선자가 운송인이 되었다.[57]

정기용선계약의 법적 성질로부터 운송 책임주체를 정하던 기존의 일본판

55) 김인현, "정기용선하에서 발행된 선하증권상의 책임주체-일본의 쟈스민호 판결과 우리나라의 폴사도스호 판결을 중심으로-,"「한국해법학회지」, 제20권 제2호, 305면 이하.

56) 김인현, 전게 해상법연구, 393면 이하. 일본 최고재판소는 아래와 같이 판시하였다. (1) 소위 NYPE 서식에 기초한 정기용선계약에 의하여 용선된 선박이 운송의 목적으로 항해에 제공되고 있는 경우에, 선박에 적재된 화물에 대하여 선장이 발행한 선하증권에 있어서 선박소유자가 선하증권에 표창된 운송계약상의 청구권에 대한 채무자로 될 수 있다고 하더라도, 선하증권을 소지하고 있는 제3자에 대하여 운송계약상의 채무를 부담하는 운송인이 누구인가 하는 문제는 선하증권상의 기재를 기초로 하여 이것을 확정하는 것이 타당하다. (2) 정기용선계약하에서는 정기용선자는 소위 상사사항에 속하는 일정사항에 대하여 선장에게 지시명령할 권한을 보유하지만, 선박소유자는 선장이하 선원에 대한 지휘감독권을 보유함으로써 당해 선박을 여전히 계속하여 지배점유한다. (3) 정기용선자를 선박임대차와 동일시하고, 사례와 같은 정기용선계약이 있었다는 사실로부터 직접 상법 제704조(우리 상법 제766조)를 적용 혹은 유추적용하여 당해 선박에 적재된 화물에 대하여 선장이 발행한 선하증권상의 기재가 어떠한지를 고려하지 않고 항상 정기용선자만이 선하증권에 표창된 운송계약상의 청구권에 대한 채무자로 되고 선박소유자는 어떠한 책임도 지지 않는다고 해석하여서는 아니된다. (4) 원심의 판단을 인정할 수 있다.

57) 여기에 대한 자세한 논의는 김인현, 전게 해상법연구, 420면 이하를 참고바람.

례의 태도에서 벗어나 선하증권상의 표지를 중심으로 정기용선의 각종 사정을 고려하여 운송인을 확정한 것이 쟈스민호 판결의 의의이다. 정기용선자의 회사명에 대하여 운송인의 성명이 기재되어 있지 않은 것으로 보아서 별다른 의미를 주지 않았다. 디마이즈 약관의 효력에 대하여는 최고법원은 특별히 언급을 하지 않았으므로 고등법원의 입장이 받아들여진 것으로 보여진다. 이러한 일본 최고법원의 입장의 변화는 일본의 실무계에서도 많은 지지를 얻었다.

(3) 영미의 전통적인 입장

영국에서는 디마이즈 약관은 선박소유자와 용선자 사이의 상호간의 지위를 선하증권상에 명확하게 하는 것으로 인식하여 유효하다고 하는 반면,[58] 미국이나 캐나다에서는 비판적인 견해가 강하여 헤이그규칙 제3조 제8항에 위반하여 무효라고 보는 학설과 판례가 많다.[59]

영국에서는 정기용선하에서도 선박소유자의 대리인인 선장이 용선자에게 선하증권에 서명할 권한을 수여하였다고 보아, 문제의 선하증권은 선박소유자의 것이 된다고 전통적으로 보아왔다.[60] 그런데 이네스호 사건(1995.5.15) 등에서 선하증권의 문면에 나타난 표지와 주변 상황을 참고로 선박소유자가 운송인이라고 판단하였고,[61] 헥터호 사건에서는 운송인으로서 정기용선자의 이름이 전면에 기재된 것을 이를 읽게 되는 제3자의 관점에서 보아, 송하인과 정기용선자가 정기용선자를 운송인으로 하였다는 것이 분명하다고 하여 정기용선자를 운송인으로 확정하였다.[62]

(4) 소결론 및 판결에 대한 사견

본 사안에서는 정기용선하에서 발행된 선하증권의 전면에 의하면 정기용선자가 운송인이고 그를 대리하여 대리점이 서명한다고 되어 있었다. 따라서 전통적으로 선장을 대리하여 대리점이 서명한 선하증권이 선박소유자의 선하증권으로 되는 상황보다 단순한 사안이 되었다. 한편, 이와 반대해석이 가능한

58) J. Wilson, *Carriage of Goods by Sea*(Pearson, 2004), p. 237

59) M. Wilford, *Time Charters*(LLP, 1995), p. 346.

60) Scrutton, *Charter Parties and Bills of Lading*, 19th(Sweet & Maxwell, 1984), pp. 68-69.

61) The Ines, [1995] 2 Lloyd's Report, 144.

62) The Hector, [1998] 2 Lloyd's Reports, p. 287.

것으로 선언조항, 운송인특정약관, 디마이즈약관은 모두 선박소유자가 운송이이라고 한다. 이를 어떻게 조화롭게 해석하는지가 쟁점이 되었다. 화주는 선박소유자가 선하증권을 발행한 운송인으로 되어 책임의 주체가 되어야 한다고 주장하였다.

1심법원과 항소심에서의 소수의견은 프린트된 내용(디마이즈약관 등)보다 타이핑한 "운송인으로서 정기용선자"라는 문구에 더 비중을 두어 정기용선자의 선하증권이라고 하였다. 항소법원은 제35조를 지상약관과 유사한 기능을 가진다고 하면서 선박소유자가 운송인이 된다고 하였다. 귀족원은 1심법원과 항소심의 소수의견을 취하면서, 선하증권을 양수받는 자로서 상인의 영업적인 효율성(business efficacy)의 입장에서 당사자 의사해석을 하였다. 법률가와 달리 상인들은 선하증권의 이면을 보지 않고 전면만을 보고 내용을 판단할 것이라는 것이다.

선하증권의 유통성에 관점을 두고 상거래의 효율성을 강조하여 전면의 내용을 중시한 영국 귀족원의 입장에 대하여 필자도 찬성한다.[63] 본 판결이 정기용선하에서 발행된 선하증권상의 운송계약상의 책임주체를 해결하는 명쾌한 해답을 주지는 않고 있다. 기본적으로 영국법상 정기용선하에서 발행된 선하증권에 선장이 서명한 경우는 선박소유자가 발행한 선하증권이 되는 것이므로, 정기용선자가 운송인임이 불명확한 경우는 제35조가 작용하여 선박소유자가 운송인으로 될 가능성이 많다고 생각된다. 예외적으로 정기용선자가 운송인임을 나타내는 문구가 분명한 경우에는 전면의 문구가 우선되어 정기용선자의 선하증권이 될 것이다.

우리나라에서의 실무계의 경향도 정기용선계약의 법적 성질에 의하여 운송계약상의 책임주체를 정하는 것이 아니라 선하증권에 나타난 여러 가지 사항을 고려하는 것이므로 본 사안이 크게 도움이 될 것으로 생각한다. 본 사안에는 나타나지 않았지만 운임을 누가 받았는지 누구의 선하증권을 사용하였는지도 큰 요소가 될 것이다. 우리나라에서는 위에서 본 바와 같이 디마이즈 약관을 무효로 보는 것이 고등법원의 판결이므로 동일사항에서는 정기용선자의 선하증권이 될 가능성이 높다고 할 것이다.

---

63) 일본의 사토리 변호사도 이에 찬성한다. 佐鳥和郎, "The Starsinの報告,"「海事法研究會誌」(2003.10), 56頁.

2. 불법행위에 기한 청구와 히말라야약관의 적용범위

(1) 우리나라의 입장

정기용선의 경우에 선박소유자는 선원의 적부불량에 대하여 책임을 부담하는가에 대하여 먼저본다. 상사해기구별설에 의하여 선원의 적부불량은 정기용선자의 부담부분으로 하여 선원은 정기용선자의 사용하에 있고 따라서 불법행위에 대하여는 정기용선자가 사용자책임을 부담한다는 것이 우리 대법원의 입장이다.[64] 그러나 적부불량이 선박의 감항성과 관련이 되게 되면 이는 해기사항으로 분류되어 선박소유자가 책임의 주체가 될 수 있다.[65] 그러므로 본 사건은 이러한 한도에서 우리나라에서도 효용성이 있다.[66]

히말라야약관과 유사한 내용이 우리 상법에도 이미 편입되어 있다(상법 제789조의3 제2항).[67] 선하증권에 사용되는 히말라야약관은 제3자를 위한 계약으로 보아, 송하인은 이익을 제공하여 주는 채무자(낙약자)가 되고, 운송인은 그

---

64) 로스토치호 사건에서 대법원은 화물관리상의 과실에 대하여 정기용선자의 불법행위책임을 인정하였다. 대법원 1994.1.28. 선고 93다18167 판결. 그 뒤 2003.8.22. 대법원은 상사해기구별설을 취하면서 화물의 선적, 보관 및 양하 등에 관련된 사항은 상사적인 사항으로 정기용선자가 여기에 대한 지휘감독권을 가진다고 하였다. 김인현, “2003년도 해상법 판례평석,” 「한국해법학회지」, 제26권 제2권(2004.11), 211면 이하.

65) 이에 대한 구체적인 외국의 판례에 대하여는 임동철, 「해상법 · 국제운송법연구」(진성사, 1990), 530면.

66) 본 사안도 감화능력의 결여를 사고의 원인으로 파악하므로 감항성결여와 관계된다고 할 수 있다.

67) 제1항은 이 장의 운송인의 책임에 관한 규정은 운송인의 불법행위로 인한 손해배상의 책임에도 이를 적용한다. 제2항 운송물에 관한 손해배상청구가 운송인의 사용인 또는 대리인에 대하여 제기된 경우에 그 손해가 그 사용인 또는 대리인의 직무집행에 관하여 생긴 것인 때에는 그 사용인 또는 대리인은 운송인이 주장할 수 있는 항변과 책임제한을 원용할 수 있다. (이하 생략). 제4항 제1항 내지 제3항의 규정은 운송물에 관한 손해배상청구가 운송인 이외의 실제운송인 또는 그 사용인이나 대리인에 대하여 제기된 경우에도 이를 적용한다. 한편, 헤이그비스비규칙에는 제4조의2에서 히말라야약관과 유사한 규정을 두고 있다. 제2항은 If such an action is brought against a servant or agent of the carrier (such servant or agent not being an independent contractor), such servant or agent shall be entitled to avail himself of the defences and limit of liability which the carrier is entitled to invoke under this Convention이라고 한다. 따라서, 우리 법은 독립계약자를 히말라야약관의 수익자에서 제외한다는 문구를 두고 있지 않다. 반대로 헤이그비스비규칙에는 없는 실제운송인에 대한 규정을 두고 있다. 만약, 헤이그비스비규칙이 준거법이 되고 히말라야약관이 선하증권 등에 없는 경우에는, 선박소유자로서의 독립계약자는 면책 등의 이익을 향유하지 못하지만, 우리 법상으로는 가능하게 된다고 생각된다.

이익을 요청하는 채권자(요약자)가 되고, 독립계약자 등은 수익자가 되는 것으로 이해한다(민법 제539조 제1항). 민법상 수익자의 수익의 의사표시가 존재하여야 하지만, 상법 제639조의 타인을 위한 보험계약에서도 피보험자인 수익의 의사표시 없이도 보험계약상의 이익을 향수하고 학설은 이를 제3자를 위한 계약으로 보므로,[68] 히말라야약관의 유효성이 문제되지는 않을 것으로 본다.

다만, 히말라야약관의 내용에 따라서 수익자의 범위가 결정될 것인바, 정기용선자가 운송인이 되는 경우에 선박소유자가 독립계약자에 속하는 수익자가 되는가에 대하여 아직 우리나라의 판례는 없다.

(2) 영국의 입장

영국은 전통적으로 직접계약당사자의 법리가 있어서 계약당사자가 아닌 선원 등이 운송인이 누리는 면책 등의 이익을 누리는 것에 장애가 되었다.[69] 1962년 귀족원의 Scruttons v. Midland Silicones 사건에서 직접계약당사자의 법리가 적용되어 하역업자에게 책임제한규정의 적용이 부인되었지만, 운송인이 수익자인 제3자의 대리인으로 화주와 계약을 체결한 것으로 이론 구성이 되면 그 적용이 가능하다고 판시되었다.[70] 이어서 운송인이 자신을 위하여뿐만 아니라 하역업자를 위하여도 계약이 체결되었다는 문구를 가진 히말라야약관이 원용된 사안인 The Eurymedon 사건에서 영국 법원은 그 효력을 인정하여 하역업자는 운송인이 누리는 헤이그규칙의 1년 제소기간의 이익을 누리게 되었다.[71] 1999년 엄격한 직접계약당사자관계의 법리를 완화하기 위하여 제3자 권리법(Contract<Rights of Third Parties>Act 1999)이 만들어져 2000.5.1.부터 시행되었다.[72]

---

68) 정찬형, 「상법(하)」(박영사, 2005), 586면; 김정호, 「상법강의(하)」(법문사, 2005), 471면.

69) 이에 대한 상세한 내용은 심재두, 「해상운송법」(길안사, 1997), 440면 이하를 참고바람.

70) (1962) A.C. 446; John F Wilson, op. cit., p. 151.

71) (1975) A.C. 154; 심재두, 전게서, 442면; John F. Wilson, ibid., p. 151.

72) 계약에서 당사자가 아닌 자가 원고가 되기 위하여는 아래와 같은 요건이 요구된다. (1) 제3자는 계약서에 이름으로, 혹은 표기로 혹은 다른 그룹의 일원으로서 확정되어야 한다. (2) 계약내용에 제3자에게 이익의 향유를 시키겠다는 명시적 언급이 있거나 혹은 그러한 의도가 계약에 나타나야 한다.

(3) 미국의 입장

미국에서는 영국법에 비하여 계약당사자의 원칙에서 완화된 입장을 취하여 왔다. 제3수익자(the third party beneficiary rule) 원칙이 그것이다. 의도된 수익자는 채무자인 낙약자에 대하여 청구가 가능하게 되었다. 이 원칙은 제3자가 계약당사자들이 자신에게 이익을 주겠다는 약속을 신뢰(reliance)한 경우에도 허용되게 되었다.[73)]

미국에서는 다양한 형태의 히말라야약관의 수익자의 범위에 대한 판결이 있다. Chisso America, Inc v. M/V Hanjin Osaka 사건에서 2003년 뉴저지 지방법원에서는 운송인인 나용선자가 화주와 체결한 선하증권상의 히말라야약관을 이용하여 선하증권상의 합의관할약정을 선박소유자가 원용할 수 있다는 판결을 내렸다.[74)]

(4) 소결 및 본 판결에 대한 사견

통상 정기용선계약하에서 적부는 정기용선자의 부담사항으로 이해된다. 그러나 "선장의 감독과 책임"하에 적부한다는 등의 문구가 있으면 선박소유자의 부담사항이 되어 선박소유자가 사고에 대한 책임을 부담하게 된다. 특히 선장의 감독이라는 용어에는 선박의 감항성이 문제가 되면 선장의 감독권이 행사되어야 하고 이에 위반하면 선박소유자가 책임을 지게 된다.

영국의 Fantasy호 사건(영국 항소원 1991.10.31. 판결)은 갑판적 화물의 고박에 대한 책임을 정기용선자에게 부과하였다. 그러나 적부불량이 선박의 감항성의 문제에까지 이르게 되면 선박소유자의 책임이 될 수 있다.[75)] 우리나라에서는 적부불량의 경우에 정기용선자가 책임을 부담한다는 대법원 판결(대법원 1994.1.28. 선고 93다18167)(로스토치호 판결)이 있다.[76)] 그러나 동 사건은 감항능

---

73) A. Costabel, "The Himalaya clause crosses privity's far frontier," *Journal of Maritime Law and Commerce*, Vol. 36, No. 2(April 2005), p. 227

74) 2003 AMC 2796(D.N.J. 2003). 미국법에서의 히말라야약관의 적용범위 등에 대하여는 김인현, "철도운송인의 히말라야약관상 책임제한규정 원용가능성—미국 연방대법원 2004.11.9. 커비 사건을 중심으로—," 각주 2)를 참고바람.

75) Henry Woods, Deck Cargo, P&I International, October 1995, p. 192. 이에 대한 자세한 판례평석은 김인현, 전게 해상법연구, 435면 이하.

76) 이에 대한 자세한 평석은 김인현, "정기용선자의 불법행위책임을 인정한 로스토치호 사건," 전게 해상법연구, 472면 이하.

력과는 무관한 것이다. 운송물의 적부불량은 통상 우리 법하에서는 정기용선자의 부담사항으로 판단될 것이지만, 선박의 감항성과 관련되는 경우에는 선박소유자의 부담사항이므로 선박소유자는 불법행위책임을 부담한다. 이러한 한도에서 본 판결은 우리나라 해상소송에서 참고가 될 것으로 본다. 특히 본 사안과 같이 감항능력으로서의 감화능력이 문제가 될 경우에 참고가 될 것으로 본다.

정기용선자가 운송인이 되는 경우에 실제운송을 이행하는 선박소유자는 운송인의 독립계약자가 된다고 영국 법원은 일치하여 보았다.

히말라야약관에서 허용된 수익의 범위에 대하여 1심과 항소법원은 제1문은 운송인에게 화주가 독립계약자에게 소를 제기할 경우에 이를 금지하는 가처분의 권리를 주는 것이고, 제2문이 적용된다고 보았지만, 귀족원은 제5조 제1문이 독립계약자에게 면책권을 주는 것이지만 이는 제3문의 운송계약의 범위에 속하므로 준거법인 헤이그규칙 제3조 제8항의 운송인의 책임감경금지의 규정이 적용되며 따라서 광범위한 면책을 인정하는 조항은 무효가 된다고 판시하고, 나아가 정기용선의 경우에 계약책임을 선박소유자가 부담하지 않게 되므로 불법행위책임은 선박소유자가 부담할 수 있어야 화주가 보호되는바, 이를 약정으로 배제하는 것은 헤이그비스비규칙 정신에 어긋나서 그 약정은 무효가 된다고 귀족원은 판시하였다. 귀족원의 판시내용은 설득력이 있다고 생각된다.

앞으로 우리나라의 소송에서도 선박소유자가 운송인인 정기용선자의 이행보조자 혹은 독립계약자로서의 지위에 있고, 이들도 적용범위에 포함된 히말라야약관이 있다면, 이들 약관의 규정에 따라서 면책의 항변이 가능하다는 주장을 선박소유자들이 할 것으로 보인다. 이러한 경우에 본 판결은 중요한 선례로서 작용할 것이다. 다만, 우리 법상으로는 상법 제789조의3 제4항[77]의 규정이 있고, 정기용선의 경우에 선박소유자는 실제운송인으로 해석될 수 있으므로 선하증권약관의 내용과 더불어 동 상법규정을 원용할 수 있는 여지가 있을 것으로 본다.

---

77) 운송물에 관한 손해배상청구가 운송인 이외의 실제운송인 또는 그 사용인이나 대리인에 대하여 제기된 경우에도 이를 적용한다.

제 4

국내판례

船舶利用者의 地位

(대법원 2002.5.28. 선고 2001다12621 판결)

Ⅰ. 事實關係

(1) 피고회사는 예선업을 영위하는 회사이다. 피고 소유의 예인선 장성 3호가 좌초하자, 피고회사는 소외 甲과 사이에 크레인이 장착된 부선인 현대 700호를 사용하여 암반에 좌초된 장성 3호를 만조시 들어올리는 작업을 맡아 하기로 하는 내용의 선박구조계약을 甲과 체결하였다.

(2) 甲이 정박중인 위 부선을 좌초지점까지 예인할 예선인 팔팔 102호를 그 소유자인 乙로부터 선장 등 선원이 딸린 채로 임차하여 위 부선을 위 좌초현장까지 예인하고, 그 부선에 장착된 크레인으로 장성 3호를 암반에서 들어올려 구조작업을 완료하였다. 위 부선이 다시 팔팔 102호에 예인되어 회항하던 중 팔팔 102호 선장의 과실로 부선의 크레인 붐대가 섬 사이를 연결하는 전선에 걸리는 사고가 발생하였다. 원고 한국전력은 피고회사에 손해배상소송을 제기하였다.

(3) 원심은, 피고회사가 팔팔 102호를 임차 또는 정기용선하였거나 피고회사의 직원들이 위 선박구조작업 업무와 이 사건 사고선박의 운항에 관하여 그 선장이나 선원에게 지시하는 등으로 구체적 지휘감독을 하였으므로 피고에게 책임이 있다는 원고의 주장을 모두 배척하였다(부산고법 2001.1.10. 선고 99나8957 판결).

II. 大法院의 判示內容

대법원은 「선박의 운행중 사고로 인한 손해배상에 대하여 그 선박의 이용자가 손해배상을 부담하기 위하여는 그 이용자가 사고선박의 선장·선원에 대한 실질적인 지휘·감독권이 있어야 하고, 그와 같은 권한이 있는지 여부는 그 선박의 이용계약이 선박임대차인지, 정기용선계약인지 아니면 이와 유사한 성질을 가진 제3의 특수한 계약인지 여부 및 그 계약의 취지 내용에 선박의 선장·선원에 대한 실질적인 지휘감독권이 이용권자에게 부여되어 있는지 여부 등을 구체적으로 검토하여 결정하여야 할 것이다(대법원 1999.2.5. 선고 97다19090 판결 참조). 원심은 (중략) 피고회사가 이 사건 사고선박인 팔팔 102호를 임차 또는 정기용선하였거나 피고회사의 직원들이 위 선박구조업무와 이 사건 사고선박의 운항에 관하여 그 선장이나 선원에게 지시하는 등으로 구체적 지휘감독을 하였다는 원고의 주장을 모두 배척하였는바, 관련 증거를 기록과 대조하여 살펴보면 원심의 위와 같은 인정과 판단은 정당한 것으로 수긍이 가므로, 상고이유의 주장은 받아들일 수 없다. 그러므로 상고를 기각한다」고 판시하였다.[1)]

III. 評 釋

1. 문제의 제기

피고의 선박을 구조하기 위한 구조계약이 선박소유자인 피고와 소외 甲과의 사이에 체결되었다. 甲은 다시 乙 소유의 팔팔 102호를 선원이 딸린 채로 용선하여 크레인이 적재된 부선인 현대 700호를 진해에서 끌고와서 구조작업을 성공적으로 마쳤다. 그런데 귀환중에 부선에 장착된 크레인의 붐대가 팔팔 102호 선장의 과실로 섬 사이의 전선에 손상을 입히게 되었고 손해를 입게 된 한국전력이 피고를 상대로 손해배상청구를 제기하였다.

선장으로서는 전선주의 높이를 미리 계산하여 크레인의 붐대를 낮추든가

---

1) 판례공보(2002), 1510면.

아니면 다른 항로를 선택하여 항해하였어야 했다. 이는 예선인 팔팔 102호 선장의 과실이다. 피해자인 한국전력은 불법행위를 기초로 손해배상청구소송을 제기한 것이다. 이러한 선장의 과실에 대하여 손해배상책임을 부담하여야 할 자는 선장의 사용자가 된다(민법 제756조).

2. 두 개의 계약의 존재

본 사안에서는 좌초된 선박을 구조하기 위한 계약으로서 선주인 피고회사와 구조자인 甲 사이에 체결된 구조계약이 존재한다. 다음으로 甲은 예인선이 부족하여 팔팔 102호를 임차하였으므로 동 예인선의 선주와 용선자인 甲 사이의 용선계약이 별도로 존재한다. 甲은 피고회사의 대리인으로서 팔팔 102호의 선주와 용선계약을 체결한 것이 아니라 자신의 영업목적을 위하여 용선계약을 체결한 것이다.

3. 사용자의 확정

팔팔 102호는 선원이 딸린 채로 甲에게 용선되었다. 이 때의 용선계약의 성질이 무엇인지는 구체적으로 용선계약의 내용을 파악한 다음 내려질 사항이지만,[2] 용선계약은 정기용선계약 혹은 임대차(나용선)계약일 것이다. 그런데 피고는 좌초선박의 소유자로서 용선자인 甲과 구조계약을 체결한 자일 뿐이고, 구조계약수행을 위하여 팔팔 102호를 용선한 자는 甲이다. 즉, 정기용선자 혹은 나용선자의 지위에 있는 자는 피고가 아니라 甲이다. 따라서 예선인 팔팔 102호의 선장에 대하여 피고는 어떠한 지휘감독관계에 있지 않다. 그러므로 피고에게 사용자책임을 물을 수 없다. 원고는 甲 혹은 소외 팔팔 102호의 소유자에게 불법행위책임을 물어야 한다. 이러한 대법원의 판결은 정당한 것으로 찬성한다.

---

2) 이러한 입장은 우리 대법원의 1999.2.5. 선고 97다19090에서도 확인되었다. 여기에 대한 평석으로는 김인현, 「해상법연구」(삼우사, 2002), 563면 이하가 있다.

제 5

국내판례

FIO 契約條件과 그 有效性 및 船上渡의 法律關係*

(대법원 2004.10.15. 선고 2004다2137 판결)

I. 事實關係

수입자 K는 호주의 수출자 V로부터 철제를 수입하는 계약을 체결하였다.

수입자의 요청에 의하여 수익자를 수출자 V로 하는 신용장을 대구은행이 발행하였다. 신용장에는 C&F, FO(Cost and Freight, Free Out) 조건이 기재되어 있었다.[1)]

수출자 V는 한국의 선박회사인 원고(원고는 정기용선자로서 선주의 지위에 있었다)와 항해용선계약을 체결하였다. 본 용선계약은 젠콘(Gencon)서식을 사용하였고, 하역비용에 대하여는 FIOS 조건으로 하는 약정이 있었다.

운송인은 송하인: V, 수하인: 대구은행(신용장개설은행)이 지시하는 자, 통지처: K(실수입자)로 된 선하증권(Congenbill)을 발행하였다.

운송물이 포항항에 도착한 다음 운송인은 선하증권과 상환없이 실수입자인 K가 지명한 하역업자의 기능을 하는 부두운영회사에 운송물을 인도하여 주었고, 부두운영회사는 제8부두에 이를 일시 야적하였다가 선하증권이나 화물인도지시서를 받지 아니하고 대한통운으로 하여금 영천시에 있는 실수입업자의 자가보세장치장으로 보세운송하게 하였다. 수출자 V에게 대금을 지급하고 선하증권소지인이 된 대구은행은 수입자 K로부터 신용장대금을 결제받지 못하였

---

* 본 논문은 「상사판례연구」, 제19권 제1호(2006.3)에 기고한 글이다.

1) 여기서 말하는 C&F FO 계약이란, C&F는 수출계약의 조건으로서 비용과 운임을 수출자가 부담하고, FO란 양륙항에서 하역비용을 운송인이 아닌 수하인이 부담한다는 조건이다. C&F에서는 매도인이 운송계약을 체결할 의무를 부담한다. ICC Incoterms 1990, CFR. p. 44.

다. 대구은행은 원고 운송인에게 선하증권을 제시하고 화물의 인도를 청구하였으나, 운송물은 이미 수입자가 자가보세장치장에서 반출하여 소비함으로써 인도받지 못하게 되었다. 운송인의 이행보조자로 보이는 창고업자(부두운영회사의 피용자)(대법원 판결에서는 실수입자인 K의 이행보조자로 판시되었다)가 선하증권과 상환하지 않고 운송물을 실수입자 K에게 인도한 것이다. 선하증권과 상환하여 운송물을 인도하여야 할 의무에 위반한 운송인은 선하증권의 정당한 소지인인 대구은행에게 이 사건 운송물대금에 상당하는 손해배상을 하여주었다.

운송인은 부두운영회사(피고)에게 구상청구의 소를 제기하였다.

원심(서울고법 2003.12.2. 선고 2003나2323 판결)은 피고와 같은 부두운영회사는 독립된 계약자의 지위에 있다 하더라도 운송인의 지시를 받으면서 운송물의 하역보관 등의 업무를 수행하는 것이므로 운송인과 부두운영회사는 사용자와 피용자의 관계에 있고, 따라서 피고(부두운영회사)가 선하증권이나 화물인도지시서와 상환하지 아니하고 운송물을 수하인에게 인도한 경우에는 정당한 선하증권소지인에 대하여 운송인(원고)은 운송계약에 따른 채무불이행책임과 운송물의 소유권 침해에 따른 불법행위책임을 동시에 부담하고, 피고는 불법행위책임을 부담하는데 화물소유자에 대한 원고와 피고의 이와 같은 책임은 상호간에 부진정연대의 관계에 있으며, 원고가 정당한 선하증권소지인에게 이 사건 화물의 무단인도에 따른 손해를 배상하여 공동면책에 이른 경우에는 원고는 피고에 대하여 구상권을 행사할 수 있다고 판시하였다.

이에 피고는 대법원에 상고하게 되었고, 선상도의 법률관계가 문제되었다.

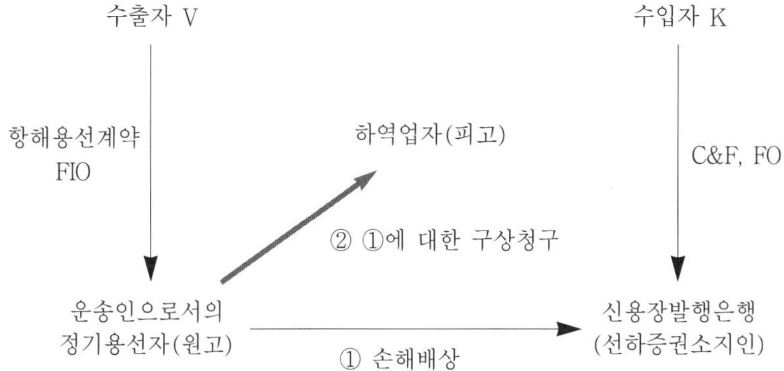

II. 大法院의 判示內容

해상운송에 있어서 선하증권이 발행된 경우 운송인은 수하인, 즉 선하증권의 정당한 소지인에게 운송물을 인도함으로써 그 계약상의 의무이행을 다하는 것이 되고, 그와 같은 인도의무의 이행방법 및 시기에 대하여는 당사자간의 약정으로 이를 정할 수 있음은 물론이며, 만약 수하인이 스스로의 비용으로 하역업자를 고용한 다음 운송물을 수령하여 양륙하는 방식(이른바 '船上渡')에 따라 인도하기로 약정한 경우에는 수하인의 의뢰를 받은 하역업자가 운송물을 수령하는 때에 그 인도의무의 이행을 다하는 것이 되고, 이 때 운송인이 선하증권 또는 그에 갈음하는 수하인의 화물선취보증서 등(이하 선하증권 등이라고 함)과 상환으로 인도하지 아니하고 임의로 선하증권상의 통지처에 불과한 실수입업자의 의뢰를 받은 하역업자로 하여금 양하작업을 하도록 하여 운송물을 인도하였다면 이로써 선하증권의 정당한 소지인에 대한 불법행위는 이미 성립하는 것이고, 달리 특별한 사정이 없는 한 위 하역업자가 운송인의 이행보조자 내지 피용자가 된다거나 그 이후 하역업자가 실수입업자에게 운송물을 전달함에 있어서 선하증권 등을 교부받지 아니하였다 할지라도 별도로 선하증권의 정당한 소지인에 대한 불법행위가 성립하는 것은 아니라고 할 것이다.

원심이 적법하게 확정한 바와 같이, 이 사건 해상운송계약이 운송물의 인도시기 및 방법과 관련하여 수출자가 운임을 부담하되 운임이외의 운송과 관련된 비용과 하역비용은 수하인이 부담하는 소위 C&F, FO(Cost and Freight, Free Out)조건으로 체결된 것이라면 운송물을 하역하는 것은 운송인의 의무가 아니라 수하인의 의무라 할 것이다. 피고가 실수입업자인 K와의 보세운송계약에 따라 피고의 출자회사 중 하나인 주식회사 삼일로 하여금 이 사건 운송물을 하역하게 하였다면 피고는 수하인의 이행보조자로서 양하시점에 원고로부터 이사건 운송물을 수령한 것에 불과하고, 원고의 이행보조자 내지 피용자에 해당한다고 볼 수 없다. 이처럼 원고가 선하증권을 상환받을 때까지 운송물의 양륙작업을 거절하지 아니하고 실수입업자인 K의 편의를 위하여 이 사건 운송물을 K의 이행보조자인 피고에게 인도한 때에 선하증권의 정당한 소지인의 권리를 침해한 불법행위가 성립하는 것으로 보아야 하고, 달리 (중략) 피고가 선하증권과 상환하지 아니하고 이 사건 화물을 수하인의 자가보세장치장까지 보세운송한 것이 선하증권소지인에 대한 관계에서 별도로 불법행위가 된다고 할 수 없다.

피고가 불법행위책임을 부담함을 전제로 원고에 대한 관계에서 구상책임을 인정한 원심의 판단에는 해상운송계약에 있어서 운송물의 인도시점에 관한 법리를 오해한 위법이 있고, 이는 판결결과에 영향을 미쳤으므로 이 점을 지적하는 상고이유의 주장은 이유 있고, 따라서 원심을 파기환송한다.2)

Ⅲ. 評 釋

1. 문제의 제기

(1) 사안에서의 매매계약과 운송계약

본 사안은 전형적인 수출계약에서 나타나는 두 가지 계약이 병존하고 있다. 하나는 수출품에 대한 매매계약이고, 다른 하나는 운송계약이다.

매매계약은 수입자 K와 수출자 V 사이에 체결되었다. 수입자는 수출자를 수익자로 하는 신용장을 대구은행으로 하여금 발행하게 하였다. 매매계약의 조건은 C&F조건이다. 운송비용을 매도인이 부담하는 조건이고 따라서 수출자인 V는 운송계약을 체결하게 되었다.

본 소송에서 원고가 되는 운송인은 수출자 V와 항해용선계약을 체결하면서 하역비용과 관련하여 FIO계약조건을 사용하게 되었다. 수출자(송하인)인 V는 운송인인 범양상선으로부터 선하증권을 발행받아, 대구은행을 지급인으로 하는 환어음을 발행하면서 선하증권을 첨부하여 대구은행의 거래은행에 가지고가서 네고를 한다. 거래은행으로부터 환어음과 선하증권을 넘겨받은 대구은행은 선하증권의 소지인이 되고 선하증권의 상환증권성에 의하여 신용장대금은 담보되게 된다. 선하증권에 통지처로 기재된 수입자 K는 대구은행에 가서 환어음에 기재된 금액을 지급하고 정당한 선하증권소지인이 된 다음 운송인측에 가서 운송물을 인도받으면 운송물 수입 및 운송과 관련된 법률관계는 종료되게 된다.3)

---

2) 판례공보(2004), 1821면.

3) 이러한 매매계약과 운송계약에 부수되는 신용장과 선하증권의 자세한 법률관계에 대하여는 정찬형, 「어음수표법강의」(박영사, 2004), 293면 이하를 참고바람.

(2) 전형적인 운송물불법인도의 형태

그런데 운송인은 선하증권의 정당한 소지인에게만 운송물을 인도하여야 한다(상법 제129조, 제820조). 정당한 소지인이 아닌 자에게 운송물을 인도하면 운송인은 정당한 소지인에 대하여 채무불이행책임 혹은 불법행위책임을 부담하여야 한다.

본 사안에서 수입자인 K는 대구은행에 가서 대금을 지급한 다음 선하증권의 정당한 소지인이 된 다음에야 운송물의 인도를 청구하여야 한다. 그럼에도 불구하고 선하증권을 소지하지 않은 채로 운송인측에게 운송물 인도를 요청하였고, 운송인은 오랜 고객관계 등의 이유로 혹은 K는 실화주이므로 운송물을 인도하게 되었다. 결과적으로 선하증권의 소지인인 은행은 자신이 입게 된 손해배상청구를 운송인측에 제기하게 된다. 이것이 전형적인 운송물 불법인도에 대한 과정이다.

실무적으로 운송인이 운송과 관련된 모든 의무를 직접 처리할 수 없다. 경우에 따라서는 이행보조자를 이용하여 인도의무 등을 처리하기도 한다. 항구에 도착한 운송물이 일반보세창고에 일단 입고된 다음에 인도가 되는 경우에 창고업자는 운송인의 이행보조자 혹은 피용자인 것으로 해석되고 있다.[4)]

이행보조자인 창고업자의 과실로 인한 선하증권과 상환없는 운송물인도는 본인인 운송인의 책임이 된다. 그런데 창고업자가 운송인의 이행보조자 혹은 피용자가 아닌 것이 되면 운송인이 채무불이행책임 혹은 불법행위에서의 사용자책임을 부담하지 않게 될 것이다. 그러므로 운송물불법인도의 문제에서는 운송인과 창고업자의 관계가 다투어진다.

우리 상법상 운송인의 의무는 인도에서 종료되므로, 운송물인도의무가 종료된 다음에 운송물에 대한 손해가 발생하였다면 운송인은 책임을 부담하지 않는다. 그러므로 인도의무가 언제 종료되었는지도 다투어지는 쟁점이 된다.

(3) 사안의 쟁점

본 사안은 FO 계약조건(넓게 보아 FIO로 설명한다)의 계약에서 운송인이 선하증권의 상환을 받지 않고 선상에서 운송물을 수하인이 지정한 하역업자(부두

4) 대법원 1991.8.27. 선고 91다8012 판결; 대법원 2000.11.14. 선고 2000다30950 판결.

운영회사)에게 인도하였고, 다시 이를 보관하고 있던 창고업자에 해당하는 하역업자가 선하증권의 상환없이 운송물을 실수입업자인 K에게 인도한 것이다. 이에 선하증권소지인이 운송인에게 손해배상청구를 하였고 손해를 배상한 운송인이 창고업자(하역업자)에게 구상청구를 하였다.

그러므로 위에서 본 전형적인 운송물에 대한 불법인도의 문제가 개입되게 된다. 즉, 선하증권과 상환없는 인도를 운송인의 이행보조자로 보이는 하역업자가 한 것이므로 운송인은 이에 대한 채무불이행책임 혹은 불법행위책임을 부담하게 되는지에 있다. 만약 이것이 긍정된다면 운송인은 하역업자에게 구상청구가 가능할 것이다. 이를 긍정한 것이 본 사안에서의 원심법원의 판단이다.

그런데 통상 운송인의 운송물 인도의 종기는 정당한 수하인이 효과적인 지배를 할 수 있을 때 종료된다. 특단의 사정이 있어서 운송인의 운송물에 대한 인도가 이보다 앞선 다른 시점에서 일어났다면 즉, 하역업자가 선하증권과 상환없이 운송물을 인도한 시점보다 앞서 인도가 일어났다면 하역업자의 책임이 없는 경우도 있을 것이다. 본 사안에 있어서 대법원은 불법행위는 선상(船上은 창고보다 앞선 시점이 된다)에서 운송인이 수하인에게 운송물을 인도한 순간에 이미 발생한 것이므로, 창고업자에게 구상청구를 할 수 없다고 판시한 것이다. 그 근거는 FO계약에 있다는 것이다. 그러므로 본 사안에서의 쟁점은 과연 FO 계약의 개념이 무엇인지 그 효과는 무엇인지에 있다고 할 수 있다.

대법원은 판시에서 “그와 같은 인도의무의 이행방법 및 시기에 대하여는 당사자간의 약정으로 이를 정할 수 있음은 물론이며”라고 한다. 또한 대법원은 이른바 선상도에서는 “수하인의 의뢰를 받은 하역업자가 운송물을 수령하는 때에 인도의무를 다한 것이 된다”고 하여 선상도의 법률관계는 단순한 비용부담의 문제가 아니라 의무와 책임과 관련된다고 판시하고 있다.[5] 그러므로 FIO 계약조건이 선박소유자와 용선자 사이의 비용의 문제만을 다루는 것인지 아니면 권리의무까지도 포함되는지가 먼저 다루어져야 한다.

우리 상법에 따르면 운송인의 운송물에 대한 주의의무는 수령에서 인도에까지 미친다. 그리고 이러한 의무는 상법 제790조 제1항에 의하여 강행규정화

5) 만약 FIO 계약조건을 의무와 책임의 문제가 아니라 비용만의 문제라고 본다면, 운송인의 인도의무는 양륙후에도 계속되는 것이고, 원심의 판결과 같이 운송인은 불법행위는 창고업자(하역업자)의 불법인도에서 발생한 것이 될 것이다.

되어 있어서 운송인의 의무를 감경하는 특약은 무효가 된다. 본 사안에서 운송물을 선상에서 인도하면 운송인의 의무가 종료된다는 것은 상법 제788조 제1항의 "양륙과 인도"에 관련되고 선상도의 약정은 운송인의 의무와 책임을 경감시키므로 상법 제790조 제1항에 위반하여 무효가 되는 것이 아닌가 하는 의문이 든다. 그럼에도 불구하고 대법원은 FO계약조건에서 이는 당연히 유효하다고 한다. 과연 이러한 판결은 정당한가, 합리적인 해석이 가능한지도 다루어져야 한다.

논의의 편의상 (1) FIO 계약조건의 의의, (2) FIO 계약조건의 적용범위(양륙과 인도의무), (3) 상법 제790조 위반여부에 대하여 살펴본다.

2. FIO 계약조건

(1) 의 의

"선적 양륙 용선자 부담"으로 번역이 가능한 이 조항은 항해용선계약에 사용된다. 개품운송이 주가 되는 정기선(liner)운항에서는 운송인이 모든 양륙작업을 행하므로,[6] 이러한 조항을 둘 이유가 없다. FIO 계약조건이란 통상 항해용선계약에서 선박소유자와 용선자(본 사안에서는 수출자) 사이에 하역작업과 관련하여 선적시에도 선박소유자가 자유롭고(Free In) 그리고 양륙시에도 선박소유자가 자유롭다(Free Out)는 것의 약어이다. 즉, 선박소유자는 하역작업에 대하여 관여하지 않고 용선자가 스스로 처리한다는 것이 내용이다.[7] 이에 대하여는 단순히 비용관계만 정하였다고 보는지 아니면 의무와 책임까지도 정하여져 선박소유자는 자유로워지는지 논란이 된다.

(2) 구별개념으로서의 인도와 관련된 선상도

대법원은 선상도는, 수하인이 스스로의 비용으로 하역업자를 고용한 다음 운송물을 수령하여 양륙하는 방식이라고 한다. 그러나 정확하게 표현하면 선상도란 선박의 위에서 인도가 이루어지는 경우를 말하는 것으로 이해된다. FIO 계약조건에서는 수하인이 직접 하역인부를 수배하여 자신의 크레인 등으로 본

---

6) 이를 berth terms라고 한다.

7) 「국제거래 · 상사소송의 실무」(서울지방법원, 1997), 182면; 김인현, 「해상법연구」(삼우사, 2002), 568면.

선의 선창으로부터 운송물을 양륙하여가는 것이므로 선박의 선창을 떠날 때에 인도가 일어나는 것이 통례가 된다.

계약을 통하여 인도시점을 CY(컨테이너 야드)로 정하기도 한다. 우리나라는 계약에서 정한 인도시점보다 사실상의 지배의 이전이라는 사실관계에 터잡아 인도여부를 판단한다.[8] 수입화물의 경우 통관을 위하여 보세창고에 입고시키는 관행이 있고 일반보세장치장에 운송물이 입고되는 경우에는 운송인이 여전히 점유를 하고(대법원 1992.2.14. 선고 91다4249 판결; 대법원 2000.11.14. 선고 2000다30950 판결), 자가보세장치장에 입고한 경우에는 창고에 입고되는 순간에 인도는 이루어지는 것으로 판례(대법원 1990.2.13. 선고 88다카23735 판결)는 말한다.[9] 그러므로 양자 모두 인도시점은 선상도보다 연장되게 된다고 말할 수 있다.

이외에 유조선의 경우에 양륙은 파이프라인을 통하여 이루어지므로 선상도는 발생한다고 생각된다. 그러므로 FIO 계약조건하에서만 선상도가 일어나는 것은 아니고 FIO 계약조건과 선상도는 동의어가 아니라고 할 수 있다.

(3) 두 가지 형태

FIO 계약조건의 내용에 대하여는 두 가지 형태가 있다. 하나는 이는 선박소유자(운송인)와 용선자 사이의 비용관계만을 규율하고 의무와 책임은 별도라는 입장이고, 다른 하나는 이는 의무와 책임까지를 포함한다고 하는 입장이다. 이러한 입장은 약정된 계약의 내용이 다른 점에서 기인한다고 본다.

즉, 항해용선계약의 표준서식인 젠콘(GENCON) 서식은 선박소유자는 위험과 책임과 비용에 대하여 자유롭다고 되어 있지만,[10] 경우에 따라서는 위험과 책임이라는 단어를 생략하기도 한다.

대표적인 항해용선계약의 표준서식의 FIO계약조건은 아래와 같다. "운송물은 용선자에 의하여, 선박소유자는 위험과 책임과 비용에 대하여 전혀 부담하지 않고, 선창에 내려져서 선적되고, 적부되고, 골라지고 양륙되어야 한다(이

8) 상게 국제거래 · 상사소송의 실무, 197면.
9) 상게서, 197-198면.
10) FIO 계약조건은 부정기선운항에서 선박소유자(운송인)와 용선자 사이의 항해용선에만 사용되는 것이 아니라, 컨테이너 운송에서 슬로트 용선에서도 선박소유자와 슬로트 용선자 사이에도 사용하는 것으로 나타난다. 여기에 대하여는 김인현, "슬로트 용선의 법률관계," 「한국해법학회지」, 제25권 제1호(2003.4)를 참조바람.

하 젠콘서식).[11] 그런데 경우에 따라서는 "용선자(송하인)는 운송물을 선박에는 비용을 부담시키지 않고 선박에 적재되고, 골라지고 양륙되어야 한다. 고르기는 화물더미의 상부를 평평히 하는 것을 의미하고, 추가비용은 선박소유자의 부담이다"라고 되어 있기도 하다(이하 Jordan II의 경우).[12]

우리 대법원은, 용선자는 "선적과 양륙에 대한 비용을 부담한다"고 된 FIO 계약조건하에서 운송인은 그럼에도 불구하고 여전히 운송물의 선적과 양륙에 대한 의무를 부담한다고 판시하였다(2003.1.10. 선고 2000다70064 판결).[13] 이는 후자의 입장을 취한 것이다.

영국의 최근 Jordan II 사건에서 FIO 계약조건의 내용에 해당되는 것은 첫째, 위에서 보는 바와 같이 선적과 양륙에 대한 비용은 용선자가 부담한다는 것과 둘째, 운임은 FIOST조건이라는 두 가지였다. 법원은 이것은 운송인의 선박의 양륙에 관한 의무까지도 면하게 하는 것이라고 판시하였다.[14] 계약의 내용에 운송인의 의무와 책임이 면제된다는 문구가 없는 경우에도 이렇게 본 것이다.[15] 그러므로 젠콘 서식에 있는 FIO 계약조건의 내용은 운송인의 입장을 더욱 강화할 것으로 평가되고 있다.[16]

이러한 내용을 가진 FIO 계약조건의 경우에는 어려운 점은 없다. 그런데 아무런 내용없이 FIO라고만 기재된 경우도 있다. 이런 경우는 양자 중 어디에 속하는 것인가? 사견으로는, Jordan II와 같이 비용만 부담한다거나 젠콘서식에서 위험, 책임부분을 삭제하고 비용부분의 문구만을 남긴 FIO 계약조건은 선적과 양륙에 대한 선주와 화주 사이의 비용관계만을 다루는 것으로 이해한다. 젠

---

11) (The cargo shall be brought into the holds, loaded, stowed and/or trimmed, tallied, lashed and/or secured and taken from the holds and discharged by the Charterers, free of any risk, liability and expense whatsoever to the owners)

12) (Shippers/charterers /receivers to put the cargo on board, trim and discharge cargo free of expense to the vessel. Trimming is understood to mean levelling off the top of the pile and any additional trimming required by the master is to be for Owners account).

13) 법원공보(2003), 1821; 이 판결에 대한 자세한 논의는 Captain In Hyeon Kim, "Korean Maritime Law Update 2004," *Journal of Maritime Law and Commerce*, Vol. 36 No. 3(July 2005), p. 369 이하를 참고바람.

14) The Jordan II[2003] 2 Lloyd's Rep. 87; 田中庸介, "FIOST 條項 效力," 「海事法硏究會誌」, no. 178(2004.2), 16頁 이하.

15) FIOST라는 문구자체도 하나의 참고사항이 된 것으로 생각된다.

16) 田中, 前揭論文, 23頁.

콘서식과 같이 화주가 선적과 양륙의 위험과 책임을 부담한다고 하면 이는 당연히 운송인의 위험과 책임까지도 포함하여 용선자의 부담으로 하는 것으로 해석된다. 내용없이 단순히 FIO조건으로 된 경우에는 젠콘서식 사용이 업계에 관행화된 것이므로 특단의 사정이 없는 한 비용뿐만 아니라 위험과 책임까지도 포함하는 것으로 추정되는 것으로 해석하고자 한다.[17]

용선계약에 기재된 내용이 제3자인 선하증권의 소지인에게 효력이 미치기 위하여는 정당하게 편입되어야 한다.[18] 다만, 본 사안과 같이 선하증권에 FIO라는 문구가 있는 경우에는 편입의 문제는 발생하지 않는다.

3. FIO 계약조건의 적용범위

FIO 계약조건이 문제되는 것은 (1) 하역작업과 관련한 비용을 선박소유자와 용선자 중에서 누가 부담하는지 (2) 하역작업과 관련한 작업중 사고에 대하여 누가 책임을 부담하는지 (3) 운송물의 인도시점 등이다.

(1)의 경우는 작업비용을 용선자가 부담하는 것에 이론이 없다. 아래에서 보는 바와 같이 FIO 계약조건이 무효가 되더라도 하역작업비용은 화주가 부담한다는 한도에서는 유효하므로 언제나 작업비용에 대하여는 용선자인 화주가 부담하게 된다. (2)의 경우는 FIO 계약조건을 비용과 관련되는 것으로 보는 한 운송인이 하역작업중에 발생한 책임을 부담한다. 그러나 의무와 책임까지도 용선자가 부담하는 것으로 해석한다면, 하역작업중의 사고는 용선자의 피용자의 행위로 인한 것이 된다. 그러므로 첫째, 하역작업중 선박자체에 미친 손해는 용선자가 부담한다. 둘째, 운송물 손해에 대하여는 운송인은 상법 제789조 제2항 제6호(송하인 또는 운송물의 소유자나 그 사용인의 행위)에 따라서 면책이 가능하다. (2)의 경우에는 우리나라에서도 판례가 있다.[19]

---

17) 다만, 이 경우에도 상법 제790조 제1항 강행규정위반의 문제는 남는다.

18) 여기에 대한 자세한 논의는 석광현, “용선계약상 중재조항의 선하증권에의 편입,” 「법학논총」(한양대학교 법과대학, 2005.6), 193면 이하.

19) 예컨대, 서울지법 1996.9.24. 선고 93가단10222 판결에서는 FIO 계약조건에 대하여 송하인이 자신의 비용과 책임으로 하여야 하고 선적 작업시에는 선원들은 송하인의 피용자가 된다고 하면서 선창덮개를 늦게 닫음으로써 발생한 손해를 운송인에게 물을 수 없다고 하였다. 여기에 대하여는 김인현, 「해상법연구」(삼우사, 2002), 568면 이하를 참고바람. 앞에서 본 대법원 2003.1.10. 선고 2000다70064 판결에서는 비용만 언급된 FIO 계약조건이므로 운송인(선박소유자)은 운송물적부 잘못으로 인한 책임을 송하인에게 전가시킬 수 없다고 판

(3)의 경우는 추가적인 논의가 필요하다.

FIO 계약조건 중에서 FO로 한정시켜서 본다. FO 계약조건은 운송인의 양륙의무에만 관련된다. 조건의 내용은 "양륙"에 대한 위험과 책임 그리고 비용에 대하여 용선자가 부담한다는 내용이다. 그러나 양륙과 인도가 동시에 일어나는 경우에는 인도의 문제와 연결될 수 있을 것이다. 본 사안은 바로 여기에 대한 판결로서 우리 대법원이 처음으로 다루는 사건이다.

그러므로 FO조건은 양륙의 비용을 누가 부담하는지의 문제와 양륙시에 발생한 운송물사고에 대한 책임문제를 포함하고,[20] 나아가 양륙의무를 포함하여 수하인에 대한 운송인의 운송물 인도가 종료되는 문제까지 포함한다고 해석된다.

4. 운송인의 운송물에 대한 주의의무와 상법 제790조의 강행규정

(1) 우리 상법 제790조

상법 제790조의 강행규정은 원칙적으로 용선계약에서는 적용이 없고, 용선계약에서 사용되는 FIO 계약조건은 계약자유의 원칙에 따라 유효하다. 그런데 용선계약하에서 선하증권이 발행되게 되면 선하증권소지인과 운송인 사이의 법률관계에서는 상법 제790조 제3항에 따라, 제790조 제1항이 적용되게 되므로, 이러한 내용이 강행규정에 위반하는지가 문제가 된다.

우리 상법 제788조 제1항은 "운송인은 자기 또는 선원 기타의 선박사용인이 운송물의 수령, 선적, 적부, 운송, 보관, 양륙과 인도에 관하여 주의를 해태하지 아니하였음을 증명하지 아니하면 운송물의 멸실, 훼손 또는 연착으로 인한 손해를 배상할 책임이 있다"고 정한다.[21] 그리고 이러한 의무는 상법 제790조의 강행규정의 적용을 받는다. 즉, 상법 제790조 제1항은 "제787조 내지 제789조의3의 규정에 반하여 운송인의 의무 또는 책임을 경감 또는 면제하는 당사자간의 특약은 효력이 없다"고 정하고 있는 것이다.[22] 제788조 제1항은 제

시하였다. 각주 13)참조.

20) 위에서 보는 Jordan II 사건은 전형적인 양륙작업중 사고에 대한 책임주체가 선박소유자가 되는지 용선자인 수하인이 되는지 하는 문제이다.

21) 헤이그비스비규칙 제3조 제2항을 취한 것으로 평가된다(Subject to the provisions of Article 4, the carrier shall properly and carefully load, handle, stow, carry, keep, care for and discharge the goods carried).

790조의 제1항의 적용범위에 속하므로 운송인이 예컨대 "운송"의무가 없다는 약정을 체결하여 책임을 면하는 것은 강행법규에 위반하여 무효가 된다고 해석된다.

FIO 계약조건을 비용에 관한 것으로 판단하는 한 상법 제790조의 강행규정의 적용은 문제되지 않고, 이를 운송인의 의무와 책임까지에 관련된다고 할 경우에는 상법 제790조의 강행규정위반을 논할 수 있게 된다. 이러한 정의가 중요한 의미를 갖는 것은 만약, FIO 계약조건이 비용에만 관여된다고 한다면, 운송인의 의무는 존속되는 것으로 하역 작업중의 사고에 대하여 운송인이 책임을 부담하게 되지만, 의무와 책임에 대한 것이라고 한다면 운송인의 책임은 면제될 여지가 있기 때문이다.

요컨대, FIO 계약조건이 운송인의 양륙과 인도와 관련이 되면 이것이 상법 제790조의 강행규정에 위반하는지가 문제된다.

(2) 양륙의무와 상법 제790조

운송인은 양륙에 대한 의무를 부담한다. 양륙에 대한 의무란 운송인이 주의깊게 운송물을 양륙하여야 함을 의미한다. 운송인이 양륙도중에 과실로 운송물을 파손하게 되면 운송인은 상법 제788조 제1항에 의하여 자신에게 과실이 없었음을 입증하지 못하면 손해배상책임을 부담한다. 이러한 의무를 면하게 하는 약정은 상법 제790조 제1항에 의하여 무효가 된다.

또한 이러한 의무를 반드시 운송인이 행하여야 할 의무를 부담하는가가 문제된다. 자신의 이행보조자를 사용하는 것은 이미 상법 제788조 제1항에 예정되어 있으므로 문제는 없다. 그런데 이를 화주인 용선자에게 전가시킬 수 있는가? 이것은 바로 FIO 계약조건의 유효성의 문제가 된다. 왜냐하면 FIO 계약조건은 운송인이 행하여야 할 양륙의무를 용선자인 화주가 행하도록 하는 경우도 있기 때문이다.

영국의 판례는 렌턴 사건에서 양륙의무를 용선자가 부담하는 것이 운송인

22) 이는 헤이그비스비규칙 제3조 제8항을 취한 것이다(Any stipulation in a contract of carriage by sea, in a bill of lading, or in any other document evidencing the contract of carriage by sea is null and void to the extent that it derogates, directly or indirectly, from the provisions of this Convention. The nullity of such a stipulation does not affect the validity of the other provisions of the contract or document of which it forms a part).

의 책임을 면제하는 것으로 무효가 되는 것은 아니고 운송물 양륙중의 사고에 대한 책임은 용선자가 부담한다고 하였다.[23] Jordan II 사건에서 영국 귀족원은 헤이그비스비규칙 제3조 제2항(우리 상법 제788조 제1항에 해당)에 대한 운송인의 양륙의무를 "운송물 선적 등을 인수받은 경우에 그 이행방법으로서 적절히 주의깊게 이것을 행할 것을 규정한 것"으로 이해한다.[24] 영국법의 입장은 동 조항은 "적절히 주의깊게" 양륙을 할 의무를 운송인에게 부과하는 것이지 절대적 양륙의무를 부과한 것은 아니므로 의무와 책임기간의 약정도 가능하다고 한다.[25]

미국은 이와는 달리 운송인의 양륙의무 등은 소위 위임불가능한 의무(non-delegable duty)라고 보는 것이 다수견해이다.[26] 운송인은 수령에서 양륙까지 위임불가능한 의무를 부담하고, FIO 계약조건의 운송인의 의무와 책임을 면하는 내용은 미국 COGSA 제3조 제8항[27]에 위반하여 무효가 되고, 비록 송하인이 양륙의 의무를 행하더라도 운송인의 의무는 계속 존속된다. 미국의 Marais는 비용에 관한 약정은 유효이지만, 운송인의 운송의 범위를 정하는 것이라면 무효라고 한다.[28]

일본에서는 이를 운송인의 의무를 대폭 면제하는 것으로 보아 무효로 보는 견해도 있다.[29]

우리나라에서는 이에 대하여 종래, 무효설과 유효설이 있다. 물품운송에서 운송인의 주의의무 및 책임의 시간적 범위는 물품의 수령에서부터 인도를 의미하고, 이러한 운송인의 의무는 운송인의 고유한 의무라고 해석되므로 그 의무를 제한하는 FIO 계약조건은 상법 제790조에 위반되어 무효의 가능성이 있다고 한다.[30]

---

23) G.H Renten & Co. v. Palmyra Trading Corporation [1956] 2 Lloyd's Rep. 379; Tubacex, Inc., v. M.V. Risan, 45 F. 3d 951, 953, 956(5th Cir., 1995).

24) 田中, 前揭論文, 22頁.

25) 田中, 上揭論文, 22頁.

26) Associated Metals &Minerals Corp v. The M.V. Arktis Sky(2nd Cir. 1992) 978 F. 2d, 47, 48.

27) 우리 상법 제790조 제1항과 동일 취지임.

28) 田中, 前揭書, 57頁.

29) 戶田修三 · 中村眞澄, 「國際海上物品運送法」(青林書院, 1997), 57頁.

30) 임동철 교수는 외국의 부정설을 긍정설과 함께 소개하고 있다. 「해상법 · 국제운송법연구」(진성사, 1990), 392면.

한편, FIO 계약조건은 운송인이 인수하는 운송의무를 선적후 또는 적하착수전의 범위에 한하는 취지로 해석할 수 있으므로 이는 운송인이 인수할 운송의 범위를 한정하는 것으로 유효하다는 견해도 있다.[31] 서울민사지방법원(1986.12.26. 선고 86가합506 판결)은 "해상운송거래상 관행되고 있는 FIO 특약은 운송인이 운송물의 선적, 적부, 양하에 대하여 책임을 지지 아니한다는 특약으로서 운송인과 송하인 수하인 사이에 운송용역의 조건이 아니라 그 범위를 한정함에 불과한 것이므로 상법 제788조 제1항에 규정된 운송인의 의무와 책임을 경감하는 당사자 사이의 특약을 무효로 하는 동법 제790조의 규정에 실질적으로 위반되지 아니하여 유효라고 하였다.[32]

실무에서 광석, 시멘트 등과 같이 특수한 경험과 기술을 가진 송하인이나 수하인의 사용인이 작업을 하는 것이 안전하고 효율적인 경우는 유효하고, 단순히 자기책임을 면할 목적만으로 행하여지는 특약은 무효로 한다는 견해도 있다.[33]

헤이그비스비규칙은 운송인의 의무는 선적과 양륙에까지 미치는 것으로 하고(제3조 제2항) 이외의 수령과 인도에 대하여는 계약자유의 원칙을 유지하고 있다(제7조). 함부르크규칙은 운송인의 운송물에 대한 의무는 수령에서 인도에까지 미친다고 한다(제4조 제1항). FIO 계약조건에 대한 언급은 없다. 위와 같이 각국에 따라 FIO 계약조건을 의무와 책임에 대한 것으로 보는 경우 이를 유효로 보기도 하고, 무효로 보기도 한다.

이러한 점을 통일적으로 규율하기 위하여 현재 진행되고 있는 유엔 운시트랄 운송법회의(2006.3.31. 현재)는 운송인의 선적, 적부 그리고 양륙의 의무는 계약에 의하여 용선자인 송하인이 처리할 수 있도록 하는 초안을 마련하였다. 이렇게 함으로써 운송인의 선적, 적부 그리고 양륙의 의무는 강행규정에 위반되지 않고 운송인이 자유롭게 처리할 수 있게 되는 것이다.

---

31) 장희목, "해상물건운송인의 손해배상책임," 「사법논집」, 제10권, 356-8면; 이주흥, "해상물건운송인의 손해배상책임," 「해상보험법에 관한 제문제(상)」, 재판자료 제52집(법원행정처, 1991), 282면; 이주흥, 「해상운송법」(박영사, 1992), 111면.

32) 이주흥 상게논문에서 재인용; 대법원(대법원 1981.12.12. 선고 81다카665)도 운송인이 부담하는 의무의 존속기간에 대하여도 그 책임의 시기와 종기를 당사자간에 임의로 약정할 수 있다는 취지로 해석한 판결이 있다.

33) 배병태, 「주석해상법」(사법행정학회, 1980), 203면.

초안 제14조 특별의무

1. 운송인은 제11조에 기재한 책임기간 동안 운송물을 적절하고 주의 깊게 수령, 선적, 적부, 운송, 보관, 관리, 양륙하고 인도하여야 한다.

2. 당사자는 운송물의 선적, 적부 그리고 양륙에 대하여 송하인 혹은 제35조에 기재한 다른 자에 의하여 행하여질 것을 약정할 수 있다. 그러한 약정은 운송계약서에 언급되어져야 한다.[34][35]

사견으로는 우리 법상으로도 FIO 계약조건은 항해용선계약에서 오랫동안 필요에 의하여 사용된 것으로 유효하다고 해석하여야 한다고 본다. 특히 정기선운항과 달리 부정기선 운항에서는 운송물의 종류가 다양하고, 정박기간이 하역작업의 숙련도에 따라 길어지기도 하고 짧아지기도 하여 용선자에게 체선료의 부담과 연결되므로, 용선자가 하역작업을 주도하는 것이 효과적이기 때문에 항해용선계약 등에서 표준내용으로 사용되어 온 것이다. 또한 용선계약은 대등한 당사자 사이의 문제이므로 계약자치의 원칙을 적용하여 당사자 사이의 교섭력에 따라 FIO 계약조건을 자유롭게 사용할 수 있기 때문에 부합계약의 성질을 갖는 선하증권의 경우와는 달리 해석하여야 한다고 본다. 다만, 선하증권이 발행된 경우에 항해용선계약상의 FIO 계약조건은 정당하게 편입되어 선하증권의 소지인이 FIO 계약조건의 내용을 안 경우에만 유효하다고 하여야 할 것이다.

(3) 인도의무와 상법 제790조

위에서 살펴본 바와 같이 FIO 계약조건이 운송인의 인도의무에까지 영향을 미치면 우리 상법상 인도의무 및 그 강행성과 FIO 계약조건과의 관계가 문제된다.[36]

---

34) 1. The carrier must during the period of its responsibility as defined in article 11, and subject to article 27, properly and carefully receive, load, handle, stow, carry, keep, care for, discharge and deliver the goods. 2. The parties may agree that loading, stowing and discharging of the goods is to be performed by the shipper or any person referred to in article 35, the controlling party or the consignee. Such an agreement must be referred to in the contract particulars). A/CN.9/WG.III/WP.56.

35) 운송인의 운송물에 대한 의무는 초안 제94조 제1항에 의하여 이를 직접 간접으로 면제하거나 제한하는 약정은 무효가 된다.

36) 우리나라 실무상 FIO 계약조건을 인도의무에까지 연결시키고자 하는 계약당사자의 의사는 없는 것으로 생각할 수도 있지만, 인도의무에 대하여 사실상의 지배를 기준으로 삼는 법원의 입장을 고려하면, 결과적으로 FIO 계약조건은 간접적으로 인도의무와 연결되는 것으로

그런데 FIO 계약조건에서 선상도가 이루어지는 경우에는 인도의무는 양륙의무의 종료와 동시에 종료되므로, 인도의무의 종료를 운송물의 사실상의 지배를 기준으로 삼는다면[37] 운송인의 인도의 범위가 좁혀지는 것이 되므로 상법 제790조의 강행규정이 문제된다.

헤이그비스비규칙과 달리 우리 법은 인도에 대하여도(상법 제788조 제1항) 운송인의 강행적인 의무의 범주에 포함시키고 있다. 헤이그비스비규칙은 운송인은 선적 전과 양륙 후에 대하여는 계약자유의 원칙을 인정하고 있다(제7조).[38] 일본의 국제해상물품운송법 제3조는 운송인의 운송물에 대한 의무에 대하여 우리 법과 같이 수령, 선적, 적부, 보관, 양륙 그리고 인도에까지 미친다고 하고, 그리고 이러한 의무는 동 제15조 제1항에 의하여 강행규정의 적용을 받아서 운송인은 이를 감경하거나 면제하지 못한다고 한다.[39][40] 그러나 제15조 제3항은, 제1항은 운송물의 선적 전 혹은 운송물의 양륙 후에 발생한 운송물의 손해에 대하여 적용하지 아니한다고 하여 적용배제규정을 두고 있다. 즉, 일본도 운송물의 수령과 인도의무에 대하여는 계약자유의 원칙을 고수하고 있으므로, 한국 상법하에서 운송인은 인도에 대하여 강제적인 의무를 부담하고 있고, FIO 계약조건의 강행규정위반의 문제가 발생한다.

5. 운송물 불법인도

선상도가 아닌 경우에 운송물은 통상 창고에 내려져 보관된다. 이 때 운송물을 보관하는 창고업자는 운송인의 인도의무를 이행하여 주는 이행보조자가 된다. 따라서 이들의 과실은 곧 운송인의 과실이 된다. 창고업자가 선하증권과 상환없이 운송물을 내어주면 선하증권소지인의 권리를 침해한 것이 되고 이 때

볼 수 있다고 생각된다.

37) 위에서 본 바와 같이 본 판결 이전까지의 대법원의 입장으로 이해된다.

38) Nothing herein contained shall prevent a carrier or a shipper from entering into any agreement, stipulation, condition, preservation or exemption as to the responsibility and liability of the carrier or the ship for the loss or damage to, or in connection with, the custody and care and handling of goods prior to the loading on, and subsequent to, the discharge from the ship on which the goods are carried by sea.

39) 戸田修三 · 中村眞澄, 前揭書, 53頁.

40) 이러한 약정을 가지고 선하증권소지인에게 대항하기 위하여는 선하증권에 그러한 특약의 내용이 기재되어 있어야 한다(동 제15조 제4항).

운송인은 채무자로서 운송계약상 채무불이행책임을 부담하고, 창고업자는 불법행위자로서의 책임도 부담한다. 이 경우에 운송인은 또한 사용자책임을 부담하게 된다. 손해를 배상하게 되는 운송인은 과실이 있는 창고업자에게 구상청구를 하게 된다.[41]

6. 사안에의 적용

(1) 구상청구의 기초

운송인은 양륙지에서 운송물의 인도에 대하여 책임을 부담한다(상법 제788조 제1항). 이러한 경우에 예컨대, 창고업자가 선하증권과 상환없이 운송물을 인도하면 운송인은 선하증권의 소지인에 대하여 채무불이행책임 및 불법행위책임을 부담하고, 창고업자는 불법행위책임을 부담한다. 운송인은 선하증권이 발행된 경우에는 선하증권과 상환하여서만 운송물을 인도하여야 하기 때문에, 이와 상환하지 않고 운송물을 인도한 경우에 선하증권소지인에 대하여 운송인은 운송채무를 이행하지 못한 것이 되므로 채무불이행과, 과실로 소지인의 재산권을 침해한 것이 되므로 불법행위책임을 동시에 부담하게 된다는 것이다.[42] 양자는 부진정연대책임을 부담하고 운송인이 전액을 변제하면 창고업자의 책임부분에 대하여는 구상청구를 한다.

(2) 운송인의 인도의무의 종료시점

그런데 본 사안에서는 송하인과 운송인 사이에 특약을 맺은 경우에는 위에서 본 운송인의 인도의무를 달리 해석할 수 있는지가 문제되었다.

대법원은 선상도의 경우에는 수하인의 의뢰를 받은 하역업자(부두운영회사)가 운송물을 수령하는 때에 그 인도의무를 다하는 것이라고 판시하였다. 즉, FIO 계약조건의 효력이 유효하다는 전제하에서 운송인의 의무는 선상에서 수하인에게 인도하는 순간에 종료되지 육상의 창고 등에까지 연장되는 것이 아니라고 본 것이다. 따라서 船上渡를 하는 당시에 운송인은 선하증권과 상환으로 운송물을 인도하여야 하고, 그렇지 않다면 바로 이 때 운송인은 선하증권소지인에 대한 관계에서 불법행위를 저지른 것이 된다. 그 이후에 부두운영회사가

---

41) 자세한 내용은 김인현, 「해상법」(법문사, 2003), 185면 이하를 참고바람.

42) 여기에 대한 자세한 논의는 김인현, 전게 해상법연구, 684면 이하를 참고바람.

다시 선하증권을 받지 않고 운송물을 인도한 것에 대하여 선하증권의 소지인에 대하여 별도의 불법행위가 성립하지 아니한다고 한 것이다. 결국 대법원은 피고 부두운영회사의 불법행위가 전제되어야 원고의 구상청구가 가능함에도 불구하고, 원고의 행위로서 이미 불법행위가 성립하였고 다시 피고의 행위로서 불법행위가 성립하는 것이 아니므로, 원고의 청구는 청구권의 기초가 없으므로 구상청구는 부인되어야 한다는 결론을 내린 것이다.

결국 이러한 대법원의 판시는 운송인의 의무와 책임이 船上渡의 경우에는 선상에서 수하인에게 운송물이 인도되는 시점에 종료된다는 전제하에 서는 것이다. 이러한 대법원의 판결은 우리 법이 그동안 취하여오던 사실상 유효한 지배를 수하인이 하는 때에 운송인의 인도의무가 종료된다는 판결 등과의 관계가 문제되게 되었다.[43] FO 계약조건하에서는 운송물의 양륙은 선박에서 선창을 떠날 때 발생하고 이 때 인도가 일어난다고 한다. 그렇다면, 수하인이 하역작업을 수배하지 않아 운송인이 운송물을 부두에 내려두거나 보세창고 등에 입고시키는 경우에도 운송인의 의무는 선박을 떠날 때에 종료되는 것으로 되어야 한다는 결론이 나온다.[44]

(3) 운송인과 부두운영회사의 관계

대법원은 피고 부두운영회사는 실수입업자 K와 보세운송계약관계에 있으므로 피고는 수하인의 이행보조자로서 운송물을 수령한 것에 불과하지 원고의 이행보조자 혹은 피용자가 아니라고 판시하였다.[45] 그러므로 운송인이 자신의 피용자임을 전제로 한 구상청구권 행사는 불가하다고 본 것이다.

---

43) 대법원은, 일반보세장치장에 운송물을 입고한 사안에서, 선하증권상의 통지처(수입대행자)의 의뢰를 받은 하역회사가 양하작업을 완료하고 화물을 하역회사의 일반보세창고에 입고시킨 사실만으로는 화물이 운송인의 지배를 떠난 것이라고 볼 수 없고, 화물의 인도시점은 선박대리점의 화물인도지시서에 의하여 화물이 위 하역회사의 보세장치장에서 출고된 때라고 보아야 하고, 선측에서의 하역작업에 의하여 운송물의 점유가 이전된 때가 아니다고 하였다(1992.2.14. 선고 91다4249 판결; 대법원 1992.3.13. 선고 91다19234 판결); 재인용 전게 국제거래 상사소송의 실무, 198면.

44) 이 점에서 FO 계약조건이 인도의 방법과 종기에 대하여도 규율을 하도록 하여야 하는지에 대하여는 기존의 대법원 판결과 비교하면서 좀더 깊은 연구가 필요할 것으로 보인다. 물론 선하증권이 발행된 경우에는 선하증권과 상환할 의무는 여전히 존속한다.

45) 동일한 견해를 취하는 학자로서는 Julian Cook and others, *Voyage Charters*(LLP 2001), p. 185.

우리 대법원은 창고업자 등과 운송인의 관계에 있어서 실화주와의 계약관계가 있다고 하더라도 다시 운송인과도 임치계약관계에 있다는 소위 二重任置論을 취하고 있다.[46] 이러한 이중임치론에서 벗어난 판결이라고 평가할 수 있다. 장차 적어도 FIO 계약조건에서는 이중임치이론의 불리함에서 운송인은 벗어날 수 있을 것으로 기대된다.

7. 판결의 의의 및 영향

만약 원고인 운송인이 (1) FO 계약조건은 비용에만 관여되는 것이고 양륙과 인도에 대한 책임과 의무는 여전히 운송인 자신이 부담하는 것이라는 미국법의 입장에 따른 계약체결이라고 주장하게 되어 이것이 받아들여지면, 운송인의 운송물에 대한 인도의무는 선박을 떠나 보세창고에 이르기까지 지속되게 된다. (2) 하역회사가 대법원의 이중임치론 등 전통적 이론에 따라 운송인의 피용자로서 운송물을 임치하고 있었다는 주장이 받아들여지면 하역회사가 선하증권 상환 없는 운송물인도를 한 시점에 선하증권소지인의 권리가 침해되게 된다. (3) 따라서 원고의 하역회사에 대한 구상청구는 승소할 것이다.

그러므로 대법원은 FO 계약조건이 양륙과 인도에 대한 운송인의 의무와 책임을 수하인에게 넘기는 것으로서 유효한 것인지에 대한 심층적인 검토가 필요하였다고 본다. 특히, 사안의 FO 계약조건의 내용이 단순히 비용만을 분배한 약정인지 아니면 의무와 책임까지도 전가된 약정인지를 논하였어야 하고, 나아가 그러한 약정이 항해용선계약에 기재되어 있고, 이것이 선하증권에 정당하게 편입되어 운송인과 수하인 사이에 그러한 FIO 계약조건의 적용이 가능하여졌는지 등에 대한 논의가 있었어야 한다.

대법원은 신용장상의 C&F FO를 언급하고 FO를 Free Out이라고 명기를 하

46) 이에 대하여는 김인현, 전게 해상법연구, 592면; 전게 국제거래상사소송의 실무, 200면. 서울지방법원의 1999.5.21. 선고 98가합60120 판결에서 이중임치론을 인정한 이후 하급심에서 일반적인 지지를 받다가 2004.1.27. 선고 2000다63639 판결에서 대법원도 인정하게 되었다. 보세화물관리에 관한 고시에 의하면 수입화물은 화주가 정하는 장소에 장치하도록 되어 있다. 이에 따라 화주에 해당하는 실수입업자는 창고업자와 화물을 장치하는 임치계약을 체결한다. 운송인이 계속하여 운송물을 지배한다고 하기 위하여 법원은 운송인과 보세창고 사이에 묵시적 임치계약이 성립한다고 이론 구성을 한다. 동지, 최종현, "보세창고업자의 화물불법인도에 대한 운송인의 채무불이행책임," 「한국해법학회지」, 제27권 제2호(2005.11), 281-282면.

고 있다. 나아가 이를 근거로 "운송물을 하역하는 것은 운송인의 의무가 아니라 수하인의 의무라 할 터"라고 하고 있으나, 신용장상의 가격조건으로서 C&F는 의미가 있으나, FO 계약조건은 운송인과 화주인 매도인 혹은 매수인과의 관계를 규율하는 것이므로, 항해용선계약이나 선하증권상의 FO 계약조건 내용을 판결에서 언급하였어야 한다고 생각한다. 운송인의 인도의무는 신용장에서 규율되는 것이 아니라, 선하증권 혹은 용선계약에 의하여 규율되기 때문이다. 요컨대, 대법원의 결론에는 동의하면서도 그 구체적인 논의의 경과가 미흡하다는 점을 지적한다.[47]

FIO 계약조건에 따라 선상도를 하는 것은 오랜 해운업계의 관행이고, 선박소유자와 용선자 모두에게 유용한 것이므로 이를 유효한 것으로 보아야 할 것으로 생각한다. 다만, 강행법에 위반이 되는지가 국제적으로도 논란이 있으므로 입법론으로는 운송인의 양륙, 적부, 선적 및 인도에 대한 의무는 당사자 사이의 약정으로 달리 정할 수 있다는 규정을 두어 실무상 관행이 된 FIO 계약조건에 대한 법적 근거를 마련하여야 한다고 본다.

인도와 관련하여 본 판결로서, 우리나라에는 FIO 계약조건 등의 선상도에서는 선상에서 인도가 이루어지고, 자가보세장치장에 입고되는 경우에는 입고 당시에 운송인의 인도의무는 종료되고, 일반보세장치장에 입고되는 경우에는 운송인은 여전히 점유를 하고 있는 것으로 나누어 볼 수 있는 근거를 가지게 되었다.

창고업자와 운송인의 관계에 있어서 본 판결로서, 우리나라에는 FIO 계약조건에서는 창고업자는 수하인(실수입업자)의 이행보조자 혹은 피용자가 될 뿐이지 운송인의 이행보조자 혹은 피용자가 되지 않게 되었다. 이는 적어도 FIO 계약조건하에서는 우리 대법원이, 창고업자가 실수입업자와 임치계약을 체결하였을지라도 창고업자는 운송인과 묵시적인 임치계약하에 있으므로 운송인의 이행보조자 혹은 피용자로 해석이 가능하다는 소위 이중임치론의 입장에서 벗어난 것으로 생각된다.

---

47) 대법원이 자세한 설시는 하지 않았지만, "달리 특별한 사정이 없는 한 위 하역업자가 운송인의 이행보조자 내지 피용자가 된다거나"라는 설시로 보아, 또한 부두운영회사는 운송인의 이행보조자 내지 피용자가 되지 아니하므로, 운송인이 이행보조자 혹은 피용자의 과실에 의한 채무불이행책임을 부담하는 것이 아니라 운송인 자신이 직접 책임을 부담하는 것이므로 구상청구는 성립하지 않는다는 취지도 내포되어 있는 것으로 보인다.

제 6

국내판례

滯船料의 法的 性質

(대법원 2005.7.28. 선고 2003다12083 판결)

Ⅰ. 問題의 提起

해상기업의 영리행위는 용선과 운송으로 나누어진다. 용선 중에서도 항해용선은 실질이 운송계약과 같으므로 운송계약으로 법적 성질이 이해되고 우리 상법도 제780조에서 이를 분명히 하고 있다.

항해용선계약은 개품운송과 달리 적하와 양륙을 용선자인 화주가 행하게 된다. 그러므로 선박소유자는 수동적인 지위에 있게 된다. 용선료는 한 항차당 적재화물량으로 계산된 용선료로 정하여지게 된다. 이 점에서 일당 용선료를 선박소유자가 정기용선자로부터 지급받는 정기용선과도 다르다.

항해용선계약은 정기용선계약과 달리 선박소유자는 한 항차당 선박을 용선자에게 용선하여 준다. 그런데 항차라는 것은 선적의 시작에서 양륙의 종료까지이므로 항해기간 및 선적 · 양륙의 기간의 장단에 따라 늘어나기도 하고 줄어들기도 한다. 선박소유자는 항차의 장단과는 관계없이 적재되어 운송된 화물량에 따라 용선료를 수령하게 된다. 항해기간의 장단은 선박소유자의 지배하에 있으므로 스스로가 부담할 일이지만, 선적과 양육이 길어지게 되면 선박소유자는 다른 용선계약에 선박을 이용할 수 없으므로 큰 손해를 입게 된다.

따라서, 선박소유자와 용선자는 일정한 선적양륙기간을 허용하게 되었다. 이를 정박기간(laydays)이라고 한다. 이러한 정박기간을 넘어서게 되면 용선자는 선박소유자에게 지체료를 지급하게 되고(상법 제782조 제3항), 반대로 정박기간보다 빨리 선박이 출항되게 되면 조출료가 선박소유자로부터 용선자에게 지급된다.

그런데 종래 우리나라에서는 체선료의 법적 성질이 무엇인지 다투어져 왔다. 이는 용선자가 체선료를 지급할 것이 있는 경우에 선박소유자에게 귀책사유가 있는 경우에는 용선자가 체선료를 과실상계의 법리를 이용하여 삭감하려고 하기 때문이다. 본 사건도 이와 같은 내용이다.

Ⅱ. 事實關係

원고 가와사끼 기센은 피고 동해펄프와 장기운송계약을 체결하였다. 수하인이 선하증권을 제시하지 아니하여 원고는 선장에게 선하증권의 원본 없이는 운송물을 내어주지 말 것을 지시하여, 결국 선하증권이 제시될 때까지 약 30여일 동안 선박의 출항이 지체되게 되었다. 원고는 피고에게 일당 1만달러에 해당하는 지체료 청구를 하였다. 피고는 자신이 제공한 보증장을 원고가 수리하였다면 지체없이 운송물인도가 이루어졌을 것이므로 보증장을 수리하지 않은 원고의 과실에 의하여도 손해가 발생하였으므로, 지체료에서 과실상계를 하여야 한다고 주장하였다.[1]

부산고등법원(2003.1.10. 선고 2000나7226 판결)은 운송인은 원칙적으로 선하증권과 상환하여서만 화물을 인도할 의무가 있고, 보증도의 관행은 운송인이 수하인의 편의를 위하여 은혜적으로 수하인의 요청에 응하는 것일 뿐 수하인은 운송인측에 대하여 이 관행에 따를 것을 요구할 수 없으므로, 발생한 체선이 원고에게 귀책사유나 과실이 있다고 할 수 없다고 하면서, 피고는 체선료 전액을 지급하여야 한다고 판시하였다.

Ⅲ. 大法院의 判示內容

대법원은, 운송인의 보증장 수령의무를 부정한 다음, 「양륙기간을 약정한 용선계약에 있어서 용선자가 약정한 기간내에 양륙작업을 완료하지 못하고 기간을 초과하여 양륙한 경우에 있어, 운송인이 그 초과한 기간에 대하여 용선자에게 청구할 수 있는 소위 정박료 또는 체선료는 체선기간중 운송인이 입는 선

1) 법원공보(2005), 1406면.

원료, 식비, 체선비용, 선박이용을 방해받음으로 인하여 상실한 이익 등의 손실을 전보하기 위한 법정의 특별보수라고 할 것이다」라고 판시하였다. 나아가 대법원은 체선료의 약정이 용선자의 채무불이행으로 인한 손해배상예정이라는 전제하에서 원고의 과실을 참작하여 체선료를 감액하거나 아니면 과실상계를 하여야 한다는 상고이유의 주장은 받아들일 수 없다고 판시하면서 상고를 기각하였다.

대법원은 보증장에 대한 수령의무가 운송인에게 없으며 체선료는 법적 성질이 특별보수이므로 과실상계의 대상이 아니라는 점을 분명히 하였다.

Ⅳ. 評 釋

우리나라에서는 종래 체선료의 법적 성질에 대하여는 특별보수설[2]과 채무불이행으로 인한 손해배상예정[3]으로 보는 두 가지 견해가 대립하여 왔다.

민법 제396조는 채무불이행에 관하여 채권자에게 과실이 있는 때에는 법원은 손해배상의 책임 및 그 금액을 정함에 있어 이를 참작하여야 한다고 정한다. 본 사안에서 원고 선박소유자는 용선자에 대하여 체선료를 청구하는 채권자의 지위에 있다. 피고인 용선자는 채권자에게 보증장을 수리하지 않은 과실로 인하여도 체선료가 발생하였으므로 이는 과실상계의 대상이 된다고 주장하였다. 미리 약정된 체선료가 이러한 용선자의 정박기간내에 선적 혹은 양륙을 행할 의무를 위반한 것에 따른 손해배상을 예정한 것으로 보는 경우에만 과실상계가 가능하다. 그동안 대법원은 특별보수설이라는 입장을 취하여 왔다(대법원 1994.6.14. 선고 93다58547 판결). 본 판결에서도 대법원이 이러한 종래의 입장을 견지하고 있다.

문제의 제기에서 살핀 바와 같이 체선료는 선박소유자가 용선기간이 예상보다 길어지는 경우에 자신이 잃게 되는 다른 용선의 기회에 대한 보상으로 설정되는 것이고 따라서 용선자의 과실의 유무와 관계없이 이루어지는 것이므로 과실을 기초로 하는 손해배상의 예정과는 다르다고 생각한다.

체선료 및 조출료에 대한 상법의 규정은 임의규정으로서 당사자의 약정으

---

2) 배병태, 「주석해상법」(사법행정학회, 1981), 180면; 정동윤, 「상법(하)」, 810면.

3) 송상현 · 김현, 767면; 정찬형, 798면, 채이식(하), 682면.

로 변경이 가능하다.[4] 체선료지급 산정의 방법은 모두 용선계약에 따라 결정된다. 젠콘 등 표준용선계약서식에 의하면 이는 선박소유자측에 귀책사유가 없는 한 용선자가 지급하게 되는 것이므로 특별보수설로 보아야 할 것으로 생각한다. 결론적으로, 과실이 없는 경우에도 지급되는 것이므로 특별보수설이 타당하다고 생각하고 이 점에서 대법원의 판시에 찬성한다.[5]

4) 표준항해용선계약서식인 젠콘(1994) 제7조에 의하면 "선적항 혹은 양륙항에서 지체료는 일당 혹은 비례하여 전면에 기재된 액수만큼 용선자에 의하여 지급된다"고 한다.

5) 김현 변호사는 우리 상법에서 채선료에 대해 "약정 정박시간을 초과한 때에는 운송인은 상당한 보수를 청구할 수 있다"고 규정하고 있음에 따라, 체선료를 운송인의 법정보수로 보고 손해배상의 대상으로 인정하지 않은 대법원의 판결은 정당했다고 발표하였다. 해운신문, 선박항공기 운송사고 관련 배상책임 설명회, 2006년 7월 10일자, 9면.

제 2 장
運 送 契 約

제 1 논 문

韓國과 美國의 海上物件運送法에 대한 比較法的 研究*

I. 序 論

한국과 미국은 지리적으로는 멀리 떨어져 있지만, 상품교역의 면에서는 어느 나라 못지않게 양국간의 관계는 중요한 위치를 점하고 있다. 우리나라 선박

* 이 논문은 「한국해법학회지」, 제26권 제2호(2004.11)에 게재된 글이다. 이 논문은 목포해양대학교에서 실시하고 있는 교수해외연수제도의 일환으로 필자가 2003년 8월에서 2004년 8월까지 미국의 University of Texas at Austin School of Law의 LLM(법학석사) 과정에서 학위논문으로 작성한 것을 수정 보완하여 한글로 옮긴 것이다. 필자는 두 분 지도교수인 Michael Sturley 교수와 David Robertson 교수의 가르침에 감사를 드린다. 특히 두 분 지도교수는 정식 강의 이외에도 필자에게 각 20회 이상의 개인면담을 통하여 계약법과 불법행위를 포함하여 해상법에 대하여 의견을 주시는 등 각별한 애정을 필자에게 보여주셨다.

의 미국항에 대한 방문이 잦음에도 불구하고 미국의 해상물건운송법에 대한 연구는 그간 영국법에 비교하여 많이 이루어지지 못하였다. 국제해운이 영국을 중심으로 이루어지고 있지만, 미국의 영향력을 무시할 수는 없다.[1] 미국은 세계최대의 화주국으로서 우리나라의 최대수출상대국이다. 이에 따라 한국상선대의 미국입출항은 물론 미국상선대의 한국입출항이 잦다. 이런 관점에서 본다면, 우리나라 화주 및 선박회사의 미국법에 대한 이해의 필요성은 상당히 높다고 할 것이다. 이에 필자는 미국 해상물건운송법과 우리 법을 비교 연구하여 그 차이점과 동일한 점을 파악하여 양국 해상물건운송법에 대한 이해를 높이고자 한다.

미국법은 원칙적으로 코먼로 국가로서 판례법을 가지고 있지만, 해상운송에 관하여는 제정법을 가지고 있다. 미국은 일본이나 영국과 같이 단행법으로서의 해상물건운송법을 가지고 있다. 이와 달리 우리나라는 단행법으로서 해상물건운송법이 없지만, 상법 안의 해상편이 이에 대응된다고 할 것이다. 미국의 해상물건운송법이라고 하면 단연 COGSA(Carriage of Goods by Sea Act: 이하 코그사)를 연상하지만, 현재도 하터법(Harter Act)이 적용되고 있다. 우리나라의 상법은 1991년 개정으로 헤이그비스비규칙을 토대로 하고 있다. 1936년에 제정된 미국 코그사는 헤이그규칙을 근간으로 하고 있으며, 그간 전혀 개정이 없었기 때문에 현실에 많이 뒤처져 있는 편이다. 미국해법학회가 주관이 되어 만든 개정안이 1996년 완성되어, 1999년 개정안이 현재 미국의회에 상정중이다.[2] 우리나라의 해법학회도 3년간의 작업을 통하여 자체의 개정초안을 2004년 3월 발표하였다.[3] 본 연구논문은 이러한 개정초안까지를 비교 검토하여 우리 법의 입법론에도 일조를 하고자 한다.

---

1) 현재 성안중인 운시트랄의 운송법 제정작업에 미국이 주도적인 역할을 하고 있는 것도 좋은 예라고 할 것이다.

2) 여기에 대하여는 정영석, "1999년 미국해상물건운송법 개정안의 개론적 고찰," 「한국해법학회지」, 제24권 제1호(2002.4), 5면 이하를 참고바람.

3) 여기에 대하여는 한국해법학회 해상법개정문제연구회, 「해상법(상법 제5편) 개정문제연구보고서」, 2004년 4월을 참고바람.

Ⅱ. 海上物件運送에 관한 法源, 準據法 및 管轄權

1. 法 源

해상물건운송법을 위한 법원으로서 우리 법은 상법 제5편 해상편의 제4장 "운송"(이하 상법 해상편이라고 함)을 가지고 있다. 미국에서는 코그사, 하터법(Harter Act), 선하증권법(Pomerene Act)[4] 그리고 판례법(미국에서는 좁은 의미로서 common law라고 하면 이를 가리킨다)도 중요한 법원이 된다.

우리나라 상법 해상편은 국제운송과 국내운송의 구별없이 해상운송에는 모두 적용된다. 그러나 미국법에 있어서는 국제운송은 코그사가, 국내운송은 하터법이 적용된다.[5] 하터법은 특별히 적용구간을 명시하지 않고 있고, 코그사 제12조는 코그사에서 별도로 정하지 않은 부분에 대하여 하터법의 적용을 배제하지 않는다고 하므로, 코그사가 적용되지 않는 수령에서 선적까지 양륙에서 인도까지의 운송구간에 대하여는 하터법이 여전히 적용된다.[6]

미국 코그사는 헤이그규칙과 같이 선하증권 및 이와 유사한 운송증권이 발행된 경우만을 적용범위로 하고 있으나(제1조 b항), 우리나라는 선하증권이 발행되지 않은 경우에도 상법 해상편이 적용된다.[7] 코그사 제5조는 용선계약하에서 선하증권이 발행되지 않은 한 용선계약에는 적용배제를 명문화하고 있다. 미국법하에서 포메른 법이 선하증권을 매우 광범위하게 그리고 비유통선하증권도 명시적으로 인정하고 있으므로 해상화물운송장(sea waybill)도 유사한 운송증권으로 인정되어, 해상화물운송장이 발행된 경우에도 코그사가 적용된다.[8]

2. 준거법의 선택과 재판관할

(1) 준거법

우리나라는 계약자유의 원칙에 의하여 당사자가 자유로이 준거법을 선택

4) 49 U.S.C.A. §80101 et. esq.

5) G. Gilmore & C.L. Black, *The Law of Admiralty*, 1985, p. 147.

6) Ibid.

7) 우리나라는 특별한 규정을 가지고 있지 않다.

8) M. Sturley, "An overview of the considerations involved in handling the cargo case," 21 *Tulane Maritime Law Journal* 288(1997), p. 283.

할 수 있게 하고 특별히 상법 해상편의 강제적용규정을 두지 않고 있다. 그리하여 선하증권상 외국 준거법약정은 이것이 공서양속에 반하지 않는 한 유효하다(국제사법 제25조).

그러나 미국의 코그사는 미국에서 출항하거나 미국으로 입항하는 화물에 대하여는 강제적용규정을 가지고 있다(제12조).[9] 미국법원이 특정한 사안에서 관할을 갖게 되고, 화물이 미국에서 출항하게 되었다면 선하증권상 준거법이 약정되어 있다고 하더라도, 미국법이 강제적으로 적용된다.

(2) 재판관할

우리나라는 2001년 섭외사법을 국제사법을 개정하면서 제2조에 국제재판관할에 관한 일반규정을 두었을 뿐이지, 상법 해상편에 특별한 규정을 가지고 있지 않다. 그러므로 해상사건에 대하여는 국제사법의 규정이 적용된다고 할 것이다. 법원은 당사자 또는 분쟁이 된 사안이 대한민국과 실질적인 관련이 있는 경우에 국제재판관할권을 갖는다. 실질적 관련의 유무를 판단함에 법원은 국제재판관할 배분의 이념에 부합하는 일반원칙에 따라야 한다(국제사법 제2조 제1항). 이 경우 배분의 이념이란 "당사자의 공평, 재판의 적정 그리고 신속"이 된다.[10] 우리나라에서는 선하증권상 관할합의의 유효성에 대하여는 판례가 나뉘어 있다.[11] 대법원은 사건과 법정지의 합리적 관련성을 요구한다.[12]

미국은 전통적으로 미국관할을 폭넓게 인정하고 있다. 그리하여 선하증권상 관할약정을 무효로 하였으나,[13] 미국 대법원은 1995년 Sky Reefer호 사건에서 이를 유효로 하였다.[14] 그러나 전통적인 경향은 지금도 완전히 사라지지 않고 있다. 미국이 미국관할을 인정하는 근거의 하나가 코그사 제3조 제8항이다.[15] 운송인이 책임을 제한하는 어떠한 약정도 무효라는 것이다. 그리하여 운

---

9) 46 U.S.C. App. §1312. This Act shall apply to all contracts for carriage of goods by sea to or from ports of U.S. in foreign trade.

10) 정병석, "해사재판관할권의 문제," 「한국해법학회지」, 제25권 제2호(2003.11), 333면 이하.

11) 정병석, 상게논문, 349면; 부산고법 1997.1.9. 선고 96나10355 판결에서 선하증권상 한국관할합의가 인정되었다.

12) 대법원 1997.9.9. 선고 96다20093 판결.

13) M. Sturley, op. cit., p. 299; Indussa Corp. v. S.S. Ranborg 377 F. 2d 200(2nd Cir., 1967).

14) Vimar Seguros Y Reaseguros, S.A. v. M/V Sky Reefer, 1995 AMC 1817(U.S. Supreme Court, 1995).

송인이 화주와 책임제한액을 코그사보다 낮게 책정하는 경우는 무효가 된다. 이와 같은 논거에서 선하증권상 관할약정을 미국이 아닌 제3국으로 한 경우에 그 제3국에서 재판을 하면 미국보다 화주가 불리한 위치에 놓인다고 판단되면 그 약정은 코그사 제3조 제8항에 위반되어 무효라는 입장을 미국법원이 취하여 왔다. 그런데 Sky Reefer호 사건에서 미국 대법원은 제3조 제8항은 실체적인 규정으로서 당사자 사이에 중재지를 정하는 약정은 절차적인 것으로 그 적용이 없다는 판시를 한 것이다. 다수의 판결은 선하증권의 관할합의에도 동 판결을 적용하여 관할합의는 유효한 것으로 판시하고 있다.[16] 그러나 이 판결이후에도 관할합의를 인정하는 것이 불공정하거나 불합리한 경우,[17] 외국법을 적용하는 것이 원고에게 미국법하에서의 보호를 박탈하게 되는 경우,[18] 선하증권상 운송인을 복수로 인정하지 못하는 경우[19] 등을 이유로 효력을 부정하고 미국관할을 인정하는 판례는 아직도 나타나고 있다.

눈여겨 보아야 할 대목은 코그사 개정안 제7조 i항 제2호는 선하증권상 관할합의가 운송계약시에 체결된 경우에는 관할합의에도 불구하고, 계약당사자는 몇 가지 조건을 충족하면 미국에서 소송을 제기할 수 있다고 하여 외국합의 관할의 효력을 부인한다는 것이다.[20] 즉, 새로운 개정안은 관할합의에 관한 당사

---

15) 1936년 미국 코그사 제3조 제8항은 「운송인 혹은 선박으로부터 운송인의 과실에 의하여 혹은 본 법에서 정한 의무와 책임을 다하지 아니함에 기인하여 야기된 운송물에 대한 책임을 면제하거나 감경하는 운송계약상의 합의는 무효로 한다(생략)」고 정하고 있다.

16) Firemans Fund Insurance v Cho Yang Shipping Company, 1998 AMC 583(9th Cir., 1997)에서 Sky Reefer 판결이 선하증권의 법정지 선택(관할합의)에 대하여도 적용된다고 판시되었다.

17) Fireman's Fund Ins. Co. v. M/V DSR Atlantic(131 F. 3d 1336) 사건에서 원고가 선박에 대한 대물소송을 한국에서 할 수 없는 것은 합의관할약정을 부정할 만큼 공서양속에 벗어나지 않는다는 판결을 제9순회법원이 내렸다. 한편, LG Elecs., Inc v. Fritz Transp. Int'l(2002 AMC 106)에서 캘리포니아 북부법원은 피고인 운송인이 자의로 소송진행중 6개의 재판관할을 갖는다는 규정은 불확실성과 불편을 증대시키는 것으로 무효라고 보았다.

18) Nippon Firee & Marine Ins. Co. v. M/V Spring Wave, 92 F. Supp. 2d 574(E.D. La 2000)에서 미국법원은 일본 해상물건운송법을 적용하기로 요구된 관할합의는 일본법원이 미국 코그사에서 허용된 것보다 책임을 감경하여 해석할 위험성이 있다는 이유로 효력을 인정하지 않았다.

19) Union Steel America Co. v. M/V Sanko Spruce, 1998 416871(D.N.J., 1998)에서 미국법원은 한국법원이 선박소유자와 정기용선자 두 명을 동시에 피고(운송인)로 인정하지 않을 가능성이 있다고 하여 합의관할규정의 효력이 다투어졌다.

20) Notwithstanding a provision in a contract of carriage or other agreement to which this subsection applies that specifies a foreign forum for litigation or arbitration of a dispute to which this Act applies, a party to the contract or agreement, at its option, may commence such litigation or

자자치의 원칙을 인정한 미국 대법원의 Sky Reefer 판결 이전의 상태로 환원하고자 하고,[21] 이는 결국 계약자유의 원칙을 다시금 제한하는 기능을 하게 된다. 이러한 미국의 강제재판관할규정이 운시트랄의 운송법회의에도 영향을 미치고 있음을 주목하여야 할 것이다. 2004년 5월의 제13작업반회의를 마친 유엔 운시트랄 운송법회의는 선하증권상 합의관할에서 원고가 벗어날 수 있다는 규정을 두고 있다(초안 제72-75조).

III. 契約의 種類와 當事者

1. 계약의 종류

(1) 용선과 운송

선박의 용선과 운송이라는 두 가지 선박운항 방법을 이용하여 선박소유자는 자신의 영업상의 이익을 극대화한다는 점에서 한국과 미국은 동일하다.

우리 상법 해상편은 용선계약과 운송계약에 모두 적용된다. 상법 제780조에 따르면 항해용선을 운송의 일부로서 편제하고 있다. 나용선과 정기용선의 법률관계에 대하여도 상법 해상편이 규정하고 있다.

그러나 미국의 코그사는 선하증권이 발행된 경우에 적용되는 것이다. 그러므로 용선계약에는 원칙적으로 적용이 없다. 그러므로 용선계약의 법률관계는 일반 해상법이 적용된다. 다만, 용선계약에서 선하증권이 발행된 경우에 운송인과 용선자 이외의 선하증권소지인과의 관계는 코그사가 적용된다.

---

arbitration in any appropriate forum in the United States if one or more of the following conditions exist: (A) The port of loading or the port of discharge is, or was intended to be, in the United States. (B) The place where the goods are received by a carrier or the place where the goods are delivered to a person authorized to receive them is, or was intended to be, in the United States. (C) The principal place of business or, in the absence thereof, the habitual residence of the defendant is in the United States. (D) The place where the contract was made in the United States. (E) A forum specified for litigation or arbitration under a provision in the contract of carriage or other agreement is in the United States.

21) M. Sturley, "Proposed Amendments to the Carriage of Goods by Sea Act," 18 *Houston Journal of International Law*(1996), p. 656.

(2) 공중 운송인(개품운송인)과 사적 운송인(항해용선자)

미국에서는 公衆 운송인(common carrier)과 私的 운송인(private carrier)이라는 두 가지 개념이 존재한다. 공중 운송인은 일반대중에게 대가를 받고 운송을 하겠다는 공표를 한 자이고, 사적 운송인은 선박의 전부를 차지하는 선적을 위하여 선박을 임차하여주는 용선계약상 운송인을 말한다.[22] 이는 각각 우리나라의 개품운송인과 운송인으로서의 용선자에 대응되는 개념이다.[23] 하터법 이래로 공중운송인은 코그사의 적용을 받게 되었고, 사적 운송인에 대하여는 여전히 계약자유의 원칙이 적용된다. 미국에서는 해상운송에서보다는 여객운송에서 공중 운송인이라는 개념이 더 많이 사용된다.

(3) 장기대량개품운송계약

미국법에서 주목할 만한 개념으로서 장기대량개품운송계약(service contract)이라는 것이 있다. 이는 미국 해운법(Shipping Act) 제3조 제21항에 정의된 것으로서, 정기선영업(개품운송)에서 정기적이고 계속적인 관계에 있는 대량화주들과 운송인 사이에 체결되는 특별한 계약이다. 화주가 오히려 우월한 협상력을 갖는 것이 특징이다.

코그사 개정안은 이러한 계약에서는 당사자의 사적자치를 인정하여 선하증권상 운송인의 책임제한액을 상향조정하는 것은 물론 코그사의 법정한도 이하로 하향조정하는 것도 가능하게 하고 있다(개정안 제7조 j항 제3호). 오히려 화주가 우월한 지위에 있으므로 운송인의 책임경감금지규정은 적용되지 않고 계약자유의 원칙이 지배하도록 한다는 것이 개정 코그사의 취지이다.

2. 계약당사자로서의 운송인

(1) 다양한 운송인

선박소유자, 선박임차인, 정기용선자, 항해용선자, 슬로트 용선자(slot charterer)가 운송인이 될 수 있는 점에서 양국간의 차이는 없다.

---

22) Scoenbaum, *Admiralty and Maritime Law*(2002), p. 505.

23) 동지, 송상현 · 김현, 「해상법원론」(박영사, 1999), 238면.

(2) 무선박운항자(운송인으로서의 운송주선인)

미국에서는 무선박운항자(NVOCC)는 코그사 규정상[24] 이를 배제하는 규정이 없으므로 운송인이 될 수 있다고 해석된다. 무선박운항자와 유사한 우리나라의 개념은 운송인으로서의 운송주선인이다. 무선박운항자는 운송을 인수하여 선하증권을 발행하면 운송인이 된다.[25] 우리 법에서도 선박에 대한 소유권이나 사용권이 없는 자가 운송을 인수하여 운송인이 될 수 있으므로,[26] 미국의 해운법상 법률관계를 제외한다면, 무선박운항자는 우리나라의 운송인으로서의 운송주선인과 동일하다고 해석된다.

(3) 선박임차인

선박임차인이 선박소유자와 유사하게 취급되는 점은 한미 양국이 동일하다.[27] 나용선(선박임대차)은 미국에서도 운송계약이 아니라 선박의 임대차로 이해된다. 미국에서도 나용선은 선박의 소유자가 선원이 승선하지 않은 채로 선박을 용선자의 자유처분에 맡기고, 용선자는 임시적인 선박소유자가 되는 것이라고 설명된다.[28]

(4) 정기용선자

정기용선자에 대하여는 미국법에서 그 법적 성질이 정확히 무엇이라고 심각하게 논의되지 않고 있다. 그것은 아래에서 보는 바와 같이 선박소유자는 판례법상 연대책임을 부담하는 경향을 보이고 있기 때문이다. Maraist 교수는 정기용선하에서 선장은 선박소유자 및 용선자의 대리인이라고 한다. 즉, 선장은 선박의 항행과 관련하여서는 선박소유자의 대리인이지만, 화물의 취급과 선적

---

24) 코그사 제1조 제1항은 "운송인은 선박소유자 혹은 용선자를 포함한다"고만 한다.

25) National Customs Brokers & Forwarders v. United States, 833 F. 2d 93, 1991 AMC 302(D.C. Cir., 1989)에서 법원은 1984년 미국해운법(46 U.S.C. App. Section 1702(17))은 무선박운항자를 해상운송인과의 관계에서는 송하인의 지위로, 수출자와의 관계에서는 운송인의 지위로 인정하고 있고, 해상운송이 제공되는 선박을 운항하고 있지는 않을지라도 공중운송인으로서 운송에 대한 책임을 부담한다고 판시하였다.

26) 김인현, 「해상법」(법문사, 2003), 197면.

27) 우리나라의 입장은 김인현, 상게서, 29면.

28) D. Robertson, S. Friedell and M. Sturley, *Admiralty and Martitime Law in the United States*(2001), p. 372.

항 및 양륙항의 선정에서는 정기용선자의 대리인이라는 것이다.[29] 이러한 견해는 우리나라의 임대차유사설의 한 부류에 속하는 海技商事구별설의 입장과 유사하다.

(5) 항해용선자

항해용선에 대하여는 이것은 선박의 임대차가 아니라 선박 대신에 화물에 초점이 맞추어져 있고, 선적항에서 양륙항까지의 화물의 운송계약이라고 한다.[30] 항해용선자는 화주와 운송계약을 체결하여 운송인이 될 수 있다.

(6) 슬로트 용선자

슬로트 용선에 대하여는 미국에서는 이를 항해용선에 더 가까운 것으로 보는 견해가 있다.[31] 우리나라에서는 의견이 나뉘고 있다.[32][33] 슬로트 용선자가 선하증권을 발행하여 운송인이 될 수 있다는 점에 양국의 학자들 사이에 이론이 없다. 다만, 미국법하에서는 선박소유자도 경우에 따라서 슬로트 용선자와 함께 복수로 운송인이 되는 경우가 있다.[34]

(7) 기타 책임주체와 관련된 논의

미국에서는 선박자체가 대물소송(action in rem)에서 책임의 주체가 된다.[35]

---

29) Frank L. Maraist, *Admiralty*(1996), p. 50.

30) Healy & Sharpe, *Admiralty*(1999), p. 289; R. Bauer, "Responsibility of Owner and Charterer to Third Parties," 49 *Tulane Law Review*(1959), p. 1010. 바우어는 항해용선계약에서 선주의 의무는 적절한 선적, 적부, 운송 그리고 양륙에 있고 선장은 이런 목적을 위하여 선박소유자의 대리인일 뿐이지, 정기용선에서와 같은 식으로 운송인의 책임을 분담하지는 않는다고 한다.

31) C.S. Connard, "Slot Charterparties," 20-7 Chapter XX, Vol 2A, *Benedict on Admiralty*, 7th ed.(2002).

32) 김인현, "슬로트 용선의 법률관계에 대한 고찰," 「한국해법학회지」, 제25권 제1호(2003.4), 60면. 김인현 교수는 슬로트 용선은 항해용선에 가까운 것으로 본다. 슬로트 용선에 대하여는 또한 윤배경, "슬랏차터에 관한 제문제," 「해사법연구」, 제15권 제1호(2003.6), 283면 이하를 참고바람.

33) 영국의 John Richardson은 슬로터 용선은 정기용선도 아니고 항해용선도 아닌 혼합형의 운송형태라고 한다. 정기용선은 선박을 한 척 모두 용선하는 것이나 슬로터 용선은 선박의 일부만을 용선하므로 운항자로서 나서지 못하고 보통 선박에 대한 점유도 하지 못한다고 한다. John Richardson, *Combined Transport Documents*(LLP, 2000), p. 145.

34) 윤배경, 전게논문, 290면.

이는 최종적으로 선박소유자가 책임의 주체가 되는 것과 동일한 결과가 된다. 또한 미국에서는 대리의 법리에 따라서 용선자가 운송인이 되는 경우에도 "선장을 위하여(대신하여)" 선하증권이 서명된 경우에는 선박소유자도 운송인이 되어 복수의 운송인이 존재하는 결과가 된다.[36] 우리나라에서는 오직 선박의 소유자 등 운송인의 인적책임만 가능하고 운송인은 1인만이 가능하다는 점에서 차이가 있다.

선하증권상 운송인을 확정하는 방법으로 미국법원은 선하증권의 두서(head of B/L)와 선하증권상 서명을 가장 중요시한다.[37][38] 미국법하에서 선장의 서명은 선장을 자신의 대리인으로 하여 선박소유자가 선하증권을 발행하였다는 강한 추정을 가능하게 한다. 이러한 점은 우리 법에 대한 학설의 새로운 경향과 같지만,[39] 폴사도스호 판결(대법원 1992.2.25. 선고 91다14215 판결)과는 다른 접근법이다.[40]

Ⅳ. 損害賠償責任과 立證責任

1. 책임의 기초

우리 법상 운송인이 부담하는 책임은 과실책임이다. 미국법은 운송인이 부담하던 전통적인 무과실책임주의의 잔재로서 입증책임이 전환된 과실책임주의를 취하고 있다.

우리 법상 선박소유자가 운송인인 항해용선자와 연대하여 부담하는 상법 제806조의 책임은 법정책임으로 이해된다. 미국의 코그사는 특별한 연대책임규

---

35) Cavcar Co. v. M/V Suzddal, 1984 AMC 609(3rd Cir., 1984).

36) M. Sturley, op. cit.(Overview), p. 269.

37) Ibid., p. 269.

38) 미국 연방 버지니아주 동부지원은 13개 요소를 열거하였다. 서비스를 광고한 자, 화물을 부킹한 자, 선적 양륙시의 작업주체, 하역인부의 고용주체, 송하인이 누구에게 운임을 지급하였는가 여부, 누가 도착통보를 하였는지 여부, 검수인을 누가 고용하였는지 여부 등이다. Otto Wolff Handelsgesellschaft, mbH v. Sheridan Transportaion Co., 800 F. Supp. 1359(E.D. Va., 1992).

39) 김인현, 전게 해상법, 180면.

40) 폴사도스호 판결에서 우리 대법원은 정기용선의 법적 성질을 근거로 정기용선자를 선하증권상 책임주체로 확정하였다. 이에 대하여는 김인현, 「해상법연구」(삼우사, 2002), 406면 이하를 참고바람.

정을 두지 않고 있지만, 개정안은 실행운송인과 계약운송인의 개념을 두고 주의의무를 부과하여 연대책임이 가능하게 하고 있다(제5조 및 제6조).

2. 운송인의 의무와 청구원인

(1) 감항성에 대한 주의의무

운송인은 발항시에 선박이 안전하게 화물을 운송할 수 있도록 선체, 선원 및 선박의 장비 그리고 선창에 대한 감항성을 갖출 것이 요구된다(상법 제787조). 그러나 불감항 사실은 사고와 인과관계가 있어야 한다.[41] 이러한 점은 우리 상법과 미국 코그사가 동일한 점이다. 그러나 하터법상으로는 발항당시에 불감항이었다는 사실은 그 뒤의 사고에 인과관계가 없다고 하더라도 운송인은 책임을 부담하게 된다(제2조).

미국의 판례법상 선박소유자는 항행중에도 감항성에 대한 주의의무를 선원들에 대하여 부담하지만,[42] 이는 운송물에 대한 주의의무가 아니다.

(2) 운송물에 대한 주의의무

운송물에 대한 주의의무에 대하여는 한국과 미국 모두 과실책임주의를 취하고 있다. 다만, 운송인이 부담하는 주의의무의 적용범위가 다르다. 즉, 우리 상법은 운송물에 대한 선적은 물론 그에 앞서는 수령에서부터 운송인의 주의의무는 시작되어 양륙을 거쳐 인도에까지 이른다(상법 제788조 제1항). 이러한 입장은 함부르크규칙과 동일하다.

그러나 미국의 코그사는 선적에서 양륙까지로 운송인의 주의의무는 한정된다(제3조 제2항). 수령에서 선적까지 그리고 양륙에서 인도까지의 구간에 대하여는 하터법[43] 혹은 일반 해상법이 적용된다. 그리하여 운송인이 수령하였지만 아직 선적되기 전에 운송인측의 과실로 사고가 발생한 경우에는 코그사의 포장당 책임제한규정이 적용되지 않는다는 결과가 된다.

---

41) 상게서, 137면.

42) D. Robertson, op. cit., p. 193.

43) Blak and Gilmore, op. cit., p. 147.

3. 입증책임

(1) 감항성에 대한 주의의무

우리 법에 따르면 운송인이 감항능력을 갖추기 위한 상당한 주의의무를 다하였음을 입증하여야 한다(상법 제787조). 이는 일반채무불이행의 법리에 따라 채무자가 고의과실에 대한 입증책임을 부담하는 것과 동일하다.[44]

미국 코그사에서도 운송인이 입증책임을 부담하지만, 미국법에서는 원고가 피고의 과실을 입증하여야 하는 것이 원칙이므로 운송인에게 입증책임이 전환되었다고 불린다.[45]

(2) 운송물에 대한 주의의무

운송물에 대한 주의의무도 위와 동일하다. 우리 법은 상법 제788조 제1항에서 운송인의 주의의무와 입증책임을 동시에 규정하고 있다.

그러나 미국 코그사는 우리 법과 달리 주의의무는 제3조 제2항에서, 입증책임은 제4조 제2항 q호에서 규정하고 있다.

V. 運送人保護制度

1. 포장당 책임제한제도

(1) 책임제한액

우리 상법상 운송인의 책임은 포장당 500SDR(약 미화 700달러)로 제한된다(상법 제789조의2 제1항). 그러나 미국 코그사에서는 미화 500달러로 제한된다(제4조 제5항).[46] 우리 법과 미국법은 헤이그비스비규칙과 달리 킬로그램당 책임제한제도를 채택하고 있지 않다는 점에서 동일하다.

미국 코그사 개정안은 헤이그비스비규칙에 맞추어 포장당 책임제한액을 666.6SDR로 인상하고 킬로그램당 2SDR 책임제한제도를 도입하고자 한다.[47]

---

44) Lee Sik, Chai, *An Introduction to Korean Maritime Law*(2000), 138.

45) Frank L. Maraist, op. cit., 79; M. Sturley, op. cit.(Overview), p. 291.

46) 미국법상 미화 500달러는 코그사의 제정당시인 1936년부터 적용되어 오던 것으로서 과거와 비교하면 상당히 낮은 수치임을 알 수 있다.

47) M. Sturley, op. cit.(Amendments), p. 616.

한국해법학회의 개정초안도 이와 같다. 이러한 태도는 국제적인 추세에 맞추고자 함이다.

(2) 책임제한배제사유

우리 법에 따르면 운송인의 고의나 무모한 행위는 운송인의 포장당 책임제한배제사유가 된다(상법 제789조의2 제1항 단서).

그러나 코그사는 비스비의정서를 채택하지 않았으므로 무모한 행위가 책임제한배제사유가 되는 제도를 가지지 않고 있다. 한편, 미국법은 공평한 기회의 원칙을 통하여 이와 유사한 효과를 얻고 있다.[48] 공평한 기회의 원칙(fair opportunity rule)이란 화주가 운송인에게 가액을 신고하여 높은 운임을 제공하고 책임제한을 적용받지 않겠다는 기회를 제공받지 못하였다면 이는 공평한 기회를 화주가 갖지 못한 것이 되어 운송인은 책임제한을 할 수 없다고 하는 원칙이다.[49] 코그사 제4조 제5항의 책임제한에 대한 내용이 선하증권에 명기되고 초과가격을 신고할 수 있는 공란이 선하증권에 제공되지 않은 경우에 운송인의 포장당 책임제한은 어렵다고 보는 견해가 있다.[50]

이러한 양 국가간의 책임제한배제사유의 차이로 인하여 미국법하에서의 운송인의 책임제한은 우리 법에 비하여 쉽게 배제될 수 있을 것이다.

(3) 포장의 개념

우리나라는 헤이그비스비규칙의 포장의 개념을 받아들여서 입법화하고 있으므로, 큰 용기안에 작은 포장이 들어 있는 경우에 작은 포장이 선하증권 등에 신고가 된 경우에는 포장당 책임제한의 산정의 기준은 작은 포장이 된다(상법 제789조의2 제2항 제1호).

이와 달리 미국은 포장의 구체적 개념을 코그사에 두지 않고 있으므로,[51] 여러 가지 다양한 판례법이 형성되어 왔다. 비컨테이너화된 여러 개의 화물이 한 박스를 이루고 있는 경우에는 그 박스가 포장으로 계산된다. 컨테이너 화물

---

48) General Elec.Co v. M.V. Nedlloyd, 817 F.2d 1022, 1028(2nd Cir., 1987).

49) Schoenbaum, op. cit., p. 642.

50) Ibid., p. 644.

51) 미국 코그사 제4조 제5항은 $500 per package or in case of goods not shipped in packages, per customary freight unit라고 정하고 있다.

의 경우에는 기능성 테스트를 하여 그 컨테이너에 들어 있는 각 개별 용기가 그대로 운송용구로서의 기능이 가능한지를 보아 가능하다면 이를 포장단위로 추정한다.[52] 개별포장이 선하증권에 기재되어 있으면 각 개별포장을 포장단위로, 그렇지 않은 경우에는 컨테이너 자체를 포장으로 계산한 판결도 있다.[53] 비포장화물에 대하여는 관습적 운임단위(customary freight unit)도 책임제한의 기준이 되지만, 이는 운임산정의 기초가 되는 수량, 무게 혹은 측정단위를 말한다.[54]

코그사 개정안은 헤이그비스비규칙의 구체적 포장개념을 도입하고자 한다(제7조 c항).

2. 책임배제사유

(1) 항해과실면책

항해과실은 양국에서 동일하게 운송인의 면책사유가 된다(상법 제788조 제2항; 코그사 제4조 제2항 a호). 그러나 우리나라에서 항해과실면책이 쉽게 인정되는 것과는 달리,[55] 최근 미국에서는 항해과실의 면책은 쉽게 인정되지 않는 경향을 보이고 있다. 이 점에서 미국과 한국은 항해과실면책제도의 폐지에 대하여 이해관계를 달리하고 있다. 코그사 개정안에서는 항해과실면책을 폐지하고자 한다.[56]

그러나 항해과실에 대한 사항에 있어서 고의과실이 있었다는 입증책임을 원고에게 부과시킴으로써 완전폐지와는 다른 효과를 가져오고 있다(코그사 개정안 제9조 d항 제2호). 이런 규정이 없다면 운송인이 과실이 없음을 입증하여야 할 것이므로 일반 운송인의 책임법리에 맡기는 것보다는 운송인에게 유리하다.[57] 다만, 우리 해법학회의 개정안은 항해과실면책을 그대로 존치하고 있다.

---

52) Royal Typewriter Co. v. M/V Kulmerland, 1973 AMC 1784(2nd Cir., 1973).

53) Mitsui & Co. v. American Export Lines, 1981 AMC 331, 352(2nd Cir., 1981).

54) Sturley, op. cit.(Overview), pp. 331, 333. 스털리 교수는 Granite State Insurance Co. v. M/V Caribe, 1994 AMC 680(D.P.R. 1993) 판결을 인용하면서 현재의 미국연방법원의 입장은 당사자의 합의사항과 선하증권의 내용이 관습적 운임단위를 계산하는 첫 근거가 된다고 한다.

55) 서울지방법원 1998.4.9. 선고 96가합80830 판결.

56) 항해과실이라고 불리고 있지만, 원어로서는 Error of Navigation이다. 필자의 생각으로는 위에서 말하는 운송인측의 과실이란 위법성을 담고 있는 과실(negligence) 이라기보다는 실수인 error에 가까운 것으로 이해를 하고 있고 있으므로, 감항성 테스트를 통과한 항해상의 실수만 면책으로 인정하는 것은 불합리하지 않다고 생각한다.

57) 반대견해로는 정영석, 전게논문, 35면.

감항능력주의의무가 항해과실면책의 우선적 의무로 해석된다는 점도 동일하지만, 미국은 이를 엄격히 적용하여 운송인은 항해과실면책의 우선적 의무를 다하지 못한 것으로 판시하는 경향이 강하다.[58)]

(2) 화재면책

화재면책도 양국에서 동일하게 운송인의 면책사유이다(상법 제788조 제2항; 코그사 제4조 제2항 b호).

우리 법에서는 운송인의 면책이 배제되는 운송인의 "고의 과실"(actual fault or privity)에 대하여 입증책임을 운송인이 부담한다는 학설[59)]과 원고인 화주가 부담하는 학설[60)]로 나뉘어 있으나, 미국법은 화주가 부담한다고 한다.[61)] 감항능력주의의무가 우선적 의무인 점도 양국은 동일하다. 양국 모두 선박에서의 화재(fire on board)임을 명문화하고 있지 않다는 점에서 이를 명문화하고 있는 헤이그비스비규칙과 다르다.

우리나라에 있어서는 선박자체에서 발생한 화재만 본조의 적용범위로 할 것인가에 대하여 긍정설[62)]과 부정설[63)]이 대립되어 있다. 대법원은 2002년 12월 10일 비록 다른 선박으로부터 옮겨 붙은 화재라고 하더라도 화재면책규정이 적용되어 운송인은 면책이 된다고 판시하였다.[64)] 미국에서도 동일하게 해석된다.

3. 입증책임이 전환된 위험

(1) 의의 및 한미간의 차이점

우리 법은 해상고유의 위험, 불가항력 등 11개 사유에 대하여 입증책임이 전환되는 것으로 명문으로 정하고 있다(상법 제789조 제2항). 황천(heavy weather;

---

58) Bangladesh Shipping Cor. v. OMI Corp. 사건에서 뉴욕남부연방법원은 항해사의 부적격이 충돌사고와 인과관계가 있으므로 운송인은 항해과실면책을 주장할 수 없다고 하였다. 1990 AMC 798.

59) 배병태, 「주석상법」(한국사법행정학회, 1982), 211면.

60) 채이식, 「상법(IV)」(박영사, 2001), 306면; 김인현, 전게 해상법, 144면.

61) Sturley, op. cit. p. 310.

62) 배병태, 전게서, 209면; 정동윤, 「상법(하)」(법문사, 2000), 820면.

63) 이기수, 「보험해상법」(박영사, 2003), 462면.

64) 대법원 2002.12.10. 선고 2002다39364 판결. 여기에 대하여는 김인현 전게 해상법 144면을 참고바람.

해상고유의 위험의 하나) 등 11개 사유가 있었고 이로 인하여 사고가 발생할 수 있다는 것을 운송인이 증명하면, 운송인이 상법 제788조 제1항의 상사상의 과실이 있었거나 상법 제787조의 감항능력주의의무를 다하지 못하였음을 원고인 화주가 입증하여야 한다. 이러한 우리법의 입장은 헤이그(비스비)규칙과 다르다. 헤이그비스비규칙은 항해과실면책 및 화재면책을 우리 법의 다른 11개 면책사유와 함께 규정하고 있으며, 입증책임을 전환하는 규정은 가지고 있지 않다(제4조 제2항). 즉, 헤이그비스비규칙은 황천 등 11개 사유에 대하여도 우리 법의 항해과실면책과 동일한 책임 및 입증구조를 가지고 있는 것이다. 우리 법의 이러한 태도는 황천면책 등의 경우에는 최종적으로 감항성 주의의무 위반에 대한 입증책임을 운송인이 부담하여야 하는 것을 화주가 부담하게 하는 결과가 된다. 즉, 헤이그비스비규칙에 비하여 화주에게 불리한 결과가 된다.[65]

선박충돌로 인한 화물사고에 대하여 화주가 운송인의 과실을 주장하면서 손해배상청구를 하면(상법 제788조 제1항), 첫째, 운송인이 과실이 없음을 입증하면 손해배상청구는 기각될 것이다(상법 제788조 제1항). 둘째, 운송인이 과실이 있는 경우라도 1) 항해과실면책을 주장하고 항해과실임이 입증되면(상법 제788조 제2항) 2) 화주는 운송인의 불감항 사실과 그 불감항이 사고와 상당인과관계가 있었음을 입증한다(상법 제787조). 3) 그럼에도 불구하고 운송인은 발항당시 상당한 주의의무를 다하였음을 입증하면 책임을 면한다(상법 제787조). 그런데 황천으로 인한 화물사고에 대하여 화주가 손해배상청구를 하면(상법 제788조 제1항), 첫째, 운송인은 과실이 없음을 입증하면 손해배상청구는 기각될 것이다(상법 제788조 제1항). 둘째 운송인은 1) 황천면책을 주장하면서, 황천이 있었다는 사실과 그 황천으로 인하여 통상 발생할 수 있는 사고였음을 입증하면(상법 제789조 제2항) 2) 화주는 운송인이 제788조 제1항의 운송물에 대한 주의의무를 다하지 못하였다는 점 혹은 발항당시 운송인은 감항능력을 갖추기 위한 상당한 주의의무를 다하지 못하였다는 점을 입증하여야만 운송인은 책임을 면하지 못한다(상법 제789조 제2항). 두 가지 사례를 비교하면 후자(황천면책)의 경우에 화주는 운송인의 불감항 주의해태를 입증하여야 하므로, 전자의 경우보다 화주가 불리한 지위에 있음을 알 수 있다.

65) 채이식 교수도 이 점을 지적하면서, 감항능력주의의무는 별개의 것이므로 입증책임이 화주에게 전환되어서는 아니된다고 한다. Lee Sik Chai, op. cit., p. 139.

미국 코그사는 헤이그규칙과 동일한 구조로서, 해상고유의 위험 등 11개 사유는 항해과실면책 등과 동일한 조문에 배치되어 있다(제4조 제2항). 그러므로 우리 법보다 화주를 더 보호하는 면책구조를 가지고 있다고 할 것이다.

(2) 황천면책

입증책임이 전환된 위험 중에서 미국법이 우리 법과 다른 입장을 취하는 특이한 것으로서 황천면책이 있다. 미국 판례법은 뷰포수치로 11이라고 하여도 이러한 악천후는 운송인이 예견가능하였으므로 면책이 되지 않는다고 한다.[66] 이러한 미국법의 입장에 따르면 황천면책이란 미국법에서는 없다는 것이 된다. 반면, 영국과 호주법원은 예견가능하지 않아야만 황천면책이 된다는 입장을 취하지 않고 예견불가능한 악천후도 황천면책이 된다고 한다.[67] 영국법의 입장을 많이 취하고 있는 우리 법원이 이것만은 유독 미국법의 입장을 취하여 황천면책에 있어서 예견불가능성을 요구하고 있는 것은 아이러니이다.

(3) 이 로

미국법상 정당한 이로가 운송인의 면책사유가 되는 것은 우리 법과 동일하다. 그러나 미국 판례법은 이로의 법리를 실로 넓게 적용하고 있다. 그리하여 이로가 되면 운송인은 코그사 제4조 제5항에 규정된 면책의 이익을 향유할 수 없다. 포장당 책임제한권의 상실에 대하여는 판결이 혼재한다.[68] 지리적인 이로뿐만 아니라, 갑판하 화물을 갑판적한 경우와 책임제한에 있어서 가격을 신고할 기회를 주지 않은 경우에도 준이로의 법리를 적용하고 있다. 우리나라는 미국에서 말하는 바의 이로의 법리는 도입되어 있지 않다.[69]

---

66) Thyssen Inc. v. S/S Eurounity(2nd Cir.), 1994 AMC 1639; re Tecomar(S.D.N.Y.), S.A. 765 F. Supp. 1150, 1991 AMC 2432, 2451-2453.

67) Bunga Seroja, [1994] Lloyd's Rep., 470.

68) General Electric Co. v. S.S. Nancy Lykes 706 F. 2d 80(2nd Cir., 1983), 1983 AMC 1947에서는 이로였음에도 운송인의 책임제한이 인정되었다.

69) 임동철, "이로의 효과에 대한 재해석," 「한국해법학회지」, 제18권 제1호(1996), 6면; 김인현, 전게 해상법연구, 674면.

(4) 중첩적인 면책사유

면책사유가 겹치는 경우에, 미국법원은 이를 분리하여 일부분만의 면책사유를 인정하여 주고 있다. 화물손상의 일부분은 환기의 잘못으로(즉, 상사과실로서) 발생하였으나 그 뒤에 일부분은 잠재하자라는 면책사유로서 발생한 경우에 미국법원은 일부만의 면책을 인정하였다.[70] 이러한 판례법의 입장은 미국 코그사 개정안에 삽입되었다(제9조 e항).

4. 손해에 대한 통지와 제척기간

(1) 손해에 대한 통지

우리 법과 미국법은 동일하게 화주는 운송물을 인도받은 다음 운송인에 대하여 화물의 손상에 대한 통지를 하도록 하고 있다(우리 상법 제800조의2 제1항; 코그사 제3조 제6항). 즉시 발견할 수 없는 손상은 그 통지기간이 한국과 미국 동일하게 3일이다. 통지가 없는 경우에는 멸실 또는 훼손 없이 인도시에 운송물은 안전하게 인도된 것으로 추정되어 화주가 인도시에 화물이 파손되어 있었음을 입증하여야 한다.

(2) 제척기간

우리 법은 1년의 제척기간을 가지고 있다(상법 제811조). 이 규정은 화주측의 운송인에 대한 손해배상청구뿐만 아니라 운송인의 화주에 대한 손해배상청구에도 적용된다. 우리나라의 이러한 입장은 화주측의 운송인에 대한 손해배상청구에만 적용되는 헤이그규칙과도 다른 것이다.

그러나 미국 코그사는 헤이그규칙과 같이 화주측의 운송인에 대한 청구에만 1년의 제척기간이 적용된다(제3조 제6항).

5. 유치권

우리 상법은 운송중인 화물에 대한 유치권을 운송인에게 인정하고 있다(상법 제800조 제2항). 이 유치권은 일정한 경우에는 양륙 후에도 인정된다(상법 제804조 제2항). 유치권의 성질상 선장의 점유를 떠나게 되면 더 이상 유치권을 행

70) M. Sturley, "The U.N. Commission on Int. Trade Law's Transport Law Project," 39 *Texas Int. Law Journal,* 65.

사할 수 없지만, 우리 법은 특별히 이를 연장하여 운송인을 보호하고자 한다.

미국의 코그사는 유치권에 관한 규정을 가지고 있지 않으며, 판례법이 이를 인정하고 있다. 미국 판례법은 운송물과 선박을 서로 대가관계에 있는 것으로 이론 구성을 하고 있다. 즉, 운송물이 일단 선박에 적재된 다음에는 운임에 대하여는 운송물이, 운송물에 대한 손해에 대하여는 선박이 각각 담보물로서 작용한다는 것이다.[71] 이는 통신수단이 발달되지 않고 격지에서 무역에 종사하여야 하였던 초기 해운의 실정에 비추어보면 합리적인 고안이라고 생각된다. 그리하여 미국 판례법은 선적된 다음 운송물에 대하여는 운송인은 유치권을 가지게 된다고 한다.

Ⅵ. 貨主保護制度

1. 선박우선특권

우리 법에 있어서 화주측이 가지는 선박에 대한 선박우선특권은 1991년 상법 개정으로 삭제되었다. 다만, 선박충돌로 인한 운송물의 손상에 기한 채권은 아직도 우선특권을 발생시킨다(상법 제861조).[72]

미국법에 따르면 운송중인 화물에 대한 불법행위에 기한 손해에 대하여 화주측은 제정법에 의하여(1988년 연방우선특권 및 선박저당법 제1조 제5항; 46 U.S.C. §31301), 계약위반에 기한 손해에 대하여는 판례법으로 선박에 대하여 우선특권을 갖는다.[73]

그러므로 우리 법에 비하여 미국법하에서 화주는 더욱 유리한 지위에 있다. 운송중인 화물손상에 기한 손해배상청구권이 삭제됨으로써 우리 상법은 선주 혹은 운송인측을 더 보호하는 법이 되었다고 할 수 있다.[74]

2. 운송인의 연대책임

우리 법이나 미국법은 모두 함부르크규칙이 갖는 실행운송인과 계약운송

71) Gilmore & Black, op. cit., p. 187.

72) 동지, 채이식, 전게서, 383면.

73) Gilmore & Black, op. cit., p. 630.

74) 이러한 삭제는 화주측으로 하여금 항해과실면책 폐지의 이론적인 근거를 제공할 수 있다. 그러므로 동 조항의 부활을 고려할 필요가 있다고 본다.

인에 대한 규정을 가지고 있지 않은 점에서는 동일하다.[75] 실행운송인과 계약운송인이 연대책임을 부담하는 규정은 함부르크규칙(제10조)과 여객운송을 위한 아테네협약(제4조 제4항)을 비롯한 대부분의 국제운송조약에서 볼 수 있다. 화주를 두텁게 보호하기 위한 특별규정이다.

우리 법은 상법 제806조에 따라 용선자가 재운송인이 되는 경우 선박소유자가 운송인과 함께 부담하는 법정 연대책임규정이 이러한 기능을 한다. 그 적용범위에 대하여 우리나라는 첨예한 대립을 보이고 있다. 즉, 정기용선계약을 선박임대차와 유사하게 보는 학설에 따르면 정기용선자가 운송인이 되는 경우에는 본조의 규정의 적용이 없어서 정기용선자만이 운송인으로서 책임을 부담하고 선박소유자는 제806조상의 책임을 부담하지 않는다고 한다.[76] 그러나 운송계약설을 취하는 경우에는 정기용선자가 운송인이 되는 경우에도 제806조의 적용을 인정하여 정기용선자와 선박소유자가 연대책임을 부담한다고 한다.[77] 항해용선자가 운송인이 되는 경우에 제806조의 적용을 인정하는 점에서는 이설이 없다. 그러므로 운송계약설에 따르면 제806조의 적용범위가 훨씬 넓어진다고 하겠다.

미국 판례법은 선장을 대신하여 용선자가 선하증권을 발행한 일정한 경우에는 용선자를 운송인으로 보면서도 선박소유자도 함께 운송인으로서 책임을 부담시킨다. 예컨대, 정기용선자의 대리인이 선장으로부터 대리권을 수여받아 선하증권에 "선장을 대신하여"라는 서명을 한 사건에서 제5순회법원은 대리의 법리에 따라 선장의 본인인 선박소유자는 운송인으로서 책임을 부담한다고 하면서 정기용선자와 선박소유자에게 연대책임을 부담시켰다.[78][79] 법원은 정기용선계약서상 선박소유자는 정기용선자의 요청이 있으면 선장으로 하여금 선하증권에 서명을 하도록 하겠다는 약정을 그 판결의 근거로 하였다. 그러나 정기

---

75) 그러나 미국해법학회의 개정안은 계약운송인과 실행운송인의 연대책임의 길을 열어두고 있다(개정안 제5조 및 제6조).

76) 김인현, 전게 해상법, 126면.

77) 채이식, 전게서, 341면; 김동훈, "정기용선에 대한 법적 검토,"「한국해법학회지」, 제24권 제2호(2002.11), 39면.

78) Thyssen Steel Company v. M/V Kavo Yerakas, 1995 AMC 2317(5th Cir., 1995).

79) 글로리아호 사건에서도 제5순회법원은 동일한 취지의 판결을 내렸다. Pacific Employers Insurance Co. v. M/V Gloria, 767 F. 2d 229(5th Cir., 1985).

용선자가 자신의 이름으로 선하증권을 발행한 경우와 선장이 선박소유자를 대리하여 선하증권을 발행할 권한이 없는 경우에는 선박소유자는 책임을 부담하지 않는다. 법원은 선장을 정기용선자의 대리인이라고 보아 "선장을 대신하여" 서명하였다고 하더라도 선장의 본인은 정기용선자라고 판단하여 선박소유자는 운송인이 아니라고 판시한 것이다. 그 근거로 정기용선계약에서 정기용선자가 전체적인 운항에 책임을 부담하고 선하증권을 발행함으로써 발생되는 책임에 대하여 정기용선자가 선박소유자에게 보상을 하여 주겠다는 약정을 법원은 중요하게 고려하였다.[80]

또한 선박자체도 대물소송에서 책임의 주체가 된다.

그러므로 미국법상으로는 선박소유자, 용선자 및 선박이 각각 대인책임과 대물책임의 주체로서 연대책임을 부담하게 되어 화주는 보호된다.

3. 운송인의 책임경감금지규정

우리 상법 제790조 제1항은 제787조 내지 제789조의3의 규정에 반하여 운송인의 의무 또는 책임을 경감 또는 면제하는 당사자간의 특약은 효력이 없다고 한다.[81] 상법 제790조 제1항은 제787조 내지 제789조의3의 규정을 적용범위로 하고 있다. 그러므로 운송인의 감항능력주의의무를 면제하는 약정을 하거나(제787조), 운송인이 운송물에 관한 책임기간이나 손해배상을 하지 않겠다는 약정을 한 경우(제788조 제1항), 운송인의 책임제한액을 낮추거나(제789조의2), 혹은 불법행위로 인한 손해배상청구시에는 운송인의 책임제한액을 제789조의2보다 낮추는 경우 등은 모두 무효이다. 제1항의 규정은 제787조의 규정에 반하는 경우를 제외하고 용선계약에는 이를 적용하지 아니하지만, 용선계약에 따라 선하증권이 발행된 경우에 용선자 이외의 선하증권소지인에 대한 운송인의 의무 또는 책임에 관하여는 제1항의 규정이 적용된다(동 제3항).

미국 코그사도 제3조 제8항에 우리나라와 동일한 규정을 가지고 있다. 다만, 우리 법은 선하증권이 발행되지 않은 경우에도 운송인은 감항능력주의의무에 대하여는 이를 감경하지 못한다는 점을 명문으로 두고 있다는 점이 미국 법

80) Yeramex International v. S.S. Tendo, 595 F.2d 943(4th Cir., 1979).

81) 이러한 운송인의 책임경감금지에 대한 규정은 독일 상법(HGB Section 662, 663)을 비롯한 거의 모든 국가의 해상법이 헤이그(비스비)규칙 제3조 제8항을 모방하여 가지고 있다.

과 다르다.

운송인의 책임경감금지규정은 부합계약에서 협상력이 열등한 지위에 있는 화주를 보호하기 위한 것으로서, 하터법과 헤이그규칙의 근간을 이루고 있는 조항이다.

미국의 1999년 코그사 개정안도 현행 코그사 제3조 제8항의 책임경감금지 규정을 그대로 유지하여 선하증권이 발행된 경우에 열등한 협상력을 갖는 화주를 보호하는 것을 기본원칙으로 하고 있다.[82]

주목할 만한 것으로서, 운송인의 책임경감금지원칙에 대한 반동으로 계약자유의 원칙으로의 회귀를 지향하는 움직임이 미국 코그사 개정안의 장기대량 개품운송계약(service contract)에 대한 논의에서 나타난다는 것이다. 선하증권이 발행되는 개품운송이라고 하여 모든 계약이 화주가 불리한 지위에 있는 것은 아니다. 장기대량 개품운송계약에서 화주는 대량의 화물을 가지고 있는 우월한 지위에 있는 기업으로서 오히려 선박회사인 운송인이 대량화주에 대하여 열등한 지위에 있다. 개정안 제7조 j항 제3호는 장기대량 개품운송계약의 경우에는 운송인으로 하여금 책임경감금지(개정안 제7조 h항)와 같은 계약자유의 제한에서 벗어나게 한다.[83] 예컨대, 운송인은 화주로부터 훨씬 저렴한 운임을 수령하면서 포장당 책임제한액을 낮추는 계약을 체결할 수 있을 것이다. 이는 운송인과 화주 양자에게 모두 유리한 것이다. 다만, 이러한 논의는 장기대량 개품운송계약을 체결한 운송인과 대량화주 사이에만 적용되고, 선하증권이 발행되어 선의의 제3자가 선하증권을 취득한 경우에 있어서 운송인과 선하증권소지인 사이에는 일반법리가 적용되어 운송인은 책임제한액을 낮출 수 없다.[84]

---

82) 원문은 단어를 현대화시킨 것을 제외하고는 현행 코그사 제3조 제8항과 동일하다. 제7조 (h)항.

83) Non-application to Service Contract-Neither subsection (h) nor (i) applies to a provision of a service contract to the extent that the provision affects only the rights and liabilities of the parties who entered into the service contract.

84) M. Sturley, op. cit.(United Nations), p. 90.

Ⅶ. 기 타

1. 복합운송인

우리 상법 해상편은 복합운송인에 대하여 규정하지 않고 있다. 그리하여 복합운송이 육상에서 이루어지는 경우에는 상법 해상편의 규정이 적용되는 것이 아니라 상법의 일반운송규정이 적용된다고 볼 수 있다. 따라서 해상운송에서의 운송인의 책임제한 등의 규정은 적용되지 않는다. 그러나 실무적으로는 당사자자치의 원칙에 의하여 선하증권약관을 이용하여 해상의 법리를 육상에도 연장하여 적용하고 있다.

미국의 코그사도 복합운송에 대하여 정하고 있지 않지만, 철도 및 트럭운송을 위한 카막 개정법(Carmack Amendment)이 해상이 포함된 육상의 복합운송에도 제한적으로 적용된다.[85)]

2. 독립계약자

우리 법상 하역업자는 운송인의 작업에 대한 구체적인 지시를 받지 않고 독립적으로 운송인의 채무자로서의 의무의 일부를 대행하여 처리하는 독립계약자(independent contractor)의 전형이다. 우리 상법은 헤이그비스비규칙과는 달리 독립계약자에 대한 규정을 가지고 있지 않다. 실무적으로는 히말라야약관을 통하여 독립계약자도 화주측에 대하여 운송인이 누리는 책임제한 등의 이익을 누릴 수 있다. 미국 코그사에서도 별다른 규정을 두고 있지는 않지만, 판례법으로 히말라야약관의 효력을 인정하고 있다.[86)]

3. 선하증권의 효력

우리 상법 제814의2조에 의하면 선하증권에 기재된 사항은 운송인과 송하인 사이에는 추정적 효력이 있고, 선의의 제3자에 대하여는 운송인은 대항하지 못한다.

---

85) Neptune Orient Lines, Ltd v. Burlington Northern and Santa Fe Rail Co., 2000 AMC 1785(9th Cir., 2002).

86) Robert C. Herd & Co, 359 U.S. 79; 1959 AMC 879; Shoenbaum, op. cit., p. 531.

미국법도 우리와 동일하게 해석된다. 다만, 운송인과 송하인 사이의 효력에 대하여는 미국 코그사 제3조 제4항에서 정하고 있으나, 선의의 제3자에 대한 간주적(conclusive) 효력에 대하여는 포메른 법(제13조)에서 정하고 있다.[87]

Ⅷ. 結 論

1936년에 제정된 미국 코그사는 1924년 헤이그규칙 체제인 반면, 1991년 개정된 우리 상법의 운송편은 1968년 헤이그비스비규칙을 근간으로 하고 있다. 이 점에서 우리 상법 해상편이 좀더 선진된 법이라고 할 수 있다. 그러나 미국법은 낙후된 제정법의 단점을 판례법으로서 보완하고 있으며 경우에 따라서는 탄력성을 보이고 있다.

미국법은 화주측에게 전폭적인 선박우선특권이 인정된다는 점, 선박, 운송인 그리고 선박소유자가 연대책임을 부담한다는 판례법이 있다는 점 그리고 항해과실 등 면책이 쉽게 인정되지 않는다는 점에서 우리 법보다 화주를 더 보호한다. 코그사상 운송인의 책임범위가 선적에서 양륙까지인 점, 포장당 책임제한액이 우리 법보다 낮은 점, 그리고 운송인의 화주측에 대한 손해배상청구권은 1년 제척기간의 적용이 없다는 점 등에서 미국법상 운송인은 우리 법보다 더 보호받는 입장에 있다. 전체로 보아 우리 법은 미국법보다 운송인을 더 보호한다.

코그사가 미국에서 출입하는 화물에 대하여 코그사 강제적용규정을 가지고 있는 점도 우리 법과 크게 다른 점이다. 1995년 스카이 리프호 판결로 선하증권상 합의관할은 기본적으로 미국 법정에서 유효하게 되었지만, 아직도 무효화되는 판결이 있다는 점과, 포장당 책임제한제도의 불비를 미국법원은 판례법으로 보충하고 있다는 점도 유의하여야 한다.

우리나라의 해법학회의 해상편 개정안은 포장당 책임제한액을 증액하고 무게당 책임제한제도를 도입하고자 한다. 현재 의회에 계류중인 1999년 코그사 개정안은 헤이그비스비규칙을 근간으로 하면서 해상운송법을 선진화하려고 한다.

---

87) 49 U.S.C. §80113(a).

미국의 코그사 중에서 미국법 강제적용규정, 공평한 기회의 원칙, 단일화된 면책제도, 중첩적인 면책사유에서 일부인용, 연대책임으로 화주를 보호하는 제도 등은 우리 법에도 도입을 고려할 수 있는 좋은 제도라고 생각한다. 또한 코그사 개정안의 대량장기개품운송에서의 계약자유의 원칙의 도입은 우리 상법 해상편의 개정시에 고려되어야 할 사항으로 본다.

제 2 논 문

海上旅客 및 手荷物 運送에 관한 2002년 改正 아테네協約*

Ⅰ. 序 論

국제해상여객운송을 위한 조약으로는 1987년 4월 28일 발효된 1974년 아테네협약이 있다.[1] 그런데 1974년 아테네협약은 이미 제정된 지가 오래되었고 인적책임제한액이 극히 낮아서 현실에 맞지 않다는 비판이 많았다. 이를 개선한 1990년 의정서(1990년 3월 29일 채택됨)는 발효되지 못하고 있다. 영국은 1996년 10월의 국제해사기구(International Maritime Organization) 제74차 법률위원회(Legal Committee)에서 여객운송인의 강제보험가입을 골자로 하는 새로운 의정서의 성립을 제안하였다.[2] 항공운송인에게 엄격책임을 부과하는 1999년 몬트리올의정서가 성안되어가는 과정에서, 작업반을 이끌고 있던 노르웨이는 여객운송인에게도 엄격책임을 부과하는 안을 제77차 법률위원회에서 제안하였다. 2001년 10월에 있은 제83차 법률위원회에서 중요한 사항들이 합의점을 찾음으로써 2002년 10월 21, 25, 28일에서 11월 1일까지 영국 런던의 국제해사기구 본부에서 금번 외교회의가 개최되게 되었고,[3][4] 마침내 1974년 아테네협약의

---

* 이 논문은 「상사법연구」, 제22권 제1호(2003)에 게재된 글이다.

1) 원명은 Athens Convention Relating to the Carriage of Passengers and Their Luggage by Sea, 1974이다.

2) Baris Soyer, "Sundry Consideration on the Draft Protocol to the Athens Convention Relating to the Carriage of Passengers and Their Luggage at Sea 1974," *Journal of Maritime Law & Commerce*, Vol. 33, No. 4(October, 2002), p. 1.

3) 본 회의에는 라종일 주영대사, 박강호 참사관, 故 정순석 해양수산관, 정형택 IMO 담당관, 고려대학교 채이식 교수(IMO 법률위원회 부의장), 한국해양대학교 이윤철 교수 및 필자가 대표단으로 참석하였고, 라종일 주영대사는 총회의장으로 선출되어 활동하였다. 채이식 교수

2002년 개정의정서(이하 '개정의정서' 혹은 '의정서'라고 하고, 개정의정서가 기존의 협약에 통합된 것을 '개정협약'이라고 한다)가 채택되었다.[5)]

우리나라는 1974년 아테네협약체제를 비준하지 않고 있을 뿐만 아니라 이를 상법에 반영하고 있지도 않다.[6)] 우리나라도 韓日 및 韓中간 국제여객운송에 종사하는 여객운송인이 늘어나고 있으므로,[7)] 국제적인 추이에 관심을 갖지 않을 수 없게 되었다. 본고에서는 금번 외교회의에서의 주요 토의사항 및 개정의정서의 내용을 살펴보고 우리나라에 미칠 영향 등에 대하여 논한다.

Ⅱ. 責任體制

1. 인사사고

(1) 선박운항관련사고[8)]

개정의정서는 여객운송에 대한 인사사고를 선박운항관련사고(shipping accidents)와 비선박운항관련사고(non-shipping accidents)로 구분하여, 선박운항관련사고에 대하여는 운송인이 25만SDR(Special Drawing Right)[9)]까지는 엄격책임을 부담하게 되었다(의정서 제4조, 개정협약 제3조 제1항 전단).[10)] 이 점은 개정 의정

는 개정의정서가 발의된 제74차 법률위원회 회의부터, 필자는 제82차 회의에서부터 개정작업에 참석하였다.

4) 외교회의는 10여회의 법률위원회 회의에서 논의되고 합의된 바를 바탕으로 노르웨이가 작성한 개정의정서 초안(LEG/CONF. 13/3)을 원안으로 하여 논의를 진행하였다.

5) 이에 대한 자세한 내용은 김인현 · 채이식, 「국제해사기구 아테네협약개정외교회의 참가보고서」(2002. 11. 8)를 참고하기 바람.

6) 아테네협약과 우리 상법과의 관계에 대하여는 김인현, 「해상법연구」(삼우사, 2002), 91-96면 및 이균성, "해상여객운송인의 손해배상책임," 「한국해법회지」, 제12권 제1호(한국해법회, 1991.2), 35면 이하를 참고바람.

7) 2000.12. 기준으로 한중항로에 7척, 한일항로에 6척, 한러항로에 1척 등 총 14척이 국제여객운송에 취항하고 있고, 여객의 수송능력은 1척당 215명에서 656명에 이른다. 해양수산부 홈페이지, 국제여객선현황.

8) 1974년 아테네협약에서부터 도입된 선박운항관련사고와 비선박운항관련사고의 개념은 해상여객운송에서는 육상의 호텔과 같은 영업이 선박에서 행하여진다는 점을 반영한 것이다.

9) 2003년 3월 7일 현재 1SDR은 미화 1.37969달러에 해당한다.

10) <Revised Article 3(1)> For the loss suffered as a result of the death of or personal injury to a passenger caused by a shipping incident, the carrier shall be liable to the extent that such loss in respect of that passenger on a distinct occasion does not exceed 250,000 units of account, unless the carrier proves that the incident: (a) resulted from an act of war, hostilities, civil war, insurrection or a natural phenomenon of an exceptional, inevitable and irresistible character; or

서의 가장 큰 특징 중의 하나이다. 1974년 아테네협약은 인사사고를 선박운항관련사고와 비선박운항관련사고로 구분하여 사고유형에 따라 입증책임을 달리하면서도 운송인에게는 사고유형에 관계없이 과실책임을 부과하고 있었다(협약 제3조).

선박운항관련사고로는 선박충돌 · 화재 · 좌초로 인한 사고가 있다(개정협약 제3조 제5항 a호).[11] 선박의 하자도 선박운항관련사고에 해당된다. 외교회의에서는 선박의 하자에 대한 정의를 새롭게 하기 위하여 작업반을 구성하였다. 사이프러스를 작업반장으로 하는 작업반에서는 ① 여객의 승하선 ② 선박의 운용(조타, 계류, 묘박 등) ③ 인명구조장비의 발사 등의 경우에 사용되는 선박의 일부 혹은 설비가 제대로 기능을 하지 않거나, 고장이 나거나 혹은 이와 관련된 안전관련 법규정에 일치하지 않는 것을 선박의 하자로 정의하였다.[12] 나아가 선박운항관련사고에 선박의 전복(capsizing)도 포함시키게 되었다. 미국 등 발언한 모든 대표가 이에 찬성하여 위의 선박의 하자에 대한 정의가 채택되었다. 특기할 것은 선박의 운용과 관련한 선박 설비의 고장뿐만 아니라 선박안전법 규정에 일치하지 않는 경우도 선박의 하자에 포함되게 되었다는 점이다(동 제3조 제5항 c호).[13]

선박운항관련사고로 인한 인사사고를 엄격책임으로 한 것은 항공여객운송을 위한 1999년 몬트리올의정서의 영향을 받은 바 크다. 항공운송과 관련된 몬트리올의정서는 엄격책임의 한도를 10만SDR로 하고 있고(제21조),[14] 10만SDR

(b) was wholly caused by an act or omission done with the intent to cause the incident by a third party.

11) <Revised Article 3(5) a> "Shipping incident" means shipwreck, capsizing, collision or stranding of the ship, explosion or fire in the ship, or defect in the ship.

12) LEG/CONF. 13/CW/WP. 3.

13) <Revised Article 3(5) c> "Defect in the ship" means any malfunction, failure or non-compliance with applicable safety regulation in respect of any part of the ship or its equipment when used for the escape, evacuation, embarkation and disembarkation of passengers; or when used for the propulsion, steering, safe navigation, mooring, anchoring, arriving at or leaving berth or anchorage, or damage control after flooding; or when used for the launching of life saving appliances.

14) <Article 21 Compensation in Case of Death or Injury of Passengers> 1. For damages arising under paragraph 1 of Article 17 not exceeding 100,000 SDR for each passenger, the carrier shall not be able to exclude or limit its liability. 2. The carrier shall not be liable for damages arising under paragraph 1 of Article 17 to the extent that they exceed for each passenger

을 초과하는 손해에 대하여는 항공여객운송인은 과실책임을 부담하게 된다. 그러므로 항공여객과 해상여객을 비교하면 해상여객이 더 보호받는 결과를 가지고 온다. 엄격책임을 부담하는 범위까지는 여객은 운송인의 과실을 입증할 필요가 없게 됨으로써 여객은 보호되게 된다. 그러나 다만 운송인도 전쟁이나 기타 제3자의 고의행위로 인한 사고임을 입증한 경우에는 면책된다(개정협약 제3조 제1항 a, b호). 외교회의중에 테러행위를 면책사유로 명기하고자 하였다. 즉, International Group of P&I Association(선주상호보험조합연합회),[15] ICS (International Chamber of Shipping: 국제선주연맹) 등은 이는 보험자면책사유이므로 보험의 목적상 이를 분명히 하여 다툼의 소지가 없도록 하여야 한다고 하면서 이의 삽입을 희망하였다. 우리나라도 이를 지지하였다. ICS는 테러행위가 만약 b항에 의하여 커버된다면 테러행위가 제3자의 전적인 고의행위로 인하지 않는 경우도 있을 수 있으므로 전적으로(wholly)라는 단어를 삭제하기를 희망하였다. 그러나 독일, 노르웨이, 스페인 등 대부분의 국가가 테러라는 개념이 사실상 의정서 초안의 면책사유(개정협약 제3조 제1항 a항 혹은 b항)에 이미 포함되어 있으므로 추가삽입이 불필요하다는 의견을 제시함으로써, 외교회의는 의정서 초안을 그대로 유지하기로 결정하였다.

25만SDR을 넘어서는 손해에 대하여는 개정전의 입장과 같이 과실책임주의를 유지하여 운송인의 과실은 추정되어 운송인이 과실이 없음을 입증하여야 한다(개정협약 제3조 제1항 후단).[16]

(2) 비선박운항사고

여객의 식중독으로 인한 인사사고, 무도장에서 여객이 스스로 넘어진 경우, 수영장에서 여객이 다친 경우와 같은 비선박운항관련사고는 엄격책임제도가 적용되는 것이 아니라, 개정전과 같이 과실책임주의가 적용되고 입증책임은

100,000 SDR if the carrier proves that: (a) such damage was not due to the negligence or other wrongful act or omission of the carrier or its servants or agents; or (b) such damage was solely due to the negligence or other wrongful act or omission of a third party.

15) 선주들이 일반 선박보험에서 부보되지 않는 위험을 담보하기 위하여 자신들이 설립한 상호보험조합(P&I Club)들의 연합체이다.

16) <Revised Article 3(1)> ... If and to the extent that the loss exceeds that above limit, the carrier shall be further liable unless the carrier proves that the incident which caused the loss without the fault or neglect of the carrier.

청구인인 여객이 부담하는 것으로 결정되었다(의정서 제4조, 개정협약 제3조 제2항).[17] 입증책임을 몬트리올의정서와 같이 운송인에게 둘 것인지 혹은 아테네협약과 같이 여객에게 둘 것인지에 대한 격렬한 논란이 제83차 법률위원회 회의에서 있었고, 항공여객운송과 해상여객운송은 다르다는 점이 설득력을 얻어 비선박운항사고에 대하여는 여객이 입증책임을 부담하게 되었다.[18] 즉, 항공여객운송에서는 여객은 완전히 수동적인 입장에 있지만, 해상여객운송에 있어서 여객은 자유로이 활동하므로 스스로의 잘못으로 사고를 당하는 경우가 많을 수 있다는 점이 인정되었다.

외교회의에서, 일본은 자신이 체약국으로 있는 항공운송에 대한 몬트리올의정서 및 일본 상법상 입증책임이 운송인에게 있어서 이와는 다른 규정을 갖는 협약은 비준하기가 정치적으로 어렵고, 여객을 보호하기 위하여서도 비선박운항관련사고에 대하여도 입증책임을 운송인에게 전가시켜야 한다고 주장하였다. 브라질을 제외한 대부분의 국가는 항공여객운송과 해상여객운송은 성질상 다르고, 이는 제83차 법률위원회 회의에서 이미 합의된 사항이라는 이유로 의정서 초안을 지지하였다. 우리나라도 국내법상 일본과 같은 입장이지만, 실무상 크게 중요한 일이 아니고 이미 합의된 사항이므로 다수의 견해를 따른다고 하였다. 대다수의 견해에 따라 의정서 초안이 그대로 유지되어, 비선박운항관련사고에서 인사사고에 대한 입증책임은 청구인인 여객이 부담하게 되었다.[19][20]

---

17) <Revised Article 3(2)> For the loss suffered as a result of the death of or personal injury to a passenger not caused by a shipping incident, the carrier shall be liable if the incident which caused the loss was due to the fault or neglect of the carrier. The burden of proving fault or neglect shall lie with the claimant.

18) 제83차 법률위원회 회의에서 발의자인 노르웨이를 비롯한 호주, 일본, 한국이 입증책임을 운송인에게 두자고 하였다. 일본과 우리나라는 상법상 운송인이 입증책임을 부담한다는 것을 근거로 하였다. 한편, 발의자인 덴마크를 비롯한 네덜란드, 캐나다, 핀란드 등이 입증책임을 여객에게 두자고 하였다. 이들은 비선박운항사고에 대하여는 운송인이 과실에 대한 입증을 하기가 어렵다는 점을 근거로 하였다. 채이식 · 김인현, 「국제해사기구 제83차 법률위원회 보고서(2001.10.26)」, 회의개요 4면.

19) 이에 반하여 우리 상법은 여객의 인사사고에 대하여 사고의 원인에 대한 구별없이 과실책임주의를 취하고 있으면서 과실에 대한 입증책임은 운송인이 부담하는 것으로 하고 있다(상법 제830조, 제148조). 이균성, 「해상법강론」(해운산업연구원, 1989), 323면; 송상현 · 김현, 「해상법원론」(박영사, 1999), 343면; 김인현, 전게서, 92면.

20) 제83차 법률위원회 회의에서 정신적 손해와 징벌적 손해를 협약하의 손해에 추가하고자 하

2. 수하물에 대한 사고

수하물사고에 있어서의 책임체제와 입증책임에 대하여는 논의를 하지 않고 개정전의 입장을 그대로 유지하였다. 즉, 수하물사고에 대하여는 과실책임주의를 유지하면서, 입증책임에 대하여는 휴대수하물(cabin luggage)의 선박운항관련사고의 경우에는 운송인의 과실은 추정되어 운송인이 입증책임을 부담하고(개정협약 제3조 제3항) 비선박운항관련사고의 경우에는 청구인인 여객이 입증책임을 부담하게 되었다.[21] 기타 수하물에 대하여는 운송인이 과실이 없음을 입증하여야 한다(개정협약 제3조 제4항).[22][23]

Ⅲ. 責任制限制度

1. 인사사고

(1) 인적책임제한액의 대폭 상향조정

인사사고에 대한 여객운송인의 인적책임제한액이 대폭 상향조정되었다. 인적책임제한액은 선박운항관련사고와 비선박운항관련사고 모두에 구별없이 적용된다. 인적책임제한액은 1990년 의정서의 17만5천SDR(1990년 의정서 제2조)에서(1974년 아테네협약은 46,666SDR임), 약 2.3배 인상된 40만SDR(약 6억원에 상

였으나, 정신적 손해는 당연히 포함되는 것이고, 징벌적 손해는 손해배상범위를 줄임과 동시에 법정지 선택(forum shopping)의 문제를 피하기 위하여 포함시키지 말아야 한다는 의견이 우세하여 협약을 그대로 유지하기로 하였다(협약 제3조 제5항 d호). 채이식 · 김인현, 전게 보고서, 9면.

21) <Revised Article 3(3)> For the loss suffered as a result of the loss of or damage to cabin luggage, the carrier shall be liable if the incident which caused the loss was due to or neglect of the carrier. The fault or neglect of the carrier shall be presumed for loss caused by a shipping incident.

22) <Revised Article 3(4)> For the loss suffered as a result of the loss of or damage to luggage other than cabin luggage, the carrier shall be liable unless the carrier proves that the incident which caused the loss occurred without the fault or neglect of the carrier.

23) 우리 상법은 수하물사고의 책임체제에 대하여는 과실책임주의인 점에서는 아테네협약 체제와 동일하나 입증책임에 대하여는 차이가 있다. 즉, 휴대수하물에 대하여는 여객이 운송인의 과실에 대한 입증책임을 부담하고(상법 제830조 제3항, 제150조) 위탁수하물에 대하여는 운송인이 과실이 없음을 입증하여야 한다(상법 제149조 제1항). 정찬형, 「상법강의(상)」(박영사, 2001), 352면; 송상현 · 김현, 전게서, 345면; 김인현, 전게서, 92면.

당)로 상향조정되었다(의정서 제6조, 개정협약 제7조 제1항).[24)25)] 발의자인 노르웨이는 50만SDR을 주장하였다. 1976년 선주책임제한조약(LLMC)[26)]의 1996년 의정서가 여객 1인에 대한 책임제한액의 기준을 17만 5천SDR로 하고 있으므로 이보다 상향조정된 액수는 불가피하였지만, 50만SDR은 선진국의 수준으로서도 높은 액수였다. 외교회의에서 중진국과 후진국들은 자국의 현실을 반영하여 책임제한액을 낮추고자 하였고, 타협의 산물로 책임제한액은 40만SDR로 결정되었다.[27)28)]

여객은 운송인의 고의 혹은 중과실을 입증하여 책임제한을 배제시킬 수 있고(개정협약 제13조), 선주책임제한제도를 중첩적으로 적용할 수 있음은 1974년 협약의 태도와 동일하다(개정협약 제19조).[29)] 여기서 말하는 운송인의 고의행위

---

24) <Revised Article 7(1)> The liability of the carrier for the death of or personal injury to a passenger under Article 3 shall in no case exceed 400,000 units of account per passenger on each distinct occasion. Where, in accordance with the law of the court seized of the case, damages are awarded in the form of periodical income payment, the equivalent capital value of those payments shall not exceed the said limit.

25) 이는 여객 1인당 사고당이다. 그러므로 1航次에 사고가 두 번 발생하였다면 각각 별도의 책임제한을 하게 된다.

26) 조약의 원명은 International Convention on Limitation of Liability for Maritime Claims, 1976이다. 선박소유자의 책임제한제도를 정하고 있는 국제조약이다. 우리나라는 현재 이 조약에 가입하지 않고 있지만, 상법에 이 조약의 주요내용을 받아들이고 있다.

27) 외교회의에서는 ① 엄격책임한도액, ② 강제보험금액, ③ 인적책임제한액, ④ 유보조항의 존치 그리고 ⑤ 직접청구권의 인정한도액 등이 모두 연결되어 있다는 점이 감안되어 이들은 패키지로 다루어졌다. 그리하여, P&I는 ① 엄격책임은 10만SDR을 한도로 하고, ②의 강제보험액과 ③의 인적책임제한액은 동일하게 20만SDR에서 35만SDR 사이로, 유보조항을 두는 경우에는 25만SDR이 좋다고 하고 ④의 유보조항은 삭제를, ⑤의 직접청구권은 10만SDR을 한도로 허용하기를 원하였다. 노르웨이는 ①의 엄격책임한도액은 35만SDR, ② 강제보험액은 35만SDR, ③ 인적책임제한액은 50만SDR, ⑤의 직접청구권은 35만SDR로 하기를 원하였다. 우리나라는 ①의 엄격책임한도액은 10만-17만5천SDR, ②의 강제보험과 ③의 인적책임제한액은 30만SDR, ⑤의 직접청구권의 인정한도액은 17만5천SDR 이상을 희망하였다. 독일대표가 타협안을 제시하여 ① 엄격책임한도액은 20만SDR, ② 강제보험액과 ③ 인적책임제한액을 50만SDR로, ⑤ 직접청구권을 20만SDR로 제한하려는 일괄 타협안을 작업반이 제안하였으나, 체제가 복잡하게 된다는 이유로 총회에서 채택되지 아니하였다. 결론적으로는 ① 엄격책임한도액은 25만SDR, ② 강제보험은 25만SDR, ③ 인적책임제한액은 40만SDR, ⑤ 직접청구권은 무제한으로 인정되고 ④ 유보조항도 존치하는 것으로 되었다. 이에 대한 자세한 각국의 제안과 경위는 김인현 · 채이식, 전게 보고서, 제3절 아테네협약개정 외교회의 발언록 12-14면을 참고바람.

28) 이에 비하여 우리 상법은 인적책임제한제도를 도입하고 있지 않다. 송상현 · 김현, 전게서, 336면; 채이식, 「상법(하)」(박영사, 1991), 798면; 정동윤, 「상법(하)」(법문사, 2001), 847면; 김인현, 전게서, 94면.

에는 운송인 자신의 고의행위를 말하는 것이지 선장 등의 고의행위는 제외된다. 고의행위라고 번역하였지만, 원어는 wilful misconduct로서 운송인의 인지(privity)가 있는 경우도 포함될 것으로 생각된다.

(2) 유보조항의 도입

운송인의 인적책임제한액에 대하여 각국은 의정서에서 정한 액수보다 높은 금액을 책임제한액으로 할 수 있는 조항(opt-out clause)을 새롭게 두어서 여객을 더욱 보호하고자 하였다(의정서 제6조, 개정협약 제7조 제2항).[30] 이 조항은 인적책임제한액이 각국마다 다르게 되어 국제적인 통일성에 반한다는 비판을 받았지만,[31] 운송인에게 더 높은 책임을 부과하기를 희망하는 국가를 위하여 타협안의 일종으로서 존치되었다.

2. 수하물에 대한 책임제한

1974년 아테네협약은 수하물의 책임제한액을 ① 휴대수하물은 여객 1인당 각 운송당 833SDR(1990년 의정서 1,800SDR), ② 자동차 1대당 각 운송당 3,333SDR(1990년 의정서 10,000SDR)로 하고, ③ 기타 수하물은 1,200SDR(1990년 의정서 2,700SDR)로 하고, ④ 소손해공제액은 자동차는 117SDR(1990년 330SDR), 수하물은 13SDR(1990년 의정서 135SDR)로 정하고 있다(협약 제8조, 1976년 의정서 제2조 및 1990년 의정서 제2조).

외교회의에서 노르웨이는 인적책임제한액의 인상 및 인플레이션을 이유로 1990년 의정서 수치의 2배 인상을 주장하였다. 반면, P&I 및 이탈리아는 1990년 의정서와 동일한 수치를 주장하였다. 대다수의 국가는 25%의 인상을 주장

29) 동지, Nicholas Gaskell, New limits for passengers and others in the United Kingdom, [1998] LMCLQ, p. 330.

30) <Revised Article 7(2)> A State Party may regulate by specific provisions of national law the limit of liability prescribed in paragraph 1, provided that the national limit of liability, if any, is not lower than that prescribed in paragraph 1. A State Party, which makes use of the option provided for in this paragraph, shall inform the Secretary-General of the limit of liability adopted or of the fact there is none.

31) 제83차 법률위원회 회의에서는 ICS 및 ICCL(International Council of Cruise Lines) 등은 유보조항을 두게 되면 법정지 선택(forum shopping)사태가 발생하고, 국제협약의 통일성이 저해되므로 삭제를 주장한 반면 일본과 영국은 이의 존치를 주장하였다. 채이식 · 김인현, 전게보고서, 22면.

하여 외교회의는 이를 수용하였다.[32)]

개정의정서는 ①의 휴대수하물은 2,250SDR(1990년 의정서의 수치에서 25% 인상) ②의 자동차는 12,700SDR(27% 인상) ③의 기타 수하물은 3,375SDR(25% 인상) ④의 소손해공제액은 자동차는 330SDR(불변), 수하물은 149SDR(10% 인상)로 인상하였다(의정서 제7조, 개정협약 제8조).

Ⅳ. 旅客의 人事事故로 인한 債權 保障制度

1. 강제보험제도의 도입

개정의정서는 여객의 인사사고로 인한 운송인의 책임(선박운항관련사고 및 비선박운항관련사고 모두에 해당)을 담보하기 위하여, 12인 이상의 여객을 운송할 수 있는 선박을 운항하는 운송인은 사고당 여객 1인당 25만SDR에 상당하는 강제보험 등 재정증명을 갖추도록 하고 있다(의정서 제5조, 개정협약 제4조의2 제1항).[33)] 이는 여객을 보호하기 위하여 유류오염손해에 대한 민사책임협약(CLC)[34)]과 유해독극물협약(HNS)[35)] 등에서 채택하고 있는 제도를 도입한 것으로 개정의정서의 큰 특징이다. 여객의 인사사고에 대하여 완전한 보상체제를 갖춘다는 것이 무엇보다도 시급한 것이라는 국제사회의 합의가 이루어진 것으

32) 우리 商法은 여객의 휴대수하물에 대하여는 일반 물건운송에서의 포장당 책임제한제도가 적용되도록 하고 있다(상법 제830조, 제789조의2 제1항), 채이식, 전게 상법(하), 803면.

33) <Revised Article 4bis (1)> When passengers are carried on board a ship registered in a State Party that is licensed to carry more than twelve passengers, and this Convention applies, any carrier who actually performs the whole or a part of the carriage shall maintain insurance or other financial security, such as the guarantee of a bank or similar financial institution, to cover liability under this Convention in respect of the death of and personal injury to passengers. The limit of the compulsory insurance or other financial security shall not be les than 250,000 units of account per passenger on each distinct occasion.

34) 조약의 원명은 International Convention on Civil Liability for Oil Pollution Damages, 1969이고, 유조선의 오염사고에 대한 손해배상 문제를 다루고 있는 국제조약이다. 1969년 11월 29일 채택되고 1975년 6월 19일 발효된 것으로 우리나라도 비준가입하였고, 현재 1992년 의정서가 발효되어 있다. 우리나라도 이를 모법으로 하여 유류오염손해배상보장법을 제정하여 실시하고 있다.

35) 원명은 International Convention on Liability and Compensation for Damage in Connection with the Carriage of Hazardous and Noxious Substances by Sea, 1996이다. CLC의 적용대상인 지속성 유류가 아닌 LPG 등 위험화물 등에 의한 오염사고에 대한 손해배상체제를 다루고 있는 조약이다. 1996년 5월 3일 채택되었지만, 아직 발효요건을 충족하지 못하고 있다.

로 이는 중요한 의미를 갖는다.

선박의 등록국은 보험가입확인증서를 발행하여야 할 의무를 가지므로, 체약국의 해양수산부는 증서발급을 위한 행정적인 절차를 부담하게 되었다(동 제4조의2 제2항). 각 선박은 체약국 정부가 발행하는 증서를 소지하고 있어야 하고(동 제4조의2 제5항) 이러한 증서를 소지하고 있지 않은 선박은 입항이 거절되게 된다(동 제4조의2 제13항). 실무상 운송인에게 재정증명을 하여 줄 수 있는 보험자는 P&I이다. P&I는 직접청구권이 인정되는 강제보험에 대하여 부정적인 입장을 견지하였다. 그러나 당초 인적책임제한액(50만SDR)까지 강제보험을 갖추자고 하던 다수 선진국들의 입장이 엄격책임한도액(25만SDR)까지 낮게 조정됨으로써 선주(운송인)와 P&I는 다소 부담이 줄어들게 되었다. 일반 P&I 보험과는 별도로, 선박의 여객 정원에 25만SDR을 곱한 금액만큼의 강제보험에 가입하여야 하는 여객운송인은 그만큼 부담이 늘어나게 되었다. 25만SDR을 넘어서는 인적책임제한액까지의 손해에 대하여는 일반 P&I 보험으로서 담보하도록 되어 당초에 의도하였던 여객의 보호에서 후퇴하게 되자 외교회의에서는 이에 대한 주의를 환기하는 결의서를 채택하였다.[36][37]

2. 직접청구권의 인정

여객은 인사사고의 경우에 위 강제보험금액을 한도로 보험자에게 직접청구(direct action)를 할 수 있는 권리가 주어지게 되었다(의정서 제5조, 개정협약 제4조의2 제10항 제1문).[38]

---

36) LEG/CONF. 13/DC/4.

37) 우리 상법상 여객운송인에게 강제보험을 갖추도록 하는 법규정은 없다.

38) <Revised Article 4bis (10)> Any claim for compensation covered by insurance or other security pursuant to this Article may be brought directly against the insurer or other person providing financial security. In such case, the amount set out in paragraph 1 applies as the limit of liability of the insurer or other person providing financial security, even if the carrier or the performing carrier is not entitled to limitation of liability. The defendant may further invoke the defences (other than the bankruptcy or winding up) which the carrier referred to in paragraph 1 would have been entitled to invoke in accordance with this Convention. Furthermore, the defendant may invoke the defence that the damage resulted from the wilful misconduct of the assured, but the defendant shall not invoke any other defence which the defendant might have been entitled to invoke in proceedings brought by the assured against the defendant. The defendant shall in any event have the right to require the carrier and the performing carrier to be joined in the proceedings.

운송인이 책임제한을 하지 못하게 되는 경우에도 보험자는 책임제한이 가능하다(동 제10항 제2문). 또한 보험자는 운송인이 피해자에게 주장 가능한 항변(도산이나 파산은 제외)을 피해자에게도 주장할 수 있다(동 제10항 제3문).

개정의정서에서 말하는 강제보험은 여객운송인이 운항중 여객에게 손해를 야기하게 된 경우에 보험금을 지급하는 보험이므로 이는 책임보험의 일종이 된다. P&I 보험은 일반 책임보험과 약간 다른 성격을 가지고 있다. 이는 기본적으로 전보(indemnity)를 목적으로 한다.[39] 즉, 가입 선주가 먼저 손해배상을 피해자에게 하고 나면 그 손해를 전보하여주는 것이다. 이러한 P&I 보험의 목적은, 피보험자가 피해자에게 손해를 배상한 다음에야 비로소 보험자의 피보험자에 대한 보험금 지급의무가 발생한다고 하는 선지급원칙(pay to be paid)에서도 잘 나타나고 있다.[40] 그리하여 영국법상 피해자가 직접 보험자에게 보험금을 청구하면, 보험자는 선지급원칙상 피보험자인 선주(운송인)가 손해배상을 피해자에게 하지 않았으므로 자신에게 보험금 지급의무가 발생하지 않았음을 항변할 수 있다는 것이다. 피해자가 보험자에게 직접청구하는 경우는 가해자인 선주(운송인)가 도산이 되어 손해배상을 받지 못하는 경우일 것이므로 피해자는 보호받지 못하는 이상한 결과가 된다. 그러나 이러한 선지급원칙은 유효하다고 영국대법원은 판시하고 있다.[41] 개정의정서는 이러한 항변을 보험자가 하지 못하도록 하기 위하여 보험자와 피보험자인 운송인과의 사이에 있었던 사유로서 보험자는 청구인인 여객에게 항변을 하지 못하는 것을 원칙으로 하였다(동 제10항 제4문). 그러므로 피보험자가 담보위반으로 보험자가 면책되는 상황에서도 보험자는 여객에게 보험금을 지급하여야 하며, 또한 선지급원칙을 가지고 보험자는 피해자인 여객에게 항변할 수 없게 되었다.[42][43]

---

39) Steven J. Hazelwood, *P&I Clubs-Law and Practice*-(LLP, 1994), p. 165-166.

40) 예컨대, Britannia P&I의 규정은, Right of recovery ... Provided always that ... it shall be a condition precedent of a Member's to recover from the funds of the Association in respect of any liability, costs or expenses that the Member shall first have discharged or paid them이라고 되어 있다.

41) "The "Fanti & Padre Island," [1990] 2 Lloyd's Reports, 191.

42) 동지, Baris Soyer, op. cit., p. 10.

43) 우리 법으로는 피해자의 보험자에 대한 직접청구권이 상법의 일반조항에 의하여 인정되고 있다(상법 제724조 제2항). 다만, 보험자의 피보험자에 대한 항변사유로 보험자가 피해자에게 대항할 수 있는지는 명문의 규정이 없으므로 논란이 된다. 법률이 인정한 보험금청구권

다만, 피보험자인 운송인이 고의행위로 사고를 야기한 경우에는 보험자는 면책항변을 주장할 수 있게 되었다(동 제10항 제4문). 이에 대하여 외교회의에서는 고의행위의 경우에도 피해자의 청구가 가능하도록 하자는 의견이 강력히 제기되었다. 즉, 노르웨이와 호주는 개정의정서의 목적이 여객을 보호하기 위한 것이고 이를 위하여 강제보험제도를 도입하였음에도, 운송인에게 고의가 있는 경우에는 보험자가 면책된다는 것은 부당하다고 주장하면서 초안에서 고의면책조항을 삭제할 것을 요구하였다. 몰타, 독일, 중국, 프랑스, 네덜란드, 브라질, 스위스, 스웨덴이 이를 지지하였다. 우리나라는 CLC와 HNS 협약 등에 모두 이러한 규정이 있고,[44] 책임보험자가 되어야 하는 P&I에게 이미 직접청구권의 인정을 요구하고 있으면서, 다시 고의면책조항의 폐지를 요구하면 P&I의 상호보험 목적상 이는 P&I가 도저히 받아들일 수 없는 것이 될 것이므로 고의면책을 인정하는 의정서 초안을 유지하자고 하였다. 싱가포르, 일본, 캐나다, 사이프러스, 덴마크, 이탈리아, 바누와투, 러시아 및 P&I, ICS 등이 이를 지지하여 고의면책조항은 초안에서 존치되게 되었다.[45]

개정협약하에서는 피해자는 보험자에게 직접 손해배상청구가 가능하게 되었으므로 보험자가 피고로 제소되는 횟수가 많아지는 결과를 야기하게 될 것이다. 이러한 보험자의 입장을 보호하기 위하여 P&I는 외교회의중 일정한 액수이하로만 직접청구권의 인정을 제한하고자 시도하였으나, 강제보험액의 한도를 인적책임제한액보다 낮은 액수로 정하는 것으로 타협이 성립되었다.

(양승규, 「보험법」(삼지원, 1999), 377면)이나 대위권의 행사(채이식, 전게 상법Ⅳ, 193면)로 직접청구권을 이해하는 보험금청구권설을 취한다면, 이론상 보험자는 항변이 가능할 것이다 한편, 손해배상청구권설(대법원 1998.7.10 선고 97다17544 판결; 대법원 2000.12.8. 선고 99다37856 판결)을 취한다면 이론상 보험자는 보험금청구권과는 별개의 손해배상채무를 병존적으로 인수한 것이므로 항변을 할 수 없게 되어야 할 것이다. 그러나 이 학설을 취하는 학자들은 보험자가 제3자의 개입으로 더 불리하여서는 아니된다는 점을 들어서 항변이 가능하다고 하거나(정동윤, 전게 상법(하), 634면; 정찬형, 전게 상법(하), 636면), 직접청구권은 독립된 권리로서 보험사고의 발생과 동시에 발생하므로, 보험자는 원칙상 보험사고 발생 이전에 가지고 있던 항변만으로만 피해자에게 대항할 수 있다고 한다(김성태, 「보험법강론」(법문사, 2001), 629면).

44) CLC 제7조 제3항 및 이를 국내법화한 유류오염손해배상보장법 제16조 제1항이 그것이다.

45) 김인현 · 채이식, 전게 보고서, 제3절 아테네협약개정 외교회의 발언록, 10-11면.

Ⅴ. 訴訟制度

1. 제소기간의 연장

개정의정서는 여객의 인사사고나 수하물사고의 손해배상청구에 대한 제척기간에 대하여는 1974년 아테네협약과 같이 2년으로 하고 있다.[46] 다만, 제소기간의 정지와 중단에 대하여는 ① 여객이 하선한 일자 혹은 하선하였어야 할 일자로부터 5년(협약의 3년에서 5년으로 연장됨) ② 청구인이 사상을 알았거나 합리적으로 알았어야 할 일자로부터 3년(새로 추가됨) 중에서 하나가 지나면, 여객은 더 이상 제소할 수 없다고 정하였다(의정서 제9조, 개정협약 제16조 제3항).[47][48][49]

1974년 아테네협약은 제척기간을 2년으로 하면서 법원은 제소기간을 하선시에서부터 최대 3년으로까지 연장할 수 있도록 하고 있다. 그러므로 개정협약은 제소기간만을 3년에서 5년으로 연장하게 되어 여객을 보호하는 효과를 가져온다. 이 조항을 우리 법으로 해석한다면, 시효가 아무리 중단되어도 여객의 하선으로부터 5년의 제척기간에 걸린다는 것이 될 것이다.[50]

---

46) <Revised Article 16(1)> Any action for damages arising out of the death of or personal injury to a passenger or for the loss of or damage to luggage shall be time-barred after a period of two years.

47) 제83차 법률위원회에서는 고속여객선에서 발생하는 whiplash(鞭打性負傷)사고의 경우에 있어서 여객의 발병이 下船후 오랜 시간이 지난 뒤에 발견되므로 제소기간을 10년까지 연장하는 안을 노르웨이가 제출하였다. 우리나라와 일본, 영국, 미국 등이 반대하여 현재안과 같은 합의안이 이미 도출되었다. 채이식 · 김인현, 전게 보고서, 16-17면.

48) <Revised Article 16(3)> The law of the Court seized of the case shall govern the grounds for suspension and interruption of limitation periods, but in no case shall an action under this Convention be brought after the expiration of any one of the following periods of time: (a) A period of five years beginning with the date of disembarkation of the passenger or from the date when disembarkation should have taken place; whichever is later; or, if earlier (b) a period of three years beginning with the date when the claimant knew or ought reasonably to have known of the injury, loss or damage caused by the incident.

49) 아테네 협약의 제척기간(time-bar)과 제소기간은 우리나라의 제도와 약간 다르다. 우리나라에서 제척기간은 시효제도와는 달리 중단이라는 제도가 없다. 이를 우리나라 법제와 연결시켜 논의한다면, 제척기간을 두면서 시효제도에 있는 시효의 중단과 정지제도를 합한 것으로 보면 될 것이다.

50) 우리 상법은 여객운송에 있어서 인사사고의 경우에는 상사시효인 5년이 적용되고, 기타 수

2. 재판관할권의 확대

개정협약에 의하면 원고인 여객은 첫째, 피고인 운송인의 주소지나 주영업소가 있는 국가의 법원(a호) 혹은 둘째, 출발지가 속한 국가 혹은 운송계약에 따르면 목적지로 되어 있는 국가의 법원(b호) 혹은 셋째, 피고가 원고의 주소지가 있는 국가에 영업지를 가지고 있고 그 국가의 관할하에 놓이는 경우에는 원고의 주소지가 있는 국가의 법원(c호) 혹은 넷째, 피고가 운송계약이 체결된 국가에 영업지를 가지고 있고 그 국가의 관할하에 놓이는 경우에는 운송계약이 체결된 그 국가의 법원(d호) 중 하나의 법원에 訴를 제기할 수 있다(개정협약 제17조 제1항).[51] a호 및 b호에서의 곳(place)을 국가(state)로 변경하고, 복수의 재판관할권이 동일 국가에서 경합하는 경우에 국내법에서 정한 바에 따른다는 점을 명시한 점이 개정전 협약과 다른 점이다.

제83차 법률위원회 회의에서 제5의 재판관할권을 인정하기 위한 논의가 있었다. 즉, 노르웨이는, 원고인 여객이 주거를 갖거나 영구 주소를 갖는 어떤 국가에 선박이 기항하는 여객운송사업을 운송인이 영위하는 경우에 그 국가의 법원에도 제소할 수 있도록 하자는 안을 제출하였다.[52] 이는 원고인 여객의 주소지 국가에 운송인의 주된 영업소가 없지만 그 운송인의 대리점이 영업을 하는 경우를 염두에 둔 것이었다. 이미 존치하고 있는 4개의 대체적인 재판관할권으로 충분하고 이렇게 되면 P&I는 동일사고에서 너무나 많은 곳에서 손해배상을 처리하여야 하는 어려움이 있다는 점이 인정되어, 이 제안은 받아들여지

하물의 경우에는 1년 제척기간이 적용된다(상법 제830조 제2항 및 제3항, 제811조). 손주찬 · 정동윤, 「주석상법(Ⅷ)(해상)」(사법행정학회, 2001), 509-510면.

51) <Revised Article 17(1)> An action arising under Article 13 and 4 of this Convention shall, at the option of the claimant, be brought one of the courts listed below, provided that the courts is located in a State Party to this Convention, and subject to the domestic law of each State Party governing proper venue within those States with multiple possible forums: (a) the court of the State of permanent residence of principal place of business of the defendant, or, (b) the court of the State of departure or that of the destination according to the contract of carriage, or (c) the court of the State of the domicile or permanent residence of the claimant, if the defendant has a place of business and is subject to jurisdiction in that State, or (d) the court of the State where the contract of carriage was made, if the defendant has a place of business and is subject to jurisdiction in that State.

52) LEG 83/4/2.

지 아니하였다.[53)]

그러나 직접청구권의 행사와 관련하여 원고는 위 제1항에서 인정되는 재판관할권이 인정되는 국가 중 어디에서나 자신의 선택하에 책임보험자를 피고로 소를 제기할 수 있게 되었다(의정서 제10조, 개정협약 제17조 제2항). 즉, 원고인 여객은 운송인 이외에도 P&I를 피고로 자신의 선택에 따라서 편리한 곳에서 訴를 제기할 수 있게 되었다. 또한 이렇게 하여 얻은 법원의 판결은 사기에 의한 경우와 같은 특별한 사정이 없는 한 체약국의 국가에서 승인되게 되었고(의정서 제11조, 개정협약 제17조의2 제1항) 또한 집행되게 되었다(동 제2항).

개정협약에 의하면 원고인 여객은 재판관할권이 있는 국가의 선택과 판결의 승인 및 집행에서 개정전 협약보다 유리한 지위에 놓이게 되었다고 말할 수 있다.[54)]

VI. 結 論

1. 개정의정서 주요내용 요약 및 평가

개정의정서의 주요골자는 여객보호를 위한 국제해상여객운송인의 책임강화에 있다고 말할 수 있다. 즉, 여객의 인사사고에 있어서 선박운항관련사고의 경우에는 일정한 액수까지는 운송인의 엄격책임으로 하고 운송인으로 하여금 이 액수까지 강제보험에 가입하도록 한 점, 인적책임제한액수를 상향조정하고 유보조항을 두어 각국은 그 액수를 다시 상향조정할 수 있도록 한 점, 여객으로 하여금 책임보험자에 대한 직접청구권을 인정하면서 책임보험자의 항변을 제한한 점, 제소기간을 연장하고 재판관할권을 확대 인정한 점 등은 모두 여객을 보호하기 위한 제도로서 개정의정서에서 새롭게 도입한 제도들이다. 이러한 제도는 우리 상법의 해상여객운송에 관한 규정들이 알지 못하는 것들이다.

부연하면, 여객의 인사사고에 대하여 운송인은 선박운항관련사고의 경우에는 25만SDR까지는 엄격책임을 부담하고 그 이상부터는 과실책임으로서 자신이 입증책임을 부담하나 40만SDR을 넘어서는 손해배상청구에 대하여는 책임

53) 채이식 · 김인현, 전게 보고서, 19면.
54) 동지, Baris Soyer, op. cit., p. 17.

을 제한할 수 있다. 이러한 엄격책임의 액수인 25만SDR까지는 운송인은 강제보험에 가입하여야 한다. 비선박운항관련사고에 대하여는 운송인의 책임은 완화되어 엄격책임을 부담하지 않고 과실책임체제하에서 입증책임도 여객이 부담하도록 되었다. 또한 운송인은 40만SDR을 넘어서는 액수에 대하여는 책임제한이 가능하다. 한편, 여객은 인사사고로 인한 손해에 대하여 책임보험자에게 직접청구가 가능하다. 그러나 이 경우에도 책임보험자는 운송인에게 가능한 책임제한을 할 수 있다.

수하물의 사고에 대하여는 개별적 책임제한액이 인상된 것을 제외하고 현행 아테네협약과 비교하여 바뀐 것이 없다. 운송인의 강제보험조항 및 여객의 직접청구권도 여객의 수하물 사고에는 적용이 되지 않는다.

예컨대, 여객정원이 500명인 여객선에서 선박충돌사고로 10명의 여객이 사망하였다고 가정하자. 개정협약체제에서는 여객운송인은 500×25만SDR만큼의 책임보험에 가입하여야 한다(개정협약 제4조의2 제1항). 이러한 보험은 P&I에 부보될 것이고, 여객의 유족들은 運送人이외에 P&I에게도 직접청구를 할 수 있다(개정협약 제4조의2 제10항). A 여객의 청구액이 30만SDR이라고 한다면, 선박충돌사고는 선박운항관련사고이므로 운송인은 엄격책임을 부담하고 엄격책임 상한액 25만SDR까지는 특단의 사정이 없는 한 운송인이 손해배상을 할 것이고, 나머지 5만SDR은 과실책임체제가 적용되는 손해배상이다(개정협약 제3조 제1항 전단). 운송인이 과실이 없음을 입증하지 못하게 되면, 이 액수는 인적책임제한액 40만SDR 이하의 액수이므로 운송인은 5만SDR도 배상하여야 한다(개정협약 제3조 제1항 후단). B 여객의 청구액이 50만SDR이라고 한다면, 위의 논의와 같이 엄격책임 상한액인 25만SDR까지는 운송인이 배상을 하고 나머지 25만SDR에 대하여는 인적책임제한에 해당하는 액수인 15만SDR만 추가 배상하면 된다. 이 경우에 25만SDR은 P&I의 강제보험계정에서 지급될 것이고 나머지 15만SDR은 P&I의 일반보험계정에서 지급될 것이다.

우리나라와 같이 1976년 선주책임제한제도를 채택하고 있다면, 운송인의 총체적 책임제한액은 여객정원 500×46,666SDR(=약 2,333만SDR)로서 10명의 여객의 청구총액(예컨대, 10×30만SDR=300만SDR)을 훨씬 상회하므로 총체적 책임제한제도의 적용은 없게 된다. 만약 500명 전원이 사망하였다면 이들의 총청구액(예컨대, 500×30만SDR=1억 5천만SDR)은 총체적 책임제한액(상법 제747조

제1항 제1호에 따르면 최고한도는 2,500만SDR이나, 그보다 낮은 액수인 2,333만SDR이 책임제한액이 된다)을 상회할 것이므로 운송인은 자신에게 유리한 총체적 책임제한을 시도하게 된다. 여객의 유족들은 인적책임제한액보다도 훨씬 낮은 액수(1인당 평균 46,666SDR)만을 보상받을 수밖에 없다. 이와 같이 대형사고의 경우에는 운송인은 총체적 책임제한제도로서 보호받게 된다고 하겠다.

개정의정서 제20조에 따르면 10개국이 비준하면 발효요건을 충족하는 것으로 하고 있다. 본 의정서는 여객을 보호하는 제도를 많이 도입한 현대적인 여객운송을 위한 협약이 되었다. 그러나 인적책임제한액이 고액이고 책임체제가 일견 복잡하게 보임으로써 각국이 국회의 동의를 얻기에는 시간이 필요할 것으로 보인다. 5년 정도의 세월이 흘러서 인플레이션이 어느 정도 진행된 다음에야 발효될 가능성이 많다고 본다.

2. 제 언

우리나라는 1974년 아테네협약의 체약국이 아닐 뿐만 아니라, 아테네협약의 내용을 국내법으로 수용하지도 않고 있다. 현재 여객운송의 경우에 우리 상법은 개별적인 인적책임제한제도를 도입하지 않고 있으므로 운송인은 총체적 책임제한만을 주장할 수 있다(상법 제747조 제1항 제1호). 즉, 여객정원의 1인당 46,666SDR을 곱한 금액이 책임제한액이 되나, 최고한도액은 2천5백만SDR이다(525명×46,666SDR에 해당함). 따라서 우리 상법으로는 소수의 여객의 사상이 있는 경우에 운송인은 책임을 제한할 수 없고, 여객의 입장에서도 대형사고의 경우에는 불리하게 되어 525명 이상의 여객정원을 갖는 선박이 침몰하는 경우에는 책임이 제한되어 1인당 7천만원 정도만 보상받게 된다(다만, 1976년 선주책임제한조약 1996년 의정서에서는 최고한도는 철폐되고 여객정원 1인당 17만5천SDR을 곱한 금액의 합이 책임제한액이 된다). 이러한 현행 상법의 입장에 의하면 소형사고의 경우에는 운송인은 책임제한을 하지 못하고, 대형사고의 경우에는 여객은 소액만 배상을 받을 수 있으므로, 아테네협약 체제를 도입하고 있는 외국에 비하여 운송인과 여객 모두 만족할 수 없는 처지에 있다.[55]

개정협약은 기본적으로 여객을 두텁게 보호할 목적으로 성안된 것이므로,

55) 동지, 이균성, 전게논문, 49면.

우선은 운송인에게 불리하게 작용할 것이다. 우리나라의 현실로 보아서는 6억에 상당하는 클레임을 운송인이 받는 경우는 드문 일로서, 운송인은 인적책임제한을 하는 경우는 없으면서, 여객정원×25만SDR(약 3억 9천만원)을 보험금액으로 하는 강제보험에 가입하게 되어 보험료의 추가 납부라는 부담을 안게 되었다. 그러나 운송인의 책임제한이라는 제도는 일반법리에 비하면 어디까지나 예외적으로 허용된다는 점 및 우리나라 국민이 외국 여객선의 승객이 되는 입장을 고려하여야 한다.

비록 우리나라의 여객운송이 중국과 일본에 한정되어 있지만, 국제여객운송산업의 발달을 목표로 한다면 우리나라는 개정 아테네협약 체제에 대한 검토를 신중히 하여 가입여부를 정하여야 할 것이다.

필자의 사견으로는 개정협약에의 가입과는 별개로 상법을 개정하여 1974년 아테네협약의 1990년 의정서의 수준(17만5천SDR)으로 하는 인적책임제한제도를 도입하고 이에 맞추어 총체적 책임제한제도도 1996년 의정서의 수준인 여객 1인당 17만5천SDR로 하여 여객과 운송인을 동시에 보호하도록 하여야 할 것이다.[56)]

56) 2007년 개정상법 해상편은 여객의 사망시 책임제한액을 17만5천SDR로 상향조정하였다(개정상법 제770조).

제 3 논 문

海上運送法에서 契約自由의 原則과 그 制限*

I. 序論

운송계약에는 용선계약과 개품운송계약이 있다(상법 제780조). 용선계약은 대등한 협상력을 갖는 상인들 사이의 계약인 반면 개품운송은 우월한 협상력을 갖는 운송인과 열등한 협상력을 갖는 개별 화주와의 계약으로 이해되고 있다.[1] 개품운송은 대개 선하증권이 발행되고, 선하증권은 제3자에게 전전 유통되므로 운송인이 미리 작성한 선하증권상의 내용은 상대방인 송하인 및 수하인 혹은 제3자에게 불리한 영향을 미치게 된다. 이러한 현상을 전제로 각국은 개품운송에서 열악한 지위에 있는 화주측을 보호하기 위한 보호장치를 갖기 시작하였다.[2]

국제조약으로는 헤이그, 헤이그비스비규칙(제3조 제8항)에서 정한 운송인의 책임경감금지규정이 바로 그것이다. 우리 상법도 이를 국내법화한 규정을 가지고 있다(상법 제790조). 이러한 규정은 운송인이 감항능력주의의무, 운송물에 대한 주의의무 및 책임제한액을 인하하는 규정을 무효화하고 있다.

자국에서 출항, 입항하는 운송물에 대하여는 강행적으로 자국의 법을 적용하거나, 강제적인 자국관할권을 갖는다는 규정도 결국은 개품운송에서 협상력에서 열등한 화주를 보호하기 위한 것으로 볼 수 있다.

한편, 이와 반대로 비록 개품운송이지만 장기대량 개품운송(Service

---

* 본 논문은 「기업법연구」, 제18권 제2호(2004.12.30)에 기고된 글을 수정한 것이다.

1) 김인현, 「해상법」(법문사, 2003), 107면.

2) 김인현, 상게서, 133면; 서돈각 · 정완용, 「상법(하)」(법문사, 1996), 584면.

Contract)과 같이 실제로 우월한 협상력을 화주가 갖는 경우에는 운송인의 책임경감금지규정을 적용하지 않으려는 현실적인 시도가 일어나고 있다. 미국의 개정 해상물건운송법(Carriage of Goods by Sea Act: COGSA)과 유엔의 운시트랄(UNCITRAL)[3] 운송법(Transport Law)회의에서 나타나고 있다.

본고에서는 해상운송편에 구현된 계약자유의 원칙을 먼저 알아본 다음 열등한 지위에 있는 화주를 보호하기 위한 제도를 검토하고, 계약자유의 원칙으로 회귀하여 운송인과 화주에게 계약상 자유를 부여하는 경향을 살펴본다. 마지막으로 이러한 변화된 운송법에 대한 시각에서 우리 상법 해상편의 개정안을 제시하고자 한다.

Ⅱ. 契約自由의 原則

계약자유의 원칙은 근대 민법의 3원칙의 하나로 불린다.[4] 자유로운 의사에 따라 자유로이 계약을 체결할 수 있는 자유는 근대 시민사회의 기초가 되었다. 우리나라 사법의 체계도 계약자유 혹은 당사자자치라는 이름하에 이 원칙을 비교적 충실히 따르고 있다. 예컨대, 다른 의사표시가 없으면 손해는 금전으로 배상한다는 민법의 규정(제394조)도 당사자의 다른 약정이 있으면 그 약정에 따라 손해배상을 할 수 있음을 의미하며, 이는 당사자자치의 구현이다. 상법 해상편에서 운송물을 선적할 기간의 약정이 있는 경우에는 그 기간은 통지가 오전에 있을 때에는 그날의 오후 1시부터 기산하고 오후에 있는 때에는 다음날 오전 6시부터 기산한다는 규정(제782조 제2항)도 임의규정으로서 당사자의 다른 약정이 있으면 다음날 8시도 가능하게 된다.

해상운송에 있어서 나용선계약, 정기용선계약이나 항해용선계약은 각각 1인의 선박소유자와 용선자 사이에 체결되고 이들은 선박에 대한 전문지식과 경험을 가진 자로서 서로 대등한 협상력을 가진 것으로 이해된다.[5] 그러므로 이들 용선계약에 대하여는 우리 상법은 별다른 규정을 두지 않음으로써 계약자유의 원칙에 일임하거나 아니면 특별한 규정을 두더라도 이는 임의규정으로서 당

3) 유엔국제상거래법위원회(United Nation Conference on International Trade and Law)를 말한다.
4) 곽윤직, 「민법총칙」(박영사, 1990), 69면.
5) 김인현, 전게서, 133면.

사자의 약정이 없는 경우에 적용되도록 하고 있다. 용선계약에 대하여 우리 상법은 계약자유의 원칙에 충실히 따르고 있다고 하겠다.[6]

다만, 항해용선계약에서 선하증권이 발행되지 않은 경우라고 하더라도 운송인의 감항능력주의의무는 면제시키지 못한다는 점에서 선하증권이 발행됨을 전제로 계약자유의 원칙을 제한하는 국제조약의 입장과 다르다.

Ⅲ. 海上運送法에서 契約自由原則에 대한 制限

1. 우리 법

(1) 약관규제법에 의한 제한

우리 법체제는 계약자유가 원칙이므로 당사자가 자유로운 의사로서 합의한 사항은 유효하다. 다만, 공서양속에 위반한 사항(반사회질서 및 불공정한 행위)을 내용으로 하는 계약은 무효이다(민법 제103조 및 제104조). 우리나라에서도 대량거래에 따라 약관에 의한 계약이 행하여지고 있다. 보험약관과 항공운송약관 등이 그것이다. 약관은 사전에 상인에 의하여 미리 작성된 것으로 수요자는 그 약관에 의한 거래에 동의를 하든가, 아니면 다른 공급자를 찾아가는 길밖에 없다. 고객의 입장에서는 약관에 기재된 계약내용을 변경할 기회를 제공받지 못하는 결과를 낳는다. 즉, 소위 말하는 부합계약이다. 우리나라는 이러한 사정에 따라 불리한 지위에 있는 소비자들을 보호하기 위해 약관규제에관한법률을 제정하여 불공정한 약관을 무효화하고 있다. 그러나 국제해상운송에는 면책조항금지에 관한 동법 제7조는 적용되지 않는다(법 제15조, 영 제3조).

개품운송에서 발행되는 선하증권도 운송인이 사전에 작성한 약관에 대하여 화주는 수동적인 상태로 그 내용을 모른 채로 수용하는 입장에 있으므로, 이는 역시 부합계약의 성질을 가지고 있다.[7] 그러므로 화주에 대한 보호가 요청된다.[8] 국제해상운송에 사용되는 선하증권약관은 약관규제에관한법률의 적용이 배제되어 상법 해상편에 의하여 규율된다.

---

6) 동지, 최기원, 「해상법」(박영사, 1997), 145면.
7) 정동윤, 「상법(하)」(법문사, 2003), 785면; 김인현, 「해상법연구」(삼우사, 2004), 519면.
8) 최기원, 전게서, 147면.

(2) 商法 해상편에서의 제한

우리 상법 해상편에서의 계약자유의 원칙에 대한 대표적인 규정은 상법 제790조의 운송인의 책임경감금지규정이다.

상법 제790조(운송인의 책임경감 금지) 제1항은 「제787조 내지 제789조의3의 규정에 반하여 운송인의 의무 또는 책임을 경감 또는 면제하는 당사자간의 특약은 효력이 없다」고 하고 제3항은 「제1항의 규정은 제787조의 규정에 반하는 경우를 제외하고 용선계약에는 이를 적용하지 아니한다. 그러나 용선계약에 따라 선하증권이 발행된 경우에 용선자 이외의 선하증권소지인에 대한 운송인의 의무 또는 책임에 관하여는 그러하지 아니하다」고 정하고 있다.[9)]

상법 제790조 제1항은 제787조 내지 제789조의3의 규정을 적용범위로 하고 있다. 그러므로 운송인의 감항능력주의의무를 면제하는 약정을 하거나(제787조), 운송인이 운송물에 관한 책임기간이나 손해배상을 하지 않겠다는 약정을 한 경우(제788조), 운송인의 책임제한액을 낮추거나(제789조의2), 혹은 불법행위로 인한 손해배상청구시에는 운송인의 책임제한액을 제789조의2보다 낮추는 경우 등은 모두 무효이다.

원칙적으로 개품운송을 적용대상으로 하고 용선계약은 제외된다.[10)] 그러나 용선계약에도 감항능력주의의무는 감경, 면제하지 못한다(제790조 제3항).[11)] 여기서 말하는 용선계약은 항해용선을 의미한다.[12)] 그러나 정기용선의 법적 성질을 운송계약으로 이해하는 입장에서는 정기용선에서 선박소유자와 정기용선자 사이에도 본조가 적용된다고 볼 것이다. 용선계약에 따라 선하증권이 발행된 경우에 운송인과 용선자 이외의 선하증권소지인 사이의 관계에서는 제790조 제1항이 적용된다.[13)]

2. 헤이그비스비규칙

1924년 선하증권의 통일을 위한 헤이그규칙 및 1968년 헤이그비스비규칙

9) 이러한 운송인의 책임경감금지에 대한 규정은 독일 상법(HGB Section 662, 663)을 비롯한 거의 모든 국가의 해상법이 헤이그(비스비)규칙 제3조 제8항을 모방하여 가지고 있다.
10) 정동윤, 전게서, 831면.
11) 채이식, 「상법Ⅳ」(박영사, 2001), 296면.
12) 김인현, 전게 해상법, 131면.
13) 채이식, 전게서, 296면.

도 제3조 제8항에서 선하증권이 발행된 경우에 열악한 지위에 있는 화주를 보호하기 위하여 운송인의 책임경감금지규정을 두고 있다.

헤이그비스비규칙 제3조 제8항은 「운송계약의 모든 규정, 조항 또는 합의로서 운송인 또는 선박을 해태, 과실 또는 본조에 규정한 책임과 의무의 위반으로 인한 화물의 멸실 또는 손해에 대한 책임을 면하거나 이 조약이 규정하는 바와 달리 그 책임을 경감하는 것은 무효로 한다.(생략)」고 정하고 있다.[14)]

헤이그비스비규칙은 원칙적으로 선하증권에 관한 통일조약이므로 선하증권이 발행된 경우를 그 적용대상으로 한다(제1조 b항 본문). 그러므로 용선계약에는 적용이 없다. 다만, 선하증권이 발행된 경우에 제3자와 운송인 사이에는 적용이 있다(제1조 b항 단서).

3. 함부르크규칙

함부르크규칙은 일반적인 운송인의 책임경감금지규정에 대한 강행규정과 함께 재판관할권에 대한 규정을 가지고 있다는 점에서 헤이그비스비규칙과 다르다.

(1) 책임경감금지규정

함부르크규칙 제23조는 「해상운송계약 중의 조항 또는 선하증권 기타의 해상운송계약을 증명하는 증권에 포함되어 있는 조항은 이 조약의 규정을 직접 또는 간접으로 해하는 범위에서 이를 무효로 한다. 이러한 조항의 무효는 그것이 일부를 이루고 있는 계약 또는 증권의 효력에 영향을 미치지 아니한다. 물건에 관한 보험의 이익을 운송인을 위하여 양도한다는 조항 기타 이와 유사한 조항은 무효로 한다」고 정한다.[15)]

---

14) Any clause, covenant, oragreement in a contract of carriage relieving the carrier or the ship from liability for loss or damage to, or in connection with, goods arising, from negligence, fault, or failure in the duties and obligations provided in this Article or lessening such liability otherwise than as provided in this Convention, shall be null and void and of no effect. A benefit of insurance in favour of the carrier or similar clause shall be deemed to be a clause relieving the carrier from liability.

15) Any stipulation in a contract of carriage by sea, in a bill of lading, or in any other document evidencing the contract of carriage by sea is null and void to the extent that is derogates, directly or indirectly, from the provisions of this Convention. the nullity of such a stipulation does

이 조약의 규정은 용선계약에는 적용하지 아니한다. 그러나 선하증권이 용선계약에 따라서 발행된 경우에는 운송인과 용선자 이외의 선하증권소지인과의 관계에서는 조약이 적용된다(제2조 제3항).

(2) 재판관할조항

함부르크규칙 제21조 제1항은「이 조약에 의한 물건운송에 관한 법적 절차에 있어서는 원고는 자기의 선택에 따라 체약국인 아래 기재의 국가의 법원에, 그 법원이 속한 국가의 절차법에 따라, 소를 제기할 수 있다. (a) 피고의 주사무소 소재지 또는 주사무소가 없는 경우에는 피고의 상거소 (b) 계약체결지. 단, 계약체결지에 피고를 위하여 계약체결을 한 영업소, 지점, 대리점이 소재하여야 한다. (c) 선적항 또는 양륙항 (d) 해상운송계약에 재판관할을 목적으로 정한 다른 장소」라고 정하고 있다.[16][17]

이러한 재판관할조항은 화주의 입장에서는 예컨대 (d)호에 따라 선하증권상 관할합의가 있었다고 하더라도 원고는 이를 무시하고 계약 체결지 혹은 선적항인 자신의 국가에 소를 제기할 수 있게 한다.[18] 이러한 측면에서 재판관할조항은 계약자유의 원칙을 제한하여 화주를 보호하는 기능을 하는 것이다.[19]

---

not effect the validity of the other provisions of the contract or document of which it forms a part. A clause assigning benefit of insurance of the goods in favor of the carrier, or any similar clause, is null and void.

16) In Judicial proceedings relating to carriage of goods under this Convention the pliantiff, at his option, may institute an action in a Court which, according to the law of the State where the Court is situated one of the following places: (a) the principal place of business or, in the absence thereof, the habitual residence of the defendant; or (b) the place where the contract was made provided that the defendant has there a plcae ofbusiness, branch or agency through which the contract was made; or (c) the port of loading or the port of discharge; or (d) any additional place designated for that purpose in the contract of carriage by sea.

17) 위 규정된 이외의 법원에 소를 제기하는 것은 금지되었고, 다만, 손해배상청구권이 발생한 이후에 당사자간에 위와 다른 법원에 제소하기로 하는 약정은 유효하다(제21조 제3항 및 제5항).

18) 동지, 정병석, “해사재판관할권의 문제,”「한국해법학회지」, 제25권 제2호(2003.11), 348면.

19) 동 관할조항은 운송인의 입장에서 보면 사건과 전혀 무관한 곳에서 제소당하는 것을 막을 수 있고, 화주측에서는 선하증권상 관할규정의 효력에 구속을 받지 않고 합리적인 관할을 선택할 수 있다는 점에서 운송인과 화주의 균형을 이루고 있는 조항이라고 할 수 있을 것이다. 동지, 정병석, 전게논문, 348면.

4. 미국 해상물건운송법(COGSA)

1936년 미국 해상물건운송법 제3조 제8항은 「운송인 혹은 선박으로부터 운송인의 과실에 의하여 혹은 본 법에서 정한 의무와 책임을 다하지 아니함에 기인하여 야기된 운송물에 대한 책임을 면제하거나 감경하는 운송계약상의 합의는 무효로 한다(생략)」고 정하고 있다.[20]

이 규정은 두 가지의 의미를 갖는다. 하나는 헤이그규칙과 같이 운송인의 실체적인 책임을 면제 · 감경하는 운송계약상의 합의는 무효라는 점이다. 다른 하나는 선하증권상 관할합의나 중재합의에도 적용된다는 해석이다. 후자의 견해는 1967년 Indussa 판결에서 지지되었다.[21] 그러나 1995년 Sky Reefer 사건에서 미 대법원은 제3조 제8항은 실체적인 규정이고 중재관할합의는 절차적인 내용이므로 당사자 사이의 중재관할합의는 제3조 제8항에 해당되지 않는다고 판시하여 그 중재관할의 유효성을 인정하였다.[22] 다수의 판결은 선하증권의 관할합의에도 동 판결을 적용하여 관할합의는 유효한 것으로 판시하고 있다.[23]

Ⅳ. 契約自由原則으로의 회귀에 대한 最近論議

1. 국제적 동향

개품운송이라고 하여 모든 계약이 화주가 불리한 지위에 있는 것은 아니다. 새로운 운송형태의 등장과 더불어 나타난 것이 개품운송에서 장기대량 개품운송계약(service contract)이다. 장기대량 개품운송계약에서 화주는 대량의 화물을 가지고 있는 우월한 지위에 있는 기업으로서 오히려 선박회사인 운송인이

---

20) Any clause, covenant, or agreement in a contract of carriage relieving the carrier or the ship from liability for loss or damage to or in connection with the goods, arising from negligence, fault, or failure in the duties and obligation provided in this section, or lessening such liability otherwise than as provided in this Act, shall be null and void and of no effect. A benefit of insurance in favor of the carrier, or similar clause, shall be deemed to be a clause relieving the carrier from liability.

21) 377 F. 2d 200(2nd Cir., 1967).

22) 1995 AMC 1817(S.C. 1995).

23) Firemans Fund Insurance v Cho Yang Shipping Company(9th Cir., 1997)에서 Sky Reefer 판결이 선하증권의 법정지 선택(관할합의)에 대하여도 적용된다고 판시되었다. 1998 AMC 583.

대량화주에 대하여 열등한 지위에 있다. 이러한 경우에는 오히려 운송인의 보호가 필요한 경우도 있다.

(1) 미국의 1999년 해상물건운송법(COGSA) 개정안의 경우

미국의 1997년 COGSA 개정안[24]도 현재 코그사 제3조 제8항의 책임경감금지규정을 그대로 유지하여 선하증권이 발행된 경우에 열등한 협상력을 갖는 화주를 보호하는 것을 기본원칙으로 하고 있다.[25] 또한 개정안 제7조 i항 제2호는 선하증권상 관할합의가 운송계약시에 체결된 경우에는 관할합의에도 불구하고, 계약당사자는 몇 가지 조건을 충족하면 미국에서 소송을 제기할 수 있다고 하여 외국합의 관할의 효력을 부인한다.[26] 즉, 새로운 개정안은 관할 합의에 관한 당사자 자치의 원칙을 인정한 미국 대법원의 Sky Reefer 판결 이전의 상태로 환원하고자 하고,[27] 이는 결국 계약자유의 원칙을 다시금 제한하는 기능을 하게 된다.

운송인의 책임경감금지원칙에 대한 반동으로 계약자유의 원칙으로의 회귀

---

24) 미국해법학회가 주동이 되어 작성한 1936년 미국해상물건운송법(COGSA)에 대한 1999년 개정안을 말하는 것으로 현재 상원에 계류중이다.

25) 원문은 단어를 현대화시킨 것을 제외하고는 현행 코그사 제3조 제8항과 동일하다. (h) RELIEF-FROM-LIABILITY CLAUSES (1) IN GENERAL- Any provision in a contract of carriage relieving a carrier or ship from liability for loss of, for damage to, or in connection with goods from negligence, fault, or failure in the duties and obligations under this Act, or reducing such liability otherwise than as contrary to public policy. (2) INSURANCE- A benefit-of-insurance clause in favor of a carrier, or similar clause, shall be considered, for purpose of paragraph (1), to be a provision relieving a carrier from liability.

26) Notwithstanding a provision in a contract of carriage or other agreement to which this subsection applies that specifies a foreign forum for litigation or arbitration of a dispute to which this Act applies, a party to the contract or agreement, at its option, may commence such litigation or arbitration in any appropriate forum in the United States if one or more of the following conditions exist: (A) The port of loading or the port of discharge is, or was intended to be, in the United States. (B) The place where the goods are received by a carrier or the place where the goods are delivered to a person authorized to receive them is, or was intended to be, in the United States. (C) The principal place of business or, in the absence thereof, the habitual residence of the defendant is in the United States. (D) The place where the contract was made in the United States. (E) A forum specified for litigation or arbitration under a provision in the contract of carriage or other agreement is in the United States.

27) M. Sturley, "Proposed Amendments to the Carriage of Goods by Sea Act," *Houston Journal of International Law*, Vol. 16, p. 656.

를 지향하는 움직임은 미국 코그사의 장기대량 개품운송계약(service contract)에 대한 논의에서 나타난다. 선하증권이 발행되는 개품운송이라고 하여 모든 계약이 화주가 불리한 지위에 있는 것은 아니다. 장기대량 개품운송계약에서 화주는 대량의 화물을 가지고 있는 우월한 지위에 있는 기업으로서 오히려 선박회사인 운송인이 대량화주에 대하여 열등한 지위에 있다. 개정안 제7조 j항 3호는 장기대량 개품운송계약의 경우에는 운송인으로 하여금 책임경감금지(개정안 제7조 h항)와 같은 계약자유의 제한에서 벗어나게 한다.[28] 예컨대, 운송인은 화주로부터 훨씬 저렴한 운임을 수령하면서 포장당 책임제한액을 낮추는 계약을 체결할 수 있는 것이다. 이는 운송인과 화주 양자에게 모두 유리한 것이다. 다만, 이러한 논의는 장기대량 개품운송계약을 체결한 운송인과 대형화주 사이에만 적용되고, 선하증권이 발행되어 선의의 제3자가 선하증권을 취득한 경우에 있어서 운송인과 선하증권소지인 사이에는 일반 법리가 적용되어 운송인은 책임제한액을 낮출 수 없다.[29]

(2) 운시트랄 운송법회의

2004년 5월의 제13차 작업반회의를 마친 운시트랄 운송법회의[30]에서도 운송인의 책임경감금지를 원칙으로 한다는 점은 선하증권이 발행되는 개품운송에서 화주를 보호하려는 기존의 헤이그비스비규칙 및 함부르크규칙과 궤를 같이 한다(초안 제88조).[31] 또한 선하증권상 합의관할에서 원고가 벗어날 수 있다

---

28) Non-application to Service Contract- Neither subsection (h) nor (i) applies to a provision of a service contract to the extent that the provision affects only the rights and liabilities of the parties who entered into the service contract.

29) M. Sturley, "The United Nations Commission on International Trade Law's Transport Law Project: An InterimView of a Work in Progress," *Texas International Law Journal*, Vol. 39, p. 90.

30) 운시트랄 제3작업반에서는 해상운송은 물론 해상구간을 포함하는 육상운송까지를 포괄하는 새로운 운송법 조약을 성안하는 작업을 진행하고 있다.

31) (1) Unless otherwise specified in this instrument, any contractual stipulation that derogates from this instrument is null and void, if and to the extent it is intended or has as its effect, directly or indirectly, to exclude, [or] limit[, or increase] the liability for the breach of any obligation of the carrier, a performing party, the shipper, the controlling party, or the consignee under this provision. (2) [Notwithstanding paragraph 1, the carrier or a performing party may increase its responsibilities and its obligations under this instrument]. (3) Any stipulation assigning a benefit of insurance of the goods in favor of the carrier is null and void. A/CN.9/WG. III/WP32. [ ]로

는 규정을 두어(초안 제72-75조),[32] 원고인 화주를 보호하려는 점에서 함부르크 규칙과 입장을 같이한다.

그러나 운시트랄 운송법회의는 변화하는 운송형태의 실제를 반영하여 운송인과 화주에게 소용이 되는 경우에는 계약자유의 원칙을 그대로 적용하려는 논의가 진행되고 있다. 운송법 초안 제89조는, 제4장과 제5장의 운송인의 책임 규정에 불구하고, 운송물의 성격과 상태 혹은 운송이 행하여지는 조건과 상황이 특별한 약정을 합리적으로 정당화시키는 경우에는, 통상의 상업적인 운송이 아니고 유통선하증권이 발행되지 않은 경우에, 운송인은 운송물의 손상에 대한 책임을 배제하거나 제한하는 약정을 체결할 수 있다고 한다.[33] 이러한 규정은 개품운송에서 장기대량 운송계약과 같은 경우에 운송인은 책임제한 등을 화주와 협의하에 별도로 체결하는 것이 가능하게 하고자 하는 시도인 것이다.[34]

2. 우리 상법의 경우

2001년 9월 28일부터 2004년 3월 27일까지 한국해법학회는 해상법개정문제연구회를 설치하고 연구작업을 진행하였다. 상법 제790조의 운송인의 책임경감금지의 원칙에 대하여는 기존의 원칙을 존중하여 이를 존치시켰다. 다만, 계

된 부분은 추가논의될 사항임.

32) Art. 72 In judicial proceedings relating to carriage of goods under this instrument the plaintiff, at his option, may institute an action in a court which, according to the law of the State where the court is situated, is competent and within the jurisdiction of which is situated one of the following place: (a) the principal place of business or, in the absence thereof, the habitula residence of the defendant; or [(b) the place where the contract was made provided the defendant has there a place of business, branch or agency through which the contract was made; or] (c) The place of receipt or the place of delivery; or (d) Any additional place designed for that purpose in the transport document or electronic record. A/CN.9/WG. IIII/WP 32. [ ]로 된 부분은 추가논의될 사항임. 초안 제73조는 또한 선박이 압류된 경우에는 그 압류된 국가에 소제기가 가능하다고 한다. 제72조와 제73조 이외의 국가에서는 소제기는 허용되지 않는다(제74조).

33) Notwithstanding Chapter 4 and 5 of this instrument, both the carrier and any performing party may by the terms of the contract of carriage : (a) 생략 (b) exclude or limit their liability for loss or damage to the goods if the character or condition of the goods or the circumstances and terms and conditions under which the carriage is to be performed are such as reasonably to justify a special agreement, provided that ordinary commercial shipments made in the ordinary course of trade are not concerned and no negotiable transport document or negotiable electronic record is or is to be issued for the carriage of the goods. A/CN.9/WG. III/WP32.

34) 선하증권 등이 발행된 경우 선하증권소지인 등 제3자와 운송인 사이에는 본 규정의 적용은 없다.

약자유의 원칙과 관현하여 두 가지 주목할 만한 제안이 있었다.

첫째는 상법 제789조의2에서 헤이그비스비규칙의 체제와 동일하게 무게당 책임제한규정을 도입하는 것과 관련하여,[35] 운송인과 화주로 하여금 포장당 책임제한이나 무게당 책임제한규정을 선택할 수 있는 자유를 주자는 안이다. 대등한 협상력을 갖는 운송인과 화주에게 있어서는 운임과 연계하여 책임제한액에 대한 선택권을 이들에게 허용하자는 것이다.[36] 현행법 규정대로 한다면 책임제한액을 상법의 규정보다 낮게 하는 것은 상법 제790조 제1항의 강행규정에 의하여 무효가 된다.

둘째, 운송물의 오인도와 관련하여, 운송인의 책임기간은 우리 상법상 수령에서 인도까지이므로 아무리 CY/CY(Container Yard)로 운송구간을 정하여 둔다고 하여도 상법 제787조 제1항은 강행규정으로 운송인은 CY에 내려둔 것만으로는 책임을 면할 수 없다. 양륙 후에 대하여는 운송인과 화주가 별도의 계약을 체결한 경우에는 강행규정의 적용을 받지 않는 규정을 두자는 안이 제출되었다.[37] 이 안은 현행 관세법상 창고배정에 대한 실제적인 권한을 실화주가 가지는 상황에서(보세화물관리에 관한 고시 제4조 제1항) 운송인이 창고업자를 통제하는 것은 사실상 어려운 일이고,[38] 그럼에도 불구하고 창고업자의 고의나 과실로 화물이 불법반출되는 경우에 운송인이 사용자로서 책임을 부담하는 불합리를 해결하고자 제안되었다.[39][40] 위 두안은 모두 개정안에는 추가되지 않았지

35) 우리 상법은 헤이그비스비규칙과 달리 포장당 책임제한제도만 도입하였지 무게(Kg)당 책임제한제도를 도입하지 아니하여 화주에게 불리하게 되어 있다. 개정안은 "제787조 내지 제789조의 규정에 의한 운송인의 손해배상의 책임은 당해 운송물의 매포장당 또는 선적단위당 666.67 계산단위 또는 총중량 1킬로그램당 2 계산단위의 금액 중 큰 금액으로 이를 제한 할 수 있다"고 정하였다(제789조의2 제1항).

36) 한국해법학회 해상법개정문제연구회, 「해상법(상법 제5편) 개정문제연구보고서」(2004.4), 299면.

37) 상법 제790조 제1항을 "제787조 내지 제789조의3의 규정에 반하여 운송인의 의무 또는 책임을 경감 또는 면제하는 당사자간의 특약은 효력이 없다. <u>그러나 운송물이 선적되기 전 혹은 양륙후의 손해에 대하여는 그러하지 아니하다</u>. 운송물에 관한 보험의 이익을 운송인에게 양도하는 약정 또는 이와 유사한 약정도 또한 같다."(밑줄부분이 추가됨) 김인현 교수는 위의 안을 해법학회 개정위원회에 제출하여 이를 검토한 결과 이안은 추가검토안으로 되었다. "해상법(상법 제5편) 개정문제연구보고서," (사)한국해법학회 해상법개정문제연구회, 2004.4, 45면과 292면 참조.

38) 김인현, 전게 해상법, 186면.

39) 대법원은 이중임치이론을 지지하면서 창고업자는 운송인의 선박사용인으로 인정하여 운송

만 두번째 안은 계속 검토사항으로 되었다.[41]

위 두 안은 모두 선하증권이 발행된다면 선하증권의 소지인인 제3자에게는 적용할 수 없다는 한계를 가지고 있다.

우리나라도 대량화물을 갖는 대기업과 해상운송인 사이에 장기대량 개품운송계약이 체결되고 있다. 이 계약은 선하증권이 발행되는 일반 개품운송계약과는 달리 운송계약서가 작성되고 난 다음에 선하증권이 발행된다. 그리고 운송인과 대량화주와의 계약은 일반 개품운송에서와 같은 부합계약의 성격을 가지고 있지 않다. 그러므로 상법 제790조의 적용을 배제하는 것을 검토할 수 있을 것이다. 예컨대, 포장당 책임제한액에 있어서 운송인과 송하인의 별도의 약정이 있으면 책임제한액의 감경도 가능하게 하여야 한다. 그러나 이 경우에도 선하증권을 소지한 제3자와 운송인과의 관계에서는 상법 제790조가 적용될 것이다.

또한 상법 해상편에 함부르크규칙과 같은 재판관할규정을 둠으로써, 원고의 선택에 따라 선하증권에 기재된 전속합의관할로 설정된 이외의 국가에서도 재판청구가 가능하도록 할 수 있을 것이다. 다만, 분쟁이 생긴 다음에 합의관할을 설정한 경우에는 당사자의 자치가 인정된다.

실무상 대량화주의 경우에 운송인의 항해과실면책이나 포장당 책임제한과 같은 운송인에게 유리한 제도를 이용하지 못하게 하는 계약을 체결하는 경우도 있다. 화주가 작성한 약관의 내용에 열등한 지위에 있는 운송인은 이를 받아들이는 수밖에 없다. 이러한 경우는 오히려 운송인을 보호하는 규정을 두어야 할 것이다. 즉, 상법 제790조의 규정을 편면적 강행규정으로 둘 것이 아니라, 화주도 자신에게 유리한 규정을 둘 수 없다는 양면적 강행규정으로 개정할 필요성도 제기된다.

인에게 책임을 묻고 있다(대법원 1991.8.27. 선고 91다8012 판결, 대법원 2000.11.14. 선고 2000다30950 판결).

40) 전게 한국해법학회 해상법개정문제연구회 보고서, 294면.

41) 상게 보고서, 45면.

V. 結 論

계약자유의 원칙은 근대 민법의 3원칙의 하나이다. 해상운송법도 이를 기본원칙으로 한다. 용선계약은 계약자유의 원칙이 적용되지만, 개푼운송에 있어서는 열등한 지위에 있는 화주를 보호하기 위하여 계약자유의 원칙을 제한하고 있다. 이는 운송계약서의 대용으로 사용되는 선하증권이 갖는 부합계약적인 성격을 감안한다면 합리적인 입법이다. 상법 제790조의 운송인의 책임경감금지 규정이 대표적인 예이다.

한편으로는 불리한 지위에 있는 화주의 입장을 더욱 보호하려는 경향을 보이면서도, 새롭게 발전되는 운송계약의 형태에 따라 오히려 협상력에서 운송인이 불리한 지위에 있는 경우에는 계약자유의 원칙으로 회귀하려는 경향을 보이는 것이 오늘날의 해상운송법의 움직임이다. 예컨대, 미국 1999년 COGSA 개정안과 운시트랄 운송법회의에서 대량장기 개품운송계약 등에서 계약자유의 원칙을 적용하여 운송인은 자신의 책임을 경감할 수 있도록 하는 것이다.

이러한 국제적인 동향은 우리 상법 해상편의 개정논의에서 구체적으로 감안되어야 할 사항이다. 그러나 이러한 움직임도 선하증권의 유통성을 해하지 아니하는 범위 내에서 논의가 이루어져야 할 것은 물론이고, 국제해상운송은 운송인과 화주를 동시에 보호하는 규정을 근간으로 하고 있으므로, 이러한 균형을 깨트리지 않는 범위에서 허용되어야 할 것이다.

제 4 논 문

運送周旋人의 다양한 法的 地位에 따른 法律關係*

—海上運送周旋人을 중심으로—

Ⅰ. 序 論

각국에 존재하는 부존자원의 불균형, 경제발달의 선진화 혹은 후진화는 상품에 대한 수요를 발생시킴으로써 각국 사이에 무역이 발생하게 된다. 이러한 무역거래에서 생산된 상품의 수출지에서 수입지까지의 이동과 관련된 여러 가지 법률문제를 다루는 법을 *物流法*(Logistics Law)이라고 할 수 있을 것이다.[1)]

상품은 생산된 다음, 일단 창고에 들어가 보관되다가 선적일에 맞추어 선박으로 이동하게 된다. 선박에 선적되어 운송되기까지 운송인과 매도인(CIF 계약조건) 혹은 매수인(FOB 계약조건) 사이에는 운송계약이 체결된다. 양륙항에 도

* 본 논문은「안암법학회」, 제26호(2008.4)에 게재된 것임을 밝힌다. 본 논문은 고려대학교 법과대학에서 2007.12.8. 개최된 제45회 안암법학회 2007년 추계학술발표회에서 발표한 내용을 보완한 것이다.

1) 화물유통촉진법에 의하면 물류란 재화가 공급자로부터 수요자에게 전달 될 때까지 이루어지는 운송 · 보관 · 하역 · 포장과 이에 필요한 정보통신 등의 경제활동을 말한다(제2조 제1호). 물류사업이란 타인의 수요에 응하여 유상으로 화물의 운송 · 보관 · 하역 또는 포장과 이와 관련된 제반활동을 영위하는 것을 업으로 하는 것을 말한다(제2조 제2호). <한편, 2008.2.4. 자로 화물유통촉진법을 전면 개정하여 시행되는 물류정책기본법에 의하면, 물류란 재화가 공급자로부터 조달 · 생산되어 수요자에게 전달되거나 소비자로부터 회수되어 폐기될 때까지 이루어지는 운송 · 보관 · 하역 등과 이에 부가되어 가치를 창출하는 가공 · 조립 · 분류 · 수리 · 포장 · 상표부착 · 판매 · 정보통신 등을 말한다(제2조 제1호). 물류사업이란 화주의 수요에 따라 유상으로 물류활동을 영위하는 것을 업으로 하는 것으로 다음 각 목의 사업을 말한다(제2조 제2호). 가. 자동차 · 철도차량 · 선박 · 항공기 또는 파이프라인 등의 운송수단을 통하여 화물을 운송하는 화물운송업 나. 물류터미널이나 창고 등의 물류시설을 운영하는 물류시설운영업 다. 화물운송의 주선, 물류장비의 임대, 물류정보의 처리 또는 물류컨설팅 등의 업무를 하는 물류서비스업>

착한 상품은 양륙되어 다시 보세통관을 위하여 보세창고에 입고되고 최종적으로 수입자의 수중에 들어가게 된다.

해상법 중에서 해상운송법은 해상운송에 초점이 맞추어지므로 수령, 선적, 운송, 양륙, 인도까지의 법률문제를 다룬다. 그러므로 해상운송법의 주체들은 해상운송인, 창고업자, 선박대리점, 하역업자들이 된다. 그런데 수출자의 문전(door)에서 문전까지의 운송을 그 범위로 하는 물류법에 초점을 맞추면 물류법은 해상운송법의 범위를 넘어서 육상운송도 포함되게 된다. 위에서 말한 기타의 해상법의 주체들이 모두 포함되게 되고 해상운송인은 복합운송인이 된다. 운송인은 물론 창고업자, 선박대리점, 여러 다양한 하수운송인들이 사용되므로 이들도 물류법의 대상이 된다.[2)]

이러한 논의를 바탕으로 한다면 해상법 중의 해상운송법과 물류법의 관계는 물류법이 연구대상이 약간 넓은 것으로 느껴지지만, 현재의 해상법의 연구범위를 조금 확대한다면 이와 큰 차이는 없다고 판단된다. 이러한 이유로 인하여 해운경영에서는 물류라는 개념이 널리 사용되고 있지만, 상법학자들 사이에 물류법이라는 개념을 달리 설정하고 연구하고 있지는 않다.[3)] 실무에서 사용되는 물류라는 개념은 해상운송에 포인트를 두기보다는 육상에서의 상품의 보관관리에서 비용을 절감하는 것에 있다고 보기 때문에 상법의 창고업 및 주선업 등이 더 깊은 연구의 대상이 되어야 할 것이다.

용어야 어떻게 되든 간에 효율적인 物流를 통하여 비용을 절감하려는 것이 물류의 목적이므로 그 일익을 담당하는 운송주선인에 대한 이해와 보호도 중요한 연구영역이 되어야 할 것으로 본다. 운송주선인측에서 비용이 많이 발생되면 이는 단위상품에 전가되므로 결국 상품경쟁력이 떨어지게 될 것이다.

---

2) 상품의 대금의 결제와 관계되는 신용장의 문제는 여전히 국제거래법의 연구대상이 되고 물류법의 연구범위는 아니다.

3) 인터넷을 통하여 홍콩의 물류법에 대한 책을 한 권 발견하고 신청을 하였다. 책의 이름은 Felix WH Chan, *SHIPPING AND LOGISTICS LAW IN HONGKONG*(HONG KONG UNIVERSITY PRESS, 2002)이었다. 그런데 받아보니 해상법에 항공운송법, 육상운송법 그리고 운송주선업을 추가 기술한 것이었다. 이러한 홍콩 학자의 저술의 기저에는 필자와 같은 이해가 바탕을 이루고 있지 않은가 생각된다. 물류법이라는 독자의 학문이 존재하는 것은 아니다. 물류법을 공법적인 것과 사법적인 것으로 나누어 본다면, 사법적인 물류법의 연구대상은 창고업, 운송주선업, 해상운송업, 육상운송업, 항공운송업을 포함하는 것이다. 물류법의 중심에는 가장 비중이 큰 해상운송이 있다고 하여야 한다.

상법상 운송주선인이라는 개념이 있지만, 실제 거래계에서는 운송주선인의 이름으로 영업을 하면서도 물건운송의 주선 외에 그 대리를 하기도 하고 스스로 운송업도 겸하는 경우가 많아,[4] 법률적인 문제를 야기하게 되기도 한다.[5]

실무의 입장을 보면 운송주선인이 순수한 운송주선인으로서 역할을 하여 법률적인 문제가 발생되는 경우는 드물고, 그의 법적 지위가 대리인인지 아니면 운송인이었는지가 많이 다루어진다. 독일 상법의 개정에서도 순수한 운송주선인으로서의 틀을 깨고 운송주선인에게 다양한 기능을 인정하는 방향으로 입법이 되었다.[6] 운송인의 역할이 많아지는 점을 감안하여 책임제한제도까지 도입하고 있다. 이러한 새로운 실무의 흐름과 입법동향에 맞추어 본고에서는 운송주선인을 순수한 운송주선인인 경우, 대리인인 경우, 운송인이 되는 경우로 나누어서 살펴보고 입법론을 제시한다.

Ⅱ. 순수한 運送周旋人

1. 의 의

주선이란 자기의 명의로 타인의 계산으로 법률행위를 하는 것을 말한다.[7] 운송주선이란 주선의 대상이 운송인 경우를 말한다. 오늘날 국제적인 상거래가 증대하면서 송하인(위탁자)은 전문적인 노하우를 갖는 운송인을 잘 모르기 때문에 이에 대한 지식을 가지는 매개인을 필요로 하게 된다.

상법 제114조는 자기의 명의로 물건운송의 주선을 영업으로 하는 자를 운송주선인이라고 한다.[8][9] 운송주선인이란 운송인과 송하인 사이의 운송계약을

4) 동지, 정동윤, 「상법(상)」(법문사, 2005), 268면; 임동철, 「해상법 및 국제운송법연구」(진성사, 1990), 338면.

5) 운송업과 운송주선업을 겸영하고 있는 자에 대하여 단순히 화물의 운송을 위탁한 경우에 이를 운송계약으로 볼 것인가, 또는 운송주선계약을 체결한 것으로 볼 것인가 하는 근본적인 의문도 제기된다. 김창준, "복합운송주선업자의 법적 지위에 관한 연구"(경희대학교 법학박사학위논문, 2004), 24면.

6) 개정 독일운송법에 대한 개관은 김정호, "독일의 신운송법이 우리 상법에 미칠 수 있는 영향" 「고려법학」, 제37호(2001), 37면 이하 참조.

7) 이철송, 「상법총칙 · 상행위」(박영사, 2007), 397면.

8) 주선에는 이미 자기의 명의로 타인의 계산으로 법률행위를 하는 것이므로 제114조의 자기의 명의는 주선의 중복이므로 필요없다는 지적이 있다. 이철송, 상게서, 466면.

9) 실무상 이들은 freight forwarder라고 불린다.

주선하여주는 자이다. 자기의 명의로 타인의 계산으로 운송을 주선한다. 자기의 명의라는 것은 자신이 곧 운송계약에서 당사자가 되어 권리의무의 주체가 된다는 것이다.[10] 타인의 계산으로라는 것은 위탁자인 송하인의 계산이라는 것이다. 이는 경제적인 이익의 귀속이 위탁자에게 돌아간다는 것이다. 따라서 법적 효과와 경제적 효과가 분리되는 현상이 나타난다.[11] 운송주선인이 수령하는 것은 주선수수료에 지나지 않는다.

한편, 貨物流通促進法에 의하면, “복합운송주선업”이라 함은 타인의 수요에 응하여 자기의 명의와 계산으로 타인의 선박 항공기 철도차량 또는 자동차 등 2가지 이상의 운송수단을 이용하여 화물의 운송을 주선하는 사업을 말한다(제2조 제6호).[12]

복합운송주선업에서는 자신의 이름으로 자기의 계산으로 법률행위를 하는 자로 정의되어 상법과 다른 의미를 갖는다. 이는 곧 복합운송주선인이 곧 운송인이 될 수 있다는 취지로 이해된다. 그러나 이것은 행정규제목적상의 정의이지, 상법상 운송주선인과 동일한 의미는 아니다. 구체적인 사안에 따라서 검토하여 상법상 운송주선인에 해당하는지 판단하여야 한다.[13]

2. 비교법적인 검토

영국법에서 운송주선인(freight forwarder)은 대리인(agent) 혹은 본인(운송인)(principal or carrier)으로서 기능한다.[14] 홍콩에서도 운송주선인은 대리인 혹은 본인(운송인)으로서 기능한다.[15] 영국과 홍콩에서는 순수한 운송주선인으로서의 기능에 대하여는 설명하지 않고 있다.[16][17]

---

10) 동지, 김성태, 「상법총칙 상행위법 강론」(법문사, 1998), 535면, 560면.

11) 김성태, 상게서, 535면.

12) 한편, 물류정책기본법은 복합운송주선업을 국제물류주선업으로 명칭 변경하고(제2조 제11호) “국제물류주선업”이란 타인의 수요에 따라 자기의 명의와 계산으로 타인의 물류시설·장비 등을 이용하여 수출입화물의 물류를 주선하는 사업을 말한다고 정한다.

13) 동지, 김창준, 전게서, 55면.

14) *Schmitthoff's Export Trade – The Law and Practice of International Trade*(Sweet and Maxwell, 2000), p. 605; David A. Glass, *Freight Forwarding & Multimodal Transport Contracts*(LLP, 2004), pp. 52–58.

15) Felix WH Chan, op. cit., pp. 456–461.

16) 영미의 교과서에서는 intermediary라고 불리며 영국법에서는 agent와 principal의 구별만 있고 주선인의 개념은 없는 것으로 판단된다. Diana Faber, *Multimodal Transport*(LLP, 1997), p.

미국에서는 운송주선인은 순수한 대리인의 기능을 하고, 운송인의 기능을 하는 경우는 무선박운항자(NVOCC)라고 표현한다.[18] 무선박운항자는 화주와의 관계에서는 자신이 운송인이고 해상운송인과의 관계에서는 자신이 화주의 지위에 놓인다고 설명한다.[19] 이는 우리 법에서 운송주선인이 운송인이 되는 경우와 기능이 동일하다.

유럽에서는 그 중간적인 성격을 가지는 commissionaire 혹은 유럽과 스칸디나비아 제국에서는 commission agent로서 운송주선인이 활동하는 경우도 있다는 지적이 있고, 이 commission agent가 순수한 운송주선인으로서 활동하는 것을 의미한다고 본다.[20]

프랑스법에서는 대리인과 운송인 사이에 운송주선인(commissionaire 혹은 commission agent)이라는 개념이 존재하고,[21] 이는 순수한 운송주선인으로 파악된다. 운송주선인이 대리인인 경우와의 차이에 대하여, 만약 운송주선인(X)이 대리인인 경우에는 자신의 본인을 밝히게 되면 계약의 당사자로서의 책임을 면할 수 있지만, 운송주선인인 경우에는 X가 자신의 위탁자를 밝힌다고 하여도 계약의 당사자로서의 지위를 벗어나지 못한다고 한다.[22]

독일법에서는 운송주선인(forwarder)이란 우리 상법의 "순수한 의미"의 운송주선인이다. 1998년 개정 운송법하에서는 "송하인의 계산으로"라는 용어가 삭제되었다(제453조).[23][24] 이에 대하여 운송주선인은 자기의 계산으로 운송물의

23; Schmitthoff's, op. cit., p. 605.

17) 독일에서도 지난 100년간 독일의 운송업계에서는 자신의 이름으로 그러나 위탁자의 계산으로 운송주선행위만 하는 상인은 존재하지 않았다고 한다. 김정호, 전게논문, 53면.

18) NVOCC는 Non-Vessel Operating Common Carrier의 약자이다. T.J Schoenbaum, *ADMIRALTY AND MARITIME LAW*, 3th ed.(WEST GROUP, 2001), p. 525.

19) Ibid.; 김창준, 전게학위논문, 15면.

20) 유럽에서는 commission agent라고 불리며 이를 act in his own name but for the account of his principal로 표현하고 있다. Diana Faber, op. cit., p. 23.

21) Brief of Amicus Curiae, Kirby Case(No. 02-1028), 2004.28, p. 12.

22) Dianna Faber, op. cit., p. 23.

23) 독일 구상법 제407조는 "운송주선인이라 함은 자기 명의로 타인의 계산으로 운송인 또는 해상운송인에 의한 물건운송의 처리를 인수함을 영업으로 하는 자를 말한다"고 하였다.

24) 독일 상법의 이러한 변화는 협소한 법률개념인 주선행위에서 해방되어 운송로나 운송인의 선택에서 벗어나 화물의 보관, 포장, 분류, 보험, 통관업무 등 관련업무를 종합적으로 기획하고 실천하는 물류전문기업으로서의 위상을 확보한 현실을 감안한 것이라고 한다. 김창준, "복합운송에 관한 상법규정의 신설,"「한국해법학회지」, 제26권 제2호(2004.11), 348면; 개정상법하에서 운송주선인은 더 이상 운송을 하여야 하는 것이 아니라, 운송물의 발송을 수

운송에 관여할 수도 있는 상인의 지위를 가진 것으로 평가하기도 한다.[25] 제461조에 따라 운송주선인의 책임은 무과실책임으로서 운송물을 점유하는 동안에는 Kg당 8.33SDR로 제한된다.[26] 이는 운송인의 그것과 동일하다.

일본법에서는 운송취급인으로 설명되고 우리 법과 구조가 유사하다.[27]

3. 특징—두 개의 다른 계약의 존재

송하인(위탁자)→운송주선인→운송인의 관계에서, 송하인과 운송주선인 사이에는 주선계약(제1계약)이 있고, 주선인과 운송인 사이에는 운송계약(제2계약)이 있다. 즉, 두 개의 계약이 존재한다.[28][29]

제1계약에서 운송주선인은 운송인이 아니므로 운송의 의무를 부담하지 않는다는 점에서 자신이 직접 운송인이 되는 경우와 다르다. 제2계약인 운송계약에서 계약의 당사자는 송하인이 아니라 운송주선인이기 때문에 운임을 지급할 의무를 부담하는 자는 송하인이 아니라 운송주선인이다. 운송주선인은 운송을 실행하는 운송인과의 관계에서는 송하인이 되며, 위탁자와 운송인 사이에는 아무런 법률관계가 생겨나지 아니한다.[30] 그러므로 송하인이 운송인에게 운송계약상의 권리를 행사하기 위하여는 운송주선인으로부터 화물상환증 또는 선하증권을 이전받거나 지명채권의 양도를 받아야 한다(대법원 1987.10.13. 선고 85다카1080 판결).[31]

일반 운송계약과 다른 점은 운송주선인과 송하인 사이에서는 경제적인 귀속관계가 달라진다는 점이다. 그러나 위탁매매와 달리 매매가 아니므로 경제적

배하면 된다. 그러므로 활동영역이 확장되었다고 한다. Johannes Trappe, "The reform of German transport law," *Lloyd's Maritime and Commercial Law Quarterly*, 2001, p. 403.

25) 김창준, 전게 학위논문, 26면.

26) 독일 개정운송법의 입장은 물류를 정지상태와 이동상태로 구분하여 정지상태의 것은 이동상태의 것보다 위험이 적으므로 전자는 과실추정주의를 취하고 후자의 경우는 무과실책임에 책임제한제도를 도입하게 된다. 전자는 창고업자의 경우이고 후자는 운송인과 운송주선인인 경우이다. 김정호, 전계논문, 56면.

27) 일본 상법에서는 運送取扱人으로 설명된다(일본 상법 제559조).

28) 동지, 이철송, 전게서, 468면.

29) 김성태 교수는 송하인과 운송주선인 사이의 위탁계약이 운송주선인의 상행위이고, 운송계약의 체결은 위탁계약의 실행에 지나지 않는다고 한다. 전게서, 561면.

30) 동지, 이철송, 전게서, 468면; 김성태, 전게서, 564면.

31) 동지, 김성태, 상게서, 564면.

이익이 위탁자에게 귀속되는 예를 찾기가 쉽지 않다.[32][33] 위탁자(송하인)와 운송주선인간의 내부관계에 있어서는 운송주선인이 체결한 운송계약상의 권리의무는 주선인에 의한 양도 등 특별한 이전절차 없이도 위탁자에게 귀속된다.

4. 운송주선인의 주의의무에 대한 판례

운송주선인과 송하인 사이에 주선계약이 별도로 존재한다. 이러한 운송주선계약에 따라 운송주선인은 선량한 관리자의 주의로서 운송인을 선정하는 작업을 하여야 한다.[34] 상법 제115조는 「운송주선인은 자기나 그 사용인이 운송물의 수령, 인도, 보관, 운송인이나 다른 운송주선인의 선택 기타 운송에 관하여 주의를 해태하지 아니하였음을 증명하지 아니하면 운송물의 멸실, 훼손 또는 연착으로 인한 손해를 배상할 책임을 면하지 못한다」고 한다. 예컨대, 도산직전인 선박회사를 운송인으로 적합한 자라고 송하인에게 추천하여 운송계약이 체결되게 하면 운송주선인으로서의 주의의무에 위반한 것이 된다.

대법원 2003.2.14. 선고 2002다39326 판결에서,[35][36] 대법원은 「원심이 인

32) 위탁자의 계산이 된다는 의미는, 예컨대 운임의 할인으로 운송주선인이 이익을 얻은 경우 그 이익이 위탁자에게 귀속되어야 함을 의미한다고 생각된다. 동지, 손주찬, 「상법(하)」(박영사, 1993), 311면. 지급된 운임 기타의 지출비용은 위탁자에게 청구할 수 있다(상법 제123조, 제112조)는 규정은 "타인의 계산으로"의 경우를 상법의 규정으로 표현한 것이라고 판단된다.

33) "위탁자의 계산으로"라는 의미에 대하여 김창준 변호사는 "운송주선업에서 경제적 손익관계를 위탁자에게 귀속시킨다는 것은 운송주선인과 실제운송인 간에 체결된 운송계약상의 경제적 결과를 운송주선인에게 귀속시키지 아니하고 위탁자에게 귀속시킨다는 의미이므로, 이는 요컨대 운송주선인이 위탁자에게 청구하는 운임과 실제운송인에게 지급하는 운임 사이에는 아무런 차이가 없다는 것이다. 운송주선인은 위탁자로부터 받은 운임과 실제운송인에게 지급하는 운임의 차액에는 아무런 관심이 없고 오로지 위탁자로부터 받는 주선수수료만 위하여 자신의 명의로 운송계약을 체결할 뿐이라는 것이다"고 적절하게 설명한다. 김창준, 전게학위논문, 49면.

34) 주선계약은 위임이므로 위임에 관한 민법규정이 아울러 적용된다(민법 제681조).

35) 본 사례는 판례공보에 보고되지 않음.

36) 원고인 주식회사 도도는 2001.1.15.부터 같은 달 21까지 독일 쾰른에서 개최되는 2001 국제가구박람회에 원고가 제조하는 침대 등의 제품을 출품함에 있어서 2000.10.경 운송주선업체(피고)인 지오 로지스틱스에게 위 제품의 운송주선을 의뢰하였다. 이에 따라 피고는 부산항을 출발하여 로테르담에 도착하는 선박을 이용하는 해상운송방법을 선택하기로 한 후 소외 선박회사 양밍을 운송인으로 하여 위 제품들을 운송하게 하는 운송계약을 체결하였다. 피고가 원고에게 보낸 선적안내서에는 출발항인 부산항에 제품이 입고되어야 하는 최종기한이 2000.12.6.로 되어 있었다. 원고의 담당과장은 최종기한이 경과한 이후 피고에게 해상운송

용한 제1심 판결이유를 기록에 비추어 살펴보면, 원심이 그 판시와 같은 이유로 운송주선인인 피고로서는 이 사건 선박의 접안료가 연체되었다는 점을 미리 확인하거나 예견하여야 할 주의의무까지 부담한다고는 할 수 없고, 따라서 피고가 운송인이나 운송선박의 선택에 있어서 운송주선인으로서 부담하는 선량한 관리자로서의 주의의무를 게을리 하지 아니하였다고 판단한 것은 수긍이 가고, 거기에 상고이유에서 주장하는 바와 같은 운송주선인의 손해배상책임에 관한 법리오해 등의 위법이 있다고 할 수 없다」고 판시하였다.

도도와 피고 사이에는 운송주선계약(제1계약)이 있고, 피고와 양밍 사이에 운송계약(제2계약)이 존재한다. 제1계약하에서 피고는 운송주선인으로서의 의무를 부담하게 되고 제1계약에 따라 양밍과의 사이에 제2계약(운송계약)을 체

의 방법으로 보내고 싶다는 의사를 표시해 왔고, 피고의 담당직원은 그에게 그 방법으로는 박람회기간에 맞추어 제품을 도착시키기 어려울 수 있으므로 항공운송 또는 복합운송의 방법으로 제품을 운송하는 것이 적절하겠다는 의견을 제시하였다. 원고의 과장은 운송료가 저렴한 해상운송방법이 더 좋겠다고 하면서 200.12.12.경 피고에게 해상운송에 의할 경우 박람회장의 도착 예정일자를 알려줄 것을 요청하였으며, 피고는 일단 해상운송방법에 의한 운송주선을 하기로 하되, 해상운송방법에 의할 경우 제품의 도착이 지연될 수도 있기 때문에 이러한 경우 그에 관하여 피고는 아무런 책임을 지지 않는다는 각서제출을 요구하였고 원고의 담당과장이 이를 승낙하였으나 실제로는 각서작성이 이루어지지 않았다. 피고는 운송인으로서 양밍을 선택하였는데, 소외 양밍은 세계 10대 컨테이너 선사의 하나로서 상당한 신용을 가진 운송회사였고, 구체적인 운송선박에 관하여서는, 소외 양밍과 사이에 선복교환합의를 맺고 있던 소외 한진해운 소속 선박 중 2000.12.19. 부산항을 출발하여 2001.1.11. 로테르담에 도착할 예정이던 조양 에이스호(이 사건 선박)를 선택하였다. 2001.1.11. 예정대로 선박이 항구에 도착하였으나 접안료가 체납되었다는 이유로 로테르담 항만당국으로부터 접안허락을 받지 못하는 바람에 하역이 이루어지지 못하였다. 하역이 이루어지지 않는 기간 동안 피고는 담당직원과 피고의 독일지사 담당자를 통하여 조속한 통관 및 하역이 이루어질 수 있도록 필요한 조치를 취하게 하였고, 아울러 위 기간 동안 매일 그 상황을 원고의 담당과장에게 알려주고 필요한 상의를 하였다.

원고는 피고에게는 운송주선인으로서 신용있는 운송인을 선택하여야 할 주의의무가 있음에도 불구하고, 이를 게을리하여 접안료가 체납된 이 사건 선박으로 하여금 제품을 운송하게 함으로써 위와 같이 제품의 하역지체로 인한 손해를 입게 되었다면서 그 지급을 구하는 소를 제기하였다.

1심(서울지법 2001.11.9. 선고 2001가합22555)은 피고가 선정한 해상운송인은 신용있는 회사였고, 선박이 제때에 도착하였으나 접안료가 연체되어 항만당국으로부터 접안이 허가되지 않음으로써 하역이 이루어지지 못하여 지체되었고 이러한 경우는 쉽게 예상할 수 있는 경우가 아니며, 특정선박의 특정항만 접안료의 연체사실을 미리 확인하는 것은 용이하지 않다는 것을 이유로 피고는 운송주선인으로서 운송인이나 운송선박의 선택에 있어서 운송주선인이 부담하는 선량한 관리자로서의 주의의무를 게을리하지 아니하였다고 판시하면서 원고의 청구를 기각하였다. 원심(서울고등법원 2002.6.4. 선고 2001나73185)도 1심 판시와 같이 원고의 항소를 기각하였다.

결하게 되었다.

본 사안에서 운송주선인은 해상운송인을 선정하였다. 그러나 선박이 과거에 이미 항만당국에 항만사용에 대한 비용을 지급하지 않은 연체료 때문에 선박의 접안이 지연되어 운송물의 인도가 늦어짐으로써 송하인이 손해를 입게 된 것이다. 이에 송하인은 운송주선계약을 위반으로 운송주선인에게 손해배상청구를 한 것이다. 과연 운송주선인이 특별한 연체료지연을 확인할 의무를 부담하는지가 쟁점이 되었다.[37]

운송주선인은 주선계약에 따라 해상운송인이 제공하는 선박이 감항성을 갖춘 선박인지를 확인할 의무는 있는 것으로 생각되지만, 특단의 사정이 없는 한 그 구체적인 선박의 접안료가 각 항구에 연체되어 선박의 접안이 지체되는 경우까지를 확인하는 것은 어떤 절차가 있는 것도 아니고,[38] 쉽지 않은 일이다. 본 사안에서 용선된 선박이 특정항구에서 항비 등이 연체되어 출항정지가 되리라는 예상은 운송주선인으로서는 알기 어려운 상황이다. 따라서 대법원의 판시에 찬성한다.

5. 복합운송의 발달과 운송주선인 보호

복합운송의 발달로 운송주선인이 행하는 업무는 운송의 주선에 지나는 것이 아니라 확대일로에 있다. 그러므로 이를 운송관련업으로 넓게 표시하기도 한다. 운송주선인의 대표적인 예인 복합운송주선인은 주선업과 운송업을 겸영하기 때문에 주선을 하였는지 운송을 하였는지 법률관계를 확정하기 어려운 경우도 많다.[39] 법률적인 처리를 단순, 일원화하기 위하여도 운송인과 운송주선인

---

37) 연착으로 인한 손해의 배상이 가능한지가 문제되지만, 박람회는 정한 날짜가 있으므로 정한 날짜에 도착하지 않으면 물품은 사용할 수가 없고, 사안에서 피고는 이를 예견하였으므로 특별손해로서 배상이 가능한 손해로 이해된다.

38) 선박의 감항성의 확보여부는 선급증서로써 확인이 가능하다.

39) 김정호 교수의 독일 운송법의 개정에 대한 소개도 필자와 궤를 같이하는 것으로 판단된다. 김 교수는 "20세기를 거치면서 운송주선업에는 많은 변화가 수반되었다. 고유한 의미의 운송주선, 즉 탁송인의 간접대리인으로서 운송계약을 체결하는 것 이외에도 운송물의 포장, 적재, 운송중의 중간입고와 그 관리, 운송서류의 취득 나아가 통관 등 각종 공법상의 의무이행이 그의 활동영역에 포함되었다. 또한 확정운임운송주선계약을 체결하거나 개입권을 행사하는 경우 실질적으로 운송인과 같은 지위를 취득하므로 외부적으로 양자를 뚜렷이 구별하기 힘들었고 운송계약의 체결방식도 법전에 규정된 간접대리의 방식만을 고집하는 것이 아니라 위탁자의 직접대리인으로 자주 등장하였다. 그리하여 운송업이나 운송대리점을 경영하

의 책임제도를 동일시할 필요가 있다고 생각한다.

복합운송의 발달로 운송주선인이 하는 주선이 육상운송, 해상운송 혹은 항공운송을 포함하게 되면, 순수한 운송주선인으로서의 기능을 한 경우라고 하더라도, 자신이 주선을 잘못한 경우에 송하인이 운송주선인에게 손해배상청구를 하면 자신이 먼저 배상을 하고, 이번에는 자신이 송하인의 지위에 서서 해상운송인에게 손해배상청구를 하게 된다. 이 때 해상운송인은 상법 해상편에 따라서 책임제한을 할 수 있다. 상법 상행위 제115조 이하에는 책임제한규정이 없기 때문에 자신은 운송물의 손상에 대하여 전액을 배상하고 해상운송인은 책임이 제한되므로, 자신은 전액을 구상하지 못하는 불리한 지위에 있게 된다. 송하인은 책임제한이 되지 않는 운송주선인에 대한 손해배상청구를 선호하게 될 것이다.[40] 따라서, 동일한 복합운송에 관여한 해상운송인만 보호하고 운송주선인을 보호하지 않는 것은 형평에 어긋나게 된다. 그러므로 책임제한규정을 도입할 필요가 있다고 하겠다.

III. 運送人으로서의 海上運送周旋人

1. 의 의

운송인으로서의 운송주선인은 운송주선인이라는 이름을 가진 자가 직접 운송인이 되는 경우이다. 운송주선인의 지위도 아니고 대리인의 지위도 아니다. 자신이 운송인이기 때문에 운송인으로서의 모든 의무와 책임을 부담한다.[41] 처음부터 운송인으로서 운송을 인수하기 때문에 곧바로 운송에 관한 법규정이 적용된다.

다음으로는 운송주선인이라는 이름을 가지고 있지만(즉, 상호를 운송주선인이라고 하지만), 운송인 혹은 송하인과 대리점계약을 체결하여 이들의 대리인이 되는 경우이다.[42] 이 경우에는 운송주선인은 단순히 본인인 운송인의 대리인에

는 상인이 운송주선업을 겸영하는 것은 일상적인 일이 되었다. 이제 그는 더 이상 소극적인 주선행위자가 아니라 물류전문가 더 정확하게 표현하면 물류의 큰 흐름을 주도하며 그 한 복판에 서 있는 관리자로 변신한 것이라고 한다." 김정호, 전게논문, 39면.

40) 송하인은 해상운송인에게 불법행위에 기한 손해배상청구가 가능하다.

41) 영국의 사정에 대하여는 Glass, op. cit., p. 52. Glass는 이 경우 강행법규(예컨대, CMR)의 적용을 받게 되는 점에서 운송주선인이 대리인이 되는 경우와 다르다고 한다. p. 53.

지나지 않으므로 계약의 효력은 운송인에게 귀속된다.[43][44] 이 부분은 논의를 생략한다.

운송주선인이 해상운송을 목적으로 하면 해상운송주선인이 되고, 이 자가 운송인으로서 기능하였다면 해상운송인이 된다. 해상운송주선인에 대하여는 상법 해상편에 별도의 규정이 없으므로 상법 제115조의 규정이 적용될 것이지만,[45] 해상운송인에 대하여는 상법 상행위편 운송의 특별법인 상법 해상편의 운송규정이 적용되게 된다.

2. 두 가지 종류

(1) 개입권을 행사한 경우

처음에 운송주선인으로 주선에 대한 약정을 체결한 자가 개입권을 행사하여 운송인이 되거나, 화물상환증 혹은 선하증권을 발급하여 자신이 운송인이 되는 경우이다. 운송주선인인 경우는 경제적 이익이 위탁자에게 귀속되어 자신은 약정된 운임 이상을 청구할 수 없지만, 이제는 운임을 청구하여 경제적 이익이 자신에게 귀속되게 된다.

상법 제116조는 개입권이라는 표제하에 「① 운송주선인은 다른 약정이 없으면 직접 운송할 수 있다. 이 경우에는 운송주선인은 운송인과 동일한 권리의무가 있다. ② 운송주선인이 위탁자의 청구에 의하여 화물상환증을 작성한 때에는 직접 운송하는 것으로 본다」라고 규정하고 있다.

제1항은 직접운송인이 되는 경우이다. 처음부터 운송인으로서 나서는 것이

42) 채이식 교수는 이를 보조해상운송주선인이라고 한다. 순수한 운송주선인을 독립해상운송주선인으로, 운송인이 되는 운송주선인을 책임해상운송주선인으로 말한다. 채이식, "해상운송주선인의 법률상 지위," 「고려대학교 법학논집」, 제23집(1985.12), 61면.

43) 영국의 사정은 Glass, op. cit., pp. 54-55.

44) 운송주선인이 아니므로 주선인으로서의 주의의무를 부담하지 않는다. 송하인의 대리인으로서 도산직전의 회사와 운송계약을 체결하여 송하인에게 손해를 끼쳤다고 하더라도 자신이 주선인으로서의 주의의무위반으로 송하인에게 손해배상책임을 부담하거나, 혹은 운송인에게 직접 운임을 지급할 의무가 없다. 기타 사항은 대리의 법리가 적용될 것이다.

45) 해상운송은 해상편의 규정이 특별규정으로서 먼저 적용되고, 항공운송에 대하여도 바르샤바조약이 우선 적용되므로, 결국 상법 상행위편의 운송은 육상운송에만 적용되게 된다(상법 제125조). 그러나 운송주선인에 대하여는 상법 해상편이나 항공운송에 대한 바르샤바조약에 특별한 규정이 없으므로 상행위편의 규정이 해상이나 항공운송에도 그대로 적용된다. 동지, 손주찬, 전게서, 305면; 이철송, 전게서, 466면; 정찬형, 전게서, 295면.

아니라 처음에는 운송주선을 먼저 의뢰받고 다음에 개입권을 행사하여 자신이 운송인이 되는 경우이다.[46][47] 여기서 "직접"이라는 말은 운송을 주선하는 것이 아니라는 말이다. 직접 운송을 실행한다는 취지가 아니라, 위탁자의 주선인으로서의 지위가 아니라 직접 위탁자와 운송계약의 당사자가 된다는 것이다. 따라서 직접 실행의 유무와는 무관하다.

제2항은 위탁자가 선하증권 등의 발행을 요구하고 이에 따라 선하증권을 발행하면 운송인으로 의제한다는 것이다. 위탁자의 선하증권발행의 요구를 운송의 의뢰로 볼 수 있기 때문이다.

이 경우에 운송주선인이 직접 운송인이 되어 운송을 실행하는 것을 진정개입으로 보고 제3자인 운송인을 이행보조자로 하여 운송을 실행하는 것을 부진정개입으로 부르는 입장이 있다.[48] 육상운송에서는 운송수단을 육상운송인이 쉽게 가질 수 있으므로 가능한 설명이지만, 적어도 해상운송에 있어서는 운송주선인은 운송수단인 선박을 소유하거나 용선하지 않고 있기 때문에 진정개입은 드물고 모두 부진정개입이 되고, 또한 상법 해상편이 어떠한 재정적인 요건을 구비할 것을 요구하지도 않으므로 운송인이 됨에는 어떠한 제한도 없다고 생각한다. 그러므로 개입권의 행사에는 진정개입은 물론 부진정개입도 포함하여야 한다.

이 때에는 주선인으로서의 의무와 운송인으로서의 의무를 동시에 가진다. 확정운임주선계약이 있는 경우에는 대법원은 운송주선인이 일정한 재산적인 요건을 구비하여야 운송인이 될 수 있다고 한다(대법원 1987.10.13. 선고 85다카1080 판결).[49]

(2) 처음부터 운송인으로 등장한 경우

처음부터 운송인으로서 송하인과 운송계약을 체결하는 것이다. 우리 상법은 육상운송인이나 해상운송인이 되기 위한 어떠한 요건도 필요로 하고 있지

---

46) 동지, 채이식, 「상법(상)」(박영사, 1996), 280면.
47) 독일 1998년 개정상법 제458조가 이에 해당한다.
48) 정동윤, 전게서, 273면; 김성태, 전게서, 573면.
49) 제119조의 확정운임운송주선계약에 대하여 이를 개입이 의제된다고 보거나 운송계약이 성립한다는 견해도 있지만, 주선료와 비용의 총액이 확정될 뿐 명문의 규정이 없으므로 개입이나 운송계약으로 의제되는 것은 아니라고 생각된다. 동지, 채이식, 전게서, 281면.

않기 때문에 송하인과 운송계약을 체결하게 되면 운송인이 된다. 운송주선인으로 등록하면서 자신의 영업범위가 운송주선업뿐만 아니라 운송업인 경우이다. 이러한 자들은 처음부터 자신의 선하증권 서식을 가지고 있고 자신을 운송인으로 하여 선하증권을 발행하는 것이다.

3. 운송인과 대리인의 구별

흔히 나타나는 판례에서의 쟁점은 피고는 자신이 운송인이 아니라 단지 대리인으로서의 지위에 있었다고 주장하면서 책임을 회피하는 사정이다. 예컨대, (i) 해상운송인이 운임을 청구할 경우 누가 운임지급의무를 부담하는가? 만약 운송주선인이 단순히 대리인이었다면 운임지급의무는 송하인(위탁자)에게 있을 것이다. (ii) 해상운송인이 손해배상청구를 받는 경우에 선하증권상의 책임제한의 이익을 누리기 위하여는 송하인과 자신의 운송계약이 존재하여야 할 것인바, 이 때 운송주선인이 대리인이면 송하인과 자신 사이에 직접계약관계가 존재하므로 가능하게 된다.[50)]

영국의 Glass는 대리인으로서의 운송주선인과 운송인으로서의 운송주선인을 구별하는 지표로서 계약의 내용이 대리인인지 본인인지 여부, 청구하는 운임의 액(실제 비용+수수료이면 본인으로서의 운송인)이 중요하고 무엇보다도 선하증권이 발행되었는지에 있다고 한다.[51)52)53)]

(1) 미국의 Kirby 사례(운송인으로서의 운송주선인)

미국의 판례 중에서 가장 대표적인 최근의 사례는 미 연방대법원의 Kirby

50) 반대의 경우이지만, 운송인이 되는 경우에는 책임제한의 이익을 누릴 수 있지만, 운송주선인의 경우에는 책임제한규정이 없으므로 운송주선인이 되면 불리하게 되는 경우도 있다.

51) D. Glass, op. cit., pp. 59-65. 운임과 주선료를 한꺼번에 계상하는 all-in rate이거나, 과거에 운송인으로서 활동한 적이 있거나, 운송증권을 발행하거나 혹은 선박을 소유한 경우에는 운송인으로 판단될 가능성이 높다고 한다. F.WH Chan, op. cit., p. 461.

52) 채이식 교수도 운송주선인이 운송인으로서 책임과 의무를 감당할 자력과 명성이 있는지, 화주가 실제운송인의 신원 혹은 운송계약의 내용을 알고 있는지, 화물상환증 혹은 선하증권의 당사자가 누구인지, 운임계산이 어떤 방식으로 되었는지가 중요한 표지가 된다고 한다. 채이식, 전게서, 273면.

53) 운송인과 운송주선인의 구별은 경제적 이익의 귀속이 누구에게 있는지가 큰 표지가 될 것이다. 운송주선인이면 주선료만 보수로서 청구할 수 있지만, 운송인으로서 기능하였다면 고액의 운임을 청구할 수 있을 것이다.

사건이다.[54] Kirby는 호주의 송하인으로서 미국의 사바나에 운송물을 보내기 위하여 운송주선인인 ICC에게 운송을 의뢰하자, ICC는 해상운송인인 Sud와 운송계약을 체결하였다. Sud는 다시 육상운송을 철도회사인 Norfork Southern Railroad에게 위탁하였다. Kirby→ICC→Sud→Norfork로 이어지는 복합운송에서 기차가 철로를 이탈하여 운송물에 손상이 발생하였다. 선하증권은 Kirby와 ICC 사이에 제1선하증권이, ICC와 Sud 사이에 제2선하증권이 발행되었다. 피고 Norfork 철도는 Sud가 발행한 제2선하증권상의 히말라야조항을 근거로 운송인이 누리는 책임제한의 이익을 향유하고자 하였다.[55] 이렇게 되기 위하여는 Kirby→Sud 관계에서 Kirby가 히말라야조항에 대한 채무자가(낙약자)가 되어야 한다. 따라서 ICC는 단순히 Kirby의 대리인에 지나지 않는다는 관계가 성립되어야 하였다. 한편, 이를 부인하기 위하여 Kirby는 ICC는 "운송인으로서 운송주선인"의 지위에 있었다고 주장하여 미국 연방대법원의 판단을 받게 되었다.

세계 12개국의 해상법 학자들은 운송주선인들은 대리인으로서의 기능만을 하는 것이 아니라 직접 운송인이 된다는 점을 강조하는 amicus curie를 제출하였다.[56] 미국 연방대법원은 ICC는 대리인이 아니라 본인으로서 Kirby의 계약운송인으로 운송계약을 체결한 것이라고 하면서도, 책임제한의 목적에서는 Kirby의 대리인이었다고 하였다. 따라서 제2선하증권은 Kirby와 Sud 사이에 체결된 것으로 철도운송인은 이 선하증권상의 책임제한이 가능하게 되었다.[57]

동 사건은 운송주선인이 계약운송인으로 기능한 좋은 사례이다.

(2) 대법원 2000.3.10. 판결(운송인으로서의 운송주선인)

대법원 2000.3.10. 선고 99다55052 판결에서, 소외 엘지상사(송하인, 수출자)는 태국회사와 수출계약을 체결하고 운송주선업자 X에게 운송을 의뢰하였다. X는 다시 시랜드사에게 해상운송을 의뢰하였다. 시랜드는 선하증권에 송하인: 엘지상사를 대리한 태평양이라고 기재된 제2선하증권을 발행하였다. 보험

54) 이 판결에 대하여는 졸고, "철도운송인의 히말라야약관상 책임제한규정 원용가능성—미국연방대법원 2004.11.9. 커비사건을 중심으로," 한국상사판례학회, 제19집 제3권(2006), 315면 이하.

55) 제2선하증권의 책임제한액수가 저액이라서 이를 이용하는 것이 철도운송인에게 유리하였다.

56) 필자도 포함됨.

57) 상세한 내용은, 전게 졸고, 340−342면.

회사는 수출자에게 보험금을 지급하고 수출자 엘지상사를 대위하여 원고가 되어 시랜드에게 손해배상구상권을 행사하기에 이르렀다. 선하증권상 엘지상사가 송하인이 되어야만 운송인인 시랜드에 대한 청구의 인정이 가능하였다. 그런데 태평양이 엘지상사의 대리인이 아니라 만약 송하인과 사이에 운송계약을 체결한 자라면, 제2선하증권(마스터 선하증권)에는 자신의 이름이 적혀야 한다.

대법원은 태평양이 "운송주선인으로서 운송인"으로 기능하였으므로, 제2선하증권에는 자신이 송하인으로 기재되어야 함에도 다른 사정으로 송하인의 이름이 적힌 것으로 판시하였다. 다시 말하자면, 운송주선인 태평양은 송하인(엘지상사)의 대리인이 아니라 운송인이라고 판시한 것이다.[58] 따라서 보험회사의 청구는 기각되었다. 본 사안은 운송주선인이 운송인이 된 좋은 예이다.

(3) 대법원 2007.4.26. 판결(순수한 운송주선인인 경우)

대법원 2007.4.26. 선고 2005다558 판결에서 해상운송주선인이 "단마르"를 운송인으로 선하증권에 기재하고 서울 소재 X가 자신을 단마르의 대리인으로 서명하였다. 그런데 서울 소재 X가 운송주선인으로서 개입권을 행사하였으므로 그가 운송인으로서 책임을 부담한다고 하면서 화주가 손해배상을 청구하였다. 대법원은 "해상운송주선인이 위탁자의 청구에 의하여 선하증권을 작성한 때에는 상법 제116조에서 정한 개입권을 행사하였다고 할 것이나, 해상운송주선인이 타인을 대리하여 그 명의로 작성한 선하증권은 특별한 사정이 없는 한 상법 제116조에서 정한 개입권 행사의 적법요건이 되는 운송인이 작성한 증권으로 볼 수 없다고 판시하면서 원고의 청구를 배척하였다.[59]

4. 해상운송인 및 해상기업주체성

(1) 논의의 실익

해상운송인으로서의 운송주선인을 해상기업의 주체로서 인정할 것인지가 쟁점이 된다. 논의의 실익은 해상기업주체가 아니라면 선박소유자책임제한의 이익을 누릴 수가 없다는 점에 있다.

해상운송인이라면 운송인으로서 상법상 인정되는 포장당 책임제한 등의

---

58) 이에 대한 판례평석은 졸저, 「해상법연구」(삼우사, 2003), 696면.

59) 판례공보(2007.6.1), 756면.

이익을 향유할 수 있는 점에는 변함이 없다.[60] 운송을 기본적 상행위로서 행하므로 해상운송인이 되는 운송주선인은 곧 상인이 된다.

(2) 운송인

운송인으로서의 운송주선인은 운송을 실행할 운송수단을 가지고 있지 않다. 그러므로 실행을 하여줄 다른 운송인을 찾게 된다. 그리하여 그는 선박을 가지고 있는 해상운송인과 제2의 운송계약을 체결하고 자신은 송하인의 지위에 놓이게 된다.

일반 해상운송인과 다른 점은 이들은 운송수단을 소유 혹은 사용할 수 있는 지위에 있지 않다는 점이다. 선박소유자, 나용선자, 정기용선자 혹은 항해용선자는 선박을 소유하거나 사용할 권리를 가지고 있는 자로서 직접 운송인이 될 수 있는 것이다.

운송인이 된 운송주선인을 중심으로 보면, 운송을 실행하기 위하여 선박을 이용하는 방법으로서 두 가지를 생각할 수 있다.

하나는 ① 송하인→운송주선인(운송인)→해상운송인으로 운송이 연결되는 경우이고, 다른 하나는 ② 해상운송인(선박소유자)→운송주선인(운송인)←송하인이 되는 경우이다. ②는 사전에 운송주선인이 해상운송인과 운송계약 혹은 용선계약을 미리 체결하여 두는 것이다. 특히 ②중에서도 용선계약을 미리 체결하여두는 경우에는 선박소유자→"항해용선자"→운송인으로서의 운송주선인→송하인으로 연결된다. 이 경우는 송하인의 관점에서는 ①의 경우와 아무런 차이가 없다. 그러나 선박소유자의 관점에서 본다면 ②의 경우는 운송인으로서의 운송주선인은 자신이 사용할 권리를 가지는 선박을 스스로 이용할 수 있다는 점이다. 이 경우는 용선계약상 자신이 운송을 의뢰받은 화물을 선박소유자의 선장을 이용하여 운송을 하므로 별도의 선하증권을 발행할 필요가 없다. 이 점에서 두 장의 별도의 선하증권의 발행이 필요한 전형적인 ①의 경우의 운송주선인이 운송인이 되는 경우와 다르다.

즉, ①과 같이 운송인으로서 운송주선인은 해상운송을 실행할 운송수단이 없고 이에 기인하여 운송물에 대한 점유를 처리하기 위하여 또 다른 제2의 선

60) 해상기업주체성과 별도로 운송주선인은 상법 해상편의 해상운송인이 될 수 있다. 1991년 개정 상법은 어떠한 요건도 필요로 하지 않기 때문이다. 동지, 김창준, 전게학위논문, 36면.

하증권이 발행되는 점에서 일반 운송과 확연히 차이가 난다.

(3) 해상기업주체성

해상기업이란 인적 설비와 물적 설비를 가지고 영리활동을 하는 자이다.[61] 여기서 인적 설비란 선장 이하 선원을 말하고 물적 설비란 선박을 말한다. 선박소유자가 직접 운송인이 되는 경우에는 자신이 선박을 소유하고 자신의 선원을 이용하여 운송이라는 영리행위에 종사하므로 해상기업주체가 됨에는 문제가 없다. 정기용선자가 운송인이 되는 경우에는 선박소유자의 물적 설비와 인적 설비를 임차하여 운송이라는 영리행위에 종사하므로 역시 해상기업주체성이 있다고 할 수 있다. 따라서 선박소유자책임제한조약에서도 이들 모두를 용선자라는 이름하에 해상기업주체로 인정하여 책임제한권을 인정한다.[62]

그런데 운송인으로서의 운송주선인은 선박을 소유하거나 사용할 권리를 가지는 것이 아니라 이러한 권리를 가진 제3자와 운송계약을 통하여 이를 이용하는 것으로서 물적 설비 및 인적 설비와 아무런 관련을 맺고 있지 않기 때문에 선박소유자책임제한권을 인정하기가 어렵다고 생각한다.[63] 이러한 필자의 견해에 의하면 모든 상인은 반드시 해상기업주체인 것은 아니다. 요컨대 운송을 인수하여 상인이 된 운송주선인은 선박을 이용하여 운송을 직접 실행하지 않기 때문에 해상기업주체라고 할 수 없다는 것이 필자의 견해이다.

5. 선하증권

운송주선인이 운송인이 되는 경우에는 두 가지 서로 다른 선하증권이 발행된다. 제1선하증권(house 선하증권)이 송하인과 운송인 사이에서 발행된다. 제1선하증권은 유통성이 있는 것으로서 네고에 사용된다.[64] 다음 운송주선인으로서의 운송인은 운송수단이 없기 때문에 자신이 인수한 운송의 이행을 제3자에

61) 졸저, 「해상법」(법문사, 2007), 32면 이하를 참조바람.

62) 1976년 선주책임제한조약 제1조 제2호 The term "shipowner" shall mean the owner, charterer, manager and operator of a seagoing ship.; 우리 상법 제750조 제1항.

63) 동지, 서동희, "운송주선인이 선주책임제한권을 원용할 수 있나," 해운신문, 2007. 2.12; 반대 최종현, 한국해법학회 2007년 가을철 발표회 발표자료, 11면.

64) 초기에 house 선하증권은 대리점이 발행하는 것으로 유통성이 인정되지 않았다고 한다. 그러나 1993년 UCP 30조에서 운송주선인이 운송인으로서 발행한 것은 네고용으로 사용이 가능하게 되었다. Glass, op. cit., p. 29.

게 위탁하지 않을 수 없다. 해상운송인과 운송계약을 체결하면서 자신은 송하인의 지위에 놓이게 된다. 해상운송인은 수하인에게 인도의무를 다하기 위하여 운송주선인을 송하인으로 하는 제2선하증권(master 선하증권)을 발행하게 된다.[65]

① 송하인 甲은 제1선하증권에 shipper(송하인)의 난에 기재되고, consignee(수하인)의 난에는 신용장 발행은행이 기재된다. 甲은 선하증권의 소지인이 되어 이를 신용장 발행은행에 가지고가서 대금을 지급받는다. 제1선하증권은 양륙항의 신용장 발행은행이 소지하고 있으면서 신용장 개설인인 수입자가 선하증권을 찾기 위하여 동 은행에 나타나기를 기다리고 있다. 선하증권은 인도청구권(document of title)을 표창하고 상환성이 있으므로 이를 소지하고 있으면 자신이 지급한 대금의 담보로서의 기능을 충분히 한다.

② 한편, 운송주선인 乙은 제2의 선하증권에 송하인으로 기재된다. 그리고 수하인에도 자신의 이름 乙(혹은 자신의 대리인)이 기재된다. 이 증권은 유통성이 없는 선하증권으로 발행된다. 이 선하증권의 기능은 단순히 운송물을 운송주선인이 운송물을 회수함에 목적이 있기 때문이다. 양륙항에 운송물이 도착하면, 乙은 제2선하증권을 가지고 해상운송인에게 가서 선하증권과 상환하여 운송물을 찾아둔다.[66]

③ ①단계에서 제1선하증권을 회수한 송하인 甲은 운송인으로서의 운송주선인 乙에게 선하증권을 가지고가서 이와 상환하여 운송물을 인도할 것을 요구한다.

④ 乙은 ②단계에서 회수한 운송물을 甲에게 넘기게 된다.

6. 화주의 손해배상청구와 관련된 문제

제1운송인으로서 운송주선인은 송하인에 대하여 채무불이행책임을 부담하게 된다. 운송물에 손상이 있게 되면 운송인은 운송물에 대한 주의의무에 위반한 것이 되니 상법 제788조 제1항의 위반으로 책임을 부담하게 된다.

그런데 재산적인 가치가 부족한 운송주선인들이 손해배상능력이 부족한

65) 항공운송에서도 이와 유사하다. 유중원, "국제운송에 있어서 운송주선인의 지위와 판례정리," 「변호사」, 제35집(서울지방변호사회, 2005.1), 327-372면.

66) 실제로는 인도지시서(D/O)를 발급받을 것이고 이를 수입자에게 주게 될 것이다.

경우에 원고인 화주측은 실제운송인인 해상운송인에게 손해배상청구소송을 제기할 유혹을 느끼게 된다. 화주측과 제2선하증권의 발행인인 해상운송인 사이에는 아무런 계약상의 관계가 없다. 그러므로 계약불이행책임을 추궁할 수가 없다.

제2선하증권의 발행인인 해상운송인에 대하여 화주측이 불법행위에 기한 책임을 추궁하는 것은 가능하다. 이 경우에 해상운송인은 히말라야조항에 의하여 자신의 책임을 제1운송인과 같이 제한할 수 있다(상법 제789조의3 제2항).

7. 운송주선인 및 이행보조자 등의 보호

(1) 운송인으로서 운송주선인의 보호

운송주선인은 운송인으로서의 보호를 받게 된다. 그러므로 포장당 책임제한제도(상법 제789조의2), 단기제척기간(상법 제811조)의 이익 등을 누릴 수 있다. 그러나 운송주선인은 해상기업주체성을 인정하기가 곤란하므로(실제 운송을 실행하지 않으므로), 총체적 책임제한의 이익을 누릴 수는 없다.

(2) 소위 히말라야(Himalaya)조항

최근에 판례에서 많이 나타나는 것은 운송인으로서의 운송주선인이 운송인이 되는 경우에 그의 이행보조자 혹은 독립계약자가 그 선하증권의 약정에 따른 이익을 향유할 수 있는지에 있다.[67]

송하인→운송인으로서의 운송주선인→해상운송인이 운송계약을 체결한 경우에, 송하인과 운송주선인 사이에는 하우스(House) 선하증권(제1선하증권)이 발행되었다. 이 증권에는 책임제한규정이 있거나, 합의관할규정, 단기제척기간의 규정이 있다. 또한 운송인의 대리인, 이행보조자, 독립계약자도 이러한 이익을 누릴 수 있다는 약정을 둔다. 이를 히말라야조항이라고 한다.[68]

선하증권 이면 제5조 히말라야약관

<제1문> 어떠한 사용인 혹은 대리인(독립계약자 포함)도 화주에 대하여 어떠한 책

67) 미국 연방대법원의 Kirby 사건, 영국 귀족원의 Starsin 사건 그리고 우리 대법원의 2007.4.26. 판결도 그러하다.

68) 이에 대한 자세한 논의는 졸저, 해상법(2007), 113면.

임도 부담하지 않는다.[69]
<제2문> 그리고 운송인에게 적용되고 운송인에게 자격이 주어지는 모든 권리, 책임제한, 항변 등은 독립계약자를 포함한 모든 그러한 운송인의 사용인과 대리인의 원용이 가능하다. 그 운송인은 자신의 대리인 혹은 사용인으로 되는 모든 사람을 대리하여 그리고 그들의 이익을 위하여 행위를 하는 것으로 간주된다.[70)71)72]

운송물의 손상에 대하여 송하인이 해상운송인에게 불법행위책임을 묻게 되면,[73] 운송인의 이행보조자인 해상운송인은 하우스 선하증권의 히말라야조항의 이익을 원용하여 자신의 책임이 제한된다는 주장을 하거나, 단기제척기간에 따라 제척기간이 도과되었다고 주장하게 된다.

영미법에서는 엄격한 直接契約當事者의 이론에 따라 히말라야조항의 효력이 문제되어 왔지만,[74] 우리나라에서는 제3자를 위한 계약으로 이론 구성이 가능하다.[75] 또한 헤이그비스비규칙 제4조의2 제2항의 내용을 도입하여 이를 상법 제789조의3 제2항에 규정하고 있다.[76] 히말라야 조항에 해상운송인을 적시

69) It is hereby expressly agreed that *no servant or agent of the carrier* ... including *every independent contractor* from time to time employed by the carrier) *shall in any circumstances whatsoever be under any liability whatsoever to the shipper, for any loss,* damage ...,

70) and ... every exemption limitation, condition and liberty herein contained and every right exemption from liability, defence and immunity applicable to the carrier or to which the carrier is entitled ... shall also be available to and shall extend to protect every such servant or agent of the carrier (who) is or shall be deemed to be acting on behalf of and for the benefit of all persons who are or might be his servants or agents... including every independent contract.

71) <제3문> 그리고 그러한 사람들은 이러한 한도에서 본 선하증권에 포함되고 증명되는 당사자로 간주된다(and all such persons shall to this extent be deemed to be parties to the contract contained in or evidenced by this Bill of Lading).

72) <제4문> 화주는 운송인이 이러한 조건을 향유할 수 없는 제3자에 의하여 운송인에게 제기된 손해배상에 대하여, 만약 당사자들이 이러한 조건이 적용되면 운송인이 책임이 면제되는 한, 운송인에게 보상하여 주어야 한다(The Shipper shall indemnify the carrier against any claim by third parties against whom the carrier cannot rely on these conditions, in as far as the carrier's liability would be excepted if said parties are bound by these conditions).

73) 청구원인의 여하에 불문하고 히말라야조항의 효력이 있다고 정한다.

74) 이에 대한 자세한 논의는 졸고, "정기용선하에서 발행된 선하증권상의 운송인의 확정과 히말라야약관의 적용범위에 대한 영국 귀족원의 Starsin 사건(2003.3.13)," 「한국해법학회지」, 제29권 제1호(2007.4), 55면 이하.

75) 수익의 의사표시는 손해배상청구가 제기되어 이익의 향유를 주장할 때에 있는 것으로 해석된다. 동지, 김창준, 전게 학위논문, 102면.

76) 상법 제789조의3 제2항(운송물에 관한 손해배상청구가 운송인의 사용인 또는 대리인에 대하여 제기된 경우에 그 손해가 그 사용인 또는 대리인의 직무집행에 관하여 생긴 것인 때에

하고 있어야 할 것이지만, 해상운송인은 통상 이행보조자 혹은 독립계약자(independent contractor)가 될 것이다. 한편, 헤이그비스비규칙이나 상법에서는 독립계약자는 히말라야조항의 수혜자가 아니기 때문에 선하증권에 이를 분명하게 기재하여야 한다.[77]

8. 화주보호제도

운송주선인이 운송인이 되는 경우에 화주를 보호하기 위한 방법으로 이용되는 방안은 선박에 대한 강제집행을 용이하게 하는 것이 하나이고, 선박소유자를 채무자로 하는 것이 다른 하나이다.[78] 전자는 선박우선특권으로 나타나고 후자는 제806조에 나타난다.[79]

불행스럽게도, 운송주선인이 운송인인 경우라고 하더라도 우리 현행 상법이 선박우선특권에서 운송물에 대한 손해를 삭제하였기 때문에 여전히 이 경우에도 우선특권의 행사는 불가하다(상법 제861조). 제806조의 적용은 재운송계약을 체결한 운송인에게 허용되는 제도이지만, 운송주선인이 운송인이 되는 경우는 자신이 아무런 선박을 이용하여 용선계약을 체결하지 않았기 때문에 적용이 없다.[80]

따라서 현행상법상 운송주선인이 운송인이 되는 경우에 상대방인 화주를 보호하는 특별한 제도는 없다.

운송주선인이 운송인이 되면 운송인이 책임제한이 가능한 것과 비교하면, 이는 우리 상법이 균형을 잃은 것으로 시급히 시정되어야 할 내용이다. 개정 상

는 그 사용인 또는 대리인은 운송인이 주장할 수 있는 항변과 책임제한을 원용할 수 있다. 그러나 그 손해가 그 사용인 또는 대리인의 고의 또는 운송물의 멸실, 훼손 또는 연착이 생길 염려가 있음을 인식하면서 무모하게 한 작위 또는 부작위로 인하여 생긴 것인 때에는 그러하지 아니하다).

77) 대법원 2007.4.27. 선고 2007다4943 판결은 상법 동 조항은 임의규정이라고 판시하였다. 따라서 상법규정에 열거되지 않은 독립계약자에게도 책임제한 등의 이익을 향유할 수 있도록 약정하는 것은 유효하게 된 것이다.

78) 동지, 채이식, "2005 상법 제5편 해상편 개정안에 대한 소고,"「한국해법학회지」, 제27권 제2호(2005.11), 459면.

79) 상법 제806조의 구조와 문제점에 대하여는 졸고, "상법 제806조(대법원 2004.10.27. 선고 2004다7040 판결) 및 제789조의2에 대한 대법원 판례평석,"「상사판례연구」, 제18집 제3권(한국상사판례학회, 2005), 319면 이하. 2007년 개정상법하의 해석에 대하여는 졸저,「해상법」(2007), 144면 이하.

80) 동지, 최종현, 전게 학술발표회, 16면.

법에서도 마찬가지이다. 다른 법제도에서 이용되고 있는 것은 (i) 계약운송인과 실제(실행)운송인의 개념을 도입하여 양자의 연대책임을 인정하는 것이다. (ii) 선박우선특권제도를 활용하여 강제집행상 이로움을 주는 것이다. (iii) 선하증권 이면에 선박소유자가 운송인이라는 약정을 유효하게 인정하여주는 것이다.

(1) 계약운송인과 실행운송인

함부르크규칙 제10조에 도입된 것으로 중국(해상법 제63조) 및 독일(상법 제437조)이 국내법으로 이를 도입하였다. 운송주선인은 계약운송인(contractual carrier)으로서 책임을 부담하고 해상운송인(제2운송인)은 실행운송인(actual carrier)으로서 법정의 연대책임을 부담한다.

우리 상법은 정식으로 이에 대한 규정을 도입하지 않고 있다. 다만, 상법 제789조의3 제4항[81]은 책임을 부담하는 규정으로 보기가 어렵다.

(2) 선박우선특권(대물소송)의 이용

대물소송(action in rem)은 선박자체를 의인화하여 선박이 과실이 있고 따라서 선박이 채무자가 되어 피고가 된다는 관념으로서 영미에서 나온 개념이다.[82] 운송인이 선박과 관련하여 어떠한 지위에 있든지 관계없이 항상 선박이 채무자가 되므로 화주는 선박을 언제나 압류할 수 있게 된다. 또는 예컨대 영국에서 對人訴訟을 하기 위하여는 피고가 영국에 주소를 가지고 있어야 하는 경우에 소유자가 외국인인 경우에 선박이 영국에 입항하면 對物訴訟으로서 선박에 대한 압류가 가능하게 된다. 이 소송은 對人訴訟은 아니지만, 종국적으로는 결국 선박소유자가 책임을 부담하는 결과가 된다.[83] 이를 대륙법이 수용한 것이 선박우선특권이라고 생각된다.[84]

우리 법도 화주 등 해사채권자를 보호하는 이러한 제도를 가지고 있었지만,[85] 1991년 상법 개정시에 운송물의 손해에 대한 채권을 선박우선특권에서

81) 제1항 내지 제3항의 규정은 운송물에 관한 손해배상청구가 운송인 이외의 실제운송인 또는 그 사용인이나 대리인에 대하여 제기된 경우에도 이를 적용한다.

82) Christoper Hill, op. cit., p. 100

83) Ibid.

84) 배병태, 「주석 해상법」(사법행정학회, 1981), 406면.

85) 대법원 2005.10.13. 선고 2004다26799 판결에서 대법원은 선박우선특권제도는 원래 해상기

배제하게 되었다. 일본 등은 아직도 이 제도를 가지고 있다.[86)]

(3) 운송인특정약관

선하증권의 이면에 선박소유자가 본 운송계약의 운송인이라는 내용의 기재를 가지는 조항을 운송인특정약관(identity of carrier)이라고 한다.[87)][88)][89)] 만약, 후자의 이면의 내용을 인정하게 되면(예컨대, 전면의 운송인이 정기용선자로 보이는 경우에도 불구하고) 선박소유자가 운송계약상의 채무자가 되어 선박이 채권확보의 담보가 될 수 있으므로 그렇지 않은 경우에 비하여 화주는 보호되게 된다. 통상 진정한 운송인이 도산 등이 되었을 경우에, 원고인 화주는 선박을 소유하고 있는 선박소유자를 피고로 하여 소송을 제기하게 된다.

영국법은 정기용선하에서 발행된 선하증권의 경우, 기본적으로 선장을 대리하여 서명한 경우에 선장은 정기용선자의 피용자가 아니라 선박소유자의 피용자이고 결국 선박소유자의 대리인인 선장이 서명한 것이므로 선박소유자의 선하증권이 된다.[90)] 이 경우에는 이면의 운송인특정약관은 전면과 동일하므로

업에 수반되는 위험성으로 인하여 해사채권자에게 확실한 담보를 제공할 필요성과 선박소유자에게 책임제한을 인정하는 대신 해사채권자를 두텁게 보호해야 한다는 형평상의 요구에 의하여 생긴 제도라고 설시하고 있다. 법원공보(2005), 1784면.

86) 선주책임제한법에서 이를 인정하고 있다.

87) 졸저, 해상법, 211면.

88) Demise 조항도 이와 유사하고 경우에 따라서는 동일하게 취급한다.

89) 이 선하증권에 의하여 증명되는 계약은 상인과 선박소유자 사이에 체결된 것이고 선박소유자만이 본 운송계약에 의하여 발생하는 손해에 대하여 책임을 부담한다. 전문에도 불구하고 다른 자가 운송인으로 판시되면 법률 혹은 본 선하증권에서 제공되는 면책 혹은 책임제한은 그 자에게도 적용된다. 본 선하증권을 선장을 대리하여 서명하여 발행하는 선박회사 혹은 대리인은 본 거래에서 본인이 아니기 때문에 그 선박회사 혹은 대리인은 본 운송계약으로부터 야기되는 어떠한 책임도 부담하지 않고 운송인이 아니다(The contract evidenced by this Bill of Lading is between the merchant and owner of the vessel ... and ... the shipowner only shall be liable for any damage ... arising out of the contract of carriage. If despite the foregoing, it is adjudged that any other is the carrier and/or bailee of the goods ship hereunder, the carrier and/or bailee of the goods ship hereunder, or limitation of, and exoneration from liabilities provided for by law or by this Bill of Lading shall be available to such other. It is further understood and agreed that as a line, company or agent who has executed this Bill of Lading for and on behalf of the master is not a principal in the transaction and the said line, Company or agent shall not be under any liabilities arising out of the contract of carriage, nor as carrier nor bailee of the goods).

90) Christoper Hill, *Maritime Law*(LLP, 2003), p. 249.

문제는 없다. 전면에 정기용선자가 서명한 경우에도 영국법원은 이면의 운송인 특정약관의 효력을 인정하여 선박소유자가 운송인임을 판시한 것도 있다.[91] 다만, 최근의 스타신(Starsin)호 판결에서는 영국 귀족원은 전면의 타이핑한 내용에 대하여 이면의 운송인특정약관보다 우선적인 효력을 인정하였다.[92]

그런데 우리 고등법원은 이를 무효로 하였지만,[93] 일본의 최고재판소는 쟈스민호 판결에서 이를 유효하다고 판시한 바 있다.[94]

운송주선인이 운송인이 되는 경우는 손해배상을 청구하는 화주가 신뢰하게 되는 선하증권은 운송주선인 자신이 발행하는 하우스 선하증권이기 때문에 그는 선박의 이용과는 아무런 관련이 없으므로 자신이 운송인으로 서명하고 이면에 선박소유자를 언급할 수가 없고,[95] 설사 운송인특정약관을 두었다고 하더라도 이는 아무런 관련이 없어 무효가 될 것이다.

선박과의 관련성이 없는 운송주선인이 운송인이 되는 경우에 화주측을 보호하기 위하여 실제운송인과 계약운송인의 연대책임을 상법에 도입하는 것이 유력한 방안이다.

다른 방안으로는 운송주선인이 운송인이 되는 경우에는 손해배상을 부담하기에 충분한 경제적인 지위에 있는 경우에만 영업을 할 수 있도록 행정적인 제한을 두는 것이다.[96][97]

운송주선인이 순수한 주선행위를 하는 경우뿐만 아니라 운송인이 되는 경

---

91) The Flecha [1999] 1 Lloyd's Rep. p. 612.

92) 졸고, 전게 스타신호 판결 참조; The Starsin [2003] 1 Lloyd's Rep., 571.

93) 서울고등법원 1991.4.2. 선고 90나43614 판결; 동지, 서헌제, "정기용선자의 선하증권소지인에 대한 책임," 「고시계」(1992.9), 127면.

94) 이에 대하여는 졸저, 「해상법연구」, 393면 이하 참조.

95) 필자가 확인한 바로는 하우스 선하증권의 이면에는 이러한 내용이 없다.

96) 복합운송인을 규율하는 단행법에 상당한 재정적 설비를 갖추도록 하는 것이다. 복합운송주선인인 경우에는 화물유통촉진법 제8조에 의하면 건설교통부장관에게 등록하여야 하고(제1항), 등록의 요건(제3항)으로서 시행령 제11조에 따르면, (i) 자본금 또는 자산평가액: 법인의 경우 자본금이 3억원 이상, 개인의 자산평가액이 6억원 이상이어야 할 것, (ii) 보증보험가입: 1억원 이상의 보증보험에 가입할 것. 다만, 다음 각호의 1에 해당하는 경우에는 그러하지 아니하다. 1. 자본금 또는 자산평가액이 10억원 이상인 경우 2. 컨테이너 장치장을 소유하고 있는 경우 3. 은행법 제2조의 규정에 의한 금융기관으로부터 1억원 이상의 지급보증을 받은 경우 4. 1억원 이상의 화물배상책임보험에 가입한 경우. 이러한 요건은 운송인이 되는 경우에는 손해배상청구에서 낮은 수치이다.

97) 화주를 보호하기 위한 관점에서 운송주선인이 운송인이 되기 위하여는 일정한 경제적인 자력이 요건이 된다는 대법원 1987년 판결을 이해할 수 있다.

우에도 책임제한을 하도록 하고 이 일정한 액수를 최고액으로 하는 책임보험에 가입하게 하는 것도 한 가지 방법일 것이다.[98]

Ⅳ. 結論 및 立法論

1. 결 론

운송주선인은 상법상으로는 순수한 주선의 기능을 행하는 것이 기본이지만, 실무계에서는 운송인이 되는 경우가 더 일반적이다. 복합운송의 발달로 운송주선인은 물류의 흐름에서 운송의 이행을 제외한 나머지 역무(service)를 제공하는 운송관련업자로서 업무범위를 넓히고 있다. 운송에 깊숙이 관여하므로 운송인과 유사한 지위에 놓이게 되었다. 상법의 이념인 예측 가능성을 부여하기 위하여 관련 당사자들의 보호에 대한 해석과 입법이 필요할 것으로 본다. 특히, 2007년 개정 상법 해상편이 복합운송에서 異種責任制限制度를 택하여(상법 제816조) 육상에서 사고가 발생한 경우에는 육상운송법이 적용되어야 하는바, 현행 상법 상행위의 운송법에는 책임제한규정 등이 없어 해상운송법과 차이가 나므로 개정의 필요성이 증대된다. 이와 함께 본고에서 살펴본 운송주선인도 운송인과의 형평상 책임제한제도를 도입하여 보호하고 그 상대방인 화주를 보호하는 입법이 필요할 것으로 생각된다.

운송주선인은 명칭은 운송주선인으로 하면서도 실제 실무에서는 단순한 대리인으로서, 혹은 운송인으로서 활동하는 경우도 많고 이에 따라서 운송주선인의 법적 지위는 달라짐을 본문에서 보았다. 운송주선인이 대리인의 지위에 있으면 대리의 법리에 따라서 문제가 해결될 것이지만, 운송주선인이나 운송인이 되는 경우는 이들의 보호와 상대방의 보호가 문제된다.

---

98) 독일 1998년 개정상법의 운송법의 내용과 1998년 6월 22일 자동차화물운송법 제7조a 제1항(사업자는 운송계약과 관련하여 독일 상법 제4절에 의하여 내국에서 적하 및 하역을 포함한 운송에서 책임을 부담하게 되는 모든 손해에 대하여 보험에 가입하여야 한다. 사업자는 운송기간동안 유효한 보험가입증서를 소지하여야 한다. 이 규정에 위반할 경우 자동차화물운송법 제19조 제1항 6a-6c에 의하여 벌금의 제제를 받는다)은 필자의 생각과 같은 내용으로 이해된다.

2. 입법론으로서 운송주선인 보호수단

(1) 운송주선인이 운송인이 되는 경우

이 경우 운송주선인은 상법 해상편의 운송인이 되므로 책임제한의 이익을 향유할 수 있다. 육상운송의 경우에는 책임제한의 규정이 없으므로 상법상 책임제한은 할 수 없으나 운송약관을 이용할 수 있다.

운송주선인은 선박을 소유하거나 사용할 권리가 없는 자로서 해상기업주체로서 분류되기가 어렵다는 점도 보았다. 만약, 운송주선인으로서 운송인을 해상기업주체로서 선박소유자책임제한의 이익을 향유시키기 위하여는 상법 해상편의 책임제한규정이 개정되어야 할 것으로 생각한다.

(2) 순수한 운송주선인으로서 기능한 경우

이 경우에는 운송주선인은 자신의 과실로 인한 손해에 대하여 송하인(위탁자)에게 전액을 배상하여야 한다. 그런 다음 자신이 제2운송계약에서 해상운송인에게 손해배상청구를 하면 해상운송인의 책임은 제한된다.[99] 따라서 상법 제115조하의 운송주선인에게도 책임제한규정의 도입이 필요하다. 1998년 독일 개정상법이 운송주선인에게 책임제한이 가능하게 한 점(제461조)도 좋은 시사점이다.

3. 입법론으로서 화주 보호수단

(1) 운송주선인이 운송인이 되는 경우

이 경우에 운송계약의 일방 당사자인 송하인(위탁자)의 보호가 문제되는 바, 우리 상법에는 이에 대한 보호제도가 없다는 점을 살펴보았다. 다른 자가 운송인이 되는 경우에 비하여 화주의 보호가 소홀하므로 이에 대한 제도의 도입이 시급함을 지적하였다. 실제운송인의 연대책임규정의 도입 등이 필요할 것으로 본다.

---

99) 물론 양자의 책임의 범위가 다르기는 하다. 제115조에서는 운송인 등의 선택에 과실이 없으면 운송주선인은 책임이 없다.

종류	대리인으로서 운송주선인	순수한 운송주선인	운송인으로서 운송주선인
제1계약	송하인(위탁자)-대리인의 대리관계	송하인(위탁자)-운송주선인 사이의 주선계약	송하인-운송주선인 사이의 제1운송계약
제2계약	ㅇ송하인-운송인간의 운송계약체결 ㅇ운송주선인은 대리인에 지나지 않음	ㅇ주선인(송하인)-운송인 사이의 운송계약체결 ㅇ위탁자는 운송계약의 당사자 아님	운송주선인-제2의 운송인 사이의 제2운송계약
보호제도 여부		ㅇ제2계약에서 운송인은 책임제한 가능함 ㅇ운송주선인이 위탁자에 대하여 책임제한 가능하도록 하여야 함	ㅇ운송주선인은 운송인의 이익을 향유하도록 함 ㅇ송하인에게는 실제운송인에게도 연대책임청구가 가능하도록 하여야 함 ㅇ운송주선인에게 강제보험가입 등 제도 도입

(2) 운송주선인이 상법 제115조의 주선인으로서 기능한 경우

이 경우에 위 2(2)에서 운송주선인에게 책임제한이 가능하도록 한 경우에는 이에 상응하도록 해상운송인(실제운송인)에게도 연대책임을 부과하는 규정을 두어 송하인(위탁자)을 보호할 것을 고려할 수 있다. 그러나 제2계약에서 운송인은 주선인을 송하인으로 알고 배후의 위탁자를 알지 못하므로 연대책임을 부담할 이유가 없다고 생각한다. 다만, 독일법에서는 운송주선인은 무과실책임을 부담하도록 하여 위탁자인 화주를 보호하고 있다.

제 5 논 문

鐵道運送人의 히말라야約款상 責任制限規定 원용가능성*

—美國 聯邦大法院 2004.11.9. 커비 판결을 중심으로—

Ⅰ. 序 論

복합운송은 현대운송의 꽃이라고 할 수 있다. 복합운송은 두 가지 이상의 서로 다른 운송수단을 이용하는 운송을 말한다. 해상운송을 거친 다음 트럭이나 철도를 이용하여 목적지에 도착하는 경우가 대표적이다. 육상트럭을 이용하다가 철도를 이용하여 목적지에 도착하는 경우도 있다. 전체적으로 보아 운송은 해상운송이 주를 이루고 여러 가지 복잡한 법률문제들이 발생하고(예컨대, 외국간의 운송물의 이동) 국제적인 통일성이 필요함과 아울러 예측가능성이 필요하였기 때문에 해상운송을 중심으로 하는 복합운송에 대한 법제도가 많이 만들어졌다.

복합운송인의 책임제한제도는 두 가지 측면에서 법적인 쟁점이 있다.

하나는, 복합운송은 해상과 육상을 모두 이용하므로 운송물에 대한 사고가 해상에서 발생할 수도 있고 육상에서도 발생할 수도 있다는 점에 있다. 이 때 육상과 해상에서 적용되는 책임법제가 다른 경우에 어떠한 법률을 적용할 것인가가 문제된다. 통상 해상운송은 그 특수성이 인정되어 운송인은 책임제한제도의 이익을 향유한다. 그러나 육상운송은 해상과 같은 위험이나 특수성이 없기

* 이 논문은 「상사판례연구」, 제19권 3호(2006.9)에 게재된 것에 복합운송에 대한 내용을 추론 형태로 일부 추가한 것임을 밝힌다. 이 논문은 2006.3.22. 국회도서관 대강당에서 개최된 국회 동북아해양물류연구회 정기토론회에서 필자가 발표한 "복합운송인의 이행보조자 등의 책임제한인정에 대한 연구—철도운송인관련 미국연방대법원의 2004.11.9. 커비 사건을 중심으로"라는 발표문을 수정 보완한 것이다.

때문에 책임제한제도가 아예 존재하지 않는 경우도 있다. 이러한 경우에 운송인은 가능하면 해상운송법제를 적용하려고 할 것이고 화주측은 가능하면 육상운송법제를 적용하려고 할 것이다. 여기에서 많은 분쟁이 발생하게 된다. 해상운송법제로 단일화시킨 제도를 단일책임제도(single liability system)이라고 한다. 반면에 사고구간에 따라서 사고구간에 적용되는 법제에 따른 책임제한이 가능한 법제를 이종책임제도 혹은 구간별 책임제도(network liability system)라고 한다.[1)]

다른 하나는, 복합운송은 한 사람이 전체적인 운송구간에 대한 운송을 인수하지만, 계약운송인은 다른 자들에게 자신의 채무의 일부를 이행시키기도 한다. 복합운송은 통상 송하인→운송주선인(계약운송인)→해상운송인(실제운송인)→철도운송인(실제운송인의 보조자 혹은 이행대행자) 등으로 연결되어 실행된다. 만약 화주가 계약운송인에게 손해배상청구를 하면 계약운송인은 책임제한이 가능하다. 그런데 그의 피용자 등 이행보조자도 책임제한이 가능하게 하는 소위 히말라야(Himalaya)약관이 선하증권에 사용되거나 입법화된 경우도 있다.[2)] 그런데 히말라야약관에서 정하는 수익자로서 독립계약자 등의 범위가 어디까지인지가 많이 다투어지고 있다.

본 커비 사건은 위 두 문제점 중에서도 히말라야약관에서 복합운송인의 이익을 향유하는 이행보조자의 범위를 어디까지 인정할 것인가에 대한 것이다.

Ⅱ. 美國 聯邦大法院의 커비 사건

1. 사실관계

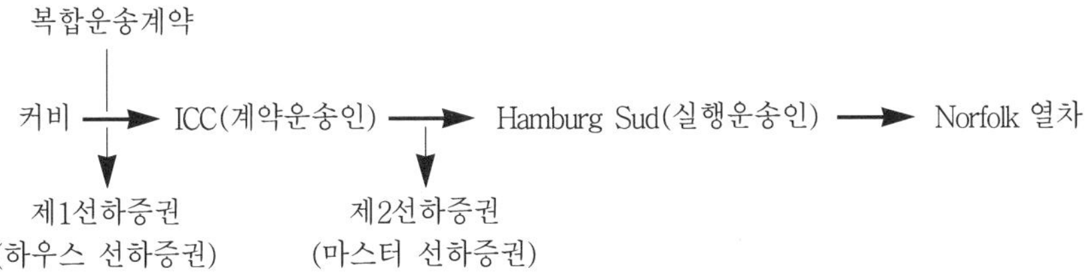

1) 복합운송에 대하여는 김인현, 「해상법」(법문사, 2003), 196면 이하를 참고바람.
2) 대표적인 약관은 FIATA 복합운송증권과 우리 상법 제789조의3 제2항 및 제4항이다.

(1) 호주의 수출업자인 커비(Kirby)는 미국의 수입업자와 수출계약을 체결하였다.[3)]

(2) 커비는 운송주선인인 ICC와 복합운송계약을 체결하였다. 운송구간은 호주의 시드니에서 미국 앨라배마주의 헌츠빌(Huntsvile, Alabama, 이는 항구도시인 사바나에서 366마일 떨어진 내륙지방에 있음)이었다. ICC는 운송인으로서 FIATA 선하증권을 발행하였고, 이 증권에는 소위 히말라야약관이 포함되었다. 그 내용은 "본 선하증권에 의하여 증명되는 계약의 수행과 관련된 손해배상청구가 어떠한 피용자, 대리인 혹은 계약의 수행을 위하여 그의 용역이 사용되는 다른 자(어떠한 독립계약자를 포함함)에게 제기된 경우에는 그러한 책임제한에 대한 약정이 적용된다"(These conditions for limitations on liability apply whenever claims relating to the performance of the contract evidenced by this bill of lading are made against any servant, agent or other person <including any independent contractor> whose services have been used in order to perform the contract)는 것이었다. 동 증권에서 해상운송구간은 미국해상물건운송법(COGSA)이 적용되므로 500달러로 책임이 제한되지만, 육상구간에서는 666.67SDR과 중량(kg)당 2SDR이 병용적으로 적용되도록 약정되었다.

(3) ICC는 해상운송에 대하여 Hamburg Sud(이하 Sud로 약함)와 운송계약을 체결하였다. Sud는 해상선하증권을 ICC에게 발행하였다. 선적항은 시드니, 양륙항은 사바나, 최종목적지는 헌츠빌이었다. 선하증권의 히말라야약관에는 "모든 대리인…(내륙운송인을 포함한) 운송인과… 모든 독립계약자를 포함한다"("to all agents ...<including inland> carriers and all independent contractors whatsoever")라고 되어 있었다. 미국 COGSA의 적용을 받게 되어 있는 계약내용에 따라 책임제한액은 500달러가 된다.

(4) Sud는 내륙운송을 위하여 그의 이행보조자를 통하여 사바나에서 헌츠빌까지의 운송을 위하여 다시 Norfolk열차(Norfolk Southern Railway Company)와 운송계약을 체결하였다. Norfolk열차는 해상운송인인 Sud의 이행보조자의 이행보조자에 해당하게 된다(단순히, Sud의 이행보조자로 약한다).

(5) Norfolk열차로 내륙운송중 기차가 탈선하여 화물에 손상이 발생하였다.

---

3) 정식 사건명은 NORFOLK SOUTHERN RAILWAY COMPANY v. JAMES N. KIRBY, PTY LTD, ET AL.이다.

(6) 제1선하증권의 소지인인 송하인(화주) 커비가 Norfolk열차에 대하여 채무불이행 및 불법행위에 기한 손해배상청구를 제기하자, Norfolk열차는 커비에 대하여 제1선하증권 및 제2선하증권의 히말라야약관의 내용을 근거로 책임제한을 주장하였다.[4)]

2. 사안의 쟁점

피고 Norfolk열차의 과실에 의한 사고임이 명백하였으므로 Norfolk열차는 책임자체를 부인할 수 없었기 때문에 포장당 책임제한을 주장하였다. 그러자, 커비는 해상운송에서 사용되는 히말라야약관이 육상의 운송인에게도 적용되는지를 살펴보게 되었다. 법원은 본 사안은 해상법이 적용된다고 하였다.[5)]

통상 해상운송인은 운송물손상에 대하여 책임제한이 가능하다. 그런데 운송인의 피용자에게 손해배상이 부과된다면 결국 본인 자신의 부담이 되므로 운송인은 피용자 등에게도 책임제한이 가능하다는 히말라야약관을 고안하게 되었다. 이것이 점차 확대되어 운송인의 운송의무를 부담하는 이행보조자 등에게도 확대 적용되게 되었다. 선하증권에는 이러한 류의 히말랴야약관이 모두 삽입되어 있다. 본 사안에서도 히말라야약관이 삽입되어 있었다. 커비와 ICC 사이의 선하증권(제1), ICC와 Sud와 선하증권(제2) 두 개의 선하증권이 발행되어 있었다. Norfolk열차는 양 선하증권상의 히말라야약관의 적용 모두를 주장하였다.

(1) 제1선하증권상의 히말라야약관의 이용(제3자를 위한 계약에서 수익자의 범위의 문제)

Norfolk열차는 먼저 커비와 ICC 사이의 선하증권에 있는 선하증권상의 히말라야약관의 적용을 주장하였다. 동 선하증권(제1선하증권)은 화주와 운송주선인으로서 운송인의 역할을 하는 ICC가 송하인(화주)에게 발행한 선하증권이다. 그런데 여기에 있는 히말라야약관을 이용하려면, Norfolk열차는 운송인의 이행보조자인 해상운송인으로서의 Sud가 다시 육상운송을 위하여 고용한 이행보조자이다. 그러므로 히말라야약관에서 채무자에 해당하는 커비는 계약관계에서 두 번의 재계약을 체결한 자(커비→ICC→Sud→Norfolk열차)의 아주 먼 지위에 있다.

---

4) 2004 AMC 2707-2709.

5) 이 점도 중요한 쟁점의 하나가 되었으나 여기에서는 생략함.

그러므로 이러한 주장이 가능하기 위하여는 히말라야약관에서 인정하는 이행보조자의 범위가 어디까지인가가 문제가 되었다. 즉, 제3자를 위한 계약에서 수익자의 범위가 어디까지인가가 쟁점이 되었다.

(2) 제2선하증권상의 히말라야약관의 이용(운송주선인 ICC가 대리인 혹은 운송인인지의 문제)

제1선하증권에 의하면 책임제한액은 내륙운송의 경우에는 666.67SDR과 중량당 2SDR 중에서 큰 금액이 되고, 제2선하증권에 의하면 책임제한액은 500달러가 되어, 적은 액수의 배상이 가능한 제2선하증권의 책임제한액을 인정받는 것이 철도운송인인 피고로서는 유리한 상황이 되었다.

Norfolk열차는 제1운송인인 ICC와 해상운송인인 Sud와의 사이에 체결된 선하증권의 내용으로서의 히말라야약관을 이용하여 책임제한을 주장하고자 하였다. 즉, Norfolk열차는 ICC가 해상운송인 Sud에게 Sud의 이행보조자에게도 책임제한을 허용한다는 약정을 이용하고자 한 것이다. 그런데 원고는 ICC가 아니라 바로 커비로서 커비는 동 계약에서 당사자가 아니다. 커비는 제1운송인인 ICC와 계약관계에 있을 뿐이지, 해상운송인인 Sud와는 관련이 없다.

그러자, Norfolk열차는 운송주선인은 통상 화주(송하인)의 대리인의 기능도 하는 점이 많고, 미국법상 판례도 있기 때문에 동 선하증권상 ICC는 커비의 대리인에 지나지 않는다는 주장을 하게 되었다. 이렇게 되면, ICC는 커비의 대리인이므로 제2선하증권상의 당사자는 커비와 Sud가 되어, 커비→Sud→Norfolk열차로 계약관계가 이어지게 된다. 따라서 커비는 채무자로서 Sud에게 선하증권상의 히말라야약관을 통하여 해상운송인의 피용자와 이행보조자 등에 대하여도 책임제한을 허용하겠다는 약정을 한 것이 된다.

이러한 배경하에서 과연 ICC는 동 계약에서 송하인인 커비의 대리인인지 아니면 운송인이었는지가 큰 쟁점이 되었다. 커비측은 ICC는 주선인이 아니라 운송인의 지위에서 커비와 운송계약을 체결하였고, ICC가 발행한 제2선하증권상 커비는 무관하므로 Norfolk열차는 제2선하증권을 이용하여 책임제한을 원용할 수 없다고 주장하였다.

제1쟁점은 선하증권상 히말라야약관에서 이행보조자의 인정범위의 문제가 되고, 제2쟁점은 운송주선인의 지위였다. 제1쟁점은 하방(downward) 히말라야

약관문제, 제2쟁점은 상방(upstream) 히말라야약관문제로 일컬어지고 있다.[6)]

3. 하급심의 판결내용

미국 연방 제11순회법원은 쟁점 1에 대하여, 커비의 주장을 받아들여, 제1 선하증권상의 히말라야 적용대상이 되는 당사자에 대한 문구는 철도운송인에게까지 제3수익자가 된다는 취지의 내용이 없으므로, 히말라야약관의 효력은 육상운송인인 Norfolk열차에게까지는 적용되지 아니하고, 따라서 이를 이용하여 육상운송인은 책임제한을 할 수 없다고 하였다. 또한 히말라야조항의 이익을 내륙운송인에게 확장하기 위하여는 특별한 언어상의 특정화가 필요하다고 하였다.

쟁점 2에 대하여 동 법원은 ICC가 커비의 대리인으로 행위한 경우에만 선하증권상의 책임제한에 커비가 귀속되고, 본 사안에서 ICC가 Sud로부터 선하증권을 수령할 때 커비의 대리인의 지위에서 행한 것은 아니라고 판시하였다.[7)] 결론적으로 커비의 주장을 받아들여 ICC는 운송인으로 커비와 계약을 체결하였지 커비의 대리인이 아니며(따라서 Norfolk열차에 대하여 커비가 히말라야조항상의 책임제한허용을 약정한 바가 없고) 결국 Norfolk열차는 커비에 대하여 책임제한의 주장을 할 수 없다고 판시하였다.[8)]

패소하게 된 피고 Norfolk열차는 대법원에 상고하였다.

4. 미국 연방대법원의 판결

미국 연방대법원(Justice O'Connor가 주심)은 아래와 같이 판시하였다.

(1) 쟁점 1에 대하여—히말라야약관의 수익자의 적용범위

제1선하증권하에서 책임제한권이 Norfolk열차에게도 확대 적용되는가에 대하여 법원은 서로 다른 판결을 가지고 있다. 하나는 Akiyama v. M. V. Hanjin Marseilles[9)] 사건에서 책임제한원용자에게 계약의 직접당사자 관계가 요구되지

6) Attilio M. Costabel, "The Himalaya Clause Crosses Privity's Far Frontier," *Journal of Maritime Law & Commerce*, Vol. 3, No. 2(April 2005), p. 241.

7) 2004 AMC 2709.

8) 300 F. 3d 1300, 2002 AMC 2113(11th Cir., 2002).

9) 1999 AMC 650, 653.

않는다고 판시되었다. 다른 하나는 Mikinberg v. Baltic S.S. Co.(1993)[10] 사건으로서 계약관계가 필요하다고 판시되었다.

중요한 것은 계약의 해석에 있고, 제11순회법원이 Herd 사건[11]에서의 대법원의 판시내용을 제대로 잘 적용하였는가에 있다.[12] (중략) 제11순회법원은 Herd 사건에서의 좁은 해석을 취하면서, ICC의 제1선하증권에서는 히말라야약관의 조문내용으로 보아 Norfolk열차를 포함하는가가 불분명하다고 결론을 내렸다. 나아가 Herd 사건을 운송인과 히말라야약관하의 책임제한을 원용하는 자와의 직접계약관계를 요구하는 판결로서 해석하고 있다.

그러나 이것은 잘못이고, 동 Herd 사건의 판시는 제11순회법원이 기초로 삼은 언어적 특정이나 직접계약관계를 요구하지도 않고,[13] 단지 해상운송계약도 다른 계약과 같이 해석되어야 한다고 말하고 있을 뿐이다. 즉, 계약내용에 따라 당사자의 의사에 일치하도록 해석하는 것이다. 만약 어떤 것이 있다고 한다면, 그것은 Herd 사건에서는 히말라야약관에 대한 특별한 원칙이 없다는 것이다.[14] 제11순회법원의 판결은 계약문구나 당사자의 의도에 맞지 않다. 히말

---

10) 1993 AMC 1661, 1668.

11) 1959년의 미국 연방대법원의 Herd 사건의 내용은 아래와 같다. 운송인이 고용한 하역회사는 하역도중 운송물에 손상을 야기하였다. 하역회사는 COGSA와 선하증권에서 운송인은 책임제한이 가능하다는 조항을 근거로 책임제한을 주장하였다. 책임제한조항은 책임제한주체로서 단지 운송인만을 명시하고 있었다(즉, 하역업자에게까지 책임제한을 허용한다는 소위 히말라야조항에 해당하는 문구가 없었다). 하역회사는 COGSA의 규정이 당연히 적용되고, 만약 그렇지 않다고 하여도, Collins 사건의 결과로, 운송인이 행하여야 하는 의무의 일부를 이행하였다는 단순한 사실 하나만으로도 자신은 책임제한이 가능하다고 주장하였다. 또한 선하증권상 운송인의 책임제한허용약정에는 면책약관의 문구가 포괄적으로 적용되는 것으로 보이기 때문에 자신들은 운송계약에서 제3수익자 혹은 운송인의 대리인으로서 당연히 포함되는 것이라고 주장하였다. 연방대법원은 피고 하역회사는 (1) COGSA의 운송인의 개념에 속하지 않고, 의회가 그러한 의도였다면 분명한 입장을 취하여 COGSA의 내용에 명기를 하였을 것이나 그렇지 않고 (2) 책임제한을 자신들에게까지 확장하게 하는 내용이 선하증권에 포함되어 있지 않다. 따라서 책임제한이 불가하다고 판시하였다. Robert C. Herd & Co. v. Krawill Machinery Corp. 1959 AMC 879(1959); Joshep C. Sweeny, "Crossing the Himalaya," *Journal of Maritime Law and Commerce*, Vol. 36, No. 2(April 2005), p. 164.

12) NORFOLK SO. v. J. KIRBY 2004 AMC 2717

13) Herd 사건 이후 운송인의 이행보조자 등의 책임제한을 위하여는 분명한 문구가 선하증권등에 삽입되어 있으면 인정되는 것으로 이해되어 왔다. Attilio M. Costabel, "The Himalaya clause crosses privity's far frontier," *Journal of Maritime Law and Commerce*, Vol. 36, No. 2(April 2005), p. 228. 그러나 Sweeny 교수는 1959년 이후의 하급심 법원의 입장은 분명하지 않다고 한다. Sweeny, op. cit., p. 164.

14) 2004 AMC 2717.

라야약관의 내용은 단지 책임제한을, 계약의 이행에 기여하는 누구에게나(to any servant, agent or other person <including any independent contractor>) 넓게 확대하려는 의사를 나타내고 있다. 모든(any)이라는 확장하는 의미인, 즉 누구 혹은 차별없는 어느 종류의 사람이라는 의미에 초점을 두어야 한다(United States v. Gonzales, 520 U.S. 1, 5(1997)).

본 선하증권에 사용된 확장적인 계약문구는 본 계약을 이행함에 있어서 운송의 여러 수단이 (전체 운송계약을 이행함에 있어서) 사용될 수 있다는 사실에 부합한다. 커비와 ICC는 호주의 시드니에서 미국 앨라배마주의 헌츠빌까지의 운송물에 대한 운송에 대한 계약을 체결한 것이다. 그리고 헌츠빌은 양륙항에서 366마일 떨어져 있다. 따라서 당사자들은 육상운송인의 서비스가 계약의 이행에 필요하다고 예견했던 것임에 틀림이 없다. Norfolk과 같은 철도회사는 히말라야약관에 넓게 확장되어 기재된 의도된 수익자(intended beneficiary)임에 틀림없다. 따라서 동 약관의 히말라야약관의 적용을 받고, 그 결과로 Norfolk열차의 책임은 히말라야약관에서 허용된 금액으로 제한된다.[15]

(2) 쟁점 2에 대하여—ICC는 커비의 대리인인가 아니면 운송인으로서 본인인가 여부

제2선하증권의 문제를 해결하기 위하여는 코먼 케리어(common carrier; 개품운송인)에 대한 선례로부터 얻어진 원칙을 살펴보아야 한다. 주선인(intermediary)[16]이 운송인과 운송물의 운송에 대한 계약을 체결한 경우에 있어서 화주가 운송인에 대하여 청구한 손해배상액은 주선인과 운송인 사이에 합의된 책임제한액으로 제한된다.[17] 주선인은 모든 측면에서 화주의 대리인으로의 권한이 자동적으로 주어지는 것은 아니다. 이러한 논리는 지지될 수 없다. 그러나 과실에 기하여 발생한 책임의 제한문제에 이르면, 주선인은 (화주의 대리인으로서) 운송인과 신뢰될 수 있고 집행이 가능한 합의를 체결할 수 있다.[18]

1914년의 Great Northern R. Co v. O'Conner[19] 사건에서, 화주로부터 철도운

---

15) Ibid.

16) 여기서는 운송주선인을 의미하는 것으로 보아도 될 것으로 본다.

17) 주선인은 화주의 대리인의 지위에 있음을 의미한다.

18) 2004 AMC 2718.

19) 232 U.S. 508(1914).

송계약을 의뢰받은 운송회사(transfer company)가 화주의 동의없이 권한을 넘어 운송물가격보다 낮은 금액으로 책임을 제한하는 계약을 체결하였다. 철도회사가 이 약정을 인용하여 책임제한을 화주에 대하여 주장하자, 법원은 먼저 철도회사는 이동회사가 운송계약의 내용에 합의할 수 있는 권리가 있다고 하였다.[20] 또한 이동회사가 다른 자에게 어떠한 충돌되는 의무를 부담하고 있는지 철도회사가 알기를 기대할 수 없고, 또한 화주는 이동회사에 대하여 구상청구가 가능하다고 하면서 그 약정의 효력을 인정하여 책임제한을 허용하였다.[21][22]

원고가 주장하는 대리의 법리에 의하면 본 사건에서 ICC는 대리인의 기능을 하고 있지 않으므로 대리인이 아닌 것은 틀림없다. 이것이 중요한 것이 아니다. Great Northern 사건과 비교하여 ICC를 고전적 의미에서 커비의 대리인으로 취급하기를 요구하는 것은 아니다. 한번의 제한된 목적을 위하여 ICC를 커비의 대리인으로 취급할 것을 요구할 뿐이다. 주선인을 화주와의 관계에서 하방의 운송인과 계약을 체결한 책임제한을 귀속시킴에 있어서 우리는 전통적인 대리의 법리를 침범하는 것은 아니다. 우리는 단지 책임제한에 대한 하방계약의 신뢰를 확인하는 것이다. Great Northern 사건에서 주선인인 이동회사는 철도회사에 의하여 운송될 화물에 대하여 위탁을 받았기(entrusted with) 때문에 그리고 다른 반대의 사정이 없는 한 운송인은 주선인이 운송계약의 내용에 대한 약정에 합의할 수 있다는 점을 인정할 권리를 가진다. 마찬가지로 여기에서도 화물을 위탁받은 주선인은 하방의 운송인과 책임제한에 대한 계약을 체결할 권한의 점에서 대리인인 것이다.[23]

대리이론을 제한적으로 해석하는 것은 업계의 관행과 일치한다. 대륙간을 오고가는 해상운송에서 운송인은 화주와 운송계약을 체결하기보다는 주선인과 거래를 하고 있는지 알지 못할 수 있다. 이를 알고서 주선인과 거래를 하는 경우라고 하더라도, 그 자보다 앞서서 얼마나 많은 주선인이 있는지, 그들 사이에 앞서서 어떠한 의무가 설정되었는지 알지 못한다.[24] 제11순회법원의 판단에 따

20) 이 문장의 내용은 이동회사와 철도회사 사이에 계약은 유효하다는 것으로 생각된다.

21) 이 문장의 내용은 책임제한에 대하여는 이동회사는 대리인으로서 계약을 체결하여 그 내용은 이동회사와 화주를 구속하는 것으로 생각된다.

22) 2004 AMC 2718.

23) 2004 AMC 2719.

24) 화주와 책임제한약정이 체결되는 것으로 이해하면 간명하다는 취지이다.

른다면 실제운송인은 계약상 자신들에게 진정한 책임제한이 가능한지 확인하기 위하여 많은 정보를 항상 얻어야 하고, 그러한 작업은, 복합운송에서 여러 사람이 개입되므로 경비가 매우 많이 들고 혹은 불가능하기도하다.[25][26]

Ⅲ. 評 釋

1. 쟁점 1(히말라야약관의 수익자의 적용범위)[27]

(1) 문제의 제기

히말라야약관은 직접운송계약관계에 있지 않는 제3자로 하여금 운송계약에서의 당사자가 약정한 이익을 향유하도록 하는 약정이다.[28] 예컨대, 운송계약

---

25) 2004 AMC 2719.

26) 연방대법원은「중개인과 협상한 책임제한이 신뢰할 수 없음에 반하여 화주와 협상한 책임제한이 신뢰할 수 있다면, 운송인은 중개인에게 더 많은 운임을 청구할 것이다. 하방의 운송인으로 하여금 화주와 중개인으로서의 선적인(intermediary shipper)을 구별하게 하는 원칙은 개품운송에서 차별을 하지 못하게 하는 법규정에 위반된다. Great Northern 사건과 같이 우리의 결정은 합당한 결과를 낳는 것이다. 커비는 자신들이 약정한 책임제한액을 넘어서는 손실에 대하여 운송인인 ICC에게 손해배상을 청구할 선택권을 가지고 있다. 사실 커비는 호주에서 Norfolk 탈선사고와 관련하여 ICC에게 제소를 하고 있다. 양 선하증권의 내용에 대하여 모두 사정을 알고 있는 ICC가 책임제한액의 차액에 대하여 책임을 부담하는 것이 논리적으로 보인다. 한편 Norfolk열차는 Sud 선하증권상의 책임제한의 이익을 향유한다」고 정책적인 이유를 밝히고 있다. 2004 AMC 2720.

27) 미국에서 육상운송에 적용되는 법으로는 Carmack법이 있다. 운송인의 책임제한 등 해상법의 경우에는 특별하게 운송인을 보호하는 규정들을 가지고 있으므로 운송인이 피고가 된 경우에는 해상법을 적용하는 것이 유리하다. 반면에 화주는 불리한 지위에 놓이게 되므로 해상법의 적용사안인지가 항상 다투어진다. 사안은 사고가 철도운송중 발생되었다. 그러나 해상운송이 수반되어 있으므로 해상법을 적용하여야 하는지 아니면 육상운송법을 적용하여야 하는지 문제가 되었다. 미국 연방대법원의 커비 판결 이전에서는 복합운송에서는 장소적 접근방식을 취하여 왔다. 그러나 커비 판결에서는 대법원은 연방법이 적용되는 해상사건인지를 판단함에 있어서는 단순히 장소적인 것만을 볼 것이 아니라 개념상 중요한 것을 우선한다는 입장을 취하였다. 그러므로 항상 해상운송이 우선하는 것이 되게 되었다. 따라서 쿠바의 하바나에서 플로리다의 마이애미까지 해상운송을 하고 철도운송으로 워싱턴주의 시애틀까지 운송을 한 경우에도 이것은 해상운송법을 적용할 가능성이 높아졌다는 평가가 나왔다. A. Costabel, op. cit., p. 240

28) 히말라야약관의 존재이유에 대하여, 이미 운송은 운송인의 이행보조자 등에 의하여 행하여질 것이 알려져 있고, 운송인과 화주 사이에 전체운송에 대하여 위험분산에 대한 합의가 이루어져 운임 등이 결정되었다면, 약정된 운송의 범주에 들어가는 다른 자에게도 이러한 위험분산이 인정되어야 한다는 점에 있다. John F Wilson, *Carriage of Goods by Sea*, 5th ed. (Pearson Longman, 2004), p. 145.

에 포장당 500달러의 책임제한이 가능하도록 하는 약정이 있다고 하자. 이때 화주인 송하인은 이익을 제공하여주는 채무자로서, 운송인은 그 이익을 향유하는 채권자가 되고, 운송인의 피용자인 선원 및 운송인이 자신의 하역업무를 대신하기 위하여 고용하는 하역업자 등이 채권자인 운송인이 누리는 이익의 향유를 주장할 수 있도록 한다. 즉, 이 경우에 제3자인 선원 혹은 이행보조자 등은 히말라야약관의 내용에 따라 운송인이 주장 가능한 책임제한의 항변을 자신도 원용할 수 있게 된다.

우리 법하에서는 이를 제3자를 위한 계약으로 이론구성이 가능하다.[29)30)] 당초 영미법은 엄격한 직접계약당사자원칙(the principle of privity)이 있기 때문에 이러한 약정이 허용될 것인지에 대해 많은 논란이 있었다. 그러나 영미법에서도 현재 제3자 수익자(third party beneficiary)이론의 발달과 입법화로 이 원칙은 완화되었다.

(2) 영국에서의 논의

영국의 1954년 Adler v. Dickson[31)] 사건에서 히말라야호의 여객이 갱웨이(gangway)에서 떨어져 다치게 되었다. 여객은 선원의 과실을 근거로 선원에게 손해배상청구를 하였다. 피고 선원은 이 청구는 여객운송표에 나와있는 운송인 면책조항을 우회하는 것으로서 자신도 그 조항의 이익을 향유할 수 있다고 주장하였다. 그러나 항소법원은 이를 부정하여 선원의 책임제한을 인정하지 않았다.[32)] 영국은 엄격한 직접계약당사자원칙이 유지되어 위 사건에서 선원은 운송인과 여객 사이의 계약의 당사자가 아니므로, 이들 사이의 약정의 이익을 원용할 수 없었다.

1962년 영국 귀족원은 Scruttons v Midland Silicones[33)] 사건에서 다시 전통

---

29) 위의 예에서 화주인 송하인은 이익을 제공하여 주는 채무자(낙약자)가 되고, 운송인은 그 이익을 요청하는 채권자(요약자)가 된다. 선원이나 이행보조자는 수익자가 된다(민법 제539조 제1항).

30) 우리 민법에서는 급부청구권을 제3자인 수익자가 갖는 것으로 한정되지만, 미국법하의 제3수익자의 법리는 이것보다는 범위가 넓고, 제3자의 수익의 의사표시가 필요하지 않다는 점에서 다르다고 생각된다.

31) [1954] 2 Lloyd's rep., 267.

32) 이 사건을 계기로 히말라야약관이 등장하게 되었다.

33) [1962] AC 446.

의 직접계약당사자의 원칙을 취하였다. 그러나 동 판결에서 직접 계약당사자 원칙을 우회하여 제3자가 직접계약당사자가 체결한 내용의 이익을 향유하기 위하여는 운송인이 제3자의 대리인으로서 화주와 계약을 체결한 것으로 이론구성이 되면 가능하다는 것으로 발전되게 되었다.[34] 운송인이 자신을 위하여 뿐만 아니라 하역업자(stevedore)를 위하여도 계약이 체결되었다는 문구를 가진 히말라야약관이 원용된 사안인 The Eurymedon 사건에서 영국법원은 그 효력을 인정하여 하역업자는 운송인이 누리던 헤이그규칙에서의 1년 제소기간의 이익을 누리게 되었다.[35] 이러한 히말라야약관의 수혜자는 피용자, 이행보조자를 포함하여 독립계약자에까지 이르게 되었다.

1999년 엄격한 직접계약관계의 원칙을 완화하기 위하여 제3자 권리법(Contracts<Rights of Third Parties> Act 1999)이 만들어져서, 2000.5.1.부터 시행되고 있다. 계약에서 당사자가 아닌 자가 원고가 되기 위하여는 아래와 같은 요건을 갖추면 허용되도록 되었다. (1) 계약내용에 제3자에게 이익의 향유를 시키겠다는 명시적 언급이 있거나 혹은 그러한 의도가 나타나야 한다(제1조 제1항 및 제2항). (2) 제3자는 계약서에 이름으로, 혹은 표기로 혹은 다른 그룹의 일원으로서 확정되어야 한다. 그러나 계약당시 반드시 현존할 필요는 없다(제3항).[36] 따라서 영국법하에서 직접계약당사자원칙은 완화되어 히말라야약관의 유효성은 강화되게 되었다.[37]

---

34) Treitel & Reynolds, CARVER ON BILLS OF LADING(Thomson Sweet & Maxwell, 2005), p. 374.

35) J. Wilson, op. cit., p. 151.

36) 1 (1) Subject to the provisions of the Act, a person who is not a party to a contract (a third party) may in his own right enforce a term of the contract if-
  (a) the contract expressly provides that he may, or
  (b) subject to subsection (2), the term purports to confer a benefit on him.
 (2) Subsection(1)(b) does not apply if on a proper construction of the contract it appear that the parties did not intend the term to be enforceable by the third party.
 (3) The third party must be expressly identified in the contract by name, as a member of a class or as answering a particular description but need not be in existence when the contract is entered into. (이하 생략)

Mary Charman, Contract Law(Willan Publishing, 2001), p. 136.

37) 그러나 운송인이 하역업자 등이 히말라야약관의 내용을 모르고 작업을 한다는 점에서 동법에서의 요건을 충족시키지 못할 우려가 있음이 지적된다. J. Wilson, op. cit., p. 155.

(3) 커비판결 이전의 미국법의 입장

1) 직접계약당사자원칙과 제3수익자 이론

미국법은 영국법에 비하여 직접계약당사자원칙에서 완화된 입장을 취하였다. 소위 제3수익자라는 개념의 도입이 그것이다.[38] 미국은 영국과는 달리 직접계약당사자원칙을 완화하여 제3수익자 원칙(third party beneficiary rule)을 만들어 왔다. 뉴욕주 항소법원의 1859년의 Lawrence v. Fox 사건을 그 효시로 든다. 의도된 수익자(intended beneficiary)[39]는 채무자인 낙약자에 대하여 청구가 가능하게 되었다.[40] 이 원칙은 제3자가 계약당사자들이 자신에게 이익을 주겠다는 약속을 신뢰(reliance)한 경우에도 허용되게 되었다.[41]

① 1952년 운송계약과 관련된 A.M Collins & Co. v. Panama Railroad Co.[42]

---

38) 미국법상 청구권이 인정되는 제3수익자는 의도된 수익자(intended beneficiary)이다. 의도된 수익자가 되기 위하여는 아래의 두 가지 요건을 충족하여야 한다. 첫째, 수익자에게 이행청구권을 인정하는 것이 계약당사자의 의도를 달성시키기에 적당할 것, 둘째, (a) 그 약속의 이행이 수약자(promisee)가 수익자에게 부담하는 금전지급의무를 만족시키는 것일 것 또는 (b) 여러 가지 상황에 비추어 볼 때, 수약자가 약속한 급부로 인한 이익을 수익자에게 주고자 의도하였음이 명백할 것 중에서 한 가지를 충족할 것이 있어야 한다. Restatement Second 302(1); Farnsworth, *Contracts*(Aspen, 2004), p. 658.

39) 의도된 수익자로 대표적인 것으로는 금전채무에서 채권자이다. B가 C에게 300달러를 지급할 의무가 있는 상황에서, B는 A에게 300달러를 빌려주었다. A는 B에게 B의 C에 대한 금전채무를 자신이 갚겠다고 하였다. A가 이를 이행하지 않자 C가 A에게 청구를 하였다. 이 경우에 C는 채권자로서의 제3수익자가 된다.

40) 제3수익자의 이론에 대하여 양명조 교수는 아래와 같이 설명한다. 보험회사 A가 B와의 보험계약에서 B가 사망하는 경우에는 B의 처 C에게 10,000달러를 지급하기로 약속하였다. C는 의도된 수익자이다. 양명조, 「미국계약법」(법문사, 1996), 271면. 미국법상 수익자에게 채권을 취득시키겠다는 의사를 계약당사자가 명백히 밝히지 않은 경우에도 절차적 편의가 도모될 수 있는 경우와 수익자의 신뢰를 보호하여야 하는 경우에 수익자의 직접청구권을 인정하는 점이 특징이다. 전게서, 286면. 예컨대, 양계업과 비료공장을 경영하는 A가 시당국과 시의 하수도시설을 이용하기로 하는 계약을 체결하였다. 하수도시설의 하류지역의 토지소유자들에 대한 피해를 방지하기 위하여 시당국은 A가 특정폐기물을 하수도에 버리지 않겠다는 약속을 받았다. 하류지역의 토지소유자인 C는 의도된 수익자이다. 이에 반하여 이행청구권을 갖지 않는 우발적 수익자(incidental beneficiary)도 있다. B는 A와 A의 토지상에 고층의 빌딩을 건축하기로 하는 계약을 체결하였다. 이 계약의 이행으로 인하여 인접한 C소유 토지의 가격이 상승할 것으로 예상된다. 이 경우에 C는 우발적 수익자이다. 양명조, 전게서, 279면. 우발적 수익자로 대표적인 것은 수증자(donee)를 들 수 있다. 기본적으로는 약인(consideration)이 없기 때문에 문제가 발생한다.

41) A. Costabel, op. cit., p. 227. 신뢰(reliance)한 경우를 수익의 의사표시가 필요없는 것으로 해석하면 우리 상법 제539조에 반하지만, 우리 상법의 타인을 위한 보험계약(상법 제639조)에서도 피보험자의 수익의 의사표시 없이도 보험계약상의 이익을 향수하고, 학설은 이를 제3자를 위한 계약으로 보므로 우리 상법과 유사하게 된다고 할 수 있다.

사건에서 철도회사가 하역업자로서 일하는 과정에서 작업인부가 과실로 운송물에 손상을 입혔다. 철도회사는 선하증권의 500달러 책임제한을 주장하였다. 원고로서 화주는, 하역업자로서는 선하증권상의 당사자가 아니므로 이러한 주장을 할 수 없다고 하였다. 제5순회법원은 누가 계약의 당사자인가를 보지 않고, 선하증권의 해당조항의 목적 효과 등에 관점을 두었다. 그리하여 운송인의 의무의 이행은 선하증권의 법적 우산(umbrella)하에서 여러 관련자들을 묶어주는 법적 시멘트의 역할을 한다; 운송중의 모든 활동은 이러한 우산하에서 효력화되고 이러한 것은 당사자들 사이에서 고려된 것으로 생각하여야 한다고 하였다. 이러한 판결의 입장은 공동의 목적의 달성을 위하여 일하는 중요한 모든 당사자들의 협력된 노력으로서 운송을 바라보고 있다.[43] 동 판결에서 계약관계는 언급되지도 않았다. 즉, 직접계약당사자원칙은 이 판결에서 논의의 대상도 아니었다.

② 그러나 1959년 연방대법원은 Herd 사건에서 다시 직접계약관계의 원칙으로 회귀한다. 운송과 관련한 사건에서 운송인이 고용한 하역회사는 운송물에 손상을 야기하였다. 하역회사는 COGSA와 선하증권상의 조항의 내용을 근거로 책임제한을 주장하였다. 책임제한조항은 책임제한주체로서 단지 운송인만을 명시하고 있었다. 하역회사는 COGSA의 규정이 당연히 적용되고, 만약 그렇지 않다고 하여도, Collins 사건의 결과로, 운송인이 행하여야 하는 의무의 일부를 이행하였다는 단순한 사실 하나만으로도 자신은 책임제한이 가능하다고 주장하였다. 연방대법원은 계약의 당사자이거나 아니면 제3수익자라야만 책임제한이 가능하다고 하면서, 피고 하역회사는 (1) 운송계약의 당사자가 아니고 (2) COGSA의 운송인의 개념에 속하지 않고 (3) 책임제한을 자신들에게까지 확장하게 하는 내용이 선하증권에 포함되어 있지 않다. 따라서 책임제한이 불가하다고 판시하였다. 결국, 동 판결은 제3수익자가 되기 위하여는 (1) 제3자에게 이익을 향유시키겠다는 계약상 의사는 "의도된 수익자"에게만 엄격히 적용되어야 하고 (2) 계약의 의사는 명백한 언어로서 표시되어야 한다는 원칙을 만들어 낸 것으로 평가된다.[44]

---

42) 1952 AMC 2054(5th Cir., 1952).

43) A. Costabel, op, cit., p. 222.

44) Ibid., p. 225.

③ Herd 사건 이후 제3자에게 이익의 향유를 제공하겠다는 당사자의 의사가 선하증권에 표시만 되면 제3자는 권리를 갖는 것으로 해석되었다.[45] 1982년의 Certain Underwriters 사건에서 제11순회법원은 “대리인”과 “독립계약자”라는 집단을 선하증권에 수익자로 기재하고 있다면, 운송계약의 범위 내에서 운송인의 기능과 의무를 수행하기 위하여 운송인에 의하여 고용된 모든 사람을 포함하는 데에 더 이상의 표현이 필요없다고 하였다.[46] 동 사건에서 히말라야약관의 문구가 “any insurer, servant, agent or independent contractor, or subcontractor, including stevedores, carpenters and watchman”인 경우에, 법원은 해상운송인은 수하인에게 최종적 인도를 할 때까지 책임이 있으며 항만운영자는 수하인에게까지 운송물을 인도하는 운송인의 운송계약을 완성하는 것에 필요한 모든 기능을 하기 위하여 고용되었다고 판시하였다. 이 경우에 Herd 사건에서 말하는 명백한 문구요건을 충족하는 것이 되었고, 이후 하역업자와 부두운영자는 쉽게 동 약관의 수익자로 인정되었다.

④ 그러나 본 커비사건에서 제11순회법원은 제3수익자로 인정되기 위하여는 명확한 문구가 필요하지만, 동 히말라야약관은 “피용자”(servant), “대리인”(agent) 그리고 "독립계약자"(independent contractor)라는 단어를 사용하고 있고 이는 운송인의 운송에 대한 역무를 수행하기 위하여 운송인에 의하여 고용된 자를 의미하고, 문제의 철도운송인은 운송주선인에 의하여 고용된 것이 아니라 해상운송인을 위하여 그에 의하여 고용된 자이므로 사안에서의 독립계약자에 포함하지 않는다고 판시하였다.[47]

2) 내륙 독립계약자와 재재이행보조자

① 그런데 본 사건의 철도운송인은 다른 사건과는 달리 해상운송과 직접 관련이 없는 육상의 독립계약자이고, 선하증권을 발행한 운송인의 재재이행보조자에 해당한다는 점이 문제가 되었다.

---

45) 미국의 Carle and Montanari Inc v American Export Isbrandtsen Line Inc., 275 F. Supp. 76(1967) 사건에서 “선하증권의 당사자들이 그들의 그러한 의도를 분명히 명시적으로 표시함으로써 계약상 이익을 제3자에게 부여할 수 있다”고 판시되었다. CARVER, op. cit., p. 37에서 재인용.

46) A. Costabel, op, cit., p. 228. 필자의 생각으로는 명확하게 특정부류의 자를 책임제한의 이익의 향유자라고 명기하지 않아도 의도가 나타나는 경우라면 확대해석하여 적용이 가능하다는 취지로 이해된다.

47) 2002 AMC 2126.

② 하수운송인의 경우에, 특히 비(非)해상 하수운송인의 경우에는 히말라야약관의 이익을 향유하지 못한다는 판결이 많이 나왔다. Mori Seiki USA, Inc. v. M/V Shin Kashu Maru[48] 사건에서 철도운송자를 히말라야약관의 수익자로 판시하였다. 그러나 Caterpillar Overseas, S.A. v Marine Transport, Inc[49] 사건에서 제4순회법원은 트럭 운송업자를 독립계약자로 인정하지 않았다. 법원은 트럭의 전체적인 작업은 비해상(non-maritime)이고 항만터미널의 범위 밖에서 일어난 것이라고 하였다. 이 사건은 수익자의 판단에 제3자가 행하는 서비스(역무)의 성질을 히말라야약관 적용의 하나의 요소로 추가하게 한 것으로 평가된다.[50]

본 커비 사건에서 제11순회법원은 히말라야약관은 해상의 범위(부두에서의 하역업자 등)에만 적용되는 것이므로 이를 넘어서는 철도운송업자에게까지 히말라야약관은 적용되지 않는다고 판시하였다.[51]

③ 채무자에 해당하는 화주와 재이행보조자(재독립계약자)의 관계(화주→운송인→이행보조자→재이행보조자)에 있어서는 양 당사자는 계약관계가 없으므로 그 재이행보조자는 수익자의 범위에 들어가지 않는 문제가 발생한다. 1975년 제2순회법원은 Toyomenka, Inc. v. S.S. Tosaharu Maru[52] 사건에서 운송인의 이행보조자인 부두운영자가 고용한 경비원(화주→운송인→부두운영자→경비원)의 과실에 대하여 이 경비원은 히말라야약관의 "모든 피용자, 대리인 그리고 독립계약자"에 포함되지 않는 것으로 판시되었다. 1993년 Mori Seiiki USA v. M/V Alligator Triump[53] 사건에서 제9순회법원은 부두운영자는 하역업자(화주→운송인→부두운영자→하역업자)를 고용함에 있어서 운송인의 대리인으로 행위하였다는 소위 대리이론에 호소함으로써 운송인→하역업자의 관계가 이루어지게 함으로써 직접계약당사자의 결점을 보완하였다.[54][55] 그러나 1998년 제9순회법원

48) 1989 AMC 374.

49) 1991 AMC 75(4th Cir., 1990).

50) A. Costabel, op, cit., p. 230.

51) 2002 AMC, 2125.

52) 1975 AMC 1820, 1824(2nd Cir., 1975).

53) 1993 AMC 1521(9th Cir.).

54) 화주→운송인→부두운영자→하역업자로 이어지게 되면, 운송인으로부터 재이행보조자가 된다. 이를 twice remote subcontractor라고 한다. 하역업자는 화주와 운송인의 계약에서 약정한 수익자라고 보기가 어려우므로, 부두운영자를 대리인으로 이론 구성을 하면 한 단계가 줄어들어 하역업자는 히말라야약관의 수익자로 바로 이론 구성이 가능하게 된다.

55) A. Costabel, op. cit., p. 232.

은 Akiyama Corp of America v. M/V Hanjin Marseilles[56] 사건에서 대리이론을 버리고, 운송인의 운송계약상 책임과 비교하여 수행된 용역의 성질로서 파악을 하여야 한다는 이론을 내세웠다. 이 이론을 받아들여 Chisso America, Inc v. M/V Hanjin Osaka[57] 사건에서 2003년 뉴저지 지방법원에서는 나용선자(운송인)와 선주에게 히말라야약관을 이용하여 선하증권상의 합의관할약정을 원용할 수 있다는 판결을 하였다. 제3자가 운송인과 동일하게 합의관할규정으로부터 이익을 얻을 수 있다는 기대를 당사자가 하는 것이 합리적이었다면 히말라야 조항은 여기에까지 연장된다고 하였다.[58]

(4) 미국 연방대법원의 판시내용

미국 연방대법원은, 항소법원은 Herd 판결을 지나치게 적용하였고, 진정한 의미에서 Herd 판결은 언어적인 특정을 요구하지도 않고, 직접계약당사자관계를 요구하지 않는다고 하면서, 제3수익자 이론에 따라서 당사자 사이에 제3자에게 이익을 향유시키겠다는 의사가 나타나면 제3자는 보호받는다는 입장이라고 하였다. 연방대법원은 명확하게 당해 이행보조자 등의 문구가 있지 않은 경우라도 "any"라는 단어를 근거로 이를 넓게 인정하고, 커비와 ICC는 호주에서 앨라배마의 헌츠빌까지 양륙항에서 366마일 떨어져 있는 곳까지의 육상운송을 예견하였다는 점도 고려하여, Norfolk열차와 같은 철도회사는 히말라야약관에 넓게 기재된 의도된 수익자(intended beneficiary)임에 틀림없다고 판단하여, Norfolk철도의 책임은 그 약관의 조건에 따라 제한된다고 판시한 것이다.[59]

미국법은 보통법상의 직접계약당사자의 원칙을 완화하여 당사자의 의도가 나타나고 수익자가 이익의 향유를 신뢰한 경우에는 그 수익자에 대한 명확한 표기가 히말라야약관에 나와 있지 않다고 하더라도 이를 인정하는 경향이 있고, 본 판결은 이 점을 보여주고 있다. 또한 육상의 이행보조자에게까지도 그 효력이 인정된 것에 의의가 있다. 영국 보통법하에서라면 직접계약당사자의 원칙이 요구되므로 그 효력이 인정되기 어려울 것이라는 비평이 있다.[60]

---

56) 1999 AMC 650.
57) 2003 AMC 2796(D.N.J. 2003).
58) A. Costabel, op, cit., p. 233.
59) 2004 AMC 2717.
60) CARVER, op. cit., p. 372.

(5) 한국법의 입장

화주(송하인)→운송주선인(계약운송인)→해상운송인(실제운송인)→내륙운송인으로 연결되는 상황에서 육상운송인 혹은 하역업자의 과실로 사고가 발생한 경우에 이들은 과연 화주에 대하여 제1선하증권(하우스 선하증권)하의 책임제한의 항변을 우리 법하에서 할 수 있을 것인가?

우리 법에서는 논의가 거의 되지 않은 것으로 보인다. 화주와 계약운송인이 체결한 히말라야약관에 대하여 실제운송인의 책임제한은 통상 가능하다. 그런데 더 나아가 실제운송인이 이행보조자 혹은 독립계약자를 다시 사용하는 경우에 이들이 책임제한을 주장할 수 있을 것인가? 우리 법은 영국과 달리 엄격한 직접계약당사자원칙을 취하지 않고, 제3자를 위한 보험계약에서 수익의 의사표시를 요구하지 않고 있다. 우리 법에서는 제3자를 위한 계약이 허용되므로 미국법과 유사한 해석이 될 것으로 생각된다.

제1선하증권상의 히말라야약관의 내용을 원용하기 위하여는 그 내용이 제1운송인의 이행보조자가 되는 해상운송인은 물론이고 내륙운송인도 그 대상의 범위에 속한다는 분명한 문구를 가지고 있어야 할 것이다. 이러한 것은 결국 선하증권에 어떠한 문구를 정리하여 삽입하는가에 달려 있을 것으로 본다. 우리나라는 국토가 좁기 때문에 많은 경우 육상의 철도와 트럭 운송의 경우에도 해상운송에 연결된 부수적인 운송으로 보기 때문에 미국에서와 같은 해상(maritime)인지 아니면 비해상(non-maritime)인지에 대한 논의는 나타나지 않고 있다.

본 사건에서 Sud는 실제운송인이었다. Sud의 이행보조자들의 상법 제789조의3 제4항[61]의 원용은 가능한가? 해상과 긴밀한 관련이 있는 하역업자 등은 상법 해상편의 적용을 받을 것으로 보이고, 따라서 책임제한권을 가질 것이다. 그런데 도로나 철도운송의 경우에는 해상운송이 아니라 육상운송이라고 인정한다면 상법의 육상운송편의 적용을 받게 되고 상법에는 특별한 규정을 두고 있지 않고 있으므로 약관에서 정하지 않는 한은 책임제한의 이익을 향유할 수 없다고 생각된다.

헤이그비스비규칙에 따르면 히말라야약관에서 독립계약자는 제외한다는

---

61) 제1항 내지 제3항의 규정은 운송물에 관한 손해배상청구가 운송인 이외의 실제운송인 또는 그 사용인이나 대리인에 대하여 제기된 경우에도 이를 적용한다.

명문의 규정을 가지고 있다(동 제3조 제2항). 이에 반하여 우리나라에서는 독립계약자에 대한 내용은 생략되어 있지만(상법 제789조의3 제4항), 통일적인 해석상 책임제한을 하지 못한다고 해석하여야 할 것이다. 그러므로 상법의 규정이 적용되는 경우에는 독립계약자는 책임제한 등의 이익을 향유하지 못하면서, 선하증권 등에 약정이 있는 경우에는 이의 인정이 가능하므로, 상법보다 더 보호받게 된다. 국제적인 통일성과 예측가능성을 높이기 위하여 이를 상법에 명기할 필요가 있다.

2. 쟁점 2(운송주선인의 법적 지위)

(1) 문제의 제기

운송주선인은 우리 법하에서도 세 가지 기능을 한다.[62] 첫째는 단순히 화주의 대리인이다. 이 기능을 하는 경우에 운송주선인은 화주의 부탁으로 적당한 운송인을 찾아서 대리인으로서 운송계약을 체결하여 준다. 그러므로 운송계약의 당사자는 바로 화주와 운송인이 되고, 운송주선인은 대리인의 역할을 할 뿐이다. 둘째는 상법하의 운송주선인으로서의 기능이다.[63] 독립된 상인으로서 화주와 운송인의 운송을 주선하는 자로서 주의의무를 부담한다(상법 제114조). 셋째는 운송인으로서의 기능이다. 한국법하에서 운송주선인이 운송계약을 체결하여 선하증권을 발행하면 그는 운송인이 된다(상법 제116조).[64] 우리 상법상 운송인이 되기 위하여 어떠한 조건도 없기 때문에 선박을 가지고 있지 않은 자도 운송인이 될 수 있다. 우리 법하에서는 이를 운송인으로서의 운송주선인이라고 부른지만, 미국에서는 무선박운송인(NVOCC)이라고 한다.

그런데 이러한 운송주선인이 운송계약에 개입되게 되면, 그의 지위에 따라서 개입된 당사자들의 법률관계가 달라지므로 운송주선인이 어떠한 지위에서 법률행위를 하였는지를 파악하는 것은 상당히 중요하다.

기본적으로 운송주선인이 선하증권을 자신의 명의로 발행하였다면 그는 운송인으로서의 기능을 한 것으로 볼 수 있다. 이외에 운임을 자신이 받았는지 아니면 수수료를 받았는지도 중요한 요소이다.

62) 동지, 임동철, 「해상법 · 국제운송법연구」(진성사, 1990), 338면.
63) 대법원 2001.9.7. 선고 99다40944 판결.
64) 대법원 1997.9.30. 선고 96다54850 판결.

피고인 Norfolk철도 회사를 지지하는 측은 ICC는 대리인으로서의 기능을 하였다고 주장하였다. 이에 반하여 커비측을 지지하는 아미커스 쿠리에(Amicus Curiae)[65]에 의하면, 아미커스의 국가 모두에서 운송주선인은 운송을 인수하면 운송인이 되는 것으로 나타났고,[66] 본 사안에서도 ICC는 자신이 운송인이므로 커비와는 아무런 관련이 없다고 주장하였다.

(2) 커비 판결 이전의 미국법의 입장

미국법하에서 보통 운송주선인(freight forwarder)은 화주의 대리인으로서 기능한다고 본다.[67] 그러나 유사한 기능을 하는 무선박운송인(NVOCC)는 화주와의 관계에서는 운송인이지만 운송인과의 관계에서는 화주의 입장에 있고,[68] 복합운송주선인은 선하증권을 발행하고 운송인이 되는 경우도 미국에서도 많다.

미국법원에서도 최근, 전형적인 하방향 직접계약당사자의 문제와는 달리, 상방향 직접계약당사자의 문제가 나타났다. 예컨대, 2002년 제9순회법원의 Hyundai Liberty 사건에서, 화주→NVOCC→해상운송인으로 계약이 이루어진 경우에 화주와 NVOCC 사이에는 제1선하증권, 그리고 NVOCC와 해상운송인 사이에는 제2선하증권이 발행되었다. 화주의 청구에 대하여 해상운송인은 제2선하증권에 나타나 있는 서울합의관할을 주장하였다. 화주는 자신은 제2선하증권상의 당사자가 아니므로 제2선하증권상의 합의관할에 구속되지 않는다고 하였다. 법원은 NVOCC를 대리인으로 보아 당사자를 구속한다고 보았다. 동 판결에서 법원은 화주의 대리인으로서 운송인과 계약을 체결하는 NVOCC의 상업적 역할이 이러한 결론에 이르게 하고 이것은 상업적 일반 형태(commercial norm)라고까지 하였다.[69]

---

65) 라틴어로서 법정의 친구(friend of the court)라고 불리며, 소송에서 당사자는 아니지만 그 자가 사안에 대하여 강한 이해관계를 가지기 때문에 스스로 법원에 청원을 하거나 혹은 서면으로 견해를 제출할 것이 요청되는 자를 말한다. *Black's Law Dictionary*, 8th ed.(2004), p. 93. 이들이 제출한 서면을 amicus brief라고 한다.

66) 필자도 12명의 세계적인 석학들의 아미커스에 합류하였다. 여기에는 영국 옥스퍼드의 레이놀드(Raynolds) 교수, 이탈리아의 벨린젤리(Berlingieri) 교수, 프랑스 파리 제1대학 필립 델레베크(Delebecque) 교수, 핀란드의 홍카(Honka) 교수, 네덜란드의 지엘(Ziel) 교수, 동경법대의 후지다(Fujita) 교수 등이 망라되었다.

67) T. Schoenbaum, *Admiralty and Maritime Law*(West Group, 2001), p. 526.

68) Ibid., p. 526; 전게 임동철, 348면.

69) A. Costabel, op, cit., p. 234. 히말라야약관에서의 직접당사자관계이론을 깨트리기 위하여 개

동 커비 사건에서 제11순회법원은 운송주선인은 운송인으로서의 지위에 있다고 보았다.[70] 그러므로 제2선하증권은 화주인 커비와는 아무런 계약관계가 없는 것이 되었다.

(3) 미국 대법원의 판시의 내용

미국 대법원은 운송주선인의 지위에 대한 세계적인 관심속에서 세계적인 운송법석학들이 제공한 에미커스에도 불구하고, 여기에 대한 논의는 하지 않고 새로운 이론을 창시하게 되었다.[71]

미국대법원의 요지는, 비록 운송주선인이 운송인으로 계약을 체결한 경우라고 하더라도, 단순히 책임제한의 목적이라는 제한된 범위내에서는 그를 화주의 대리인으로 의제할 수 있다는 것이다. 이러한 판시는 그간의 정설과 판례를 완전히 뒤바꾸는 획기적이면서도 잘못된 것이라는 판결로 평가되고 있기도 하다.[72]

첫째, 연방대법원은 자신의 판결을 근거로 하였다. ICC는 커비의 대리인인가 아니면 운송인인가에 대하여, 미국 연방대법원은 전통적인 대리의 이론을 적용하여 ICC는 대리인의 기능을 하지 않았으므로 운송인이었음을 인정하였다. 동시에 대법원은 1914년의 Great Northern 철도사건을 인용하여, 화주로부터 철도운송계약을 의뢰받은 운송회사가 화주의 동의없이 권한을 넘어 운송물가격보다 낮은 금액으로 철도운송인과 책임을 제한하는 계약을 체결하였고, 철도회사가 이 약정을 인용하자 법원은 이동회사가 다른 자에게 어떠한 의무를 부담하고 있는지 알고 있기를 기대할 수 없다고 하면서(즉, 대리권의 범위를 벗어났는지 여부에 대하여, 그리하여 무권대리가 되어 본인과의 관계에서 효력이 없어야 함에도 불구하고) 그 약정의 효력을 인정하여 본인과의 계약으로서의 효력을 인정하여 책임제한을 허용하였다. 대법원은 ICC의 존재가 어떤 것인지에 관계없이 육상운송인은 화주에 대하여 책임제한이 가능하다는 전제에 있다.

둘째, 연방대법원은 정책적인 이유를 제시하였다. Sud가 발행한 선하증권

발된 대리이론이 여기에까지 이르렀다고 한다.

70) 2002 AMC 2120-2121.

71) A. Costabel. op. cit., p. 22.

72) William H. Theis, "Third-party beneficiaries in Multimodal contract of carriage," *Journal of Maritime Law and Commerce*, Vol. 36, No. 2(April 2005), p. 214.

상의 책임제한의 이익을 계약관계가 없는 화주에게 이행보조자가 주장가능하다는 피고의 주장은 부당하다는 원고의 주장에 대하여, 대법원은 대리이론을 제한적으로 해석하는 것은 업계의 관행과 일치한다고 하였다.[73] 즉, 해상운송인(Sud)은 계약당사자가 중개인(운송주선인)인지 화주인지 여부를 알지 못한다. 화주와의 관계를 인정하지 않는다면 실제운송인은 계약상 책임제한액수를 정하기 위하여 항상 확인을 하여야 하고 이는 복합운송에서 여러 사람이 개입되므로 경비가 매우 많이 발생한다고 보았다.

미국 대법원은 육상운송인이 해상운송인과 운송계약을 체결할 때 책임제한이 가능하다는 신뢰를 하였고 이러한 것은 운송업계의 관행이고 운송업을 발전시키기 위하여는 이러한 통일적 해석을 하여야 한다는 취지인 것으로 이해된다. 그러나 운송주선인이 아니라 운송인임에도 불구하고, 어떤 법률문제에는 대리인으로 취급하고 어떤 문제에는 운송인으로 취급하는 이중적인 구조는 취하기가 어려운 것이 아닌가 생각된다.

(4) 한국법의 입장

우리 법하에서는 운송주선인이 선하증권을 발행하거나 실제운송인으로 기능한 경우에는 운송인으로 인정하게 된다.[74] 그러므로 화주→계약운송인→실제운송인으로 연결된 경우에 계약운송인과 실제운송인 관계에서 계약운송인이 송하인의 입장에 있기는 하지만, 화주와의 관계에서 계약운송인은 운송인이기 때문에 실제운송인의 이행보조자가 계약당사자가 아닌 화주에 대하여 제2선하증권의 내용을 원용할 수 없는 것은 학설과 판례가 일치한다고 본다.

다만, 미국의 대법원은 이러한 점에서 견해를 같이하면서도 책임제한에 대한 점에서만 별도로 하방의 운송인 등을 위하여 운송주선인인 계약운송인은 화주의 대리인으로 행위한 것으로 의제하였다. 사견으로는 이러한 논리전개는 우리 법하에서는 받아들이기 어렵다고 본다. 해상운송이 포함된 운송에서 통일성을 기하기 위한 취지는 좋지만, 논리적인 전개를 선뜻 수긍하기 어렵다.

---

73) 그러나 많은 Amicus Curie가 제출되었다는 것은 관행과 일치하지 않는다는 의미가 된다는 비판이 있다. W. Theis, op. cit., p. 212

74) 상법 제116조; 대법원 2000.3.10. 선고 99다55052 판결(이에 대하여는 김인현, 「해상법연구」(삼우사), 696면 이하를 참고바람).

Ⅳ. 結 論

1. 요 약

내륙운송인인 철도회사가 과실로 운송물에 손상을 입히자 송하인인 호주의 커비가 손해배상청구를 제기하였다. 철도회사는 커비와 운송주선인(계약운송인)이 체결한 제1선하증권과 운송주선인과 해상운송인(실제운송인)이 체결한 제2선하증권의 히말라야약관을 이용하여 자신의 책임을 제한하고자 하였다.

미국의 연방대법원은 제1선하증권의 히말라야약관은 제3수익자의 법리가 적용되고, 명시적인 문구가 없어도 전체의 취지로 보아서 육상의 내륙운송인까지 독립계약자로 인정할 수 있다고 하였다. 제2선하증권과 관련하여 운송주선인은 계약운송인의 지위에 있었지만 다른 한편 책임제한과 관련하여서는 커비의 대리인의 지위에 있었고 따라서 커비는 제2선하증권의 계약당사자로서 채무자의 지위에 있으므로 동 선하증권의 책임제한약정은 내륙의 독립계약자도 포함된다고 명기된 내용에 포함되는 피고에게도 효력이 있다고 연방대법원은 판시하였다.

미국의 커비 판결에서는 엄격한 직접계약당사자의 원칙을 취하는 영국 보통법의 입장과는 달리, 완화된 제3수익자의 법리를 취하고 있다는 점을 보여준 판결이라고 할 수 있다. 이 점에서 제3자를 위한 계약의 법리를 취하고 있는 우리나라와 미국은 유사한 입장이라고 할 수 있다. 그러나 운송주선인이 운송인임을 인정하면서도 한편으로는 책임제한에 대한 계약을 체결하는 입장에서는 화주의 대리인이라고 하여 운송인을 보호하는 것은 지나치게 운송인을 보호하기 위한 것으로 우리 법의 입장에서는 취하기 어렵다고 판단된다.

2. 입법론

우리 상법은 육상운송의 경우에는 이행보조자의 책임제한에 대한 규정이 없다. 통용되고 있는 약관의 내용이나 대다수의 복합운송과 관련되는 국제조약 등이 이종책임제도(network liability system)를 취하고 있으므로 육상운송에서 사고가 발생하면 육상운송법이 적용되게 된다. 이 경우에 당사자가 약정으로 정하지 않는 한, 임의규정으로서 상법의 책임제한규정 및 그 원용규정이 없으므로 해상운송인에 비하여 육상운송인은 불리한 지위에 놓이게 될 것이다.

독일 상법하에서는 1998년 7월 1일부터 육상운송에서도 운송물 1kg당 8.33SDR로 책임제한이 가능하다. 또한 상법 개정안이 사고구간이 불분명한 경우에는 주된 운송구간에 의한다고 하므로(개정안 제816조) 상법의 육상운송규정이 적용될 여지가 많아지게 된 점도 고려할 사항이다.

2006년 3월 현재 진행되고 있는 운시트랄 운송법회의에서는 이행보조자를 해상이행당사자[75]와 비해상이행당사자로 나누어 해상이행당사자의 경우에는 자신이 계약이나 고용 혹은 대리의 범위내에서 행한 것을 입증한 경우에는 운송인이 주장가능한 항변과 책임제한의 이익을 향유할 자격이 있다고 정한다(제20조 제4항).[76] 다만, 해상이행당사자의 피용자 혹은 대리인까지 히말라야조항을 적용할지는 논의중이다.[77] 동 조약은 해상운송이 포함된 복합운송에도 적용되므로 현행 우리 법보다는 이행보조자에 대한 책임제한여부가 더욱 명확하여진다. 육상운송인이 책임제한을 할 수 있을지는 아직 미정인 셈이다.

〈추론〉 複合運送人 및 履行補助者의 責任制限制度[78]

1. 복합운송인의 책임제한

해상운송인을 비롯한 운송인들은 책임제한의 이익을 갖는다. 복합운송인도 책임제한제도의 이익을 향유한다. 책임제한의 인정근거는 두 가지이다. 하나는 약관을 이용한 방법이고 다른 하나는 법률의 규정에 의한 것이다.

(1) 약 관

복합운송인은 복합운송약관에 자신의 책임을 일정한 한도로 제한하는 규

---

75) 선적항에 화물의 도착에서부터 양륙항에서 선박이 출항하는 시점 사이에 운송인의 책임의 어느 부분이든 행하는 자를 말한다(조약초안 제1조 f항).

76) If an action under this convention is brought against a maritime performing party, that party is entitled to the benefit of the defences and limitations of liability available to the carrier under this convention if it proves that it acted within the scope of its contract, employment or agency. (Variant A)

77) [including employees or agents of the contracting carrier or of a maritime performing party]가 괄호로 남아 있고 추가논의될 예정이다.

78) 2006.3.22. 국회발표 자료시에 발표한 내용의 일부이다.

정을 가지고 있다. 당사자의 의사에 의하여 책임제한이 가능하게 된다.

대표적인 약관은 FIATA 복합운송증권이다. 이에 따르면 운송인의 책임은 아래와 같이 제한된다.

> 제9조 ③ 제9조 제4항 내지 제9조 제9항의 규정에 의거하여 복합운송인은 어떠한 경우에도 포장 또는 단위당 666.67SDR 상당액 또는 멸실되거나 훼손된 물건의 총 중량에 대한 킬로그램당 2SDR 상당액 중 높은 액을 초과한 액에 대하여 책임을 지지 아니한다. 그러나 복합운송인이 물건을 인수하기 전에 송하인이 물건의 성질과 가액을 신고하고 복합운송인이 이를 수락하거나 또는 종가운임이 지급되고 그 가액이 복합운송증권에 기재된 경우에는 그 신고가액을 한도로 한다.
>
> 제9조 ⑥ 1) 물건의 멸실 또는 훼손이 복합운송의 특정구간에서 발생하였고 만일 그 특정운송구간을 위하여 별도의 운송계약이 체결되었다면 그와 관련하여 적용가능한 국제협약 또는 강행적 국내법에서 다른 책임한도를 규정하고 있는 경우에 그러한 멸실 또는 훼손에 대한 복합운송인의 책임한도는 그러한 국제협약 또는 강행적 국내법의 규정을 참조하여 정한다.

당사자의 의사에 의한 이러한 내용은 임의규정보다 앞서므로 문제가 없지만, 강행규정을 변경할 수는 없다. 그리하여 그 내용이 강행규정에 위반하는지 항상 살펴야 한다.

(2) 법률의 규정에 의한 경우

우리 상법에 따라 복합운송인의 사고가 해상구간에서 발생한 경우에는 상법의 규정에 따라 500SDR로 책임이 제한된다(상법 제789조의2). 만약 육상구간에서 사고가 발생한 경우에는 육상구간에서는 책임제한에 대한 규정이 없으므로 상법의 직접적인 적용으로는 책임제한을 할 수 없다. 다만, 약관으로 정한 경우에는 약관에서 정한 내용에 따라 책임제한이 가능하게 된다.

2. 이행보조자의 책임제한과 히말라야조항

(1) 해상운송법이 적용되는 경우

송하인→운송주선인(계약운송인)→해상운송인(실제운송인)→육상운송인으로 운송체인이 이어지는 경우에 운송중의 운송물의 사고에 대하여 송하인은 계약의 당사자인 운송주선인에게 직접 계약상의 책임을 물을 수도 있다. 그러나 실제운송인인 해상운송인이나 육상운송인에게는 계약상의 책임을 물을 수는 없다. 왜냐하면 전체 운송에 대한 인수는 운송주선인인 계약운송인으로서 운송주선인이 한 것이기 때문이다. 이때 송하인은 실제운송인에게 대하여는 불법행위책임을 물을 수 있다.

위에서 본 바와 같이 송하인과 계약운송인은 운송계약의 내용으로서 혹은 법률의 규정에 의하여 책임제한의 이익을 누릴 수 있다. 해상운송에 있어서는 불법행위에 기한 청구에 있어서도 운송인은 책임제한이 가능하다. 마치 법조경합설을 취하는 것과 같은 결과가 된다.

그런데 실제운송인은 송하인과 계약관계에 있지 않기 때문에 운송계약의 내용으로서 책임제한에 대한 약정을 할 수도 없다. 이 경우에 계약운송인은 책임제한이 가능함에도 실제운송인이 책임제한이 가능하지 못하게 되면 균형이 맞지 않다. 그러므로 이 경우에도 책임제한이 가능하도록 하는 약정을 하게 된다. 하역업자나 피용자 등 운송인의 운송에 대한 의무를 이행하게 되는 자들도 운송인이 향유하는 책임제한의 이익을 누리게 한다. 이러한 것을 히말라야조항(혹은 약관)이라고 한다.

1) **피아타증권 제11조**(사용인 및 기타 사람의 책임)

① 이 약관은 청구가 계약에 근거한 것이든 또는 불법행위에 근거한 것이든 묻지 않고 이 복합운송증권에 의하여 증명된 계약의 이행과 관련하여 사용인, 대리인 또는 계약의 이행을 위하여 그의 서비스를 이용하는 기타 사람(모든 독립계약자를 포함한다)에 대한 청구에 대하여 언제나 적용한다. 또한 복합운송인과 그러한 사용인, 대리인 또는 기타 사람의 총 책임은 제9조의 한도를 초과하지 아니한다.[79]

1968년 헤이그비스비규칙 제4조 제2항에서는 "독립계약자"를 제외하고 있

79) ② 이 복합운송증권에 의하여 증명된 계약을 체결하는 경우 복합운송인은 이들 규정의 범위내에서 자기 자신을 위하여서뿐만 아니라 그러한 사람들을 위한 대리인 또는 수탁자로서 행동하며 그러한 사람들은 이 범위 내에서 이 계약의 당사자가 되거나 또는 당사자로 본다. ③ 그러나 만일 물건의 멸실 또는 훼손으로 인한 손해가 제11조 제1항에 언급된 사람이 손해를 일으킬 의도로써 또는 무모하게 그리고 아마 손해가 발생하리라는 것을 알면서 행한 개인적인 작위 또는 부작위로 인하여 발생하였다는 사실이 입증된 경우에는 그러한 사람은 제9조에서 규정한 책임제한의 이익을 받을 권리가 없다. ④ 복합운송인 및 제3조 제2항과 제11조 제1항에서 언급한 사람들로부터 배상받을 수 있는 총액은 이 약관에서 규정한 한도를 초과할 수 없다.

는데 여기서는 포함하고 있다. 동 조항은 불법행위에 근거한 청구에 있어서도 책임제한이 가능하도록 한다.

2) 헤이그비스비규칙의 경우

제4조의2

① 본 조약에서 정한 책임에 대한 항변과 제한은 소송이 채무불이행에 기한 것이든 불법행위에 기한 것이든 관계없이 운송물의 손상에 대한 청구에서 적용된다.[80)]

② 그러나 소송이 운송인의 피용자 혹은 대리인에게 제기된 경우(독립계약자를 제외함)는 그러한 피용자 혹은 대리인도 운송인이 본 조약에서 주장가능한 책임에 대한 항변과 제한을 주장할 수 있다.

3) 우리 상법의 경우

상법 제789조의3(비계약적 청구에 대한 적용)

① 이 장의 운송인의 책임에 관한 규정은 운송인의 불법행위로 인한 손해배상의 책임에도 이를 적용한다.

② 운송물에 관한 손해배상청구가 운송인의 사용인 또는 대리인에 대하여 제기된 경우에 그 손해가 그 사용인 또는 대리인의 직무집행에 관하여 생긴 때에는 그 사용인 또는 대리인은 운송인이 주장할 수 있는 항변과 책임제한을 원용할 수 있다. (생략)

③ 제2항 본문의 경우에 운송인과 그 사용인 또는 대리인의 운송물에 대한 책임제한금액의 총액은 제789조의2 제1항의 규정에 의한 한도를 초과하지 못한다.

④ 제1항 내지 제3항의 규정은 운송물에 관한 손해배상청구가 운송인 이외의 실제운송인 또는 그 사용인이나 대리인에 대하여 제기된 경우에도 이를 적용한다.

우리 상법에서는 독립계약자를 제외한다는 명문의 규정이 없는 점이 헤이그비스비규칙과 다르다.

---

80) Article 4bis 1. The defence and limits of liability provided for in this Convention shall apply in any action against the carrier in respect of loss or damage to goods covered by a contract of carriage whether the action be founded in contract or in tort. 2. If such an action is brought against a servant or agent of the carrier(such servant or agent not being independent contractor), such servant or agent shall be entitled to invoke under this Convention.

(2) 육상운송법이 적용되는 경우

1) 피아타약관

제9조 복합운송인의 책임제한에 따르면 당사자는 육상운송에서 사고가 발생한 경우에는 육상운송에서 적용되는 법에 따른 책임제한제도의 적용을 받게 된다(동 제6항). 그런데 해상운송이나 내수운송이 포함되지 않은 경우에는 총중량에 대한 Kg당 8.33SDR을 초과하지 아니하는 액수로 책임을 제한할 수 있다.

제9조 ⑤ 위에서 언급한 규정에도 불구하고 만일 계약에 따라 복합운송이 해상 또는 내수로에 의한 물건운송을 포함하지 아니한 경우 복합운송인의 책임은 멸실 또는 훼손된 물건의 총중량에 대한 킬로그램당 8.33SDR을 초과하지 아니하는 액수로 제한된다.

⑥ 1) 물건의 멸실 또는 훼손이 복합운송의 특정구간에서 발생하였고 만일 그 특정운송구간을 위하여 별도의 운송계약이 체결되었다면 그와 관련하여 적용가능한 국제협약 또는 강행적 국내법에서 다른 책임한도를 규정하고 있는 경우에 그러한 멸실 또는 훼손에 대한 복합운송인의 책임한도는 그러한 국제협약 또는 강행적 국내법의 규정을 참조하여 정한다.

2) 하주가 물건의 성질 및 가액을 신고하지 아니하고 또한 이 복합운송증권에 기재되지 아니하였으며 또한 종가운임이 지급되지 아니하였으면 미국 해상물건운송법(US COGSA)이 적용되는 경우 복합운송인의 책임은 포장당 또는 포장 이외의 방법으로 물건이 선적된 경우에는 관습상의 운임단위당 미화 500달러를 초과하지 아니한다.

⑦ 만일 복합운송인이 물건의 멸실 또는 훼손 이외에 인도지연 또는 간접적인 멸실 또는 훼손으로 인한 손해에 대하여 책임을 지는 경우 복합운송인의 책임은 이 복합운송증권에 의거한 복합운송을 위한 복합운송계약상 운임의 2배에 상당하는 액을 초과하지 아니하는 액으로 제한된다.[81)]

해상 또는 내수로 운송이 포함된 복합운송의 경우 운송인의 책임은 포장 또는 단위당 666.67SDR 상당액 또는 물건의 중량 킬로그램당 2SDR 상당액 중 높은 금액을 초과할 수 없다. 이는 1968년 헤이그비스비규칙상의 책임한도와

81) ⑧ 복합운송인의 총책임은 물건의 전손에 대한 책임한도를 초과하지 아니한다. ⑨ 만일 복합운송인이 그러한 멸실, 훼손 또는 인도지연을 일으킬 의도로써 또는 무모하게 그리고 아마 그러한 멸실, 훼손 또는 인도지연이 발생하리라는 것을 알면서 행한 개인적인 작위 또는 부작위로 인하여 멸실, 훼손 또는 인도지연이 발생하였다는 사실이 입증되면 복합운송인은 책임제한의 이익을 받을 권리가 없다.

같다. 그러나 해상 또는 내수로 운송이 포함되지 아니한 복합운송의 경우 운송인의 책임한도는 물건의 총중량 킬로그램당 8.33SDR을 한도로 하는데(제5항), 이는 국제도로운송계약에 관한 조약(CMR)의 경우와 같다. 제6항 제1)호는 각 운송구간별로 국제협약 또는 강행적 국내법에서 다른 책임한도를 정한 경우에는 사고발생 구간에 적용되는 책임한도에 따르도록 하였는데, 이 조항은 위 제7조 제6항(해상 또는 내수로 운송을 위한 항변) 및 이 조의 제5항과 더불어 이 약관이 복합운송인의 책임제도에 관하여 이른바 단일책임제도(uniform liability system)가 아니라 구간별책임제도(network liability system)에 따르고 있음을 보여준다. 미국 해상물건운송법(US COGSA)이 적용되는 경우에는 그 법에 따라서 책임한도가 포장 또는 관습상의 운임단위당 미화 500달러로 제한된다(제6항 제2)호).

2) **상법 육상운송편**

만약 육상운송법이 적용되는 경우라면 우리 상법은 히말라야조항에 대한 법규정이 없으므로 계약운송인의 이행보조자로서 육상운송인은 책임제한을 하지 못하게 되는 결과가 된다.

제 6

국내판례

運送人의 包裝當責任制限이 排除된 海商 事例*

(대법원 2006.10.26. 선고 2004다27082 판결)

Ⅰ. 事實關係

복합운송주선업을 운영하는 회사인 원고(제1운송인)는 2001.2.22. 엘지전선과 사이에 흡수식 냉각기 수출화물을 부산항에서 타이완의 길릉항까지 운송하기로 하는 해상운송계약을 체결하고(제1운송계약), 이를 직접 운송하지 않고 다시 원수운송인으로서 하수운송인인 甲과 제2운송계약을 체결하였다. 그런데 甲(제2운송인)은 한국의 乙회사(선박소유자)가 소유하던 선박을 정기용선하여 제2운송계약을 이행하였다. 제1운송계약하에서 원고는 2001.3.5. 엘지전선에게 송하인을 엘지전선, 수하인을 타이완의 수입사로 하는 선하증권을 발행하였다. 제2운송계약하에서 송하인이 원고로 기재되고, 원고의 타이완 대리점이 수하인으로 기재된 선하증권이 발행되었다.

운송인 甲은 甲板積(운송물을 선박의 갑판하의 안전한 선창이 아니라 갑판위에 적재하는 것)에 대한 약정이 없었음에도 불구하고 운송물을 갑판에 적재하게 되었고, 이 화물이 파도에 의한 손상을 입게 되었다. 수출화물의 화주인 엘지전선은 보험회사에 보험사고의 발생을 통지하고 수출화물의 손상으로 인한 보험금을 청구하였으나 화물이 갑판적으로 운송되었다는 이유로 보험금지급을 거절당하였고, 원고는 수출화물의 화주에게 손해배상을 하게 되었다. 이에 원고는 제2운송계약상의 운송인에게 손해배상청구를 하게 된 것이다.

한편, 甲은 브리티시 버진 아일랜드에 회사를 둔 紙面(종이)회사(paper

---

* 본 논문은 「인권과정의」, 제370호(2007.6)에 게재된 것임.

company)로서 한국에 사무실을 가지고 영업을 하면서 한국의 乙회사가 사실상 지배하고 있었다. 원고는 甲이 아니라 乙회사를 피고로 소를 제기하였다. 乙회사는 운송인이 상법상 향유하는 포장당 책임제한의 이익을 향유하고자 하였다. 피고 乙은 상법 제789조의2 책임제한적용을 주장하였다. 원고는 운송인에게 "운송인 자신의 무모한 행위"가 있었으므로 상법상 책임제한은 배제되어야 한다고 주장하였다.

원심인 서울고등법원(2004.5.4. 선고 2003나48176 판결)은 아래와 같이 판시하였다. (1) 피고적격에 대하여 甲회사는 피고 乙회사가 만든 지면회사(paper company)로서 동일한 법인격처럼 운영되었고, 회사가 형식상 법인의 형식을 갖추고 있으나 실질상 완전히 법인격의 배후에 있는 타인의 개인기업에 불과하거나 그것이 배후자에 대한 법률적용을 회피하기 위한 수단으로 함부로 쓰이는 경우에는 회사는 물론 배후자에게도 회사의 행위에 대한 책임을 물을 수 있고 乙회사도 운송계약에 따른 채무를 부담한다.[1] (2) 상법 제789조의2 운송인의 포장당 책임제한 적용에 대하여, 운송인이 갑판적을 한 행위는 상법의 책임제한배제사유가 되는 손해가 생길 염려가 있음을 인식하면서 무모하게 한 행위에 해당한다. 운송인 甲회사의 대리 및 차장이 갑판적에 대한 결정을 하였고, 비록 차장의 행위라고 하더라도 그가 실질적으로 결정권을 가지고 있다면 운송인 자신의 행위로 인정할 수 있다. 따라서 운송인인 甲회사의 행위는 회사자신의 무모한 행위로서 상법 제789조의2 제1항 단서에 따라 운송인은 책임제한을 할 수 없다. 이에 피고 乙회사는 대법원에 상고하게 되었다.

Ⅱ. 大法院의 判示內容

대법원은 법인격부인 여부에 대하여, 「원심이, 甲은 해상운송에서 운송인의 책임을 부당하게 회피할 목적으로 피고와 영업상 실질이 동일함에도 불구하고 형식상으로만 브리티시 버진 아일랜드에 설립된 회사(소위 paper company)로

1) 피고는 선하증권 이면에 기재된 책임제한의 이익을 원용하고자 하였지만, 원심은 제2운송계약 당시 이 사건 수출화물에 대하여 선하증권을 발행하지 않는 이른바 surrender 화물로 처리하기로 합의가 이루어져 선하증권이 발행되지 않았고 이러한 취지를 나타내는 surrender 문언이 표시된 선하증권 전면만이 발행되었으므로 선하증권 발행을 전제로 한 피고의 주장은 이유없다고 판시하였다.

서 피고와 동일한 법인격처럼 운영되어 왔다. 이 사건 운송계약이 외관상 원고와 甲 사이에 체결되었다고 하더라도 甲의 배후자인 피고는 甲과 별개의 법인격임을 주장하며 이 사건 운송계약에 따른 채무가 甲에만 귀속된다고 주장할 수 없고, 피고 역시 운송계약에 따른 채무를 부담한다고 판단한 조치는 정당하다」고 판시하였다.

상법 제789조의2의 포장당 책임제한의 적용이 배제되는지에 대하여, 대법원은 「위 조항의 문언 및 입법연혁에 비추어, 단서에서 말하는 운송인 자신은 운송인 본인을 말하고 운송인의 피용자나 대리인 등의 이행보조자에게 귀책사유가 있는 경우에는 위 단서가 적용되지 않는다고 하겠으나, 법인 운송인의 경우에 있어, 그 대표기관의 고의 또는 무모한 행위만을 법인의 고의 또는 무모한 행위로 한정하게 된다면, 법인의 규모가 클수록 운송에 관한 실질적 권한이 하부의 기관으로 이양된다는 점을 감안할 때 위 단서조항의 배제사유는 사실상 사문화되고 당해 법인이 책임제한의 이익을 부당하게 향유할 염려가 있다. 따라서 법인의 대표기관뿐 아니라 적어도 법인의 내부적 업무분장에 따라 당해 법인의 관리업무의 전부 또는 특정 부분에 관하여 대표기관에 갈음하여 사실상 회사의 의사결정 등 모든 권한을 행사하는 자가 있다면, 비록 그가 이사회의 구성원 또는 임원이 아니더라도 그의 행위를 운송인인 회사 자신의 행위로 봄이 상당하다. 같은 취지에서 원심이 이 사건 수출화물을 원고와의 합의없이 임의로 갑판에 선적하도록 지시한 피고의 관리직 담당직원은 대외적으로 대표권을 갖는 甲의 대표기관은 아니더라도 이 사건 운송계약의 체결과 그 이행과정에 있어서 甲의 직무분장에 따라 회사의 의사결정 등 모든 권한을 행사하는 대표기관에 준하는 지위에 있었던 것으로 보아 이 사건 화물을 갑판에 선적한 행위는 운송인 자신의 행위에 해당한다고 판단한 조치는 기록에 비추어 정당한 것으로 수긍된다. 따라서 상고를 기각한다」[2][3]고 판시하였다.

2) 판례공보(2006), 1966면.

3) 본 판결에 대한 간략한 평석으로는 김인현, "운송인의 법인격이 부인되면서 포장당 책임제한이 배제된 사례," 법률신문, 2007.3.26(제3540호), 15면; 발표회 논문으로는 김창준, "운송인의 책임배제사유," 2007년도 한국해법학회 봄철 정기학술발표회자료(한국해법학회, 2007.5.4), 25면 이하(「한국해법학회지」, 제29권 제2호(2007.11), 7면 이하)가 있다.

III. 運送人의 責任制限排除事由에 대한 評釋

1. 서

본 사건에서 쟁점이 된 것은 지면회사의 경우에 법인격이 부인되어 배후의 실질회사가 책임의 주체가 되는가? 상법상 운송인의 포장당 책임제한권이 배제되는 사유로서 무모한 행위는 어떤 내용이며 운송인 자신의 무모한 행위에서 운송인 자신의 범위는 어디까지인가? 라는 두 가지이다. 특히, 우리 대법원에서 운송과 관련하여 해상운송인의 책임제한이 배제된 것은 처음이고, 세계적으로도 이와 같은 판례를 찾기 어렵기 때문에 이 판결은 대단히 중요한 의미를 가진다.

복합운송주선인이 화주의 입장에서 지면회사인 운송인과 운송계약을 체결하였고 운송인이 운송물을 갑판적한 결과 운송물이 손상을 입게 된 사안에서, 원심과 대법원은 법인격부인론을 적용하여 배후의 선박소유자에게 운송계약에 따른 채무를 인정하고, 운송계약의 합의가 없었음에도 갑판적을 결정한 차장의 행위는 운송인 자신의 무모한 행위로서 운송인은 책임제한을 주장할 수 없다고 판시한 것이다.

본 평석에서 다루고자 하는 것은 두 번째의 쟁점으로서 운송인의 포장당 책임제한권의 배제에 대한 것이다.[4]

2. 포장당 책임제한제도 일반론

해상법에서는 선박소유자와 운송인을 보호하는 제도로서 책임제한제도가 있다. 폐지의 논란이 있지만, 연혁적인 이유와 함께 운송인의 보험가입금액의 결정에 도움이 된다는 것에서 존재의 이유를 찾는 것이 유력하다.[5] 현재의 추세는 이를 폐지하기보다는 책임제한액수를 증액하여 운송인이 더 많은 손해배

---

4) 법인격부인론에 대한 논의는 지면관계상 생략한다. 이에 대하여는 김인현, "해상사건관련 법인격부인론에 대한 한국과 미국간 비교법적 연구," 2007년도 한국해법학회 봄철 정기학술발표회자료(한국해법학회, 2007.5.4), 41면 이하(「한국해법학회지」, 제29권 제2호(2007.11), 37면)가 있다.

5) 배병태, "책임제한법개정안과 그 취지," 「한국해법회지」, 제11권 제1호(1990.3), 50면; 김창준, 전게논문, 26면.

상액을 배상하게 하면서 책임제한이 배제되지 않도록 하는 것이다.[6] 선박소유자와 운송인 및 화주에게 모두 도움이 되기 때문이다. 선박소유자가 부담하는 보험료의 인하는 운임의 인하로 이어진다.

한편, 운송인이 손해배상책임을 부담하는 경우에도 자신의 책임을 운송물의 포장수에 따라 일정한 액수로 제한할 수 있는 제도를 포장당 책임제한제도라고 한다. 그런데 운송인이 고의에 가까운 행위를 하여 운송물에 손상을 입히는 경우까지 예외적인 책임제한제도를 인정할 필요는 없다. 상법은 제789조의 2 제1항 본문에서 해상운송인이 운송물의 수령, 선적 등에 관하여 부담하는 손해배상책임은 당해 운송물의 매포장당 500SDR 한도로 책임을 제한할 수 있다고 한 다음, 제1항 단서에서 "그러나 운송물에 관한 손해가 운송인 자신의 고의 또는 그 손해가 생길 염려가 있음을 인식하면서 무모하게 한 작위 또는 부작위로 인하여 생긴 것인 때에는 그러하지 아니하다"고 정한다. 동 규정은 헤이그비스비규칙[7] 제4조 제5항 e호에 따른 것이다.[8] 이러한 책임제한배제사유는 운송인의 포장당 책임제한의 경우뿐만 아니라 총체적 책임제한제도에서도 동일하게 규정되어 있다.[9] 동 조항들은 바르샤바조약 제25조가 그 원전이 되었다.

상법에 의하면 운송인 자신의 고의 혹은 무모한 행위가 있는 경우에 운송인은 포장당 책임제한을 할 수 없다. 두 가지 요소, 즉 운송인 자신 및 그의 무모한 행위가 소송에서 쟁점이 되고, 이는 모두 원고인 화주가 입증하여야 한다.[10] 이에 대하여 차례로 논하고자 한다.[11]

---

6) 예컨대, 유류오염손해배상을 위한 국제협약과 기금협약은 선박소유자의 책임제한이 되지 않을 정도로 높은 금액을 책임제한액수로 하는 증액을 계속하고 있다.

7) 헤이그비스비규칙이란 선하증권의 통일에 관한 조약으로서 1924년 헤이그 조약과 1968년 헤이그조약개정을 위한 비스비의정서를 합하여 부르는 용어이다. 즉, 1968년 비스비의정서의 개정내용을 1924년 헤이그 조약에 추가한 것을 헤이그비스비규칙이라고 한다.

8) Neither the carrier nor the ship shall be entitled to the benefit of the limitation of liability provided for in this paragraph if it is proved that the damage resulted from an act of omission of the carrier done with intent to cause damage or recklessly and with knowledge that damage would probably result.

9) 상법 제746조는 "채권이 선박소유자 자신의 고의 또는 손해발생의 염려가 있음을 인식하면서 무모하게 한 작위 또는 부작위로 인하여 생긴 손해에 관한 것인 때에는 선박소유자가 책임제한을 할 수 없다"고 규정한다.

10) 입증책임을 원고인 화주가 부담하여야 하는 점에는 이론이 없다. 채이식, 「상법(하)」(박영사, 1992), 714면; 김창준, 전게논문, 34면; 대법원 2006.10.13. 선고 2005다3724 판결.

3. 고의 및 인식있는 무모한 행위

고의가 책임제한배제사유에 포함되는 점에는 의문의 여지가 없다. 이는 헤이그비스비규칙의 intent to cause to damage를 번역한 것으로 보이지만, 고의에는 확정적 고의와 미필적 고의(혹은 소극적 고의)가 포함되고, "무모한 행위"가 미필적 고의로도 주장되고 있으므로, 고의가 아닌 "확정적 고의" 혹은 원문과 같이 "손해를 야기할 의도를 가지고"라고 법문을 수정함으로써 미필적 고의를 배제하는 것이 좋다고 본다. 고의를 제1주관적 요소로 부르기로 한다.

"무모하게" 그리고 "(손해)결과발생의 개연성을 인식하고"(recklessly and knowingly that the result probably occur)라는 의미에 대하여 두 가지 요소를 통합하여 우리나라에서는 "무모한 행위"로 약하여 부르기도 한다. 일본에서는 "인식있는 무모한 행위"라고 부른다. "무모하게"를 독자적인 것으로 볼 여지도 있지만, 뒤의 "인식하고"(knowingly) 이하의 문장과 and로 연결되어 있으므로 통설은 양자를 합하여 이해한다. 이를 제2주관적 요소로 부르기로 한다. 이하에서는 논란이 되고 있는 제2주관적 요소인 "무모한 행위"의 개념에 대하여 살펴보기로 한다.

(1) 우리나라의 경우

우리나라의 학설은 중과실설, 고의에 가까운 과실설(준고의설)(인식있는 중과실설 포함) 그리고 미필적 고의설이 대립되어 있다.[12)]

먼저 중과실설에 대하여 본다. 채이식 교수는 "개정상법은 선박소유자를 보호할 목적으로 배제사유의 범위를 축소하여 손해발생의 염려가 있음을 인식하면서 무모하게 한 행위로 인한 손해채권에 한해서만 책임제한의 적용을 배제하였다. 여기에서 '무모하게 한 행위'라 함은 손해의 발생을 인용하고 한 행위뿐만 아니라 중대한 과실로 손해가 발생하지 않을 것으로 믿거나 혹은 중대한

---

11) 여기에 대한 선행되는 국내의 논문으로는 김동훈, "개정상법상 선주책임제한권의 상실사유," 「한국해법학회지」, 제15권 제1호(1993.3), 103면 이하; 윤배경, "상법 제746조 본문단서상의 선박소유자 등의 주관적 책임제한조각사유의 해석에 관한 소고,「한국해법학회지」, 제18권 제2호(1996); 이창희, "상법 제746조에 표현된 무모한 행위의 해석기준에 대한 고찰," 「목포해양대학교 논문집」, 제7집(II)(1999), 69면 이하가 있다.

12) 이러한 대립은 1991년 상법개정안을 작성할 당시부터 있어 왔다.

과실로 손해발생가능성에 대한 인식이 미치지 못하고 행한 모든 행위를 말한다"고 설명한다.[13] 채이식 교수의 설명은 (i) 미필적 고의 (ii) 중대한 과실+인식있는 과실 (iii) 중대한 과실을 순차적으로 설명하고 있다. 그러므로 적어도 중과실까지를 포함하므로 중과실설이라고 부를 수 있을 것이다.[14][15] 이들의 입장은 고의는 물론이고 미필적 고의를 포함하고 중대한 과실인 경우에까지도 선박소유자 혹은 운송인의 책임제한권이 배제되는 것이므로 운송인에게 가장 불리하고 화주에게 가장 유리한 이론이 된다. 이 학설은 형법상의 개념을 빌리지 않고 현재의 민상법상의 개념으로서 무모한 행위를 해석하는 장점이 있다. 그러나 이는 아래에서 보는 바와 같이 조약의 원취지와 달라지는 문제점이 있다.

다음으로 유력설인 고의에 준하는 과실 혹은 인식있는 중과실설을 취하는 준고의설을 본다. 김동훈 교수는, 개정상법상의 무모한 작위 부작위의 문언이 해당 국제조약의 문언을 그대로 번역 수용한 것이라는 입법취지에 충실하는 한, 결국 이 요건에서 "손해발생의 염려가 있음을 인식하면서" 행위를 한다는 것은 형법상의 개념을 차용하면 미필적 고의와 인식있는 과실을 포함할 수 있는 것이며, "무모하게" 행위를 했다는 것은 그 귀책성이 높다는 것을 의미하므로 중대한 귀책사유를 말한다고 할 수 있다고 한다. 아울러 책임제한배제사유

13) 채이식, 전게서, 713면. 다만, 2003년도 개정판 669면에서는, "이 규정에 의해 배제될 귀책사유는 중과실보다 더욱 그 범위가 축소된 것이라고 해석된다"고 한다.

14) 채이식 교수의 이러한 견해는 무모함(recklessness)에 대한 영국법의 입장을 반영하고, 이를 배제사유의 독자적인 주관적 요소로 이해한 것으로 생각된다. 김동훈 교수의 견해를 빌리면, 적어도 영국법에서는 무모함에 중과실도 포함된다고 한다. 김동훈, 116면. 박용섭 교수도, 무모함에 대하여, 영국법에서는 주관적인 견해에 따르면, 행위자가 자기의 행위로부터 손해의 발생위험을 현실적으로 예견한 것을 의미한다고 하고, 객관적 견해에 따르면, 행위자가 인식하는 행위로부터 생길 유해한 결과의 위험을 무시할 것을 결정한 것뿐만 아니라 또한 위험이 있을 수도 있는 상황의 여부를 생각하지 아니한 것도 포함하는 것을 의미한다고 한다. 영국에서는 무모함은 객관적으로 해석하고, 뒤의 "인식하고(knowingly)" 이하는 주관적 견해로 해석하는 것이 학설과 판례라고 한다. 박용섭, 「해상법」(형설출판사, 1998), 239면. 따라서 객관적으로 무모함을 이해하는 영국에서는 중과실도 포함하는 개념이 된다. 그러나 뒤에서 보는 바와 같이 무모함이 아니라 "무모한 행위"를 해석함에는 무모함에서 요구하는 손해발생의 인식의 정도는 인식하고(knowingly) 이하의 높은 정도의 인식으로 대체되기 때문에 영국법의 중과실도 "무모한 행위"에 포섭하는 것은 (인식없는 중과실이 포함되므로) 잘못이라고 생각한다. 중요한 것은 단독으로서의 "무모함"이 아니라 "인식하고" 이하의 요소도 함께 고려한 "무모한 행위"의 의미인 것이다.

15) 윤배경 변호사는 1976년 책임제한조약이 경과실의 경우에 책임제한이 배제되는 상황을 막기 위함에 있었으므로 중과실로 되면 족하다는 입장이다. 윤배경, 전게논문, 47면; 이주흥 판사도 중대한 과실을 의미한다고 한다. 「해상운송법」(박영사, 1992), 92면.

를 극히 좁게 한정하려는 76년 조약과 비스비규칙의 입법의도를 고려한다면 인식있는 과실의 경우는 일반적인 중과실보다 훨씬 무거운 과실 즉 고의에 근접한 과실을 의미한다고 본다. 김동훈 교수는 무모한 행위는 손해발생에 대한 미필적 고의 및 고의에 준하는 (인식있는) 과실로 보아야 한다고 주장한다.[16] 김동훈 교수는 단순한 인식있는 과실이 아니라 고의에 준하는 인식있는 과실이라고 하므로, 미필적 고의와 인식있는 과실 중에서 중과실 이상의 주관적인 요소가 있는 경우에 운송인의 책임제한은 배제된다.[17] 이들의 견해는 중과실설을 부정하고, 미필적 고의를 포함하고 이보다 약간 낮은 단계의 고의에 가까운 인식있는 과실까지도 책임제한배제사유가 된다.[18]

국내의 다수설은 미필적 고의설이다. 임동철 교수는 운송인의 주관적 요소로서 표시된 "손해를 일으킬 의도로서"라 함은 적극적 가해의 의도를 가진 적극적 고의의 경우를 말하며, "무모한 행위"는 중대한 과실이라기보다는 소극적 고의의 경우를 말하는 것으로 해석하여야 한다는 일본의 谷川 교수의 학설을 인용하고, 또한 영국의 다이아몬드가 설명한 바 영국법에서도 많은 판례에서 사용되고 있는 고의의 불법행위(wilful misconduct)와 이 조항의 차이를 찾아보기 어렵다고 하는 것을 근거로,[19] 이 조항의 무모한 행위가 중과실에 해당한다고

---

16) 김동훈, 전게논문, 121면. 그리고 일반의 고의과실이 일정한 결과(사고)의 발생에 대한 인식을 전제로 함에 대하여 이것은 손해의 발생에 대한 것이라는 점에 차이가 있다고 한다

17) 송상현 교수, 김현 변호사도 무모함이란 고의에 준하는 고도의 태만한 상태이므로 중과실보다 무거운 정도의 잘못이라고 한다. 따라서 위험의 존재여부를 불합리하게 인식하지 못한 것만으로는 책임제한권을 상실하지 않는다. 송상현 · 김현, 「해상법원론」(박영사, 2003), 142면; 동지, 정찬형, 「상법강의(하)」(박영사, 2005), 799면. 정동윤 교수는 손해발생의 염려가 있음을 인식한다고 함은 운송인 등이 현실로 인식하고 있는 것을 의미하므로 선량한 관리자의 주의의무를 기준으로 하여 추상적으로 과실의 유무와 경중을 판단하는 중과실과는 이질적인 것이며, 또 손해발생에 관한 단순한 개연성의 인식에 그치는 인식있는 과실과도 다르다. 이것은 손해의 발생을 의욕하는 것(여기의 고의)은 아니지만, 손해발생의 염려가 있음을 현실로 인식하면서도 무모하게 행위를 하는 것이므로, 고의에 가까운 개념이라고 본다. 정동윤, 「주석상법(해상편)」(사법행정학회, 2001), 342면.

18) 한편, 최종현 교수는 무모한 행위를 인식있는 중과실로 해석하면서 중과실설은 인식없는 중과실을 포함하게 되므로 잘못이고, 미필적 고의설은 중과실을 배제하므로 잘못이라고 한다. 실제로 발생한 당해 손해에 관하여 인식을 하면서 한 중대한 과실행위와 당해 손해의 발생을 인식하면서 이를 인용한 미필적 고의가 이에 해당한다고 한다. 최종현, "선박에 의한 오염손해의 전보에 관한 연구"(서울대학교 법학박사학위논문, 2001.2), 89면; 김창준 변호사도 무모한 행위에는 미필적 고의를 포함하고 인식있는 중과실을 의미한다고 한다. 전게논문, 38면. 이와 같은 인식있는 중과실설도 크게 보면 여기에 포함할 수 있을 것으로 본다.

보는 견해에는 찬성하기 어렵다고 한다.[20] 이균성 교수는 무모한 행위는 중과실이라기보다는 소극적인 고의(말하자면 형법상의 미필적 고의)를 가리킨다고 한다.[21][22] 이들 입장은 인식있는 과실이나 중과실을 배제하고 미필적 고의가 행위자에게 있는 경우에만 운송인의 책임제한권이 배제되므로 운송인에게 가장 유리한 학설이라고 할 수 있다.

"무모한 행위"의 원전인 헤이그비스비규칙의 모법이 된 항공운송에 관한 바르샤바조약 제25조의 해석과 관련하여 우리 대법원(2004.7.22. 선고 2001다58269 판결)은,[23] 「"손해가 생길 개연성이 있음을 인식하면서도 무모하게 한 작위 또는 부작위"라 함은 자신의 행동이 손해를 발생시킬 개연성이 있다는 것을 알면서도 그 결과를 무모하게 무시하면서 하는 의도적 행위를 말하는 것으로서, 그에 대한 입증책임은 책임제한조항의 적용배제를 구하는 자에게 있고 (중략) 손해발생의 개연성에 대한 인식이 없는 한 아무리 과실이 무겁더라도 무모한 행위로 평가될 수 없다」고 판시하였다. 대법원은 손해발생의 개연성에 대한 인식이 필요하고 나아가 그 결과를 무모하게 무시한다는 심적 상태를 요구하였으며 형법상의 개념으로는 적어도 인식있는 과실이 있어야 함을 분명히 하였다. 이후에도 대법원은 여러 차례 항공운송인의 책임제한배제사유에 대하여 판단하였지만, 학설에서 논의되고 있는 주관적인 요소에 대하여 구체적으로 설명하지 않고 있다.[24]

---

19) Anthony Diamond Q.C., "The Hague-Visby Rules," [1978] 2 LMCLQ, p. 245.

20) 임동철, 「해상법 · 국제운송법연구」(효성출판사, 1999), 107-108면.

21) 이균성, 「국제해상운송법연구」(삼영사, 1984), 245면; 동지, 최준선, 「보험법해상법」(삼지원, 2005), 377면; 김이수, "선박소유자의 책임제한," 「해상보험법에 관한 제문제」(재판자료 제52집, 법원행정처, 1991), 89면; 이창희, 전게논문, 12면.

22) 한편, 박용섭 교수는 행위자가 손해발생의 개연성을 현실적으로 알고 있다는 것을 의미하는 것으로 고의의 법적 구성을 가진 것으로 보는 것이 타당하다고 하고, 해상법과 국제해사채권협약의 책임제한상실원인이 고의 혹은 과실에서 고의로 축소되었다고 한다. 따라서 박용섭 교수는 무모한 행위를 미필적 고의로 이해하는 것으로 생각된다. 박용섭, 전게서, 238-239면.

23) 본 사안은 항공운송인이 수하인에게 확인하지 않은 채 위조된 수입화물인도승낙서를 제출받고 화물을 인도하였다. 피고 항공운송인의 책임제한이 배제되기 위하여는 업무담당자들에게 무모한 행위가 입증되어야 하였다.

24) 항공기 장치가 하자가 있어 중간기착지에서 수리를 하고 이륙후 폭발사고가 발생한 사례(대법원 2005.9.29. 선고 2005다26598 판결)에서 대법원은 「항공기를 운행함에 있어서 기장 등의 과실은 중대하다고 할 것이나, 그렇다고 하여 인정된 사실만으로는 그들이 자신들이나 동료들의 생명까지 앗아갈 수 있는 사고발생의 개연성에 대하여 실제적으로 인식하였다고

(2) 외국의 경우

1) 영 국

영국에서는 항공운송에 관한 바르샤바조약 제25조의 해석이 참고가 되어야 한다고 하면서,[25] "제25조가 요구하는 것은 결과발생의 개연성에 대한 인식이 있어야 한다. 그의 행동의 결과로써 손해가 발생할 수 있다는 것을 알았어야 한다는 것의 입증만으로는 부족하다"[26]는 다이슨 판사의 판시내용을 소개한다.[27] 영국 판례의 입장에 따르면 원고인 화주의 입증은 아주 어려운 것이라고 한다.[28]

"무모하게"(recklessly)에 대한 영국의 판례로서 R. v. Caldwell[29]에는 존재하는 것으로 인식하는 위험한 결과에 대하여 인식하는 것은 물론이고 그러한 위험이 존재하는지에 대하여 생각하지도 않은 것도 포함된다고 하였다. 그런데 책임제한조약의 배제사유는 이러한 무모함에 더하여 손해발생의 개연성에 대한 인식이 추가되어 있으므로 이를 같이 고려하여야 한다는 주장이 있다.[30] 따라서 이러한 견해에 따르면 제2주관적 요소인 "무모한 행위"란, 단순한 중과실로서는 이에 미치지 못하는 것이고 이에 추가하여 손해발생의 현실적인 인식이

볼 수 없고, 오히려 제반사정에 비추어 볼 때, 출항승무원들은 이 사건 사고 직전까지도 사고발생의 위험에 대하여 현실적으로 인식하지 못하였다고 보여지므로 피고 소속 기장 등이 손해를 발생시킬 개연성이 있다는 것을 인식하면서도 그 결과를 무모하게 무시하면서 한 의도적인 행위에 의하여 사고가 발생한 것으로 볼 수 없다」고 판시하였다. 여기에 대한 판례평석으로는 김현, "항공운송에서 책임제한배제사유(대법원 2005.9.29. 선고 2005다26598 판결)," 법률신문, 2007.1.15.자가 있다. 한편, 대법원 2006.10.13. 선고 2005다3724 판결에서, 원고의 금장식 막대를 승무원이 맡아서 보관하였지만, 이를 중간기착지인 파리공항에서 찾지 못하고 분실하자, 원고는 항공사의 직원들에게 무모한 행위가 있다고 주장하면서 항공운송인은 책임제한을 할 수 없다고 주장하였다. 대법원은 위 2004.7.22.의 판시내용을 그대로 인용하면서, 추가로「원심이 손해를 가할 의사로써 또는 손해가 생길 개연성이 있음을 인식하면서도 무모하게 한 작위 또는 부작위가 있었다고 보기에 부족하고 달리 이를 인정할 만한 증거가 없다는 이유를 들어 책임제한조항의 적용이 배제된다는 원고의 주장을 배척한 것은 정당하다」고 판시하였다. 이에 대한 판례평석으로는 김현, "항공운송인의 책임제한배제사유(대법원 2006.10.13. 선고 2005다3724 판결)," 법률신문, 2007.5.7자가 있다.

25) Diamond, op. cit., pp. 224, 225.

26) 알았어야 한다는 것은 주의의무위반으로 과실이 있다는 취지이다.

27) John F Wilson, *Carriage of Goods by Sea*, 5th ed.(Pearson Longman, 2004), p. 205.

28) Ibid. "the burden of proof on the claimant will be a formidable one"이라는 문장에서 보는 바와 같이 formidable이라는 단어를 사용하고 있다.

29) [1982] A.C. 341(HL).

30) Ozcayir, *Liability for Oil Pollution and Collisions*(LLP, 1998), p. 359.

있어야 함을 의미한다고 이해된다. 다이아몬드는 비스비의정서의 "무모한 행위"에 대한 해설을 하면서, "무모하게"에는 어떤 잘못된 것이 행하여지고 있다는 것에 대한 주관적인 인식과 더불어 결과에 대한 무관심이 필요하고, 주관적인 인식은 다시 "손해발생의 개연성에 대한 인식"이라는 요소로서 다시 확인되므로 따라서 이는 판례에서 나타나는 의도적인 악행(willful misconduct)과 차이가 없다고 한다.[31] 다이아몬드의 설명은 무모함에서 요구되는 주관적 인식은 제2 주관적 요소에서 and 이하로 연결되는 "인식하고"(knowingly) 이하로 보강된다는 것을 강조하는 것이다. 즉, "무모하게"에는 주관적 요소로서 손해발생에 대한 인식이 요소로서 원래 포함되어 있지만, 이것은 "인식하고" 이하의 손해발생의 개연성에 대한 인식으로 보강된다는 것이다.[32]

2) 미 국

미국은 헤이그규칙을 받아들이고 비스비의정서를 수용하지 않았기 때문에 미국 국제해상물건운송법(COGSA)은 "무모한 행위"에 대한 법문을 가지고 있지 않다. 또한 선주책임제한도 독자적인 제도를 가지고 있으므로 마찬가지이다. 따라서 여기에 대한 논의는 비교적 미약한 편이다.

미국에서 가장 대표적인 불법행위(Torts)의 저자인 키튼(Keeton) 학장에 의하면, 먼저 중과실은 일반적인 부주의보다 더 심한 과실로서, 결과에 대한 무모한 무시에는 이르지 못하는 것으로서 결과에 대한 의식적인 무관심보다는 낮은 단계라고 한다(gross negligence falls short of a reckless disregard of the consequence).[33] 결과에 대한 무모한 무시와 결과에 대한 의식적인 무관심은 모두 무모함(recklessness)을 말한다.[34] 키튼의 불법행위를 이은 돕스(Dobbs) 교수의 불법행위는, reckless, willful 그리고 wanton은 모두 동일한 개념이라고 보면서 이를 중

31) Diamond, op. cit., p. 245.

32) 다이아몬드가 소개하는 판결에는 "위험이 존재하는 것은 인식하였지만, 그 위험이 피하여지는지에 대하여 관심을 가지지 않은 것이 무모함이라고 한다"(it must at least reckless, that is to say, made with actual recognition by the insured himself that a danger exists, not caring whether or not it is averted).

33) Page Keeton, *Torts*(West Publishing, 1984), p. 212.

34) 키튼은 willful, wanton, reckless에 대하여 the actor has intentionally done an act of an unreasonable character in disregard of a known or obvious risk that was so great as to make it highly probable that harm would follow, and which thus is usually accompanied by a conscious indifference to the consequence라고 표현한다. Keeton, op. cit., p. 213.

과실(gross negligence)과 달리 취급한다. 무모함을 위하여는 중과실에 비난을 받을 심적인 상태가 요구된다고 한다.[35] 그는 "무모함에는 위험이 크거나, 매우 심각한 손해가 위협받고 있거나, 위험을 피하기 위한 비용지급이 매우 낮은 상태에 있으면서도, 중과실의 성립에 요구되지 않는 심리적인 요소가 요구된다. 피고가 위험을 인식하거나 이것을 알 수 있는 특별한 이유를 가지고 있으면서 다른 사람의 안전에 대하여 관심을 기울이지 않고 행위를 계속하는 것이다. 피고는 다른 자를 고의적으로 해하지는 않지만, 그러한 행위를 할 좋은 이유가 없음에도 매우 심각한 위험을 고의적으로(intentionally) 혹은 의식적(consciously)으로 행한다. 법원의 말을 빌리자면 이 경우 행위자는 의식적인 무관심의 잘못이 있다. 무모함 등의 상태가 되면 징벌적 손해배상이 가하여진다는 점에서 중과실과 구별하는 실익이 있다"라고 설명한다.[36]

한편, 블랙 법률사전(Black's Law Dictionary)은 캐니의 형법요약집(Kenny's Outlines of criminal law)을 인용하고 있다; "고의는 예견없이는 존재할 수 없다. 그러나 예견은 고의없이 존재할 수 있다. 왜냐하면, 어떤 사람이 그의 행위에 대한 가능한 혹은 개연성이 있는 결과를 예견할 수 있지만 그것이 발생하지 않기를 희망한다; 그럼에도 불구하고 그의 행위를 고집하여 계속하면 그는 희망하지 않는 결과를 발생시키는 위험을 알고서 무릅쓰는 것이다. 이러한 상태를 가장 잘 나타내는 용어가 무모함(recklessness)이다."[37][38] 동 사전은 또한 무모함이란 "다른 사람에게 상당하고 정당화될 수 없는 상해의 위험을 야기하고 그러한 위험에 대한 의식적인(때로는 의도적인) [conscious(and sometimes deliberate)] 무시 혹은 무관심으로 특징지어지는 것이다"고 한다.[39]

미국법의 이러한 입장을 고려하면, "무모함"이란 의지적 요소의 관점에서

---

35) 많은 법원이 중과실을 무모함과 동일하게 보는 경우도 있다고 한다. Dan B. Dobbs, *The Law of Torts*(West Group, 2000), p. 351.

36) Dobbs, ibid, p. 350.

37) Intention cannot exist without foresight, but foresight can exist without intention. For a man may foresee the possible or even probable consequences of his conduct and yet not desire them to occur; nonetheless if he persist on his course he knowingly runs the risk of bringing about the unwished result. To describe this state of mind the word reckless is the most appropriate. *Black's Law Dictionary*(Thomson West, 2004), p. 1298.

38) 무모함이란 의지적 요소에서 적어도 감수한다는 의사는 있어야 하는 것으로 생각된다. 이는 인용설에 의하면 미필적 고의에는 이르지 못한다.

39) *Black's Law Dictionary*, op. cit., p. 1298.

보면, 미필적 고의와 인식있는 과실의 중간에 위치하고, 행동의 관점에서 보면 중과실 이상에 해당한다고 판단된다. 따라서 제2주관적 요소인 무모한 행위의 해석을 위하여는 "무모하게"에 "손해발생의 개연성을 인식하면서"를 합하여 해석하여야 하고, 따라서 무모함에서 인식하여야 하는 손해발생의 확률은 상당히 높은 수준에 이르게 된다. 무모함에서 행동의 중과실적인 요소는 그대로 유지되면서, 지적 요소는 더 고의에 가까운 것으로 대체된다고 할 수 있다.[40]

3) **독 일**

독일은 HBG 제660조 제3항이 운송인의 책임제한배제사유에 대하여, HGB 제487d조가 총체적 책임제한배제사유에 대하여 정하고 있다. 인식있는 중과실과 미필적 고의의 중간에 위치하는 것으로 파악하는 것이 일반적이다.[41] 영미법의 개념으로는 의도적인 악행(wilful misconduct)의 개념을 채용한 것으로 설명한다.[42]

4) **일 본**

헤이그비스비규칙을 국내법화한 일본은 우리나라와 동일한 문구를 가지고 있다(일본 선주책임제한법 제3조 제3항; 국제해상물품운송법 제13조의2). 일본에서도 "무모한 행위"에 대하여 이를 단순히 행위가 무모한 것뿐만 아니라 동시에 손해발생의 개연성을 인식할 것이 요구된다고 한다. 따라서 일본법의 고의, 중과실, 인식있는 과실로는 해석이 되지 않는 개념이고, 손해가 발생할 가능성(possibility)를 넘어서 개연성(probability)을 인식하여야 하며, 손해발생의 개연성이 불발생의 개연성보다 큰 경우를 의미한다.[43] 무모함의 의미에 대하여는 부주의의 정도가 단순한 과실 및 중과실보다 큰 정도라고 해석한다.[44] "무모한 행

---

40) 한편, 캐나다의 골드 교수도 무모한 행위에서 "무모함"은 중과실이라고 하면서, 인식하면서(knowingly) 이하의 요소와 함께 고려되어야 한다고 주장한다. Edgar Gold and Others, *Maritime Law*(Irwin Law, 2003), p. 732.

41) 受川環大, "國際海上物品運送人の責任制限阻却事由," 「海事法硏究會誌」, No. 153(1999.12), 28頁.

42) 프랑스에서도 1986년 12월 23일 용선계약 및 운송계약에 관한 1966년 6월 18일 법을 개정하면서 제28조 제5항에 "손해를 발생시킬 의도를 가지고, 또는 무모하게, 그리고 손해의 발생의 염려가 있음을 인식하고서 행한 운송인의 작위 또는 부작위에 의한 손해가 발생하였음을 입증한 경우"에는 운송인은 책임제한을 할 수 없다고 정한다. 中村眞澄, 「海上運送責任の諸問題」(成文堂, 1998), 228頁

43) 重田晴生, "船主責任制限制度," 「海法大系」(商事法務, 2003), 68頁.

44) 上揭論文, 69頁.

위"에 대하여 일본 동경대학의 落合 교수는 결과발생의 개연성의 인식은 있어도 결과발생의 인용은 없는 것이므로 미필적 고의와는 다른 것이고, 인식있는 과실에 대하여는 인식의 정도를 문제삼지 않지만 여기에서는 개연성의 인식을 요구하므로 다르다고 한다.[45)46)]

(3) 해석론

상법상 "무모한 행위"라는 용어는 1991년 상법개정시에 1968년 헤이그비스비규칙의 문언대로 입법하자는 견해에 따라 규정된 것이다.[47)]

바르샤바조약의 원조문 제25조 제1항은 "운송인은 손해가 운송인의 의도적인 악행에 의하여(by his wilful misconduct) 발생한 때, 또는 소가 계속되는 법원이 속하는 국가의 법률에 의하면 의도적인 악행에 상당하다고 인정되는 과실에 의하여 발생한 때에는 운송인의 책임을 배제하거나 제한하는 이 조약의 규정을 원용할 권리를 가지지 못한다"고 하였다.[48)49)] 의도적인 악행과 유사한 과실에 대하여 프랑스에서는 이를 doll이라고 하고 독일에서는 중과실로 보았다.[50)] 이에 해석이 분분하여 이를 통일하고 후단부의 것을 삭제하기 위하여 각국은 새로운 주관적 요소로서 고의와 인식있는 무모한 행위를 삽입하게 되었고 이것이 바로 헤이그의정서로 개정된 바르샤바조약 제25조이다.[51)] 그러므로 무모한 행

45) 落合誠一, 「運送法の課題と展開」(弘文堂, 1994), 90頁.

46) 중국 해상법도 헤이그비스비규칙과 동일한 용어를 사용하고 있다(제59조).

47) 동지, 김동훈, 전게논문, 121면; 손주찬, 「상법(하)」(박영사, 1996), 974면.

48) The carrier shall not be entitled to avail himself of the provisions of this convention which excluded or limit his liability, if the damage is caused by his wilful misconduct or by such default on his parts as, in accordance with law of the court to which the case is submitted, is considered to be equivalent to wilful misconduct).

49) 고의에 상당하다고 인정되는 과실이란 중과실에 해당한다고 보는 견해가 있다. 손주찬, "항공운송계약에 관한 입법사항," 「한국해법학회지」, 제11권 제1호(1990.3), 23면.

50) 1929년 바르샤바에서 협약초안을 심의하면서 독일대표는 중대한 과실(gross negligence)을 고의와 동일하게 책임제한배제사유로 삽입하고자 주장하였으나 영국대표는 책임제한배제사유가 너무 확대될 것에 우려를 표명하면서 반대하였다. 이러한 논의과정을 거치면서 협약초안자들의 공통적인 견해는 운송인의 책임제한배제사유는 고의 및 고의보다는 약간 넓으나 중과실을 포함하지 않는 개념을 염두에 두었고, 이러한 개념에 들어맞는 용어가 영미법상의 wilful misconduct라는 개념이었다고 한다. 최준선, 「국제항공운송법론」(삼영사, 1987), 125면.

51) The limits of liability specified in Article 22 shall not apply if it is proved that the damage resulted from an act or omission of the carrier, his servants or agents, done with intent to cause

위는 영미법의 의도적인 악행(wilful misconduct)과 동일한 개념으로 이해하여도 된다고 한다. 항공운송에 대한 주석서는 중과실을 인식있는 중과실(conscious gross negligence)과 인식없는 중과실(unconscious gross negligence)로 나누어 인식없는 중과실은 "인식있는 무모한 행위"에 포함되지 않는다고 한다.[52] 무모하게(recklessly)는 행동(conduct)의 측면이고, 인식하고(knowingly) 이하는 야기된 손해의 측면과 관련된다고 한다.[53][54]

영미법상 "무모하게"는 결과발생의 개연성의 인식면에서 형법상 "인식하고"(혹은 정을 알고서; knowingly)보다 낮은 단계로 보인다.[55] 이러한 해석에 따르면 "인식하고"와 "무모하게"는 결과발생의 개연성의 인식의 정도에서 차이가 있음에도 제2주관적 요소에서는 양자를 and로 연결하여 병치하고 있는 점에서 해석의 어려움이 발생한다.

사견으로 영미법의 입장을 정리하면 아래와 같이 정리될 수 있다. 제2주관

---

damage or recklessly and with knowledge that damage would probably result; provided that, in the case of such act or omission of a servant or agent, it is also proved that he was acting within the scope of his employment.

52) Elmar Giemulla and others, *WARSAW CONVENTION*(Kluwer Law International, 2002), p. 15.

53) 이에 대한 상세한 우리나라의 소개 및 해석으로는 손주찬, 「항공운송계약법」(박영사, 1989), 121면 이하가 있다.

54) 영미 형법에서 말하는 목적을 가지고(purposely) 혹은 의도를 가지고(intentionally)는 결과발생을 인식하면서 결과를 의식적으로 야기시키는 것이므로 지적 요소와 의지적인 요소를 모두 갖추고 있다. 김일수 교수는 이를 의도적 고의라고 한다. 김일수, 「형법총론강의」(두성사, 1994) 132면.

55) 영미 형법에서 인식하고(정을 알고서; knowingly)는 특별한 결과발생이 거의 확실하다는 것을 인식하고 행위하는 것이다. 김일수 교수는 고의를 지적 요소와 의적 요소로 나누고, 지적 요소는 확실성, 개연성, 충분한 가능성의 세 가지 단계로 나눈다. 다시 의적 요소를 의욕적 의사, 단순의사 그리고 감수의사로 나눈다. (1) 의도적 고의는 구성요건의 실현 그 자체를 목적으로 삼고 추구하는 최강도의 의사를 내용으로 하는 고의라고 한다. 목적지향적 의사 또는 제1급의 직접고의라고 한다. 지적 요소 중에서 확실성, 개연성, 충분한 가능성 어느 것이라도 의욕적 의사와 결합한다. (2) 지정고의는 행위자가 최고도의 인식을 바탕으로 일정한 사정의 존재 또는 결과의 발생을 확실한 것으로 인식한 경우의 고의를 말한다. 우리 법의 '그 정을 알면서'로 표현된다. 이는 의도적 고의와 반대로 의적 요소는 의욕적 의사이건 단순의사이건 감수의사이건 관계없이 지적 요소만 최고도의 인식단계인 확실성을 내용으로 하면 된다. 이를 직접고의 또는 제2급의 직접고의라고 한다. 미국의 knowingly(정을 알면서)란 말이 이에 해당한다고 한다. (3) 행위자가 객관적 구성요건의 실현을 충분히 가능하다고 인식하고 감수하는 경우의 고의를 미필적 고의라고 한다. 결과발생을 목표삼고 이를 의도적으로 추구한 것이 아니라 단지 그것을 감수하겠다는 의사만 갖고 있다. 따라서 고의의 의적 요소의 정도가 가장 약하다. 이를 조건부 고의라고 한다. 김일수, 「형법총론강의」(두성사, 1994), 132-134면.

적 요소인 "인식있는 무모한 행위"[56]에는 두 가지 결합된 용어가 있다. 즉, "무모하게"(recklessly)와 "손해가 발생할 염려를 인식하면서"(knowingly that the result might probably occur) 요소이다. 무모함의 요소에는 (i) 중과실(extreme fault)이라는 요소와 중과실에는 없는 비난받을 심리적인 상태가 필요하다. 이때의 심리상태란 (ii) 결과발생을 인식하면서도(혹은 영국법의 입장에서는 인식하지 못하면서) (iii) 다른 사람의 권리의 보호에 대하여 무관심한 것이다. 따라서 전자의 무모함을 후자의 "손해발생의 개연성을 인식하면서"와 함께 고려하면, 무모함의 세 가지 요소 중 하나의 요소, 즉 (ii)의 요소는 후자의 "인식하게" 요소와 중첩이 되지만 후자가 결과의 발생에 대한 개연성이라는 더 중한 요건을 요구하게 되므로, (ii)는 후자의 것으로 대체되어야 한다. 그러므로 무모함에서 평가되는 것은 (i)에서 말하는바, 결과의 발생을 위하여 요구되는 주의를 조금만 하였더라면 피할 수 있었던 결과방지를 위한 조치를 극심하게 부주의하게 한 것이고, 또한 (iii)에서 말하는바, 주관적인 심리상태는 사고발생의 결과에 대하여 무관심하게, 즉 그 결과를 감수하고 무릅쓰는 것이다. 제2주관적 요소의 해석을 위하여는 여기에 후단의 지적 요소(손해가 발생할 염려를 인식하면서)를 추가하여야 한다. 이때 결과발생의 인식정도는 가능성이 아니라 개연성이 있어야 한다.[57][58]

따라서 제2주관적 요소로서 "인식있는 무모한 행위"란 중과실에서 말하는 극심한 부주의를 반드시 포함하고, 결과발생의 가능성을 넘어 그 개연성을 인식하고, 그럼에도 그 결과에 무관심하게 그러나 결과를 단지 감수하면서 행위한 것을 말한다.[59] 즉, 개연성의 인식있는 중과실(미필적 고의 포함)이 된다고 할

56) 제2주관적 요소는 "무모한 행위"보다는 "인식있는 무모한 행위"가 더 정확하므로 아래부터는 "인식있는 무모한 행위"라는 용어를 사용하기로 한다.

57) 윤배경 변호사는 무모하게(recklessly)(사전적 앞뒤를 깊이 헤아려 생각하려는 신중성이 없음을 뜻함)는 손해발생의 염려가 있음을 인식하면서와 동의어이기 때문에 이를 추가할 필요가 없고, 영미법의 개념이므로 우리 법에 굳이 가져올 필요가 없다고 한다. 윤배경, 전게논문, 49면. 그러나 필자와 같이 해석하는 한, "무모한"은 특별한 의미를 가진다. 즉, 손해발생의 염려가 있음을 인식하면서라는 다른 요소를 추가하여 책임제한배제사유를 더욱 엄격하게 한다.

58) 이러한 필자의 해석은 Goldman v. Thai Airways 사건에서 Eveleigh 판사의 판시와도 일맥상통하는 것으로 생각된다.

59) 결과를 인용한 단계에서부터는 미필적 고의가 될 것이지만, 이는 인식있는 중과실보다 고의에 더 가까운 개념이고, 제1주관적 요소인 확정적 고의와 인식있는 중과실의 중간에 위치하므로 당연히 배제사유가 되어야 한다. 미필적 고의를 제2주관적 요소에 포함시킬 수 있다고 본다. 이때 미필적 고의에는 인식하고(knowingly) 이하의 손해발생의 염려에 대한 개연성에

것이다. 그러므로 운송인 자신의 행위가 확정적 고의는 물론이고(이는 제1주관적 요소에 포섭된다), 미필적 고의를 포함하여 인식있는 중과실까지가 책임제한배제사유가 되고, 단순한 중과실이나 인식있는 과실은 책임제한배제사유가 아닌 것이 될 것이다.[60] 단순한 인식있는 중과실이 아니라 손해발생의 개연성을 인식하는 높은 정도의 인식있는 중과실이 있어야 한다.[61] 그러므로 중과실을 취하는 견해와는 다르다. 중과실에는 사고발생의 인식이 없어도 되지만 여기에서는 결과발생의 개연성에 대한 인식을 요구하고 있기 때문이다.[62][63] 인식있는 행위만으로는 충분하지 못하다. 여기에는 중과실에서 말하는 극심한 부주의가 요구되기 때문이다. 미필적 고의보다 낮은 단계인 중과실도 포함하는 개념이므로 미필적 고의설과도 다르다. 다만, 우리 대법원은 동 개념을 이러한 법률용어의 해석에 포섭시키기보다는 조약 및 상법의 법문에 따라 사안을 포섭시키는 경향을 보이고 있다.[64]

(4) 사안의 경우—갑판적과 인식있는 무모한 행위

갑판적은 선창이 아니라 갑판위에 적재되어 운송됨으로써 파도와 바람에 노출되어 사고의 위험이 높아지게 된다.[65] 통상 갑판하에 운송되는 화물을 화

대한 인식이 요구된다고 해석된다. 동지, 최종현, 전게 학위논문, 90면.

60) 동지, 김동훈, 전게논문, 121면. 최종현, 전게 학위논문, 89면; 김창준, 전게논문, 33면.

61) 필자의 견해는 앞에서 본 학설 중에서 김동훈 교수, 최종현 교수, 김창준 변호사의 견해와 가장 근접한다고 생각된다.

62) 채이식 교수의 중과실설에서 "혹은 중대한 과실로 손해발생가능성에 대한 인식이 미치지 못하고 행한 모든 행위를 말한다"는 의미를 "무모하게"만을 평가한 것이라면 뒤의 인식하고(knowingly) 이하에서 손해발생가능성에 대한 인식을 요구하고 있으므로 결국 필자와 같은 의견이 된다.

63) 동지, 落合誠一, 前揭書, 90頁.

64) 손해발생의 염려에 대한 인식을 주관적으로 운송인이 현실로 가지고 있었던 인식 자체로 할 것인지(주관설), 아니면 주변상황을 고려하여 객관적으로 인식여부를 판단할 것인지(객관설)에 대한 논의가 있다. 김창준 변호사는 객관설의 입장이다. 김창준, 전게논문, 34면.

65) 선박에서 화물을 적재하고 운송하게 되는 공간은 갑판(deck)하에 있는 선창(hold)이다. 선창에 들어 있는 화물은 선창덮개로 단단히 밀폐되어 파도와 비바람에 차단되어 안전하게 운송된다. 그런데 특수한 화물의 경우에는 갑판위에 적재하여 운송하기도 한다. 원목이나 컨테이너화물과 같은 경우이다. 원목은 비바람을 맞아도 문제가 없는 화물이고, 컨테이너는 박스 자체가 선창과 같이 밀폐가 되어 있어서 비바람의 영향을 받지 않는다. 이러한 특별한 화물을 제외하고는 모두 선창에 적재되어 운송되어야 한다. 그렇지 않고 갑판상에 적재되어 운송되면 화물이 손상을 입을 위험성이 증대되게 된다.

주와의 합의없이 갑판상에 선적하게 되면, 손해발생에 대한 의심을 운송인은 조금이라도 하게 될 것이다. 그러한 의심이 손해발생의 가능성이 51% 이상이 되는 정도에 이른다는 개연성을 운송인이 갑판적의 결정 당시에 생각한다는 것은 쉽게 인정하기 어렵다. 화물에 손상이 발생하여도 좋다는 미필적 고의는 더욱 상상하기 어렵다. 더구나 이에 대한 입증을 원고인 화주가 하여야 하는 것이기 때문에 더욱이 인정은 어려운 것으로 생각된다. 갑판적을 하여도 날씨가 좋고 단거리이므로 사고가 발생하지 않을 것으로 생각하는 것이 통상일 것이다 (사안의 경우는 부산에서 타이완까지의 항해구간으로서 낮은 위도의 항해로서 해상상태가 크게 나쁘지 않은 상황일 것이다). 만약 악천후가 보고되었음에도 불구하고 갑판적을 결정하였다면 손해발생의 개연성을 인식하였다고 보아야 할 것이고 이는 인식있는 무모한 행위에 이르므로, 비록 손해가 발생하여도 보험금으로 처리되므로 좋다는 심리상태인 미필적 고의가 없다고 하더라도, 책임제한배제사유가 될 것으로 생각한다.

영미에서도 갑판적은 운송인이 책임제한을 할 수 없는 사례라는 것이 확립되어 왔다. 그러한 이론적인 바탕에는 갑판적은 소위 근본적 계약위반 (fundamental breach of contract)이라는 것이다.[66] 미국의 경우에도 준이로(quasi-deviation)라고 하여 갑판적을 예로 들면서 갑판적을 하면 운송인은 책임제한의 이익을 향유하지 못하는 것으로 한다. 그러나 헤이그비스비규칙의 제정으로 운송인의 책임제한은 운송인의 인식있는 무모한 행위에만 배제되므로 이는 폐지된 것이라는 판례가 있다. 미국은 비스비의정서에 따르지 않고 있으므로 여전히 준이로의 법리가 적용되어 갑판적은 책임제한배제사유가 될 것이지만, 헤이그비스비체제인 국가나 이를 국내법화한 국가들에서는 다른 해석이 가능하다. 따라서 전통적인 이론이 도전받고 있는 상황이라고 할 수 있다.[67] 그러므로 갑판적이라고 하여 책임제한을 무조건 하지 못한다는 미국법의 영향을 받을 것이

66) 갑판적과 관련된 영국의 Chanda 사건에서 갑판적은 운송계약의 근본적 내용에 위반된다는 이유로 운송인의 책임제한권이 부인되었다. [1989] 2 Lloyd's Reports, 494. 뉴질랜드의 갑판적 사례로서 Pembroke 사건에서도 갑판적 화물로 인한 화물손상은 책임제한이 배제된다고 판시되었다. [1995] 2 Lloyd's Reports, 290.

67) 영국 항소원의 The Kapitan Petko Voivoda 사건에서 헤이그규칙 제4조 제5항에 의하면 어떠한 경우에도 운송인에게 책임제한권이 부여되는 점을 근거로 갑판적에도 불구하고 운송인의 책임제한이 인정되었다. [2003] 2 Lloyd's Reports, 1.

아니라 상법상의 구체적인 책임제한배제사유가 있는지를 살펴야 한다는 것이 필자의 사견이다.

갑판적 결정을 내린 회사의 차장이 인식있는 무모한 행위를 자백한 것인지 알 수 없으나, 원심에서는 인식있는 무모한 행위에 대한 주관적인 심적 상태에 대한 구체적인 설명없이,[68] 제2주관적 요소가 충족되었다고 하여 책임제한을 배제한 결정을 내린 것은 중간과정의 판단을 생략한 것으로서 아쉬움이 남고, 피고도 대법원에서 이를 크게 다투지 않은 것으로 보이는 점은 아쉬운 점이다.[69]

4. 운송인 자신의 범위

책임제한배제사유는 인식있는 무모한 행위와 더불어 이에 대한 운송인 자신의 행위가 존재할 것을 요구한다. 이는 운송인에게 고의에 가까울 정도로 비

---

68) 원심법원의 판시내용은 아래와 같다.「갑 제20호증의 기재에 변론 전체의 취지를 모아보면, 갑판적 운송은 선창 내 선적에 비하여 강한 파도에 의하여 용기나 화물이 파괴되거나 해수, 우수에 의하여 젖거나 태양열에 의하여 부패되는 등의 위험이 크고, 이러한 위험성으로 인하여 종래 관습 또는 특약이 있는 경우를 제외하고는 금지되어 오기까지 한 사실을 인정할 수 있고, 이 사건 수출화물은 부산항에서부터 타이완의 킬룽항까지 6일 동안 해상으로 운반된 사실, 화주인 엘지전선이 갑판적과 선창 내 선적에 따른 위험의 차이로 인하여 보험금을 지급받지 못한 사실은 앞서 본 바와 같은바, 이러한 사실에 의하면 위와 같이 나무상자로 포장된 로우어 쉘을 6일 동안 갑판적으로 해상을 통하여 운송하는 것은 해상운송에 흔히 수반되고 선창 내 선적으로 피할 수 있는 정도의 해수로 인한 파괴, 침수 등으로 인한 손해발생의 위험조차 감수하여야 하는 행위로서 특별한 사정이 없는 한 위 단서에서 말하는 무모한 행위로 평가받아야 할 것이다.」이러한 원심법원의 입장은 손해발생의 개연성의 인식에 대한 객관설의 입장으로 판단되기도 한다(참고 각주 64).

69) 유력설 및 필자의 견해에 따른다면 고의, 미필적 고의 그리고 개연성의 인식있는 중과실의 경우에만 운송인의 책임제한은 배제된다. 그렇다면 단순한 중과실의 경우에는 운송인은 책임제한이 가능하므로 이렇게 운송인을 보호할 입법정책적인 이유가 있는지 의문이 생긴다. 그러나 인식없는 중과실의 경우라고 하더라도 비록 책임제한은 되지만 그보다 더 유리한 운송인의 면책이 인정되지 않는 경우가 있다. 예컨대, 새로운 해도가 발행되었음에도 운송인 자신이 몰라서 새로운 해도를 선박에 제공하지 못하였고 이 때문에 좌초사고가 발생하여 화물에 손상이 발생한 경우를 생각하여보자. 이는 운송인의 중과실에 의한 사고이다. 적어도 인식있는 중과실을 요구하는 입장에서는 동 사고는 결과발생의 개연성에 대한 인식이 없었기 때문에 책임제한배제사유가 되지 않아서 운송인은 책임제한이 가능하게 된다. 그러나 운송인은 감항능력없는 선박을 출항시킨 것이 되기 때문에(상법 제787조) 항해과실면책주장(상법 제788조 제2항)을 할 수 없게 된다. 헤이그비스비조약의 입법자들은 중과실의 경우에는 감항능력결여로 인한 면책주장을 못하게 함으로써 운송인의 책임을 묻고자 하는 한편, 책임제한액수를 상향조정하면서 일정한 액수에 이르기까지 운송인에게는 배제되기 어려운 책임제한의 이익을 누릴 수 있도록 하였다고 생각한다.

난가능성이 있는 경우에 예외적인 책임제한권을 인정할 합리적인 이유가 없기 때문이다. 바르샤바조약과 달리 대리인 및 피용자의 행위는 법조문에서 삭제되었기 때문에 선장 등의 인식있는 무모한 행위는 운송인의 책임제한권을 배제시키지 못한다는 점에 이론이 없다.[70] 그런데 법인의 경우에는 어느 단계까지의 경영진의 행위를 운송인 자신의 행위로 할 것인지가 문제된다. 이는 대표기관 또는 업무집행기관이라고 보는 것이 전통적인 견해이지만,[71] 다른 견해와 판결들이 제시되고 있다.

운송인 자신의 개념이 상법에서 문제되는 것은 책임제한배제사유에 국한되지 않고 운송인의 화재면책,[72] 해상보험법에서 영국보험법상 운송인 자신의 인식(privity)[73]에서도 동일하다.

(1) 우리나라의 경우

상법 제746조 및 제789조의2 제1항 단서규정이 각각 1976년 선주책임제한조약 및 1968년 비스비의정서를 취한 것이기 때문에,[74] 우리나라에서도 이에 맞춘 해석론이 지배적이다.[75] 임동철 교수는 "영국의 다이아몬드의 견해를 수용하여 운송인의 자격으로서 회사의 두뇌와 신경의 중심이라 할 수 있는 사람(alter ego)의 행위는 운송인의 행위가 된다. 실제 임원들이 운송과 관련된 기능을 하지 않는 것이 판명되면 관리업무직에 있는 사람들이 운송인에 해당한다. 그러나 단순히 관리감독 기능만을 하는 운송담당지배인(traffic manager)이나 해무감독과 같은 피용자를 운송인으로 본다는 뜻은 아니다"라고 한다.[76]

관리급 사용인(예컨대 부장)을 추가하는 견해도 있다. 예컨대, 배병태 박사는 화재면책의 부분에서, "이때 해상운송인(선박소유자)의 고의 또는 과실이란

70) 박용섭, 전게서, 237면; 대법원 1995.3.24. 선고 94마2431 판결.
71) 김이수, 전게논문, 89면.
72) 상법 제788조 제2항에서 운송인의 화재면책은 운송인 자신의 고의 혹은 과실이 있는 경우에는 면책이 허용되지 않으므로 운송인 자신의 범위가 중요한 의미를 가진다.
73) 영국 해상보험법에서 기간선박보험은 선박이 출항당시 피보험자 자신의 불감항에 대한 인식(privity)이 있었다면 보험자는 면책된다. 그러므로 피보험자 자신의 범위가 중요하게 된다. 불감항 사실을 출항시 선장이 인식한 것으로는 부족하다.
74) 손주찬, 전게서, 974면.
75) 박용섭, 전게서, 237면.
76) 임동철, 전게서, 107면.

운송인 자신의 고의과실을 말하는 것으로 선장, 해원, 도선사 기타 운송인이 사용하는 자의 고의과실을 포함하지 않는다. 다만, 오늘날의 선박소유자(해상운송인)가 대부분 주식회사 형태로 되어 있으므로 주식회사의 누구의 고의과실을 선박소유자 자신의 고의과실이라고 보아야 할 것이냐 하는 점이 문제이나 회사에 있어서의 대표이사와 그의 지휘하에 선박정비 등에 책임있는 지위에 있는 관리급 사용인(예컨대, 부장 또는 감독)의 과실은 회사의 과실로 보아 타당할 것이다"고 한다.[77)]

(2) 외국의 경우

외국의 판례와 학설은 법인의 경우에 운송인 자신이라고 할 때 자신은 운송인의 *分身*(alter ego)에 해당하는 자라고 한다.[78)]

1) 영 국

헤이그비스비규칙을 국내법화한 영국 1971년 해상물건운송법(COGSA) 해석에 있어서, 운송인이 회사인 경우에 회사의 분신, 즉 두뇌 혹은 신경의 중추를 이루는 것이라고 한다. 예컨대, 심재두 변호사는 "여기서 해상운송인이 법인인 경우에는 그 법인의 의사를 결정하는 지위에 있는 사람, 그리하여 그 법인의 지배의사(directing mind, governing mind) 또는 다른 자신(alter ego)이라고 할 수 있는 사람이 바로 그 법인 자신으로 인정되는바, 예를 들어, 그 법인의 대표이사와 관리이사(president and managing director), 선박의 운항관리회사의 관리이사가 바로 이러한 법인 자신으로 인정되는 반면에 선박의 일등항해사는 법인 자신으로 인정되지 않는다는 판례가 있다고 소개한다.[79)] 1989년 European Enterprise호 사건에서 영국의 상사법원은 책임제한배제사유에서의 운송인에는 운송인의 사용인도 포함하는가를 다루었다. 동 법원은 운송인이란 운송인 자신 혹은 그 분신(alter ego)만을 의미한다고 판시하였다.[80)81)]

---

77) 배병태, 「주석 해상법」(사법행정학회, 1981), 209면.

78) 심재두, 「해상운송법」(길안사, 1997), 428면.

79) 심재두, 상게서, 428면.

80) The European Enterprise, [1989] 2 Lloyd's Report, 185.

81) 좁게 해석하는 이유에 대하여 (1) 일단 출항하고 나면 운송인은 사용인 혹은 대리인의 행위를 감독하는 것이 어렵다 (2) 책임제한의 확실한 이익은 이것에 의하여 운송인의 운송이라는 상행위에 필수불가결한 보험을 쉽고 싸게 가입할 수 있으므로 책임제한배제를 좁게 해

해상보험사례로서 Star Sea 판결에서 1995년 영국의 해사법원은 피보험자 자신이란, 회사의 영업에서 그 관련된 부분을 사실상 관리하고 지휘감독하는 사람이 누구인가에 달려 있고, 문제가 된 작위 부작위에 대하여 완전한 재량 혹은 전결권을 누가 갖는가에 피보험자 확정의 기준이 있다고 판단하였다. 본 판결은 선원의 부적격과 기관실의 화재장비사용에서 문제가 발생한 사안으로서,[82] 선원의 적격성의 문제와 안전장비의 상태와 보수문제에 대하여 특별한 책임을 지고 있고 충분한 전결권을 가지고 있었으므로 비록 개인회사에서 경영진인 사주의 불감항에 대한 인식이 없더라도, 담당이사 자신의 불감항에 대한 인식으로 충분하다고 판시하였다.[83][84]

2) 독 일

독일에서도 HGB 제487d조가 유추적용되어 운송인의 대표기관의 구성원이나 대표권자의 고의 혹은 인식있는 무모한 행위가 있으면 책임제한이 배제된다고 한다.[85]

3) 일 본

일본에서는, 사용인이나 이행보조자의 고의 혹은 인식있는 무모한 행위는 운송인 자신의 책임제한권을 배제하지는 않는다. 법인인 경우에 독일 HGB 제487d조와 같은 명문의 규정은 없지만, 해석에 의하여 대표기관 혹은 여기에 준하는 권한을 갖는 자를 포함하는 것으로 보는 것이 일반적인 견해라고 한다.[86] 그러나 이는 운송인을 보호하고 조각사유를 예외적으로 보는 경우의 입장이고, 실질적으로 결정권한을 가지는 자 혹은 관리자의 지위에 있는 자도 포함시킬

석하여야 할 상업적인 목적에 합치한다 (3) 개정 바르샤바조약 제25조는 운송인, 그 사용인 혹은 대리인의 인식있는 무모한 행위를 책임제한의 배제사유로 하고 있지만, 1968년 의정서의 입법자는 그 사용인 혹은 대리인의 문구를 삭제하였고 이를 고려하여야 한다. 相原隆, 「海上運送人責任法の展開」(成文堂, 1999), 106頁.

82) 영국기간선박보험에서 피보험자의 불감항에 대한 인지(privity)가 있으면 보험자는 면책이 된다. 이에 대한 사안으로서 피보험자 자신의 범위가 논란이 되었다. 경영진은 비록 불감항에 대한 내용을 몰랐지만, 담당이사는 이를 알고 있었다.

83) The Star Sea, [1995] 1 Lloyd's Report, 660. 이에 대한 자세한 평석은 김인현, "해상보험(기간보험)에 있어서 인적감항성 결여와 피보험자의 인식(영국해상보험법 제39조 제5항)," 「해양한국」(1997.10), 140면을 참고바람.

84) 이 판례는 이사 등이 아니라도 문제의 사안에 대하여 전결권을 가진 경우에는 중급의 관리인도 회사의 분신(alter ego)이 될 수 있다는 근거를 제시하는 것으로 생각된다.

85) 受川環大, 前掲論文, 27頁.

86) 上掲論文, 30頁.

수 있다고 보는 견해도 있다.[87] 더 나아가 특정업무를 위임받은 경우에는 이들의 행위도 포함하여야 할 것으로 보는 견해도 있다.[88]

(3) 해석론

헤이그비스비규칙에서는 바르샤바조약과 달리 선장 등 운송을 직접 행하는 피용자의 행위를 입법적으로 제외하였기 때문에 이들의 행위가 운송인 자신에 포함되지 않는 것에는 다툼이 없다. 문제가 되는 것은 육상의 경영진 혹은 관리직의 어느 직책까지의 행위를 법인 자신의 행위로 볼 것인가이다.

원칙적으로 운송인 자신이란 법인의 신경과 뇌에 해당하는 자로서 회사의 경영에 참여하는 업무집행기관으로서 임원급의 행위까지만을 그 범위에 포섭시켜 온 것이 전통적인 견해로 판단된다. 그러나 최근의 영국의 Star Sea 판결과 일본의 다수의 견해에서 보는 바와 같이 법인의 경영에 대한 판단이 조직에 따라서 하부로 위임되는 경향을 반영하여 반드시 임원이 아니어도 관리직에 있는 자들의 행위를 법인 자신의 행위로 판단하여주고자 한다. 그런데 이렇게 관리직 중에서 임원들로부터 전결권을 위임받은 범위가 무한히 하부로 확대되면 책임제한이 쉽게 깨트려지는 법적 불안정이 발생하게 되는 문제가 발생한다.

책임제한제도는 입법취지가 선박소유자 혹은 운송인은 책임제한의 이익을 안정적으로 향유하면서 책임제한액수는 높이도록 할 것에 선주 혹은 운송인과 화주의 합의가 이루어져 발전되어 왔고,[89] 따라서 책임제한이 배제되는 기회를 극도로 한정하도록 조약화되었고,[90] 이를 우리 상법이 입법화하였다는 점을 고려한 해석이 되어야 한다. 전세계적으로 운송인의 책임제한이 배제된 사례를 찾아보기 어렵다는 것에서도 이것은 확인된다.[91]

---

87) 上揭論文, 30頁.

88) 重田晴生, "船主責任制限制度," 「海法大系」(商社法務, 2005), 70頁.

89) 相原隆, 前揭書, 164頁.

90) 배병태 박사는, "1976년 조약이 책임제한조각사유의 주관적 요건을 1957년 조약에 비하여 이와 같이 고의 내지 고의에 준하는 행위로 엄격히 제한한 이유는 책임의 한도를 합리적 보험료로 부보할 수 있는 최고한도까지 인상하는 한편, 책임제한이 배제되는 기회를 극도로 한정하고자 하였기 때문이다. 더욱이 책임제한주체의 이러한 고의 또는 고의에 준하는 행위에 의하여 손해가 발생하였음을 입증할 책임은 청구권자(피해자)에게 있으므로(조약 제4조) 책임제한권이 조각되는 경우는 극히 드물 것이다"라고 한다. 배병태, "해상기업주체의 책임제한법 개정안과 그 취지," 「한국해법회지」, 제11권 제1호(1990.3), 50면.

91) 항공운송에서는 기장 등의 사용인의 인식있는 무모한 행위가 있어도 책임제한이 배제된다

최근 선박안전경영에 있어서 선박안전경영코드(ISM Code)라는 것이 국제조약(SOLAS)의 내용이 되어 일정규모 이상의 선박과 선박회사의 경영체제는 여기의 적용을 받게 되었다[92](해상교통안전법 제10조 이하). 선박회사에서는 안전관리책임자(Designated Person)로서 부장 혹은 이사가 지정되어 선박안전과 관련된 중요한 사항에 대하여는 이 자가 최고경영진과 의사소통을 하도록 되어 있다. 따라서 안전관리책임자를 통하여 이사 등 회사의 업무집행기관이 책임제한배제사유에 대한 인식있는 무모한 행위를 한 경우 혹은 안전관리책임자까지를 운송인 자신으로 인정하여 그가 무모한 행위를 한 경우에 책임제한배제가 되도록 하여, 운송인 자신에 대한 적용에 있어서 예측가능성과 법적 안정성을 부여하는 것이 좋다고 생각한다.[93]

(4) 사안의 경우

원심판결에 의하면 대리와 차장이 갑판적에 대한 결정을 내렸다. 대리와 차장이 운송인 자신에 해당할 수 있는가? 부장→이사로 이어지는 다른 의사결정자들이 없는 경우에는 차장이라도 임원과 같이 볼 수 있다는 것이 원심과 대법원의 판시내용으로 이해된다. 이러한 경우에 항상 대표기관을 운송인 자신이라고 한다면 책임제한이 배제되는 경우는 없어 사실상 사문화될 우려가 있다고 대법원은 설시하고 있다.

원칙적으로 운송인 자신이란 법인의 신경과 뇌에 해당하는 것이다. 이러한 전통적인 견해에 따른다면 회사의 경영에 참여하는 업무집행기관인 이사들의 결정만이 운송인 자신의 행위가 될 것이다. 이러한 해석은 엄격한 것으로 선박소유자 혹은 운송인의 책임제한배제가 전혀 무용한 것으로 해석될 여지가 있다. 책임제한배제사유가 있었음에도 경영진에게 보고가 되지 않아서 자신들이 몰랐다고 하면 배제사유가 되지 않기 때문이다. 따라서 이를 완화하여 경영을 보조하는 부장급에까지 확대되는 이론이 등장하는 것으로 보인다. 이러한 점에

는 점에서 외국에서는 상당한 사례들이 축적되고 있고, 이 점은 사용인의 인식있는 무모한 행위는 입법적으로 삭제되어 책임제한배제사유가 아닌 것이 된 해상운송과 다르다는 점에 유의하여야 한다.

92) 예컨대, 국제운송에 종사하는 총톤수 500톤 이상의 선박.

93) 선박충돌, 오염사고 등은 물론 선박의 감항성과 관련된 사항은 모두 안전관리체제의 대상이 된다고 할 것이고, 화물을 갑판적하면 선박의 안정성이 나빠지므로 감항성과 관련된다.

서 특히 최종의 결정권을 차장 등이 가지는 경우에는 그를 운송인 자신으로 볼 수 있다는 본 판결은 이해가 된다. 그러나 이는 전통적인 이론에서 벗어난 것으로, 어디까지가 운송인 자신의 행위가 되는지 법적 불안정을 야기하게 된다.

다만, 대법원은 차장이라고 하더라도 그가 적어도 법인의 내부적 업무분장에 따라 당해 법원의 관리업무의 전부 또는 특정 부분에 관하여 대표기관에 갈음하여 사실상 회사의 의사결정 등 모든 권한을 행사하는 자라는 조건을 붙여서 운송인 자신으로 본 점에 유의하여야 한다. 그러므로 대법원은 차장급으로 운송인 자신의 범위를 일반적으로 확대한 것이 아니라 위와 같은 조건을 갖춘 제한적인 경우에만 운송인 자신으로 인정한다는 것이다.[94]

5. 결 론

본 사안은 법인격부인론과 책임제한배제가 함께 인정된 사안이다.

포장당 책임제한제도는 책임제한의 인정과 이에 따르는 운송인의 이익에 비례한 운임의 인하가 상관관계를 갖도록 구조화되어 있다. 이를 안정적으로 운영하기 위하여 책임제한의 배제는 극히 어렵도록 구성되어 운영되고 있다. 이러한 장치로서 상법 제789조의2 제1항 단서는 운송인의 과실은 제외되고 고의에 가까운 인식있는 중과실이나 미필적 고의 그리고 확정적 고의가 있는 경우에만 운송인은 책임제한을 할 수 없게 하였다. 또한 운송인의 사용인이나 대리인의 인식있는 무모한 행위는 배제사유에 해당되지 않는 것으로 하였고, 운송인 자신의 위와 같은 행위를 책임제한배제사유로 하였다.

원심법원은 약정이 없음에도 갑판적한 운송물의 손상에 대하여 운송인의 인식있는 무모한 행위가 있었다고 인정하였다. 주관적 요소로서 인식있는 무모한 행위에 대하여는 중과실설, 준고의설, 미필적 고의설이 있지만, 손해발생의 개연성에 대한 인식있는 중과실 이상을 의미한다는 것이 사견이다. 이는 원고가 입증하기 대단히 어려운 사항으로 이해되는 것이 국제적인 정설이다. 원심이나 대법원에서 동 주관적 요소에 대한 구체적인 해석없이 운송인 자신의 무

94) 본 판결에 대하여 부정적인 평석으로는, 김창준, 전게논문, 39면이 있다. 김창준 변호사는 대리의 결정을 운송인 자신으로 본 것은 파격이라고 하면서 부정적인 견해를 취하는 한편, 본 사안이 법인격을 남용한 지면회사(paper company)가 운송인이었으므로 제재적인 성격이 있는 것으로 법원의 종국적인 견해는 아니라고 한다. 김창준, 전게논문, 39면.

모한 행위가 있었다고 판시한 점은 아쉬운 점이다. 운송인 자신이란 원칙적으로는 법인의 업무집행기관인 임원까지를 말하는 것이지만, 예외적으로 당해 업무에 대한 결정권을 가지는 관리직원도 포함될 수 있다고 본다. 다만, 이 제도에 법적 안정성을 부여하기 위하여 선박회사에 강행적으로 시행되고 있는 선박안전경영코드상의 안전관리책임자를 운송인 자신의 한계치로 정하여 운용할 것을 제안한다.[95)]

95) 본 판결에 대한 평석 이후에 갑판적 화물에 대하여 서울서부지방법원(2007.12.21. 선고 2006가합8979 판결)에서 운송인의 책임제한을 배제한 판결이 나왔다. 여기에 대한 평석으로는 김현, "갑판적 자유약관," 법률신문(2008.4.7), 반대평석으로는 김인현, "갑판적 운송과 운송인의 책임제한 배제," 법률신문(2008.5.5)이 있다.

제 7 국내판례

包裝當 責任制限排除事由와 換率換算適用日

(대법원 2001.4.27. 선고 99다71528 판결)

I. 事件의 經過

원고 甲은행은 1997.11.29. 소외 丙의 개설의뢰에 따라 말레이시아의 수출자로부터 수입하는 합판(이하 이 사건 화물)에 대하여 대금지급을 위하여 수입신용장을 개설하였다. 피고 乙해운회사는 수출자로부터 이 사건 화물의 운송을 인수한 후 수하인을 원고의 지시인으로 하는 선하증권을 발행하였고, 선하증권의 裏面約款은 위 선하증권으로 인한 계약은 대한민국법에 의하여 해석되고 대한민국법의 적용을 받는다고 정하고 있다. 원고는 1998.1.20. 위 신용장상의 매입은행에 각 신용장 대금을 지급하고 신용장 선적서류인 위 선하증권들을 현재 소지하고 있다. 이 사건 화물은 1998.1.13. 인천항에 도착된 후 소외 丙 창고가 운영하는 보세창고에 입고되었는데, 丙창고는 같은 해 2.25.부터 같은 달 28.까지 사이에 이 사건 화물을 위 선하증권과 상환함이 없이 위 세광세라믹에 인도하여 주었다. 원고는 丙창고가 세광세라믹에 이 사건 화물을 인도함으로써 피고의 원고에 대한 이 사건 화물의 인도의무는 이행불능이 되었으므로 피고는 원고에게 위 채무불이행으로 인하여 원고가 입은 손해를 배상할 책임이 있다는 소를 제기하였다. 운송인의 이행보조자에 해당하는 창고업자의 고의 혹은 중과실이 있어도 운송인이 책임을 제한할 수 있는지[1] 및 책임제한액수를 산정할 때

---

1) 상법 제789조의2 제1항은 「제787조 내지 제789조의 규정에 의한 운송인의 손해배상의 책임은 당해 운송물의 매포장당 또는 선적단위당 500계산단위의 금액을 한도로 이를 제한할 수 있다. 그러나 운송물에 관한 손해가 운송인 자신의 고의 또는 그 손해가 생길 염려가 있음을 인식하면서 무모하게 한 작위 또는 부작위로 인하여 생긴 것인 때에는 그러하지 아니하다」고 한다.

환산기준일이 문제되었다.

항소법원(서울고법 1999.11.12. 선고 99나32488 판결)은, 「이건 수입화물보관계약서에 의하면 任置契約의 임치인은 운송인인 피고라고 할 것이고 따라서 화물이 피고가 발행한 화물인도지시서에 의하여 보세창고에서 출고될 때 수하인에게 인도된 것으로 보아야 한다고 하고, 피고는 丙창고를 직접점유자로 하여 위 화물을 간접점유하고, 위 丙창고는 피고의 이행보조자에 해당한다고 할 것이고 丙창고가 이 사건의 선하증권 또는 피고의 화물인도지시서와 상환함이 없이 이 사건 화물을 반출하여 멸실케 하였다면 이는 丙창고의 고의 또는 중대한 과실로 인한 것이고, 이행보조자의 위 고의·중과실은 피고의 고의·중과실로 보아야 할 것이므로 운송인은 채무불이행책임을 면할 수 없다」고 하여 피고의 책임발생을 인정하였다. 다음으로 항소법원은 「운송인의 책임은 상법에 따르면 운송인의 책임은 524상자×500SDR=262,000SDR로 제한된다고 하였다. 항소법원은, 「상법 제789조의2 제1항 단서에 의하여 운송인의 책임제한이 배제되기 위하여는, 운송인 본인의 고의 또는 무모한 행위가 있어야 하는 것이고, 운송인의 피용자인 선원 기타 선박사용인에게 고의 또는 무모한 행위가 있었다 하더라도, 운송인 본인에게 그와 같은 고의나 무모한 행위가 없는 이상 운송인은 상법 제789조의2 제1항 본문에 의하여 책임을 제한할 수 있다」(대법원 1996.12.6. 선고 96다31611 판결)고 판시하였다.

II. 大法院의 判示內容

피고 운송인은 책임제한이 배제되어야 함에도 이를 받아들이지 아니한 원심판단에 잘못이 있다는 원고의 상고이유에 대하여, 대법원은 「상법 제789조의2 제1항 단서에 의하여 운송인의 책임제한이 배제되기 위하여는 운송인 본인의 고의 또는 손해발생의 염려가 있음을 인식하면서 무모하게 한 작위 또는 부작위(이하 '고의 또는 무모한 행위'라고 한다)가 있어야 하는 것이고, 운송인의 피용자인 선원 기타 선박사용인에게 고의 또는 무모한 행위가 있다 하더라도 운송인 본인에게 그와 같은 고의나 무모한 행위가 없는 이상, 운송인은 상법 제789조의2 제1항 본문에 의하여 책임을 제한할 수 있으며(대법원 1996.12.6. 선고 96다31611 판결 참조), 이는 운송인의 운송이 해상운송의 성질을 가지는 한, 해상에서의 피용자뿐만 아니라 보세창고업자와 같은 육상에서의 피용자에게 고의 또는 무모한 행위가 있었다 하더라도 마찬가지로 보아야 할 것이다」고 하여, 원심에서 책임제한배제주장을 배척한 조치는 정당하다고 판시하였다.

책임제한산정의 기준이 국제통화기금의 환산시점에 대하여 원심에 잘못이 있다는 상고이유에 대하여도, 대법원은 「상법 제789조의2에 규정된 SDR에 상당하는 금액인 계산단위를 국내통화로 환산하는 시점에 관하여 상법상 명문의 규정이 없는바, 운송인의 손해배상책임을 제한하는 입법취지와 1978년 함부르크규칙을 비롯한 관련 국제조약 및 독일, 일본 등 여러 나라에서 실제 배상일이나 판결일 등을 국내통화로 환산하는 기준일로 삼고 있는 점, 선박소유자등의책임제한절차에관한법률 제11조 제2항에서 공탁지정일에 가장 가까운 날에 공표된 환율에 의하도록 규정하고 있는 점 등에 비추어 볼 때, 상법규정에 의한 계산단위를 소송상 국내통화로 환산하는 시점은 실제 손해배상일에 가까운 사실심 변론종결일을 기준으로 하여야 할 것이다」고 하여 원심의 판시내용은 정당하다고 하여 상고이유를 받아들이지 아니하였다.[2)]

Ⅲ. 評 釋

운송인의 이행보조자에 해당하는 창고업자의 중과실에 의한 불법행위에 대하여 손해배상을 청구당한 운송인의 책임제한여부가 문제가 된 사안이다. 본 사안과 같이 불법인도가 된 경우에 손해배상청구를 운송인이 받게 되면, 운송인은 운송인의 점유가 종료된 이후에 발생한 사건이므로 자신은 선하증권소지인에 대하여 책임이 없다거나, 책임이 인정된다고 하더라도 자신은 포장당 책임제한을 할 수 있다고 주장하게 된다. 이때 선하증권소지인은 후자의 주장에 대하여, 포장당 책임제한은 해상운송의 위험성을 전제로 하여 예외적으로 운송인에게 주어지는 권리이므로 피용자의 귀책사유로 발생한 손해에 대하여는 책임제한이 적용될 수 없다고 하고 또 보세창고의 불법인도는 고의 혹은 중과실이므로 이것이 상법상 책임제한배제사유에 해당한다고 주장하게 된다.

나아가 선하증권소지인은 대법원 판례상 손해는 운송물 멸실당시의 환율

2) 판례공보(2001), 1234면.

을 적용하여 한화로 이루어져야 하므로 책임제한금액의 산정은 운송물 멸실당시의 환율을 적용하여야 한다는 등의 주장을 하게 된다.[3] 대법원은 이러한 의문에 대하여 모두 부정적인 견해를 취하여 운송인에게 유리한 판결을 내렸다.

항소법원과 대법원은 운송인의 책임제한이 배제되는 고의 또는 무모한 행위는 운송인 자신에게 그러한 행위가 있을 경우에만 해당되는 것이고, 그 이행보조자 등의 고의 혹은 무모한 행위에 대하여는 배제사유가 아니다고 판시한 것이다. 대법원은 운송이 해상운송의 성질을 가지고 있는 한 해상에서 발생한 것뿐만 아니라 육상에서 발생한 것이라도 포장당 책임제한의 대상이 된다고 판시하였다. 또한 항소법원과 대법원은 공히, 책임제한을 하는 경우에 계산단위(SDR)를 국내통화로 환산하는 시점에 관하여, 실제 손해배상일에 가까운 사실심 변론종결일로 한다고 하였다.

책임제한배제사유에 대한 이러한 대법원의 판시내용은 우리 법의 모법이 되는 헤이그비스비규칙이나 그간의 대법원의 판시를 따르는 것으로 정당하다. 헤이그비스비규칙 제4조 제5항 e호는 단순히 운송인의 행위(an act or omission of carrier)라고 하고 있으나, 우리 상법은 '운송인 자신'이라고 하고 있다. 이는 1955년 국제항공운송에 의한 헤이그의정서 제25조에서의 '운송인, 그 사용인 또는 대리인'의 고의 또는 무모한 행위를 책임배제사유로 하던 것을 운송인 자신만으로 축소한 것이다. 또한 대법원은 선박소유자의 총체적 책임제한과 관련된 사안에서도 선장 등과 같은 선박소유자의 피용자에게 위와 같은 고의 또는 무모한 행위가 있었다는 이유만으로는 선박소유자가 법 제746조 본문에 의하여 책임을 제한할 수 없다고는 할 수 없다고 하였다(대법원 1995.12.6. 선고 95마325 판결). 이행보조자의 고의나 과실은 본인인 채무자의 무과실책임을 발생하게 한다고 하여도, 이것이 책임제한배제사유에서는 서로 분리된다는 점을 유의할 필요가 있다.[4]

책임제한액수는 SDR로 되어 있으므로 이를 한화로 환산하여야 하는바, 기준일에 따라서 차이가 나게 된다. 대법원의 판시의 내용에 따르면, 본 사안과 같이 상고를 한 경우에는 기준일은 원심인 고등법원의 사실심 변론종결일이 될 것이다.

---

3) KIM & CHANG Maritime Newsletter(2001년 6월), 제14호, 3면.

4) 정찬형, 「상법강의(하)」(박영사, 2008), 868면; 김인현, 「해상법」(법문사, 2007), 170면.

제 8

국내판례

求償債權의 除斥期間

(대법원 2001.10.30. 선고 2000다62490 판결)

Ⅰ. 事件의 經過

원고(운송인)는 1997년 6월경 중국의 수출업자로부터 이 사건 운송물을 중국 칭다오항에서 부산항까지 운송하여 줄 것을 의뢰받아 수출업자 사이에 운송계약을 체결하고 제1선하증권(House B/L)(송하인: 수출업자, 수하인: 신용장개설은행의 지시인, 통지선: 수입업자)을 발행 교부하였다. 원고는 1997.6.20. 다시 실제운송인인 소외 甲(이하 실제운송인)에게 이 사건 운송물의 운송을 의뢰하여 운송인 소유의 선박에 이 사건 운송물을 선적한 다음, 이 실제운송인으로부터 제2선하증권(Master B/L)(송하인 수하인 모두 원고)을 발행 교부받았다.

그런데 이 실제운송인의 피고(국내대리점)는 이 사건 운송물이 부산항에 도착한 다음인 1997.6.25. 수입업자의 요청에 따라 이를 창고업자의 창고에 입고하였으나, 창고업자는 6.26. 제1선하증권이나 피고가 발행한 화물인도지시서와 상환하지 아니한 채 임의로 수입업자에게 이 사건 운송물을 인도함으로써 이를 멸실하였다. 신용장개설은행으로서 그 신용장 매입대금을 지급하고 제1선하증권을 소지하게 된 조흥은행은 제1선하증권의 발행인인 원고를 상대로 원고의 이 사건 운송물의 인도의무가 이행불능되어 손해를 입었다고 주장하면서 소송을 제기하였다.

1999.2.5. 서울지방법원은 '제1선하증권의 발행인인 원고가 그 소지인인 조흥은행에 대하여 부담하는 운송물의 인도의무는 원고의 이행보조자인 이 실제운송인(또는 피고) 및 간접이행보조자인 이 사건 창고업자의 고의 또는 과실로 인하여 이행불능되었고 이로 인하여 조흥은행이 이 사건 운송물을 인도받지

못하게 되는 손해를 입게 되었다'는 이유로, '원고는 조흥은행에게 금 ××과 이자에 대한 금원을 지급하라'는 승소판결을 하여 그 시경 확정되었다.

한편 원고는 위 소송이 계속중이던 1998년 1월경 피고에게 "이 사건 운송물에 관하여 이 사건 수입업자의 요청에 따라 피고가 이 사건 창고업자에게 보관시킨 것인데, 이 사건 창고업자가 원고의 인도지시를 받지 아니하고 이 사건 운송물을 이 사건 수입업자에게 인도하였으므로 위 소송의 결과에 따라 피고의 원고에 대한 책임이 문제될 수 있다"고 주장하며, 피고에게 訴訟告知를 하였으나, 피고가 위 소송에 참가하지 아니하였다.[1] 원고는 위 판결이 선고된 후 조흥은행과 사이에 원고가 위 금액에 대한 합의를 한 후 금액을 지급하였다. 원고는, 따라서 피고는 원고에게 위 금액을 지급할 의무가 있다고 주장하면서 소를 제기하였다.

제1심 법원에서는 원고의 청구가 인정되었다. 그러나 항소법원(서울고법 2000.10.24. 선고 2000나11975 판결)은 서울지법의 위 판결과 訴訟告知의 효력에 따라 피고는 원고에게 위 금원을 지급할 의무가 있다고 인정하였다. 다음 항소법원은 이 사건 소는 송하인 또는 수하인인 원고가 운송인(실제운송인)의 국내대리점인 피고에 대하여 불법행위로 인한 손해배상책임을 구하는 소라고 보았고, 준거법을 우리 상법으로 확정한 다음, 상법 제811조는 「운송인의 용선자, 송하인 또는 수하인에 대한 채권 및 채무는 그 청구원인의 여하에 불구하고 운송인이 수하인에게 운송물을 인도한 날 또는 인도할 날로부터 1년내에 재판상 청구가 없으면 소멸한다. 그러나 이 기간은 당사자의 합의에 의하여 연장할 수 있다」고 규정하고 있는데, 상법 제811조의 제소기간은 "운송인의… 채무"는 물론 "운송인의 사용인 또는 대리인의… 채무"에 대하여도 적용된다고 하면서, 운송물이 수하인인 원고에게 인도된 날은 1997.6.25.이거나, 운송물의 인도가 행하여져야 할 날은 위 1997.6.25. 무렵이라고 할 것인데, 이 사건 소는 위 1997.6.25. 경부터 1년의 제소기간이 경과한 1999.3.17. 제기되었으므로, 부적법하여 각하할 것인바, 제1심 판결은 이와 결론을 달리하여 부당하므로 이를

---

1) 소송고지는 소송이 계속중에 그 소송에 참가할 이해관계가 있는 제3자에 대하여 소송계속 사실을 통지하는 것을 말한다(민사소송법 제77조). 피고지자는 소송에 참가하지 않은 경우에도 참가한 경우와 같이 취급되어, 그 소송에서의 판결에서 판단한 것에 반하는 주장을 할 수 없게 된다. 호문혁, 「민사소송법」(법문사, 2001), 754면.

취소하고 원고의 이 사건 소를 각하하기로 한다고 판시하였다.

Ⅱ. 大法院의 判示內容

원고의 상고에 대하여, 대법원은 「원고의 위와 같은 청구원인 사실의 주장 속에는, 원고가 이 사건 제2선하증권을 발행받은 송하인의 자격에서 운송인의 대리인인 피고에게 그 운송물의 멸실을 이유로 불법행위에 의한 손해배상책임을 구하는 취지뿐만 아니라, 원고가 이 사건 제1선하증권의 발행인으로서 위 선하증권의 소지인인 운송물에 대한 권리자에게 운송물의 멸실로 인한 손해액을 먼저 배상하여주고, 위 운송물의 멸실에 실질적으로 책임이 있는 운송인의 대리인인 피고를 상대로 위 배상금액을 구상하는 취지도 포함되어 있다고 보는 것이 상당하다고 할 것이다. 그리고 해상물건운송계약에 있어 계약운송인과 실제운송인과의 관계와 같이 복수의 주체가 운송물의 멸실·훼손으로 인하여 선하증권소지인에 대하여 연대하여 손해배상책임을 부담하는 경우, 어느 일방이 선하증권소지인에 대하여 먼저 손해액을 배상한 후 다른 일방에 대하여 그 배상금액을 구상하는 경우에는, 운송인의 채권·채무의 소멸을 규정하고 있는 상법 제811조 소정의 단기제척기간에 관한 규정은 적용되지 않는다고 할 것이다. 그럼에도 불구하고, 원심이 원고의 이 사건 소를 해상물건운송계약상의 송하인인 원고가 운송인의 국내대리점인 피고에 대하여 불법행위로 인한 손해배상을 구하는 취지로만 파악하여 상법 제811조 소정의 1년의 除斥期間이 경과하여 부적법하다고 본 것은, 필요한 심리를 다하지 아니하여 원고의 청구원인 사실을 잘못 이해하였거나 상법 제811조의 적용범위에 관한 법리를 오해하여 판결에 영향을 미친 위법이 있다 할 것이고, 이를 지적하는 상고이유의 주장은 이유있다」고 하면서, 원심판결을 파기환송하였다.[2)]

---

2) 판례공보(2002), 2559면.

Ⅲ. 評 釋

1. 판결의 요지

운송주선인이 개입된 경우에 운송주선인은 제1선하증권(소위 house B/L)을 송하인에게 발행한다. 운송주선인은 자신이 송하인과 수하인이 되어 다시 선박회사(실제운송인)와 운송계약을 체결하여 제2선하증권(소위 master B/L)을 선박회사로부터 받는다. 이때 유통성이 있는 것은 제1선하증권이다. 본 사안은, 이러한 시스템하에서, 제2선하증권의 발행인인 실제운송인이 화물을 창고에 입고한 상태에서 그 대리점이 제1선하증권과 상환함이 없이 화물을 수하인에게 인도함으로써, 선하증권소지인인 신용장개설은행이 운송물을 멸실당하게 되었고 이에 제1선하증권을 발행한 운송주선인(원고)에게 제1선하증권소지인이 손해배상청구를 하여 운송주선업자가 패소하였다. 다시 운송주선인은 운송물이 멸실된 일자로부터 1년이 지난 시점에 실제운송인의 국내대리점(피고)에 패소금액을 청구하는 소송을 제기하여 본 대법원의 판결이 나오게 된 것이다.

항소심에서는 이 소를 제2선하증권상 송하인 또는 수하인인 원고가 실제운송인의 국내대리점인 피고에 대하여 불법행위로 인한 손해배상을 구하는 소라고 보고, 상법 제811조, 제789조의3 제2항과 제4항을 근거로 1년의 제척기간을 준용하여 원고의 소를 제소기간 도과로 부적법한 것으로 판단하여 소각하판결을 하였다. 그러나 상고심에서 대법원은 원고의 청구원인 사실의 주장에는, 송하인의 자격(제2선하증권의 소지인으로서)에서 운송인의 대리인에게 운송물의 멸실을 이유로 불법행위에 의한 손해배상책임을 구하는 취지뿐만 아니라, 원고가 제1선하증권의 발행인으로서 운송물에 대한 권리자에게 운송물 멸실로 인한 손해액을 먼저 배상하여주고, 멸실에 책임이 있는 운송인의 대리인인 피고를 상대로 배상금액을 구상하는 취지도 포함되어 있다고 보았다. 따라서 이러한 구상채권을 행사하는 경우에는 운송인의 채권·채무소멸을 규정하고 있는 상법 제811조 소정의 단기제척기간에 관한 규정은 적용되지 않는다고 판시한 것이다.

2. 판결의 결과

위 대법원 판시에 따르면 운송관련 채권 · 채무의 제척기간 혹은 소멸시효는 아래와 같이 나누어서 볼 수 있다.

(1) 운송인과 송하인의 관계

개품운송에서 운송인과 송하인 사이의 채권 · 채무, 예컨대 손해배상청구권, 운임청구권은 그것이 청구원인 여하에 불문하고 제811조의 1년의 제척기간이 적용된다. 계약운송인이 실제운송인에게 운송을 위탁한 경우에도 계약운송인은 송하인의 지위에 서므로 제811조가 적용된다.

(2) 구상채권

본 사안과 같이 선하증권소지인으로부터 계약운송인이 손해배상청구를 받아 배상한 다음 부진정연대채무자인 제3자에게 구상청구하는 경우에는 제811조의 적용이 없고 본 대법원 판결이 적용된다. 제3자에는 실제운송인, 실제운송인의 선박대리점 등이 포함된다.

3. 판결의 의의

용선이 계속된 경우에 다른 자에게 구상청구를 하여야 하는 경우가 있을 것인데, 이 경우에도 상법 제811조가 적용된다면, 청구를 받는 시점이 1년의 제척기간에 가까운 경우에는 이 자는 구상청구를 할 수 없게 되는 수가 있다는 점이 지적되어 왔는바, 이 판결은 이에 대하여 해답이 된 것이다. 그런데 대법원이 이 경우 제척기간이 얼마인지 혹은 기산점은 언제인지에 대한 판시는 하지 않고 있는 점에 한계가 있다. 판결 또는 합의로 구상채권의 존재가 확정된 때로부터 기산하여 1년의 제척기간이 적용되는 것이라는 견해가 있다.[3] 한편, 민사시효인 10년설과 상사시효인 5년설도 가능할 것이다. 상법 제811조는 채무불이행뿐만 아니라 불법행위를 청구원인으로 하는 경우에도 적용된다는 것이 대법원의 일관된 입장이고,[4] 헤이그비스비규칙에서는 운송인의 채무만 1년

3) KIM & CHANG Maritime Newletter 제16호(2001.12), 2면.
4) 대법원 1997.4.11. 선고 96다42246 판결.

의 제척기간으로 하고 있다는 점에서 차이가 있음에 유의하여야 한다.[5)]

5) 헤이그비스비규칙 제3조 제6항은 상법 제811조와는 달리 운송인의 채무만 1년의 제척기간에 걸린다고 한다.

제 9

국내판례

海上運送人의 火災免責

(대법원 2002.12.10. 선고 2002다39364 판결)

Ⅰ. 事實關係

(1) 소외 OB맥주의 의뢰에 따라 피고가 운송인이 되어 OB맥주가 발송한 이 사건 화물을 실은 라거 트레이드호(이하 이 사건 선박)가 전남 녹등항을 떠나 2002년 2월 20일 17시 제주 성산포항에 입항하여 접안 정박하였는데, 우현에 어선 오상호, 그 우현에 어선 강동호가, 다시 그 우현에 3척의 어선이 더 밧줄로 연결되어 계류중이었다. 같은 날 1700시 폭풍주의보가 발효되어 북서풍이 초속 14-16미터로 강동호 우현 45도 각도에서 오상호 쪽으로 강하게 바람이 불고 있었다. 바람이 불고 날이 추워 강동호에 승선하고 있던 선원들이 전기장판에 전기를 공급하기 위하여 선박내의 발전기를 계속 가동한 결과 전기합선이 되면서 다음 날인 2월 21일 0400시경부터 0420시까지 사이에 위 강동호의 기관실 상부 및 식당 부근에서 화재가 발생하였고 위 화재는 당시 강하게 불던 바람에 의하여 좌현에 있던 오상호로 옮겨 붙었으며, 다시 오상호의 좌현에 있던 이 사건 선박의 조타실과 선창 사이에 옮겨 붙어 이 사건 화물이 손상을 입었다.

(2) OB맥주와 적하보험계약을 체결한 바 있는 원고인 그린화재는 화주 OB맥주에게 보험금을 지급하고 보험자 대위권을 근거로 운송인인 피고에게 구상청구를 제기하였다. 피고는 이 사건 화물의 손상은 화재로 인하여 생긴 운송물에 관한 손해로서 상법 제788조 제2항 본문, 제789조의3 제1항에 따라 계약상 및 불법행위상의 책임이 면제된다고 항변하자, 원고는 위 법률조항에서 면책사유로 규정하는 화재라 함은 당해 선박내부에서 발생한 것을 말할 뿐, 이 사

건의 경우와 같이 다른 선박 등 당해 선박외부에서 발생한 화재가 옮겨붙은 경우는 면책사유에 해당하지 않는다고 주장하였다. 이에 원심인 서울고등법원(서울고법 2002.6.14. 선고 2002나9501 판결)은 상법 제788조 제2항 후단에서 운송인의 화재면책사유가 되는 "화재"에는 이 사건에서와 같이 선박외부인 다른 선박에서 발생한 화재가 당해 선박에 옮겨붙은 경우도 포함한다고 판단하면서 원고인 그린화재의 구상금청구를 배척하였다. 원고는 이에 상고하였다.

II. 大法院의 判示內容

대법원은「(1) 상법 제788조 제1항은 "운송인은 자기 또는 선원 기타의 선박사용인이 운송물의 수령, 선적, 적부, 운송, 보관, 양륙과 인도에 관하여 주의를 해태하지 아니하였음을 증명하지 아니하면 운송물의 멸실, 훼손 또는 연착으로 인한 손해를 배상할 책임이 있다"고 규정하고, 제2항은 "운송인은 선장, 해원, 도선사 기타의 선박사용인의 항해 또는 선박의 관리에 관한 행위 또는 화재로 인하여 생긴 운송물에 관한 손해를 배상할 책임을 면한다. 그러나 운송인의 고의 또는 과실로 인한 화재의 경우에는 그러하지 아니하다"고 규정하고 있는데, 제2항의 본문 및 단서에서의 '화재'란, 운송물의 운송에 사용된 선박안에 발화원인이 있는 화재 또는 직접 그 선박안에서 발생한 화재에만 한정되는 것이 아니고, 육상이나 인접한 다른 선박 등 외부에서 발화하여 당해 선박으로 옮겨 붙은 화재도 포함된다고 해석된다.

(2) 위 제2항 단서에 따라 화재로 인한 손해배상책임의 면제에서 제외되는 사유인 고의 또는 과실의 주체인 운송인이란, 상법이 위 제2항 본문에서는 운송인 외에 선장, 해원, 도선사 기타의 선박사용인을 명시하여 규정하고, 같은 조 제1항 및 제787조에서도 각 자기 또는 선원 기타의 선박사용인을 명시하여 규정하고 있는 점과 화재로 인한 손해에 관한 면책제도의 존재이유에 비추어 볼 때, 그 문언대로 운송인 자신 또는 이에 준하는 정도의 직책을 가진 자만을 의미할 뿐이고, 선원 기타 선박사용인 등의 고의 또는 과실은 여기서의 면책제외사유에 해당하지 아니한다고 해석하여야 할 것이며, 위 조항이 상법 제789조의2 제1항 단서처럼 운송인 자신의 고의라는 문언으로 규정되어 있지 않다고 하여 달리 해석할 것이 아니다[1])」고 판시하였다.

Ⅲ. 評 釋

사법 일반원칙에 의하면 운송인은 운송중 화주가 입은 손해에 대하여 자신이나 이행보조자가 과실이 있는 경우에는 그 손해를 배상하여야 하는 것이다(민법 제390조, 민법 제391조, 상법 제135조, 상법 제788조 제1항). 그런데 상법에서는 항해과실이나 화재 등 특별한 경우에는 운송인의 면책을 인정하고 있다(상법 제788조 제2항). 이러한 면책도 운송인이 발항당시에 선박에 대한 감항능력주의의무를 갖춘 경우에만 가능하다.[2] 본 사안에서는 (i) 다른 선박에 옮겨붙은 화재도 면책대상인지 여부, (ii) 운송인의 범위가 문제되었다.

1. 화재의 범위

본 사안에서 문제가 되었던 것은 화재의 발화가 운송물을 운송하던 그 선박이 아닌 다른 선박에서 시작되었고 이 화재가 본선에 옮겨붙은 경우에도 화재면책의 사유가 되는지에 있었다. 이 부분에 대하여는 종래 긍정설과 부정설이 대립되어 왔다.[3] 대법원은 이를 넓게 해석하여 화재가 본선에서 발생한 경우뿐만 아니라 다른 선박에서 발생한 화재가 옮겨붙은 경우에도 화재면책이 인정된다고 판시하였다.

개정전 상법은 "선박에서의 화재로 인하여 생긴 손해"라고 하였으나 개정상법은 단순히 "화재로 인하여 생긴 운송물에 관한 손해"라고 하고 있다. 일본의 국제물품운송법 제3조 제2항에서는 여전히 개정전 상법과 같이 "선박에서의 화재"라고 정하고 있고 이 경우에는 선박자체에서 발생한 경우에만 면책이 된다고 한다.[4]

한편, 헤이그비스비규칙(제4조 제2항 b호)은 단순히 화재라고만 하고 있으

1) 판례공보(2003), 340면.

2) Wilson, *CARRIAGE OF GOODS BY SEA*(PITMAN, 1993), p. 269; Lee Sik, Chai, *An Introduction to KOREAN MARITIME LAW*(Korea University Press, 1999), p. 143; 김인현, 전게 해상법, 142면.

3) 긍정설로는 이기수외 공저, 「보험 · 해상법」(박영사, 2003), 462면; 부정설로는 배병태, 「주석해상법」(한국사법행정학회, 1981), 209면; 정영석, 「해상운송법강의」(국제해양문제연구소, 2001), 228면; 정동윤, 「상법(하)」(법문사, 2000), 820면이 있다.

4) 戶田修三 · 中村眞澄, 「國際海上物品運送法」(青林書院, 1997), 72頁.

나,[5] 함부르크규칙(제5조 제4항 b호)에서는 선박에서의 화재(fire on board the ship)라고 하고 있다.

2. 운송인의 범위

운송인의 고의 · 과실이 있는 경우에는 화재면책이 되지 않는바 여기에서의 운송인이란 운송인 자신의 고의 · 과실을 의미한다. 비록 운송인의 책임제한 배제사유에 대한 상법 제789조의2 제1항 단서에서는 "운송인 자신"이라고 명시하고 있는 반면에 제788조 제2항에서 운송인이라고 표시하고 있지만, 국제조약인 헤이그비스비규칙에서도 운송인이라고 하고 있고 이는 운송인의 이행보조자와는 구별되는 개념이므로,[6] 여기서 말하는 운송인이란 이행보조자를 제외한 운송인 자신이다.[7] 그러므로 운송인 자신의 고의나 과실이 없는 화재는 비록 이행보조자인 선원 등의 고의나 과실로 인한 화재라고 하더라도 운송인은 면책이 된다. 이러한 취지의 대법원의 판시에 찬성한다.[8]

3. 여 론

그런데 영국의 판례에서는 운송인이 감항능력을 다하지 못하였다는 이유로 화재면책이 부인되고 있는 경우가 많다. 본 사건과 관련시켜 본다면, 화재가 개시되었을 때에 선원들이 화재를 진압할 수 있는 인적 감항능력을 갖추고 있었는지가 문제되고 이러한 테스트를 통과함이 쉽지 않은 것이 영국 판례의 입장이다. 본 사안은 이와는 달리 원심과 대법원의 판결에서 화재면책의 전제조건으로서의 감항능력유지여부를 다루지 않고 있다.

한편, 운시트랄 운송법회의에서는 운송인 자신뿐만 아니라 운송인의 이행

---

5) 미국의 해상물건운송법에서도 단순히 화재라고만 규정하고 있으며(제4조 제2항 b호; 46 U.S.C. §1304(2)(b)) 개정안도 동일한 내용이다. D. Robertson and others, op. cit., p. 345.

6) 헤이그비스비규칙 제4조 제2항은 "Neither the carrier nor the ship shall be responsible for loss or damage arising or resulting from: (a) Act, neglect, or default of the Master, mariner, pilot, or servants of the carrier in the navigation or in the management of the ship: (b) Fire, unless caused by he actual fault or privity of the carrier...." b항의 the carrier는 a항의 servant of the carrier와는 구별되는 개념이다.

7) Black & Gilmore, *The Law of Admiralty*(Foundation Press, 1985), p. 161.

8) 대법원의 판시에 대하여 찬성하는 견해로는 김현, "해상운송인의 화재면책," 법률신문, 2003년 2월 17일자가 있다.

보조자의 고의 · 과실로 인한 화재의 경우에도 면책이 되지 않도록 되었다.[9] 그러나 여전히 면책카탈로그에 화재가 존재하기 때문에 화주가 운송인측에 과실이 있음을 입증하여야 하는 어려움을 안게 되어 있다.

9) 이는 헤이그비스비규칙 제4조 제2항 (b)에서 unless 이하를 삭제한 결과이다.

제 10

국내판례

記名式 船荷證券의 권리양도방법 및 운송물의 고박잘못에 대한 책임주체*

(대법원 2003.1.10. 선고 2000다70064 판결)

I. 事實關係

(1) 1993.2. 포항제철과 피고 한진해운은 포철이 미국에서 공급하는 화물의 해상운송을 위하여 피고소유 선박(이 사건 선박)에 대한 미국 UPI向 HOT BAND 전용선 장기해송계약을 체결하였다. 포철의 자회사이면서 미국현지법인인 소외 포항스틸 아메리카는 이 사건 화물을 수출하는 계약을 체결하면서 피고에게 운송을 의뢰하였다. 운송계약을 체결하면서 위 계약에 규정되지 않은 사항은 위 전용선 장기해송계약의 내용을 준용하기로 하였다. 피고가 1995.12.8. 이 사건 화물을 이 사건 선박에 선적한 후 피고를 대리한 소외 트랜스마린 네비게이션이 포항스틸 아메리카를 송하인, 주식회사 조흥은행을 수하인, 포스트레이드를 통지처로 한 기명식 선하증권(이 사건 선하증권)을 발행하였다. 포스트레이드는 이 사건 화물의 실제수입자로서 금융의 편의를 위하여 신용장개설은행인 조흥은행을 이 사건 선하증권상 수하인으로 한 것인데, 이 사건 화물이 수입된 후 1996.1.3. 조흥은행에게 신용장대금 전액을 지급하고 물품의 처분에 필요한 서류와 함께 기명식인 이 사건 선하증권을 조흥은행의 배서없이 교부받아서 현재 소지하고 있었다.

(2) 이 사건 화물을 수령후 코일의 양면에 원래의 목적으로 사용할 수 없을 정도로 운송 흑점이 과다하게 분포되어 있음이 발견되어 보험금을 지급한 적하보험자가 운송인에 대하여 구상청구를 하였다. 이 사건 선하증권에 편입된

---

* 이 논문은 「한국해법학회지」, 제26권 제2호(2004.11)에 실린 "2003년도 해상법 판례평석"의 일부이다.

화물에 대한 해상운송계약 자체와 그 계약에서 준용하는 FIOST 약관에 따라 이 사건 화물은 송하인이 자기의 위험부담하에 선적하고 고박하였는데, 그 과정에서 송하인이 별다른 보조장치없이 선적 고박을 함으로써 이 사건 화물이 훼손되었으므로 운송인인 피고에게는 그 책임이 없다고 운송인은 주장하였다.

(3) 원심(서울지법 2000.11.2. 선고 99나36005 판결)은 「이 사건 선하증권에 편입된 위 화물에 대한 해상운송계약서인 협정서 제3조 제4항은 "적양지에서의 통상적인 항비를 제외한 선적양하 작업은 포항스틸 아메리카의 비용으로 한다"고 규정하고 있고, 협정서가 준용하는 전용선 장기해송계약에서는 "본 계약에 규정되지 않은 내용은 젠콘 1976년 약관을 적용한다"고 정하고 있다.[1] 장기해송계약 제18조 제1항은 "본선은 포항스틸 아메리카의 위험부담과 비용으로 지정되는 여하한 장소, 안벽 또는 본선이 안전하게 도착할 수 있는 타선 또는 부선측에서 선적 · 양하작업을 하여야 한다"고 규정하고 있다. 협정서는 위험부담에 대하여는 규정하지 않고 다만 비용만 용선자측에서 부담한다고 한다. 결국 용선자인 포항스틸 아메리카는 단지 선적 및 양하작업의 비용을 부담할 뿐이고, 선적 · 양하작업의 주체는 운송인으로서 피고가 자신의 위험부담으로 행하도록 한 것이라고 해석되고 선적 및 양하의 비용과 위험부담에 관하여는 위의 특별규정이 있어 젠콘 표준항해용선계약의 적용은 배제된다고 봄이 상당하다」고 판시하였다. 피고 운송인은 원고는 선하증권소지인으로서 정당한 권리를 취득하지 못하였으며 또한 선적 · 양하작업의 주체는 용선자이므로 자신은 책임이 없다며 상고하였다.

II. 大法院의 判示內容

(1) 기명식 선하증권의 권리양도방법에 관한 법리오해 주장에 대하여: 선하증권은 해상운송인이 운송물을 수령한 것을 증명하고 양륙항에서 정당한 소지인에게 운송물을 인도할 채무를 부담하는 유가증권으로서, 운송인과 그 증권

1) 젠콘은 Gross 조건과 FIOST 조건(Free In, Out, Stow and Trim., 선적과 고박, 양륙은 모두 용선자의 비용과 위험부담으로 하고 운송인은 그에 대한 책임을 지지 않는다)을 각각 가지고 있다. 합의된 바에 따라 해당 조건에 표시를 하도록 되어 있으나 본 사안에서는 어느 쪽에도 표시를 하지 않았다.

소지인 사이에는 증권 기재에 따라 운송계약상의 채권관계가 성립하는 채권적 효력이 발생하고, 운송물을 처분하는 당사자 사이에는 운송물에 관한 처분은 증권으로써 하여야 하며, 운송물을 받을 수 있는 자에게 증권을 교부한 때에는 운송물위에 행사하는 권리의 취득에 관하여 운송물을 인도한 것과 동일한 물권적 효력이 발생하므로 운송물의 권리를 양수한 수하인 또는 그 이후의 자는 선하증권을 교부받음으로써 그 채권적 효력으로 운송계약상의 권리를 취득함과 동시에 그 물권적 효력으로 양도 목적물의 점유를 인도받은 것이 되어 그 운송물의 소유권을 취득하는데(대법원 1998.9.4. 선고 96다6240 판결, 대법원 1997.7.25. 선고 97다19656 판결 각 참조), 이 사건의 경우와 같이 선하증권상에 특정인이 수하인으로 기재된 기명식 선하증권의 경우 그 증권상에 양도불능의 뜻 또는 배서를 금지한다는 취지의 기재가 없는 한 법률상 당연한 지시증권으로서 배서에 의하여 양도가 가능하다고 할 것이고, 그 증권의 소지인이 배서에 의하지 아니하고 권리를 취득한 경우에는 배서의 연속에 의하여 그 자격을 증명할 수 없으므로 다른 증거방법에 의하여 실질적 권리를 취득하였음을 입증하여 그 증권상의 권리를 행사할 수 있다고 할 것이며(위 대법원 1998.9.4. 선고 96다6240 판결 참조), 이러한 경우 운송물의 멸실이나 훼손 등으로 인하여 발생한 채무불이행으로 인한 손해배상청구권은 물론 불법행위로 인한 손해배상청구권도 선하증권에 화체되어 선하증권이 양도됨에 따라 선하증권소지인에게 이전된다고 할 것이다(대법원 1991.4.26. 선고 90다카8098 판결 참조). 기록에 의하면 원심이 이와 같은 취지에서 포스 트레이드가 선하증권의 소지인으로서 정당한 권리를 취득하였다고 판단한 조치는 수긍이 가고, 거기에 상고이유에서 주장하는 바와 같은 기명식 선하증권의 권리양도 방법과 효력에 관한 법리오해의 위법이 있다고 할 수 없다.

(2) 운송물의 선적 고박으로 인한 책임의 귀속에 관한 사실오인 및 법리오해주장에 대하여: 원심은 운송물의 선적 고박으로 인한 책임의 귀속에 관하여, 그 판시 증거와 기록에 의하여, 포항스틸 아메리카와 피고 사이의 해상운송계약서인 협정서 제3조 제4항은 "적양지에서의 통상적인 항비를 제외한 선적·양하작업은 포항스틸 아메리카의 비용으로 한다"고 규정하고 있고, 위 계약에 의하여 준용되는 포철과 피고 사이의 장기해송계약서 제18조 제1항은 "본선은 포철의 위험부담과 비용으로 지정되는 장소(중략)에서 선적·양하작업을 하여

야 한다"고 규정하고 있는 사실을 인정한 후, 위 각 계약조항에 비추어 운송물의 선적 및 양하작업에 있어 용선자인 포항스틸 아메리카는 단지 그 비용을 부담할 뿐이고, 선적 · 양하작업의 주체는 운송인으로서 피고가 자신의 위험부담으로 행하도록 한 것이라고 판단하였는바, 원심판결이유를 기록에 비추어 살펴보면 그 판단은 정당하고 거기에 상고이유에서 지적한 바와 같은 계약당사자의 의사해석에 관한 사실오인 및 법리오해가 있다고 할 수 없다. 위와 같이 그 운송물의 선적 · 양하작업의 주체를 운송인인 피고이고, 피고의 과실로 이 사건 화물에 흑점이 발생하였다고 보는 이상 원심의 위와 같은 판단에는 상법 제789조 제2항 제6호 소정 운송인의 면책사유에 대한 법리오해의 위법이 있다고 할 수 없다.

Ⅲ. 評 釋

1. 기명식 선하증권의 권리양도방법

선하증권은 권리자 지정방식에 따라 지시식 선하증권(order B/L)과 기명식 선하증권(straight B/L)으로 나눌 수 있다. 기명식 선하증권이란 특정인이 수하인으로 기재되어 있는 선하증권이다.[2] 영미법과 달리, 우리 법은 선하증권상에 양도불능의 뜻 또는 배서를 금지한다는 취지의 기재가 없다면 이는 법률상 당연한 지시증권으로서 배서에 의하여 양도가 가능하다고 한다(상법 제130조, 제820조).[3] 그 증권의 소지인이 배서에 의하지 아니하고 권리를 취득한 경우에는 어떻게 될 것인가? 본 사건에서 포스 트레이드는 실수입자로서 선하증권상 수하인으로 기명된 은행이 배서하지 않은 선하증권을 소지하고 있었지만, 신용장대금을 모두 지급한 상태였다. 대법원은 이 경우는 배서의 연속에 의하여 그 자격을 증명할 수 없으므로 다른 증거방법에 의하여 실질적 권리를 취득하였음을 입증하여 그 증권상의 권리를 행사할 수 있다고 하였다. 대법원은 이 경우 운송물의 멸실 등으로 인하여 발생한 채무불이행에 기한 손해배상청구권은 물론 불법행위로 인한 손해배상청구권도 선하증권에 화체되어 선하증권이 양도됨에

2) 김인현, 「해상법」(법문사, 2003), 170면.

3) 기명식 선하증권의 법률관계에 대하여는 현덕규, "기명식 선하증권의 양도성에 관련된 법적 문제," 「한국해법학회지」, 제23권 제2호(2001.11), 299면을 참고바람.

따라 선하증권소지인에게 이전된다고 판시하였다. 배서를 중요시한다면 권리자는 여전히 은행이 될 것이지만, 대법원은 실질관계를 중요시하였다.

운송인이 화물의 인도를 위하여는 선하증권의 소지인이 정당한 소지인인가를 확인하여야 할 것이고, 지시식인 경우에는 배서금지의 표시가 없다면 배서로서 양도가 가능하다고 하므로 운송인은 배서가 제대로 되었는지를 살필 것이나, 본 사안과 같이 배서가 없는 경우에 운송인은 수하인으로 기명된 자에게 사실을 확인하는 절차가 필요할 것이다.

2. FIO조건

본 사안에서는 두 개의 운송계약이 존재하였다. 하나는 장기해송계약이다. 이는 대량화물을 화주(포항제철)와 선주(한진해운) 사이에 장기간 운송하는 계약을 체결하는 것이다. 그런 다음 각각의 단위별 항해를 위한 운송계약이 체결된다. 전자를 규율하는 것은 장기해송계약이고, 후자를 규율하는 것은 협정서라고 명명되어 있다. 협정서에 규정되지 않은 것은 장기해송계약에 의하기로 당사자가 합의하였다. 협정서에는 비용만 용선자가 부담한다고 되어 있다. 장기해송계약에는 용선자가 위험과 비용을 부담한다고 되어 있다.

실무적으로 가장 많이 사용되는 항해용선표준서식은 젠콘이다. 선주와 용선자 사이에 별도의 용선계약을 체결하는 경우에 용선계약에서 빠진 부분에 대하여는 젠콘을 준용한다는 규정을 두기도 한다. 물론 용선계약에 구체적인 하역관련규정을 두었다면 이것이 당사자의 의사로서 간주될 것이다. 본 사안에서 운송인은 FIOST조건에 따라 용선자의 위험부담과 비용으로 하역을 하였다고 주장하였으나, 법원은 협정서의 내용을 우선시하여 비용만 용선자가 부담하는 약정이 체결되었고, 젠콘 서식에서 규정하는 선택을 하지 않은 상황이므로 FIOST조건이 아니라고 하였다.

실제 당사자를 규율하는 용선계약서인 협정서에서는 위험부담은 언급하지 않고 비용만 용선자가 부담한다고 하므로, 정당한 해석이라고 본다.[4)]

4) 본 판결은 이들 이외에도 용선계약상의 중재조항이 선하증권에 편입되기 위한 요건 등을 다루고 있다. 여기에 대하여는 석광현, "용선계약상 중재조항의 선하증권에의 편입,"「한양대학교 법학논집」, 제22집 제1호(2005.6), 193면 이하를 참조바람.

제 11 국내판례

船荷證券이 발행되지 아니한 경우 受荷人의 운송물에 대한 권리관계*

(대법원 2003.10.24. 선고 2001다72296 판결)

I. 事實關係

(1) 甲이 인도네시아의 수입상 부아나와 사이에 청바지원단(이하 이 사건 화물)을 수출하기로 하는 계약을 체결하고 부아나로부터 신용장을 개설받았다. 운송주선인(원고)은 甲으로부터 위 화물의 운송을 의뢰받고 1998.6.25. 송하인: 甲, 수하인: 신용장개설은행, 선적항: 부산, 양륙항: 자카르타로 된 하우스 선하증권을 甲에게 발행, 교부하였다. 원고는 운송인(피고)에게 수하인을 피티 콤비로 하여 위 화물의 운송을 의뢰하여 피고는 1998.6.25. 이 사건 화물을 부산항에서 선적하여 1998.7.5 자카르타 항구에 도착, 양륙한 다음 인도네시아 세관의 감독 아래 항만 터미널의 컨테이너 야드에 보관하였고, 이 사건 화물은 1998.7.23. 피티 콤비 및 부아나의 요청에 의하여 세관의 승인을 얻어 소외 X가 운영하는 보세창고로 운반되었다. 피고는 1998.7.31. 자신을 운송인으로 하고 송하인 원고, 수하인 피티 콤비로 하는 마스터 선하증권을 원고에게 발행 교부하였는데, 그 선하증권의 그 수하인란 상단에 NON NEGOTIABLE UNLESS CONSIGNED TO ORDER이라는 문구가 인쇄되어 있고, 수하인란에는 피티 콤비라는 수하인의 명칭과 주소만 기재되어 있을 뿐 "TO ORDER OF"와 같은 문구는 타자되어 있지 않았다[1](화물이 도착한 후에 마스터 선하증권이 발행된 것은 원고가 운임의 금융이익을 누리기 위하여 그 발행 신청을 늦추었기 때문이다). 원고는

---

* 본 논문은 「한국해법학회지」, 제26권 제2호(2004.11)에 게재된 "2003년도 해상법 판례평석"의 일부이다.

1) 배서금지의 기명식 선하증권이라는 취지이다.

1998.7.31. 피고에게 이 사건 화물의 무단반출의 우려가 있다면서 마스터 선하증권없이 화물이 반출되지 않도록 요청하는 내용의 전문을 보냈는데, X는 이에 앞선 1998.7.29. 이 사건 화물 중 2대의 컨테이너를 1998.8.3. 나머지 3대의 컨테이너를 부아나에게 인도하였고, 피티 콤비는 보세창고업자인 X에게 인도지시서를 발행하여 이 사건 화물의 수입자인 부아나에게 인도해 줄 것을 요청하였다. 원고는 자신이 이 사건 마스터 선하증권의 소지인으로서 또는 피고와의 운송계약의 송하인으로서 이 사건 화물에 대한 소유자 내지 인도청구권자이므로 피고에 대하여 이 사건 화물의 반출에 관하여 운송계약상의 채무불이행 또는 불법행위를 이유로 한 손해배상을 구하였다.

(2) 원심(서울고법 2001.9.21. 선고 2001나11934 판결)은 이 사건 마스터 선하증권은 배서금지의 문구가 기재된 기명식 선하증권에 해당하므로, 배서에 의하여 양도할 수 없고, 일반 지명채권 양도의 방법에 의해서만 권리를 양도할 수 있는바, 이 사건 마스터 선하증권의 수하인으로 기재된 피티 콤비가 이 사건 화물의 인도청구권을 원고에게 양도하였음을 운송인인 피고에게 통지하였다는 점에 대한 주장입증이 없으므로 원고는 이 사건 화물의 인도청구권자라고 볼 수 없고, 상관행상으로 기명식 선하증권인 경우에도 상환증권성이 인정된다는 증거도 없다고 판단하였다.

원심은 또한 이 사건 운송계약상의 송하인의 지위에서 이 사건 화물에 관한 인도청구권 등의 권리가 있는지 여부에 관하여, 상법 제812조, 제140조에 의하면 해상운송에 있어서 운송물이 목적지에 도착한 후 수하인이 운송물의 인도를 청구한 때에는 수하인의 권리가 송하인의 그것보다 우선하게 되는바(수하인은 운송계약의 당사자는 아니지만 계약당사자인 송하인의 권리를 상법 제812조, 제139조, 제140조의 규정에 의하여 취득하게 된다), 수하인인 피티 콤비가 1998.7.23. 이 사건 화물을 X가 운영하는 보세창고로 운반을 요청하였을 때 운송물의 인도를 청구한 것으로 볼 수 있으므로 그 이후에는 수하인인 피티 콤비의 이 사건 운송계약상의 권리(화물인도청구권을 포함)가 송하인의 권리보다 우선하게 된다고 설시하였다.[2)]

2) 나아가 원심은 「물론 송하인은 해상운송인에게 선하증권의 발행을 요구할 권리가 있고, 원고가 그 권리에 기하여 피고로부터 지시식 선하증권을 발행받게 되면 송하인이 선하증권을 소지하게 되며 이러한 경우 선하증권의 소지인이 수하인의 지위를 가지게 되므로 수하인으

Ⅱ. 大法院의 判示內容

「선하증권이 발행되지 아니한 해상운송에 있어 수하인은 운송물이 목적지에 도착하기 전에는 송하인의 권리가 우선되어 운송물에 대하여 아무런 권리가 없지만(상법 제812조, 제139조), 운송물이 목적지에 도착한 때에는 송하인과 동일한 권리를 보유하고(상법 제812조, 제140조 제1항), 운송물이 목적지에 도착한 후 수하인이 그 인도를 청구한 때에는 수하인의 권리가 송하인에 우선하게 되는바(상법 제812조, 제140조 제2항), 그와 같이 이미 수하인이 도착한 화물에 대하여 운송인에게 인도청구를 한 다음에는 비록 그 운송계약에 기한 선하증권이 뒤늦게 발행되었다고 하더라도 그 선하증권의 소지인이 운송인에 대하여 새로이 운송물에 대한 인도청구에 대한 권리를 갖게 된다고 할 수 없다. (중략) 이 사건 선하증권은 이 사건 화물이 목적지에 도착한 후 운송계약상의 정당한 수하인에 의한 화물의 인도요청과 이에 따른 인도가 있은 후에 발행된 것이어서 원고가 이를 소지하게 되었다고 하더라도 원고로서는 이미 위 화물에 대한 소유권 혹은 인도청구권을 취득할 수 없다 할 것이므로 원고가 이 사건 상고이유로 문제삼는 배서금지된 기명식 선하증권의 상환증권성 여부와는 무관하게 원고의 피고에 대한 이 사건 청구는 모두 이유가 없다고 할 것이다. 이 사건 원심의 사실인정에 일부 잘못이 있고 그 이유 설시에 비록 적절하지 아니한 점이 있으나, 원고의 청구를 배척한 결론은 정당하므로 그러한 부분은 판결결과에 영향이 없다. 따라서 원고가 지적하는 바와 같은 배서금지된 기명식 선하증권에 대한 법리오해의 점에 대한 판단에 나아갈 것도 없이 상고이유의 주장은 이를 받아들이지 아니한다. 그러므로 상고를 기각한다.」[3)]

로 되어 있는 피티 콤비의 권리는 소멸하게 되지만, 원고가 피고로부터 지시식이 아닌 기명식 선하증권을 발행받음으로써 원고의 선택에 의하여 자신의 권리를 포기한 것이 된다. 그렇다면, 피티 콤비의 의사에 의하여 이 사건 화물이 수입자인 부아나에게 인도된 이상 원고는 이 사건 운송계약상의 송하인의 지위에서 운송인인 피고에 대하여 화물인도청구를 구할 수 없다. 따라서 원고가 이 사건 운송계약상의 송하인의 지위에서 이 사건 화물에 관한 인도청구권이 있음을 전제로 한 채무불이행 혹은 불법행위 책임을 묻는 원고의 주장도 이유없다」고 판시하였다.

3) 판례공보(2003), 2239면.

Ⅲ. 評 釋

본 사안에서 운송주선인은 순수한 운송주선을 하는 자가 아니라 운송을 인수하여 선하증권을 발행한 운송인으로서의 운송주선인이다.[4] 이 경우 두 가지 운송계약이 존재하게 된다.[5] 송하인과 운송주선인의 운송계약이 그 하나이고, 운송주선인을 송하인으로 하고 해상운송인을 타방으로 하는 운송계약이 다른 하나이다. 운송주선인은 운송인으로서 송하인에 대하여 하우스 선하증권을 발행한 다음, 자신은 송하인으로서 해상운송인과 제2의 운송계약을 체결하고 해상운송인은 마스터 선하증권을 발행한다. 운송물이 도착하면 마스터 선하증권상의 소지인(수하인)은 해상운송인에게 운송물인도를 청구하고 하우스 선하증권의 소지인은 운송주선인에게 화물인도를 요청하면 운송주선인은 자신의 양륙항의 파트너인 마스터 선하증권의 수하인으로 하여금 이를 처리하도록 할 것이다.

본 사안에서 운송주선인은 원고로서 운송물에 대한 인도청구권이 있음을 전제로 즉 선하증권의 소지인 혹은 송하인으로서의 지위에서 피고인 해상운송인에 대하여 손해배상청구를 하였다. 운송주선인이 해상운송인에게 손해배상청구를 가능하게 하는 권리가 있는가가 문제되었다. 운송주선인이 마스터 선하증권상 혹은 운송계약상 송하인으로서 그러한 권리를 갖는지가 쟁점이 된 것이다. 본 사안에서 마스터 선하증권은 화물이 이미 인도된 다음에 발행된 점이 또 다른 특징이 되었다.

운송주선인과 해상운송인 사이에서는 운송주선인이 송하인이 된다. 운송주선인이 송하인으로서 인도청구권이 있는가에 대하여 고등법원과 대법원은 수하인이 운송물의 인도를 청구한 때에 수하인의 권리가 송하인의 권리보다 우선한다고 판시하였다. 송하인과 수하인의 지위는 운송물의 이동에 따라 달라진다. 수하인은 운송물이 목적지에 도착하기 전에는 송하인의 권리가 우선되어

4) 운송인으로서의 운송주선인에 대하여는 김인현, 「해상법」(법문사, 2003), 37면 이하를 참고바람.

5) 하우스 선하증권과 마스터 선하증권의 법률관계에 대하여는 김창준, “복합운송주선업자의 법적지위에 관한 연구”(법학박사학위논문, 2004.2), 184면 이하를 참고바람.

운송물에 대하여 아무런 권리가 없지만(상법 제812조, 제139조), 운송물이 목적지에 도착한 때에는 송하인과 동일한 권리를 보유하고(상법 제812조, 제140조 제1항), 운송물이 목적지에 도착한 후 수하인이 그 인도를 청구한 때에는 수하인의 권리가 송하인에 우선하게 된다(상법 제812조, 제140조 제2항). 그 후에 비록 선하증권이 발행되었어도 선하증권소지인이 수하인보다 우선하는 권리를 가질 수는 없다.

마스터 선하증권상 운송주선인이 해상운송인에게 무단반출에 대한 책임을 묻기 위하여는 자신이 정당한 소지인으로서 인도청구권을 가져야 하고, 마스터 선하증권의 상환증권성이 인정되어 해상운송인은 마스터 선하증권과 상환하여서만 화물을 인도할 의무를 부담하여야 한다. 본 마스터 선하증권은 배서금지가 된 것이므로 수하인으로부터 지명채권양도의 방법으로 양도가 되었어야 송하인으로 기재된 운송주선인이 권리를 갖게 된다. 원심은 지명채권의 양도방법으로서의 통지가 운송인에게 없었으므로 운송주선인은 권리를 정당하게 양도받지 못하였다고 판시하였다. 나아가 마스터 선하증권의 상환증권성이 인정된다는 증거도 없다고 하면서 운송주선인의 주장을 배척하였다. 그러나 대법원은 접근을 달리하여 마스터 선하증권은 이 사건 화물이 목적지에 도착한 후 운송계약상의 정당한 수하인에 의한 화물의 인도요청과 이에 따른 인도가 있은 후에 발행된 것이어서 원고가 이를 소지하게 되었다고 하더라도 원고로서는 이미 위 화물에 대한 소유권 혹은 인도청구권을 취득할 수 없다고 판시하였다. 마스터 선하증권은 대개 기명식으로 배서금지가 된다. 마스터 선하증권이라도 유가증권이므로 상환증권성은 인정되지만, 배서금지가 된 경우에는 국내의 학설에 따라 상환증권성은 부정설과 긍정설로 나뉜다.[6] 긍정설을 취하면 운송인은 선하증권과 상환하여서만 운송물을 인도하여야 하지만, 부정설을 취하면 운송인으로서의 선하증권과 상환없이도 운송물을 인도할 수 있다.[7]

---

6) 자세한 논의는 김창준, 상게논문, 209면 이하를 참고바람.

7) 배서금지된 기명식 선하증권의 상환성을 인정하는 견해로는 김창준, 상게논문, 210면이 있고 부정하는 견해로는 최준선, "배서금지된 기명식 선하증권이 상환증권인지 여부," 법률신문(1999.7.26)이 있다.

제 12

국내판례

船荷證券상의 專屬管轄의 效力

(대법원 2004.3.25. 선고 2001다53349 판결)

I. 問題의 提起

해상운송은 국제성을 띠고 있기 때문에 소송이 제기될 수 있는 국가도 여러 국가일 수 있다. 어느 나라에서 소송이 진행되는지는 중요한 의미를 갖는다. 책임제한법을 절차법으로 이해하는 국가가 있다. 절차법으로 이해하면 법정지의 법이 적용된다. 따라서, 소송이 진행되는 국가의 법이 적용된다. 이와 같이 책임제한액이 높은 국가와 낮은 국가가 있다면 어느 나라에서 소송을 진행하게 되는지는 책임의 범위에서 큰 차이가 나게 된다.

해상운송법은 상거래법의 일종이기 때문에 상거래에 개입된 당사자들은 예측가능성을 가지기를 원한다. 소송이 제기되는 국가가 한없이 넓게 된다면 국제운송관련 법제도가 국가마다 다르기 때문에 예측가능성을 가지지 못한다. 따라서 양 당사자 사이에 법적 쟁송을 어떤 특정한 국가에서 제기하도록 하여 예측가능성을 가지게 하는 합의를 하게 된다.[1] 이를 합의관할 혹은 전속적 합의관할(exclusive jurisdiction clause agreement)이라고 부른다. 선하증권에는 대개 이러한 합의관할과 약정 준거법이 존재함을 보게 된다.

그런데 이러한 관할약정은 부합계약(adhesion contract)의 성질상 약자인 화주를 보호하기 위하여,[2] 무효로 하는 국가도 있고, 자국의 관할을 폭넓게 인정하기 위하여 자국이 아닌 합의관할에 대하여는 이를 부정하는 경향을 보이기도 한다. 호주와 같은 나라는 자국에서 출항하는 운송물의 경우에는 합의관할에

1) 동지, 석광현, "전속적 국제재판관할합의의 유효요건," 법률신문(2004.5.27).
2) 동지, 석광현, 상게논문. 우리나라 국제사법 제27조가 그러하다.

관계없이 호주가 관할권을 가짐을 법제화하고 있다.

헤이그비스비규칙에서는 관할에 대한 규정을 가지고 있지 않고 당사자 자치(autonomy of parties)에 일임하고 있지만, 함부르크규칙과 같은 경우에는 관할에 대한 규정을 가지고 있고, 합의관할도 하나의 선택가능한 연결점에 지나지 않는다.[3] 각국은 관할에 대한 국내법적인 규정을 가지고 있지 않은 경우가 대부분이다. 미국, 일본, 한국이 그러하다. 이러한 경우는 판례법을 통하여 합의관할의 유효성이 인정되거나 혹은 무효화된다.

본 판결은 우리나라의 법정에서 제기된 선하증권과 관련된 외국관할합의의 유효성에 대한 것이다.

Ⅱ. 事件의 經過

1997년 동해펄프는 홍콩소재 한화주식회사(이하 한화)로부터 우드칩(woodchip)을 울산항까지 수입하기로 하는 계약을 체결하고 외환은행(원고)의 세종로 지점에 신용장 발행을 의뢰하였다. 소외 한화는 운송인 가와사끼 기센(피고)과 운송계약을 체결하였다. 피고의 대리인이 피고를 대리하여 선하증권을 발행(수하인: 원고, 통지처: 동해펄프로 된 지시식)하였다. 원고 외환은행은 신용장대금을 소외 한화에 지급하고 선하증권을 소지하고 있었지만, 동해펄프가 부도가 나서 신용장대금을 상환받지 못하였다. 동해펄프는 선박이 도착하기 전에 이미 선취보증장(Letter of Indemnity)을 제출하면서 운송물을 인도하여 달라는 의뢰를 피고 운송인에게 하였고 피고는 선하증권과 상환없이 선취보증장을 수령하고 운송물을 불법인도하게 되었다.

원고는 선하증권의 소지인으로서 피고에게 운송물 불법인도에 의한 손해배상청구를 한국법원에 제기하였다. 피고는 이 사건 선하증권의 이면약관 제27조가 전속재판의 관할합의에 대하여 규정하고 있고, 그 규정에 의하면 선하증권에 포함되거나 명시된 계약에서 발생하는 소송은 일본국법에 의하고, 운송인

3) 함부르크규칙 제21조 제1항은 원고의 선택에 따라 체약국인 아래 기재의 국가의 법원에 소를 제기할 수 있다고 한다. (a) 피고의 주사무소 소재지 혹은 없다면 피고의 상거소, (b) 계약체결지(단, 계약체결지에 피고를 위하여 계약체결을 한 영업소, 지점, 대리인이 소재할 것), (c) 선적항 또는 양륙항, (d) 해상운송계약에서 달리 정한 장소. 위 이외의 법원에 소를 제기하는 것은 금지된다.

을 상대로 하는 소송은 일본국 동경지방법원이 관할한다고 되어 있으므로 대한민국 법원에 제기된 이 사건 소송은 관할권이 없는 법원에 제기된 소송으로 부적법하다고 다투었다. 그 내용은, "본 선하증권에 의하여 입증되거나 규정된 계약은 달리 정함이 없는 한 일본법에 의하여 규율되며, 운송인에 대한 어떠한 소송도 일본국 동경지방법원에 제기되어야 한다"(The contract evidenced by or contained in this Bill of Lading shall be governed by Japanese law as may be otherwise provided for herein and any action against the Carrier hereunder shall be brought before the Tokyo District Court in Japan)는 것이다.

원심(서울고법 2001.7.3. 선고 2000나1002 판결)은 아래와 같이 판시하였다. 「(1) 대한민국 법원의 관할을 배제하고 외국의 법원을 관할법원으로 하는 전속적인 국제관할의 합의가 유효하기 위하여는, 당해 사건이 대한민국 법원의 전속관할에 속하지 아니하고, 지정된 외국법원이 그 외국법상 당해 사건에 대하여 관할권을 가져야 하는 외에, ① 당해 사건이 그 외국법원에 대하여 합리적인 관련성을 가질 것이 요구된다고 할 것이고, ② 한편, 전속적인 관할합의가 현저하게 불합리하고 불공정한 경우에는 그 관할합의는 공서양속에 반하는 법률행위에 해당하는 점에서도 무효(대법원 1997.9.9. 선고 96다20093 판결(공1997하, 3037) 참조)라고 할 것이다. (2) 이 사건이 일본국 동경지방법원과 관련성을 갖는다고 볼 만한 점은, 이 사건 화물의 수출자가 피고와 사이에 화물의 운송계약을 체결하고, 피고 소유의 선박에 의하여 화물을 운송하였다는 점 정도라 할 것인데, 한편 원고와 이 사건 화물의 수입자인 동해펄프는 모두 대한민국에 주된 사무소를 두고 대표자 및 사원들이 한국인들로 구성된 대한민국의 법인이고, 운송물의 목적지는 대한민국 울산항으로 일본국 동경과는 전혀 관련이 없고, 운송물이 멸실된 경위에 관하여는 원·피고 사이에 전혀 다툼이 없어 이 사건의 심리에 필요한 중요한 증거 방법은 모두 대한민국 내에 있는 한국인 증인들이거나 문서들이며, 운송인의 책임범위나 면책요건에 관한 일본국의 법이 대한민국의 법보다 운송인인 피고에게 더 유리하다고 볼 만한 자료도 없는 점 등에 비추어, 일본국 동경에서 소송을 수행하는 것이 피고에게도 반드시 편리하다고 볼 수 없으므로, 이 사건 전속적 관할합의는 사건이 그 지정된 외국법원에 대하여 합리적인 관련성을 결여함으로써 전속적 관할합의가 유효요건을 구비하지 못하여 무효인 경우라고 할 것이다. (3) 나아가 위 관할합의규정 자체에 관하여 보건대, 이 사건 관할합의는 운송인인 피고에 대한 소송은 반드시 피고의 주된 사무소가 소재하는 일본국 동경지방법원에 제기하도록 규정되어 있는 반면, 운송인이 제기하는 소송에 관하여는 침묵하고 있어 해석상 위 관할합의 규정과는 무관하게 운송인이 편리한 장소에서 소송을 제기할 수 있는 것으로 규정되어 있고, 이는 위 전속적 관할합의가 현저하게 불합리하고 불공정한 경우에 해당하여 그 관할합의는 공서양속에 반하는 법률행위로서 무효라고 보아야 할 것이다. (4) 결국, 이 사건 선하증권 이면의 전속적 관할합의조항이 유효함을 전제로 하는 피고의 위 관할위반 항변은 이유 없다.」

한편, 본안에 대한 판단에서, 원심은 준거법에 대하여 「피고는 위에서 본 이 사건 선하증권약관 제27조의 준거법약관에 의하여 이 사건 원고의 청구에는 일본국법이 준거법으로 적용된다고 주장하므로 살피건대, 선하증권약관에 선하증권에 의하여 입증되는 계약에 적용될 준거법이 규정되어 있어도 이 규정이 운송계약상의 채무불이행이 아니라 불법행위를 원인으로 한 손해배상청구에 있어서까지 그 준거법을 배타적으로 적용키로 한 취지라고 해석되지 않는다(대법원 1983.3.22. 선고 82다카1533 판결[집31(2)민017, 공1983, 734])고 할 것이므로 원고의 이 사건 청구는 피고가 선하증권과 상환함이 없이 화물을 인도함으로 인하여 선하증권소지인의 이 사건 화물에 대한 소유권 등을 침해한 불법행위를 원인으로 한 손해배상청구인 이상 준거법은 섭외사법 제13조 제1항에 의하여 불법행위지(양하지인 울산항)인 대한민국법이 된다고 할 것이다」고 판시하였다.

이에 피고 운송인은 대법원에 상고하였다.

Ⅲ. 大法院의 判示內容

대법원은 아래와 같이 판시하였다.

「대한민국 법원의 관할을 배제하고 외국의 법원을 관할법원으로 하는 전속적인 국제관할의 합의가 유효하기 위하여는, 당해 사건이 대한민국 법원의 전속관할에 속하지 아니하고, 지정된 외국법원이 그 외국법상 당해 사건에 대하여 관할권을 가져야 하는 외에, 당해 사건이 그 외국법원에 대하여 합리적인 관련성을 가질 것이 요구된다고 할 것이고, 한편 전속적인 관할합의가 현저하게 불합리하고 불공정한 경우에는 그 관할합의는 공서양속에 반하는 법률행위에 해당하는 점에서도 무효라고 할 것이다(대법원 1997.9.9. 선고 96다20093 판결). 원심이 설시한 바와, 여기에서 보는 이 사건의 준거법이 일본국법이 아니라 대한민국법이라는 점까지 고려하면, 원심의 판단은 정당하고 전속적 국제관할합의요건 및 효력에 관한 법리오해 등의 위법이 없다.

원심은 이 사건 선하증권 이면약관에 선하증권에 의하여 입증되는 계약에 적용될 준거법이 규정되어 있더라도 이 규정이 운송계약상의 채무불이행이 아니라 불법행위를 원인으로 한 손해배상청구에 있어서까지 그 준거법을 배타적으로 적용키로 한 취지라고 해석되지 않는다고 하면서, 원고의 이 사건 청구는 피고가 선하증권과 상환함이 없이 화물을 인도함으로 인하여 선하증권소지인의 이 사건 화물에 대한 소유권 등을 침해한 불법행위를 원인으로 한 손해배상청구이므로, 그 준거법은 구 섭외사법 제13조 제1항에 의하여 불법행위지(양륙항인 울산항)인 대한민국법이 된다고 하였는바, 원심의 판단은 정당하다.」[4]

따라서 피고 운송인의 일본국 관할합의 항변은 받아들여지지 않고, 소송은 한국에서 진행되었다.

Ⅳ. 評 釋

1. 선하증권상의 관할합의

선하증권상 운송인과 송하인은 관할에 대하여 합의를 한다. 일반적으로 계약자유의 원칙에 의하여 합의관할약정은 유효하다고 할 것이지만, 선하증권상의 관할합의는 부합계약의 성질상 그 유효성이 문제된다. 또한 각국은 자국의 재판관할을 포기하지 않으려는 혹은 강조하려는 경향을 보이므로 그 유효성이 도전받는 경우가 많다. 우리나라의 경우에는 종래 재판관할권에 대하여는 별도의 규정을 가지고 있지 않았지만, 국제사법 제2조에서 일반규정을 두고 있다.[5](본 사건에서는 개정된 국제사법이 적용되지 않는다). 그러나 선하증권에 대하

4) 판례공보(2004), 683면.

5) 제2조(국제재판관할) ① 법원은 당사자 또는 분쟁이 된 사안이 대한민국과 실질적 관련이 있는 경우에 국제재판관할권을 가진다. 이 경우 법원은 실질적 관련의 유무를 판단함에 있어 국제재판관할 배분의 이념에 부합하는 합리적인 원칙에 따라야 한다. ② 법원은 국내법

여는 아무런 규정을 가지고 있지 않다.

2. 우리 법원의 입장

대법원은 외국 전속관할합의가 유효하기 위한 요건으로, (1) 당해 사건이 대한민국 법원의 전속관할에 속하지 아니할 것 (2) 지정된 외국법원이 그 외국법상 당해 사건에 대하여 관할권을 가질 것 (3) 당해 사건이 그 외국법원에 대하여 합리적인 관련성을 가질 것 (4) 전속적인 관할합의가 현저하게 불합리하고 불공정하여 공서양속에 반하지 아니할 것을 요구하고 있다(대법원 1997.9.9. 선고 96다20093 판결).

(3)의 요소의 추가에 대하여는 비판적인 견해가 우세하지만, 법원은 이를 유지한다. (3)의 전속적 관할법원과 당해 사건의 합리적인 관련성을 요구하는 점에 대하여 해상운송에서 국제적으로 명망있는 준거법과 함께 준거법소속국의 법원을 관할법원으로 합의하는 경우에는 합리적인 관련성이 존재하는 것으로 긍정하여 한다는 비판적인 유력한 견해가 있다.[6]

3. 본 사안의 경우

본 사안에서 원고(한국인)가 한국에 소를 제기하자, 합의관할을 근거로 피고 운송인은 본안전 관할항변을 한 것이다.

대법원에서 다투어진 것은 (3)의 합리적인 관련성이다. 대법원은, 원심이 인정한 한국에 합리적인 관련성이 있는 요소들에 준거법도 한국법이라고 함으로써 일본 관련성을 부인하였다. 대법원은 비록 관할에 대한 합의가 있지만 이는 계약에 한하고 불법행위를 원인으로 하는 손해배상청구소송에서는 불법행위지인 한국법이 준거법으로 된다고 판단하였다. 따라서 본 사건은 준거법도 한국법이라는 점에서 합리적인 관련성이 일본국에 없고, 결론적으로 (3)의 요건을 충족하지 못하므로, 일본국이 전속적 재판관할을 갖는다는 합의는 무효라고 대법원은 판시한 것이다.

의 관할규정을 참작하여 국제재판관할권의 유무를 판단하되, 제1항의 규정의 취지에 비추어 국제재판관할의 특수성을 충분히 고려하여야 한다.

6) 석광현, 「국제사법해설」(지산, 2003), 65면. 석광현 교수는 국제사법 제2조 제1항의 실질적 관련에는 당사자의 합의도 포함되는 것으로 하여 위와 같은 사안에서 다른 실질적인 관련이 없는 경우에도 실질적인 관련성의 요건을 충족하는 것으로 해석하고자 한다. 상게서, 66면.

논의를 (3)의 전속적인 합의관할국과의 합리적인 관련성으로 한정시켜 본다. 원심이 살핀 합리적인 관련성의 요소들은 (i) 증거방법 (ii) 피고 책임의 유리함 (iii) 준거법이다. 그런데 피고 운송인의 책임에 있어서 일본법과 한국법을 비교하여 일본법이 피고 운송인에게 유리한지에 대하여 (i) 책임제한액은 일본이 우리보다 높고 (ii) 운송물 불법인도에 대하여는 책임제한이 허용되지 않는다는 등은 운송인에게는 오히려 일본국이 불리하다고 생각되어 대법원의 입장에 찬성한다.

그러나 준거법에 대하여는 대법원과 입장을 달리한다. 고등법원과 대법원은 관할합의는 계약책임에만 적용되고 불법행위에는 적용되지 않는다고 하였지만,[7] 이는 해상운송에서 당사자의 의사는 계약책임뿐만 아니라 불법행위책임에도 준거법 및 전속적 합의관할을 인정하는 것으로 하는 당사자의 의사가 있었다고 해석하여야 할 것으로 본다.

1991년 상법 개정전에 책임제한과 관련하여 책임제한액이 너무 낮았기 때문에 이를 우회하기 위하여 불법행위에는 당사자의 책임제한에 대한 약정이 적용되지 않는다는 견해를 대법원이 취하였지만,[8] 이러한 논란을 불식시키기 위하여 국제조약의 입장을 받아들여 청구원인의 여하에 불구하고 책임제한 등은 적용되는 것으로 개정한 것이다(상법 제789조의3). 물론 우리 대법원이 청구권 경합설의 입장을 취하고 있지만, 해상운송에서는 국제조약도 모두 청구원인의 여하에 불구하고 책임이 제한되는 것으로 하고 있으므로 이러한 해상운송의 법제도가 당사자의 의사해석에도 반영되어야 할 것으로 생각한다.[9] 본 선하증권 제27조의 내용에서도 any action against the carrier라는 내용은 청구원인 여하에 불구하고라는 취지로 이해된다.

---

7) 정해덕 변호사는 이 문제에 대하여 준거법 조항의 문언과 당사자의 의사를 탐구하여 합리적으로 판단하여야 한다고 한다. 정해덕, “선하증권상의 국제재판합의관할합의,” 「국제사법연구」, 제8호(법영사, 2003.8), 18면.

8) 선하증권상에 포장당 책임제한규정을 두는 경우에 이를 채무불이행의 경우에만 적용한다고 하면, 우리나라와 같이 청구권 경합설을 취하는 국가에서는 운송물관련 손해는 대개가 채무불이행책임과 불법행위책임이 동시에 이론구성이 가능하므로 불법행위청구가 가능하고 이는 결국 불법행위책임에 대하여는 운송인은 책임제한을 하지 못한다는 결과가 된다. 과연 운송계약의 체결시에 당사자의 의사가 이러한지는 이해하기 어렵다.

9) 헤이그비스비규칙 제4조의2 제1항. The defences and limits of liability provided for in this Convention shall apply in any action against the carrier in respect of loss or damage to goods covered by a contract of carriage whether the action be found in contract or in tort.

이러한 필자의 견해에 따르면 준거법은 합의관할에서 정한 일본법이 되는 것이다. 관할합의 자체도 계약책임에만 적용되고 불법행위책임에는 적용되지 않는다는 것이 되어야 일관되지만, 대법원은 여기에 대하여는 설시하지 않고 있어서 준거법에 대하여는 분리하여 본 것과 상호모순이 되는 것으로 생각된다. 따라서, 일본국이 합의관할을 가질 여지가 있는 것으로 판단된다.[10)]

합의관할약정이 운송인이 피고로 되는 경우만 운송인의 소재지 국가만을 관할로 인정하고 화주가 피고로 되는 경우에는 약정이 없어 운송인은 어디에서든 소제기가 가능하도록 되어 있어 이는 공서양속에 반하는 것이라고 원심은 설시하고 있지만, 운송인이 화주에 대하여 소송을 제기하는 경우도 드물고 화주가 부담하게 되는 손해배상 등 책임액도 고액인 경우가 없기 때문에 그러한 필요성이 없어서 약정을 하지 않는 것으로 생각된다. 이것이 공서양속에 반하여 그 약정을 무효로 할 근거로까지 될 수 있을지는 의문이다.

만약 동 사안을 함부르크규칙이나 새로운 운시트랄 운송법조약이 적용되는 경우를 상정하면,[11)] 연결점으로서는 (i) 피고의 주된 사무소가 있는 곳인 일본 (ii) 양륙항인 울산이 있는 한국 (iii) 당사자의 약정으로 정한 일본이 모두 가능한 연결점이 된다. 당사자가 약정한 합의관할은 단순히 하나의 연결점에 지나지 않으므로 전속적 합의관할을 주장할 수 없게 된다.

그러나 현재 우리나라가 위 조약에 가입하지 않고 국내법도 없는 상황에서는 대법원이 제시한 판례의 기준과 이를 바탕으로 한 국제사법 제2조의 내용을 기준으로 할 수밖에 없을 것이다.[12)]

---

10) 합의관할국과의 합리적인 관련성은 고려요소가 되지 않아야 한다고 하면서 본 판결을 비판하는 견해가 있다. 석광현, 전게논문.

11) 각주 3 참조.

12) 제2조 제1항의 실질적 관련성은 대법원의 합리적인 관련성으로 이해된다.

제 13

국내판례

海上運送人의 損害賠償責任制限의 기준이 되는 包裝의 의미*

(대법원 2004.7.2. 선고 2002다44267 판결)

Ⅰ. 事實關係

삼보컴퓨터는 2,496대의 컴퓨터를 수출하게 되었다. 컴퓨터 한 대(유니트, 모니터, 키보드 포함)마다 1개의 박스(carton)로 포장한 다음 운송의 편의를 위하여 1개의 팰리트(지게차용의 화물깔판) 위에 24개의 박스를 올려놓고 사방에 모서리 보호용 섬유판을 대고 투명한 비닐로 24개의 박스 전체를 감싼 다음, 1컨테이너에 26팰리트를 넣어 2,496대의 컴퓨터를 총 4개의 컨테이너에 나누어 적재하였다. 따라서 1컨테이너당 26팰리트(1팰리트당 24유니트), 결국 1컨테이너당 624유니트(박스)가 적재되었다.

운송인인 피고는 소외 삼보컴퓨터의 개인용 컴퓨터를 운송하는 계약을 체결하고 삼보가 제시한 선적의뢰서에 기재된 대로 "컨테이너 또는 포장의 수"란에 40×4(104plts, 40피트짜리 4개의 컨테이너 안에 총 104개의 팰리트가 들어 있음을 의미함), "포장의 종류 및 화물의 내역"란에 Shipper Load Stowage & Count, Said to be: 104plts(2,496units)(송하인이 적입하고 수량을 셈, 104팔레트 2,496유니트가 들어 있다고 말하여짐)이라고 기재하여 선하증권을 발행하였다.

운송도중 한 개의 컨테이너 안에 든 화물 전체(26팰리트=624상자)가 침수되었다. 원고인 적하보험자는 화주에게 적하보험금을 지급하고, 구상청구를 운송인에게 제기하였다. 운송인인 피고는 포장당 책임제한을 주장하면서 선하증권의 전면의 숫자란에 적힌 컨테이너 1개당 26팰리트를 포장당 책임제한의 계

* 본 논문은 「상사판례연구」, 제18집 제3권(2005.9)에 "상법 제806조 및 제789조의2에 대한 대법원 판례평석"이라는 제목으로 기고된 글이다.

산단위가 되어야 한다고 주장하였으나, 원고는 오히려 624상자가 되어야 한다고 주장하였다.

원심(서울지방법원 2002.7.4. 선고 2001나16110 판결)은 이 사건 화물은 송하인인 소외회사에 의하여 컨테이너에 적재된 후 컨테이너째로 피고에게 인도된 사실을 인정하고, 이를 전제로 하여 상법 제814조 제1항 제2호에 의하면 운송인은 운송물을 선적한 후 송하인의 청구에 의하여 선하증권상에 운송물의 포장의 종별, 개수를 기재하도록 되어 있는 점을 보태어 보면, 상법 제789조의2에 의한 피고의 손해배상책임제한의 기준이 되는 포장이 무엇인지 결정함에 있어서 가장 중요한 객관적 증거자료는 선하증권상에 나타난 포장의 기재 그 중에서도 특히 포장의 수라고 할 것이다. 피고는 송하인인 소외 회사 사이에 이 사건 화물에 대하여 선적자에 의한 적재와 검수조건으로 운송계약을 체결한 후 소외 회사측이 제시한 선적의뢰서에 따라 선하증권을 작성함에 있어서 위와 같이 (동일하게) 기재한 사실을 인정할 수 있다(또한 수출을 위하여 안산세관에 제출된 수출신고서에도 포장단위가 팰리트로 된 것이 인정된다). 선하증권의 작성경위 및 기재내용에 비추어보면 이 사건 화물의 포장단위는 위 선하증권의 포장의 종류 및 화물의 내역(kind of package: Description of goods)란에 “Shipper Load Stowage & Count, Said to be”라는 유보문구와 함께 기재된 유니트라기보다는 위 선하증권의 컨테이너 또는 포장의 수(Number of Containers or package)란에 기재된 팰리트라고 보고 피고의 손해배상책임이 손상된 팰리트의 숫자에 상응한 13,000계산단위(=26팰리트×500계산단위)로 제한된다고 판단하였다.

이에 원고는 대법원에 상고하였다.

II. 大法院의 判示內容

1. 상법 제789조의2에 의한 해상운송인의 손해배상책임기준이 되는 포장이란 운송물의 보호 내지는 취급을 용이하게 하기 위하여 고안된 것으로서 반드시 운송물을 완전히 감싸고 있어야 하는 것도 아니며 구체적으로 무엇이 포장에 해당하는지 여부는 운송업계의 관습 내지는 사회통념에 비추어 판단하여야 할 것이다.

2. 선하증권의 해석상 무엇이 책임제한의 계산단위가 되는 포장인지의 여

부를 판단함에 있어서는 선하증권에 표시된 당사자의 의사를 최우선적인 기준으로 삼아야 할 것이며, 그러한 관점에서 선하증권에 대포장과 그 속의 소포장이 모두 기재된 경우에는 달리 특별한 사정이 없는 한 최소포장단위에 해당하는 소포장을 책임제한의 계산단위가 되는 포장으로 보아야 할 것인바, 비록 '포장의 수'란에 최소포장단위가 기재되어 있지 아니하는 경우라 할지라도 거기에 기재된 숫자를 결정적인 것으로 본다는 명시적인 의사표시가 없는 한 선하증권의 다른 난의 기재까지 모두 살펴 그 중 최소포장단위에 해당하는 것을 당사자가 합의한 책임제한의 계산단위로 봄이 상당하다.[1]

3. 포장의 수와 관련하여 선하증권에 "said to contain" 또는 "said to be"와 같은 유보문구가 기재되었다는 사정은 포장당 책임제한조항의 해석에 있어서 아무런 영향이 없다.[2]

대법원은, 손상된 상자(유니트)의 숫자를 기준으로 포장당 책임제한액을 계산하지 않고 손상된 팰리트 숫자를 계산단위로 하여 해상운송인의 책임제한을 한 것은 잘못이라고 하여 원심판결을 파기환송하였다.

III. 評 釋

1. 문제의 제기

해상운송인을 보호하기 위한 상법의 규정으로는 항해과실 등 면책제도와 책임제한제도가 있다. 상법에 따르면 운송인은 포장당 500SDR로 책임제한을 할 수 있다. 포장당 500SDR로 계산된 금액으로 운송인의 책임이 제한되지만, 포장을 어떻게 볼 것인가에 따라 책임제한액수가 달라지므로 포장의 개념에 대한 다툼이 심할 수밖에 없다.[3]

---

1) 결론적으로, 대법원에 따르면 624유니트가 계산단위가 되어 624×500SDR=312,000SDR로 책임제한이 되었지만, 손해액이 이보다 작아서 운송인은 책임제한을 하지 못하는 결과가 되었다.

2) 판례공보(2004), 1428면.

3) 이 사건에 대한 반대취지의 판례평석으로는 장상균, "해상운송인의 포장당 책임제한," 「한국해법학회지」, 제26권 제2호(2004.11), 167면 이하, 찬성 판례평석으로는 김현, "포장당 책임제한," 법률신문, 2005.4.18.자; 정영석, "운송인책임제한의 기준으로서의 포장의 개념," 비교법실무연구회편, 판례실무연구(VII)」(박영사, 2004), 502면이 있다. 정완용, "해상물건운송인의 책임제한기준이 되는 포장단위에 관한 법적고찰," 비교법실무연구회편, 「판례실무연

이에 대한 논의의 쟁점은 세 가지가 있다. 첫 번째는 겹겹이 쌓이게 되는 포장의 경우에 어느 단위까지를 포장으로 인정할 것인가 하는 것이다. 예컨대, 가장 외곽에 있는 대포장인 컨테이너 안에 박스가 10개 있고, 그 박스 안에 다시 작은 박스가 10개 있다고 하자. 이를 모두 기재하고 있는 경우에 컨테이너 하나를 1포장으로 볼 것인지, 아니면 두 번째 큰 단위인 박스 10개를 그것으로 볼 것인지, 그것도 아니면 가장 작은 단위인 작은 박스 10개(결국 10×10=100개)를 포장으로 볼 것인지가 문제되는 것이다.

두 번째는, 선하증권에는 "포장의 수"를 적는 난이 있고 나란히 "포장의 종류"를 적는 난이 있는바 어느 난에 적힌 개수를 책임제한계산의 단위로 인정할 것인가 하는 것이다.

세 번째는, 운송인이 내용물을 확인하지 못한 경우에 "말하여짐"이라는 유보문구(不知文句)를 삽입한 경우에 그 효력이 있는가 하는 점이다.

통상 운송인과 송하인은 포장당 책임제한의 실행방법에 대하여는 구체적으로 약정하지 않는다. 본 사안은 구체적으로 당사자의 약정이 없는 경우이므로 상법이 임의규정으로서 작용될 것이다. 포장의 의미와 관련하여서는 상법 제789조의2 제2항이, 유보문구와 관련하여서는 상법 제814조 제2항이 해당조문이 된다.

2. 상법 제789조의2 및 제814조 제2항

(1) 商法 제789조의2

우리 상법은 제789조의2(책임의 한도) 제1항에서 "제787조 내지 제789조의 규정에 의한 운송인의 손해배상의 책임은 당해 운송물의 매포장당 또는 선적단위당 500계산단위의 금액을 한도로 이를 제한할 수 있다"(이하 생략)고 하여 운송인에게 책임제한권을 인정한다.

다음 책임제한의 방법에 대하여 제2항에서 "제1항의 적용에 있어서 운송물의 포장 또는 선적단위의 수는 다음과 같이 정한다. 1. 컨테이너 기타 이와 유사한 운송용기가 운송물을 통합하기 위하여 사용되는 경우에 그러한 운송용기에 내장된 운송물의 포장 또는 선적단위의 수를 선하증권 기타 운송계약을

구(Ⅷ)」(박영사, 2004), 534면 이하는 입장이 분명하지 않다.

증명하는 "문서에 기재"한 때에는 그 각 포장 또는 선적단위를 하나의 포장 또는 선적단위로 본다. 이 경우를 제외하고는 이러한 운송용기내의 운송물 전부를 하나의 포장 또는 선적단위로 본다"고 한다. 제3항은 "제1항과 제2항의 규정은 송하인이 운송인에게 운송물을 인도할 때에 그 종류와 가액을 고지하고 선하증권 기타 운송계약을 증명하는 문서에 이를 기재한 경우에는 적용하지 아니한다"고 한다.[4)]

제1항과 제2항에서 운송인에게 포장당 책임제한권을 부여하면서 그 계산의 방법을 적시하고 있다. 우리 상법은 제3항에서 송하인이 책임제한의 적용을 받지 않을 수 있는 경우를 정하면서, 운송인이 동조의 규정에 반하여 책임을 경감하는 약정은 무효로 하여(상법 제790조 제1항) 화주를 보호하고자 한다.

본 사안과 직접적으로 관련이 되는 것은 동조 제2항이다. 제2항은 문제의 제기편에서 예시한 바와 같이 여러 겹으로 된 경우에 작은 포장단위를 선하증권에 기재한 경우에는 이러한 작은 단위를 포장당 책임제한의 계산단위로 사용하고, 이것이 없는 경우에는 큰 포장, 위의 예에서 컨테이너 하나 자체를 계산단위로 한다는 것이다. 즉, 운송용기가 운송물을 통합하기 위하여 사용된 경우에 "그 운송용기에 내장된 운송물의 포장을" 선하증권 등에 기재하면 그 포장을 포장단위로 본다고 하여 근거를 제시한다. 그러나 운송물의 어느 정도의 작은 포장까지를 포장단위로 인정할 것인가에 대한 언급은 없다. 또한 선하증권 등의 "문서에 기재한 때에는"이라고만 하고 있어서 문서의 어디에 기재한 것을 포장단위로 하는지에 대하여 의문이 제기될 수 있다. 본 사안은 바로 이 부분에 대한 것이다. 문서의 "포장의 수"와 "포장의 종류"의 난이 서로 다르게, 그것도 포장의 종류의 난에 기재된 내용이 화주인 원고에게 유리한 상황이 바로 본 사안에서 문제가 된 것이다.

(2) 상법 제814조 제2항

우리 상법은 제814조 제1항에서 선하증권의 기재사항을 적시한 다음, 제2

---

4) 상법 제789조의2는 헤이그비스비규칙의 입장을 우리 상법이 도입한 것이다. 우리 상법은 헤이그비스비규칙을 수용하면서 Kg당 2SDR과 포장당 책임제한액 중에서 큰 액수를 책임제한액수로 한다는 조항(제4조 제5항)을 도입하지 않았다는 점에서 화주에게 불리하다. 동지, 전게 정완용, 555면.

항에서 "제1항 제2호의 기재사항 중 운송물의 중량, 용적, 개수 또는 기호가 운송인이 실제로 수령한 운송물을 정확하게 표시하고 있지 아니하다고 의심할 만한 상당한 이유가 있는 때 또는 이를 확인할 적당한 방법이 없는 때에는 그 기재를 생략할 수 있다"고 한다.

제814조 제1항에 따라 선하증권에 기재된 내용은 운송인이 기재된 대로 운송물을 수령한 것으로 추정된다(상법 제814조의2). 그러므로 제814조 제2항에 따라 운송인이 유보를 하게 되면 기재된 내용은 추정력이 없다고 해석된다. 송하인이 선적한 화물의 경우에는 운송인이 그 내용물을 확인할 방법이 없으므로 제2항에 해당하는 것으로 본다. 그런데 "그 기재를 생략한다"는 것은 중량이나 수량 등을 실제운송인이 아예 기재를 하지 아니한다는 것은 상거래상 있을 수 없으므로 실무상 송하인이 신고하는 수량 등을 그대로 적으면서 운송인은 유보문구를 적는 방법밖에는 없다. 따라서 이러한 경우의 유보문구는 유효하다고 본다.[5] 그러므로 선하증권에 기재된 것은 추정력 등이 없다. 결국 송하인이나 선하증권의 소지인은 기재된 내용의 화물이 적재된 것에 대한 입증책임을 부담하게 된다고 본다.

3. 해석론

(1) 포장의 단위

컨테이너 화물의 경우에 포장의 단위는 겹겹이 될 수 있으므로 어느 단위까지를 포장단위로 인정할 것인가는 매우 중요한 의미를 갖는다. 운송인은 가능하면 큰 단위만을 인정하여 책임제한액을 적게 하려고 할 것이고 화주는 최소단위까지를 인정받아서 책임제한액을 크게 하려고 할 것이다. 아주 작은 최소단위까지 인정을 한다면 운송인의 포장당 책임제한제도는 의미가 없어지는 것이다. 그렇다고 내부의 포장단위를 인정하지 않는다면 화주는 지나치게 불리하게 되는 것이다.

이에 대하여 미국에는 많은 판례가 있다.[6] 미국의 제2순회법원은 1973년

5) 동지, 김정호, 「상법강의(상)」(법문사, 2001), 298면.

6) 미국의 COGSA(국제해상물건운송법)는 무게당 책임제한규정을 가지고 있지 않은 점에서 우리와 유사하지만 컨테이너 조항을 가지고 있지 않고 판례로써 해결하므로 우리 법의 해석론에도 도움이 될 것으로 본다.

Kulmerland호 사건에서 컨테이너 화물에 있어서 화주에 의하여 포장된 개별의 소포장이 그 상태로 바다를 이용하여 수송이 될 수 있다면 책임제한단위를 위한 포장으로 본다는 소위 包裝機能性 테스트(functional economics test)를 취하였다.[7] 그러나 이러한 입장은 1981년 Mitsui 사건에서 운송물에 대하여 어떻게 당사자가 선하증권에 기재하였는지를 검토하는 입장을 제2순회법원이 취함으로써 변동을 가져왔다.[8] 1985년 Binladen 사건에서도 선하증권에 포장의 숫자가 기록되어 있으면 이것이 기준이 되고, 숫자를 기록하지 않고 있으면 컨테이너 포장자체를 계산단위인 포장으로 보았다. 그러나 포장으로 기록되어 있어도 운송을 위한 포장으로 볼 수 없으면 이를 인정하지 않는다.[9] 1991년 Popi P호 사건에서 주석덩이(tin ingots)를 포장의 숫자로 기록한 선하증권에서, 제2순회법원은 개개의 주석덩이는 COGSA를 위한 포장이 될 수 없고 선하증권에 기록되어 있는 다른 단위인 다발(bundles)을 책임제한의 기준으로 하였다.[10] 동 법원은 "포장의 개수란에 반영된 숫자가 포장이 아닌 항목을 언급하고 있는 경우에 우리는 당사자가 포장으로 볼 수 있는 어떤 포장단위의 숫자를 선하증권에 언급하고 있으면 이를 차선의 의사의 표시로서 받아들여야 한다"고 판시하였다.[11]

스털리 교수는 위의 Mitsui-Binladen 계열의 판결(즉, 선하증권상의 기재내용을 우선시하는 판결)은 국제사회의 경향[12] 및 헤이그비스비규칙과 궤를 같이하고, 다른 순회법원(특히, 11, 4순회법원)이 제2순회법원의 이러한 입장을 따르는 것으로 본다고 하면서도, 컨테이너 하나만을 포장으로 보아 $500로 제한하게 되는 경우에는 여전히 기능적 테스트를 하는 경우가 있다고 한다.[13]

---

7) Royal Typewriter Co. v. M/V Kulmerland, 1973 AMC 1784(2nd Cir., 1973). 그러나 동 사건에서 컨테이너 안의 화물을 둘러싼 종이 박스는 컨테이너 밖으로 나와서는 항해를 견딜 수가 없을 것으로 보아 컨테이너 하나를 책임제한계산단위로 보았다. 여기에 대한 자세한 논의는 임동철, 「해상법 · 국제운송법연구」(진성사, 1990), 460면.

8) Mitsui & Co. v. American Export Lines, 1981 AMC 331, 352(2nd Cir., 1981).

9) Binladen 사건에서도 Mitsui 판결은 지지를 받았다. Binladen BSB Landscaping v. M/V Nedlloyd Rotterdam, 759 F. 2d 1006, 1015-16, 1985 AMC 2113, 2126(2d Cir., 1985).

10) Seguros Illimani S.A. v. M/V Popi P, 929 F. 2d 89, 94-95, 1991 AMC 1521, 1527-30(2d Cir., 1991).

11) Michael F. Sturley, "Limitation of Liability," Benedict on Admiralty 2A(2000), pp. 16-45.

12) 스털리 교수는 영국의 River Gurara [1996] 2 Lloyd's Rep., 53에서 영국법원이 이런 입장을 취하였다고 한다. Michael F. Sturley, ibid., pp. 16-46.

13) Michael F. Sturley, ibid., pp. 16-47; 정완용 교수도 이러한 입장을 취한다. 전게논문, 546면.

영국의 River Gurara 판결에서, 한 개의 컨테이너안에 8개의 팔레트 총 1,855베니어 다발이 들어 있다고 선하증권에 기재된 경우에 1,855다발이 산정기준이 되었다.[14][15]

그러므로 이러한 미국과 영국의 판례의 입장을 보면, 선하증권에 기재된 컨테이너의 수량이 운송인의 책임제한의 산정기준이 되고 그 포장이 독자적인 운송을 견딜 수 있는 정도가 되어야 한다는 요건이 필요한 것으로 요약될 수 있다고 본다. 이것은 위에서 본 헤이그비스비규칙의 문구 및 우리 법의 태도와도 일치한다.[16]

(2) 포장이 기재된 欄

순차적으로 작아지는 포장의 단위에서 최소단위가 결정된다고 하더라도 선하증권에 기재된 내용이 책임제한의 기준이 되므로 어느 난에 기재되었는지 등의 내용을 살펴보아야 한다.

선하증권에는 "포장의 수"란과 "포장의 종류"란이 나란히 있다. "포장의 수"란에만 포장의 숫자가 기록되어 있는 경우에는 문제가 없을 것이다. "포장의 종류"란에만 포장의 숫자가 기록되어 있는 경우도 있을 것이다. "포장의 수"란과 "포장의 종류"란에 각각 다른 기재의 숫자가 기록되어 있는 경우도 있을 것이다.

포장의 계산단위에 대하여 당사자의 의사가 분명하지 않은 경우에는 상법의 규정이 적용된다. 우리 상법 제789조의2 제2항은 "운송용기에 내장된 운송물의 포장을 선하증권 기타 운송계약을 증명하는 문서에 기재한 때에는 그 각 포장을 하나의 포장단위로 본다"고만 한다. 여기서 "문서에 기재한"을 "포장의 수"란으로 볼 것인지 아니면 "포장의 종류"란으로 볼 것인지가 문제가 된다. 상법 제789조의2는 강행규정이지만, 포장의 개수를 정하는 것은 당사자자치의 문제라고 본다. 동 제2항 제1호의 단서에 따르면 문서에 기재가 없는 경우에는 운송용기내의 운송물 전부를 하나의 포장단위로 보게 된다. 이는 분쟁의 경우에

14) The River Gurara [1998] 1 Lloyd's Rep., pp. 225-235; 김인현, 전게 해상법연구, 657면 이하를 참고바람.

15) 일본의 입장에 대하여는 정영석, 전게논문, 488면 이하, 프랑스의 입장에 대하여는 정완용, 전게논문, 556면 이하를 참고바람.

16) 동지, 정완용, 상게논문, 553면.

획일적인 단위산정방법을 정한 것으로 위의 해석에도 참고가 될 사항이다.

사안과 같이 "포장의 수"란보다 "포장의 종류"란의 기재내용이 화주에게 유리하게 되어 다투어진 사례는 찾아보기 힘들다.

미국 제2순회법원은 1991년 Popi P호 사건에서 "포장의 수"란에 기재된 숫자는 COGSA 포장당 책임제한의 목적상 포장의 개수를 판단함에 있어서 출발점이 되고 그 개수가 당사자의 의도에 관한 반대증거와 모순된다거나 포장으로 보기 어려운 개수를 기재한 것이 아닌 한 종착점이 된다고 하였다.[17] 이 판결은 제2순회법원에서 적어도 비컨테이너 화물의 경우에는 결정적인 지표가 되어 왔다.[18] 다만, "포장의 수"란에 적힌 포장단위가 COGSA의 목적을 위한 포장이 아닌 것으로 보이는 경우에는 "포장의 종류"란에 적힌 포장단위를 인용하기도 한다.[19]

운송인은 송하인의 선적의뢰서(shipping request)에 따라서 송하인이 기록한 포장의 수와 포장의 종류를 그대로 선하증권에 적어서 송하인에게 발행한다. 송하인과 수하인 사이에 체결된 상품매매계약에 따라 상업송장(commercial invoice)과 포장명세서(packing list)가 발급되어야 하는바 이렇게 발급된 증서들과 함께 화물이 제대로 선적되었는지 수하인이 확인하기 위하여 선하증권의 종류란에 같은 내용의 자세한 기재를 하게 된다. "포장의 수"란과 "포장의 종류"란에 모두 기재가 되어 있다면, 선적의뢰서를 작성한 송하인의 의도는 포장의 개수는 "포장의 수"란에 적었고, 위와 같은 의도로 종류란에는 종류 혹은 성질에 해당하는 내용을 적었을 것이다. 운송인이 임의로 작성하는 것이 아니라 송하인이 적어 온 선적의뢰서 등을 근거로 운송인은 내용을 작성한다는 점에 유의하여야 한다고 본다.

(3) 유보문구

포장의 개수의 것을 포장당 책임제한 계산의 기준으로 인정한다고 하더라

17) Michael F. Sturley, ibid, pp. 16-41.

18) 동일한 취지의 판결로는 Travelers Indem. Co. v. Vessel Sam Houston, 26 F. 3d 895, 902, 1994 AMC 2162, 2171(9th Cir., 1994); Tokio Marine & Fire Ins. Co. v. Nippon Express U.S.A. Inc., 2001 AMC 1239, 1242(C.D. Cal., 2000).

19) Bando Silk Co. v. Hyundai Commander, 1995 AMC 516, 520-22(S.D.N.Y. 1994); In Monica Textile Corp. v. S.S. Tana, 952 F. 2d 636, 640-41, 1992 AMC 616-17(2d Cir., 1991).

도 유보문구의 효력이 부인될 때, 즉, 유보문구는 효력이 없다고 해석될 때에야만 기재된 대로의 효력이 인정될 것이다. 유보문구는 국가마다 해석이 다르지만,[20] FCL[21] 화물의 경우에는 유효하다고 보아야 한다. 송하인이 직접 적입을 하고 컨테이너를 봉한 경우에 운송인이 그 내용물을 확인할 길이 없기 때문이다.

본 사안의 경우에는 송하인이 적입한 소위 FCL 화물의 경우이다. 그러므로 상법 제814조 제2항에 따라 운송인은 수량 등의 기재사항을 운송인이 확인할 수 없는 특별한 사정이 있는 경우로서(즉, 송하인이 모두 적재하고 봉인하는 경우) 선하증권의 기재를 생략한 경우라고 보아야 한다. 실무상 수량 등의 기재를 생략할 수 없기 때문에 송하인이 신고한 대로 기재를 하고 그 내용은 알 수 없다는 내용의 유보문구를 남긴 것이다. 이 경우는 운송인이 기재한 수량 등은 추정적 혹은 간주적 효력을 갖는 것이 아니다. 즉, 유보문구는 효력을 갖게 되어 기재가 없는 것으로 추정되어, 책임제한의 기준이 되는 포장은 상법 제789조의2 제2항 제1호의 단서에 따라 운송물 전부가 하나의 포장단위가 된다.[22] 그러므로 컨테이너 한 개로 책임이 제한되게 된다는 결론이 된다. 물론 선하증권의 소지인 등 화주는 기재된 수량 등에 대하여 달리 입증을 할 수 있다. 본 사안의 경우에 원고가 여러 포장의 숫자에 대하여 입증하는 것은 어렵지 않다고 본다.[23]

(4) 기타 추가고려사항

위와 같은 당사자의 의사와 상법의 규정에 대한 해석 이외에 다른 사항을 고려할 수 있다면, 선하증권의 부합계약성과 피해자보호라는 정책적인 고려사항이 있을 수 있을 것이다.

---

20) Scrutton은 이를 부정하고 선하증권에 기재되어 있는 대로의 숫자가 포장당 책임제한의 기준이 된다고 한다. Scrutton on Charterparties, Sweet & Maxwell(1996), p. 451.

21) Full Container Load의 약자이다.

22) 반대 견해로는 정영석, 전게논문, 501면.

23) 김인현, 전게 해상법연구, 628면; 조영철, "선하증권의 부지약관과 부지문언의 유효성에 대한 연구,"「한국해법학회지」, 제25권 제2호(2003.11), 53면. 그러나 장상균 판사는 부지문구에도 불구하고 기재대로 유효하다는 입장을 취한다. 전게논문, 190면; 동지, 최종현, 전게논문, 194면.

1) **부합계약성**

화주는 단순한 소비자가 아니라 전문상인으로서 책임제한의 내용을 이미 잘 알고 있다. 본 사안에서 운송인은 송하인이 신고한 숫자를 그대로 적은 것이고, 송하인이 적입한 것이라서 그 숫자를 알 수도 없다. 그러므로 선하증권이 갖는 부합계약의 성질을 이유로 운송인에게 불리하게 해석할 이유가 있는지 의문이다. 화주는 또한 가액을 신고하면 책임제한의 적용을 받지 않도록 되어 있는 상법 제789조의2 제3항의 권리를 이용하지 않았다. 높은 운임의 지급을 피하기 위한 방편이었는지도 모른다.

2) **피해자보호**

소송은 화주에게 보험금을 지급하고 구상권을 행사하는 화주의 적하보험자와 선주(운송인)의 선주책임상호보험조합(P&I Club) 사이의 것이 되며, 이러한 판결이 화주를 직접 보호하는 것도 아니다. 상법의 운송인책임제한규정은 화주와 운송인 사이의 합의의 산물이다. 낮은 운임과 책임제한이 서로 연결되어 있는 것이다.[24] 운송인이 책임제한을 못하게 되면 이에 맞추어서 운임이 인상될 것이다.

4. 결 론

본 사안에서 운송인이 선하증권을 발행하였지만, "포장의 수"란과 "포장의 종류"란에 적은 내용은 송하인이 작성하여 제출한 선적의뢰서의 기재를 그대로 옮긴 것이다. 본 사안은 아무런 기재가 없는 혹은 "포장의 수"란에 기재가 없고 "포장의 종류"란에만 기재가 있는 그래서 당사자의 의사를 해석하여야 하는 사안과는 다르다고 본다. "포장의 수"란에 기재가 되어 있음에도 불구하고 굳이 이를 부인하고 화주를 보호하기 위하여 "포장의 종류"란의 숫자를 책임제한 기준으로 삼은 것은 지나치게 화주를 보호하는 것으로 보인다.[25]

24) 동지, 정영석, 전게논문, 475면.

25) 화주를 굳이 보호할 의도였다면, 차라리 미국의 판례법이 취하고 있는 공정한 기회의 원칙(fair opportunity rule)을 적용하는 것을 고려할 수 있을 것이다. 미국 판례법은 운송인이 송하인에게 높은 운임을 제공하고 책임제한을 적용받지 않겠다는 기회를 제공받지 못하였다면 이는 공평한 기회를 화주가 갖지 못한 것이 되어 운송인은 책임제한을 할 수 없다고 한다. Schoenbaum, *Admiralty and Maritime Law*(2003), p. 642. 그러나 이에 대하여도 미국법원이 운송인의 책임제한규정을 잘못 이해하고 있으며 운송인은 그러한 의무없이 책임제한이 가능하다는 유력한 반론이 있다. Sturley, "COGSA Fair Opportunity Requirement under

대법원은 당사자의 의사를 최우선으로 고려하여 포장의 개수를 정하여야 한다고 하면서 "포장의 수"란이 아니라 "포장의 종류"란에 기재된 최소포장단위 숫자를 계산단위로 인정하였다. 대포장과 소포장이 모두 선하증권에 기재된 경우는 소포장을 계산단위로 하여 화주를 보호하겠다는 취지로 보인다.[26] 선하증권을 취득하는 제3자는 선하증권의 수란에 기록된 숫자를 개수라고 볼 것이지 굳이 종류란의 것을 개수라고 보지는 않을 것이다. 굳이 "포장의 수"란에 적지 않고 "포장의 종류 및 화물의 성질"란에 적은 것을 특별한 사정이 없는 한 우선한다는 것은 당사자의 의사해석을 올바르게 해석한 것이 아니라고 생각된다.[27]

필자의 사견으로는, "비록 '포장의 수' 란에 최소포장단위가 기재되어 있지 아니하는 경우라 할지라도 거기에 기재된 숫자를 결정적인 것으로 본다는 명시적인 의사표시가 없는 한 선하증권의 다른 난의 기재까지 모두 살펴 그 중 최소포장단위에 해당하는 것을 당사자가 합의한 책임제한의 계산단위로 봄이 상당하다고 할 것이다"라고 한 대법원의 설시는 오히려 반대로 "특별한 사정이 없는 한 포장의 수란에 기재된 숫자를 당사자가 합의한 책임제한의 계산단위로 보지만, 다른 특별한 사정이 있으면 이를 책임제한의 계산단위로 볼 수 있다"로 되어야 옳다고 본다.[28]

본 사안에서 화주는 여전히 가액을 신고하여 그 제한을 피할 선택의 여지가 있었음에도 이를 하지 아니하였고(상법 제789조의2 제3항),[29] "포장의 수"란에 책임제한단위를 적었어야 함에도 이를 하지 아니하였다. 그럼에도 이렇게 화주를 보호할 필요까지 있는지 의문이다. 운송인의 포장당 책임제한제도 자체가 송하인 등의 화주에게 불리하고 일방적으로 운송인에게 유리하므로 화주를

COGSA Section 4(5)," *Journal of Maritime Law and Commerce*, Vol. 19, No. 2(April 1988), p. 173.

26) 대법원 재판연구관인 장상균 판사는 "이 판결은 전체적으로 운송인보다는 화주의 이익에 대한 보호를 중시한 것으로 볼 수 있고, 선하증권의 발행자인 운송인에게 책임제한제도의 틀 내에서 다소 엄격한 책임을 묻고자 한 것으로 평가할 수 있다"고 한다. 전게논문, 168면.

27) 김인현, 전게 해상법, 149면; 동지, 장상균, 전게논문, 197면.

28) 상법 제789조의2에서, "이 경우를 제외하고는 이러한 운송용기내의 운송물 전부를 하나의 포장 또는 선적단위로 본다"는 단서의 규정도 분쟁이 있을 경우에는 컨테이너 하나를 하나의 포장으로 본다는 취지이므로 이와 같은 해석에도 적합하다고 생각된다.

29) 화주가 높은 가액을 신고하면 책임제한의 적용을 받지 않지만, 높은 운임을 지급하여야 한다. 화주는 의도적으로 이를 피하였다고 볼 수도 있을 것이다.

보호하는 해석을 한다는 것은 헤이그비스비규칙이나 우리 상법의 입장을 오해하는 것이다. 우리 상법의 해상편은 전체적으로 보아 운송인 혹은 선주를 보호하는 규정과 화주를 보호하는 규정이 균형을 이루고 있으며,[30] 단순히 운송인의 책임제한제도만 하더라도 낮은 운임과 책임제한은 대가관계를 이루고 있도록 합의가 된 것이기 때문이다.[31] 그리고 화주는 운송인과 함께 완전한 정보를 갖는 동등한 협상력을 갖는 전문상인이라는 점을 간과하여서는 아니된다.[32] 그리고 모든 화물은 적하보험에 가입되어 있고 결국은 적하보험회사와 운송인의 선주상호보험조합의 소송이 되기 때문에, 결국 소비자를 보호하기 위한 것이라는 정책적인 판단은 의미가 퇴색되게 될 것이다.

상법의 모법이 된 헤이그비스비규칙은 예견가능성과 통일성을 목표로 한다. 그럼에도 굳이 "포장의 종류"란에 기재된 것을 책임제한의 기준으로 함으로써 우선되어야 할 "포장의 수"란과의 관계를 혼란스럽게 하여 책임제한액수에 대한 예측가능성을 흐리게 하였다. 이는 위에서 본 바와 같이 본 판결은 소비자를 보호하기로 잘 알려진 미국법의 전반적인 입장과도 다르고, 상법 제789조의2 제3항 단서에서 불명확할 때에는 컨테이너 하나가 책임제한의 계산단위가 된다는 입법취지에도 어긋난다.

결론적으로 필자는 "포장의 수"란에 기재된 대로 운송인은 26팰리트×500SDR=13,000SDR로 책임제한을 할 수 있다고 한 원심의 판결을 지지한다. 다만, 우리 상법이 무게당 책임제한제도를 취하지 않은 점은 통일성에 어긋나는 것으로 도입이 시급하다는 찬성평석[33]에는 동의한다.

---

30) 이에 대하여는 김인현, 전게 해상법연구, 51면 이하를 참고바람. 화주를 보호하는 대표적인 제도로는 상법 제806조의 선박소유자의 연대책임제도, 선박충돌의 경우에 화주에게 인정되는 선박우선특권제도 등을 들 수 있다.

31) 장상균, 전게논문, 179면.

32) Sturley, ibid., p. 179.

33) 김현, 전게 평석.

제 14 국내판례

空선하증권과 손해배상책임

(대법원 2005.3.24. 선고 2003다5535 판결)

Ⅰ. 事實關係

(1) 원단 도소매업자(수출자)인 G는 브라질 소재 E와 섬유원단 수출거래약정을 체결하였다. 원고(보험자)는, 2000.1.4. 신용보증한도를 미화 200,000달러로 하여 G가 발행한 수출환어음을 매입하는 방법으로 수출거래대금을 대출한 소외 은행이 그 어음금을 회수하지 못함으로써 입게 되는 손해 등을 수출신용보증약관에 따라 상환하기로 하는 내용의 수출신용보증서를 발급하였다.

G는 E와 사이에 수출계약을 체결한 사실이 없음에도 E에게 섬유원단을 수출하는 것처럼 가장하여 수출신고필증, 상업송장, 포장명세서, 선하증권 등의 선적서류들을 구비한 후, 2000.6.10. 위 소외 은행에 수출환어음의 매입을 신청하였다. 위 은행은 같은 날 수출신용보증서를 담보로 수출환어음과 선적서류를 매입함으로써 G에게 미화 98,430달러를 대출하였다.

(2) 한편, 위 대출시 교부된 선하증권은 운송주선인 겸 운송인 甲(피고)이 2000.6.9. 발행한 것이다. 피고는 G의 원단제조 하청업체인 소외 박씨에 의해 사전에 적입봉인된 채로 인도된 컨테이너 1대(번호 CLHU8278828)를 통째로 인수받은 관계로,[1] G가 교부한 서류에만 근거하여 G가 제공한 수출신고필증, 상업송장, 포장명세서만을 근거로 송하인: G, 수하인: E, 선적항: 부산항, 양하항 및 인도지: 브라질 파라나구아항, 적재선박: 산토스(SANTOS)호, 선적일자: 2000.6.9.로 하고 또한 '송하인 선적 & 수량검량'(SHIPPER'S LOAD & COUNT),

---

1) 이러한 컨테이너를 FCL(Full Container Load)화물이라고 부른다. 운송인이 그 내용물을 확인할 기회가 주어지지 않는다. 부지약관(혹은 부지문구)의 인정근거가 된다.

'단지 실렸다고 말하여짐'(SAID TO CONTAIN)이라는 소위 부지문구가 기재된 선하증권을 발행하였다.

위 선하증권은 피고가 사전에 적입 · 봉인된 채로 인수한 컨테이너를 수령한 다음 발행한 것인데, 실제로는 별개의 원단이 적입되어 이미 다른 선하증권이 발행된 상태에 있었다. 실제로는 2000.6.24.에 선하증권기재와 다른 라 보니타(LA BONITA)호에 선적되었다.

(3) 위 은행은 매입한 수출환어음을 E에게 추심 의뢰하였으나, E는 G와 계약관계가 없다며 지급을 거절하였고, 은행은 서류를 반송받았다. 이에 원고는 수출신용보증서에 따라 2000.10.26. 위 은행에 기 회수된 금원을 공제한 나머지 미화 61,430달러를 지급하였고, G는 원고에게 그 중 미화 10,000달러를 변제하였다.

(4) 원고는 피고가 선하증권을 발행함에 있어 화물을 인수하여야 할 의무가 있음에도 2000.6.9. 선하증권 기재의 화물을 인수하거나 확인하지도 아니하고 서류만을 가지고 허위의 선하증권을 발급하였고, 이로 인하여 자신이 위 선하증권을 신뢰하여 수출환어음을 매입한 위 은행에게 수출보증신용서에 따른 보증채무를 이행하게 되었으므로, 위 은행을 대위하여 피고에게 불법행위로 인한 손해의 배상을 구하는 소를 제기하게 되었다.

II. 下級審 判決

원심(서울고법 2002.12.13. 선고 2002나25053 판결)은,

(1) 상법 제814조 제2항 소정의 특별한 사정이 있는 경우 위와 같은 부지문구는 유효하고, 선하증권에 기재된 부지문구가 유효한 이상 컨테이너에 원단이 적입되지 않았다고 하더라도 선하증권이 허위의 선하증권이라고 볼 수는 없고, 달리 피고에게 선하증권 발행에 과실이 없다.

(2) 수입자인 E는 G와의 계약관계 부존재를 이유로 수출환어음의 지급을 거절한 것이므로 선하증권상의 선적일자 및 선박명이 실제의 선적일자 및 선박명과 다르다고 하여도 위 사유는 원고의 손해발생에 아무런 영향을 끼친 바가 없어 피고의 위와 같은 선하증권 발행과 원고의 손해발생 사이에는 인과관계가 없다고 판시하였다.

원고는, (1)에 대하여 부지문구의 효력은 적어도 화물이 적재된 컨테이너는 운송되었는데 그 속에 적재된 운송물을 운송인이 알 수 없었던 경우에 인정되는 것이고, 허위의 선하증권 발행으로 인한 불법행위책임은 부지문구로 인하여 그 책임을 면할 성질의 것이 아니다; (2)에 대하여 선하증권은 화물이 선적되기 전에 발행된 것으로서 그 발행행위가 위법하고, 위 은행은 선하증권을 믿고 환어음을 매입함으로 인하여 매입대금 상당의 손해를 입었으므로, 선하증권의 발행행위와 매입은행의 손해 사이에는 인과관계가 있다고 하면서 대법원에 상고하게 되었다.[2)]

Ⅲ. 大法院의 判示內容

대법원은「선하증권은 운송물의 인도청구권을 표창하는 유가증권인바, 이는 운송계약에 기하여 작성되는 유인증권으로 상법은 운송인이 송하인으로부터 실제로 운송물을 수령 또는 선적하고 있는 것을 유효한 선하증권 성립의 전제조건으로 삼고 있으므로 운송물을 수령 또는 선적하지 않고 발행된 선하증권은 원인과 요건을 구비하지 못하여 목적물의 흠결이 있으므로 무효라고 봄이 상당하고, 이러한 경우 선하증권의 소지인은 운송물을 수령하지 않고 선하증권을 발행한 운송인에 대하여 불법행위로 인한 손해배상청구를 할 수 있다. 기록에 비추어 살펴보면, 이 사건 선하증권이 2000.6.9. 발행되었으나, 실제 선적일은 2000.6.24.이라는 사실은 당사자 사이에 다툼이 없고, 원심이 인용한 제1심이 채택한 갑 제9호증의 1(확인서)에는 피고가 선적하였다고 주장하는 컨테이너(번호: CLHU 8278828)가 소외 박××의 공장에서 2000.6.14. 출고되었다고 기재되어있어 이 사건 선하증권은 운송물을 수령하지 않고 발행된 것으로 볼 여지가 있으므로 원심으로서는 피고가 선하증권을 발행할 때에 운송물인 이 사건 컨테이너를 인도받았는지에 관하여 심리 판단하였어야 함에도 이를 심리하지 아니한 채 피고가 이 사건 선하증권을 발행한 데에 아무런 과실이 없다고 판단하였는바, 원심은 심리를 다하지 아니하였거나 채증법칙에 위배하여 사실을 오인함으로써 판결결과에 영향을 미친 위법이 있다」고 하였다.

---

2) 김학준, "先船荷證券發行者의 損害賠償責任,"「대법원판례해설」, 2005년 상반기(통권 제54호)(2006.1), 425면.

대법원은 나아가 「소외 은행이 비록 수출환어음과 함께 선하증권을 매입하였다고 하더라도 선하증권의 소지인으로서 입은 손해는 반드시 수출환어음의 지급거절로 인하여 발생한 것이 아니라, 경우에 따라서는 선하증권이 담보로서의 가치가 없는 것으로 됨으로써 발생할 수도 있다 할 것이다. 원고도 선하증권으로서 입은 손해는 운송물을 수령하지 않고 발행된 선하증권이라면 소외 은행이 수출환어음과 함께 매입하지는 않았을 것이어서 그 매입대금이라고 주장하고 있으므로, 원심은 운송품을 수령하지 아니하고 발행된 선하증권을 취득한 소지인의 손해에 대하여도 더 심리 판단하였어야 함에도 이를 하지 않았고, 원고의 손해가 선하증권의 발행과 인과관계가 없다고 한 잘못이 있으므로, 원심을 파기한다」고 하면서, 이 사건을 다시 심리판단하기 위하여 원심법원에 환송한다고 판시하였다.[3)]

Ⅳ. 評 釋

1. 문제의 제기

본 사안에서 운송인은 송하인이 봉인하여온 컨테이너화물을 송하인이 제시한 대로 선하증권을 발행하였다고 주장하지만, 선하증권에 기재된 화물은 전혀 선적되지 않았다. 한편, 운송인은 선하증권상에 컨테이너안의 내용은 모른다는 취지의 부지문구를 기재하였다. 선하증권을 신뢰하고 환어음을 매입한 은행이 손해를 입게 되어 이를 대위한 원고가 손해배상청구를 하자, 운송인은 부지문구 기재를 통하여 내용물은 모른다고 한 것이므로 자신에게 책임이 없다고 항변하였다. 이에 대하여 하급심은 부지문구가 있으므로 발행된 선하증권은 유효하고, 운송인은 위법이 없다고 판시하였다. 그러나 대법원은 선하증권의 발행은 운송물의 실제적인 수령을 요건으로 하는 것이고, 이러한 실제적인 수령이 없는 공선하증권상의 부지문구는 효력이 없다고 하였다. 나아가 대법원은 空선하증권을 발행하는 것은 불법행위에 해당하여 운송인은 이를 신뢰한 제3자에게 손해배상책임을 부담할 수 있는 것이므로 실제적인 운송물의 수령이 있었는지가 중요함에도 원심이 이를 검토하지 않은 잘못이 있으므로 다시 심리판

3) 판례공보(2005), 634면.

단하라는 취지의 판결을 내린 것이다.

대법원은 수출입은행의 수출환어음의 매입에 사용된 선하증권이 수출입은행이 입은 손해와 인과관계가 있는 가에 대하여 인과관계가 있다고 판시하였다. 따라서, 운송인은 책임을 부담하게 된다.

그러므로 본 사안에서는 (i) 空선하증권의 의의와 효력 (ii) 부지문구와 그 효력 (iii) 인과관계가 쟁점으로서 논하여져야 한다.

2. 空선하증권을 발행한 운송인의 의무와 책임

(1) 空선하증권의 의미

선하증권과 관련하여 기재된 사항과 실제사항이 다른 경우는 여러 가지를 상상할 수 있다. (i) 운송물을 수령받지 않고도 사기의 목적으로 운송인이 선하증권을 발행하는 것, (ii) 수령은 하였으나 나중에 선적할 것을 예상하고 송하인의 의뢰로 미리 선하증권을 발행하는 것, (iii) 운송물이 컨테이너안에 수령혹이 선적되었다는 송하인의 신고를 신뢰하여 선하증권을 발행하였지만 실제로는 운송물이 전무한 상태임이 나중에 밝혀진 것, (iv) 정상으로 수령되어 선적되어 선하증권이 발행되었지만 실제 선적된 수량 등이 기재된 수량과 차이가 나는 것 등이다.

(iv)의 경우(運送物 相違의 경우로 불리기도 한다)는 운송계약 자체는 있고 운송물도 일부 상위가 있지만 수령된 것이고 또한 운송인도 선하증권을 발행할 의사가 있는 것으로서 운송계약의 범위내에서 다루어 질 수 있다. (i)의 경우에는 아예 운송계약의 목적물이 없고 위법성이 있으므로 선하증권발행의 전제가 되는 운송계약이 성립하였다고 할 수 없다. (ii)의 경우(先선하증권으로 불리기도 한다)는 비록 운송계약자체는 있지만, 실제 운송물을 선적하는 것과 선하증권의 발행과는 일자의 차이가 있으므로 운송인으로서는 선의의 제3자에게 불법행위를 저지르는 위법성이 있다. (iii)의 경우에는 운송인이 사기를 당하는 경우이다. 운송인에게 위법성은 없다. (i) (ii) (iii)의 경우에 발행된 선하증권은 모두 空선하증권으로 불린다. 그러나 (iii)의 경우는 운송인이 무과실이고 주관적으로는 운송물이 선적되었다는 전제하에서 선하증권을 발행하는 것이므로 다른 성격을 가지고 협의의 空선하증권((i), (ii)의 경우)의 경우와는 다른 법률적 처리의 필요성이 제기된다((iv)는 공선하증권으로 볼 수 없다).

空선하증권은 운송인과 송하인 사이에 계약관계가 존재하지 않는 상태에서 선하증권이 발행되거나 운송물을 인도받지 않은 상태에서 선하증권을 발행한 경우라고 할 수 있다. 유통증권으로서의 선하증권을 소지하게 되는 선의의 제3자가 불측의 피해를 입게 된다는 점에 보호가 필요하게 되고 특별히 다루어지게 된다.

선하증권은 선적된 화물이라는 특정물에 대한 인도청구권을 표창한 것이기 때문에 운송계약이 없거나 운송물이 선적되지 않은 경우는 인도청구권을 표창할 수 없기 때문에(요인증권성) 선하증권은 무효가 되어야 하는 것이 원칙이다. 그렇지만 선하증권은 유통성이 있기 때문에 그 기재를 신뢰한 제3자를 어떻게 어느 정도 보호할 것인가에 따라서 우리 법은 이 원칙을 변형하고 있다.

(2) 1991년 상법 개정전의 학설과 판례

종래 선하증권에 대하여 요인증권성과 문언증권성이 대립되어왔다. 상법은 선하증권의 효력에 대하여 화물상환증의 조문을 준용하였다. 따라서, 화물상환증에서 논의되던 학설상의 대립이 선하증권에도 연결되게 되었다.

> 상법 제131조, 제820조(선하증권의 문언증권성)
> 선하증권을 작성한 경우에는 운송에 관한 사항은 운송인과 소지인 간에 있어서는 선하증권에 기재된 바에 의한다.[4]

空선하증권과 관련한 위 조항의 해석에 있어서 (i) 선하증권은 문언증권성을 가지기 때문에 증권에 기재된 바대로 운송인은 책임을 부담한다는 입장(문언증권설), (ii) 그러나 선하증권은 또한 요인증권성을 가지므로 처음부터 운송물을 인도받지 않고 사기의 목적으로 혹은 영업의 편리를 목적으로 선하증권이 발행되었다면 선하증권을 발급할 근원 자체가 없는 것이므로 이는 무효인 선하증권이 되어야 한다는 입장(요인증권설), (iii) 원래 증권의 요인증권성은 그 작성의 실질관계를 고려하여 인정된 것이고, 문언성은 유통관계를 고려하여 인정된 것으로서 공권의 경우에는 원인이 없으므로 무효이지만, 운송인은 금반언의

---

4) 상법 제131조의 해석에는 다양한 해석론이 등장하였다. 손주찬 · 정동윤, 「주석 상법(VIII)」, 485면(김교창 집필부분).

원칙에 따라 선의의 제3자에 대하여는 증권에 기재된 바에 따라 채무불이행 책임을 부담하여야한다는 절충적인 입장이 있어 왔다.[5]

요인증권설을 취한다고 하여도 空선하증권의 경우에 증권자체가 무효가 되므로 채무불이행책임을 묻지는 못할 것이다. 단, 선하증권의 소지인에 대하여 운송인은 불법행위책임을 부담하여야 한다.[6] 그런데 문언증권설을 취하면 운송인은 무조건 문언에 따른 책임을 부담하게 된다. 따라서, 운송인은 증권의 소지인에게 채무불이행책임을 부담하게 된다고 한다.

한편, 제820조 법문의 선하증권에 "기재된 바에 의한다"는 내용의 해석에 대하여 이를 추정적 효력만 인정한다는 견해가 있는가 하면,[7] 대항할 수 없는 효력(확정적 효력)을 부여하는 것으로 이해하는 경우도 있다.[8]

(3) 1991년 개정상법하의 학설과 판례

1991년 상법 개정에 의하여 선하증권의 효력에 대하여 화물상환증의 내용을 준용하던 것이 독자적인 규정으로 변경되었다. 즉, 추정적 효력과 간주적 효력(확정적 효력, 대항할 수 없는 효력)을 선하증권에 부여하게 되었다.

---

5) 정동윤, 「상법(상)」(법문사, 2005), 254면.

6) 대법원이 1982.9.14. 선고 80다1325 판결이 이러한 입장을 취하였다. 대법원은 「선하증권에 의한 인도청구권은 운송인이 송하인으로부터 실제로 받은 운송물, 즉 특정물에 대한 것이고 따라서 운송물을 수령 또는 선적하지 않았음에도 불구하고 선하증권이 발행된 경우에는 그 선하증권은 원인과 요건을 구비하지 못하여 목적물의 흠결이 있는 것으로서 이는 누구에 대하여도 무효라고 봄이 상당하다…. 상법 제820조, 제131조의 규정을 들어 선하증권의 발행인은 운송물을 실제로 받은 여부에 불구하고 선하증권에 기재된 바에 따라 책임을 져야 한다고 주장하나, 위 같은 조 소정의 운송에 관한 사항에는 운송물의 수취여부와 같은 사항은 포함되지 않는다고 보이므로 위 주장은 채용할 수 없다」고 판시하였다.

7) 배병태 박사는 문언증권성을 기계적으로 해석하면 선하증권의 요인성이 무시될 뿐더러 추정적인 증거력을 인정하고 있는 조약과 달라지므로 추정적 효력만 인정하는 것으로 해석하고자 한다. 배병태, 「주석상법」(사법행정학회, 1982), 229면; 박용섭, 「해상법론」(형설출판사, 1994), 560면.

8) 상법 제131조와의 관계에서, 우리 상법에서는 선하증권의 효력에 관하여 화물상환증의 문언증권성(제131조)을 준용하고 있으므로(제820조) 헤이그비스비규칙의 경우에 비하여 오히려 운송인측이 불리한 지위에 있다고 해석하는 견해가 있다. 「해상법 개정에 관한 연구」(한국해사문제연구소, 1986.12), 40면. 한편, 이철송 교수는 "요인성을 철저히 적용하면 증권의 문언성은 화물상환증의 기재사항이 추정적 효력을 갖는 데 불과하다는 뜻이 되어 제131조의 문언에도 반할 뿐 아니라 거래의 안정이 소홀해진다는 문제가 있다." 이것은 제131조를 간주적(확정적, 대항할 수 없는) 효력을 인정하는 것으로 해석하는 것으로 보인다. 이철송, 「상법총칙 상행위」(박영사, 2007), 449-450면.

> 상법 제814조의2(선하증권의 기재의 효력)
> 제814조 제1항의 규정에 따라서 선하증권이 발행된 경우에는 운송인이 그 증권에 기재된 대로 운송물을 수령 또는 선적한 것으로 추정한다. 그러나 운송인은 선하증권을 선의로 취득한 제3자에게 대항하지 못한다.

상법 제814조의2는 선하증권의 기재효력을 (i) 운송인과 선하증권의 선의취득자 사이에서는 운송인이 대항하지 못하고, (ii) 운송인과 송하인 및 선하증권의 악의의 취득자 사이에는 반증을 허용하는 추정적 효력을 부여한 것으로 해석함에 이론이 없다.

1991년 개정상법이 헤이그비스비규칙의 입장을 받아들여 선하증권의 유통성을 확보하려고 한 것은 이론이 없다. 그런데 유통성을 확보하기 위하여 선하증권에 기재된 사항에게 대항할 수 없는 효력이 인정되는 적용범위가 어디까지인가에 다툼이 있다.

흔히 발생하는 것이 운송물 相違의 경우로서, 이때에 제814조의2가 적용되어 선의의 제3자에게 운송인은 반증을 들어 운송물이 기재보다 적게 선적되었다고 할 수 없다는 점에 대하여 이론이 없다.[9] 그런데 공권의 경우에도 운송인은 반증을 들 수 없고 따라서 운송인은 증권에 기재된 대로 책임을 부담하는가? 아래와 같은 다툼이 있다

1) 문언증권설

이 입장은 공권 등의 경우에 기존 상법의 해석상 대립을 해소하기 위하여 헤이그비스비규칙의 규정을 도입하여 문언증권성을 강화하였고,[10] 따라서 대법원의 1982년 판결은 이로써 무력화되었다고 평가한다.[11][12][13]

---

9) 여기에 대하여는 김인현, 「해상법」(법문사, 2007), 204면.

10) 정찬형, 전게서, 883면. 공권 또는 운송물이 상이한 경우에 문언성을 중시하는 입장에서 입법적으로 해결하였다고 한다. 그러나 이러한 해석은 선의의 제3자에게 국한되고, 용선자(송하인)에 대하여는 요인증권성에서 그 무효를 주장할 수 있고, 악의의 증권소지인에 대하여는 추정적 효력에서 이를 반증하여 주장할 수 있다고 한다. 결국 이러한 해석은 1991년 상법개정 전의 절충설의 입장과 동일하다. 그러므로 여전히 요인증권성은 유효하다고 할 수 있다.

11) 김교창, 전게 주석 상법(VIII), 485면.

12) 최종현, "空선하증권의 효력," 「한국해법학회지」, 제29권 제1호(2007.4), 157면.

13) 최준선 교수는 공권의 경우에는 개정상법이 문언증권성을 강조하여 공권이 발행된 경우에도 선의의 제3자에 대하여는 계약불이행책임을 부담하는 것으로 해석된다고 하면서도, 입법론으로서는 불법행위책임을 묻도록 하여야 한다고 주장한다. 최준선, "선하증권의 채권적

또한 헤이그비스비규칙을 도입한 영국과 일본의 입장을 우리 상법의 해석에도 반영하여야 함을 근거로 문언증권성에 따른 책임을 주장하는 입장도 있다.[14]

2) **요인증권설**

1991년 개정상법이 이론적인 대립에 대한 명확한 해답을 제공하였다고 볼 수 없다고 하면서,[15] 운송인이 선하증권을 발행할 의사도 없이 유통시킨 경우는 선하증권이 성립되었다고 볼 수 없으므로 그 선하증권은 효력이 없고, 발행인은 불법행위책임을 져야 한다는 견해가 있다.[16][17] 대법원 판례의 입장으로 이해된다.

필자는 이에 대하여 아래와 같은 견해를 가지고 있다.

첫째, 1991년 상법개정전의 제131조에 대한 해석부터 학설은 대립한다. 증권에 기재된 바에 의한다는 것의 의미가 단순히 추정적 효력만을 부여하였다는 견해가 있는가 하면 대항할 수 없는 효력을 부여한다는 견해도 있다. 1991년 개정상법이 헤이그비스비규칙의 입장을 받아들여 유통성을 강화하려고 하였기 때문에, 제131조의 의미는 추정적 효력에 한정되는 것으로 이해하고자 한다.

1991년 개정상법 이전의 문구로서는 공권에 대하여 학설의 대립이 심하였고 대법원은 요인증권설을 취하고 있었다. 만약 문언증권화설에 따르자면 공권에 대하여도 대항할 수 없는 효력을 부여하려는 입법의도가 있었는지를 살펴보아야 할 것이다. 1991년 상법개정작업시의 회의록에도 요인증권성을 무력화한다는 내용의 합의가 있었는지 불분명하다.[18] 또한 헤이그비스비규칙의 간주적

효력,"「한국해법학회지」, 제27권 제2호(2005.11), 38면.

14) 최종현, 상게논문, 157면.

15) 원래 입법취지가 화물상환증에 비하여 선하증권의 소지인을 더욱 보호하고자 한 것이지만, 제131조와 비교하여 볼 때 소지인의 보호가 더 제한된 결과가 되었다고 한다. 채이식,「상법 Ⅳ」(박영사, 2001), 334면.

16) 채이식, 상게서.

17) 정완용, "운송물의 수령없이 발행된 선하증권의 효력,"「상사판례연구」 보험해상 제2권(박영사, 1996), 414면. 1991년 개정상법은 선하증권기재의 효력을 추정적 효력으로 정함에 따라서 이와 모순되는 규정인 화물상환증의 문언증권성에 대한 상법 제131조의 준용을 삭제하였다. 운송인과 제3취득자와의 관계에서도 선하증권의 요인증권성에 근거한 증권기재의 추정적 효력을 정면으로 인정한 것으로 해석하고 다만 선의의 제3자를 보호하기 위하여 운송물 상위의 경우에는 반증이 제한되는 것으로 해석한다. 따라서 공권의 경우에는 선의의 제3자에 대하여도 무효가 되는 것이고, 운송인은 불법행위책임을 부담한다고 주장한다. 김학준, 전게 평석, 433면.

(확정적) 효력의 적용범위에 대하여도 공권이 발행된 경우에는 적용되지 않는다는 영국 학자의 견해도 있다.[19]

둘째, 선하증권은 어음수표와 달리 무인증권이 아니라 요인증권임은 부인할 수 없는 것임에도 모든 경우에 간주적인 효력을 부여한다고 해석하면 무인증권이 되는 것과 다름이 없어진다.

셋째, 공권을 발행한 운송인은 불법행위의 정도가 심한 경우이므로 운송물상위의 경우보다 불리한 법적 대우를 받아야 할 것이다. 사기적인 공권이 발행된 경우 운송계약자체가 존재하지 않기 때문에 본조의 적용이 없고 포장당 책임제한의 이익을 누릴 수 없어야 한다.[20] 문언증권성화설에 따라 채무불이행책임을 부담하는 경우에는 운송인이 포장당 책임제한을 주장할 수 있지만 고의혹은 무모한 행위에 해당되어 책임제한이 배제되어 결과는 동일할 것이다.[21] 그러나 후자의 경우에는 원고인 선하증권소지인이 운송인에게 고의 등이 있었음을 입증하여야 하므로 불리한 지위에 놓인다.

운송인이 사기를 당하여 공권을 발행한 (iii)과 같은 경우는 운송인의 주관적인 입장에서는 운송계약이 존재하고 운송물이 적재된 것으로 이해한 것이므로 본조의 적용범위에 속하여 부지문구도 조건을 갖추면 유효하다고 해석하여야 한다고 생각한다.

---

18) 상법개정특별분과위원회 회의록(III)(법무부, 1990.12)에 의하면, 개정위원 중 송정관 위원과 배병태 위원은 요인증권성을 부정하여 공권의 경우에도 기재된 대로의 책임을 운송인이 부담하도록 하는 것이 목적임을 말한다. 그러나 송상현 위원은 공권인 경우는 무효라는 취지의 발언을 하지만, 나중에는 침묵한다. 271-277면. 배병태 위원은 "선하증권의 해석으로 요인증권성이라든지 그런 얘기를 하니까 가령 물건을 안싣고 실었다고 하는 경우에 선하증권을 발행해 놓고 반증들어서 사실은 이것 안실은 것이다 이런 식으로 다투지 말아라 하는 것지. 못다툰다는 거지"라고 한다(272면). 이에 대하여 송상현 위원은 "안실었으면 다투어야죠, 공권이 무효인 거죠, 뭐"라고 한다.

19) Treitel & Reynolds, *Carver on Bills of Lading*(Thomson Sweet & Maxwell, 2005), p. 33.

20) 다만, 선 선하증권의 경우는 운송물을 수령하기는 하였지만 선적을 하지 않은 상태에서 선적선하증권을 발행하는 것이므로 운송계약관계는 존재하는 것이다. 이 경우에는 포장당 책임제한의 적용이 가능할 것이다.

21) 운송계약이 없는 경우는 운송인은 책임제한의 이익을 누릴 수가 없다고 본다. 제789조의3 제1항에서 말하는 운송인의 책임에 관한 규정은 운송인의 불법행위로 인한 손해배상의 책임에도 이를 적용한다는 것은 운송계약의 존재를 전제로 하는 것으로 생각되기 때문이다. 최준선, 최종현 교수는 각각 앞 논문에서 불법행위의 경우에도 상법 해상편이 적용된다고 지적하고 있다. 최준선, 전게논문, 38면; 최종현, 전게논문, 156면. 그러나 이 부분이 空선하증권이 무효라는 전제의 논의도 포함되는 것인지는 확실하지 않다.

위와 같은 이유로 필자는 운송인이 사기적으로 발행한 공권의 경우는 1991년 상법개정시에도 대항할 수 없는 효력을 부여한 그 적용범위에 포함되지 않고, 요인증권성에 따라서 선하증권의 기재는 효력이 없고, 운송인은 불법행위책임을 부담한다는 견해를 취하고자 한다. 그러므로 제814조의2의 적용범위에 속하는 "수령 또는 선적"의 경우는 운송물상위의 경우, 운송인이 사기를 당하여 공권이 발행된 경우에 적용되는 것으로 한정된다고 해석하고자 한다.

(4) 사안의 경우

이렇게 본다면, 空선하증권을 발행한 운송인은 요건을 결하여 불법행위책임을 부담하게 된다는 대법원의 판시에 찬성하게 된다. 즉, 운송계약이 존재하지 않거나 운송물을 수령 선적하지 않은 상태에서 먼저 선하증권을 발행하는 경우에는 선하증권은 무효가 된다는 대법원의 설시는 1991년 개정 상법하에서도 유효하다. 다만, 운송물의 상위 등의 경우에는 대항할 수 없는 효력이 부여되는 것이다.

사안의 경우는 (i) 운송인이 운송물을 수령하지 않고서 이를 안 상태에서 선하증권을 발행하였는가 아니면 (ii) 사기를 당한 채로 혹은 그 내용을 모르고 선하증권을 발행하였는지가 문제된다. 사실관계의 판단에서 1심법원과 원심은 후자의 입장을 취하여 운송물을 수령한다고 믿고(비록 기재와 다를지라도) 선적하였지만 사후에 잘못이 발견된 것으로 판단하였다. 그러나 대법원은 수령조차 하지 않은 채로 발행된 선하증권으로 판단될 여지가 있으므로 이를 다시 심리하라고 파기환송을 하고 있다.

만약, 대법원의 지시와 같이 수령하지 않은 채로 이를 알고 발행한 선하증권이 된다면, 空선하증권의 문제가 된다. 학설에 따라서 불법행위책임을 운송인이 부담하든가, 채무불이행책임을 부담하게 될 것이다. 만약, 운송인이 정상적인 상태로 운송물을 수령하여 확인할 방법이 없어서 부지문구를 기재한 것이라면 부지문구의 효력은 유효하여 그 증권의 기재에 대하여 운송인은 추정적 효력조차도 부담하지 않는 것이므로 승소할 것이다.

사안에서 운송인이 적극적으로 사기적인 행각에 개입된 것으로 보이지는 않는다. 동일 운송물에 대하여 두 장의 선하증권이 발행된 것이므로 운송인 측에 과실이 있다는 추론도 가능하다. 그러나 1심 판시에서 인정하였듯이 FCL화물의 경우에는 운송물은 송하인에 의하여 적입되어 봉인된 채로 운송인에게 인도되므로 그 내용물을 운송인이 알 수 없으므로 내용물의 확인에 대한 과실을 물을 수는 없다. 하지만, 본 사안에서는 하나의 컨테이너 박스에 대하여 두 개의 서로 다른 선하증권이 발행된 셈이 되므로 운송인은 이를 고의로 발행하였던가 아니면 송하인의 사기적인 행각에 당한 것이 된다. 대법원의 지적처럼 운송인이 문제의 컨테이너를 수령한 일자(6.14.)가 발행일자(6.9)보다 늦다면 이는 空선하증권에 해당하게 될 것이다. 따라서, 대법원의 입장에 따르면 불법행위책임을 운송인이 선하증권소지인에게 부담하여야 할 것이다.

3. 부지문구

부지문구란 선하증권을 발행하면서 운송인이 선하증권에 기재된 내용에 대하여 자신이 확인하지 않았기 때문에 그 내용에 대하여는 모른다는 취지의 기재를 하는 것이다. 이러한 경우에는 선하증권의 추정적·확정적 효력이 인정되지 않기 때문에 운송인에게 유리하다. 컨테이너 운송이 일상화되면서 운송인이 밀봉된 채로 인수하는 컨테이너 내용이나 무게를 확인하지 못하므로 입게되는 불합리를 개선하기 위하여 헤이그비스비규칙에서 추가된 내용이다.[22] 이러한 내용이 효력을 가지기 위하여는 운송인이 내용이나 무게에 대하여 확인할 방법이 없는 등의 상황이 있어야 한다.[23]

부지문구가 기재되는 상황은 空선하증권이 발행된 경우와 그렇지 않은 운송물 상위의 경우로 나누어볼 수 있다. 운송물상위의 경우에는 부지문구가 직접 적용될 수 있다. 空선하증권이 발행된 경우는 운송계약자체도 없는 사기적인 경우이거나 운송물을 수령 혹은 선적하지 않은 상태에서 발행되는 것이므로 운송인이 무게나 내용을 확인할 상태 자체에 있지도 않았으므로 이때 기재된 부지문구에게 효력을 부여할 수 없고 운송인은 불법행위책임을 부담하게 된다. 다만, 수령하였지만 선적하지 않은 상태에서 先선하증권을 발행하고 뒤이어 운송물이 선적된 경우이거나 사기를 당하여 운송인이 공권을 발행하게 된 경우에는 내용물과 무게를 확인할 여지가 있었는지의 여부에 따라서 부지문구가 유효

---

22) 헤이그비스비규칙 제3조 제4항; 우리 상법 제814조 제2항.

23) 이에 대한 자세한 논의는 최종현, "선하증권상의 부지약관의 효력,"「한국해법학회지」, 제24권 제1호(2002.4), 172면 이하를 참고바람.

한 경우도 있을 수 있다.

4. 환어음 추심은행의 손해와 공선하증권 발행의 인과관계

(1) 환어음의 발행과 추심

국제거래에서 수출상(매도인)에게 환어음은 추심기능을 제공한다. 한국의 수출상이 미국의 수입상에게 물건을 수출하고 대금을 추심하고자 하면서 수입상을 지급인으로 하는 환어음을 발행하여 자기의 거래은행으로부터 동 어음을 할인받아 수출대금을 추심하게 된다.[24]

본 사안에서는 G가 환어음의 발행인이 되고, 브라질의 E가 지급인이 되었다. 그리고 한국의 거래은행이 할인은행이 된 것이다. 할인은행으로서는 어음금 회수에 만전을 기하고자 보증계약을 원고와 체결하게 되었다.

(2) 손해의 발생

G는 선하증권 등을 추가하여 환어음의 매입을 거래은행에게 제시하여 대금을 받게 되었다. 이제 거래은행은 환어음의 지급인인 E에게 지급제시를 하자 계약관계가 없다는 이유로 지급거절이 되었다. 이렇게 하여 입은 손해를 은행은 보증인에게 청구하게 되었고, 보증인이 선하증권의 발행자인 원고 운송인에게 그 구상 청구를 하는 것이다.

(3) 인과관계여부

다음으로, 空선하증권이 소외 은행이 입었다고 주장하는 손해와 인과관계가 있는지가 문제되게 된다.

대법원은 선하증권이 담보로서의 가치가 없어짐으로서 손해가 발생할 여지도 있으므로 이를 충분히 심리 판단하였어야 함에도 원심이 이를 게을리하여 空선하증권의 발행과 손해와는 인과관계가 없다고 한 점에 위법이 있으므로 파기환송한다고 하였다.

환어음의 지급제시가 거절된 사정은 수출자와 수입자 사이에 계약관계가 없는 것이므로 선하증권의 발행과 무관할 수 있다. 그러나 할인은행이 수출자

---

24) 정찬형, 「상법강의(하)」(박영사, 2007), 36면.

인 G가 제시하는 선하증권과 환어음을 받고서 수출자에게 대금을 지급할 때에, 선하증권이 운송물을 표창하는 유가증권으로서 담보적인 성격을 조금이라도 파악하였을 것이므로, 이는 공 선하증권으로 발행한 운송인의 불법행위와 은행이 입은 손해와는 인과관계가 있다고 파악된다. 이 점에서 인과관계가 없다는 판단을 한 원심을 파기한 대법원의 판시에 찬성한다.[25)]

25) 최종현 교수는 이 사건 컨테이너 안에는 원단이 적입되어 있지 않았고 피고는 선하증권에 유효한 부지약관을 부기하였으므로 어차피 원고는 피고에 대하여 원단의 인도청구를 할 수가 없었다. 즉, 설사 空선하증권이 아니었다고 하더라도 담보로서의 가치가 없었을 것이다. 따라서 인과관계가 없다고 생각한다고 반대의견을 제시한다. 전게논문, 164면.

제 III 편

海上危險과 海上保險

제 1 장
海 上 危 險

제 1 논 문

油類汚染損害賠償 및 補償法 관련 最近 動向*

Ⅰ. 序 論

해상에서의 유류오염사고는 유조선에 의한 오염사고와 일반 화물선의 선박연료유에 의한 오염사고로 대별된다.

유조선의 오염사고는 그 피해액수가 크고, 피해자인 어민 등이 보험으로 위험을 분산시키지 못하고 있다는 점에서 일반적인 선주책임제한제도로는 만족스러운 피해보상이 되지 못한다. 이러한 문제점을 해결하기 위하여 국제사회는 두 가지 제도를 도입하였다. 모든 종류의 선박에 적용되는 선주책임제한조

* 이 글은 한국해법학회 제5회 판례연구회(2008.8.28)에서 발표되었으며, 「인권과 정의」(2008.10)에 게재가 확정되었다.

약(LLMC)[1]에서 유조선에 의한 오염사고를 분리시켜 민사책임협약(CLC)[2]이라는 새로운 조약을 탄생시켰다. 이 조약은 첫째, 일반선주책임제한제도에 비하여 선주의 책임제한액을 증액시켰다. 둘째, 선주로 하여금 오염사고 배상액에 대하여 강제보험에 가입시키고 피해자에게 보험자에 대한 직접청구권을 부여하였다. 셋째, 피해자들을 더욱 두텁게 보호하기 위하여, 피해자의 피해액이 거액임에도 선주책임제한제도에 의하여 배상액이 제한되는 경우에 이를 넘어서는 일정한 액수에 대하여까지는 유조선을 이용하여 유류를 수입하는 정유사들이 별도의 기금을 마련하게 되었다. 이를 IOPC FUND(국제유류오염손해보상기금) (이하 FUND)[3]라고 한다. 유조선 선주가 보험에 가입하지 않아서 배상능력이 없는 경우 등에도 FUND에서 보상한다. 이 두 가지 국제조약을 반영한 국내법이 油類汚染損害賠償保障法(이하 유배법)이다.

이러한 CLC와 FUND 체제는 1980년대 그리고 1990년대 초반까지는 잘 운영되어 왔다. 1995년 한국의 시프린스호 사고, 1997년 일본의 나호도카호 사고 등에서 양 체제는 효력을 발휘하였다. 특히 우리나라 연안에서 발생한 강제보험에 가입되지 않은 소형유조선들의 사고에서 FUND가 개입하여 적절한 보상이 이루어졌다.

그러나 1990년대 말과 2000년대에 들어와서 에리카(Erica)호 및 프레스티지(Prestige)호 사고를 거치면서 두 가지 문제점이 노정되었다. 하나는 책임제한액이 사고의 크기에 비하여 너무 낮아서 피해자는 책임제한 때문에 보상을 충분히 받을 수 없다는 것이고, 다른 하나는 사고의 대형화는 FUND의 보상을 빈

---

1) 선주책임제한조약(LLMC: Conventionn of Shipowner's Limitation of Liability)은 현재 1976년 조약이 가장 많은 체약국을 가지고 있고 현재 1996년 의정서가 발표되어 있다. 일본, 영국 등은 1996년 의정서를 비준 · 채택하였지만 우리나라는 동 조약에 가입하지 않고 다만 1976년 조약을 국내 상법에 반영하고 있다. 2007년 개정상법에서도 이러한 입장은 그대로 유지되고 있다(여객의 사망에 대하여만 1996년 의정서를 도입하였다).

2) 유류오염손해의 민사책임협약(CLC: International Convention on Civil Liability for Oil Pollution Damage)은 1969년에 처음 시작되었으며 현재는 1992년 협약체제이다. 우리나라도 본 협약의 체약국이다(1997.3.7. 가입). 국내법인 유배법에 그 내용이 반영되어 있다.

3) 유류오염손해보상을 위한 국제기금협약(IOPC FUND: International Convention on the Establishment of an International Fund for Compensation for Oil Pollution Damage)은 민사책임협약의 보충적 협약의 성격을 가지는 것으로 1971년 협약과 1992년 협약이 있다. 1972년 협약체제는 현재 청산단계에 있다. 1992년 협약에 추가기금협약이 추가되었다. 우리나라는 1992년 협약의 체약국이다(1997.3.7. 가입). 국내법인 유배법에 그 내용이 반영되어 있다.

변하게 하여 FUND에 기금을 갹출하는 정유사들의 부담액이 높아지게 되었다는 것이다. 충분한 배상 및 보상이 이루어지도록 하기 위하여 국제사회는 CLC와 FUND의 책임제한액을 2000년 10월 증액하였다(2003년 11월 발효). 그럼에도 불구하고 완전하지 않아 추가기금제도(supplementary fund)의 도입을 가져왔다. 정유사의 부담을 줄여주기 위한 논의로서 CLC와 FUND 협약자체의 개정검토, STOPIA 및 TOPIA의 도입 그리고 유류운송을 위한 질적인 해운작업반 구성으로 이어지고 있다.

다른 하나의 법제도로서 船舶燃料油에 의한 오염사고에 대한 배상 및 보상체제가 있다. 모든 선박들이 항해를 위하여는 선박연료유가 필요하고, 좌초 등의 경우에 상당한 양의 선박연료유가 바다를 오염시켜 왔고 피해자들이 발생하여 왔다. 선박연료유에 의한 사고는 유조선에 운송중이던 원유에 의한 사고가 아니기 때문에 CLC 및 FUND 체제의 적용을 받지 않고, 일반선주책임제한조약(LLMC)의 적용을 받는다. 우리법하에서도 유배법이 적용되는 것이 아니라 상법과 민법의 적용을 받는다. 각국은 선박연료유에 의한 오염사고에서 피해자를 구제하기 위한 국제제도를 만들게 되었다. 이름하여 船舶燃料油協約(Bunker Convention)이다. 이는 2008년 11월 21일 발효되게 된다. 동 조약은 CLC 체제와 달리 화주로부터의 기금을 갹출하는 제도가 없고, 독자적인 책임제한제도를 가지지 않은 점에서 다르지만, 선박소유자가 무과실의 책임을 부담하고 강제보험에 가입하여야 하는 점에서 동일한 구조를 가진다.

이러한 국제기구에서의 유류오염손해배상보상체제의 변화와는 별개로 각국은 오염사고를 방지하고 적절한 피해배상 · 보상이 이루어질 수 있는 새로운 제도와 판결들을 만들어가고 있다.

이러한 변화는 우리나라의 유류오염피해자, 선박소유자, 정유사, 정부 그리고 보험회사에게도 영향을 미치게 될 것으로 본다. 특히, 2007년 12월의 허베이 스피리트호 오염사고는 초유의 대형사고로서 피해액은 FUND의 책임제한액을 넘어설 것으로 예상되어 관심을 모으고 있다.

Ⅱ. 油槽船에 의한 油類汚染事故

1. 유류오염손해배상을 위한 민사책임협약(CLC)

유류오염손해에 대한 민사책임협약(CLC)은 유조선이 오염사고를 야기한 경우에 피해자에 대한 선주의 책임과 제한에 대하여 정하고 있다. 1992년 CLC의 특징은 아래와 같다.[4)]

(1) 선박소유자(선주)는 엄격책임(strict liability)[5)]을 부담한다(제3조 제1항). 일반적인 책임원칙인 과실책임과는 달리, 무과실책임을 등록선주에게 부과함으로써, 피해자는 선주의 과실을 입증할 필요가 없으므로 손해배상청구에서 유리하게 된다.[6)] 책임의 주체는 등록선주이다.

(2) 선주에게는 책임제한권이 주어진다(제5조 제1항). 그러나 책임제한액수는 일반 LLMC보다 상당히 고액이다. 책임제한이 배제되는 사유는 일반 LLMC와 동일하게 선주 자신의 고의 혹은 무모한 행위가 있어야 한다(제5조 제2항).[7)]

책임제한액수는 2003년 11월부터는 5천톤 이하의 선박은 451만SDR[8)](약 721만달러=약72억원)이다.[9)] 그 이상의 선박은 톤당 631SDR을 여기에 가산한다. 그러나 최대배상액수는 8천977만7천SDR(약 1억4500만달러=1천450억원)이다.

(3) 2,000톤 이상의 선주는 자신의 책임제한액까지를 보장하는 강제보험

---

4) 김인현, 「해상법연구」(삼우사, 2003)에 본 논문의 기초에 해당하는 유류오염손해에 대한 일반이론이 기술되어 있음.

5) 엄격책임은 무과실책임제도에서 몇 가지 면책사유를 두고 있다는 점에서 완전한 무과실책임제도와는 다르다.

6) 이와 같은 무과실책임제도에 가까운 엄격책임제도의 도입은 허베이 스피리트호 사건에서 그 입법목적이 극명하게 나타났다. 정박중이던 동 선박은 과실이 없음을 주장할 수 있는 상황이다. 그러나 무과실책임을 부담하기 때문에 동 선주는 배상에 나서게 되었다.

7) 책임제한배제사유에 대하여 우리나라 학설은 무모한 행위에 대하여 미필적 고의설, 인식있는 중과실설, 중과실설로 나뉘어 있다. 이에 대하여는 김인현, "운송인의 포장당 책임제한이 배제된 해상사례," 「인권과 정의」, 제370권(2007.6), 168면 이하; 김창준, "운송인의 책임제한배제 사유," 「한국해법학회지」, 제29권 제2호, 7면 이하를 참고바람. 갑판적과 관련하여 운송인의 책임제한이 깨트려진 사건이 있기는 하지만, 우리나라에서 선주의 책임제한이 깨트려진 적은 없다.

8) 2008.8.11. 현재 1SDR은 미화 1.58881달러이다.

9) 일반 LLMC제도와 달리 수년을 주기로 물가상승률에 맞추어 책임제한액을 상향조정하는 간략한 절차를 가지고 있는 점도 합리적인 좋은 제도이다.

에 가입하여야 하고(제7조 제1항),[10] 피해자에게는 직접청구권이 주어진다(제7조 제8항).

보험의 가입은 원칙적으로 자유이지만, CLC는 선주로 하여금 피해보상을 위한 보장계약을 강제적으로 체결하게 한다.[11] 실무상 이러한 보장계약을 제공하는 보험업자는 P&I CLUB[12]이라는 상호보험조합이다. 유조선 선주가 제3자인 피해자에게 배상하여야 하는 손해배상책임을 보험자가 보상하는 것을 약속하고 선주는 피보험자로서 보험료를 지급할 것을 약속하는 보험계약이므로 책임보험이 된다. 책임보험에서 제3자를 보호하기 위하여 직접청구권을 인정하는 입법을 하게 되면 피해자가 더욱 보호된다.[13] 보험금을 청구할 수 있는 자는 원칙적으로 피보험자인 선주이어야 하나, 피해자에게도 청구가 가능한 권리를 인정하여 피해자를 보호하게 된다. 영국법에서 인정되는 先支給抗辯(pay-to-be-paid) 원칙[14]의 주장은 무력화되었다.[15] 보험자와 피보험자와의 사이에서의 항변중에서 오직 고의의 경우만을 제3자에게 주장할 수 있다고 규정함으로써 P&I 클럽은 선지급항변을 주장할 수 없게 되었다.[16]

10) 2,000톤 이상의 선박에 대하여만 강제보험에 가입하도록 한 것은 행정상의 편의와 영세한 선주들의 보험가입에 대한 저항을 막기 위한 것으로 보인다.

11) 보장계약은 대부분 책임보험으로 이루어지고 있다.

12) P&I Club(Protection and Indemnity Club)은 선주들이 자생적으로 만든 상호보험이다. 선박보험에서 담보되지 않는 위험(예컨대, 유류오염손해, 화주에 대한 손해배상책임, 선원의 재해보상금 등)을 담보하기 위하여 선주들이 조합을 결성하여 자신들이 보험자이면서 피보험자가 되었다. 이들은 주로 영국계가 중심이 되면서, 미국, 일본, 중국, 한국도 P&I Club이 있다. 13개 조합이 국제 P&I Club(International Group of P&I Club)을 구성하고 있다. P&I 보험에 대한 상세한 내용은 박영준, "선주책임상호보험에 관한 연구"(고려대학교 법학박사학위논문)(2003.2)을 참조하기 바람.

13) 영미에서는 피해자가 보험자에게 직접청구권을 가지는 것은 예외적인 것이다. 이와 달리 우리 상법은 일반적인 직접청구권을 피해자에게 인정한다(상법 제724조 제2항). 이와 관련하여서는 김인현, "한국과 미국의 선주책임상호보험에서의 직접청구권에 대한 비교법적 연구,"「한국해법학회지」, 제28권 제1호(2006.4), 7면 이하; 최종현, "선박보험과 피해자의 직접청구권,"「보험법연구」, 4(삼지원, 2002), 114면 이하; 서영화, "해상의 책임보험과 피해자의 직접청구권,"「한국해법학회지」, 제28권 제1호(2006.4), 43면 이하를 참고바람.

14) Gotthard Gauci, *Oil Pollution at Sea*(WILEY, 1997), p. 222. 선지급항변이란 피보험자인 선주가 피해자에게 손해배상을 한 다음에야 비로소 보험자의 보험금 지급의무가 발생한다는 내용이다. 여기에 대하여는 김인현,「해상법」(법문사, 2007), 347면 이하를 참조바람. 영국법은 이의 효력을 인정한다.

15) Ibid., p. 224.

16) 다만, 영국 상선법(1995) 제165조는 아직도 이를 허용한다.

(4) 지속성유류에 의한 오염사고가 체약국의 영해와 배타적 경제수역에서 발생한 경우에 적용된다(제2조). 지속성유류가 아닌 경우에는 본 조약의 적용범위에서 벗어난다(제1조 제5호). 예컨대 원유(Crude Oil)를 정유한 제품은 해당되지 않는다.

(5) 본 조약이 적용되는 경우 사고가 발생한 체약국에서만 소송이 제기되어야 한다(제9조).

(6) 선주에 대한 손해배상청구는 유류오염손해가 발생한 날로부터 3년 이내에, 사고가 발생한 날로부터 6년 이내에 제기되어야 한다(제8조).

우리나라도 이에 발맞추어 유배법을 만들어 시행하고 있다.[17][18] 우리 법은 기본적으로 CLC의 체약국이기 때문에 동일한 내용을 가지지만, CLC조약과 다른 점은 ① 나용선자도 등록선주와 같이 연대책임을 부담하고(제4조 제4항)[19] ② 강제보험가입자의 범위가 200톤 이상의 선주로 확대되어 있고(제14조 제1항)[20] ③ 제한채권자가 되는 화주 등은 후순위의 선박우선특권을 가지게 된다(제43조).

2. 국제유류오염보상기금(IOPC FUND) 협약

유조선 선주가 CLC사고에 의한 책임제한을 한 다음에 피해자의 청구액과 책임제한액의 차액 중 일정 액수까지를 정유사가 기금을 마련하여 지급하는 보

17) 우리나라는 CLC협약과 FUND협약의 당사국이다. 그럼에도 이의 시행을 위한 국내법으로서 유배법을 제정하여 실시하고 있다. 그럼에도 많은 다른 규정을 추가함으로써 법률적인 어려움을 야기하고 있으므로 다른 규정들은 삭제하는 것이 좋다는 의견이 있다. 최종현, "유류오염손해배상보장법의 개정방향," 「한국해법학회지」, 제28권 제1호(2006.4), 117면.

18) 우리나라가 국내법을 달리 제정하는 이유로는 (i) 조약을 집행하기 위하여 각종 하위법령을 두어야 하는 점, (ii) 조약의 강제적인 적용을 위하여 각종 벌칙규정을 두어야 하기 때문으로 생각된다.

19) CLC협약과 달리 나용선자가 강제보험의 가입자가 됨으로써 이중의 부담이 된다는 불합리가 지적되고 있다. 최종현, 전게논문(개정방향), 118면.

20) 국제조약에서 2,000톤 이상의 선박만 강제보험에 가입함에도 우리나라는 200톤 이상으로 대상의 범위를 확대하고 있으므로 여러 가지 법률적인 문제가 발생한다. 특히, 외국 선박이 500톤인데도 보험에 가입하지 않은 경우에 입항을 거절할 수 있는지가 문제된다. 국제조약에 우리나라가 가입한 이상 이는 국제조약과 상충되는 결과를 가져온다. 보상의 측면에서도 200톤 이상의 선박에 강제보험에 가입할 것을 요구하고 있지만 비록 가입하지 않은 경우에도 FUND는 보상을 하고 있다. 그러므로 우리나라에서 2천톤 이하의 선박에 대하여 보험강제를 집행할 필요성이 감소되고 있다.

상체제를 IOPC FUND협약체제라고 한다.[21] 따라서 1992 FUND협약은 CLC의 보충협약이라고 할 수 있다. FUND협약의 특징은 아래와 같다.

(1) 정유사는 원유 수입량에 따라 국가별로 할당되는 기금을 갹출하여야 한다(제10조).[22][23]

(2) 가해자인 선주가 배상을 하지 못하는 상황이거나,[24] 선주책임제한액을 넘어서는 손해가 있는 경우, 배상책임을 부담하는 자가 없게 되는 경우에 최고 2억3백만SDR(약 3억2천만달러=약3천200억원)까지 FUND가 보상한다(제4조 제1항, 제4항).[25]

(3) 기금협약에 가입한 국가에서 발생한 유류오염사고에 대하여 적용된다(제3조). 그러므로 CLC에 가입한 국가라고 하더라도 기금협약에 가입하지 않으면 자국내에서 발생한 오염사고에 대하여 기금에 청구를 할 수 없다.[26]

(4) 피해자는 FUND에 대하여 직접청구권을 갖는다(제6조). 펀드가 피고가 될 수 있다.

(5) FUND에 대한 소는 CLC 제9조에 따라서 소가 제기된 국가에서만 제기되어야 한다(제7조).

우리나라도 이러한 내용을 유배법에 반영하고 있다(제23조~제42조).

---

21) 현재 FUND는 1972년 펀드, 1992년 펀드 그리고 추가기금펀드 세 가지가 있다. 각각 총회와 집행이사회가 있다. 사무국이 세 가지 펀드를 모두 한꺼번에 담당한다.

22) 분담금은 전년도에 일정한 톤수 이상을 수입하는 국가에게 전체 체약국의 수입량 중에서 자신이 차지하는 비중에 따라 부과된다.

23) 우리나라는 3번째로 많은 기금을 납부하는 국가이다. 2004년 기금납부기준으로 일본은 전체의 18%, 이탈리아 10%, 한국 8%, 네덜란드 8%, 프랑스 7%, 인도 7%, 캐나다 6%, 영국 5%, 싱가포르 5%, 스페인 5%를 구성한다. 우리나라는 1993년에 1992년 펀드에 가입한 이래로 2007년까지 총 670억원의 분담금을 납부하고(2001년 64억원, 2002년 60억원, 2003년 62억원, 2004년 103억원, 2005년 53억원, 2007년 4억원을 납부하였다), 904억원의 피해보상액을 수령하였다. 2006년은 분담금이 부과되지 않았고, 연간 약 3억에서 103억까지를 부담하였다. SK, GS-Caltex, S-Oil, SK 인천정유, 현대오일뱅크, 한국전력공사, 한국석유공사 등이 분담주체이다.

24) 선주가 보상할 능력이 없어서 FUND가 보상을 하여준 우리나라 사건으로서는 1997.4.3. 통영에서 발생한 제3오성호(786톤), 2003.9.12. 남해에서 발생한 경원호(144톤), 2005.11.24. 부산에서 발생한 제7광민호(139톤) 등 사건이 있다.

25) 유조선의 선주가 1차적인 책임을 부담하는 경우에는 선주의 부담부분을 제외한 부분을 FUND가 보상한다.

26) 중국이 대표적인 국가이다.

3. 추가기금협약

(1) 경 과

상당히 높은 것으로 보았던 FUND협약의 보상한도액도 1999년 에리카(Erica)호, 2002년 프레스티지(Prestige)호 등 대형사고의 경우에는 넘어설 수 있다는 우려감이 팽배해지자, FUND협약을 개정하여 책임한도액을 높이는 문제가 제기되었다. 그러나 현행 한계치는 유럽국가 등을 제외하고는 발생할 수 없는 액수로 평가되자, 유럽국가를 제외한 국가는 이 문제를 방어적이고 소극적으로 보게 되었다. 선주의 책임제한액이 높아지면 각국의 분담액이 많아지기 때문이다. 이에 각국은 1992년 FUND의 가입국 중에서 희망하는 국가는 분담금을 납부하고 높은 보상을 받을 수 있는 제도를 만들게 되었다. 이렇게 하여 탄생한 것이 2003년 추가기금협약(Supplementary Fund)이다.

(2) 주요내용

① 희망하는 국가만 별도로 추가기금에 가입한다. 한 국가가 최대 부담하는 액수는 조약발효 후 10년 동안은 20%를 넘지 않는다(제18조 제1항).[27)]

② 추가기금펀드에 가입한 국가에서 사고가 발생하면 적용된다(제3조). 따라서 1992년 CLC을 비준하였으면서도 추가기금에 가입하지 않은 국가에서 발생한 경우에는 적용이 없다.[28)]

③ 추가기금은 CLC와 FUND의 보상액을 포함하여 최고 7억5천만SDR(약12억달러=1조2천억원)까지 보상이 가능하다.

유럽 및 일본 등 13개국이 가입하여 2005년 3월에 발효되었다.[29)]

(3) 우리나라의 입장

추가기금협약이 체결되는 과정에서 우리나라도 가입여부를 검토하였다. 여기에 가입하게 되면 우리나라는 체약국으로서 상당한 분담금을 납부하여야 한

---

27) 일본은 현재 가입국의 전체수입량 중에서 18% 정도의 수입비율을 보여주므로 이의 적용을 받을 수 있는 국가로 생각된다. 일본의 강한 주장에 따른 것이다. 목진용, 「국제유류오염손해 보상체제 개편에 따른 우리나라 대응방안 연구」(한국해양수산개발원, 2005.11), 34면.

28) 현재 우리나라가 그러하다.

29) 현재까지 추가기금협약이 개입된 사고는 발생하지 않았다.

다. 납부하는 분담금에 상당하는 만큼의 배상을 받을 수 있을지가 문제되었다. 추가기금협약은 상당히 높은 액수로 생각되는 액수 이상의 사고가 발생할 경우에만 작동을 하게 되므로,[30] 우리나라의 사고에 있어서는 유럽국가와 달리 배상을 받는 경우는 거의 없을 것이라는 점이 고려되어,[31] 가입을 하지 않고 있었다. 국제적인 협력체제를 우선할 것인지 아니면 실제적인 배상가능성을 고려한 실리를 취할 것인지에 대한 정책적인 판단에서 실리를 취한 셈이다.

그런데 2007년 12월 7일 발생한 유조선 허베이 스피리트호 사고에서 손해액이 1992년 펀드의 보상한도액인 3천200억원을 넘어설 수 있다는 우려가 팽배해지면서 추가기금에의 가입여부가 관심사가 되었다. 추가기금의 발효당시와는 달리 다음에서 보는 바와 같이 TOPIA의 도입으로 정유사의 분담부분이 완화되어 있다는 점, 우리나라에도 손해액수가 1992년 펀드의 보상한도액을 넘어설 수 있다는 것이 현실화되었다는 점, 그리고 펀드의 최고보상액을 넘지 않는다고 하여도 청구하는 단계에서 어민들의 피해보상액수가 한도액을 넘어서는 경우가 많아 정치적 · 사회적인 문제를 야기하므로 추가기금에 가입하는 것이 좋다고 생각된다.[32]

4. STOPIA와 TOPIA

(1) 설립이유

추가기금협약체제가 도입되면서 정유사들은 선사들이 야기한 유조선의 오염사고에 대하여 자신들이 지나치게 많은 액수의 책임을 분담한다는 점에 불만을 가지게 되었다. 먼저 정유사들의 협회인 국제정유사해운포럼(OCIMF)[33]은 CLC와 FUND협약의 전면적 개편을 요구하였고, 이에 따라 2000년 1992 FUND 회의에서 작업반이 구성되어 활동하게 되었다.[34]

---

30) 제1차적으로 선주가 배상을 하고, 제2차적으로 1992년 펀드가 보상을 한 다음에도 손해액이 지급되어야 하는 보상액이 이를 초과하는 경우에만 추가기금협약이 작동하게 된다. 그러므로 최소한 1992년 펀드의 보상한도액인 3천200억 이상의 손해가 발생하여야 추가기금 협약이 손해를 보상하게 된다.

31) 목진용, 전게보고서, 39면.

32) 동지, 한상운, "허베이 스피리트 기름유출사고의 법적 대응방안과 향후과제," 강원대학교 비교법학연구소 환경법센터, 한국법제연구원 비교법제연구센터 주최(2008.5.30), 36면.

33) 정유회사들의 모임이다.

34) Annual Report, IOPC FUND, p. 44.

CLC와 FUND협약의 개편논의는 선주들에게 부담을 주는 것으로 귀결된다. 왜냐하면 기금협약은 원래 선주가 배상하여야 하는 책임부분의 일정액을 정유사가 대신하여 부담하는 것으로 볼 수 있고, 개편논의는 필연코 현행 체제로부터 선주에게 부담이 되는 방향으로 개편이 진행될 것이고 이는 전체적으로 선주에게 추가적인 부담으로 돌아올 것이기 때문이다.

이에 대한 대처방안으로 국제 P&I Club은 정유사가 부담하는 FUND보상액의 일정부분을 선주측이 전보하여 준다는 자발적인 제안을 2005년 하게 되었으니 소위 STOPIA(소형유조선유류오염보상협정)[35]와 TOPIA(유조선유류오염보상협정)[36]이다. 이를 계기로 펀드협약의 개편을 위한 작업반 논의는 중단되었다.

(2) 2005년 STOPIA 및 TOPIA

STOPIA는 소형유조선만 적용대상이다. 29,548톤 이하의 유조선 사고가 추가협약에 가입한 국가에서 발생한 경우에 3차적으로(CLC→FUND→추가기금) 추가기금협약에서 보상하게 되는 액수 중에서, 2천만SDR(약 3천200만달러=약320억원)까지는 국제 P&I Club에 가입된 사고를 야기한 선주가 부담하도록 하여 차액을 FUND에게 전보하여 준다는 자발적인 약속을 선주들이 집단적으로 펀드에게 하는 것이다.[37][38] 선주와 P&I Club은 FUND가 자신들에게 그 차액을 청구할 수 있는 권리가 있음을 인정한다(제4조).

TOPIA는 모든 크기의 유조선을 대상으로, 추가기금협약의 가입국에서 발생한 사고로서 추가기금협약이 배상한 액수의 50%를 사고를 야기한 선주가 지급한다는 내용이다.[39] 국제 P&I Club은 STOPIA 와 TOPIA를 장래 선택적으로 적용한다는 입장이었다.

---

35) Small Tanker Oil Pollution Indemnification Agreement의 약자이다.

36) Tanker Oil Pollution Indemnification Agreement의 약자이다.

37) Annual Report 2006, op. cit., p. 45. 합의의 당사자들은 선주들이지, FUND가 아니다.

38) 예컨대, 피해액이 400억이고, 선주의 책임제한액이 200억이라면 펀드의 책임제한은 400억보다 높은 경우에 펀드는 선주책임제한액의 차액인 200억을 피해자에게 보상한다. 그런데 STOPIA에 의하여 선주측에서 300억까지는 자신들이 부담하고 차액은 펀드에게 다시 돌려준다고 하였으므로 100억을 선주측에서 펀드에게 돌려주게 된다. 결국, 이는 소형선주의 경우에 선주의 책임제한액이 300억이 되는 것과 동일한 효과가 있고 그만큼 펀드의 부담은 줄어드는 것이 된다. 2008.6. 회의에서 더 이상 논의하지 않고 종결하기로 하였다.

39) Annual Report, op. cit., p. 45; TOPIA 협정 제4조 제C항.

선주들은 FUND가 자신들에게 위의 금원을 청구할 권리가 있음을 인정함과 동시에 책임보험자인 국제 P&I Club에 대하여 직접청구권도 있음을 인정한다.[40] 이러한 2005년 STOPIA는 추가기금협약의 발효일인 2005년 3월부터 시행되었다.

(3) 2006년 STOPIA 및 TOPIA

2006년 2월 국제 P&I Club은 STOPIA를 추가기금협약국가에서 92 FUND 가입국가로 확대시키는 개편안을 FUND에 제시하였고, 합의가 이루어져 2월 20일부터 시행되게 되었다. 2006년 3월 FUND회의에서 CLC국가에게 확대 적용하는 문제가 제기되었다. 그러나 펀드가입에 부정적인 영향을 준다는 이유로 이러한 논의는 부결되었다.

2006 TOPIA는 2005년과 변화가 없다.[41] 2006년부터는 TOPIA와 STOPIA는 별도로 존재하는 것이 되었다.[42]

2006년 STOPIA는 우리나라와도 일정한 관련을 맺게 되었다. 우리나라도 92 FUND 가입국가이므로 우리나라에서 발생한 오염사고에 대하여는 FUND가 보상한 액수 중 일정액까지는 FUND가 국제 P&I Club(선주책임상호보험조합)으로부터 회수를 하게 되어 정유사의 부담이 줄어들게 되었다. 유조선 선주들의 입장에서는 대형선주로서 국제 P&I Club의 회원국인 경우는 추가보험료를 납부하게 될 것이지만, 한국해운조합에 가입한 소형선박들은 국제 P&I Club과 관련이 없으므로 STOPIA약정에 구속되지 않는다. 그러나 용선을 하는 정유선사나 국제기구 등으로부터 STOPIA와 유사한 제도의 시행을 강요당할 수 있을 것으로 예상된다.[43]

---

40) TOPIA협정 제11조 제A, B, C항.

41) 준거법은 영국법이고 관할법원도 영국지방법원이다.

42) 필리핀 남해에서 발생한 SOLAR 1 오염사고에서 STOPIA가 처음으로 적용되어 선주의 보험사인 국제 P&I Club은 FUND에게 2,000만SDR을 지급하였다. 92FUND/EXE.40/6. 그러나 TOPIA 사고는 아직 발생하지 않았으므로 예가 없다.

43) EU를 중심으로 한 국가들은 기준미달선의 유조선사고가 많은 점에 착안하여 이를 퇴치하는 운동을 전개하고자 제안하였다(양질의 해운을 위한 작업반). 기술적인 문제는 IMO에서 다루므로 보험 등 경제적인 문제로 국한하여 논의를 전개하고자 한다. 예컨대 기준미달선박이 A보험사에서 B보험사로 이동하는 경우 각국의 경쟁법 등이 보험회사들의 정보교환을 막고 있다면, 이를 찾아서 해결하여 정보교환이 가능하게 하여 기준미달선에 대하여는 보험료를 높이거나 가입을 거부하도록 유도함으로써 사고방지에 기여하겠다는 것이다. 2005년 10월

III. 船舶燃料油에 의한 汚染事故[44]

1. 선박연료유협약(Bunker Convention)

(1) 책임제도

① 등록선박소유자는 무과실의 엄격책임을 부담한다(제3조 제1항). 이 점은 일반 해상불법행위가 과실책임을 근간으로 하는 점과 크게 다른 점이고 CLC 등 유조선에 의한 오염사고와 동일하다.

② 선박소유자에게는 책임제한이 허용된다(제6조). 그런데 동 조약에서는 CLC제도와 달리 독자적인 책임제한제도를 가지고 있지 않고, LLMC와 각국의 국내상법의 책임제한제도가 적용된다. 이는 선주에게는 유리한 제도이지만 피해자에게는 불리한 제도이다. 선주가 책임을 제한하는 절차를 개시하는 경우에, 선박연료유의 오염으로 인하여 피해를 입은 자들은 동일사고에서의 다른 제한채권자(화주, 부두소유자)들과 동일한 지위의 채권자에 지나지 않고 이들과 경합하여 손해배상을 받게된다.

(2) 적용대상선박

① 모든 항행선박이 적용대상선박이 된다(제1조 제1호). 소형선박, 어선도 포함된다.

② 유조선의 선박연료유는 CLC협약의 적용대상이 된다. 따라서 본 협약에

의 총회에서 작업반의 구성이 승인되었고, 2006년 2월 회의에서 작업반에게 어떠한 정도의 위임의 범위를 줄 것인지 결정하기로 하였으나, 의견이 나누어졌다. 2006년 5월 회의에서 위임의 범위를 다루기로 하였다. 2006년 2월 FUND회의에서 편의치적선 국가들은 이에 대하여, 기준미달선이란 존재하지 않고, 이러한 논의는 기국에 큰 부담을 준다는 등의 이유로 반대의견을 피력하였다.

44) 유류오염손해가 유조선과 일반선박으로 구분되는 것은 오염원인 기름이 배출된 선박의 종류가 다르기 때문이다. 모든 선박은 추진력을 얻기 위하여 연료유가 필요하다. 이를 벙커(bunker)라고 한다. 반면, 유조선은 원유(Crude Oil)를 운송함을 목적으로 하는 선박이다. 유조선도 물론 선박연료유가 필요하다. 유조선의 오염은 운송물로서 원유가 유출되는 경우와 선박연료유가 배출되는 경우가 있을 것이고, 일반선박에서는 단지 연료유만 배출되는 것이다. 일반선박에 적재되는 선박연료유는 그 양이 2000톤-4000톤에 지나지 않는다. 그러나 유조선에 의하여 운송되는 원유의 양은 수만톤에 이르므로 그 피해액이 엄청나게 된다. 따라서, 국제사회는 피해가 큰 유조선에 의한 오염사고에 대하여 먼저 완벽한 법제도를 만들고자 한 것이다.

는 적용되지 않는다. 일반선박의 선박연료유 등에 의한 사고가 본 사고의 적용 대상이 된다.

(3) 보장계약의 체결(강제보험의 가입)

① 1,000톤 이상의 선박의 소유자는 선박연료유에 의한 오염사고로 인한 손해배상을 담보하기 위한 보장계약을 체결하여야 한다(제7조 제1항).[45] 자국의 영해내에서만 항해하는 선박에 대한 적용은 유보할 수 있다(제7조 제15항).

② 등록선주가 보장체결의 의무를 부담한다(제7조 제1항).

③ 최저가입 보험금액은 각국의 책임제한제도에 따르고 최대 1996년 의정서의 액수로 한다(제7조 제1항).

(4) 피해자 보호수단

① CLC 및 유배법과 같이 피해자에게는 직접청구권(direct action)이 인정된다(제7조 제10항).

보장계약은 책임보험의 일종이 된다. 동 보장계약 혹은 강제보험의 내용은 선박소유자가 피보험자이고 P&I클럽이 보험자가 되고, 제3자는 피해자로서 보험자와는 아무런 계약관계가 존재하지 않는다. 제3자를 보호하기 위하여 법률의 규정으로서 보험금을 보험자에게 직접 청구할 수 있는 권리를 피해자에게 부여하게 되었다.

② 별도의 피해자 보호를 위한 화주측의 제도는 존재하지 않는다.

첫째, 위에서 본 바와 같이 유류오염으로 인한 피해자도 다른 채권자와 동일한 지위에서 책임제한기금에서 채권자 평등의 원칙에 따라 피해를 사정받아 정산하게 된다. 그러므로 동일한 유류오염사고이지만 CLC제도에 비하여 제3자의 보호가 완벽하지 못하게 되었다. 특히, 우리나라와 같이 1996년 의정서를 채택하고 있지 않은 국가에서의 책임제한액이 낮기 때문에 일본(1996년 의정서를 채택함)과 비교하여 우리나라의 피해자는 선주로부터의 배상이 적게 될 것이다.

둘째, CLC와는 달리 정유사의 기금으로 구성되는 보상제도(two tier)가 없다. 그러므로 책임제한액을 넘어서는 피해에 대하여는 피해자들이 보상을 받지

45) 보장계약으로서 강제보험을 제공하는 기관은 CLC와 같이 P&I Club이다.

못한다. 이 점에서 유조선에 의한 오염사고에 비하여 피해자들은 불리한 지위에 있다고 하겠다.

(5) 보장계약증명서 발급

① 체약국의 정부는 자신의 국적선박에 보장계약체결증명서를 발급하여 주어야 한다(제7조 제2항).

비체약국 국가의 선박에 대하여도 체약국 정부는 증서를 발급할 수 있다. 다른 체약국이 발급한 보장계약체결증명서는 또 다른 체약국에서 그 효력이 인정된다.

② 증서가 없는 선박은 입항이 거부된다(제7조 제2항).

2. 국내법 수용방안

(1) 수용체제

선박연료유협약을 국내법에 수용하는 방안으로는 두 가지가 있을 수 있다. 하나는 독립적인 단행법을 만드는 것이다.[46] 다른 하나는 기존의 유배법에 추가하는 형식이다. CLC를 모법으로 하는 유배법과 선박연료유협약은 (i) 무과실책임을 부과하고, (ii) 강제보험에 가입하게 하고 (iii) 정부가 증서발급의무를 부담하는 점 등에서 유사한 점이 있으므로 단행법으로 하기보다는 유배법에 별도의 장을 추가하고 동일한 내용은 준용하는 형식이 좋을 것으로 본다.[47]

(2) 강제보험가입의 대상

선박연료유협약의 적용대상선박은 모든 항행용 선박이다. 그런데 강제보험가입대상은 조약상 1,000톤 이상이다. 일본은 강제보험가입선박을 100톤 이상으로 한다(일본 油濁汚染損害賠償保障法 제39조의4). 우리나라도 소형선박이 보험

46) 일본은 선박연료유협약을 국내의 유배법에 추가하여 실시하고 있다. 보장계약을 체결하여야 하는 선박의 톤수를 100톤으로 하향조정하여 강한 조치를 취하고 있다. 최저보험가입금액은 1996년 의정서의 액수로 상향조정되어 있다.

47) 선박소유자에게는 보험료인상, 무과실책임으로서 상법의 체제하에서 보다 책임을 부담할 가능성이 높아지게 되었다. 또한 보장계약증명서를 발급받아야 하는 행정적인 부담이 발생하게 된다. 정부로서는 국적선은 물론이고 비국적선으로서 입항하는 선박에 증명서를 발급하여야 한다.

에 가입않는 선박이 있으므로 100톤 이상으로 하여 완벽한 배상체제를 구축할 것인가?

1,000톤 이하의 선박이 자발적으로 보험에 가입하지 않으면 피해자의 구제에 문제가 발생한다.[48] 유조선의 FUND체제하에서는 선주가 보상할 능력이 부족한 경우에도 FUND가 보상을 하여주지만, 본 협약에서는 FUND가 없기 때문에 보상에 문제가 발생한다. 한편, 소형선박의 소유자는 영세하고 보험가입의 강제에 저항을 하는 문제가 있다. 100톤 이상으로 하면 영세한 어선의 선주들로부터의 민원이 예상된다. 또한 국제조약과 불일치하는 면이 부담이 된다. 이는 입법정책적인 판단이 필요한 부분이다. 입법예고안은 국제조약에 일치시켰다(유배법 개정안 제47조).

(3) 강제보험가입금액을 얼마로 할 것인가?

조약은 강제보험금액은 1976 LLMC 혹은 개정의정서의 액수를 초과하지 않는다고 한다(제7조 제1항). CLC와는 달리 자체의 책임제한제도가 없기 때문에 보장되어야 하는 최저액에 대하여는 각국의 국내법에 일임하는 입장을 취하였다. 유류오염손해피해자는 일반채권자와 경합하므로, 선박연료유의 사고시 선박충돌 등으로 인명피해가 동반되는 인적 사고도 손해배상의 범위에 속하게 되므로 최저책임제한액수는 인적 손해에 물적 손해를 포함하여 계산이 되어야 합리적일 것이다. 이에 따라, 일본은 물적 손해+인적 손해의 합산으로 정한 책임제한액을 가입이 강제되는 최저보험금액으로 정하고 있다.[49]

더욱이 우리나라는 아직 1976년 책임제한제도를 따르고 있기 때문에 일본, 영국보다 책임제한액수가 낮게 된다. 따라서 사고발생시, 피해자의 보상이 충분하지 않을 가능성이 있다.[50] 그러므로 유배법의 경우와 달리 다른 채권자들

48) 우리나라의 경우에는 소형선박의 소유자가 보장보험에 가입하지 않는 경향을 보이고 있다.

49) 제39조의5 제3항.

50) 두 가지 경우를 생각할 수 있다. 첫째, 오염사고만 발생한 경우라면, 피해자는 선주책임제한이 되는 액수까지 선주에게나 혹은 보험자에게 직접 청구하여 배상을 받을 수 있다. 이러한 한도에서는 피해자는 강제보험의 이익을 향유하게 된다. 두 번째로, 선박이 (i) 상대선박+(ii) 부두소유자+(iii) 연료유로 인한 오염피해자 모두에게 피해를 야기한 경우에, 선박소유자가 책임제한절차를 개시하면 선박소유자의 책임은 일정한 액수로 제한이 되고 오염피해자에게도 사정에 따른 배당이 정하여진다. 이 배당액은 보험가입금액보다 하회할 것이다. 말하자면, 강제보험에 가입된 최저금액을 오염피해자가 항상 보장받는 것은 아니라는 점이

과 경합하는 점(제6조)을 고려할 필요가 있다고 생각한다. 우리 상법의 책임제한제도에 따라 최저보험가입금액을 정한다면, 300톤 미만의 경우 인적 손해는 상법 제747조 제1항 제2호에 따라 16만7천SDR이고 물적 손해는 상법 제747조 제1항 제3호에 따라 8만3천SDR이다. 이의 합계액인 25만SDR(약 3억5천만원)이 최저보험금액이 되어어야 할 것이다.[51] 입법예고안은 상법상 물적 손해에 대한 책임제한액을 최저보험금액으로 정한다(유배법 개정안 제48조 제3항).[52]

(4) 선박우선특권을 인정할 것인가?

우리 유배법은 유류오염피해자들에게 후순위 선박우선특권을 허용하였다(제43조).[53] 책임제한을 당하는 자에게 대한 반대급부로서 선박우선특권이 기능하므로,[54] 후순위의 우선특권을 허용하는 것도 필요하다고 생각된다. 그러나 책임에 대한 보장을 위하여 강제규정에 따라 보험에 가입하고 있음에도 다시 선박을 압류하여 보증장을 받는 것은 이중의 부담을 선주에게 부과하는 것으로 생각할 수 있다. 그러나 선주의 고의의 경우에는 보험자도 면책이 되고, 보험자는 선주의 책임제한액까지만 책임을 부담하게 되므로 이러한 경우를 대비하여 선박우선특권이 필요하다고 생각한다. 선박우선특권을 통하여 피해자들은 선주가 무한책임을 부담하게 되는 경우 등에 대하여 채권확보수단을 마련할 수 있을 것으로 생각된다.

Ⅳ. 유럽연합의 움직임

1. 경 과

에리카호 사고 이후 유럽연합은 해상의 안전을 위하여 계속하여 안을 제시하고 있다. 2005년 11월 EU위원회는 소위 "해상안전제안Ⅲ"(Maritime Safety

---

다. 이와 같이 독자적인 책임제한제도가 없기 때문에 선박연료유에 의한 오염사고의 피해자의 구제는 완벽한 제도라고 할 수 없다.

51) 그런데 입법예고안은 물적 손해를 기준으로 삼았다. 국토해양부 입법예고안 제48조 제3항.

52) 위의 예는 입법예고안에 따르면 최저보험금액은 필자의 생각보다 1/3의 수준인 8만3천SDR이 된다.

53) 일본은 선박우선특권을 인정하지 않았다.

54) 정찬형, 「상법강의(하)」(박영사, 2008), 951면; 김인현, 「해상법」(법문사, 2007), 314면.

Package Ⅲ)를 유럽연합의회에 법안(directive)으로서 제안하였다.[55][56]

2. 주요내용

민사책임법의 주요한 내용은 아래와 같다.

(1) 유럽연합국가의 관할하의 해역에서 총톤수 300톤 이상의 선박에게 오염 등 민사책임협약을 적용한다(다만, 1996년 선주책임제한조약의 내용은 톤수불문 적용).

위에서 본 바와 같이 CLC에서는 2,000톤 이상의 선박(선박연료유협약에서는 1000톤 이상의 선박)을 적용대상으로 하므로 이들 선박보다 톤수가 낮은 선박은 강제보험에 가입할 필요가 없지만 300톤 이상이 되면 강제보험에 가입하여야 하는 부담을 선주가 부담하게 된다.

(2) 모든 유럽연합국가는 LLMC의 1996년 의정서의 회원국이 된다.

1996년 의정서는 1976년 LLMC보다 책임제한액이 인상되어 있다. 그러므로 이를 채택하면 피해자의 보호가 더욱 강화된다. 한편으로는 선주들에게는 더 많은 배상을 하여야 하므로 보험료의 인상을 가져오게 된다.

(3) CLC에서 책임제한제도의 철폐를 위해 노력한다.

책임제한을 선주들이 할 수 없다는 것은 CLC하에서는 엄격책임이므로 무한대의 무과실책임을 부담하게 되는 것과 같다. 이러한 제도 변화는 선주의 최고보험금액 산정을 어렵게 하기 때문에 안정적인 선박운항을 어렵게 할 것으로 예상된다. 또한 현재의 유류오염법 체제가 강제보험의 가입을 큰 축으로 하고 있기 때문에 이에 대한 기준이 무너지는 것을 의미하므로, 필자의 사견으로는 문제가 많은 정책이라고 할 수 있다.

(4) 선주책임제한조약(LLMC) 1996년 의정서를 EU법에 추가한다.

이것은 1996년 의정서를 공식화한다는 내용이다.

(5) 모든 선주들은 1996년 의정서의 책임제한액의 두 배 이상의 강제보험에 가입하여야 한다.[57] 유럽연합 회원국의 EEZ에 선박이 입항하는 순간부터 적

55) 공식 이름은 COM(2005)593 final이다.

56) 이 법안은 7개의 개별 법안으로 이루어져 있으며 "민사책임법"이 본 논문과 관련된다. 2008년 2월 현재까지 유럽의회에 계류중이다.

57) CLC하의 강제보험은 2천톤 이상의 선박에만 적용된다. 그러므로 2천톤 이하의 선박은 강제보험적용대상에서 제외된다. 또한 이는 유조선에만 적용되고, 벙커사고에는 적용이 없다. 이

용한다.

현재 보험가입이 강제되어 있는 것은 CLC상 유조선을 대상으로 한다. 일반선박을 대상으로 하는 선주책임제한조약 1996년 의정서는 선주의 책임보험가입을 강제화하고 있지 않다. 유럽에서 보험을 강제로 하게 되면 유조선이 아닌 일반 선박의 선주들도 강제보험에 가입하게 되어 보험료의 인상이 불가피하여 질 것이다. 책임제한이 배제되지 않으면 책임제한액까지만 보험에 가입하면 피해자의 구제에 문제가 없을 것이다. 그런데 2배를 가입하라고 하는 것은 책임제한이 깨트려질 수 있다는 전제하에 있는 것이다.

(6) 비회원국의 선박에 대하여는 중과실인 경우에도 책임제한배제사유가 되도록 한다. 1996년 협약하에서의 책임제한배제사유가 "혹은 무모하게 그리고 그러한 손해가 발생할 것을 알고서"(or recklessly and with knowledge that such would probably result)였던 것이 "혹은 중과실"(gross negligence)로 변경된다.

선주책임제한배제사유가 있다고 판정되어 선주가 책임제한을 하지못한 사례는 보고되지 않고 있다. 이것은 그 요건이 고의에 가까운 것이고 해상사고에서 고의란 없기 때문이다. 이것이 중과실로 변경된다면 선주의 책임제한은 깨어지게 되는 경우도 쉽게 발생할 것으로 본다. 큰 변화라고 할 수 있다.[58] (5)의 내용과 연결되는 것이다.

Ⅴ. 賠償 및 補償節次 補完에 대한 동향

1. CLC 및 FUND 체제의 문제점

(1) 완전한 배상 및 보상

오염피해자들은 일반 사고에서의 피해자들과 달리 가입할 보험상품이 없을 뿐만 아니라 영세하기 때문에 충분히 보호되어야 한다. 그런데 해상법에서는 전통적으로 선주는 책임을 제한할 수 있는 제도를 가지고 있다. 따라서, 피해자에 대한 완전배상은 이루어지지 않게 되었다. 선주의 보호와 피해자의 보

러한 CLC체제하에서의 강제보험제도는 완전한 것이라고 할 수 없다. 따라서 한국과 같이 강제책임보험의 가입범위를 확대시킨 국가도 있고, 일본을 비롯한 각국은 국내법으로 여기에 추가하여 난파물의 제거에도 강제보험에 가입할 것을 조건으로 입항을 허용하는 국가도 있다. 이러한 강제보험의 확산은 하나의 국제적인 추세라고 할 수 있다.

58) 미국의 OPA는 고의 혹은 중과실을 선주책임제한이 배제되는 주관적인 사유로 하고 있다.

호라는 두 가지 목적을 동시에 달성하기 위하여 정유회사의 기금을 이용하는 소위 FUND체제가 만들어져 운용되고 있는 것이다.

국제사회는 유류오염피해자는 일반채권자와 달리 더욱 보호되어야 한다는 인식하에서 유류오염사고의 경우에는 실제로 선주책임제한제도가 있어도 완전한 보상을 받는 결과가 되도록 선주 및 FUND의 책임제한액을 증액하는 정책을 펴오고 있다.[59)]

그러나 에리카호, 프레스티지호 및 허베이 스피리트호 등 대형오염사고에서 FUND체제만으로는 완전한 배상이 어렵다는 점이 드러나게 되었다.

(2) 신속한 배상 및 보상

오염사고가 발생하면 피해의 발생→선주의 배상→FUND의 보상으로 이루어진다. 그런데 피해 및 보상을 위하여는 피해액이 먼저 확정이 되어야 한다. 피해액의 산정이 피해자들의 산정액과 선주/FUND의 산정액이 다를 경우에는 법정에서 피해액수가 다투어진다.

선주는 다시 책임제한절차를 개시하여야 한다. 그런데 각국의 법원은 책임제한액수만큼을 공탁할 것을 요구하므로, 선주로서는 책임제한절차기간중에 합의할 자금이 부족함을 호소한다.

그런데 선주책임제한액을 넘어서는 손해나 책임을 부담할 자가 없는 경우에 FUND가 개입하여 추가적인 보상을 하지만, FUND 자체의 사정→집행이사회에서의 결정→총회에서의 분담금의 납부결정→분담금의 피해자에 대한 지급 등의 과정을 거치므로, 신속한 보상이라는 피해자의 수요에 부응하지 못하는 점이 프레스티지호 등 사건을 처리하는 과정에서 드러나게 되었다.

국제기금은 선주의 책임제한액을 넘어서는 부분에 대하여 보상을 하여주는 2차적인 것이다. 그러므로 손해배상액, 선주의 책임부담액 등이 결정되어야 펀드의 보상도 이루어지는 것이 원칙이다. 그러나 신속한 보상을 위하여 선주와 펀드는 공동으로 감정인을 선임운용하고, 선주가 책임을 모두 먼저 부담하지 않은 경우라고 하더라도, 30%→50%→70% 등으로 지급률을 높여가면서 먼저 보상금을 지급하는 방법을 취하고 있다.[60)] 이러한 과정을 거치면서 피해자

---

59) 이는 CLC협약과 FUND협약 자체의 규정으로 보장되고 있다. CLC협약 제15조. FUND협약 제33조.

들이 실제로 보상을 받기까지는 오랜 시간이 필요하다.[61][62]

2. 각국의 동향

(1) 프랑스의 에리카(Erica)호 사건

프랑스의 에리카호 사건(1999.12.12)의 경우 정부가 손해배상과 보상에는 개입하지 않았다. 따라서, 손해액과 관련하여 피해자들은 선주 및 FUND를 상대로 소를 제기하여 많은 소송이 제기되어 진행되고 있다.[63]

2008년 1월의 프랑스 지방형사법원에서 용선자인 Total사에게 손해배상책임이 인정되었다. 또한 에리카호의 선급법인인 이탈리아의 RINA에게도 손해배상책임을 인정하게 되었다.[64][65]

이러한 프랑스 법원의 입장은 CLC체제하에서는 유조선의 등록선주가 책임을 집중하여 부담하고 다른 자들은 책임의 주체가 되지 않는 것임에도, 이를 우회하여 책임을 묻는 경향을 보인다. 에리카호의 선급협회와 용선자는 모두 선박운항과 관련된 등록선주 자신의 운항자 혹은 이행보조자의 지위에 있지 않기

---

60) 이것은 펀드가 초기에 지나치게 많은 피해보상을 하게 되면 나중에 청구하는 자에게 지급할 기금액이 모자라게 되기 때문이다. 따라서 초기에 50% 정도의 낮은 지급을 먼저 하고 클레임이 정산되는 과정을 지켜보는 것이다. 정부의 클레임을 가장 마지막에 청구하고 지급이 초과된 경우에는 정부가 클레임을 포기하는 정책을 쓰면서 초기 지급률을 높이는 것을 SLQ (Stand in the Last Queue)라고 한다.

61) 프랑스의 에리카 사고의 경우 선주의 책임제한기금을 먼저 사용하는 데에 1년 6개월이 걸렸고, 사고 후 4년 뒤에 펀드기금의 1/3이, 9년 뒤에 70%만이 지급되었다. Damien Pouplard, "The Erika Incident," The 2nd Seoul International Maritime Forum(2008.5.27), p. 5.

62) 1995년 7월 23일의 시프린스 오염사고의 경우는 대부분의 피해는 3년 내에 합의로 종결되었지만, 국제기금에 대한 소송절차는 2003년 3월 항소심에서의 화해권고결정에 따라 합의함으로써 종결되었다. 1995년 9월 21일 발생한 제1유일호의 경우는 2003년 7월까지 모두 합의되었다.

63) 이에 대한 자세한 내용으로는 92FUND/EXC. 41/3, p. 1. 이에 따르면 420개의 소송이 선주, 보험사 및 펀드를 피고로 하여 제기되었다. 이 중에서 134개의 판결이 선고되었고 43개의 소송은 여전히 계류중이다.

64) 이것은 형사재판에서 가해자에게 손해배상책임을 부과할 수 있는 제도의 결과이다. 형사재판에서 Total사는 선박을 용선하면서 검사를 소홀히 한 점이 인정되어 유죄판결을 받으면서 벌금으로 프랑스 법정 최고벌금형인 37만5천유로가 부과되었다. 선급협회인 RINA에 대하여도 17만5천유로의 벌금이 부과되었다. 선주와 관리회사도 각각 7만5천유로의 벌금형에 처하여졌다. 위 네 명의 법인 혹은 개인은 연대하여 이에 더하여 피해자들에게 2억유로의 손해배상을 하라는 판결이 내려졌다. www.euractiv.com/en/environment/.

65) 용선자인 Total 사는 항소를 제기하지 않고 부과된 손해배상책임을 수용하는 길을 선택하였다. IOPC FUND 92FUND/EXC. 41/WP.1, 3.1.7.

때문에 CLC의 적용을 받지 않는다.[66] 오히려, 민법 등의 책임의 주체가 되고 민법 등 일반법에는 책임제한제도가 없다.

동 판결에서 법원은 환경손해를 널리 인정하였다.[67]

(2) 스페인의 프레스티지(Prestige)호 사건

스페인의 프레스티지호 사건(2002.11.13)에서 스페인 정부는 특별법(Royal Decree Laws 4/2003, 4/2004)을 마련하여 국가가 먼저 피해자들에게 보상을 하였다. 그런 다음 정부가 피해자들의 가해선주에 대한 또는 국제기금에 대한 청구권을 대위행사하게 되었다. 이렇게 함으로써 피해자들은 신속한 구제를 받게 되었고, FUND 및 선주에 대한 구상은 국가가 담당하고 있다.[68] 현재 스페인 정부는 프레스티지호의 선급협회인 ABS 등에 대한 구상청구소송의 주체가 되어 있다.[69] 미국법원은 ABS는 CLC에서 책임주체가 되지 않도록 배제되어 있는 선주의 피용자 혹은 대리인의 군에 선급협회도 포함된다는 판단을 하였다.[70] 이는 프랑스의 에리카호 판결과 다른 결과이므로 관심을 모으고 있다.[71]

이러한 스페인 정부의 유류오염피해배상 및 보상방향은 많은 국민들이 소송을 제기하지 않아도 되도록 하는 이점을 제공하였다.

---

66) CLC 제3조 제4항에 의하면, 선주의 피용자 혹은 대리인, 도선사, 용선자, 관리인 등은 고의 혹은 무모한 행위가 없는 한 이 조약 혹은 다른 법하에서도 오염손해의 책임주체가 되지 않는다.

67) 이에 대한 자세한 내용은 전보성, "환경손해에 기한 손해배상청구주체와 손해산정방법," 법률신문, 2008.2.14. 자연보호구역의 총면적 3,000ha, 피해를 입은 면적 662ha, 지방세의 연간징수액 2,300,000유로, 기름오염이 2년간 지속된 점을 감안해서 1,015,066.60유로(=662/3000×2,300,000×2)가 환경손해액수로 산정되었다.

68) Purificacion Morandeira, "Prestige Incident," The 2nd Seoul International Maritime Forum (2008.5.27), p. 42.

69) 미국법원은 미국선급협회(ABS)는 CLC에서 책임주체가 되지 않도록 배제되어 있는 선주의 피용자 혹은 대리인의 군에 선급협회도 포함된다는 판결을 내린 바 있다. 이는 프랑스의 에리카호 판결과 다른 결과이므로 관심을 모으고 있다. 여기에 대하여는 IOPC FUND 92 FUND/EXC. 41/5. Par. 9.2; 김인현, 2008년 6월 IOPC FUND 회의참가보고서, 6면.

70) CLC 제3조 제4항 a호에 의하면 피해자들은 이들이 고의 혹은 인식 있는 중과실이 없는 한, 선주의 피용자 혹은 대리인 혹은 선원들에게는 손해배상청구를 제기할 수 없다.

71) 여기에 대하여 IOPC FUND 92FUND/EXC.41/5. par. 9.2; 김인현, 2008년 6월 IOPC FUND 회의참가보고서, 6면.

(3) 그리스의 슬롭(SLOP)호 사건

그리스의 슬롭호 사건(2000.6.15)은 FUND의 보상범위가 문제된 사건이다. 2000년 7월의 FUND 집행이사회에서 그리스 국적의 폐기물 수집선박인 슬롭호는 CLC와 FUND의 적용대상이 아니라는 결정을 내렸고 따라서 FUND는 보상을 하지 않았다.[72] 그러나 피해자들은 국내법원에서 FUND를 피고로 하여 소를 제기하였다. 그리스 대법원은 2006년 6월 동 선박은 CLC와 FUND의 적용대상인 선박의 범주에 속한다는 판결을 내렸다.[73]

그 결과 국내법원 우선원칙에 따라 FUND는 보상을 하여야 한다는 결정을 FUND 집행이사회에서 내리게 되었다.[74] 이러한 각국의 FUND 집행이사회와 다른 결정은 자국 피해자들을 보호하는 기능을 하게 되지만, FUND 자체의 기능을 약화하게 만드는 것이다.[75][76]

이러한 그리스 정부의 입장에 대하여 FUND에서는 그렇다면 그리스 정부가 동 선박에 대하여 보장계약을 체결하게 하여야 할 의무가 있고 또한 보장계약이 없는 자국 선박은 운항하지 말도록 할 의무가 있음에도(CLC 제7조 제1항, 제2항, 제10항) 이를 게을리하여 FUND가 보상을 하게 되었으므로 그리스 정부에게 구상권을 행사할 의사를 피력한 바 있다.[77][78]

---

72) 기관을 떼어내고 오랜 기간 정박하면서 저장용으로 사용된 선박유가 CLC와 FUND하의 선박의 정의에 포함되는지가 문제되었다. 집행이사회는 2000.7. 이 경우는 화물을 직접 운송하는 경우에만 선박의 정의에 포함된다고 하면서 슬롭호의 경우는 당시에 운송중이 아니었으므로 선박이 아니라고 결정하게 되었다. 92FUND/EXC. 8/8 Par. 4.3.8.

73) Annual Report(2007), IOPC FUND, p. 92; IOPC FUND 92FUND/EXC. 41/5. Par. 9.2; 김인현, 2008년 6월 IOPC FUND 회의참가보고서, 5면.

74) FUND협약 제8조에 따라서 펀드는 각국 법원의 판결결과에 기속된다. 92FUND/EXC. 41/4, Par. 5.2.11.

75) 이것은 펀드 자체에 유엔해양법재판소 등과 같은 자체의 분쟁해결기구가 없기 때문이다.

76) 제5금동호 판결에서도 우리 대법원은 위자료에 대하여 FUND에서 정하지 않은 손해는 국내법에 일임되어 있다는 판단을 하였다(대법원 2004.4.28. 선고 2001다367333 판결). 위법 손해에 대하여도 대법원은 처음부터 허가를 받지 못할 사항과는 구별하여 절차상의 지연으로 인하여 허가를 받지 않아 위법적인 어로활동을 한 자가 청구한 손해배상은 배상가능한 손해라는 판단을 하였다. 이는 FUND의 보상 매뉴얼과는 다른 것이다. 보상의 범위와 관련하여 FUND협약에 명확히 나와 있지 않은 손해는 FUND의 매뉴얼을 통하여 처리되고 있지만, 이는 FUND의 매뉴얼을 수정함으로써 국내법원과 일치하게 할 수 있다.

77) 92FUND/EXC.41/4. par.6.

78) 이러한 입장은 2007.11.11에 발생한 러시아 유조선인 Volgoneft 139 사건에서도 나타난다. 동 유조선의 CLC상 책임제한액은 4.51M DSR이다. 그런데 보장계약체결에서 최고보험금액은 3M SDR이다. 2008년 6월의 펀드회의에서는, 정상적인 상태보다 더 많은 보상(차액인

(4) 필리핀의 솔라 1(SOLAR 1)호 사건

위에서 본 바와 같이 STOPIA는 소형유조선의 경우에 선주의 P&I보험사가 92FUND에 일정한 액수까지를 추가적으로 전보해 준다는 자발적인 약속을 한 것이다. 즉 29,548톤 이하의 유조선이 92FUND 가입국에서 사고가 발생한 경우 최고 20M SDR(약 30M달러=300억원)까지 선주측에서 FUND에 보상해 준다는 것이다.

2006.8.11. 필리핀에서 발생한 솔라 1호 사건에서 선주의 책임제한액은 4.51M SDR(6.7M달러=67억원)이었다. STOPIA가 적용됨으로써 선주의 배상액이 사실상 4.51M SDR에서 20M SDR로 확대된 셈이 되었다.

첫째, 선주는 책임제한액인 4.51M SDR을 피해자들에게 지급한다. 둘째, 그 이상의 손해는 FUND가 피해자들에게 보상한다. 셋째, FUND는 20M~4.51M SDR에 해당하는 액수를 동 선주의 P&I보험사에 청구한다. 넷째, P&I보험사는 청구를 받은 지 2주일 이내에 동 금액을 FUND에 지급하게 된다.[79)]

이러한 솔라 1호에서의 STOPIA의 적용은 정유회사의 부담을 덜어주는 역할을 하여 FUND체제의 우농을 안정적으로 하게 되는 긍정적인 결과를 가져온다.

(5) 한국의 허베이 스피리트(Hebei Spirit)호 사건

우리나라의 허베이 스피리트호 사건의 경우에 선주의 손해배상책임은 1천300억으로 제한되고, 국제기금의 책임은 3천200억으로 제한된다. 손해액은 약 5천385억에서 5천735억 정도로 추산된다.[80)]

허베이 스피리트의 선주는 책임제한절차개시의 신청을 하였고 현재 절차가 중단되어 있는 상태이다. 선박소유자 등의 책임제한절차에 관한 법률에 따르면, 개시의 신청이 받아들여지면 법원은 개시결정을 하게 되고, 제한채권의 신고기간과 조사 및 사정을 거쳐서 조성된 책임제한기금을 법원이 제한채권자에게 배당하게 된다. 책임제한액 상당금액은 공탁하도록 되어 있고, 이 공탁금

1.51M SDR)을 해주어야 하므로 보장계약금액이 적게 된 선박을 운항하게 한 러시아 정부에 대하여 FUND가 구상권을 행사할 필요성이 제기되었다(92FUND/EXC.41/8).

79) 92FUND/EXC.41/6.

80) IOPC FUND 2008년 6월 회의 보고서. 92FUND/EXC.41/9/Add.2.

은 공탁보증서로 갈음할 수 있지만(법 제11조 제13조), 종국적으로는 선주는 배당을 제한채권자에게 분배하기 위하여는 현금을 법원에 제공하여야 한다.

이러한 국내 책임제한절차법은 두 가지 문제를 노정하였다. 첫째, 법원은 개시결정과 동시에 제한채권의 신고기간을 정하여야 한다. 그 기간은 결정일로부터 30일 이상 90일 이내이다.[81] 신고기간을 도과하면 제한채권자의 채권은 배당에 참가할 수 없다. 그런데 손해배상의 사정은 상당한 시간이 걸리는 것이므로 피해자들이 신고를 하지 못하게 될 우려가 있다. 둘째, 선주로서는 책임제한절차에 제공되어야 하는 현금을 확보하고 있어야 하기 때문에, 피해자들과 합의를 이루기에 필요한 현금이 이중으로 확보되어야 한다.[82] 중간에 합의를 한다고 하더라도 책임제한절차에 제공된 금원이 감하여지는 것은 아니다.[83] 책임제한절차에서 반드시 책임제한액수에 해당하는 금원을 공탁하여야 하는지에 의문이 제기되게 되었다.

대한민국 정부는 FUND의 보상액을 넘어서는 부분에 대하여도 모두 국가가 보상하여 준다는 내용의 특별법[84]을 마련하였다(제9조 제1항).[85] 유배법에 따라 손해배상 또는 보상을 청구한 자가 손해배상금 또는 보상금을 지급받기 전에 손해배상청구권 또는 보상청구권의 대위행사를 전제로 일정범위의 금액을 국가가 선지급할 수 있도록 하였다(제8조 제1항). 또한 손해사정의 지연으로 인한 늦은 보상을 상쇄하기 위하여 대부지원이 가능한 규정(제8조 제5항)도 마련

---

81) 선박소유자등의 책임제한절차에 관한 법률 제20조
책임제한 개시결정과 동시에 법원은 관리인을 선임하고 1. 제한채권의 신고기간(그 기간은 결정일로부터 30일 이상 90일 이내로 정함) 2. 제한채권자의 조사기일(기일은 신고기간 후 7일 이상 30일 이내로 정하여야 함)을 정하여야 한다.

82) 선박소유자등의 책임제한절차에 관한 법률 제35조
① 법원은 책임제한절차개시의 신청이 상당하다고 인정하는 때에는 신청인에 대하여 14일을 넘지 아니하는 일정 기간내에 제7조의 규정에 의한 책임제한액에 상당하는 금액(중략)을 공탁할 것을 명하여야 한다. ③ 책임제한절차개시 신청인은 법원의 허가를 받아 현금공탁에 갈음하여 공탁보증서를 제출할 수 있다.

83) 선박소유자등의 책임제한절차에 관한 법률 제27조
① 책임제한절차가 개시된 경우에는 제한채권자는 이 법의 규정에 의하여 공탁된 금전 및 이에 대한 이자의 합계액에서 이 법이 정하는 바에 따라 배당을 받을 수 있다. ② 제1항의 경우에는 제한채권자는 기금이외의 신청인 또는 수익채무자의 재산에 대하여 권리를 행사하지 못한다.

84) 허베이 스피리트호 유류오염사고 피해주민의 지원 및 해양환경의 복원 등에 관한 특별법(법률 제8898호)이다.

85) 다만, 손해보상금은 FUND의 사정에 따른다는 제약이 있다(제8조 제1항 단서).

하였다. 그러나 동법은 동 사건에 대하여만 적용되는 한시적인 것이다(제3조).

(6) 미국의 OPA 개정과 Exxon Valdez호 판결

미국은 1990년 유류오염법(OPA)을 2006년 개정하여 책임제한액을 상향조정하였다.[86] 單一船體 선박과 二重船體 선박[87]으로 나누어 책임제한액을 정한 점이 특이한 점이다.

개정전은 유조선의 경우에 (i) 3천톤 이상의 선박은 1톤당 1천200달러 또는 총액 1천만달러 중 많은 액수 (ii) 3천톤 미만의 선박은 1톤당 1천200달러 또는 총액 200만달러 중 많은 액수가 책임제한액이었다. 기타선박은 1톤당 600달러 또는 총액 50만달러 중 많은 액수였다.

그런데 개정법은 유조선의 경우에 ① 이중선체가 아닌 선박은 (i) 3천톤 이상의 선박은 1톤당 3천달러 또는 총액 2천200만달러 중에서 많은 액수 (ii) 3천톤 이하의 선박은 1톤당 3천달러 또는 총액 600만달러 중에서 많은 액수 ② 이중선체인 선박은 (i)은 1톤당 1천900달러 또는 총액 1천600만달러 중에서 많은 액수 (ii)은 1톤당 1천900달러 또는 400만달러 중에서 많은 액수, 기타 선박은 톤당 950달러 또는 총액 80만달러 중 많은 액수로 변경하였다.[88]

구 분	2006년 개정전	2006년 개정후
3000톤 이상	1톤당 1200달러/총액 1000만달러 중에서 큰 금액	-이중선체가 아닌 경우: 1톤당 3000달러/총액 2200만달러 중에서 큰 금액 -이중선체인 경우: 1톤당 1900달러/총액 1600만달러 중에서 큰 금액
3000톤 이하	1톤당 1200달러/총액 200만달러 중에서 큰 금액	-이중선체가 아닌 경우: 1톤당 3000달러/총액 600만달러 중에서 큰 금액 -이중선체인 경우: 1톤당 1900달러/총액 400만달러 중에서 큰 금액
기타 선박	1톤당 600달러/총액 50만달러 중에서 큰 금액	1톤당 950달러/총액 80만달러 중에서 큰 금액

86) 2006. 의회가 Coast Guard and Maritime Transportation Act of 2006이라는 법률을 통과시켰고 부시 대통령이 2006.7.11. 서명함으로써 효력이 발생하였다.

87) 이중선체(Double Hull) 선박은 선박의 외부가 이중으로 되어 있다. 따라서, 가장 바깥의 외부가 파손이 되어도 운송중인 화물은 유출되지 않는 효과가 있다.

88) Dennis L. Bryant, New OPA 90 limits on liability, Holland + Knight, July 20, 2006.

미국정부는 전반적으로 책임제한액수를 증액하면서도 단일선체보다는 이중선체가 오염방지에 유리하므로 이중선체를 가지고 운항하는 선주에게 이익을 주기 위하여 책임제한액수를 낮추어주는 정책을 선택한 것으로 평가된다.[89)]

미국 연방대법원은 2008년 6월 25일 유명한 Exxon Valdez호 오염사고에 대한 징벌적 손해배상(punitive damage)[90)]소송에서 항소법원(제9순회법원)의 결정액(25억달러: 약2조5천만원)보다 1/5이 감액된 액수로 징벌적 손해배상(5억달러: 약5천억원)을 선주인 엑슨사에 부과하였다.[91)] 대법원은 징벌적 손해배상은 피해자들이 입은 전체배상액의 1배를 넘어설 수 없다고 하였다.[92)]

이러한 결정은 1심법원(50억달러)의 1/10 수준으로 감액된 것이지만, 원래 해상사건에서 경영상의 피용자(managerial employee)의 독립적인 행동에 대하여 사용자에게 징벌적 손해배상이 가해지지 않는 일반적인 전통에 반하는 것으로 충격으로 받아들여지고 있다. 미국의 OPA에서도 등록선주는 책임제한이 가능하다. 그런데 책임제한 이외에도 징벌적 손해배상으로 전체 피해액의 1배만큼의 배상액을 징벌적 손해배상의 형식으로 받는다면, 이는 책임제한제도가 없는 것과 동일한 결과가 되는 것이다.[93)94)] 이번 징벌적 손해배상의 인정으로 미국은 국제사회의 CLC 및 FUND체제와 다른 길을 가고 있음이 더욱 명확하게 되었다.

VI. 結 論

유류오염으로 인한 손해배상 및 보상제도는 유조선에 의한 것과 일반선박의 선박연료유에 의한 것으로 이분될 수 있다. 이제 2008년 11월 21일부터 선

89) 동지, Dennis L. Bryant, ibid.

90) 징벌적 손해배상은 피해자의 일반적인 손해배상 이외에 가해자를 징벌하여 위법행위를 억제하기 위한 목적으로 부과되는 배상으로서 피해자에게 지급된다. 이는 FUND에서 보상하지 않는다.

91) Exxon Shipping Co. v. Baker, 554 U.S. 2008.

92) 1심법원에서 배심원들은 일반 손해배상으로 5억달러를, 징벌적 손해배상으로 50억달러를 부과하였다.

93) 엑슨사는 이번 사건과 관련하여 벌금, 방제비용, 손해배상 등으로 34억달러(약 3조4천억원)를 이미 지급한 것으로 알려졌다. www.legalnewline.com/news. 그러므로 징벌적 손해배상과 합하면 약 4조원을 지급하는 것이 된다.

94) 영국에서도 징벌적 손해배상은 사고예방의 효과가 없다고 한다. Gauci, op. cit., p. 141.

박연료유협약이 발효됨으로써 일반선박의 선박연료유에 의한 제도도 국제적인 제도하에 포섭되게 되었고, 기존의 유조선에 의한 CLC/FUND체제와 함께 오염피해에 대한 배상 및 보상의 합리적인 처리에 큰 기여를 할 것으로 생각된다.

위 두 제도는 등록선주에게 기존의 책임제한제도를 허용하면서, 피해자를 보호하기 위하여 (i) 선주에게는 무과실의 엄격책임을 부과하고 (ii) 강제보험에 가입하도록 하는 점에서 특이점을 갖는다. 다만, 책임제한액을 넘어서는 손해에 대하여는 정유회사들이 기금을 갹출하여 운용하는 FUND제도가 유조선의 경우에는 존재하지만, 일반선박의 선박연료유에 의한 경우는 존재하지 않는 것이 다른 점이다.

본문에서 살펴본 유조선의 유류오염사고와 관련한 최근의 동향에서 아래와 같은 점을 발견할 수 있다.

첫째, 기존 FUND제도에서 피해자들의 보상이 모자랄 경우가 발생할 것으로 예상되자 국제사회는 추가기금제도를 마련함으로써 최고 1조2천억원까지 피해자들이 보상받을 수 있는 제도를 구축하게 되었다. 이러한 제도는 정유선사의 기금이 지나치게 소요되기 때문에 선주들은 STOPIA 및 TOPIA 제도를 도입하여 균형을 취하게 되었다.

둘째, 피해자들의 신속한 보상을 위한 합리적인 국제적인 제도의 필요성에 FUND가 제대로 부응하지 못하고 있다. 따라서 개별국가가 제한적인 임시조치를 취하고 있다. 프레스티지호 사건에서 스페인 정부는 대통령령으로서 국가가 먼저 피해자들에게 배상하고 피해자들이 갖는 제3자에 대한 구상권을 정부가 행사하는 형식을 밟고 있다. 우리나라의 허베이 스피리트호 사건에서도 신속한 보상이 문제되어 특별법이 마련되어 선지급제도가 도입되었다.

셋째, FUND제도의 범위를 벗어나 독자적으로 많은 배상을 가해자들에게 부과함으로써 자국의 피해자들을 보호하려는 경향이 나타난다. 특히, 자항력이 없는 폐기물운반선이 선박의 정의에 포함된다고 판시한 슬롭호 사건에서의 그리스 대법원의 판결, 법원의 용선자에 대한 책임인정 및 선급협회에 대한 책임을 인정한 프랑스의 에리카호 판결, 선주에게 징벌적 손해배상을 부과하여 책임제한제도의 존재가치를 퇴색시킨 미국 연방대법원의 2008년 6월 25일의 Exxon Valdez호 판결이 그러한 예이다.

넷째, 유류오염사고 예방을 위하여 책임제한액수를 증액하고 책임제한배제사유를 약화시켜 책임제한을 하지 못하게 하거나 강제보험의 가입을 더욱 강화하는 입법조치들이 잇따르고 있다. 이는 미국의 2006년 OPA 개정과 EU의 해상안전제안 Ⅲ에서 나타났다.

피해자를 보호하기 위하여 선주에게 무과실의 책임을 부과하고 선주로 하여금 강제보험에 가입하게 하는 한편, 피해자에게 보험자에 대한 직접청구권을 인정하는 것은 피해자를 보호하기 위한 좋은 법제도이다. 책임보험을 이용하여 피해자를 보호하기 위하여는 보험료 산정을 위한 최고보상금액이 설정되어야 할 것인바, 선주의 책임제한액은 이러한 최고보상금액의 설정을 위한 좋은 기준이 된다. 따라서 유조선 선주들이 고의 혹은 인식 있는 중과실이 없는 한 깨뜨려지지 않는 책임제한제도를 허용하는 것은 선주의 보호를 위하여뿐만 아니라 피해자의 보호를 위하여도 필요한 것으로 생각된다. 장차 국제사회는 기존의 CLC/FUND체제를 더욱 발전시켜서 선주와 정유회사들이 공동으로 배상과 보상을 담당하는 형태를 취하면서 책임제한액과 보상액을 높여서 피해액의 전액이 배상 및 보상이 되는 제도를 견지할 것으로 보인다.

다만, 신속한 보상을 위하여 새로운 제도의 도입이 필요하다고 생각된다. 중간단계의 기관을 두어 이 기관이 일정한 기금을 갖고, 피해자들에게 신속하게 보상하고, 이 기관이 피해자들의 청구권을 대위하여 행사하는 형식의 제도가 필요하다고 생각한다. 이 기구는 국내기구일 수도 있고 국제적인 기구일 수도 있을 것이다.

우리나라로서는 추가기금협약에 가입함으로써 피해자들이 충분한 보상을 받는 제도를 마련해야 하고 다음으로 신속한 보상을 위한 일반적인 법제도도 마련해야 할 것으로 생각된다. 선박연료유로 인한 오염손해에 대하여도 국제적인 배상 및 보상 체제가 발효되게 되었기 때문에 우리나라도 선박연료유협약에 가입하고 국내법화함으로써 국제체제에 동조해야 할 것이다.

제 2 논 문

골든 로즈號 衝突事件에서 예상되는 法的 爭點*

I. 序 論

선박충돌은 해상법의 백화점이라고 할 수 있다. 선박충돌은 해상사건 중에서 가장 다양한 테마를 학자들에게 제공하기도 하고 해상변호사들에게는 안정적으로 일할 시간을 제공한다.[1] 선박충돌은 민사, 형사, 행정법상의 문제를 동시에 가지고 있다. 선박충돌사고로 인해 상대방 선박이 침몰하여 인명의 사상도 있었다면, 가해선박은 손해배상책임을 부담하는 한편 가해선박의 선원들은 업무상 과실치사 등 형사책임을 부담하게 된다. 선장 등은 해양수산부에서 발급한 면허행사에 과실이 있으므로 면허취소 등을 위한 해양안전심판에 회부되게 된다.

실무적으로 가장 큰 관심사는 민사책임이다. 물적 손해는 과실비율에 따라 손해배상책임액수가 정하여지므로 이를 산정하기 위한 전제로서 선박충돌을 피하기 위한 주의의무 및 그 위반의 정도가 얼마인지 나아가 선박소유자의 책임제한액이 얼마인지가 관건이다.[2]

2007년 5월 12일에 발생한 골든 로즈호 충돌사건은 이러한 다양한 민사책

---

* 이 글은 「해사법연구」, 제19권 제2호(2007.9)에 기고된 글이다.

1) 선박충돌에 대한 자세한 논의는 김인현, 「해상법연구」(삼우사, 2003), 757면 및 「해상법」(법문사, 2007), 259면 이하 참조.

2) 본 논문은 정읍지청에서 2007년 5월 23일 개최된 2007년도 제3차 샘골(정읍) 법률실무세미나에서 발표한 내용으로 해운신문에 기고된 것을 수정 보완한 것이다. 좋은 자리를 마련하여준 박경춘 지청장님과 송홍식 회장님에게 감사드린다. 작은 지청임에도 불구하고 검사님들과 변호사님들 15명이 함께 토론하고 연구하는 모임을 가져 자기 발전의 기회를 가진다는 점에 감명을 받았다.

임에 대한 쟁점을 안고 있으므로 선박충돌과 관련된 법을 동 사건에 적용시켜 보는 것도 학문적인 의미가 있을 것으로 생각한다.

Ⅱ. 不法行爲로서 船舶衝突

선박충돌은 불법행위의 일종이므로 손해배상책임이 발생하기 위하여는 일반 불법행위의 성립요건을 갖추어야 함은 당연하다. 그러므로 고의과실, 손해발생, 손해와 행위자의 고의 혹은 과실과의 인과관계의 존재 등이 필요하다(민법 제750조). 본고에서는 상법의 선박충돌에서 특유한 내용으로서 책임주체의 확정 및 손해배상의 법리를 검토한다. Ⅱ에서는 주로 우리 법의 입장을 살펴보고 Ⅲ에서 중국, 일본법의 입장도 추가검토한다.

1. 책임주체의 확정

선박충돌에서 책임의 주체는 선박을 점유하여 관리하는 자와 관련이 된다. 그리하여 상법 제845조에서 제847조는 선박소유자가 선박충돌에 대한 책임을 부담한다고 정하고 있다. 이는 선원의 과실에 대하여 선박소유자가 사용자책임을 부담하는 것으로 이해된다. 선박소유자가 직접 운항하는 경우에는 자신이 선원을 선임·관리하므로 선박소유자 자신이 사용자책임의 주체가 되어야 한다.[3] 그러나 선박이 나용선(선박임대차)되어 운항중이었다면 선박소유자가 아니라 나용선자가 책임의 주체가 된다(상법 제766조). 왜냐하면 선박을 운항중인 선원은 나용선자가 선임·관리하기 때문이다. 대법원도 동일한 입장이다(대법원 1975.3.31. 선고 74다847 판결). 선박이 정기용선된 경우에는 선박충돌은 항해사항이므로, 海技·海事구별설에 따라 선박소유자가 부담한다는 것이 대법원의 입장이다(대법원 2003.8.22. 선고 2001다65977 판결).[4]

---

3) 선박운항과 관련한 책임주체확정에 대하여는 김인현, "선박운항과 관련한 책임주체확정에 대한 연구"(고려대학교 박사학위논문, 1999.2) 참조.

4) 정기용선된 선박의 책임주체에 대한 논의는 김인현, "정기용선중인 선박의 책임주체에 대한 대법원판례분석,"「고대법대 100년의 학문적 성과와 미래」(고려대학교 법과대학 100주년 기념논문집 발간위원회, 2005), 345면 이하 참조.

2. 주의의무와 과실비율

선박충돌의 경우에 책임을 선박소유자에게 부과하기 위하여는 불법행위책임으로서 과실이 인정되어야 한다. 과실은 주의의무위반이고, 선박충돌에서의 주의의무는 제정법인 국제해상충돌예방규칙과 해상교통안전법에서 찾을 수 있다.[5] 충돌을 피하기 위하여 해상에서 항해사들이 지켜야 하는 항행규정을 항법이라고 부른다. 국제해상충돌예방규칙(COLREG)은 국제조약으로서 현재 1972년 조약이 사용되고 있다. 우리나라도 이를 1977년 비준하였고 1986년 이를 국내법화한 해상교통안전법이 있다. 그러므로 우리나라 영해에서 충돌사고가 발생한 경우에 국제해상충돌예방규칙과 해상교통안전법(이하 해교법)이 동시에 적용된다.

(1) 항법의 대원칙

항법의 대원칙으로 좌현:좌현 원칙과 조종성능우열의 원칙이 있다.

도로교통과 마찬가지로 선박도 좌현(왼쪽, port)과 좌현이 마주보고 지나도록 되어 있다. 이를 구현하기 위하여 피항하는 방법은 우현(오른쪽, starboard)에 접근하는 상대선을 두고 있는 선박이 적극적으로 우현전타하여 상대선을 피하도록 되어 있다.

상호시계내에서 기관이 고장난 선박은 아무런 피항조치를 취할 수 없다. 그러므로 일반 동력선이 이러한 선박을 피하여야 한다(국제규칙 제18조).

(2) 시계상태에 따른 항법

항법은 시계상태에 따라서 모든 시계의 항법, 상호시계의 항법, 제한시계의 항법으로 나누어진다(국제규칙 제4조-제19조; 해교법 제24조-제39조). 레이더가 없다는 전제하에서 정하여진 항법이다.

상호시계의 항법은 다시 정면상태(마주치는 상태: head-on), 횡단상태(crossing) 그리고 추월상태(overtaking)로 나누어진다. 정면상태는 양 선박이 모두 우현전타하여 피하여야 한다(국제규칙 제14조; 해교법 제34조). 횡단상태에서

5) 동지, 「船舶保險査定實務」(保險每日新聞社, 1986), 253頁; 이에 대한 자세한 내용은 김인현, 「해상교통법」(삼우사, 2007), 78면 이하 참조.

는 자신의 우현에 접근하는 상대선을 두고 있는 선박이 피항선이 된다(국제규칙 제15조; 해교법 제35조). 추월상태에서는 추월선이 피추월선을 피하여야 한다(국제규칙 제13조; 해교법 제33조).

제한시계에서는 양 선박이 모두 좌현타를 하지 않아야 하고 감속하여야 한다(국제규칙 제19조; 해교법 제39조). 위 상호시계의 조우자세에 따른 항법은 적용되지 않는다.

모든 시계에서는 시계의 좋고 나쁨에 관계없이 적용되는 규정이다. 경계를 한다든지, 방위의 변화가 없으면 충돌의 위험이 있다든지 하는 내용이다. 좁은 수로와 통항분리수역의 항법이 여기에 속한다(국제규칙 제8조, 제9조; 해교법 제29조 및 제30조). 육지를 자신의 오른쪽에 붙여서 항해하면 된다.

(3) 과실비율

위에서 정한 내용에 따르면 피항선은 적극적인 피항동작을 취하도록 되어 있고, 유지선은 일정한 거리까지는 속력과 침로를 유지하다가 마지막 순간에는 협조동작을 취한다(국제규칙 제16조 및 제17조; 해교법 제36조 및 제37조). 그러므로 아무런 조치를 취하지 않은 경우에 비난가능성은 피항선이 크다고 할 수 있다. 이러한 방법으로 과실비율을 정할 수 있다.[6][7] 정면상태의 경우에는 모두 우현변침하여 피하여야 하므로 기본적으로 50:50으로 출발할 것이다. 횡단상태에서는 65:35로 평가되고 있다. 정박중인 선박과 일반 동력선이 충돌한 경우에는 정박중인 선박이 피항할 수 있는 여지가 없으므로 일반 동력선이 100%의 과실비율을 부담할 것이다. 안개중인 경우에는 양 선박이 모두 피하여야 하므로 50%로부터 시작하게 된다.[8] 이러한 항법 위반에 따른 비난가능성의 정도를

---

6) 과실비율산정과 관련하여 김인현, "선박충돌에서 과실비율과 해양안전심판재결과의 관련성에 대한 고찰," 「법조」(2003.7), 91면 이하, 외국의 논문으로는 Henry V. Brandon, "Apportionment of liability in British Court under maritime convention of 1911," *Tulane Law Review*, June 1977, pp. 1028 이하 참조.

7) The Koningin Fulina([1974] 2 Lloyd's Rep. 353) 사건에서 데닝경(Lord Denning)에 의하여 선박충돌 손해배상에 대한 과실비율은 비난가능성(blameworthiness)과 인과적 영향력(causative potency)으로 결정된다고 판시되었다. Z. Oya Ozgayir, *Liability for Oil Pollution and Collisions*(LLP, 1998), p. 108.

8) 해양안전심판원에서는 안정적인 원인제공비율을 제공하기 위하여 지침서를 작성하여 2007년 1월 1일부터 실시하고 있다.

기본적인 출발점으로 하여 기타 다른 항법위반사항이 가감되어 정확한 과실비율이 산정된다.[9)]

선박이 어떠한 항행동작을 취하였는지가 중요한바, 이를 확인하는 객관적인 입증자료로는 연안에서 발생한 충돌사고의 경우에는 해군기지의 레이더 자료, 자동선박확인장치(AIS) 등이 있다.

(4) 해양안전심판과 과실비율과의 관련성

해양안전심판원(이하 해심)은 해양사고의 원인을 판단하고 해기사를 징계하는 기관이다. 부산, 인천, 목포, 동해에 지방해심이 있고 서울에 중앙해심이 있다. 해심은 심판부와 조사부로 나누어져 있다.

해심의 판단의 결과물로서 나타나는 裁決은 사고원인을 판단하는 원인재결과 과실에 대하여 행정벌을 부과하는 징계재결로 크게 나누어진다. 중앙해양안전심판의 재결은 行政審判으로서의 성격을 가지고,[10)] 대법원에 중앙해심의 재결을 취소하라는 소를 제기하는 것은 행정소송의 일종이라고 할 수 있다.

실무적으로 현재 과실비율은 해심에서 정한다고 하여도 과언은 아니게 되었다. 해양안전심판에서도 해기면허를 소지한 해기사가 고의 혹은 과실이 있을 경우에 업무정지 등 제재가 가능하다는 점에서 민사손해배상에서 과실이 필요한 것과 유사한 구조가 된다. 해심은 원인재결을 하면서 사고의 원인을 설시하게 되는바(主因 혹은 一因으로), 이것이 발전하여 2000년대에 들어서서 원인제공정도를 수치로 나타내게 되었다(해양사고의조사및심판에관한법률 제4조 제3항).[11)] 민사법원이 행정심판의 일종인 해심의 재결에 구속될 필요는 없다. 그간은 해심에서 내린 원인재결의 사실관계를 바탕으로 혹은 독자적으로 해상변호사와 해기전문가는 과실비율을 산정하여 법원에 제출하여 법원이 이를 인정하는 형식을 취하여 왔다. 그러던 것이 이제는 해심이 제공하는 행정심판으로서의 원인제공정도가 민사에서의 과실비율로 인용되는 관행이 쌓이고 있다고 할 수 있다. 따라서 해상변호사들은 민사소송을 제기하기보다, 행정소송으로서의 해양

---

9) 미국의 과실비율산정 경향에 대하여는 N.J. Healey and J.C. Sweeney, *The Law of Marine Collision*(Cornell Maritime Press, 1998), pp. 320 이하 참조.

10) 동지, 김창준, “해양안전심판과 형사재판,” 「해양안전」(1999.12), 49면.

11) 동법 제4조 제3항 해양사고의 원인을 규명함에 있어서 해양사고의 발생에 2인 이상이 관련되어 있는 경우에는 각 관련자에 대하여 원인의 제공정도를 밝힐 수 있다.

안전심판에 더욱 관심을 가지게 되었다. 여기에서 좀더 나은 원인판단을 받게 되면 손해배상책임에서 도움이 되게 되므로, 지방해심, 중앙해심을 거쳐 대법원에 소를 제기하게 된다. 판례공보에 나타나는 대법원의 중앙해심의 재결취소 소송은 모두 이러한 경향을 배경으로 한다.[12] 징계재결을 취소하라는 소를 제기하면서, 이면으로는 징계재결에 이르는 과정에서 사고원인의 판단을 바꾸어 과실비율을 변경하고자 하는 것이다. 이러한 경향은 비판을 받기도 하지만, 실무에서는 법원이나 변호사들이 해상실무에 정통하지 않기 때문에 해양안전심판의 재결에서 정하는 원인제공정도가 더 신빙성이 있다고 한다. 이러한 경향은 영국과 같은 해사법원이 없는 우리나라에서의 한계를 우회하는 방법이라고 할 수 있고 장차 해사법원이 탄생하면 바로잡힐 것으로 본다.[13]

3. 손해배상

선박충돌은 불법행위의 일종이다. 그런데 선박충돌은 두 선박 사이의 충돌이어야 하므로 양 당사자가 존재하고 특별한 경우가 아니한 共同不法行爲를 구성한다. 상법은 민법의 특별법이므로 특별한 규정이 상법 해상편에 없으면 민법의 공동불법행위의 규정(민법 제760조)이 적용된다.[14]

상법은 쌍방과실의 경우에 손해배상은 과실비율에 따른다고 함으로써 물적 책임에서는 분할책임을 규정하고 있다(상법 제846조 제1항).[15] 이 점이 상법 해상편이 민법과 크게 다른 점이다.[16][17] 따라서 B선박의 화주는 자신의 손해액 10억원(이하 단위 생략)에 대하여 A선박에 대하여 그 선박의 과실비율(70%)에 상당하는 손해배상책임(7억만)만 물을 수 있다. 만약 B선박이 사고 후 도산되

12) 대법원 2000.6.9. 선고 99추16 판결.

13) 2007.8부터 시행되는 전문심리위원제도는 법원의 전문성 부족을 보완할 수 있는 좋은 제도이다.

14) 동지, 정찬형, 「상법강의(하)」(박영사, 2005), 903면.

15) 이 제도는 1910년 국제충돌조약 제4조의 입장을 국내법에 도입한 것이다.

16) 연혁적으로 미국은 기여과실제도(contributory negligence)이론에 따라 조금이라도 과실이 있는 자는 상대방에 대하여 불법행위책임을 물을 수 없었다. 일반 해상법에서는 이의 불합리를 수정하여 균분주의가 확립되어 과실비율과 무관하게 1/2씩 손해를 부담하였으나, 1975년 Reliable Transfer 이래로 과실비율에 따른 책임주의(비례과실주의)를 택하고 있다. 落合外, 「海法大系」(商事法務, 2005), 440頁; Christoper Hill, *Maritime Law*(LLP, 2003), p. 312.

17) 영국은 1910년 충돌조약을 1911년 채택하여 과실비율에 따른 책임주의를 국내법화하기 전에는 균분주의를 취하였다. Christoper Hill, ibid., p. 312.

었다면 3억을 배상받지 못하는 결과가 된다. 이 점에서 A선박은 부진정연대책임이 적용되는 민법의 경우보다 유리하다고 할 수 있다.

유의할 것은 종종 발생하는 부두와의 충돌로 갠트리 크레인에 사고가 나는 경우이다. 이와 같은 것은 상법상의 충돌이 아니므로 민법이 적용된다.[18]

4. 선박소유자(선주) 보호제도

상법은 선박소유자를 보호하는 제도를 가지고 있다. 선박소유자책임제한제도와 포장당 책임제한제도이다. 선박소유자책임제한제도는 원칙적으로 선박소유자에게 허용되는 제도이다. 그가 부담하는 손해배상액을 선박톤수에 맞추어서 책임을 제한할 수 있는 제도를 말한다(상법 제746조). 포장당 책임제한제도는 운송인이 포장에 따라 자신의 책임을 얼마로 제한하는 제도이다(상법 제789조의2).

선박의 운항은 다양한 형태로 이루어진다. 선박소유자가 직접 선박을 운항하는 경우도 있고, 용선한 자가 운송인이 되는 경우도 있다. 정기용선자가 운송인이 되는 경우에는 운송인으로서 정기용선자는 운송물의 손해에 대하여 자신의 손해를 포장당 얼마로 제한할 수 있다. 선박소유자는 다시 자신의 책임을 톤수에 따라 제한할 수 있다. 양 제도는 모두 국제조약을 통하여 국내법화된 것이다.[19]

5. 선박소유자의 상대방 보호제도

선박소유자의 상대방을 보호하는 제도로 船舶優先特權制度가 있다. 이는 영미법에서 기원하는 것으로 선박자체를 불법행위자로 인정하는 것이다. 이를 對物訴訟(action in rem)이라고 한다.[20] 그리하여 소유자가 변경되어도 선박자체의 채무는 존속되게 된다. 따라서 소유자가 변경되어도 선박에 대한 압류경매가 가능하다.[21] 우리 법은 이를 追及權이라고 설명한다(상법 제869조).[22]

---

18) 동지, 정찬형, 전게서, 899면; 반대, 김정호, 「상법강의(하)」(법문사, 2005), 661면.

19) 선박소유자책임제한제도는 1976년 선박소유자책임제한조약(LLMC)으로부터, 운송인의 포장당 책임제한제도는 헤이그비스비규칙으로부터 기원한다.

20) 김인현, 전게 해상법연구, 268면.

21) Simon Gault, *MARSDEN Collision at Sea*, 13th ed.(Thomson Swseet & Maxwell, 2003), p. 648.

22) 채이식, 「상법IV」(박영사, 2001), 384면; 정찬형, 전게서, 919면.

선박충돌에 기한 선박채권은 대표적인 선박우선특권이 인정되는 채권이다(상법 제861조).[23]

선박우선특권은 추급권이 인정되는 외에도 일반채권에 우선함은 물론 선박저당권보다도 우선한다(상법 제872조). 또한 본안소송을 거치지 않고서도 임의경매가 가능하므로 채무자인 선박소유자의 상대방을 크게 보호하는 제도라고 할 수 있다.[24]

III. 골든 로즈호 衝突事件에서 예상되는 爭點

1. 사건의 개요

2007.5.12. 중국 대련항의 외해에서 진생호(총톤수 4800톤급)와 골든 로즈호(총톤수 3800톤급)가 충돌하는 사고가 발생하였다. 골든 로즈호(한국 국적)에는 철재화물이 적재되어 있고, 선원 16명이 승선중이었다. 골든 로즈호의 선체가 침몰하고, 선원 모두가 실종되었다. 진생호(세인트 빈센트 국적이지만, 선원은 중국국적이다)는 피해액이 거의 없다. 따라서 민사적으로는 골든 로즈호의 피해는 선체, 화물, 선원의 유족보상 등 세 가지이다.

2. 책임주체

진생호가 선박임대차(나용선)되었다면 책임의 주체는 선원의 사용자인 나용선자가 될 것이고, 선박소유자가 직접 운항하였다면 선박소유자가 책임의 주체가 될 것이다. 정기용선된 경우에는 각국의 법원의 입장에 따라 달라지지만 우리 대법원은 선박소유자가 항해사항에 대하여 책임의 주체가 된다고 판시하고 있다(대법원 2003.8.21. 선고 2001다65977 판결).

3. 주의의무위반 및 과실비율

진생호는 북동으로, 골든 로즈호는 남동으로 항해하고 있었다. 그러므로

---

23) 선박우선특권에 대한 국제조약으로는 1926년 해상우선특권 및 저당권에 대한 통일 조약, 1967년 및 1993년 조약이 있다. 우리나라는 1967년 조약의 입장을 따르고 있다.

24) 선박소유자와 그 상대방의 보호제도에 대한 자세한 논의는 김인현, 전게 해상법, 17면 이하 참조.

골든 로즈호가 진생호를 자신의 우측에 두고 있었으므로 만약 시계가 좋았다면 골든 로즈호가 피항선이 되었을 것이다. 그러나 무중이 되어 양 선박 모두가 피항의무를 부담하게 되었다. 선박충돌사고가 발생한 것으로부터 양 선박의 과실의 존재는 추정된다. 무중임에도 속력을 감속하지 않은 것과 左전타(왼쪽으로 방향바꾸기)를 한 것 등이 모두 과실점으로 인정될 것이다(국제규칙 제19조).[25][26]

양 선박이 법규정상 동등한 피항의무를 부담하므로 과실비율 산정의 출발점은 일단 50:50이 된다.[27]

그런데 조선일보 2007년 5월 29일자에 의하면 해양경찰에 따르면 골든 로즈호의 타(rudder)가 완전히 오른쪽으로 크게 틀어져 있고 기관도 후진기관이 사용되었다고 한다. 이것은 피항을 올바른 방향으로 하였다는 것이고 충돌이 되기 위하여는 상대방은 왼쪽 방향으로 방향을 바꾸었을 가능성이 높다. 골든 로즈호측에서 상당한 지점에서부터 오른쪽으로 동작을 취하였다면, 진생호측이 피하여야 할 좌전타를 한 것이므로 이는 골든 로즈호측에 더 유리한 증거자료로서 과실비율은 60:40 정도가 될 가능성이 높다. 해양수산부의 2007년 5월 30일자 발표에 따르면, 양 선박의 선장이 브릿지에서 직접 조선하지 않은 점, 감속하지 않은 점이 있다고 하지만, 이것은 손해배상책임을 발생시키는 과실이 있다는 의미이지, 이것이 과실비율 자체에 영향을 미치는 것은 아니다. 양 선박이 모두 동일한 정도의 위반을 하였기 때문이다.

왼쪽 방향으로 진생호가 방향을 튼 것과 관련하여 흔히 주장되는 것이 마지막 순간의 고통의 항변(Agony of the moment)이다. 이는 좌전타를 한 것은 잘못이지만, 충돌직전의 마지막 순간의 좌전타는 인간이 당황한 순간에 급박하게 취한 행동이므로 이를 비난할 수 없다는 영국판례법에서 확립된 것이다.[28] 이

---

25) 주의의무위반은 국제해상충돌예방규칙의 준수여부에 있게 되고 한국, 중국은 모두 1972년 국제해상충돌예방규칙의 당사자이다.

26) Christoper Hill, op. cit., p. 306.

27) 중앙해양안전심판원 선박충돌원인제공정도 산정지침(2007.1.1).

28) Christopher Hill은 "선장이 급박한 위험을 생각할 시간적인 여유, 의식적이고 적절히 고려된 행동을 선택할 시간적 여유가 없는 경우에 해당한다. 따라서 비록 충돌에 인과관계는 있지만 비난할 수 없다"고 설명한다. Christoper Hill, op. cit., p. 287; 동지, Z. Oya Ozgayir, op. cit., p. 105. The Homer [1973] 1 Lloyd's Rep. 501; The Regina D [1992] 1 Lloyd's Rep. 543; The "Contship Success," [1998] 2 Lloyd's Rep. 509가 마지막 순간의 고통의 항변이 인정된 사례이다.

를 허용함에 있어서는 당황하여 급박하게 취한 행동으로 인정되기 위한 시간적인 급박함이 있어야 한다. 이는 사실관계에서 확정될 것이다. 만약 이러한 요건을 갖추지 못한다면 진생호의 마지막 순간의 고통의 항변은 허용되지 않을 것이다.

과실비율은 종국적으로는 법원에서 정하여질 것이지만, 앞에서 본 바와 같이 우리나라에서는 중앙해심에서 내린 원인제공정도가 중요한 기능을 하는 것이므로 당사자들은 해양안전심판에 관심을 가질 것이다. 그런데 중국에서 소송이 진행되면 한국 해심의 재결내용은 중국법원을 기속하지 못하므로 중국측은 소극적으로 나올 가능성이 있다.

4. 손해배상

(1) 선체손상

선체에 대하여는 선박소유자가 선박보험에 가입한다.[29] 먼저, 선박소유자가 보험약관에 기하여 보험금 청구를 하면 과실로 인한 사고였으므로 보험자가 피보험자인 선박회사에 보험금을 지급한다.

보험회사는 보험자 대위에 기하여 진생호에 구상청구를 하게 될 것이다. 이 때, 진생호가 부담하는 손해배상액은 과실비율에 따라 달라질 것이다. 안개속에서 발생한 충돌사고이므로 처음에는 대략 50:50에서 과실비율의 산정이 시작되지만, 위와 같은 상황에서 과실비율이 60:40으로 골든 로즈호에게 유리하고, 선체보험금의 지급액이 30억이었다면 가정에 따라 진생호측은 60%인 18억만을 지급하면 될 것이다(중국해상법 제169조도 분할책임을 취하고 있다). 이러한 상대선의 손해는 통상 진생호측의 선체보험(선박보험: hull insurance)의 선박충돌약관(Running Down Clause)에 의하여 추가적으로 보상된다.

선박충돌로 인한 선체손상은 선박우선특권이 발생하는 채권이 된다(상법 제861조; 중국 해상법 제22조).

(2) 화물손상

화주는 자신의 화물에 대하여 적하보험회사의 적하보험에 가입하였을 것

29) 선박보험시장에서는 우리나라 선박회사가 피보험자가 되고 우리나라의 회사가 보험자가 되는 경우에도 영국법을 준거법으로 하고 있다.

이다. 적하보험회사는 화주에게 보험금을 지급하고 운송인에게 보험자 대위권을 행사한다. 골든 로즈호의 운송인은 자신의 과실비율이 40%라면 화물의 손해액 약 30억의 40%에 대하여만 손해배상책임을 부담한다.[30] 이 때 운송인이 이용할 수 있는 것이 항해과실면책주장이다. 골든 로즈호의 운송인과 화주의 사이에는 운송계약이 존재한다. 운송인은 운송물을 안전하게 운송하여주어야 하는 주의의무가 있음에도 이를 위반하였으니 손해배상책임을 부담한다. 이 때 운송인에게는 항해과실면책제도를 이용할 수 있는 권리가 주어진다(상법 제788조 제2항). 그러나 감항능력주의의무를 다한 다음에야 면책이 가능하다. 면책이 허용되지 않는 경우에도 운송인은 책임제한의 이익을 누릴 수 있다(상법 제789조의2).

한편, 적하보험자는 진생호에 대하여도 손해액의 60%인 18억을 청구할 수 있을 것이다(중국 해상법 제169조도 동일함). 진생호는 화주와 계약관계가 없으므로 항해과실면책을 주장할 수 없다. 이 때의 화물손상도 선박우선특권의 대상이 된다(중국 해상법 제22조도 동일함).

운송인이 적하의 손상에 대하여 자신이 부담하게 될 손해배상에 대하여는 선주책임상호보험조합(P&I Club)에 가입하게 된다.[31]

(3) 선원의 유족보상

선원의 유족들은 우리나라 선원법에 의하면 재해보상금을 청구할 수 있다(선원법 제90조). 선원법에 따르면 직무상 사망의 경우에는 승선평균임금의 1300일분의 유족보상비가 지급된다. 이 재해보상금은 민법에 의한 청구를 배제하는 것은 아니므로 유족은 자신에게 유리한 것을 선택하여 청구할 수 있다(대법원 1987.6.23. 선고 86다카2228 판결). 보통 젊은 선원의 경우에는 민법에 의한 청구가 유리하고, 나이가 많은 선원의 경우에는 선원법에 의한 청구가 유리하다.

우리 법상 인적 손해는 연대책임이기 때문에 유족은 진생호측에 전액 배상을 요구할 수도 있다. 이 때 골든 로즈호 선박소유자는 책임제한제도절차에 따

---

30) 일본에서는 민법의 공동불법행위책임이 적용되어 연대책임을 부담하게 된다(일본 민법 제719조). 전게 *海法大系*, 445頁.

31) 이에 대하여는 김인현, 전게 해상법, 340면 이하 참조.

라 자신의 책임을 일정한 액수로 제한할 수 있다. 선박소유자는 이러한 선원의 사망 등에 대하여 선주책임상호보험(P&I 보험)에 가입한다.

동 채권도 선박우선특권의 대상이 된다.

5. 진생호의 책임제한

진생호측은 중국 해상법, 한국 해상법 혹은 일본 해상법 가운데 어느 것에 따르든 책임제한이 가능하다. 인적 손해에 대하여 자신에게 먼저 청구가 들어오면 선원의 유족보상—예컨대 약 40억에 대하여 책임제한절차를 개시하고(차후에 골든 로즈호의 선박소유자와 과실비율에 따른 분배를 할 것이다), 물적 손해에 대하여 선체 손해의 60%인 18억+적하손해의 60%인 18억(총 약 36억)에 대하여 책임제한절차를 개시한다(상법 제752조; 중국 해상법 제205조-제207조).

책임제한액수는 선박의 국제총톤수에 따라 달라지지만 모두 책임제한에 걸려서 전액을 배상 혹은 보상받지 못하는 결과가 될 것으로 보인다. 1976년 조약에 의하면(우리 상법과 중국 해상법 동일) 인적 손해는 약 30억, 물적 손해는 약 12억 정도로 진생호 선박소유자는 책임제한이 인정될 것으로 보인다.

한국 선박과 중국 선박(혹은 세인트 빈센트)과의 문제이므로 섭외사건이 된다. 진생호측이 피고가 될 것이므로 소송은 중국에서 제기될 가능성이 더 높다.[32] 피고의 주된 사무실과 재산이 중국에 있을 것이고, 진생호도 중국에서 압류되었을 것이고, 증언을 하게 될 선원들도 모두 중국에 있다는 점이 고려될 것이다. 골든 로즈호의 선원의 유족이 선박소유자를 상대로 소를 제기하는 경우를 제외하고는 우리나라에서 민사소송이 제기될 가능성은 낮다고 생각된다. 선원이 모두 사망한 상태에서 우리나라와의 관련성을 많이 찾기가 어렵기 때문이다. 다만 골든 로즈호측에서 선박우선특권에 기하여 선박을 압류한 다음 보증장을 주고받으면서 합의관할을 하는 경우도 있는바 중립적인 영국이나 홍콩을 선택할 수도 있을 것이다.

중국에서 소송이 제기된 경우에 책임제한, 선박우선특권의 인정은 어느 나라의 법에 따를 것인지 문제가 된다. 중국 해상법은 섭외사건에서 선박소유자 책임제한은 법정지법에 의하고(제275조), 선박우선특권관련 법률문제도 법정지

32) 만약 중국의 주장처럼 중국 영해내에서의 충돌이라고 하면 중국이 관할권을 가지게 될 중요한 근거가 될 것이다.

법에 의한다고 한다(제272조). 중국의 책임제한제도는 1976년 선박소유자 책임제한제도를 도입하여 우리나라와 대동소이하다(제204조 이하).

또 하나 고려되어야 할 사항은 선박을 압류함으로써 관할이 창설되는 경우이다. 만약 진생호가 일본에 기항한 경우에 원고가 동 선박을 일본에서 압류하면 일본이 관할을 가지게 되는 것이다.[33] 만약 일본법이 적용되고 그 책임제한액수가 중국보다 높다면 원고로서는 이의 선택은 좋은 소송기법이 된다. 일본은 섭외사건이 된 경우의 책임제한에 대하여 특별한 규정이 없고 이를 절차법으로 이해하여 법정지인 일본법을 따른다.[34] 그러므로 2005년부터 1996년 의정서를 채택한 일본의 책임제한액수가 중국보다 높으므로 골든 로즈호에 유리하게 된다.[35]

이와는 별도로 해양안전심판이 우리나라에서 열리게 된다. 통상 외국의 선원이라도 1회의 심판에는 참석을 하게 되지만, 중국이 관할을 가지게 되면 우리 해심의 재결이 중요하지 않은 것으로 진생호측이 판단하면 해심에 전혀 참가하지 않을 가능성도 있다. 그런데 책임제한제도에 따라 책임제한액이 충분히 낮은 액수가 된다면, 진생호의 과실비율이 나쁘게 나와도 손해배상액수는 이와 관련이 없게 되는 경우도 있다. 이럴 경우에는 진생호측은 소극적인 입장이 되어 한국의 해양안전심판에 관심이 없을 것이다.

6. 채권확보를 위한 수단

본안소송에서 승소하여도 강제집행할 재산이 없으면 무용지물이 된다. 그러므로 골든 로즈호측은 자신이 가지는 선박우선특권을 이용하여 진생호를 압류하려고 할 것이다(중국 해상법 제21조 이하). 진생호의 재산이 충분하지 않으면 진생호 선박소유자의 재산에 대한 가압류가 필요할 것이다.

선박우선특권에 기한 압류는 임의경매가 가능하기 때문에 선박소유자는

---

33) 전게 *海法大系*, 639頁; 우리 민사소송법 제14조(선박이 있는 곳의 특별재판적) 선박채권, 그 밖에 선박을 담보로 한 채권에 관한 소를 제기하는 경우에는 선박이 있는 곳의 법원에 제기할 수 있다. 선박을 가압류하면 제14조에 의하여 본안소송을 선박소재지 법원에 제기할 수 있게 된다.

34) Sendai High Court 1994.9.19. 판결; 谷川, "船舶先取特權,"「涉外判例百選」, 第3版(No. 133, 1995.5)(有斐閣, 1995), 69頁.

35) 대체로 1996년 의정서가 1976년 LLMC보다 4배 이상 책임제한액수가 높다.

보증장을 제공하고 선박을 해방시키게 되는 것이 국제적인 관행이다.

7. 기타—구조의무의 위반과 책임

(1) 국가의 의무

SOLAS 제5장 제15조,[36] 유엔해양법 제98조에 의하면 국가는 조난당한 선박을 구조하도록 자국의 선박 등에 대한 조치를 취할 의무가 있다. 이는 국가의 의무를 말하고 있지 선박자체에 대하여 조약상 어떤 의무를 부과하는 것은 아니다.

사법상 선박에 대하여 구조의무를 부과하고 있는 것은 1989년 구조협약(international Convention on Salvage 1989)이다. 구조협약 제10조 제1항은 선장에게 조난당한 선박을 구조할 구조의무를 부과하고 있다.[37][38]

(2) 선장 및 선박소유자의 의무

그런데 구조협약은 당사자들이 협약에 가입된 경우에만 적용되는 것이 원칙이다. 우리나라는 구조협약에 가입하고 있지 않다. 그러므로 구조협약상 중국선박이 우리나라 선박에 대하여 조약상 의무를 위반하였다고 직접적으로 말할 수는 없을 것이다. 그러나 해상에서 조난을 당한 선박을 구조하는 것은 제정법의 존재여부에 관계없이 이미 국제관습법화되었다고 보아야 한다.[39] 반복되는 관행이 있고, 선원들 사이에 법적 확신의 수준에까지 이르렀기 때문에 관습법으로서의 효력을 가지고 있고, 이에 위반한 선장은 주의의무위반이 있다고

---

36) SOLAS(해상인명안전조약) 제5장 제15조에 의하면, Each contracting government undertakes to ensure that any necessary arrangements are made for coast watching for the rescue of persons in distress at sea around its coasts. These arrangements should include the establishment, operation and maintenance of such maritime safety facilities as are deemed practicable and necessary having regard to the density of the seagoing traffic and navigational dangers and should, so far as possible, afford adequate means of locating and rescuing such persons.

37) 제10조 제1항은 Every master is bound, so far as he can do so without serious danger to his vessel and persons thereon, to render assistance to any person in danger of being lost at sea.

38) 제10조 제2항은 The states parties shall adopt the measures necessary to enforce the duty set out in paragraph 1. 제3항은 The owner of the vessel shall incur no liability for a breach of the duty of the master under paragraph 1.

39) 관습법으로 성립되기 위하여는 오랜 관행과 법적 확신이 요구된다. 유병화, 「국제법(I)」(진성사, 1987), 325면.

할 수 있다.

따라서 사안의 경우에는 중국정부는 SOLAS, UNCLOS 위반으로 국가책임의 대상이 될 것으로 보이고, 진생호 선장도 사법상의 책임을 면하기 어렵다고 본다.

중국해상법 제166조도 선박충돌의 경우에 선장에게 상대선에 대한 구조의무를 부과하고 있다.[40]

(3) 책임의 부과

국가책임은 외교적 문제이므로 논외로 한다. 구조의무에 대하여 국제적인 협력을 논의하는 공식적인 자리는 유엔산하의 국제해사기구(IMO)가 될 것이다.

민사적인 책임에 있어서, 선박충돌이 반드시 인명의 손상을 가져오는 것은 아니다. 골든 로즈호가 40%의 과실책임을 부담한다고 할 때, 만약 진생호가 구조에 임하였다면 인명을 구할 수 있었다면 적어도 인사사고에 대한 민사적인 손해배상책임에서 골든 로즈호의 과실 40%는 인과관계가 단절되고,[41] 진생호에 추가적인 책임을 물을 수 있을 것이다. 불법행위책임의 성립에 필요한 과실의 기초가 되는 주의의무의 근거규정은 선장에게 구조의무를 부과한 중국해상법 제166조가 될 것이다.

다만, 이러한 주장은 결국 골든 로즈호의 침몰속도가 상당히 느려서 진생호에서 구조가 가능하였다는 증거가 있어야 가능할 것이다.

Ⅳ. 結 論

선박충돌은 민법의 일반 법리와 다른 특별한 법리가 채택되어 있다. 공동불법행위이면서도 민법 제760와는 달리, 물적 손해에서는 분할책임으로 손해가 배상되는 점, 선박소유자는 책임제한이 가능하다는 점, 선박충돌로 인한 채권은 선박우선특권이 인정된다는 점, 선박충돌로 인한 운송물의 손해는 운송인에게 항해과실면책이 가능하다는 점 등이 특별한 점이다.

---

40) 우리 선원법도 마찬가지로 선박충돌의 경우에 선장에게 구조의무를 부과하고 있다(선원법 제13조).

41) Z. Oya Ozgayir, op. cit., p. 112.

이번에 발생한 골든 로즈호와 진생호 충돌사건은 다양한 법적 문제점을 제공한다. 선박충돌의 기초지식에서 설명한 내용을 동 사건에 적용하여 보았다. 물적 손해는 확정되게 될 과실비율에 따라서 모두 보험으로 처리될 것이다. 진생호 선박소유자의 책임제한액이 전체 손해배상청구액보다 낮게 되면 과실비율은 상대적으로 중요한 이슈가 아니게 될 가능성이 있다.

진생호 및 중국정부가 구조조치를 소홀히 한 점에 대하여는 외교적인 해결방안이 있을 것이나, 이러한 구조조치의 문제는 해상인명안전과 관련되므로 유엔산하의 전문기구인 IMO에서 깊숙이 다루어 해결책을 찾아야 할 사안이다. 중국과 우리나라가 모두 IMO 회원국이므로 심도있는 논의가 가능할 것으로 본다.

제 3 논 문

美國의 船舶衝突損害賠償 法理

I. 序

선박충돌사건은 여러 가지 다양한 법적 쟁점을 제공한다. 선박충돌사건은 불법행위이다. 그러므로 불법행위에 대한 기본이론들이 적용될 것이지만, 해상법에 고유한 법리가 있다면 이것이 우선하여 적용된다.

우리나라는 상법 해상편에 선박충돌에 대한 규정이 있으므로 이것이 민법의 불법행위규정보다 우선 적용된다. 그러나 미국에서는 선박충돌에 대한 별도의 법전이 없고, 판례법이 축적되어 있어 이것이 적용된다.

쌍방과실이란 불법행위에서 사건에 개입된 다수 당사자가 한 가지 사건에 동시에 개입되어 양측이 모두 과실이 있는 경우를 말한다. 해상사건에서 쌍방과실이라고 하면 선박충돌이 가장 먼저 떠오르지만, 선박충돌 이외 좌초사건 등에서도 쌍방과실이 있을 수 있다. 선박좌초사고에서 선장의 부주의한 운항과 해도 혹은 항행시설의 관리잘못이 동시에 사고에 영향을 미친 경우는 선장과 국가가 동시에 가해자 혹은 피고가 될 수 있는 것이다.

이러한 쌍방과실인 경우에 손해배상을 어떻게 할 것인가가 문제된다. 우리 법으로 말한다면 이들 다수 당사자들은 공동불법행위자들이다. 그러므로 민법 일반원칙에 따르면 연대책임을 부담하게 된다. 그러나 상법은 선박충돌사고에 있어서 물적 손해에 대하여는 이를 분할책임으로 하여 민법의 일반원칙에 대한 예외를 인정하고 있다(상법 제846조). 이러한 우리 법의 입장은 1910년 충돌협약의 내용을 따른 것이다. 분할책임은 사고 당사자들에게 자신의 몫에 대하여만 책임을 부담하게 함으로써 정의에 더 충실할 수 있다. 그러나 하나의 사고에 대하여 다른 피고가 손해배상의 능력이 없을 때에는 일부만 배상을 받고 마는 결과가 원고에게 발생함으로써 원고의 보호에 충실하지 못하다는 단점이 있다.

우리 법은 제정법으로서 이러한 손해배상의 방법에 대하여 명확한 원칙이 정하여져 있으므로 이해에 어려움은 없다.

그러나 미국법은 판례법 국가이면서 불법행위에 대한 일반적인 법이 없고 해상법은 판사들이 만들어온 판례법 혹은 보통법이 지배하고 있어서 이해에 어려움이 많다. 미국법은 선박충돌에서 50:50으로 과실비율을 산정하여 손해배상에 대한 처리를 하다가 비례책임주의로 변경된 것으로 이해된다. 그럼에도 왜 쌍방과실충돌약관이 선하증권에 존재하고 우리나라 선박회사들도 이 조항을 여전히 존치하여 두는지 의문이 제기된다.

본 논문은 여기에 대한 해답을 찾기 위한 것이다.

II. 不法行爲의 성립과 입증

1. 원고가 입증하여야 하는 내용

미국에서 불법행위에 기한 소송을 제기하게 되면 원고가 성립요건에 대한 입증을 하여야 한다. 불법행위가 성립하려면, 주의의무의 존재(duty), 주의의무의 위반(breach), 사실상의 인과관계(casuse in fact), 법적 인과관계(legal cause) 그리고 손해의 존재(damage)를 원고가 입증하여야 한다.[1] 어떠한 사실에 대한 입증은 쉽지 않은 것이기 때문에 입법자들은 입증이 되지 않을 경우에는 입증책임을 부담하는 자가 패소하도록 하는 제도를 만들었다. 그래서 입증책임을 다하지 못하면 그 자는 패소하게 되므로 입증책임을 부담하는 자가 불리하게 되는 것이다.[2]

2. 펜실베이니아 원칙(Pennsylvania rule)

한편, 미국에서 안전 등에 대한 법규를 위반한 경우는 법률상 추정과실

1) Dobbs, *The Law of Torts*(West Group, 2000), p. 269.
2) 이에 반하여 우리나라 민법은 제750조에서 불법행위에 대하여 규정하고 있다. 입증책임을 원고가 부담하는 것은 미국법과 동일하다.

(negligence per se)이라고 하여 위반한 자를 불리하게 처리하는 판례법이 형성되어 있다. 즉, 피고의 법규위반을 근거로 소송을 제기하는 경우에 원고는 주의의무 위반에 대하여 의무위반을 입증하지 않고 위반사실만을 입증하면 되고, 나아가 법적 인과관계에 대하여도 자신이 그 법규가 보호하려는 대상이며 손해가 그 보호대상의 범위 안에 속한다는 점만 입증하면 된다. 그렇지 않은 일반 사건에 비하면 원고는 훨씬 수월하게 피고의 주의의무위반과 법적 인과관계를 입증하게 된다. 그러나 이 경우에도 원고는 피고의 의무와 사실상의 인과관계를 입증하여야 하는 점은 변함이 없다.

피고가 법령에 위반한 경우에 여기에서 한걸음 더 나아가 사실상의 인과관계에 대하여도 입증책임을 완화하여 준다는 것이 바로 펜실베이니아 원칙의 요체이다. 이 원칙하에서 원고는 가해자에 대한 손해배상청구에서 아주 유리한 입장에 서게 된다.

1869년 영국의 상선(펜실베이니아)과 범선이 무중에서 충돌을 하였다. 상선의 과속이 사고의 주원인임에는 의문의 여지가 없었으나, 범선이 어느 정도의 과실이 있는지가 문제였다. 범선은 항행중에 울려야 하는 무중신호를 잘못 울린 사실이 밝혀졌다. 법원은 범선의 잘못된 신호가 사고와 어떠한 인과관계가 있는지는 "그 원인으로 사고가 발생할 수 있다"는 정도로 입증하기만 하면 된다고 판시하여 소위 펜실베이니아 원칙을 만들어낸 것이다. 일반론에 따른다면, 원고가 되는 펜실베이니아측은 범선의 잘못된 신호가 충돌에 영향을 미쳤음을 우월하게(preponderance) 증명하여야 하지만, "할 수 있다"는 정도로 입증을 하여도 되므로 인과관계의 입증은 아주 쉽게 된 것이다.[3] 이 원칙은 현재에도 유효하며, 법령에 위반한 피고에 대하여는 사실상의 인과관계의 입증이 필요없는 것으로까지 해석되기도 한다.[4]

---

3) 86 U.S. 125(U.S. Supreme court, 1874).

4) Healy & Sweeney, *The Law of Marine Collision*(1998), 46; David W. Robertson & Others, *Admiralty and Maritime Law in the United States*(2001), p. 384.

III. 損害賠償(기여과실제도)

1. 기여과실

미국은 영국법의 전통을 이어받아 원고측에 조금이라도 과실이 있는 경우에는 피고에 대한 손해배상청구가 인정되지 않는 것으로 하였다. 이를 기여과실(contributory negligence)제도라고 한다.[5]

그런데 이러한 제도는 심각한 불합리를 초래한다. 즉, 원고가 과실이 1%가 있는 경우나 원고가 과실이 90%가 있는 경우나, 동일하게 원고는 손해배상청구를 피고에게서 받지 못하게 된다. 또한 피고의 과실이 더 큰 경우에도 원고의 사소한 과실로 손해배상을 받지 못하는 점은 이해하기 어렵다. 비례과실제도를 취하는 경우와 비교하면 얼마나 불합리한 경우가 많이 발생하는지 상상이 가능하다.

이러한 제도의 불합리를 시정하기 위하여 영미의 판사들은 완화책으로서 최후의 기회원칙(last clear chance rule), 급박한 위험의 원칙(imminent danger rule) 그리고 주인과 일인의 원칙(major-minor rule) 등을 채택하여 원고가 비록 과실이 있는 경우라고 하더라도 원고에게 배상을 하는 방법을 찾기에 이르렀다.[6]

1950-1960년대에 들어서서 영국과 미국은 기여과실제도를 변경하게 되었다. 현재 미국의 각 주는 기여과실에 대한 제정법을 만들어 불합리를 시정하고 있다.

2. 비례과실제도

1960년-1970년대에 들어 미국의 많은 주들은 제정법을 마련하여 비례과실제도를 채택하게 된다. 크게 두 가지 형태로 나누어진다. 뉴욕주와 같이 순수하게 100% 기여과실제도를 폐지하고 비례과실제도를 채택한 경우가 그 하나이다. 그 둘은 몬테나주와 같이 수정된 비례과실제도를 가지고 있는 경우이다.

---

5) Dobbs, op. cit., p. 494.

6) Ibid., p. 498.

(1) 순수한 비례과실제도

뉴욕주, 캘리포니아 주 등은 과실비율의 정도에 관계없이 원고와 피고간의 손해배상을 실제 과실비율에 따라 정산하는 순수한 비례과실제도를 취하고 있다.[7] 예컨대 원고의 과실비율이 60%, 피고의 과실이 40%로서 더 크다고 하더라도 원고는 자신의 손해의 60%에 대하여 손해배상을 받을 수 있게 된다.

쌍방과실에 대한 손해배상의 문제는 원고와 피고가 각자의 손해에 대하여 청구하는 경우와 제3자가 불법행위자에 대하여 청구하는 경우가 있을 수 있다. 이러한 경우에는 미국 보통법은 연대책임이 원칙이다. 연대책임으로 되어 있는 부분에 대하여도 비례과실제도를 도입하는가가 쟁점이 된다. 말하자면, 우리법의 선박충돌손해에서 물적 재산에 대하여 분할책임과 같이 제3자는 피고 각자에 대하여 과실비율에 대한 청구만이 가능한지 아니면 누구에게나 대하여 100% 청구가 가능한지가 관건인 것이다. 이것은 피고 중의 한 사람이 파산된 경우를 가정하면 원고에게는 중요한 문제가 된다.

뉴욕주법은 다수채무자가 있는 연대책임사항에 있어서도 비례과실제도를 채택하였다.

(2) 수정된 비례과실제도

몬테나주와 같은 경우에는, 원고의 과실비율의 정도에 따라서 손해배상청구가 가능한지가 결정된다. 즉, 원고의 과실이 50%를 넘어서면 원고의 피고에 대한 청구가 허용되지 않는다. 원고의 과실이 50% 이하가 되는 경우에만 과실비율에 따라서 손해배상이 정산된다.[8]

3. 해상사건에서의 적용

(1) 해상법의 전통

해상사건에서는 일찍이 비례과실제도가 채택되었다. 이것은 1921년 존스법의 채택으로, 연방근로자보상법이 적용되면서부터이다. 존스법은 선원이 과실이 있는 경우라고 하더라도 선원의 청구가 배제되는 것이 아니라, 과실비율에 따라 감액된 손해배상이 가능한 제도를 도입하였다.

---

7) Ibid., p. 505.

8) Ibid.

한편, 선박충돌에 대하여는 50:50으로 손해배상책임을 부담하는 제도가 생겨났다.[9] 즉, 원고가 60%의 과실이 있든 40%의 과실이 있든 원고의 과실비율은 50%가 되고 손해의 50%에 대한 책임을 원고가 부담하는 것이다. 이 제도는 한편으로는 기여과실제도의 불합리를 개선하는 것이면서, 다른 한편으로는 해상사건에서 과실비율을 정하기가 어렵다는 점과 양측에 사고방지에 대한 주의를 환기한다는 점에서 긍정적인 측면이 있다.

(2) 비례과실제도의 도입

1975년 Reliable Transfer 사건에서 미국 연방대법원은 50:50 정산원칙을 파기하고 비례과실제도를 채택하는 획기적인 판결을 내렸다.[10]

이 사건은 선박의 좌초에 기인한 손해배상을 미국 정부에 청구하는 사안으로서 선박충돌과는 다른 것이다. 미국 해안경비대(Coast Guard)의 등대관리가 잘못되어 선박이 좌초하였다고 주장하면서 선박소유자가 미국 정부를 상대로 손해배상청구소송을 제기하였다. 1심법원은 선박의 과실이 25%, 해안경비대의 과실이 75%이지만, 당시의 판례법이 50:50 정산원칙이므로 손해의 50%만 인정하였다. 연방대법원은 50:50 정산원칙은 종주국인 영국에서도 1910년 충돌조약의 입장을 취하여 비례과실제도가 도입되었고, 존스법에서도 비례과실제도가 도입된 점을 근거로 제시하면서 선박충돌 혹은 좌초와 관련된 손해배상은 비례과실제도를 채택한다고 판시하였다.[11]

후속되는 선박 사이의 선박충돌과 관련된 사안에서도 Reliable Transfer 사건이 인용됨으로써,[12] 선박충돌사고에도 비례과실제도가 확립되어 선박충돌의 당사자 사이에서는 비례과실제도에 따라 각자의 과실비율에 따른 손해배상만을 하면 되게 되었다.

---

9) The Schooner Catharine v. Dickinson, 58 U.S. 170(1855).

10) United States v. Reliable Transfer Co., 1975 AMC 541.

11) 만약 기여과실제도가 인정되었다면 원고에게도 과실이 있었으므로 원고의 청구는 기각되었을 것이다.

12) 이것은 미국 해사불법행위소송의 지배적인 이론이 되었다. 그러나 COGSA가 적용되어 화주가 운송인에게 손해배상을 청구하는 경우는 적용이 없다. T.J. Schoenbaum, *Admiralty & Maritime Law*(West Group, 2001), p. 781.

Ⅳ. 連帶責任與否

1. 일반 법리

교통사고와 같이 쌍방과실인 경우, 사고의 원인을 분리하기가 어려운 경우, 그리고 사용자가 피용자의 과실에 대하여 사용자책임을 부담하는 경우(vicarious liability)에는 사고 당사자의 책임은 미국법상 연대책임(joint & several liability)이 된다. 이는 단독책임(several liability)에 대응하는 개념이다.[13] 그리하여 교통사고의 경우에 운전자인 갑과 다른 운전자 을은 피해자인 병에 대하여 연대책임을 부담하였다.[14]

2. 선박충돌의 경우

위 Reliable Transfer 사고에서의 비례과실제도는 선박충돌 당사자 사이에도 적용되는 것이다. 그렇다면, 제3자가 과실이 있는 가해자들에게 청구를 하는 경우에는 정산이 어떻게 될런지가 관건이 된다. 즉, 제3자에 대한 책임에 있어서 공동불법행위자들은 과실비율에 따른 비례책임을 부담할 것인지 아니면 연대책임을 부담할 것인지에 쟁점이 있다.

예컨대, 뉴욕주법이 적용이 된다면, 뉴욕주의 기여과실법이 적용되어 제3자에 대한 관계에서도 가해자들은 과실비율에 따른 손해배상을 부담하면 될 것이다. 그런데 선박충돌사건은 미국연방법원의 관할로서 각 주법을 따르는 것이 아니라 연방법을 적용하여야 한다. 선박충돌에 대하여 제정법이 없으므로 결국 판사들이 정립한 보통법인 일반해상법을 적용하게 된다. 그러므로 이는 법원의 판결의 태도에 따라 달라진다.

그런데 1975년 Reliable Transfer 이후에도 미국연방법은 계속하여 연대책임을 가해자들에게 부여하고 있다.[15] 따라서, 선박충돌사고에서 제3자인 화주는 자신의 선박의 운송인이나 상대선박의 운송인에 대하여 각각 100%의 손해배

13) 다수 채무자의 누구에게나 채권자는 자신의 손해의 100%를 청구할 수 있는 것으로 해석되므로 이는 우리나라의 연대책임과 유사하다고 할 수 있다.

14) 피해자인 제3자가 가해자인 갑과 을에 대하여 손해배상청구를 하는 경우이므로 기여과실제도는 적용이 없다.

15) McDERMOTT, Inc v. AMCLYDE(Supreme Court of US, 1994), 1994 AMC 1521.

상청구가 가능하다는 것이 된다.[16][17]

3. 쌍방충돌약관

미국은 하터법 이래로 항해과실면책제도를 도입하였음에도, 전통적인 연대책임제도하에서 미국의 운송인들은 제3자인 화주에게 연대책임을 부담하는 결과로서 자신들의 처지가 마치 항해과실면책제도를 이용하지 못하는 결과를 낳고 있다는 점에 대하여 주목하게 되었다. 그리하여 이를 보완하기 위한 제도로서 소위 쌍방충돌약관(both to blame clause)을 선하증권에 추가하게 되었다.

甲선박과 乙선박 사이의 충돌이 있은 경우에 각 선박의 운송인은 미국 해상물건운송법에 의하여 항해과실면책을 주장하여 자신의 화주에게는 면책이 된다. 그런데 일반 연대책임의 법리에 따르면, 운송인은 각자의 상대방 화주에 대하여는 연대책임을 부담하므로, 운송인은 상대선박의 화주에 대하여 100%의 손해를 배상하여야 하는 것이다.

예컨대, 선박충돌사고에서 50:50로 과실비율이 정하여진 때를 가정한다. 乙선박의 운송인은 연대책임을 부담하므로 甲선박의 화주에 대하여 전액(1억원)을 배상한 다음, 甲선박의 몫에 대하여 구상청구를 할 것이다. 상대방 손해의 50%를 부담하여야 하므로, 甲선박은 乙선박에 대하여 乙선박이 지급한 금액의 50%(5천만원)에 해당하는 보상을 하여야 한다.

한편, 이를 甲선박 자신만이 항해과실로 자신의 선박에 적재된 화물에 손상을 입힌 경우와 비교하여 보자. 이 경우 甲선박은 자신의 화주에 대하여 완전히 면책이 된다. 그런데 乙선박이 개입되어 乙선박이 과실이 있게 됨으로써, 甲선박이 간접적으로 자신의 화주에 대하여 손해배상액의 50%를 지급하는 결과가 되었다. 1910년 국제조약과 같이 분할책임(비례과실제도)을 취한다면, 甲선박의 화주는 甲에게는 아예 청구할 수 없고(항해과실로 면책이 되므로) 乙에게만 자신의 과실비율인 50%만 책임을 물을 수 있는 것이다.

운송인들은 이것을 불합리하다고 생각하여, 이 경우에도 화주는 자신의 운

---

16) 이러한 미국법의 입장은 우리 상법과 다르다. 우리 법하에서는 피해자로서 제3자인 화주는 분할책임주의에 따라 부담하는 손해액에 대하여만 각각의 선박에 청구할 수 있을 뿐이다. 상법에 특별한 규정을 가지지 않고 있는 일본법의 입장은 민법의 연대책임규정을 여전히 적용하게 되므로 미국과 동일한 결과가 된다.

17) 물론 적재선박의 운송인은 항해과실면책 등의 주장이 가능할 것이다.

송인에 대하여 이와 관련하여 운송인이 추가적인 손해를 보지 않도록, 즉 항해과실면책이 되는 경우와 동일하게 만들어 주겠다는 내용의 약관을 선하증권에 삽입하게 된 것이다. 이 약관이 이른바 쌍방충돌약관(both to blame clause)이다.

이 약관의 유효성이 문제가 된다. 화주의 입장에서는 자신에게 과실이 없음에도 상대선박의 운송인의 과실에 기초하여 수령한 손해배상액을 다시 자신의 운송인에게 왜 환급하여야 하는지에 대하여 불만을 토로한다.

미국 연방대법원은 US v Atlantic Mutual Ins Co(1952) 판결에서 미국 해상물건운송법상(COGSA)의 화주를 불리하게 하는 조항은 무효라는 규정(제4조 제2항)을 근거로 쌍방충돌약관은 무효라고 판단하였다. 1975년 Reliable Transfer 사건에서 미국은 과실비율에 따른 분할책임주의로 옮겨간 다음에도, 미국법원은 화주와 같은 제3자가 과실있는 운송인에게 청구하는 경우에는 여전히 연대책임을 부담한다고 판시하고 있다. 그러므로 쌍방충돌약관에 대한 상기의 설명은 현재에도 동일하고, 다만 당사자 사이의 구상문제에 있어서 당사자들은 50:50 과실비율이 아니라 과실비율에 따른 구상을 하면 된다는 점에서 차이가 있다.

미국법의 적용을 받는 경우에 미국법원이 동 약관은 무효라고 하므로, 운송인은 자신의 예상되는 손해를 보상받도록, 선주책임상호보험으로 이를 담보받도록 하고 있다. 만약 동 약관에 따라서 화주가 운송인에게 구상을 당하는 경우를 대비하여 적하보험에서도 동일한 쌍방충돌약관을 삽입하여두고 있다.[18)]

18) 그러면 우리나라 선박회사들이 지금도 쌍방과실충돌약관을 두고 있는 이유는 무엇인가? 우리 법은 공동불법행위는 연대책임이 원칙이다. 그런데 선박충돌에서 물적 손해에 대하여는 분할책임을 정하고 있다. 그러므로 해상사건에서 물적책임에 대하여도 연대책임을 부과하고 있는 미국법의 태도는 우리와 결정적으로 달라지게 된다. 우리나라에서도 위의 예에서 甲선박의 화주가 乙선박의 운송인에게 청구가 가능한 금액은 乙선박의 과실비율에 해당하는 금액에 지나지 않는다. 그러므로 적재선박의 운송인이 부당하게 취급받는다는 경우란 처음부터 존재하지 않는다. 요컨대, 우리 상법하에서는 쌍방과실충돌약관에서 상정하는 사례는 발생하지 않는 것이다. 그런데 상법의 분할책임규정을 당사자 사이에만 적용하고 제3자와의 관계에서는 여전히 민법원칙에 따라 연대책임이라고 해석을 한다면 미국법과 같이 될 여지는 있다. 현재 우리 법원과 학설은 모두 전자의 견해를 취하고 있다. 우리 선박회사들이 준거법을 미국법이나 일본법으로 할 경우에는 쌍방과실충돌약관의 규정은 여전히 유효하게 된다. 따라서 선하증권상의 쌍방충돌과실약관의 존재성은 상존한다고 하겠다.

Ⅴ. 結 論

미국에서 선박충돌의 법리는 일반 불법행위의 이론이 기본적으로 적용된다. 따라서 원고는 가해선박의 과실과 손해 및 인과관계를 입증하여야 할 것이다. 그러나 펜실베이니아 원칙을 판례법으로 형성하여 인과관계 등에서 입증책임을 완화하고 있다. 이는 선박이라는 특수한 상황을 반영하여 피해자를 보호하기 위함에 있다고 생각된다. 우리나라는 이러한 제도가 없다.

미국법은 불법행위에 대하여 제정법이 없는 것이 원칙이고, 판례법으로 구성된다. 선박충돌에 대하여도 판례법이 적용된다. 미국은 전통적인 기여과실제도를 택하고 있었지만 비례과실주의로 이동하고 있는 경향을 보인다. 이에 따라 선박충돌사고에 있어서도 당사자 사이에서는 비례과실주의에 의한 책임을 서로 부담한다. 그러나 제3자와의 관계에서는 여전히 연대책임을 부담하고 있다. 이 점이 우리나라와 다른 점이다. 따라서, 미국법하에서는 적재선박의 화주가 항해과실의 면책이익을 누릴 수 있는 동일한 효과를 가져다 주기 위하여 쌍방과실조항을 선하증권에 삽입하고 있다. 이러한 결과는 미국이 1910년 충돌조약을 채택하지 않은 결과이기도 하다.

제 4 논 문

船舶衝突에서 過失比率과 海洋安全審判裁決의 關聯性에 대한 考察*

Ⅰ. 序 論

해양안전심판원(이하 해심)은 행정심판의 일종으로서 선박충돌과 같은 해양사고의 원인을 규명하고 부차적으로 해기사들에게 징계를 가하는 국가기관이다(해양사고의조사및심판에관한법률<이하 해심법> 제4조 및 제5조). 그러므로 공평한 손해배상을 목적으로 하는 민사법원의 기능과는 근본적으로 다르고(이하에서는 민사법원의 기능을 해양사고와 관련한 손해배상의 산정에 한정하여 논의를 전개한다), 따라서 해심에서 내리는 재결[1]은 민사법원의 재판과는 관련성이 없는 것이 원칙일 것이다. 그러나 실무상 해양사고에 대한 전문성이라는 측면에서 열등한 지위에 있는 민사법원은 특단의 사정이 없는 한 해양사고의 원인판단에 있어서는 해심의 재결내용을 존중하고 이를 바탕으로 사실관계를 확정하고 있다.

우리 상법은 선박충돌의 경우에 있어서 물적 손해의 배상은 分割責任主義를 취하고 있다(상법 제846조). 그러므로 손해배상액의 산정을 위하여는 각 선박의 과실비율이 얼마인지가 먼저 결정되어야 한다. 인적 손해의 경우에도 양 선박이 연대책임을 부담하기는 하지만(상법 제846조 제2항), 먼저 손해를 배상한 선박소유자(이하 선주)는 다른 가해자에게 구상청구가 가능하고 구상은 과실비율에 따라서 이루어지므로(민법 제425조 제1항) 역시 과실비율이 필요하게 된

* 이 논문은 「법조」(2003.7)에 기고한 글이다.

1) 해심의 재결에는 원인재결과 징계재결이 있다. 원인재결이란 해심의 재결대상이 된 해양사고의 원인을 밝히는 재결이고(해심법 제5조 제1항) 징계재결이란 해양사고관련자에게 해양사고를 야기한 과실에 대하여 행정법상의 책임을 묻는 재결이다(해심법 제5조 제2항).

다.[2] 그리하여, 해상변호사들은 해심재결에 나타난 원인제공정도를 바탕으로 심판변론인 등 해기 전문가들과 함께 과실비율을 산정하여 이를 준비서면에 포함시켜 민사법원에 제출하여 손해배상을 위한 과실비율로 인정받게 된다.[3]

그런데 해심재결서의 主文에 나타난 원인제공정도는 단순히 主因과 一因으로 표시되기 때문에 이를 구체적으로 수치화할 필요성이 있을 뿐만 아니라,[4] 과연 해심에서 판단하는 해기사의 과실들이 반드시 민사에서의 과실과 일치하는지가 의문이다. 필자의 견해로는 본문에서 보는 바와 같이 해양안전심판에서의 과실판단은 민사의 그것과 다른 점이 있다.[5] 그러므로 민사의 과실비율산정을 위하여는 해심재결 내용을 민사의 시각으로 투영할 필요성이 있게 된다.

본고에서는 해양안전심판과 민사재판의 차이점에 대하여 먼저 파악한 다음, 실무적인 관점에서 해심의 재결을 선박충돌사고 과실비율산정에 이용하는 경우의 적용순서를 살펴보고 예시를 통하여 그 방법을 논하고자 한다.

II. 海洋安全審判과 民事裁判과의 相異點

1. 목적과 구성

해심과 민사재판은 그 목적이 다르다. 즉, 해심은 해양사고의 원인을 분석하고 사고의 재발을 방지하면서 부차적으로 선장 등 해기사의 징계를 도모하고

---

2) 민사에서의 과실비율산정을 논하고 있는 구체적인 자료로서는 Henry V. Brandon, "Apportionment of liability in British courts under Maritime Conventions Act of 1911," *Tulane Law Review*(June 1977), p. 1028와 Healy and Sweeny, *The Law of Marine Collision*(Cornell Maritime Press, 1997, p. 320 이하가 있다.

3) 영국에서는 해사법원(Admiralty Court)에서 선박충돌손해배상사건이 처리되고 있으며 판사는 재판과정에서 長老船長의 조력을 받으면서 과실비율을 산정한다. 이러한 예로서는 The "Hanjin Madras," [2000] 1 Lloyd's Reports, 286; The "Koscierzyna," [1996] 2 Lloyd's Reports, 127; The "Aleksandr Marinesko and "Quint Star," [1998] 1 Lloyd's Reports, 265 등이 있다.

4) 이러한 실무계의 의견을 받아들여 해심은 1999년 개정 해심법에서 제4조 제3항을 신설하여, 심판원은 해양사고의 원인을 규명함에 있어서 해양사고의 발생에 2인 이상이 관련되어 있는 경우에는 각 관련자에 대하여 원인의 제공정도를 밝힐 수 있다고 정하였다. 그러나 현재까지 해심은 2건에 대하여만 구체적인 제공정도를 밝혔다. 여기에서의 원인제공정도는 민사에서의 과실비율에 대응한다고 하겠다.

5) 우리나라와 동일한 체제를 취하고 있는 일본에서의 해심재결과 민사형사판결의 異同에 대한 연구논문으로는 和田啓史, "船舶の衝突と三つの過失論,"「廣島商船高等專門學校紀要 第6號」(廣島商船高等專門學校, 昭和 59年3月20日), 25頁 이하가 있다.

있으나, 민사재판은 당사자의 손해배상을 목적으로 하고 있다.

해심은 사고의 원인을 결정하기 위하여 원인제공정도를 판단하나, 민사법원은 공평한 손해배상을 위하여 과실비율을 산정한다. 그러므로 이론상 해심은 해기사의 행위가 손해에 미친 영향력까지를 고려할 필요는 없다고 하겠다.

민사재판부는 법원의 조직의 일부로서 헌법규정에 따라 법관자격을 갖는 판사들로 구성되나(헌법 제101조), 해심심판관은 법관의 자격을 갖지 않는 별정직 행정공무원으로서 선장출신의 해기사들이 주축을 이루고 있다.[6]

2. 과실의 인정

해심에서 해양사고관련자로서 처벌되기 위하여는 해기사에게 '고의 혹은 과실'이 있어야 하고(해심법 제5조 제2항), 민사에서도 손해배상을 위하여는 가해자의 과실이 있어야 하는 점(민법 제750조 및 제756조)에서 양 제도는 동일하다. 그런데 해심에서는 그 주의의무의 기준이 높기 때문에 해기사의 과실이 쉽게 인정되는 경향이 있다.[7]

3. 인과관계인정의 범위

해심에서는 사고발생에 영향을 미친 행위가, 민사에서는 손해발생에 영향을 미친 행위만이 인과관계있는 행위로 처리되는 점에서 양 제도는 동일하다.

그런데 해심은 사고의 원인을 밝힘에 그 주목적이 있으므로 법규위반행위와 사고의 인과관계를 넓게 인정하는 경향이 있다. 민사에서의 과실비율은 공평한 손해의 배상에 목적이 있으므로 각 선박의 과실있는 행위와 손해의 관계를 정확히 파악하여야 한다.

0.5마일 이내로 접근하여 항해를 하다가 조타동작을 잘못 취하여 충돌사고가 발생하였다고 하자. 선박이 비록 0.5마일 이내로 접근한 것이 사고의 직접적인 원인이 아닌 경우에도, 항법은 충돌의 위험발생을 방지함에 있으므로 해심에서는 이를 사고의 원인규명에 적시하고 사고원인의 하나로 포섭하게 된다. 그러나 민사에서는 0.5마일로 접근한 행위 자체는 충돌사고와 상당인과관계가 없는 것으로 처리될 것이다. 인과관계를 넓게 인정하는 해심의 이러한 입장은

---

6) 그 자격요건은 해심법 제9조 이하에서 규정하고 있다.

7) 김인현, 「선박충돌과 항법」(다솜출판사, 2002), 30면.

징계재결에도 영향을 미치게 된다. 사고의 재발방지를 기하기 위한 목적으로 해심은 충분한 최근접거리를 지키지 않은 항법위반사항을 해기사의 징계량에 포함시킨다. 부연하자면, 최근접거리 0.5마일을 위반한 甲선박이 있고 마지막 순간에 경계를 하지 아니하여 좌현전타하여 충돌사고에 이르게 되었다면(선박의 항법에서는 우현변침이 원칙이다), 민사에서는 사고와 상당인과관계가 있는 행위는 마지막 순간의 경계불철저와 좌현전타(왼쪽으로 방향을 바꾸는 행위)에 있다고 볼 것이지만, 해심에서는 최근접거리 위반사항도 원인제공정도에 산입하게 된다. 따라서, 해심에서 원인제공으로 인정되는 사항은 민사에서의 그것보다 많게 나타나게 된다.

4. 사고손해의 크기

민사에 있어서 손해의 크기는 당사자의 과실비율에 따라 결정되는 것이고, 이러한 손해액의 다소는 과실비율에 영향을 미치지 않는다. 예컨대, 甲선박의 침몰로 인한 1억원의 손해에 대하여 甲선박과 乙선박이 각각 50%의 과실비율을 부담하게 되면, 甲선박의 선주는 5000만원의 손해를 乙선박의 선주로부터 받게 된다. 이 때 甲선박의 손해가 2억원이라고 한다면, 甲선박의 선주는 乙선박의 과실비율 50%에 대하여 1억원의 손해를 배상받게 된다. 그러므로 특별하게 손해의 크기가 과실비율의 크기에 영향을 주지 않는다.

Cement Division, National Gypsum Co. v. City of Milwaukee 사건[8]에서 선박은 외항의 임시부두에 접안중이었고 최소정원만 선박에 남아 있었으며 시 당국은 휴무중이었다. 태풍이 내습하여 선박이 부두와 충격되어 선박은 미화 6백50만달러, 부두는 미화 25만달러의 손해를 입게 되었다. 1심법원은 선박과 시 당국의 과실비율을 96 : 4로 하였다. 항소심은 이 수치는 손해액의 크기와 비례한다는 것을 알고, 이를 파기하고 과실비율을 선주 2/3, 시당국 1/3로 판시하였다.[9]

해심의 원인재결과 충돌사고 손해의 크기는 관계가 없다. 이것은 동일한 상황하에서는 대형선박이나 소형선박이나 동일하게 사고가 발생할 수밖에 없

---

8) 1991 AMC, 1002.

9) 형사사건에 있어서는 손해의 규모는 형량에 반영된다(형법 제51조). 우리 형법은 행위반가치뿐만 아니라 결과반가치도 반영하기 때문이다. 이재상, 「형법총론」(박영사, 1999), 553면.

기 때문이다. 대형선박이 침몰하게 된 것은 그 상황에서 우연하게 대형선박이 그 자리에 있었고 따라서 큰 사고가 발생한 것이다. 그러므로 사고의 크기와 관계없이 사고의 원인은 확정될 수 있다. 따라서 해심은 원인재결에서는 사고의 크기에 대한 고려를 하여서는 아니된다. 그러나 징계재결은 사고의 재발방지를 위하여 내리는 계도적인 성격이 있는 행정벌이므로 해심은 사고의 규모에 대한 고려를 할 필요가 있다. 즉, 선원이 5명이나 사망한 사고의 경우에는 선원이 전혀 사망하지 않은 경우와 비교하여 징계량이 높게 된다.[10][11] 그러므로 해양안전심판에서 내린 징계량만으로 민사에서의 과실비율을 정하는 일각의 태도는 잘못된 것이다.

이와 같이 사고손해의 크기는 해심의 원인재결과 민사의 과실비율에는 영향을 미치지 않으나, 해심의 징계재결에 대하여는 영향을 미친다.

5. 사례를 통하여본 異同

(1) 과실인정이 동일한 아이다호 충돌사건

중앙해심(중해심 1997.11.4. 재결 제97-26호)은 「이 충돌사건은 서로 진로를 횡단하는 상태에서 피항선인 서린호측이 상대선의 진로를 피하지 아니한 것으로 인하여 발생한 것이나, 아이다호측이 경계소홀로 서린 201호의 피예인부선 서린 202호를 발견하지 못함으로써 충돌을 피하기 위한 협력동작을 취하지 아니한 것도 원인이 된다」고 판단하였다.

이에 대하여 부산지방법원(부산지법 1998.2.11. 선고 97가합7786 판결)에서는 「해상교통안전법 제23조에 따라 서린호측이 피항의무선의 지위에 있었고 이 사고는 적극적인 피항조치를 취하지 아니한 서린 201호의 선원들의 과실과, 주위를 운항하는 선박의 경계를 소홀히 하여 피예인부선인 서린 202호를 발견하지 못한 아이다호의 선원들의 과실이 경합하여 발생한 것으로 보이고 각 선원들의 과실비율은 6:4 정도로 봄이 상당하다」고 판시하였다.

---

10) 동지, 심근형, "실습선 한나라호/어선 선덕호 충돌사건의 평석에 대하여," 「해양한국」, 1996년 8월호, 82면.

11) 해심법 시행령 제7조의2(해기사 또는 도선사에 대한 징계양정의 기준)는 「법 제6조 제1항의 규정에 의하여 심판원에서 행하는 해기사 또는 도선사에 대한 징계는 그 해양사고발생에 있어서 직무상의 고의 또는 과실의 정도와 해양사고에 대한 피해의 경중, 해당사고발생 당시의 상황 기타 사정을 종합적으로 판단하여 공정하게 양정하여야 한다」고 정하고 있다.

아이다호 충돌사건은 민사와 해심에서 사고의 원인제공정도와 과실비율을 동일하게 판단한 좋은 예이다.[12)][13)]

(2) 과실인정이 다른 천일호 사건

자신의 좌현 정횡으로 거의 통과하려던 경비정이 되돌아와 천일호를 충돌한 소위 천일호 사건에서 중앙해심(중해심 1997.12.11. 재결 제97-31호)은 「이 충돌사건은 해군경비정이 의아선박에 대한 검색의무를 수행한 후 경비구역으로 복귀중 전방경계를 소홀히 함으로써 천일호를 조기에 발견하지 아니한 것과 충돌회피동작이 적절하지 못한 것이 이 사건 발생의 원인이나 천일호측이 해군경비정에 대한 최근접 통과거리 예측 및 동정감시를 소홀히 한 것도 일인이 된다」고 재결하였다.[14)]

대법원(대법원 2000.11.28. 선고 99다55557 판결)은 「이 사건 선박충돌사고는 경비정이 움직이기 시작하는 단계에서 미리 선박충돌의 위험을 예상하여 경고신호를 보내고, 선박충돌에 대비하여 위험회피동작을 취하지 아니한 천일호 3항사의 과실에 의한 것이라기보다는 오히려 경계를 게을리하여 천일호의 존재를 알지 못한 채, 침로를 90도로 좌회전하여 천일호의 진행방향으로 횡단하려고 접근하다가 천일호로부터 발광신호에 의한 경고신호가 있었음에도 이를 뒤늦게 알아차린 상태에서 해상교통안전법상 요구되는 피항방법인 우회전 조치와 기관정지 또는 후진 등의 방법을 취하지 아니하고, 만연히 경비정이 천일호의 船首 방향쪽으로 천일호를 피하여 충분히 빠져나갈 것으로 잘못 생각하여 급좌회전하면서 전속력으로 진행한 경비정측의 전적인 과실에 기인한 것이라고 할 것이므로 같은 취지의 원심의 판단은 수긍이 간다」고 판시하였다.

천일호 충돌사건은 해심에서 사고에 대하여 一因이 있음이 인정된 천일호

12) 日本海審의 재결과 민사재판에서의 과실비율이 동일하게 판시된 사례로는 機船隆洋丸機船第二十三弁天丸衝突事件이 있다. 第2審昭和39年9月10日 昭和39年裁決錄2079頁, 東京地判昭和40年7月26日下級民集16券7號1257頁.

13) 대다수의 충돌사건은 해심에서의 원인제공정도와 민사재판에서의 과실비율이 유사하게 나타난다. 그 예로서는 베라호 충돌사건(중해심 1995.1.27. 재결 제95-1호; 서울지법 1997.1.24. 선고 95가73446 판결), 태영썬호 충돌사건(중해심 2000.5.10. 재결 2000-3호; 광주지법 2002.11.15. 선고 2000가합5758 판결) 그리고 한포호 충돌사건(중해심 2002.1.8; 부산지법 2002.8.14. 선고 2001가합10307 판결)이 있다.

14) 「해난심판사례집(1998)」(중앙해난심판원, 1998.7), 462면.

에 대하여 민사법원에서 과실이 없다는 판시를 한 대표적인 사례이다.[15)16)]

(3) 인과관계인정이 다른 제너럴 카짐올비호 사건

제너럴 카짐올비호(이하 제너럴호) 사건에서 목포지방해심(목해심 1998.1.21. 재결 제98-6호)은, 충돌사건 뒤 선원 7명이 실종된 것은 제너럴호가 45마일이나 도주하여 구조가 지체되어 발생한 것이라고 재결하면서 선원실종과 도주를 인과관계가 있는 것으로 보았다. 그러나 부산지방법원(1998.7.29. 선고 97가합27568 판결)은 「선원들이 위 충돌후 즉시 구조작업에 나서지 아니하고 도주함으로써 원고측 손해를 확대시켰으므로 확대된 손해에 대하여는 피고측의 일방과실이라고 주장하나, 피고선박이 충돌후 도주한 사실은 앞서 본 바와 같으나, 그로 인하여 손해가 확대되었다는 주장에 부합되는 증인 최××의 증언은 위에서 인정한 사실(즉 위 충돌 즉시 위 최×× 및 선교에 있던 선원들이 선실에 있던 선원들을 구조하지 아니하였고, 약 20분 후에 구조하려 할 때는 이미 때가 늦었으며, 위 구조선인 화진호가 온 11시간 후에 위 선체가 침몰한 사실)에 비추어 믿을 수 없고, 달리 이를 인정할 만한 아무런 증거가 없으므로 이유없다」고 하였다. 부연하면, 충돌 후 20분 이내에 선원들은 실종되었으므로 제너럴호가 구조조치를 취하였다고 하더라도 시간적으로 때가 늦었을 것이므로 실종과 제너럴호의 도주는 인과관계가 없다는 취지로 민사법원은 판시한 것이다.

이 사건은 해심에서 인과관계를 인정한 사안이 민사에서 받아들여지지 않은 대표적인 사례이다.

Ⅲ. 海洋安全審判裁決에서 民事過失을 산정하는 방법

1. 해심재결서

(1) 재결서내용의 숙지

과실비율산정을 위한 1단계는 해심재결서의 내용을 숙지하는 것이다. 민사

15) 이에 대한 자세한 평석은 김인현, 「해상법연구」(삼우사, 2002), 829면을 참고바람.

16) 기타 과실비율인정이 서로 달리된 사건으로는 화물선 101태룡호와 유조선 제9남성호의 충돌사건이 있다. 동사건에서 중앙해심은 主因과 一因으로 재결하였으나(중해심재결 제92-6호), 대법원은 제9남성호의 일방과실로 판시하였다(대법원 판결 92추55, 93추205 판결)(법원공보<1993>, 2033면).

의 시각에서 과실비율을 정할 때에는 해심재결서의 내용에서 결정된 사실관계를 기초로 한다고 가정한다. 만약 사실관계를 달리 본다면, 항법적용이 달라질 것이므로 민사법원은 독자적인 항법적용에 따른 과실비율산정을 하여야 할 것이다.

1) **원인재결**

재결서 主文에는 사고의 主因과 一因이 구체적으로 수치화되어 있지 않기 때문에 원인재결내용 전부를 읽은 다음에 구체적인 과실비율을 산정하여야 한다. 우리나라 해심에서는 충돌사고의 원인을 主文에 나타내는 형식이 매우 단조롭다.[17] 원인기여정도가 동일하지 않은 경우에는 主因과 一因의 형태로만 나타나므로, 과연 기여정도가 60:40인지 아니면 90:10인지를 원인재결내용 전체를 통하여 파악하여야 한다. 또한 主文에 기록한 항법위반사항만을 사고원인 판단의 원인으로 삼은 것은 아니다. 그러므로 재결서의 主文뿐만 아니라 원인판단 부분 일체를 통하여 과실비율을 산정하여야 한다.

특히 해심은 독자적인 목적에 충실하기 위하여 사고와의 인과관계를 넓게 포섭하고 있을 뿐만 아니라 직접적인 인과관계가 없는 주의의무 위반사항을 지적하는 경우가 많으므로,[18] 이들을 민사의 시각에서 재투영할 필요가 있다.

2) **징계재결**

해심의 징계재결은 반드시 원인재결에서의 主文에 나타난 원인제공정도와 비례하지 않는다.[19] 피해액수가 큰 경우, 교육정도가 높은 사람 등에게는 징계

---

17) 원인제공정도가 동일한 경우에는, "--과 --이 원인이 되었다" 그리고 일방의 원인제공정도가 많은 경우에는, "--이 주인이나 --도 일인이 되었다"는 형태를 취한다.

18) 부산지방해심(부해심 1996.11.4. 재결 제96-142호)은 동국제강부두에서 우현으로 계류중이던 부산수산대학교 실습선인 가야호와 예인선단이 접촉한 사고에서 가야호의 선장에게 정박당직체계를 잘못 정하고 운용한데다 선원들에 대한 직무감독을 소홀히 하였다고 하여 견책재결을 내렸다. 2등기관사 지휘하에 조타수와 조리장이 당직중 예인선단이 본선과 충돌하였다. 해심은 기관사가 항해사들이 수행하여야 하는 정박당직근무를 대행하고 있는 점에 문제가 있음을 지적하고 있다. 그러나 부두에 접안중인 선박이 어떠한 주의의무를 게을리 하였기 때문에 충돌사고가 발생하였는지에 대하여는 언급이 없다. 민사에 있어서는 선장이나 1등기관사의 행위(부작위)는 충돌사고와 인과관계가 없는 것으로 판단될 것이다.

19) 해심의 사무처리요령 제124조는 해기사 또는 도선사에 대한 징계를 양정할 때에는 해양사고의 원인행위에 대한 해양사고관련자의 고의 또는 과실의 정도와 해양사고로 인한 피해의 경중에 따라 공정하게 양정하되, 해양사고의 원인규명으로써 해양안전확보에 이바지함을 목적으로 하는 법의 기본취지에 어긋나서는 아니된다고 정하고 있다. 그러므로 징계재결은 과실과 피해의 경중을 고려하여 결정된다고 하겠다.

량이 더 높게 가해지기 때문이다.[20] 해심에서는 사무처리요령에 근거하여 인명의 사상에 따라서 업무징계의 수준을 정하고 있다.[21] 또한 외국선박에 근무하는 외국면허소지자에게는 징계재결을 하지 않거나 권고재결만을 내린다.[22] 그러므로 업무정지의 기간에 비례하여 민사의 과실비율을 산정하여서는 아니된다.

해심의 징계재결에 있어서의 징계량은 이러한 요소들을 함께 고려하여 판단된다. 일본에서도 징계재결에 나타난 징계량을 기준으로 과실비율을 결정한다는 내용이 있다.[23] 그러나 이는 정확한 태도가 아니다. 일본에서도 "징계재결이 각각 업무정지 2개월 견책인 경우에는 재결이유를 검토하여 양 선박의 운항상의 과실만을 근거로 징계된 것이 확인되면, 견책은 대체로 15일간의 면허정지에 상당한다고 생각되므로 과실비율을 4 : 1로 합의한다"고 한다.[24] 즉, 징계량이 운항상의 과실만으로 판단된 경우에만 이를 과실비율에 이용한다는 취지로 이해하여야 한다.

(2) 항법위반사항의 추출

해상에서도 선박충돌을 피하기 위하여 육상에서의 도로교통법과 같은 통항규칙이 정하여져 있다. 이에는 1972년 국제해상충돌예방규칙(이하 '국제규칙')이 있고 이를 국내법화한 해상교통안전법(이하 '교통법') 및 개항질서법이 있다.[25] 이를 통틀어서 해상교통법이라고 하고, 해상교통법에서 규정하고 있는 항행중 지켜야 할 구체적인 사항들을 항법이라고 한다. 이러한 항법은 해기사

---

20) 이러한 재결로는 제303순양호 티와이 그린호 충돌사건(동해심 2000.3.30. 재결 제2000-12호)이 있다. 동 사건에서 동해지방해심은 충돌사고의 主因은 제303순양호에게 있고 一因은 티와이 그린호에 있다는 원인재결을 하면서도, 업무정지에 대하여는 양 선박의 해기사에게 동일하게 2월 업무정지라는 징계재결을 내렸다. 전게 「해난심판사례집(2001년)」, 61면.

21) 예컨대, 선박이 全損된 경우나 6인 이상의 사망자 또는 실종자가 발생한 경우에는 2월 이상 6월 이하의 업무정지를 가하도록 정하고 있다(사무처리요령 제127조 및 제128조).

22) 이러한 재결로는 어선 제91동진호 일반화물선 브레스트 충돌사건(부해심 2000.1.28. 재결 제2000-11호)이 있다. 브레스트호도 충돌사고에 一因이 있다고 하면서도 부산지방해심은 러시아 선박이므로 해기사에게 징계를 하지 못하였다. 전게 「해난심판사례집」(2001년), 71면.

23) 동지, 조영대, "해양안전심판의 민사분쟁해결기능 강화방안," 「2001 심판관조사관연수교육」(중앙해양안전심판원, 2001.10), 64면.

24) 保險每日新聞社, 船舶保險의査定實務(東京, 昭和 61年), 257頁.

25) 이러한 해상교통법의 내용에 대하여는 김인현, 「해상교통법강의」(다솜출판사, 2002)를 참고 바람.

들에게는 선박의 충돌을 방지하기 위하여 부과된 주의의무라고 말할 수 있다.

과실비율을 산정하는 2단계 작업으로서는 항법위반이 되는 사항들을 추출하는 것이다. 항법상의 주의의무위반사항이 아닌 것은 과실의 경중판단에 넣을 수 없으므로 논의에서 배제시켜야 한다.[26] 각 항법위반사항이 사고에 미친 영향이 중요한 것이지 각 선박의 항법위반사항의 개수가 중요한 것은 아니다.[27][28]

상호시계내에서 우현측에 접근하는 상대선을 두고 있는 선박은 피항선이 되고 피항선은 조기에 적극적인 동작을 취하여 유지선을 피하여야 할 의무가 부과되어 있다(국제규칙 제15조 · 제16조 및 교통법 제23조 · 제24조). 따라서 충돌시까지 아무런 동작을 취하지 않았다면 피항선은 이러한 주의의무위반이 있게 된다. 霧中에서 속력을 감속한 행위는 정당한 항법상의 조치이므로 이는 항법위반사항이 아니다. 속력을 감속하지 않은 행위만이 항법위반사항이 될 것이다. 그러나 이러한 항법위반사항은 선박충돌과 인과관계가 있는 것일 수도 있고 없을 경우도 있을 것이다.

(3) 인과관계의 고려

과실비율산정을 위한 3단계 작업으로서는 항법위반사항들이 충돌사고와 인과관계가 있는지를 파악하여야 한다.[29] 위의 예에서 피항선이 피항조치를 취하지 않았다는 사실관계가 확정되었다면, 이 선박이 피항조치를 취하였더라면 사고를 피할 수 있었을 것이므로 이는 인과관계가 있는 항법위반사항이 된다. 인과관계가 없는 항법위반사항들은 과실비율산정에서 배제된다. 예컨대, 우현변침하면서 경고신호로서 단음 1회를 울리지 않은 것은 항법위반이다(국제규칙 제34조 제1항 및 교통법 제41조 제1항). 그러나 상대선박이 그 선박의 우현변침을 인지하고 있었다면 기적을 울리지 않은 것은 충돌사고와 인과관계가 없는 행위가 된다. 그러므로 이는 과실비율산정에서는 제외하여야 할 사항이다.[30]

---

26) 동지, Thomas J. Schoenbaum, *ADMIRALTY AND MARITIME LAW*, 3rd ed.(WEST GROUP, 2001), p. 770.

27) 동지, Henry V. Brandon, op. cit., p. 1038; S. Mankabady, *The Law Collision at Sea*(Elsevier Science Publishers B.V., 1987), p. 306.

28) 항법위반사항의 개수에 따라 과실비율을 논하고 있는 논문으로는 박용섭, "실습선 한나라호/어선 선덕호 충돌사건,"「해양한국」, 1996년 7월호, 134면이 있다.

29) Henry V. Brandon, op. cit., p. 1028; 김인현, 전게 해상법연구, 811면.

30) 인과관계가 부인된 해심재결로는 천일호 사건이 있다. 중앙해심(중해심 1997.12.11. 재결

2. 과실비율의 산정

선박충돌사고의 과실비율산정을 위한 요소로서 제시되고 있는 것은 유책성 혹은 비난가능성(culpability or blame-worthiness)과 인과적 영향력(causative potency)이다.[31] 항법위반사항들은 기본적으로 위법한 행위이고 이러한 행위는 비난가능하다. 비난가능성은 항법위반사항들이 얼마나 중요한 것인가에 따라서 달라진다. 霧中에서의 좌현전타행위는 기적을 울리지 않은 것에 비하여 그 비난가능성이 훨씬 높다고 하겠다. 인과적 영향력은 어떤 항법위반행위가 사고에 얼마나 직접적인 영향을 미쳤는가에 따라 달라진다. 霧中에서의 좌현전타는 기적을 울리지 않은 것과 비교하여 이들이 제대로 행하여진 경우를 비교하면 사고를 피할 가능성은 전자가 더 높으므로 인과적 영향력은 전자가 더 크다고 할 수 있다.

(1) 비난가능성의 고려

과실비율산정을 위한 4단계로서는, 인과관계가 있는 항법위반행위들이 각각 어느 정도의 비난가능성이 있는지를 살펴보는 것이다. 여러 가지의 항법위반사항들 중에서도 항법위반에 대한 비난가능성이 높은 것과 낮은 것이 있다. 예컨대, 霧中에서 선박이 폭주하는 항내에서 전속항해는 비난가능성이 아주 높다고 할 것이지만, 大洋航海에서 감속을 하지 않은 것은 비난가능성이 낮아진다고 생각된다. 비난가능성이 큰 항법위반행위를 한 선박의 과실비율은 높아진

제97-31호)은 「천일호 선장이 연안해역 항해시 직접지휘를 하지 아니한 아쉬움은 있으나 시계가 양호한 가운데 대체로 선박통항이 빈번하지 아니한 넓은 해역이므로 수심인 선장의 행위는 이 사건 발생의 원인이 되지 아니한다」고 재결하였고, 민사에서도 동일한 결과가 되었다.

31) 대표적인 것으로는 영국해사법원에서 선박충돌사고를 많이 처리한 브랜든 판사의 견해를 들 수 있다. 그는 과실비율산정은 비난가능성 혹은 유책성과 인과적 영향력 두 가지의 관점에서 보아야 한다고 한다. The seriousness or weight of such faults can be looked at from two angles. First, a fault can be looked at from the angle of its blameworthiness or culpability, irrespective of the extent to which it contributed to the damage or loss concerned. Second, a fault can be looked at from the angle of the extent to which it contributed to the damage or loss concerned, irrespective of its blameworthiness or culpability. H.V. Brandon. op. cit., p. 1031. 이외에 S. Mankabady, *The Collision at Sea*(Elsevier Science Publishers B.V., 1987), p. 303도 같은 취지이다.

다. 비난가능성이 높은 행위로는 霧中에서의 좌현전타 및 과속(이는 霧中항법위반이다. 국제규칙 제19조 및 교통법 제27조),[32] 피항조치로서 우현전타를 전혀 취하지 않은 것, 霧中에서 레이더를 사용하지 않은 것 등이다. 비난가능성이 낮은 행위로는 기적을 울리지 않은 것과 상호시계내에서 감속하지 않은 것 등을 열거할 수 있다.

충돌사고에 개입된 선박들 사이의 과실비율산정을 위한 비난가능성은 항법규정에서 추출할 수 있다. 즉, 상호시계내에서 횡단관계에 있어서는 자신의 진행방향으로 보아서 상대선을 우현에 두고 있는 선박이 피항선이 되고 상대선은 유지선이 된다(국제규칙 제15조 및 교통법 제23조). 피항선은 조기에 적극적으로 우현변침하여 유지선을 피하여야 할 의무를 부담하고(국제규칙 제16조 및 교통법 제24조), 유지선은 침로와 속력을 유지할 의무를 부담하나 충돌이 불가피할 정도로 접근하게 되면 최선의 협조동작으로 피항조치를 취할 의무가 부과되어 있다(국제규칙 제17조 및 교통법 제25조). 이러한 의무로 보아 횡단관계에서의 충돌에서는 다른 위반사항이 동일하거나 아무런 조치를 취하지 아니하고 충돌사고가 발생하였다면, 피항선은 60-70% 유지선은 40-30% 정도의 비난가능성을 부담하고 이것이 곧 과실비율산정의 출발점이 될 것이다.[33][34][35] 이러한 논의는 상호시계내의 다른 항법인 추월관계 및 정면상태에 그리고 조종성능에 우열이 있는 경우에 대하여도 가능하다. 추월관계에서는 추월선은 피추월선을 완전히 피하여야 할 의무를 부담하고(국제규칙 제13조 제1항 및 해상교통안전법 제21조 제1항) 피추월선은 유지선이 된다. 정면상태에서는 양 선박이 모두 우현전타하여 서로를 피하여야 할 동등한 의무를 부담한다(국제규칙 제14조 및 해상교통안전법 제22조). 그리하여 추월관계에서는 추월선이 90-80%, 피추월선이 10-

32) H.V. Brandon, op. cit., p. 1038; 김인현, 전게 해상법연구, 814면.

33) 이에 대한 자세한 검토는 김인현, 전게 해상법연구, 805면 및 김인현외 2인, 「해양안전심판 과실비율 적용사례 조사연구보고서—선박충돌사고를 중심으로—」(중앙해양안전심판원, 2002.12.10)를 참고바람.

34) 1995년에서 2002년까지 8년 동안의 우리나라 해심심판사례집에 나타난 사례를 분석하면, 횡단관계사건 총 57건에서 47건은 피항선이 主因이고 유지선이 一因으로 재결되었다. 나머지 10건은 유지선이 약간 유리하거나 동등하게 재결되었다. 상게 보고서, 6면.

35) 이러한 관점에서 보았을 때에 횡단관계에서 피항선에게 90%의 과실을, 유지선에게 10%만의 과실을 부과한 제101대양캐리어호 · 제72영광호 충돌사건(서울지법 2002.7.5. 선고 2001가합36981 판결) 및 유지선의 무과실을 인정한 제26금영호 충돌사건(서울고법 1988.10.24. 선고 88나8847 판결)은 필자의 견해와는 다른 이례적인 판결이다.

20% 정도의 비난가능성을 부담하고 정면상태에서는 양 선박은 동일한 비난가능성을 부담하게 된다.[36][37] 조종성능이 우수한 선박은 열등한 선박을 피하여야 하는 것이 항법의 大原則의 하나이다. 그리하여 일반동력선은 어로작업중인 선박을 피하여야 하고, 어로작업중인 선박은 다시 기관고장이 난 선박을 피하여야 한다(국제규칙 제18조 및 해상교통안전법 제26조). 그러므로 조종성능에 있어서 우열이 있는 선박 사이에서 충돌사고가 발생한다면, 조종성능이 우수한 선박이 90%에 가까운 비난가능성을 부담한다.[38]

(2) 인과적 영향력의 고려

제5단계에서는 이들 항법에 위반한 인과관계가 있는 행위들로부터 각 행위의 인과적 영향력(causative potency)의 크기를 파악한다. 甲선박은 좌현전타하여 乙선박의 船首(進路)方向으로 돌진하였고 乙선박도 경고기적을 울리지 않은 항법위반이 경합되어서 충돌사고가 발생한 경우를 본다. 甲선박의 좌현전타는 乙선박의 船首方向을 가로막는 것이었다. 이는 직접적으로 상대선의 진로를 막는 것으로 충돌사고발생에 큰 영향을 미쳤다고 판단된다. 乙선박이 경고기적을 울리지 않은 것은 사고의 직접적인 원인은 아니다. 이는 간접적으로 甲선박에게 주의를 환기하여 사고를 방지할 수 있었을 것이라는 의미에서 인과적 영향력이 있다고 할 수 있다. 이를 종합하면, 甲선박의 乙선박 선수를 향하는 좌현전타는 乙선박이 경고기적을 울리지 않은 행위보다 사고에 미친 인과적 영향력이 크다고 할 것이다. 그러므로 과실비율은 甲선박이 훨씬 크게 될 것이다.[39]

---

36) 김인현, 전게 해상법연구, 805면.

37) 1995년에서 2002년까지의 8년 동안의 우리나라 해심심판사례집에 나타난 사례들 중에서 추월상태의 사건은 총 23건이었고 이 중에서 추월선이 主因이고 피추월선이 一因으로 재결된 사례가 19건이고 나머지 4건은 추월선에게 전적인 원인이 있는 것으로 재결되었다. 또한 정면상태의 경우에는 총 13건 중에서 동일하게 원인이 있는 것으로 재결된 것은 6건이고 나머지는 主因과 一因형식을 취하였다. 김인현외 2인, 전게 보고서, 10-14면.

38) 1995년에서 2002년까지의 우리나라 해심심판사례집에 나타난 사례 중에서 조종성능에 우열이 있는 경우는 총 22건으로 21건이 조종성능 우수선박이 主因으로 열등선박이 一因으로 재결되었다. 상게 보고서, 14면.

39) 브랜든 판사는 인과적 영향력을 두 가지 관점에서 본다. 하나는 항법위반이 사고자체를 야기함에 기여한 바이고 다른 하나는 충돌사고의 손해에 기여한 바이다. 예컨대, 감속하지 않은 것은 과속이기 때문에 선박에 큰 피해를 야기하게 한다. 이러한 감속을 하지 않은 항법위반은 사고의 손해액을 증대시킨 점에서도 인과적 영향력이 크다. H.V. Brandon, op. cit., p. 1038.

일률적으로 말할 수는 없지만, 인과적 영향력이 큰 것으로는 잘못된 변침, 과속으로 항해하는 것,[40] 경계불량,[41] 협수로에서 다른 항로로 진행하는 것[42] 그리고 달이 없는 밤에 점등하지 않은 것 등이다. 한편, 인과적 영향력이 낮은 것으로는 선장의 선교부재, 기적을 울리지 않은 것, 점등하지 않은 것 그리고 발광신호를 하지 않은 것 등이다.

Ⅳ. 適用例

과실비율산정에 대한 위의 논의를 사안에 적용하여 본다.

1. 해심재결서

(1) 재결서내용의 숙지

1) 주 문

해심에서 "이 사건은 甲선박이 피항선으로서 大角度 우현변침하지 못하여 발생하였으나, 乙선박이 경계를 전혀하지 아니함으로써 甲선박의 존재를 알지 못하고 협력동작을 취하지 아니하여 발생한 것이다. 甲선박의 선장에게 업무정지 2개월 乙선박의 당직사관 2항사에게 업무정지 2개월을 부과한다"라는 主文을 갖는 재결이 나왔다고 가정한다(전단은 원인재결이고 후단은 징계재결이다).

2) 원인판단

원인판단부분에는 위의 사실 이외에도, 甲선박의 충돌직전의 좌현전타, 기적을 울리지 않은 점이 지적되고 있었다고 가정한다.

(2) 항법위반사항의 추출

재결서의 원인판단에 따르면, 피항선인 甲선박의 항법위반사항으로는 상호시계내에서 조기에 大角度 우현변침을 하지 않고 小角度 변침한 점, 기적을 울리지 않은 점이 지적되었다. 유지선인 乙선박의 항법위반사항으로는 경계불량

---

40) The "Barbarossa," [2000] 2 Lloyd's Reports, 297.

41) 시스타호 사건에서 동 선박의 경계불량에 기인한 부적절한 우현전타가 위험상황을 야기시켰다고 판시되었다. The "Sea Star," [1976] 2 Lloyd's Reports, 477.

42) The "Barbarossa," op. cit, 297.

으로 인하여 甲선박의 존재를 알지 못하여 충돌직전에 협조동작을 취하지 않고 그대로 직진한 점이 지적되었다.

(3) 인과관계의 인정

甲선박이 기적을 울리지 않은 점은 乙선박이 브릿지의 문을 닫고 있었다는 점으로 보아 인과관계가 없다. 나머지 점들은 인과관계가 충분히 인정된다.

2. 과실비율의 산정

(1) 비난가능성의 고려

甲선박은 피항선으로서 조기에 대각도로 변침하여 유지선의 진로를 열어 줄 의무에 위반하였다(국제규칙 제15조 · 제16조 및 교통법 제23조 · 제24조). 이러한 행위는 항법위반행위로서 비난가능성이 높다.

乙선박도 비록 유지선이지만 충돌직전에 협조동작을 취하여야 할 의무에 위반하였다(국제규칙 제17조 및 교통법 제25조). 乙선박은 또한 경계의무에 위반하였다(국제규칙 제5조 및 교통법 13조).

(2) 인과적 영향력의 고려

甲선박의 항법위반사항 중에서도 대각도 우현변침을 하지 않고 소각도 변침을 한 것은 인과적 영향력이 크다.

乙선박이 경계불량의 결과로 전혀 협조동작을 취하지 않은 점은 乙선박이 우현변침하였다면 사고는 피할 수 있었을 것이므로 인과적 영향력이 크다고 할 수 있다.

(3) 과실비율

비난가능성만 고려한다면, 甲선박은 피항선으로서 Ⅲ.2.(1)에서 보았듯이 기본적으로 65%의 과실비율을, 乙선박은 유지선으로서 기본적으로 35%의 과실비율을 부담한다. 乙선박의 경계불량은 크게 비난받아야 하고, 甲선박은 경계를 하였다는 점을 고려에 넣어 비교형량하여 기본에서 10%를 가산한다. 이를 가산하면 과실비율은 55% : 45%가 된다. 다음으로 충돌사고에 미친 인과적 영향력을 고려하지만, 서로 비슷하므로 과실비율은 변경없이 55% : 45%로 유지된다.

징계재결은 비록 업무정지 2개월 대 2개월로 되어 있으나 이는 해심고유의 시각에 의한 징계량으로 민사의 과실비율과는 관계가 없으므로 참고하지 아니한다.

Ⅴ. 結 論

민사재판과 해양안전심판은 별개이므로 민사법원은 해심의 재결내용에 구속될 필요가 없으므로 민사법원은 독자적으로 심리를 하여 과실비율을 산정하면 될 것이다. 그러나 선박충돌사고와 같은 해양사고는 해기전문가들이 원인을 판단하는 것이 더 합리적일 수 있다. 이러한 연유로 민사법원이나 해상사건 처리를 위한 관련자들은 해심의 재결내용을 민사의 과실비율산정에 이용하고자 한다. 그런데 해양안전심판과 민사재판은 그 기능이 다르므로 과실 및 인과관계의 인정에서 약간의 차이가 있다. 즉, 해심은 해양사고의 원인을 분석하고 사고재발을 방지하기 위한 행정심판의 일종이기 때문에 해기사의 과실 및 인과관계를 쉽게 인정하는 경향을 보여주고 있다. 또한 징계재결의 징계량은 과실비율과 비례하지 않는다.

해심재결을 이용한 선박충돌 과실비율산정은 아래와 같은 순서를 통하게 된다. 해심재결의 원인판단에 나타난 해기사의 항법위반사항을 추출한 다음 이들이 충돌사고와 인과관계가 있는지를 먼저 판단한다. 해상교통법에서는 각 당사자들에게 피항선 혹은 유지선으로서의 각기 다른 주의의무를 부과하고 있으므로 기본적인 주의의무의 정도(이는 유책성 혹은 비난가능성과 연결된다)가 정하여지고 이를 바탕으로 기본적인 과실비율이 정하여질 수 있다. 다음으로는 이러한 주의의무위반의 행위가 사고에 어느 정도 기여하였는지를 검토하여 기본적인 과실비율에 가감을 하여 최종적인 과실비율을 산정하게 된다. 해상교통법상 각 선박에 부과된 주의의무의 정도는 축적된 판례를 통하여 확인할 수 있다. 이와 같은 과정은 결국 브랜든 판사가 말하는 바 선박충돌사고에서 과실비율산정을 위한 두 가지 요소인 항법위반행위의 비난가능성과 인과적 영향력을 해심재결서를 통하여 탐구하고 평가하는 과정에 다름 아닌 것이다.

위와 같은 요령으로 해심의 재결을 이용하여 선박충돌사고에서의 과실비율을 민사에서 산정하게 되면 海技와 법이 어우러진 조화로운 손해배상액의 산정이 될 것이다. 이렇게 함으로써 해사법원이 없는 우리 민사법원 제도의 결함을 메울 수 있을 것이고 우리 법정은 세계 해운업계로부터 한층 안정된 법정지로 인정받을 수 있을 것이다.

이상은 약 10년 동안 해상로펌의 해기전문가로서 혹은 해심의 심판변론인으로서 선박충돌사고의 과실비율산정업무를 처리한 경험을 바탕으로 필자의 견해를 밝힌 것으로, 앞으로 이 분야에 대한 활발한 의견교환이 있었으면 한다.

제 5 국내판례

油類汚染損害에서 精神的 損害의 賠償
(대법원 2004.4.28. 선고 2001다36733 판결)

I. 問題의 提起

유류오염사고는 큰 오염손해를 야기하는 점에서 일반 불법행위와 다른 측면을 가지고 있다. 해양사고와 관련한 손해를 분류하면 운송중인 화물의 손해, 선박충돌로 인한 상대선박의 손해, 부두시설과의 충돌로 인한 부두시설의 손상, 그리고 유류오염손해 등이 있다. 유류오염사고로 인한 손해는 피해의 대상이 광범위하고 피해의 액수가 천문학적인 숫자에 다다를 수 있고 또한 피해자가 보험에 가입하기 어려운 어민들이 대부분이라는 점에서 다른 사고들과 다르다.

우리나라에서도 1993년 금동호사건, 1995년 시프린스호 사건 그리고 2007년 12월의 허베이 스프리트호 사고에 이르기까지 대형사고들이 발생하고 있다. 피해자들을 보호하기 위하여 국제사회는 유조선 선주들을 위한 특별한 책임제한제도와 강제보험가입을 골자로 하는 민사책임협약(CLC)제도를 만들고 정유선사들로 하여금 유류오염손해배상을 위한 국제기금(IOPC FUND)을 마련하도록 하여 제2차적인 배상을 하도록 하고 있다. 우리나라도 이를 국내법화한 유류오염손해배상보장법(이하 '유배법')을 가지고 있다.

유조선의 유류오염사고는 무과실책임(strict liability)으로서 유조선의 선주는 강제보험(compulsory insurance)에 가입하고 있으므로 피해자들은 쉽게 손해배상을 받을 수 있지만, 불법행위로 인한 손해배상청구에 있어서 피해자는 손해를 스스로 입증하여야 하는 어려움이 있다.

본 대법원의 판례는 유류오염사고와 관련한 손해배상의 범위와 관련되는 것이다. (i) 위법으로 수입을 올리던 자들이 유류오염사고로 더 이상 수입을 올리지 못할 경우에도 일실수입을 배상받을 수 있는지, (ii) 위자료도 청구받을 수 있는지가 쟁점이 된 사안이다.

Ⅱ. 事件의 展開

1993년 9월 27일 1912경 광양만에서 약 2,100톤의 벙커씨유(중유)를 적재한 우리나라 선적의 제5금동호와 중국선적 화물선 비지아산호가 충돌하여 금동호로부터 중유 1,228리터가 유출되었다.

유류오염손해를 입었다고 주장하는 원고 신촌어촌계 등은 국제기금을 피고로 하여, 우리 법원에 일실손해보상과 정신적 손해배상을 청구하였다. 동 사건이 유배법의 적용을 받고 국제기금이 피고가 될 수 있다는 점에 대하여는 다툼이 없었다. 이들의 손해는 수산업법 소정의 면허 없이 바지락 등의 양식 · 채취업에 의한 것임은 다툼이 없이 인정되었다.

서울고등법원(서울고법 2001.5.8. 선고 99나14633 판결)은 「(1) 일반적으로 불법행위로 인한 손해배상청구사건에 있어서 가해행위와 손해발생간의 인과관계의 입증책임은 청구자인 피해자가 부담하지만, 유류배출에 의한 환경오염을 원인으로 하는 손해배상청구소송에 있어서는 원인물질이 간접적으로 손해를 끼치는 경우도 있고, 현재의 과학수준으로 해명할 수 없는 부분도 있기 때문에 가해행위와 손해발생간의 인과관계의 과정을 모두 자연과학적으로 증명하는 것은 힘든 점 등에 비추어 배출된 유류와 이를 제거하기 위하여 사용된 물질 등이 피해물에 도달하여 손해가 발생하였다면 가해자측에서 그 무해함을 입증하지 못하는 한 책임을 면할 수 없다고 봄이 사회형평의 관념에 적합하다고 할 것이다.

(2) 유류오염으로 인한 정신적 손해의 배상에 대하여 영미법계와 대륙법계 사이에 통일된 법리가 존재하지 아니하고, 그 배상에 대한 국제적인 기준이나 범위 등이 마련되어 있지 아니한 상황에서, 각국의 입법례 및 국제법상의 의견들을 종합적으로 고려하면, 유류오염으로 인한 배상의 범위에 관한 해석은 민사책임협약 및 국제기금의 체약국과 사이에 법적용에 있어서 최대한 불균형이 초래되지 않도록 하여야 하며, 여기에 국제기금의 설치가 가지는 국제적인

특수성을 참작하면, 우리의 유배법상 오염손해에는 제2조 제4호의 규정이 열거하고 있는 바와 같은 경제적, 재산적 손해만이 포함되고, 위 국제기금이 보상할 유류오염손해의 개념에는 정신적 고통으로 인한 손해는 포함되지 않는 것으로 해석하는 것이 상당하다.

(3) 범법행위를 계속함으로써 얻을 수 있는 소위 위법소득은 일실손해액 산정의 기초로 삼을 수는 없으나, 법이 금하고 있다고 하여 일률적으로 이를 위법소득으로 볼 것은 아니고, 그 법규의 입법취지와 법률행위에 대한 비난가능성의 정도, 특히 그 위반행위가 가지는 위법성의 강도 등을 종합하여 구체적·개별적으로 판단하여야 할 것인데, 국제협약에서 정하고 있는 국제기금의 특수한 지위와 유류오염손해의 개념에 대한 제한적 해석이 국제적인 기준에 근접한다는 점 등에 비추어, 수산업법 소정의 면허 없이 종사하던 양식·채취업에 대하여 유류오염으로 인한 손해가 있다고 하더라도 특별한 사정이 없는 한 위법소득으로서 일실손해액 산정에 포함되어서는 아니된다」고 판시하였다.

이에 원고 신촌어촌계는 정신적 위자료와 위법소득에 대하여 불복하여 대법원에 상고하게 되었다.

III. 大法院의 判示內容

대법원은 아래와 같이 위자료청구와 위법소득에 대하여 판시하였다.

1. 위자료청구와 관련하여

1969년 민사협약에서는 제1조 제6호에서 유류오염손해를 "유출 또는 배출의 발생장소에 관계없이 선박으로부터의 유류의 유출 또는 배출로 인한 오염에 의하여 유류를 운송하는 선박의 외부에서 발생한 손실 및 손해를 말하며, 예방조치의 비용 및 예방조치에 의하여 야기된 그 밖의 손실 및 손해를 포함한다"고 정의하고 있으나 유류오염손해의 배상범위에 관하여는 따로 규정하지 않고, 1971년 국제기금협약에서는 유류오염손해에 관한 정의나 그 배상범위에 관한 규정을 두지 않고, 위 민사책임협약상의 유류오염손해를 원용하여 제4조 제1항에서 "유류오염손해를 입은 자가 다음의 사유로 인하여 손해에 대하여 충분하고 적절한 보상을 받을 수 없는 경우에는 기금은 그 오염손해의 피해자에게 보상금을 지급할 의무를 부담한다"고 규정하고 있을 뿐이므로, 위 조약상 유류오염손해와 배상범위에 관하여는 법정지법인 우리나라의 일반 손해배상법리에 따를 수밖에 없다할 것인데, 우리 민법은 제751조와 제752조에서 정신적 손해를 규정하고 있으나, 위 조항에 열거된 사항에 한하지 않고 정신적 손해가 있는 경우에는 민법 제750조에 의하여 위자료청구권이 발생한다고 보는 것이 일반적 법리이므로 위 협약 및 유배법에 규정된 유류오염손해를 경제적, 재산상 손해로 제한하여 해석할 이유는 없다.[1][2]

2. 위법소득의 일실손해와 관련하여

범법행위를 계속함으로써 얻을 수 있는 이른바 위법소득은 손해액 산정의 기초로 삼을 수는 없으나, 위법소득인지 여부는 법이 금하고 있다고 하여 일률적으로 이를 위법소득으로 볼 것이 아니고 그 법규의 입법취지와 법률행위에 대한 비난가능성의 정도, 특히 그 위반행위가 가지는 위법성의 강도 등을 종합하여 구체적 · 개별적으로 판단하여야 할 것이므로(대법원 1986.3.11. 선고 85다카718 판결 참조) 수산업법상의 무면허 어업행위에 의한 수입이라는 이유만으로 그것이 곧 위법소득에 해당된다고는 볼 수 없다. 그런데 기록에 의하면, 위 원고들이 경영하는 어장은 여천공단지역의 지정으로 인하여 수산업법상의 공동어업 또는 양식어업의 면허를 받을 수 없는 지역 내에 속한 사실을 알 수 있는바, 설령 위 원고들이 이 사건 유류오염사고가 발생하기 이전부터 관할관청으로부터 특별한 제지를 받음이 없이 위 원고들이 주장하는 어업행위를 해왔다고 하더라도, 어촌계가 특별한 시설 등을 갖출 필요 없이 면허를 받아 어업행위를 할 수 있었음에도 절차상의 이유 등으로 면허를 받지 못한 채 무면허 공동어업을 해 온 경우와는 달리, 애초에 면허를 받을 수 없는 공단지정지역 내에서의 무면허 어업행위는 그 위법성의 정도가 강하다고 할 것이므로, 그 무면허 어업행위로 인한 위 원고들의 수입은 위법소득으로서 일실손해 산정의 기초가 될 수 없다 할 것이다. 원심의 설시가 다소 미흡하기는 하나, 위 원고들의 손해배상청구를 배척한 결론에 있어서는 정당하므로 원심판결에 상고이유에서 주장

1) 판례공보(2004), 894면.

2) 자신이 경영하는 어장이 유류로 오염되었다는 사정만으로는 정신적인 손해가 있다고 보기 어려우므로 위자료청구는 인정하지 않는다.

하는 바와 같은 위법소득에 관한 법리오해로 인하여 판결 결과에 영향을 미친 위법이 있다고 할 수 없다.

IV. 評 釋

유류오염사고로 인한 유류오염손해의 피고는 오염을 야기한 선박소유자가 될 것이고 피해자는 선박소유자의 책임보험자에게 직접청구가 가능하다. 그러나 선박소유자가 책임제한을 하게 되어 피해액이 책임제한액을 초과하게 되거나, 선박소유자 또는 보험자 등으로부터 배상을 받지 못하는 경우에는 국제기금이 일정한 한도까지 손해를 보상하여준다. 이러한 경우에 우리나라 유배법 제23조에 따라 국제기금은 피고적격이 있다.

1. 위자료청구

유류오염사고가 발생하면 피해자는 불법행위에 기한 손해배상청구가 가능하다. 민법 제750조는 불법행위에 대하여 정하고 있고 정신적 손해배상도 청구가 가능한 것으로 보고 있다.[3] 그런데 유조선에 의한 오염사고에 기한 불법행위는 유배법이라는 특별법이 민법에 우선하여 적용된다. 유배법은 기본적으로 1969년의 민사책임협약 및 1972년 국제기금협약 그리고 이를 개정한 1992년 협약을 국내법화한 것이다.

본 사안에서 원고인 피해자들은 한국 법원에 유배법을 근거로 손해배상을 청구하였다. 그런데 원고가 청구한 정신적인 손해가 배상의 범위에 포함되는지가 문제되었다

고등법원은 위의 국제조약의 내용에는 명시적인 규정이 없다는 점을 근거로 정신적 고통으로 인한 손해는 포함되지 않는다고 하였다.

고등법원은 그 근거로서, 유배법 제2조 제4호에서 "유류오염손해"에 관하여 민사책임협약 제1조 제6호의 규정과 같이 그 핵심적인 정의를 "유출 또는 배출된 장소에 불구하고 선박으로부터 유류가 유출 또는 배출되어 초래된 오염에 의하여 선박 외부에서 발생한 손실 또는 손해" 및 "방제조치의 비용 및 방

---

3) 곽윤직, 「채권각론」(박영사, 1992), 739면.

제조치로 인한 추가적 손실 또는 손해"로 규정하고 있고, 국제기금협약 제4조는 위와 같은 손해에 한하여 일정한 요건하에 보상책임을 규정하고 있으며 우리나라의 유배법 제23조는 유류오염손해에 관하여 위 국제기금협약이 정하는 바에 따라 피고에게 보상을 청구할 수 있도록 규정하고 있다.

다음 고등법원은 위 유류오염손해의 인정에 대한 구체적인 기준은 국제조약에 정하여져 있지 아니하므로 이에 관하여서는 개개의 법정지법에 의하여 판단하여야 한다고 하면서 각국의 입법례를 살펴보았다.[4] 미국법과 일본법이 정신적 손해에 대하여는 언급하지 않다고 판단한다. 세계해법회의 지침에서도 손해를 물리적 손실과 순경제적 손실(pure economic loss)로 나누고 있고 순경제적 손실도 입증된 것에 한정한다는 점을 지적하였다.

또한 고등법원은 우리나라의 유배법은 민사책임협약의 정의규정에서 오염손해의 개념을 도입하였을 뿐, 구체적인 내용에 관하여 해석규정이 없으나, 그 손해의 개념에는 일반적으로 유류배출의 방지비용 및 최소화 비용, 오염된 해양 · 연안선 · 재산을 오염 전의 상태로 복구시키는 비용, 오염기간 동안 해양 · 연안선 · 재산의 사용손실, 생활손해 또는 순수입의 감소, 회복이 불가능할 시 영구적 가치손실 및 사용손실, 쾌적환경의 손해 및 기타 환경손해, 유출유에 의하여 발생한 인명사상 등을 말하는 것으로 해석된다고 하였다.

따라서, 고등법원은 (i) 정신적 손해의 배상에 대하여 각국에 통일된 법리가 존재하지 않는다. (ii) 유류오염으로 인한 배상의 범위에 관한 해석은 민사책임협약이나 국제기금의 체약국과의 사이에 법적용에 있어서 최대한 불균형이 초래되지 않도록 하여야 한다. (iii) 피고 국제기금의 설치가 가지는 국제적인 특수성을 참작하여야 한다. 따라서, 우리의 유배법상 오염손해에는 그 규정이 열거하고 있는 바와 같은 경제적 · 재산적 손해만이 포함되고, 손해를 입은 자는 이에 한정하여 피고에게 배상을 구할 수 있으며, 유류오염손해의 개념에는 정신적 고통으로 인한 손해는 포함되지 않는 것으로 해석하는 것이 상당하다고 판시하였다. 고등법원은 국제기금을 효율적으로 운용하기 위하여는 각 국

4) "위 유류오염손해에 대하여 가장 광범위하게 그 책임을 인정하는 1990년 미국의 해양기름오염방지법도 경제적 손실에 대한 배상을 전제로 그 배상의 대상이 되는 손해를 여섯 가지로 나누어 설명하면서도 정신적 손해에 대하여서는 언급하고 있지 않고, 일본의 油濁損害賠償保障法도 그 '油濁損害'의 의미에 대하여 오염손해와 방지조치비용 · 손해로 나누어 규정하면서 정신적 손해의 인정 여부는 언급하고 있지 않다"고 판시하고 있다.

가가 통일적으로 국제기금에서 정한 바에 따라 법해석을 하여야 한다는 점에 무게를 둔 것으로 판단된다.

그러나 고등법원의 이러한 입장과는 달리, 대법원은 이런 손해에 대하여는 모법이 된 국제조약에서 정하지 않은 경우이므로 국내법을 적용할 수밖에 없고, 우리 법상으로는 위자료 청구권을 넓게 인정하므로 정신적인 손해배상청구는 인정가능하다는 입장을 취하면서도,[5] 원고에게 정신적 손해 자체가 있다고 보기 어렵다고 하면서 청구를 부인하였다.[6]

유배법의 내용은 국제기금의 내용을 모법으로 한 것이므로, 국제조약의 입장과 동일한 해석을 하여야 할 것이다. 이는 우리 유배법의 입장이기도 하다(유배법 제23조). 국제기금협약의 손해배상규정에 특별히 정한 것이 없는 경우에는 두 가지 해석이 가능하다. 하나는 명시되지 않은 것은 배상이 되지 않는다는 것이고 다른 하나는 국내법에 일임하였다고 볼 수 있을 것이다. 국제기금과의 분쟁이 있는 경우에는 국제기금이 특별한 사법절차를 가지고 있지 않고 국내법원에서 피고적격이 있다고 하므로(국제기금협약 제2조)[7] 국내법원의 판결에 따른다는 것이 해석상 올바른 것으로 판단된다. 그러나 이 경우 국가마다 다른 법원의 판결에 국제기금은 구속되어야 하므로 효율적이고 통일적인 국제기금의 운용은 어려울 것이다. 국내법원에서 정신적 손해배상이 인정되고 국제기금의 총회에서는 이는 인정되지 않는다는 결정이 내려진다면, 원고는 국제기금에 대하여 강제집행을 하여야 할 것이고 강제집행이 가능할 것이다. 그러나 가입국은 회원국으로서 기금의 분담금을 납부하여야 하는 지위에 있으므로 이러한 결과는 바람직스럽지 않다.[8]

실무적으로는 국제기금의 사무국은 면밀하게 각국 판결의 동향을 주시하고, 다른 판결이 나오지 않도록 클레임 매뉴얼을 만들어 배포하고,[9] 의견서를 제출하기도 한다. 그러나 다른 판결이 나오는 경우에는 집행이사회와 총회의

5) 1심판결에서의 위자료인정에 대한 비판적인 시각으로는 최종현, "선박에 의한 오염손해의 전보에 관한 연구"(서울대학교 법학박사학위논문, 2001.2), 201면이 있음.

6) 영세한 다수 피해자들의 보호와 환경보전 내지 오염예방을 위하여 정신적 손해배상을 인정하는 것은 극히 타당한 판결이라 아니할 수 없다고 본다는 찬성견해가 있다. 황진호, "유류오염으로 인한 손해배상,"「판례연구」, 제18집(I)(서울지방변호사회, 2006.4), 3면.

7) 국제기금협약 제2조.

8) 동지, 최종현, 전게 학위논문, 201면.

9) Claims Manual, IOPC FUND(2005).

회의를 통하여 보상을 하여주고, 국내최고법원의 판결의 입장을 받아들여 자신들의 그간의 손해사정의 원칙을 변경하는 경우도 있다.[10] 본 사안에 대하여는 정신적 손해배상이 실제로 허용된 것이 아니기 때문에 국제기금의 공식적인 반응은 없었다.

2. 위법소득에 대한 일실소득인정 여부

원고들의 일실소득은 무면허 어업행위로 인한 것인 점에는 다툼이 없었다. 대법원은 위법행위라고 하여 모두 손해배상을 받을 수 없는 손해가 아니라,[11] 그 법규의 입법취지와 법률행위에 대한 비난가능성의 정도, 특히 그 위반행위가 가지는 위법성의 강도 등을 종합하여 구체적 개별적으로 판단하여야 한다는 일응의 기준을 대법원 1986.3.11. 선고 85다카718 판결에서 제시하고 있다.

따라서 본 사안에서 원고들의 위법소득에 대한 일실소득이 위법성의 강도가 높은지를 판단하여야 한다.

대법원은 어촌계가 특별한 시설 등을 갖출 필요없이 면허를 받아 어업행위를 할 수 있었음에도 절차상의 이유로 면허를 받지 못하였다면 이는 위법성의 정도가 약하므로 일실손해산정의 기초가 될 수 있다고 한다. 본 사안은 애초에 면허를 받을 수 없는 공단지정지역 내에서의 무면허 어업행위이므로 그 위법성의 정도가 강하다고 할 것이므로, 그 무면허 어업행위로 인한 일실소득은 인정할 수 없다고 대법원은 판시하였다.

무면허 어업행위,[12] 허가어업행위[13] 그리고 신고어업[14] 중에서 무면허 어업

10) SLOP호 사건(92FUND/EXE. 34/7)과 관련하여 2006년 10월 국제기금 회의에서 그리스 대법원이 내린 판결과 국제기금 총회에서 내린 결정사항이 다른 경우에 효력의 문제가 거론이 되었다. 국내 대법원이 우선한다는 점이 다시 한번 확인되었다(국제협약 제7조). 김인현, IOPC FUND 참가보고서, 2006.10.

11) 무면허/무등록 측량행위로 인한 소득의 일실손실이 부정되었다. 대법원 1972.2.29. 선고 72다468 판결 등.

12) 정치망 어업, 각종 양식어업 그리고 마을어업이 면허어업에 해당한다(수산업법 제8조). 무면허 해태양식어장이 제3자로부터 침해를 받았다고 하더라도 그 손해의 배상을 구할 수 없다고 대법원은 판시하였다. 대법원 1995.9.15. 선고 94다55323 판결.

13) 허가어업에는 저인망, 토롤, 선망, 채낚기어업 등이 해당한다(수산업법 제43조 이하). 허가의 정수가 정하여져 있지 않은 경우는 신규로 허가를 받는 것이 비교적 용이하므로 이 경우에 어업허가를 받을 자격이 있고 실제로 사후에 어업허가를 얻은 자가 허가없이 어업에 종사한 동안에 얻은 소득은 배상이 가능하다. 대법원 1994.6.14. 선고 94다9368 판결.

14) 신고어업은 맨손어업, 나잠, 투망어업 등이 해당된다(수산업법 제46조 이하). 신고어업은 단

행위는 위법성이 가장 높기 때문에 일실소득의 대상이 될 수 없다는 것이 일반적인 견해인 것으로 판단된다.[15] 그러나 당국의 묵인하에 어업행위가 실행되었으므로 관습법상의 어업권으로 인정되어야 한다는 반론이 있다.[16]

만약, 우리 대법원이 위법소득이지만 위법성이 낮다고 하여 일실소득을 인정하여주면 국제기금협약 제7조에 의하여 국제기금에서 다른 결정을 내리거나 클레임 매뉴얼과 다른 것이라고 하더라도 손해보상을 받을 수 있다. 그러나, 위에서 논한 바와 같이 가능하면 국내법원의 판결과 국제기금의 결정은 일치되는 것이 바람직할 것이다.

위법소득의 부분은 서양제국에서는 잘 나타나지 않는 것이므로 우리나라의 법원의 판결이 국제기금의 산정기준에도 영향을 미칠 것으로 생각된다.

순히 관련 행정기관에 신고하기만 하면 어업에 종사할 수 있으므로 배상이 가능할 것이다. 동지, 최종현, 전제논문, 201면; 동지, 송해연, 한국해법학회 제4회 판례연구회 발표(2008. 2.1), 21면.

15) 최종현, 전게논문, 201면.

16) 황진호, 전게논문, 2면.

제 2 장
海上保險法

제 1 논 문

海上保險法에서 담보특약(warranty)제도의 수정에 대한 考察*

Ⅰ. 序論

해상보험은 해상기업의 위험분산의 수단으로서 오랜 기간 동안 큰 역할을 하여 왔다. 선박보험은 보험자인 선박보험회사를 일방으로 보험계약자인 선박소유자(피보험자)를 타방으로 하여 선박소유자의 보험사고에 대하여 보험회사가 보험금을 지급할 것을 약속하고 이에 대한 대가로서 선박소유자가 보험료를 지급할 것을 약정하는 보험계약이다. 다른 보험계약과는 달리 선박보험은 전문가 사이의 계약이기 때문에 양 당사자는 동등한 교섭력을 가지고 있으므로 당

* 이 글은 부산대학교 「법학연구지」, 제48권 제1호(2007.8)에 실린 것이다.

사자자치의 원칙이 적용된다.

보험계약은 善意性을 요구한다. 보험자는 담보위험을 정하고 피보험자가 제출하는 내용을 바탕으로 사고율을 계산하여 각 피보험자의 보험료를 산정하게 된다. 그런데 보험계약시에 보험료산정의 기초가 되는 담보위험이 변경되면 보험제도는 위험에 빠지게 된다. 그리하여 보험자는 담보특약제도를 마련하여 피보험자는 보험개시를 위하여 혹은 보험의 계속을 위하여는 반드시 지켜야 하는 사항을 정하게 되었다. 영국 해상보험법에 따르면 담보특약제도는 담보의 위반이 있으면 그 때로부터 보험사고에 대하여 보험자는 책임을 자동적으로 부담하지 않는 것으로서 일반 법리와 달리 인과관계를 요구하지 않는다는 점에서 피보험자에게 불리한 제도로 인식되어 왔다.

영국을 중심으로 법조계와 실무계에서 담보특약제도개혁의 의견이 제시되어, 이제는 세계해법회(CMI)에서 이의 개혁을 위한 논의가 한창 진행중이다. 호주, 독일과 노르웨이와 같은 국가는 담보특약의 불합리한 제도를 폐지 혹은 수정하여 수요자들로부터 긍정적인 반응을 받고 있다.

그런데 우리나라는 상법에 해상보험규정이 있기는 하지만 이는 임의규정이고 준거법을 영국법으로 하는 보험계약도 대법원이 그 효력을 인정하는 결과로 영국법에 따라 담보특약에도 그 효력을 인정한다. 만약, 담보특약이 피보험자에게 지나치게 불리한 규정이라고 한다면 상법 해상보험편에 이를 규정하여 규율할 필요성이 제기된다.

미국에서는 주법이 적용되는 경우 인과관계가 없는 담보특약위반의 효력은 보험자의 책임을 면제하지 않는다. 독일과 노르웨이는 담보특약위반의 효력을 제한적으로 해석하여 담보특약위반이 있는 시간적인 범위내에서만 보험의 효력이 일시정지하는 것으로 본다.

이러한 각국의 담보특약에 대한 입장을 살펴보고 우리나라 해상보험법의 나아갈 방향에 대하여 논의하도록 한다. 영국의 해상보험법이 사실상 세계의 해상보험을 주도하여 왔으므로 영국의 입장을 중심으로 살펴보고 세계제국과 우리나라의 입장을 추가하는 형식으로 논의를 전개한다.[1)]

---

1) 담보특약제도에 대한 선행된 연구로는, 서헌제, "영미보험법에서의 Warranties에 대하여," 「한국해법회지」, 제5권 제1호(1983), 145면 이하; 박세민, "해상보험법상 담보의 개념과 영국협회적하보험약관 제5조 및 상법 제706조 제1호에 관한 고찰," 「한국해법학회지」, 제27권

Ⅱ. 英國 海上保險法에서 擔保特約의 意義와 區別槪念

1. 의 의

담보특약이란 보험계약시에 피보험자와 보험자가 어떤 특정한 기간내에 어떠한 사항을 준수할 것을 약속하고 보험자의 보험금지급의무는 이것의 준수여하에 의존하는 특수한 조건을 말한다.[2] 담보특약조건은 담보특약의 위반이 있는 순간부터 보험자의 보험금지급의무가 면제된다는 점에서 인과관계를 필요로 하는 일반법리와 다른 것으로 영미법에 특유한 것이다.

1906년 영국 해상보험법(MIA 1906)은 제33조에서부터 제41조에 걸쳐서 담보특약에 대하여 정하고 있다. 제33조 제1항은 "본 장에서 담보특약이라 함은 확약적 담보특약, 즉, 피보험자가 어떤 특정한 것을 작위하거나 부작위할 것, 또는 어떤 조건을 충족시킬 것을 인수하거나 또는 특정한 사실상태의 존재를 긍정하거나 부정하는 것을 약속함을 말한다."[3)4)] 제33조 제2항은 "담보특약은 명시적일 수도 있고 묵시적일 수도 있다."[5] 제33조 제3항은 "위에서 정의된 담보란, 위험이 중요한지 여부에 관계없이, 정확히 지켜져야 하는 조건이다. 지켜

제2호(2005.11), 107면 이하. 담보특약제도의 변혁에 대한 소개 논문으로서는 한창희, "영국 해상보험법상 담보특약(warranty)원칙의 현황과 과제," 「보험법연구 4」(보험법연구회, 2002), 127면 이하; 한창희, "1996년 노르웨이 해상보험계획에 관한 고찰," 「보험법연구 5」(보험법연구회, 2003), 144면 이하가 있다. 필자의 논문은 CMI의 논의, 미국의 입장, 우리나라의 입장을 추가한 점에서 논의의 범위가 이보다 더 넓다고 할 수 있다.

2) B. Soyer, *Warranties in Marine Insurance*(Cavendish Publishing, 2006), p. 2.

3) A warranty, in the following sections relating to warranties, means a promissory warranty that is to say, a warranty by which the assured undertakes that some particular thing shall or shall not be done, or that some condition shall be fulfilled, or whereby he affirms or negatives the existence of a particular state of facts.

4) 담보특약의 종류에 대하여, MIA는 단지 확약적 담보특약(promissory warranty)만을 규정하고 있지만, 사실확인적인 담보특약(affirmative/misrepresentative warranty)이 역사적으로 이보다 먼저 존재하였다고 한다. 전자는 현재 및 미래에도 연결되지만, 후자는 단순히 현재사실에 대한 확인이다. Schoenbaum은 MIA가 전자만을 담보로 정하고 있는 것은 잘못이라는 William R. Vance 교수의 이론을 지지한다. Schoenbaum, "Warranties in the law of marine insurance: some suggestions for reform of English and American law," 23 *Tulane Maritime Law Journal*, 1999, p. 280; 서헌제 교수도 이에 대하여 설명한다. 서헌제 교수는 전자를 계속적 담보, 후자를 사실에 대한 담보로 부른다. 전게논문, 161-164면.

5) A warranty may be express or implied.

지지 아니한 경우에는 보험증권의 명시된 규정을 제외하고 담보특약의 위반일로부터 책임을 면한다. 그러나 위반일 이전에 발생한 책임에는 영향을 미치지 않는다"고 한다.[6)]

제3항의 의미에 대하여 Good Luck호[7)] 사건에서 영국의 항소법원은 담보위반이 있다고 하더라도 자동적으로 보험이 무효가 되는 것이 아니고 보험자의 취소라는 행위가 있어야 한다고 판시하였지만, 영국 귀족원은 자동적으로 보험자의 책임은 종료한다[8)]고 판단하였다. 따라서, 영국 해상보험법상 담보특약은, 담보특약을 위반하면 그 순간부터 보험자는 면책이 된다. 그 후의 보험사고가 담보위반과 인과관계가 없다고 하더라도 보험자는 면책이 된다. 예컨대, 선급가입유지 담보특약에 위반하였지만, 충돌사고의 원인이 선원의 과실에 의한 것이라고 하더라도 피보험자는 보험금을 지급받을 수 없다. 또한 아무리 중요하지 않은 사항이라도 위반하면 보험자는 책임을 면하게 된다.

2. 구별개념

미국계약법에서 계약(contract)은 의사의 합치(mutual assent)와 약인(consideration)이 있어야 한다. 의사의 합치는 청약(offer)과 승낙(acceptance)으로 이루어진다. 약속(promise)은 어떤 급부를 작위 혹은 부작위하겠다는 의사의 표시로서 청약 혹은 승낙을 이룬다. 그런데 조건(condition)은 급부이행의무가 창설되거나 제한되거나 소멸되는 것이 어떤 사건의 발생 불발생에 의존하는 것이다.[9)10)] 조건 중에서 선행조건(condition precedent)은 이행의무가 발생하기 위하여

6) A warranty, as above defined, is a condition which must be exactly complied with, whether it be material to the risk or not. If it be not so complied with, then, subject to any express provision in the policy, the insurer is discharged from liability as from the date of the breach of warranty, but without prejudice to any liability incurred by him before that date.

7) Good Luck [1991] 2 Lloyd's Rep., 191.

8) B. Soyer, op. cit., p. 149. 이전의 학설은 우리나라에서도 담보특약의 위반이 있다고 하여 계약은 자동적으로 무효로 되는 것은 아니고 다만 보험자로 하여금 계약을 무효로 하고 모든 책임을 벗어날 수 있게 하는 선택권을 부여함에 지나지 않는다고 보았다. 서헌제, 전게논문, 168면.

9) 예컨대, 나의 집이 4월 1일까지 매도되어야 10만달러를 지급하겠다는 합의에서 10만달러 지급이라는 약속으로서의 의무는 집의 매도라는 조건에 의존하게 된다.

10) 코빈 교수에 의하면 약속(promise)은 채무자(promisor)에게 의무를 창설하는 것인 반면에 조건(condition)의 목적은 채무자의 의무를 연기하는 것이다. 행하기로 한 약속을 이행하지 못하면 계약위반이 되는 것이지만, 발생하여야 할 조건이 일어나지 않는 것은 의무를 휴면상

는 먼저 일어나야 하는 조건을 말한다. 이에 반하여 담보(warranty)는 담보의 이행 혹은 위반이 상대방 의무의 전제가 되는 것이 아니라 자신이 약속한 사항이 지켜지지 않은 경우에는 무과실의 책임을 부담하는 것이다.

영국 일반계약법에서 통상 사용되는 담보(warranty)는 주계약에 부수하는 약속으로서 이를 위반하면 담보로 인하여 피해를 본 자에게는 손해배상청구권만 주어지고 피해자는 여전히 주계약의 내용을 이행할 책임이 있다. 이에 반하여 보험계약에서의 담보는, 다른 계약에서의 조건(condition)과 같이, 이것을 위반하면 피해자는 위반일부터 잔존 계약내용의 이행에 대한 책임을 면하게 되는 권리를 준다.11) 따라서 후자가 전자에 비해 훨씬 중한 법률효과가 있는 것이다.

그런데 영국 해상보험법에서의 담보는 조건으로 해석되기도 한다. 유명한 Good Luck 사건에서 영국 귀족원은 "여기에서의 확약적 담보특약은 하나의 확약적인 선행조건(promissory condition precedent)이다. 그러므로 선행조건이 이행되지 않았기 때문에 채무자의 이행의무가 발생하지 않는다. 담보특약위반 자체가 계약의 취소에 이르는 것은 아니다"고 하였다. 따라서, 담보위반은 채무자인 보험자의 보험금지급의무의 발생을 가져오지 못하게 되지만 그렇다고 하여 보험계약이 처음부터 무효가 되거나 취소되는 것도 아니다. 담보특약은 약속이 아니라 약속의 전제가 되는 조건이기 때문에 담보위반이 계약의 무효나 취소에 바로 이르지는 못하는 것은 당연하다.

영국 해상보험법 제17조의 최대선의(utmost good faith)의 원칙위반의 효과는 취소권(may be avoided)이 주어져서 취소되지 않는 한 유효하지만,12) 담보특약위반의 경우는 책임이 자동적으로 종료되는 것으로 이와 다르다.

3. 담보특약의 인정근거

담보특약이 생성되기 시작한 18세기 후반에만 하더라도 해상보험계약을

태로 두는 것이다. 이 휴면상태는 치유되거나 면제되지 않으면 의무는 소멸된다(the failure of a promise to be performed creates a breach of the contract, whereas the failure of a condition to occur leaves the duty in its dormant state where it will lapse unless cured or excused). Schoenbaum. op. cit., p. 293.

11) *Colinvaux's Law of Insurance*(Sweet & Maxwell, 1990), p. 119.

12) A contract of marine insurance is a contract based on the utmost good faith, and, if the utmost good faith be not observed by either party, the contract may be avoided by the other party.

체결할 때에 특정한 사실에 대한 약속은 보험자의 보험인수에 있어서 정확한 위험에 대한 산정을 가능하게 하고 그 보험계약의 담보범위를 정하도록 하는 것을 목적으로 하고 있었다.[13] 또한 보험자는 담보특약사항을 조사할 수고를 하지 않아도 되는 방편으로 이를 사용하였다.[14]

당시에는 통신시설이 발달하지 않았기 때문에 보험자는 선박소유자인 피보험자가 요청하는 위험의 인수를 결정하거나 보험료를 산정함에 있어서 피보험자의 약속에 의존하였다. 따라서 보험자는 피보험자가 약속한 사실을 그대로 신뢰하고 준수한다는 전제하에서 보험을 인수하고 보험료를 산정하였다. 이를 확립하기 위하여 그러한 약속에 위반한 경우에는 보험자는 책임을 면하고 그 위반에 대하여 어떠한 항변도 할 수 없다는 원칙이 Mansfield 경에 의하여 확립되어 1906년 영국 해상보험법에 반영되었다.[15][16]

이러한 담보특약제도의 인정근거는 통신수단의 급속한 발전으로 부보선박에 대한 상황을 파악할 수 있기 때문에 근거를 상실하였고, 선박검사기록 등에 쉽게 접근할 수 있어서 보험자가 협상력에서 피보험자보다 유리한 입장에 놓이게 되었다. 그러므로 사소한 담보특약의 위반으로 보험자가 자동면책되는 것은 피보험자에게 부당하게 불리하다는 주장이 제기되고 있다.[17]

그러나 피보험자에게 담보특약사항을 준수하게 주의를 부과하는 기능은 여전히 수행한다고 생각된다.

4. 해상보험에 나타난 담보특약의 예

영국 해상보험법에 나타난 담보특약은 명시적인 담보(express warranty)로서 당사자가 약정으로 의사를 서면에 표시한 것을 말한다(제35조).[18] 묵시적 담보(implied warranty)로서는 항해보험에서 선박의 감항성 담보가 있고(제39조), 항해

13) 동지, 박세민, 전게논문, 145면; 동지, B. Soyer, op. cit., p. 3.

14) Colinvaux, op. cit., p. 119.

15) Schoenbaum에 따르면, 상품매매 등에서 담보제도는 매수인 부담(caveat emptor)주의라는 불리함을 완화하는 기능을 하였지만, 보험법에서는 보험자가 부담하게 되는 위험을 완화하여 주는 기능을 역사적으로 하였다고 설명한다. Schoenbaum, op. cit., p. 279.

16) 한창희, 전게논문, 131면.

17) 상게논문, 131면.

18) “내가 생각하기로는”(to the best of my knowledge), “믿는다”(belief) 등은 명시적인 담보의 의사가 아니다. Schoenbaum, op. cit., p. 281.

가 적법하여야 한다는 적법담보가 있다(제41조). 한편, 기간보험에서는 선박의 감항성 담보는 없고, 선박이 출항당시 선박이 불감항 상태로 출항한다는 점에 대하여 피보험자의 인식(privity)이 있는 경우에 보험자는 불감항과 인과관계가 있는 손해에 대하여만 책임을 부담한다(제39조 제5항). 이로를 하지 말 것(warranty against any deviation during the voyage)을 묵시적 담보로 보기도 한다.[19]

선박보험증권에 나타나는 명시적 담보특약은 여러 가지가 있다. 대표적인 것으로 예인을 하면서 예항증서를 발급받는다는 것, 특정 인원의 선원이 승선할 것, 특정일에 출항할 것, 특정한 선급협회(classification society)에 가입하고 있어야 한다는 것 등이다.[20] 아래에서 대표적인 명시적 담보특약을 살펴본다.

(1) 항행구역담보(Navigational Warranties)

선박은 가항구역은 어디나 항행할 수 있는 것이 원칙이다.[21] 그런데 특정한 위도 이상을 항행하면 유빙을 만나거나 악천후를 만날 가능성이 높아지기 때문에 만약 이러한 구역을 항행한다면 사고위험이 증대하므로 추가보험료가 필요할 것이다. 일정한 해역은 항행하지 않는다는 내용의 담보특약을 항행구역담보라고 한다.[22]

(2) 예인작업이나 해난구조작업에 종사하지 아니할 담보특약

선박의 일반적인 용도는 운송에 있다. 그런데 예인계약이나 해난구조작업은 선박의 침몰 등 사고의 위험이 증대되게 된다. 보험기간 동안에는 이러한 위험이 증대되는 예인작업이나 해난구조작업에 종사하지 말 것을 담보특약으로 정하고 있다.[23]

---

19) Ibid., p. 269.

20) Ibid.

21) 예컨대, ITC(Hull) 1995 제1조 제1항에 의하면, The vessel is covered, subject to the provisions of this insurance, at all times and has leave to sail with or without pilots to go on trial trips and to assist and tow vessels or craft in distress으로 되어 있다.

22) Sir M.J. Mustill & J. Gilman, *ARNOULD Law of Marine Insurance & Average*, 16th ed., Vol. 2 (London Stevens & Sons, 1981), p. 690. 예컨대, Warranted no North of 70 degree North Latitude other than voyages direct to or from any port or place in Norway or Kola Bay로 된 경우이다.

23) 예컨대, ITC(hull) 제1조 제1항은, It is warranted that the vessel shall not be towed except as is customary or to the first safe port or place when in need of assistance, or undertake towage

(3) 검정담보특약

이는 증가하는 해난사고의 방지를 목적으로 보험의 개시 전 혹은 보험이 개시된 일정한 기간 내에 반드시 선박검사원의 검정을 받는다는 내용의 담보특약이다.[24]

(4) 선급유지담보특약

이는 보험기간 동안 선박은 일정한 선급협회[25]에 가입되고 선급이 유지될 것을 담보특약으로 약정하는 내용이다. warranted라고 증권상에 나타나 있지 않지만 특약에 사용된 용어와 구제수단을 통하여 이는 담보특약이라고 해석된다.[26]

예컨대, ITC(Hull) 1995년 제4조는 제1항은 "아래사항을 보험개시시는 물론 보험계약기간중 계속하여 확보하는 것이 피보험자, 선박소유자와 관리인의 의무이다. (i) 선박이 보험자에 의하여 인정된 선급협회에 가입되고 유지될 것 (ii) 선박의 감항성과 관련되어 혹은 선급의 유지와 관련하여 선급협회에 의하여 부과된 어떠한 추천이나 권고 혹은 부가사항은 그 선급협회가 요구한 일자까지 엄수되어야 한다."[27] 제4조 제2항은 "위 제4조 제1항에서 정한 의무의 위반이 있는 경우에는, 보험자가 서면으로 달리 합의한 경우를 제외하고 보험자는 그 위반의 일자로부터 책임을 면하게 된다. 만약 그러한 일자에 선박이 바다에 있다면 보험자의 책임은 다음 항구에 도착할 때까지 연기된다."[28] 제4조

---

or salvage services under a contract previously arranged by the assured라고 한다.

24) 예컨대, Warranted vessel to be subject to a Condition survey, at owner's expense, by the Salvage Association within 30 days and all recommendations complied with로 된 경우이다.

25) 선급협회는 선박의 안전성에 대한 검사를 행하고 자신의 선급에 등급을 부여하는 기관이다. 보험자들은 세계선급협회(IACS)의 회원(영국의 Register of Lloyd, 미국의 ABS, 일본의 NK, 노르웨이의 DNV 등이 대표적이다. 우리나라의 Korean Register도 회원국이다)인 선급협회에 가입할 것을 요구한다.

26) B. Soyer, op. cit., p. 35.

27) It is the duty of the Assured, Owners and Managers at the inception of and throughout the period of this insurance to ensure that (1) the Vessel is classed with a Classification Society agreed by the Underwriters and that her class within that society is maintained, (2) any recommendations requirements or restrictions imposed by the Vessel's Classification Society which relate to the Vessel's seaworthiness or to her maintenance in a seaworthy condition are complied with by the dates required by that society.

28) In the event of any breach of the duties set out in Clause 4.1 above, unless the Underwriters

제2항이 선급유지의무에 위반하면 그 순간부터 보험자의 책임은 면한다고 하므로 담보특약이라고 판단된다.

Ⅲ. 英國 擔保特約制度의 問題點

1. 인과관계의 不要

담보특약은 위반하게 되면 위반하는 순간부터 보험자의 책임이 면제되는 것이다. 따라서, 담보특약을 위반한 다음 한동안 항해 후 다른 사고로, 예컨대 보험금지급사유가 되는 충돌사고로 인하여,[29] 피보험목적물이 침몰한 경우에도 보험자는 보험금지급의무가 없게 되는 것이다. 즉, 담보위반이 보험사고와 전혀 인과관계가 없음에도 피보험자는 보험금을 지급받지 못하게 된다(MIA 제33조 제3항).[30]

인과관계를 요구하지 않는 원칙(자동면책, The Rule of Automatic Discharge)은 17세기의 "담보는 하나의 조건으로서 준수되지 않는다면 계약이 존재하지 않게 된다"는 판례로부터[31] 생성되어, Mansfield 경에 의하여 MIA 제33조 제3항으로 입법화되었다. 제3항의 의미에 대하여 Good Luck호[32] 사건에서 항소법원

---

agree to the contrary in writing, they will be discharged from liability under this insurance as from the date of the breach provided that if the Vessel is at sea at such date that Underwriter's discharge from liability is deferred until arrival at her next port.

29) 선박충돌사고는 대표적인 담보위험 중의 하나로 해상고유의 위험(perils of the sea)에 해당한다.

30) ARNOULD, op. cit., p. 682; Susan Hodges, *Law of Marine Insurance*(Cavansish Publishing Limited, 1996), p. 99.

31) De Hahn v. Hartley, 99 Eng. Rep. 1130, 1131(K.B. 1786); Schoenbaum, p. 286에서 재인용. A warranty is a condition.... and unless that be performed, there is no contract.

32) 동 사건에서 은행이 선박에 대하여 금융을 하여주고 담보로서 보험증권을 양수받게 되었다. 은행과 보험자는 보험자의 책임이 없게 되면 은행에게 통지를 하겠다는 보증(letter of undertaking)을 하였었다. 선박이 페르시안 걸프에 들어간 사실을 알고서도 보험자는 은행에 통지를 하지 않았다. 선박은 특정지역에는 입역하지 않도록 하는 담보특약이 있었고, 선박은 미사일 공격으로 손상을 입었다. 보험자는 담보특약위반을 이유로 보험금지급을 거절하였다. 이에 담보권자인 은행은 보증위반으로 보험자에게 제소하였다. 따라서, 보험자의 면책이 되었는지가 전제가 되게 되었으므로 담보특약의 효력이 다루어져야 했다. 항소법원에서는 담보특약의 위반의 효과를 일반 조건의 위반과 같이 일방에게 계약을 취소할 권리가 주어지는 것이고, 아직 계약을 보험자가 취소하지 않은 이상 보험계약은 유효한 것이므로 보험회사가 은행에 대하여 통지할 의무가 발생하지 않았으므로 보증위반은 없다고 판시하면서 보험회사가 승소하게 되었다. 이와 반대로 귀족원에서는 담보특약위반의 효력은 자동적

은 담보위반이 있다고 하더라도 자동적으로 보험이 무효가 되는 것이 아니고 보험자의 취소라는 행위가 있어야 한다고 판시하였지만, 귀족원은 자동적으로 보험자의 책임은 종료한다[33]고 판단함으로써 자동면책원칙은 다시금 확인되었다.[34]

인과관계를 요하는 우리나라에서 이러한 담보특약제도는 아주 특이하고 생소한 것이다.[35] 인과관계 불요 원칙은 대륙법체계를 가지고 있는 유럽국가들로부터도 비판을 받는다.[36]

2. 중요성무관원칙 및 엄격적용원칙

담보특약의 내용이 아무리 사소한 것이라고 하더라도 위반사실이 있으면 보험자는 그 순간부터 책임을 부담하지 않는다. MIA 제33조 제3항은 위에서 정의된 담보란, 위험이 "중요한지 여부에 관계없이," 정확히 지켜져야 하는 조건이라고 정한다. 따라서 법원도 아무리 사소한 담보특약도 위반이 되면 담보특약의 효력이 발생한다. 이를 중요성무관원칙(immateriality rule)이라고 한다.[37]

사소한 담보특약이라도 "정확히" 지켜져야 하는 것을 엄격적용의 원칙 혹은 문자대로의 적용원칙(the strict or literal compliance rule)이라고 한다.[38][39] 상당히 지켰다(substantial observance)고 하여 담보특약위반이 아닌 것은 아니다.[40]

으로 위반순간에 보험자의 책임이 종료되는 것으로 보험자의 취소를 필요로 하지 않는다고 판시하였고, 따라서 담보위반의 순간에 보험자는 면책이 되었으므로 보험자는 은행에 통지할 의무가 있고 이를 위반한 보험자는 은행에게 책임을 부담하게 되었다. [1992] 2 Lloyd's Reports, p. 191.

33) 각주 8 참조.

34) B. Soyer, op. cit., p. 144.

35) 우리 법이 모든 경우에 인과관계를 요구하는 것은 아니다. 예컨대 상법 해상보험편의 이로(상법 제701조의2)의 경우에는 인과관계가 필요없다.

36) Peter MacDonald Eggers, "The Marine Insurance Act 1906: Judicial attitudes and innovation-time for reform?" *Marine Insurance: The Law in Transition*, edited by Prof. Thomas, Informa, 2006, p. 205.

37) ARNOULD, op. cit., p. 684; Susan Hodges, op. cit., p. 95.

38) Mansfield경에 의하여 1778년부터 적용되기 시작하여 200년 동안 존속되었고 Good Luck호 사건에서도 확인되었다. 동 사건에서는 금지구역에 입역하기 전에 보험자에게 통지하도록 되어 있었지만 이 통지를 하지 않은 것이 담보특약의 위반이 되어 보험자는 면책되었다. Schoenbaum, op. cit., p. 282; Colinvaux, op. cit., p. 120.

39) Susan Hodges는 exact compliance라고 한다. op. cit., p. 96.

40) Sudsan Hodeges, op. cit., p. 97. 이 점에서 중요한 사실에만 해당하는 부실표시와 다르다.

보험료를 지급한 피보험자로서는 보험사고가 발생한 다음 사고 이전에 있은 사소한 담보를 위반한 사실이 나타나 보험금지급을 거절당하는 상황이 되면 과연 이것이 형평에 맞는가 하는 강한 의문이 제기된다.

3. 자동면책

MIA 1906이 담보특약위반의 효과에 대하여 보험자의 책임은 면한다고만 되어 있으므로 그 의미에 대하여 다툼이 있었다. Good Luck호 사건에서 항소법원은 담보위반이 있다고 하더라도 자동적으로 보험이 무효가 되는 것이 아니고 보험자의 취소라는 행위가 있어야 한다고 판시하였지만,[41] 영국 귀족원은 담보특약위반은 정지조건으로서 위반사실이 있는 순간부터 보험자의 지급의무는 발생하지 않고 자동적으로 보험자의 책임이 면하여진다고 판시하였다.[42]

벨기에 학자에 따르면 대륙법계에 있어서 담보특약의 개념은 없고, 계약에서 일방이 의무를 이행하지 않으면 언제나 계약을 취소(avoid the contract)할 권리가 주어지는 것이라고 한다.[43]

위험이 사소하고 발생한 손해와 인과관계가 없음에도 그리고 위반사항이 치유된 다음의 보험사고임에도 자동면책되는 것은 불합리하다는 지적이 있다.[44]

Ⅳ. 擔保特約의 效力에 대한 기타 諸國의 입장

1. 미 국

미국 연방대법원은 Wilburn Boat 사건에서 담보특약의 위반으로 보험자가 면책되는지 여부는 연방법이 아니라 주법에 의한다고 하였다.[45] 동 사건에서

---

41) B. Soyer, op. cit., p. 143. 1980년 Law Commission도 해제권(repudiation)이 주어지는 것이라고 하였다. Insurance Law Non-Disclosure and Breach of Warranty(1980), Law Commission No. 104. par. 62.

42) [1992] 2 Lloyd's Rep 191 at p. 202; Susan Hodges, op. cit., p. 102.

43) Prof. Dr Marc A. Huybrechts, "Comparative marine insurance: highlighting the significant features of marine insurance law in Belgium and other selected European legal systems," *Marine Insurance: the Law in Transition*(edited by Prof. D. Rhidian Thomas), Informa, 2006, p. 174.

44) Law Commission, Consultation Paper No. 182(2007.7.17), p. 187.

45) Wilburn Boat Co. v. Fireman's Fund Insurance Co., 348 U.S. 310, 1955; 1995 AMC 467.

연방대법원은 텍사스주법에 의하면 담보특약은 사고와 인과관계가 있는 경우에만 적용된다고 판시하였다. 현재 미국법의 입장은 주법이 있는 경우에는 담보특약의 위반이 손상과 인과관계가 있는 경우에 적용되고,[46][47] 이러한 주법이 없는 경우에는 사소한 담보의 위반이 있는 경우에도 그 담보위반이 손실과 인과관계가 없는 경우라고 하더라도 보험증권을 무효로 함에 충분하다고 설명한다.[48][49] 한편, 보험자에게 위험이 증대된 경우가 아니라면 보험자의 면책항변은 불가하다는 판결도 있는바 이것도 인과관계를 요하는 것으로 분류된다.[50]

위의 Wilburn Boat 사건에서 엄격적용원칙은 지나친 것으로 비판받았지만, 그 뒤 하급심 법원들은 영국법의 동 원칙을 미국의 해상연방법 혹은 주법으로 인정하여 적용하고 있다.[51] 다만, 엄격적용원칙은 확약적 담보특약(promissory warranty)에만 적용되고 이는 모든 확약적 담보특약은 장래에 발생하는 것으로서 보험자에게 중요한 것이기 때문이라고 한다.[52]

자동면책과 관련하여서, 미국은 담보특약위반의 효과에 대하여는 영국과 달리 보험자의 책임이 위반기간 동안에 정지되거나 혹은 취소가능한 것으로 해석한다(coverage is either suspended or is voidable).[53] 보험계약의 효력이 정지된다는 것은 보험자가 어떠한 취소권을 가지는 것도 아니고 담보위반사유가 치유되면 보험자의 책임은 계속되게 된다.[54] 취소가능하다는 해석은 Good Luck호 사

---

46) 1991년 Albany Insurance Co. v. Anh Thi Kieu 사건에서 미국 제5순회법원은 텍사스법을 적용하면서, 선주승선담보특약 및 감항능력담보특약에 위반한 사실은 해상의 플레트 폼과의 충돌과 아무런 인과관계가 없으므로 보험자는 면책되지 않는다고 판시하였다. 1991 AMC 2211(5th Cir.) cert. denied, 502 U.S. 901(1991).

47) Schoenbaum은 리딩 케이스로서 United States Fire Insurance Co. v. Cavanaugh를 들고 있다. 동 사건에서 선박은 항행구역 담보에 위반하였지만 사고의 근인은 선장의 악행후에 발생한 좌초 때문이었기 때문에 보험금은 지급되었다. 1985 AMC 1001(11th cir); Schoenbaum, op. cit, 296.

48) E. Cattell, "Marine Insurance Survey," *Tulane Maritime Law Journal*, Vol. 20, p. 40; 동지, Schoenbaum. 그는 이 점에 관하여 미국법은 예측불가하다고 한다. op. cit., p. 297.

49) Home Ins. Co v. Vernon Holdings, 1995 AMC 369, 372(S.D. Fla. May 2, 1994).

50) Schoenbaum, op. cit., p. 297; United States Fire Ins. Co. v. Liberati, 1989 AMC 1436, 1441-42(N.D. Cal. 1989). 동 사건에서는 캘리포니아주법이 적용되었다; Fireman's Fund Ins. Co. v. Cox 1990 AMC 908, 910(M.D. Fla. 1989) 동 사건에서는 플로리다주법이 적용되었다.

51) Schoenbaum, op. cit., pp. 284-285.

52) 엄격적용을 비판하는 미국의 견해는 모두 사실확인적인 담보특약(affirmative warranty)에 이것이 적용되어서는 아니된다는 것이라고 한다. Schoenbaum, op. cit., p. 285.

53) Schoenbaum. op. cit., p. 290.

건에서 영국 항소법원의 입장과 동일하다.[55]

2. 독 일

독일은 1867년 상법전이 해상보험에 대한 규정을 제778조에서 제900조까지 가지고 있었지만, 1919년 독일해상보험조건에 의하여 대체되었다(ADS 1919). 특별약관인 DTV 1978년에 따라서 해상선박보험이 운용된다.[56]

불감항 선박을 운항하는 것은 심각한 위험의 변경으로 간주되어 제23조에 따라서 보험자는 이러한 행위에 의한 손해에 대하여 책임을 부담하지 아니하고 위험의 변경은 인과관계를 요구하므로 인과관계가 있는지가 중요한 요소가 된다. 피보험자는 보험금을 지급받기 위하여 위반과 손해 사이에 인과관계가 없음을 입증하여야 한다. 불감항이 피보험자가 관리할 수 있는 범위를 넘어서면 적용되지 않는다. 피보험자의 불감항 사실에 대한 인지가 필요하다.[57]

선급이 변경된 경우는 제11조하의 일반 위험의 변경으로 취급된다. 피보험자가 위험의 변경을 하거나 알게 되면 이를 보험자에게 통보할 의무를 부담한다. 이러한 경우에 보험자는 추가보험료를 취득할 자격이 주어진다. 만약 피보험자가 이를 통지하지 않으면, 위험의 변경에 의하여 발생한 사고에 대하여 보험자는 면책된다. 피보험자가 비록 위험변경에 대하여 통보하지 않았다고 하더라도 그 변경과 보험사고가 인과관계가 없음을 입증하면 보험금을 지급받을 수 있다.[58]

독일은 담보특약이라는 제도가 없고 이를 위험의 변경으로 이론 구성을 하고 인과관계가 요구됨을 알 수 있다.

---

54) Ibid., p. 207.

55) 캐나다 1993년 해상보험법도 영국 해상보험법과 동일하지만, 법원은 담보특약은 중요하고 사건과 관련이 있는 경우에만 위반의 효력을 인정한다. The Bamcell II 사건에서 해양탐사선은 야간에 경비원을 배치하도록 하는 담보특약을 가졌지만 피보험자인 선주는 이를 지키지 아니하였다. 그러나 사고는 낮에 발생하였다. 법원은 이는 보험자가 면책되는 담보특약이 아니라고 판시하였다. [1984] 1 WWR 97. Law Commission, Insurance Contract Law Issues Paper 2 Warranties 2006.11, p. 56.

56) B. Soyer, op. cit., p. 185.

57) Ibid., p. 187.

58) Ibid., p. 189.

3. 호 주

1909년 호주는 1906년 영국 해상보험법을 국내법화하였다. 제7장에 담보특약에 대한 규정을 가지고 있고, 영국과 같이 담보특약의 위반이 있으면 인과관계도 요구하지 않고 사소한 위반에서도 그 위반의 때로부터 보험자는 책임을 면한다.

담보특약제도의 불합리를 개선하기 위한 법조인과 학자들의 노력으로 1984년 보험법이 개정되어 비해상보험과 레저용 선박(pleasure boat)과 관련하여 변화가 있었다.[59] 호주의 개혁위원회는 담보특약의 위반은 위반과 인과관계가 있는 경우에만 보험자의 면책이 되도록 하자고 권고한다.[60] 또한 묵시적 담보는 폐지하고 명시적 담보로 통일하고자 한다.

4. 노르웨이

스칸디나비아제국은 담보특약이라는 제도를 알지 못하고, 이는 계약자유에 일임되어 있다. 따라서 어떤 약속을 위반하는 경우에는 위반사실이 중요하고 인과관계가 있을 경우에만 보험자는 전체 혹은 일부만 책임을 면하게 된다. 이는 제정법에 의하는 것이 아니라 노르웨이 해상보험 약관집에 따른 효과이다.[61][62]

5. 중 국

중국은 영국 해상보험법의 영향을 받아서 약간 다른 형태의 규정을 가지고 있다. 제12장 해상보험편 제235조에 담보특약에 대한 규정을 두고 있다.[63] 피

---

59) John Hare, The Omnipotent Warranty: England v. The World, paper presented at the International Marine Insurance Conference(University of Antwerp, November 1999), p. 8.

60) Peter MacDonald Eggers, op. cit., p. 205; 호주의 개혁에 대하여는 Derrington, “Marine Insurance law in Austria: the Australian Law Reform Proposals,” [2002]LMCLQ 214, 218-220이 있다. ALRC report, recommendations 7-9.

61) John Hare, op. cit., p. 8.

62) 벨기에에서는 영국 준거법약관은 유효한 것으로 판시된다. 프랑스법의 영향을 받은 벨기에는 담보특약은 알지 못하고, 불감항은 선박의 잠재하자의 하나로 취급되고 알았다면 보험계약을 체결하지 아니할 정도로 중대한 사항의 변경으로 보아 보험자는 보험을 취소하거나 해제할 수 있다고 한다. Prof. Huybrechts, op. cit., p. 176.

보험자는 보험계약상의 담보특약을 준수하지 못하게 된 경우에는 즉시 서면으로 이를 통지하여야 한다. 보험자는 그 통지를 받은 즉시 계약을 종료(terminate the contract) 혹은 보험부보 내용과 조건의 변경을 요구하거나 혹은 보험료의 인상을 요구할 수 있다.[64]

중국의 담보특약은 정의규정이 없고, 실질상 일반계약의 약관으로 법원이 이해한다고 한다.[65]

6. 우리나라

(1) 영국법이 준거법인 경우

우리나라는 영국 해상보험시장의 강한 영향력하에 있다. 따라서 우리나라 선박소유자가 영국의 해상보험자와 보험계약을 체결할 때에는 물론, 우리나라의 선박소유자와 우리나라의 손해보험회사가 선박보험에 대한 계약을 체결하는 경우에도 영국법을 준거법으로 한다.[66] 우리나라 대법원은 영국 준거법약관이 유용하다는 입장을 견지하고 있다.[67] 즉, 1906년 MIA상의 담보특약은 유효하다.[68]

대법원 1996.10.11. 선고 94다60332 판결에서 피보험자인 선박소유자는 선박보험에 가입하면서 로이드 대리점의 검정인이나 한국선급협회의 검정인으로

---

63) 중국 해상법 제235조는 "The insured shall notify the insurer in writing immediately where the insured has not complied with the warranties under the contract. The insurer may, upon receipt of the notice, terminate the contract or demand an amendment to the terms and conditions of the insurance coverage or an increase in the premium"라고 한다.

64) John Hare, op. cit., p. 9.

65) Prof. Huybrechts, op. cit., p. 176.

66) 예컨대, 대법원 1996.3.8. 선고 95다28779 판결이 이러하다.

67) 따라서 외국법이 적용되는 결과 우리 상법 보험편의 통칙의 규정보다 보험계약자에게 불리하게 된다고 하여 상법 제633조에 따라 곧 무효가 되는 것이 아니라, 동 약관이 보험자의 면책을 기도하여 본래 적용되어야 할 공서법의 적용을 면하는 것을 목적으로 하거나 합리적인 범위를 초과하여 보험계약자에게 불리하게 된다고 판단되는 것에 한하여 무효로 된다고 할 것이다. 박세민, 전게논문, 110면.

68) "이 사건 보험은 영국의 법과 관습에 의한다"는 경우와 "위 적하보험으로 인한 일체의 책임문제는 영국의 법률 및 관습에 의거한다"는 경우를 구별하여야 한다는 견해가 있다. 한창희 교수는 후자의 경우에는 제한적으로 해석하여 보험금청구에 대한 책임의 유무와 정산에 대하여만 영국 준거법이 적용되고 보험료의 청구, 보험계약의 채무와 유효성에 대하여는 한국법이 적용된다고 한다. 한창희, "영국 해상보험법상의 고지의무 명시적 담보위반의 효과(대법원 1996.3.8. 선고 95다28779 판결)," 「보험법연구 2」(보험법연구회, 1998), 27면 이하.

부터 감항증명서를 받을 것을 담보한다(warranted seaworthiness certificate issued by Lloyd's agent surveyer or KR surveyor)는 내용의 특약을 하였다. 이 사건 선박은 감항증명서를 발급받지 아니하고 항해하다가 충돌사고가 발생하였다. 보험자는 담보특약위반을 근거로 보험금지급을 거절하였다. 대법원은 영국 법률과 관습에 따르기로 하는 영국 준거법약관을 유효하다고 판시한 다음, "영국 해상보험법상의 담보특약위반이 있는 경우, 설사 보험사고가 담보특약위반과 아무런 관계없이 발생하였다고 하더라도 보험자는 보험증권에 명시적 규정이 있는 경우를 제외하고는 자동적으로 그 담보특약위반일에 소급하여 그 보험계약상의 일체의 책임을 면한다"고 판시하면서 보험자의 면책을 인정하였다.[69]

대법원은 1998.5.15. 선고 96다2773 판결에서 위 판결을 확인하였다.[70]

(2) 우리 법이 준거법인 경우

대부분의 선박보험은 영국 준거법을 사용하고 있지만, 책임보험의 일종이라고 할 수 있는 한국해운조합과 선주상호보험에서는 한국법을 준거법으로 하고 있다. 일반 손해보험회사의 보험계약도 장차 한국준거법을 사용할 가능성이 많고 그렇게 유도되어야 하므로 우리나라 상법이 준거법인 경우에 담보특약이 어떻게 해석되어야 할 것인지는 중요한 의미를 가진다.

---

69) 판례공보(1996 하), 3279면. 여기에 대한 판례평석으로는 최종현, "영국 해상보험법상 담보특약위반에 대한 권리의 포기," 「보험법연구」, 제2권(삼지원, 1998), 43면 이하가 있음.

70) 동 사건에서 피보험자는 선박보험계약을 체결하면서 선박이 한국선급협회의 선급을 유지하는 것을 담보로 한다는 특약을 체결하고 이를 보험증권에 명기하고서도 한국선급의 승인없이 격벽(bulkhead)을 제거한 다음 항해중 선박충돌사고로 침수되어 문제의 선박은 침몰되었다. 대법원은 「보험증권과 약관에 그 준거법을 영국의 법률과 관습에 따르기로 하는 규정과 아울러 선급을 유지하기로 하는 내용의 명시적 규정이 있는 경우, 이는 영국 해상보험법 제33조 소정의 명시적 담보에 관한 규정에 해당하고, 명시적 담보는 위험의 발생과 관련하여 중요한 것이든 아니든 불문하고 정확하게 충족되어야 하는 조건으로서 엄격히 지켜져야만 하며, 일단 담보위반이 있는 경우 설사 보험사고가 담보위반과 아무런 관계없이 발생하였다고 하더라도, 보험자는 보험증권에 별도의 명시적 규정이 있는 경우를 제외하고는 자동적으로 그 담보특약 위반일에 소급하여 그 보험계약상의 일체의 책임을 면한다(대법원 1996.10.11. 선고 94다60332 판결 참조). 그러므로 보험자가 담보특약에 관한 사항을 알든 모르든 피보험자로서는 담보특약을 정확히 지켜야만 하고, 이를 위반하게 되면 그 사유와 시기에 관계없이 보험자는 바로 그 시점부터 보험계약상의 일체의 책임을 면하게 되므로 보험자로서는 담보특약에 관한 사항을 구태여 알아야 할 필요가 없고, 피보험자는 보험자에게 담보특약에 관한 사항을 고지할 의무도 없는 것이다」고 판시하였다. 판례공보(1998), 1621면.

우리나라 상법은 해상보험에 대한 규정을 가지고 있지만, 담보특약에 대한 규정은 없다. 그러므로 현재 담보특약은 공백상태로 있다고 생각된다. 다만, 독일과 같이 위험의 변경조항 등을 준용하여 담보특약을 해석할 수 있는 여지는 있다고 생각한다.

현재 한국선주상호보험조합의 약관규정을 보면, (i) 한국법을 준거법으로 한다.[71] (ii) 담보특약에 대하여는 영국 해상보험법의 규정을 그대로 기술하고 있다. 보험계약규정 제2조의1(담보 warranty)에 의하면 제1항에서 「보험계약증서에 조항으로 명시되어 있는 담보조건이 지켜지지 않았을 경우, 조합은 위반시점 이후의 책임은 보상하지 아니한다. 단, 위반시점 이전에 발생한 책임은 이에 관계없이 보상한다」. 제2항에서 「일단 담보조건이 위반되면, 조합원은 손해가 발생하기 전에 위반사실을 보완 조치하여 담보조건을 지켰다는 주장을 할 수 없다」고 하고, 제2조의2 적법담보에서 「보험계약에 의해 담보되는 해상사업의 목적은 합법적이어야 하며, 합법적인 방법으로 수행되어야 한다」고 정한다.[72][73] 나아가 제16조에서 선급 등의 유지 등에 대한 요건을 충족하지 못한 때에는 조합은 보상을 거부하거나 보상액을 감액할 수 있다는 규정을 가지고 있다. 또한 제17조에서 가입선박의 관리 및 감항성에 관한 검사를 실시할 것을 조합원에게 요구할 수 있고, 조합원이 이 검사를 실시하지 않는 때에는 조합은 그 기간이 경과한 후에 해당 가입선박에 대하여 발생한 손해 및 비용의 보상을 거부하거나 보상액을 감액할 수 있다고 한다.

한편, 한국해운조합의 담보특약에 대한 규정을 보면 (i) 준거법을 한국법으로 한다.[74] (ii) 담보특약에 대한 일반규정은 가지고 있지 않다. 그러나 선급담보와 감항성 담보에 대하여 규정을 가지고 있다. 이들은 위 한국선주상호보험조합의 그것과 동일하다.[75]

---

71) 보험계약규정 제48조는 "보험계약규정에서 정하지 않은 사항에 관하여는 대한민국의 법령에 의한다"고 한다. 보험계약규정, Korea P&I Club, 2003, 37면.

72) 상게규정, 10면.

73) 정의규정에서 담보(warranty)는 "특정사항이나 어떤 조건이 이행 또는 충족하는지의 여부, 혹은 특정한 사실상태의 존재여부를 확인하거나 부인하는 등을 조합원이 담보조건으로 약속하는 약속담보로서 그것이 위험에 중대한 영향을 미치는지의 여부에 관계없이 반드시 정확하게 충족되어야 하는 조건이다"고 한다. 상게규정, 8면.

74) 제40조에 의하면 "이 보통약관에 정하지 아니한 사항에 대해서는 대한민국 법령을 적용합니다"고 한다.

V. 擔保制度의 改革에 대한 논의

1. 영 국

(1) 학계와 법조계의 비판

Antony Diamond QC도 1985년 사우스 햄턴 법과대학 해상법연구소 제3차 강의에서 영국 해상보험법이 보험자와 피보험자 사이의 권리와 의무에 대한 균형을 맞추지 않으면 언젠가 다른 국가가 영국이 실패한 곳을 파고들 것이라고 예상하였다. 이러한 견해는 동 연구소의 2003년 강의에서 Sir Andrew Longmore에 의하여 재확인된 바 있다.[76]

영국의 법원은 Inchimaree 조항과 담보특약조항이 경합하는 경우에는 Inchimaree 조항이 우선하여 피보험자는 보험금을 지급받을 수 있다는 판결을 내리고 있다.[77] 이는 담보특약의 가혹함을 해소하기 위한 방안이다.

Longmore 판사는 사고의 원인 중에서 한 가지는 보험금지급사유에 의한 사고이고 다른 하나는 담보위반으로 면책사유라고 한다면, 손해의 기여도를 나누어서 일정액은 지급되도록 하자고 한다.[78]

미국의 Schoenbaum 교수도 영국 옥스퍼드에서 연구한 다음 미국 해상보험법과 영국 해상보험법을 비교하여 영국의 담보특약의 효력에 대하여 비판적인 시각을 보이고 영국의 담보특약제도는 미국의 유연한 입장을 받아들여야 한다고 하면서 이의 개선을 촉구한 바 있다.[79][80]

---

75) 선주배상책임공제약관, 한국해운조합, 2006.1, 10면.

76) Longmore, Good faith and breach of warranty: are we moving forwards or backwards?, [2004] LMCLQ, p. 164.

77) 예컨대, 협회항해보험을 사용하여 영국법이 준거법이 되면, 감항성을 갖추는 것이 묵시적인 담보특약이 된다. 선장의 잘못으로 발라스트의 물을 모두 배출하여 선박이 불감항 상태로 되었다고 하자. 불감항으로 인한 담보특약위반으로 보험자의 책임은 종료된다고 할 수 있다. 그런데 인치마리약관에 의하면 기관의 잠재하자 혹은 선원의 과실로 인한 사고는 보험자가 책임을 부담한다고 한다. 법원은 이 경우에 인치마리약관이 담보특약보다 우선하여 보험자는 책임을 부담한다고 판시한 것이다. The Lydia Flag, [1998] 2 Lloyd's Rep. 652. 동 판결은 인치마리약관은 명시적인 감항성 담보특약에 우선하는 효력이 있다고 판시한 점에 의의가 있다.

78) Longmore, op. cit., p. 163. 노르웨이법이 이러하다고 한다.

79) Schoenbaum, "Warranties in the law of marine insurance: some suggestions for reform of

(2) Soyer 교수의 안

영국 Swansea 대학의 Soyer 교수는 담보특약이라는 단행본을 통하여 영국 해상보험법에서의 담보특약제도의 모순을 해결하고자 한다. 그에 따르면 영국 해상보험시장의 비중이 1991년 31.2%에서 1994년 27% 그리고 1999년 21%로 추락한 원인 중의 하나가 영국 해상보험에서의 담보특약이 소비자인 피보험자에게 불리하고 경쟁국가인 독일과 노르웨이의 증권에 비하여 수요자의 구미에 맞지 않기 때문이라고 한다.[81)]

소이어 교수는 MIA 제33조 제3항은 공서양속(public policy)과 무관하므로 자동면책효력을 다른 것으로 대체하여도 아무런 문제가 없다는 의견을 제시한다.[82)] 나아가, 해결책으로서 (i) 입법을 통하여 1906년 MIA의 관련규정을 개정하는 것 (ii) 보험사들이 행동강령을 만들어 MIA와는 달리 운용하겠다는 의지를 보이는 것이라고 주장한다.

소이어 교수는 가장 확실한 방법은 1906년 MIA의 내용을 개정하는 것이라고 믿는다.

① 첫 번째 안으로 나온 것은, MIA에서 담보특약이라는 용어와 장을 모두 삭제하는 것이다. 이것은 남아공대학의 하레 교수가 제안한 것이다.[83)] 삭제하게 되면 당사자는 자유로이 명시된 약속에 대한 위반이 있으면 그 약속위반에 기인한 보험사고에 대하여는 보험자는 보험금지급의무를 면한다는 규정을 보험증권에 삽입하여 해결한다는 것이다. 만약, 증권에 약정이 없으면 일반계약법의 법리에 따르게 된다. 그러나 소이어 교수는 합법성 담보를 사적자치에 맡길 이유가 없고, 현재 런던 보험시장의 보험증권에 나와 있는 내용을 모두 삭제하는 것은 쉽지 않은 일로 현실성이 없다고 평가한다.[84)]

② 두 번째 안으로 제안하는 것은, 제34조 제2항을 삭제하고 담보특약사항을 정지조항(suspensory provisions)으로 운용하자는 것이다.[85)] 피보험자가 담보특

English and American law(1999)," 23 *Tulane Maritime Law Journal* 267. 뿐만 아니라 미국자체의 혼란함도 연방법을 통하여 해결할 것을 제안한다. Ibid., p. 312.

80) Longmore, op. cit., pp. 163-164.

81) B. Soyer, op. cit., p. 205.

82) Ibid., p. 152.

83) 남아공대학의 하레 교수는 보험법상 담보특약의 개정에 대한 열정을 보이고 있는 교수이다. CMI에서도 큰 활동을 하고 있다.

84) B. Soyer, op. cit., p. 213.

약위반이 있는 기간 동안만 보험금지급의무를 면하고 피보험자가 담보특약위반을 시정하게 되면 다시 보험금지급의무가 환원되는 것이 된다. 예컨대, 선급유지가 되지 않는 기간 동안만 보험자의 보험금지급의무는 면하게 되지만, 선급이 다시 유지되면 보험자는 보험금지급의무를 부담하게 된다. 그러나 이것은 인과관계여부에 관계없이 보험자의 보험금지급의무가 면하게 되므로 여전히 피보험자는 불만을 가질 것이라고 소이어 교수는 평가한다.[86]

③ 세 번째 안으로 제안하는 것은, 담보위반사항과 보험사고 사이에 인과관계를 연결시키는 것이다. 담보위반사항이 보험사고에 관련성이 있는 경우에만 보험금지급의무를 면하도록 하는 것이다. 이러한 경우에는 감항성 유지를 피보험자들이 게을리할 우려가 지적되고 있다.[87]

소이어 교수는 아래와 같이 자신의 개정안을 제시한다.

① 영국의 담보특약제도가 가장 비판을 받고 있는 것은 인과관계가 없음에도 보험자의 면책권이 주어지는 것이다. 따라서, MIA 1906 제33조 제3항을, 피보험자가 담보위반사항이 보험사고와 인과관계가 없음을 증거의 우열(on a balance of probability)로 입증을 하게 되면 보험자는 면책되지 않도록 개정한다(개정안 33조 3A).

② 담보특약(warranty)은 하나의 조건(a condition)이라는 제33조 제3항의 문장이 혼란을 야기하므로, 이를 담보특약의 이행은 보험자의 보험위험인수 혹은 나아가 보험자의 책임에 대한 선행조건(condition precedent)으로 규정하는 것이다. 이러한 정의규정을 둠으로써 피보험자에게 인과관계가 없는 경우에 항변이 가능하게 된다(개정안 제33조 제3항 본문).

③ 담보특약위반이 아무런 손해와 관련이 되지 않은 경우에는, 담보위반사실을 아는 즉시 보험자가 피보험자에게 통지를 함으로써 보험계약을 취소할 권한을 보험자에게 부여하는 것이다. 통지를 하게 함으로써 피보험자는 새로운 보험에 가입할 수 있게 된다(개정안 제33조 3B).

④ 합법성 담보를 사적자치에 맡길 수 없기 때문에 이것에 대하여는 자동면책이 되도록 한다. 제33조 제3항이 바로 적용되도록 한다(개정안 제33조

85) Ibid.

86) Ibid.

87) Ibid, p. 215.

3D).[88]

소이어 교수의 안은 보험자와 피보험자의 이익을 균형있게 고려한 것으로 평가된다. 담보특약을 선행조건으로 파악하여 일반계약법의 법리를 도입한 것도 좋은 입법이라고 생각한다. 보험자에게 취소권을 부여하고 취소사실을 서면으로 통지하게 하는 것은 피보험자 보호에 대단히 중요하다. 많은 경우 담보위반 이후에 보험계약이 지속된 다음 다른 사유로 보험사고가 발생할 때 보험자가 이전에 있었던 담보위반을 사유로 보험금지급을 거절하므로, 취소사실을 서면으로 통지받으면 피보험자는 다른 보험계약을 체결할 기회를 가지게 되어 위험의 분산에 만전을 기하게 될 것이다. 다만, 담보의 이행이 되지 않으면 보험위험의 인수가 시작되지 않고 나아가 보험자의 책임도 없는 것이므로 제33조 제3항 A에서 말하는 attachment of risk or further liability에서 or는 and로 수정되어야 할 것으로 생각한다.

(3) 각종 보험증권

ITC(Hull) 1983년, 1995년 증권에 있는 "계속담보(held covered)조항"(담보의

---

88) 따라서 개정안은 아래와 같이 된다.

제33조 제3항 *A warranty, as above defined, is a condition precedent to the attachment of risk or to further liability of the insurer, and must be exactly complied with.* If it be not so complied with, then, subject to any express provision in the policy, the insurer is discharged from liability as from the date of breach of warranty, but without prejudice to any liability incurred by him before that date(*상기에 정의된 담보특약은, 보험자의 보험인수 혹은 나아가 보험자의 책임발생의 선행조건이고 정확하게 준수되어야 한다.* 정확하게 준수되지 않으면, 보험증권에 명시규정을 제외하고 보험자는 담보특약의 위반시부터 보험자는 책임을 면한다. 그러나 위반일 이전에 발생한 책임에 영향을 미치지 않는다).

(3A) *Where the breach of warranty is followed by a loss, the insurer cannot rely on s33(3) if the assured on a balance of probabilities proves that the loss in respect of which he seeks to be indemnified was not caused or contributed to by the breach(담보특약의 위반이 손실을 야기한 경우에, 피보험자가 자신의 보험금청구의 기초가 되는 손실이 그 위반에 의하여 야기되었거나 기여된 바가 없음을 증거의 우열로서 입증하는 경우에는 보험자는 제33조 제3항을 원용할 수 없다).*

(3B) *Where no loss follows the breach of warranty, the insurer may cancel the contract by giving notice in writing as soon as he becomes aware of the breach(담보특약의 위반이 손실을 야기하지 않는 경우에, 보험자는 그러한 위반을 알게 되면 즉시 서면의 통지로써 보험계약을 취소할 수 있다).*

(3D) *Section 33(3A) does not apply when the implied warranty of legality is breached(합법성에 대한 묵시담보의 경우에는 제33조 제3A항은 적용되지 않는다).*

위반이 있더라도 통지를 하고 추가보험료를 지급하면 보험은 계속하여 유효한 것으로 되는 조항)은 담보특약의 가혹함을 완화하는 것으로 평가된다.[89)]

IHC(International Hull Clauses) 2003에서 IUA는 선체보험증권에서 영국법상의 담보특약에 대한 언급을 삭제하였다. 1983년 보험증권의 제1조의 항해조항은 명시적 담보로 되어 있었지만, 2003년의 항해조항은 더 이상 명시적인 담보로 되지 않고 보험자는 위반이 있는 기간 동안만 책임을 부담하지 않고 위반이 종료된 때로부터 보험자의 의무는 계속된다는 정지조항(suspensive condition)으로 변경되었다.[90)] 제10조는 피보험자는 항행구역 등 규정에 위반하여서는 아니 됨을 정하고,[91)] 제11조에서는 위반하고 있는 동안에 발생한 사고에 의하여 야기된 손해에 대하여는 책임을 부담하지 않는다.[92)] 이러한 수정은 담보위반의 효과에 대하여 가혹함을 상당히 완화한 것으로 생각된다.[93)] 그러나 이러한 수정도 계약위반의 동안에 발생한 사고에 대하여는 여전히 인과관계를 요구하지 않는다는 점에서 미흡하다고 한다.[94)] 또한 선급약관에서도 차이가 있다. 보험자는 책임을 면한다고 규정한 것이 아니라, 보험자의 위반이 있는 때에 보험은 자동적으로 종료된다(automatic termination of the insurance at the time of such breach)고 한다. 그러나 선급담보특약에 위반한 사실이 있어도 다음 항구까지 자동종료가 연장되고, 선급의 사전동의 없이 다음 항구를 출항하는 경우에만 자동종료규정이 적용된다. 이 점에서 담보특약제도의 엄격함이 완화되었다고 볼 수 있다(13.2.2). 또한 보험자는 그러한 위반사항에 기인한 손상에 대하여는 책임이 없다(any loss attributable to such breach)고 하여 인과관계를 요구한다.[95)]

---

89) B. Soyer, op. cit., p. 160.

90) Chris Zavos, The International Hull Clauses 2003, p. 165.

91) Clause 10.1 The vessel shall not sail nor be employed in breach of any provisions of this insurance as to cargo, trade or locality.

92) Clause 11. Underwriters shall not be liable for any loss, damage, liability or expense arising out of or resulting from an accident or occurrence during the period of breach, unless notice is given to the Underwriters immediately after receipt of advices of such breach and any amended terms of cover and any additional premium required by them are agreed.

93) 동지, Sir Andrew Longmore, op. cit., p. 162.

94) Chris Zavos, op. cit., p. 165; Sir Andrew Longmore, op. cit., p. 162.

95) Longmore 판사는 이러한 변경사항을 감안하면 더 이상 선급담보조항은 담보가 아닌 것으로 보인다고 평가한다. Longmore, op. cit., p. 162.

(4) 법검토위원회(Law Commission)[96]

1980년 제1차 보고서에는 담보위반에 대하여 개혁을 요구하였지만, 입법화에까지 이르지 못하였다. 법검토위원회는 영국보험법협회의 보고에 따라 보험계약법(담보특약 포함)에 대한 쟁점을 한번 더 논의하기로 2005년 결정하고, 2006.9.22. 담보에 대한 쟁점보고서(issues paper)를 발표하였다.[97] 2007.7.17. 토의보고서(consultation paper)를 발행하여 각계의 의견을 구하는 중이다.

담보특약제도의 개혁의 필요성에 대하여 위원회는 현재의 담보특약제도는 (i) 피보험자의 기대에 반한다.[98] (ii) 대륙법계국가는 물론 영미법계의 미국, 캐나다, 호주 및 뉴질랜드와도 다른 입법을 가지고 있다고 하였다.[99]

권고안은, (i) 담보특약은 서면으로 이루어져야 한다. (ii) 담보특약의 위반사항이 손실에 영향을 미치지 않았음을 피보험자가 증거의 우월로서 입증하면 피보험자는 보험금을 받을 자격이 있다. 이는 임의규정으로 한다. (iii) 담보특약위반은 자동면책권이 주어지는 것이 아니라 종료시킬 권리가 주어질 뿐이고 이는 일반 계약법하에서 충분히 심각한 결과를 가져다주는 경우에만 허용되어야 한다. (iv) 묵시적 담보는 폐지하고 그대로 존치한다면 인과관계를 요구하여야 한다.[100]

2. 미 국

(1) 제정법

미국은 Wilburn Boat 사건 이래로 해상보험은 각주의 법에 따라 규율되기

96) 1965년 Law Commission Act에 의하여 Law Commission이 설치되어 법의 개혁에 대한 보고서를 작성한다. 논의범위(scoping paper)/쟁점서면(issuing paper)을 작성한 다음, 심의서면(consultation paper)을 발행하여 각계의 의견을 들은 다음 정식 보고서(reports)를 작성한다. 정식 보고서에 개정안 등이 들어간다.

97) The Law Commission Annual Report 2006-2007. www.lawcom.gov.uk.

98) 예컨대, 살수기가 비치되어야 한다는 담보특약이 있다면, 피보험자는 살수기가 없어서 가옥에 대한 화재진압이 안되어 손실이 발생하였다면 보험금을 지급받지 못하지만, 태풍으로 가옥이 파손되었다면 살수기와 무관하게 보험금은 지급되어야 한다는 것이 일반인의 기대라고 본다. Law Commission Consultation Paper No. 182(2007.7.17)에 대한 Summary report, p. 16.

99) Ibid.

100) Law Commission Consultation Paper No. 182(2007.7.17), pp. 187-214; Summary Report, op. cit., pp. 16-17.

때문에 통일성이 결여되어 연방해상보험법을 제정하자는 목소리가 높았다.[101) 미국해법학회는 학회차원에서 연방해상보험법을 만들기 위한 기초작업을 하였고,[102) 여기에 담보특약에 대한 미국법을 담게 되었다.

Schoenbaum 교수는 영국의 담보특약법은 1906년의 수준으로 동결되어 있지만, 미국은 피보험자에게 가혹한 측면을 개선하기 위하여 많은 좋은 제도를 도입하였기 때문에 영국법이 미국법을 취할 것을 권유한다. 그가 제시하는 미국법으로는 인과관계의 요구, 자동면책이 아니라 책임의 일시정지로 간주하는 것, 계속담보조항의 존치 등이 있다.[103) 그 이외에도 이론적으로 Good Luck호 사건에서처럼 담보특약을 선행조건으로 이해하는 한, 미국법의 이론이 더 정치하다고 주장한다. 미국계약법에서 선행조건의 위반은, 약속의 위반과 달리 계약의 무효 혹은 취소가 아니라, 채무자의 이행의무를 정지하는 것이고 의무를 면제하는 것은 아니라고 한다.[104) 따라서 조건이 성취되면 다시 의무를 이행하여야 한다. 이것은 영국계약법에서도 동일하다고 하면서, MIA의 담보특약의 포기가 법정되어 있지만, 이미 자동면책이 되었다고 해석한다면, 보험자가 이를 다시 포기하여(waiver)하여,[105) 보험자의 책임을 계속하는 것은 이론상 맞지 않고, 오히려 취소가능한 것(voidable)으로 해석하는 것이 이 경우에는 더 합리적인 설명이 가능하다고 한다.[106)

Grayden Staring 변호사도 변화의 필요성을 제기한다.[107)

---

101) Schoenbaum, op. cit., p. 315; M. Sturley, "Restating the Law of Marine Insurance: A Workable Solution to the Wilburn oat Problem," 29 *Journal of Maritime Law and Commerce*, p. 41.

102) 2006년 현재 진행상태는 없다. CMI YEARBOOK 2005-2006, p. 390.

103) Schoenbaum, op. cit., pp. 296-302.

104) 선행조건(condition precedent)은 조건이 면제되지 않는 한, 합의된 약속이 행하여질 의무가 발생하기 위하여는 먼저 일어나야 하는 행위 혹은 사건을 말한다. 후행조건(subsequent condition)이란 이미 존재하는 이행의무를 면제하기 위하여는 먼저 일어나야 하는 행위 혹은 사건을 말한다. 후행조건인 경우에는 의무가 자동면제될 수 있다고 한다. 즉, 의무가 자동면제되는 것은 후행조건만이라고 한다. Schoenbaum, op. cit., p. 293.

105) MIA 1906 제34조 제3항.

106) Schoenbaum, op. cit., p. 294.

107) Grayden Staring, The CMI looks at "Marine Insurance Law," *Benedict's Maritime Bulletin*, Vol. 2, No. 3(Third quarter 2004), p. 223.

(2) 보험증권

요트의 경우에 두 가지 방법으로 담보특약의 가혹함을 피하고 있다. 하나는 손실과 담보위반 사이에 인과관계가 없다면 보험자가 담보특약위반의 항변을 못하게 하는 것이다. 다른 하나는 준거법선택조항을 삽입하여 담보특약위반이 자동적인 책임면제가 되지 않는 주법의 적용을 받도록 하는 것이다.[108)]

계속담보(Held covered clause)의 사용도 담보특약의 수정의 한 방안으로 제시된다.[109)]

3. 노르웨이

담보특약의 모순을 해결하기 위하여 가장 성공적인 보험증권을 제시한 것은 노르웨이이다. 1996년 노르웨이해상보험조례(The Norwegian Marine Insurance Plan)라는 이름의 보험에 관한 표준보험계약 약관규정이 보험시장에 나타나게 되었다.[110)] 2003년에 개정작업이 있었지만 해상보험은 변경되지 않았다.[111)]

항행구역담보특약의 경우에도 금지된 항행구역에 입항하여 있는 동안에만 보험자의 보험에 대한 지급의무가 중단될 뿐이지 금지구역을 떠나게 되면 보험자의 책임은 계속되므로, 피보험자가 자동적으로 면책되는 것은 아니다(제3-15조, 제3항).

보험기간 개시시 선박은 보험자의 승인을 받은 선급협회의 선급을 보유하여야 한다(제3-14조 제1항). 피보험자의 선박이 선급을 상실하거나 선급이 변경된 경우 보험담보는 자동적으로 종료한다. 그러나 피보험자로부터 명시적인 승인을 받은 경우에는 보험자의 책임은 계속된다(제3-14조 제2항 제1문). 선박 항해중 선급이 상실되거나 변경된 경우에 가장 인접한 항구에 입항할 때까지는 보험자의 책임이 계속된다(제3-14조 제2항 제2문).[112)]

---

108) B. Soyer, op. cit., p. 208.

109) Schoenbaum, op. cit, p. 300. 미국에서 사용되는 조항은 아래와 같다. The Vessel is held covered in case of any breach of conditions as to ... locality ... provided (a) notice is given to the Underwriters immediately following receipt of knowledge by the Assured, and (b) any amended terms of cover and any additional premium required by the Underwriters are agreed to by the Assured.

110) 1996년 플랜에 대한 자세한 논의는 한창희, "1996년 노르웨이 해상보험계획에 관한 고찰," 「보험법연구 5」(삼지원), 144면 이하를 참고바람.

111) ITC Hull과 비교되는 것으로, 준거법은 노르웨이법이다.

불감항에 의하여 입은 손해에 대하여는 피보험자가 이를 알거나 알 수 있었을 때 조치를 취하는 것이 가능하였을 경우에는 보험자는 책임이 면제된다(제3-22조). 입증책임은 보험자가 부담한다. 보험자의 면책을 위하여는 손해와 불감항 사이에 인과관계가 요구된다. 이 점에서 불감항을 묵시적 담보특약으로 이해하는 영국과 다르다. 피보험자가 조치를 취할 수 있었다는 사실을 알았거나 알 수 있었던 점을 보험자가 입증하여야 한다. 보험자는 어떠한 이유로든 보험기간중 부보선박의 불감항을 알게 되었다면 14일간의 유예기간을 주고 보험계약을 해지할 수 있도록 한다(제3-27조 a호).[113]

4. 국제해법회(CMI)

국제해법회는 저명한 머스틸 경(Lord Mustill)의 의견을 받아들여 1998년 해상보험에 대한 문제점을 파악하고 통일적인 규범을 만들기 위하여 노력하여오고 있다.

2004년 밴쿠버 총회에서 해상보험법 작업반(Marine Insurance Working Group)은 연구결과를 발표하였다. 남아공의 존 하레(John Hare) 교수는 해상보험법이 잘못된 점이 있음에도 법조인들이 이를 시장에서 수정하기를 기대하면서 가만히 있는 점에 대하여 통탄을 하였다. 1980년 영국법위원회가 "보험자가 위험에 중요하지도 않은 담보사실을 엄격히 준수할 것을 요구하고 나아가 그것을 위반한 경우에 보험계약을 무효화할 수 있는 권리를 가지는 것은 아주 잘못된 것이다"고 선언한 이후 44년이 지난 오늘에 이르기까지 해상변호사들이 아무런 조치를 취하지 않는 것은 잘못이라고 지적한다.[114][115]

총회는 추가논의를 위한 CMI 가이드라인을 발표하였다.[116] 제1장 제3조는

---

112) B. Soyer, op. cit., p. 195.

113) 한창희, 전게 1996년 노르웨이 해상보험계획에 관한 고찰, 167-158면.

114) John Hare, The CMI review of marine insurance report to the 38th conference of the CMI VANCOUVER, 2004, CMI YEARBOOK 2004, p. 254.

115) Hare 교수는 또한 영국의 MIA가 입법화되어 전세계적으로 받아들여져 있기 때문에 불합리함이 있음에도 다른 보통법과 달리 판사들이 법을 창설(judge made law)하지 못하므로 더욱 불합리하게 되었다고 비판한다. John Hare, op. cit., p. 256.

116) 소위원회는 해상보험의 국제적인 통일을 위한 국제조약과 모델법을 만들 것을 고려하였지만, 해상보험은 사적인 관계이므로 국가의 규제는 적절하지 않다는 이유에서 가이드라인으로 하기로 결정하였다.

담보특약이라는 표현은 더 이상 사용되어서는 아니되고, 영국법상의 담보특약 제도와 그 법적 효과는 폐지되어야 한다고 정한다.117) 제3조는 또한 어떤 계약 내용은 엄격하게 지켜질 것이 요구되고 당사자 중의 일방이 이를 준수하지 않으면 상대방에게 계약의 취소권(right to cancel)이 주어져야 하고, (혹은 계약이 자동으로 종료된다고 하더라도) 그러한 것으로는 선박의 안전, 선급, 선박의 소유권, 안전경영 및 ISM코드의 준수와 관련된 담보특약이 있다고 한다. 즉, 담보특약 제도를 폐지하고 계약의 취소로 이론 구성을 하자고 한다.

존 하레 교수는 2003년 국제보험자협회(IUA)의 IHC증권의 내용은 CMI의 이러한 작업에 영향을 받은 바 크다고 평가한다.118) 현재 집행소위원회(steering committee)가 구성되어 활동하고 있다.

Ⅵ. 우리나라 海上保險法의 改正과 運用方向

우리나라에서도 담보특약의 부당성을 지적하는 견해가 지배적이지만,119)120) 영국법을 준거법으로 하는 한 담보특약은 유효하다고 해석된다.121) 이 경우 대법원은 영국법 준거법약관의 효력을 인정하여 오고 있다.122)

1. 우리나라 상법이 준거법이 되는 경우의 담보특약의 효력유무

만약, 우리나라의 선박보험증권이 한국법을 준거법으로 하면서 담보특약을

117) CMI YEARBOOK, op. cit., p. 259.

118) John Hare, Report of the CMI Standing Committee, CMI YEARBOOK 2005-2006, p. 391.

119) 한창희, 전게 담보특약 논문, 152면; 박세민, 전게논문, 145면; 서기석, "영국 해상보험법상의 담보특약위반의 효과와 그 포기," 「인권과 정의」(1996.12), 124면.

120) 대법원 1996.10.11. 선고 94다60332 판결에 대한 평석에서 동 사건의 대법원 재판연구관이던 서기석 판사는 섭외사법상의 외국법 해석에 관한 일반원칙으로서 대법원의 판결을 지지하면서도, 영국이 오랜 기간 동안에 걸쳐 해상보험업계의 중심적인 지위에 있으면서 보험회사에게 유리한 담보특약이라는 개념을 개발하여 우리나라와 같이 주로 피보험자의 지위에 있는 선박회사에게 지나치게 가혹한 법리를 적용하고 있어서 피보험자의 이익을 침해하는 면이 적지 아니하므로, 법원이 피보험자를 보호하는 노력을 게을리하여서는 아니될 것이라고 한다. 124면.

121) 동지, 최종현, 전게논문, 박세민, 전게논문, 110면; 서기석, 전게논문, 124면.

122) 대법원은 1996.10.11. 판례에서 영국법 준거법약관의 효력을 인정하면서 담보특약의 효력을 인정하여 담보위반의 순간에 보험자의 책임은 종료된다고 판시한 바 있다. 판례공보(1996), 3279면.

가지고 있는 경우에는 그 유효성이 문제될 수 있다(예컨대, 앞에서 본 한국해운조합과 한국선주상호보험의 경우 및 수협공제의 경우 등). 그러나 보험계약자 등의 불이익금지에 관한 상법 제663조 단서규정[123]은 해상보험에는 적용되지 않는다. 그러므로 담보특약은 피보험자에게 불리한 것일지라도 당사자자치의 원칙상 유효하다고 할 것이다.[124]

다음으로 한국법을 준거법으로 하면서도, 보험증권의 약관에 담보특약만 규정하고 효력에 대한 약정은 없는 경우에 그 효력을 어떻게 적용할 것인지가 문제이다. 우리나라 상법은 보험편에서 담보특약의 효력에 대한 규정을 가지고 있지 않다. 따라서 상법 보험편의 규정을 유추하여 적용하는 방법을 고려하여 보아야 한다.

유사한 규정으로는 제706조의 감항능력결여로 인한 보험자의 면책규정이다.[125] 이는 불감항에 대한 묵시적 담보특약과 유사하다고 할 것이다. 이 규정은 "…아니함으로 인하여 생긴 손해"라고 하여 인과관계를 요구한다. 판례는 서로 나뉘고 있다.[126][127] 이 점에서 묵시적 담보특약은 인과관계를 요구한다고

123) 제663조(보험계약자 등의 불이익변경금지) 이 편의 규정은 당사자간의 특약으로 보험계약자 또는 피보험자나 보험수익자의 불이익으로 변경하지 못한다. 그러나 재보험 및 해상보험 기타 이와 유사한 보험의 경우에는 그러하지 아니하다. 대법원 2000.11.14. 선고 99다52336 판결은 상법 제663조 소정의 보험계약자 등의 불이익변경금지원칙은 보험계약자와 보험자가 서로 대등한 경제적 지위에서 계약조건을 정하는 이른바 기업보험에 있어서의 보험계약의 체결에 있어서는 그 적용이 배제된다고 한다.

124) 박세민, 전게논문, 110면.

125) 상법 제706조(해상보험자의 면책사유) 보험자는 다음의 손해와 비용을 보상할 책임이 없다 1. 선박 또는 운임을 보험에 붙인 경우에는 발항당시 안전하게 항해를 하기에 필요한 준비를 하지 아니하거나 필요한 서류를 비치하지 아니함으로 인하여 생긴 손해.

126) 대법원 1996.12.20. 선고 96다23818 판결은 어선공제계약의 경우는 상법 제663조 단서의 불이익변경금지원칙 적용배제 규정을 적용하지 않는다고 하였다. 이 판결에 근거하여 서울고등법원 1998.4.21. 선고 97나30600 판결은 어선보통공제약관은 상법 제663조 단서규정의 취지에 위배되고 따라서 이 사건의 경우 상법 제706조 제1호의 취지와 같이 인적 감항능력 결여와 사고발생 사이에 인과관계가 있어야 하므로 해기사 자격이 없는 무자격 기관장이라는 점과 위 사고 사이에 인과관계를 인정할 수 없어 수산업협동조합은 공제금 지급의 책임이 있다고 판시하였다. 동지, 서울지법 동부지원 1994.6.16. 선고 94가합1959.

127) 대법원 1995.9.29. 선고 93다53078 판결에서, 대법원은 "상법 제663조 단서규정에 의하여 해상보험에 있어서는 불이익변경금지원칙이 적용되지 아니하여 보험약관으로 상법 제706조와 달리 규정하더라도 그와 같은 약관은 유효하다 할 것인바, 그와 같은 어선보통공제약관이 있는 경우, 이는 감항능력 결여를 상법 제706조처럼 손해발생과의 인과관계를 요하는 보험자의 면책사유로 규정한 것이 아니라, 발항당시 감항능력을 갖추고 있을 것을 조건으

볼 수 있을 것이다. 한편, 1991년 개정상법은 제701조의2 이로에 대하여는 인과관계를 요구하지 않고,[128] 이로가 있는 순간부터 보험자의 책임은 면하여진다.[129] 이로는 묵시적 담보특약으로 인정되는 것이다. 이러한 우리법의 입장은 담보특약에서 인과관계 불요구를 받아들일 수 있는 근거가 될 수 있을 것으로 생각된다.

또한 독일의 입장과 같이 담보특약에 유사한 위험의 변경에 대한 규정을 준용할 수 있을 것이다.[130][131] 그런데 위험의 변경에 대한 일반규정에 더하여 우리 상법 해상보험편은 항해의 변경(상법 제701조), 항해의 지연(상법 제702조), 선박의 변경의 경우(상법 제703조)에는 모두 그러한 사정이 발생한 순간부터 보험자는 책임을 부담하지 않는 것으로 되어 있다.[132] 인과관계를 요하는가에 대하여는 명문의 규정은 없지만, 제706조 제1항과는 달리 "…로 인하여…"라고 규정하지 않고 있기 때문에 인과관계를 요구하지 않는다고 생각된다.[133] 자동

로 하여 보험자가 해상위험을 인수한다는 취지임이 문언상 명백하므로 보험사고가 위 조건의 결여 이후에 발생한 경우에는 보험자는 조건결여의 사실, 즉 발항당시의 감항능력 결여 사실만을 입증하면 그 조건 결여와 손해발생(보험사고) 사이의 인과관계를 입증할 필요없이 보험금지급책임을 부담하지 않게 된다"고 판시하였다(사건에 적용된 1997년 3월 1일 변경전 어선보통공제약관 제2조 제2항 단서: 공제의 목적인 어선이 발항 당시 통상의 해상위험을 사실상 감내할 수 있을 정도로 적합한 상태에 있을 것을 조건으로 하여 공제계약의 청약을 승낙하여 보상책임을 부담한다. 위 약관 제11조 제1항 제7호: 어선이 발항당시 통상의 해상위험을 사실상 감내할 수 있도록 유자격 선장 및 기관장의 승선 등 어선의 안전운항에 필요한 제반조치를 결여한 상태에서 발생한 사고의 경우 공제금을 지급하지 아니한다).

128) 인과관계가 요구되는가에 대하여 상법 제655조 단서를 근거로 필요하다는 견해가 있다. 양승규, 「보험법」(삼지원, 1998), 329면. 입증책임은 피보험자가 진다고 한다.

129) 상법 제701조의2(이로) 선박이 정당한 사유없이 보험계약에서 정하여진 항로를 이탈한 경우에는 보험자는 그 때부터 책임을 지지 아니한다. 선박이 손해발생 전에 원항로로 돌아온 경우에도 같다.

130) Greydon Staring도 위험의 변경(alteration of risk)은 영미법계의 담보특약에 대비되는 대륙법의 개념이라고 한다. 변경되는 상황이 보험계약을 체결할 당시보다 손실의 정도를 증가하는 것이고, 이 경우에 피보험자는 그 사실을 보험자에게 보고하여야 하고 추가 보험료를 내지 않고서는 보험계약이 종료되는 것이라고 설명한다. op. cit., p. 223.

131) Greydon Staring은 위험의 변경과 담보특약을 비교하여 전자는 중요성의 인정에 따라서 결과가 달라지므로 불확실한 측면이 있지만 담보특약은 그렇지 않고 명확하게 적극적으로 효과가 나타나고, 전자는 통지에 의존하게 되지만 후자는 이러한 점이 없고 또한 전자는 위험의 변경과 인과관계가 있는 것만 법적 효과가 나타나지만 후자는 그렇지 않다고 한다. op. cit., p. 11.

132) 이기수 · 최병규 · 김인현, 「보험 · 해상법」(박영사, 2006), 219면.

133) 그러나 인과관계를 필요로 한다는 견해도 있다. 양승규 교수는 피보험자가 정당한 사유없

으로 면책되는가 아니면 취소가능한가에 대하여는 다른 규정 예컨대 상법 제652조의 위험변경증가의 경우에는 계약을 해지할 수 있다고 하지만, 항해의 변경 등에는 이것이 없으므로 영국법과 같이 자동적으로 책임을 면하는 것으로 해석된다.

이러한 점을 종합할 때, 우리 상법 해상보험편의 입장은 묵시담보에서 불감항에 대한 것을 제외하고는 영국의 명시적인 담보특약에 해당하는 사항에 대하여는 인과관계를 요구하지 않고 위반 즉시 보험자는 책임을 면하는 것도 유효한 것으로 해석이 가능하다고 생각된다. 정확하게 명시된 담보특약에 대한 임의규정이 없다고 하더라도 위의 여러 가지 규정을 근거로 담보특약위반의 경우에는 인과관계없이 자동면책된다고 생각된다. 1991년 상법개정시 다른 국가에서는 담보특약의 효력에 대한 반대 및 수정의 주장이 많았음에도 실무의 영국법의 입장을 그대로 반영한 것은 의문이다.

2. 개정 및 수정 의견

위에서 살펴본 바와 같이 담보특약과 관련되는 영국 해상보험법의 입장은 피보험자에게 가혹하고 우리나라 일반계약법 이론과 조화롭게 설명되지도 못한다. 그러므로 각국의 수정안과 같은 수정이 필요할 것으로 판단된다.

해상보험은 대등한 협상력을 갖는 전문상인들의 계약으로 대체로 인정되므로 담보특약의 문제는 당사자자치의 영역에 속하여 담보특약의 효력을 강행규정으로 하기는 어려울 것이다. 임의규정으로 담보특약에 관한 규정을 두는 것은 보험약관에 별도의 약정이 없는 경우에 보충규정으로서 작용할 것이므로 유용하다. 이러한 상법의 담보특약에 대한 임의규정이 합리적이라고 판단되면 보험계약의 당사자는 굳이 별도의 보험증권상 담보특약의 효력에 대한 규정을 가지지 않을 것이고 상법의 보험편 규정을 적용받게 될 것이다.

상법 보험편의 해상보험에 대한 여러 규정을 개정하여,[134] (i) 담보특약에

이 발항, 항해를 지연시켰거나 항로를 이탈한 경우에 그러한 사유가 보험사고의 발생에 영향을 미치지 아니하였음이 증명된 때에는 보험자는 면책을 주장할 수 없다(상법 제655조 단서)고 한다. 전게서, 329면. 상법 제655조는 계약해지와 보험금청구권에 대한 규정으로 단서는, 그러나 고지의무에 위반한 사실 또는 위험의 현저한 변경이나 증가된 사실이 보험사고의 발생에 영향을 미치지 아니하였음이 증명된 때에는 그러하지 아니하다고 정한다.

134) 한창희 교수도 개정을 요구한다. 한창희, 전게 영국 해상보험법상 담보특약, 152면.

대한 규정을 추가한 다음 인과관계를 요구하는 것으로 변경하든가 (ii) 담보특약의 위반이 있는 경우에는 그 위반이 있는 경우에만 보험계약의 효력을 정지하도록 하여야 한다. (iii) 선박의 변경, 항해의 변경 등 명시적 담보에 대응하는 조항도 인과관계를 요구하고 그 효력도 일시정지되거나 취소가능한 것으로 변경되어야 한다. (iv) 취소를 할 때에는 위반한 사실이 있은 일정 기간내에 서면으로 취소권을 행사하도록 하여 피보험자가 다른 보험에 가입할 수 있는 기회를 주도록 하여야 할 것이다.

현행 상법하에서 인과관계를 요구하지 않는 것으로 된 보험약관에 대하여 법원이 인과관계를 강요할 수는 없을 것이다. 보험자의 책임은 "위반일로부터 책임을 면한다"는 규정은 위반이 있는 기간 동안에만 효력이 정지되는 것으로 이론 구성을 하여 위반이 치유된 다음에는 보험자가 책임을 부담하도록 하는 해석, 즉 영국의 Good Luck 판결의 항소법원과 같은 해석 혹은 미국의 다수견해와 같은 입장을 취하는 것이 좋다고 본다.

우리나라 보험사들도 선박보험증권에 담보특약인 경우에는 담보특약이라는 점을 굵은 글씨로 명기하고 설명의무를 다하여야 하고 그렇지 않을 경우에는 일반 보험법리에 따라 보험계약자는 1월내 취소가 가능하다고 하여야 할 것이다. 그러나 담보위반이 문제되는 것은 사고가 발생한 다음의 일이 대부분이므로 이는 커다란 효과는 없을 것이다. 그렇기 때문에 IHC 2003년의 보험증권의 사용이 보편화되었으면 한다. 이러한 균형 잡힌 증권의 사용은 보험자와 피보험자의 힘의 균형에서 이루어질 것이고 이러한 힘의 균형은 위에 제시한 바와 같이 상법에 임의규정을 둠으로써 쉽게 달성될 것이다.

Ⅶ. 結 論

담보특약제도는 보험자로 하여금 사고요율을 적정하게 계상하여 보험료를 산정하게 하고 보험계약의 내용을 통제하여 위험을 관리하게 하는 기능을 하여 왔다. 그런데 영국 해상보험법에서 그 위반의 효과가 인과관계도 요구하지 않고 자동면책이 되는 점에서 피보험자에게 가혹하게 받아들여져 왔다. 어떤 보험사고가 발생하여 보험금지급을 청구하자 보험자가 담보특약의 내용에 대한 위반이 있었는지 확인한 다음 보험금지급을 거절할 때 담보특약이 어떤 것이 있는지도 몰랐던 피보험자는 참담함을 느끼게 될 것이다.

따라서 이에 대한 수정논의가 영국을 비롯한 많은 국가에서 이루어져 왔고, 세계해법회에서도 작업을 행하고 있다. 미국 등과 같이 담보특약의 위반효력이 반드시 자동면책이 아니라, 취소가능하든가 아니면 담보위반의 기간 동안만 면책이 되도록 하고 인과관계도 필요로 하자는 것이 개선안의 주요한 골자이다.

우리나라는 담보특약제도가 광범위하게 사용되고 있고, 대부분 영국법을 준거법으로 하고 있으므로 담보특약의 효력이 유효하다고 판시된다. 그러나 그 가혹함에 대하여도 많은 학자와 실무가들은 공감을 하면서 어떤 수정이 필요함을 말한다. 필자의 연구결과로 우리 상법 해상보험편에 의하면 불감항에 대한 것을 제외하고 이로 및 명시적 담보특약에 해당하는 여러 사항들은 모두 인과관계를 요구하지 않고 자동면책이 되는 것으로 규정되어 있기 때문에 규정되지 않은 다른 담보특약도 위와 같이 해석될 것으로 생각한다.

다른 국가들과 같이 담보특약을 인정하면서도 인과관계를 요구하고 취소가 가능하든가 담보위반 동안만 보험자의 책임이 면하여지는 것으로 상법 해상보험편이 개정되고 신설되기를 희망한다. 이러한 개정법률을 우리나라가 가지게 되면 실무에서는 보험자와 피보험자에게 좀더 균형잡힌 보험약관을 가진 2003년 IHC가 통용될 것으로 기대된다.

담보특약을 Good Luck 판결의 귀족원과 같이 영미법의 선행조건(condition precedent)으로 이해하면 채무자의 이행의무가 발생하지 않는다는 점에서, 담보특약위반이라는 선행조건의 불준수로 보험계약 자체가 무효가 되는 것이 아니라, 보험자의 보험금지급의 이행의무만 발생하지 않는다. 원칙적으로는 담보의 위반이 있는 경우에 이행의무가 정지되어야 할 것이다. 영국 해상보험법은 제33조 제3항에서 위반의 순간부터 책임을 면한다고 하는 법정면책규정이 있기 때문에 일반 선행조건의 위반과 달리 더 강력한 효력을 가지는 것이다(따라서 귀족원은 Good Luck 판결에서 보험자는 자동면책된다고 판시한 것으로 판단된다). 담보특약을 선행조건으로 보는 해석은 영미 계약법의 일반이론과 잘 어울리는 설명임은 본문에서 보았다.

제 2 | 논 문

韓國과 美國의 船主責任相互保險에서의 直接請求權에 대한 比較法的 研究*

Ⅰ. 序 論

책임보험에서 보험자와 피보험자는, 피보험자가 지급하는 보험료의 대가로서 피보험자가 법적으로 지급책임을 부담하게 되는 제3자의 손해에 대하여 보험자가 피보험자에게 보상하여줄 것을 약정한다.

이러한 책임보험약정에서는 피해자인 제3자는 보험자와 직접계약관계에 있지 않다. 따라서 그는 직접적으로 보험자에 대하여 손해배상을 제기할 권리를 가지지 않는다. 역으로 보험자는 제3자에게 어떠한 의무도 부담하지 않는 것이 원칙이다. 피해자인 제3자는 가해자인 피보험자로부터 손해를 배상받고, 피보험자는 보험자에게 자신이 배상한 손해액에 대한 보험금을 보험자로부터 지급받게 된다.

이러한 일반적인 절차하에서 피보험자가 무자력인 경우에는 배상이 불가능하게 된다. 피해자인 제3자가 즉각적인 지급을 받지 못한다는 점에서 불편하고 불리하므로 각국은 피해자를 보호하기 위하여 보험자에게 직접 손해배상을 청구할 수 있는 소위 直接請求權을 인정하는 법을 제정하였다. 각 국가는 다양한 형태의 직접청구권법(direct action)을 가지고 있다. 한국은 가장 넓은 범위의 직접청구권을 인정하는 국가이다. 영국과 같은 국가는 상당히 제한적인 직접

---

* 이 논문은 필자가 University of Texas at Austin의 School of Law의 법학석사과정(2003.8-2004.7)에서 보험법수업을 수강하면서 작성한 논문을 한글로 옮기면서 수정보완한 것으로, 「한국해양법학회지」, 제28권 제1호(2006.4)에 게재되었다. 필자는 담당교수였던 Maxwell 변호사에게 감사를 표한다.

청구권법을 가지고 있다. 미국의 대다수 주는 여전히 직접계약관계원칙에 입각하고 있으므로 일반적인 직접청구권법을 가지고 있지 않다. 루이지애나주, 뉴욕주, 위스콘신주 그리고 괌을 제외하고 대다수의 주는 제3자의 보험자에 대한 직접청구권을 허용하지 않고 있다.

해상보험과 관련하여 선주들은 선박보험에서 부보되지 않는 위험을 담보하기 위하여 船主責任相互保險(Protection and Indemnity Insurance)을 개발하였다. 그런데 선주들이 결성한 선주책임상호보험조합(이하 선주보험조합)은 선주 자신이 보험자이면서 동시에 피보험자인 지위에 있다. 이러한 상호보험의 성질은 선주보험조합의 先支給(Pay-to-be-paid clause)규정에서 나타난다. 즉, 피보험자인 선주가 피해자에게 손해배상을 지급한 다음에야 비로소 조합의 보험금지급의무가 발생한다는 것이다. 이것이 제3자의 직접청구권과 결부되면, 선주(가해자)가 도산 등 지급불능상태가 된 경우 피해자에 대한 배상이 먼저 이루어질 수 없으므로 보험금지급의무가 발생되지 않고 직접청구권이 무력화되고마는 문제점이 있다. 선주상호책임보험은 국제적인 현상이고 모든 선주보험조합은 선지급규정을 가지고 있다. 한국도 이를 운영하는 한국선주상호보험조합을 가지고 있다. 그러므로 동 규정의 해석에는 국제적인 동향을 살펴보지 않을 수 없다. 본고에서는 미국법의 입장을 한국법의 입장과 비교해가면서 선지급규정과 관련된 논의를 전개하고자 한다.[1)]

II. 責任保險 혹은 補償保險으로서의 船主責任相互保險

1. 서

한국에서는 책임보험이라고 불리고 있지만, 영미에서는 제3자보험(third party insurance)이라는 개념이 있다. 제3자보험은 피보험자 자신의 생명신체 혹

---

1) 선주책임상호보험에 대하여 법적 접근을 한 학위논문으로는 박영준, "선주책임상호보험에 관한 연구"(고려대학교 법학박사학위논문)(2003.2)가 있다. 이 논문은 우리 법과 영국법의 입장을 참조한 점에서 우리 법과 미국 법을 비교하는 본 논문과 차이가 있으면서 양 논문은 서로 보완적인 기능을 할 것으로 기대된다. 또한 최종현, "선박보험과 피해자의 직접청구권," 「보험법연구 4」(삼지원, 2002), 114면 이하가 있다. 이는 선주상호보험이 아닌 영리보험회사의 직접청구권을 다룬 점에서 본 논문과 구별된다. 서영화, "해상의 책임보험과 피해자의 직접청구권," 「한국해법학회지」, 제28권 제1호(2006.4), 43면 이하도 있다. 영국의 경향을 소개하고 있다.

은 재산의 손해가 보험의 목적이 되는 것이 아니라 제3자에 대한 피보험자 자신의 책임을 보험의 목적으로 하는 것으로 이해된다.[2]

영국에서는 제3자보험은 두 가지 종류로 나누어진다. Steven Hazelwood는 책임보험(liability insurance)을 보상보험(indemnity insurance)과 구별한다.[3] 그의 견해에 따르면, 보험자의 보험금을 지급할 의무는 피보험자가 먼저 제3자인 피해자에게 손해를 배상한 다음에야 비로소 발생한다는 점에서 보상보험은 그렇지 않은 책임보험과 다르다고 한다. 그는 선주책임상호보험을 보상보험의 전형적인 예로 든다.[4]

2. 책임보험과 보상보험의 구별

(1) 미 국

미국에서 보험은 두 가지로 나누어진다. 하나는 제1차 보험(first party insurance)이고 다른 하나는 제3자보험이다. 제1차 보험은 피보험자 자신의 재산 혹은 신체에 대한 손해를 보험의 목적으로 한다. 이 유형의 보험에는 건강보험, 장애보험, 생명보험 그리고 재물보험이 포함된다.[5]

책임보험은 피보험자에게 제기된 손해배상을 담보하기 위한 보험으로서 제3자보험이라고 불리기도 한다. 책임보험계약의 관점에서 보면, 계약당사자는 보험자와 피보험자이고, 제3자는 피보험자에게 손해배상을 청구하는 자이다.[6] 보험사고의 경우 피해자는 책임보험에서 제3자가 된다. 보험자는 피보험자의 과실에 기하여 야기된 제3자의 손해배상청구에 대하여 이를 방어하고 보상할 것을 약속한다. 미국은 직접계약관계의 해석에서 매우 엄격하다. 기본적으로, 미국은 제3자가 직접 보험자에게 청구하는 것을 허용하지 않는다.

Ahmed 사건에서 캘리포니아 연방북지방법원은 "인적 손해에 대하여는 두 가지 형태의 보험이 있는바, 하나는 책임보험이고 다른 하나는 보상보험이다.

---

2) Robert keeton & Widiss, *Insurance Law*(Thomson West, 1988), p. 411.

3) Steven J. Hazelwood, *P&I Clubs–Law and Practice*(1994), p. 323. 결국 제3자보험은 책임보험과 보상보험을 포괄하는 개념이 된다.

4) Ibid. 영국에서 책임보험과 보상보험이 구별된 판례로는 Hong Kong Borneo Services Co. Ltd and Others v. Anthony David Pilcher [1992] 2 Lloyd's Rep. 593 at p. 597.

5) Baker, *Insurance Law and Policy*(2003), p. 261.

6) Ibid., p. 409.

전자는 보험자에게 피보험자가 법적으로 지급할 책임을 가지게 되는 손해를 지급할 의무를 부담시키는 것이고, 후자는 피보험자 자신이 실제로 손해를 지급한 정도에 한하여 피보험자를 보상하여주는 의무를 보험자에게 부과하는 것이다"고 하였다.[7)] 법원은 Appleman의 설명을 인용하였다. "책임보험과 보상보험의 차이점은 전자에서는 청구권이 책임이 발생한 시점에 발생되지만, 후자의 경우에는 피보험자에 의한 판결금액에 대한 지급과 같이 책임을 면하게 될 때까지는 청구권이 발생하지 않는다는 점에 있다. 즉, 보상보험하에서는 피보험자는 보험자가 책임을 부담하기 전에 실제적인 금전상의 손실을 입어야 한다는 것이다.[8)9)]

한편, 미국의 권위있는 보험법학 교수이자 판사인 로버트 키튼 교수는 "원래 책임보험이란, 제3자에 대한 피보험자의 불법행위의 결과로 피보험자에게 발생한 손해를 보상할 것을 보험자가 약속하는 것이었다. 피보험자에 대하여 승소판결을 얻은 후에라도 피해자는 피보험자가 지급할 수 없거나 지급하지 않은 경우에는 보험자에 대하여 보험금을 청구할 자격이 없다. 만약 피해자가 직접 보험자에게 청구를 하면 보험자는 자신의 의무는 단지 피보험자에게 있기 때문에 성공적으로 청구를 방어할 수 있다. 책임보험계약이 협의로 보아 보상계약의 하나라는 이론에 의하면, 이는 단순히 책임이 있다는 판시와는 구별되는 개념으로서, 피해자에 대한 책임을 면하기 위하여 실제 손해를 입지 않고서는 피보험자는 보험자로부터 보상을 받을 수 없다는 많은 판결들이 내려졌다"고 하면서[10)] 원래 책임보험이란 보상보험을 의미한다고 말한다. 피보험자의 도산 등의 경우에 피해자를 보호하기 위하여 피해자는 책임보험계약에서 제3수익자로 간주한다는 이론[11)]과 직접청구권법[12)]이 등장하였다고 키튼 교수는 설명

---

7) Ali Galeb Ahmed v. American Steamship Mutual Protection & Indemnity Association, 444 F. Supp., p. 569, 571(N.D. Cal. 1978).

8) Appleman, *Insurance Law & Practice*(1962), section 4261.

9) 영국의 머킨 교수는, 책임보험(third party policy)에서 피보험자의 보상청구권은 증권의 내용에 따라 책임을 입증하는 때에 발생하는 것이지, 제3자에 대한 그의 책임을 배상하여 면책될 필요까지는 없는 것이 원칙이고, 이를 배제하기 위하여는 분명한 문구가 사용되어야 한다고 한다. Robert Merkin, *Colinvaux's Law of Insurance*(Sweet & Maxwell, 1990), p. 325. 즉, 그에 따르면 책임보험은 보상보험과 다르다는 것이 된다.

10) R. Keeton, *Insurance Law*(Thomson West, 1988), pp. 377-378.

11) A victim may be viewed as a "third party beneficiary" of the liability insurance contract. Keeton, op. cit., p. 378.

한다.

(2) 한 국

한국법하에서 보험계약은 손해보험과 인보험으로 크게 나누어진다. 책임보험은 제3자보험일 뿐만 아니라 손해보험이기도 하다. 제3자는 보험계약에서 당사자가 아니고, 보험자와 피보험자만이 당사자이다. 그러므로 제3자는 보험자에 대하여 계약상 직접청구권을 가지지 않는다.

한국에서 제3자보험은 책임보험과 동의어로 사용되고 있다. 보상보험과 책임보험에 대한 구별을 부정하는 견해가 있다. 이 견해는 책임보험에서도 손해를 보상하고 직접청구권은 법정책상 인정되는 것으로서, 책임보험은 보험이 담보하는 위험의 측면에서 파악한 것이고, 보상보험은 보험가입의 효과 측면에서 파악한 것일 뿐 다른 보험은 아니라고 한다.[13] 보험사고의 발생시기라는 측면에서 비교해 보면, 한국에서 책임보험은 통설인 손해사고설에 따를 때에 피보험자가 제3자에 대하여 배상책임을 지게 되는 원인이 되는 사고가 발생한 때를 보험사고의 발생시기로 보게 되지만, 보상보험은 피보험자가 제3자에게 배상하여 실제로 손해를 입은 때를 보험사고의 발생시기로 보기 때문에 차이가 있다. 책임보험의 발생시기를 손해배상의무이행설을 취하는 경우에는 보상보험과 유사하게 된다.[14] 한국에서 책임보험에서 보험사고를 배상의무이행설(피보험자가 배상의무를 피해자에게 현실적으로 이행한 것을 보험사고로 이해하는 입장)로 보는 학자는 없고, 손해사고설 및 책임부담설(채무확정설)을 취하므로,[15] 영미에서 말하는 보상보험은 한국의 책임보험과 다르다고 생각한다.[16]

해상과 관련된 책임보험 혹은 보상보험은 선주책임상호보험이 대표적이다. 그러나 일반 영리보험에도 책임보험이 있다. 예컨대, 선박충돌책임약관에 의하여 제3자에 대한 피보험자인 가입선주의 손해의 일부를 보상하는 경우도 책임

---

12) In some states, legislation has been adopted that allows an injured person to proceed directly against the tortfeasor's insurer. See Louisiana-L.S.A. Revised Stat. §22:655; Wisconsin Statutes Annotated §803.04(2), Keeton, op. cit., p. 378.

13) 박영준, 전게 학위논문, 84면.

14) 동지, 박영준, 전게 학위논문, 82면.

15) 김성태, 「보험법강론」(법문사, 2002), 593면.

16) 보상보험을 인정하게 되면 제3자보험은 책임보험과 보상보험으로 나누어볼 수 있을 것이다.

보험이다.[17)]

3. 선주책임상호보험의 법적 성질

(1) 의의와 특질

1) 의 의

선주들은 선박의 운항과 관련하여 불가피하게 닥치게 되는 위험을 분산하는 방안을 강구하게 되었다. 선박보험(혹은 선체보험, hull insurance)은 이러한 문제를 해결하기 위한 선주들의 위대한 발명품 중의 하나이다. 선박보험은 특정 선박만의 선체와 기관에 관련된 위험만을 부보하기 때문에, 선주는 선박보험을 통하여서는 선체와 기관 이외의 위험을 부보하지 못하는 어려움에 직면하게 되었다. 선주들은 마침내 선박보험에서 제외되는 위험들을 부보시키기 위하여 1855년 선주책임상호보험을 만들어 내었다.[18)]

현재 선주책임상호보험은 전통적인 충돌책임뿐만 아니라 선원에 대한 선주의 책임 그리고 유류오염사고손해 및 운송물에 대한 배상책임도 부보한다.[19)] 선주보험조합에서 담보하는 모든 위험이 배상책임인 것은 아니다. 예컨대, 가입된 선박의 충돌손해의 1/4도 담보범위에 속하지만, 이것은 배상책임은 아니다.

이러한 선주책임상호보험하에서 보험자는 선주에 의하여 야기된 제3자의 손해를 보상할 것으로 약속한다. 이러한 보험계약은 제3자보험(third party insurance) 혹은 책임보험으로 분류될 수 있다. 그러나 해상보험학자들은 선주책임상호보험을 책임보험이라기보다는 보상보험으로 이해한다.[20)] 이는 피보험자가 먼저 제3자에게 지급한 손해를 보험자가 보상하여주기 때문이다.

---

17) 동지, 최종현, 전게논문, 120면.

18) Shipowner's Mutual Protection Society로 현재의 Britannia Steamship Insurance Association Limited의 전신이다. 윤민현, 「P&I 보험과 실무」(도서출판사 여울, 1988), 19면. 처음에는 선주자신의 손해만 부담하는 Protection(예컨대, 선박난파물의 처리, 선원의 사망, 가입선박의 충돌손해, 송환비, 난파물 처리비용)위주였지만, 제3자에 대한 선주의 책임을 보상하여주는 Indemnity(화물손해, 벌금)가 추가되었다. Ronneberg, "An introduction to the Protection & Indemnity Clubs and the Marine Insurance they provide," *Maritime Law Journal*(University of San Francisco), Vol. 3. p. 3.

19) 선주보험조합이 부보하는 보험에 대하여는 윤민현, 상게서, 76면 이하를 참고바람.

20) Ronneberg, op. cit., p. 14; Bouglass, *Marine Insurance and General Average in the United States*, 3rd ed.(1991), p. 387; Parks, *The Law and Practice of Marine Insurance and Average*, Vol. 1(1987), p. 1108; Appleman, *Insurance Law and Practice*(1962), §4261.

선주보험조합은 주로 영국과 유럽에 근거지를 두고 있고, 미국을 비롯한 일본, 중국, 한국도 하나씩의 조합을 가지고 있다. 이들은 국제선주책임상호보험조합(일명 국제그룹이라 한다)을 결성하고 있다.[21]

2) 특 질

이러한 보상보험의 개념은 선주보험조합이 운용하는 보험의 상호보험성에서 기인한다고 생각한다. 선주는 보험자이면서 피보험자인 이중적 지위를 동시에 가진다.[22] 선주들은 자신들이 선박운항중 입게 될 손해에 대하여 스스로 갹출한 보험료라는 수단을 통하여 자신들을 위한 기금을 마련한 것이다. 선주책임상호보험은 이익을 목적으로 하지 않는다.

전통적인 해상보험에서는 보험의 기간을 임의로 정하지만, 선주책임상호보험은 보험기간을 일률적으로 2월 20일에서 1년간으로 한다. 모든 조합원의 보험기간이 같기 때문에 1년을 단위로 수지를 계산하여 이후에 조합원들에게 그 해의 추가보험료를 청구할 수 있게 된다.[23] 보험료의 징수방법은 상호보험료(mutual premium)와 고정보험료(정액보험료; fixed premium)로 나누어진다. 대부분의 선주보험조합은 상호보험료방식을 취한다. 조합의 회원으로서의 모든 선주는 회계연도 이전에 선급보험료(advance call)라고 불리는 보험료(call)를 할당받게 된다. 회계연도말에 할당된 보험료가 부족하게 되면, 추가보험료(supplementary call)를 회원들에게 부가하게 된다.[24] 이러한 선주책임상호보험의 특질은 직접청구권의 해석에도 영향을 미친다.

위와 같은 선주상호보험의 특질을 반영하여, 조합은 예외없이 선지급규정(pay-to-be-paid)을 가지고 있다.[25] 이 규정에 따르면 회원이 조합으로부터 보상을 받을 권리를 갖기 위하여는 선주보험조합의 규정에서 부보되는 책임을 먼저 지급하여야 한다고 한다.[26]

21) International Group of P&I Club이다. 현재 12개 조합이 회원이다. United Kingdom Mutual, Britannia Steamship, London, Gard, Skuld, Liverpool, Newcastle, North of England, Standard 등이 있다. 일본은 회원조합이지만, 한국과 중국은 아니다.

22) Ronneberg, op. cit., p. 5; 박영준, 전게 학위논문, 94면.

23) Ronneberg, op. cit., p. 14; 윤민현, 전게서, 40면 이하; 박영준, 전게 학위논문, 94면.

24) Steven J. Hazelwood, op. cit., p. 144.

25) Ibid., p. 323; Ronneberg, op. cit., p. 14.

26) Bouglass, op. cit., p. 388.

(2) 미국의 경우

미국의 선주보험조합은 1917년에 창설되었다. 이 또한 비영리법인이다. 미국은 선원의 재해보상을 강조하는 국가이므로 선주의 배상책임이 강화되었고 이를 보상하기 위한 수요가 크게 증대되었다. 미국 조합은 1989년에야 비로소 국제그룹에 가입하게 되었다. 관리회사체제를 취하면서 상호보험료방식을 취한다.

Ronneberg는 책임보험과 보상보험의 차이점에 대하여 아래와 같이 말한다. 즉, 전자에서는 청구권의 기초는 책임이 발생한 때에 동시에 발생하지만, 후자의 경우에는 피보험자가 승소판결에 대하여 지급을 하는 것과 같이 책임을 피보험자가 면할 때까지는 청구권이 발생하지 않는 점에서 차이가 있다.[27] 보상보험하에서는 피보험자는 보험자가 책임을 부담하기 전에 자신이 실제 금전적인 손해를 보아야만 한다.

미국의 해상보험법 저서의 저자들은 선주책임상호보험을 보상보험으로 설명한다. 예컨대, Schoenbaum은 "선주보험조합은 보상을 할 뿐이지 책임을 보상하는 것은 아니다. 판결, 합의 혹은 손해배상청구에 대하여 실제 지급한 금액에 대하여 조합원이나 보험계약자들에게 보상하여 줄 의무를 선주보험조합이 부담할 뿐이다"고 한다.[28] Bouglass도 또한 선주책임상호보험이 제공하는 담보의 범위는 보상에 있지 직접책임에 있는 것이 아니라고 한다.[29][30]

Ronneberg는 영국의 최고법원인 귀족원과 미국에서 한 법원만 제외하고 선주보험조합은 책임보험자가 아니고 보상보험자라는 입장이라고 강조한다.[31] Psarianos v. Standard Marine Ltd. Inc[32]에서 미국의 텍사스주 동부지방법원은 "선주보험조합은 전통적인 보험회사가 아니다. 보통의 보험회사와 다르고, 이들은 상호조합이다. 즉, 모두의 이익을 위하여 다른 선주의 선박에 대하여 보험을 인수할 것에 합의하는 것이다"라고 하였다.

---

27) Ronneberg, op. cit., p. 5.

28) Schoenbaum, *Admiralty and Maritime Law*(2002), p. 956.

29) Bouglass, op. cit., p. 387.

30) 그러나 Flitner & Brunck는 Indemnity Insurance라는 개념을 사용하지 않고 단지 Liability Insurance라는 개념만 사용하고 있다. Flitner & Brunck, *Ocean Marine Insurance*(Insurance Institute of America, 1992), p. 25. 그는 property insurance와 liability insurance로 구별한다.

31) Ronneberg, op. cit., p. 15.

32) 728 F. Supp 438, 451(E.D. Texas 1989).

그러나 Grubbs 사건에서 직접청구권법하에서는 두 가지 보험의 차이가 없다고 판시되었다.[33)]

(3) 한국의 경우

한국의 해운업계는 영국해상보험의 강한 영향하에 있었다. 선주들은 오랫동안 영국에 본부를 둔 선주보험조합의 회원으로 가입하여 왔다. 그러나 한국에서도 1999년 2월 5일 선주상호보험조합법이 제정되었고, 2001년 1월 27일 드디어 한국선주상호보험조합이 창설되어 활동을 시작하였다. 직영체제로 운영되며 비영리법인이다.

한국에서는 선주책임상호보험은 상호보험이기는 하지만, 보상보험은 아니라는 견해가 있다. 이 견해는 보상보험이란 본질적으로 책임보험과 같고 보상보험은 선주보험조합이 선지급규정을 이용하여 제3자에 대한 보상책임을 피하기 위한 수단으로 이용된다고 한다.[34)]

(4) 사 견

한국에서는 선주책임상호보험을 보상보험이라고 하는 점에 대한 본격적인 논의를 하는 경우는 드물고, 다만 부정설을 취하는 견해가 있을 뿐이지만, 그러나 필자는 아래와 같이 보상보험은 책임보험과 다르다고 생각한다.

첫째, 해상보험은 영미에서 기원을 찾을 수 있고, 영미에서 책임보험과 구별되는 개념으로서 보상보험이라는 개념이 있다. 그러므로 왜 영미에서 이를 인정하는지 심각하게 살펴보아야 한다.

둘째, 부정설이 취하는 논거 중의 하나는 "우리 상법상 책임보험도 피보험자가 먼저 피해자에 대하여 손해배상을 하고, 이를 조건으로만 보험금을 지급받도록 하는 규정(상법 제724조 제1항)이 있으므로 이 규정에 따르면 우리나라의 책임보험은 '보험금의 청구시기'라는 측면에서 보상보험과 거의 유사하게 된다"는 것이다.[35)][36)] 우리 법원은 이 규정을 보험금의 지급방법에 대한 것으로

---

33) 625 So. 2d. pp. 503-504.
34) 박영준 전게 학위논문, 79-84면.
35) 상게논문, 82면.
36) 김성태 교수는 "보험자가 피보험자에게 보험금을 먼저 지급하고 피보험자가 이 보험금으로

보아, 피보험자가 손해액을 제3자에게 지급하지 않고 먼저 청구할 경우에는 보험자는 보험금지급을 거절할 수 있지만, 제3자가 직접 보험자에게 청구할 경우에는 본 규정의 적용이 없다고 한다.[37] 또한 통설도 이를 지지한다.[38] 제724조 제1항이 보상보험에서 말하는 본질과 다른 점을 다루고 있다는 것을 부정설은 간과하고 있다. 보상보험설의 요지는 보험금의 지급의무 자체가 보험자에게 발생하지 않는다는 점에 있다. 그러므로 법원의 설명 중에서 후자의 경우(피해자가 보험자에게 지급을 청구할 경우에도 보험자는 보험금지급을 거절할 수 없다는 점)와 다르다. 즉, 보상보험설에 따르면 먼저 피해자에게 배상을 하지 않으면, 보험자의 보험금지급의무가 발생하지 않았으므로 보험자는 지급을 거절할 수 있게 된다는 것이다. 요컨대, 우리 상법 제724조 제1항은 보험금지급방식에 대한 것이지만, 보상보험설에 따르면 선지급규정은 보험금지급의무의 발생과 관련된다는 점에서 다르다. 또한 상법 제724조 제1항은 피해자를 보호하기 위한 목적이 있지만, 보상보험에서의 선지급규정은 보험자를 보호하기 위한 목적이 있다는 점에서도 다르다.

셋째, 보상보험설을 취할 수 있는 가장 큰 근거는 보험료지급의 특수성에 있다고 생각된다. 즉, 선주보험조합은 상호보험이므로 선주들이 보험자이면서 피보험자인 지위에 있다. 이들은 모든 선주들의 보험계약기간을 2월 20일에서 1년으로 정하여 두고, 먼저 전년도의 손해율 등을 참고로 선보험료(advance call)를 할당한다. 회계연도가 마무리된 다음 선보험료의 전체 합계액이 지급된 보험금보다 적으면 다른 이름의 보험료를 추가로 회원인 선주들에게 부과하게 된다. 그런데 한 선주가 도산이 되었지만, 보험사고 당시에 배상책임이 이미 발생하였고 선지급규정이 무효가 된다면, 법률의 규정에 의하여 피해자인 제3자는 보험자인 선주보험조합에 직접청구를 하게 되고, 보험자는 보험금을 지급하게 될 것이다. 그런데 회계연도 말에 정산을 한 결과 부과된 추가보험료를 이미 도

피해자에게 손해배상을 하는 방법을 취하면, 이를 다른 목적에 유용하거나 다른 채권자의 공격을 받을 우려가 있다. 따라서 피보험자가 먼저 피해자에게 대하여 손해배상을 하고, 이를 조건으로만 보험금을 청구하도록 하는 방법은 피해자의 보호에 도움이 된다고 한다. 피보험자가 배상자력이 없거나, 피보험자가 사망 행방불명인 경우 등에는 오히려 피해자가 불이익을 받을 수도 있다는 문제가 제기된다. 따라서 제724조 제1항은 제한적으로 해석하여야 하며, 향후 적절한 입법적 보완이 필요하다"고 한다. 김성태, 전게서, 613면.

37) 대법원 1995.9.26. 선고 94다28093 판결.

38) 정찬형, 「상법강의(하)」, 677면.

산된 상태의 선주가 지급할 수 없다. 동 선주의 몫은 다른 회원들이 부담하게 된다. 이러한 상황을 다른 회원들이 좋아하지 않을 것이고, 이것은 자칫 선주보험조합의 와해를 가져올 수 있다. 그러므로 이러한 상호보험의 취지를 반영하여 선주보험조합들은 선지급규정을 넣어서 이러한 상황을 막는 것이다. 이렇게 함으로써 상호보험이 유지되고 보험료가 낮아질 것이다.

그러므로 상호보험료 방식을 취하지 않는 경우의 선주보험조합에 대하여는 보상보험의 특질을 찾기 어렵다고 본다. 다만, 한국선주상호보험조합은 고정보험료 방식을 취하기는 하지만, 여전히 이사회의 결의를 통하여 추가보험료를 받을 수 있도록 되어 있으므로,[39] 이를 고려하여야 한다고 본다.

넷째, 업무처리 방식에서도 상호보험의 보상보험성을 찾을 수 있다. 선주보험조합은 비영리단체이기 때문에 영업에서 많은 비용의 발생을 피하려고 하고 조직도 작다. 그러므로 조합원이 자신의 책임에 대하여는 조합원 자신이 미리 처리하고 자신들에게 단지 보험금을 청구하기만을 기대하였다. 그리하여 최소한의 비용과 인력으로 운용을 하고자 한다. 그러므로 도산의 경우에는 조합원이 제3자에 대한 지급을 하지 못한 경우이므로 조합에게 보상청구를 할 수 없는 것이다.

Ⅲ. 直接請求權과 船主責任相互保險에서 先支給規定

1. 서

영국법은 계약관계에서 직접계약당사자원칙(privity of contract)에 대하여 매우 엄격하였다. 보험자와 보험계약에서 어떠한 법적 관계도 없는 제3자는 피보험자의 과실에 기인한 손해에 대하여 보험자에게 청구할 수 없다. 이러한 엄격한 해석은 선의의 제3자에게 부당한 결과를 야기시켰다.

선의의 제3자를 보호하기 위한 노력으로 영국은 제3자법(보험자에게 대한 청구권)을 1930년에 작성하여 이들에게 제한된 조건하에서 직접청구권을 부여하게 되었다. 동법에 따르면 제3자에게 책임을 야기시킨 피보험자가 도산이 된 경우에 제3자는 보험자에 대하여 손해배상청구를 할 수 있다고 한다(제1조 제1

39) 제44조 제4항 "(조합은 조합원이 손해배상금 및 비용을 전부지급하고 당해 사건을 종결한 때에 보험금을 지급한다). 단, 이사회의 승인을 득한 경우에는 그러하지 아니하다".

항).[40] 또한 직접 · 간접적으로 피보험자의 지급불능시 보험계약을 회피하거나 또는 보험증권상 당사자들의 권리를 변경하고자 하는 보험증권상의 어떠한 규정도 무효가 된다(제1조 제3항).

1999년 UK P&I Club 규정 제5조(A)는 "위원회가 달리 정하지 않는 한, 회원이 그러한 책임에 대하여 먼저 면제되거나 지급할 것이, 회원이 조합의 기금으로부터 보상받기 위한 정지조건이 된다"고 한다.[41] Foster는 이것은 보상보험이론에 기초한 소위 선지급규정이라고 한다.[42]

Fanti & The Padre[43] 사건에서 제3자는 보험자에 대하여 직접손해배상청구소송을 제기하였다. 선지급규정이 제3자 권리법에 위반하는지가 쟁점이 되었다. 원고는 자신은 동법 제1조에 따라서 보험자에게 직접 청구할 권리를 가진다고 주장하였다. 그러나 피고로서 선주보험조합은 자신의 보험금을 지급할 의무는 피보험자가 원고에 대하여 손해배상을 하지 않았기 때문에 아직 발생하지 않았다고 주장하였다. 선주보험조합은 선주보험조합 자신과 피보험자 사이에 체결된 선지급규정을 근거로서 제시하였다. 원고는 이는 동법 제1조 제3항에 위반되어 무효라고 주장하였다. 영국의 귀족원은, 1930년 제3자법하에서 제3자에게 이전된 권리와 의무는 제3자에게 모든 보험계약의 조건들을 유효하게 이전시킨 것이 되고, 따라서 보험계약의 한 조건으로서 선주보험조합이 보상하기 전에 피보험자가 미리 지급하도록 된 경우에 이것이 이행되지 않았다면, 제3자에게 이전된 권리는 결코 아직 발생되지 않은 것이고, 결론적으로 선주보험조합에 대한 직접청구권은 발생되지 않은 것이라고 하면서 원고의 청구를 기각하였다.[44][45]

---

40) 제1조 제1항 제3자에 대한 배상책임에 관한 어떠 보험에서든지, 계약을 체결한 피보험자가 개인인 경우에는 파산한 경우 (중략) 회사인 경우에는 해산명령이 내려진 경우, 보험자에 대한 피보험자의 권리는 배상책임에 대한 권리를 갖는 제3자에게 이전된다.

41) 1997 Rules and Bye-Laws, UK P&I Club, p. 33; Rule 5(A)(Payment First by the Owner) Unless the Directors in their discretion otherwise decide, it is a condition precedent of an Owner's right to recover from the funds of the Association in respect of any liabilities, cost or expenses that he shall first have discharged or paid the same.

42) R. Foster, "Marine Insurance: Direct Action Statutes and Related Issues," 11 *U.S.F. Mar. L.J.*(1998-1999), p. 268.

43) [1990] 2 Lloyd's Reports, p. 191.

44) 이에 대한 국내의 비교적 자세한 소개로는, 서영화, "해상의 책임보험과 제3자의 직접청구권"(부산지방법원변호사회, 1996, 제14호), 75면 이하; 박영준, 전게 학위논문, 260면 이하

동 판결의 결과로 선지급규정이 있는 경우에 제3자가 가지는 권리는 정지조건부 권리일 뿐이고, 이는 제3자법 제1조 제3항에 위반하는 것이 아닌 것이 되었다.[46] 그러나 선지급규정이 유효하게 되면, 선의의 제3자는 가해자가 도산이 된 경우에는 법적 구제수단이 없게 된다는 비판이 제기된다.[47]

2. 직접청구권

(1) 의 의

직접청구권이란 원래 책임보험에서 제3자는 보험자와 계약관계가 없지만, 제3자를 보호하기 위하여, 제3자는 피보험자가 책임을 질 사고로 입은 손해에 대하여 보험금액의 한도에서 보험자에게 직접 보상을 청구할 수 있도록 법이 특별히 부여한 권리를 말한다.[48]

(2) 미국법

1) 보통법

보통법하에서, 미국법원은 원칙적으로 제3자에 의한 직접청구권을 인정하지 않아왔다. 명시적으로 입법에 의하여 허용되지 않는 한, 보험자는 제3자에 대하여 보험금을 지급할 의무를 부담하지 않는다.[49]

플로리다 법원은 선박을 담보하는 선주책임상호보험에서 화주를 제3수익자로 간주하여 보험자에게 직접청구할 수 있다고 하였지만,[50] 그 후 플로리다

가 있다.

45) Foster는 이 판결로 영국은 책임보험과 보상보험의 차이를 그대로 유지하게 되었다고 평가한다. op. cit., p. 270.

46) R. Foster, op. cit., p. 269.

47) 특히, Jennifer Ancoa는 AASMA v. American Steamship Owners Mutual Protection & Indemnity Associatio의 판결에 대한 평석에서, 경제적인 약자인 선원의 경우에 대한 불합리를 지적한다. 미국의 연방법원은 선원보호를 강조하는 기존의 입장과 달리, 선주보험조합의 선지급규정에 대하여 유효하다고 판시함으로써 선원의 선주보험조합에 대한 직접청구가 봉쇄된 것에 대하여 문제가 있다고 지적한다. *Tulane Maritime Law Journal*, Vol. 21(Summer 1997), p. 601.

48) 정찬형, 전게서, 677면.

49) R. Foster, op. cit., p. 262.

50) Ibid., p. 286; Steelmet, Inc v. Caribe Towing Corp., 747 F. 2d 689, 1985 AMC 956(11th Cir., 1984); 자동차책임보험에서 피해자는 제3수익자로서 보험자에 대하여 직접청구권을 가지므로, 보험자를 피보험자와 함께 공동피고로 할 수 있다고 판시하였다. Shingleton v. Bussey,

주 대법원은 소송이 책임보험하에서 제기된 경우에만 보험자는 소송에서 피고가 될 수 있다고 하였으므로,[51] (보상보험인) 선주상호보험을 제공한 해상보험자를 상대로 하는 경우에 직접청구권은 소용이 없게 되었다.[52]

기타 많은 주들은 입법적으로 혹은 판례법으로서 직접청구권을 피해자에게 허용하는 것을 거부하였다.[53] 뉴멕시코, 일리노이, 미주리, 알래스카, 애리조나 같은 주들이 그것이다. 이것을 뒷받침하는 이유는 배심원들이 가해자가 보험에 가입되어 있다는 이유로 더 많은 배상액을 선고하는 것을 방지하기 위함이라고 한다.[54]

2) **직접청구권법**

Foster는 직접청구권법을 두 가지 형태로 나눈다.[55] 하나는 루이지애나주와 같이 순수한 직접청구권법을 갖는 주이고 다른 하나는 뉴욕주와 같이 판결이 있는 경우에만 제한적으로 직접청구권을 인정하는 주이다.

루이지애나주는 보험자에 대하여 전반적인 직접청구권을 인정하여, 더 이상 사전의 승소판결 혹은 피보험자의 지급불능을 제3자가 입증할 것을 요구하지 않음으로써 자신들의 주민들을 보호하려고 하여 왔다.[56] 루이지애나주의 직접청구권법은 독자적인 권리를 피해자에게 주는 것이다. 선지급규정과 유사한 소제기불가(no-action)조항의 존재에도 불구하고 피해자는 직접청구권을 갖는다고 규정한다.[57]

반면 뉴욕주에서 피해자는, 독립적이고 분리된 청구권을 보험자에 대하여 가지게 되는 루이지애나주와 달리, 뉴욕주에서 발행되는 모든 증권에는 어떤 조건을 만족하면 보험자에 대하여 청구권을 피해자가 갖는다는 규정을 갖는 형식을 취한다.[58] 제3자는 피보험자에 대하여 승소판결을 얻은 채권자(judgment

---

223 So. 2d 713(Fla. 1969)

51) R. Foster, op. cit., p. 286; Metropolitan Life Ins. Co. v. McCarson, 467 So. 2d 277, 279-80(Fla. 1985).

52) R. Foster, ibid.

53) Ibid., p. 286.

54) Ibid., p. 286; McAnally v. Butzinger Builders, 636 N.E. 2d 19, 23(Ill App. Ct. 1994).

55) R. Foster, op. cit., p. 269.

56) Ibid., p. 272.

57) Ibid., p. 270; Right of direct action shall exist... whether or not such policy contains a provision forbidding such direct action..., La. Rev. Stat Ann. §22:655(B)(2).

58) R. Foster, ibid., p. 282.

creditor)이면서 동시에 피해자가 지급불능이 된 경우에만 직접청구권을 인정하도록 함으로써 제한적인 입장을 취하여 왔다.[59] 피해자는 피보험자의 지위를 대위하는 것으로 이해한다.[60]

이러한 두 가지 양극단 사이에 캘리포니아주가 있다. 캘리포니아주는 피보험자의 지급불능이 책임보험자에 대한 청구권을 위한 조건은 아니지만, 루이지애나주와는 달리, 승소판결을 얻은 채권자(judgment creditor)일 것을 요구한다.[61]

루이지애나주의 직접청구권법에 의하면 보험자는 그들의 피보험자에게 자신들이 제기가 가능한 항변을 무엇이든 제3자에게도 제기가능한 것으로 한다.[62] 그러나 판례법은 보험자는 피보험자에 대한 인적 항변을 주장하지 못한다는 원칙을 만들었다.[63] 루이지애나주에서 제3자는 자신의 권리를 피보험자의 보상청구권에 두고 있지 않기 때문에 보험자가 피보험자에게 가능한 항변은 많은 경우 제3자에게 허용되지 않는다. 이것은 루이지애나주의 직접청구권법은 제3자는 제3자를 위한 계약에서 의도된 수익자(intended beneficiary)로 취급하여 제3자와 보험자 사이에 계약관계를 창설하였기 때문이라고 한다.[64] 법원은 통지를 피보험자가 기간내에 하지 않은 경우에도 보험자는 항변을 하지 못하도록 한다. 피보험자가 가지는 책임제한권을 보험자가 피해자에게 주장할 수 있을 것인가? 루이지애나 법원은 이것은 인적 항변에 해당하는 것으로 보았다.[65]

뉴욕주에서는 보험자가 피보험자에게 주장가능한 항변은 피해자에게도 가능하다. 법원은 피해자로 하여금 보험자에게 직접 청구할 수 있는 권리를 준다고 하여 보험자의 지위가 변경되는 것은 아니라고 한다.[66] 기간내에 통지를 주지 않은 경우에 보험자는 피해자에게 항변을 할 수 있다.[67] 그러나 루이지애나

59) Ibid., p. 284.

60) 영국의 제3자법과 귀족원의 입장과 같다.

61) R. Foster, op. cit., p. 280. 지급불능을 요구하지 않으므로 피해자는 승소판결을 얻은 다음 바로 보험자에게 청구가 가능하다.

62) R. Foster, op. cit., p. 275. 예컨대, 루이지애나주에서는 "It is intent of this section that any action be brought under the provisions of this Section shall be subject to all of the ... defenses which could be urged by the insurer to a direct action brought by the insured. La. Rev. Stat. Ann Section 22:655(c).

63) R. Foster, op. cit., p. 276.

64) Ibid., p. 276; Shockley v. Sallows, 615 F. 2d 233, 238(5th Cir., 1980).

65) Ibid., p. 277.

66) Ibid., p. 284.

주와 같이 판례법으로 보험자가 피보험자에게 갖는 인적 항변은 피해자에게 대항하지 못한다.[68]

(3) 한국법

1) 상법 제724조 제2항

한국 상법 제724조 제2항은 "제3자는 피보험자가 책임을 질 사고로 입은 손해에 대하여 보험금액의 한도내에서 보험자에게 직접 보상을 청구할 수 있다. 그러나 보험자는 피보험자가 그 사고에 관하여 가지는 항변으로써 제3자에게 대항할 수 있다"고 한다.

이 조항은 1991년 상법 개정시에 추가된 것이다. 동 조항에 의하여 한국의 입법자들은 직접청구권에 대한 길을 열었으며 동 조항은 선의의 제3자를 보호하기 위한 정책적인 이유에서 허용되었다.[69]

한국의 학자들 사이에서 이것이 강행규정인지에 대하여 의견이 나누어져 있다.[70] 동 조항은 일부강행규정으로 알려져 있다. 이에 따르면 제3자로부터 이 직접청구권을 배제하는 약정은 무효가 된다. 그러나 동 조항은 보험자가 제3자에 대하여 갖는 모든 항변을 못하게 하지는 않는다. 보험자는 피보험자가 제3자에 대하여 가지는 동일한 항변을 갖는다고 한다. 예컨대, 피보험자가 제3자에게 손해배상을 이미 한 경우에, 보험자는 제3자로부터 손해배상청구를 거절할 수 있다. 그러나 동 조항은 보험자가 자신이 피보험자에 대하여 가지는 항변을 제3자에게 주장할 수 있는지에 대하여는 침묵하고 있다. 다수 학설은 항변이 가능하다고 한다.[71] 사고가 전쟁, 담보위반 등과 같은 면책사유의 하나에서 발생한 경우에 보험자는 피보험자에게 가능한 항변을 제3자에게도 할 수 있

67) Ibid.

68) Ibid.

69) 정찬형, 전게서, 677면.

70) 강행규정을 긍정하는 견해로서 김성태 교수는 책임보험의 본질을 법규정의 효과로 보는 귀결로서 강행규정이라고 한다, 전게서, 617면; 최종현, 전게논문, 120면.

71) 정찬형 교수는 "보험자가 보험계약자나 피보험자에 대항할 수 있는 항변도 제3자에게 주장할 수 있다고 본다. 왜냐하면 보험자와 직접관계가 없는 제3자의 개입으로 보험자가 불리하게 되어서는 아니되기 때문이다"라고 한다. 정찬형, 전게서, 680면. 양승규 교수는 항변은 가능하지만, 의무적 책임보험에서는 보험자의 항변권을 제한하여 피해자를 보호하는 것이 좋다고 한다. 양승규, 전게서, 377면.

는지가 쟁점이 된다.

2) 직접청구권의 법적 성질

한국에서는 직접청구권의 성질에 대하여 보험금청구권설과 손해배상청구권설 등 두 가지 다른 견해가 있다.

보험금청구권설 중 하나는 직접청구권은 법률의 규정에 의하여 피해자에게 인정된 보험금청구권이라고 한다. 다른 하나는 제3자가 가지는 권리는 피보험자의 보험금청구권을 대위행사하는 것이라고 한다.[72][73] 대위행사설에 따르면, 제3자는 피보험자로부터 모든 항변권을 인수받기 때문에 보험자는 자신이 피보험자에 대하여 항변을 가지는 경우에는 이를 이유로 제3자에 대하여도 항변이 가능하게 된다.[74] 이 결과로 제3자는 완전히 보호받지 못하고, 이것은 상법 제724조 제2항의 입법목적에 반한다는 비판이 제기된다.[75]

다른 하나의 견해는 대법원이 취하고 있는 것으로서,[76] 직접청구권을 보험관계에 기한 것이 아니라 불법행위에 기한 손해배상청구권으로 이해하는 것이다.[77] 이 견해는 피보험자와 보험자는 함께 사전에 보험자가 피보험자와 연대하여 피보험자에 의하여 제3자에게 야기된 불법행위책임을 자신이 지급하겠다는 약속을 하는 것으로 설명한다. 그 결과로, 피보험자에 대한 항변을 보험자가 갖는 경우라고 하더라도, 항변은 보험관계에 기한 것이기 때문에, 보험자는 제3자에 대하여 항변을 제기할 수 없다.[78] 이 이론은 전자의 경우보다 제3자를 더 두텁게 보호하게 된다.

사견으로는 법의 규정에 의하여 직접청구권은 인정되지만, 손해를 보상할

---

72) 전자는 양승규, 「보험법」(삼지원, 1998), 374면; 후자는 채이식, 「상법(하)」(2001), 193면 및 고평석, 「책임보험계약법론」(삼지원, 1990), 236면.

73) 제3자를 위한 보험계약으로 보아, 피해자(제3자)가 실질적인 피보험자이고, 가해자는 보험계약자이자 형식적인 피보험자로 보고, 피해자가 보험자에 대하여 가지는 직접청구권은 피해자가 피보험자로서 가지는 보험금청구권으로 이해하는 학설이 일본에는 있다. 박영준, 전게 학위논문, 225면; 양승규, 전게서, 374-375면.

74) 채이식, 전게서, 193면. 법률규정설도 피보험자의 권리에 바탕을 두고 있으므로 항변이 가능하다고 한다. 양승규, 전게서, 377면.

75) 김정호, 「상법강의(하)」(법문사, 2005), 556면.

76) 대법원 1993.5.11. 선고 92다2530 판결; 대법원 1994.5.27. 선고 94다6819 판결; 2001.12.28. 선고 2001다61753 판결 등.

77) 김성태, 「보험법 강론」(법문사, 2002), 622면; 정동윤, 「상법(하)」(법문사, 2001), 633면; 김정호, 전게서, 555면.

78) 그러나 이 학설을 취하면서도 항변이 가능하다는 견해도 있다. 정찬형, 전게서, 680면.

것을 보험자는 피보험자에게 약정을 하는 것이지, 그 제3자에 대한 자신의 채무를 인수한 것은 아니므로 보험금청구권설에 찬성한다.[79]

3. 선지급규정의 유효성

(1) 미 국

1) 관할 및 준거법

선주책임상호보험은 해상사건으로서 연방법원이 관할을 갖는다.[80] 계약자유의 원칙에 의하여 보험자와 피보험자 사이의 관계는 영국준거법이 미국법정에서도 인정된다.[81] 특별한 약정이 없는 경우에는 Wilborn Boat호 사건[82] 이래로 미국에서의 해상보험사건은 주법에 의하여 규율된다.[83] 직접청구권 및 선지급규정이 관련된 Ahmed(뉴욕주), Conoco(텍사스주) 그리고 Aasma(뉴욕주) 사건에서 일반해상법(general maritime law)보다 주법이 준거법으로서 적용되었다.

미국선주보험조합의 규정집에 따르면 뉴욕주 법이 보험자와 피보험자 사이의 법적 분쟁의 준거법이 된다.

2) 선지급항변

제3자로서의 어떤 원고도 피보험자의 지위를 대신하게 된다(any third party plaintiff must always stand in the shoes of the assured)는 일반 이론에 따르면, 피보험자(선주)가 조합에 대한 자신의 의무를 위반한 경우에는 보험금지급의무가 발생하지 않게 되므로, 피보험자의 지위를 대신하여 청구를 하게 되는 제3자는 선주보험조합으로부터 보험금을 지급받을 수 없게 된다.[84] 예컨대, 선주가 보험료를 지급하지 않았거나 혹은 규정에 의하여 요구되는 보험금청구에 대한 기간내 통지를 하지 않은 경우, 선주보험조합은 가입선주가 가질 수 있는 조합에 대한 청구권보다 더 많은 권리를 제3자는 가질 수 없다는 유력한 주장을 할 수 있게 된다.[85] 선주보험조합은 제3자에 대하여 보험증권 혹은 규정에 포함된 모

---

79) 동지, 양승규, 전게서, 374면.

80) Ronneberg, op. cit., p. 17.

81) Ibid., p. 18.

82) Wilburn Boat Co. v. Fireman's Fund Ins. Co., 348 U.S. 310, 316(1958).

83) Parks, op. cit., p. 13; Ronneberg, op. cit., p. 19. 이 점에서 해상운송관련 사건은 연방법인 COGSA를 강행적으로 적용되는 것과 다르다.

84) Ronneberg, op. cit., at 34.

85) Ibid.

든 항변과 권리를 주장할 수 있다.[86] 그러나 입법을 통하여 이러한 일반 항변권을 금지시킬 수는 있다.[87]

미국선주상호보험조합(American Steamship Mutual Protection & Indemnity Association)도 선지급규정을 가지고 있다: 조합원 자신이 먼저 자신의 자금으로, 대부의 형식이 아니라, 무조건적으로 (자신이 부담하는) 책임, 비용 등에 대하여 면제되거나 지급할 것은, 이와 관련되어 조합의 기금으로부터 보상을 받을 권리에 대한 정지조건이 된다(제28조 제1항).[88]

위에서 본 바와 같이 대부분의 주에서, 제3자는 선주보험조합에 대하여 직접청구권을 가지지 못한다. 특별한 직접청구권법이 존재하는 경우에만 선지급규정에 영향이 미치게 된다.

루이지애나주의 직접청구권법은 피해자인 제3자에게 보험자에 대한 직접청구권을 창설하여 주었다. 동법은 "직접청구권은, 보험증권이 그러한 직접청구를 금하는 규정을 포함하고 있는지 여부에 관계없이… 존재한다"고 한다.[89] 그러므로 선주상호보험이 동법의 적용범위에 속하는지가 중요하다. 루이지애나주의 직접청구권법은 해상보험법을 그 적용범위에서 제외하고 있기 때문에,[90] 보험자들은 해상보험자들에 대한 직접청구권은 허용되지 않는 것으로 주장하여 왔다. 그러나 Grubbs v. Gulf International Marine., Inc 사건에서 루이지애나주 대법원은 피해자들의 직접청구권을 인정하였다.[91] 그 근거로는 전체로 보아서 직접청구권법은 보험증권이 책임보험이든 보상보험이든 여부에 상관없이 불법행위의 피해자에 가하여진 신체상의 손해 혹은 재물상의 손해에 관한 책임에 대한 어떠한 보험에도 적용된다고 하였다. 법원은 또한 선주책임상호보험도 포함하여 모든 책임보험에 직접청구권법이 적용된다고 판시하였다. 선주책임상호보험은 선박의 소유권 혹은 운항으로부터 야기되는 손해 혹은 손실을 위한 책

86) Crown Zwllerbach, 783 F. 2d, pp. 1300-1304.
87) 루이지애나주법에서 제소불가조항을 무력화시키는 경우와 같다.
88) It is a condition precedent of a Member's right to recover from the funds of the Assocaition in respect of any liabilities, cost or expenses that he shall first have discharged and paid the same out of funds belong to him unconditionally and not by any of loan or otherwise.
89) 루이지애나 개정법 22.655(B)(2).
90) The applicable provisions of this Chapter shall apply to insurances other than marine and foreign trade insurance. 루이지애나 개정법 Am 22:611.
91) 625 So. 2d 495, 498, 1994 AMC 244(La. 1993); R. Foster, op. cit., p. 271.

임보험의 성격을 가진다고 하였다. 즉, 법원은 보상보험과 책임보험의 차이를 부정한 것이다.[92] Colman v. Jahnacke Serv. 사건[93]에서 제5순회법원은 해상선주책임상호보험이 책임보험이라기보다는 보상보험이지만 이것은 여전히 직접청구권법의 적용범위에 속한다고 판시하였다.[94] 위 사례들에서 보면, 결론적으로 루이지애나주의 직접청구권법은 선주책임상호보험에도 적용된다고 할 수 있다.

루이지애나주에서 선주책임상호보험에 직접청구권이 인정된다고 할 경우에 원칙적으로 항변이 가능하지만, 선지급항변과 같은 직접청구를 방해하는 항변에도 불구하고, 직접청구를 인정하는 법규정이 루이지애나주 법에 있기 때문에 선지급규정의 항변을 보험자는 할 수 없다.[95]

이와는 반대로, 뉴욕주 직접청구권법은 명시적으로 선주책임상호보험이 보상보험이기 때문에 이를 적용범위에서 배제하고 있다. 뉴욕보험법 제167조 제1항은, 피보험자가 지급불능이 된 경우에 피해자에게 보험자를 상대로 직접청구가 가능하도록 하고 있다. 그러나 제167조 제4항은 특별히 "항해의 위험을 담보하기 위한 보험"(insurance against the perils of navigation)과 "해상선주책임상호보험"(marine protection and indemnity insurance)을 직접청구권법의 적용범위에서 제외하고 있다. 따라서 선원들의 인사사고에서 선원들이 제167조 제4항에도 불구하고 조합을 상대로 소송을 제기하는 경우 동 소송은 연방법원이나 주법원에서 기각되고 있다.[96] Ahemed v. American Steamship Mutual Protection & Indemnity Ass'n 사건에서, 제9순회법원은 뉴욕주법은 해상보상보험의 경우에는 직접청구권을 허용하지 않기 때문에 선주상호보험조합에 대하여는 소를 제기할 수 없다고 하였다.[97] 본 판결에 따르면 제3자의 직접청구권이 주어지지 않기 때문에

92) R. Foster, op. cit., p. 272; Olympic Towing Corp. v. Nebel Towing Co. 사건에서 법원은 "해상보험은 직접청구소송의 대상이 되고 직접청구권법은 모든 책임보험에 적용된다. 왜냐하면 보상보험은 책임보험에 부제소약관을 가지고 있는 점에서 다를 뿐이고 이는 루이지애나주에서는 무효이기 때문이다"고 하였다. 419 F. 2d at 236-237; R. Foster, op. cit., FN 62 at p. 298.

93) 341 F. 2d 956(5th Cir., 1965).

94) R. Foster, op. cit., FN 66.

95) 많은 주들이 루이지애나 직접청구권법을 취하고 있지만, 선지급조항(부제소조항)에도 불구하고 직접청구권의 행사가 가능하다는 규정을 가지고 있는 주는 드물다고 한다. R. Foster, op. cit., p. 271.

96) Parks, op. cit., p. 1111.

선주상호조합이 선지급의 항변을 할 필요도 없다.98)

한편 메사추세츠주에서 있은 Saunders 사건에서 선지급규정은 공서양속에 반하기 때문에 허용되지 않는다고 판시되었다. 따라서 존스법에 기한 선원의 배상책임소송은 인용되었다.99)

3) **유류오염배상법**

유류오염배상법(OPA)은 동법에 따라 책임에 대한 재정보증을 제공하는 자에 대한 직접청구를 허용한다.100) 동법은 또한 청소비용과 손해배상에 대하여 보험자에 대한 제3자 청구인의 직접소송을 허용한다. 나아가, 동법은 사고의 경우에 보증제공자에게 가능한 항변을 엄격히 제한한다. 선주보험조합은 보증제공자가 될 수 있다. 보증제공자는 책임을 부담하는 자(가해자: 선주)에 대한 항변권을 가진다. 보증제공자는 책임부담자(가해자: 선주)의 고의적인 행위에 대하여 항변권을 갖지만, 보증제공자는 책임부담자가 보증제공자에게 제기한 소송에서 보증제공자가 갖는 다른 항변은 할 수 없다.

(2) 한 국

1) **준거법**

한국의 해상보험자와 한국의 선주 사이에 체결된 보험계약에서는 영국의 준거법이 주로 사용된다. 영국법을 준거법으로 하고 있는 영국의 선주보험조합에 피고인 선주가 가입한 경우에 제3자가 한국에서 선주보험조합을 상대로 소를 제기하면, 전통적인 한국 대법원의 입장을 고려할 때,101) 한국의 국제사법의 공서약속규정에 반하지 않는 한 영국준거법을 인정할 것으로 본다.102) 공서양

---

97) 640 F. 2d 993, p. 996.

98) 직접청구권이 인정되는 경우에 선지급항변이 인정되는지가 다루어져야 하나, 루이지애나주에서는 입법으로 항변이 불가하도록 되었고, 뉴욕주에서는 직접청구권이 인정되지 않으므로 선지급항변이 아예 문제가 되지 않게 되었다.

99) Saunders v. Austin W. Fishing Corp., 1967AMC 984(Mass. 1967).

100) 33. U.S.C. §2716(f).

101) 대법원 1996.3.8. 선고 95다28779 판결. 우리 대법원은, "해상보험증권 아래에서 야기되는 일체의 책임문제는 영국의 법률 및 관습에 의하여야 한다는 영국법 준거법약관은 오랜 기간 동안에 걸쳐 해상보험업계의 중심이 되어온 영국의 법률과 관습에 따라 당사자간의 거래관계를 명확하게 하려는 것으로서 우리나라의 공익규정 또는 공서양속에 반하는 것이라거나 보험계약자의 이익을 부당하게 침해하는 것이라고 볼 수 없으므로 유효하다"고 판시하였다.

속에 반하는 경우에는 영국준거법이 있는 경우에도 한국의 국제사법을 적용하여 한국법을 적용하여야 한다는 주장이 있다.[103]

한국선주상호보험조합의 규정집에 의하면 한국법이 준거법이 된다. 그러므로 상법 제724조 등이 선지급규정과 관련하여 적용된다.

2) 법적 성질 및 상법 제724조의 적용여부

한국 상법은 보상보험에 대한 정의규정을 가지고 있지 않다. 대부분의 상법 교과서의 저자들은 보상보험에 대한 언급 자체를 하고 있지 않다. 위에서 본 바와 같이 보상보험의 개념을 부인하는 견해가 있다.[104]

선주책임상호보험은 상호보험의 성질과 책임보험 혹은 보상보험의 성질을 동시에 갖는다고 본다. 상호보험에 대하여도 상법 제664조[105]에 따라 상법상 보험계약에 관한 규정이 준용된다.[106] 보상보험이라고 하는 경우에도, 보상보험은 책임보험의 성질을 가지면서 보험자의 의무발생여부만이 다르므로 책임보험에 대한 규정이 적용될 수 있다고 본다. 따라서 상법 제724조가 적용될 수 있다.[107]

3) 일반항변

보험자의 항변은 제724조 제2항의 해석에 따라 달라진다. 직접청구권을 보험계약 자체에서 파생된 것으로 보는 입장에 따르면, 모든 항변은 가능하고 따라서 보험자는 피보험자가 보험금을 지급하지 않았다는 항변 등을 제3자에게 제기할 수 있다. 그러므로 피보험자가 피해자에게 대하여 가지는 항변을 보험자가 주장할 수 있다는 단서규정은 당연한 것을 규정한 것에 지나지 않게 된다. 나아가 보험자가 피보험자에게 대하여 가지는 항변도 가능하게 된다. 한편, 이를 법규정에 의하여 특별히 창설된 것으로 보는 입장에서는 모든 항변은 더 이상 보험자에게 허용되지 않는다. 그러므로 발생된 사고가 담보위반으로부터 야기되었다고 하더라도, 보험자는 피보험자에 대하여 가지는 항변을 제3자에게

102) 동지, 서영화, 전게논문, 86면.
103) 박영준, 전게 학위논문, 277면; 최종현, 전게논문, 123면.
104) 박영준, 전게 학위논문, 84면.
105) 제664조(상호보험에의 준용) 이 편의 규정은 그 성질이 상반되지 아니하는 한도에서 상호보험에 준용된다.
106) 박영준, 전게 학위논문, 77면.
107) 동지, 서영화, 전게논문, 77면.

제기할 수 없다. 단서규정은 특별히 법이 인정한 것으로 해석이 될 것이다. 대법원이 손해배상청구권을 취하고 있으므로 후자의 입장이 유력할 것으로 본다.

4) 선지급규정

한국선주상호보험조합의 규정집은 다른 조합과 마찬가지로 선지급규정을 가지고 있다. 제44조 제4항은 "조합은 조합원이 손해배상금 및 비용을 전부 지급하고 당해 사건을 종결한 때에 보험금을 지급한다.[108] 단, 이사회의 승인을 득한 경우에는 그러하지 아니하다"라고 한다. 본 조항은 조합이 보험자로서 피보험자에게 보상할 의무는 피보험자가 제3자에게 지급할 때까지는 발생하지 않는다고 한다. 피보험자가 손해를 배상함과 동시에 피보험자에게 손해를 배상하여야 할 조합의 의무는 존재하기 시작하게 된다. 만약 선주가 도산하게 되면, 선주는 피해자에게 손해를 배상하지 못한 것이 되고 따라서 보험자가 피보험자에게 손해를 보상하여야 하는 의무는 발생하지 않는다. 선의의 제3자는 조합에게 직접 손해배상청구를 할 수 없기 때문에 보호되지 못하게 되는 경우가 발생한다.

우선, 한국선주상호보험조합이 피보험자와 불리한 특별한 약정을 체결하여 피보험자 혹은 보험수익자에게 불리한 내용을 둘 수 있는가? 한국선주책임상호보험은 상법 제693조에서 말하는 해상보험의 하나로서 인정될 수 있으므로, 상법 제663조의 단서규정[109]이 사안에 적용되어 불이익변경금지조항의 적용의 대상에서 제외될 것으로 본다. 선주로서의 피보험자는 이미 개별적인 소비자가 아니라 동등한 교섭력을 갖는다고 보기 때문이다. 결과적으로 한국선주상호보험조합은 선지급규정을 삽입함으로써 특별한 약정을 체결할 수 있다고 생각한다.

선지급규정의 유효성은 선주책임상호보험이 책임보험의 성격을 가지는 이상 상법 제724조 제2항이 적용되므로 이와 관련시켜 검토되어야 한다. 보험자는 선지급규정을 근거로 제3자의 직접청구에 대하여 대항할 수 있는가? 한국법원에서 아직 이 문제를 다룬 판결은 없다.

다만, 2002년 서울지방법원(2002.7.5. 선고 2001가합36981 판결)은 제3자와

108) Korea P&I Club, 보험계약규정(2003), 37면.

109) 이 편(상법 제4편 보험)의 규정은 당사자간의 특약으로 보험계약자 또는 피보험자나 보험수익자의 불이익으로 변경하지 못한다. 그러나 재보험 및 해상보험 기타 이와 유사한 보험의 경우에는 그러하지 아니하다.

일반 영리보험회사와의 직접청구권에 대하여 이 문제를 다룬 바가 있다. 선박충돌로 인한 선원의 사망사고에서 유족이 상대방 보험회사를 상대로 소송을 제기하였다. 동 손해는 선박보험의 선박충돌약관(running down clause)의 부보범위에 포함되었다. 보험자의 보험계약에는 선지급규정이 들어 있었다.[110] 법원은 이 규정은 손해배상청구권의 존재와 관련되는 것이 아니라 보험자와 피보험자 사이의 보험금지급절차에 대한 내용이므로 그 결과로 보험자는 제3자에 대하여 동 규정을 근거로 어떠한 항변도 주장할 수 없다고 판시하였다. 따라서 제3자의 청구는 인용되었다. 그러나 본 사건은 선주보험조합이 보험자가 아니라 영리보험회사가 보험자인 경우이다. 그러므로 한국의 법원이 선주보험조합의 선지급규정이 문제된 사안에서도 동일한 판단을 할런지는 불확실하다.

상기 판결을 인용하면서, 상법 제724조 제1항과 선지급규정은 유사하고, 우리 법원이 이를 보험금지급방식에 대한 것으로 보게 될 것이고, 법원은 제3자인 피해자가 보험자에 대하여 보험금청구를 할 경우에 제724조 제1항은 적용이 없다고 하므로 결국 보험자는 선지급항변을 할 수 없게 되어, 피해자에 대하여 보험자는 항변을 주장못한다고 하는 견해가 있다.[111]

선지급규정의 효력을 부인하는 다른 견해는, 제724조 제2항은 제3자를 보호하기 위한 강제규정이고[112] 따라서 보험계약상의 특약으로서 피해자의 직접청구권을 배제하거나 제한하지 못한다고 한다.[113] 따라서 선지급규정은 강행규정에 반하므로 무효가 될 수 있다는 것이다.[114] 이 견해는 위 서울지방법원의 판결에 대하여 이를 피보험자가 피해자에게 먼저 배상한 경우에 한하여 보험자가 보험금지급의무를 부담하게 하는 충돌손해배상책임약관은 피해자의 직접청구권을 제한하거나 배제하는 한 이를 무효로 보아야 한다고 설명한다.[115]

---

110) 협회선박보험약관의 내용으로서, "보험자는 피보험선박이 다른 선박과 충돌하여 그 결과 피보험자가 다음의 손해에 대하여 법적 배상책임을 지고 손해배상금조로 타인에게 지급한 금액 중 4/4를 피보험자에게 보상해 줄 것을 합의합니다"라고 되어 있었다.

111) 박영준, 전게 학위논문, 287면.

112) 고평석, 전게서, 236, 237면; 최종현, 전게논문, 117면.

113) 고평석, 전게서, 237면; 김성태, 전게서, 618, 619면.

114) 최종현, 전게논문, 120면. 그러나 이 견해는 상법 제724조 제2항이 보험자가 피보험자에 대하여 가지는 항변을 금지하지 않고, 보험자가 피해자에게 대하여 항변이 가능하다는 입장을 취하고 있음에도 선지급조항을 항변사유로 보지 않고 무효로 하는 점에서 필자의 견해와 다르다.

한편, 선지급규정에 찬성하는 견해로서는 한국선주책임상호보험은 책임보험이라기보다 보상보험이고 그래서 보험자와 피보험자는 보험금의 지급조건에 대한 유효한 약정을 체결할 수 있고 따라서 선지급규정은 유효하다는 주장이다.[116]

5) **유류오염손해배상보장법과 선원법**

유류오염손해배상보장법 제16조 제1항은 "제4조 제1항 또는 제2항의 규정에 의한 선박소유자의 손해배상책임이 발생한 때에는 피해자는 보험자 등에 대하여도 직접 손해배상의 지급을 청구할 수 있다. 다만, 선박소유자의 고의에 의하여 손해가 생긴 때에는 그러하지 아니하다"고 한다. 제2항은 "제1항 본문의 경우에 보험자 등은 선박소유자가 피해자에 대하여 주장할 수 있는 항변만으로 피해자에 대항할 수 있다"고 한다.[117]

위 규정들은 보험자는 제3자에 대하여, 선주의 고의에 의한 사고를 제외하고는 자신이 피보험자에 대하여 가지는 어떠한 항변도 제기할 수 없다는 것으로 이해된다. 그러므로 보험자는 제3자에 대하여 선지급규정에 의한 항변을 주장할 수 없다.[118][119]

선원법 제98조(보험가입)는 "선박소유자는 이 법에 정한 재해보상을 완전히 이행할 수 있도록 대통령령이 정하는 바에 의하여 보험에 가입하여야 한다"고 한다. 선원법은 유배법과 달리 직접청구에 대한 규정이 없으므로 상법 제724조의 적용을 받을 것이다. 항변에 대하여는 위에서 논한 일반논의에 따라 달라질 것이지만, 선원을 보호하기 위하여 유배법과 같은 항변불가조항을 둘 필요가 있다고 본다.

6) **사 견**

한국선주상호보험조합의 준거법이 한국법인 이상 한국법정에서 계류된 사건에 대하여 영국의 Fanti and Padre 사건 판결에서의 선지급항변이 유효하다는

115) 최종현, 전게논문, 120면.

116) 김인현, 「해상법」(법문사, 2003), 298면.

117) 이는 유류오염에 대한 민사책임에 대한 협약이라는 국제조약을 국내법화한 것이다.

118) 김인현, 전게 해상법, 297면; 최종현, 선박에 의한 오염손해의 전보에 관한 연구(서울대학교 법학박사학위논문, 2001.2), 119면.

119) 그런데 영국은 협약을 받아들이면서 관련조항을 유보하여 선지급의 항변이 유효하도록 하고 있다는 점이 특이하다. Gauci, *Liability for Oil Pollution and Collisions*(LLP, 1997), p. 225; 최종현, 전게 학위논문, 119면.

결론이 자동적으로 적용되지는 않을 것이다.

사견으로는 첫째, 선주책임상호보험에서 선주는 보험자이면서 피보험자로서의 지위를 가지므로 책임보험과는 다르다는 점을 인정하는 것으로부터 출발하여야 한다고 본다. 선주보험조합은 상호보험을 영위하는 비영리단체이다.

둘째, 보험료는 한 번에 확정되어 납입되는 것이 아니라 수입과 지출을 맞추기 위하여 미리 선금으로써 보험료를 일부 납입하고 회계연도가 지난 다음 다시 결손액(추가보험료)을 분담하게 된다(상호보험료방식).[120] 만약 이러한 성격이 인정된다면, 선지급규정은 유효한 항변사유가 될 수 있다. 당사자들의 의도는 공서양속에 반하지 않는 한 계약자유의 원칙에 따라서 유효하게 된다. 보상보험이론에 기초하면, 제724조 제2항의 직접청구권은 예외적인 것이 된다. 더구나 동 조항의 단서규정은 항변을 유효하다고 한다.

셋째, 이러한 필자의 견해는 선지급규정을 상법 제724조 제1항과 유사하고 이는 보험금지급방식에 지나지 않는다는 통설의 해석과 판례의 입장과 다르다. 2002년 서울지방법원의 대상이 된 판결은 선주책임상호보험이 개입된 사례가 아니라 영리보험회사로서 보상보험성을 가지고 있지 않다. 그러므로 참고가 될 수 없는 사안이다. 보상보험성을 가지는 경우와 그렇지 않은 경우는 구별하여야 한다는 것이 필자의 사견이다.

넷째, 선주책임상호보험의 국제성을 고려하지 않을 수 없다. 한국선주상호보험조합은 국제그룹산하의 조합과 경쟁하고 있다. 그런데 미국과 영국 등 대다수의 조합이 선지급항변이 유효하므로 불의의 손해에 대하여 보호받고 있는 가운데, 한국의 선주상호보험조합만이 무방비로 제3자로부터의 청구에 노출된다면 영세한 한국선주상호보험조합이 성장할 수 없다.

다섯째, 상호보험의 특질에서 알 수 있듯이 약정된 상호보상의 범위에 맞추어 보험료를 징수하여 보험료 수입과 지출이 균등하도록 선주보험조합은 운영이 되고 있다. 그런데 이러한 자발적인 계약의 내용을 무시하고 법이 강행적으로 적용될 수는 없다고 본다. 영리보험에서는 이미 이러한 사실을 알고 보험료에 제3자로부터의 청구에 대한 위험분산이 이루어졌을 것이다. 선주책임상호

120) 회원사가 회계연도가 지나기 전에 탈퇴하면 추가보험료를 받지 못하게 된다. 따라서 회원사인 선주가 먼저 손해를 배상하고 나서 보험금을 그 선주에게 지급함으로써 위와 같은 어려움을 극복하게 된다.

보험은 전통적으로 그렇지 않은 상태로 운영되어 왔으므로 이는 예상외의 결과가 된다. 직접청구권을 인정하는 법의 강제가 가능하기 위하여는 피보험자인 선주에게 책임보험에의 가입을 강제화시키는 조치가 앞서야 할 것이다. 선주들의 오염손해에 대한 책임보험의 강제가 좋은 예가 될 것이다.

결과적으로 제3자에 대한 선지급규정의 유효성은 제724조 제2항하에서 항변에 대한 규정의 해석에 의존하고, 상호보험의 성질을 가지면서 보험료징수방법이 상호보험료방식인 경우에 선주책임상호보험에서는 항변이 유효하다고 본다. 다만, 현재 국제조약으로 보험자가 피보험자에 대하여 가지는 항변을 피해자에 대하여 대항할 수 없도록 하는 여객운송이나 유류오염의 경우에는 법이 정한 효력에 의하여 선지급항변은 하지 못하게 된다.[121)]

Ⅳ. 結 論

미국은 직접계약당사자의 원칙을 고수하고 있는 국가로서 직접청구권이 인정되지 않는 것이 원칙이고 예외적으로 몇 개의 주만이 이를 입법적으로 인정하고 있다. 이 점에서 이를 포괄적으로 인정하고 있는 한국법의 입장과 다르다. 한국 상법의 포괄적인 직접청구권 인정조항은, 소를 제기함에 있어서 어떠한 요건도 요구하지 않는다는 점에서, 미국의 루이지애나주법과 유사하다. 그러나 한국의 직접청구권은 보험자로부터 책임제한권과 같은 항변권을 박탈하지 않는다.

전체적으로 직접청구권을 대위권의 행사로 인정하는 경우는 영국의 제3자법에서의 직접청구권, 영국 귀족원의 판결, 한국의 대위권 행사설 그리고 뉴욕주법이 이에 해당한다. 이러한 입장은 보험자가 피보험자에게 가지는 항변을 피해자에게도 대항가능한 것으로 이해한다. 법정의 효과로 보는 국가로는 한국의 다수설과 미국의 루이지애나주법이 있고 항변은 불가능한 것으로 이해된다.

121) 현행 상태에서 선원 등이 선주보험조합을 상대로 직접청구권을 행사할 경우에 선박회사 등이 도산이 되어 먼저 지급이 되지 않는 경우에는 통합도산법 등에서 파산관재인이 예외규정을 두어 미리 지급하는 규정을 두어 해결책을 찾아야 할 것으로 본다. 그렇지 않다면, 해석으로 강제책임보험의 경우에는 보험자가 피보험자에 대하여 가지는 항변을 제한적으로 해석하여 선지급항변이 불가하도록 하는 것도 한 가지 방안이다. 유사한 사안에서 유사한 취지를 취하는 견해로는 양승규, 전게서, 377면이 있음.

제3자의 직접청구권은 보험자와 피보험자의 제3자보험에서 출발한다. 정책적인 이유를 떠나서 직접청구권은 제3자보험 이론에 기초하여야 한다고 본다. 보험자와 피보험자의 보험계약에서 모든 것이 시작된 것이므로 제3자는 피보험자보다 더 큰 권리를 가지지 못하여야 한다. 이러한 관점에서 루이지애나주의 직접청구권법은, 보험자가 제3자에 대한 항변을 하지 못하게 한다는 점에서 지나치게 제3자를 보호하는 것으로 생각한다. 한편, 뉴욕주 직접청구권법은 피보험자에 대한 승소판결을 요구하고 이에 추가하여 피보험자의 지급불능을 요구하는 점에서 선의의 제3피해자를 보호함에 있어서 지나친 장애가 된다고 판단된다. 보험료는 이미 지급되었고 그렇지 않다면 피보험자는 보상받았을 것이므로 이러한 요구조건은 보험자에게 이익을 가져다 준다.

대부분의 해상보험의 실무자와 학자들은 선주책임상호보험의 법적 성질을 책임보험이라기보다 보상보험으로 이해한다. 그러나 루이지애나주를 포함한 몇몇 법원은 선주상호보험의 특별한 성격을 인정하기를 부인하고 사안에 일반 책임보험의 이론을 적용한다. 한국의 판례에서는 선주책임상호보험을 보상보험으로 인정하여 특별한 보호를 하는 판례는 아직 없다. 적어도 한 학자는 보상보험과 책임보험이 다르다는 점을 부인하고 있다. 그러나 사견으로는 선주책임상호보험은 책임보험의 성질을 가지면서도 보험자의 책임의 발생에 선지급이라는 정지조건이 붙어 있다는 점에서 보험자의 책임의 발생과 관련되는 점에서 책임보험과 다르다고 본다. 보상보험은 상호보험성이 기초가 된다. 상호보험에서 보험료의 징수방법이 상호보험료방식인 경우에 선지급규정의 유효성의 근거를 찾을 수 있다.

피보험자의 보험료미납사유와 같은 일반 항변사유를 보험자가 제3자에 대하여 주장가능한지에 대하여 한국법은 보험이론에 따라 두 가지로 이론이 나누어져 있다. 만약 직접청구권을 보험계약에서 파생되는 권리로 보는 경우에는 제3자에 대한 조합의 항변권은 유효하다. 그러나 손해배상청구권으로 보는 경우에는 항변은 불가하다. 즉, 한국 상법은 항변을 모두 금지하고 있지 않고 일부 항변은 오히려 가능하게 하고 있으므로 그 유효성은 항변의 가능여부에 달려있게 된다. 한편 루이지애나주법은 동 항변은 직접청구권법에 의하여 배제되는 것으로 되어 있다.

선주보험조합은 오염사고에 대한 선주의 책임과 같은 위험을 인수하는 유일한 기관이다. 선주보험조합은 보호되어야 할 중요한 기관이다. 직접청구권은 독립되고 분리된 문제가 아니다. 전세계에 걸쳐서 해운국은 직접청구권에 의하여 영향을 받고 있다. 필자의 연구결과에 따르면 직접청구권과 선지급 항변의 유효성은 주마다 다르고 국가마다 다르다. 그럼에도 불구하고, 공통적인 사실 하나는 직접청구권은 계약의 직접당사자원칙에 의하여 허용되지 않는 것이 원칙이지만, 정책적인 목적으로 제3자를 보호하기 위하여 직접 보험자에게 청구권을 인정하고자 하는 경우에는 예외적으로 입법을 통하여서 이 문제를 해결하고 있다는 점이다.

사견으로는, 직접청구권은 입법화를 통하여 유류오염과 인사사고의 경우에만 인정되어야 한다고 본다. 입법화는 국제조약을 통하여 달성되는 것이 바람직하다. 이 경우에 선주보험조합의 선지급규정은 행사될 수 없어야 할 것이다. 이러한 범위에서 벗어나는 운송물의 손상에 대한 직접청구권의 행사와 같은 경우는 선지급규정의 항변에 의하여 부정되어 선주보험조합은 보호받게 된다. 운송물과 관련하여서는 화주는 이미 적하보험에 가입되어 있고 선주의 보험자인 상호보험조합에 청구를 하는 자는 구상권을 행사하는 영리보험회사이므로 일반 이론에 예외를 인정하면서까지 이들을 보호할 필요성이 떨어지기 때문이다. 유류오염사고의 경우에는 이미 한국이 체약국이 된 국제조약을 가지고 있다. 선원의 직접청구권에 대하여는 국제사회는 조약을 통하여 직접청구권을 인정하고 선지급규정의 항변이 무력화되도록 하여 열악한 지위에 있는 선원을 보호하여야 할 것이다.

제 3 외국판례

船舶期間保險에 있어서 堪航性 缺如와 被保險者의 認識(영국 해상보험법 제39조 제5항)*

-The Star Sea호 판결[1]

I. 問題의 提起

해상법과 해상보험에 있어서 감항성만큼 중요한 개념은 없다. 감항성은 선체능력, 운항능력 그리고 감화능력으로 나누어진다. 감항능력은 운송계약에 있어서 항해과실 등 면책의 전제조건으로서 기능한다. 또한 해상보험에 있어서 피보험자가 준수하여야 하는 묵시담보로서의 기능도 한다. 영국법에서 해상보험증권에는 묵시적 담보가 있어서 이러한 묵시적 담보를 피보험자가 위반하게 되면 보험자는 바로 그 시점부터 보상책임을 면하게 된다. 항해보험에서는 감항능력이 절대적으로 충족되어야 하는 담보이나, 기간보험에서는 보험이 개시할 당시에 선박이 항해중에 있어서 피보험자인 선박소유자가 그 선박의 상태를 통제하거나 지배할 수가 없기 때문에 묵시적인 감항능력담보가 요구되지 않는다.[2] 그러나 기간보험의 경우에도 피보험자가 당해 선박이 감항능력이 없음을 알면서 항해를 하게 하였고, 그 감항능력이 없음으로 인하여 손해가 발생한 경우에는 보험자는 그러한 손해를 보상할 책임을 지지 않는다.[3]

이러한 상기의 문제가 심도있게 논의된 판례가 바로 스타시(Star Sea)호 사건이다. 여기에서는 해상보험에 있어서 감항성 결여로 보험금지급이 거절되기 위한 요건으로서의 "피보험자의 인식"을 중심으로 살펴본다.

---

* 이 글은 「해양한국」, 통권 제288호 및 제289호(1997년)에 게재된 글을 제2심과 제3심의 판결을 반영하여 수정한 것이다.

1) 94.11.29. 영국 여왕좌부상사법원, 96.12.20. 항소원 판결, 2001.1.18. 영국 귀족원 판결.

2) 심재두, 「해상보험법」(길안사, 1995), 134면.

3) 영국 해상보험법(MIA) 1905, 제39조 제5항.

Ⅱ. 事實關係

영국에 거주하는 콜라키스 가족들이 스타시호(사이프러스 선적)(이하 본선), 센타우루스(Centaurus)호, 카스토라(Kastora)호의 실제(수혜)선주(beneficial owner)였다. 이들 선박 모두를 피고인 보험자에게 보험부보시켰다. 각 선박들은 1선박회사(one ship company)에 의하여 소유되고 있었고, 원고인 메니페스트 선박회사(사이프러스 국적)는 스타시호의 등록선주였다.

세 선박 모두 영국회사인 카파(Kappa) 선박회사(이하 "카파")에 의하여 관리되고 있었다. 사고 당시의 카파의 이사들은 콜라키스 선장, 그의 두 아들 콜라키스 로우(보험관계를 포함한 영업담당이사), 콜라키스 조지(운항담당이사) 그리고 니콜라이디스(기술담당이사) 씨였다. 이 선박들의 등록상 관리인은 피리우스에 본점을 두고 있는 그리스 선박회사인 차터웰 선박회사(이하 "차터웰")였으며, 사고 당시 이사들은 콜라키스 선장과 파라클라스 씨였다. 파라클라스 씨는 또한 원고 메니페스트의 1인 이사였다.

종 류	회사의 이름	이 사
등록선주	메니페스트 (사이프러스 회사)	파라클라스(1인 이사)
실제(수혜) 선주	콜라키스 가족	
관리인	카파(영국 회사)	콜라키스 선장, 콜라키스 로우, 콜라키스 조지, 니콜라이디스
등록상 관리인	차터웰(그리스 회사)	콜라키스 선장, 파라클라스

본선은 1974년에 건조되었고, 1989년 카파의 선단에 합류되었다. 본선은 4개의 냉동선창과 기관실, 거주구가 있고, 그리고 선체 중앙에 선교가 있는 선박이었다. 상갑판의 한 구획에 있는 44개의 이산화탄소(CO_2) 실린더로 구성된 이산화탄소 소화기가 기관실과 선창의 화재진압을 위하여 설치되어 있었다. 본선의 안전계획표(safety plan)에 의하면 화재가 발생하면 44개의 실린더를 한꺼번에 분사하도록 되어 있었다. 이 이산화탄소 실린더들은 이산화탄소구획 외부의

한 핸들을 당김으로써 분사되게 되어 있었고, 그 핸들은 일련의 와이어와 풀리(pulley)로 실린더의 뱅크(bank)에 연결되어 있었다. 이산화탄소 소화장치가 제대로 기능하기 위해서는 분사되는 공간이 효과적으로 밀폐되어야 한다. 기관실의 경우에는 문, 스카이라이트(skylight), 좌우환풍기의 댐퍼(dampers) 그리고 연돌댐퍼도 밀폐되어야 하고 기관실 샤프트(shaft) 수밀문도 닫혀져야 하였다. 본선은 전기적으로 작동되는 주소화 펌프가 한 대 기관실에 있었고 선수물탱크(forepeak)쪽에 한 대의 비상소화펌프가 있었다.

본선은 바나나를 적재하고 리스본을 거쳐 90년 1월 12일 지브루게를 방문하였다. 여기에서 본선은 적하 클레임이 제기되어 억류당하였다. 벨기에의 항만당국의 검사원이 본선에 대한 검사를 한 뒤 비상소화펌프가 작동되지 않으며 다른 결함이 있으므로 출항 전에 결함을 모두 교정하도록 지시하였다. 기관장이 펌프를 고쳐보려 하였으나 실패하였다. 이 과정에서 기관장이 선수물탱크를 통하여 선측에 있는 넌-리턴 밸브(non-return valve)를 지나는 흡입파이프(suction pipe)를 잘랐고, 그 후 비상펌프는 수리가 되었으나 잘린 파이프는 수리되지 않았다.

90년 5월 27일 본선은 니카라과의 코린토에서 바나나, 망고 그리고 커피를 적재하고 지부르게로 향하였다. 5월 29일 09:20경 본선이 파나마운하에 접근할 즈음에 기관실에서 화재가 발생하였다. 이 화재는 선박의 다른 부분으로 확산되었다. 화재진압을 위한 여러 기도가 실패한 후 정오경에서야 이산화탄소(CO_2) 소화장치가 사용되었다. 그것도 1/2만이 분사되었고 본선은 추정전손(constructive total loss)이 되었다.

보험계약은 원고 등록선주인 메니페스트사와 보험회사 사이에 보험가액 미화 320만달러로 영국법을 준거법으로 하여 체결되었다(보험증권상 피보험자는 관리인 카파 및 자회사들로 됨). 선주는 원고와 체결한 보험계약에서 화재로 인한 보험사고는 보험금지급사유라고 주장하면서 보험자인 피고에게 보험금 전액지급청구를 하였다. 보험자는, 피보험자인 선주가 선박의 불감항을 알면서 선박을 출항시켰기 때문에 이는 영국 해상보험법 제39조 제5항에 따라서 보험자는 면책이 된다고 주장하였다. 원고는 보험금지급청구의 소를 제기하였다.[4)]

4) The " Star Sea," [1995] 1 Lloyd's Rep., at pp. 651-652.

Ⅲ. 爭 點

피고는, "① 잘린 흡입파이프 때문에 본선이 적재한 상태에서는 비상소화펌프는 소용이 없었고, ② 기관실의 밀폐장치가 불량하였다. ③ 기관실에서의 화재의 경우 이산화탄소 소화장치가 효과를 보기 위하여는 모든 이산화탄소가 한꺼번에 분사되어야 함에도 이산화탄소 시스템 사용 내용을 선장이 알지 못하였으므로 선장이 부적격이었고 따라서 본선은 불감항이었다"고 주장하였다.

영국 해상보험법(MIA) 제39조 제5항은 "기간보험에서는 선박이 항해를 개시할 단계마다 감항능력을 갖추어야 한다는 묵시담보는 없지만, 피보험자가 선박이 불감항 상태임을 알면서 출항시킨 경우에는 보험자는 불감항에서 기인한 어떠한 손해에 대하여도 책임을 지지 아니한다"고 하고 있다. 이 조항에서 문제가 되는 것은 ① 과연 출항 당시 선박이 불감항 상태였는가, ② "불감항 상태임을 인식한다"고 할 때의 "인식한다"(know)의 의미가 무엇인가, ③ "인식한다"의 주체는 누구인가, ④ 불감항과 손해 사이에 인과관계가 있었는가 하는 점이다. 본 사안과 관련하여 보면 ①과 관련하여서 본선 화재진압이 실패한 원인으로서 통풍구의 밀폐장치 결함과 선장의 이산화탄소 사용의 부적절이 불감항인지, ②와 관련하여서는 원고측이 불감항 상태임을 알고 있었는지, 적극적으로 알지는 못하였고 괜찮을 것이라는 정도로만 이해하고 출항시킨 것도 "인식한다"의 범위에 들어갈 것인지, 특히 이전에 발생한 동일 선단(fleet)의 유사한 두 번의 화재사고가 고려대상이었다. ③ 불감항 상태를 인식하여야 하는 주체가 선장인가, 선주인가, 아니면 관리인들인가? ④, ①의 불감항이 손해와 인과관계가 있었는가로 볼 수 있는가이다.[5)]

---

5) 또한 원고는 제17조하의 최대선의의무를 위반하였으므로 보험자는 보험지급의무가 없다고 주장하면서 보험금지급을 거절하였다. 본선과 동일한 수혜선주의 선박이면서 동일한 관리인에 의하여 관리되는 센타우루스호와 카스토라호에서 발생한 두 번의 화재에서 피보험자가 자신이 알게 된 사실을 보험자에게 고지하지 아니한 것이 비록 보험계약 체결 이후의 일이지만 최대선의의 의무에 위배되는가의 문제였다. 영국 해상보험법 제17조는 "해상보험계약은 최대선의에 기초한 계약이라서 만약 양 당사자가 최대선의를 지키지 아니할 경우에는 계약은 일방에 의해서 취소될 수 있다(avoided)"고 정하고 있다. 따라서 본 사안에서 이러한 사실이 인정되면 보험계약은 처음부터 무효가 되므로 보험금지급의무가 전혀 없게 된다. 따라서, 보험자의 입장에서는 첫 번째 이슈로 가면 인과관계가 있는 부분에 대하여는 얼마간 책

Ⅳ. 1審 판시의 內容

영국 상사법원의 터키 판사는 아래와 같이 판시하였다.

1. 불감항 여부

(1) 비상소화펌프

선수물탱크의 흡입파이프가 잘렸으므로 선외로부터 해수를 끌어올 수 없게 되고 본선이 적재한 경우에는 (선수물탱크에 물을 넣어 두지 않았으므로) 선수물탱크로부터 물을 끌어오지 못하여 비상소화펌프가 소용이 없게 되었으므로 90년 5월 27일 코린토 출항 당시 선박이 불감항이 된다는 것을 원고도 인정하였다.

(2) 이산화탄소장치와 기관실 폐쇄

이산화탄소 실린더의 몇 개 열과 이산화탄소 구획 밖의 원격핸들을 연결하는 와이어가 사고 이전에 이미 파손되었다. 보험자측이 선임한 기술전문가인 그래인저 씨가 발보아항에서 본선을 검사한 결과 와이어가 녹이 슬어 있었다. 이것은 보수(maintenance)의 불완전을 의미한다. 그러나 이 자체가 사고의 원인이라고 주장하지는 않고 있다. 원고들은 기관실을 효과적으로 밀폐할 수 없었으며, 이 점에서 본선이 불감항이었음을 인정한다. 2등기관사가 개구들을 닫으려고 할 때 많은 어려움이 있었다. 화재 후 본선을 점검한 전문가들에 따르면 기관실 좌측 댐퍼가 작동불가였으며(댐퍼의 핸들은 열린 위치에 있었지만, 댐퍼는 닫힌 상태였다), 우측 댐퍼는 작동은 가능하였으나 심하게 녹이 슬어 있었고 완전히 닫히지 아니하였다. 우측 연돌댐퍼는 핸들이 없어서 닫을 수 없었다. 기관실 샤프트 수밀문을 닫는 원격비상폐쇄장치도 작동불능이었다.

임을 져야 하지만, 두 번째 이슈로 가면 일체의 책임을 지지 아니하므로 훨씬 유리하게 된다. 이 부분은 지면관계상 더 이상 논의하지 않는다. 여기에 대한 상세한 판례평석은 정대, "영국의 The Star Sea호 사건판결과 해상보험계약에서의 최대선의의무,"「해사법연구」, 제17권 제2호(2005.9), 109면 이하를 참조하기 바람.

(3) 선원의 부적격

1) 선 장

선장이 부적격이었다는 주장의 요점은 화재가 다른 수단으로는 진화 불가능하다는 것을 깨닫고 기관실에서 이산화탄소 소화장치가 기능하기 위하여는 이산화탄소가 한꺼번에 분사되어야 한다는 이산화탄소장치 사용의 필요성을 선장이 알지 못하였다는 것에 있다. 이산화탄소는 화재가 시작된 후 2시간 30분이 지나서까지도 분사되지 아니하였고, 이 시간의 대부분 동안 화재진압용 다른 장비는 사용되지 않았으며, 이산화탄소(CO_2)도 단지 1/2만 분사되었다. 이것은 의심할 바 없는 과실이지만, 이것이 본선을 불감항으로 만들 정도까지의 선장의 무능력에 해당하는가? 물론 선장이 실수를 하였다는 이유만으로 선장이 부적격한 것이 되지 않는다고 본인은 생각한다. 본인은 또한 선장의 행동을 사후의 잣대로서(with the benefit of hindsight) 판단해서는 아니되며 우리 모두는 실수를 저지르며 화재와 같은 비상사태의 경우에는 특히 그러하다는 것을 명심하고 있다. 이 선장은 선장면허를 소지하고 있으며, 카파가 관리하는 선박에 1987년 이래로 아무런 비난도 받지 않고 근무를 해 왔다. 따라서, 본인은 선장의 일반적인 적격성에 대하여는 의심하지 않는다. 그러나 그의 나이에 비추어 보면 이 선장이 처음으로 면허를 발급받았을 때 화재훈련을 받을 필요가 없었고, 그 후에 선장이 어떠한 훈련을 받았다는 증거도 없다.

해상에서 화재는 선박에게는 가장 큰 위협 중의 하나이다. 선박의 화재진압능력과 이에 관한 감항성은 화재진압자로서의 선원들의 적격성에, 특히 선원들의 리더인 선장에게 절대적으로 의존하게 된다. 이산화탄소장치는 화재진압장치들 중에서 가장 강력한 무기이다. 언제 어떻게 이것이 사용되어야 하는지에 관한 지식은 필수적이다. 본인의 생각으로는 선장의 행동은 이러한 필수적 지식에 대한 완전한 무지를 나타내며, 이는 무능력(incompetence)으로밖에 표현할 수 없다. 조지 콜라키스 씨(관리인의 이사)는 선장이 내린 이산화탄소의 1/2만을 분사하자는 결정은 이해할 수 없는 실수이며, 이것은 선장이 요구되는 수준의 적격성을 갖추지 아니하였음을 나타낸다고 하였다. 파라클라스 씨(등록상 관리인의 이사)도 선장이 근본적인 실수를 하였다고 말하였다. 본인은 선장의 이러한 무능력이 선박을 불감항으로 만들었다고 생각한다.[6)]

2) 다른 사관들

선장에 관한 본인의 판단에 비추어, 이산화탄소 자체와 관련하여 다른 사관들에 대한 판단을 할 필요가 없다고 본인은 생각한다. 보험자측은 다른 사관들과 선장이 이산화탄소를 분사하기 전에 기관실을 효과적으로 밀폐하여야 하는 필요성을 알지 못하였기 때문에 그들이 또한 부적격이었다고 주장한다. 본인은 이 주장을 거부한다. 선장은 이산화탄소가 사용되기 전에 기관실의 모든 개구를 밀폐하라는 명령을 내렸으며, 그는 이러한 필요성을 알고 있었고, 따라서 이 점에서는 부적격은 아니었다. 밀폐될 수 있는 것들은 밀폐되었다. 기관실의 스카이라이트들이 밀폐되지 아니하였다고 보험자들은 주장하나 입증되지 아니하였다. 이것들은 처음에는 의도적으로 열려져 있었지만, 선장이 모든 개구를 밀폐하라는 명령을 내렸을 때 모두 밀폐되었다.

3) 보수(maintenance)

본선의 안전장치들이 제대로 보수되지 않았다는 것은 이미 말한 바와 같이 자명하다. 이것은 선원들이 보수의 중요성을 깨닫지 못하였다는 표지이다. 뒤에 "인식"(privity)의 문제에서 보도록 한다. 그러나 보수 자체가 본인이 불감항으로 규정하여야 하는 선원의 무능력의 정도를 나타내는 표지는 아니라고 생각한다.

(4) 화재진압훈련

본인이 가지고 있는 화재진압훈련표에 의하면 화재진압훈련들이 본선에서 행하여지기는 하였지만 규정보다는 적게 행하여졌다. 이것은 화재안전의 문제에 대한 일반적 해이함의 표지이지만 선원들이 이러한 훈련을 제대로 하지 않은 것이 사고와 인과관계가 있는 것은 아니므로 더 이상 보지 않는다. 정말이지 많은 선원들은 존경스러울 정도로 화재에 대처하였다. 화재진압훈련은 비상소화펌프 테스트를 포함하였어야 하지만, 이산화탄소 소화장치는 테스트될 수 없는 성질의 것이었다.[7][8]

---

6) The "Star Sea," op. cit., at p. 658.

7) Ibid., at p. 659.

8) 이산화탄소(CO_2)장치는 한 번 분사되면 엄청난 비용이 들므로 훈련시에 실제 분사할 수도 없다.

2. 인과관계

불감항성과 관련한 몇몇의 주장과 관련하여 인과관계 여부를 살펴보았으나, 비상소화펌프와 이산화탄소 소화장치와 관련된 불감항 문제를 다루어 보도록 한다. 이 문제는 그러한 불감항성이 화재의 근인(proximate cause)으로서 손실과 인과관계가 있는가 하는 점이다.

(1) 비상소화펌프

만약 화재가 시작된 후 곧 호스를 공구실에 들고 들어갈 수 있고 해수가 화재 위로 뿌려질 수 있었다면, 이동식 소화기(portable fire extinguisher)를 사용하고 난 뒤 이산화탄소(CO_2)장치를 사용하기보다 앞서 먼저 비상소화펌프가 사용될 수 있는 것이다. 비상소화펌프를 사용하기 위하여는 적어도 두 사람이 호스를 메고 기관실로 내려갔어야 했다.

2등기관사가 기관실에 내려갔을 때 연기 때문에 화재의 근원을 알 수 없었다. 따라서 이 당시 기관실에서 호스를 사용하여 화재를 효과적으로 진압하기란 너무 늦었다고 본인은 생각한다. 화재가 전기케이블에서 발생한 경우(본 사건이 그렇다)에는 해수는 사용되어서는 아니된다. 보험자의 기술전문가인 싱클레어 씨는 기관실에 소화호스를 내려보내는 것은 별다른 성공의 가능성도 없이 선원들을 위험에 노출시키므로 좋지 않다고 하였다. 만약 비상소화펌프가 작동되었다면 해수가 주위를 냉각시키는 데에 도움을 주었을지는 모르지만, 실제 작동되지 않은 것이 화재의 확산에 실제로 큰 영향을 끼치지 않았을 것으로 본인은 생각한다. 비상소화펌프가 사용불능이었다는 사실은 당해 손실의 어떠한 부분과도 인과관계가 없다고 본인은 결론내린다.[9]

(2) 이산화탄소장치: 기관실의 비효과적인 밀폐와 선장의 무능력

기관실의 화재진압을 위하여 해수를 끌어올 수가 없다는 것을 알고 난 후 선장은 이산화탄소장치의 사용쪽으로 그의 신경이 집중되도록 해야 하였다. 모든 전문가들은 일치하여 화재발생 후 15분 이내에 이산화탄소장치가 사용될 수

9) The "Star Sea," op. cit., at p. 659.

있었다고 한다. 선장의 무능력이 아니었더라면 이산화탄소장치는 15분 이내에 사용될 수 있었을 것이고 이산화탄소의 100%가 기관실에 분사될 수 있었을 것으로 생각한다. 기관실이 불완전하게 밀폐되지 아니하였다면 이산화탄소장치는 화재를 진압하였을 것이고, 따라서 손실의 상당부분은 발생되지 아니하였을 것이다.[10]

3. 피보험자의 인식(privity of the assured)

'피보험자의 인식'과 관련하여서는 ① 어떠한 사람이 '피보험자'로 간주되는가(피보험자의 범위)? ② 어떠한 인식(knowledge)이 필요한가? ③ 피보험자에 해당하는 사람이 해당하는 인지를 하였는가? 등 세 가지 이슈가 있다.

(1) 피보험자의 범위

1) 원고(선주)측은 피보험자가 누구인가의 기준은 '유리스테네스'호 사건에서의 항소원의 판결에서 구할 수 있다고 한다.[11] 이 판결에서 데닝 경은 "선박이 불감항 상태에서 바다로 보내진다는 것을 알고 있기 위하여는 선주가 개인적으로 선박의 출항에 어떠한 형식으로든 개입되어 있어야 한다." 즉, 피보험자의 이사들, 책임자(headmen) 혹은 선주의 "또 다른 자기 혹은 分身(alter ego)"으로 간주될 수 있는 사람은 누구이든간에 그 자가 개인적으로 개입되어 있어야 한다고 하였다. 원고측은 문제의 기준은 "진정한 지휘·감독이 어디에 있느냐"에 있다고 한다. 보험자측은 이것은 맞는 말이지만 "무엇과 관련한 지휘·감독이냐"가 중요하다고 한다. 회사의 의사결정자(directing mind and will)가 되는 자연인 혹은 人(the natural person or person)이란 회사의 모든 활동과 동일하여야 할 것이 아니라 특정한 작위 혹은 부작위와 관련하여 관리 혹은 지휘·감독을

---

10) Ibid., at p. 659.

11) 이 사건은 선주가 좌초사고로 선박에 적재한 화주에게 화물손상금을 지급하고 피앤아이(P&I)에 구상청구를 하였으나, 피앤아이는, 선주측이 법정 선원수에 미달되어 선원을 승선시켰고 해도도 미비되었으며, 이 점에서 선박은 불감항 상태였고 피보험자인 선주가 이를 알고 선박을 출항시켰으므로 영국 해상보험법상 제39조 제5항에 따라 보험자는 면책임을 주장한 사건이다. 1심에서는 피보험자가 불감항 사실을 알고 출항을 시켰으면 면책된다고 보았으나, 2심에서는 피보험자가 불감항 사실을 알고 이 사실이 선박을 불감항으로 만든다는 인식을 하면서 선박을 출항시켰어야 보험자가 면책이 된다고 하였다. The "Eurysthenes," [1976] Lloyd's Reports, pp. 171-188.

행하는 자연인 혹은 人일 필요가 있다고 보험자측은 주장한다.

2) 문제의 기준은 회사의 영업에서 그 관련된 부분을 사실상 관리하고 지휘 · 감독하는 사람이 누구인가라는 것이다. 대리인들이 완전한 재량권을 갖고 있는 경우에 그들의 작위 혹은 부작위가 회사 자체의 그것으로 말하여질 수 있다. 본인은 양 당사자의 서면 주장이 본인의 생각과 불일치한다고 보지는 않는다. 그들은 "문제의 작위 혹은 부작위와 관련하여 완전한 재량 혹은 전결권(autonomy)을 누가 갖는가"에 피보험자 확정의 기준이 있다고 본다. 진정한 지휘 · 감독이 있는 것은 바로 여기(완전한 재량 혹은 전결권)이다. 피용자가 그 자신의 의사결정(initiative)으로 어떤 일을 처리할 책임을 위임받았다고 하더라도 그것이 그의 행위가 반드시 회사의 행위로 되지는 않는다. 이러한 극단의 논리를 취하면, 회사를 위하여 일하는 거의 모든 사람들은 그 자신들이 어떤 목적을 위하여는 회사의 분신(alter ego)이 될 것이다. 완전한 재량 혹은 전결권은 이것 이상의 것을 의미함에 틀림없다.

3) 여기에서 피보험자는 사이프러스 국적의 1선박회사이다. 원고 선주측은 콜라키스 선장과 그의 두 아들만이 그 회사의 책임자로 간주될 수 있다고 주장한다. 의심할 바 없이 이것은 원고측의 수혜적 이익뿐만 아니라 본선의 관리인인 카파 그리고 차터웰 안에서의 그들의 역할까지를 반영한다. 보험자들은 (i) 콜라키스 선장과 그의 두 아들뿐 아니라 (ii) 파라클라스 씨, (iii) 니콜라이디스 씨, (iv) 캡틴 카스텔리스, 캡틴 세레몰리스 그리고 트리폴리티스 씨까지가 책임자라고 주장한다.[12)]

4) (ii) 파라클라스 씨는, 이 사건과 관련된 어떠한 회사와도 수혜적인 이익을 갖고 있지는 않지만, 원고(등록선주)의 유일한 이사이다. 그는 명목상의 이사일 뿐이라고 알려져 있다. 그는 잘 교육받았으며, 지적인 사람이며, 조지 콜라키스 씨의 친한 친구이다. 선박의 관리와 관련한 그의 역할은 명목상의 것 이상이다. 증거에 따르면 그는 선원의 적격성의 문제와 안전장비의 상태와 보수문제에 특별한 책임을 지고 있다. 런던에 소재하는 관리인인 카파와 상의를 하

---

12) 원고측인 선박회사는 피보험자의 범위를 축소시키려 하지만, 피고측인 보험자는 피보험자의 범위를 확대시키려고 한다. 불감항인 사실을 안 사람의 범위가 넓을수록 보험회사에 유리하다. 즉, 비록 최고경영자가 그 사실을 몰랐다 하더라도, 하위의 담당자가 그러한 사실을 알았다면 영국보험법 제39조 제5항에 해당되어 보험자로서의 보험금지급을 거절할 수 있기 때문이다.

고 카파가 재정문제를 처리하기는 하지만, 그는 원고측의 책임자의 한 사람으로서 충분한 전결권을 갖고 있었다고 본인은 생각한다.[13)]

어떤 다른 사람도 그렇게 볼 수 없다. 각자는 일정한 전결권을 가지고 있었지만, 이것은 선박의 관리에 개입된 책임있는 지위에 있는 사람으로서 갖추어야 하는 전제조건일 뿐이다. 예컨대 기관감독 혹은 포트 캡틴으로서 트리폴리티스 씨와 캡틴 세레플리스처럼 자신이 맡고 있는 선박을 방문한다. 그리고 선박이 해상에 있는 동안에 자신들이 해야 할 것과 하지 않아야 될 것에 관한 상당한 전결권(autonomy)을 향유할 수 있다. 본인의 생각으로는 이러한 사실이 있다고 하여 이들이 피보험자 자신의 범위에 든다고 보지는 않는다.

니콜라이디스 씨와 캡틴 카스텔리스 씨는 더 상위 직급에 있었다. 그러나 이들은 콜라키스 형제들에게 보고를 하여야 하고 긴밀한 감독을 받는 위치에 있었다. 니콜라이디스 씨는 관리인인 카파의 이사였지만 처음에는 카파의 감독으로 일하였고 진정한 경영상의 권한을 행사하였다고 생각되지는 않는다. 이사회에서는 공식적인 일들만 다루었기 때문에 그가 그러한 권한행사를 할 수 없었음에 틀림없다.

본인은 관련자 모두를 볼 기회가 있었다. 법정에서의 태도들이 기만적인 경우도 있었지만 본인의 판단으로는 파라클라스 씨가 책임자이고 니콜라이디스 씨, 캡틴 카스텔리스, 트리폴리티스 씨 그리고 캡틴 세레플리스 씨는 그러한 책임자가 아니라고 본다.[14)]

(2) 어떠한 인식(knowledge)이 필요한가?

이것은 진정한 이슈가 아니다. 유리스테네스호 사건에 근거하여, 원고들은 이것은 특별한 불감항을 구성하게 되는 사실에 관한 인지이며, 그러한 사실이 선박을 불감항으로 만드는 인지라고 하였으며 본인도 이를 인정한다. 이러한 인지에는 적극적인 인지뿐만 아니라 "보고도 보지 않은 체 한다(turning a blind eye)"라고 표현되는 종류의 인지도 포함된다.[15)] 영국 해상보험법 제39조 제5항의 "안다"(privity)는 과실의 개념(connotation of fault)은 조금도 갖고 있지 않다. 이

---

13) 따라서 피보험자의 범위에 속한다는 것이다.

14) The "Star Sea," op. cit., at p. 660.

15) The "Eurysthenes," op. cit., at p. 171.

것은 악의적 고의(wilful misconduct)나 과실(negligence)과는 같지 않다.[16]

(3) (피보험자에) 해당하는 사람이 해당하는 인식을 하였는가?

이것은 본 사안에서 중요한 부분(crunch point)이다. 본인은 가능하면 인과관계가 있는 불감항 부분과 피보험자로 판단된 사람들의 인지 부분만 고려하고자 한다. 그들을 통틀어 "피보험자"로 이 부분에서는 부른다. "피보험자가 '센타우루스'호 '카스토라'호 사고에서 알게 된 바와 같이, 피보험자들은 자신들의 선원들이 이산화탄소장치를 효과적으로 사용하는 방법을 알고 있는지를 그리고 선박의 안전장비들이 사용될 수 있도록 유지되는지 확인할 필요성을 의식했어야 했다. 본선의 경우에 그러하지 못하였다는 사실은 피보험자들이 이러한 문제들을 '보고도 보지 않은 체' 한 것에 해당한다"고 보험자(피고)는 주장한다. 이러한 주장들을 살펴보기 위하여는 피보험자가 이전의 두 사고에서 어떠한 것을 알게 되었는지를 살펴볼 필요가 있다.[17]

1) '센타우루스'호의 화재

다툼없는 사실에 따르면, 센타우루스호는 1972년에 건조된 선박으로서 1989년 카파 선대에 편입되었으며 한국 선원들이 승선하고 있었다. 89년 2월 7일 센타우루스호는 미국 델라웨어주의 윌밍턴 항구에 접안중이었다. 다음날 04:30에 부서진 파이프조인트(pipe joint)에서 윤활유가 새어나와 기관실의 두 발전기 사이에서 화재가 발생하였다.

화재는 발전기 상부의 전선(Cable)을 태웠으며 이 열기가 상부의 컨트롤 룸(control room)으로 이동되었고 선박의 거주구역과 한 개의 선창에까지 화재가 확산되었다. 05:30에 선장의 요청으로 현지 화재진압반이 도착하였다. 이 시각까지 선원들이 화재진압을 위하여 한 일은 적었다. 화재진압반이 현장을 인수받아 동일 20:30에 화재진압을 마쳤으나 선박은 이 시각에 추정전손이 되었다. 카파는 힐 테일러 디킨슨(Hill Taylor Dickinson, HTD)에게 89년 2월 10일에 화재전문가인 블랜드 씨와 니콜라이디스 씨와 함께 현장에 가도록 의뢰하였다. 아더톤 박사를 포함한 보험자들의 대리인들 또한 현장에 갔다. 다음날 화재의 원인을 알아내기 위하여 선주측과 보험자측에서 선원 인터뷰를 하였다. 보험자측이

16) The "Star Sea," op. cit., at p. 660.
17) Ibid., at p. 660.

작성한 인터뷰기록이 1심 서류에 있다.

보험자측은 센타우루스호의 화재사고로부터 피보험자는 아래와 같은 사실을 알게 되었다고 주장한다.

① 이산화탄소장치가 즉각적으로 사용되지 않고 화재발생 후 수시간이 지나서 현지 화재진압반이 도착하고 난 뒤에야 분사되었기 때문에 이산화탄소를 기관실에 분사하였음에도 화재진압에 실패하였다. 수시간이 지나서 이산화탄소가 사용된 것은, 이산화탄소를 분사하면 기관에 손상이 발생한다는 선장과 사관들의 비정상적이고 잘못된 편견 때문이었다. ② 거주구와 기관구역에서의 통풍장치(의 밀폐장치)가 적절하게 유지되지 못하여서 밀폐할 수 없었다. ③ 사관들과 선원들은 화재진압훈련을 결코 한 적이 없어서 화재진압절차에는 완전히 무방비 상태였다. ④ 기관실의 연기감지기(smoke detectors)가 작동하지 않았다.

③, ④는 불감항성과 인과관계와 관련하여서는 다룰 필요가 없다고 생각한다. 남은 두 가지 주장에 대한 본인의 견해는 아래와 같다.

①의 문제는 콜라키스 형제와 파라클라스 씨도 대체로 인정하였다. 그러한 지연과 오해는 이산화탄소장치에 관한 한, 선장의 무능력을 나타냄에 틀림없다. 그 이유는 본건(스타시호 사건)에서의 선장의 경우와 같다. ②의 문제에 관하여는 선원들의 진술에는 이러한 주장을 뒷받침할 만한 것이 적다. 아더톤 박사의 보고서에 따르면 "이산화탄소장치가 화재를 진압하지 못한 이유는 기관실이 효과적으로 밀폐되지 아니하였고 화재가 처음에 기관실 하단에서부터 시작하여 점차 확산되었기 때문이다"고 한다. 이것은 아더톤 박사의 추측이다(conjecture on his pant). 그렇지만, 이것은 기관실이 효과적으로 폐쇄되지 아니하였다는 가능성만은 피보험자에게 경고하였다. 선적국 정부가 준비한 해난보고서를 보험자가 인용하지만, 이것은 92년 11월에 준비된 것으로서 피보험자가 보험자가 주장하는 것을 본선의 손실 이전에 알았다는 증거는 없다.[18]

2) '카스토라'호 화재

다툼없는 사실에 따르면 카스토라호는 1972년에 건조되어 89년경에 카파선대에 합류되었고 한국 선원들이 승선하고 있었다. 89년 4월 26일 05:00경 카스토라호가 바나나를 적재하고 코스타리카에서 유럽으로 향하던 중 자메이카

18) The "Star Sea," op. cit., at p. 661.

에서 200마일 떨어진 곳에서 기관실에 화재가 발생하였다. 분해된 드레인라인 조인트(dismantled drain line joint)에서 연료유가 스며나와 발전기의 핫 이그조스트(hot exhaust)에 떨어져 화재가 시작되었다. 화재는 발전기 상부의 전선에 옮겨갔고 이어서 기관실에서부터 거주구역 그리고 한 개의 선창에까지 확산되었다. 그 다음날 선박은 자메이카로 예인되었고 여기에서 추정전손이 되었다.

전문가 힐 테일러 디킨슨(HTD)이 니콜라이디스 씨 그리고 아더톤(이번에는 보험자측이 아니라 선주측으로서) 박사와 함께 자메이카에 갔다. 보험자측에서도 테일러 씨를 포함한 대리인이 참석하였다. 센타우루스호의 경우와 같이 선원 인터뷰가 행하여졌다. 몇 명의 선원들이 자메이카에서의 인터뷰에서 자신들이 진술한 것을 변경하기 위하여 한국에서 다시 인터뷰를 하였다. 아더톤 박사의 카스토라호 화재사건에 대하여 힐 테일러 디킨슨((HTD)에게 보낸 첫 번째 보고서는 89년 5월 22일자였다. 선원들이 진술을 변경하고 화재의 원인에 대하여 의문이 있었기 때문에 그는 테일러 박사와 함께 피리우스에서 89년 9월 중순경 다시 카스토라호를 검사하였다. 이 검사와 89년 9월 19일 런던에서의 회의에서 힐 테일러 디킨슨(HTD)으로부터 받은 내용에 기초하여 9월 22일자로 아더톤 박사는 2차 보고서를 제출하였고, 이 보고서는 첫 번째 보고서와 마찬가지로 카파에게 사본이 전달되었다.[19]

보험자측은 피보험자는 카스토라호 화재사고로부터, "(i) 비상소화펌프가 작동하지 않았다. (ii) 사관들과 선원들이 전혀 화재훈련을 실시하지 않았고 화재진압훈련절차에 전혀 익숙되지 않았다. (iii) 기관실은 부적당하게 밀폐되었고 화재는 이산화탄소(Co_2)에 의해서 효과적으로 진압되지 않았다. 특히 이산화탄소(Co_2) 사용이 지체되어 화재가 발견된 시점에서 한 시간이나 지나서 분사되었다"고 주장한다. 샤프트 터널(shaft tunnel)의 수밀문은 폐쇄되지 않았고 연돌플랩(funnel flap)도 열려진 채로 있었다. 조기작동 기관실기관용 연료유정지밸브도 적절히 작동되지 않았다."

콜라키스 씨는 선원들의 과실로 인하여 화재진압이 되지 않았다는 것 이외에는 카스토라호 화재사건으로부터 무엇을 알게 되었는지 잘 모르고 있다. 그의 형보다 기술적인 문제에 더 많은 지식을 가지고 있는 조지 콜라키스 씨와

---

19) 보험자측이 최대선의의 의무가 위반되었다고 주장하는 대목이 바로 이 아더톤 박사의 2차 보고서의 내용이다.

파라클라스 씨는 비상소화펌프가 작동되었다가 정지되었고 선원들이 연돌댐퍼들을 잠그지 않았기 때문에 기관실이 적절히 밀폐되지 아니하여 이산화탄소장치는 효과가 없었다는 점을 인정한다.

비상소화펌프가 작동되지 않음을 선장이 알고 있었으므로 선장은 미리 이산화탄소 사용을 지시하였어야 했다. 아더톤 박사의 첫 번째 보고서에는 이산화탄소장치가 화재발견 후 20~30분 사이에 발사되었다고 되어 있고 이를 조지 콜라키스 씨가 읽었다고 본인은 생각한다. 아더톤 박사의 두 번째 보고서는 단순히 "이후의 단계에서" 이산화탄소가 발사되었다고만 기술하고 있다.

선원들의 진술에 의하면 선원들이 화재진압훈련절차에 대하여 전혀 교육받지 않았다고는 보지 않는다. 샤프트 터널 문이 닫혔는지에 관한 증거는 서로 상충된다. 이러한 증거를 통하여 피보험자가 문이 닫히지 않았다는 것을 알 수 있었다고 생각하지는 않는다.

아더톤 박사의 첫 번째 보고서에 의하면 조기작동밸브가 적절히 작동하지 않았다는 것은 분명하고 조지 콜라키스 씨도 이 보고서를 읽었을 때 이를 알았음에 틀림없다. 아더톤 박사의 2차 보고서에 따르면 그가 피리우스에서 선박의 기관실 통풍기 트렁크(ventilater trunking)의 내부를 검사할 때 댐퍼가 나쁜 상태라서 트렁크에 효과적인 밀폐를 할 수 없을 정도였음을 알았고 굽고 녹이 슨 좌측 댐퍼의 사진을 찍어 이를 설명하였다. 콜라키스 형제들과 파라클라스 씨는 이것을 인지하지 못하였다고 한다. 콜리키스 형제들은 니콜라이디스 씨가 2차 보고서가 1차 보고서와 동일하다고 자신들에게 말하여 이를 읽지 않았다고 한다. 본인은 이에 관한 그들의 증거를 받아들인다. 파라클라스 씨도 역시 2차 보고서를 보지 않았다고 한다.

니콜라이디스 씨도 하자 있는 화재용 댐퍼를 참조하지 않았다고 하지만, 피리우스에서 선박이 계선(lay-up)하는 동안 화재용 댐퍼수리를 외부업자에게 시키라는 지시가 처음으로 있었기 때문에 본인은 이를 인정하지 않는다. 이전에 이러한 작업은 내부적으로(in-house) 행하여졌다. 본인은 이러한 지시에 따라 본선에서 행하여진 작업에 대하여 언급한 바 있다.

이러한 변경에 대한 의견제시(initiative)는 아더톤 박사의 2차 보고서를 읽은 니콜라이디스 씨가 내렸음에 틀림없다. 외부업자에게 지시를 주는 사람은 파라클라스 씨였기 때문에 니콜라이디스 씨는 그가 인지한 사실을 파라클라스 씨에게 전달하였음에 틀림없다. 따라서 본인은 파라클라스 씨가 아더톤 박사의 2차 보고서를 읽지 않았다는 점은 인정하면서도, 니콜라이디스 씨가 자신이 처리해야 할 일을 설명하기 위하여 파라클라스 씨에게 카스토라호의 화재댐퍼에서 하자가 발견되었다는 점을 보고하였다고 판단한다. 결국 파라클라스 씨를 통하여 (in the shape of) 피보험자는 카스토라호의 화재댐퍼가 하자가 있었다는 점을 알았다.[20]

3) 두 번의 화재사고 후 피보험자가 취한 조치

피보험자가 두 번의 화재사고로부터 얻은 메시지는 한국 선원들이 부적격하다는 것이었다. 88/89 시즌에 본선도 그러한 선원들이 승선하고 있었다. 카파가 관리하는 일련의 선박들의 선원들이 교체될 때 본선의 선원들도 그 다음 시즌에 교체되었다. 본선과 자매선에 최상의 선원들을 승선시키라는 지시가 내려졌다. 안전장비와 관련하여 피보험자들은 외부업자에게 댐퍼를 수리하도록 지시하였고, 자신들이 담당하는 선박을 방문할 때 모든 안전장비를 점검할 것이 요구되는 모든 감독들과 포트 캡틴들에게 안전의 중요성을 강조하였다고 말한다. 두 번의 화재 이후에 선박들에게 보낸 서면지시사항 중에서 본선의 경우에는 89년 5월 6일자의 파라클라스 씨로부터의 "선장, 기관실을 청결히 하고 유수(oily water)가 없도록 하라"는 팩스가 있다. 선원의 진술이나 전문가 의견 어느 것에도 청결하지 못한 기관실이 화재의 발생이나 확산에 영향을 미쳤다는 내용은 없다. 최종적으로 피보험자들은, 본선이 89년 11월의 선급검사를 통과하였다는 사실 그리고 지부르게에서 항만당국의 검사를 받고 검사관이 만족할 정도로 하자가 시정되었다는 사실 그리고 왈렌(Wallens)에 의해서도 나중에 검사를 받았으나 나쁜 코멘트는 없었다는 사실들에 의존할 수 있다고 한다.

이전의 화재에 대한 피보험자측의 대응은 완전히 부적당하다고 본인은 생각한다. 문제는 한국 선원들에게만 있었던 것이 아니다. 이들 선원들은 그리스 선원들을 포함하여 다른 국적의 선원들과 마찬가지로 면허발급과정의 일환으로서 화재진압훈련을 분명히 받았다. 피보험자가 어떤 다른 국적의 선원은 심각한 화재의 경우에 이산화탄소를 효과적으로 작동할 것이라고 생각하였다면 이는 안전하지 못한 것이다. 외부업자들에게 댐퍼를 수리하라고 단순히 지시한

20) The "Star Sea," op. cit., at p. 663. 피보험자 자신으로 간주되는 파라클라스 씨와 콜라키스 형제들이 불감항 사실을 알았다는 결론이 도출됐다.

것만으로는 충분하지가 않다. 증거에 의하면 어떠한 댐퍼가 수리되어야 할 것인가에 관한 결정은 외부업자의 작업반장(foreman)이 내렸다. 화재 후 본선의 댐퍼들의 상태를 보면, 계선 상태에서 수리했어야 함이 분명하다. 이것이 행하여지지 않았다는 사실은 파라클라스 씨를 포함하여 수리에 책임이 있는 사람들이 선박의 안전장치에 어떠한 수리가 필요한지 스스로 파악하지 않았음을 의미한다. 파라클라스 씨가 작업 이전이나 이후에 선박의 안전장치가 정상 상태인가를 알아보기 위하여 선박을 점검하였어야 한다는 의미는 아니다. 그러나 이러한 결과를 달성할 수 있는 시스템이 제대로 되어 있는지는 확인하였어야 한다. 그러한 시스템은 분명히 없었다.

파라클라스 씨와 다른 사람들이 안전의 중요성을 감독이나 포트 캡틴에게 강조하였다는 점은 받아들이지만 이것만으로는 충분하지 않다. 피보험자가 이전의 사고에서 알게 된 바의 안전장비나 화재진압의 특별한 결함은 선박을 방문하는 사람들이 의식할 수 있도록 강조(highlighted)되었어야 했다. 본인의 생각으로는 강조되지 않았다고 본다. 이전의 화재의 결과로써 감독들이 스스로 안전장비들을 검사하도록 지시받았다는 것은 받아들일 수 없다. 두 번의 화재사고 이전에 감독들은 결함에 대하여 선원들의 보고에 의존하였다. 이러한 것이 변경된 것은 없다고 생각한다. 통상적 수리는 해상에서 행하여졌고 결함을 감독들에게 보고하는 것은 선원들에게 맡겨졌다. 적어도 이전의 화재사고 이후에 감독들은 결함을 찾기 위하여 안전장치를 검사하고 해상에서 필요한 통상의 수리를 선원들이 잘 하고 있는지 확인하도록 피보험자로부터 지시받았어야 한다. 두 번의 화재 후 이들 사건에서 얻은 정보를 직접 선박들에게 전달할 것이 분명히 필요했다. 89년 5월 6일자의 파라클라스 씨의 팩스는 이러한 시도였지만 화재란 말은 언급조차 않고 있다. 또한 화재진압을 위한 선박능력의 결함에 대하여는 언급이 없다. 그리고 적어도 본선이 89년에 계선(lay-up)할 때에 이러한 화재에 대하여 좀더 특별한 서면정보—즉, 다른 어떠한 수단으로도 화재진압이 어려울 때에는 즉각 이산화탄소장치를 사용하여야 하고, 선박의 안전계획표에 따라 모든 개구가 밀폐되어야 이산화탄소 사용이 효과적임을 확인하는—가 전달되었어야 했다.

결론적으로 본선의 안전장비의 실제 상태와 선장의 화재에 대한 대응조치는 피보험자가 이전의 두 번의 화재에 대하여 완전히 부적절하게 대응하였다는 충분한 증거라고 생각한다. 선주들은 분명히 자신들의 선박이 선급검사에 통과하였다는 사실에 안도하지만 어떠한 선주도 선급검사의 통과를 자신의 선박안전에 대한 책임의 대체물로 받아들여서는 아니된다. 선급검사원들은 문제들을 간과할 수 있고 또한 간과한다. 그리고 적어도 본선의 댐퍼에 관한 한 이것은 사실이다. 지브루게에서의 검사가 얼마나 포괄적이었는지에 대한 증거도 없다. 이것을 알지 못한 상태에서 검사원에 의해 발견된 하자가 시정되었다는 사실로부터 선주들이 안심을 할 수는 없었고, 해서도 아니되었다. 이미 말하였듯이 왈렌의 검사에도 본인은 별 무게를 두지 않는다.

본인은 불감항에 대하여 "실제 인식하였다는 점"(actual knowledge)을 부인하는 피보험자의 주장을 받아들이지만,[21] 그러나 피보험자측에 "보고도 모른 체한 점"(blind eye knowledge)은 존재하였다고 판단한다. 이전의 화재에 대한 부적절한 대응과 80년 5월 27일[22] 본선의 상태는 피보험자가 관련 부분에 대한 선박의 불감항성을 알려고 원하지 아니하였음을 나타낸다. 어떠한 점이 이런 결론에 도달하게 하는가?. 센타우루스호와 카스토라호의 이산화탄소장치가 선박으로 하여금 추정전손을 방지하도록 사용되지 못하였다는 점을 분명히 알면서도, 피보험자는 이러한 사고가 다시 발생하지 않도록 확인하는 어떠한 효과적인 조치도 취하지 아니하였다. 선장의 무능력과 본선의 이산화탄소장치의 효능성에 필수적인 기관실 밀폐를 위한 안전장비의 상태는 그러한 조치가 얼마나 비효과적이었으며 화재진압에 얼마나 부적절할 정도로 유지되어 있었는지를 보여준다. 피보험자는 이산화탄소장치를 효과적으로 사용할 수 있는 선장의 능력에 대하여는 알고자 원하지 아니하였다. 선장이 유능한지를 확인하는 데에는 시간과 돈이 많이 들지도 아니하므로 그 이유를 알기가 쉽지 않다. 피보험자는 안전장치의 상태에 대하여도 알기를 원하지 않았다. 한 가지 이유는 돈이었다. 이 선박은 노후선박으로서 수리를 위한 예산이 빠듯하였다(tight budget).[23]

---

21) "실제 인지하였다(actual knowledge)"는 "보고도 모른 체 하였다(blind eye knowledge)"의 대응개념으로 사용되고 있다.

22) 89년 5월 27일의 오기가 아닌가 생각된다.

23) The "Star Sea," op. cit., at p. 663.

4. 결 론

보험자는 원고가 불감항 상태를 알고 있는 상태에서 본선을 바다로 내보냈음을 입증하였다. 그 결과 원고의 추정전손으로 인한 보험금(미화 320만달러) 청구는 받아들일 수 없다.[24] 따라서 원고들이 받을 보험금은 (화재로 인한 전체의 손해가 아니라) 이산화탄소(Co₂)가 제대로 작동된 경우에도 원고들이 입었을 손실이다. 이 경우, 총수리비(파나마까지의 예인비용, 선수격벽 교체비용, 기관실 각종 기기에 대한 3개월 동안의 수리비)는 미화 110만달러이고 파나마 당국이 환적을 허가하지 아니함으로 인하여 발생한 비용 미화 60만달러를 포함하여 총 미화 170만달러가 된다.[25]

이에 원고 선주는 항소를 하였다.

Ⅴ. 2審 판시의 內容

1. 1심과 동일하게 인정된 사실관계

영국의 항소법원은 1996.12.20.에서도 ① 선장의 무능력여부, ③ 이산화탄소(Co₂) 장치가 제대로 사용되었다면 추정전손이 되지 않았을 것이라는 점에 대하여는 1심의 판시가 그대로 인정되었다.[26][27]

2. 피보험자의 인식

항소법원은 피보험자의 '인식'(privity)에 대하여 1심법원의 판시내용을 부정하였다.

항소법원은 "① 불감항을 야기하게 되는 사실에 대한 의심, ② 그러한 사실이 존재한다면 선박을 불감항으로 만들 것이라는 현실적 인식, ③ 확인하지

---

24) Ibid., at p. 664.

25) Ibid., at p. 665. 불감항과 관련되어 이산화탄소장치가 사용될 수 없었으므로 이 부분에 대하여는 보험자가 책임을 부담하지 않는다. 화재는 보험금지급사유이다. 그러므로 전체화재사고로 인한 손해액에서 이산화탄소장치가 제대로 사용되었다면 피할 수 있었을 부분을 제한 것이 지급되어야 할 보험금의 액수이다.

26) The Star Sea, [1997]1 Lloyd's Rep., p. 360.

27) 불감항 상태임을 알고 있어야 하는 피보험자의 범위는 확대되었다.

않으려는 의식적 결정"이 존재하여야 한다는 기준을 제시하면서,[28] 본 사안의 경우에는 피보험자의 분신으로 인정되는 자들 중에서 어느 1인이라도 선장이 이산화탄소 사용법을 몰라서 무능력이라는 점을 의심하였고, 바로 그 사람이 그러한 무능력이 선박을 불감항으로 만들 것이라는 것을 알았지만 확인하지는 않았는지의 여부를 1심 판사는 살펴보았어야 하였다. 그러나 1심법원의 판사는 단순히 피보험자측의 과실—즉, 과거에 피보험자의 선대(fleet) 내에서 발생한 이산화탄소장치의 효과적인 사용의 실패가 재발되지 않도록 확인하는 조치를 피보험자가 취하지 않은 점—만을 지적한 잘못이 있다.[29] 따라서 영국 해상보험법 제39조 제5항에서 요구하는 보험자가 책임을 면하는 피보험자의 불감항에 대한 인식이 없었기 때문에 보험자는 보험금을 지급하여야 한다는 결론에 이르렀다.[30]

피보험자 자신으로 인정되는 범위에 대하여 제1심법원에서 인정한 4인(콜라키스 선장, 그의 두 아들, 파라클라스) 이외에 니콜라이디스 씨가 추가되었다.

이번에는 보험자가 다시 영국 귀족원에 상고하였다.

VI. 영국 귀족원의 判示內容

영국 귀족원은 보험자의 상고를 기각하였다. 아래는 대법관의 논지이다.

1. Hobhouse 대법관

(1) 보험자가 면책으로 주장하는 것은, 화재 자체가 불감항에 기인한 것이라는 것이 아니다. 화재를 제때에 소화하지 못한 원인이 불감항에 있다는 것이다. 화재를 진압하기 위하여는 이산화탄소 소화기를 조기에 전량을 투입하고 공기를 차단하여야 하였다. 그럼에도 불구하고 (i) 선장이 무능하여 이러한 내용을 몰랐고 (ii) 기관실의 천장 등에 있는 닫음장치에 하자가 있어서 진압이

28) 이 기준은 전혀 새로운 것이 아니라 유리스테네스호 사건에서 로스킬 판사에 의하여 제시된 바 있다. The Eurysthenes, op. cit., at p. 184.

29) 1심 판사의 판시에서 Co_2 사용법을 선장이 모른다는 것이 선박을 불감항으로 만든다는 점을 피보험자측이 알았다는 논의가 부족하였다는 취지이다.

30) Margaret Curzon, "Unseaworthiness and privity"(Star Sea), *International Journal of Shipping*(IJOS) [1997], 98.

제대로 되지 못하였다. 1심 판사는 이들 사실을 화재진압이 늦어지고 추정전손과 인과관계가 있는 불감항 사실이라고 하였다. 보험자는 피보험자가 이러한 불감항을 인식하면서(with privity) 선박을 출항시켰다는 점을 입증하여야 승소를 할 수 있다. 1심법원의 판사는 이를 긍정하였지만, 항소법원은 부인하였다.[31]

(2) 불감항 사실에 대하여는 다툼이 없다. 피보험자의 인식이 있었는지 살펴보아야 한다. 피보험자의 인식 중에서 "실제적인 인식"(actual knowledge)뿐만 아니라 인지에 해당할 수 있는 "눈을 감아버리는 정도의 인식"(blind-eye knowledge)도 있다. 유리티네스호 사건에서 데닝스 대법관이 밝힌 바 있다. "선박이 불감항을 구성하는 사실을 알 뿐만 아니라, 그러한 사실이 선박을 불감항으로 만든다는 인식도 또한 필요하다. 여기에는 적극적인 인식뿐만 아니라 눈을 감아버리는 것도 포함된다. 진실이 의심스러운지 알면서도 그것에 눈을 감아버리고 탐구를 하지 않는다면—그래서 그것을 확실히 몰랐어야 한다—그는 진실을 아는 것으로 간주된다. 눈을 감는 것은 단순한 과실보다 엄청 비난가능성이 높은 것이다. 진실을 모르는 데에 있어서의 과실은 진실을 모르는 것과 동일한 것이 아니다." Geoffrey Lane 경은 "진실에 대한 인식을 향한 탐구를 피하기 위하여 진실한 것으로 그가 믿었던 것에 눈을 의식적으로 돌려버리는 것을 말한다"[32]고 하였다.[33]

(3) 가장 중요한 판단의 기준은 탐구를 하지 않음으로써 확실히 몰랐다는 사태를 만들려는 희망하에서 혹은 진실에 대한 확실한 인식함을 피하기 위하여 탐구를 하지 않을 목적을 피보험자가 가졌는가에 있다. 요체는 왜 피보험자가 탐구를 하지 않는가에 있다.[34] 만약, 판사가 피보험자가 확실히 알기를 희망하지 않았기 때문이라는 것에 만족하면 인식이 있는 것이고, 만약 피보험자가 나

---

31) The "Star Sea," [2001]1 Lloyd's Rep., 194.

32) I add the word "believed" to cover the man who deliberately turns a blind eye to what he believes to be true in order to avoid obtaining certain knowledge of the truth. Ibid., 395(par. 24.).

33) Roskil 경은 "If the facts amounting to unseaworthiness are there staring the insured in the face so that he must, had he thought of it, have realized their implication upon the seaworthiness of his ship, he cannot escape from being held privy to that unseaworthiness by blindly or blandly ignoring those facts or by refraining from asking relevant questions regarding them in the hope that by his lack of inquiry hw will not know for certain that which any inquiry must have made plain beyond possibility of doubt라고 한다.

34) Ibid., 395(par. 25).

태하고 중과실로 인하여 탐구하지 않거나 혹은 잘못된 것이 없다고 생각하였기 때문이라면 피보험자의 인식은 없는 것이 된다. 선박의 불감항 상태에 대한 믿을 만한 이유가 있음에도 직접적인 인식을 얻지 않기 위하여 확인을 의도적으로 하지 않게 되면 그는 인식상태에 있는 것이다. 로스킬 경이 "had he thought of it"이라고 표현한 것을 객관적으로 보아서는 아니된다. 본 상태는 주관적인 기준이 되어야 한다.[35)]

(4) 1심 판사는 "피보험자는 선장이 이산화탄소를 효과적으로 사용하는 방법에 대한 선장의 적합성을 알려고 희망하지 않았다. 선장이 적합한지를 파악하는 데에는 돈과 시간이 많이 들지 않는 것이기 때문에 그 이유를 모르겠다"고 한다. 그러나 이러한 판시의 내용은 이전에 있었던 화재사고에 대한 대응조치에 관한 사후적인 조치를 말하는 것이지, 본선과 관련되는 어떠한 믿음(belief)에 대한 것이 아니다. 항소법원의 Leggatt 판사가 적절히 지적하였듯이, (i) 알았어야 했다는 것은 (ii) 피보험자가 의심을 하고 인정을 하였지만 그 이상의 조치를 취하지 않은 것과는 다른 것이다. 여기에는 부적합한 선장이 사용될지도 모른다는 피보험자의 심리상태에서의 의심이 있어야 하지만 이것이 입증되지 않았다.[36)] 기관실의 지붕덮개인 댐퍼에 대하여도 댐퍼의 하자 때문에 선박이 불감항이 될 것이라는 의심과 믿음을 피보험자는 가지지 않았다. 단순히 아주 심한 정도의 과실일지라도 이것인 인식과는 다른 것이다.

(5) 본 사건에서 피보험자의 분신들 중의 어느 누구도 선장이 11년의 훌륭한 업적의 경력자이고 우수한 자였기 때문에 불감항이라는 의심을 한 적이 없다. 이산화탄소 소화기에 대하여도 마찬가지이다.[37)] 1심 판사는 주관적인 접근을 하여야 함에도 객관적인 접근을 한 점에 잘못이 있다. 1심 판사는 또한 피보험자의 심리상태가 하나의 심리상태에 있을 수 있지만 또 다른 심리상태에 있을 수 있으므로 인식의 상태가 있는지 살펴보았어야 함에도 이를 살피지 않은 잘못이 있다.[38)] 따라서 보험자의 제39조 제5항의 항변은 부인되어야 한다.

---

35) Ibid., 395(par. 25).

36) Ibid., 397(par. 33).

37) Ibid., 396(par. 30).

38) 단순히 두 번의 유사사고에 대한 처리가 잘못되었음을 지적하고 개선하려는 조치가 취하여지지 않은 이유를 판사자신도 모르겠다고 하고 있다. 이는 잘못이다. 눈을 감는다고 할 때의 그 심리상태는 주관적인 것이 되어야지 객관적이 것은 아니다. 불감항 사실에 대한 인식

2. Scott 대법관

(1) "보고도 못본 체 하는 인식"(blind-eye knowledge)의 의미는, 역사적인 것으로, 코펜하겐 전투에서 넬슨 장군이 자신의 애꾸눈 앞에 망원경을 갖다 두는 의식적인 결정을 내리고 적진을 살핀 것과 같다. 넬슨은 적진의 상황을 알았지만 보지 않기 위하여 일부러 적진을 볼 수 없는 한쪽 눈의 앞에 망원경을 둔 것이다. 어떤 사실이 존재한다는 의심을 하면서도 그 존재를 확인하려는 조치를 취할 것을 삼가는 결정이 필요하다.[39] 확인할 것을 과실로 하지 않은 것은 그 정도가 아무리 커도 과실에 지나지 않는다. 1심법원의 판사는 의식적인 결정이 있었는지 판단하지 않은 잘못이 있다.

(2) "보고도 못본 체 하는 인식"은 해당사실이 존재한다는 의심과 그것의 존재에 대한 확인판단을 피하려는 의식적 결정이 필요하다. 이러한 의심은 정도에 따라 다양할 것이다. 희미한 정도의 의심도 있고 확실한 의심도 있을 것이다. 여기에서 말하는 것은 확실한 의심이어야 한다.[40] 의식적인 결정은 개인이 그 존재를 믿기에 충분한 이유를 가지고 있음에도 그 사실에 대한 확인을 피하기 위한 결정이 있어야 한다. 목적이 없고 우연적인(speculative) 의심에 대한 확인을 하지 않으려는 결정은 단지 과실에 지나지 않는다. 아무리 중하다고 하더라도 이 과실은 제39조 제5항의 피보험자의 인식에 해당하지 않는다.[41]

본 사안에서 피보험자 자신으로 인정되는 5인(콜라키스 형제들, 파라클라스, 니콜라이디스[42])의 누구도 선장이 11년의 경력을 가진 우수한 자이기 때문에 눈을 감는 인식을 하지 않았다고 판단된다.

(3) 덮개(댐퍼)에 대하여도 마지막 항해에서 외부업자가 수리를 하였기 때문에 이는 중과실에 해당할지언정, 눈을 감는 인식에 해당한다고 할 수 없다.[43]

그러므로 보험자의 제39조 제5항의 항변은 허가되지 않는다. 보험자는 보험금액 전액을 지급하여야 한다.

은 행위자의 주관적인 것이어야 한다.

39) Ibid., 413(par. 112).

40) The suspicion must be firmly grounded and targeted on specific facts.

41) Ibid., 414(par. 116)

42) 1심법원의 판단에 비하여 니콜라이디스 씨가 추가되었다.

43) Ibid., 415(par. 119).

Ⅶ. 평 가

1. 판결 요약

(1) 동일한 선단(fleet)에서 2번에 결쳐서 화재사고가 발생하였고 선원들은 화재진압을 제대로 하지 못하였다. 3번째인 Star Sea호에서도 동일한 사고가 발생하자 보험자는 피보험자인 선주가 (i) 선장이 이산화탄소 소화기를 사용하는 방법을 몰랐다 (ii) 소화에 필요한 천장닫음장치에 하자가 있었으므로 출항당시 불감항이었고 피보험자는 이를 알고 있었다(privy). 따라서 영국 해상보험법 제39조 제5항에 의하여 보험금지급을 할 수 없다고 주장하였다.

(2) 1심 판사는 (i) 선장이 일반적 경험과 실력으로 보아서는 능력있는 선장이지만 특정한 사항인 이산화탄소장치 사용에 대하여는 무능력 상태였다. 이는 선박의 불감항에 이른다. (ii) 영국 해상보험법 제39조 제5항에서의 "불감항 상태임을 알고 선박을 출항시킨 경우"에서 '인식'의 주체는 피보험자 자신과 동일시되는 책임자까지이다. 이 사안에서는 대체적으로 관리인 중에서도 해당 업무에 대한 전권을 가지는 담당이사(파라클라스 씨)까지를 피보험자 자신과 동일시되는 것으로 보았다. (iii) 피보험자의 같은 관리선단에 속하는 다른 선박에서의 화재에서 문제가 된 점이 본 사건에서도 문제가 되었는데, 피보험자가 이의 재발방지를 위하여 취한 조치는 부적절하였으며, 피보험자는 소위 "보고도 모르는 체(turning blind eye)" 하는 정도의 인식(privity)을 갖고 있었으므로 영국 해상보험법 제39조 제5항에 해당되어 보험금지급이 거절된다고 판시하였다.

한편, 항소법원은, 1심 판시에서 '인식'의 판단에 있어서 피보험자가 불감항에 해당할 수 있는 사실이 존재한다는 판시를 한 것은 옳지만, 이 불감항 사실이 선박을 불감항으로 만들 것이라는 인식을 피보험자가 하지 않았는데도, 이를 살펴보지 않고, 피보험자의 "보고도 못본 체 하는 인식"이 있었다고 판단한 것은 잘못이라고 하면서 원고의 항소를 받아들였다.

귀족원에서는 항소법원과 같이, 피보험자의 누구도 선장이 불감항일 것이라는 것에 대한 의심을 하지 않았으므로 피보험자의 불감항에 대한 인식은 없었다고 판시하였다. 2번의 사고가 있은 다음의 조치는 중대한 과실일지언정 피보험자가 보고도 못본 체 하는 정도의 인식도 없다고 판시한 것이다. 1심법원의 판사는 제39조하의 "불감항에 대한 인식"을 주관적인 기준에서 판단하였어야 함에도 객관적인 기준으로 판단한 잘못이 있다고 귀족원은 지적하였다.

2. "인식"의 주체로서의 피보험자의 범위

선주가 법인인 경우에 선주 자신의 행위로 인정되는 범위에 대하여는 회사의 업무집행기관 혹은 대표기관(통상 이사회의 구성원인 이사)을 포함한다는 점에서 다툼이 없다. 그러나 그 범위가 선박회사의 해무감독이나 해무부장에까지 이를 수 있는가에는 의문이 있다. 이들은 회사의 업무집행기관이 아니기 때문이다. 배병태 박사는 해무감독이나 해무부장과 같이 선박의 유지 · 보수에 부분적 포괄대리권을 갖고 있는 선박사용인은 위임된 사무에 관해서는 재판 외의 모든 행위를 할 수 있는 권한을 부여받고 있기 때문에 이들의 고의 · 과실을 선박소유자(선주) 자신의 고의 · 과실로 보는 것이 타당하다고 한다.[44] 그러나 선장은 이에 포함되지 않는다.

본 사안에서는 해무감독이나 포트 캡틴은 별도로 자신들을 지휘 · 감독하는 이사들이 있기 때문에 피보험자 자신의 범위에 속하지 않는다고 보았다.[45] 그러나 본 사건에서 피보험자는 소규모의 회사이므로 이를 일반화시켜서 보기는 어렵다고 본다. 아이에스엠코드(ISM Code)와 관련하여 안전관리책임자가 피보험자 자신으로 볼 수 있을 것인가 하는 문제도 여기에 관련된다.

3. "인식"의 의미

(1) 인식(Privity)의 의미와 관련하여서는 전통적인 '유리스테네스'호에서의 판단이 그대로 채용되었다. 이 판결에서 로드 데닝은 "인식에는 적극적으로 알고 있는 사실뿐만 아니라 보고도 모른 체 하는 정도의 인식도 포함된다"고 하였다. 그는 또 피보험자인 선주의 인식을 아래와 같이 예를 들어 설명하였다. "예컨대, 어떤 선주가, 사려깊은 선주라면 12명의 선원을 승선시켜서 출항시킬 것으로 생각되니 나도 12명의 선원을 승선시키자고 판단하여 선박을 출항시켰

44) 배병태, 「주석 해상법」(한국사법행정학회, 1981), 98면.
45) 법원은 회사의 조직구조를 보지 않고, 선박을 출항시키는 데에 결정을 내릴 권한을 가지는 자를 본 점에 의의가 있다고 한다. 그래서, 등록선주보다는 관리인을 중심으로 판단하게 되었다. Marcom Clark, Case Comment, [1998] LMCLQ, 466.

으나, 사고 후에 법원에서 14명의 선원이 승선하였어야 한다고 보았어도, 이는 선주의 과실일 뿐이지 불감항의 인식이 있는 것이 아니다. 그러나 어떤 선주가, 사려깊은 선주라면 12명의 선원을 승선시킬 것인데 현재 선원이 10명밖에 없으니 10명을 승선시켜 선박을 출항시키자고 판단한 경우에는 사고 후에 법원에서 12명이 승선하였어야 했다고 판단한다면 선주는 불감항에 대한 인식이 있고 이를 알면서 의식적으로 선박을 출항시킨 것이 된다."

(2) 본 사안의 항소심에서 제시된 3단계, 즉 ① 불감항을 야기하게 되는 사실에 대한 의심, ② 그러한 사실이 존재한다면 선박을 불감항으로 만들 것이라는 현실적 인식(귀족원에서는 확실한 의심이라고 함), ③ 확인하지 않으려는 의식적 결정이 피보험자의 '인식'의 존재여부 판단에 좋은 기준이 된다고 생각한다. 이를 본 사안에 구체적으로 적용하면, 피보험자측이 선장이 이산화탄소(Co_2) 사용법을 몰라서 무능력이라는 점을 의심하였고, 그러한 무능력이 선박을 불감항으로 만들 것이라는 사실을 알았지만 이를 의식적으로 확인하지 않았다는 것이 증명되어야 피보험자측에 인식이 존재하는 것이 된다.

항소심과 귀족원에서는 첫번째 단계에서 피보험자는 선장이 우수한 자였기 때문에 불감항에 해당하는 사실을 의심하지 않았다고 한다. 1심법원의 판사가 내린 결정은 그 기준이 "객관적인 것으로서" 피보험자가 이를 의심하였어야 한다는 접근방법으로서 이는 잘못이라는 것이다.

4. 판결의 의미

피보험자가 불감항에 대한 인식(privity)을 갖고 있었음을 보험자가 입증하여 보험금지급이 거절되는 일이 영·미에는 종종 있으나, 우리나라와 같이 개시(discovery)제도가 없는 나라에서는 무척 어렵다. 중요한 자료는 선주측이 대부분 보유하고 있으므로 보험자가 이를 입증하기가 어렵기 때문이다. 그러나 최근 아이에스엠코드(ISM Code)가 실시되면서 사정이 달라지고 있다.[46] 선사는 선박이 감항능력을 갖추도록 하여야 할 것이고, 선대에서 발생한 동일한 사고가 재발되지 않도록 '사고속보' 등을 통하여 주의를 환기시켜야 할 것이고 감독이나 포트 캡틴 등은 선원의 관리나 안전에 관한 점검을 정기적으로 행하도

46) 이에 대하여는 김인현, "아이에스엠코드가 해상법과 해상보험에 미칠 영향," 「해양한국」(95년 11월호), 46, 47면을 참고하기 바람.

록 하여야 할 것이다. 담당이사는 물론 해무부장급의 관리자들도 자신들이 감항능력에 문제가 있음을 알면서 이를 적극적으로 확인하고 시정하려는 노력을 기울이지 않고 선박이 출항하게 되어 사고가 발생하면, 기간보험의 경우에 자신들이 회사 자신으로 인정될 수도 있으므로 영국 해상보험법 제39조 제5항에 따라 보험금의 지급이 거절되는 일이 있을 수 있으므로 각별히 주의하여야 할 것이다. 본 사고에서는 선장이 11년 경력의 유능한 자이었으므로 피보험자측에서 불감항에 대한 의심을 하지 않았다는 것이 인정되었지만, 그렇지 않은 자라고 한다면 의심이 있다고 판단될 여지가 많다.

제 4 외국판례

船舶保險에서 인치마리約款과 擔保違反의 관계

(Lydia Flag호 사건)*

(영국 여왕좌부 상사법원 1998년 1월 30일)

Ⅰ. 問題의 提起

선박이라는 운송수단을 이용하여 운임수입을 획득하는 해상기업은 선박의 사고에 따른 위험을 분산시키기 위하여 선박보험에 가입을 하게 된다. 우리나라 선박보험실무에서는 영국보험증권을 사용하고 있으며 영국법을 그 준거법으로 하고 있어서 영국의 강한 영향력하에 놓여 있다. 선박보험은 해상위험에 의한 보험사고에 대하여 보험금이 지급되는 것을 원칙으로 하면서, 이와 밀접한 관계는 없지만 특별한 경우에도 보험금이 지급되는 것으로 하고 있는바, 이에는 선원의 과실에 기인한 사고뿐만 아니라 선박수리업자의 과실에 기인한 경우도 포함된다(소위 인치마리약관의 일부임). 한편, 영국법에서는 준수되기로 약정된 사실에 위반하기만 하면 그것이 사고와 아무런 인과관계가 없다고 하더라도 위반사실 자체로서 피보험자가 불이익을 보게 되는 담보(warranty)라는 제도가 있다.

본 사안은 선박의 조타장치의 중추를 구성하는 러더(舵, rudder)의 멸실과 관련되는 사건이다. 선박보험증권(ITC Hull)에 따르면 선박수리업자의 과실로 인한 보험사고는, 선주가 주의위무위반이 없는 한, 보험자가 보험금을 지급하는 사고이다. 그러나 한편으로 선박수리업자의 과실로 선박은 불감항이 되고 이는 보험개시시에 선박이 감항상태에 있어야 한다는 담보특약에 위반되게 될 소지가 있다. 전자에 의하면 보험자는 보험금을 지급하여야 한다. 그러나 후자

---

* 본 논문은 「해양한국」, 통권 307호(1999년)에 게재된 것을 수정한 것이다.

에 의하면 보험자는 보험금지급의무가 없다. 이 두 조항을 어떻게 조화롭게 해석할 것인지가 문제된다. 수리업자의 과실에 기인한 보험사고의 경우 피보험자가 보험금을 지급받기 위하여는 피보험자인 선주가 주의의무를 다하였어야 하는바, 이때의 선주의 주의의무가 무엇인지 구체적으로 다루고 있는 것이 본 판례이다.

II. 事實關係

원고 선주는 자신의 선박인 리디아 플래그호(이하 본선)를 협회기간보험약관(선체) (Institute Time Clause 1982, Hull)이 삽입된 해상보험증권(이하 동 보험증권)을 기초로 보험에 가입하였다.[1] 1995년 12월 드라이 도크에서 본선의 테일 샤프트(tail shaft)를 검사하기 위하여 본선의 러더(rudder)가 분해되었고 재조립되었는바,[2] 수리업자의 과실로 96년 8월 항해중 러더가 멸실되는 사고가 발생하였다. 드라이 도크에서 선박이 나온 뒤의 어느 시점에서 보험기간이 개시되었다.[3]

동 보험증권 제6조는 다음과 같은 담보위험을 나열하고 있다.

> 6.1 본 보험은 아래의 원인으로 발생된 보험목적물에 대한 손실이나 손상을 보상한다.
> 6.2.4. 수리업자나 용선자들이 피보험자가 아닌 한, 이들의 과실. 단, 그러한 손실이나 손상은 피보험자인 선주 혹은 관리자의 상당한 주의의무 행사의 결여에서 기인하여서는 아니된다.[4]

---

1) Martin Maritime Ltd. v. Provident Capital Indemnity Fund Ltd(The 'Lydia Flag'), Lloyd's Rep. [1998] 2. at 652.

2) 선박은, 엔진에서 발생된 회전력을 축계인 샤프트를 통하여 프로펠러에 전달하고 프로펠러가 회전되면 선박은 추진력을 얻게 된다. 프로펠러의 바로 뒤쪽에 러더가 설치되고 축계인 샤프트의 마지막 부분이 테일 샤프트이다. 따라서 테일 샤프트를 점검하기 위하여는 러더를 분리하여야만 작업이 쉽게 된다.

3) 즉, 보험개시시에 선박은 불감항 상태에 있었다.

4) 영문은 아래와 같다. 6.2. This insurance covers loss of or damage to the subject matter insured caused by... 6.2.4. Negligence of repairers or charterers provided such repairers or charterers are not an Assured hereunder 6.2.5 barratry of Master Officers or Crew, provided such loss or damage has not resulted from want of due diligence by the Assured, Owners or Managers.

한편, 동 보험증권에는 아래와 같은 일반 · 특별담보(warranties)가 있었다.

"1. 아래는 보험이 효력을 유지하기 위하여 반드시 준수되어야 하는 담보들이다. 만약, 이러한 담보가 준수되지 않은 경우에는 담보가 준수되어질 때까지 보험의 효력은 정지된다. 이러한 담보를 준수하지 못함에 의하여 보험의 효력이 정지된 동안에 발생하는 클레임은 동 보험에 의하여 부보되지 않는다.
11. 보험의 효력이 개시되는 시점에 본선은… 감항성을 갖춘 상태이어야 하고, 그 이후에 보험이 유효한 기간 동안에는 피보험자는 선박에 감항성을 갖추도록 하기 위하여 상당한 주의의무를 행사하는 것을 피보험자는 담보한다."[5]

사고 후에 피고인 보험사가 파견한 여러 검정회사에 따르더라도 사고의 원인은 수리업자의 과실에 의한 것으로 판정되었고 따라서 이 건 사고는 동 보험증권에 의하여 보상되는 위험으로 인정되었다.[6]

원고는 귀족원 규칙 제14조(R.S.C. O 14)[7]에 의거하여 보험금청구소송을 제기하자, 피고인 보험사는 아래와 같이 주장하였다. "(1) 담보특약과 관련하여, 본선은 보험증권의 효력발생시점에 불감항 상태에 있었고 따라서 선박이 감항성을 갖추게 될 때까지는 보험의 효력이 개시되지 않았다. (2) 선주는 수리기간중 혹은 그 후의 선박운항중에 상당한 주의의무를 행사하지 못하였고 따라서 러더의 멸실은 선주측의 상당한 주의의무행사의 결여에 기인한 것이었다.[8] 그

5) 영문은 아래와 같다. 1. The following are warranties that must be complied with to maintain the insurance in effect. If these warranties are not complied with, the insurance will be suspended until the warranties are complied with. Any claims which occur during any period in which the insurance is suspended for failure to complied with these warranties will not be covered by this insurance. 11. Warranted that at the inception of this policy the vessel ... shall be in a seaworthy condition and thereafter during the valid period of this policy the insured shall exercise due diligence to keep the vessel seaworthy.

6) The 'Lydia Flag', op. cit., at p. 652.

7) Rule of Supreme Court, Order 14의 약자이다. 영국 최고법원인 귀족원의 영국 소송절차의 기본을 정한 규칙이다.

8) 구체적으로 보면, 제6조 담보위험에서 "6.2 이 보험계약은 다음의 위험으로 발생한 보험목적의 멸실 또는 훼손을 보상한다. 6.2.1 적하 또는 연료의 선적 양하 또는 이동 중의 사고, 6.2.2 보일러의 파열, 추진축의 파손 또는 기관이나 선체의 숨은 흠결, 6.2.3 선장, 직원, 부원 또는 도선사의 과실, 6.2.4 수리업자 또는 용선자의 과실, 다만 수리업자 또는 용선자가 이 계약의 피보험자인 경우는 제외, 6.2.5 선장, 직원, 부원의 악행. 다만, 위, 제6.2조의 멸실 또는 훼손이 피보험자, 선박소유자 또는 선박관리자가 상당한 주의를 결여하여 발생한 경우에는 그러하지 아니하다"고 하여 수리업자의 과실에 의한 경우에는 선박소유자가 상당한 주

러나 이것은 상당한 주의의무의 결여 때문에 발생한 것이고 보험의 효력은 정지된 상태에 있었다.[9]

상기의 두 가지 사유 중 어떠한 경우이든간에 원고의 보험금청구는 인정될 수 없다(전자라면 담보특약위반으로 보험자는 보험금지급의무가 없고, 후자라면 사고는 원고측의 상당한 주의의무행사의 결여에 기인한 것이므로 보험증권상 협회기간 약관 6.2.4.의 규정에 따라 보상되지 않는다). 따라서 원고의 보험금청구는 기각되어 마땅하다고 주장하였다.[10]

Ⅲ. 判示의 內容

영국 여왕좌부의 상사법원의 무어 빅 판사는 R.S.C. O 14에 의하면 입증책임은 피고에게 있다는 점을 강조하면서 아래와 같이 판시하였다.

1. 보험개시시점에 감항성 유지 담보를 위반한 점에 대하여

협회기간약관 담보조항 제11조가 제6.2조와 어떻게 연결되어 해석되어야 하는가에 대하여 의문이 제기된다.[11]

(1) 피고 보험자측 변호사에 따르면, "만약 담보조항 제11조가 우선적인 효력을 갖는 것이라면 본선이 보험개시시에 잠재하자 때문에 불감항 상태였다면 본선이 다시 감항성을 갖추게 되는 시점까지는 선주를 위하여는 어떠한 것도 보험에서 보상되지 않을 것이다. 물론 그 후(보험효력 발생 이후)에는 다시 불감항 상태가 된다고 하더라도 그것이 선주측에서 상당한 주의의무의 결여의 결

의의무를 다하여야 보험에서 보상받을 수 있다고 정하고 있다.

9) 담보특약 제11조의 후단과 관련된다.

10) 한편, 본 증권에는 추가적으로 6.2.2와 6.2.5에 이르는 위험에 기인한 기계류나 샤프트의 손상이나 손해에 대하여는 소손해공제(deductible)가 적용된다고 하고 있었던바 러더의 멸실이 기계류에 해당하는지의 여부가 또 다른 쟁점이 되었다. 영문은 아래와 같다. Notwithstanding any provision to the contrary in this insurance a claim for loss of or damage to any machinery, shaft, electrical equipment or wiring, boiler, condenser, heating coil or associated pipework arising from any of the perils enumerated in clause 6.2.2 to 6.2.5 inclusive of the Institute Time Clauses (Hull) or from fire or explosion when either has originated in a machinery space shall be subject to a deductible of... The 'Lydia Flag', op. cit., at p. 655.

11) 본 보험은 기간보험증권을 이용한 것이다. 그러므로 통상은 감항성 담보에 대한 규정을 갖지 않지만, 본 사안과 같이 명시적인 감항성 담보를 갖는 경우도 있다.

과로서 발생된 것이 아니라면 보험부보는 계속될 것이다"고 한다.

만약 피고측 변호사의 변론이 정당하다면, 보험증권에 대한 이러한 해석은 놀랄 만한 결과에 이르게 된다. 본 사안에서 러더의 멸실은 수리업자들의 과실로 인하여 발생되었다. 물론 러더를 타심재(rudder stock)에 고박하는 장치에 잠재하자가 있어서 사고가 발생할 수도 있다. 피고측 변호사의 이러한 해석에 따른다면 선주가 이러한 종류의 보험에 가입하고, 보험효력 발생시점에 잠재하자가 있어서 불감항이 된 상황에서 선박충돌로 인하여 선박이 침몰된 경우에, 사고와는 전혀 관계없는 잠재하자가 있었다는 이유 하나만으로 아무런 과실도 없는 선주는 보험에서 손해를 보상받지 못하게 되는 결과가 된다. 이 경우에 선주에게 보험보상을 못받게 하는 것이 합리적인 해석인지에 대하여는 의문이다.

원고 선주측 변호사는 아래와 같이 설명한다. "담보조항 제11조는 절대적이기는 하지만, 전부가 일반적인 내용이다. 한편, 협회기간약관 제6조는 보험증권에 의하여 특별히 부보되는 어떠한 특정한 위험들을 다루고 있다. 이 증권을 정당하게 읽는 방법은 제6조를 담보조항 제11조에 있는 일반적인 담보규정에 대한 예외규정을 제공하는 것으로 해석하는 것이다." 본인은 이러한 해석에 찬성한다. 협회기간보험약관 6.2.2조항하에서 특별하게 보상받게 되는 잠재하자의 존재가, 보험효력 개시시점에 선박이 불감항이었다는 이유만으로 선주가 보험금을 보상받을 수 있는 자격을 박탈당하여서는 논리가 서지 않는다고 본다. 본인의 판단으로는 불감항이 선주나 관리인측의 상당한 주의의무의 결여의 결과로서 발생한 것이 아니라면, 본 사안에서처럼, 수리업자의 과실이나 잠재하자의 결과로서 보험증권 개시시점에 선박이 불감항이었다고 하더라도, 보험부보가 상실되지 않는다고 생각한다. 피고측의 해석에 반대한다.[12]

(2) 나아가 본선이 수리조선소를 떠날 때의 상황에 대한 증거는 부족하다. 러더의 멸실은 수리업자측의 과실에 기인하였지만 과실의 정확한 내용이나 멸실에 이르기까지의 과정에 대하여 정확히 알려지지 않았다. 선박이 감항성이 있었는지 아니면 없었는지는 그 선박이 수행할 항해의 위험에 대처하기에 적합하였는지에 달려 있다. 적절하다고 인정되는 기준은 "선주가 그 특별한 흠결을 알았다면 본선이 출항 전 수리가 필요하였겠는가"라는 것이다. 본 사안의 경우

12) The 'Lydia Flag', op. cit., p. 656.

에 흠결의 성질을 정확히 알기는 어렵다. 그것은 매우 짧은 시간 안에 러더의 멸실을 가져올 수 있는 것일 수도 있고, 오랜 기간 동안 러더의 멸실이 일어나지 않을 것일 수가 있다. 만약, 후자의 경우라면 보험효력이 개시되는 시점에서 선박은 반드시 불감항이었다고 볼 수는 없다. 주의깊은 선주가 그 흠결을 알았다면 그는 "오래지 않아 이것을 수리하여야만 하지만 당장은 그럴 필요가 없다"고 말하였을 것이다. 법원에 제출된 서류만으로는 보험효력의 개시시에 본선이 불감항이었는지 아닌지에 대하여 증거가 충분하지 않으므로 피고의 주장을 받아들이지 않는다.[13]

2. 선주의 상당한 주의의무행사 위반에 대하여

피고 보험자는 러더의 멸실을 야기한 선박의 운항 혹은 관리와 관련하여 선주가 상당한 주의의무를 다하지 못한 아래의 두 가지 점을 지적하고 있다;[14] 첫 번째는 수리조선소에서 본선이 출항하기 전 수리부분을 확인함에 있어서 선주측에게 과실이 있었다. 두 번째는 선주가 유능하지 못한 선원을 고용하였고, 선박이 항해중일 때 발생하는 흠결이 선주에게 보고되는지를 확인하기 위한 적당한 시스템을 선주는 마련하지 못하였다.

(1) 피고측의 전문가인 해몬드 선장은 선주측 공무감독이 선급협회의 검사관과 함께 러더를 타심재(rudder stock)에 고박하는 너트(nut)가 제대로 재부착되었는지를 확인하지 않은 것에 놀랐다고 한다. 해몬드 선장은 선주들은 수리를 감시하는 유능한 감독(superintendent)을 보유하여야 하고 그 수리가 적절히 이루어졌는지를 확인하여야 하고, 그렇게 하였다면 작업이 제대로 이루어지지 않았음을 발견하였을 것이라고 선주들을 비난한다. 선주측 변호사는 이러한 종류의 업무에 있어서 해몬드 선장은 전문가 의견을 줄 정도로 자격이 있는 사람이 아님을 지적하였다. 본인은 해몬드 선장의 이력을 보았다. 그는 갑판 사관(deck officer)으로서 오랜 경험을 가진 사람이지만, 기관사로서의 경험도 없고 기관사 자격도 없다. 원고측 변호사의 주장에 찬성한다. 실행된 작업 중 무엇이 잘못인지에 대한 분명한 제시도 없고, 그 흠결은 유능한 감독이 확인하였어야 하는 것이었다고 말할 수 있는 기계와 기술에 대한 경험을 갖는 전문가로부터

13) Ibid., at p. 655.
14) Ibid., at p. 656.

의 증언도 없는 상황에서, 선주측 감독에게 과실이 있었다는 점을 제시할 증거가 있다고 말하기는 불가능한 것으로 보인다.

또한 선주측 감독은 본선이 드라이 도크시에 현장에서 러더를 제자리에 잠그기용 너트에 핀을 꼽는 것을 스스로 직접 보았다고 하고, 선주의 감독 수배는 만족할 만한 것으로 보이고, 그 감독에게도 과실은 없어 보인다. 그리고 사고 후 본선에서 조사를 하였던 보험자측의 검정원들 중 어느 누구도 드라이 도크 당시에 선주를 대신하여 본선에 올라갔던 감독에 대하여 비난을 하고 있지도 않다.[15]

(2) 항해 도중에 발생한 일들과 관련하여, 해몬드 선장은 보험자를 대리하여 현장에 참석했던 검정원 중의 한 사람이 타심재(rudder stock)[16]의 하부 키웨이(lower keyway)[17]에서 망치소리가 날 것이라고 한 점에 대하여 언급하면서, 러더가 부딪치고 망치로 두드리는 것과 같은 소리는 조용한 바다(in calm conditions)에서는 들리지 않겠지만, 선박이 약간의 요동하에 있을 때(in a modest seaway)에는 쉽게 들릴 수 있는 것이라는 점도 지적하였다. 해몬드 선장은 그러한 소리들은 특이한 것으로 이상한 소리로 들릴 것이며 삐걱거리고 부딪치는 소리는, 너트가 더욱 풀리고 선박이 바다에서 움직임에 따라 더욱 크게 들려서 알기 쉽게 될 것이라고 한다. 러더가 너트에서 올라왔다 내려갔다 하는 이상한 소리는 감지되었어야 하고 원인이 조사되었어야만 하였다고 주장한다. 그는 또한 진동의 전달이 조타구역에서 또는 선원거주구역에서도 감지될 수 있었을 것이라고 한다. 바다의 상태에 대하여는 해몬드 선장은 상당한 전문성을 갖추고 있고 이러한 종류의 문제에 대한 전문가 의견을 주기에 충분히 자격이 있는 사람으로 본인은 간주한다. 피고의 주장은 다음과 같은 추론에 바탕을 둔다. “만약 러더가 키웨이에서 상당한 부딪치는 소리와 망치소리를 내었다면 선원들은 이것을 발견하였어야 하고 선원들은 이를 선주에게 보고하였어야 한다. 이것으로 원고인 선주가 보고체계를 갖추고 있지 않았다는 이슈를 제기하기에 충분하다. 만

15) Ibid., at p. 657.

16) 사각형으로 되어 있는 러더의 한쪽 윗 부분에 긴 막대기 모양을 부착시켜 이것을 선체의 외부에서 내부로 통과시켜 이를 조타장치와 연결시킨다. 그 막대기 모양의 것을 러더 스톡 혹은 러더 헤드라고 한다.

17) 러더 스톡이 선체의 외부에서 외관을 지나 조타기의 몸체에까지 이르는 공간을 키웨이라고 한다.

약 그러하였다면 문제는 보고되었을 것이고 원고들은 러더가 멸실되기 전에 이상은 확인되고 수리되었을 것이다. 그러므로 러더의 멸실은 원고가 상당한 주의의무를 행사하지 못하였기 때문에 발생한 것이다."

본인의 판단으로는 위의 추론은 증거로서 입증되지 않는 너무나 많은 가설에 바탕을 두고 있다. 망치소리와 부딪치는 소리가 해몬드 선장이 제시한 것보다 적을 수 있다는 것은 당연하다. 해몬드 선장은 망치소리는 조용한 해상 상태에서는 감지할 수 없을 것이라고 말하고 있다. 그리고 러더가 얼마 동안의 기간에 걸쳐서 느슨하게 되었는지 그리고 어떠한 상태에서 사고가 발생되었는지를 확인시켜 주는 증거는 없다. 단순히 피고측에서 유리하도록 망치소리와 부딪치는 소리가 있었을 것으로 가정하고 왜 이러한 점들이 선주에게 보고되지 않았는지를 문제삼고 있다. 선주측에 적절한 보고체계가 갖추어지지 않은 것이 잘못이라면 선원들이 당연히 취하였어야 할 보고를 하지 않은 것도 같은 잘못이다. 상식적으로 보아, 보고를 의무화하는 체계가 없다고 하더라도 선원들이 이러한 것을 선주에게 보고하여야 한다고 일반적으로 사람들은 생각할 것이다. 본인의 판단으로는 선원의 보고 실패를, 선원들의 과실이 아니라, 선주가 흠결에 대한 보고체계를 갖추지 않은 것의 결과라는 추론을 이런 식으로 이끌어 내는 것은 잘못이라고 본다.

피고측 변호사는 더 나아가 선원들이 러더가 풀리는 계속적인 소리를 알게 되고도 이를 보고하지 않았다면 이것은 선원들이 부적격한 선원들임을 나타내고 선주는 이러한 부적격 선원들을 승선시킨 잘못이 있다는 추론에 도달한다고 주장한다. 해몬드 선장의 주장에 비추어 그 주장이 인정되려면 본선의 기관장이 부적격일 뿐만 아니라 선장 또한 부적격이었다는 결론을 이끌어 낼 필요가 있고, 이것은 성립하기 어려워 보인다. 그것이 성립한다고 하더라도 원고인 선주 자신이 과실이 있다는 결론이 되지는 않는다. 최상의 시스템이라고 하더라도 완벽하게 유능한 선원이 고용되어 승선된다는 점을 보장할 수 없고, 위의 작은 사실들이 선주들이 선원을 고용하는 과정에 과실이 있고 그것이 본 사건의 사고의 원인이 되었다는 것으로 되지는 않는다. 따라서 피고의 주장에 반대한다.[18][19]

18) Ibid., at pp. 656−657.

19) 러더가 기계류인가에 대하여 판사는 아래와 같이 판시하였다. 피고는 선박의 러더는 기계류

Ⅳ. 評 釋

보험기간이 시작되는 시점에 수리업자의 잘못으로 본선의 러더에 하자가 있는 상태였다. 따라서 보험개시시에 선박은 불감항 상태였다. 이는 담보특약에 관한 제11조에 의하여 담보위반에 해당하였다. 그런데 한편 수리업자의 과실로 인한 보험목적의 멸실은 보험자가 보험금을 지급하는 제6조 제2항하의 사유이다(다만, 선주의 주의의무행사위반이 없어야 한다). 수리당시 선주가 주의의무를 다한 경우에 제6조 제2항이 우선적용될 것인가 아니면 제11조가 우선적용될 것인가가 문제되었다.

영국 상사법원은 제6조가 우선적용됨을 인정하였다. 제6조 제2항은 특별조항이고 제11조 담보특약은 일반조항으로 보았다. 법원은 담보조항을 제한적으로 해석하여 보험증권이 효력을 발생할 당시에 선박이 비록 불감항 상태였다고 하더라도 불감항의 원인이 선주의 상당한 주의의무의 결여의 결과가 아니라 수리업자의 과실에 기인한 것이라면 이 경우까지 보험금지급이 거절되어서는 아니된다고 판시하였다.[20] 이는 담보특약의 지나친 피보험자 피해를 완화하기 위한 영국법원의 일관된 노력의 하나이다.[21] 이에 찬성한다.

제6조 제2항이 우선적으로 적용되는 경우라고 하더라도, 제6조 제2항은 제6조 제1항과 달리 피보험자인 선주가 과실이 없기를 요구한다. 따라서 선주가 사고방지를 위하여 상당한 주의의무를 다하였는지가 중요하였다. 법원은, 제6.2.4.와 관련하여 선주가 유능한 감독을 선임하여 수리결과를 확인하지 않았다

로 분류되어야 한다고 주장한다. 본인의 판단으로는 기계류(machinery)라는 단어가 동 조항에 나오고 있는바 문장의 문맥상으로 보아 샤프트, 전기기계, 전선배선, 보일러, 콘덴서, 히팅코일 그리고 부수된 파이프 등을 가리킨다. 본인의 판단으로는 기계류라는 단어는 선박의 조타장치를 움직이는 모터 등 기계를 언급하지만, 선체의 움직이는 일부분으로 간주되는 것이 더 적절한 선박의 러더를 가리키지는 않는다고 본다. 따라서 러더는 피고인 보험자가 주장하는 기계류는 아니기 때문에 소손해공제가 적용되지는 않는다. Ibid., at p. 658.

20) Susan Hodges, *Law of Marine Insurance*(Cavandish Publishing Limited 1996), p. 281.

21) Baris Soyer, *WARRANTIES IN MARINE INSURANCE*(CAVENDISH Publishing, 2006), pp. 167-169. 소이어 교수는 본 사건에서의 법원의 결정은 담보특약의 포기(waiver of breach of marine insurance warranties)로서 기능하는 것이라고 한다. 법원의 판결은 당초 증권의 입안자가 예상하지 못하였던 것으로 보험자와 피보험자의 균형이 깨어지는 것으로 이해하는 보험자는 인치마리약관의 적용범위를 축소하는 개정작업에 나설 가능성이 있다고 예견한다.

는 원고의 주장을 배척하였다. 또한 선박에서 이상한 소리를 들으면 선주에게 보고하는 시스템을 갖추어야 함에도 이를 게을리하였다는 주장에 대하여는 선원으로서는 시스템이 없다고 하더라도 당연히 보고를 하였어야 한다고 보아 선주측에 과실이 없는 것으로 보았다. 선박보험에서 사고를 방지하기 위한 선주의 주의의무는 유능한 감독의 선임, 사고관련 보고체제의 확립 등이 인용된다. 선주주의의무 행사자로서 피보험자는 선주자신을 말하는 것이지 그 피용자인 선장은 아니다. 만약, 이를 여기에 포함시키면 피보험자가 보험금을 지급받지 못하는 사유가 많이 발생할 것이다. 이는 운송인이 이행보조자책임을 부담하는 취지와는 다른 제도이다.

제6조는 보험금이 지급되는 부보위험에 대하여 정한다. 제6조 제1항은 직접적인 해상위험이다. 이에 반하여 제6조 제2항은 해상위험과 거리가 있는 것들로서 연혁적으로 제1항보다 늦게 추가된 것이다.[22] 제6조 제1항에서 말하는 해상고유의 위험, 화재, 폭발 등에 의한 보험목적의 멸실·훼손은 피보험자의 과실이 있어도 보험금이 지급된다. 그러나 제6조 제2항의 적하의 선박양륙중 사고, 기관의 파열, 선장 등의 악행 등에 기인한 보험목적의 멸실·훼손은 피보험자 등의 과실이 있는 경우에는 보험금이 지급되지 않는다는 점에서 큰 차이가 있다. 1995년 ITC Hull에서는 1982년의 "피보험자, 선주 혹은 관리인"의 주의의무위반을 "…관리인, 혹은 감독 혹은 육상관리자의 모든 자"로 확대하였다. 따라서 보험자가 보험금을 지급하지 않는 경우가 더 많아지게 되었다. 이것은 피보험자인 선주에게 선박관리를 강화하여 보험사고를 줄이려는 보험자측의 노력의 일환이다.[23]

영국 법원이 전문가의 감정의견을 유용하게 사용하지만, 사고에 적절한 전문성이 없는 전문가는 배척됨을 본 판결은 보여준다.

기계류에 대하여 소손해공제가 있으므로 러더가 기계류에 해당하는가가 또 다른 쟁점이 되었으나, 러더는 기계류가 아니라 오히려 선체라고 보아 러더의 멸실에는 소손해공제는 적용되지 않는다고 보았다.

---

22) 영국 해상보험법 제59조 제2항 c호에 따르면 잠재하자에 의한 것은 담보위험이 아니다. 그러므로 본 사안과 같은 러더의 잠재하자는 보험금지급이 되지 않아야 한다. 그러나 보험중권사 제6조 제2항 인치마리약관을 두어 이를 보험사고로 규정하게 되었다.

23) N. Geoffrey Hudson and Tim Madge, *MARINE INSURANCE CLAUSES*(LLP, 2005), p. 101.

제 5 국내판례

英國海上保險法上 期間保險에서 不堪航에 기한 保險者의 免責要件
(대법원 2001.5.15. 선고 99다26221 판결)

I. 問題의 提起

해상보험에는 선박(선체)보험, 적하보험 그리고 선주상호책임보험(P&I)이 있다. 선박보험은 보험기간의 장단에 따라 항해보험과 기간보험으로 나누어진다. 해상운송계약에서와 같이 선박이 감항성을 갖추는 것은 보험계약에서도 매우 중요하다. 그래서 피보험자인 선박소유자가 보험의 목적인 선박에 대하여 감항성을 갖추지 못하면 보험자는 일정한 요건하에서 면책이 된다. 항해보험에서는 감항성을 갖추는 것은 묵시적 담보사항이다. 그러나 기간보험에서는 피보험자가 선박이 감항성이 없음을 알면서 항해하게 하였다면 보험자는 면책된다.

따라서, 기간보험에서 보험사고가 발생하면 보험의 목적인 선박이 감항성을 갖추지 않았다는 점과 그러한 불감항사실을 알고서 선박의 출항을 용인하였는지가 중요한 쟁점이 된다.

본 사건은 이러한 점을 다룬 우리나라 대법원의 판결이다. 영국의 Star Sea 사건과 유사한 구조를 갖는다.

II. 事件의 經過

피고 보험회사는 1994년 선주 甲 소유의 기선 제3해양호에 관하여 보험금액을 10억원으로 하는 선체보험계약을 체결하였다가 그 보험기간이 만료되자, 1995.4.29. 甲과 사이에 위 선박에 영국 협회기간약관(Institute Time Clauses-Hulls, 1983)을 적용하여 보험을 갱신하여 체결하였다. 위 약관은 첫머리에 "이

보험은 영국의 법률과 관습에 따른다"(This insurance is subject to English law and practice)라고 규정하고 있고, 제6조 제1항에서 "해상, 강, 호수 또는 기타 항해 가능한 수면에서의 고유의 위험"(perils of the seas rivers lakes or other navigable waters)을, 제6조 제2항 제3호에서 "선장 고급선원 보통선원 또는 도선사의 과실"(negligence of Master Officers Crew or Pilots)을 각 부보위험 중의 하나로 규정하고 있었다.

1963년 진수된 이 사건 선박은 1994년 한국선급협회의 정기검사에 합격한 다음, 파푸아 뉴기니아에서 조업하게 되었으나, 어구의 부적당 등으로 1994년까지 기관장을 제외한 한국인 선원이 전원 귀국하여, 선주 甲의 피용자인 기지정 박×× 등의 관리하에 뉴기니아의 포트 모레스비항(이하 '항구')에 장기정박하게 되었다.

甲은 이 선박을 부산항으로 회항시키기 위하여 선장(3급항해사 면허 소지자)과 기관장(2급기관사 면허 소지자) 등을 대동하고 파푸아 뉴기니아로 출발하였다. 선주 甲 등은 1995. 5. 29. 파푸아 뉴기니아에 도착하여 현지관리인으로부터 이 사건 선박을 인수하였으나 그 당시 선박의 선저부에 산호초가 붙어 있고 선체부에 녹이 나 있었으나, 시운전을 해본 결과 항해계기, 주기관, 전기 등은 대체로 양호하였으므로, 선장, 기관장, 통신사, 항해사, 조기장 등 5명의 선원들은 그 선박에 대하여 특별히 수리하지 않은 채 출항하였다. 선수가 들려진 상태라서 선장은 기관장에게 비어 있는 제2번 연료유 유조창에 발라스트로서 해수를 넣으라고 하였으나 기관장이 제3번 유조창에 해수를 넣어 해수와 연료가 혼합되었다. 이로 인하여 발전기가 정지하고, 선박은 표류되어 항로에서 벗어나 '항구' 입구부근의 산호초지대에서 표류하게 되었다. 그러던 중 닻이 부근의 암초에 걸리는 바람에 표류하는 것은 멈추었으나 약 3.5 내지 4미터의 높은 파도에 의하여 선체가 심하게 동요하였으나 예인선에 의하여 구조되었다.

그 후 선장 등은 '항구'에서 이 사건 선박의 연료계통내에 들어 있던 해수를 빼내고 주기관 등을 수리하였으나 선미부의 선저 부분에 대하여는 별다른 조사나 확인을 제대로 하지 않은 채로 항구를 재출항하여 부산으로 향하였다. 재출항후 3일 동안 기상이 악화되었고 기관회전수 증가로 진동이 있었다. 1995.7.16. 06:00경 해수침입이 기관장에 의하여 발견되었고, 선장은 08:00경 퇴선을 결정하였고, 10:00경 선박은 완전 침몰하였다. 선원들은 7.18. 17:50경

전원 구조되었다. 피보험자인 선주는 보험금지급청구소송을 보험회사를 상대로 제기하였다. 피고 보험회사측은 감항능력결여 등을 이유로 면책을 주장하였다.

원심(부산고법 1999.4.2. 선고 97나13696 판결)은 「위 인정사실에 의하면, 이 사건 선박의 침몰은 선박이 산호초지대에서 표류하면서 그 선미의 선저 부분이 산호초에 접촉되어 선체외판에 균열과 같은 미세한 손상이 발생하였고, 그 상태에서 출항하여 항해하는 가운데 기상악화와 기관회전수 증가로 생긴 선체의 요동 또는 진동에 의하여 위 균열부분이 더욱 심화되어, 그 틈으로 해수가 유입됨으로써 발생하였다고 봄이 상당하므로 이는 위 협회기간약관 제6조 제1항 제1호 소정의 위험에 해당하고, 또한 선장 김×× 등이 이 사건 선박의 재출항에 앞서 그 선미부의 선저 부분에 대한 조사 및 확인을 제대로 하지 아니한 과실이 있다고 할 것인데, 이는 이 사건 선박 침몰의 근인 중의 하나로서 위 협회기간약관 제6조 제2항 제3호 소정의 위험에 해당한다 할 것이다」고 하면서, 보험자의 보험금지급을 명하는 원고승소판결을 하였다.

또한 원심은, 「이 사건 선박이 1963년 10월경 진수되었고 1994년 6월경부터 '항구'에 장기정박하고 있었으며 1995년 5월말경 이 사건 선박을 인계받을 당시 선저 부분에 산호초가 붙어 있었고 선체 부분에 녹이 슬어 있었다고 할지라도, 이 사건 선박은 1994년 1월경부터 1994년 4월경까지 대대적인 개조 및 보수를 하여 한국선급협회의 정기검사에 합격하였고, '항구'에 장기정박하던 중에도 기지장인 위 박×× 등에 의하여 관리되고 있었던 점 등에 비추어 보면, 이 사건 선박이 물적 감항능력이 없었다고 단정하기 어렵고, 한편 기관장이 선장으로부터 제2번 연료유 유조창에 해수를 주입하라는 지시를 받고도 그 유조창이 아닌 제3번 연료유 유조창에 해수를 주입하는 바람에 해수와 연료가 혼합되게 한 사실이 있기는 하지만 기관장이 2급기관사 면허를 소지하고 있는 점 등에 비추어 보면 이 사건 선박이 인적 감항능력이 없었다고 단정하기 어려울 뿐만 아니라, 가사 이 사건 선박이 물적 혹은 인적 감항능력이 없었다고 하더라도 이를 선주가 알았다고 볼 증거가 없는 이상, 피고로서는 감항능력결여를 이유로 한 면책을 주장할 수 없다」고 판시하였다.

III. 大法院의 判示內容

원심은 감항성에 대한 법리오해 내지 사실오인이 있었다는 피고의 주장에 대하여 대법원은 「기록에 비추어 살펴볼 때, 원심의 이 사건 선박의 인적 감항능력에 관한 위와 같은 사실인정과 판단은 정당하다고 보여지나, 한편 선체감항능력에 관하여 보건대, 원심이 앞서 인정한 바와 같이 이 사건 선박이 제1차 사고로 산호초지대에서 표류하면서 그 선미 선저 부분이 산호초에 접촉되어 선체외판에 균열과 같은 미세한 손상이 발생하였다면 위 선박의 재출항 당시에는 이미 감항능력은 갖추지 못하게 되었다고 봄이 타당할 것임에도 불구하고, 원심이 제1차 사고 이전의 상황인 한국선급협회의 정기검사 합격과 포트 모레스비항에서의 선박관리사실만을 들어 감항능력이 없었다고 보기 어렵다고 판단한 것은 잘못이라 할 것이다. 그러나 그렇다고 하더라도, 이 사건 보험계약에 적용되는 영국 해상보험법 제39조 제5항의 규정에 의하면 이 사건과 같은 기간보험의 경우에는 피보험자가 선박의 감항능력이 없음을 알면서도 항해하게 한 때에 한하여 보험자가 면책될 수 있는바, 기록에 비추어 살펴보면 원심이 부가적으로나마 이 사건 선박의 감항능력결여 사실을 피보험자인 선주가 알았다고 볼 증거가 없다는 이유로 피고로서는 감항능력결여를 이유로 한 면책을 주장할 수 없다고 판단하였음을 알 수 있는바, 이는 정당하다고 할 것이다. 그렇다면 비록 원심이 이 사건 선박의 감항능력결여 여부에 관하여 판단을 잘못하였다고 할지라도, 결과적으로 피고의 감항능력결여를 원인으로 한 면책주장을 배척한 조치는 타당하다고 할 것이므로, 결국 피고의 이 부분 상고이유의 주장도 이유없다」고 판시하였다.[1)]

IV. 評 釋

우리나라의 선박보험증권은 대부분 영국법을 준거법으로 하고 있다. 영국의 해상보험에 관한 제정법으로는 1906년 해상보험법(MIA)이 있다. 동법 제39

1) 판례공보, 2001년, 1369면.

조 제5항은 「기간보험에서는 항해개시시에 선박이 감항성을 갖추어야 한다는 묵시적 담보는 없지만, 선박이 불감항 상태인 것을 피보험자가 알고서 선박이 출항된 경우에는 보험자는 불감항에 기인한 어떠한 손실에 대하여도 책임을 부담하지 않는다」고 한다. 즉, 영국 해상보험법상 기간보험에서 보험자가 면책되기 위하여는 단순히 감항능력결여만으로 족한 것이 아니라 그러한 감항능력결여의 사실을 피보험자가 알고 있었어야 한다.[2] 그러므로 해상운송법에서는 운송인의 감항능력결여는 곧바로 손해배상청구권의 발생으로 연결되나, 해상보험법에서는 피보험자의 인식이 추가되어야 보험자는 면책이 되는 것이다.

본 사안에서도 이러한 법의 태도에 맞추어 비록 선박이 감항능력결여에 있었다고 하더라도 피보험자가 그러한 사실을 몰랐으므로, 이는 보험자의 면책사유가 아닌 것이다고 판시한 것이다. 이 사건에서의 선주에 해당하는 甲은 감항능력이 없음을 전혀 알 수 있는 상황이 아니었다고 판시한 것이다.

본선의 기관장은 해수를 주입하는 유조창을 오해하여 선박이 표류되게 하였고 결국 선박은 좌초되었다. 이 사고 이후에 선미부를 제대로 확인하지 않은 관계로 선체외판에 균열이 있었다.

이 두 가지는 각각 인적 감항능력과 선체능력 결여에 해당한다. 원심은 기관장은 2급기관사 면허소지자이므로 인적 감항능력을 갖추었고, 선급협회의 정기검사에 합격하였으므로 선체능력도 갖추었다고 판시하였다. 나아가 선박소유자가 감항능력결여를 알았다고 볼 증거가 없다고 판시한 것이다.

그러나 대법원은 선체능력은 결여되어서 감항능력결여에 해당하지만, 선박소유자가 감항능력결여를 인식하였다고 볼 증거가 없었음을 인정하였다.

원심에서는 본선은 물적 감항능력과 인적 감항능력을 모두 갖추고 있는 것으로 판시하였으나, 대법원은 본선은 물적 감항능력을 갖추지 못하였다고 한 점에서 차이가 있다. 불감항에 대한 선주 자신의 인식이 없었으므로 보험자는 면책되지 못한다는 판시를 내린 결론은 원심과 대법원이나 동일하다. 그러나 피보험자의 인식의 의미와 관련하여서는 "적극적으로 알고 있는 사실뿐만 아니라 보고도 모르는 체(turning blind eye) 하는 정도의 인식"을 포함한다는 영국의

2) 이와 관련된 논문으로는 김인현, "해상보험(기간보험)에 있어서 인적 감항성 결여와 피보험자의 인식—The Star Sea호 판결," 「해양한국」(1997년 9월호), 67-72면; (1997년 10월호), 140-149면이 있다.

"유리스테네스"호[3] 사건 및 1994년 Star Sea호 사건의 선례가 있고, 본 사안의 준거법은 영국법이므로 선주에게 보고도 모르는 체 하는 정도의 인식도 없었는지를 대법원은 구체적으로 살펴보았어야 한다고 본다.

---

3) The "Eurysthenes," [1976] Lloyd's Rep., 171–188.

제 6

국내판례

船舶期間保險에서 保險者의 免責要件으로서의 "被保險者의 認識과 推定全損

(대법원 2002.6.28. 선고 2000다21062 판결)

Ⅰ. 問題의 提起

선박기간보험에서 감항능력이 결여되었음을 알고 출항을 시킨 피보험자에게 보험지급은 거절된다. 이 때 감항능력결여가 된 사실과 보험사고 사이에 인과관계가 존재하여야 한다.

선박이 심하게 손상되어 수리비가 선박가액을 초과할 것이 예상되는 경우 추정전손이 성립하고, 피보험자는 보험의 목적을 위부하고 보험자로부터 전손보험금을 수령할 수 있다. 그러므로 과연 추정전손이 성립되는지가 중요하다. 따라서 수리비 액수의 산정이 문제된다.

본 사안은 두 가지 쟁점이 함께 다루어진 사례이다.

Ⅱ. 事實關係

원고는 이 건 선박의 소유자로서 피보험자이고 피고는 보험자이다. 선박의 관리인인 H회사가 보험계약자이면서 선박운항을 관리하였다. 보험목적인 선박은 선급협회로부터 선체자체의 결함에 대한 지적이 있었고 선장과 기관장이 이 때문에 항해가 부적절함을 선박소유자에게 건의한 사실이 있다.

선박이 좌초하여 유빙에 부딪친 결과 수리비가 과도하게 나와 추정전손으로 처리하기 위하여 원고는 보험자에게 이를 통지하고 보험금청구를 하였다. 보험자는 이를 거부하였고 이에 원고는 보험금지급청구소송을 제기하였다. 위부를 행할 때의 수리비는 선박가액을 넘어서지만 보험금청구소송이 제기될 때에는 그렇지 않았다. 따라서 보험자는 후자를 근거로 추정전손의 성립을 부정하였다.

원심(서울고법 2000.4.4. 선고 99나28717 판결)에서는, 감항능력은 없었지만 원고가 불감항에 대해 알고 있지 않았으므로 보험자의 면책사유가 아니고, 추정전손의 성립여부는 위부당시의 수리비로 보아야 하고 수리비는 선박가액을 초과하므로 추정전손성립을 인정하여 보험자는 피보험자인 선박소유자에게 보험금을 지급하라는 판결을 내렸다. 피고 보험회사는 이에 대하여 상고하였다.

보험회사는, 1) 선박기간보험에서 감항능력결여에 대하여 피보험자가 알고 있었으므로 보험자는 면책되어야 하고(상고이유 제1점) 2) 추정전손을 결정함에 있어서 원심법원은 추정전손과 위부에 대한 영국 해상보험법의 법리를 오해하고 수리비의 산정을 미진하게 한 위법이 있다(상고이유 제2점)는 것을 상고이유로 하였다.

III. 大法院의 判示內容

대법원은 아래와 같이 상고이유에 대하여 판시하였다.

「(1) 선박기간보험에서 감항능력결여로 인하여 보험자가 면책되기 위하여는 손해가 감항능력이 없음으로 인하여 발생한 것이어야 하고, 피보험자가 감항능력이 없음을 알고 있어야 하며, 이러한 감항능력의 결여와 보험사고 사이에 인과관계, 즉 손해의 일부나 전부가 감항능력이 없음으로 인하여 발생한 것이라는 점이 인정되어야 하되, 이러한 요건에 대한 입증책임은 보험자가 부담한다. 그리고 면책요건으로서 피보험자의 악의(privity)는 영미법상의 개념으로서 피보험자가 선박의 감항능력결여의 원인이 된 사실뿐만 아니라, 그 원인된 사실로 인하여 해당 선박이 통상적인 해상위험을 견뎌낼 수 없다는 사실, 즉 감항능력이 결여된 사실을 알고 있는 것을 의미하는 것으로서, 감항능력이 없다는 것을 적극적으로 아는 것(positive knowledge of unseaworthiness)뿐만 아니라, 감항능력이 없을 수도 있다는 것을 알면서도 이를 갖추기 위한 조치를 하지 않고 내버려두는 것(turning the blind eyes to unseaworthiness)까지 포함하는 개념이다.[1]

---

1) 유명한 유리스테네스호 사건에서의 판시결과이다. The Eurysthenes [1976]2 LLoyd's Report, 171; 심재두, 「해상보험법」(길안사, 1995), 135면.

한국선급 등으로부터 선체 자체에 대한 지적사항이 있었고 이를 완전하게 수리한 바 없는 사실, 선장과 기관장이 선주에게 선박과 해상의 상태에 비추어 항해가 적당하지 않다는 것을 건의하였다는 사실 등(이하 생략)을 고려하면, 이 사건 선박은 사고 당시 감항능력이 없었던 것으로 보이고, 이는 거의 모두 객관적인 사정들로서 선주인 원고가 알고 있었다고 보는 것이 타당하며, 선주에게 직접적인 수리요청까지 있었던 점으로 보아 위와 같은 감항능력의 부재에 대한 원고의 악의도 인정할 수 있다. 그러나 해당 선박의 감항능력부재와 피보험자인 원고의 악의가 인정된다고 하더라도, 기간보험의 경우 감항능력부재로 인하여 보험자가 면책되기 위하여는 감항능력부재와 보험사고 사이에 인과관계가 인정되어야 할 것인데, 원심이 인정한 사실관계에 의하면, 이 사건 보험사고의 원인은 선박의 외판이 유빙과의 충돌로 구멍이 생겨 침수되기 시작한 것으로 추정될 뿐, 위에서 지적한 바와 같은 이 사건 선박의 구체적 감항능력의 부재와 사고 사이에 상당인과관계를 인정하기는 어려워 보인다. 그렇다면 원심이 피고의 감항능력부재로 인한 면책주장을 받아들이지 아니한 결론은 정당하므로 상고이유 제1점은 이유없다.

(2) 영국 해상보험법의 규정과 관습에 의하면, 추정전손에 해당하는지 여부의 판단의 기준시점은 보험자가 피보험자로 하여금 위부통지 혹은 그 통지에 대한 거절시점에서 소송이 제기된 것과 같은 지위에 있게 되는 것에 명시적으로 동의하지 않는 이상, 위부통지시의 사실관계가 아니고, 보험금청구소송의 제소시(at the commencement of the action)에 존재하는 사실관계에 의하여 그 여부가 판단된다.

영국 해상보험법 제56조는 제2항에서 전손은 현실전손일 수도 있고 추정전손일 수도 있다고 하고 제60조 제2항 제2호에서 선박이 훼손된 경우, 선박이 피보험위험으로 인하여 심하게 훼손되어 그 훼손을 수리하는 데 소요되는 비용이 수리되었을 때의 선박가액을 초과하리라고 예상되는 경우라고 하고 있다. 어떠한 보험사고가 추정전손의 요건을 충족하는지는 피보험자가 이를 입증하여야 한다. 선박의 수리비는 해당 보험사고로 인하여 발생한 손해에 한정되어야 하고, 보험사고로 인하여 발생하지 않은 수리비는 제외되어야 할 것이므로, 피보험자로서는 해당 보험사고가 추정전손에 해당한다는 이유로 위부를 하기 위하여는 우선 해당 피보험사고가 발생하지 아니하였으면 이 사건 선박이 수리가 필요하지 아니한 상태였음과 보험사고 후에 발생한 수리비를 입증하거나, 혹은 위와 같은 선박의 보험사고 전 무하자를 입증하지 못한다면, 해당 피보험사고로 인하여 손상을 입은 선박부분을 특정하고 그에 대한 구체적인 수리비를 입증하여야 한다.

이 사건 보험사고가 추정전손에 해당하는지의 여부는 보험자인 원고가 보험금청구소송을 제기한 시점까지 현출된 모든 객관적인 사실과 상황을 기초로 그 객관적인 수리비를 판단하여야 할 것인데, 원심은 이 사건 보험사고가 추정전손에 해당하는지 여부를 판단하기 위한 수리비의 수액을 확정하지도 않은 채, 피고가 제출한 감정서들에 대하여는 원고가 위부통지할 당시까지 제출되지 않았다는 이유로 그 증거가치를 배척하고 원고의 주관적 예상이 정당하다는 이유로 그 청구를 인용하였는바, 이 점에서 영국 해상보험법상 추정전손과 위부에 관한 법리를 오해한 위법을 저질렀다.

나아가 원고가 입증책임을 부담하는 수리비에 관하여도 원고로서는 이 사건 보험사고가 발생하지 아니하였으면 이 사건 선박이 수리가 필요하지 아니한 상태였음과 보험사고 후에 발생한 수리비를 입증하거나, 또는 보험사고로 인하여 손상을 입은 선박 부분을 특정하고, 그에 대한 구체적인 수리비를 입증하여야만 하고 그 수리비의 산정을 위한 감정도 그 감정절차와 방법에 합리성이 결여되어 있고 그 자체로서 신빙성이 없다고 보아야 할 것이다(대법원 2001.2.23. 선고 98다59309 판결).[2)]

이 점에서 원심은 추정전손과 위부에 관한 영국 해상보험법상의 법리를 오해하고 수리비에 대한 심리를 다하지 아니한 위법이 있고, 이는 판결결과에 영향을 미쳤음이 분명하다. 이 점을 지적하는 상고이유 제2점은 이유있다. 그러므로 원심판결을 파기환송한다.」[3)]

---

2) 대법원은, 「원심으로서는 이 사건 추정전손 여부에 대하여 소제기시까지 제출된 모든 자료를 토대로 원고가 주장하는 수리비에 대하여 더 심리함으로써 과연 이 사건 선박이 출항 전에 수리를 요하는 상태가 아니었는지, 수리를 요하는 상태였다면 그 부분과 이 사건 보험사고로 인하여 발생한 수리를 요하는 부분의 특정이 가능한지, 원고가 제출한 증거만으로는 그와 같은 특정이 가능하지 않다면 다른 입증방법은 없는지, 그와 같은 선박에 대한 직접 수리비가 확정된다면 수리비에 포함되어야 할 부대비용을 모두 합하여 객관적으로 인정되는 보험사고로 인한 수리비는 얼마인지 등을 따져 원고 청구의 당부를 가렸어야 할 것이었다」고 하였다.

3) 판례공보(2002년), 1771-1774면.

Ⅳ. 評 釋

1. 피보험자의 악의(인식)(privity)와 인과관계

항해보험에서는 선주인 피보험자는 발항 당시 선박이 감항능력을 갖추고 있어야 하는 묵시적 담보를 부담한다(영국 해상보험법 제39조 제1항). 담보가 위반되면 보험자는 보상책임을 면한다(동법 제33조 제3항).[4] 이와 달리 기간보험에서는 감항능력이 없다는 것만으로는 보험자면책이 되지 않고 그러한 사실을 피보험자가 알고 있어야 하고, 감항능력결여와 보험사고에 인과관계가 있어야 한다(동법 제39조 제5항).[5] 영국법이 준거법인 본 사안에서, 대법원은 선체에 대한 감항능력결여 및 이에 대한 보험자의 악의는 인정하였으나, 감항능력결여와 보험사고는 인과관계가 없다고 판시하였다. 감항능력의 결여는 선체 자체에 있었으나 사고는 유빙과 부딪침으로써 발생한 것이므로 인과관계가 없다는 것이었다. 감항능력결여 자체를 부인한 원심과는 달리 대법원은 감항능력결여는 인정하였지만 그 결여와 사고와의 인과관계를 부인함으로써 결국 원심과 동일한 결과가 되었다. 기간보험에서 피보험자의 악의(피보험자의 인식)를 인정한 드문 사례라고 할 것이다.[6]

선박자체의 결함에 대한 피보험자의 의심과 나아가 그 결함이 선박을 불감항으로 만든다는 의심 그리고 이를 확인하지 않으려는 의식적 결정이 피보험자의 인식(악의)의 인정에 요구된다. 대법원은 "모든 객관적 사정들로서" 선주인 원고가 알고 있었던 것으로 보는 것이 타당하다고 한다. 객관적인 사정을 바탕으로 하지만, 피보험자의 주관적 심리상태가 판단의 대상이 되어야 한다. 동 사

---

4) 심재두, 전게서, 126면; 김인현, 「해상법」(법문사, 2003), 287면.

5) Section 39(Warranty of seaworthiness of ship) (1) In a voyage policy there is an implied warranty that at the commencement of the voyage the ship shall be seaworthy for the purpose of the particular adventure insured. (5) In a time policy there is no implied warranty that the ship shall be seaworthy at any stage of the adventure, but where, with the privity of the assured, the ship is sent to sea in an unseaworthy state, the insurer is not liable for any loss attributable to unseaworthiness.

6) 영국에서 피보험자의 악의(privity)를 인정한 사건으로는 star sea호 사건(영국 항소원 1996.12.20. 판결)이 있었지만, 항소법원에서 부정되었다. 여기에 대하여는 김인현, "해상보험에서 인적 감항성 결여와 피보험자의 인식," 「해양한국」, 1997년 9월호 67면 및 10월호 140면 이하를 참고바람.

건에서 선박은 관리회사가 관리하고 있었으므로 "피보험자의 인식"에 해당하는 피보험자는 반드시 선주가 아니라 관리자의 인식도 포함되는 것으로 생각되지만,[7] 대법원은 여기에 대하여 판시하지 않고 있는 점은 아쉬운 점이다.[8]

---

7) 최종현, "영국 해상보험법상 선박의 불감항으로 인한 보험자의 면책 및 추정전손의 법리," 「보험법 연구 5」(삼지원, 2003), 67면.

8) 대법원 2005.11.10. 선고 2003다31299 판결(미공간됨)에서, 피보험자는 원양트롤어선을 구입하여 동생으로 하여금 관리하게 하였다. 원고와 선박기간보험을 체결하였고 이 보험계약은 영국보험법을 준거법으로 하였다. 말레이시아 해역으로 항해중 산호초에 좌초한 다음 화재가 발생하여 선박은 전손되었다. 피보험자가 보험금을 청구하자 원고인 보험회사는 보험금지급채무부존재확인의 소를 제기하였다. 원고는 이 사고는 고의로 인한 사고이며, 피고의 선박은 해도가 없는 가운데 GPS라는 위치를 구하기에 부적당한 장치를 이용하여 항해하였고 피보험자의 동생이 이전에 동일해역에서 동일한 사고를 경험한 적이 있으므로 감항성이 없었다는 점을 알고 있었다고 볼 수 있으므로 영국 해상보험법에 의하여 면책된다고 주장하였다. 피고는 이 사고는 단순한 항해상의 과실일 뿐이고 선장은 면허를 소유하고 있었으므로 감항성을 갖추고 있었다고 주장하였다.

부산고등법원(2003.5.15. 선고 2002나10912 판결)은 이는 고의 사고는 아니지만, 선박은 불감항 상태에 있었고 동생은 선주의 분신으로 볼 수 있고, 불감항 상태에 대하여 동생은 알고 있는 상태로서 불감항 사실이 사고와 인과관계가 있다고 하면서 원고의 면책을 인정하였다. 이에 선주는 대법원에 상고하였다.

대법원은, 먼저 쟁점이 된 영국보험법 제39조 제5항에 대하여 「선박기간보험에서 감항능력결여로 인하여 보험자가 면책되기 위하여는 손해가 감항능력이 없음으로 인하여 발생한 것이어야 하며, 피보험자가 감항능력이 없음을 알고 있어야 하고, 이러한 감항능력의 결여와 보험사고 사이에 인과관계, 즉 손해의 일부나 전부가 감항능력이 없음으로 인하여 발생한 것이라는 점이 인정되어야 하며, 선박기간보험에 있어 감항능력결여로 인한 보험자의 면책요건으로서 피보험자의 악의(안다는 것)는 영미법상의 개념으로서 피보험자가 선박의 감항능력결여의 원인이 된 사실뿐 아니라 그 원인된 사실로 인하여 해당선박이 통상적인 해상위험을 견디어 낼 수 없게 된 사실, 즉 감항능력이 결여된 사실을 알고 있는 것을 의미하는 것으로서 감항능력이 없다는 것을 적극적으로 아는 것뿐 아니라 감항능력이 없을 수도 있다는 것을 알면서도 이를 갖추기 위한 조치를 취하지 않고 그대로 내버려두는 것까지 포함하는 개념이고(대판 2002.6.28. 선고 2000다21062 판결), 여기에는 피보험자 자신의 악의뿐만 아니라 그의 분신(alter ago)으로 간주될 수 있는 자의 악의도 포함된다」고 하였다. 대법원은 나아가, 「원심에서 스카브루 산호초 등 필리핀 해역의 위험물이 표시된 최신해도가 비치되지 않은 것이 이 사건 항해에 있어서의 물적 감항능력을 갖추지 못한 것에 해당하고, 또한 피고의 동생으로서 이 사건 선박의 운항 및 관리에 관한 제반 업무를 담당하였을 뿐만 아니라 이 사건의 출항업무도 도맡아 처리하여 피고의 분신이라 할 수 있는 동생이 이 사건 선박에 물적 감항능력이 없다는 것을 적극적으로 알았거나 감항능력이 없을 수도 있다는 것을 알면서도 이를 갖추기 위한 조치를 하지 않고 그대로 내버려두었다고 봄이 상당하다고 하여 이 사건 사고로 인한 원고의 피고에 대한 보험금지급의무는 면책되었다」고 판단하면서 피고의 상고를 기각하였다.

안다는 점(악의)과 관련하여 대법원은 상기 2000다21062 판결을 충실히 따랐다. 피보험자의 동생이 이전에도 동일해역에서 동일한 사건을 경험하였다는 점이 크게 작용한 것으로 보인다. 이는 영국의 Star Sea호 사건에서의 1심법원 판결의 입장과 유사하다. 그러나 동 귀족

2. 추정전손

보험의 목적에 발생하는 손해는 전손과 분손이 있다. 전손은 현실전손과 추정전손으로 구분된다. 영국보험법상 현실전손은 아니지만, 선박수리비가 선박가액보다 초과될 것이 예상되는 경우에는 피보험자는 보험의 목적을 보험자에게 위부하고 전손보험금을 수령할 수 있는 제도를 두고 있다(MIA 제60조)(우리 상법 제710조).

피보험자가 주장한 추정전손의 성립을 원심이 인정한 것에 대하여 대법원은 추정전손의 판단기준시점은 소송을 제기한 당시라는 영국판례법을 근거로 들면서,[9] 위부 당시를 기준으로 삼은 원심의 입장을 위법이라고 하였다.

또한 대법원은 수리비에 대한 입증책임은 피보험자에 있고, 수리비의 산정에 대한 구체적인 입증이 되지 않았음에도 원심은 피보험자의 주장을 일방적으로 받아들인 잘못이 있다고 하여 피고의 상고를 받아들였다. 결국 추정전손에 대한 항소심의 판단부분은 파기환송되었다.

원심법원은 위부당시를 기준으로 제출된 피보험자의 수리비견적의 최소한이 미화 500만달러임을 근거로 선박가액과 비교하였다. 그러나 대법원은 피고 보험자가 이보다 낮은 견적서를 제출하였고, 원고의 수리비견적의 내용에 신빙성이 낮다고 하였다. 추정전손 성립기준을 소송제기 당시로 보게 되므로 수리비가 더 적게 소요되어 추정전손은 허용되지 않게 되었다.

우리 법으로는 위부를 단독행위로 보므로 위부통지시에 추정전손의 요건을 갖추면 위부의 효과가 발생하고 따라서 피보험자가 전손보험금청구권을 획득하게 된다.[10] 그러므로 추정전손 판단시점은 위부통지시기로 하는 것이 좋다고 본다. 이것은 소송의 남발을 막기 위하여도 그러하다.[11][12] 따라서 한국법이

원의 판결(2001.1.18)은 동일한 사건을 경험한 점이 있으므로 알 수 있었을 것이라는 것보다 더 높은 정도의 지적 인식을 요구하고 있으므로, 본 사건은 영국법이 준거법인 이상 1심법원의 판결이 아니라 귀족원 판결을 참조하여야 한다고 본다. 선주의 동생으로서 운항에 깊숙이 관여하고 있는 자를 피보험자인 선주자신의 분신으로 판단한 것은 선례로서 의미가 있다.

9) 동지, 심재두, 전게서, 320면; Susan Hodges, *Law of Marine Insurance*(Cavendish Publishing Limited, 1997), 398.

10) 미국, 독일법의 입장도 추정전손의 판단시점은 위부통지시로 본다. 최종현, 전게논문, 71면.

11) 피보험자가 위부의 통지를 한 이후 보험금청구소송이 제기되기 이전에 발생한 사실은 추정전손의 존부판단에 영향을 미치기 때문에, 실무적으로는 통상 보험자가 피보험자의 위부의

준거법이 된 경우에는 대법원은 위부당시를 기준으로 제출된 수리견적비와 선박가액을 비교하여 추정전손을 판단하게 될 것이다.

통지를 승인하지 않겠다는 거절의 의사표시를 하면서 동시에 추정전손의 존부판단과 관련하여 그 거절의 의사표시를 하는 때에 보험금청구소송이 제기된 것으로 간주하겠다고 하는 경우가 많다. 만일 이렇게 하지 않으면, 피보험자로서는 위부의 통지를 한 이후 발생할 사실관계의 변동을 피하기 위하여 곧바로 보험금청구소송을 제기할 것이기 때문에 보험자의 입장에서 이러한 불필요한 소송의 제기를 피하기 위하여 행하고 있는 관행이다. 심재두, 전게서, 321면.

12) 동지, 최종현, 전게논문, 71면.

제 7

국내판례

積荷保險의 終了時期

(대법원 2003.6.13. 선고 2001다42660 판결)

Ⅰ. 問題의 提起

원칙적으로 해상적하보험은 해상운송 도중 보험의 목적인 운송물의 손상에 보상을 제공하는 손해보험이다. 해상운송은 선적에서 양륙까지가 운송인의 책임기간인 것이 전통적인 입장이다. 우리 상법도 선적에서 양륙까지를 보험기간으로 한다(상법 제699조 및 제670조). 영국 해상보험법은 제5조에서 항해보험증권에 대하여 특정장소로부터 특정장소에까지 부보가 가능하다고 한다. 실무적으로는 영국의 협회적하보험약관을 사용하고 있고, 적하보험의 시기와 종기는 약정에 따른다. 보험증권에 적하보험의 보험종류사유가 기재되어 있고, 이것에 따라 종기가 결정된다. 현실적으로는 해상운송에 부수하는 육상운송구간 중의 위험도 담보하게 되었다. 이것이 운송약관(transit clause)이다.

Ⅱ. 事實關係

(1) 원고는 인도네시아 수입상과 화물수출계약을 체결하였다. 은행은 개설의뢰인의 의뢰에 따라 원고를 수익자로 하여 취소불능 신용장을 개설하였다. 신용장개설의뢰인이 선적일 이전에 발행한 이 사건 화물에 대한 품질증명서, 개설의뢰인이 품질증명서의 발행을 확인하였음을 통보하는 개설은행의 암호 텔렉스의 진정한 사본 등을 선적서류로서 제시할 것이 요구되었다.

피고 대한화재는 원고와의 사이에 피보험자를 원고로 하여 운송과정에서 화물이 멸실하는 경우에 원고에게 보험금을 지급하는 적하보험계약을 체결하였다. 협회적하보험약관(Institute Cargo clause)에 따라 영국의 법과 관습이 준거법이 되었다.

운송인은 원고와 이 화물을 부산항에서 자카르타항까지 운송하는 운송계약을 체결하고, 수하인을 은행의 지시인, 통지처는 수입상과 의뢰인으로 기재된 선하증권을 원고에게 발행하였다.

원고는 신용장개설의뢰인으로부터 이 사건 화물에 관한 품질증명서를 받았고 은행의 암호 텔렉스는 받지 못하였지만, 수입상이 화물운송을 재촉하여 운송인에게 지시하여 화물을 운송하도록 하고 이 화물은 인도네시아의 야적장에 장치되었다. 그런데 은행은 원고가 암호 텔렉스를 제시하지 않았다는 이유로 신용장대금의 지급을 거절하였고, 수입상은 신용장대금문제를 해결할 것처럼 하면서도 연기를 거듭하므로, 원고는 1998.7.20. 이 사건 화물을 우리나라로 반송하기로 결정하고 운송인에게 이러한 의사를 전달하였다. 보세창고에서 반송을 기다리고 있는 사이인 7.28.에 수입상은 운송인의 인도네시아 선박대리점이 발행한 화물인도지시서를 보세창고에 제시하고 이 사건 화물을 무단반출하였다.

(2) 피고는 원고의 보험금청구에 대하여 이 사건 화물의 무단반출시에 이미 보험계약이 종료되었다는 것을 이유로 보험금지급을 거절하였다. 약관 제8.1조의 내용은 아래와 같다.

> 8.1 이 보험은 화물이 운송을 개시하기 위하여 이 보험증권에 기재된 장소의 창고 혹은 보관지점을 떠나는 때에 개시하고, 통상의 운송과정중에 계속되며(continues during the ordinary course of transit), 8.1.1 이 보험증권에 기재된 목적지에 있는 수하인의 또는 기타의 최종창고 혹은 최종 보관지점에 화물이 인도될 때,[1] 8.1.2 이 보험증권에 기재된 목적지 이전에서든 목적지에서든 피보험자가 다음의 목적을 위하여 사용하고자 선택한 기타의 창고 혹은 보관지점에 화물이 인도될 때, 8.1.2.1 통상의 운송과정에 포함되는 보관이 아닌 보관을 위하여 혹은 8.1.2.2 할당 또는 분배를 위하여, 8.1.3 최종양하항에서 외항선으로부터 부보된 화물의 하역이 완료된 후 60일이 경과한 때 중 어느 것이든 먼저 발생하는 때에 종료한다.

1) "최종창고"의 의미와 관련하여 대법원 1998.9.27. 선고 84다카1639 · 1640 판결이 있다. 유기준, 「해상보험판례연구」(두남, 2002), 13면 이하가 있다.

(3) 원심(서울고법 2001.6.12. 선고 2000나45244 판결)은 (i) 보험은 통상의 운송과정중에 계속된다는 약관 제8.1조의 규정은 그 규정의 방식과 다른 보험종류사유, 특히 8.1.2.1의 관계에 비추어 독립된 보험종료사유가 아니고, (ii) 원고가 대금을 지급받기 어렵게 되었다거나 화물의 반송을 결정하였다는 점만으로 적하보험이 종료되었다고 판단할 정도로 화물이 통상의 운송과정을 벗어난 것으로 볼 수 없다고 하면서 피고가 원고에게 적하보험금을 지급할 것을 명하였다.[2)]

Ⅲ. 大法院의 判示內容

약관 제8.1조에서 보험이 통상의 운송과정중에 계속된다는 부분의 해석상 제8.1.1조 내지 제8.1.3조에서 정하는 보험종료사유가 발생하기 이전이라도 통상의 운송과정을 벗어나는 경우에는 이로써 보험이 종료하고, 피보험자가 운송을 중단하고 화물을 반송하기로 결정한 경우에는 그러한 의도적인 운송중단에 의하여 통상의 운송과정에서 벗어난 것이어서 결국 보험이 종료한다. 약관 제8.1조 문언으로도 보험이 계속되기 위한 요건으로서 '통상의 운송과정중'이란 제한을 둔 것일 뿐 아니라 이를 독립한 보험종료사유로 보지 않는다면 굳이 그러한 문구를 둘 필요가 없다. 또한 '인도'나 '반송을 위한 출발'과 같은 장소적 이동이 있어야만 보험이 종료한다고 보면 창고에 입고할 때에는 통상의 운송을 위한 보관으로 시작하였으나 보관기간중 피보험자의 의사가 변경되는 경우, 예컨대 보관을 개시한 직후 매수인으로부터 매매계약의 취소통지가 와서 피보험자가 제3자에게 다시 매도할 때까지 장기간 창고에 보관하기로 결정하는 경우나 최종목적지인 창고에 여유공간이 부족하여 보관기간중 그 최종목적지로의 운송을 중단하고 그 창고에서 그대로 계속 보관하기로 결정하는 경우까지도 약관 제8.1.3조에 따라 60일이 경과하지 않는 한 여전히 보험이 계속된다고 하여야 한다. 이는 당초 보험계약에서 보험의 목적인 운송의 일부로서 예정

2) 선행논문으로, 김현, "적하보험종료사유," 법률신문, 3197(2003.8); 장상균, "협회적하보험약관상 보험담보의 종료시점," 「대법원 판례해설」, 44호(2003 상반기)(2004.1), 125면 이하; 강대섭, "적하보험종료사유인 통상의 운송과정중의 의미," 「상사판례연구」, 제15집(2003. 12), 865면 이하가 있다.

하지도 아니하고 또한 그 운송을 위하여 필요하지도 아니한 보관중의 위험을 보험자에게 인수시키는 결과가 되어 부당하다.[3)]

Ⅳ. 評 釋

우리나라 보험실무상 보험증권은 통상 영국 준거법을 사용하고 있고 대법원은 그 효력을 인정하고 있다.[4)] 본 사안은 영국 준거법을 갖는 적하보험계약에서 보험부보범위가 문제된 것이다. 보험약관상 통상의 운송과정중에 보험이 계속된다고 하므로, 본 사안이 통상의 운송과정을 벗어나는 것으로 판단되는지가 쟁점이 되었다. 적하보험약관상 통상의 운송과정이 종료되면 담보기간이 종료되는 것인데 원고가 1998.7.20. 화물의 반송을 결정하고 운송인에게 통보한 무렵 매수인에게로 가는 통상의 운송과정은 종료되었으므로 보험담보도 그 무렵 종료되었다고 피고 보험사는 주장하였다. 원고는 제8.1조는 독립한 보험종료사유가 아니며 제8.1.1조 이하의 인도나 반송을 위한 출발과 같은 장소적 이동이 있어야만 보험이 종료한다고 주장하였다.

대법원은 제8.1조의 "통상의 운송과정중에 계속된다" 사유는 제8.1.1조 이하의 보험종료사유와는 별개의 독립한 보험종료사유로 판단하고,[5)] 통상의 운송과정이란 무엇인지에 대하여 판단하였다. 영국법상 "통상의 운송과정이란 운송개시를 위하여 보험증권상에 명시된 창고 혹은 보관장소를 떠나는 순간부터 보험은 통상적인 운송과정중에 있게 된다. 통상적인 운송과정에서 화물은 종종 정지할 수도 있고 선적항 혹은 환적항에서 선적을 기다리는 동안 임시적인 장소에서 보관될 수도 있다. 그러나 만일 피보험자가 통상적인 운송과정을 중지할 것을 선택하였다면 보험은 약관조항과 같이 화물의 운송이 종료된 지점에 인도된 때에 종료한다."[6)] 영국의 Arnould는 "통상적인 운송과정은 항해과정에서 발생하게 되어 있는 정지 혹은 지연을 포함하고 또한 정상적인 항해과정에서 항상 발생하지는 않지만 정기적으로 발생하는 피보험자의 통제범위 밖에 있

3) 판례공보(2003), 1520면.
4) 1997.1.11. 선고 91다2116 판결.
5) *Arnould's Law of Marine Insurance and Average*, Volume Ⅲ(Sweet & Maxwell, 1997), section 254.
6) 심재두, 「해상보험법」(길안사, 1995), 159면.

는 지연을 포함한다"고 한다.[7] 이러한 견해에 따르면 피보험자의 통제할 수 있는 사정으로 스스로 운송을 중단하거나 지연시키는 경우에는 통상의 운송과정에서 벗어나게 된다는 결론에 이른다. 본 사안에서 원고는 운송물의 반송을 결정하였고 화물은 반송을 기다리고 있던 상황이었다. 의도적인 중단결정만 있고 아직 물리적으로 운송과정에 이탈하지 않은 경우도 통상의 운송과정에서 벗어난 것으로 보아 적하보험이 종료된 것으로 한다는 것이 대법원의 취지이다. 중단결정이라는 피보험자의 의사는 확정하기가 어려우므로 실제로 운송과정을 이탈하는 경우를 보험종료사유로 하면 간명할 것으로 생각된다.[8]

7) Arnould(III), op. cit., section 254.
8) 반대 장상균, 전게논문, 144면; 강대섭, 전게논문, 869면.

제 8

국내판결

商法 제703조의2 保險契約의 自動終了事由로서의 船舶讓渡(대법원 2004.11.11. 선고 2003다30807 판결)

Ⅰ. 問題의 提起

선박보험은 손해보험의 일종으로서 피보험자는 보험의 목적인 선박에 대하여 피보험이익을 가져야 한다. 그런데 보험가입시에는 선박소유자는 소유자로서 멸실과 관련하여 경제적 이해관계, 즉 피보험이익이 있다. 그러나 선박을 양도하게 되면 자신은 더 이상 선박을 소유하지 않기 때문에 피보험이익이 없어지므로 보험계약은 자동적으로 종료되게 된다.

한편으로 선박의 양도는 그 소유자가 달라짐으로써 보험료율 산정의 기초가 변경되게 된다. 이와 유사한 것으로서 선박의 선급이 변경된 경우 및 관리인이 달라진 경우가 있다. 우리 상법은 이 세 가지 경우에 보험계약은 종료한다고 정하고 있다(상법 제703조의2). 본 사안은 보험계약의 종료사유와 관련된 대법원 판결이다.

Ⅱ. 事實關係

원고는 보험회사이고, 피고는 시옥스호(이 사건 선박)의 사실상의 선주로서 운수업을 영위하는 자이다. 피고는 2001.3. 일본의 선주로부터 이 사건 선박을 매입하였으나 선박운영의 편의상 소유명의는 캄보디아 회사인 소외 甲회사로 한 다음 甲회사와의 사이에 피고가 경영하는 모닝유통을 이 사건 선박의 관리인으로 하는 계약을 체결하였다. 원고는 2001.3.22. 피고와의 사이에 이 사건 선박에 관하여 보험기간은 2001.3.22. 12:00-2002.3.22. 12:00까지로 하는 협회선박기간보험약관(Institute Time Clauses-Hulls)을 적용하기로 하는 내용의 전손담보조건부 선박보험계약을 체결하였다(다툼있음). 동 제4조 제2항은 "자의에 의한 것인지를 불문하고, 피보험선박의 소유권 또는 국적의 변경, 새로운 선박관리인으로의 이전, 나용선, 또는 피보험선박의 소유권 또는 사용권의 수용이 있는 경우"를 보험자가 서면에 의하여 별도로 동의하지 않는 한 보험계약이 자동으로 종료하는 사유 중의 하나로 규정하고 있다. 2001년 4월 4일 부산항을 출발하여 필리핀에 정박중 4월 15일 화재가 발생하였다. 그런데 4월 2일 피고 선주는 그레이트 마리타임에게 국취부나용선계약을 체결하였다. 그러나 동 계약은 필리핀에서 어로작업을 하기 위한 어업허가를 얻기 위하여 작성되었다. 한편, 피고 선주는 그레이트 마리타임에게 국취부나용선계약을 준 것이 아니라 매도한 사실이 있는지 다툼이 있었다.

원고는 위의 계약이 보험약관 제4조 제2항 소정의 "새로운 선박관리인으로의 이전"에 해당하여 보험계약이 자동종료된 다음에 화재가 발생하였으므로 보험금지급의무가 없다고 주장하였다.

원심(서울고법 2003.5.30. 선고2002나73397 판결)은 새로운 선박관리인으로의 이전에 대하여는 부정하면서도, 선박을 매도하였는지는 의문의 여지가 있지만, 협회선박기간보험약관에서 보험자동종료사유로 규정하고 있는 "선박의 소유권에 자의에 의하든 아니든간에 어떠한 변경"이 있는 경우란 이 사건 보험계약을 체결할 때와 비교하여 소유권에 다른 상태가 발생하는 경우를 말하는 것이고 실질적으로 유효한 소유권의 변경이 있다고 할 것이 아니어서, 이 사건 선박의 소유권을 피고로부터 그레이트 마리타임으로 이전하는 계약이 체결되었다면, 내부로는 피고와 그레이트 마리타임 사이에 피고에게 여전히 소유권을 유보하도록 하고 있었다고 하더라도 이는 위 조항 소정의 보험계약의 자동종료사유인 "소유권에 어떠한 변경이 있는 경우"에 해당한다고 하면서, 보험금지급채무가 존재하지 않는다는 제1심의 판단을 유지하였다.

Ⅲ. 大法院의 判示內容

「기록을 살펴보아도 보험계약의 체결당시에 당사자들 사이에서 협회선박기간보험약관(원고의 주장에 의하면 1983년 개정된 것)을 이 사건 보험계약에 적용하기로 명시적으로 합의하였다고 볼 만한 증거가 전혀 없을 뿐만 아니라 위 약관을 계약내용에 편입시킨다는 취지가 담긴 보험계약서 내지 청약서가 작성되었다는 사정이나 기타 이 사건 보험계약을 체결함에 있어서 원고와 피고 사이에 그 점에 대한 묵시적 합의가 있었다고 추정할 만한 특별한 사정도 찾아보기 어렵다. 그럼에도 불구하고 이 사건 보험계약을 체결함에 있어 협회기간보험약관(1983)을 적용하기로 하는 합의가 있었다고 본 원심의 판단에는 채증법칙을 위반하여 사실을 오인한 위법이 있다.

이 사건 보험계약에 대하여 위 약관이 적용되지 아니하는 경우 해상보험에 관한 상법 제693조 이하의 조항들이 보충적으로 적용되게 될 것이고, 그 경우 약관 제4조 제2항에 상응하는 상법 제703조의2는 제1호에서 "선박을 양도할 때"를 자동종료사유의 하나로 규정하고 있는바, 이처럼 선박의 양도를 보험계약의 자동종료사유의 하나로 규정하는 것은 선박보험계약을 체결함에 있어서 선박소유자가 누구인가 하는 점은 인수여부의 결정 및 보험료율의 산정에 있어서 매우 중요한 요소이고, 따라서 소유자의 변경은 보험계약에 있어서 중대한 위험의 변경에 해당하기 때문이라고 할 수 있는데, 특별한 사정이 없는 한 조업허가를 얻기 위한 목적으로 허위의 매매계약서를 작성하였다는 점만으로는 보험계약상 중대한 위험의 변경이 발생한다고 보기는 어렵다는 점에 비추어 그와 같은 경우를 상법 제703조의2 제1호의 "선박을 양도할 때"에 해당한다고 새길 수는 없을 것이다.

그렇다면 이 사건 보험계약에 동 약관이 적용됨을 전제로 하여 소유권의 변동이라는 사유가 발생하여 그 약관 제4조 제2항에 따라 이 사건 보험계약이 종료되었다고 본 원심의 판단에는 채증법칙을 위반하여 사실을 오인한 나머지 판결의 결과에 영향을 미친 위법이 있다고 하지 않을 수 없다. 원심판결을 파기하고 환송한다.」[1)]

Ⅳ. 評 釋

우리나라에서는 실무적으로 영국의 보험약관이 사용되고 우리 법원이 영

1) 판례공보(2004), 2002면.

국준거법약정의 효력을 인정하기 때문에[2] 상법 해상보험규정이 적용되는 경우는 극히 드물다. 그러나 상법의 임의규정은 당사자 사이에 약정이 없는 경우에는 보충적으로 적용된다.

그런데 본 사안에서는 원심은 당사자 사이에 영국협회기간보험약관(1983)을 적용하기로 하는 약정이 있었다고 보았고, 대법원은 이를 부정하였다. 원심의 사실관계에 대한 판단이 옳다면 그 내용에 따라 선박의 소유권의 변동이 있었고, 보험사고 이전에 이미 선박에 대한 보험은 자동종료되었으므로, 원고는 따라서 보험금지급의무를 면한다. 그런데 대법원은 이러한 약정 자체가 없었다고 본 것이다.

대법원이 인정한 사실관계에 따르면, 당사자의 별도의 약정이 없으므로 보험의 자동종료와 관계되는 상법 제703조의2가 임의규정으로서 적용될 것이다. "선박을 양도할 때"가 사안에 가장 가까운 사유이지만, 이를 보험계약의 자동종료사유의 하나로 규정한 것은 보험료율의 산정에 선박소유자가 누구인가가 중요하기 때문인바, 본 사안은 위험의 변경이 발생하지 않으므로 선박이 양도된 때에 해당하지 않는다고 대법원은 판시하였다.

그런데 통상 우리나라 선박회사들 사이에서도 선박기간보험에서는 영국의 보험약관을 사용하는바, 설사 1983 개정형식을 사용하는 것에 대한 합의는 없었다고 한다고 하더라도, 다른 형태의 약정내용은 있었을 것으로 생각된다. 선박보험의 자동종료사유가 보험약관에 대한 약정이 전혀 없으므로 상법의 규정을 곧바로 적용한다고 하는 것은 실무상 선박회사와 보험회사 사이의 선박보험체결에 대한 관행을 제대로 반영되지 않은 것으로 생각한다.

상법은 "선박의 양도"뿐만 아니라 새로운 관리로 옮긴 때에도 보험계약의 종료사유로 한다. 나용선을 준 경우에도 새로운 관리로 옮긴 때에 해당할 것이다. 예컨대, 나용선이 되어 선원의 배승과 감독 그리고 선박에 대한 관리가 나용선자에게 넘어가면 보험자로서는 위험이 발생한다고 할 수 있기 때문이다. 그러나 이 경우에도 보험자의 동의가 있으면 보험은 자동종료가 아니된다(상법 제703조의2). 선박의 양도 등이 보험계약의 자동종료사유로 되어 있는 것은 위험의 변동이 있기 때문이다. 그러므로 위험에 변동이 없는 경우는 여기에 해당

2) 대법원 1977.1.11. 선고 71다2116 판결.

되지 않는다고 보아야 할 것이다. 실제로는 피보험자인 선박소유자가 선박을 계속 점유관리하고 있으면서 서류상 허위의 매매계약서를 작성한 경우이므로 위험의 변동이 없는 경우라고 보아야 할 것이다. 이 점에서 대법원의 판시내용에 찬성한다.

제 9　　국내판례

영국 해상보험법 제17조의 最大善意의 原則
(대법원 2005.3.25. 선고 2004다22711 판결)

Ⅰ. 問題의 提起

보험은 선의성을 갖는다. 보험자는 보험계약자가 제시하는 정보에 의존하여 보험료를 산정한다. 보험료는 동일한 보험단체를 이루는 보험계약자에게 사고율 등을 기초로 대수의 법칙에 따라 산정한 보험료를 부가한다. 그런데 이렇게 산정된 보험료율의 기초가 무너지면 보험은 유지될 수 없다. 따라서 보험계약자는 신의성실로써 보험계약에 임하여야 한다. 이를 구현하는 방법으로서 고지의무가 보험계약자에게 부과되어 있다. 영국에서는 이를 최대선의의 원칙(utmost good faith)이라고 한다.[1] 우리나라의 고지의무는 계약체결시에 부과된 의무이지만, 영국법상의 최대선의의 원칙은 보험계약체결시뿐만 아니라 보험기간 중에도 계속되는 의무인지가 1980년대부터 영국에서도 논란이 되었다. 영국 해상보험법이 이에 대하여 명시적으로 규정하지 않고 있기 때문이다.

우리나라 실무에서는 보험계약의 체결시에 영국법을 준거법으로 한다. 본 사안에서 영국법을 준거법으로 하였기 때문에, 영국법상 최대선의의무의 적용기간이 문제가 되었다. 우리 법의 고지의무와의 구별이 선명하게 나타난 사례라고 할 수 있다.[2]

---

1) 최대선의의무에 대한 선행되는 논문으로는 박세민, "영국의 Litsion Pride 사건판결에 대한 비판적 고찰—영국 해상보험법 제17조와 제18조 제1항의 해석과 관련하여," 「한국해법학회지」, 제26권 제1호(2004.11), 245면; 신건훈, "영국 해상보험법상 지속적인 최대선의의무의 범위," 「한국해법학회지」, 제28권 제2호(2006.11), 155면 이하가 있다.

2) 동 판결에 대한 자세한 판례평석으로는 박영준, "영국 해상보험법상 최대선의의무의 인정에 관한 대법원 판례평석," 「한국해법학회지」, 제29권 제2호(2007.11), 99면 이하가 있다.

II. 事實關係

제917재덕호(97.32톤)의 선주는 삼성화재와 영국협회선박보험약관에 따라 보험계약을 체결하였다.

선주는 동 선박의 실제매수가격이 7,500만원임에도, 보험계약체결시 매수가격이 1억8천만원, 수리비 3억3천만원 및 장비구입비 2억8천만원이라는 선주의 진술을 토대로 보험가액 및 보험금액을 미화 60만달러로 정하여 보험계약을 체결하였다. 보험약관에는 "이 보험은 영국의 법률과 관습에 따른다"(This insurance is subject to English law and practice)고 정하고 있다.

선박이 필리핀 정부의 선박검사 결과 하자가 발견되었으나 임시검사증서를 발급받은 외에 유효기간이 연장되거나 정식검사증서를 받지 못한 상태에서 출항하였다가 화재가 발생하여 선박이 침몰하였다.

선주는 보험자에게 보험금지급청구를 함에 있어서, 위조된 선박검사증서를 제시하였을 뿐만 아니라, 보험금지급여부를 정하는 조사과정에서도 매수가격을 1억8000만원이라고 허위로 진술하였고, 법정에서도 이를 계속 주장하였다. 매도인의 진술로 매수가격이 7천5백만원임이 알려졌다.

보험자는 선박의 진정한 매수가격을 알게 되자 준거법인 영국 해상보험법 제17조 최대선의의무 위반을 근거로 계약을 취소하고 채무부존재확인의 소를 제기하였다.[3)]

서울고등법원(2004.4.8. 선고 2003나10522 판결)은 보험자의 계약취소는 유효하다고 판시하면서 원고의 채무부존재를 확인하여 주었다.

피고 피보험자인 선주는, 선박의 매수가격은 보험계약체결시에 적용되는 고지의무에 해당하는 것으로 보험계약체결 후에는 적용되지 않는다고 주장하면서 대법원에 상고하였다.

---

3) 법원공보(2005), 659면.

Ⅲ. 大法院의 判示內容

대법원은, 「영국 해상보험법 제17조에 규정된 최대선의의 의무는 동법 제18조 및 제20조에 규정된 피보험자의 고지의무 및 부실표시금지의무보다 넓은 개념의 것으로서 보험계약이 체결된 이후 또는 사고발생 이후라도 적용되는 것이며, 따라서 영국협회선박기간보험약관이 적용되는 선박보험계약의 피보험자가 사고발생 이후 사기적인 방법으로 보험금을 청구하는 경우에 있어서도 보험자는 최대선의의 의무위반을 이유로 보험계약을 취소할 수 있다」고 판시하였다.

나아가, 대법원은 본 사건에 대하여, 「보험계약의 체결과정에서 피보험자가 선박의 매수가격 등 선박의 실제가치에 관한 정보를 제대로 고지하지 아니하였을 뿐만 아니라 사고발생 이후 보험금을 청구함에 있어서 선박의 매수가액에 관한 사실을 허위로 주장하고 나아가 위조된 선박검사증서를 행사함으로써 영국 해상보험법상의 고지의무 내지 최대선의의 의무를 위반하였으므로 보험자인 원고는 이와 같은 고지의무 내지 최대선의의 의무위반을 이유로 이 사건 보험계약을 취소할 수 있다」고 하면서 원고의 상고를 기각하였다.

Ⅳ. 評 釋

1. 일반론

본 보험계약에서 준거법은 영국법이었다. 우리 법원은 영국준거법약관의 효력을 인정하는 입장을 취하여 왔다. 따라서 영국 보험법의 내용을 살펴보아야 한다.

1906년 영국 해상보험법 제17조, 제18조 및 제20조는 모두 보험자의 보험계약취소권을 인정하고 있는 점에서는 동일하지만 그 내용이 약간씩 다르다.

(i) 제17조는 "해상보험계약은 최대선의에 기초한 계약이며, 만일 일방당사자가 최대선의를 준수하지 않았을 경우 상대방은 그 계약을 취소할 수 있다"고 한다.[4] (ii) 제18조는 "계약이 체결되기 전 피보험자는 보험자에게 자신이 알

4) Section 17(Insurance is uberrimae fidei) A contract of marine insurance is a contract based upon the utmost good faith, and, if the utmost good faith be not observed by either party, the contract

고 있는 모든 중요한 사항을 알려야 한다. 피보험자가 그러한 고지를 하지 않은 경우에는 보험자는 계약을 취소할 수 있다. 합리적인 보험자가 보험료를 결정함에 혹은 위험을 인수할지를 결정함에 영향을 미치는 모든 상황은 중요한 것이다"[5]고 한다. (iii) 제20조는 "계약체결을 위한 상담중에 그리고 계약이 체결되기 이전에 피보험자 혹은 그의 대리인에 의하여 보험자에게 행하여진 모든 중요한 표시는 사실이어야 한다. 만약 사실이 아닐 경우에는 보험자는 계약을 취소할 수 있다"[6]고 한다.

세 조항은 모두 보험자에게 계약취소권을 부여하는 점에서 동일하지만, 제17조의 경우 최대선의의 의무라는 일반적인 의무를 정하지만, 제18조와 제20조의 경우는 중요한 사실과 중요한 표시를 대상으로 하는 점에서 다르다. 또한 제18조와 제20조는 피보험자를 의무의 주체로 하고 있는 반면, 제17조는 제한이 없는 점에서도 다르다. 나아가 제18조와 제20조는 보험계약이 체결되기 전이라는 시간적인 제한이 있지만 제17조는 그러한 제한을 나타내는 문구가 없다.

따라서, 영국법에서도 제17조의 의무가 (i) 계약체결 전은 물론이고 계약체결 후에도 적용되는지 (ii) 의무의 주체가 보험계약자만인가 아니면 보험자도 포함되는가[7][8] (iii) 그 내용에서 사기적인 것이 제17조에 포함되는지가 논란의 대상이 되어왔다. 그 효력이 보험계약의 소급적인 취소이고, 특히 계약체결 이후의 경우에, 피보험자가 보험계약을 취소하는 것은 드문 것이기 때문에 이

---

may be avoided by the other party.

5) Section 18(Disclosure by assured) (1) Subject to the provisions of this section, the assured must disclose to the insurer, before the contract is concluded, every material circumstances which is known to the assured, and the assured is deemed to know every circumstance which, in the ordinary course of business, ought to be known by him. If the assured fails to make such disclosure, the insurer may avoid the contract. (2) Every circumstances is material which would influence the judgment of a prudent insurer in fixing the premium, or determining whether he will take the risk.

6) Section 20(Representations pending negotiation of contract) (1) Every material representation made by the assured or his agent to the insurer during the negotiations for the contract, and before the contract is concluded, must be true. If it be untrue the insurer may avoid the contract.

7) 이 부분은 논의를 생략한다. 그러나 보험자도 부담한다는 점에서 이론이 없다. David Foxton, "The Post-contractual duties of good faith," *Marine Insurance: The Law in Transition*(Informa, 2006), p. 72.

8) 특히 미국과 같이 소비자 보호의 경향이 강한 나라에서는 보험자의 최대선의의 의무가 강조되어 보험금지급에서 부당한 처리가 있으면 불이익을 받게 된다. Andrew Tulloch, "Utmost Good Faith," *CMI Year Book*(2004), p. 534.

는 보험자에게 일방적으로 유리한 것이 아닌가 하는 의문이 제기되어 이에 대한 수정작업에 대한 논의가 국제해법학회(CMI) 등을 통하여 한창 진행중이다.[9]

2. 보험계약체결 후에도 최대선의의 원칙이 적용되는지 여부

학설상으로는 긍정설과 부정설이 대립하여 왔다.[10] 부정설은, 1906년 영국 해상보험법을 제정할 당시에 최대선의의무가 계약체결 후에도 적용된다는 판례가 없었으므로 본 법의 입장은 보험계약체결 후에는 적용이 없다는 것을 주근거로 한다.[11] 이에 반하여 긍정설은, 제17조가 법문상 어떠한 제한을 두지 않고 있으며, 1904년 영국에서 이를 긍정하는 판례가 있었으므로 의회가 이를 반영하여 제17조를 두었다는 것을 근거로 한다.[12][13]

1985년 Liston호 사건[14]에서 최대선의의 의무는 보험계약체결 전뿐만 아니라 후에도 적용되는 것으로 판시되었다. 이어서 2001년 귀족원의 Star Sea호 사건[15]에서도 보험계약체결 후에도 적용되는 점이 지지되었다.[16] 그러나 보험계

---

9) 중요한 내용으로는 최대선의의무 위반의 효과를 "계약의 해지(비소급적임) 혹은 손해배상청구"로 선택할 수 있게 하고, 엄격히 준수되어야 하는 내용을 약관에 명기하고, 중요한 내용의 의무위반의 경우에만 계약의 취소 혹은 손해배상청구권을 부여하고, 그렇지 않은 경우에는 손해배상청구권만 인정하자는 등이다. John Hare, "Marine Insurance," *CMI YearBook* (2005), pp. 248-260.

10) 우리나라는 최대선의의 의무에 대하여 계약전과 계약후를 구별하는 입장이다. 계약전은 고지의무로 계약후는 통지의무 등으로 표현하고 있는 것으로 이해된다. 박세민, 전게논문; 신건훈, 전게논문, 172면.

11) Baris Soyer, "Continuing duty of utmost good faith in insurance contracts: still alive?," [2003] LMCLQ, pp. 40-41.

12) Ibid., p. 42.

13) 이에 대한 자세한 논의는 신건훈, 전게논문, 163면 이하 및 박영준, 전게논문, 107-112면을 참고바람.

14) Black King Shipping Corp v. Massie(The Litsion Pride), [1985] 1 Lloyd's Rep. 437. 이 판결에 대한 국내의 자세한 판례평석으로는 전게 박세민을 참고바람.

15) Manifest Shipping Co. Ltd v. Uni-Polaris Shipping Co. Ltd(The Star Sea), [2001] 1 Lloyd's Rep. 389. 이 판결에 대한 국내의 자세한 판례평석으로는 정대, "영국의 The Star Sea호 판결과 해상보험계약에서의 최대선의 의무," 「해사법연구」, 제17권 제2호(2005.9), 109면 이하가 있다.

16) 계약후 최대선의의무가 인정되는 것은 계속담보조항(Held covered clause)에서도 알 수 있다고 한다. 담보조항이 계속하여 효력을 가지기 위하여는 통지가 필요하고 피보험자는 최대선의의 의무를 다하여야 한다는 것이다. 박세민, 전게논문, 270면. 그러나 박세민 교수도 지적하듯이 이는 약정으로 통지의무를 필요로 하는 것이지 이것이 곧 최대선의의무가 도출되는 것은 아니라고 생각된다. 동지 박세민, 전게논문, 279면.

약체결 후의 최대선의의 의무는 계약체결 전과 동일하지 않고 축소된 형태가 된다는 입장도 있다.[17]

3. 사기적인 경우의 최대선의의 원칙 적용여부

최대선의의무에서 보험자와 피보험자가 지켜야 하는 의무의 내용이 무엇인지가 문제된다.[18][19] 이러한 내용에 속하는 경우에만 그 효과로서 보험계약을 취소할 수 있기 때문이다.

보험계약체결 후의 최대선의의무의 내용은 보험금지급청구와 관련하여 사기적 보험금지급청구를 하지 않을 의무가 있다는 점이 앞에서 본 Listion Pride호 및 1995년의 Orakpo v. Barclays Insurance Services 사건[20]에서도 인정되었다. 이러한 입장은 영국법의 오랜 입장이다.[21] 그 법률적인 효과는 계약의 취소이고 이는 이미 지급한 유효한 다른 보험금의 반환까지도 가능하게 하였다.[22]

그러나 2001년 귀족원의 Star Sea호 사건 및 2002년 항소법원의 The Agean호[23] 사건에서는 변화가 일어났다. The Agean호 사건에서는 사기적인 청구에 있어서 근거는 영국보통법이고 해상보험법 제17조가 아니라고 판시되었다. 이러한 입장은 제17조를 적용하면 취소에 의하여 보험계약이 소급적으로 무효가 되어 동 계약에서 이미 지급한 다른 사건에서의 보험금도 반환이 되어야 하는 전통적인 입장에서 벗어남을 말한다.[24] 이 입장은 2005년의 AXA

17) 박세민 교수는 최대선의의 원칙은 보험인수시 정보의 비대칭성을 극복하기 위하여 보험자를 보호하기 위하여 인정된 것으로 이를 보험계약이 체결된 후에도 요구하게 되면 보험계약자가 불리하게 되므로 최대선의의무는 제한적으로 적용되어야 한다고 주장하고, 이것이 영국법상 확립된 판례의 입장이 아니라고 한다. 박세민, 전게논문, 245면.

18) 최종현 교수는 영국 해상보험법과 관련하여 보험자에게 부과되는 최대선의의 원칙에서 약관설명의무를 찾으려는 시도를 한다. 최종현, "해상보험에 있어서 보험자의 보험약관설명의무," 「한국해법학회지」, 제28권 제2호(2006.11), 65면 이하.

19) 중요한 사실에 대한 통지의무가 여기에 해당할 것이다. The Litsion Pride호 사건에서 위험한 곳으로 지정된 곳을 항해하게 되면 가장 빠른 시간내에 통지를 하고 그 기간 동안은 보험료가 증액되도록 되어 있었다. 법원은 통지를 하지 않은 것이 최대선의의 의무의 위반이라고 판시하였다. 박세민, 전게논문, 249면.

20) [1995] Lloyd's Reinsurance Law Reports, p. 443.

21) David Foxton, op. cit., p. 101.

22) Ibid., p. 101.

23) Agapitos v. Agnew(The Aegeon) [2002] 2 Lloyd's Rep., p. 42.

24) Ibid., p. 102.

General Insurance Limited v. Gottlieb and Gottlieb 사건에서도 확인되었고, 동 사건의 담당판사는 "사기적인 보험청구에 대하여 소급적으로 계약을 무효화하여 이미 문제없이 처리된 이전의 보험금을 반환받게 하는 보통법은 존재하지 않는다"고 판시하였다.[25] 따라서 현재 영국법의 사기적인 보험청구에 대한 법률효과는 문제가 된 보험금청구의 지급거절만 가능하다고 한다.[26]

한편, 어떠한 행위가 "사기"에 해당하는가에 대하여 4가지 유형이 제시된다.[27][28] (i) 피보험자가 보험사고를 고의로 야기하고 알면서 혹은 무모하게 그 사실을 알리지 않고 손실에 대한 보험금청구를 하는 경우 (ii) 진정 손실을 입었지만 보험자가 항변 등 사유가 있음을 알면서 혹은 무모하게 그 항변과 관련된 사실을 거짓으로 혹은 숨기는 식으로 보험금청구를 하는 경우 (iii) 피보험자가 진정 보상되는 손실을 입었지만 알면서 혹은 무모하게 상당한 정도로(not insignificant extent) 청구액을 과장하는 경우 (iv) 피보험자가 진정 보상되는 손실을 입었지만 알면서 혹은 무모하게 청구와 관련하여 보험자와의 관계에서 자신의 입지를 강화하려는 목적에서 사기적인 방법(fraudulent device)을 동원하는 경우이다.[29] (ii)와 관련하여서 The Aegean호 사건에서 담보특약의 사실의 위반을 숨기는 것도 사기에 해당하는 것으로 판시되었다.[30]

(iii)과 관련하여 논란이 되는 것은 (i)의 경우와 달리 어느 정도의 과장이 사기적인 청구가 되는가이다. Galloway v. Guuardian Royal Exchange 사건[31]에서 도둑을 당하였는데, 진정한 손실 16,000파운드에 실제 도둑을 맞지 않은 컴퓨터의 가액 2,400파운드가 추가되어 있었다. 항소법원은 이를 상당한 정도로 사기적이라고 판시하였다.[32] 그러나 협상의 목적으로 과장되는 경우는 구별되어야 한다는 입장이 있다. Orakpo 사건에서 Staugton 판사는 "사람들은 협상의 목적으로 과장된 수치의 청구액을 제시하면서 손해사정인에 의하여 이것이 감액될 것으로 알고 있는 경우가 있다"고 하였다. 보험자는 자신을 대리할 자들이

25) Ibid., p. 102.

26) Ibid., p. 102. 우리 법으로 말한다면 소급효가 없는 계약의 해지에 해당할 것이다.

27) MacDonald Eggers, Picken and Foss, *Good Faith in Insurance Contracts*(2004), p. 263.

28) 신건훈 교수는 다른 각도에서의 요건들을 소개한다. 전게논문, 176면.

29) David Foxton, op. cit., p. 96.

30) Ibid., p. 97.

31) [1999] Lloyd's Law Reports Insurance & Reinsurance, p. 209.

32) David Foxton, op. cit., p. 97.

있어서 피보험자의 의견에 의지하지 않아도 되고 또한 이 문제는 협상의 문제이기 때문이다.[33]

한편, Star Sea호 사건에서 법원의 소송이 진행되는 단계에서의 최대선의의무는 보험자가 보험금지급을 거절하는 순간에 종료되고 소송법의 문제로 전환된다는 점이 제시되었다.[34][35] 소송의 단계에서는 보험자와 피보험자는 對審구조(adversarial mode)가 되기 때문에 보험금액의 과장 등 사기와 관련되는 문제는 영국 해상보험법 제17조의 문제로서 계약의 취소를 가져오는 것이 아니라 소송법에 주어진 불이익을 가져오는 것이라는 결론에 이른다.[36]

4. 본 사안의 경우

본 사안은 보험목적물의 선박가액이 보험계약체결 전은 물론이고 법정에서 소송이 진행되는 과정에서도 허위로 보고되었다. 그 가액은 2배 이상 부풀려졌다. 또한 감항성 담보 위반에 해당하는 선박검사증서가 위조된 채로 제시되었다.

이상에서 본 바에 따르면, 영국 해상보험법하에서 피보험자는 보험계약체결 전에 보험목적물인 선박의 가격을 허위로 보고하는 것은 제17조는 물론 제18조의 고지의무에 위반한 것이고, 사고 후에 역시 허위로 보고하는 것은 제18조의 고지의무에 위반한 것은 아닐지라도 제17조 최대선의의무에 위반한 것이 될 수 있다.[37] 그러나 최근의 경향에 따르면 그 위반의 효과와 허위청구의 정도가 제17조에 해당하는지에 대하여 조심스런 경향이 있으므로 이를 유의하여야 할 것으로 보인다.

사기적인 보험금청구에 대하여 이의 법률효과가 소급적인 효력이 없는 해지라고 하는 입장을 취한다고 하더라도 보험자는 계약을 해지함으로써 보험금지급책임을 면하게 될 것이라는 점에서 대법원과 결론은 동일할 것이다.[38] 그

---

33) Ibid., p. 98.

34) 동 사건에서 1심법원의 판사인 터키 판사의 이론이다. 이는 항소법원에서 부인되었다. 그러나 귀족원에서 홉하우스 대법관(스타인 경, 호프판 대법관, 스코트 대법관 동의)에 의하여 지지되었다고 해석된다. The Star Sea, [2001] 1 Lloyd's Rep. 406-407; David Foxton, op. cit., p. 104.

35) 정대, 전게논문, 133면.

36) 이는 결국 피보험자를 보호하는 이론이다.

37) 동지, 박세민,「영국보험법과 고지의무」(세창출판사, 2004), 155면.

러나 보험목적의 가액에서 어느 정도의 과장은 허용되어야 한다는 영국법의 입장을 따른다면, 대법원의 결론은 달라질 수도 있을 것이다. 본 사안에서 손해사정인에 의하여 감액될 것을 예상하고 피보험자가 높은 금액을 제시하였는지 그러한 목적없이 순전히 사기의 목적으로 높은 금액을 제시하였는지가 중요한 판단의 기준이 되어야 할 것으로 보인다.[39] 판결문에 따르면 최종적인 순간까지도 진정한 보험목적의 가액은 재판도중 매도인에 의하여 밝혀진 것을 감안하면 후자의 의도가 있는 것으로 보인다. 그런데 이러한 결론에 이르는 과정에는 보험자가 선박의 가액을 확인하는 제도를 가지고 있는지를 법원은 확인하여야 할 것이다. 한편, 소송중의 보험목적의 과장은 소송법의 문제이지 보험법의 문제가 아니라는 Star Sea호 사건의 판시내용을 따른다면 보험자에게 취소권이 주어지는 것은 아니므로 그러한 한도에서 피보험자는 다소 유리한 입장에 놓일 것으로 생각된다.

위조된 선박검사증서의 제시는 사기적인 것임이 영국법의 판례와 학설에서도 인정된다. 이 점에서 대법원의 판시에 찬성한다.

본 사안은 아쉽게도 우리나라의 보험회사와 선박회사 사이에 체결되는 선박보험계약에서 영국법을 준거법으로 하고 있다. 이러한 경향은 바람직한 것은 아니고 우리가 극복하여야 할 사항이다. 그러나 이미 본 사안의 준거법이 영국법인 이상, 법원의 판단은 영국법의 입장을 충실히 따라야 할 것으로 생각된다.[40] 영국 해상보험법의 해석에 대한 판례의 변화가 있다면 구체적인 판례의 입장을 판결문에 적시하고 어느 입장을 법원이 취하였는지 소상히 밝히는 것이 법률심을 담당하는 대법원의 기능을 다하는 것으로 생각된다.[41] 본 판결이 나오기 전에도 영국법의 입장을 소개하는 몇 편의 논문이 있었지만, 판결이 나온

38) 이러한 대법원이 판결에 대하여 사기적인 청구는 영국 보험법 제17조를 인용할 것이 아니라 영국 보통법을 근거로 하여야 한다는 비판이 있지만, Listion Pride호 귀족원의 판결이 효력을 갖는다고 생각한다.

39) 박영준 교수는 다른 각도에서 접근하여, 협회기간보험약관 제27조의 기평가보험을 체결한 것이기 때문에 보험자와 피보험자 사이에 합의가 이루어진 것이므로 이를 참작하여 사기적인지가 판정되어야 한다는 의문을 제시한다. 박영준, 전게논문, 119면.

40) 동지 박영준, 118면.

41) 예컨대, 귀족원의 판결인 Listion Pride호 판결과 Star Sea호 판결의 입장을 따르면 계약의 소급효를 갖는 취소가 될 것이지만, The Agean호 사건의 입장을 따르면 소급효가 없는 해지가 된다든가 하는 내용이다. 우리 법은 전자의 입장을 따른 것으로 이해된다.

다음에 국내에서 영국법상 최대선의의 효력에 대한 논의가 활발하게 전개되었다. 영국법의 최근의 경향을 소송의 당사자나 법원이 충분한 검토를 할 기회가 주어지지 않은 아쉬움도 있다. 미국법원의 Amicus Curie 제도를 이용하여 이해관계가 없는 단체나 교수들이 이에 대한 자신의 견해와 입장을 법원에 제시하고 법원이 이를 참고하여 재판을 하면 좀더 최신의 외국법의 입장을 파악할 수 있어서 좋을 것이다.

본 판결은 우리나라 대법원이 영국 해상보험법에서 최대선의의무를 적용한 최초의 판결로 평가된다.[42)]

---

42) 우리 법의 고지의무는 최대선의의무에서 파생된 것이고 계약체결 당시에만 인정된다. 우리 법은 사정변경에 의한 경우를 몇 가지 나열하고 있으므로 이것이 영국법의 계약체결 후의 최대선의의무에 해당하는 것으로 생각된다.

제 10 국내판례

被保險者의 故意的 不法行爲와 近因의 法理

(대법원 2005.11.25. 선고 2002다59528 판결)

Ⅰ. 問題의 提起

해상보험에서 피보험자가 보험금을 청구하기 위하여는 보험사고가 부보위험의 하나에서 기인한 것임을 입증하여야 한다. 이를 입증하지 못하게 되면 피보험자는 패소하게 된다.

해상보험에서 피보험자의 고의 혹은 중과실에 의한 보험사고는 보험자가 면책이 된다. 그러나 선원들의 악행에 의한 보험사고는 보험자가 보험금을 지급하여야 하는 보험사고이다. 그런데 선원과 피보험자인 선주는 밀접한 관계에 있기 때문에 선원의 악행에 선주의 고의가 개입되어 있는지가 보험소송에서 문제가 된다.

선원의 악행이나 피보험자의 고의성을 입증하는 수단으로서 해양안전심판원을 동원하는 경향이 우리나라에 자리잡게 되었다. 보험자로서는 증거자료가 모두 선박에 있고 또 자신들은 선박운항에 전문가도 아니다. 그러므로 전문기관인 해양안전심판원의 사고원인 판단을 신뢰하는 것도 당연하다. 형사재판이나 민사재판이 해양안전심판의 결과에 구속되지 않아도 된다는 것이 대법원 판례이다. 그러나 적어도 사실관계의 확정에 있어서는 중앙해양안전심판원의 재결이 사실상 법원에 지대한 영향을 미치고 있는 것이 우리나라의 현실이라고 할 수 있다. 본 사안도 그러한 경향을 볼 수 있는 것으로서 원인판단에 있어서 해양안전심판원의 역할이 강하게 나타나고 있다.

II. 事實關係

제510동영호(이하 동영호)의 선주는 동부화재해상보험에 영국협회선박기간 보험약관을 기초로 한 보험계약을 체결하였다.

동영호는 1998년 7월 29일 09:20 포클랜드 북방해상에서 조업중 원인불상의 화재가 발생하였다. 같은 날 10:30 구조요청을 받고 출동한 제201우양호에 선원들은 대피하고 있다가 동영호의 화염이 약해지자, 11:00경 선장과 기관장, 1기사가 다시 동영호로 들어갔다. 기관장 등은 기관실에서 내려가서 머물렀고, 다시 돌아온 후인 14:32경 동영호는 갑자기 해저로 침몰하였다. 이 사이에 선장과 선주회사의 부장 사이에 전화통화가 있었다.

화재사고로 선박이 침몰되자 피보험자인 선주는 보험금을 청구하였다. 보험회사는 고의침몰을 근거로 보험금지급을 거절하면서 채무부존재확인소송을 제기하였다. 동영호측은 영국법 준거법약관이 한국법상 무효이며, 본 사고는 선원의 악행에 의한 사고로서 보험금지급사유가 되는 것이지, 피보험자인 선주측이 선박을 고의로 침몰한 것은 아니라고 주장하였다.[1]

부산고등법원(2002.9.17. 선고 2001나1645 판결)은, 보험금지급사유가 되는 보험사고에 대한 입증을 할 책임이 있는 피보험자가 부보위험으로 주장하는 화재 및 선원의 악행은 보험사고로 인정될 수 없고 따라서 보험사고에 대한 입증이 되지 않았으므로 보험자의 보험금지급의무는 없다고 판시하였다.

원심법원은, 화재 자체로는 선박이 침몰할 정도의 것이 아니었고 오히려 선원들이 재승선한 다음 선박이 침몰하였으므로 이것은 사고의 근인이 아니라고 판단하였다. 법원은 선원의 악행이란 선주를 해할 의사가 있어야 하지만 이를 피보험자가 입증하지 못하였다고 보았다. 원인불명의 침몰사고에 있어서도 원칙적으로 피보험자가 그 침몰사고가 부보위험으로 인한 것이라는 점을 증명하여야 하고 이를 증명하지 못하는 경우에는 보험자는 보험금지급의무가 없다. 따라서, 원고에게는 보험금지급채무가 없다는 원고승소판결을 법원은 내리게 되었다.

---

1) 법원공보(2006), 5면.

이에 선주가 대법원에 상고하였다.

Ⅲ. 大法院의 判示內容

대법원은, (1) 영국법 준거법약관의 효력에 대하여, 「이 사건 보험계약에 적용되는 영국협회선박기간보험약관은 그 첫머리에 이 보험은 영국의 법률과 관습에 따른다고 규정하고 있는바, 이러한 영국법 준거법약관은 오랜 기간에 걸쳐 해상보험업계의 중심이 되어 온 영국의 법률과 관습에 따라 당사자 사이의 거래관계를 명확히 하려는 것으로서, 그것이 우리나라의 공익규정 또는 공시양속에 반하는 것이라거나 보험계약자의 이익을 부당하게 침해하는 것이라고 볼 수 없어 유효하다」고 판시하였다.

대법원은 또한 (2) 근인에 대하여 「영국 해상보험법 제55조 제1항에 의하면 손해가 담보위험을 근인(proximate cause)으로 하는지 여부가 보험자의 책임유무를 결정하는 기준이 되는바, 여기서 근인이라 함은 손해와 가장 시간적으로 근접하는 원인(proximate in time)을 말하는 것이 아니라 손해의 발생에 있어서 가장 효과적인 원인(proximate in efficiency)을 말한다고 할 것이다. 원심은, 동영호의 선수부에 화재가 발생하였을 때 선장과 모든 선원들이 화재를 진압하지 아니하고 동영호를 떠난 과실은 인정되나, 그와 같은 정도의 화재만으로는 동영호가 침몰될 수 없는 상황에서 선장 등이 화재진압을 하지 아니한 채 퇴선한 행위가 '기관실에의 침수' 또는 다른 원인에 의한 선박침몰의 근인이 되었다고 볼 수는 없다고 판단하였는바, 위 법리 및 기록에 비추어 살펴보면, 원심의 위와 같은 판단은 정당한 것으로 수긍할 수 있고 영국 해상보험법상 근인의 해석적용에 관한 법령위반 등의 위법이 있다고 할 수 없다」고 판시하였다.

(3) 피보험자의 고의적 불법행위에 대하여, 대법원은 「이 사건 보험약관 제6조 제2항 제5호에서 부보위험의 하나로 규정하고 있는 선장 등의 악행(barratry of master officers or crew)이라 함은 선주나 용선자에게 손해를 끼치는 선장 등에 의하여 고의로 이루어진 모든 부정행위(wrongful act)를 말하는 것인바, 보험계약자가 선장 등의 고의에 의한 부정행위에 해당하는 사실을 입증하면 일응 선장 등의 악행은 추정된다 할 것이나, 이 경우 선주 등의 지시 또는 묵인이 있었다는 사실을 보험자가 입증하면 이는 보험자의 면책사유인 피험자의 고

의적 불법행위(wilful misconduct)에 해당하여 결국 보험자는 보험금지급의무를 면한다고 할 것이다」라고 설시하였다.

이어서 대법원은 「다른 한편, 기록에 의하면, 피고 회사의 수산부장인 소외 4는 동영호의 선장 소외 1로부터 전화로 화재발생보고를 받고 그에게 선박침몰을 지시하였고, 이에 따라 소외 1 등이 고의로 킹스톤밸브 등을 조작하여 동영호를 침몰시켰음에도, 마치 화재 등으로 인하여 자연적으로 동영호가 침몰된 것처럼 가장하여 원고에게 보험금을 청구함으로써 보험금 상당액을 편취하려 했다는 혐의로, 원심판결이 선고된 이후인 2002.10.31. 위 소외 4 및 동영호의 1기사 소외 3 등이 사기미수죄 등으로 기소되어 제1심(부산지방법원 2002고단9023) 및 제2심(부산지방법원 2004노544)에서 모두 유죄판결을 받고, 위 판결은 대법원에서 확정된 사실을 알 수 있는바(대법원 2005도1197), 이에 비추어 보면, 위 소외 4의 지시 또는 묵인은 곧 선주인 피고의 지시 또는 묵인으로 보아야 할 것이고, 따라서 비록 동영호가 선장인 소외 1 등의 고의적인 행위로 인하여 침몰하게 된 것이라고 하더라도 그것이 선주인 피고의 지시 내지 묵인에 의한 것인 이상 이 사건 보험계약상 부보위험인 선장 등의 악행에 해당한다고 볼 수는 없다 할 것이다」고 판시하였다. 피보험자의 상고는 기각되었다.

IV. 評 釋

1. 영국준거법

우리나라는 영국 보험법의 강한 전통의 영향을 받아서 국내보험자와 국내피보험자 사이에도 영국법을 준거법으로 하는 보험계약을 체결하고 있다. 대법원은 이를 유효하다는 입장을 취하여 왔다(대판 1991.5.14. 선고 90다카25314). 대법원은 영국법을 준거법으로 하는 약관을 유효하다고 다시금 확인하고 있다.

2. 입증책임

피보험자는 보험계약에서 정한 부보위험의 하나에서 사고가 발생하였음을 입증하여야 한다. 입증을 하지 못하면 보험자의 보험금지급의무는 발생하지 않는다. 단순히 부보위험에서 보험사고가 발생하였다는 것에 족하지 않고 부보위험에서 발생한 보험사고가 손해와 근인이 있어야 한다.

원심은, 영국 해상보험법 및 영국법원의 판례에 의하면, 피보험자가 보험금의 지급을 청구하기 위하여는 피보험자는 보험사고가 발생한 사실, 그 보험사고가 부보위험으로 인한 것이라는 사실, 즉 특정한 부보위험이 손해발생의 근인(近因, proximate cause)이라는 사실에 관한 입증책임이 있고, 여기서 근인이라 함은 '지배적인'(dominant), '유효한'(effective), 또는 '직접적인'(direct) 원인을 말하고, 시간적으로 반드시 최후의 것(the last in point of time)임을 요하지 아니하며, 결국 무엇이 근인이 되는가는 전반적인 관점에서 광범위한 상식에 따른 법원의 사실인정(It is for the court to decide the proximate cause as a question of fact)의 문제라고 판시하였다.[2)]

원심은 또한, 원인불명의 침몰사고에 있어서도 원칙적으로 피보험자가 그 침몰사고가 부보위험으로 인한 것이라는 점을 증명하여야 하고 이를 증명하지 못하는 경우에는 보험자는 보험금지급의무가 없다고 판시하였다.[3)]

예컨대 피보험자가 화재로 인한 손해를 주장하면 화재가 근인이 되어 보험목적이 멸실되었음을 입증하여야 한다. 그런데 본 사안에서는 화재로 인하여 선원들이 퇴선한 다음 화재가 소화된 후 몇 시간이 지나도 선박이 침몰되지 않았고, 오히려 선원들이 재승선하여 기관실에서 어떤 행위를 한 다음에 급속히 선박이 침몰하였으므로 화재 자체가 근인이 되었다고 할 수 없다고 법원은 보았다. 이는 적절한 법의 적용이라고 생각한다.

3. 부보위험으로서의 선원들의 악행

본 사안에서 피보험자는 먼저 화재를 근인으로 주장하였다. 그러나 화재로 인하여 선박이 침몰할 정도는 아니었고 그 이후의 원인도 무엇이라고 피보험자

---

2) 원심은, 「그리고 위와 같은 요증사실은 사고원인에 관한 가설의 개연성을 형량하였을 때(balance of probability), 보험사고가 부보위험에 의하여 일어났을 개연성(probability)이 그렇지 않을 개연성보다 우월(more likely than not the loss arose because of an insured peril)할 정도로 입증되어야 하고, 만일 부보위험과 미부보위험 또는 부보위험에서 제외되는 위험(a non-insured or an excepted peril)이 동등한 정도로 보험사고에 영향을 주었다고 인정되는 경우에는 피보험자의 입증은 실패하게 된다」고 판시한다.

3) 한편, 영국 해상보험법 제39조 제5항은 선박의 불감항으로 인하여 발생한(attributable to unseaworthiness) 손해에 관하여 보험자가 면책되도록 하고 있고, attributable은 proximately caused by보다도 넓은 개념으로 이해된다. Susan Hodges, *Law of Marine Insurance*(Cavendish Publishing Ltd, 1997), p. 138.

가 밝히지 못하였다.

다음으로 피보험자는 선장 등의 악행을 부보위험으로 주장하였다. 영국 해상보험법 해석규정 제11조[4]에 의하면, 악행이란 "선주 혹은 경우에 따라서는 용선자에게 불이익이 되는 선장 혹은 선원에 의하여 고의적으로 행하여진 모든 악행을 포함한다"고 한다. 선주의 동의나 묵인이 있는 경우는 고의침몰을 하여 보험금을 지급받으려는 것이기 때문에 보험금의 지급사유가 되는 선장 등의 악행에는 포함되지 않아야 한다.[5] 그러나 선주의 동의가 없는 경우에는 사실상 선주에게 이익이 되어도 악행의 정의에 포함되어야 한다고 본다. 일부선박이 파손된 경우에 선장이 독자적인 판단에 따라 침몰이 되어 전손이 되는 것이 좋겠다는 생각에 악행을 저지르는 행동을 한다면, 선주로서는 침몰에 대하여 동의나 묵인이 없는 경우이고 이러한 경우에까지 선주가 보험금을 지급받지 못하여서는 아니되기 때문이다.

대법원은 형사사건의 판결을 근거로 오히려 문제회사의 부장이 선장 등에게 선박을 고의로 침몰시키라는 지시를 하였다는 전제하에서 이는 결국 선주의 행위로 볼 수 있으므로 이는 결국 선원들의 악행이 아닌 것이라고 판시하였다. 따라서 피보험자는 이것 이외의 부보위험에 의한 사고라는 것을 입증하지 못하였으므로 보험자의 보험금지급의무는 발생하지 않게 된다. 따라서, 원고 보험자의 채무부존재확인의 소를 인용하였고 반대로 피고인 선주는 패소하여 보험금을 지급받지 못하게 되었다.

그런데 악행의 정의규정에 의하더라도 선장 등이 피보험자를 해할 의도를 요구하는 것은 아니므로, 선장 등이 화재사고 후에 분손을 시키기보다는 전손보험금을 선주가 지급받도록 하는 것이 선주에게 이익이 된다고 생각하여 선박을 전손하게 한 경우에도, 선주의 동의 혹은 묵인이 없었다면 보험금지급사유가 되는 악행에 해당할 것이다.[6]

선주의 동의에 대한 입증책임에 대하여 영국법은 피보험자인 선주가 동의

---

4) The term "barratry" includes every wrongful act willfully committed by the master or crew to the prejudice of the owner, or, as the case may be, the charterer.

5) 동지, Susan Hodges, op. cit., p. 304.

6) 비록 전손보험금을 타는 것이 결과적으로 선주에게 이익이 된다고 하더라도 그렇다. 동일한 취지의 판례로는 Elfie A Issaias v Marine Insurance Co. Ltd [1923] Lloyd's Rep. p. 189; Susan Hodges, ibid., p. 302.

가 없었음을 입증할 책임을 부담한다는 것[7]과 보험자가 선주의 동의가 있음을 입증한다는 입장[8]으로 나뉘어 있다.[9] 피보험자가 사고가 선원의 악행에 의한 것이라고 주장하면 악행은 선주의 지시에 의한 것이었다는 입증은 보험자가 입증하여야 할 것으로 생각된다. 우리 대법원은 보험자가 부담한다는 취지의 판시를 하고 있다.

4. 고의침몰소송에서 추가검토되어야 할 사항

그런데 대법원의 판시의 내용으로는 피보험자 회사의 부장의 지시를 회사의 지시와 동일시하였다. 그러나 전통적인 분신론(alter ego)에 의하면 회사의 이사 등 대표기관의 행위만이 법인의 행위가 되므로 부장이 결정에 대한 전권을 가지고 있는 자인지에 대한 분석이 추가되었어야 한다고 본다. 또한 고의침몰과 관련된 많은 영국의 판례에서 나타나는 바와 같이, 과연 피보험자인 선주가 그러한 고의침몰을 시킬 어떠한 상황에 처하여 있었는지도 살펴보아야 한다. 그의 고의침몰을 추단할 수 있는 좋은 자료이기 때문이다. 예컨대, 현재 선박의 건조가격이 본선의 가격보다 2배가 높고, 회사가 현금사정이 충분하여 현금으로 보험금이 필요없는 사항이라면 회사로서는 선박을 고의침몰시킬 이유가 없는 것이다. 이러한 점이 검토되지 않은 것은 아쉬운 점이다. 우리 법원은 고의침몰에 대한 판단에서 영국법원의 이러한 요소를 반드시 참고하여야 할 것으로 생각한다.

---

7) The Martiartu-Michael Rule이라고 부른다. Susan Hodges, op. cit., p. 263.

8) The Issaias Rule이라고 부른다. Susan Hodges, op. cit., p. 261.

9) Susan Hodges, op. cit., p. 259 이하.

제 IV 편

綜合 및 其他

제 1 장
海商法 一般

제 1 발표문

海商法의 傳統的 理論과 最近의 動向*

Ⅰ. 들어가며

미국에서 해상사건은 연방사건으로서 연방법원에서 다루게 된다. 그러므로 연방법원의 판사들은 모두 해상사건을 다룬다. 미국 연방법원의 판사들은 자신들이 해상판사들임을 매우 자랑스럽게 생각한다. 연방대법원의 '우리는 선원들의 수문장이 되어야 한다'는 반복되는 설시에서도 알 수 있다. 판례법 국가로서 미국의 연방법원의 판사들은 구체적 타당성을 추구하는 많은 판례를 만들어 내어 왔다. 공정한 기회의 법칙, 기여과실제도를 일찍이 폐지한 점 등이 바로

* 본 논문은 서울중앙지방법원 국제거래전문재판부 워크숍 발표문(2007.4.30)이다. 그런데 2007 개정상법 해상편에 의하여 개정된 내용은 반영되어 있지 않으므로 주의를 요한다.

그것이다.

1960년대 1970년대를 정점으로 세계 해상법학계는 영국을 제외하고 쇠락을 거듭한다. 미국의 예일, 코넬 대학에서 해상법 강좌가 사라졌고, 일본에서도 해상법 교수는 찾아보기 어렵다. 우리나라에서도 마찬가지이다. 손주찬, 송상현, 이균성, 박용섭, 채이식 교수, 김교창 변호사, 이주흥 판사 등이 활발히 활동하던 1980년대에 비하여 현재 논문을 발표하는 해상법 교수는 2-3명에 지나지 않는다. 그럼에도 불구하고, 우리나라의 해운과 조선은 날로 성장하여 각각 세계 6위와 세계 1위를 달리고 있다는 사실은 실로 아이러니라 하지 아니할 수 없다. 해상법의 연구와 발전은 이제 해상변호사와 법원의 판사들에게 의존하지 않을 수 없는 현실이 되었다. 해상사건에 대한 수요가 있는 한 해상법 교수와 강좌는 사라져도 사건을 처리하여야 할 해상변호사와 판사는 없어질 수가 없기 때문이다.

이러한 시점에서 법원이 해상법을 국제거래법의 중요한 한 꼭지로 인식하고 해상법 교수를 자처하는 필자에게 기회를 주신 점에 대하여 필자는 감사한 마음이고 우리 해상법의 앞날에 긍정적인 신호탄이 될 것으로 생각한다.

Ⅱ. 다양한 船舶運航의 技法과 海商法(다양한 海商企業主體論)

1. 서

해상법을 이해하기 위한 첫걸음이면서도 마지막 발걸음은 선박을 이용하는 자가 실로 다양한 법적인 지위를 가지고 해상법의 각종 문제에 개입되어 있다는 것을 이해하는 것이다.

화주의 입장에서는 운송인으로 불리지만, 이들을 법적 지위의 측면에서 본다면 이들은 선박소유자, 나용선자(선박임차인), 정기용선자, 항해용선자, 재운송인, 운송주선인, 운항위탁자 등 각기 다른 지위를 가지고 있는 것이 된다.

이러한 운송인의 다양한 지위는 계약책임과 불법행위책임에 영향을 미치게 되므로 해상법을 어렵게 하기도 하고 매력을 느끼게 하기도 한다.

2. 두 가지 형태의 영업방법

해상기업이 기업으로서 수익을 올리는 방법으로는 傭船과 運送이 있다. 상법이 다루는 것은 운송이다. 용선에 대하여는 단지 나용선(선박임대차)에 대한 규정과 정기용선에 대한 일부규정만을 가지고 있을 뿐이다.

이러한 상법의 입장에 대하여 우리 종래의 교과서가 용선을 제대로 설명하지 못한 측면이 해상법 이해를 더욱 어렵게 하였다. 용선은 선박을 임대차하는 것이다. 선박소유자로부터 선박을 임차하여 자신의 영업활동에 이용하는 것이다. 이것은 상법의 기본적 상행위인 동산의 임대차로 설명하면 된다(상법 제46조 제2호). 그러므로 굳이 상법 해상편에서 두지 않았다고 설명할 수 있다. 다음, 운송도 역시 기본적 상행위의 하나이다(상법 제46조 제13호). 그런데 상법 해상편은 자세한 규정을 두고 있다. 이는 육상운송과 다른 측면이 있기 때문이다.

이러한 기본적 상행위를 영업으로 하는 자들로서 물적 · 인적 설비를 가진 상인들을 해상기업주체라고 부른다.[1]

3. 용선과 운송의 구별

해상법을 어렵게 하는 것 중의 하나는 용선자라는 개념이다. 실무에서 사용하는 용선자와 상법에서 말하는 용선자가 서로 다른 개념이기 때문이다. 상법 제780조 이하에서 말하는 용선자는 항해용선계약에서 운송인의 상대방으로서 개품운송에서 송하인에 대응하는 자를 말한다. 한편으로는 해상기업주체로서 나용선자, 정기용선자 그리고 항해용선자라고 하면 이들은 화주의 상대방이 된다. 이렇듯 실무와 해상법에서는 서로 다른 의미의 동일한 용어가 사용되고 있으므로 해상법을 더욱 어렵게 한다.

航海傭船契約이란 일방으로서 선박소유자가 있고 타방으로서 용선자가 선박의 일부 혹은 전부를 빌려 이를 운송에 사용하는 것이다. 선박소유자는 운송인이 되고 용선자는 화주가 되는 것이다. 동방유량(1996년 (주)신동방으로 상호 변경함)이 옥수수 운송을 위하여 STX 팬오션의 선박 한 척을 항해용선하여 미국 뉴올리언스에서 인천항까지 싣고 옴에 있어서 운임은 1톤당 20달러씩 지급하는 용선계약을 체결하는 것이다. 선박을 빌리는 개념이지만 실질은 운송계약과 동일하므로 운송계약으로 보는 것이다. GENCON 등 용선계약서가 발행된다.

1) 상인이란 자기명의로 상행위를 하는 자를 말하므로(상법 제4조), 물적 설비와 인적 설비를 갖추는 것이 상인의 요건이 되지는 않는다. 그러나 상법 해상편에서의 상인으로서의 해상기업주체는 조금 다른 면이 있는 것으로 필자는 생각한다.

당사자 사이에 숙의를 거친 계약서가 발행된다.

이에 반하여 個品運送契約은 운송물 개개에 대하여 운송인과 화주 사이에 운송계약을 체결하는 것이다. 컨테이너 박스 안에 노트북 1000개를 넣은 삼성전자가 이를 미국의 시어스 백화점에 보내면서 한진해운과 운송계약을 체결하는 것이다. 컨테이너 선박 한 척에는 1000여 개의 컨테이너가 실리므로 일일이 운송계약을 체결할 수 없고 미리 운송인이 작성한 선하증권의 발급으로 갈음하게 된다.[2]

再運送契約이란 선박소유자로부터 선박을 빌린 항해용선자가 다시 운송인이 되어 화주와 운송계약을 체결하는 것이다. 예컨대, 위의 예에서 동방유량(신동방)이 선박의 일부에 여유가 있어, 자신이 운송인이 되어 다른 화주의 운송물을 실어주는 것이다. 이 때 동방유량(신동방)은 재운송인이 된다. 상법 제806조는 이 경우에 선박소유자인 STX 팬오션도 운송인인 동방유량(신동방)과 함께 연대책임을 부담한다고 한다.[3]

4. 나용선과 정기용선

나용선은 선박소유자로부터 용선자가 선박을 10년 정도의 기간 동안 임대차하여 자신의 영업에 이용하는 것이다. 나용선자는 자신의 선원으로써 선박을 운항하기 때문에 대형선박회사가 아니면 나용선자가 될 수 없다. 일반 임대차와 다른 점은 선박임대차에서는 수선의무를 용선자가 부담한다는 점이다. 자신이 선임한 선원을 통하여 선박을 점유하기 때문에 각종 책임의 주체가 된다(상법 제766조).[4]

이에 반하여 정기용선은 1년 혹은 2년의 기간 동안 선박을 용선하여 자신의 영업에 이용한다. 자신의 선원을 고용하는 것이 아니라 이미 선박소유자 혹은 나용선자가 선임관리하는 선원이 승선하고 있는 선박을 용선한다는 점이 나

---

2) 따라서 송하인과 선하증권소지인의 보호의 문제가 발생하고 여기에서 헤이그비스비규칙 등 이들을 보호하는 조약이 등장하게 된다.

3) 이 때 항해용선자의 자리에 정기용선자가 있는 경우에도 제806조를 적용하여 선박소유자가 연대책임을 부담한다는 입장도 있다. 이는 정기용선을 운송계약으로 이해하는 입장이다. 필자는 여기에 반대한다. 여기에 대한 자세한 논의는 김인현, 「해상법연구」(삼우사, 2003), 493면 이하를 참고바람.

4) 선박충돌사건에서 책임의 주체는 선박소유자가 아니라 나용선자가 된다.

용선과 가장 큰 차이점이고, 항해용선과 동일한 점이다. 선박소유자가 선임관리하는 선장이 선박을 점유하고 선박을 조종하는 한편, 일정한 기간 동안 정기용선자가 자신의 영업에 선박을 이용하도록 기능이 이분화되어 있는 점이 큰 특징이다. 그리하여 전자는 海技事項이라고 불리고 선박소유자의 책임과 위험이 되고, 후자는 商事事項이라고 불리고 정기용선자의 책임과 위험이 된다.[5] 선박충돌에 대하여 책임을 부담하는 자는 해기사항의 담당자로서 선박소유자가 된다. 영업의 목적으로 항구를 지정하거나 항로를 선정하는 것은 상사사항으로서 정기용선자의 권한이고 선장은 이의 지시를 따라야 한다.[6] 그러나 항해를 하는 도중 다른 선박과의 충돌을 피하기 위한 조종은 여전히 해기사항으로서 선박소유자의 권한이다(상법 제812조의3의 해석론이 된다).

정기용선에서 선박소유자는 日當 용선료를 받기 때문에 선박이 항구에서 얼마를 있든지 이해관계가 없다. 그러나 항해용선에서는 선박소유자는 항차가 짧아야—이미 항차당 정한 용선료는 동일하므로—다시 선박을 다른 용선계약에 투입하게 되므로 항구의 정박기간에 관심을 가지게 된다. 그래서 전자의 경우에는 용선료지급중단사유(off-hire)가 중요하고 후자에서는 지체료(demurrage)가 중요하게 된다.

정기용선계약은 선박소유자와 용선자 사이에 선박을 사용할 것을 약정하고 선원이 딸린 선박을 빌려주는 측면이 있으므로 임대차적인 성질을 가진다.[7][8][9] 그런데 운송계약설을 취하는 분들은 선박소유자→정기용선자→용선자

---

5) 상사사항의 가장 대표적인 예는 정기용선자는 운송을 인수하여 운송인이 되고 선하증권을 발행하는 것이다.

6) 영국 귀족원의 2000.12.7. Hill Harmony 사건의 결과이다. 자세한 내용은 김인현, 전게 해상법연구, 459면 이하를 참고바람.

7) 정기용선자가 가지는 점유는 다른 임대차와 같은 완벽한 것은 아니다. 그러나 상사사항에 대하여는 선장을 통하여 용선자가 선박을 점유하고 있다고 생각한다.

8) 서돈각 · 정완용, 「상법강의(하)」(법문사, 1996), 520면; 최기원, 「해상법」(박영사, 1997), 67면; 우리나라 대법원의 1992년 폴사도스 판결(대법원 1992.2.25. 선고 91다14215 판결).

9) 정기용선하에서 발행된 선하증권상의 책임의 주체가 선박소유자가 되는가 정기용선자가 되는가라는 문제가 큰 이슈가 되어왔다. 이에 대하여는 현재 법적 성질에 의한 것이라기보다는 선하증권의 유통성을 강조하여 사안에 따라서 판단한다는 것이 통설적인 입장을 차지한다. 심재두, "정기용선자의 제3자에 대한 책임," 「판례월보」, 295호(1995.4), 41면; 김창준, "디마이스 클로스와 정기용선자의 제3자에 대한 책임," 「인권과 정의」(1994.11), 106면; 김인현, "정기용선하에서 발행된 선하증권상의 책임주체—일본의 쟈스민호 판결과 우리나라의 폴사도스호 판결을 중심으로—," 「한국해법학회지」, 제20권 제2호, 305면 이하.

(화주)의 경우에 정기용선자가 선박소유자의 대리인이라고 해석되면 어차피 선박소유자와 용선자 사이의 운송계약이 되므로 정기용선계약은 운송계약의 성질을 가진다고 하지만,[10] 한 단계를 생략하게 됨을 필자로서는 이해하기 어렵다.[11]

5. 해상기업주체론과 선주책임제한제도

다양한 해상기업주체들의 새로운 등장은 해상법을 살아서 꿈틀거리는 역동적인 법학으로서 매력을 발산하게 한다.[12]

(1) 슬로트 용선자들이 선주책임제한을 하게 될 경우에 이들이 부담하는 책임제한액수 산정의 기초는 무엇인가?

(2) 운송주선인이 운송인이 되는 경우에 운송주선인도 포장당 책임제한 이외에 선주책임제한의 이익을 향유할 수 있는가? 없다면 그 근거는 무엇이어야 하는가?

슬로트 용선(slot charter)이란,[13] 한진해운이 일정한 날짜에 일정한 곳에 선박을 투입하고 있는 상황에서 현대상선이 한진해운의 몫의 일부에 자신이 개입하여 선박을 이용하는 것이다. 책임제한을 하기 위하여는 자신이 사용하는 몫에만 책임을 부담하여야 할 것이지만 책임제한조약법은 실무의 이러한 제도를 따라가지 못하고 있어 슬로트 용선자는 불리한 지위에 있다.

運送周旋人이 개입하여 선하증권을 발행하면 운송인이 된다. 이 때에는 통상 하우스 선하증권이 화주와 운송주선인 사이에 발행되고, 운송주선인은 다시 화주의 입장에서 실제운송인인 해상운송인과 다시 운송계약을 체결하게 된다. 이러한 두 번의 운송계약이 체결되는 것은 운송주선인은 물적 설비인 선박을

---

10) 채이식, 「상법강의(하)」(박영사, 1992), 681면; 박용섭, 「정기용선계약법론」(한국선원 선박문제연구소, 1989), 116면.

11) 1998년 말 현재, 한국선주협회 가입선박 중에서 국적선은 총 375척에 11,030,884톤에 이르고, 용선선박은 489척에 15,240,000톤이다. 정기용선이 369척, 항해용선이 48척, 그리고 단순나용선이 72척이다. 순수국적선은 17.5%, 나용선은 37.2%(국취부 나용선 24.5%, 단순 나용선 12.7%), 정기용선은 35.6%, 항해용선은 9.7%에 이른다.

12) 이 점은 다시 해상법에서 책임주체확정이라는 큰 주제를 만들어 낸다. 이에 대한 자세한 논의는 김인현, "선박운항과 관련한 책임주체확정에 대한 연구"(고려대학교 법학박사학위논문, 1999), 108면 이하를 참고바람.

13) 이에 대한 자세한 논의는 김인현, "슬로트용선의 법률관계에 관한 고찰," 「한국해법학회지」, 제25권 제1호(2003.5), 57면 이하를 참고바람.

소유하지도 않고 선박을 용선하여 운항하지도 않기 때문이다. 그러나 우리 법이 운송인이 되는 것에 어떠한 제한도 가하지 않기 때문에 운송인이 됨에는 문제가 없다. 그런데 선주책임제한제도를 운송주선인이 원용할 수 있는가? 그는 원래 운항을 위한 인적 물적 설비를 갖추지 않은 사람이므로 해상기업주체라고 하기 어려우므로 책임제한권을 가지지 못한다고 생각한다.

Ⅲ. 船舶所有者/運送人 保護制度에 대한 概觀

1. 서

해상법은 선박소유자를 보호하기 위한 많은 제도를 가지고 있다. 이 중에서 대표적인 것이 면책제도와 포장당 책임제한제도이다.

이러한 제도의 존재이유는 연혁적인 것, 자국의 해운을 보호하기 위한 입법정책적인 것, 최고배상액의 확정으로 보험제도가입을 가능하게 함 등에서 찾을 수 있다. 그러나 최근에는 폐지하자는 논란보다는 책임제한액수를 증액하여 화주나 상대방을 보호하는 쪽으로 진화되고 있다.

2. 면책제도

운송인이 아예 면책이 되는 제도이다. 이는 상법 제788조 제2항의 항해과실 및 화재면책이 대표적인 것이라고 할 수 있다. 운송인을 보호하는 가장 강력한 수단이다.

우리나라는 항해과실면책을 쉽게 인정하고 있다(서울지방법원 1998.4.9. 선고 96가합80830 판결). 그런데 항해과실면책의 전제로서 감항성이 갖추어져야 한다(대법원 1998.12.10. 선고 96다45054 판결). 선박충돌사고에서 항해사의 과실이 개입되게 되고 그 항해사가 실력이 너무 떨어지는 사람이기 때문에 사고가 발생하였다고 한다면 이는 제787조의 감항성의 결여로 연결될 수 있다. 이를 화주측에서 주장하여 불감항이 사고의 원인이었다고 판단되면 항해과실면책은 인정될 수 없다. 그런데 우리나라는 과거에 면허를 소지하고 있으면 감항성이 있다라는 대법원의 판결이 있었고, 지금도 이러한 입장이 너무 강하여(대법원 1995.8.22. 선고 94다6113 판결) 실무에서도 화주측에서 여기에 도전하지 않고 있지만, 반드시 그렇지는 않다고 본다. 미국에서는 대부분의 충돌사고는 감항성의 문제로 다투어진다. 영국의 해상판례집에서도 화재면책의 경우도 모두 감항성의 문제가 집중적으로 다루어지지만 우리나라는 그렇지 못하다.[14]

함부르크규칙에서는 항해과실면책은 폐지되었고, 운시트랄 운송법에서도 폐지될 전망이다. 화재면책은 운시트랄 운송법에서는 선원의 과실에 기인하지 않아야 하므로 면책의 범위가 좁아지게 된다.

3. 책임제한제도

책임제한제도는 일단 선박소유자 혹은 운송인이 책임을 부담하는 경우에 이를 일정한 정도로 제한하여 배상한다는 것이다.

(1) 총체적 책임제한제도

이는 선박소유자책임제한조약(LLMC)에서 연유하는 것으로서 선박소유자는 선박 톤수에 따른 책임제한을 할 수 있다(상법 제746조 및 제747조). 우리나라는 동 조약에 가입하고 있지 않지만, 이를 국내법으로 수용하였다. 현재는 1999년 의정서 체제이다.

일반적인 선박소유자책임제한제도에서 유조선, 유해독극물, 선박연료유 등으로 개별적인 사안에 따른 책임제한제도가 생겨나 여기에서 분리되고 있는 점도 유의사항이다. 예컨대, 유조선의 경우에는 유류오염손해배상을 위한 민사책임협약(CLC)과 국제기금협약(IOPC FUND)이 분리되어 현재 성공적으로 운용되고 있다.[15] 유해독극물로 인한 책임제한조약, 선박연료유에 의한 손해배상에 대한 책임제한조약 등도 이미 성안되어 발효를 기다리고 있다.

새로운 조약의 특징은 피해자를 보호하기 위한 다양한 수단을 마련하고 있는 점이다. (i) 책임제한액이 LLMC보다 고액이고, (ii) 선박소유자의 무과실책임을 인정하고, (iii) 책임보험이 강제되고, (iv) 피해자에게 직접청구권이 인정되고, (v) 경우에 따라서는 별도의 보상체계가 마련된다는 점이다.

(2) 포장당 책임제한제도

총체적 책임제한제도는 원칙적으로 선박소유자에게 인정되는 것임에 비하

---

14) 예컨대, 대법원의 화재면책 판결(대법원 2002.12.10. 선고 2002다39364 판결)도 그러하다.
15) 국내법으로는 유류오염손해배상보장법이 있다.

여 포장당 책임제한제도는 운송인에게 허용되는 것이다. 전자는 운송인도 향유할 수 있지만, 후자는 운송인만이 향유할 수 있다는 점에서 차이가 있다.

포장당 책임제한제도는 헤이그규칙의 산물이다. 운송인은 선하증권에 책임이 없음을 기재하여 남용의 문제를 야기시켜 왔고 이를 방지하는 차원에서 일정한 정도의 책임제한을 인정하면서 그 이하로의 인하는 인정하지 않는 차원의 합의를 운송인과 화주측이 이루어내게 된다. 이 일정한 수치는 전체 화주의 클레임의 액에서 얼마로 계산되었다고 한다. 1936년 미국 COGSA는 미화 500달러를 지금도 유지하고 있다. 헤이그비스비규칙체제에서는 현재 포장당 666.67SDR과 Kg당 2SDR 중에서 큰 것을 화주가 선택할 수 있도록 한다.[16] 이러한 액수가 인플레이션에도 불구하고 오랫동안 유지되어오고 있는 것은 비스비의정서에서 포장이란 선하증권에 보고하는 수치로 한다고 정하였고, 화주는 과거에 비하여 포장의 단위를 작게 함으로써 포장의 수를 증대시켜 왔기 때문에, 사고시에 수령하는 액수가 많게 되어왔다는 주장이 운시트랄 운송법회의에서 나왔고 설득력이 있다고 본다.

운시트랄 운송법에서는 포장당 책임제한액수 인상만을 위한 별도의 체제를 조약안에 도입하려고 한다.

복합운송에서 우리나라 육상운송에 적용할 책임제한제도가 없다는 것이 커다란 문제점으로 지적되고 있다.[17] 운시트랄 운송법 조약에 따르면 이종책임제한제도를 취하는바, 우리나라는 강행적으로 적용할 국내법이 없게 되면 조약이 바로 적용되게 된다.[18]

4. 대법원 판결에 대한 비판적인 시각

포장당 책임제한제도가 일반법리에 비하면 예외적인 것이고 경우에 따라서는 엄청난 불합리한 점이라는 것으로 판단되기도 한다. 예컨대, 컨테이너 한 박스에 들어간 노트북의 가격이 10억이라고 할 때 이를 컨테이너 한 개로 신고를 하였다면 70만원 정도로 운송인의 책임이 제한된다. 따라서 이러한 불합리

16) 우리나라의 포장당 책임제한액은 Kg당 제도를 도입하지 않고 있고 그 액수가 500SDR로 낮은 점이 헤이그비스비규칙과 다른 점이다.

17) 김인현, "법무부 상법 해상편 개정안의 복합운송 신설안 수정의견," 법률신문, 2007.4.23.자.

18) 미국과 독일 등은 육상운송의 경우에도 책임제한제도를 가지고 있다.

를 구체적으로 구제하기 위한 방안을 모색하게 된다. 법제도에 수용된 것으로는 (i) 책임제한배제사유이다. 운송인에게 인식있는 중과실이 있다면 책임제한을 허용하지 않는 것이다.[19] (ii) 고가의 운송물임을 신고하여 운임을 더 지급하면 책임제한적용을 받지 않도록 하는 것이다. (iii) 미국의 판례법에서 형성되어 인정되는 것으로 공정한 기회제공의 원칙(fair opportunity rule)과 준이로의 법리 등이 있다. 화주가 고액의 운임을 제공하고 책임제한제도의 적용을 받지 않을 수 있는 기회를 제공하지 않았다면 운송인은 책임제한을 할 수 없다는 것이다.[20]

(1) 포장 확정에 대한 판결

우리 대법원(대법원 2004.7.2. 선고 2002다44267 판결)은 포장의 수를 인정함에 있어서 포장의 개수란에 나타난 것보다는 포장의 성질란에 나타난 개수를 책임제한산정의 기준 포장으로 인정하였다. 당사자의 의사해석을 이렇게 한 것이다. 포장의 개수를 적는 란이 있고 포장의 성질을 적는 란이 있는바, 전혀 하나의 숫자만을 기록하였다면 모를까, 두 개를 따로 적은 경우에는 대법원의 의사해석은, 피해자인 화주를 보호하기 위한 구체적인 타당성을 취하기 위하여 법리를 희생한 해석이라고 볼 수밖에 없다고 본다.[21]

(2) 포장당 책임제한의 배제인정

대법원은 2006년 10월 26일 甲板積 사건에서 운송인의 포장당 책임제한권을 허용하지 않는 세계적인 판단을 내어놓았다.[22] 갑판적이란 갑판하보다 위험한 갑판위에 선적을 하는 것이므로 사고의 위험이 증대한다. 고등법원과 대법원은 이러한 결정을 내린 선박회사는 무모한 행위를 한 것이라고 하여 책임제

19) 감항성을 갖추지 않았다고 하더라도 책임제한은 인정된다.

20) 사회 전체로 볼 때, 만약 포장당 책임제한제도가 없다면 운송인은 보험료의 증액으로 운임이 인상될 것이므로 포장당 책임제한제도는 고액의 운임으로는 선박을 이용할 수 없는 소형화주를 보호하게 되고 전체적으로 사회의 선이 된다는 주장이 있다.

21) 이에 대한 비판적인 판례평석은 장상균, "해상운송인의 포장당 책임제한," 「한국해법학회지」, 제26권 제2호(2004.4), 167면; 김인현, "상법 제806조 및 제789조의2에 대한 대법원 판결평석," 「상사판례연구」, 제18권 제3호(2005.9), 319면 이하가 있다.

22) 이에 대한 간단한 판례평석으로는 김인현, "운송인의 법인격이 부인되면서 포장당 책임제한이 배제된 사례," 법률신문, 2007.3.26(제3540호), 15면이 있다.

한권을 박탈하였다.

갑판하의 운송이 약정되었음에도 불구하고 갑판적을 하게 되면 위험이 증대하므로 계약의 근본을 깨트리는 것으로 운송인의 면책, 책임제한 등의 이익을 인정할 수 없다는 것이 영미법의 입장이다. 특히, 미국은 책임제한배제사유가 없기 때문에 이 갑판적을 준이로(quasi-deviation)로 인정하여 책임제한을 인정하지 않고 있다. 그런데 최근의 영국의 판례는 헤이그비스비체제하에 있으므로 갑판적의 문제도 헤이그비스비체제의 법리에 따라 해결하여야 한다는 입장을 취하고 있다.[23] 그러므로 갑판적으로 하였다면 그 사실로서 책임제한을 못하는 것이 아니고 헤이그비스비체제상의 책임제한배제사유를 살펴보아야 한다는 것이 된다.

대법원은 책임제한배제사유인 무모한 행위가 있었다고 보았지만, 실무에서 갑판적은 무조건 책임제한이 배제된다는 인식을 가지고 있는 것은 미국법을 잘못 받아들인 것으로 시정되어야 한다고 본다.

과연 무모한 행위가 있었는지는 사실관계에서 결정될 일이지만, 무모한 행위는 인식있는 중과실에 해당하는 것으로서, 대단히 인정되기가 어려운 것이다. 고의에 이르지는 못하지만, 손해가 발생할 개연성을 인식하면서 터무니없는 무모한 판단으로 갑판적을 결정하였다는 것은 쉽게 인정되기 어렵다.

헤이그비스비규칙의 채택 이후에 해운국가의 최고법원이 처음으로 책임제한을 깨트린 첫 사건으로 기록될 전망이다.

(3) 사 견

법원은 현재의 우리 법이 운송인에게 유리하기 때문에 화주를 보호하기 위한 판결을 내려야겠다는 심리상태에서 벗어났으면 한다. 화주 스스로가 여러가지 보호될 수단을 이행하지 않는 것도 고려하여야 한다. 고가의 운임을 신고

23) 갑판적과 관련된 영국의 Chanda 사건에서 갑판적은 운송계약의 근본적 내용에 위반하다는 이유로 운송인의 책임제한권이 부인되었다. [1989] 2 Lloyd's Reports, 494. 뉴질랜드의 갑판적 사례로서 Pembroke 사건에서도 갑판적 화물로 인한 화물손상은 책임제한이 배제된다고 판시되었다. [1995] 2 Lloyd's Reports, 290. 그런데 영국 항소원의 The Kapitan Petko Voivoda 사건에서 헤이그규칙 제4조 제5항에 의하면 어떠한 경우에도 운송인에게 책임제한권이 부여되는 점을 근거로 갑판적에도 불구하고 운송인의 책임제한이 인정되었다. [2003] 2 Lloyd's Reports, 1.

하고 책임제한제도의 적용을 받지 않을 수 있다. 그럼에도 화주는 운임을 절약하기 위하여 혹은 무지로 이러한 조치를 취하지 않는 것이다. 포장당 책임제한제도는 운송인과 화주 사이의 합의의 산물로서 출발하고 있다는 점도 유념할 점이다.

우리 상법이 헤이그비스비규칙보다 낮은 책임제한액수를 가지는 제도로 운용되고 있는 것은 사실로서 상법 개정안에서는 헤이그비스비규칙과 동일하게 하고 있고 이는 올바른 개정방향이라고 생각한다.

Ⅳ. 貨主保護制度에 대한 概觀

1. 서

해상법의 특징은 다양한 해상기업의 주체가 화주의 상대방으로서 등장하고 있고, 누구든지 운송인이 될 수 있으므로 운송인이 되려는 자에게는 기회의 바다가 되지만, 상대방인 화주에게는 손해배상청구의 경우에 상당한 어려움을 겪게 된다.

기본적으로 운송인은 협상력이 높고 화주는 개별화되어 있으므로 협상력이 낮은 것이 일반적이기 때문에 화주를 보호할 필요성이 제기된다. 계약의 단계에서 계약내용을 통하여 화주가 보호될 필요도 있고, 사고발생시 손해배상청구에서 피고인 운송인을 확정하고, 채권확보를 위한 좋은 수단을 마련하여 줄 필요성도 있다. 이러한 점은 해상법이 지향하여야 할 궁극적인 목표의 하나가 되기도 한다.

선박이라는 고가의 동산이 운송을 위하여 제공되었다는 점이 화주로서는 큰 착안점이 된다.[24)]

2. 물적 담보로서 선박자체를 이용하는 방안

(1) 가장 강력한 선박우선특권

선박우선특권은 영미법의 대물소송(action in rem)에서 나온 것으로 선박자체가 과실이 있는 자로서 피고가 되는 제도이다. 자신이 바로 채무자가 되므로

24) 이에 반하여 운송물에 대하여 광범위한 유치권을 인정하여 운송인을 보호하는 것이 이에 상응하는 좋은 제도가 된다.

선박의 소유자가 변경되어도 선박자체의 책임은 회피되지 않는다. 우리 법은 추급권이 인정되는 것이라고 설명한다.

우리나라에서 1991년 상법개정으로 화물손상에 의한 채권이 삭제된 점은 아쉬운 점이다(상법 제861조).[25)][26)] 다만, 선박충돌로 인한 화물사고에 대하여는 아직도 인정되고 있다.

(2) 가압류를 쉽게 허용하는 것

우리나라는 어느 나라보다도 선박 가압류를 쉽게 하여주는 국가로 알려져 있다. 선박소유자는 선박을 운항하여야 하기 때문에 가압류된 선박을 가장 신속히 해방하여 출항시켜야 하므로 이는 화주를 보호하는 좋은 수단이 된다.[27)]

3. 인적 담보로서 선박소유자가 채무자화하는 방안

(1) 선박소유자를 운송인으로 의제하는 경우

선박소유자→정기용선자로 이어지는 경우에 화주를 보호하기 위하여는 선박소유자가 운송인이 되는 것이 유리하다. 왜냐하면 선박에 대한 소유권을 가지는 자는 선박소유자이기 때문에 강제집행에 유리하기 때문이다. 그러나 선박소유자는 종이상의 회사에 지나지 않는 경우도 있기 때문에 이 경우에는 사정이 달라진다.

정기용선자는 자신이 운송인이 되는 경우에도 선박소유자가 운송인임을 나타내는 것으로서 선하증권 이면에 운송인특정약관/디마이즈 조항(identity of carrier clause/demise clause)을 두기도 한다. 이 경우에 외국의 판례는 이면의 선박소유자를 운송인으로 확정하여주기도 한다.

운시트랄 운송법회의에서도 운송인이 불확실한 경우에 선박소유자를 운송인으로 추정하고 선박소유자는 다시 선박이 나용선되었음을 입증하여 추정에서 벗어날 수 있도록 한다(초안 제38조).

---

25) 그러나 섭외사건이 되면 선박우선특권은 선적국법에 의하므로(국제사법 제60조), 우리나라 사건에서 우리나라 상법에 따라 화물손상에 의한 우선특권이 부인되는 경우는 드물 것으로 생각된다.

26) 파나마, 일본은 아직도 이를 인정한다.

27) 그런데 일단 가압류된 경우에 선박을 해방시켜주기 위한 절차에서 현금공탁만 인정되어 선박소유자에게 큰 부담으로 작용한다. 이를 수정하여야 한다.

그러나 이 방안은 선박소유자는 선박을 용선주고 나면 운송계약의 책임에서 벗어나 있다는 생각을 하게 되고, 이러한 생각은 용선을 가능하게 하는 하나의 촉매 역할을 한다는 점에서 상법의 이념인 상거래의 원활을 오히려 저해하는 결과가 될 수 있으므로 신중을 요한다.

(2) 선박소유자를 연대책임의 주체로 하는 것

한국 상법 제806조의 경우, 재운송의 경우에 선박소유자는 재운송인과 함께 연대책임을 부담하게 된다. 이는 항상 선박소유자가 책임의 주체가 되어 선박에 대한 압류가 가능하므로 화주를 보호하기 위한 좋은 제도가 된다.

그러나 이 제도는 많은 비판을 받아왔다. 우선 정기용선자가 운송인이 되는 경우에 제806조의 적용범위에 속하는지가 논란이 된다.

나용선자가 있는 경우는 나용선자가 운송인과 연대책임을 부담하므로(대법원의 판결도 동일함; 대법원 2004.10.27. 선고 2004다7040 판결) 선박에 대한 가압류도 할 수 없다. 대부분의 경우에 선박은 나용선되어 운항되고 있다. 그러므로 제806조는 일부에서 주장하는 것과는 달리 이러한 입법목적을 달성할 수도 없다.[28]

(3) 기타 2005년 법무부 상법개정초안의 경우

나용선자가 운송인인 경우에도 선박소유자가 연대책임을 부담하는 것으로 안이 나와서 충격을 주었다. 이것은 제806조를 정기용선자, 항해용선자가 운송인인 경우 선박소유자를 연대책임자로 하여 선박을 가압류할 수 있도록 하게 한 다음, 나용선자가 운송인인 경우에도 화주를 보호하기 위하여 선박소유자를 채무자로 하여 선박에 대한 가압류를 할 수 있도록 하기 위한 의도로 보인다. 화주를 보호하기 위한 큰 구상이지만, 법이론적으로 어려움이 많다. 나용선자는 이미 해상기업주체로서 많은 물적 설비를 가지고 있다. 이것으로 상대방보호로 충분한 것이 아닌가?[29] 법리의 왜곡보다는, 차라리 제861조의 선박우선특

---

28) 이에 대한 판례평석으로는 김인현, "상법 제806조 및 제789조의2에 대한 대법원판례평석," 「상사판례연구」, 제18권 제3호(2005년 9월호), 319면 이하를 참고바람.

29) 상법 개정안에 대하여는 김인현, "법무부상법개정안에 대한 고찰," 「경영법률」, 제16권 제2호(2006.4), 75면 이하를 참고바람.

권에 화물손상에 대한 채권을 우선특권채권으로 인정하여주어서 화주를 보호하는 것이 좋을 듯하다.

4. 화주에게 책임제한제도를 허용함

화주도 여러 가지 책임을 부담하게 되므로 운송인과 동일하게 책임제한을 허용하는 것이다. 운시트랄 운송법에서 논의되고 있다.

5. 행정법으로 해상운송인의 자격을 제한함

인적 · 물적 설비가 없는 운송인의 등장으로 화주들의 손해배상청구와 강제집행에 어려움이 있다면 이를 해상법으로 해결할 것이 아니라, 행정법상으로 해결하고자 하는 것이다. 특히 운송주선인의 경우 무선박운항자로서 아무런 인적 · 물적 설비가 없는 자로서 해상기업주체라고 보기도 어려운 지경이다. 대법원에서 개입권의 행사로 운송인이 되기 위하여는 일정한 물적 설비가 있어야 한다는 판단(대법원 1987.10.13. 선고 85다카1080)도 이런 차원에서 이해가 된다. 물적 설비의 요건을 강화하거나 책임보험에 가입하도록 하여 규제하는 방안이 논의되어야 한다.

운송주선인이 운송인으로 등장하게 되면 그는 계약운송인이 되고 선박을 가지고 실제운송을 담당하는 선박회사가 존재하게 된다. 운송주선인이 열악한 상태이기 때문에 손해배상을 하여주지 못한다면, 결국 실제운송인인 선박소유자가 불법행위책임을 부담하게 되어 실제로는 선박소유자에게 책임이 전가되는 형식이 된다.

V. 히말라야(Himalaya)약관

1. 서

히말라야(Himalaya)약관이란 송하인이 운송인과 계약을 체결하면서 운송인이 누리는 면책과 책임제한의 이익을 운송인의 이행보조자들도 누리게 하여준다는 약정을 체결한 약관을 말한다.

실무적으로는 선박소유자와 선원들 사이에는 선원들이 선박소유자의 직무를 이행하는 중에 손해배상청구를 받게 되면 선박소유자가 보상한다는 약정을 근로계약에 넣기도 한다. 이러한 경우에 선박소유자에게 손해배상청구가 된 경우에 선박소유자의 손해배상은 일정한 액수로 제한이 되면서 선원에게 다시 청구가 되어 선원이 책임제한을 하지 못한다면 선박소유자는 선원에게 손실을 보상하여주므로 결국 책임제한제도를 두게 된 이유가 몰각되게 된다. 이러한 연유에서 히말라야조항(약관)이 1950년대부터 선하증권에 사용되기 시작하여 법률의 규정에까지 수용되게 되었다(예컨대, 우리 상법 제789조의3 제2항).[30]

최근에는 그 사용의 범위를 넓히고 있다. 선장 이하 선원, 하역인부, 실제운송인, 선박소유자에까지 인적범위가 확대되고, 해상운송에서 육상운송에까지 범위가 확대되는 상황이다.

2. 유효성

영미법에서는 직접계약당사자의 법리(privity)가 있어서 계약관계가 없는 제3자가 운송인이 누리는 책임제한의 이익을 향유하지 못한다는 것이 전통적인 이론이었다.

그러나 영국은 대리의 법리를 통하여, 미국은 제3수익자의 법리를 통하여 유효성을 인정하고자 노력하여왔고, 영국은 제3자 권리법의 통과로 유효성이 인정된다고 한다.[31]

우리나라는 그 유효성을 부인하는 학자는 없고, 제3자를 위한 계약으로 이를 구성하고(민법 제539조 제1항), 운송인은 요약자, 송하인은 낙약자 그리고 제3자는 수익자가 된다. 수익의 의사표시를 계약당시에 제3자가 하지 않는 것이

---

30) 제1항 이 장의 운송인의 책임에 관한 규정은 운송인의 불법행위로 인한 손해배상의 책임에도 이를 적용한다. 제2항 운송물에 관한 손해배상청구가 운송인의 사용인 또는 대리인에 대하여 제기된 경우에 그 손해가 그 사용인 또는 대리인의 직무집행에 관하여 생긴 것인 때에는 그 사용인 또는 대리인은 운송인이 주장할 수 있는 항변과 책임제한을 원용할 수 있다. (이하 생략). 제4항 제1항 내지 제3항의 규정은 운송물에 관한 손해배상청구가 운송인 이외의 실제운송인 또는 그 사용인이나 대리인에 대하여 제기된 경우에도 이를 적용한다.

31) 2000년 이후에 영국에서는 Starsin 판결이, 미국에서는 Kirby 판결이 각각 최고법원에서 다루어졌다. 여기에는 히말라야약관의 적용범위가 큰 이슈가 되었다. 자세한 내용은 스타신 사건에 대하여는, 김인현, "정기용선하에서 발행된 선하증권상의 운송인의 확정과 히말라야약관의 적용범위에 대한 영국 귀족원의 Starsin 사건,"「한국해법학회지」, 제29권 제1호(2007년 봄호); Kirby 사건에 대하여는 김인현, "철도운송인의 히말라야약관의 책임제한규정 원용가능여부에 대한 미국연방대법원의 2004.11.9. 커비사건,"「상사판례연구」(2006.10)를 참고 바람.

지만, 소송이 제기된 경우에 법정 등에서 행하여도 수익의 의사표시가 있는 것으로 보아 이를 유효하게 한다는 설명도 있다.[32)]

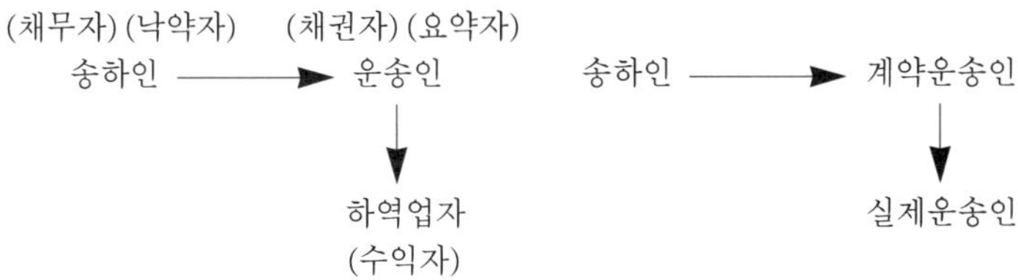

3. 적용범위

적용범위의 문제란 히말라야약관에서 말하는 운송인의 책임제한 등의 이익을 향유하는 자들의 범위가 누구까지인가에 있다. 운송인의 의무를 이행하는 선장, 계약운송인의 운송을 이행하는 실제운송인으로서의 선박소유자, 복합운송인이 인수한 다른 운송수단을 이용하는 철도운송인 및 그 이행보조자 등에까지 운송인의 책임제한이익이 미치는지를 살펴보는 것이다.[33)]

(1) 헤이그비스비규칙과 상법

헤이그비스비규칙은 독립계약자(independent contractor)를 제외한다는 규정을 두고 있다(제4조의2 제2항). 따라서 하역업자는 조약에서 인정된 운송인의 책임제한권을 인정받지 못하게 된다. 그런데 우리 상법은 독립계약자를 제외한다는 명문의 규정을 가지고 있지 않기 때문에(상법 제789조의3 제2항) 이것이 우리 법상 책임제한권이 법률의 힘으로 인정되고 있는지 의문이 제기된다.[34)] 상법개정

32) 제2회 한국해법학회 판례연구회(2007.2)에서의 한국해법학회 유록상 회장(법무법인 화우 고문)의 설명.

33) 미국에서는 다양한 형태의 히말라야약관의 수익자의 범위에 대한 판결이 있다. Chisso America, Inc v. M/V Hanjin Osaka 사건에서 2003년 뉴저지 지방법원에서는 운송인인 나용선자가 화주와 체결한 선하증권상의 히말라야약관을 이용하여 선하증권상의 합의관할약정을 선박소유자가 원용할 수 있다는 판결을 내렸다. 2003 AMC 2796(D.N.J. 2003).

34) 헤이그비스비규칙 제4조의2 제2항은 If such an action is brought against a servant or agent of the carrier (such servant or agent not being an independent contractor), such servant or agent shall be entitled to avail himself of the defences and limit of liability which the carrier is entitled to invoke under this Convention이라고 한다. 한편 우리 법은 독립계약자를 히말라야약관의 수익자에서

회의록에 따르면 당연히 제외되기 때문이라는 논의가 나오므로 우리 법으로도 인정되지 않는다고 생각된다.[35)]

상법의 동 규정은 임의규정으로 이해된다. 그러므로 이와 달리 인적 범위를 확대하는 약정은 유효라고 할 것이다.

(2) 선하증권

하역업자 등 독립계약자에 대하여 운송인이 누리는 책임제한의 이익을 향유시키기 위하여는 상법이나 헤이그비스비규칙에서 이를 허용하지 않고 있기 때문에 반드시 히말라야약관의 내용에 독립계약자를 추가하여 주어야 가능하게 된다.

(3) 운시트랄 운송법

운시트랄 운송법에서는 가능하면 넓게 이행보조자를 보호하고자 한다. 異種책임제한제도를 택하였기 때문에 육상운송에 종사하는 자는 다른 법제도에서 인정하는 히말라야조항의 이익을 향유하게 된다.

항구 내에서 선박이 도착하여 출항까지 운송물과 관련하여 운송인의 의무를 보조하거나 대행하는 자들에게는 모두 이익향유가 가능하도록 한다(초안 제4조). 여기에서는 해상이행당사자(maritime performing party)와 육상이행당사자의 구별이 주로 다루어진다.

이행당사자와 운송인의 책임은 연대책임이고(초안 제20조) 두 사람이 실제로 배상하는 손해배상책임의 합은 책임제한액을 넘어서지 않는다(초안 제20조 제1항).

(4) 육상운송의 경우

상법총칙·상행위편의 규정은 육상운송에만 적용된다.[36)] 그런데 현재 복합

제외한다는 문구를 두고 있지 않지만, 반대로 헤이그비스비규칙에는 없는 실제운송인에 대한 규정을 두고 있다. 만약, 헤이그비스비규칙이 준거법이 되고 히말라야약관이 선하증권 등에 없는 경우에는, 선박소유자로서의 독립계약자는 면책 등의 이익을 향유하지 못하지만, 우리 법상으로는 가능하게 된다고 생각된다.

35) 법무부, 상법개정특별분과위원회 회의록(보험 해상편II), 1990.12, 609-611면.

36) 항공운송은 바르샤바조약의 적용을 받고, 해상운송은 상법 해상편의 적용을 받기 때문에 결

운송으로 이루어지고 있는 상행위가 우리나라의 육상운송에서 이루어질 때 적용법규는 상법 상행위편이 될 것이다. 그런데 상법 상행위편에는 책임제한규정이 없다. 이 규정을 강행규정이라고 평가하시는 분들이 있지만 이는 임의규정이므로, 당사자 자치에 의하여 책임제한을 할 수 있다. 그런데 해상운송과 달리 운송인의 의무와 책임을 감경하는 것은 무효라는 규정이 없기 때문에 화주의 보호에도 문제가 발생한다. 또한 이행보조자의 보호에도 문제가 있기 때문에 하루 빨리 책임제한규정을 두어 운시트랄 운송법의 이종책임제한제도의 도입에 대처하여야 할 것으로 생각한다.[37]

Ⅵ. 引渡의 問題

1. 서

인도의 정의는 쉽지 않다. 두 가지 측면에서 인도를 정의할 수 있다. 하나는 계약상 정한 장소와 때에서 운송인이 운송물을 권한있는 자에게 넘기는 것이라고 할 수 있고, 다른 하나는 인도란 운송물을 운송인이 수하인에게 사실상의 점유의 이전을 하여주는 것을 말한다고 할 수 있다. 인도란 운송계약에서 운송인이 부담하는 가장 중요한 의무로서 이것을 계약자유에 맡길 수 있는가 하는 점에서부터 쉽지 않은 가치판단이 필요하게 된다. 우리 대법원은 후자의 입장을 취한다.

2. 우리 상법

우리 상법은 헤이그비스비규칙과 달리 운송인의 운송물에 대한 의무에 대하여 선적이 아니라 수령으로 확대하고 있고, 양륙이 아니라 인도로까지 확대하고 있다. 이 점은 상법 제790조 운송인의 의무경감금지의 원칙과 맞물려 중요한 기능을 하고 있다.

국 남는 부분은 육상운송밖에 없게 된 결과이다.

37) 법무부 상법개정안은 손해발생구간이 불명인 경우에는 법원이 제반 사정을 고려하여 적용될 구간을 정하게 된다(제816조 제2항). 그런데 육상구간이라고 정한 경우에는 책임제한규정이 없게 된다. 이에 대하여는 김인현, "법무부 상법 해상편 개정안의 복합운송 신설안 수정의견," 법률신문, 2007.4.23.자. 최종적으로 2007년 개정상법은 운송거리가 긴 구간의 법을 적용하도록 되었다.

3. 선하증권이 발행된 경우

선하증권이 발행되지 않은 경우에는 운송인의 의무는 사실상 수하인이 운송물을 지배하도록 하여주면 되는 의무로서 종결된다. 그런데 선하증권이 발행된 경우에는 운송인은 이 소지인과 선하증권을 상환하여 의무를 종결하여야 하는 추가적인 의무를 부담한다(상법 제129조, 820조).

계약으로 정한 인도가 이루어지건, 아니면 실제적인 점유의 이전이 이루어지건 관계없이 운송인은 선하증권과 상환하여서 운송물을 인도하여야 할 별도의 의무를 부담하기 때문에 많은 법적 분쟁이 발생한다.[38)]

4. 인도의 시기

운송인의 운송실행의무는 화물을 도착지까지 운반하여 놓은 것에 그치지 않고 이를 정당한 수하인에게 인도하여 주는 것까지 포함한다. 운송인이 화물을 도착지까지 운반하여 놓은 후 아직 정당한 수하인에게 이를 인도하여 주기 이전에는 그 의무를 모두 이행한 것이 못된다.[39)]

FIO(Free In and Out)(화주가 선적양륙작업을 하는 작업계약)계약에서 인도의 시점은 선박에서 양륙을 한 당시가 되어야 한다. 그럼에도 불구하고 운송인은 선하증권과 상환하여 운송물을 인도할 의무를 부담하므로 양륙당시 수하인이 선하증권을 가지고 나타나지 않으면 운송인의 인도의무는 종료되지 않는다.[40)]

우리 대법원은 인도의 개념을 실효적인 지배의 이전으로 보아, 운송인의 인도시기를 가능한 늦추는 입장을 취하여 왔다. 즉, 자가용보세창고의 경우에는 보세창고는 사실상 실화주의 지배하에 놓이기 때문에 보세창고에 입고하는

---

38) 선하증권과 상환하지 않고 운송물을 인도하는 것은 영미법상으로는 계약의 근본에 대한 위반으로서 책임제한 등을 할 수 없다. 이주흥, 「해상법」(박영사, 1993), 43면; 동지 이진홍, "선하증권이 회수되지 않은 운송물의 인도에 관한 법률관계," 「한국해법학회지」, 제28권 제2호(2006.11), 145면. 이진홍 변호사는 운송인의 책임제한배제사유에 해당할 가능성을 언급한다. 아직 이에 대한 대법원 판결은 없다.

39) 이주흥, 상게서, 42면.

40) 따라서 이 때 선하증권과 상환하지 않고 운송물을 인도하면 운송인은 선하증권소지인에게 손해배상책임을 부담하게 된다(대법원 2004.10.15. 선고 2004다2137 판결). 이에 대한 평석으로는, 김인현, "FIO 계약조건과 그 유효성 및 선상도의 법률관계," 「상사판례연구」, 제19권 제1호(2006.3), 157면; 문광명, "FIO특약과 선상도," 「한국해법학회지」, 제29권 제1호(2007.4), 83면.

순간에 인도는 이루어진 것으로 간주한다(대법원 1990.2.13. 선고 88다카 23735 판결). 그러므로 창고에 입고하는 순간에 운송인은 선하증권소지인과 운송물을 상환하여야 한다. 불법행위는 창고에 입고하는 순간에 이루어지기 때문에 그 다음에 대리점이 선하증권과 상환하지 않고 운송물을 반출하여 주었다고 하더라도 불법행위책임을 부담하지 않는다(대법원 2004.10.15. 선고 2004다2137 판결).

영업용보세창고의 경우에는 보세창고에 입고된 순간에도, 여전히 운송물은 운송인이 창고업자를 통하여 지배하고 있는 것으로 인정되어 인도는 이루어지지 않은 것이 된다(대법원 1992.2.14. 선고 91다4249 판결; 대법원 2000.11.14. 선고 2000다30950 판결[41]). 그러므로 그 다음 단계에서 창고에서 무단반출될 때 비로소 불법행위책임이 성립된다.

영업용보세창고는 실수하인(선하증권상 통지처)이 지명하여 그의 지배관리를 받는다는 점은 대법원도 인정하는 것으로 보인다.[42] 따라서 보세창고와 실수하인 사이에 임치계약이 성립됨은 별개로 하고, 다시 대법원은 창고업자와 운송인 사이에도 묵시적으로 임치관계가 있다고 본다. 이름하여 이중임치론이다.[43] 그리하여 창고업자가 수하인으로부터 선하증권의 회수 없이 운송물을 인도하면 창고업자는 물론 운송인도 책임을 부담하게 한다(대법원 1991.8.27. 선고 91다8012 판결).

이 점에 대하여는 많은 의문이 제기된다. 수입업자인 화주가 통제하는 창고업자에 대하여 이와는 별도로 다른 임치계약이 묵시적으로 성립되었다고 하는 대법원의 입장은 어색하다.[44][45] 운송인으로서는 실효적 지배가 있지 않은 상

---

41) 대법원은, 선하증권소지인이 아닌 선하증권상의 통지처의 의뢰를 받은 하역회사가 양하작업을 완료하고 화물을 하역회사의 일반보세창고에 입고시킨 사실만으로는 화물이 운송인의 지배를 떠난 것이라고 볼 수 없고, 이러한 경우 화물의 인도시점은 운송인 등의 화물인도지시서에 의하여 화물이 하역회사의 보세장치장에서 출고된 때라고 할 것이다고 한다.

42) 2005.12.7. 관세청고시 제2005-38호. 보세화물관리에 관한 고시 제4조 제1항 제1호에 의하면 보세구역설정권은 수입자에게 있다. 따라서 보세구역 설영인(창고업자)은 수입자의 통제하에 있고 운송인으로부터의 화물인도지시서(Delivery Order)를 받지 않고서 수입자에게 운송물을 내어줌으로써 선하증권소지인의 권리를 침해하게 된다. 이에 대한 상세한 내용은 이진홍, "보세구역에서 반출된 수입화물과 관련된 법률관계,"「국제거래법연구」, 제8집(1999), 299면 이하; 비판적인 견해로는 최종현, "보세창고업자의 화물불법인도에 대한 운송인의 채무불이행책임,"「한국해법학회지」, 제27권 제2호(2005.11), 282면 이하가 있다.

43) 우리 서울지방법원이 1999.5.21. 선고 98가합60120 판결에서 인정한 이래 하급심에서 일반적인 지지를 받다가 대법원이 2004.1.27. 선고 2000다63639 판결에서 이중적 임치이론을 인정하였다. 이에 대한 상세한 내용은 최종현, 상게논문을 참고바람.

황이다.[46] 기본적으로 선하증권과 상환하여 운송물을 인도할 권리와 의무가 운송인에게 있다는 것은 운송물에 대한 통제권이 운송인에게 있다는 전제하에 있지만, 보세화물관리에 관한 고시는 이와 반하는 것이 된다.[47]

운시트랄 운송법에서는 인도에 대한 정의를 두지 않고 책임기간에 대한 정의를 둠으로써 우회한다. 운송인의 책임기간은 수령에서 인도에 이르고 인도는 (i) 계약으로 약정한 시기와 장소에서 (ii) 관습에 따라 (iii) 마지막 운송수단에서 양륙한 때와 장소로 한다(초안 제11조 제1항, 제2항).[48] 보세창고 등에 입고하여야 하는 경우에는 (iii)과 같다(초안 제11조 제3항). 운송인은 위 때와 장소에서 운송물을 수하인에게 인도할 의무가 있고(초안 제13조), 수하인은 위의 장소와 때에서 운송물을 인수받아야 할 의무가 있다(초안 제44조). 그리고 이 때 수하인이 나타나지 않으면 운송인은 송하인의 지시를 받아 처리할 수 있고(초안 제49조 제4항),[49] 선하증권과 상환할 의무가 면제된다(초안 제49조 제5항). 운송인은 수하인의 비용과 책임하에 운송물을 보관처리하게 된다(초안 제50조 제1항). 운송인의 보관중 운송물의 멸실이 있으면 운송인의 주의의무 위반을 화주가 입증하여야 한다(초안 제50조 제5항). (i) (ii) (iii)에 따라 정한 시점에서 운송인의 계약상 의무는 종료되고 채권자 지체의 관념을 도입하였다.

이러한 운시트랄 운송법회의의 입장은, 첫째, 운송인으로 하여금 수하인이 나타나지 않은 경우에 송하인의 지시를 받아 처리할 수 있는 기회를 가지게 하여 불법인도의 위험을 줄이게 된다. 둘째, 수하인이 나타나지 않아 창고에 입고하는 경우에도 운송인의 인도시기는 보세창고에 넣음으로써 운송인으로서의

44) 대법원 등은 보세창고는 운송인을 위하여 인도지시서를 받아 운송물을 인도하는 등 운송취급인의 지위에 있다고 한다. 이진홍, 전게논문(한국해법학회지), 138면.

45) 만약 보세화물 관리를 위하여 보세창고에 입고하는 것에서 운송인의 인도가 이루어졌다고 하면 운송인은 선하증권소지인에 대하여 이 순간부터 손해배상책임을 부담하게 될 것이다. 이러한 이론 구성은 상법의 인도의 법리와 모순을 가져온다.

46) 이론적인 모순을 극복하기 위하여 제3자를 위한 계약이 등장하였다. 최종현, 전게논문, 267면. 찬성견해로 이진홍, 전게논문(한국해법학회지), 139면.

47) 동지, 이진홍, 상게논문, 137면.

48) 이것은 우리 대법원의 입장과 다르므로 도입에 신중한 입장을 취하고 있는 견해로는 김필곤, "UNCITRAL 운송법조약에서 논의되고 있는 인도 및 인도지연으로 인한 책임," 「국제규범의 현황과 전망」(법원행정처, 2006), 290면.

49) 이에 대해 김필곤 부장판사는 이는 처분권의 이전을 반영한 것으로 긍정적으로 평가하면서 상법 제812조에서 상법 제142조-제145조를 준용할 필요가 있다고 한다. 전게논문, 294면.

의무는 종료되고 수하인의 대리인으로서의 지위에 서게 됨으로써 운송인의 이중임치이론은 성립되지 않게 될 것이다. 따라서 불법인도의 경우에도 운송인이 창고업자의 불법행위에 대하여 사용자책임을 부담하는 일은 없게 될 것이다.

Ⅶ. 船舶衝突

1. 서

선박충돌은 해상법의 백화점이라고 할 수 있다. 선박충돌은 해상사건 중에서 가장 다양한 테마를 학자들에게 제공하기도 하고 해상변호사들에게는 안정적인 일할 시간을 제시한다. 선박충돌은 민사, 형사, 행정법상의 문제를 동시에 가지고 있다.

민사사건과 관련하여 선박충돌은 손해배상청구의 기초가 되는 과실의 기초로서의 주의의무와 과실비율의 산정이 하나의 큰 이슈가 된다.

2. 불법행위로서 선박충돌과 상법

선박충돌은 불법행위의 일종이다. 그런데 선박충돌은 두 선박 사이의 충돌이어야 하므로 양 당사자가 존재하고 특별한 경우가 아닌 한 공동불법행위를 구성한다.

상법은 민법의 특별법이므로 특별한 규정이 상법 해상편에 없으면 민법의 공동불법행위의 규정이 적용되게 된다.

상법은 쌍방과실의 경우에 손해배상은 과실비율에 따른다고 함으로써 물적 책임에서는 분할책임을 규정하고 있다(상법 제846조 제1항). 이 점이 상법 해상편이 민법과 가장 다른 점이다. 따라서 B선박의 화주는 자신의 손해액 10억에 대하여 A선박에 대하여 그 선박의 과실비율(70%)에 상당하는 손해배상책임(7억만)만 물을 수 있다. 만약 B선박이 사고 후 도산되었다면 3억을 배상받지 못하는 결과가 된다. 이 점에서 A선박은 부진정연대책임이 적용되는 민법의 경우보다 유리하다고 할 수 있다.

유의할 것은 종종 발생하는 부두와의 충돌로 갠트리 크레인에 사고가 나는 경우이다. 이와 같은 것은 상법상의 충돌이 아니므로 민법이 적용된다.

3. 책임주체의 확정

선박충돌에서 책임의 주체는 선박을 점유하여 관리하는 자와 관련이 된다. 선박소유자가 직접운항하는 경우에는 자신이 선원을 선임 · 관리하므로 선박소유자 자신이 사용자책임의 주체가 된다. 선박이 나용선되어 운항중이었다면 선박소유자가 아니라 나용선자가 책임의 주체가 된다. 왜냐하면 선박을 운항중인 선원은 나용선자가 선임 · 관리하기 때문이다. 적용되는 법규정은 상법 제845조-제847조, 상법 제766조가 된다. 선박소유자가 선박충돌에 대한 책임을 부담한다고 한다. 나용선의 경우에는 제766조에 의하여 선박소유자를 나용선자로 대체하면 된다. 필자는 이를 사용자책임으로 이해한다. 대법원도 동일한 입장이다.

4. 주의의무와 과실비율

선박충돌의 경우에 책임을 선박에 부과하기 위하여는 불법행위책임으로서 과실이 인정되어야 한다. 과실은 주의의무위반이고, 선박충돌에서의 주의의무는 제정법인 해상충돌예방규칙과 해상교통안전법에서 찾을 수 있다.[50)]

충돌을 피하기 위하여 해상에서 항해사들이 지켜야 하는 항행규정을 항법이라고 부른다. 해상충돌예방규칙은 국제조약으로서 현재 1972년 조약이 사용되고 있다. 우리나라도 이를 비준하였고 국내법화한 해상교통안전법이 있다.

(1) 항법의 대원칙

항법의 대원칙으로 좌현:좌현 원칙과 조종성능우열의 원칙이 있다.

도로교통과 마찬가지로 선박도 좌현(왼쪽, port)과 좌현이 마주보고 지나도록 되어 있다. 이를 구현하기 위하여 피항하는 방법은 우현(오른쪽, starboard)에 접근하는 상대선을 두고 있는 선박이 적극적으로 우현전타하여 상대선을 피하도록 되어 있다.

상호시계내에서 기관이 고장난 선박은 아무런 피항조치를 취할 수 없다. 그러므로 일반 동력선이 이러한 선박을 피하여야 한다.

---

50) 여기에 대하여는 김인현, 「해상교통안전법」(삼우사, 2007); 김인현, 「선박충돌과 항법연구」(다솜출판사, 2006)을 참고바람.

(2) 시계상태에 따른 항법

항법은 시계상태에 따라서 모든 시계의 항법, 상호시계의 항법, 제한시계의 항법으로 나누어진다(해상교통안전법 제12조-제27조). 레이더가 없다는 전제하에서 정하여진 항법이다.

상호시계의 항법은 다시 정면상태(마주치는 상태)(head-on), 횡단상태(crossing) 그리고 추월상태(overtaking)로 나누어진다. 정면상태는 양 선박이 모두 우현전타하여 피하여야 한다(동법 제22조). 횡단상태에서는 자신의 우현에 접근하는 상대선을 두고 있는 선박이 피항선이 된다(동법 제23조). 추월상태에서는 추월선이 피추월선을 피하여야 한다(동법 제21조).

제한시계에서는 양 선박이 모두 좌현타를 하지 않아야 하고 감속하여야 한다(동법 제27조). 위 상호시계의 조우자세에 따른 항법은 적용되지 않는다.

모든 시계에서는 시계의 좋고 나쁨에 관계없이 적용되는 규정이다. 경계를 한다든지, 방위의 변화가 없으면 충돌의 위험이 있다든지 하는 내용이다. 좁은 수로와 통항분리수역의 항법이 여기에 속한다(동법 제17조 및 제18조). 육지를 자신의 오른쪽에 붙여서 항해하면 된다.

(3) 과실비율

위에서 정한 내용에 따르면 피항선은 적극적인 피항동작을 취하도록 되어 있고, 유지선은 일정한 거리까지는 속력과 침로를 유지하다가 마지막 순간에는 협조동작을 취한다. 그러므로 아무런 조치를 취하지 않은 경우에 비난가능성은 피항선이 높다고 할 수 있다. 이러한 방법으로 과실비율을 정할 수 있다. 정면상태의 경우에는 모두 우현변침하여 피하여야 하므로 기본적으로 50:50으로 출발할 것이다. 횡단상태에서는 65:35로 평가되고 있다.[51]

5. 해양안전심판의 역할

실무적으로 현재 과실비율은 해양안전심판원에서 정한다고 하여도 과언은

---

51) 과실비율 산정과 관련하여 김인현, "선박충돌에서 과실비율과 해양안전심판재결과의 관련성에 대한 고찰," 「법조」(2003.7), 91면 이하가 있다. 외국의 논문으로는 Henry V. Brandon, "Apportionment of liability in British Court under maritime conventio of 1911," *Tulane Law Review*, June 1977, p. 1028 이하가 있다.

아니게 되었다. 해양안전심판원은 해양사고의 원인을 판단하고 해기사를 징계하는 기관이다. 그런데 원인재결을 하면서 사고의 원인을 설시하게 되는바 이것이 발전하여 원인제공정도를 판단하게 되었다.[52)]

따라서, 해상변호사들은 민사소송을 제기하기보다, 행정소송으로서의 해양안전심판에 더욱 관심을 가지게 되었다. 여기에서 좀더 나은 원인판단을 받게 되면 손해배상책임에서 도움이 되게 되므로, 지방해심, 중앙해심을 거쳐 대법원에 소를 제기하게 된다. 판례공보에 나타나는 대법원의 중앙해양안전심판원의 재결취소소송은 모두 이러한 경향을 배경으로 한다. 징계재결을 취소하라는 소를 제기하면서,[53)] 이면으로는 징계재결에 이르는 과정에서의 사고원인의 판단을 바꾸어 과실비율을 변경하고자 하는 것이다.

이러한 경향은 비판을 받기도 하지만, 해운실무에서는 법원이나 변호사들이 해상실무에 정통하지 않기 때문에 해양안전심판의 재결에서 정하는 원인제공정도가 더 신빙성이 있다고 한다. 영국과 같은 해사법원이 없는 우리나라에서의 한계를 우회하는 방법이라고 할 수 있고 장차 해사법원이 탄생하면 바로 잡힐 것으로 본다.

Ⅷ. 나오며

우리나라의 지상과제인 무역입국을 위하여 필수적인 운송과 관련된 법률문제를 다루고 있는 것이 해상법이다. 따라서 우리나라가 무역입국을 포기하지 않는 한 해상법은 존속된다. 해상법은 운송의 국제성 때문에 국제성을 띠게 되어 있고 이는 해상법을 이해하기 어렵게 만드는 요소가 되기도 하고 또 매력적인 분야가 되게 하기도 한다.

해운과 조선의 글로벌화와 더불어 우리나라 해상법은 세계를 선도하는 것이 되어야 한다. 채이식 교수의 IMO 법률위원회의장 진출 등 각종 국제회의에서 우리나라 해상법계의 활약상은 개인의 노력과 역량에 힘입은 바 크다. 이제는 개인의 역량이 아니라 시스템적으로 경쟁력을 갖추어야 한다. 학계, 법조계, 업계에 해상법에 애착을 가지는 분들이 많아져야 한다. 이들이 서로 상호 보완

52) 해양사고의 조사 및 심판에 관한 법률의 규정 제4조 제3항에 의한 것이다.

53) 대법원은 원인재결에 대하여는 취소소송을 제기하지 못한다는 확고한 입장이다.

하여 우리나라의 전체적인 해상법의 수준을 끌어올리고, 우리나라가 안정된 법정으로 평가받아 해상사건들이 우리나라에 많이 정착되는 그런 날들이 하루빨리 오기를 기대한다. 이런 점에서 오늘과 같은 학계와 법조계의 만남은 긍정적으로 평가되어 마땅하다고 생각한다. 주최를 하여주신 이주흥 법원장님과 주관을 하신 김필곤 부장님에게도 감사드린다.

제 2 논 문

2007.7.3. 改正 商法 海商編에 대한 고찰*

Ⅰ. 序 論

2006년 1월 7일 법무부가 국회에 제출한 상법 해상편 개정법률안이 이번 7월 3일 개정되었다. 2001년 9월 28일 한국해법학회 해상법개정실무위원회가 활동을 시작한 지 약 6년 9개월의 작업이 마무리된 것이다. 개정상법 해상편은 공포한 날로부터 1년이 지나면 발효된다(2008년 8월 4일). 해상법 개정작업에 대한 논의의 경과를 알아보고, 2007년 개정해상편의 주요내용을 검토하면서 실무에서 주의할 사항 및 의문점을 지적하고자 한다.[1)]

1991년 현행상법은 몇 가지 문제점을 가지고 있다. 첫째, 항해용선 위주로 편제되어 개품운송이 주가 되는 실무와 유리되어 있다. 둘째, 해상화물운송장(sea way bill), 복합운송 등과 같은 새로운 변화에 대응하지 못하고 있다. 셋째, 국제조약과 불일치하는 점이 있다. 넷째, 실무적으로 반복되는 법적 애로를 처리하지 못하고 있다.

---

* 본 논문은 2007년 7월 18일 선주협회에서 있은 개정해상법 설명회에서 발표한 내용을 추가한 것으로, 「한국해법학회지」에 게재 예정이다.

1) 필자는 2005년 11월 26일 고려대학교 법과대학에서 제20회 경영법률학회에서 주최한 학술발표회에서 법무부 상법 해상편의 개정내용에 대하여 소개 비판한 바 있다. 김인현, 2005년 "법무부 상법 해상편 개정안에 대한 고찰," 「경영법률」, 제16집 제2호(2006.4), 75면 이하. 본 강의안은 이 논문에 새로운 변화를 추가한 것이다. 개정안에 대한 다른 논문으로는 문병일, "해상법개정안에 관한 일고찰," 「해사법연구」, 제18권 제2호(2006.9), 369면; 김인현, "2007년 상법 해상편의 편제 및 복합운송에 대한 개정경위와 그 내용," 「한국해법학회지」, 제30권 제1호(2008.4), 7면 이하; 최종현, "개정상법하에서의 해상운송인의 지위," 「한국해법학회지」, 제30권 제1호(2008.4), 49면 이하; 정완용, "개정상법상 전자선하증권규정에 관한 고찰," 「한국해법학회지」, 제30권 제1호(2008.4), 85면 이하가 있다.

용선계약은 계약자유의 원칙이 적용되지만, 개품운송계약은 부합계약의 성질을 가지기 때문에 서로 다른 성질의 것으로 분리하여 규정할 필요가 있고, 헤이그비스비규칙 등도 개품운송을 다루는 것일 뿐만 아니라 영국, 미국, 일본 등의 국가는 모두 국제해상물건운송법(COGSA)이라는 단행법을 가지고 있다. 그러므로 적어도 개품운송을 따로 독립된 장으로 편제할 필요성이 커지게 되었다. 해상화물운송장과 복합운송 등 사용이 점증하고 있음에도 상법에 규정이 없이 당사자의 자치에 따른 약관에 의존하는 것에 대한 문제점이 지적되어 왔다. 또한 운송인의 책임제한액수가 헤이그비스비규칙과 일치하지 않아 화주가 불리하다는 인식이 팽배하여 이것이 대법원의 판례 등에도 영향을 미치는 왜곡현상이 나타나 이를 시정할 필요성도 느껴졌다. 운송인의 운송물인도와 관련하여 계속되는 피해사례들이 1991년 상법개정에도 불구하고 지속되어 이를 해결하자는 실무계의 수요가 있었다.[2)]

이러한 문제점을 개선하고자 1991년 상법개정작업은 시작되었다.

Ⅱ. 海商法 改正 논의경과

1. 한국해법학회

해상법 개정에 대한 논의는 한국해법학회를 중심으로 이루어졌다. 개정에 대한 논의는 운송인과 화주와의 균형을 찾고 현안이 되어 있는 운송인의 불법인도의 문제를 해결하자는 것에서 출발하였다. 2001년 9월 28일 한국해법학회 해상법개정실무위원회가 발족되었다.[3)]

---

2) 먼저 상법 해상편 개정과 관련하여 몇 가지 일반적인 주의점을 살펴본다. 개정상법 해상편의 개정은 특별한 원칙을 가지고 행하여져야 한다. 개정의 원칙은 첫째, 법적 안정성을 유지하기 위하여 특별한 사정이 없는 한 기존의 틀을 흔들지 말아야 한다. 특별한 사정이란 대법원의 판결 등으로 문제가 발생한 경우, 현실의 실무를 반영하지 못한 경우 등이라 할 것이다. 둘째, 통일성을 기하여야 한다. 해상법은 국제성을 띠고 있으므로 국제적인 동향에 발을 맞추어야 한다. 셋째, 예측가능성을 높여야 한다. 해상법과 관련되는 이해당사자들이 법적 문제의 해결에 대하여 예측이 가능하여야 할 것이다. 넷째, 선주와 화주의 균형이 이루어져야 한다. 다섯째, 상거래의 원활화를 이루어야 한다.

3) 손주찬(1차 위원장) 교수, 배병태(2차 위원장) 교수, 박길준 교수, 박현규 이사장, 임동철 교수, 채이식 교수, 유록상 변호사, 최준선 교수, 정완용 교수, 김인현 교수, 정병석 변호사, 김현 변호사, 최종현 변호사, 강영민 상무 등으로 구성되었다. 전자의 10명은 실무소위원회 위원이다.

연구팀은 해상기업과 담보, 운송, 해상위험으로 3팀을 만들어 이들이 작성한 안을 토대로 토론에 토론을 거듭하면서 많은 변경을 보았다. 해상위험분야는 쟁점이 없이 쉽게 종료되었다. 4년 6개월에 걸친 작업 끝에 (1) 운송인의 포장당 책임제한액을 헤이그비스비규칙과 동일하게 포장당 666.7SDR과 중량당 2SDR 중 큰 금액으로 하고 (2) 상법 제803조에서 수하인측에 귀책사유가 있는 경우에는 운송물을 적당한 장소에 내려두고 수하인이나 송하인에게 통지하면 인도의무가 종료하는 안을 확정하였다. (3) 그리고 새로운 수요에 맞추어 복합운송에 대한 장과, 해상화물운송장, 전자선하증권에 대한 도입을 하기로 하였다. 1차 정리된 안을 2004년 3월 27일까지 완료하여 개정실무위원회는 확정된 안을 법무부에 제출하였다.[4][5] 추가논의사항을 다시 검토하여 복합운송에 대한 안을 법무부에 제출하였고, 2005년 7월 23일 제53회 회의를 마지막으로 종결하였다.[6]

2. 한국상사법학회

상사법학회에서도 전체적인 상법의 개정을 준비하면서 해상편에 대하여 개정안을 마련하였다. 2004년 11월 상사법개정연구위원회(위원장 정찬형 교수)가 구성되었고, 그 결과는 상법개정연구보고서라는 책자로 2005.8. 발표되었다.[7]

3. 법무부

법무부는 2004년 6월 12일 상법해상편개정위원회를 구성하고,[8] 개정작업을 개시하여 약 1년 2개월간의 작업을 거쳐 2005년 9월 26일 공청회를 갖고(이

---

4) 그 결과는 해상법(상법 제5편) 개정문제연구보고서(이하 보고서), 한국해법학회 해상법개정문제연구회, 2004.4.에 자세한 회의내용이 나와 있다. 이 이외에 한국해법학회의 회지에 회의록이 부록으로 기록되어 있다.

5) 한국해법학회의 개정안은 "해상법개정시안 및 계속검토사항,"「한국해법학회지」, 제26권 제1호(2004.4), 355면 이하에 나와 있다.

6)「한국해법학회지」, 제27권 제2호(2005.11), 597면.

7) 정완용 교수의 해상법의 IT화 관련 개정의견이 있다. 상법개정연구보고서, 한국상사법학회 상사법개정연구위원회(2005.8), 227면 이하.

8) 채이식 고대법대학장(위원장), 최준선 교수, 정완용 교수, 이주흥 부장판사, 서태경 부장검사, 정병석 변호사, 김현 변호사, 서동희 변호사, 이은 중앙해심원장으로 위원회가 구성되었다.

하 개정시안),[9] 수정된 안을 2005년 11월 7일 입법예고하였다(이하 입법예고안).

4. 국회 입법조사관의 활동과 국회간담회

2006년 1월 17일 법무부는 해양수산부 등과 의견조율을 거치면서 개정법률안을 국회에 제출하였다(이하 법무부 개정법안).

국회 임중호 전문위원과 이욱희 조사관은 다양한 경로를 거치는 치밀한 입법조사를 하여 입법조사보고서를 제출하였다.

상법 일부개정법률안에 대하여 관계 전문가의 의견을 청취하여 법안심사에 반영하고자 국회 법제사법위원회 법안심사제1소위원회 주관으로 2007년 6월 4일(월) 오전 10시 국회법사위 전체회의장(본관 406호)에서 간담회가 개최되었다.[10] 한국법 강제적용규정, 손해구간불명의 경우의 적용법규, 책임제한액수 등이 집중적으로 거론되었다.

5. 소위원회 심사내용 결과(법안심사제1소위원장: 이상민 의원)

법안심사제1소위원회에서는 아래와 같은 수정의견을 제시하였다.[11]

첫째, 중량 1킬로그램당 2계산단위의 중량기준을 도입하는 개정규정의 시행일을 운송인의 부담 완화를 위하여 공포 후 3년이 경과한 날로 한다.

둘째, 복합운송계약에서 어느 운송구간에서 손해가 발생하였는지 불분명한 경우 등에는 당사자에게 예측가능성을 부여하기 위하여 운송거리가 가장 긴 구간에 적용되는 법에 따라 책임을 지도록 한다.

셋째, 개품운송계약에서 운송인의 의무 또는 책임을 감경 또는 면제하는 특약을 무효화하는 강행규정에 대하여는 기본적으로 준거법 규정은 당사자간의 자치에 따라 결정하는 것이 바람직하고 이를 법률로 강제하는 것은 국제관행에 맞지 않아 이를 삭제하였다.

---

9) 김현 변호사가 주제발표를 하고, 최종현 교수, 김인현 교수, 이태종 판사, 박찬재 한국선주협회 전무이사, 윤민현 한국 P&I 전무가 지정토론을 하였다. 이에 대한 자세한 내용은 "상법(해상편)개정 공청회" 자료, 법무부, 2005.9.26.을 참고바람.

10) 진술인으로서는, 정병석 변호사, 최준선 교수, 정해덕 변호사, 김인현 교수, 박찬재 선주협회 전무이사, 김길섭 하주협의회 사무국장이 참석하였다. 상법일부개정법률안(해상편)에 관한 간담회, 2007.6.4. 국회법제사법위원회, 법안심사제1소위원회.

11) 이러한 내용은 6월 4일의 간담회의 토론내용을 기초로 한 것으로 평가된다.

넷째, 새롭게 도입되는 전자선하증권도 종이선하증권의 법적 효력과 동일한 효력을 가진다는 규정을 신설하였다.

다섯째, 선체만을 빌리는 의미인 “나용선”이 일본식 표현이라는 지적에 따라 국립국어원의 자문을 받아 “선체용선”으로 수정하였다.

그 밖의 불분명한 법문 표현을 일부 수정하였다.

다만, 이번 해상편 개정안의 편제형식이 일부개정법안이면서도 전부개정방식을 취함으로써 현행 편제의 개정내용을 제대로 정리하지 못했다는 강한 이의제기가 있었고, 이에 따라 향후 회사편 등 다른 개정안을 제출할 경우에는 이와 같은 사정을 고려하여 개정안을 마련하여야 한다는 의견이 강하게 제시되었음을 추가로 보고한다.[12)]

6. 2007년 7월 3일 국회본회의 통과

2007년 7월 3일 국회본회의를 통과한 상법 일부개정법률은 2006년 1월의 법무부안에 국회소위원회에서의 일부수정안을 추가한 형식이 되었다. 다만, 한글화 작업을 하면서 모든 조문들에 걸쳐서 수정이 되었지만 내용에서 별차이가 있는 것은 아니다.

Ⅲ. 2007년 改正商法 要點

1. 현행 운송인의 책임체제의 존치

개정법률은 현재 사용되고 있는 우리 상법 해상편의 운송인의 책임제도에 대하여는 변경을 가하지 않았다. 즉, 운송인의 감항능력주의의무(현행상법 제787조; 개정상법 제794조)와 운송물에 대한 주의의무(현행상법 제788조 제1항; 개정상법 제795조 제1항)를 두 근간으로 하면서, 운송인의 과실은 추정되어 운송인은 운송물의 손상에 대하여 자신이 과실이 없음을 입증하여야 책임을 면하게 된다. 운송인은 항해과실 및 화재면책(현행상법 제788조 제2항; 개정상법 제795조 제2항) 그리고 입증책임이 전환된 면책사항(현행상법 제789조; 개정상법 제796조)으로 보호된다. 나아가 선박소유자는 선박소유자책임제한제도(현행상법 제746조

12) 상법일부개정법률안 심사보고서, 2007.7, 96면.

이하; 개정상법 제769조)를 이용하여 자신의 책임을 일정한 액수로 제한할 수 있다. 또한 운송인의 경우에는 포장당 책임제한제도(현행상법 제789조의2; 개정상법 제797조)를 통하여 책임을 제한할 수 있다.

운송인이 부합계약의 성질을 갖는 선하증권을 통하여 자신의 책임과 의무를 감경하거나 면제하는 것은 여전히 무효가 된다(현행상법 제790조; 개정상법 제799조, 제855조 제5항).

이러한 기본체제의 존치는 한국 상법의 해상편이 헤이그비스비규칙의 입장을 취하고 있음을 의미한다.

2. 편제의 변화

법무부 개정안의 내용 중에서 가장 특징적인 것은 현재 상법의 편제를 크게 변화시킨 점이다. 현재의 5개장을 3개의 장으로 줄였다. 제1장 해상기업, 제2장 운송과 용선, 그리고 제3장 해상위험이다. 제2장에서 운송과 용선을 준별하고 용선에서 다시 항해용선, 정기용선 그리고 나용선을 구별하여 나열하고 정의규정을 두게 됨으로써 알기 쉽게 한 점이다.[13)]

현대의 운송이 컨테이너를 위주로 하는 개품운송이 주를 이루고 있음에도 우리 상법의 운송편은 항해용선을 중심으로 기술되고 개품운송은 여기저기 추가하는 형식을 취하고 있어서 이해가 쉽지 않은 측면이 있었다.[14)][15)] 이렇게 분리하여 둠으로써 미국, 일본, 영국, 호주 등과 같이 개품운송계약을 단행법화(COGSA)할 수 있는 기반이 마련되었다는 점에서 긍정적으로 평가할 수 있다.[16)]

그러나 조문이 모두 바뀌게 되는 부정적인 변화를 가져왔다.

---

13) 이러한 논의에 대하여는 채이식, "해상물건운송법 체제의 재검토," 「한국해법학회지」, 제24권 제1호(2002.5), 180면 이하.

14) 여기에 대한 논의로는 김인현, "항해용선계약과 개품운송계약의 이동에 대한 소고," 「해상법연구」(삼우사, 2003), 518면 이하를 참고바람.

15) 동지, 채이식, "2005년 상법 제5편 해상편 개정안에 대한 소고," 「한국해법학회지」, 제27권 제2호(2005.11), 442면; "입법예고 상법," 법률신문, 2005년 11월 10자.

16) 예컨대, 일본과 같이 상법의 해상편의 개품운송에 대한 규정은 국내운송에만 사용하고, 국제운송은 그 적용을 배제하고 특별법인 국제해상물품운송법(일본 COGSA)을 사용하게 하기 위하여는 이러한 배제의 전제가 되는 개품운송에 대한 장이 별도로 마련되어야 한다.

3. 국제적인 발전을 반영

우리 상법은 1991년에 개정이 있었지만, 그 후에 운송의 실무에서 일어난 변화를 반영하지 못하고 있었다. 그리하여, 해상화물운송장(제863조, 제864조), 전자선하증권(제862조) 그리고 복합운송에 대한 규정(제816조)을 둠으로써 실무의 발전방향을 반영하고자 하였다. 여객운송에서 1996년 선주책임제한조약의 입장을 반영하여 선주의 책임제한액을 상향조정한 것(제770조 제1항 제1호), 선박충돌의 범위를 확대한 것(제876조) 그리고 해난구조에서 환경손해방지작업에 대한 특별보상을 마련한 것(제885조)도 이러한 범주에 속한다고 할 수 있다.

4. 화주의 지위강화

선박소유자를 연대채무자로 하는 상법 제806조를 두고 많은 논란이 있었다. 정기용선자가 운송인이 되는 경우에도 이를 인정하면 화주는 그만큼 보호되는 것이다. 이번 개정상법은 제806조를 항해용선은 물론 정기용선에도 적용하고 있다(제809조).

개정상법은 선박우선특권이 발생되는 채권의 종류에 있어서 "항해사고로 인한 항해시설 등 손해"에서 "항해사고로 인한 손해"로 변경하여 선박우선특권을 확장하려는 시도를 하고 있다(제777조).

다만, 법무부 입법예고안은 (1) 입항준비가 완료된 선박도 압류할 수 있고, 입항전이라고 하더라도 압류가 가능하게 하는 규정을 두었다(개정법안 제744조). (2) 나용선자가 운송인이 되는 경우에 운송물 손상에 대하여 화주는 비록 후순위지만 선박우선특권을 가지게 되는 제도를 도입하였다(개정법안 제852조). 나아가 (3) 개정법은 한국에서 입출항하는 화물에는 모두 한국 상법이 적용되고, 상법에서 강행적으로 정한 운송인의 책임과 의무를 면제 혹은 감경하는 약정은 무효로 하고자 한다(개정법안 제817조). 이러한 것들은 모두 화주의 지위가 강화되는 결과가 된다. 그러나 학자들의 반대와 업계의 반대로 이런 규정은 모두 삭제되게 되었다.

이 점은 선박소유자로서는 좋은 일이지만 화주로서는 불리한 결과가 되었다. 필자로서는 해상법은 선주와 운송인을 보호할 뿐만 아니라 파트너인 화주도 보호하여야 하는 것으로서 화주보호제도는 새로운 시각에서 조명되어 보충되어야 한다고 의견을 가지고 있다.

Ⅳ. 논란이 되었던 條項에 대한 檢討

1. 제1장 해상기업의 편제 및 제2장 운송과 용선

(1) 현행상법

현행상법은 해상기업주체로서 선박소유자를 제2장에서, 인적 설비로서 선장을 제3장에서, 물적 설비로서 선박을 제1장에서 기술함으로써 상법 총칙의 편제를 이어간다. 상인으로서 해상기업주체, 물적 설비, 인적 설비를 두고 다음에 상행위를 규정한 것이다(대부분의 학자들은 제1장 선박을 해상기업의 물적 설비로서, 제2장 선박소유자와 제3장 선장을 인적 설비로서 설명하고 있다). 필자도 이러한 편제에 대하여 찬성하는 입장이다.[17]

현행상법은 제4장 운송 제1절 물건운송에서 통칙으로 항해용선과 개품운송에 대하여 기술하고 있고(상법 제780조) 이를 구별하고 있지 않다. 그리고 정기용선계약은 운송계약의 말미에 기술되어 있고, 나용선(선박임대차)은 선박소유자편에 기술되어 있다.

(2) 개정상법

개정시안은 해상기업을 제1장으로 하고 제1절 선박 제2절 선장 제3절 선박공유 제4절 책임제한 제5절 선박담보로 배치하였다. 운송과 용선이라는 별도의 제2장을 마련하였다. 제1절 해상운송에서 제1관 개품운송, 제2관 여객운송을 두고 제2절 용선에서 제1관 항해용선 제2관 정기용선 제3관 나용선, 제3절에서 운송증서를 두어 선하증권 등을 규율하고자 하였다.

공청회와 해법학회의 의견조율을 거치면서 다만 제4절의 책임제한이라는 표제가 "선박소유자 등의 책임제한"으로 변경되었다. 제2장 운송과 용선하에서 제1절 개품운송 제2절 여객운송 제3절 항해용선 제4절 정기용선 제5절 나용선 제6절 운송증서를 두게 되었다. 이러한 입장은 법무부 입법예고안에서 개정법률에까지 지켜졌다.

---

17) 김인현, 「해상법」(법문사, 2003), 24면 이하.

1) 개정이유

법적인 성격에 있어서 제1장은 상법 제1편 통칙과 유사한 규정이고, 제2장은 상법 제2편 상행위와 연관된 규정이고, 제3장은 해상운송활동에 부수하는 특수한 위험에 관한 규정이다. 민법과 비교하면 제1장은 총칙적인, 물권적인 성격의 규정이고, 제2장은 계약법적인 성격의 규정이며, 제3장은 부당이득 등 비계약적인 채권에 관한 규정이다. 이처럼 민상법의 체계와 연관하여 논리적인 구성을 함으로써 해상법을 체계적인 논리적인 사고의 틀 속에서 적어도 건전한 법률상식을 가진 법률가라면 누구나 용이하게 이해할 수 있도록 구성하는 데에 역점을 두었다. 이러한 시도는 1991년 상법 개정시에 해상운송계약에서 운송을 인수하는 당사자를 선박소유자에서 운송인으로 변경하여 그 시작이 이루어졌고 또 오늘날에 있어서 이러한 체계는 세계적인 추세이기도 하다. 그리고 이러한 시각은 장차 해상법이 단행법화되거나 개별법화되는 경우에도 나아갈 방향이라고 생각한다.[18)]

2) 의 의

제1장 해상기업의 장은 알기 쉽게 재편되었다. 운송과 용선의 장은 많은 체제의 변화를 가져와 준용규정의 정교한 입법이 필요하게 되었다.

(3) 추가검토

1) 선박소유자의 개념

운송인 중심주의가 되어야 하므로 선박소유자는 필요없다는 의견이 반영되어 개정시안에서는 선박소유자라는 용어가 삭제됨으로써 많은 논란을 가지고 왔다. 선박소유자는 용선과 운송의 원천이 된다는 강한 반론이 제기되어 입법예고안에서부터 표제에 선박소유자가 포함되게 되었고 개정상법도 동일하다.[19)]

---

18) 채이식, 전게논문, 443면.

19) 필자는 공청회에서 아래와 같은 견해를 밝혔고, 이는 한국해법학회의 공식의견으로 채택되었다.

① 상법의 편제에 대하여 운송인 중심주의를 취한다면, 운송은 기본적 상행위(상법 제46조 제13호)로 보고, 나머지 나용선, 정기용선 등은 보조적 상행위로 볼 수 있음. 이 경우 모든 형태의 운송인을 포괄하기 위하여 선박소유자라는 개념을 둘 필요가 없다는 설명도 가능함. 그러나 개정법은 용선을 운송과 동급의 위치로 영업활동에 두고 있음. 이러한 입장이라면 오히려, 동산의 임대차(상법 제46조 제2호)도 기본적 상행위의 하나이므로, 해상편에서 기

현행상법과 마찬가지로 선박소유자는 소유, 점유, 혹은 사용의 세 가지 요소를 포함하게 된다. 따라서 나용선이 된 경우에 선박소유자는 상법 제766조(개정상법 제850조 제1항)에 의하여 나용선자로 대체된다.

현행상법	개정시안	개정법
제1장 선박(제740-745조) 제2장 선박소유자 책임제한(제746조-752조의2) 선박공유(제753-764조) 선박임대차(제765-766조) 제3장 선장 제4장 운송 제1절 물건 운송 제1관 통칙 제2관 선하증권 제2절 여객운송 제5장 공동해손 제6장 선박충돌 제7장 해양사고구조 제8장 선박채권	제1장 해상기업 제1절 선박(제740-744조) 제2절 선장(제745-755조) 제3절 선박공유(제756-768조) 제4절 책임제한(제769-776조) 제5절 선박담보(제777-790조) 제2장 운송과 용선 제1절 해상운송 제1관 개품운송 제2관 여객운송 제2절 용선 제1관 항해용선 제2관 정기용선 제3관 나용선 제3절 운송증서 제1관 선하증권 제2관 해상화물운송장 제3장 해상위험 제1절 공동해손 제2절 선박충돌 제3절 해난구조	제1장 해상기업 (좌동) (좌동) (좌동) 제4절 선박소유자 등의 책임제한 (좌동) 제2장 운송과 용선 제1절 개품운송 제2절 여객운송 제3절 항해용선 제4절 정기용선 제5절 나용선 제6절 운송증서 제3장 해상위험 (좌동) (좌동) (좌동)

본적 상행위의 개념으로는 운송뿐만 아니라 용선도 포함된다고 발전적으로 해석되어야 함. 용선개념을 부각시키기 위하여는 오히려 모든 용선의 원천인 선박소유자를 해상편에 두어야 함.

② 이를 목차에 두지 않으면, 나용선자, 정기용선자, 항해용선자만 있고 그 원천인 선박소유자는 제목이 없게 되어 불균형이 됨. 정의규정은 두지 않아도 통념으로 해석이 가능하므로 문제가 없다고 봄.

③ 최소한의 수정을 가한다면 제안과 같이 선박소유자라는 제목을 달고 이 아래에 책임제한제도를 두면, 현행상법 제750조 제1항의 책임제한자의 범주에 용선자가 들어가므로 선박소유자-용선자-운송인과 자연스럽게 연결됨. 선박공유는 선박소유의 한 방법으로 이해함. 제1장의 선박소유자는 소유의 개념으로 한정되고, 제2장 제2절 용선의 항해용선의 주체로서 선박소유자는 나용선자, 정기용선자, 항해용선자를 포함한 개념으로 확대됨. 그러므로 선박소유자의 개념은 정의하지 않는 현재 개정시안의 입장에 찬성함.

2) 용선과 운송의 구별

개정시안에서는 제1절 해상운송 제2절 용선으로 절을 나누어 두었다. 그러므로 해상운송에 들어 있는 개품운송과 용선편에 들어 있는 항해용선은 완전히 별개로 하여두어서 양자가 모두 운송계약인 것을 항해용선은 운송계약이 아닌 것으로 되는 결과가 되었다. 이것은 공청회에서부터 많은 지적을 받았고, 입법예고에서는 이것도 시정되어, 단순히 종류를 나열하는 방식을 취함으로써, 탄력적으로 항해용선계약도 운송계약의 한 부류로서 해석되게 되었다. 개정상법에서도 동일하게 되었다.

현행상법에서는 나용선은 선박소유자의 편에 배치되어 있지만, 이제 나용선은 용선계약에서의 제일 마지막에 위치하여 소유자와 멀어진 느낌이 들지만, 이는 개정상법이 선박의 사용와 이용에 관점을 두었기 때문으로 파악된다.

2. 제744조 선박의 압류 · 가압류를 용이하게 함(삭제됨)

(1) 현행상법

제744조(선박의 압류, 가압류) 항해의 준비를 완료한 선박과 그 속구는 압류 또는 가압류를 하지 못한다. 그러나 항해를 준비하기 위하여 생긴 채무에 대하여는 그러하지 아니하다.

(2) 개정시안

제744조(선박의 압류, 가압류 등)

① 선박의 보존, 관리 및 운항과 직접적으로 관련이 있는 채권 및 선박에 의해 담보된 채권에 기해 선박에 대해 가압류 또는 가처분을 하는 경우 법원은 선박이 그 당시의 장소에 계속 머무르도록 명할 수 있다. 이 경우에 그 채권이 반드시 처분대상인 선박과 관련하여 발생할 것을 요하지 아니한다. 선박의 소유권 기타 선박에 대한 물권에 기해 선박에 대해 가처분을 하는 경우에도 마찬가지이다.

② 선박이 입항하기 전이라도 채권자는 입항할 예정인 항구를 관할하는 법원에 선박에 대한 압류, 가압류 또는 가처분을 신청할 수 있다.

③ 당사자 사이에 관할에 관한 합의나 중재합의가 있는 경우에도 선박의 소재지를 관할하는 법원에 제1항의 가압류나 가처분을 신청할 수 있다. 제1항

의 가압류나 가처분에 대한 본안에 관하여 외국법원의 판결이나 외국에서의 중재판정이 있고 그에 기해 가압류나 가처분를 한 선박에 대해 집행을 하는 경우 그 판결이나 중재판정은 민사소송법 또는 중재법상의 상호보증의 요건을 구비한 것으로 본다(입법예고에서 삭제됨).

1) 개정시안의 이유

① 제744조의 삭제에 대하여, 이 규정은 1681년 해사칙령, 1807년 나폴레옹 상법전에서 유래하는 유서 깊은 조항이지만 신속한 압류와 신속한 해제를 지향하는 근대 해상법의 원리와 맞지 아니하여 종래 그 폐지가 주장되어 왔고 특히 실무에서 담당 변호사가 준비미완료확인서를 임의로 작성 제출하는 관행이 생겨 사실상 사문화되어 가는 점을 고려하여 이를 폐지하는 안에 합의하였다. 다만 이와 관련하여 신속한 압류와 신속한 해제를 실현하기 위한 관련 조문의 검토가 요망된다는 결론에 이르렀다. 특히 세계적인 관행에 비추어 세계적으로 신용을 인정받고 있는 선주책임상호보험조합(P&I Club)이 발행한 보증서를 제공하고 가압류나 압류를 해제할 수 있는 길을 모색하고 나아가 그 절차도 더욱 신속히 이루어질 수 있도록 제도를 개선하는 노력을 기울이기로 합의하였다. 보증의 제공에 의한 선박의 압류나 가압류의 해제와 관련된 규정은 상법 해상편에 두기보다는 민사집행법의 관련 규정의 개정을 통하여 이루어지는 것이 보다 바람직하다는 데 의견을 모으고 이에 대한 개정 권고를 하기로 하였다.

② 전통적인 조문이라고 볼 수 있는 항해준비완료선박에 대한 압류나 가압류의 제한을 폐지하기로 정한 다음 2002년 민사집행법의 개정시 선박의 가압류의 경우 정박명령제도가 폐지된 것을 보완하는 의미에서 근대적인 압류범위를 정한 국제조약인 1952년 선박압류조약 및 1999년 선박압류조약의 정신을 반영하여, 일정한 범위의 채권 및 물권적 권리에 의한 가압류 또는 가처분의 경우에는 정박명령도 가능하게 하였다.

③ 또한 컨테이너선이나 유조선의 경우 화물작업을 위한 정박기간이 매우 짧은 점에 비추어 선박이 항구에 입항하기 전이라도 강제집행을 위한 절차를 개시할 수 있게 하였다.

④ 또한, 담보제공의 약속에 의한 선박에 대한 압류나 가압류의 사전방지 제도의 도입도 논의되었으나 이 문제 역시 민사집행법에서 다루는 것이 적절하다는 다수의 의견을 반영하여 상법 해상편의 개정에는 포함시키지 아니하기로

하였다.[20)21)]

2) 의 의

개정법에서 가장 큰 의의는 현행상법 제744조가 삭제됨으로써 선박이 출항준비가 완료되어도 항구에 있는 동안은 언제나 압류 및 가압류가 가능하다는 것이다. 여기에 추가하여 입항전이라도 압류 · 가압류가 가능하도록 선박에 대한 채권자에게 확장된 권리가 주어진다.

학계와 업계의 반대로 입법예고에서 삭제되었다.[22)]

---

20) 법무부 개정이유서, 5면.

21) 이 조항에 대하여 해법학회에서도 찬반양론이 있었다. 폐지론자들은 실무상 선박이 항해의 준비가 완료되었다고 하여 압류되지 않는 경우는 없고, 또한 항해준비의 완료라는 개념이 모호하고, 선박이 압류가 되어 제744조를 근거로 압류에 대한 이의를 제기하면 며칠이 걸린다고 한다. 압류 및 가압류를 쉽게 하고 P&I 공탁으로 선박이 해방되도록 하는 것이 더 현실적이라고 한다. 그러나 존치론자들은 항해의 준비가 완료되면 여러 이해당사자들이 개입되므로 압류 가압류는 금지되어야 한다고 주장한다. 결국 한국해법학회도 결론을 유보하였다. 전게보고서, 34면.

22) 필자의 반대이유는 아래와 같다

1) 제744조의 존재이유: 선박관련 업무에 종사하는 많은 사람들은 하역작업을 마치고 출항신고를 하고 도선사가 승선하면 출항준비가 완료되었다고 본다. 이 경우에는 여러 이해당사자들이 선박의 출항과 관련을 맺게 된다. 선박이 압류 가압류되어 선박의 출항이 정지되어서는 여러 당사자들이 피해를 보게 된다. 그러므로 출항준비가 완료된 선박에 대하여는 압류 가압류를 하지 말라는 것이 입법취지이다. 이 조항은 공동해손의 경우와 같이 선박, 화주, 기타 이해 관련당사자를 하나의 이익공동체로 보는 사상이 곁들여 있는 것으로 파악할 수 있다. 1천만원의 채권을 가진 자가 이미 출항의 준비가 완료되어 도선사가 승선하였음에도 선박을 가압류하여 출항이 2-3일 지연되는 경우를 상상해 보자. 정기선 화물을 실은 화주의 손해는 어떻게 배상이 되겠지만, 막대한 손해가 될 것이다.

개정이유는 실무에서 담당변호사가 준비미완료확인서를 임의로 작성하는 관행이 생겨서 사실상 조문이 사문화되었다고 하나, 출항준비완료란 하역작업을 마치고 도선사 승선을 기다리는 상태로서(주석상법(VIII)(사법행정학회, 2001), 55면), 실무의 변호사들이 부당한 업무를 처리하여 온 것이다. 더구나 개정법 제2항에 입항 전이라도 압류 가압류를 위한 신청을 할 수 있다고 하므로, 현재는 가압류가 입항 전에는 신청이 불가능한 상황이므로, 이것만으로도 채권자를 위하여는 충분한 것이 아닌가 생각한다.

2) 불균형: 현재 우리 민사소송법에 의하면 압류된 선박에 대하여는 현금을 공탁하고서야 선박은 해방될 수 있다(민사집행법 제299조). 이는 선주에게는 큰 부담이므로 선주상호보험조합의 보증장으로 출항이 가능하도록 하여야 한다는 실무로부터의 요구가 있다. 이러한 선주를 보호하는 제도의 도입이 없이 선주에게 불리한 규정만 두는 것은 불균형이라는 지적이 있다.

3) 입법례: 일본의 경우에는 아직도 제744조를 존치하고 있다. 입항 전의 선박에 대하여도 선박우선특권의 경우에만 압류신청을 가능하게 하고, 이 경우에는 선주상호보험조합이나 은행의 보증장으로도 선박이 출항가능하도록 한다(일본 민사집행법 제15조, 117조, 민사집행규칙 제78조 제1호). 결론적으로 발표자는 민사집행법의 개정을 통한 제도개선 없이 현

3. 제777조 선박우선특권의 확대

(1) 현행상법

제861조 ① 다음의 채권을 가진 자는 선박, 그 속구, 그 채권이 생긴 항해의 운임 그 선박과 운임에 부수한 채권에 대하여 우선특권이 있다. <개정 91. 12.31>

1. 채권자의 공동이익을 위한 소송비용, 선박과 속구의 경매에 관한 비용, 항해에 관하여 선박에 과한 제세금, 도선료와 예선료, 최후입항후의 선박과 그 속구의 보존비와 검사

4. 선박의 충돌로 인한 손해 기타의 항해사고로 인한 항해시설, 항만시설 및 항로에 대한 손해와 선원이나 여객의 생명, 신체에 대한 손해의 배상채권(후략).

(2) 개정상법

제777조 ① 다음의 채권을 가진 자는 선박, 그 속구, 그 채권이 생긴 항해의 운임 그 선박과 운임에 부수한 채권에 대하여 우선특권이 있다.

1. 채권자의 공동이익을 위한 소송비용, 항해에 관하여 선박에 과한 제세금, 도선료와 예선료, 최후입항후의 선박과 그 속구의 보존비와 검사비

4. 선박의 충돌 기타의 항해사고로 인한 손해, 항해시설, 항만시설 및 항로에 대한 손해와 선원이나 여객의 생명, 신체에 대한 손해의 배상채권(후략)

1) 개정이유

① 제1호와 관련하여, 선박우선특권과 관련 경매비용은 이는 경매비용의 일부로서 절차법에 의하여 당연히 우선적으로 공제될 절차비용이므로 이를 우선특권을 가진 채권으로 열거할 필요가 없다는 데에 의견을 같이하고 상법 제861조 제1항에서 이를 삭제하기로 정하였다.[23]

행상법 제744조의 출항준비완료선박의 압류금지규정 삭제에 반대하였다.

23) 해법학회의 논의에서 "선박과 속구의 경매에 관한 비용"은 1967년 선박우선특권조약 제11조 제2항과 1993년 선박우선특권조약 제12조 제2항 및 주요해운국의 입법례에 따르고, 민사집행법 제53조에서 경매절차상 경락대금에서 우선변제를 인정하는 채권이기 때문에 선박우선특권을 인정할 채권이 아니라고 한다. 따라서 삭제하자는 것이다. 전게 해상법개정문제 연구보고서, 39면; 정완용, "선박우선특권의 피담보채권,"「한국해법학회지」, 제21권 제2호

② 제4호와 관련하여, 현행 제861조 제1항 제4호의 경우 그 내용이 다소 애매하여 해석에 어려움이 많았던 바, 위 규정의 기초가 된 1926년 선박우선특권과 저당권에 관한 규칙의 통일에 관한 국제조약 제2조 제4호의 불어 원문을 정확히 번역하면 "선박의 충돌 기타 항해사고로 인한 손해, 항해시설, 항만시설 및 항로에 대한 손해와 선원이나 여객의 생명, 신체에 대한 손해의 배상채권"이라고 기재하는 것이 더욱 타당하다고 판단되어 이를 수정하기로 하였다.[24)]

2) 의 의

① 개정법은 제1항에서 "선박과 속구의 경매에 관한 비용"이 삭제되었다. 선박이 경매된 경우에는 선박의 경매에 들어간 비용, 예컨대 인지대, 송달료, 감수보존비 등은 민사집행법 제53조에 따라 상법의 우선특권이 되는 채권보다 우선하여 채권자가 회수하게 될 것이다. 현행법이 적용된다면, 경매대금이 충분하지 않다면 제1순위의 도선료 등과 경합하게 되지만, 개정법하에서는 우선변제를 받으므로 이러한 한도에서 선박경매에 관한 비용의 채권자는 유리한 지위에 놓이게 된다.

② 개정법에 따르면, 선박충돌사고가 아닌 일반 운송물손상에 대하여도 선박우선특권이 인정될 여지가 있다.

(3) 추가검토

1) 제1호를 수정하게 되면 선박경매에 관한 비용의 채권자는 더 이상 상법상의 우선특권자가 아닌 것이 된다. 물론 민사집행법상 최우선적으로 변제된다고 하지만, 상법상에 규정이 있는 경우에는 우선특권이라는 권리를 갖지만, 삭제되면 권리가 발생하지 않게 된다. 예컨대, 채권자에 의하여 선박이 압류되어 감수보전조치를 하여 비용이 발생하였지만, 실제경매를 하지 못한 경우에 채권자/감수보전회사는 현행상법하에서는 "선박과 속구의 경매에 관한 비용"에 해당하는 우선특권을 가지게 되지만, 삭제를 하게 되면 경매가 되지 않은 경우에는 이들은 권리를 갖지 못하게 되는 불합리가 발생할 수 있다. 채권자/감수보전회사는 자신이 갖는 우선특권을 양도하는 경우도 있을 것이지만, 삭제를 하게 되면 이러한 권리를 잃어버리는 것이 된다.[25)] 그러므로 제1호는 그대로 존

(1999.11), 231-237면.

24) 채이식, 전게논문, 452면.

치되어야 한다.

간담회에서도 존치의견이 있었지만 개정안이 유지되었다.

2) 제4호에 대하여 현행규정은 1991년 개정시에 1967년 선박우선특권에 대한 조약의 입장을 따라 계약관계에 관한 것은 선박우선특권에서 제외시킨 것이므로,[26] 1926년 조약의 프랑스어 원문을 언급하면서 확대해석하여 1991년 개정전의 입장으로 환원하는 것은 적절하지 못하다고 생각된다.[27] 주석 상법에서도, 1926년 조약 제2조 제4호에서는 적하손해에 대하여 선박우선특권이 인정되었으나, 1967년 조약 제4조 제1항과 1993년 조약 제1항 b, e호에서도 선박운항중에 발생한 적하손해에 대하여는 선박우선특권이 배제되어 있다고 설명한다.[28]

필자는 동 조항의 개정이 일반적인 적하손해의 경우에도 우선특권이 인정되는 것에 강하게 반대한다는 점을 간담회에서 설명하였다.[29]

---

25) 동지, 이태종, 전게 공청회자료, 79면.

26) 손주찬, 「상법(하)」(박영사, 1996), 892면.

27) 1967년 조약 제4조 제1항은 제3호에서 "선박의 운송과 직접 관련되어, 육상 혹은 해상을 불문하고, 발생한 것으로 인명의 손상과 관련된 소유자에 대한 손해배상청구권(claims against the owner in respect of loss of life or personal injury occurring, whether on land or on water, in direct connection with the operation of the vessel) 그리고 제4호에서 선박의 운항과 직접 관련되어, 육상 혹은 해상을 불문하고, 발생한 선박소유자에 대한 손해배상청구권으로서 불법행위를 청구권의 기초로 하고 계약에 기초하여 청구되지 않는 것(claims against the owner, based on tort and not capable of being based on contract, in respect of loss of or damage to property occurring, whether on land or on water, in direct connection with the operation of the vessel)을 선박우선특권의 대상으로 한다. 그러므로 선박충돌에서 적재선박에 대하여 발생한 운송물 손해는 선박우선특권의 대상이 아님이 명백하고, 다만 상대선박에 대하여는 우선특권이 인정된다. 1993년 조약은, 선박에 운송중인 화물의 손해에 대한 채권에 대한 것을 제외한 선박운항에 기하여 발생한 불법행위를 청구원인으로 하는 채권을 선박우선특권의 대상으로 한다(제4조 제1항 (e)호: claims based on tort arising out of physical loss or damage caused by the operation of the vessel other than loss of or damage to cargo, containers and passengers' effects carried on the vessel). 분명하게 운송중인 화물의 손해는 선박우선특권의 대상에서 제외하고 있음은 분명하다. 새로운 조약의 해석으로는 선박충돌에 의한 손해 중에서 적재선박에 대한 운송물손해에 대한 손해배상은 1993년 조약에서는 배제되고, 상대방 선박에 대하여는 우선특권이 인정된다고 해석된다.

28) 주석상법(Ⅷ)(사법행정학회, 2001), 702면.

29) 동지, 문병일, 전게논문, 385면.

4. 제797조 포장당 책임제한의 인상

(1) 현행상법

제789조의2(책임의 한도) ① 제787조 내지 제789조의 규정에 의한 운송인의 손해배상의 책임은 당해 운송물의 매포장당 또는 선적단위당 500계산단위의 금액을 한도로 이를 제한할 수 있다. 그러나 운송물에 관한 손해가 운송인 자신의 고의 또는 그 손해가 생길 염려가 있음을 인식하면서 무모하게 한 작위 또는 부작위로 인하여 생긴 것인 때에는 그러하지 아니하다.

(2) 개정상법

제797조(책임의 한도) ① 제794조 내지 제796조의 규정에 의한 운송인의 손해배상의 책임은 당해 운송물의 매포장당 또는 선적단위당 666.67 계산단위의 금액과 중량 1킬로그램당 2계산단위의 금액 중 큰 금액을 한도로 이를 제한할 수 있다. 그러나 운송물에 관한 손해가 운송인 자신의 고의 또는 손해발생의 염려가 있음을 인식하면서 무모하게 한 작위 또는 부작위로 인하여 생긴 것인 때에는 그러하지 아니하다.

1) 개정이유

① 현행 제789조의2는 운송인의 손해배상책임은 당해 운송물의 매포장당 또는 선적단위당 500계산단위의 금액을 한도로 이를 제한할 수 있도록 규정하고 있는데, 이 금액은 1991년에 정해진 금액으로서 오늘날은 너무 저액이라는 지적이 있어 왔다. 또한 현행상법은 운송물의 중량에 따른 배상책임제한규정은 두고 있지 않아 자동차, 기계 등 포장 또는 선적단위는 1개이지만 고가물인 경우 불합리한 결과를 초래하게 된다는 지적도 있었다.

② 이에 세계적으로 널리 통용되고 있는 헤이그비스비규칙에 맞추어 매포장당 또는 선적단위당 책임한도금액을 666.67계산단위로 상향조정하고 중량 1킬로그램당 책임한도금액을 2계산단위로 하는 중량당 책임제한제도를 도입하기로 하였다.

③ 이에 대하여 거대 중량의 벌크 화물을 운송하는 운송인의 부담이 급격히 증가할 것이라는 우려도 있었지만 이미 국제적인 관행과 규범으로 자리잡은 헤이그비스비규칙을 도외시할 수는 없다고 판단하였다.[30][31]

2) 의 의

개정상법에 따르면 컨테이너 하나가 10톤인 경우 운송인의 책임은 컨테이너 하나를 책임제한액으로 하는 것(666.67SDR)이 아니라 이것과 2SDR/KG (10,000×2SDR=20,000SDR) 중에서 큰 쪽의 것이 책임제한액이 되므로 운송인에게는 불리하게 된다.

간담회에서도 선주협회는 Kg당 책임제한규정의 적용배제를 강하게 주장하였지만, 합의안으로서 한국법강제적용규정을 삭제하고, 그 적용을 공포일로부터 3년간 유예하는 것으로 종결되었다.

(3) 추가검토

미국과 독일을 제외한 선진국들은 모두가 헤이그비스비규칙을 취하여 666.67 SDR 혹은 2SDR/Kg 중 큰 금액을 채택하고 있다. 미국은 헤이그체제로서 500달러만을 채용하고 있다. 독일은 헤이그비스비체제를 택하면서도 국제운송의 경우에는 무게당 책임제한제도를 적용하지 않고 있음으로써 우리나라와 유사한 제도를 가지고 있다. 일본은 헤이그비스비체제이다.[32] 그런데 운송인의 책임제한액의 인상은 우리 상법의 다른 규정들이 헤이그비스비규칙과 동일한 경우에 정당한 것이 된다.[33]

---

30) 법무부 개정이유서, 17-18면.

31) 이 규정에 대하여는 많은 비판이 있다. 1991년 상법개정시에 헤이그비스비규칙체제를 근간으로 하면서도 타협의 산물로서 미국이 취하고 있는 미화 500달러를 기준으로 책임제한제도를 변경하게 되었다. 화주의 입장에서는 다른 국가들에 비하여 불리한 입장에 놓이게 된다는 비판이 제기되었다. 한국해법학회에서도 헤이그비스비규칙과 동일한 정도로 인상하는 안을 제출하였다. 전게 보고서, 10면.

32) 미국을 제외한, 영국, 일본, 중국, 호주, 덴마크 등 유럽 각국이 헤이그비스비규칙의 667.66SDR과 2SDR/Kg의 체제를 도입하고 있다.

33) 필자는 경영법률학회지에 실린 글에서 아래와 같은 점을 지적하였다.
이를 위하여는 한국 상법의 운송편이 과연 헤이그비스비규칙과 동일한지를 검토하여야 한다. 두 가지 점이 논점이 된다. 하나는 운송인의 확장된 책임기간이다. 다른 하나는 신설되는 제817조의 한국법 강행적용이다.
① 헤이그비스비규칙은 운송인의 운송물에 대한 의무는 선적, 적부, 운송, 보관과 양륙에 한한다. 우리 법은 수령에서 인도에까지 확장된다(상법 제787조 제1항). 이 점에서 우리 해상운송인은 헤이그비스비규칙에 비하여 불리한 지위에 있다.
② 책임제한에 대한 한국법의 적용을 받기를 꺼리는 당사자는 헤이그규칙만을 적용한다는 내용 혹은 미국의 코그사를 적용한다는 내용의 특약을 체결하여 책임제한액을 낮게 하고 운임도 낮게 할 수 있다. 그런데 개정법 제817조 제2항은 이러한 운송인과 화주의 계약은 무

법무부 개정안은 한국법 강행규정을 가지고 있었으므로 운송인이 책임제한규정을 변경할 수 있는 여지가 없었지만, 이 규정이 삭제된 이상 책임제한규정을 헤이그비스비규칙과 달리할 근거는 박약하다.

현재 진행되고 있는 운시트랄 운송법조약에서는 예컨대 5년에 한번씩 책임제한액을 물가상승률에 맞추어서 조정하는 외교회의를 소집하는 안을 가지고 있다. 장차 우리 상법이 도입할 수 있는 좋은 제도라고 본다.

5. 제809조 재운송계약과 선박소유자의 책임의 확대

(1) 현행상법

제806조(재운송계약과 선박소유자의 책임) 용선자가 자기의 명의로 제3자와 운송계약을 체결한 경우에는 그 계약의 이행이 선장의 직무에 속한 범위 안에서 선박소유자도 그 제3자에 대하여 제787조와 제788조의 규정에 의한 책임을 진다.

(2) 개정상법

제809조(재운송계약과 선박소유자의 책임) 항해용선자 또는 정기용선자가 자기의 명의로 제3자와 운송계약을 체결한 경우에는 그 계약의 이행이 선장의 직무에 속한 범위 안에서는 선박소유자도 그 제3자에 대하여 제794조와 제795조의 규정에 의한 책임을 진다(1차 시안).

제809조(항해용선자 등과 개품운송계약시 선박소유자의 책임) 항해용선자 또는 정기용선자가 자기의 명의로 제3자와 운송계약을 체결한 경우에는 그 계약의 이행이 선장의 직무에 속한 범위 안에서는 선박소유자도 그 제3자에 대하

효가 되고 한국법이 강행적으로 적용될 것을 예정하고 있다. 포장당 책임제한제도는 운송인의 책임제한의 이익과 화주의 낮은 운임이 연계가 되어 있다는 것에 대하여 많은 학자들이 이를 지지하고 있다. Michael Sturley, Cogsa Fair Opportunity Requirement, JMLC 1988(Vol. 19) p. 181; 정영석, "운송인책임제한의 기준으로서의 포장의 개념," 비교법실무연구회편, 「판례실무연구(Ⅶ)」(박영사, 2004.12), 475면. 이러한 경제적인 논리에 바탕을 둔 책임제한제도의 이용을 원천적으로 봉쇄하는 것이 누구에게 이익을 가져다 주는지 합리적인 이해가 어렵다. 우리 법의 적용의 적용빈도를 높이려고 한다면, 운송인의 책임제한액수는 최소한이 되고, 이를 강행적으로 하여야 작동이 가능하다는 결론에 이른다. 미국의 코그사의 강행규정이 작동가능한 것도 아마 500달러로 되어 있고 무게당 책임제한제도가 없기 때문인지도 모른다. 요컨대, 높은 책임제한제도와 한국법의 강행적인 적용은 경제적으로 양립하기가 매우 어렵다는 사실을 지적하고자 한다.

여 제794조와 제795조의 규정에 의한 책임을 진다(입법예고안).

제809조(항해용선자 등의 재운송계약시 선박소유자의 책임) 항해용선자 또는 정기용선자가 자기의 명의로 제3자와 운송계약을 체결한 경우에는 그 계약의 이행이 선장의 직무에 속한 범위 안에서는 선박소유자도 그 제3자에 대하여 제794조 및 제795조의 규정에 의한 책임을 진다(개정법).

1) 개정이유

종래 상법에서 용선계약이라고 하면 항해용선계약을 말하는지 정기용선계약도 포함되는지 불분명하여 특히 현행 제806조의 해석을 둘러싸고 종래 학자들 사이에 논의가 많았을 뿐만 아니라 판례도 그 태도가 불분명하였다. 해상운송계약법의 체계를 재구성하면서 위원회에서도 많은 논의가 있었지만 정기용선한 선박에 화물을 적재한 수하인 및 선하증권소지인을 보호하는 것이 제일 중요하다는 전제하에 다수의견으로 정기용선자도 위 제806조(개정법 제809조)의 적용대상에 포함시키기로 하였다.[34)]

해법학회의 논의과정에서 제806조의 용선자에는 항해용선자만 해당하고 정기용선자는 해당하지 않는다는 의견이 다수를 이루었다.[35)] 그 외에도 이 조항은 논란만 있고 법적 근거가 없으므로 삭제하자는 안도 있었다.[36)]

2) 의 의

이 조항은 1991년 개정시 변경된 것으로, 큰 논란이 있어온 문제이다. 법적 논의의 초점은 용선자에 정기용선자도 포함되는가 하는 점에 있다. 이는 표제에서 보는 바와 같이 재운송계약으로 되어 있기 때문이다. 정기용선의 학설대립에 따라서 정기용선계약을 운송계약으로 보면 정기용선자가 제3자와 운송계약을 체결하면 그는 재운송인이 된다.[37)]

개정상법에 따르면 정기용선자가 운송인인 경우에도 선박소유자는 연대책임을 부담하게 된다는 점에서 선박소유자에게 불리한 규정이 된다. 즉, 개정법은 "용선자"가 항해용선자 또는 정기용선자로 변경된다. 현행상법은 용선자라

---

34) 전게 법무부 개정이유서, 19면.

35) 연구보고서, 43면.

36) 상게서, 44면.

37) 자세한 논의는 임동철, "재운송계약과 선박소유자의 책임,"「한국해법학회지」, 제15권 제1호(1993.3), 24면 이하; 김인현, 상게 해상법연구, 493면 이하; 김인현, "상법 제806조의 적용에 대한 법적 검토,"「한국해법학회지」, 제24권 제1호(2002.4), 193면 이하.

고만 하지만, 개정상법은 항해용선자와 정기용선자라고 하여 아예 정기용선자를 포함시키고 있다. 그러므로 선박소유자→항해용선자→화주로 이어지는 운송의 경우는 물론이고 선박소유자→정기용선자→화주로 이어지는 운송의 경우에도 선박소유자는 운송인인 항해용선자 혹은 정기용선자와 함께 연대책임을 부담하게 된다.

선박소유자→정기용선자→송하인이 연결된 정기선 운항은 물론 선박소유자→슬로트 용선자→송하인이 연결된 운송에서는 제806조가 적용되게 된다.

(3) 추가논의

1) 개품운송에만 적용되는지 여부

필자는 정기용선에도 제806조(개정상법 제809조)가 적용되게 한 개정시안에 대하여 "개정시안은 정기용선을 운송계약으로 보고 있지 않다. 만약 정기용선을 운송계약으로 보았다면, 항해용선에 적용되는 많은 조항들이 준용되어야 할 것이나 그렇지 않다(제843조 이하).

그럼에도 불구하고 표제를 재운송계약이라고 두면서 정기용선자가 운송인이 되는 경우에 제806조를 적용한다고 하는 것 자체부터가 혼란스럽다. 이러한 논리가 아니고 정기용선의 법적 성질과 관련 없이 운송인도 함께 선박소유자에게 연대책임을 물리겠다고 한다면 왜 신설되는 복합운송의 경우에 실행운송인이 연대책임을 부담하는 규정을 두지 않는지가 맞지 않다"[38]는 의견을 제시하였다.

한편, 필자의 비판을 받아들인 것으로 보이는 입법예고안에 따르면, 본 규정은 개품운송에 적용됨을 분명히 하였다. 그러므로 이제 입법자의 의도는 이를 개품운송에만 한정시켜 적용하는 것이 분명하여졌다. 왜냐하면 항해용선계약에서 제806조(개정상법 제809조)에 대한 준용규정이 없기 때문이다. 따라서 선박소유자→정기용선자→개품운송에서의 송하인, 선박소유자→항해용선자→개품운송에서의 송하인인 경우에만 본조가 적용된다.

선박소유자→정기용선자→화주로서의 항해용선자, 선박소유자→항해용선자→화주로서의 항해용선자의 경우에는 본조의 적용이 없으므로 선박소유자는

---

38) 김인현, 전게 공청회 자료, 53면.

재운송인	현행상법(제806조 적용여부)	개정상법
선주→항해용선자→용선자	○, 선주는 연대책임	×
선주→항해용선자→송하인(개품운송)	○, 선주는 연대책임	○
선주→정기용선자→용선자	다수설 ×	×
선주→정기용선자→송하인(개품운송)	다수설 ×	○
송하인→운송주선인(운송인)→선주	×	×

연대책임을 부담하지 않게 된다. 상법은 이제 현행규정의 항해용선계약에서 선박소유자에게 연대책임을 부담시키던 것을 이제 개품운송의 경우에만 적용되는 것으로 또 변경되었다.

개정상법은 간담회에서 일부 진술인의 개품운송이라기보다는 재운송계약이라고 하는 것이 좋다는 의견이 받아들여져 표제가 바뀌게 되었다. 그러나 필자의 사견으로는 본 절은 위와 같이 개품운송에만 적용되는 것에는 변함이 없다고 생각된다.

2) 이 규정이 화주→운송주선인(계약운송인)→해상운송인(실제운송인)이 운송하는 경우에도 적용될 것인가? 역으로 보면 해상운송인(실제운송인)(선박소유자)→운송주선인(계약운송인)→화주인 경우에 화주가 선박소유자에게도 개정상법 제809조에 기한 손해배상청구를 할 수 있는가?

개품운송에서 송하인은 운송주선인과 운송계약을 체결하고, 운송주선인은, 자신이 선박이 없으므로 선박소유자와 통상 개품운송으로서의 운송계약을 다시 체결하게 된다. 이 경우는 통상 선박소유자→운송인으로서의 운송주선인(개품운송계약)→송하인이 되고 계약운송인은 정기용선자 혹은 항해용선자가 아니므로 개정상법 제809조의 범주에 속하지 않게 된다. 함부르크규칙 제10조는 이러한 경우에 운송주선인은 손해배상을 할 수 있는 자력이 없다고 보기 때문에 계약운송인과 실제운송인에게 연대책임을 부과하고 있다. 운송주선인은 기본적으로 선박운항자가 아니므로 선박의 일부라도 정기용선을 하는 경우나 항해용선을 하여 정기적으로 운항하는 경우는 드물 것이다.

3) 그런데 개정상법 809조는, 보호되어야 할 필요성이 더 큰 운송주선인이

운송인이 되는 경우에는 연대책임을 부과하지 않고, 대부분의 경우 선박운항회사로서 정기용선자가 운송인인 경우에는 화주를 보호하는 제도를 마련함으로써 균형을 잃고 있다고 할 수 있다.[39] 이러한 이론상 어려움을 안고 있는 조항이라면 차라리 프랑스법이나 일본법의 입장처럼 삭제하고, 선박소유자 혹은 나용선자와의 관계는 불법행위책임으로 하는 것이 좋다고 본다.[40] 이러한 이론적인 모순을 안고 있는 동 조항은 다음 개정시에는 반드시 삭제하고 화주의 보호는 다른 방안을 강구하여야 한다고 필자는 생각한다.

4) 선박소유자와 정기용선자로서는 개정안의 입법취지가 분명하게 선박소유자에게 연대책임을 부과하여 화주의 보호를 기하고 있기 때문에 현행상법하에서와는 달리 개품운송의 경우 어떠한 조치가 필요한지 검토가 요구된다.

6. 제816조 복합운송규정 신설

(1) 현행상법

현행상법은 복합운송에 대한 규정을 두고 있지 않다.

(2) 개정상법

제816조(복합운송인의 책임) (입법예고안)

① 운송인이 인수한 운송에 해상 이외의 운송구간이 포함된 경우 운송인은 손해가 발생한 운송구간에 적용될 법에 따라 책임을 진다.

② 어느 운송구간에서 손해가 발생하였는지 불분명한 경우 및 손해의 발생이 성질상 특정한 지역으로 한정되지 아니하는 경우에는 운송인은 주된 운송구간에 적용될 법에 따라 책임을 진다.

③ 제2항의 경우 법원은 운송거리, 운임 기타 제반사정을 참작하여 주된 운송구간을 정한다.

제816조(복합운송인의 책임) (개정상법)

① 운송인이 인수한 운송에 해상 이외의 운송구간이 포함된 경우 운송인은

---

39) 1998년 8월말 현재, 한국선주협회 가입 외항선박회사의 순수국적선은 17.5%, 국적취득부나용선은 24.5%, 단순나용선은 12.7%, 정기용선은 35.6% 그리고 항해용선은 9.7%에 이른다.

40) 동 조항에 찬성하는 견해로는 최종현, 전게 공청회자료, 32면.

손해가 발생한 운송구간에 적용될 법에 따라 책임을 진다.

②어느 운송구간에서 손해가 발생하였는지 불분명한 경우 또는 손해의 발생이 성질상 특정한 지역으로 한정되지 아니하는 경우에는 운송인은 운송거리가 가장 긴 구간에 적용되는 법에 따라 책임을 진다. 다만, 운송거리가 같거나 가장 긴 구간을 정할 수 없는 경우에는 운임이 가장 비싼 구간에 적용되는 법에 따라 책임을 진다.

1) **개정이유**(법무부)

① 오늘날 컨테이너에 의하여 해상운송과 육상운송, 해상운송과 항공운송이 결합된 복합운송이 국제운송의 대부분을 이루고 있는 상황에서 이를 통일적으로 규율할 법제의 필요성이 증가되어 왔다. 또한 UNCITRAL은 새로운 "운송조약"초안을 작성하여 그 제정을 추진하고 있는바, 이 초안에서는 그 적용범위를 "문전에서 문전으로"(door to door) 정하고 있으므로 필수적으로 복합운송이 관련되고 있다.

② 복합운송은 육상, 항공 등 다른 운송구간과 결합된 것이므로 이는 논리상 상법 총칙편에 규정하는 것이 당연하지만, 상법에 아직 항공운송에 관한 규정이 없고 우리나라의 지정학적 위치가 아직 대부분의 복합운송이 해상운송에 부수하여 이루어지는 점을 고려하여 이를 해상편에 도입하기로 하였다.

③ 이에 1992년 FIATA약관, 1980년 국제복합운송에 관한 UN협약, 독일 등 외국의 입법례를 참조하여 원칙적으로 운송인은 손해가 발생한 운송구간에 적용될 법에 따라 책임을 지고, 어느 운송구간에서 손해가 발생하였는지 불분명한 경우 및 손해의 발생이 성질상 특정지역으로 한정되지 아니하는 경우에는 주된 운송구간에 적용될 법에 따라 운송인의 책임을 정하도록 하며, 주된 운송구간은 운임, 운송거리 등을 참작하여 법원이 정하도록 하였다.[41]

2) **의 의**

개정법에 따르면, 복합운송인은 사고가 해상에서 발생하였으면 해상운송법을 적용받고 그에 따른 책임을 부담하고, 육상에서 발생하였으면 육상운송법의 적용을 받게 된다.[42]

---

41) 법무부 개정이유서, 22-23면.

42) 한국해법학회는 보다 상세한 규정을 마련하여 법무부에 제출하였다. 김창준, "복합운송에 관한 상법규정의 신설,"「한국해법학회지」, 제26권 제2호(2004.11), 37면 이하가 대표적이다.

법무부의 입법예고안에 따르면, 어느 운송구간에서 사고가 발생하였는지 다툼이 있게 되면 이제 법원이 주된 운송구간이 어느 것인지를 판단하게 되고 그에 따라 주된 운송구간이 육상이었다는 판단이 있으면 육상운송규정이 적용된다.

그런데 논의과정[43] 및 국회의 입법조사활동과 간담회를 거치면서 사고불명구간의 문제는 예측가능성을 떨어뜨린다는 지적이 강하게 제기되었다. 해상운송법이 적용되어야 한다는 다수견해가 있었지만, 법사위에서는 합의안의 형식으로 운송구간의 거리가 긴 쪽의 법이 적용된다고 수정하게 되었다. 아쉬움이 있지만 그나마 예측가능성을 얻게 되어 다행이다.

(3) 추가검토

1) 우선 제1항은 강행규정인지가 의문이다. 즉, 복합운송인과 화주가 어느 구간에서 발생하든 해상운송법에 따라 책임을 부담한다는 약정을 맺은 경우에 이는 제816조 제1항에 따라 무효가 되고 네트워크 시스템으로 가는 것인지 아니면 이는 단지 임의규정으로서의 기능만을 하는지 의문이다. 제2항에 대하여도 같은 설명이 가능할 것으로 본다. 한국법을 준거법으로 한 경우 복합운송인의 선하증권에 구간을 불문하고 해상운송법을 적용한다는 약정이 있다면, 이것은 무효가 되고 법원은 주된 운송구간을 육상운송구간이라고 판단하여 상법의 육상운송법을 적용할 수 있는지가 문제된다.

강행규정이라는 명문의 규정이 없으므로 임의규정으로서 당사자 사이에 특약이 없는 경우에만 적용되는 것으로 보인다. 다만, 그러한 특약이 제1항이 적용되는 경우보다 운송인의 의무와 책임을 경감 또는 면제하게 되면 개정상법 제799조가 유추적용되어 특약은 무효가 될 수 있다고 생각된다.

2) 복합운송증권에 대하여 유통성을 인정하는 규정은 없지만, 실무상 해상운송의 선하증권과 동일한 효력을 인정하고 있으므로 별다른 문제점은 없는 것으로 보인다.

3) 법무부개정안은 손해발생구간 불명의 경우에 운송구간에 적용될 법을

43) 필자는 이 조항의 문제점을 법률신문에 기고한 바 있다. 김인현, "법무부 상법 해상편 복합운송 신설안에 대한 수정의견," 2007.4.23, 14면. 또한 간담회에서도 이를 재론하는 의견을 제시하였다.

법원의 판단에 맡기고 있었다. 예측가능성을 상법이 주지 못하면 기능이 약화된다. 그러므로 주된 운송구간을 알기가 어려운 경우에는 해상에 적용되는 법을 적용한다고 하는 편이 간편할 것이다. 이는 중국 해상법(제106조) 및 한국해법학회의 개정법의 내용이기도 하다. 개정상법은 미흡하지만 법적 안정성을 기하기 위하여 운송거리의 장단이라는 지표가 등장하게 되었다.

다만, 운송구간이 육상구간이 길게 되어 육상운송법을 적용할 경우에 별도의 약정이 없는 경우에는 상법 총칙 상행위편이 적용되어야 할 것이지만, 여기에는 책임제한규정이 없다(독일법이 참조가 되어야 할 것임). 육상운송구간에도 책임제한규정을 두는 개정작업이 이루어져야 할 것이다.

4) 제2항의 경우에 해상운송구간에 적용되는 법을 적용하겠다는 약정을 한 경우에 이것이 유효한지 아니면 제2항이 강행규정이므로 이는 강행규정에 위반되어 무효가 되는지 의문이 남는다.[44)]

7. 제817조 한국법 강행적용규정의 신설(삭제됨)

(1) 현행상법

현행상법에서는 적용범위에 대한 규정이 없다.

(2) 개정상법

<1차 시안>

제817조(적용범위)

① 이 관의 규정은 운송물의 수령지, 선적지, 양륙지 및 인도지 중 어느 한 곳이 대한민국인 경우에 다른 곳이 대한민국이 아니라 하더라도 적용된다.

② 제1항이 적용될 운송의 경우, 운송인의 의무 또는 책임을 감경 또는 면제하는 효력을 가진 특약은 준거법을 지정하거나 기타 여하한 방식으로 하더라도 이 관의 규정에 의하여 허용되지 아니하는 범위 내에서는 이를 무효로 한다.

---

44) 개정법은 단지 운송인의 "책임"에 대한 규정만을 가지고 있을 뿐이지 운송인의 "의무" 혹은 복합운송선하증권의 효력 등에 대하여는 규정이 없다. 책임에 의무도 포함된다고 한다면 다른 규정과의 형평상 "의무"라는 단어를 추가하는 것이 좋다. 이렇게 하여 복합운송증권상의 운송인의 책임을 경감하는 경우는 무효로 하는 상법 해상편의 규정이 준용되어야 할 것으로 본다.

〈입법예고안〉

① 동일

② 제1항이 적용될 운송의 경우, 운송인의 의무 또는 책임을 감경 또는 면제하는 효력을 가진 특약은 이 관의 규정에 의하여 허용되지 아니하는 범위내에서는 이를 무효로 한다.

〈법무부 개정법안〉

운송물의 수령지, 선적지, 양륙지 및 인도지 중 어느 한 곳이 대한민국인 경우에 운송인의 의무 또는 책임을 감경 또는 면제하는 것을 내용으로 하는 특약은 개품운송계약의 준거법에 관계없이 이 절의 규정에 의하여 허용되지 아니하는 범위 안에서는 이를 무효로 한다.

1) 개정이유(법무부)

종래 운송이 우리나라와 외국 사이에 이루어지는 경우 해상편의 적용여부가 자주 문제되었던바 우리나라 해상법을 국제적인 규준에 맞도록 개정함과 동시에 헤이그규칙 및 여러 나라의 입법례를 참조하여, 출발지, 도착지 등이 우리나라일 경우 가능한 한 광범위하게 우리나라 법이 적용될 수 있도록 명시적인 규정을 두었다. 그리고 당사자가 준거법의 지정 기타 방법으로 해상편의 강행규정을 잠탈하는 것을 방지하는 규정도 마련하였다.[45]

2) 의 의

이 조항은 신설되는 것으로 우리 법의 적용범위를 넓히는 획기적인 것이다. 제1항에서 운송물이 한국에서 출발하든 한국으로 입항하든 관계없이 모든 경우에 한국법을 적용하게 되었다.[46]

논의과정에서, 1) 계약자유의 원칙에 대한 지나친 제한,[47] 2) 자체의 불균형, 3) 한국관할사건의 축소 등을 근거로 하는 많은 반대에 부딪쳐 개정법률에서 삭제되었다.[48][49]

---

45) 법무부 개정이유서, 24면.

46) 한국해법학회에서는 심각하게 논의되지 않았고, 학회의 개정안이 아니다.

47) 석광현 교수는, 당사자자치에 대한 과도한 규제라고 비판하면서, 국제조약에 따를 것을 권고한다. "2005년 상법(해상편) 개정안과 국제사법적 사고의 빈곤," 법률신문, 2005.12.1.

48) 필자가 주장하는 삭제이유는 아래와 같다.

1) 계약자유의 원칙에 대한 지나친 제한: 운송인과 화주는 책임제한제도와 운임을 대가관

8. 제852조 나용선자가 운송인인 경우의 운송물손해에 관한 우선특권인정(삭제됨)

(1) 현행상법(없음, 신설규정)

(2) 법무부안(입법예고안에서 삭제됨)

제852조(운송물 등의 손해에 관한 우선특권)

① 선박의 이용에 관하여 생긴 채권이 운송물 및 수하물에 발생한 손해를 원인으로 한 것인 경우 채권자는 그 선박에 대한 선박우선특권을 취득하고 이 우선특권은 선박소유자에 대하여도 효력이 있다. 제851조 제2항 단서의 규정은 이 경우에 준용한다.

② 제1항의 우선특권은 제777조에서 정한 우선특권 및 해양오염손해배상보장법 제43조 제2항의 우선특권보다 후순위로 한다. 그 선박에 선박저당권 또는 질권이 있으면 그 권리도 제1항의 우선특권에 우선한다.

계로 책임제한제도를 두었다. 너무 높은 책임제한제도를 가지게 되면 운송인은 자국법을 사용하지 않으려고 하고 준거법약정을 체결하면서 낮은 운임을 제공하면서 책임제한이 낮은 국가의 법을 사용하려고 할 것이다. 이를 모두 무효로 하는 것은 지나치게 자유를 속박하여 한국법의 적용을 감퇴시킬 수 있을 것이다. 현재 논의되고 있는 유엔 운시트랄 운송법회의에서는 서비스계약 등에서는 화주가 운송인보다 유리한 지위에 있고 이러한 경우에는 계약자유의 원칙을 적용하려고 한다. 또한 미국에서 운송계약을 체결한 경우에 한국에서 출항하는 화물에 대하여 준거법을 미국법으로 한 경우에도 한국법이 적용되어야 하는 합리적인 근거가 있는가 의문이 제기된다.

2) 자체의 불균형: 운송인의 책임경감을 방지하는 강행규정을 두는 이유는 부합계약을 갖는 선하증권상의 운송인의 횡포를 막기 위함에 있었다. 그리하여 용선계약하에서 선하증권이 발행된 경우에도 강행규정은 운송인과 제3자 사이에는 적용되는 것이다. 그런데 본 개정의 입법예고안에서는 준용규정을 두고 있지 않음으로써 자체에서 불균형이 발생한다. 그리하여, 운송인이 소위 슬로트 용선을 체결하여 선하증권을 발행하면 이는 항해용선계약에서 선하증권이 발행된 것으로 해석되어 입법취지가 무색하게 될 것이다.

3) 한국관할사건의 축소: 준거법에 대한 합의가 개정법에 따라 무효가 된다면, 운송인은 전속적 합의관할을 통하여 한국법정을 피하려고 할 것이다. 예컨대, 한국의 운송인이 미국向 화물에 대하여 선하증권상 미국 전속적 합의관할에 미국준거법으로 약정을 한 경우에, 미국의 화주가 한국법정에 소를 제기한 경우에 운송인은 미국에 소를 함께 제기할 것이다. 이 경우 미국법정은 합의관할을 인정하므로, 미국법정에서 소송이 진행되고 코그사가 적용법이 될 것으로 보인다. 포럼쇼핑의 문제가 심각하게 제기될 것으로 보인다. 이렇게 선하증권에 한국 선주들이 미국관할 합의를 넣게 되면 한국법의 적용기회를 넓히려는 입법취지가 무색하여진다. 김인현, 전게 법무부 상법 해상편 개정안, 105면.

49) 필자는 삭제의견을 간담회에서도 거듭 강조하였다. 동지, 박찬재 선주협회 전무이사.

③ 제1항에서 정한 우선특권은 제786조에서 정한 사유로 소멸하는 것 외에 선박에 대한 이전등기 또는 이전을 위한 가등기가 되고 난 후 1월이 경과하면 그에 기해 소유권을 취득한 제3자에 대해 이로써 대항하지 못한다.

1) **개정이유**(법무부)

① 해상법의 국제성을 반영한 규정으로서, 나용선 선박이 제3국에서 운송을 인수하는 경우 거래상대방은 자국내에 실질상 아무런 책임재산도 갖지 못하는 등 매우 불안한 지위에 놓이게 되는바, 이렇게 지위가 불안한 나용선자의 거래상대방을 보호하기 위해 그 상대방에게 우선특권을 인정한 것이다.

② 그러나 우선특권은 우선적 효력 및 추급효를 갖는 매우 강력한 권리로서 나용선자의 거래상대방에게 일반 우선특권의 효력을 인정할 경우 기존 채권자나 선박의 제3취득자가 불의의 피해를 보게 되어 법률관계에 혼란을 가져올 수 있다. 이에 일반 우선특권 및 담보권보다 후순위이고 그 추급효도 일정기간으로 제한되는 약한 효력의 우선특권만을 나용선자의 거래상대방에게 인정하기로 하였다.[50)]

2) **의 의**

이 규정은 나용선의 경우에 운송물에 손해가 발생한 경우에 화주에게 후순위의 우선특권을 부여한다. 즉, 나용선자가 운송인으로서 운송계약을 체결하고 운송중 운송물에 손상이 발생하면 화주는 우선특권을 갖는다는 것이다. 현행상법이 운송물에 대한 손상에 대하여는 1991년 개정으로 삭제한 것을 다시 일부분 부활하는 중요한 의미를 갖는다.[51)]

논의과정에서 강한 반대에 부딪쳐,[52)] 입법예고안에서부터 삭제되었다.

---

50) 법무부 입법이유서, 38면.

51) 한국해법학회에서는 논의되지 않은 사항이다.

52) 필자가 밝힌 반대이유는 아래와 같다.

1) 자체의 불균형: 선박소유자의 경우에는 이를 두지 않으면서 나용선의 경우에만 이를 두는 이유를 알기 어렵다. 알다시피 1991년 상법개정시에 화물손상에 대하여는 선박충돌의 경우를 제외하고는 선박우선특권에서 삭제되었다. 그런데 개정법 제777조에서 개정이 없으므로 선박소유자/나용선자/정기용선자/항해용선자 등이 운송인이 되는 경우에는 그 선박에서 운송중이던 운송물의 사고에 대하여(선박충돌 제외) 화주는 우선특권을 갖지 못한다. 개정법에 따르면 오직 나용선자가 운송인이 되는 경우에만 우선특권을 갖는다. 이는 화주들로 하여금 나용선자를 선호하게 한다. 정기용선의 법적 성질이 선박임대차(나용선)에 유사하다고 보는 입장에 의하면 개정법 제852조의 규정은 정기용선자가 운송인인 경우에도 적용될 것이다. 그러면 정기용선자가 운송인인 경우는 화물의 손해에 대하여 화주는 선박소유자

(3) 추가논의

이 안은 화주를 완벽히 보호하려는 개정위원들의 의지가 돋보인 개정안이었다. 상법 제809조를 통하여 정기용선자가 운송인이 되거나 항해용선자가 운송인이 되는 경우에 선박소유자를 채무자로 하여 화주를 보호할 수 있다. 그러면 나용선자가 운송인이 되는 경우는 빠지게 된다. 이때 나용선자의 채무자가 되는 경우에 선박우선특권을 인정하면 이 경우에도 화주는 크게 보호된다.

그러나 이러한 의도는 해상기업의 건전한 활동을 저해하고 불균형이 된다는 점에서 이 조항의 신설에 강하게 반대하였다.

그런데 이러한 무리한 제도가 등장하게 되는 것은 우리 상법이 너무 운송인에게 유리하고 화주에게 불리하다는 인식에서 출발한 것이라고 본다. 이런 점에서 운송인의 책임제한액의 상향조정은 바람직한 것이다. 균형이 잡히지 않은 법을 가지고 있으면 이렇게 무리한 입법안이 나오고 법적용에 있어서도 법원이 운송인에게 불리한 해석을 하게 되므로 이 점을 선주측은 유의하여야 할 것으로 본다.

9. 제866조 해상화물운송장에 관한 규정 신설

(1) 현행상법(없음)

(2) 개정상법

〈법무부 개정안〉

<u>第866조(해상화물운송장의 효력)</u>

<u>① 제865조 제1항의 규정에 따라 해상화물운송장이 발행된 경우 운송인이</u>

와 정기용선자를 모두 채무자로 할 수 있으면서 동시에 선박우선특권에 기하여 선박에 대한 임의경매를 실시할 수가 있다. 이렇게 두텁게 화주를 보호할 이유가 있는지 의문이다. 항해용선자와 운송계약을 체결한 경우에 화주는 단지 선박소유자에 대하여 일반채권자로서 강제집행을 할 수 있을 뿐이지만, 나용선자의 경우에는 임의경매와 추급권이 허용되므로 강하게 보호된다.

2) 실효성 및 유효성: 실무상 나용선자는 타선의장자라고 하여 인적 설비를 갖춘 해상기업으로서 선주상호보험조합에 가입하여 운항하므로 채권자보호가 문제되지 않고, 오히려 항해용선자가 운송인이 되는 경우에는 자산상태가 부실한 자들이 많으므로 제3자를 보호할 필요성이 더 대두된다. 그럼에도 이 경우에만 우선특권을 인정하는 실효성에 의문이 제기된다. 김인현, 전게 법무부 상법 해상편 개정안, 108면.

그 운송장에 기재된 대로 운송물을 수령 또는 선적한 것으로 추정한다.

② 운송인이 운송물을 인도함에 있어 해상화물운송장에 기재된 수하인 또는 그 대리인임을 확인하기 위한 모든 합리적인 주의를 다하였음을 증명하는 경우에는 운송물의 수령인이 권리자가 아니었다 하더라도 운송인은 그 책임을 면한다.

〈개정상법〉

제864조(해상화물운송장의 효력)

① 제865조 제1항의 규정에 따라 해상화물운송장이 발행된 경우 운송인이 그 운송장에 기재된 대로 운송물을 수령 또는 선적한 것으로 추정한다.

② 운송인이 운송물을 인도함에 있어 수령인이 해상화물운송장에 기재된 수하인 또는 그 대리인임이라고 믿을 만한 정당한 이유가 있는 때에는 운송물의 수령인이 권리자가 아니었다 하더라도 운송인은 그 책임을 면한다.

1) 신설이유

해상화물운송장의 효력은 양도성이 없다는 점을 제외하고는 선하증권과 대체로 동일하지만 무권리자에 대한 운송물의 인도와 관련하여서는 해상화물운송의 신속성·효율성 증대를 목적으로 하는 해상화물운송장의 성격상 그 효력에 있어 선하증권과 구별되도록 하였다.

선하증권의 경우에는 선하증권과 상환하지 아니하고 무권리자에게 운송물이 인도되면 어떠한 경우에도 운송인이 그 책임을 면하지 못하지만, 해상화물운송장의 경우에는 운송인이 운송물을 인도함에 있어 해상화물운송장에 기재된 수하인 또는 그 대리인임을 확인하기 위한 모든 합리적 주의를 다하였음을 증명하는 경우에는 수령인이 권리자가 아니었다 하더라도 운송인은 책임을 면하도록 하였다.[53]

2) 의 의

해상화물운송장의 사용빈도는 점차 증대되고 있다. 해상화물운송장은 유통성이 없다는 점에서 선하증권과 큰 차이점이 있고, 상환증권성도 없다. 실무적

53) 법무부 개정이유, 46면.

으로는 선하증권의 대체수단으로 사용된다.

운송인과 송하인 사이에는 그 기재에 대하여 추정적 효력이 있으므로 수량부족에 대한 소가 제기된 경우에 송하인은 양륙시의 수량의 차이가 있음을 증명하면 운송인이 선하증권에 기재된 수량과 선적시의 실제수량이 다름을 입증하지 않는 한 책임을 부담하게 된다.[54]

화물운송장에 기재된 수하인 또는 그 대리인임을 확인하기 위한 정당한 이유가 있음을 운송인이 입증한 경우에는 운송물의 수령인이 권리가 없는 자였다고 하더라도 운송인은 책임을 면한다.

(3) 추가검토

1) 주의의무의 정도

법무부 개정법안은 제866조 제2항에서 "모든" 합리적인 의무를 다한 경우에 운송인의 수하인에 대한 인도의무가 면하는 것으로 하고 있었다. 이것은 CMI에서 채택하고 있는 문구와 다름으로써 어떠한 의미를 가질 것인지 논란의 여지가 있다. 개정이유서에 따르면 의식적으로 "모든"이라는 단어를 추가하였다.[55] 그러나 해상화물운송장에 대한 입법례인 국제해법학회의 CMI Uniform Rules for Sea waybills 1990 제7조에 따르면, 운송인은 수하인이라고 주장하는 자를 확인하기 위한 합리적인 주의(reasonable care)를 다하였음을 입증하면 오인도로 인한 책임을 부담하지 않는다고 한다.[56] 모든 합리적인 주의의무는 합리적인 주의의무보다 높은 것으로 생각되고, 우리 법이 국제적인 입장보다 이를 강화할 필요성이 무엇인지 알 수 없다. 그러므로 이는 삭제되어야 한다고 본다.

개정상법에서는 "믿을 만한 정당한 이유"로 문구가 개정되었으므로 상당주의의무로 완화된 것으로 생각된다.

---

54) 추정규정이 없다면, 원고인 송하인이 선적된 수량의 개수 및 양륙된 수량의 개수를 스스로 입증하여야 한다.

55) 채이식, 전게논문, 460면.

56) Article 7 delivery (i) The carrier shall deliver the goods to the consignee upon production of proper identification. (ii) The carrier shall be under no liability for wrong delivery if he can prove that he has exercised reasonable care to ascertain that the party claiming to be the consignee is in fact that party. 여기에 대하여는 정완용, "해상화물운송장의 입법방안에 대한 고찰," 「한국해법학회지」, 제26권 제2호(2004.11), 84면을 참고바람.

2) 부합계약으로서 강행규정적용여부

운송인과 송하인 사이에 책임제한액을 상법의 규정보다 낮게 하는 것은 개정상법하에서 어떠한 효력을 가질 것인가? 명문의 규정은 없지만, 해상화물운송장도 부합계약의 성질상 화주를 보호하여야 할 필요가 있을 것으로 본다.

10. 第770조 선박소유자(여객)의 책임제한액 상향

(1) 현행상법

제770조(책임의 한도액) ① 선박소유자가 제한할 수 있는 책임의 한도액은 다음 각 호의 금액으로 한다.

1. 여객의 사망 또는 신체의 상해로 인한 손해에 관한 채권에 대한 책임의 한도액은 그 선박의 선박검사증서에 기재된 여객의 정원에 4만6천6백6십6계산단위를 곱하여 얻은 금액과 2천5백만 계산단위에 상당하는 금액 중 적은 금액으로 한다.

(2) 개정상법

제770조(책임의 한도액) ① 선박소유자가 제한할 수 있는 책임의 한도액은 다음 각 호의 금액으로 한다.

1. 여객의 사망 또는 신체의 상해로 인한 손해에 관한 채권에 대한 책임의 한도액은 그 선박의 선박검사증서에 기재된 여객의 정원에 17만5천 계산단위(국제통화기금의 1 특별인출권에 상당하는 금액을 말한다. 이하 같다)를 곱하여 얻은 금액으로 한다.

1) 개정이유

인권존중의 사상에 비추어 그 증액이 불가피하며 인적 사상의 경우 책임제한을 인정하지 아니하고 있는 것이 세계적인 추세인 점을 고려하여 여객운송인의 책임한도액을 상향조정하였다.[57]

2) 의 의

여객의 사망의 경우에 1996년 LLMC 의정서에 따라서 책임제한액을 증액한 것이다. 현행 약 7천만원에서 약 2억원으로 인상되었다.

---

57) 제안이유서, 11면.

일본의 경우에는 1996년 LLMC 전체 의정서를 국내법으로 채택하고 있으므로 우리나라도 이 정도는 되어야 하는 것으로 생각된다. 다만, 그 적용은 부칙 제4조에 의하여 이 법 시행 후 3년간 발생한 사고에 대하여는 여객정원에 8만7천500계산단위를 곱하여 얻은 금액으로 완화되었다.

11. 제814조 제2항 및 제3항 운송인의 채권 · 채무의 소멸

(1) 현행상법

제814조(운송인의 채권 · 채무의 소멸) 운송인의 용선자, 송하인 또는 수하인에 대한 채권 및 채무는 그 청구원인의 여하에 불구하고 운송인이 수하인에게 운송물을 인도한 날 또는 인도할 날부터 1년 이내에 재판상 청구가 없으면 소멸한다. 다만, 이 기간은 당사자의 합의에 의하여 연장할 수 있다.

(2) 개정상법

제814조(운송인의 채권 · 채무의 소멸) ① 운송인의 송하인 또는 수하인에 대한 채권 및 채무는 그 청구원인의 여하에 불구하고 운송인이 수하인에게 운송물을 인도한 날 또는 인도할 날부터 1년 이내에 재판상 청구가 없으면 소멸한다. 다만, 이 기간은 당사자의 합의에 의하여 연장할 수 있다.

② 운송인이 인수한 운송을 다시 제3자에게 위탁한 경우에 송하인 또는 수하인이 제1항의 기간 이내에 운송인과 배상합의를 하거나 운송인에게 재판상 청구를 하였다면, 그 합의 또는 청구가 있은 날부터 3개월이 경과하기 이전에는 그 제3자에 대한 운송인의 채권 · 채무는 제1항의 규정에도 불구하고 소멸하지 아니한다. 운송인과 그 제3자 사이에 제1항 단서와 동일한 취지의 약정이 있는 경우에도 또한 같다.

③ 제2항의 경우에 있어서 재판상 청구를 받은 운송인이 그로부터 3개월 이내에 그 제3자에 대하여 소송고지를 하면 3개월의 기간은 그 재판이 확정 그 밖에 종료된 때부터 기산한다.

1) 개정이유

제2항을 신설, 운송이 재위탁된 경우에는 제1항의 기간동안 송하인과 운송인의 배상합의 또는 송하인의 재판상 청구가 있는 때에는 그 때부터 3월이 경과하기 이전에는 운송인의 제3자에 대한 채권이 소멸되지 않도록 하는 등 운송

인의 채권자 보호를 위한 규정을 마련하였다. 또 제소시에는 인지대 등 막대한 비용이 필요한 점을 고려하여 제소 대신 소송고지를 하는 방안을 강구하였다.[58)]

2) 의 의

운송주선인(계약운송인)이 해상운송인(실제운송인)에게 운송을 위탁하고 손해가 발생한 경우에 화주가 계약운송인에게 손해배상청구를 제척기간이 임박하여 제기하면, 계약운송인이 실제운송인에게 구상청구를 할 기간이 얼마 남지 않게 된다. 이러한 불합리를 구제하기 위하여 규정을 하게 되었다.

우리 대법원에서는 이러한 구상청구의 경우에는 상법 제811조의 단기제척기간이 적용되지 않는다고만 하고 얼마가 되어야 할 것인지에 대하여 판결이 없는 상태이다(대법원 2001.10.30. 선고 2000다62490 판결). 그런데 이번 입법으로 구상채권의 제척기간이 적어도 3개월 정도 늘어나는 것이 되었다.

운송주선인이 계약운송인이고, 해상운송인이 실제운송인인 경우에 송하인이 계약운송인에게 손해배상청구를 운송물 인도일로부터 11개월 만에 청구하였다면, 그 11개월로부터 3개월이 되는 청구일로부터 14개월까지는 제척기간에 걸리지 않으므로, 제1항만 있는 경우에 비하여, 계약운송인은 실제운송인에 대한 구상청구에서 2개월의 여유를 제2항에 의하여 더 가지게 된다. 또한 제3항에 의하면 재판상청구를 받은 운송인은 제3자에 대하여 반드시 재판상청구를 다시 하지 않아도 자신이 재판상청구를 받은 날로부터 3개월 이내에 제3자에 대하여 소송고지를 하면 제2항의 3개월의 기간은 그 재판이 확정 그밖에 종료된 때로부터 기산하게 된다.

(3) 추가검토

동 신설안은 함부르크규칙 제20조를 근간으로 한다. 그러나 함부르크규칙은 제소기간이 2년으로 되어 있다.

---

58) 입법이유서, 21면.

V. 기타 중요 改正內容(改正法의 순서별)

1. 제1장 해상기업

제1절 선박, 제2절 선장, 제3절 선박공유, 제4절 선박소유자 등의 책임제한, 제5절 선박담보

〈제1절 선박〉

(1) 비영리선박 및 국공유선박준용 규정(제741조)

제741조(적용범위) ①항해용 선박에 대하여는 상행위 그 밖의 영리를 목적으로 하지 아니하더라도 이 편의 규정을 준용한다. 다만, 국유 또는 공유의 선박에 대하여는 「선박법」 제29조 단서의 규정에 불구하고 항해의 목적·성질 등을 고려하여 이 편의 규정을 준용하는 것이 적합하지 아니한 경우로서 대통령령이 정하는 경우에는 그러하지 아니하다.

1) 현행상법은 상행위를 목적으로 하지 아니하더라도 항행용에 사용되는 선박에 적용하는 것이지만, 개정상법은 "상행위 기타 영리를 목적으로 하지 않더라도, 성질에 반하지 아니하는 한" 이 편의 규정을 적용한다고 정하였다. 선박법 제29조를 반영한 것이다. 이는 영리성의 요건을 완화한 것이나,[59] 학설로서도 인정되어오던 것으로 큰 변화는 없다고 본다.

2) 선박법 제27조 단서규정은 국공유선박의 경우에는 상법 해상편의 적용을 배제한다. 개정상법은 그럼에도 불구하고 국공유선박이 실제로 영리행위를 하는 경우에는 상법 해상편을 적용하고자 한다. 단서규정은, 선박법 제29조와 달리, 국유 또는 공유의 선박에 대하여 제29조 단서의 규정에 따라 상법 해상편이 적용되지 않는 것이 원칙이지만, 항해의 목적·성질 등을 고려하여 해상편의 규정을 준용하는 것이 적합하지 아니한 경우로서 대통령령이 정하는 경우에만 해상편 준용이 없는 것으로 제한하는 취지이고, 따라서 선박법의 제29조는 삭제되는 것이 좋을 것이다.[60]

---

59) 법무부 개정이유서, 1면.
60) 동지, 심사보고서, 20면.

(2) 선박소유권 이전의 명확화(제743조)

제743조(선박소유권의 이전) 등기 및 등록할 수 있는 선박의 경우 그 소유권의 이전은 당사자 사이의 합의만으로 그 효력이 생긴다. 다만, 이를 등기하고 선박국적증서에 기재하지 아니하면 제3자에게 대항하지 못한다.

1) 현행상법은 "선박에 관한 권리의 이전"이라고 되어 있지만, 개정상법은 "등기 및 등록할 수 있는 선박의 경우 그 소유권의 이전"이라고 개정하였다.

2) 저당권의 이전은 제743조에 의하지 않음을 분명히 하였고, 선박법과 선박등기법을 일치시키고자 한다.[61]

〈제4절 선박소유자 등의 책임제한 〉

(3) 선박소유자의 책임한도액 상향 조정(제770조)

○ 제4장 참조

(4) 구조자의 책임제한 채권의 구체화(제775조 신설)

제775조(구조자의 책임제한) ① 구조자 또는 그 피용자의 구조활동과 직접 관련하여 발생한 사람의 사망·신체의 상해, 재산의 멸실이나 훼손, 계약상 권리 외의 타인의 권리의 침해로 인하여 생긴 손해에 관한 채권 및 그러한 손해를 방지 혹은 경감하기 위한 조치에 관한 채권 또는 그 조치의 결과로 인하여 생긴 손해에 관한 채권에 대하여는 제769조 내지 제774조(제769조 제2호 및 제770조 제1항 제1호를 제외한다)의 규정에 따라 구조자도 책임을 제한할 수 있다.

② 구조활동을 선박으로부터 행하지 아니한 구조자 또는 구조를 받는 선박에서만 행한 구조자는 제770조의 규정에 의한 책임의 한도액에 관하여 1천500톤의 선박에 의한 구조자로 본다.

③ 구조자의 책임의 한도액은 구조선마다 또는 제2항의 경우에는 구조자마다 동일한 사고로 인하여 생긴 모든 채권에 미친다.

1) 1976년 조약의 내용에 더 적합하게 수정하였다.

---

61) 법무부 개정이유서, 3면.

〈제5절 선박담보〉

(5) 선박우선특권 있는 채권에서 경매비용 삭제(제777조 제1항 제1호)

○ 제4장 참조

2. 제2장 운송과 용선

제1절 개품운송, 제2절 여객운송, 제3절 항해용선, 제4절 정기용선, 제5절 선체용선, 제6절 운송증서

〈제1절 개품운송〉

(1) 개품운송계약의 의의(제791조)

제791조(개품운송계약의 의의) 개품운송계약은 운송인이 개개의 물건을 해상에서 선박으로 운송할 것을 인수하고, 송하인이 이에 대하여 운임을 지급하기로 약정함으로써 그 효력이 생긴다.

(2) 운송인 책임한도의 상향 조정 및 중량기준 도입(제797조 제1항)

○ 제4장 참조

(3) 선박소유자의 책임과 정기용선자의 포함여부(제809조)

○ 제4장 참조

(4) 운송인의 채권(구상채권) 보호규정 신설(제814조 제2항 및 제3항)

○ 제4장 참조

(5) 복합운송인의 책임(제816조)

○ 제4장 참조

〈제2절 여객운송〉

(6) 해상여객운송계약의 의의 규정(제817조 신설)

제817조(해상여객운송계약의 의의) 해상여객운송계약은 운송인이 특정한 여객을 출발지에서 도착지까지 해상에서 선박으로 운송할 것을 인수하고, 이에

대하여 상대방이 운임을 지급하기로 약정함으로써 그 효력이 생긴다.

〈제3절 항해용선〉

(7) 항해용선계약의 의의규정(제827조 신설)

제827조(항해용선계약의 의의) ① 항해용선계약은 특정한 항해를 할 목적으로 선박소유자가 용선자에게 선원이 승무하고 항해장비를 갖춘 선박의 전부 또는 일부를 물건의 운송에 제공하기로 약정하고 용선자가 이에 대하여 운임을 지급하기로 약정함으로써 그 효력이 생긴다.

② 이 절의 규정은 그 성질에 반하지 아니하는 한 여객운송을 목적으로 하는 항해용선계약에도 준용한다.

③ 선박소유자가 일정한 기간 동안 용선자에게 선박을 제공할 의무를 지지만 항해를 단위로 운임을 계산하여 지급하기로 약정한 경우에도 그 성질에 반하지 아니하는 한 이 절의 규정을 준용한다.[62]

(8) 항해용선에서 선박소유자의 책임경감금지(제839조 신설)

제839조(선박소유자의 책임경감금지) ① 제794조의 규정에 반하여 이 절에서 정한 선박소유자의 의무 또는 책임을 경감 또는 면제하는 당사자 사이의 특약은 효력이 없다. 운송물에 관한 보험의 이익을 선박소유자에게 양도하는 약정 또는 이와 유사한 약정도 또한 같다.

② 제799조 제2항의 규정은 제1항의 경우에 준용한다.

1) 감항능력주의의무에 대하여는 항해용선계약이라고 할지라도 공익의 목적상 당사자가 이를 면제할 수 없다는 것을 분명히하였다.

---

62) 개정상법은 현행상법에서 "용선자나 송하인"이라고 된 부분은 분리하지 않고 그대로 항해용선에 사용하고 있다. 예컨대, 현행상법 제794조는 부수비용의 부담자로서 용선자나 송하인을 정하고 있다. 그런데 현행상법은 개품운송과 항해용선을 동시에 규율하기 때문에 개품운송에는 송하인이 항해용선에서는 용선자가 화주의 지위에 선다. 그런데도 불구하고, 개정상법은 항해용선과 개품운송을 구분하여 정하고 있기 때문에 제834조, 제835조, 제837조, 제840조에 이를 존치시키고 있다. 용선자와 송하인의 개념에 혼란을 야기한다. 용선자는 운송계약의 당사자이고 항해용선계약에서 송하인은 FOB계약에서 선적인에 불과하므로 채무를 부담하지 않으므로 삭제하고 용선자로 통일하는 것이 좋지 않은지 의문이다.

(9) 선박소유자의 채권 · 채무의 소멸기간(제840조)

제840조(선박소유자의 채권 · 채무의 소멸) ① 선박소유자의 용선자 또는 수하인에 대한 채권 및 채무는 그 청구원인의 여하에 불구하고 선박소유자가 운송물을 인도한 날 또는 인도할 날부터 2년 이내에 재판상 청구가 없으면 소멸한다. 이 경우 제814조 제1항 단서의 규정을 준용한다.

② 제1항의 기간을 단축하는 선박소유자와 용선자의 약정은 이를 운송계약에 명시적으로 기재하지 아니하면 그 효력이 없다.

1) 제소기간이 현행상법 1년에서 2년으로 연장되었다.

(10) 항해용선의 준용규정(제841조)

제841조(준용규정) ① 제134조, 제136조, 제137조, 제140조, 제793조 내지 제797조, 제798조 제1항 내지 제3항, 제800조, 제801조, 제803조, 제804조 제1항 내지 제4항, 제805조 내지 제808조와 제810조 내지 제813조의 규정은 항해용선계약에 준용한다.

1) 현행상법 제812조에 대응하는 조항이다. 상법총칙 물건운송법의 준용규정 중에서 제134조(운송물멸실과 운임), 제136조(고가물에 대한 책임), 제137조(손해배상의 액), 제140조(수하인의 지위)는 그대로 준용되지만, 제138조 및 제139조에 대한 준용규정이 없다.

제139조는 화주가 가지는 운송물에 대한 처분권이다. 송하인 혹은 선하증권소지인은 운송의 중지, 운송물의 반환 기타의 처분을 운송인에게 청구할 수 있는 권리이다. 개품운송에는 존치되었지만 항해용선에서는 준용되지 않음으로써 화주의 지위가 약화되었다고 할 수 있다.

2) 항해용선계약도 운송계약의 일종이므로 개품운송계약에서 준용하여야 하는 규정을 정하고 있다.

3) 제793조-제797조(운송에 필요한 서류의 교부, 감항능력주의의무, 운송물에 관한 주의의무, 운송인의 면책사유, 책임의 한도), 제798조 제1항-제3항(비계약적 청구에 대한 적용)은 준용된다.

제798조 제4항은 운송인 외의 실제운송인 또는 그 사용인이나 대리인에

대하여 제기된 경우에도 준용하는 규정이다. 이것은 개품운송을 적용대상으로 하는 헤이그비스비규칙을 따른 것이므로 항해용선계약에서는 준용하지 않는다.[63)]

4) 제800조(위법선적물의 처분), 제801조(위험물의 처분), 제803조(운송물의 공탁 등), 제804조 제1항 내지 제4항(운송물의 일부 멸실훼손에 관한 통지), 제805조 내지 제808조(운송물의 중량 용적에 따른 운임, 운송기간에 따른 운임, 수하인의 의무, 선장의 유치권, 운송물의 경매권)와 제810조 내지 제813조의 규정(운송계약의 종료사유, 법정사유로 인한 해제, 운송물의 일부에 관한 불가항력, 선장의 적하처분과 운임)은 항해용선계약에 준용한다.

제799조가 준용되지 않은 것은, 제855조 제5항으로 항해용선계약에서 선하증권이 발행된 경우를 처리하고 있기 때문이다.

제802조가 준용되지 않기 때문에, 항해용선에서는 지체없는 운송물수령의무는 용선자에게 부과되지 않고 있다.

제804조 제5항(수하인 보호 강행규정)은 대등한 협상력을 가지는 항해용선계약에서는 적용할 수 없기 때문이다.

제809조가 준용되지 않은 것은, 제809조의 적용범위를 줄이기 위한 것으로 보인다. 운송인과 최종적으로 운송계약을 체결한 자가 용선자인 경우에는 제809조의 적용이 없기 때문에 선박소유자는 법정의 연대책임을 부담하지 않는다.

〈제4절 정기용선〉[64)]

(11) 정기용선계약상의 채권의 소멸기간의 연장(제846조 제1항)

① 제846조(정기용선계약상의 채권의 소멸) 정기용선계약에 관하여 발생한 당사자 사이의 채권은 선박이 선박소유자에게 반환된 날부터 2년 이내에 재

63) 그런데 현행상법은 정기용선자가 운송인이고 화주가 용선자인 경우에, 정기용선자가 선하증권을 발행한 경우에 실제운송을 하는 선박소유자가 손해배상청구를 받을 경우에 책임제한 등의 이익을 향유할 여지가 있었음에도 이를 원천차단하는 결과가 되지 않을까 우려된다.

64) 정기용선계약의 의의는 현행상법에도 존재함. 제842조(정기용선계약의 의의) 정기용선계약은 선박소유자가 용선자에게 선원이 승무하고 항해장비를 갖춘 선박을 일정한 기간 동안 항해에 사용하게 할 것을 약정하고 용선자가 이에 대하여 기간으로 정한 용선료를 지급하기로 약정함으로써 그 효력이 생긴다.

판상 청구가 없으면 소멸한다. 이 경우 제814조 제1항 단서의 규정을 준용한다.

② 제840조 제2항의 규정은 제1항의 경우에 준용한다.

1) 정기용선계약에서 당사자 사이의 채권은 제소기간이 1년에서 2년으로 연장된다.

〈제5절 나용선〉

(12) 나용선 계약의 법적 성질(제847조 및 848조 신설)

第847조(선체용선계약의 의의) ① 선체용선계약은 용선자의 관리 · 지배하에 선박을 운항할 목적으로 선박소유자가 용선자에게 선박을 제공할 것을 약정하고 용선자가 이에 따른 용선료를 지급하기로 약정함으로써 그 효력이 생긴다.

② 선박소유자가 선장 그 밖의 해원을 공급할 의무를 지는 경우에도 용선자의 관리 · 지배하에서 해원이 선박을 운항하는 것을 목적으로 하면 이를 선체용선계약으로 본다.

第848조(법적 성질) ① 선체용선계약은 그 성질에 반하지 아니하는 한 「민법」상 임대차에 관한 규정을 준용한다.

② 용선기간이 종료된 후에 용선자가 선박을 매수 또는 인수할 권리를 가지는 경우 및 금융의 담보를 목적으로 채권자를 선박소유자로 하여 선체용선계약을 체결한 경우에도 용선기간중에는 당사자 사이에서는 이 절의 규정에 따라 권리와 의무가 있다.

1) 현행상법에는 나용선에 대한 규정은 한 조문밖에 없었지만, 개정상법은 이에 대하여 최소한의 개념에 대한 규정을 하게 되었다.

2) 국회의 심의를 거치면서 나용선이라는 용어는 선체용선으로 변경되었다. 법무부개정위원들은 선박임대차를 실무의 용어에 맞추어 나용선으로 하기를 특별히 희망하였으나 토의 없이 이렇게 변경되게 되었다.

3) 제847조 제2항은 나용선계약을 체결하면서도 선원은 선박소유자가 제공하는 경우를 말하는 것이다. 선원을 선박소유자가 제공하면 대체로 선박소유자가 직접 운항하므로 선박소유자가 불법행위 등에서 책임의 주체가 되고, 나

용선의 경우에는 나용선자가 책임의 주체가 되므로 책임의 주체가 달라지게 된다. 동 규정으로 인하여 나용선으로 간주된다.

4) 제848조 제2항은 국적취득조건부 나용선 등도 나용선이라는 것이다. 후단은 한국의 선박회사가 금융을 일으켜 선박을 건조하고 나용선자가 되려는 경우에 금융회사는 파나마 등에 자신의 선박회사를 설립하여 선박소유자로 한다. 그런 다음 선박소유자가 채권자로서 선박을 나용선자에게 용선을 주는 형식을 취한다. 이러한 금융상의 거래가 개입된 경우에도 나용선이 된다는 취지로 해석된다.

(13) 나용선계약상의 채권의 제척기간(제851조 신설)

제851조(선체용선계약상의 채권의 소멸) ① 선체용선계약에 관하여 발생한 당사자 사이의 채권은 선박이 선박소유자에게 반환된 날부터 2년 이내에 재판상 청구가 없으면 소멸한다. 이 경우 제814조 제1항 단서의 규정을 준용한다.

② 제840조 제2항의 규정은 제1항의 경우에 준용한다.

<제6절 운송증서>

(14) 선하증권의 기재사항 추가(제853조)

ㅇ제11호 운송인의 성명

1) 운송인의 성명이 선하증권의 기재사항으로 추가됨으로써 운송인 확정에 도움이 될 것으로 보인다.

(15) 선하증권 기재의 효력(제854조)

제854조(선하증권 기재의 효력) ① 제853조 제1항의 규정에 따라 선하증권이 발행된 경우 운송인과 송하인 사이에 선하증권에 기재된 대로 개품운송계약이 체결되고 운송물을 수령 또는 선적한 것으로 추정한다.

② 제1항의 선하증권을 선의로 취득한 소지인에 대하여 운송인은 선하증권에 기재된 대로 운송물을 수령 혹은 선적한 것으로 보고 선하증권에 기재된 바에 따라 운송인으로서 책임을 진다.

1) 추정적 효력과 간주적 효력을 각각 인정한 것으로 현행법과 내용상의 차이는 없다고 판단된다.

(16) 용선계약과 선하증권(제855조 신설)

第855조(용선계약과 선하증권) ① 용선자의 청구가 있는 경우 선박소유자는 운송물을 수령한 후에 제852조 및 제853조의 규정에 따라 선하증권을 발행한다.

② 제1항의 규정에 따라 선하증권이 발행된 경우 선박소유자는 선하증권에 기재된 대로 운송물을 수령 또는 선적한 것으로 추정한다.

③ 제3자가 선의로 제1항의 선하증권을 취득한 경우 선박소유자는 제854조 제2항의 규정에 따라 운송인으로서 권리와 의무가 있다. 용선자의 청구에 따라 선박소유자가 제3자에게 선하증권을 발행한 경우에도 또한 같다.

④ 제3항의 경우에 그 제3자는 제833조 내지 제835조 및 제837조의 규정에 의한 송하인으로 본다.

⑤ 제3항의 경우 제799조의 규정에 위반하여 운송인으로서의 의무와 책임을 감경 또는 면제하는 특약을 하지 못한다.

1) 용선계약하에서 선하증권이 발행된 경우에 선하증권에 대한 법적 효력을 부여하기 위한 규정을 새로이 신설하였다.

2) 선하증권을 선의로 소지하게 되는 제3자는 운송인에 대하여 간주적인 효력(conclusive evidence)을 가지게 된다(제3항). 반증이 허용되지 않는다. 당사자 사이에는 선하증권에는 추정적 효력이 있다(제2항). 그런데 운송계약에 다른 내용이 있으면 운송계약이 우선하게 된다.

3) FOB 계약에서 운송계약의 상대방인 shipper가 미국에 있는 경우에 한국에서 선적인(송하인)이 선하증권을 발급받는 경우 송하인도 제3자로서 선하증권의 효력을 가지게 되고 그는 운송인에 대하여 간주적인 효력을 가지게 된다(제3항). 이 때의 송하인은 선적 양륙비용을 부담하는 자가 된다.

4) 용선계약하에서 선하증권이 발행된 경우에 운송인과 선하증권의 소지인과의 관계에서는 운송인의 책임감경금지규정이 적용된다. 현행상법 제790조 제3항과 동일하다(제5항).

(17) 전자선하증권(제862조 신설)

제862조(전자선하증권) ① 운송인은 제852조 또는 제855조의 선하증권을 발행하는 대신에 송하인 또는 용선자의 동의를 얻어 법무부장관이 지정하는 등록기관에 등록을 하는 방식으로 전자선하증권을 발행할 수 있다. 이 경우 전자선하증권은 제852조 및 제855조의 선하증권과 동일한 법적 효력을 갖는다.

② 전자선하증권에는 제853조 제1항 각 호의 정보가 포함되어야 하며, 운송인이 전자서명을 하여 송신하고 용선자 또는 송하인이 이를 수신하여야 그 효력이 생긴다.

③ 전자선하증권의 권리자는 배서의 뜻을 기재한 전자문서를 작성한 다음 전자선하증권을 첨부하여 지정된 등록기관을 통하여 상대방에게 송신하는 방식으로 그 권리를 양도할 수 있다.

④ 제3항에서 정한 방식에 따라 배서의 뜻을 기재한 전자문서를 상대방이 수신하면 제852조 및 제855조의 선하증권을 배서하여 교부한 것과 동일한 효력이 있고, 제2항 및 제3항의 전자문서를 수신한 권리자는 제852조 및 제855조의 선하증권을 교부받은 소지인과 동일한 권리를 취득한다.

⑤ 전자선하증권의 등록기관의 지정요건, 발행 및 배서의 전자적인 방식, 운송물의 구체적인 수령절차 그 밖에 필요한 사항은 대통령령으로 정한다.

1) 전자선하증권의 상용화를 목적으로 최소한의 규정을 두었다.

2) 종이 선하증권과 동일한 법적 효력을 가진다는 문구를 국회심의과정에서 추가하였다(제1항).

(18) 해상화물운송장의 발행(제863조 신설)

제863(해상화물운송장의 발행) ① 운송인은 용선자 또는 송하인의 청구가 있으면 제852조 또는 제855조의 선하증권을 발행하는 대신 해상화물운송장을 발행할 수 있다. 해상화물운송장은 당사자 사이의 합의에 따라 전자식으로도 발행할 수 있다.

② 해상화물운송장에는 해상화물운송장임을 표시하는 외에 제853조 제1항 각 호 사항을 기재하고 운송인이 기명날인 또는 서명하여야 한다.

③ 제853조 제2항 및 제4항의 규정은 이를 해상화물운송장에 준용한다.

1) 제853조 제2항은 선하증권의 기재사항 중에서 운송물의 중량 등이 의심날 경우 또는 확인할 적당한 방법이 없는 경우에 그 기재를 생략할 수 있는 규정이다.

2) 제853조 제4항은 통지에 대한 규정이다.

3) 제853조 제3항에 대한 준용규정이 없다. 제854조에서 해상화물운송장이 발행된 경우에는 운송인과 송하인 사이에 기재에 대한 추정적 효력을 주어 화주를 보호하고 있으므로, 제853조 제3항도 준용하여 기재사항에 대하여는 송하인이 무과실의 담보책임을 부담하여 운송인을 보호하는 것이 형평에 맞다고 생각된다.[65)]

(19) 해상화물운송장의 효력(제864조 신설)

○제4장 참조

3. 제3장 해상위험

제1절 공동해손, 제2절 선박충돌, 제3절 해난구조

<제1절 공동해손>

(1) 갑판적 화물의 공동해손분담청구 포함(제872조 제2항 단서 전문)

제872조(공동해손분담청구에서의 제외) ② 갑판에 적재한 하물에 대하여도 제1항과 같다. 다만, 갑판에 선적하는 것이 관습상 허용되는 경우와 그 항해가 연안항행에 해당되는 경우에는 그러하지 아니하다.

1) 적하목록에 기재하지 않은 속구 등은 공동해손에서 불이익을 주도록 하는 규정이 제1항이다.

2) 갑판적한 화물도 이와 같이 취급하여 그 가액을 공동해손의 분담에 산입하고 손실된 경우에는 그 가액을 공동해손의 액에 산입하지 않는다. 그런데 개정상법에서는 관습상 갑판적이 허용되는 경우를 단서규정에 추가하여 공동해손에서 손해가 없도록 하였다.

65) CMI Uniform Rules for Sea Waybills(1990), 제5조 제1항도 이러한 취지의 규정을 가지고 있다. The shipper warrants the accuracy of the particulars furnished by him relating to the goods.

〈제2절 선박충돌〉

(2) 선박충돌에의 적용법규(제876조 제2항 신설)

제876조(선박충돌에의 적용법규) ② 이 절에서 "선박의 충돌"이라 함은 2척 이상의 선박이 그 운용상 작위 또는 부작위로 선박 상호간에 다른 선박 또는 선박 내에 있는 사람 또는 물건에 손해를 생기게 하는 것을 말하며, 직접적인 접촉의 유무를 묻지 아니한다.

1) 1910년 선박충돌조약의 예에 따라서 간접충돌도 선박충돌에 포함되게 되었다.

〈제3절 해난구조〉

(3) 해난구조 보수의 결정기준 구체화(제883조)

제883조(해난구조 보수의 결정기준) 구조의 보수에 관한 약정이 없는 경우에 그 액에 대하여 당사자 사이에 합의가 성립하지 아니한 때에는 법원은 당사자의 청구에 의하여 구조된 선박·재산의 가액, 위난의 정도, 구조자의 노력과 비용, 구조자나 그 장비가 조우했던 위험의 정도, 구조의 효과, 환경손해방지를 위한 노력 그 밖의 제반사정을 참작하여 그 액을 정한다.

1) 1989년 국제해난구조협약 제13조 제1항의 내용을 추가한 것이다.
2) 해양사고구조라는 용어는 다시 해난구조로 환원된다.

(4) 환경손해방지작업에 대한 특별보상규정(제885조 신설)

제885조(환경손해방지작업에 대한 특별보상) ① 선박 또는 그 적하로 인하여 환경손해가 발생할 우려가 있는 경우에 손해의 경감 또는 방지의 효과를 수반하는 구조작업에 종사한 구조자는 구조의 성공 여부 및 제884조의 규정과 상관없이 구조에 소요된 비용을 특별보상으로 청구할 수 있다.

② 제1항에서 "비용"이라 함은 구조작업에 실제로 지출한 합리적인 비용 및 사용된 장비와 인원에 대한 정당한 보수를 말한다.

③ 구조자는 발생할 환경손해가 구조작업으로 인하여 실제로 감경 또는 방지된 때에는 보상의 증액을 청구할 수 있고, 법원은 제883조의 사정을 참작하

여 증액 여부 및 그 금액을 정한다. 이 경우 증액된다 하더라도 구조료는 제1항의 비용의 배액을 초과할 수 없다.

④ 구조자의 고의 또는 과실로 인하여 손해의 감경 또는 방지에 지장을 가져온 경우 법원은 제1항 및 제3항에서 정한 금액을 감액 혹은 부인할 수 있다.

⑤ 하나의 구조작업을 시행한 구조자가 제1항 내지 제4항에서 정한 특별보상을 청구하는 것 외에 제882조에서 정한 보수도 청구할 수 있는 경우 그 중 큰 금액을 구조료로 청구할 수 있다.

1) 1989년 국제해난구조협약 제14조의 특별보상제도를 상법에 수용한 것이다. 환경오염의 위험이 있는 경우에 불성공무보수원칙이 적용되면 구조작업이 지연되므로 환경손해방지작업을 장려화하기 위하여 도입되었다.[66]

(5) 구조료의 지급의무(제886조 신설)

제886조(구조료의 지급의무) 선박소유자와 그 밖에 구조된 재산의 권리자는 그 구조된 선박 또는 재산의 가액에 비례하여 구조에 대한 보수를 지급하고 특별보상을 하는 등 구조료를 지급할 의무가 있다.

1) 해난구조의 구조료는 기존 해난구조의 보수와 환경손해방지작업에 대한 특별보상을 합한 개념임을 나타내기 위하여 본조를 둔다.[67]

(6) 구조약정에 따른 구조에의 적용(제887조 제1항 신설)

제887조(구조에 관한 약정) ① 당사자가 미리 구조계약을 하고 그 계약에 따라 구조가 이루어진 경우에도 그 성질에 반하지 아니하는 한 구조계약에서 정하지 아니한 사항은 이 절에서 정한 바에 따른다.

1) 원래 상법 해상편의 해난구조는 의무없는 구조에 적용되지만, 계약구조에도 성질에 반하지 않는 한 상법의 규정을 적용하고자 한다.

66) 법무부 제안이유서, 50면.
67) 법무부 제안이유서, 51면.

Ⅵ. 改正에 반영되지 못한 사항

1. 상법 제788조 운송인의 인도의무의 임의규정화

(1) 개정이유

현행상법은 운송인의 운송물에 대한 주의의무의 범위를 선적과 양륙을 넘어서 수령과 인도에까지 확대하고 있다(상법 제788조 제1항). 그리고 이를 면하게 하는 규정은 무효가 되도록 한다(상법 제790조). 그러므로 운송인이 운송물을 부두에 내린 다음에도 인도에까지 이르는 과정에서 운송인이 책임을 더 이상 부담하지 않는다는 등의 약정은 무효가 된다.68)

그런데 일본, 독일, 영국 등 헤이그비스비체제의 국가에서는 운송인의 의무는 선적과 양륙까지만 강행규정의 적용을 받고 그 이전과 이후는 당사자의 약정에 맡겨져 있다. 최근의 독일 판례도 운송인이 양륙 후에는 책임이 없다는 약정이 유효하다고 한다.69)

더구나 헤이그비스비규칙에서는 운송인은 수령 전과 양륙 후에 있어서는 별도의 약정을 체결할 수 있다고 하여(제7조) 운송인의 자유를 인정하고 있음에도 우리나라만 유독 이러한 규정을 두고 있는 것은 지나치다. 결국 우리나라의 운송인은 경쟁국가에 비하여 넓은 주의의무를 부담하여 인도에 대하여 많은 손해배상책임을 부담하고 있다.70)

(2) 입법례

일본의 국제해상물품운송법 제3조는 운송인의 운송물에 대한 의무에 대하

---

68) 김인현, 전게 해상법, 139면. 이러한 상이점에 대하여는 다른 교과서에는 특별한 언급을 찾기가 어렵다.

69) The MV "New York Express," Oberlandesgericht Hamburg(Court of Appeal) 2 November 2000, (Transportrecht 2001), p. 87.

70) 개정법이 해상화물운송장의 사용을 법정하고 있으므로 더욱이 해상화물운송장이 발행된 경우에도 운송인의 주의의무가 인도에까지 확대된다고 해석되면 운송인은 더욱 외국 경쟁 해운국에 비하여 더욱 불리한 지위에 놓이게 된다. 이렇게 불리하게 운송인의 지위를 두었던 사정은 책임제한제도에서 운송인이 조금이라도 유리하였기 때문일 것으로 보인다. 그러므로 헤이그비스비규칙에 맞추어 운송인의 책임제한액을 상향조정한다면 운송인의 주의의무의 범위도 헤이그비스비규칙에 맞추어 하향조정되어야 할 것이다.

여 우리 법과 같이 수령, 선적, 적부, 보관, 양륙 그리고 인도에까지 미친다고 하고, 그리고 이러한 의무는 동 제15조 제1항에 의하여 강행규정의 적용을 받아서 운송인은 이를 감경하거나 면제하지 못한다고 한다. 그러나 제15조 제3항은, 제1항은 운송물의 선적 전 혹은 운송물의 양륙 후에 발생한 운송물의 손해에 대하여 적용하지 아니한다고 하여 적용배제규정을 두고 있다. 즉, 일본도 운송물의 수령과 인도의무에 대하여는 계약자유의 원칙을 고수하고 있으므로, 한국의 운송인만 과중된 부담을 하고 있다.

헤이그비스비규칙에서 운송인의 의무는 선적, 적부, 운송, 보관, 양륙에 한정되는데(제3조 제2항), 이는 강행규정이다(제6조). 심지어 헤이그비스비규칙은 운송인은 선적 전과 양륙 후에 대하여는 계약자유의 원칙을 인정하고 있다(제7조).

최근의 운시트랄 운송법회의에서는 복합운송의 영향을 받아 운송인의 책임기간을 양륙을 넘어서 인도에까지 연장하고 있다. 그리고 이러한 운송인의 책임은 강행규정의 적용을 받는다. 그런데 선적과 양륙 등에 대하여는 운송인과 화주는 자유로이 별도의 계약을 체결할 수 있다는 규정을 두고 있다(제11조 제2항). 소위 FIO 계약에서는 운송인의 책임은 그만큼 줄어든다.[71] 수령과 인도는 당사자의 약정으로 그 기간이 정하여질 수 있다.

(3) 개정안

개정법으로서는 "수령"과 "인도" 두 단어를 제788조 제1항에서 삭제하는 것도 한 가지 방법이지만, 제788조 제1항은 육상운송과 동일한 규정을 둔 것이므로 차라리 일본과 같이 수령과 인도의 경우에는 배제하는 규정을 두는 것이 좋다고 본다. 즉, 위와 같은 점들을 고려하여 수령, 선적과 인도, 양륙에 대하여는 운송인과 화주 사이에 강행규정이 아닌 것으로 법을 개정하여 운송인과 화

71) 이러한 FIO 계약에 대하여 운송인의 주의의무를 완화하여주는 입장은 작년의 대법원의 판결에도 나오고 있다. 우리 대법원(2004.10.15. 선고 2004다2137 판결)(판례공보 2004, 1821)은 FIO(이른바 선상도) 계약에서 운송인은 송하인과 자유로이 선적과 양하에 대한 계약을 체결할 수 있다고 한다. 운송인의 운송물인도의무는 선상에서 종료된다는 것이 요지이다. 대법원은 필자가 설명한 강행규정위반에 대한 점을 논의하지 않고 있다. 여기에 대한 자세한 논의는 김인현, "2004년도 해상법판례평석,"「한국해법학회지」, 제27권 제2호(2005.11), 307면 이하를 참고바람.

현행상법	개정안
제790조(운송인의 책임경감금지) ① 제787조 내지 제789조의3의 규정에 반하여 운송인의 의무 또는 책임을 경감 또는 면제하는 당사자간의 특약은 효력이 없다. 운송물에 관한 보험의 이익을 운송인에게 양도하는 약정 또는 이와 유사한 약정도 또한 같다.	제790조(운송인의 책임경감금지) ① 제787조 내지 제789조의3의 규정에 반하여 운송인의 의무 또는 책임을 경감 또는 면제하는 당사자간의 특약은 효력이 없다. 그러나 운송물이 선적되기 전 혹은 양륙된 후의 손해에 대하여는 그러하지 아니하다. 운송물에 관한 보험의 이익을 운송인에게 양도하는 약정 또는 이와 유사한 약정도 또한 같다.

주는 이 부분에 대하여 자유로이 운임을 낮추면서 계약을 할 수 있도록 하여야 할 것이다.[72)]

2. 제803조 운송물 인도간주규정의 개정보완

(1) 개정이유

운송인은 화주의 요구에 의하여 선하증권을 발행한다. 선하증권의 상환성에 의하여 운송인이 어쩔 수 없는 상황에서 화물을 보세창고 등에 내려두고 출항하는 경우에 창고업자 등이 선하증권과 상환하지 않고 화물을 인도함으로써 운송인은 선하증권의 소지인에게 손해배상을 하여주는 사고가 일년에도 십여건 발생하고 있다.[73)] 선하증권의 상환증권성(상법 제820조, 제129조)을 인정하면서도, 수하인 혹은 선하증권의 소지인이 화물을 찾아가지 않고 시일이 지남으로써, 즉 화주측에 귀책사유를 조금이라도 돌릴 수 있는 사정이 있음에도, 운송인이 일방적으로 모든 손해에 대한 배상을 하고 있다는 점에서 운송인은 불만을 표시하여 왔다. 과거 법원은 이러한 경우에 은행 등 선하증권소지인이 화물을 늦게 찾아감으로써 불법반출에 조금이라도 기여하였다고 하여 과실상계를 하여주었으나 이러한 판결도 요즈음은 찾아보기 힘들다.

그리하여 1991년 상법 개정시에 제803조를 추가하여 위와 같은 사정이 있을 경우에 운송물을 공탁하거나 세관 기타 관청의 허가를 받은 곳에 인도한 때

72) 발표자의 이러한 제안에 대하여 한국해법학회에서도 논의가 있었지만, 심각한 논의를 하지 못하고 추후 연구과제로 넘기고 법무부에 법안으로까지 제안되지는 못하였다.

73) 대법원 2002.10.25. 선고 2002다23598 판결. 여기에 대한 판례평석은 김인현, "2002년도 해사법판례평석,"「한국해법학회지」, 25권 제2호(2003.11), 224면 이하.

에는 선하증권소지인 기타 수하인에게 운송물을 인도한 것으로 본다는 해결책이 나왔다. 그런데 대량화물의 경우에는 운송물을 공탁할 장소도 없고, 세관 기타 관청이 허가를 하는 곳도 내어주지 않아 사문화되어 왔다.

한국해법학회에서 해상법개정작업을 시작함에 있어서 선주측은 이 문제를 집중적으로 거론하면서 해결책을 마련하여 줄 것을 건의하였다.[74] 2년여를 거쳐서 해법학회의 개정위원들은 두 가지 안을 마련하였다. 그런데 이런 안이 이번 법무부 개정작업에서는 부결되어 아무런 개선의 조치없이 다시 세월을 보내게 된 것이다.

수하인이나 선하증권소지인이 아무런 귀책사유가 없는 것임에도 선하증권의 상환성에 훼손을 하는 주장을 할 수는 없다고 본다. 그런데 상법 제803조가 예정하고 있는 것은 수하인이 운송물의 수령을 해태한 경우, 수하인을 확지할 수 없는 경우, 수하인이 운송물의 수령을 거부한 때에 해당하는 규정이다. 수하인 등에게 조금이라도 귀책사유를 돌릴 수 있는 경우이다. 따라서 우리 상법은 이 경우에 운송물을 공탁하거나 세관 기타 관청의 허가를 받은 곳에 인도한 때에는 선하증권소지인 기타 수하인에게 운송물을 인도한 것으로 간주하도록 하는 근거를 마련하고 있다.

(2) 입법례

이러한 규정은 영국 상선법 제493조(외국으로부터 영국으로 수입되어 관세부과의 대상이 되는 물건의 수하인이 물품의 인도를 받지 아니하는 경우에는 운송인은 그 물건을 세관장이 허가하는 부두나 창고에 양하할 수 있으며 이로써 운송인은 인도에 대한 책임을 면한다)와 미국 연방규칙 제19편 세관편 제127조(외국으로부터 미국에 수입된 화물에 대하여 일정한 기간내에 수하인 등이 수입신고를 하지 아니한 경우에는 그 화물을 공매처분의 대상으로 운송인 등은 세관이 지정한 장소로 즉시 이송하여 그 책임을 면한다. 미수운임, 보관료 등 당해 화물에 대한 채권은 위 창고업자에 신고하고 추후 공매시 그 대금에서 받을 수 있다)에서도 찾아볼 수 있다.

진행되고 있는 유엔 운시트랄 운송법회의에서도 인도시 수하인에게 운송물이 제대로 인도되지 못하는 상황의 처리와 관련하여, 운송인은 수하인의 대

74) 찬성견해로는 이태종, 전게 공청회 자료, 80면.

리인으로 간주되고, 책임이 감경된다(제46조). 1) 유통증권이 발행되지 않은 경우, 수하인의 성명주소를 모르면 처분권자에게 통지하고 처분권자의 지시를 받고 인도하면 운송인은 의무를 면한다(제48조). 2) 유통증권이 발행된 경우, 수하인이 나타나지 않으면 처분권자, 송하인에게 통지하고 이들의 지시를 따라서 인도하면 의무를 면한다(제49조). 3) 1) 2)가 이루어지지 못하면, 운송인은 ① 적절한 장소에 보관 ② 컨테이너 포장의 해체 ③ 운송물의 경매아래의 모두 혹은 일부를 행할 수 있다(제50조 및 제51조). 이러한 권리의 행사는 수하인 또는 처분권자에 대한 통지를 요건으로 한다(제52조). 위 세 가지 조치에 대한 운송인의 책임은 감경된다(제53조).

(3) 개정안

따라서 발표자를 포함한 한국해법학회는 아래와 같은 규정을 개정법으로 마련한 바 있다.75)

현행상법	개정안
제803조 ① 수하인이 운송물의 수령을 해태한 때에는 선장은 이를 공탁하거나 세관기타 법령이 정한 관청의 허가를 받은 곳에 인도할 수 있다. 이 경우에는 지체없이 수하인에게 그 통지를 발송하여야 한다. ② 수하인을 확지할 수 없거나 수하인이 운송물의 수령을 거부한 때에는 운송인 또는 선장은 이를 공탁하거나 세관 기타 관청의 허가를 받은 곳에 인도하고 지체없이 용선자 또는 송하인 및 알고 있는 수하인에게 그 통지를 발송하여야 한다. ③ 제1항과 제2항의 규정에 의하여 운송물을 공탁하거나 세관 기타 관청의 허가를 받은 곳에 인도한 때에는 선하증권소지인 기타 수하인에게 운송물을 인도한 것으로 본다.	제803조 ① 수하인이 운송물의 수령을 해태한 때에는 운송인 또는 선장은 이를 공탁하거나 보세장치장 기타 이를 보관하기 위한 적당한 장소를 선택하여 이를 보관시킬 수 있다. 이 경우에는 지체없이 수하인에게 그 통지를 발송하여야 한다. ② 수하인을 확지할 수 없거나 수하인이 운송물의 수령을 거부한 때에는 운송인 또는 선장은 이를 공탁하거나 보세장치장 기타 이를 보관하기 위한 적당한 장소를 선택하여 이를 보관시킬 수 있다. 이 경우에는 지체없이 용선자 또는 송하인 및 알고 있는 수하인에게 그 통지를 발송하여야 한다. ③ 제1항과 제2항의 규정에 의하여 운송물을 공탁하거나 보관한 후 그 사실을 통지한 때에는 선하증권소지인 기타 수하인에게 운송물을 인도한 것으로 본다.

75) 해법학회의 개정논의중 감수보존조치를 취하여 균형을 취하자는 취지에서, 아래와 같은 안이 1차로 채택된 바도 있다. 전게 연구보고서, 287면. 제1항과 제2항은 동일.
③ 제1항과 제2항의 운송물 보관에 있어서 운송물의 성질 기타 부득이한 사정으로 운송인

3. 제791조의2 위험화물의 경우에 화주의 무과실책임의 부과

(1) 개정이유

최근 우리나라에서도 위험화물에 대한 폭발화재 사고가 빈발하고 있다. 폭발성이 있는 위험화물이라는 점과 그 화물의 주의사항에 대하여 운송인에게 고지하지 않으면 운송인으로서는 어떻게 할 방법이 없이 사고를 당한다.

그런데 우리 상법은 위험화물에 대한 고지가 없는 경우에 대하여 무과실책임을 화주에게 부과하는 규정을 두지 않고 있다. 이러한 취지의 내용을 상법 제791조에 추가하여야 한다.

(2) 입법례

헤이그 및 헤이그비스비규칙 그리고 함부르크규칙은 송하인이 운송인에게 운송물의 위험성에 대하여 알리지 않은 경우에 발생한 사고로 인하여 선박과 다른 화물에 미친 손해에 대하여 무과실책임을 부담하도록 한다(헤이그비스비규칙 제4조 제6항; 함부르그 규칙 제13조 제1항과 제2항). 영국법도 이러한 경우 판례법으로 화주의 무과실책임을 인정하고 있다.[76)]

또는 선장이 운송물의 지배통제를 할 수 없거나 곤란한 장소에 보관시키고자 할 경우에는 운송인 또는 선장은 운송물 소유자의 계산으로 법원에 운송물을 감수하고 보존하기 위한 처분신청을 하여야 한다. 법원이 감수보존처분을 한 경우에는 지체없이 제1항과 제2항에 명시된 이해관계자에게 통지하여야 한다.

④ 제1항과 제2항의 규정에 의하여 운송물을 공탁하거나 보관한 후 그 사실을 통지하거나 법원의 감수보존처분사실을 통지한 때에는 선하증권소지인 기타 수하인에게 운송물을 인도한 것으로 본다.

76) The Giannis NK, [1998] 1 Lloyd's Rep., 345. 여기에 대한 자세한 평석은 김인현, 전게 해상법연구, 547면 이하; J. Wilson, *Carriage of Goods by Sea*(Pitman, 2004), p. 34.

(3) 개정안

현행상법	개정안
제791조의2(위험물의 처분) ① 인화성, 폭발성, 기타의 위험성이 있는 운송물은 운송인이 그 성질을 알고 선적한 경우에도 그 운송물이 선박이나 다른 운송물에 위해를 미칠 위험이 있는 때에는 선장은 언제든지 이를 양륙, 파괴 또는 무해조치할 수 있다.	제791조의2(위험물의 처분) ① 인화성, 폭발성, 기타의 위험성이 있는 운송물은 운송인이 그 성질을 알고 선적한 경우에도 그 운송물이 선박이나 다른 운송물에 위해를 미칠 위험이 있는 때에는 선장은 언제든지 이를 양륙, 파괴 또는 무해조치할 수 있다. 운송인에게 운송물의 위험성을 알리지 아니하여 운송인이 모르고 선적한 경우에 발생한 모든 손해에 대하여 용선자 혹은 송하인은 책임을 부담한다.

4. 제798조 비계약적 청구에 대한 적용의 범위

(1) 개정이유

제798조 제1항에서 "이 장의" 운송인의 책임에 관한 규정이 갖는 의미에 대하여 2001년 7월 10일 도쿄 세나토르호 사건(99다58327 판결)에서 크게 다투어졌다.[77] 원고는 제788조에서 운송인이 입증책임을 부담하므로, 본 조항을 원용하여 불법행위책임에도 운송인이 입증책임을 부담한다고 한 것이다. 대법원의 결론은 "이 장의 운송인의 책임에 관한 규정은"에서 규정이란 불법행위의 입증책임에는 적용이 없다고 하였다. 헤이그비스비규칙 제4조의2에 따르면 "이 협약에 규정되어 있는 항변사유 및 책임한도에 대한" 것을 말하고 있다.[78] 그러므로 이에 맞추어서 개정하는 것이 좋겠다고 생각한다. 헤이그비스비규칙에 맞추어 제1항은 "이 장의 항변사유 및 책임한도에 대한 규정은"으로 개정되는 것이 좋다.

---

77) 여기에 대한 판례평석은 김인현, 「해상법연구」(삼우사, 2003), 476면 이하.

78) The defence and limits of liability provided for in this Convention shall apply in any action against the carrier in respect of loss or damage to goods covered by a contract of carriage whether the action be founded in contract or tort.

(2) 개정안

현행상법	개정안
제789조의3(비계약적 청구에 대한 적용) ① 이 장의 운송인의 책임에 관한 규정은 운송인의 불법행위로 인한 손해배상의 책임에도 이를 적용한다.	제789조의3(비계약적 청구에 대한 적용) ① 이 장의 운송인의 항변사유 및 책임한도에 관한 규정은 운송인의 불법행위로 인한 손해배상의 책임에도 이를 적용한다.

5. 화주보호를 위한 규정의 도입여부

개정상법은 항해용선자는 물론 정기용선자가 운송인인 경우에 화주가 선박소유자에 대하여 채권자가 되게 함으로써 보호기능을 가지게 되었다(제809조). 그러나 운송주선인이 운송인이 되는 경우에 화주를 보호하는 규정이 없는 것이 큰 문제점이라고 할 수 있다.

함부르크규칙과 같이 실제운송인에게도 연대책임을 부과하는 것도 한 가지 방법이다. 파나마 등과 같이 운송물에 대한 손상사고에 대하여 선박우선특권을 재도입하는 것도 하나의 방안일 것이다.

이와 달리 상법의 운송인 책임중심주의를 철저히 관철하면서 행정규제를 통하여 운송주선인이 일정한 책임보험 등에 가입하여 직접 손해배상을 부담할 수 있도록 하는 것을 생각할 수도 있다고 본다.

Ⅶ. 結 論

1. 개정법에 대한 요약

종합적으로 볼 때, 본 개정법은 아래와 같이 요약할 수 있다.

(1) 운송인의 책임을 가중함

첫째, 운송인의 포장당 책임제한의 액수와 무게당 책임제한제도를 도입하고, 둘째, 정기용선에서도 선박소유자가 연대책임을 부담하도록 하고, 셋째, 여객운송에서 선박소유자의 총체적 책임제한액이 대폭 증액되었다.

(2) 선박채권자의 지위를 강화함

첫째, 항해용선자가 운송인이 되는 경우는 물론, 정기용선자가 운송인이 되는 경우에도 선박소유자가 법정의 연대책임을 부담하게 되었다. 둘째, 선박우선특권의 대상을 확대하였다.

(3) 체제의 변화를 시도함

첫째, 선박소유자→선박임차인(나용선자, 선체용선자)으로 이어지던 해상기업주체에 대한 개념을 약화시키고, 운송과 용선으로 분리하고, 둘째, 정기용선계약을 운송계약에서 분리하여 선박임대차의 성격을 부각시키고, 셋째, 선박채권을 해상기업편으로 이동하였다.

(4) 상법의 현대화를 시도함

첫째, 전자선하증권과 해상화물운송장을 도입하고, 둘째, 복합운송증권에 대한 입법을 하였다.

2. 평 가

법무부 개정법이 현대화를 시도하고 있는 점은 긍정적으로 평가되어 마땅하다. 특히 운송계약에서 개품운송과 항해용선을 구별하여 체계화함으로써 해상법을 이해하기 쉽게 하고, 장차 개품운송에 대한 독자적인 국제해상물건운송법(COGSA)을 입법화할 수 있는 기초를 제공한 것은 높이 평가되어야 한다.

한편, 짧은 개정시간의 제약성 때문인지 개정시안과 입법예고안 등에서는 몇 가지 균형이 잡히지 않은 점이 발견되었다. 개정작업을 거치면서 불합리한 부분이 대부분 삭제된 것은 환영하여 마땅하다. 그러나 이러한 과정에서 학계와 업계에서 수정을 위한 상당한 노력이 필요하였다. 이러한 점은 법무부 개정작업에 업계출신이 아무도 추천되어 들어가지 않은 것에 기인한다고 본다. 다음 해상법개정작업에서는 처음부터 업계에서 관심을 가져서 순조로운 개정작업이 이루어져야 할 것이다.

해운업계에서 해결하고자 희망하였던 운송물의 인도와 관련된 문제를 해결하지 못한 채 개정작업이 종료된 것은 아쉬운 점이다. 헤이그비스비규칙을 근간으로 하면서도, 현행상법상 운송인의 책임과 의무가 가볍게 되어 있는 것만을 가중시키고, 무겁게 되어 있는 것은 방치한 채로 개정법을 마무리하였고, 선박우선특권에서 화물손해에 대한 우선특권행사의 길을 열어둠으로써 운송인은 불리한 개정이 되었다고 생각할 수 있을 것이다.79) 그러나 개정상법은 운송주선인이 운송인인 경우에 화주를 보호하는 규정을 마련하지 않음으로써 화주의 보호에 미흡함을 가지고 있다.

복합운송에서 사고구간이 불확실한 경우에 법원이 사후적으로 적용법을 정하도록 한 것은 예측가능성을 떨어뜨리는 것으로, 선박에 대한 우선특권의 확대와 압류 · 가압류의 용이한 실행은 선박운항자의 운항에 부담을 주는 것으로, 자유로운 준거법지정을 제한하여 운송인과 화주 사이에 책임제한액과 운임을 서로 교환하는 자유를 제한하는 것으로 평가되어 많은 반대여론이 형성되었었다. 개정시안이 운송법체제의 현대화와 발전적인 모습을 갖추고서도 전폭적인 지지를 받지 못한 이유는 위와 같은 조항들이 실무와 유리되고 상법의 기본이념인 상거래의 원활화를 도모하지 못하였던 점에 있었다. 이것이 개정법률에서 삭제되어 서론에서 살핀 바와 같이 상법의 이념에 부합하게 된 것은 환영할 만한 일이다.

특히 우리 법을 강제적으로 적용하여 한국법의 활성화를 기하려고 하였던 개정위원들의 의도는 많은 것을 생각하게 한다. 한국법의 적용과 한국법정의 활성화는 강요된 법규정으로 이루어지는 것이 아니라 한국 해상법과 법원의 판

79) 아래와 같이 헤이그비스비체제의 국가에 비하여 한국의 운송인 혹은 선주는 아래와 같이 불리하다고 평가된다.

종류	감항성 의무	책임기간 (수령, 인도의무)	책임제한	항해 과실 면책	자국법 강행 규정	연대 책임	위험화물의 무과실책임
헤이그비스비 규칙	○	×	666SDR/2SDR/Kg	○	×	×	○
현행 한국상법	○	○	500SDR	○	×	항해용선	×
개정법	○	○	666SDR/2SDR/Kg	○	×	정기용선 추가	×
개정법의 경우, 운송인의 지위	동일	불리	동일	동일	동일	불리	불리

결이 예측가능성과 합리성을 갖추고, 우수한 해상법 교수와 해상변호사 그리고 해상법 관련 저널 등이 국제화됨으로써 더욱 쉽게 달성될 수 있다는 것은 영국의 경우에서 이미 입증된 바 있다. 선주와 화주측에서도 한국 해상법은 우수한 해상변호사와 교수들의 존재와 노력으로 이제는 상당한 수준에 와있음을 인정하여 한국법의 적용과 한국법정의 이용에 인색하지 않아야 한다고 강조하고자 한다.

개정법률은 내년(2008년) 7월경에 발효되어 적용될 것이지만, 내년 10월에는 헤이그비스비규칙을 대체하는 새로운 운시트랄 운송법이 조약으로 성안된다. 항해과실폐지와 화주의 강화된 의무, 계약자유의 원칙의 도입을 골자로 하는 동 조약은 국제조약으로 발효할 것으로 예상되고 수년 내에 우리 개정 해상편은 다시 한번 현대화되어야 할 것으로 보인다.

마지막으로 주관부처인 법무부와 해양수산부, 채이식 위원장님을 비롯한 법무부 개정위원 및 해법학회 개정위원 그리고 선주협회 및 화주협회 관계자에게도 해상편의 현대화를 위한 개정작업에 기울인 그간의 노고에 감사드린다.

제 2 장
새로운 運送法條約

제 1 논 문

유엔 운시트랄(UNCITRAL) 運送法條約案의 주요내용*

I. 序 論

유엔 산하의 UNCITRAL(United Nations Commission on International Trade Law: 유엔 국제거래법위원회)은 헤이그비스비규칙을 대체하는 운송법을 새롭게 작성하고 있다. 새로운 운송법은 첫째, 해상운송을 포함한 복합운송에도 적용된다는 점, 둘째, 운송인과 화주간에 새로운 균형점을 찾는다는 점, 셋째, 통일성과 예측가능성을 기하고 있다는 점이 특징적이다.

유엔이 주도하였던 함부르크규칙이 지나치게 화주측의 이익을 대변하고자

* 본 논문은 2006년 7월 6일 한국해법학회 여름철 학술발표회에서 발표한 내용(「한국해법학회지」, 제28권 제2호(2006.11))을 그 뒤에 진행된 회의결과에 따라 수정을 거친 것이다.

하였기 때문에 실패로 돌아간 점을 교훈으로 삼아, 이번 조약은 CMI(세계해법학회)가 초안을 작성하였고, 화주측의 이익뿐만 아니라 운송인측의 이익도 함께 고려하여 균형점을 찾으려고 하는 점에서 긍정적인 평가를 내릴 수 있다. 특히, 미국은 1999년 미국 COGSA개정안을 국회에 상정한 가운데, 조약을 먼저 통과시켜 비준하려는 목적하에서 적극적으로 회의를 주도하고 있는 점도 특징이다. 미국은 일반적인 선입견과는 달리 화주의 이익만을 보호하는 것이 아니라 선주측의 이익도 보호하는 경향을 보이고 있다.

우리나라도 2001년부터 시작된 운송법 초안 검토회의에 대표단을 파견하기 시작하였다. 필자는 2004년 5월의 제13차 뉴욕회의 이후로 2008년 1월의 제21차 회의에 참석하였다.[1)] 작업반은 2007년 4월과 11월의 제19차, 제20차 회의에서 2회독을 마치고, 2008년 1월에 제3회독을 마쳤다. 이제 2008년 6월 말의 운시트랄 커미션(총회)회의에서 초안을 통과시키고, 10월의 유엔총회에서 이를 조약화할 예정이다. 2008년 1월 회의에서 괄호없이 모든 내용을 확정한 상태이므로 대강은 그대로 유지될 것으로 전망된다.

현재 진행되고 있는 동 조약의 내용을 살펴보고 우리나라에 미칠 영향에 대하여 살펴본다.[2)3)]

---

1) 필자 이외에도, 법무부 자문으로서 정병석 변호사(제9차 회의), 최준선 교수(제12, 13, 14, 15, 16차), 송옥열 교수(제18, 19, 20차)가 다녀왔고, 법원의 대표로는 이태종 부장판사(제15, 16차), 이성철 부장판사(제17차), 김필곤 부장판사(제18차), 해양수산부자문으로서 최재선 박사(제12차), 최영석 연구원(제17차)이 다녀왔다. 한국해법학회에서는 제20차와 제21차 회의에 최종현 교수를 파견하였다. 2002년 제12차 회의부터 해양수산부에서 용역을 발주하여 KMI가 이를 수행하면서 우리나라에서도 이 회의에 적극 참여하게 되었다.

2) 자세한 내용은「한국해법학회지」에 기고된 보고서를 참고하기 바람. 필자의 보고에 앞서는 선행연구로는 임동철, "해상물건운송에서 Door to Door운송에 관하여,"「한국해법학회지」, 제25권 제2호(2003.11), 5면 이하; 한낙현, "항해중의 감항능력유지의무에 관한 문제점 고찰,"「한국해법학회지」, 제26권 제2호(2004.11), 89면 이하; 김인현, "UN UNCITRAL 운송법회의에서 운송인의 책임제도,"「한국해법학회지」, 제27권 제2호(2005.11), 357면; 최준선, "UN 운시트랄 국제운송법초안의 재판관할조항에 대한 고찰,"「한국해법학회지」, 제28권 제1호(2006.4), 401면 이하가 있다. 회의참가보고서로는, 제9차의 것으로, 정병석,「한국해법학회지」, 제24권 제2호(2002.11), 제12차의 것으로 최준선,「한국해법학회지」, 제26권 제2호(2004.11), 제13차의 것으로 최준선 · 김인현 · 신유철,「한국해법학회지」, 제26권 제2호(2004.11), 제14차의 것으로, 김인현 · 오원석 · 최준선,「한국해법학회지」, 제27권 제1호(2005.4), 제15차와 16차의 것으로는 신유철 · 김인현 · 최준선/김인현 · 이태종,「한국해법학회지」, 제28권 제1호 등이 있다.

3) 외국의 논문으로는 Michael Sturley, "The UNCITRAL's Transport Law Project: An Interim View of a Work in Progress," *Texas International Law Journal*, Vol. 39(2003). p. 65; 藤田右

Ⅱ. 중요한 定義規定

1. 운송계약(contract of carriage)

운송인이 운임을 대가로 한 장소에서 다른 장소로 운송물의 운송을 인수하는 계약을 말한다. 동 계약은 반드시 해상에 의한 운송을 제공하여야 하고 해상운송에 추가하여 다른 운송수단에 의한 운송에 제공할 수 있다(제1조 a항).

2. 정기선운송(Liner transportation)

정기선운송은 본 조약의 적용범위가 정기선운송을 중심으로 하기 때문에 의미를 가진다. (i) 책자 등을 통하여 공중에게 공표되고 (ii) 항해일 등에 대한 공개된 시간표에 따라 특정항구를 규칙적인 계획에 따라 운항하는 운송서비스를 말한다(제1조 c항).

3. 운송계약에서 송하인(shipper)의 개념

본 조약에서는 shipper라는 개념이 도입되고 있다. 즉, FOB계약에서 수출자와 수입자가 있는 경우에 수입자가 선박을 수배하게 된다. 그러므로 수출자는 운송계약의 당사자가 아니다. 수입자가 운송계약의 당사자가 된다. 이 경우에 수입자를 shipper라고 정의한다.

우리 법에서는 송하인은 항상 선적을 하는 수출자를 가리키는 것으로 이해하는 경향이 있어왔다. 그러나 이러한 해석은 FOB계약에서 운송계약의 당사자를 설명하지 못하게 되었다. FOB계약에서 수입자가 수하인이면서 곧 송하인이 되고 이 자가 운송계약의 당사자가 된다. 선적지에서의 수출자가 만약 운송계약을 체결하고 선적을 한다고 하더라도 수입자인 송하인의 대리인으로서의 지위에서 운송계약을 체결하는 것이라는 것이 대법원의 입장이다.

본 조약에서 수출자는 선적인(consignor)이 되고 수입자는 수하인(consignee)이면서 동시에 송하인(shipper)이 된다. shipper란 운송계약에서 운송인의 상대방으로서의 당사자를 말한다고 할 수 있다. 송하인(shipper)이 처분권을 가진다(제

敬, “海上物品運送法の國際的統一へ向ての新たな展開,” 「ジリスト」, No. 1219(2002), 35頁 이하.

1조 h항).

제21차 회의에서 본 조약초안에 나와있는 선적인으로서의 consignor는 단지 송하인의 대리인에 지나지 않고, 이들이 수령하게 되어 있는 수령증도 조약에서 삭제하여 단순화시키기로 하였다.[4] 본 조약에서는 더 이상 consignor라는 영어용어는 사용되지 않게 되었다.[5]

4. 해상이행당사자(maritime performing party)

이행당사자 중에서 해상운송과 직접 관련되는 자를 특별히 취급한다. 운송물이 선적항에 도착하여 양륙항에서 출항할 때까지 운송인의 의무를 이행하는 이행당사자를 말한다(제1조 f항). 따라서, 하역업자, 실제운송인 등이 모두 여기에 속하게 된다.

제19차 회의에서 피용자와 대리인(employee와 agent)을 이행당사자에서 분리하는 방안을 검토하였지만, 피용자만 이행당사자의 개념에서 제외하였다. 그리하여 agent는 이행당사자에 포함되지만, 선장 등 피용자는 이행당사자가 아닌 것으로 해석되고 법률적인 취급도 다르다. 선장 등 피용자에게는 송하인이 손해배상청구를 직접 제기할 수 없다.

III. 適用範圍

1. 운송계약의 종류

(1) 우리 법과 헤이그비스비규칙

우리 상법의 적용대상이 되는 운송계약은 개품운송과 항해용선계약이다(상법 제780조).[6] 헤이그비스비규칙에서의 적용대상은 선하증권이 발행되는 운송계약이다(제1조 b항). 이에 반하여 함부르크규칙은 선하증권의 발행을 전제로 하지 않고 있다.

---

4) 네덜란드, 한국, 이탈리아의 공동 제안이었다.

5) 항공운송과 관련된 바르샤바조약에서는 송하인이 consignor로 표시되어 있어서 혼란을 야기하는바 이를 통일하기 위하여도 이 개념의 삭제가 바람직하였다.

6) 제780조의 용선계약에 정기용선을 포함하는 견해가 있지만, 국내의 다수설은 운송계약으로서의 용선계약은 항해용선만을 의미한다고 본다.

(2) 변화의 필요성

해상운송과 관련된 조약은 원래 개품운송계약 혹은 선하증권이 발행된 경우를 적용의 대상으로 한다. 용선계약은 대등한 당사자의 계약이므로 법이 개입할 여지가 없고 계약자유의 원칙을 인정하고자 하므로, 굳이 조약이나 법으로 통제할 이유가 없다. 이와 달리 개품운송계약에는 선하증권이 발행되고 이들은 부합계약의 성질을 갖는다. 즉, 우월한 지위에 있는 운송인과 열등한 지위에 있는 화주와의 계약이고 선하증권은 전전유통되므로 선의의 제3자를 보호할 필요성이 있다. 그리하여 국제조약으로서 이들을 규율하는 것이다. 헤이그비스비규칙은 선하증권을 규율하는 조약인 반면, 함부르크규칙은 운송계약을 규율한다.

그런데 현대에 들어와서 권원증권이 아닌 해상운송장(sea waybill)의 사용이 늘어나면서 이들도 규제의 대상으로 할 필요성이 증대되었다. 그러므로 헤이그비스비규칙은 이미 맞지 않게 되었다. 운송계약을 적용대상으로 하는 함부르크규칙은 너무 넓다는 점이 지적될 수 있다.

(3) 운시트랄 운송법회의

1) 본 회의에서는 이러한 문제점을 해결할 수 있는 방법으로서 정기선/부정기선운항 접근법이 제시되었다.7) 우선 제8조에서 본 조약은 제9조 제1항의 경우를 제외하고 운송계약에 적용된다고 정한다.8)

2) 제9조에서는, 정기선운항을 중심으로 한 운송계약을 적용대상으로 하고, 대등한 당사자 사이의 계약은 예외적으로 몇 가지를 적용에서 제외하고자 한다(예컨대 항해용선으로 정기운항하는 경우와 스페이스 차터).

---

7) 제14, 15, 16차 회의에 이르기까지 본 조약의 적용범위는 각국이 중요하게 다루었다. 제13차 회의에서 운송인의 책임범위가 정하여진 상태이기 때문에, 운송인의 책임범위가 자신에게 유리하게 되었다고 보는 경우에는 적용범위를 확장하려고 하고, 불리하게 되었다고 보는 경우에는 적용범위를 축소하려고 하였다. 그러나 각국의 대표들은 가장 합리적인 안을 찾고자 노력하였다. 정기선/부정기선 접근법은 네덜란드의 지엘 교수의 아이디어였다. 회의의 초기에는 증권접근법, 운송계약접근법이 대립하였고 중도안으로 정기선/부정기선 접근법이 제출되었다.

8) 수령지 혹은 선적항이 체약국에 있거나 인도지 혹은 양륙항이 체약국에 있는 경우에, 수령지와 인도지가 각기 다른 국가이고 선적항과 양륙항이 각기 다른 국가인 경우에 적용된다(제8조).

3) 한편, 비정기선운항(예컨대, 부정기선운항)의 운송계약에는 원칙적으로 적용하지 않지만 예외적으로 적용되는 것을 추가한다(예컨대 냉동컨테이너 운송)(초안 제9조). 제외되는 운송계약에서도 제3자에 대하여는 본 조약이 적용되는 것으로 한다(그 범위에 대하여는 논의가 계속된다).[9)]

(4) 우리나라에 미칠 영향

우리 법상으로는 스페이스 차터는 용선계약으로서 상법의 운송에 대한 규정이 적용되지만, 조약초안은 적용이 없게 된다. 이러한 적용범위에 대한 규정들은 상당히 복잡한 형태를 띠고 있으므로 이해에 어려움이 예상된다.

2. 운송수단 및 지리적 범위

(1) 우리 법과 헤이그비스비규칙

우리 상법 해상편은 해상운송을 적용범위로 하지, 해상복합운송(해상운송이 반드시 포함된 복합운송)을 적용범위로 하지 않는다. 다만, 개정안은 해상복합운송을 적용범위로 한다. 헤이그비스비규칙도 마찬가지 입장이다. 헤이그비스비규칙에서 운송인의 책임기간은 수령에서 양륙까지로 한정된다.

우리 상법은 지리적 범위에 대하여 특정하지 않고 있다.

(2) 변화의 필요성

현대 운송의 꽃은 컨테이너 운송이라고 할 수 있고, 컨테이너 운송의 발달

---

9) 제17차 회의결과, A/CN.9/WG.III/WP.61, Article 9 Specific exclusions and inclusions(2006년 4월회의 결과)

1. This Convention does not apply to the following contracts of carriage in liner transportation
   (a) Charterparties, and
   (2) Contract for the use of a ship or of any space thereon, whether or not they are charterparties.
2. (a) Subject to par.(b), this Convention does not apply to contracts of carriage in non-liner transportation.
   (b) This Convention applies in non-liner transportation if; (i) There is no charterparty or contract for the use of a ship or any space thereon, whether or not such contract is a charterparty, between the parties, and (ii) The evidence of the contract of carriage is a transport document or an electronic transport record that also evidences the carrier's or a performing party's receipt of the goods.

은 필연적으로 복합운송을 불러왔다. 해상운송인이 육상운송을 한꺼번에 인수하게 된 것이다. 이리하여 기존의 해상운송과 복합운송을 별도로 취급하는 체제로부터의 변화가 필요하게 되었다.[10)]

(3) 운시트랄 운송법회의

그러나 조약초안은 해상운송이 반드시 포함된 복합운송을 적용의 대상으로 한다. 이 점이 본 조약의 가장 큰 특징 중의 하나이다. 해상운송이 포함되고, 도로, 철도, 항공운송이 추가되는 전체운송을 운송인이 인수하는 경우에도 본 조약이 적용된다(초안 제1조 a항 및 제27조). 해상운송만이 있는 경우에도 물론 적용된다. 그리하여 본 조약이 maritime plus라고 불리는 이유도 여기에 있다.[11)]

(4) 우리나라에 미칠 영향

운송계약의 적용범위가 확장되는 것은 물론, 해상운송이 포함된 복합운송을 다루게 되므로 우리 상법도 이에 대한 개정이 불가피할 전망이다. 다만 상법개정안은 이에 보조를 맞추는 형태를 취하고 있다(개정안 제816조).

Ⅳ. 運送人의 責任制度

1. 의무와 책임

(1) 우리 법과 헤이그비스비규칙

우리 상법에 따르면 운송인은 운송물에 대한 주의의무와 감항성에 대한 주의의무를 부담한다(상법 제787조 및 제788조 제1항). 이러한 의무에 대한 책임은 과실추정주의로서 운송인이 주의의무를 다하였음을 입증하지 못하면 손해배상책임을 부담하게 된다. 또한 운송인은 항해과실과 화재면책과 같은 면책의 이익을 누린다(상법 제788조 제2항). 기타 입증책임이 전환된 면책카탈로그도 있

10) 이러한 변화는 운송법의 역사적인 발전단계와 연결시켜서 보는 것도 흥미롭다. 미국의 코그사는 양륙에까지만 적용되고, 인도의 문제는 하터법이 적용된다. 본 조약초안은 이제 해상운송을 반드시 포함한 육상 혹은 항공운송에까지 하나의 조약으로 해결하려고 한다.

11) Sturley, op. cit., p. 77.

다. 감항능력주의의무는 판례와 해석상 운송인의 면책을 위한 우선적 의무이다. 헤이그비스비규칙도 이와 유사하다.

(2) 변화의 필요성

육상운송을 해상운송과 통합하는 것이 필연적인 요청이 되었다. 그렇지 않다면 굳이 헤이그비스비규칙을 대체하는 새로운 조약을 애써 작성할 필요가 없기 때문이었다. 육상운송조약으로 대표적인 것인 유럽의 CMR(1956년 도로운송에 관한 국제조약)은 무과실책임을 원칙으로 하고 있다.[12] 그러므로 과실추정주의에 상당한 정도의 면책을 인정하는 현행 헤이그비스비규칙과의 충돌을 어떻게 조화롭게 할 것인가의 문제가 제기되었다.

(3) 운시트랄 운송법회의

조약초안은 헤이그비스비체제를 추종하여 과실추정주의와 두 가지 의무를 부담하는 점에서는 동일하지만(초안 제17조), 감항성에 대한 의무가 발항당시에서 전 항해구간으로 확대된다는 점(초안 제16조)에서 다르다.

면책사항에 있어서는 항해과실은 폐지되도록 초안이 잡혀 있고, 화재면책은 약간 변경이 되긴 하였지만 존치된다.[13]

필자가 이 회의에 참석하기 이전에 이미 미국이 항해과실폐지로 가닥을 잡았기 때문에 화주국들의 공세를 이기지 못하여 폐지되도록 결정되었다. 항해과실면책제도는 우리나라에서는 많이 이용되고 있는 면책제도이지만, 미국에서는 10년 이상 동안 법원에서 인정을 하지 않고 있으므로 미국은 어차피 항해과실면책과 이해관계가 없다.[14] 그러나 해운국인 일본, 한국, 그리스, 덴마크 같은 국가는 상당한 이해관계를 가지고 있다. 그리하여 그리스와 같은 국가는 도선사의 과실에 의한 면책을 도입하자고 주장하였고 우리나라도 찬성하였지만, 채택되지 않았다. 미국의 해상물건운송법(코그사) 개정안은 항해과실을 존치시키면서 과실에 대한 입증책임을 화주에게 전환하는 것으로 되어 있다.[15]

12) CMR 제17조(The carrier shall be liable for the total or partial loss of the goods and for damage thereto occurring between the time when he takes over the goods and the time of delivery, as well as for any delay in delivery.

13) A/CN.9/WG.III/WP.56

14) Sturley, op. cit., p. 95.

화재면책이 변경된 형태로나마 존치된 것에 대하여는 한국을 비롯한 선주국의 노력이 큰 힘이 되었다. 헤이그비스비규칙이나 우리 상법에 의하면 화재면책은 운송인 자신의 과실이 있을 경우에만 면책이 되지 않고 선원 등의 과실이 있을 경우에는 면책이 된다. 그런데 조약초안에서는 선원의 과실로 인한 화재인 경우에도 운송인은 면책이 되지 못한다(이것은 초안 제17조 제3항 f에서 unless caused by the actual fault or privity of the carrier라는 문구를 삭제한 때문이다). 그러나 운송인이 화재로 인한 면책을 주장하면 선원들의 과실이 있었음을 화주측이 입증하여야 하고 이 입증은 쉽지 않은 것이므로 여전히 화재면책은 운송인에게 쉽게 인정될 것으로 본다.

기타 면책카탈로그는 대체로 헤이그비스비규칙과 유사하게 존치된다.[16] 송하인의 과실로 인한 운송물에 대한 손해도 면책사유가 된다.

감항능력주의의무가 면책을 위한 우선적 의무임을 명문화하여 이를 분명히하였다(제17조 제2항 c호). 운송인의 감항성 위반에 대한 입증책임을 송하인이 부담하게 되었다. 이에 대하여 화주측은 여러 차례에 걸쳐서 반대의 입장을 주장하였지만, 항해과실 등의 폐지에 대한 대가로서 이해되었다.

(4) 우리나라에 미칠 영향

감항능력주의의무가 전 항해에 걸쳐서 유지되는 점과 항해과실면책의 폐지는 우리나라 선주와 운송인의 이해에 큰 영향을 미칠 전망이다.

사견으로는 항해과실면책제도는 아직도 필요성이 있는 것이므로, 마지막 조약채택 외교회의에서 항해과실의 경우에는 과실에 대한 입증책임을 화주측에서 부담하는 것으로만 변경되어도 좋겠다고 본다. 부다페스트조약(2000년)에서는 유보조항을 두어 존치를 원하는 국가간에는 항해과실면책제도가 여전히 적용되게 된다.

---

15) COGSA 개정안 제9조 d항 2호(NEGLIGENCE IN NAVIGATION OR MANAGEMENT-In an action for loss or damage in which a party alleges that the master, mariner, pilot, or servants of an ocean carrier were negligent in the navigation or management of a ship, the burden of proof is on that party to prove negligence in the navigation or management of the ship.

16) 이에 대한 자세한 내용은 김인현, 전게 운송인의 책임제도, 357면.

2. 손해배상책임의 범위

(1) 우리 법과 헤이그비스비규칙

우리 법은 운송물의 멸실, 손해라고 하여 폭넓게 손해배상의 원인을 적시하고 있다. 그런데 헤이그비스비규칙에서는 운송물에 관한 멸실, 손해라고 규정하고 있다.

우리 법이나 헤이그비스비규칙에 따르면 운송물의 직접 멸실과 손상은 운송인이 책임을 부담하는 손해임에는 의문의 여지가 없다. 그런데 지연으로 인한 손해는 우리 법에는 규정이 있고, 이는 함부르크규칙과 우리 법의 일반적인 규정을 따른 것이다. 헤이그비스비규칙에는 지연손해에 대한 규정이 없다.

(2) 변화의 필요성

헤이그비스비규칙의 규정을 엄격히 해석하면 운송물의 불법인도(mis-delivery)는 운송물에 관한 멸실, 손해가 아닌 것이 된다. 따라서, 이러한 손해는 운송인이 책임제한도 할 수 없는 손해로 파악되어 상당한 논란이 되어왔다.

지연손해에 대하여도 지연으로 인한 직접손해(예컨대, 바나나가 부패된 경우)는 배상이 되지만, 지연으로 인한 불가동손실(예컨대, 부속이 늦게 도착한 이유로 공장을 가동하지 못한 경우)은 미국법에서는 순경제적 손실로서 배상이 되지 않는다. 우리나라에서도 특별손해로서 예견가능성이 없으므로 배상이 되지 않는다고 볼 수 있다. 컨테이너 운송에서는 정시성이 있기 때문에 예견가능성이 일반 화물보다도 높아질 가능성이 있고, 도착시간을 명기하는 경우도 있다. 그러므로 본 조약에서 지연손해에 대한 합의가 이루어져야 할 필요성이 있다.

(3) 운시트랄 운송법회의

위와 같은 손해배상범위에 대한 논란을 없애기 위하여 운송인의 의무위반으로 인한 손해(breach of obligation)라는 용어를 사용하게 되었다. 이로서 운송인의 인도의무에 위반인 불법인도도 포함되게 되었다. 독일 대표는 제19차, 20차, 21차 회의를 거치면서 오정보제공(misinformation)의 경우에는 달리 취급되어야 함을 주장하였다. 만약, 이것이 손해배상의 범위에 포함되면 이로 인한 손해에 대하여 운송인은 책임제한이 가능하지만, 화주는 책임제한을 하지 못하므로 불리하다는 것이었다. 그러나 이는 받아들여지지 않았다.

지연손해에 대하여 미국은 지연으로 인한 직접손해는 배상이 되는 것이지만, 순경제적 손해에 대하여는 배상이 되지 않는 것으로 하고자 노력하였다. 합의과정에서 미국은 화주의 의무이행의 잘못으로 운송인이 다액의 손해를 입는 경우에 화주도 지연손해를 부담하여야 한다고 주장하였다.[17] 이에 스웨덴 대표는 화주도 책임제한을 할 수 있어야 한다는 안을 제시하였다.

제18차, 19차 회의에서 화주에게 운송인이 지연손해를 추궁하지 않는 대신으로, 운송인이 부담하는 지연손해도 축소하는 방향으로 합의가 이루어졌다. 즉, 지연손해의 정의에서 합리적인 시간안에 도착하지 않는 경우를 삭제하고, 단지 운송인이 도착시간과 장소를 화주와 합의한 경우에만(agreed time),[18] 운송인은 지연손해를 부담하게 된다. 이 경우에 운송인의 지연으로 인한 손해는 제63조에 의하여 운임의 2.5배로 책임이 제한된다.

(4) 우리나라에 미칠 영향

우리나라는 손해배상의 범위를 폭넓게 인정하여주고 있다. 불법인도의 경우에도 상법 제788조 제1항의 손해에 포함된다.

지연손해에 대하여 책임제한제도가 없으므로 운송인은 무한대의 책임을 부담하여야 하지만, 보통은 지연손해는 예견가능성이 없기 때문에 손해배상이 되지 않을 것이다. 운송인이 도착시간을 명기한 경우에는 지연손해에 대한 책임을 부담하여야 하므로 장차 상법개정시에는 책임제한제도를 도입하여야 할 것이다.

3. 책임제한제도

(1) 우리 법과 헤이그비스비규칙

헤이그비스비규칙에 의하면 운송인은 포장당 666.67SDR과 2SDR/kg 중 큰

---

17) 송하인측의 과실로 인한 운송인의 책임은 제17조의 면책사항의 하나로서 운송인은 책임을 부담하지 않게 된다. 그러나 A화주의 과실로 인하여 B화주가 입은 손해에 대하여는 운송인이 먼저 손해를 배상하여야 하기 때문에 제17조가 적용될 수 있는지 의문이 있다.

18) 제21차 회의에서는 제19차 회의에서 삭제한 expressly와 관련하여 이제는 expressly agreed time이 아니라 agreed time이기 때문에 이것이 의미하는 바가 무엇인지 의문이 제기되었지만, constructive ambiguity로 각국의 국내법에서 해석이 되도록 맡겨졌다.

것으로 책임을 제한할 수 있지만(제4조 제5항), 우리 상법은 500SDR로 책임제한이 가능하다(제789조의2). 우리 상법개정안은 헤이그비스비규칙에 맞추도록 되었다(개정안 제797조). 우리나라는 지연손해에 대한 책임제한제도가 없다.

책임제한배제사유로서 운송인 자신의 고의 혹은 인식있는 중과실이 필요하다.

(2) 변화의 필요성

포장당 책임제한제도는 운임과 손해배상액이 서로 상호관련성을 맺고 있다. 1967년의 헤이그의정서의 성안 때의 물가를 기준으로 한 포장당 책임제한액수는 물가의 인플레이션을 고려하지 못하고 있는 점, 이제는 책임제한액수가 더 높은 CMR 등 육상운송이 결합된다는 점에서 책임제한액수의 변경이 필요하다는 의견이 제시되었다.

(3) 운시트랄 운송법회의

조약초안도 책임제한제도를 가지고 있다(초안 제62조).[19] 제20차 회의에서 각국은 자신의 견해를 밝히게 되었다. 한국, 중국, 일본, 네덜란드 등은 헤이그비스비규칙의 수준을 유지하면서 최대 함부르크 수준까지 양보하면서, 다른 운송인에게 불리한 조항들을 삭제하는 패키지에 찬성할 수 있음을 밝혔다.

제21차 회의에서 아프리카 국가는 CRP 3을 통하여 포장당 책임제한액을 935SDR, Kg당 8SDR로 하는 안을 제안하면서 미국에서 주장하는 대량장기정기화물의 정의규정을 제한하고자 하였다. 한국, 중국은 함부르크 수준까지 양보가 가능하다는 의사를 보였다. 그러나 함부르크 수준(835SDR, 2.5SDR)이 최대임을 강조하였다. 미국은 대량장기정기화물의 재논의를 방어하기 위하여 아프리

---

19) 필자는 초고에서 아래와 같이 전망하고 평가하였다. 본 조약은 복합운송에도 적용되므로 현재의 헤이그비스비체제와 육상운송의 8.33SDR 등이 경합할 것으로 보인다. 지연손해에 대하여도 운임의 1-2배로 책임제한을 인정하려고 한다(초안 제65조). 물가의 인플레이션을 반영하는 합리적인 방안이 도출된 점에 유의할 필요가 있다. 5년 정도의 주기를 가지고 책임제한액수를 현실에 맞추어 인상하고자 하는 제도를 두고 있다는 점이다(초안 제104조). 이는 좋은 제도라고 할 수 있다. 포장당 책임제한액수는 운송인과 화주간의 타협의 산물이다. 제한액이 높으면 이는 운임에 전가될 수밖에 없기 때문이다. 그러므로 물가상승률과 보험에 미치는 영향들을 고려하여 5년에 한번 정도 개정작업을 하는 것은 조약체결시의 합의의 정신을 이어갈 수 있어서 좋다.

카 20개국과 전격합의를 시도하였고, 여기에 덴마크, 이탈리아, 프랑스 등 유럽 국가가 가세하였다. 중국, 한국 그리고 네덜란드는 합의안에 반대를 하였고, 독일과 스웨덴도 너무 낮은 수준의 책임제한액이라는 점에서 반대하였다. 그러나 의장은 컨센서스가 이루어졌다고 하면서 괄호를 벗기고 이를 합의안으로 수용하게 되었다. 따라서, 책임제한액은 875SDR, 3SDR이 되었다. 지연손해의 배상액은 운임의 2.5배가 된다. 손해발생구간 불명의 경우(제62조 제2항), 책임제한 개정절차(제88조)는 삭제되었다.

운송인의 책임제한배제사유로서 고의 혹은 인식있는 중과실은 헤이그비스비규칙과 동일하다.

책임제한이 되는 손해의 범위와 관련하여 독일은 운송물불법인도의 경우에는 포함되어도 되지만, 오정보제공의 경우에는 송하인의 경우에는 책임제한이 인정되지 않으므로 이와 균형을 잡기 위하여도 제62조의 운송인의 의무위반으로 인한 손해에서 배제하여야 함을 주장하였다. 그러나 이는 받아들여지지 않았다. 결국, 본 조약에서 책임제한의 대상이 되는 제62조하의 손해는 운송물의 멸실 등의 손해, 오인도로 인한 손해, 오정보로 인한 손해 등이 모두 포함된다.

(4) 우리나라에 미칠 영향

우리 개정상법은 2008년 8월 4일부터 이제 헤이그비스비규칙의 책임제한액을 처음으로 적용하게 되었다. 즉, 666.67SDR/포장, 2SDR/kg 중에서 큰 금액이 책임제한액수이다(개정법 제797조). 그런데 Kg제도는 공포일로부터 3년간 적용이 유예되었다.

현재 초안은 이보다도 상당히 높은 수준의 책임제한액수를 가지고 있고, 우리나라에서 많이 인정되는 항해과실면책제도가 폐지되었다. 그러므로 우리나라 업계와 정부는 수용할 수 없을 것으로 생각된다. 그러므로 마지막 외교회의 등에서 책임제한액수를 함부르크 수준으로 낮추거나 항해과실면책제도의 지역적인 사용에 대한 의견을 제시할 필요성이 있다고 본다.

4. 책임구간과 인도의 문제

(1) 우리 법과 헤이그비스비규칙

헤이그비스비규칙에 의하면 운송인의 책임구간은 선적에서 양륙까지이고

(제3조 제2항), 우리 상법에 의하면 수령에서 인도까지이다(제787조). 이러한 책임구간 내에서 운송인은 강행적인 의무를 부담한다. 그리하여 자신의 책임을 면하는 약정은 무효가 된다(제790조 제1항).

(2) 변화의 필요성

헤이그비스비규칙에 의하면 책임구간이 양륙에서 종료되므로, 해상운송의 범위를 넘어서 육상구간에 이르기까지 운송인이 운송을 인수하는 복합운송을 담아내기가 부적절하게 되었다.

(3) 운시트랄 운송법회의

조약초안은 운송인의 책임구간을 함부르크규칙이나 우리 상법과 같이 수령에서 인도까지로 정하였다(초안 제11조). 이는 복합운송에도 적용하는 조약이 되므로 당연한 결과이다.

운송인의 책임기간은 인도의 문제와 관련하여 운송인의 책임에 커다란 영향을 미쳐왔다. 우리 상법은 수령에서 인도까지가 운송인의 강행적인 의무가 적용되므로, 약정으로 선적과 양륙까지를 운송인의 책임기간으로 정하였다고 하더라도 양륙이후의 인도의무에 대하여도 책임을 부담하게 될 수 있다.

새로운 조약은 해상운송이 포함된 복합운송을 규율하므로 수령과 인도를 운송인의 기본적 의무로 하면서도, 수령과 인도에 대한 정의를 내리지 못한다는 점에 의견이 일치되어, 세 가지 방법으로 그 개념을 정의하게 되어 있었다(초안 제11조). 첫째는 약정으로 정하고, 다음으로는 항구의 관습으로 정하고 이것도 없다면, 마지막으로 수령에서는 운송인이 운송물을 실제로(물리적으로) 점유하게 되는 시점이 된다. 이에 반하여 인도에서는 운송계약에서 정한 운송구간에서의 마지막 운송수단에서 양륙이 된다. 예컨대 해상운송만 있다면 선박에서의 양륙시점에 인도가 되게 된다. 인도에 대하여도 수령에서와 같이 물리적으로 운송물이 수하인에게 넘어가도록 하자는 주장이 있었지만, 수령에서는 운송을 위해서는 운송인에게 운송물이 반드시 인도되어야 하지만, 인도에서는 수하인이 운송물을 받으려 하지 않는 경우도 있으므로 명확한 기준을 제시하여야 한다는 근거가 제시되었다. 이러한 내용은 우리 법이 물리적인 점유의 이전을 인도시점으로 본다는 점에서 운송인에게 유리하다고 할 수 있었다.[20] 그런데 제19차, 20차, 21차 회의에서 운송물의 인도가 실제적인 점유의 이전이 되지 않는 점에 대하여 다시금 의문이 제기되어 제3의 정의는 삭제되게 되었다.

소위 FIO 조항의 문제를 해결하기 위하여 조약초안은 명문의 규정을 두었다. 양륙항에서 용선자가 자신의 비용과 책임으로 양륙을 한다는 약정은 운송인의 양륙의 의무를 면하는 것으로 해석되어 강행규정의 위반의 가능성이 있다. 그러나 FIO 조항은 양 당사자의 이익을 위하여 필요한 것으로 유익한 것이다. 조약초안은 양륙항에서 인도 등은 송하인과의 약정으로 운송인이 아닌 송하인의 책임하에서 이루어질 수 있도록 하였다.

(4) 우리나라에 미칠 영향

운송인의 인도의무의 종료시점이 약정으로 정한 장소와 시점에서 이루어질 수 있는 명문의 규정을 둔 것은 우리 법이 실효적인 점유의 이전을 인도로 보고 있는 점과 다르다.

그러나 본 조약초안하에서도 수하인 등이 운송물을 수령하지 않아 약속한 장소와 시점에서 인도가 이루어지지 않으면 운송물의 인도에 대한 장에서 정한 "미인도화물"로 간주되어 운송인이 유리한 입장에서 처리가 가능하게 된다. 이 점은 우리 법의 채권자지체의 법리가 도입된 것으로 생각할 수 있지만, 운송인의 그간의 불리한 지위를 만회하는 균형잡힌 좋은 내용이라고 할 수 있다.

5. 복합운송의 경우

(1) 우리 법과 헤이그비스비규칙

우리 상법은 복합운송에 대하여 아무런 규정을 두지 않고 있다. 실무적으로는 복합운송증권의 약관의 내용으로 운송인의 책임이 처리되어 왔다.

2007년 개정상법은 복합운송에 대한 규정을 두면서 사고발생구간이 확정된 경우에는 그 구간에 적용되는 법을 적용하고, 사고발생구간이 불명인 경우에는 운송거리가 긴 구간의 법을 적용하기로 하였다(법 제816조).

---

20) 그러나 선하증권 등이 발행된 경우에 운송인의 선하증권과 상환할 의무는 여전히 존재한다.

(2) 변화의 필요성

기존의 헤이그비스비규칙과는 달리 복합운송이 해상운송과 밀접히 연결되고 있는 실무의 사정상 복합운송에 관한 규정을 넣지 않을 수 없다.

(3) 운시트랄 운송법회의

조약초안은, 한편으로는 기존의 강행적인 육상운송조약을 존중하면서도 통일성을 기하기 위하여, 해상운송을 전후한 육상 및 항공운송에서의 적용법규에 대하여, 사고구간이 확정된 경우에는 그 구간에 적용되는 강행적인 조약이 본 조약보다 우선 적용된다고 한다(초안 제27조). 그러므로 유럽에서의 육상운송중 사고라면 CMR 등이 우선 적용되지만, 한국과 같이 육상운송에서 적용되는 강행규정이 없는 국가는 본 조약이 적용될 것이다.[21] 이 점이 본 조약의 적용범위를 확대하는 장점이다.

한편, 사고구간이 불분명한 경우(소위 concealed damages의 경우)에는 문제가 되는 구간에서 적용하는 책임제한액(국제조약만을 할 것인지 아니면 국내법도 할 것인지는 논의중임)을 비교하여 높은 것을 적용하기로 초안은 정하고 있었다(초안 제64조 제2항). 그러나 제19, 20차, 21차 회의를 거치면서 패키지의 내용에 포함되어 삭제되게 되었다. 따라서 화주가 어느 구간에서 사고가 발생하였는지를 입증하지 못하면 항상 본 조약이 적용되게 되었다. 이 점은 운송인이 유리한 점으로 마지막까지 독일대표는 삭제에 반대입장을 취하였다.[22]

(4) 우리나라에 미칠 영향

제21차의 초안은 우리 개정상법과 같이 손해구간이 확정되는 경우에는 네트워크 방식을 취하여 그 구간에 적용되는 조약이 적용되므로 동일한 입장이다. 그러나 손해구간이 확정되지 않은 경우에는 조약은 해상운송조약인 본 조약이 적용되지만, 우리 개정상법은 운송구간의 길이가 가장 긴 구간의 법이 적용된다는 점에서 예측가능성이 조금 떨어지는 약점이 있다.

21) 여기에 대한 자세한 내용은, 김인현, 전게 운송인의 책임제도, 396면 이하를 참조바람.
22) 김인현 · 배형원 · 최종현, 제21차 운시트랄 운송법회의참가 보고서.

6. 이행보조자의 책임

(1) 우리 법과 헤이그비스비규칙

우리 법과 헤이그비스비규칙은 모두 이행보조자의 과실에 대하여 운송인이 책임을 부담하도록 정한다. 나아가 이들도 운송인이 누리는 여러 가지 이익을 향유하도록 하는 규정을 가지고 있다. 이는 실무에서 사용되는 히말라야조항이 단행법과 조약에 반영된 것이다.

(2) 변화의 필요성

우리 상법과 헤이그비스비규칙은 실제운송인과 계약운송인의 연대책임을 부과하는 규정이 없다는 점에서 함부르크규칙에 비하여 화주의 보호에 철저하지 않다.

독립계약자에게 히말라야조항상의 이익을 누리게 하여주어야 하지만, 복합운송이 포함되게 되므로 이의 범위를 어디까지 하여야 할 것인지에 대한 논의가 필요하였다.

(3) 운시트랄 운송법회의

운송법회의에서는 이행보조자책임을 운송인이 부담하고, 이행보조자에게 운송인이 누리는 이익을 향유하게 하는 점에는 일찍이 합의가 이루어졌다.

다만, 독립계약자를 이행당사자(performing party)로 명칭하고 해상이행당사자만 본 조약에서 다루도록 한정하였다. 그리고, 선장 등 피용자(employee)는 이행당사자와 다른 취급을 하여야 한다는 이유로 별도로 규정하여 이에 대하여는 화주가 직접 손해배상청구를 하지 못하는 명문의 규정을 두었다.

이행당사자와 운송인은 연대책임을 부담한다. 이행당사자의 범위에는 소위 독립계약자도 포함되게 됨으로써 헤이그비스비규칙에서 명문으로 제외된 독립계약자도 법적으로 보호받게 되었다. 선박이 용선된 경우에 실제운송을 하는 선박소유자는 계약운송인의 이행당사자가 될 것이다. 하역업자 등이 이행당사자가 된다. 대리인(agent)도 이행당사자에 포함된다.

(4) 우리나라에 미칠 영향

우리나라의 이행보조자책임과 다르지 않다. 우리 법에서는 실제운송인과 계약운송인의 연대책임에 대한 규정이 없지만, 이것이 조약에서는 함부르크규칙과 동일하게 인정된다. 또한 이행대행자의 범위에 독립계약자도 포함되게 됨으로써, 선하증권 등에 기재에 의하여만 보호를 받던 독립계약자도 보호받게 되는 점이 우리 법과 다르다.

V. 貨主의 義務와 責任

(1) 우리 법과 헤이그비스비규칙

우리 상법과 헤이그비스비규칙에서 나타나는 화주의 의무란 위험물에 대한 의무정도이다(제791조의2 및 규칙 제4조 제6항). 우리 상법이나 헤이그비스비규칙에서 선하증권에 기재되는 중요사항의 정확성에 대하여는 송하인이 무과실의 책임을 부담하게 되어 있지만, 이는 강학상으로도 실무적으로도 언급되지 않고 있다.

(2) 변화의 필요성

컨테이너화물 운송의 경우, 특히 FCL 화물의 경우, 운송인은 내용물을 확인하기 어렵다. 또한 자동차 운반선의 경우에도 자동차 내부에서 발생하는 여러 가지 화학반응에 대하여 알지 못하는 경우가 많다. 이러한 선박에서 발생하는 폭발사고는 운송인이 자신의 과실이 없음을 입증하지 않으면 책임을 부담하여야 한다. 그런데 폭발사고로 화물이 전손된 이상 운송인이 이를 입증하기란 어렵다. 따라서 화주의 보고의무 등이 새롭게 부각되었다. 이러한 내용은 CMI 초안에서부터 존치되었다.

(3) 운시트랄 운송법회의

조약초안은 화주의 의무라는 장을 두어 이를 크게 부각시켜 논의하고 있다. 본 조약은 송하인으로 하여금, (1) 운송물이 안전하게 운송될 수 있는 상태로 운송인에게 인도할 의무를 부과하였다(제28조). (2) 운송물의 (a) 운송상 주의사항, (b) 정부에의 신고사항 등 (c) 화물의 명세에 대한 정보를 제공할 의무를 부과한다(초안 제30조). (3) 위험화물에는 이에 더하여 위험화물이라는 표시를 하고, 위험물이라는 사실을 고지하도록 하였다(초안 제33조).

(1)과 (2)의 (a)에 위반한 경우는 과실책임으로 하고 입증책임을 화주가 지는 것으로 초안이 되었으나, 일반 원칙에 어긋난다는 주장이 많아 추가논의 되기로 하였다. (2)의 (b)와 (c)에 위반한 경우는 이를 알려주지 않으면 운송인은 그 내용을 알 수 없으므로 초안은 화주에게 무과실책임을 부과하려 하였지만 가혹하다는 주장이 많아 송하인이 고지한 내용의 정확성에 대해서만 무과실책임을 부과하는 것으로 축소되었지만 논의가 계속될 전망이다(초안 제31조). (3)에 대하여는 전통적인 무과실책임이 계속 유지된다.

제19차 회의에서 (1)과 (2)의 의무는 원칙적으로 과실책임으로 하고 (2)의 화물명세의 정확성과 (3)의 위험화물에 대한 통지 등의 의무는 무과실책임으로 하였다. 송하인의 과실이 추정되므로 무과실에 대한 입증책임은 송하인에게 있는 것으로 해석된다.[23)]

(4) 우리나라에 미칠 영향

정보제공 등의 의무가 명문화됨은 화주의 부담이 되고 운송인이 폭발사고 등에 기한 손해배상책임소송에서 유리한 지위에 있게 될 것으로 생각한다. 이러한 제도들은 컨테이너 운송의 전진에 따른 사실관계를 잘 반영한 것으로 우리 법에의 도입에도 찬성한다. 이러한 조약안에서 화주의 의무가 깊숙이 다루어지고 있는 점과 궤를 같이하여 우리 상법상 화주의 의무규정에 대한 심도있는 논의도 이루어져야 한다. 위험화물에 대한 화주의 의무가 무과실책임으로 헤이그비스비규칙(제4조 제6항)에 규정되어 있지만, 우리 법(상법 제791조의2)에서는 이에 대한 명문의 규정이 없고 해석에 의할 수밖에 없다는 점에서 주의를 요한다.

---

23) 이에 대한 논의가 반드시 일치되는 것은 아니다. 입증책임에 대하여는 아프리카 국가 등은 다른 견해를 가진 채로 논의가 종료되었고 제21차 회의에서도 추가 논의가 없었다.

VI. 處分權 및 受荷人에 대한 貨物의 引渡

1. 처분권(right of control)

(1) 우리 법과 헤이그비스비규칙

우리 상법에서도 송하인은 운송중인 화물에 대하여 운송중지나 운송물의 반환 등 기타 처분을 청구할 수 있다(상법 제139조, 제812조). 여기에는 목적지의 변경과 수하인의 교체도 포함된다고 생각된다. 이러한 처분권은 화주의 입장에서는 편리한 제도이다. 예컨대, 운송계약의 내용은 특정한 항구에 운송물을 양륙시키는 것이었지만, 사정이 있어서 이웃의 다른 항구에 양륙을 시키게 되었다면, 화주로서는 일단 그 특정항구에서 운송물을 인도받아서 다른 항구로 내륙운송을 하여야 한다. 이는 불가피하게 비용이 발생되게 된다. 그런데 마침 그 선박이 다른 항구에도 기항을 하게 된다면, 달리 계약을 체결하지 않고서도 다른 항구에서 운송물을 수령하면 비용도 절감되고 편리하게 된다. 그런데 원래 그 선박이 기항하지 않는 곳이라면 운송인에게 부담이 되는 것이므로 어렵게 된다.

(2) 변화의 필요성

CMR 제12조는 광범위한 처분권에 대한 규정을 가지고 있다.[24] 도로운송의 경우에는 인도지의 변경은 운송인의 비용을 추가발생시키지 않고 쉽게 이행할 수 있다. 그러므로 본 조약에서는 CMR의 영향으로 처분권에 대한 논의가 제기되었다.

(3) 운시트랄 운송법회의

조약초안은 제11장에서 처분권에 대하여 자세히 규정한다.

송하인(shipper)은 운송인에 대하여 운송중인 운송물에 대하여 항로상 목적지와 다른 곳에 양륙할 것을 요구하고, 수하인을 변경할 권리가 주어진다(초안

---

24) The sender has the right to dispose of the goods, in particular by asking the carrier to stop the goods in transit, to change the place at which delivery is to take place or to deliver the goods to a consignee other than the consignee indicated in the consignment note.

제54조). 목적지와 다른 곳에 양륙하는 권리를 어디까지 허용할 것인지가 논란이 되었다. 예컨대, 부산항에서 양륙되기로 된 컨테이너를 새로운 매수인이 인천에 있어서 선박이 마침 인천에 기항하게 된다면, 운송인으로서는 큰 문제가 없지만, 인천항에 기항하지도 않은 경우에도 이를 수하인이 강요하여 인천항에까지 그 화물을 운송하여 달라고 요구할 수는 없을 것이다. 이는 새로운 계약이 되어야 한다. 그러므로 운송인과 화주 사이의 적절한 처분권의 허용범위가 문제가 되는 것이다. 조약초안은 화주의 처분권은 운송인의 정상적인 영업을 방해하지 않는 등 합리적인 범위에 한정된다(초안 제57조 제1항). 추가적인 비용이 발생하면 화주는 운송인에게 지급하여야 하고(초안 제57조 제2항), 담보를 제공하여야 하고(초안 제57조 제3항), 부당하게 화주의 처분권에 의한 지시를 따르지 않은 경우에 운송인은 손해배상책임을 부담한다(초안 제57조 제4항).

유통증권이 발행된 경우에는 증권의 소지인이 유일한 처분권자가 된다(초안 제56조 제2항). 유통증권이 발행되지 않은 경우에는 계약당사자로서의 화주(shipper)가 처분권을 가지고 이는 양도가능하다(초안 제56조 제1항). 이러한 처분권은 당사자의 약정에 의하여 축소변경이 가능하도록 한다(초안 제60조).

(4) 우리나라에 미칠 영향

화주의 입장을 보호하기 위한 좋은 제도이지만, 합리적인 지시의 범위를 놓고 많은 논란이 있을 전망이다. 특히, 선주국은 이에 대하여 부정적인 입장이다. 우리 법과 크게 다르지 않지만, 개정상법은 항해용선계약에서 처분권을 허용하지 않게 되었다(개정법 제841조).

2. 인 도

(1) 우리 법과 헤이그비스비규칙

우리 상법도 수하인이 운송물을 수령하지 않거나 나타나지 않는 경우에는 공탁하거나 관청의 허가를 받은 곳에 인도하고 지체없이 용선자 또는 송하인에게 그 통지를 발송하면 선하증권소지인이나 수하인에게 인도한 것으로 간주하는 규정을 두고 있다(상법 제803조).

(2) 변화의 필요성

수하인이 양륙항에서 나타나지 아니하는 경우에 운송인이 출항을 하여야 함에도 출항이 지연되는 문제가 있지만, 헤이그비스비규칙 등은 운송인으로서는 마땅한 해결책이 아니라는 의문이 제기되었고 새로운 조약에서는 이를 해결하기 위한 시도를 하고 있다.[25)]

(3) 운시트랄 운송법회의

조약초안은 제10장에서 우리 법과는 조금 다른 규정을 두고 있다(초안 제46조-제53조).

(1) 선하증권 등이 발행되지 않는 경우에는 제11조에서 정하여진 장소에서 수하인에게 인도하면 운송인의 인도의무는 종료된다. 수하인이 나타나지 않으면 송하인 혹은 처분권자에게 지시를 받고, 그 지시를 따라 인도하면 인도의무는 면하게 된다(초안 제48조 제c항).
(2) 선하증권이 발행된 경우에는 소지인은 선하증권 등과 상환하여 운송물을 인도받을 권리가 있고 반대로 운송인은 선하증권과 상환하여서만 운송물을 인도할 의무가 있다(초안 제49조 a항). 소지인이 나타나지 않으면 운송인은 처분권자에게 보고하고, 처분권자는 운송인에게 처분에 대한 지시를 준다. 이들의 지시에 따라 운송물을 인도하면 선하증권의 상환과 관계없이 운송인의 인도의무는 종료된다(약간의 선의의 선하증권소지인 보호수단 있음)(초안 제49조 b항).
(3) 송하인이나 처분권자가 지시를 주지 않거나 이들을 찾지 못하는 경우에는 운송인은, 운송물 소유자의 위험과 비용으로 1. 적당한 장소에 보관시키거나 2. 포장을 풀거나 3. 경매할 수 있다. 이러한 권리는 통지처 혹은 수하인, 처분권자, 송하인에게 운송물이 도착하였음에 대하여 합리적인 사전통지를 한 다음에야 주어진다(초안 제50조 및 제51조).
(4) 위의 처분에 대하여 송하인이 손해를 입은 경우에는 운송인의 미필적 고의가 있는 경우에만 운송인이 책임을 진다(초안 제53조).

운송물 수령의무가 있는 수하인이 운송물을 인도장소에서 인도받지 않을 경우에 운송인은 수하인의 대리인의 지위에 있다는 조항을 두고(초안 제46조), 운송인은 고의 혹은 중과실이 없으면 운송물 멸실에 대하여 책임이 없게 되었

25) A/CN.9/WG.III/WP.21. 160항 및 161항.

지만, 반대의견도 있어 추가논의될 것이다.

(4) 우리나라에 미칠 영향

우리 상법과 비교하면, 비록 선하증권이 발행된 경우라고 하더라도 소지인이 나타나지 않으면 처분권자에게 통지하고 그의 지시를 따르면 운송인의 인도의무는 면하게 된다는 점에서 다르다.[26] 조약초안은 처분권자에게는 운송물에 대하여 수하인의 지정을 변경할 권리가 주어졌다. 이것을 근거로 이러한 제도의 도입이 가능하다.

Ⅶ. 管轄과 仲裁

1. 관 할

(1) 우리 법과 헤이그비스비규칙

우리 상법은 선하증권의 관할과 관련하여서는 아무런 규정을 두고 있지 않다. 다만, 국제사법에 일반규정으로서 관할에 대한 규정을 두고 있다.

헤이그비스비규칙도 아무런 규정도 두고 있지 않지만, 함부르크규칙은 이에 대한 규정을 가지고 있으며 피고의 주소지 등 4곳과 압류시의 선박이 존재하는 곳을 관할하는 법원에만 소를 제기할 수 있다고 한다(제21조)[27].

(2) 변화의 필요성

미국과 같은 국가는 선하증권에서의 외국관할 혹은 외국중재에 대한 약정을 가능하면 인정하지 않고 미국이 관할을 가지는 것으로 해석해 왔다. 그러던 것이 1985년의 Sky Reefer 사건 이후 외국관할 약정의 효력을 인정하고 있다.

---

26) 우리 법은 먼저 공탁 등을 하고 수하인에게 통지한다.

27) Article 21(Jurisdiction) 1. In judicial proceedings relating to carriage of goods under this Convention the plaintiff, at his option, may institute an action in a Court which, according to the law of the State where the Court is situated, is competent and within the jurisdiction of which is situated one of the following places: (a) the principal place of business or, in the absence thereof, the habitual residence of the defendant; or (b) the place where the contract was made provided that the defendant has there a place of business, branch or agency which the contract was made; or (c) the port of loading or the port of discharge; or (d) any additional place designated for that purpose in the contract of carriage by sea.

선하증권상의 관할의 약정은 부합계약의 성질을 가지는 것으로 운송인이 일방적으로 작성하여 화주에게 불리하므로 화주를 보호하기 위하여 무효가 되어야 한다는 주장이 설득력을 얻고 있다. 그러나 한편 운송인으로서도 관할의 약정을 통하여 제소당하는 곳을 사전에 알고 예측가능하게 운송에 임할 수 있다는 장점이 있다고 주장한다. 그러므로 합리적으로 관할약정을 인정하면서 제한을 하는 합의의 필요성이 제기된다.

미국의 화주들은 Sky Reefer 판결의 불리함을 해소하기 위하여 COGSA 개정안에 함부르크규칙에서와 같은 관할조항을 넣어서 운송인의 자유로운 관할약정의 체결을 제한하고자 하였고, 이러한 미국의 입장이 운시트랄 운송법회의에서도 작용하고 있다.[28)]

2002년 1월에 처음으로 발표된 CMI의 초안에는 관할과 중재에 대한 조항은 없었다(WP.21).

(3) 운시트랄 운송법회의

선하증권 등에 삽입되어 있는 재판관할은 기본적으로 운송인이 선하증권을 통하여 자신에게 유리한 관할을 화주측에게 강요하는 것은 부당하다는 입장에서 출발하였다. 그리하여 보통 보이는 선하증권상의 전속적 합의관할로 불리던 합의된 관할도 초안에서는 피고의 주소지, 선적지 등과 함께 선택가능한 하나의 관할에 지나지 않도록 하였다(초안 제75조).

그런데 실무에서 사용되고 있는 관할합의가 무용이 되는 점을 우려한 덴마크 등 선주국이 이에 불만을 품고 전체적인 관할조항의 삭제를 주장하고 나섰다. 이에 대한 합의안의 형식으로 전속적 합의관할의 추가삽입이 제15차 뉴욕회의에서 나왔다. 제76조 제1항은 세 가지 조건을 갖추면 전속적 합의관할로 인정된다: 즉, (i) 서면 혹은 전자통신 (ii) 선택된 법정의 이름과 위치 및 당사자의 이름과 주소 (iii) 선택된 법정의 관할이 전속적이라는 점을 명시적으로 표시할 것.

그런데 다시 제16차 비엔나 회의에서 미국대표단은 이를 변경하여 서비스계약(volume contract)에만 전속적 합의관할을 인정하자는 추가수정안을 제안하

---

28) 미국의 입장에 대하여는 Sturley, op. cit., p. 105 이하를 참고바람.

였다(초안 제76조 제1항 및 제2항).[29] 이는 일반적인 전속적 합의관할의 도입에 반대하는 국가들을 무마하기 위하여, 특정한 서비스계약에만 전속적 합의관할을 인정한다는 것이다. 미국은 대량화물운송(서비스계약)에서는 대등한 당사자들의 계약이므로 운송인과 대량화주는 자유로이 관할약정을 체결할 수 있다는 점을 도입의 근거로 든다. 제16차 회의의 논란 속에 다시 합의안으로서 제76조 제4항을 두어 각국은 전속적 합의관할의 인정에 대한 자유를 가지고 이러한 내용을 사무국에 통지하면 되는 것으로 하고 있다.[30]

조약에서 인정한 법원 이외의 법원에서는 소를 제기할 수 없다(초안 제78조).

제17, 18, 20차 회의를 거치면서 전속적 합의관할제도는 장기대량정기화물의 경우에 당사자 사이와 제3자 사이에 제한적으로 인정되는 것으로 하였다. 전속적 합의관할제도의 축소에 불만인 국가들을 위하여 관할제도 자체는 유보조항을 두어 적용을 배제하여 국내법에 일임할 수 있도록 최종적인 결론이 내려졌다. 이는 국제관할의 통일에 대한 실패를 의미한다.

---

29) Article 75(Actions against the carrier) Unless the contract of carriage contains an exclusive choice of court agreement that is valid under article 76, the plaintiff has the right to institute judicial proceedings under this Convention against the carrier in a competent court within the jurisdiction of which is situated one of the following places: (a) the domicile of the defendant; or (b) the contractual place of receipt or the contractual place of delivery; or (c) the port where the goods are initially loaded on a ship; or the port where the goods are finally discharged from a ship; or (d) any place designated for that purpose in accordance with article 76(1).
Article 76(Choice of court agreements)
1. If the shipper and the carrier agree that a competent court has jurisdiction to decide disputes that may arise under this Convention, then that court has non-exclusive jurisdiction, provided that the agreement conferring it is concluded or documented (a) in writing; or (b) by any other means of communication that renders information accessible so as to be usable for subsequent reference.
2. The jurisdiction of a court chosen in accordance with par. 1 is exclusive for disputes between the parties to the contract only if the parties so agree and the agreement conferring jurisdiction (a) is contained in a volume contract that clearly states the names and addresses of the parties and either (i) is individually negotiated; or (ii) contained a prominent statement that there is an exclusive choice of court agreement and specifies its location within the volume contracts; and (b) clearly states the name and location of the chosen court.

30) 여기에 대한 자세한 내용은 최준선, 전게 재판관할조항에 대한 고찰, 413면 이하 및 김인현, 보고서, 「한국해법학회지」, 제28권 제1호, 452면 이하; 492면 이하가 있음.

(4) 우리나라에 미칠 영향

몇 차례의 반전을 거듭한 끝에 축소된 전속적 합의관할이 인정되지만 이는 체약국의 유보에 의존하게 되었다. 그러므로 우리나라에서도 유보를 하게 되면 현재의 실무를 그대로 적용할 수 있게 된다.

현재의 초안을 유보없이 비준하면 운송인이 제소되는 장소는 전속적 합의관할뿐만 아니라 선적지, 출항지 등으로 확대되므로 운송인에게는 불리하지만, 송하인에게 유리하게 된다.

2. 중 재

(1) 우리 법과 헤이그비스비규칙

우리나라는 해상운송과 관련된 중재에 대하여 법으로 규제하고 있지 않다. 실무적으로 중재는 용선계약에서 사용되고, 선하증권과 관련된 개품운송에서는 사용되지 않고 있다.[31] 헤이그비스비규칙은 중재약정에 대한 규정은 별도로 가지고 있지 않지만, 함부르크규칙은 제22조에서 규정을 두고 있다.

(2) 변화의 필요성

중재는 민사분쟁을 소송외적인 방법으로 해결하는 절차이므로 당사자들의 사적자치에 일임하는 것이 좋다. 그런데 해상운송과 관련하여 예컨대, 관할에 대하여 법이 강한 규제를 하게 되면 이제 운송인들은 중재조항을 선하증권에 삽입하여 화주들이 어쩔 수 없이 따라오게 되는 결과를 야기하지 않을까 하는 우려가 제기된다.

(3) 운시트랄 운송법회의

중재조항에 대하여는 중재는 사적인 자유속에서 별개로 진행되는 것으로 조약의 강행적인 적용의 대상에서 제외하자는 주장과 제3자를 보호하기 위하여 이를 규율하자는 입장이 맞서있는 상태로서 몇 개의 조문을 가지고 있다(초안 제82-86조). 제19, 20, 21차 회의를 거치면서 최소한의 강행규정을 가지고 그것도 체약국의 유보에 따라 조약의 중재조항이 적용될 수 있도록 하였다.

---

31) 우리나라의 고려해운의 선하증권에는 중재약정이 들어 있다.

Ⅷ. 契約自由의 原則과 强行規定

(1) 우리 법과 헤이그비스비규칙

헤이그비스비규칙과 우리 상법도 강행규정을 두는가 하면(헤이그비스비규칙 제3조 제8항 및 상법 제790조 제1항) 사정에 따라서는 이러한 강행규정을 적용하지 않고 계약자유의 원칙에 맡겨두는 경우도 있다. 갑판적 화물과 생동물에 대한 특별규정이 바로 그것이다(상법 제790조 제2항).

(2) 변화의 필요성

본 조약은 운송인과 화주 사이의 새로운 균형을 시도하고 있으므로, 화주에 대하여도 강행적인 의무를 부과하는 논의가 시작되었다. 그리고 새로운 형태의 운송인 서비스계약의 실무를 반영하여 이는 계약자유의 원칙에 일임하자는 안도 제시되었다.

(3) 운시트랄 운송법회의

본 조약은 강행적으로 적용되는 조약이지만, 가능하면 계약자유의 원칙을 허용하고자 한다. 예컨대, FIO(선적양륙용선자부담)조항을 채택하여 운송인이 선적과 양륙이라는 강제규정에서 벗어나게 하여준다(초안 제14조 제2항). 생동물이나 갑판적 화물에 대하여서는 강행적인 의무와 책임에 대하여 당사자들이 특별한 약정을 체결할 수 있도록 한다(초안 제96조).

한편으로는 부당하게 상대방이 불리하게 되는 것 혹은 선의의 제3자를 보호하기 위하여 특별한 경우에는 약정을 무효로 한다(초안 제94조 제1항). 예컨대, 운송인의 책임제한액보다 낮게 책임제한을 하는 약관은 무효가 된다. 운송인이 인도의 의무를 배제하는 것도 무효가 된다. 운송인의 의무와 책임을 엄격하게 하는 것은 무효가 되지 않는다.

한편, 동 조약은 화주도 상당한 의무를 부담하므로 화주 자신이 자신의 의무나 책임을 면제하거나 감경하는 경우에는 무효로 한다(초안 제94조 제2항)는 점이 우리 법이나 헤이그비스비규칙과 크게 다른 점이다.[32] 화주의 의무를 엄격히 하는 것도 가능하게 할 것인가가 논의가 되었지만 제20차 회의에서 이는 운송인이 남용할 가능성이 있다고 하여 삭제되었다. 따라서 화주의 의무와 책임을 조약에서 정한 것 이상으로 부과하는 약정은 무효가 된다.

미국을 중심으로 하는 서비스계약(service contract; volume contract)에 대하여 이는 대등한 당사자 사이(대량화주와 운송인 사이)의 연속되는 개품운송의 장기간의 운송계약이므로 계약자유의 원칙을 도입하여 강행규정의 적용에서 벗어나야 한다는 점이 강조되어 현재 초안에 삽입되어 있다(초안 제95조). 서비스계약을 체결하게 되면 책임제한규정의 적용을 배제할 수 있어 운송인이 책임제한액을 본 조약의 수치보다 낮게 책정하여도 이것은 유효하게 된다. 또한 화주의 의무와 책임을 과실책임에서 무과실책임으로 변경하여도 이것은 무효가 아닌 것이 된다. 폐지되는 항해과실면책도 추가할 수 있다. 따라서 각국은 서비스계약의 적용범위가 넓어지면 넓어질수록 조약의 적용범위가 적어지고 운송인이 화주에 대하여 지위를 남용할 수 있음이 지적되었다. 그리하여 프랑스와 아프리카 국가들은 작업반 회의 마지막에 이르기까지 적용범위를 축소하여야 한다고 주장하였다. 정의규정에서 적용범위가 단순하게 일정한 수량을 정기적으로 운송하는 계약으로 합의가 이루어졌다.

생동물에 대하여는 특별한 규정을 두어 계약자유의 원칙이 적용되도록 한다(초안 제96조). 선주의 총체적 책임제한규정이 본 조약과 별도로 적용되는 점은 헤이그비스비규칙 등과 같다(초안 제91조).

(4) 우리나라에 미칠 영향

화주의 강행적인 의무의 부담은 우리 법이 모르는 것으로 화주에게 불리하게 작용할 것이지만, 컨테이너화물의 운송에서 화주에게 주의를 촉구함으로써 보다 안정된 해상운송이 될 것으로 기대된다. 우리나라 실무에서도 대량화주와 소형운송인 사이에서는 오히려 운송인이 보호를 받아야 하는 경우도 있으므로 이러한 경우에 대한 해결책이 될 것으로 본다.

서비스계약은 우리나라의 한진해운, 현대상선에서도 이용하고 있지만, 상당 부분이 공개되지 않고 있는 형태의 계약이다. 서비스계약에서 화주는 대량화주로서 오히려 운송인이 약자의 지위에 놓이는 경우도 있다. 상대적으로 서

---

32) 전게 藤田, 57頁.

비스계약은 아직 우리나라 학계에서는 연구가 미진한 분야이다. 그러나 소형화주들이 대형화주들에 비하여 불리하게 되는 점은 틀림없다. 대형화주들은 서비스계약을 통하여 낮은 운임으로 운송이 가능하고 이는 상품의 원가를 낮추게 되기 때문이다.

Ⅸ. 貨物運送狀, 電子證券 等

이외에도 유통선하증권은 당사자 사이에서는 추정적 효력이 있고 제3자에게 양도되면 간주적 효력(conclusive evidence)이 있다(초안 제43조).

전자선하증권의 사용도 가능하다(초안 제5조). 서면증권 대신에 전자증권을 발행할 수 있는바, 이는 당사자 사이에 합의가 있는 경우에 한한다. 전자증권의 발행, 점유와 권리의 이전의 효력은 서면의 경우와 동일하다는 규정을 가지고 있다(초안 제5조 b항).

화물운송장도 규율의 대상이 된다. 운송증권으로 표현하고 있다(제1조). 제3자의 보호는 증서의 발행의 여부와 관계없이 수하인, 처분권자 등 나열된 자에게 모두 본 조약이 적용되도록 한다(초안 제10조).[33)]

Ⅹ. 結 語

본 조약의 성안작업에는 여러 다양한 이해가 대립하고 있는 것은 사실이다. 선주국이 있는가 하면 화주국도 있다. 육상운송에 대한 조약을 가지고 있는 유럽국가들의 입장이 있는가 하면, 미국, 일본, 한국 등과 같이 현존하는 육상조약에 자유로운 국가도 있다. 이러한 이해의 대립 가운데에서도, 각국 대표들이 공통적으로 지향하는 바가 있다. 그것은 국제운송법제의 통일성과 예측가능성의 달성이다. 현재 각국의 책임법제는 서로 상이하여 통일이 되지 않고 있어서 통일성을 기할 필요성이 있다. 무엇보다 상거래의 원활화를 위하여는 운송인과 화주는 어떠한 권리와 의무를 갖는지에 대한 예측이 가능하여야 한다. 이러한 예측가능성은 상거래를 촉진시키고 당사자들로 하여금 자신이 상거래에

---

33) 제17차 회의의 결정사항이다.

서 안고 있는 위험을 합리적으로 효율적으로 가장 저비용으로 분산시키도록 하여준다. 특히 복합운송에서 서로 다른 법제가 상충하고 있는 점에서 이를 규율의 대상으로 하고자 하는 본 조약은 이러한 점을 더욱 목표로 하고 있다고 말할 수 있다.

본 조약의 초안은 예측가능성을 부여하기 위하여 많은 진일보한 규정을 추가하였다. 그러나 각국의 이해관계가 얽히여 처음의 취지가 퇴색된 것도 많다.

운송인의 강화된 감항능력주의의무, 항해과실면책의 폐지, 함부르크규칙보다도 높은 책임제한액 등은 운송인에게 불리하고 화주에게 유리한 것이다. 그러나 운송물의 미인도의 경우에 운송인의 감경된 주의의무와 처리절차, 화주에게 부과된 주의의무 등은 운송인에게 유리한 내용이다.

아직 본 조약초안이 조약으로 비준되어 효력이 발생될지는 미지수이다. 각국이 서비스계약을 어떻게 평가할지에 따라서 조약의 승패가 갈릴 것으로 평가된다. 서비스계약이 운송인에게 유리할지 화주에게 유리할지, 각국이 처한 경제사정에 따라서 평가가 달라질 것으로 생각된다.

본 조약의 비준과 발효여부와 관계없이, 국제회의에 참가하여 회의의 진행상황을 파악하고 제대로 이해하여 국내에 소개하는 것은 누군가가 반드시 하여야 하는 참으로 값어치있는 일이다. 더 나아가 회의에서 조약의 성립을 위하여 활동하면서 한국의 입장을 적극 반영시킨다면 더 큰 보람이다.[34] 필자가 이러한 영광과 중책을 맡아서 5년간 회의에 참가한 것에 감사한다.

---

34) 해양수산부 해운정책과와 KMI 도움으로 필자가 이러한 값진 일을 하게 되는 영광을 가지게 되었다. 외교통상부를 비롯한 위 관계자들에게 감사드린다. 필자는 2006년 7월 6일 미국의 대표인 Sturley 교수를 초빙하여 토론회를 개최할 수 있도록 후원하여준 선주협회에도 감사를 표한다.

제 2 논 문

UN UNCITRAL 運送法會議에서 運送人의 責任制度*

Ⅰ. 序 論

해상화물운송을 위한 국제조약으로는 1924년 헤이그규칙과 이를 개정한 1967년 헤이그비스비규칙 그리고 1976년 함부르크규칙이 있다. 그리고 복합운송을 위한 조약으로는 1980년 유엔 복합운송조약이 있다. 유럽을 대상으로하는 도로운송조약으로는 1959년 도로운송에 대한 국제조약(이하 "CMR")이 사용되고 있다.

세계해법회(CMI)와 유엔 국제상거래법위원회(UNCITRAL)은 현대의 해상운송이 컨테이너화물을 중심으로 하는 개품운송이 주를 이루며 또한 이것이 해상과 육상을 일관하는 복합운송으로 이루어지고 있음에도, 현재의 조약들이 운송인과 화주 양자의 수요에 충족되지 못하는 점과 기존의 조약들이 현재 사용의 증가를 보고 있는 해상운송장(seaway bill)에 의한 운송을 규율하지 못하고, 또한 운송물의 처분권 등에 아무런 규정을 두지 않고 있는 점 등에 착안하여,[1] 새로

* 본 논문은 「한국해법학회지」, 제27권 제2호(2005.11)에 게재된 글이다. 그후 약간의 문구수정이 있은 것은 반영되지 않았으므로 주의를 요함.

1) 텍사스 대학의 스털리 교수는 새로운 운송법조약의 논의의 배경에 대하여 통일성(uniformity)을 지적한다. 그는 세계적인 조약으로 헤이그비스비규칙 체제와 함부르크규칙 체제가 있지만, 중국의 경우는 이의 중간적인 국내법을 취하고 미국은 헤이그규칙의 입장을 취하여 독자적인 입장을 취하고 있으므로 통일적인 운송법의 필요성이 존재한다고 한다. Michael F. Sturley, "The United Nations Commission on International Trade Law's Transport Law Project: An Interim View of a Work in Progress," *Texas International Law Journal*, Vol. 39(2003) (이하 M. Sturley, Transport Law), pp. 67, 68. 동지, John Wilson, *Carriage of Goods by Sea*, 5th ed.(Pearson Longman, 2004), p. 230.

운 운송법조약을 성안하기 시작하였다.[2] 이후 운시트랄은 각국의 대표를 참가시킨 가운데 축조심의에 들어갔다. 제9차 회의는 2002년 4월 뉴욕에서, 제10차 회의는 2002년 10월 비엔나에서, 제11차 회의는 2003년 4월 뉴욕에서, 제12차 회의는 2003년 10월 비엔나에서, 제13차 회의는 2004년 5월 뉴욕에서, 제14차 회의는 다시 2004년 11월 비엔나에서 개최되었고 제15차 회의가 다시 2005년 4월 뉴욕에서 열렸다.[3]

제9차 회의에서 제11차 회의에 이르기까지 1회독을 마친 대표단은 제12차 회의에서부터 상세한 조문별 검토작업인 제2회독을 거치고 있다.[4] 제14차 비엔나회의에서 가장 중요한 내용의 하나인 운송인의 책임부분의 초안이 완성된 점은 커다란 성과이다. 다가오는 제16차 비엔나회의(2005.11.28-12.9)에서 화주의 처분권과 권리의 이전, 관할과 중재, 화주의 의무, 운송물의 인도 등에 대한 논의를 한 다음, 제17차 뉴욕회의(2006.4.3-4.13)에서 조약의 적용범위와 계약자유의 원칙, 제소기간, 운송증권 등의 문제를 논의하면 제2회독을 마친다. 그런 다음 2006년 11월의 제18차 비엔나회의에서 제3회독을 마치면 이를 운시트랄 총회에 제출하여 2007년에 조약으로 성안시킨다는 일정이 제15차 회의에서 정하여졌다.

본고에서는 제14차 회의에서까지 논의 결정된 운송인의 책임부분에 대하여 논하고자 한다. 논의의 방법은 조약초안의 내용을 소개하고 이를 우리 법과 비교하여 향후 외교회의에서의 대처방안과 우리 법의 개정방향을 제시하도록 한다.[5] 제14차 회의에서 다루어진 제14조 운송인의 책임의 기초와 서로 관련되

2) 1996년 운시트랄의 제29차 회의에서 논의가 시작되어 1998년 5월 CMI는 검토에 들어갔고, 2001년 2월의 싱가포르 제37차 총회에서 집중논의를 한 다음, 2001년 12월 CMI의 집행위원회의 승인을 거쳐 초안이 운시트랄에 제출되었다. Stuart Beare, "Liability regimes: Where we are, how we got there and where we are going." [2002] *Lloyd's Maritime and Commercial Law Quarterly*, p. 306.

3) 우리나라는 2002년 5월 제9차 뉴욕회의에 법무부 자문으로서 정병석 변호사(김&장 법률사무소)를, 제12차 비엔나 회의에 법무부 자문으로 최준선 교수(성균관대)와 해양수산부 자문으로 최재선 박사(KMI)를, 제13차 뉴욕회의에 법무부 자문으로 최준선 교수와 해양수산부 자문으로 김인현 교수(목포해양대)를, 다시 제14차 회의에서는 법무부의 자문으로 최준선 교수와 해양수산부 자문으로 김인현 교수와 오원석 교수(성균관대)를 파견하였다. 제15차 회의에 앞선 2005년 2월의 런던 원탁회의에 김인현 교수가 참석하였다. 제15차 회의에서는 법무부 자문으로 최준선 교수와 해양수산부 자문으로 김인현 교수가 참석한 바 있다.

4) 2회독까지의 기본 텍스트는 A/CN.9/WG.III/WP. 32이다.

5) 본 조약에 대한 국제적인 논문으로는 Michael F. Sturley, 전게 Transport Law 및 Scope of

는 부분에 대하여도 추가적으로 논하고자 한다.

Ⅱ. 運送人의 責任部分에 대한 論議의 經過

본 운송법회의는 해상운송이 기본이 되고 여기에 육상운송이나 항공운송이 추가되는 경우에 적용하는 조약을 성안하는 중이다. 즉, 해상운송으로 독립된 운송계약이 체결되는 경우는 물론이고 여기에 추가하여 다른 운송수단이 개입되는 경우에도 본 조약을 적용한다는 것이다. 그러므로 해상운송에 적용되어 왔던 기존의 헤이그비스비규칙 혹은 함부르크규칙을 근간으로 하고 있다. 한편, 기존의 육상조약과의 조화로운 존립이 문제가 되므로 CMR과 같은 조약을 참고하지 않을 수가 없다.

제13차 운송법회의에 이르기까지 조약초안은 (1) CMR과는 달리,[6] 과실책임주의의 원칙을 채택하기로 결정하였다(초안 제14조). 이것은 현재 적용되는 기존의 해상관련 운송법조약의 입장이기도 하다. 운송인의 과실은 추정되어 과실이 없음을 운송인이 입증하지 못하면 운송인은 화주에 대하여 책임을 부담하여야 한다. (2) 운송인은 운송물에 대한 주의의무와 감항능력주의의무를 부담하게 되었다(초안 제11, 12, 13조). 이 역시 현존하는 조약과 일치하는 입장이다. 다만, 감항능력주의의무에 대하여는 발항당시에 국한되었던 운송인의 주의의무가 전 운송기간으로 확대되었다는 점이 다르다. (3) 운송인은 기존의 조약에서 인정되는 면책의 이익을 향유하게 되었지만, 그 면책의 범위에 대하여는 논란이 계속되었다. 예컨대, 항해과실면책은 이미 함부르크규칙에서는 폐지되었고,

---

Coverage under the UNCITRAL Draft Instrument, International Maritime Law, Vol. 10 Issue 2(April-May, 2004) (이하 M. Sturley UNCITRAL Draft Instrument), p. 138; 藤田友敬, "海上物品運送法の國際的統一へ向けての新たな展開,"「ジリスト」, NO. 1219(2002.3.15)(이하 藤田), 35頁 이하. 우리나라의 참가보고서로서는 정병석, "UN국제상거래법위원회 운송법제정을 위한 제9차 실무그룹회의 참가 결과보고,"「한국해법학회지」, 제24권 제2호(2002.11), 294면 이하; 최준선, "제12차 회의 참가보고서,"「한국해법학회지」, 제26권 제2호(2004.11), 513면 이하; 최준선 · 김인현 · 신유철, "제13차 회의참가보고서," 상게 학회지, 545면 이하; 김인현 · 오원석, "제14차 운시트랄 운송법회의참가보고서"가 있음. 우리나라의 논문으로는 임동철, "해상물건운송에서 Door to Door 운송에 관하여,"「한국해법학회지」, 제25권 제2호(2003.11), 5면 이하; 한낙현, "항해중의 감항능력유지의무에 관한 문제점 고찰(UNCITRAL 초안 제13조를 중심으로),"「한국해법학회지」, 제26권 제2호(2004.11), 89면 이하.

6) CMR은 무과실책임주의를 취하고 있다.

통신시설이 발달한 현대에 있어서 항해과실이란 지나치게 운송인을 보호하는 것이라는 비판이 제기되었다. 화재면책에 대하여도 마찬가지로 반대견해가 제기되었다. 또한 기존의 조약에서는 입증책임분배로 운송인과 화주의 이익의 균형을 도모하고 있는바 그 입증책임의 분배가 명확하지 않다는 이론이 제기되었다. (4) 운송인은 면책이 되지 않는 경우라고 하더라도 운송인으로 하여금 책임제한이 가능하게 하는 포장당 책임제한제도를 둔 점(초안 제18조)도 기존의 조약과 동일하다.

(3)에서 남겨진 부분에 대한 논의가 제14차 회의에서 타결되었다.[7)]

Ⅲ. 運送人의 注意義務

(1) 초안의 해당조문(WP.32)

제10조 운송인은, 본 조약과 운송계약의 조건에 따라, [적절하고 주의깊게] 목적지까지 운송물을 운송하고 수하인에게 인도하여야 한다.[8)]

제11조 제1항 운송인은 제7조에서 정하여진 책임기간 동안, 제8조의 경우를 제외하고, 적절하고 주의깊게 운송물을 선적, 취급, 적부, 운송, 보존, 보관하고 양륙하여야 한다.[9)]

제11조 제2항 당사자는 제1항에 규정된 의무의 일부가 송하인, 처분권자, 수하인에 의하여 혹은 이들에 대리하여 행하여질 것을 약정할 수 있다. 그러한 약정은 계약명세에 표시되지 않으면 아니된다.[10)]

제13조 해상운송에 적용되는 추가적 의무

제1항 운송인은, 항해의 전 혹은 항해의 개시 혹은 [항해중]에 있어서, 다

7) 조약초안은 19개의 장으로 이루어져 있다. 운송인의 의무는 제4장(제11-13조), 운송인의 책임은 제5장(제14-21조)에서 다룬다.

8) Article 10 The carrier shall, subject to this instrument and in accordance with the terms of the contract of carriage, [properly and carefully] carry the goods to the place of destination and deliver them to the consignee. A/CN.9/WG.III/WP.32.

9) Article 11(1) The carrier shall during the period of its responsibility as defined in article 7, and subject to article 8, properly and carefully load, handle, stow, carry, keep, care for and discharge the goods. A/CN.9/WG.III/WP.32.

10) Article 11(2) The parties may agree that certain of the functions referred to in par. 1 shall be performed by or on behalf of the shipper, the controlling party or the consignee. Such an agreement must be referred to in the contract particulars. A/CN.9/WG.III/WP.32.

음에 대하여 상당한 주의를 다하여야 한다

(a) 선박을 항해에 견딜 수 있도록 [유지할] 것

(b) 선원의 승선, 선박의 의장 및 보급품의 보급을 적절히 행할 것

(c) 선창 기타 선박의 운송물을 선적할 수 있는 장소(운송인에 의하여 공급되는 경우에는 운송품을 운반하는 컨테이너를 포함한다)를 운송품의 수령, 운송 및 보관에 적절하게 안전한 상태에 둘 것[유지할 것].[11)12)]

(2) 초안에 대한 해설 및 우리 법과의 관련성

운송인의 주의의무는 크게 운송물에 대한 주의의무(초안 제10조와 제11조)와 감항능력주의의무(제13조)의 두 가지이다. 이들은 기존의 조약들과 다를 바 없지만, 그 범위가 확대되었다.

1) 운송물에 대한 주의의무(제11조)

헤이그비스비규칙에 의하면 운송인이 운송물에 대한 주의의무를 부담하여야 하는 범위는 선적에서부터 양륙까지이다. 그런데 초안은 문전 대 문전(door to door) 운송의 입장을 취하고 있으므로 수령에서 인도까지로 그 범위가 확대되었다(제7조, 제10조 및 제11조 제1항).[13)] 초안은 운송인의 책임기간과 운송인의 주의의무의 내용에 대하여 각각 구별하여 전자는 제7조에서 후자는 제10조, 제11조에서 정하고 있다.

제7조는 운송인의 책임기간은 운송인 혹은 실행당사자가 운송물을 수령받고 인도할 때까지에 미친다는 내용이다. 제8조는 해상운송을 전후한 운송에서

11) [제2항 제10조, 제11조 그리고 제13조 제1항에도 불구하고 운송인은 희생이 공동의 안전이나 공동항해위험단체를 구성하는 다른 재산을 보존하기 위한 목적으로 합리적으로 이루어질 경우에는 운송물을 희생할 수 있다.] 제2항은 운송인의 주의의무와 직접적으로 관련이 없다.

12) Article 13(1) The carrier shall be bound, before, at the beginning of, [and during] the voyage by sea, to exercise due diligence to: (a) make [and keep] the ship seaworthy; (b) properly man, equip and supply the ship; (c) make [and keep] the holds and all other parts of the ship in which the goods are carried, including containers where supplied by the carrier, in or upon which the goods are carried fit and safe for their reception, carriage and preservation. A/CN.9/WG.III/WP.32.

13) 제7조 제1항, 제9조를 제외하고 운송인의 책임은 운송인 혹은 실행당사자가 운송물을 수령하고 수하인에게 인도할 때까지 계속된다.

강행적인 국제조약이 있는 경우는 그 강행적인 국제조약이 우선한다는 조항으로서 토의가 계속중이다.

제11조 제1항은 우리 상법의 운송인의 운송물에 대한 주의의무와 동일한 내용으로 보인다. 제2항의 내용은 본 조약은 기본적으로 강행적인 성격을 갖는 것이므로, 실무에서 하역과 관련하여 FIO(Free In and Out: 용선자가 선적과 양륙에 대한 하역작업을 행하는 경우)계약을 체결하면 이를 운송인이 의무를 면하는 계약으로 해석하면,[14] 조약하에서는 제11조 제1항 및 제88조 제1항에[15] 따라 무효가 될 가능성이 있으므로,[16] 이를 방지하기 위하여 계약자유의 원칙을 도입할 수 있음을 정한 것이다. 헤이그비스비규칙은 용선계약의 당사자 사이에는 강행규정의 적용이 없지만 선하증권이 발행되면 운송인과 제3자인 소지인과는 선하증권의 조항이 적용된다(조약 제1조 b항). 그러면 본 조약의 강행성에 의하여 운송인이 양육이나 선적에 대한 의무를 면하는 규정은 무효가 될 것이다. 그러므로 이러한 실무의 관행을 살리기 위하여 이러한 새로운 조항이 필요하다.[17]

우리 상법은 제788조 제1항에서 운송인의 책임기간을 수령과 인도까지로 정하고 있지만, 이 때의 수령과 인도는 해상운송에 직접적으로 부수되는 수령과 인도의 범위를 말하는 것이지, 다른 운송수단을 포함하는 문전 대 문전 운송까지를 포함하는 것은 아닌 것으로 해석된다. 그러므로 본 조약은 우리 법보다 운송인의 책임기간이 넓다고 할 수 있다. FIO계약을 염두에 둔 규정은 우리 상법이 모르는 것이다. FIO계약과 관련하여 우리 대법원은 기본적으로 유효라는 입장을 취한다.[18]

2) **감항성주의의무**(제13조)

운송인의 감항능력주의의무의 행사기간이 헤이그비스비규칙의 발항당시에

14) 비용만을 용선자가 부담하는 것으로 해석하기도 한다.

15) 현재 토의중이지만, 본 조약에서 정한 운송인의 의무와 책임을 감경하는 약정은 무효라는 취지이다.

16) 헤이그비스비규칙하에서도 운송물에 대한 주의의무는 강행성을 가지고 이를 감경하는 것은 무효이므로(제3조 제8항), 운송인이 화물의 선적이나 양륙을 송하인이나 수하인이 갖도록 하는 것은 이러한 강행성에 위반하는지의 의문이 제기될 수 있다.

17) 동지, M. Sturley, Transport Law, op. cit., p. 94; 藤田, 前揭論文, 42頁.

18) 대법원 2003.1.10. 선고 2000다70064 판결(판례공보 2003년, 1821면); 대법원 2004.10.15. 선고 2004다2137 판결(판례공보 2004년).

서 전 항해중으로 확대되기로 결정되었다.[19] 이에 따라 운송인은 확대된 주의의무를 부담하게 된다. 예컨대, 새로운 판의 해도가 출항당시에는 아직 발행되지 않은 경우에 운송인은 구판의 해도로 출항시킨 경우에 감항성에서 문제가 없으나, 이제는 입항 전까지 신판의 해도가 나온다면 어떠한 형태로든 신판의 내용을 선박에 통지하고 고지하여야 감항성주의의무를 다한 것이 될 것이다. 아직 괄호로 묶여 있으므로 최종 외교회의에서 한번 더 논의의 여지가 있을 것으로 보인다.[20]

우리 상법은 운송인의 감항성주의의무도 발항당시에만 있다(상법 787조).

Ⅳ. 運送人의 損害賠償責任

1. 책임의 기초

(1) 초안의 조문(제14차 회의결과)

제14조 제1항 청구인이 (a) 손상, 손실 혹은 지체; 혹은 (b) 손상, 손실 혹은 지체를 야기한 혹은 기여한 사실이 제3장에서 규정한 운송인의 책임기간 동안에 발생하였다는 것을 입증하면, 운송인은 자신이나 제14조 제2항에 기재된 자의 과실이 그러한 손상, 손해 혹은 지체가 사고의 원인이 되지 않았음을 입증함으로써 책임의 전부 혹은 일부에서 면제된다.[21)22)]

---

19) 제12차 회의의 결과 [항해중]의 괄호는 벗겨지게 되었다. 최준선, "UNCITRAL 국제운송법 제12차 회의참가보고서,"「한국해법학회지」, 제26권 제2호(2004.11), 538면. A/CN.9/WGIII/WP. 36, p. 12.

20) A/CN.9/WGIII/WP.36, Foot Note 50, p. 19.

21) 제14차 회의에서 작업반의 반장인 이탈리아의 벨링제리 교수는 별도로 제시된 초안에서 1) 청구인(claimants)은 살리면서 정의규정을 두고 2) 기여한(contributed to)도 살리고 3) 그리고 그 정도만큼(to the extent)은 제4항의 경합원인에 의한 부분에서 다루고 있으니 이를 삭제하고 4) 화주가 주장한 사고사실에 대하여 "운송인이 그 사실에 대하여 자신의 과실이 인과관계가 없음"(the occurrence that caused or contributed to the loss, damage or delay is not attributable to its fault nor to the fault of any person mentioned in article 14bis)을 입증하여야 책임을 면하는 것으로 인과관계에 대한 입증책임을 분명히 하고자 이를 추가하자고 제의하였다. 네덜란드, 중국, 일본, 독일 등 대다수의 국가는 손해사실에 대한 입증책임을 청구인이 부담하고 사고와 과실 사이에 인과관계에 대한 입증책임은 운송인이 부담한다는 수정안에 대하여 찬성하였고, 상기의 본 초안이 확정되었다. 여기에 대한 상세는 A/CN.9/572, para. 12-18.

22) Article 14(1) The Carrier is liable for loss resulting from loss of or damage to the goods, as

(2) 초안에 대한 해설 및 우리 법과의 관련성

영미법에 의하면 운송인은 전통적으로 무과실에 대하여도 책임을 부담하는 소위 엄격책임제도하에 있다.[23] 그간의 해상운송조약은 이러한 영미법의 엄격책임주의와 우리나라를 비롯한 대륙법의 과실책임주의를 절충하여 과실추정주의에 면책사유를 두는 제도를 취하여 왔다.[24] 일단 운송중의 사고에 대하여는 무과실의 책임을 부담한다는 전제에 서면 이제는 운송인이 어떤 사유가 있으면 그 책임에서 면제되도록 하는 소위 면책카탈로그가 필요하게 된다. 현재 헤이그비스비규칙과 우리 상법도 이러한 과실추정주의와 면책사유를 바탕으로 하는 체제이다.[25] 다만, CMR은 무과실책임의 엄격책임주의를 택하고 있다.[26]

초안 제14조는 제10조에서 제13조까지에 규정된 운송인의 의무에 뒤이어 운송인이 책임을 부담하는 경우를 정하고 있다. 초안에서도 전통적인 과실책임주의를 택하고 면책사항들을 둔다는 점에서는 변화가 없다. 다만, 새롭게 입증책임의 분배와 면책사항들을 조정하면서 화주와 운송인의 이해를 조율하고자 하는 점이 현 헤이그비스비체제나 우리 상법의 입장과 다르다.

초안 제14조 제1항도 이를 분명히하고 있다. 제1항은 운송인의 운송기간중에 운송물 손상사고가 발생하였음을 청구인이 입증하면 운송인은 이것이 자신이나 자신의 피용자의 과실에 기인하지 않았음을 입증하지 못하면 책임을 부담하여야 한다(헤이그비스비규칙은 이런 점들이 불분명함)고 정한다. 과실추정주의의 결과로 운송인은 자신의 과실이 사고에 기인하지 않았음을 입증하지 못하면 설명되지 않는 손해에 대하여도 손해배상책임을 부담하게 된다. 그런데 제1항

well as from delay in delivery, if the claimant proves that (a) the loss, damage, or delay; or (b) the occurrence that caused or contributed to the loss, damage, or delay took place during the period of the carrier's responsibility as defined in chapter 3. The carrier is relieved of all or part of its liability if it proves that the cause or one of the causes of the loss, damage, or delay is not attributable to its fault or to the fault of any person mentioned in article 14bis.

23) 이것은 로마법의 레셉툼(Receptum)책임에서 기원한다고 한다. 로마법상 운송인이나 여인숙의 주인은 손님으로부터 수취한 운송물이나 휴대품을 안전하게 보관하여 반환할 의무를 부담하며, 그 멸실 혹은 훼손에 의한 손해는 자기측에 과실이 없어도 또한 불가항력에 의한 것이라도 그 물품의 수령(레셉툼)이라는 사실에 의해 절대적인 손해배상책임을 부담하였다. 이기수, 「상법(상)」(박영사, 1997), 261면.

24) 헤이그비스비규칙이 대표적이다. 동 규칙 제4조 제1항과 제2항이 그러하다.

25) 우리 상법 제787조와 제788조 그리고 제789조가 이러한 예이다.

26) CMR 제17조는 무과실책임을 운송인에게 부과한다. 그러나 일정한 면책사유가 있다.

에서 청구인이 입증하여야 하는 것은 1) 손상, 손실 혹은 지체이거나 2) 손상, 손실 혹은 지체를 야기한 혹은 기여한 사실이다. 즉, 손해사실을 입증하거나 손해사실을 입증할 필요없이 손해에 기여한 사실을 입증하면 된다는 것이다.

우리 상법 제788조 제1항은 구체적으로 조약초안과는 다른 문장을 사용하고 있지만, 내용은 동일한 것으로 해석된다.

2. 운송인의 면책과 책임제한배제

(1) 초안의 조문(제14차 회의결과)

제14조 제2항 만약 운송인이, 제1항에서 정한 과실이 없음을 입증하는 대신으로, 손상과 지체가 제3항에서 정한 사항의 하나로 야기된 점을 입증하는 경우에는 운송인은 다음의 경우를 제외하고 책임의 전부 혹은 일부로부터 면제된다.

(a) 청구인이, 운송인이 본 항에서 근거로 삼은 면책사유가 운송인이나 제14조의2에서 언급된 사람의 과실로부터 야기되었거나 혹은 기여한 점을 청구인이 입증하면 운송인은 손상과 지체의 전부 혹은 일부에 대하여 책임을 부담한다.

(b) 청구인이 제3항에서 기재된 면책사유 이외의 것이 손상과 지체에 기여하였다는 점을 입증한 경우, 운송인이 그 사유가 자신이나 제14조의2에서 언급한 사람의 과실에 의하지 않았음을 입증하지 못하면 운송인은 손상과 지체의 일부손해에 대하여 책임을 부담한다.

(c) 청구인이 선박이 (i) 선체의 불감항, (ii) 부적절한 사람과 장비와 공급이 이루어지고, 혹은 (iii) 선창이나 화물이 적재될 다른 부분(운송인에 의하여 공급될 때 화물이 운송되는 컨테이너를 포함함)이 안전한 수령과 운송과 보관에 적절하지 못하였기 때문에 손상과 지체가 있었고 혹은 상당한 정도로 기인되었고 혹은 기여하였다는 점(the loss, damage, or delay was or was probably caused by or contributed to by)을 입증하고 그리고 운송인이 (A) 제13조 제1항에 따라 요구되는 주의의무를 행사할 의무를 이행하였거나 혹은 (B) (i) (ii) (iii)에서 언급한 상황의 어느 것에 의하여도 손상 혹은 지체가 야기되지 않았음을 입증할 수 없는 경우에는 운송인은 손상과 지체의 전부 혹은 일부에 대하여 책임을 부담한다.[27)][28)]

(2) 초안에 대한 해설과 우리법과의 관련성

제2항 본문은, 제1항의 과실이 운송인에게 있고 그 과실이 사고와 인과관계가 있다고 하더라도 운송인이 제3항에서 허용되는 면책사유임을 입증하면 운송인은 책임을 면하게 된다는 점을 정하고 있다. 면책사유를 제3항으로 분리시켜서 내용을 분명히 하고자 하였다. 다만, 다시 청구인이, 운송인이 주장하는 면책사항에 운송인 혹은 운송인의 사용인이 과실이 있거나(a호) 혹은 다른 사실이 사고에 기여하였다는 점을 입증하거나(b호), 불감항에 기인한 사고의 경우에는(c호) 운송인은 책임을 면하지 못하게 된다. (a)호에서는 면책사유 자체에 운송인측의 과실이 있는 경우이고 (b)호에서는 면책사유 이외의 다른 사실이 사고에 기여한 경우를 말하고 있다.

(a)호는 운송인이 제3항에서 열거된 면책사유를 가지고 면책을 주장하면, 청구인은 그 면책사유가 운송인측의 과실로 인하여 기인한 것을 입증하면 운송인이 책임을 면하지 못한다는 취지이다.[29] (a)호는 상당한 의미가 있다. 예컨대, 현행상법하에서는 항해과실면책은 운송인측이 과실이 있더라도 면책이 된다. 현재의 헤이그비스비규칙하에서는 운송인이 항해과실 사실을 주장하면 원

27) 2. If the carrier, alternatively to proving the absence of fault as provided in paragraph 1, proves that an event listed in paragraph 3 caused or contributed to the loss, damage, or delay, then the carrier is relieved of all or part of its liability except in the following situations: (a) If the claimant proves that the fault of the carrier or of a person mentioned in article 14 bis caused or contributed to the event on which the carrier relies, then the carrier is liable for all or part of the loss, damage, or delay. (b) If the claimant proves that an event other than those listed in paragraph 3 contributed to the loss, damage, or delay, and the carrier cannot prove that this event is not attributable to its fault or to the fault of any person mentioned in article 14bis, then the carrier is liable for part of the loss, damage, or delay. (c) If the claimant proves that the loss, damage, or delay was or was probably caused by or contributed to by (i) the unseaworthiness of the ship; (ii) the improper manning, equipping, and supplying of the ship; or (iii) the fact that the holds or other parts of the ship in which the goods are carried (including containers, when supplied by the carrier, in or upon which the goods are carried) were not fit and safe for perception, carriage, and preservation of the goods, and the carrier cannot prove that (A) it complied with its obligation to exercise due diligence as required under article 13(1); or (B) the loss, damage, or delay was not caused by any of the circumstances mentioned in (i), (ii), and (iii) above, then the carrier is liable for part of all of the loss, damage, or delay.

28) 여기에 대한 자세한 내용은 A/CN.9/572, para. 20-32.

29) 예컨대, 제3항 c호의 테러행위로 인한 사고로 손해가 발생한 경우, 운송인이 면책사유의 하나로 이를 주장하면 청구인이 테러행위가 운송인의 과실로 인하여 발생하였음을 입증한 경우에는 운송인은 책임을 부담한다.

고측이 운송인측에 과실이 있음을 입증하여도 운송인은 면책이 가능하도록 되어 있다. 이것이 바로 항해과실 인정 이유이기도 하다. 그런데 조약초안하에서는 운송인이 면책사항임을 주장하여도 청구인인 화주측에서 면책사유가 운송인측의 과실로 인하여 발생한 것임을 입증하면 운송인의 면책은 허용되지 않는다는 것이다. (a)호의 존재로서 면책사유는 모두 면책의 추정(presumption)으로 되었다. 우리 상법을 예를 들어 설명하면, 제788조 제2항은 허용되는 면책사실만 있으면 운송인은 면책이 되는 이른바 면책(exoneration)사유였다. 그리고 제789조는 우리 법하에서는 입증책임이 전환된 면책사유로 불리는 것이다. 조약초안에서는 모든 사유가 면책의 추정으로 되는 결과가 되었다. 다시 말하자면, 운송인측에 과실이 있어도 운송인이 면책이 되는 사항은 없어졌다는 것이다.

(b)호는 운송인이 제3항에 열거된 사유를 가지고 면책을 주장하면(예컨대 황천면책), 원고는 면책사유가 아닌 사유(예컨대, 운송인의 항해상의 과실은 더 이상 면책사유가 아니므로 이를 주장하면)가 사고에 기인하였다는 점을 입증하면 운송인이 이것에 과실이 없음을 입증하지 않으면 더 이상 면책이 허용되지 않는다는 것이다. 우리 상법에는 별다른 규정을 두고 있지 않지만 이렇게 해석된다. 우리 상법 제789조의2에서는 운송인이 열거된 면책사유를 들면서 면책을 주장하면 화주측은 운송인이 감항성주의의무와 운송물에 대한 주의의무에 위반하였음을 입증하여야 운송인이 책임을 면하지 못하므로, 현행 우리 법이 화주측에 불리함을 알 수 있다.

(c)호는 운송인이 제3항에 열거된 사유를 가지고 면책을 주장하면, 이 사고는 불감항에 기인하였음을 청구인이 입증하면 운송인은 감항성주의의무 행사를 다하였거나 혹은 불감항 사실이 사고와 인과관계가 없다는 점을 입증하여 책임을 면하게 된다는 취지이다. 기존의 헤이그비스비규칙이나 우리 상법에는 운송인이 부담하는 감항성주의의무가 각종 면책사유와 어떠한 관련성이 있는지 별도의 규정을 두지 않고 있다. 그러나 학설과 판례는 이를 면책을 위한 우선적 의무(overriding duty)로 이해하여 운송인이 면책을 주장하는 사고가 감항성결여로 인하여 발생한 것이라면 운송인은 면책이 되지 않는 것으로 되었다.[30] 그런데 감항성주의의무와 운송물에 관한 책임의 조문이 각기 별도로 배치되어

---

30) Wilson, op. cit., 269; 대법원 1998.12.10. 선고 96다45054 판결; 채이식, 「상법(하)」(박영사, 2003), 701면; 김인현, 「해상법」(법문사, 2003), 142면.

있어 일반인의 이해에 어려움이 있고 이것이 실무에도 반영되어 청구인인 화주측이 손해를 보는 경우가 있다는 점이 제기되어,[31][32] 이번에 양자의 관련성을 법문으로 분명히 한 것은 큰 의의가 있다. 이에 따르면 우리 상법 제787조와 제788조 제2항과 제789조가 통합되어 조문화되어야 한다는 결론에 이른다.[33] 운송인의 감항성에 대한 주의의무는 발항당시에서 전 항해에 걸쳐서 계속되므로 새로운 조약하에서는 운송인은 큰 의무를 부담하게 된 점은 위에서 보았다. 청구인인 화주는 운송인이 주장하는 면책사유와 불감항 사실이 인과관계가 있음을 입증하고, 운송인이 그럼에도 불구하고 주의의무를 다하였음을 입증하면 책임을 면하는 것으로 되었다. 청구인이 부담하는 입증의 정도에서 해운국과 화주국은 큰 대립을 보였다.[34] 합의안으로 청구인이 부담하는 불감항 사실과 사

31) 제14차 회의에서 이탈리아의 벨링제리 교수는 WP.36의 제3항 운송인이 면책을 주장하면 다시 화주측이 불감항을 주장 입증하게 되면 운송인이 책임을 면하지 못하게 되는바, 이들의 연결관계가 불분명하므로 제2항과 제3항을 연결한 자신의 통합 제2항을 아래와 같이 소개하고, WP.36의 중간에 있는 면책사항들은 너무 길므로 이를 항을 달리하여 통합 제3항으로 하자고 제안하였다. 이것이 현재의 초안의 기초가 되었다.

32) 벨링제리 교수의 수정안 제14조 제2항

만약 운송인이, 제1항에서 정한 과실의 부재를 입증하는 대신으로, 손상과 지체가 제3항에서 정한 사항의 하나로 야기된 점을 입증하는 경우에는 운송인은 청구인이 다음을 증명한 경우에만 책임을 부담한다:

(a) 운송인이 본 항에서 근거로 삼은 사항이 운송인이나 제14조의2에서 언급된 사람의 과실에 의하여 발생하였다는 점 (b) 제3항에서 기재된 이외의 사항이 손상과 지체에 기여하였다는 점[이 경우에 책임은 제1항에 따라서 정하여진다]; 혹은 (c) 선박이 (선체의) 불감항, 혹은 부적절한 사람과 장비와 공급이 이루어지고, 선창이나 화물이 적재될 다른 부분(운송인에 의하여 공급될 때 화물이 운송되는 컨테이너를 포함함)이 안전한 수령과 운송과 보관에 적절하지 못하였다는 점[이 경우에는 운송인은 만약 제13조 제1항에 따라 요구되는 주의의무를 행사하였거나 혹은 그 불이행이 손상이나 지체에 영향을 미치지 아니하였음을 입증한 경우에는 책임이 없다]. (제2의 c항이 있으나 심각히 논의되지 않아서 생략함)

33) 조약초안은 감항성주의의무의 위반으로 인한 사고가 독자적인 청구권의 기초가 되는지에 대한 언급이 없다.

34) 제14차 회의에서 논의는 제c항에서 불감항에 대한 입증책임을 누가 부담하는가에 집중되었다. 제3항의 [ ] 부분에서 1) 운송인이 인과관계 및 상당주의의무 행사에 대한 입증책임을 모두 부담하는 제1안, 2) 화주가 인과관계에 대한 입증을, 운송인이 상당주의의무 행사에 대한 입증책임을 각각 나누어서 갖는 제2안, 3) 제1안과 제2안의 합의안으로 화주가 인과관계에 대한 "개연성"만을 입증하고 운송인이 상당주의의무 행사에 대한 입증책임을 부담하는 제3안이 제시되었다. 이탈리아, 독일, 캐나다, 나이제리아, 호주 등이 제1안을 지지하였다. 이탈리아는 불감항의 입증책임을 자료를 갖지 않는 화주가 부담하는 것은 너무 지나치다고 하였다. 미국, 덴마크, 스위스, 일본 그리고 한국이 제2안을 지지하였다. 미국은 연혁적으로 불감항에 대한 입증책임은 화주가 부담하는 것이라고 논리를 전개하였고, 일본은 청구인이 손해의 존재와 사고와 과실행위와의 인과관계를 입증하는 것이 원칙이라고 하였다. 일본은

고와의 인과관계가 reasonably caused와 probably caused 중의 대립을 보이다가, 후자로 통과되었다. 청구인이 부담하는 입증의 정도는 상당한 것으로 평가된다.[35)]

3. 운송인의 면책사유

(1) 초안의 조문(제14조 제3항)(제14차 회의결과)

제14조 제3항 제2항에서 정하는 사항은 아래와 같다.

(a) 불가항력

(b) 해상 혹은 다른 가항수역에서의 위험과 사고

(c) 전쟁, 적대행위, 무력충돌, 해적, 테러, 폭동 그리고 시민소동

(d) 검역상의 억제, 정부, 공공기관, 통치자 혹은 시민에 의하여 야기된 개입이나 방해, 운송인 혹은 제14조 제2항에서 정한 사람에 기인하지 않는 지체, 압류 혹은 억류를 포함한다.

(e) 스트라이크, 작업상 폐쇄, 작업의 중단 혹은 작업의 제한

(f) 선박에서의 화재

(g) 상당한 주의로도 발견할 수 없는 선박의 하자

(h) 송하인 혹은 제32조에 기재된 자, 처분권자, 혹은 수하인 등에 의한 작위 혹은 부작위

(i) 송하인 혹은 제32조에 기재된 사람, 처분권자, 혹은 수하인 등에 의하여 [실제로 행하여진] 화물의 처리, 선적, [적부] 혹은 양륙

(j) 화물의 잠재하자에 기인한 중량의 감소 혹은 손상

(k) 운송인이 직접 혹은 운송인을 [대신하여] 행하지 아니한 포장 혹은 표시 불충분 혹은 하자

제3안에 가까운 안을 그리고 네덜란드는 제2안으로 하면서 화주가 인과관계의 입증에 어려움이 있다면(제20조도 동일한 문제가 있음) 제24조에 운송인에게 서류제출의무를 부과하자는 중도안을 제출하였다(Claimants must be allowed by the carrier to access on board). 의장은 제1안이 다수이나 합의를 유도하기 위하여 제3안의 합의안을 검토하자고 하고 벨링제리 교수가 자신의 "could have been caused"라는 중도안을 제시하였고, 결국 소위원회를 거쳐서 최종적으로 통과된 문구는 "probably caused"로 되었다. 김인현 · 오원석, "유엔 운시트랄 제14차 운송법회의참가 보고서"(2004.12.10), 5면; A/CN.9/572, para. 23, 24, 30.

35) 회의중 probably caused가 reasonably caused보다 입증의 정도가 높다는 지적이 있었다. A/CN.9/572, para. 30.

(l) 해상에서의 인명의 구조 혹은 구조행위

(m) 해상에서의 인명구조 혹은 구조행위를 위하여 취하여진 합리적인 조치

(n) 환경에 대한 손상을 피하거나 피하기 위하여 취하여진 합리적인 조치

[(o) 운송물이 사람이나 재산 혹은 환경에 위해를 줄 경우에 제12조와 제13조에 따라 허용된 바에 의거하여 운송인이 취한 행위][36)]

(2) 초안에 대한 설명과 우리법과의 관련성

최종적으로 확정된 초안에서는 운송인의 면책의 범위가 축소되었다. 항해과실이 폐지되고 화재면책도 범위가 축소된 점에서 기존의 헤이그비스비규칙이나 우리 상법과 다르다. 면책카탈로그가 없는 함부르크규칙과도 다르다.

본 조약이 해상운송과 해상운송을 포함하는 육상운송 등에도 적용되는 것이므로 해상고유의 면책사유를 별도로 규정하려고 하였지만(초안 제22조), 제14차 회의에서 이를 통합하여 제14조 제3항의 일부로서 두게 되었다.[37)] 그러므로 초안 제22조는 삭제되게 되었고 여기에 있던 해상고유의 위험(b호), 이로(l) 규정 등을 제14조 면책사유에 추가하였다.[38)]

---

36) 3. The events mentioned in paragraph 2 are: (a) Act of God; (b) Perils, dangers, and accidents of the sea or other navigable waters; (c) War, hostilities, armed conflict, piracy, terrorism, riots, and civil commotions; (d) Quarantine restrictions; interference by or impediments created by governments, public authorities, rulers, or people including detention, arrest, or seizure not attributable to the carrier or any person mentioned in Article 14bis; (e) Strikes, lockout, stoppages, or restraints of labour; (f) fire on the ship; (g) Latent defects in the ship not discoverable by due diligence; (h) Act or ommission of the shipper or any person mentioned in Article 32, the controlling party, or the consignee; (i) Handling, loading, [stowage], or unloading of the goods [actually performed] by the shipper or any person mentioned in Article 32, the controlling party, or the consignee; (j) Wastage in bulk or weight or any other loss or damage arising from inherent quality, defect, or vice of the goods; (k) Insufficiency or defective condition of packing or marking not performed by [or on behalf of] the carrier; (l) Saving or attempting to save life at sea; (m) Reasonable measures to save or attempt to save property at sea; (n) Reasonable measures to avoid or attempt to avoid damages to the environment; [(o) Acts of the carrier or a performing party in pursuance of the power conferred by articles 12 and 13(2) when the goods have become a danger to persons, property, or the environment or have been sacrificed.].

37) A/CN.9/572, para. 63, 64.

38) 제14차 회의에서는 아래와 같은 벨링제리 교수의 안을 가지고 논의하였다.

제3항 제2항에서 정하는 사항은 아래와 같다. (a) [불가항력], 전쟁, 적대행위, 무력충돌, 해적, 테러, 폭동 그리고 시민소동; (b) 검역상의 억제, 정부, 공공기관, 통치자 혹은 시민에

1) 면책제도인가 추정제도인가의 논의

이 회의의 초기에 논란이 되었던 것은 기존의 헤이그비스비규칙이나 각국의 면책제도가 완전면책(exoneration)인지 아니면 책임면제추정(presumption)에 지나지 않는지에 대한 것이었다. 면책이 되는 사실이 입증되기만 하면 완전히 운송인의 책임은 면하게 되고 다시 다른 반증으로 인하여 운송인이 책임을 부담하는지에 대한 논의이다. 전자는 면책(exoneration)접근법, 후자는 추정(presumption)접근법이다.

이를 우리 법으로 설명을 하여 본다. 우리 상법으로는 명확하게 항해과실면책은 항해과실이 있었다는 사실만 입증하면 운송인은 면책이 되므로 면책(exoneration)제도이다. 화재의 경우에는 화재는 운송인의 면책이라고 하면서도 화재에 대하여 "운송인 자신의 고의과실이 있는 경우는 제외한다"고 하므로, 이것은 면책의 추정(presumption)에 해당한다고 할 수 있다. 초안 제14조 제2항 (a)호에 해당하는 것이다. 그런데 황천면책 등의 경우, 우리 법에서 입증책임이 전환된 면책사유라고 하는 것도, 운송인이 운송물에 대한 주의의무를 위반하였거나 감항성주의의무에 위반한 경우에는 다시 운송인이 책임을 부담하게 된다. 이것은 다른 사실을 가지고 운송인이 책임을 부담하는 것으로서 초안 제14조 제2항 (b)호와 (c)호에 해당하는 것이다. 이것도 면책의 추정에 해당한다고 볼 수 있을 것이다.[39)]

각국은 기존의 헤이그비스비규칙에서의 면책카탈로그가 면책인지 아니면 면책의 추정인지 그리고 어떻게 규정할 것인지에 대하여 이해를 달리하였다.

의하여 야기된 개입이나 방해[법적 절차에 의하여 혹은 이에 따른 방해를 포함한다]; (c) 화주 등의 작위 혹은 부작위; (d) 스트라이크, 작업상 폐쇄, 작업의 중단 [혹은 작업의 제한]; (e) 화물의 잠재적 성질, 하자 등에 기인한 중량의 감소 혹은 손상; (f) 불충분한 포장 혹은 표시; (g) [상당한 주의의무로도 발견할 수 없는] 선박의 하자 혹은 [상당한 주의로도 가능하지 못한 수정사항]; [(h) 화주에 의한 화주를 대신한 화물의 처리, 선적, 적부 혹은 양륙]; (i) [운송물이 사람이나 재산 혹은 환경에 위해를 줄 경우에 제12조와 제13조에 따라 허용된 바에 의거하여 운송인이 취한 행위]; (j) [선박의 화재[운송인의 고의 혹은 과실에 의하여 야기되지 않은 경우]].

39) 헤이그비스비규칙의 입장을 따른다면, 제789조 제2항의 면책사유는 면책사유가 있으면 운송인은 면책이 되어야 하고 다만, 감항성주의의무에 위반한 경우에는 별도의 책임을 부담하는 것이어야 옳은 것이지만, 우리 법의 입장은 운송인은 면책사유가 보통 생길 수 있는 것임을 입증하면 되고 화주측이 감항성주의의무 위반과 운송물에 대한 위반사항을 입증하면 되는 것으로 되어 있다. 이는 헤이그비스비규칙과 다른 것으로 해석된다. 동지, 최종현, "해상고유의 위험으로 인한 운송인의 면책," 「한국해법학회지」, 제26권 제2호(2004.11), 241면.

결론적으로 초안은 청구인인 화주는 다른 사실을 주장하여 운송인의 면책주장을 깨트릴 수 있으므로 면책이 추정되는 것과 같은 효과가 되었다.[40)]

2) **항해과실면책**

면책제도에서 가장 문제가 된 것은 항해과실과 화재면책을 그대로 존치시킬 것인지에 있었다. 항해과실면책은 이미 함부르크규칙에서 폐지된 것이기 때문에 폐지론자들의 입장은 강화될 수밖에 없었다. 미국의 코그사 개정안(제9조 제d항 2호)은 항해과실을 폐지하면서도 운송인의 과실이 화물사고의 원인이라는 입증을 화주가 부담하게 함으로써 항해과실폐지에 대한 균형을 유지하려고 하였다.[41)] 그러나 세계해법회의 초안에서는 항해과실면책이 존치되어 있음에도 불구하고, 국내법으로도 항해과실면책이 인정되지 않는 경향을 보이고 있는 미국이 이의 존치를 포기함으로써,[42)] 한국과 일본 그리고 덴마크의 강한 반대에도 불구하고 항해과실면책은 이미 이전 회의에서 논의가 종결되어 폐지되었다.[43)] 이를 대체하기 위하여 도선사과실면책제도를 존치시키고자 하는 노력이 해운국들을 중심으로 있었지만,[44)] 제14차 비엔나회의에서 최종적으로 부인되어,[45)] 항해과실면책은 완전히 폐지되어 제14조 제3항의 면책카탈로그에서 사라

40) 동지, M. Sturley, Transport law, op. cit., p. 96. 스털리 교수는 현재의 대부분의 법체제하에서는 면책은 반증이 가능하다고 하면서 양자의 구별은 무의미한 것이라고 한다.

41) 미국 코그사개정안은 항해과실을 폐지하는 대신에 운송인에게 과실이 있었음을 원고인 화주측이 입증하는 것으로 개정하고자 한다는 점에서 중간적인 기능을 한다고 할 수 있다. 이에 대하여는 김인현, "한국과 미국의 해상물건운송법에 대한 비교연구,"「한국해법학회지」, 제26권 제2호(2004.11), 419면을 참고바람.

42) 미국은 운송인단체와 화주간의 합의의 산물로서 항해과실폐지에 원칙적으로 합의하였고 미국대표단은 이런 입장을 전개하였다. M. Sturley, Transport Law, op. cit., p. 95.

43) A/CN.9/525, para. 36. 항해과실면책제도에 대하여 강한 이해관계를 갖는 한국이 이 회의의 초기에 두 번이나 자문대표단이 파견되지 않아 이에 대한 의견제시를 강하게 하지 못한 채 전체적인 분위기가 초반에 잡힌 것은 아쉬운 점이라는 미국과 일본 대표의 지적이 있었다.

44) 덴마크, 한국, 그리스가 주축이 되었다. 최준선 · 김인현 · 신유철, "운시트랄 국제운송법제13차 회의 참가보고서,"「한국해법학회지」, 제26권 제2호(2004.11), 556면.

45) 제14차 회의에서 그리스 대표가 도선사과실면책제도가 존치되어야 한다고 주장하고, 여기에 대하여 한국, 일본, 덴마크, P&I, 네덜란드가 찬성하였다. 한국은 강제도선사의 경우 도선사는 강제적으로 승선하므로 운송인과 도선사 사이에 사용자 관계에 기초한 사용자책임(vicarious liability)을 인정하기 어렵다고 하는 것이 입장이므로, 도선사과실에 대하여는 면책을 인정하여 제22조에 존치를 시켜야 한다고 주장하였다. 미국은 제14조 제1항에 의하여 운송인은 면책이 된다는 이론을 전개하면서 이에 반대하였다. 프랑스, 독일, 캐나다, 세네갈, 스위스, 인도 등은 강제도선사라고 하더라도 선장이 최종 결정권을 가지므로 운송인이 책임을 부담하여야 한다, 혹은 이미 이전 회의에서 삭제된 내용이라고 하면서 반대였다. 의장은

지게 되었다.

항해과실제도의 폐지는 우리나라에도 장래 영향을 미칠 것으로 보인다. 우리나라는 항해과실면책제도를 쉽게 인정하여주는 경향을 보이고 있다. 우리나라의 실무상 문제점은 항해과실의 전제로서 감항능력주의의무의 행사가 필요하다는 점이 강조되지 않고 있다는 점이다. 감항성이 제대로 갖추어지지 못한 경우를 강화하여 항해과실면책을 쉽게 인정하지 않음으로써 부당한 면책을 피하여 갈 수 있을 것이므로 굳이 항해과실면책제도를 폐지할 이유는 없다고 본다.[46] 다른 방안으로는, 1998년 미국 COGSA 개정초안과 같이 운송인이 사고에 과실이 있었다는 입증을 청구인인 화주가 부담하는 것으로 입증책임을 전환하는 것으로 하여 중도적인 입장을 취하는 것도 고려할 수 있을 것이다.

3) 화재면책

화재면책도 또한 폐지론자의 강한 반대의 대상이 되었지만, 미국과 한국을 필두로 일본, 덴마크, 네덜란드 등 해운국들의 강한 주장에,[47][48] 화재면책은 형

이미 지난 회의에서 결정된 사항이고 절대다수가 존치를 희망하지 않으므로 도선사과실면책제도는 삭제되었음을 선언하였다. A/CN.9/572, para. 65-66.

46) 항해과실을 존치하여야 하는 이유에 대하여는 김인현, 2004년 10월 4일자 해운신문을 참고바람.

47) 제13차 회의에서 한국대표단은, 화물자체의 위험성이 원인이 되는 경우가 많고 화재가 발생시 화재의 원인을 발견할 수 있는 입증자료들이 화재와 더불어 사라지는 경우가 많음에도 일반원칙에 따라 운송인의 과실이 추정되어 손해배상책임을 부담하는 것은 부당하다는 점, 이를 허용한다고 하더라도 운송인은 감항능력을 다 갖춘 경우에만 면책이 가능하므로 화주에게도 부당하게 불리하지 않다는 점, 그리고 한번 발생한 화재는 선박에서는 육상과 달리 조력을 받을 수 없어서 대형손해가 발생한다는 점에 있으므로 화재면책은 존치되어야 한다고 주장하였다. 전게 최준선 · 김인현 · 신유철, 556면.

48) 제14차 회의에서 이탈리아가 완전히 삭제하는 안을 제시하자, 호주, 스위스, 스웨덴, 핀란드, 캐나다, 브라질, 노르웨이, 오스트리아, 멕시코, 세네갈, 뉴질랜드 등이 이를 지지하였다. 스위스는 대부분의 화재는 화물로 인하여 발생하고 현재 화물에서의 화재 위험원에 대한 발견이 가능하여졌으므로 화재면책은 필요없다고 하였다. 스웨덴은 육상에서 가스사고에 대하여도 화재면책이 없으므로 동일한 시스템으로 가야한다고 주장하였다. 멕시코는 국제해사기구(IMO)의 위험화물에 대한 규제가 성공적이므로 더 이상 화재면책이 필요없다고 하였다. 스웨덴은 1차 선호는 완전삭제이고 2차 선호는 [ ]를 가진 채 제14조에 함께 두는 것이라고 하였다. 핀란드는 1차 선호는 완전삭제이고 2차 선호는 선상의 화재로 한정하고 헤이그비스비처럼 두는 것이라고 하였다. 브라질도 2차 선호는 선박의 화재로 한정 가능하다고 하였다.

미국의 존치발언이 반대에 부딪친 가운데, 한국이 두번째 찬성국가로서 발언을 하였다. 한국은 실무상 최근 자동차 운반선에서 화재가 발생하고 있으며, 운송인이 내부를 직접 확인하지 못하는 FCL 화물의 운송에는 운송인이 화재원 발견에 불리한 지위에 있고, 육상에서

태를 바꾼 채로 제14조 제3항 f호에 존치되게 되었다. 즉, 헤이그비스비규칙이나 우리 상법에서는 화재사실만을 운송인이 입증하면 비록 피용자의 과실이 있다고 하더라도 운송인 자신의 고의과실이 없는 한 화재면책이 허용되었지만,[49] 초안은 "운송인 자신의 고의과실이 없는 한"(unless caused by the actual fault or privity of the carrier)이라는 단어를 삭제하게 되었다.[50] 조약초안은 운송인이 화재면책을 주장하면 화주는 제14조 제2항 (a)호에서 운송인 혹은 피용자의 과실로 기인한 것임을 입증하면 운송인은 책임을 부담하게 된다. 그러므로 선장 등 피용자의 과실이 있는 경우라도 화재가 면책되었던 기존 조약의 입장이 이제는 피용자의 과실에 대하여도 운송인은 책임을 부담하도록 변경되었다.[51]

운송인이 화재사실을 주장하게 될 때 원고는 제14조 제2항 (a)호의 운송인이나 피용자의 과실 혹은 (c)호의 감항성 결여를 주장하여야 한다(이는 현재 헤이그비스비규칙이나 우리 법과 동일하다). 화재면책이 폐지되는 것과 비교하여, 운송인이나 피용자의 과실로 화재가 발행하였거나 운송인측의 불감항 사실이

의 화재와 달리 선박에서의 화재에는 운송인이 입증할 증거를 가지기가 어렵고, 실제 화재가 발생하면 육상과 달리 도움을 받지 못하는 선박에서 선원들이 화재를 끄기가 어렵고, 항해과실이 폐지된 상황에서 화재면책은 존치되어야 한다고 주장하였다. 그 위치는 제22조(WP.36)가 되어야 하고 선박에서의 화재로 한정한다고 하자, 이를 이어서 중국, 일본, 덴마크, 중국, 네덜란드, 싱가포르, P&I(SCI)가 미국과 한국을 지지하였다. 김인현 · 오원석, 전게보고서의 회의록, 11면; 김인현 · 오원석, 전게보고서, 회의록 10-11면.

49) 우리 상법 제788조 제2항은 "운송인은 (중략) 화재로 인하여 생긴 운송물에 관한 손해를 배상할 책임을 면한다. 그러나 운송인의 고의 또는 과실로 인한 화재의 경우에는 그러하지 아니하다"고 정한다. 즉, 여기에서의 운송인은 운송인 자신을 의미한다. 그러므로 운송인의 피용자인 선박사용인의 과실로 인한 경우에는 면책이 된다.

50) A/CN.9/572, para. 58-62.

51) 의장은 지난 뉴욕의 제13차 회의에서 화재면책은 유지되도록 되었지만, 제14조와 관련하여 다시 논의되기로 되었고, 그 조문의 위치에 대하여도 구체적으로 논의하도록 되었음을 상기시켰다. 이어서 이탈리아의 벨링제리 교수는 화재면책에 대하여는 4가지 안이 있다고 함. 1) 완전히 삭제하는 것 2) "운송인의 고의과실이 없으면"이라는 문구와 함께 제14조에 두는 것 3) 헤이그비스비규칙과 같이 제22조에 존치하는 것 4) 운송인의 고의 과실(actual fault or privity)에서 privity라는 용어는 대륙법 국가에서는 불분명하므로 이를 삭제하는 것이라고 제안하였다. 폐지론이 약간 우세한 가운데, 의장은 합의안을 제시하였다. 즉, 선박의 화재(fire on the ship)라는 문구만을 존치시키고자 함(결국 이는 fire on the ship 이하의 unless caused by the actual fault or privity를 삭제하는 것이 됨). 많은 국가들이 합의안에 찬성하여 화재는 [ ]를 벗긴 채로 완전한 합의에 이르러 "선박의 화재"라는 용어만으로서 존치되게 되었음. 화재면책의 조문 위치에 대하여는 문구작성소위원회에서 처리하기로 되어, 최종적으로는 제22조의 화재면책조항은 제14조 f호로 옮겨와 "선박에서의 화재"(fire on the ship)라는 문구로 존치되었다.

화재로 인한 화물손상에 인과관계가 있었음을 화주인 원고가 입증하여야 하고 이는 쉽지 않은 입증이므로, 운송인은 여전히 큰 이익을 향유하는 것으로 평가된다.

우리 상법은 화재의 경우에 운송인은 면책되지만 "운송인의 고의 또는 과실로 인한 화재의 경우는 그러하지 아니하다"는 명문의 규정을 두고 있다(상법 제788조 제2항). 그런데 조약은 이를 삭제하고 운송인이나 그 피용자 모두가 과실이 있으면 운송인은 책임을 면하지 못하게 되었으므로, 조약이 발효된다면 이 부분도 영향을 받을 것이다. 현행상법상 운송인의 과실을 이유로 운송인의 화재면책을 부인하려는 경우에 입증책임을 운송인이 부담하는지 아니면 화주가 부담하는지에 대하여 국내학설은 대립되어 있다.[52] 그런데 조약의 영향을 받게 되면 입증책임을 운송인에게 두게 되어, 즉 운송인 자신이 과실이 없음을 입증하여야 하는 경향이 생길 것으로 예상된다.

4) 기타 면책사유

제14차 회의에서 각국은 운송인이 개입될 여지가 없는 사항에 대하여는 운송인의 면책을 인정하는 태도를 취하였다. 화물자체의 잠재하자, 표시의 잘못, 스트라이크 등이 그러한 예이다.

정당한 이로, 황천면책 등에 대하여 존치는 이미 지난 회의에서 결정되었으므로 이를 제22조에 둘 것인지 제14조에 그대로 둘 것인지에 대하여만 문구작성소위원회에서 결정하여 오기로 하였고, 최종적으로는 제14조 제3항에 포함하기로 하였다.

(a)호의 불가항력에 대하여, 일반조항을 통하여도 처리되므로 굳이 존치시킬 이유가 없다는 주장이 있었으나, 법원의 오해를 방지하기 위하여 존치하기로 하였다.[53]

(c)호에서 테러가 운송인의 면책사유로 된 것은 상당한 의미가 있다. 여객

52) 운송인에게 입증책임이 있다는 견해로는 배병태, 「주석 해상법」(한국사법행정학회, 1981), 211면이 있고 화주측이 부담하여야 한다는 견해로는 채이식, 전게 상법(Ⅳ), 306면; 김인현, 전게 해상법, 144면이 있다.

53) 스페인에 이어 중국은 불가항력은 다른 면책사유와 다른 성질의 것이므로 이를 별도의 항으로 존치시키고자 하였으나, 독일은 불가항력 자체가 운송인이 과실이 없다는 것이므로 이는 일반 조항을 통하여도 처리되므로 굳이 존치시킬 이유가 없다고 하였다. 의장은 의견이 반반으로 나뉘지만, 법원의 판사들에게 존치하는 것이 좋을 것이라고 하면서 별도의 문장으로 두기로 되었다. 김인현 · 오원석, 전게 보고서, 회의록, 6면; A/CN.9/572, para. 36, 37.

운송을 위한 아테네협약의 2002년 의정서에는 전쟁만을 면책사유로 규정하고 테러를 명시하지 아니한 결과로 해석의 어려움이 있어 여객운송인들의 보험커버에 문제가 발생하고 있다. 그러나 본 초안에서는 테러로 인한 사고가 운송인의 면책사유로 명기되어 운송인의 보험가입에 문제가 없을 것으로 보인다.

(d)호의 법적 절차에 따른 방해(including interference by or pursuant to legal process)에 대하여, 이것이 공적 절차만으로 한정될 것인지 사적인 것도 포함할 것인지가 논란이 되었다. 말미에 "운송인 혹은 제14조 제2항에서 정한 사람에 기인하지 않는 지체, 압류 혹은 억류를 포함함"이라는 단어를 추가하는 중도안이 문구로 사용되게 되었다.[54] 그러므로 여기에는 운송인에게 귀책사유가 없는 사적인 압류 등에 의한 방해도 포함하게 되었다.[55]

(e)호 노동의 제약에 대하여, 삭제론이 있었으나, 필요성이 인정되어 존치되었다.[56]

(h)호 벨링제리안의 (c)에서 규정한 화주 등의 작위 혹은 부작위에 대하여, 실행당사자의 추가가 논란이 되었으나 이는 포함하지 않기로 하였다.[57]

(i)호 송하인 등에 의하여 혹은 그들을 대리하여 운송물을 처리, 선적, 적부 혹은 양륙하는 것을 운송인의 면책사유로 하는 것에 대하여, 송하인 등이 관리감독하지 못하는 경우에까지(즉, 그들을 "대리하여"라는 문장) 운송인의 면책을

---

54) 일본은 초안은 헤이그비스비규칙의 내용(seizure under legal process)을 따랐지만, 용어에서 약간의 차이가 있음을 지적하고, 선박에 대한 압류(arrest)도 포함시키기 위하여 detention이라는 단어를 추가하여 including seizure and detention in the legal process로 변경하기를 희망하였다. 이탈리아는 본 항은 공적 개입에 한정되어야 하고 일본의 안은 사적인 것을 포함하므로 반대하면서, 본 항의 괄호안의 내용을 존치시키면서 공적개입으로 한정하여 해석하면 된다고 하자, 핀란드, 뉴질랜드, 멕시코, 스페인이 이를 지지하였다. 의장은 이탈리아의 의견이 다수라고 하면서 사법적인 개입에는 제외하도록 하는 문구를 작성하라고 문구작성위원회에게 지시하였다. 김인현 · 오원석, 전게 보고서, 회의록, 6면.

55) A/CN.9/572, para. 38. 39. 40.

56) 이탈리아는 노동의 제약이라는 용어는 각종 다양한 스트라이크 때문(예컨대, 세관에서 컨테이너 20대가 지체되는 경우)에 면책사유로서 이렇게 넓은 용어를 남겨둘 수는 없다고 하고, 멕시코는 운송인의 남용을 걱정하면서 문구의 삭제를 주장하였다. 스페인과 중국은 현재의 용어대로 두자고 하였다. 최종적으로는 현재의 문구대로 두게 되었다. 김인현 · 오원석, 전게 보고서, 회의록, 7면; A/CN.9/572, para. 43.

57) 스위스는 제32조의 실행당사자(performing party)도 추가되어야 한다고 하자, 독일, 스페인, 브라질, 덴마크가 이를 지지하였으나, 스웨덴은 이를 추가하면 i)호와 충돌이 일어나므로 위험하다고 하였다. 최종적으로는 d호로 존치되게 되었다. 김인현 · 오원석, 전게 보고서, 회의록, 7면.

주는 것은 화주에게 지나치게 불리한 규정이 아닌가는 논란이 있었다. 제11조 제2항의 FIO조건에서 계약자유의 원칙과 함께 다루어질 전망이다.58)

(k)호 화물의 포장 잘못에 대하여는, (h)호의 화주의 과실에 포함되는 것이므로 불필요하다는 주장이 제기되었지만, 존치되었다.59)

(o)호 운송물이 사람이나 재산 혹은 환경에 위해를 줄 경우에 제12조와 제13조에 따라 허용된 바에 의거하여 운송인이 취한 행위에 대하여는 운송인의 면책사유가 된다는 것이다. 이것은 공동해손의 경우이다. 공동해손의 경우에는 운송인이 과실이 있다고 하더라도 공동해손 자체는 인정이 되어 운송인은 손해를 다른 당사자들에게 분담시킬 수 있다. 그런데 화주는 과실있는 운송인에게 구상청구가 가능하다. 본 호에서 이것이 면책사유의 하나가 된다고 한다. 괄호로 묶여서 다른 공동해손규정과 함께 추가논의된다.60)

---

58) 핀란드는 중간항에서의 이적의 경우에 화주는 통제력이 없으므로 화주를 "대신하여(on behalf of)"라는 단어는 생략하여야 한다고 하고, 독일, 프랑스, 브라질, 호주가 이를 지지하였다. 일본은 동항은 제11조 제2항과 밀접히 연결되어 있으므로 함께 논의하자고 하자, 운크타드와 네덜란드가 이를 지지하였다. 최종적으로 화주 등에 의하여 "실제로 행하여진"(actually performed)이라는 단어를 추가하고 이를 다시 제11조 제2항과 함께 논의하기로 하면서 i호에 존치되게 되었다. 김인현 · 오원석, 전게 보고서, 회의록, 9면; A/CN.9/572, para. 51.

59) 독일은 동 면책사유는 (h)호에 이미 면책사유로서 존재하므로, 문장 전체를 삭제하거나 "화주"(by the shipper)라는 단어를 추가하자고 주장하자, 멕시코, 이탈리아, 오스트리아, 브라질이 이를 지지하였다. 덴마크는 "화주에 의한"이라는 용어를 추가하면 화주가 아닌 제3자인 경우에는 면책사유가 아니게 되어 문제가 발생하므로 현재대로 두자고 하자, 미국, 네덜란드, 한국, 일본 등이 이에 찬성하면서 현재의 헤이그비스비규칙과 같이 하고자 주장하였다. 한국은 이 문장을 삽입하면 c호의 화주의 과실이나 부작위에 의한 행위와 충돌되며, 한국에서 해상법개정작업을 하였으나 이 조항에 대한 문제가 있다는 보고는 없었으므로, 현재의 안을 그대로 유지하고자 주장하였다. 이탈리아는 합의안으로서 문장의 뒤에 "운송인에 의한 혹은 그를 대리한 경우를 제외하고"(except when done by or on behalf of the carrier)를 추가하자고 제안하였고, 최종적으로는 not performed by [or on behalf of] the carrier가 추가된 채로 k호로 존치되게 되었다. 김인현 · 오원석, 전게 보고서, 회의록, 8면; A/CN.9/572, para. 46.

60) 본 호는 제14차 회의에서 많은 논란이 되었다. 운크타드는 본 항은, 10조, 11조, 13(1)과 관련이 되고, o호에 따르면 선박이 불감항이고 운송인의 과실로 화물이 위험상태로 들어가서 운송인이 공동해손행위를 하게 되면 운송인은 책임을 부담하지 않는다는 것으로 된다. 자신의 과실에 기인한 경우에는 공동해손이 되지 않아야 한다. 이런 내용이 본 항에는 없어서 이를 삭제하여야 한다고 주장하였다. 이에 대하여 네덜란드는 제12조와 제13(2)가 결정될 때까지 논의를 연기하자고 하면서, 공동해손의 취지는 손상되어서는 아니되므로, 이들 규정에 "They are always subject to Art. 14"이라는 용어를 넣자고 하였다. 의장은 제81조, 제12조, 제13조 제2항을 함께 검토하고, (i)호의 위치도 추가 검토하기로 하자고 제안하였고, 최종안

4. 경합원인의 경우

(1) 초안의 조문(제14차 회의결과)

제14조 제4항 운송인이 본 조항의 전항에 따라 책임의 일부가 면제되면, 운송인은 전항에 따른 책임이 있는 면책사유나 사건에 기인한 손상과 지체에 대하여만 책임을 부담한다. 그리고 책임은 전항에서 확정된 원칙에 따라서 분배된다.[61)]

(2) 초안에 대한 설명과 우리 법과의 관련성

제14조 제4항은 사고의 원인이 운송인에게 일부가 있고 일부는 면책사유에 해당하는 경우에 대한 규정이다.[62)] 우리 법에서는 이러한 일부면책의 판례가 있다는 보고는 없다. 그런데 미국법은 판례법으로서 일부면책을 허용한다.[63)] 하나의 사고에서 원인이 운송인측에 일부 기인하고 일부 화주측에 기인할 경우에는 제14조 제1항에 따르면 운송인은 과실이 없음을 입증하지 못하였으므로 모든 책임을 부담한다는 해석이 가능하다.

함부르크규칙에 의하면 운송물에 대한 손상이나 지연이 일부는 운송인이 귀책사유가 없는 사건에 의하여 발생하고 그리고 한편으로는 운송인이 귀책사유가 있는 사건에 의하여 발생한 경우에, 운송인이 자신이 책임없는 원인에 의하여 사고가 발생하였음을 입증하면 그러한 한도를 제외하고는 운송인은 모든 책임을 부담한다(함부르크규칙 제4조 제7항). 운송인이 면책사유에 의하여 얼마

에서는 [ ]로 묶어서 추가논의하기로 하면서 o호로 존치시키게 되었다. 김인현 · 오원석, 전게 보고서, 회의록, 9면.

61) Article 14(4) When the carrier is relieved of part of its liability pursuant to the previous paragraphs of this Article, then the carrier is liable only of that part of the loss, damage, or delay that is attributable to the event or occurrence for which it is liable under the previous paragraphs, and liability shall be apportioned on the basis established in the previous paragraphs.

62) 제14조 제4항이 어떤 경우에 적용되는지에 대하여 스웨덴, 독일 대표의 의문제기와 미국대표의 설명이 이어졌다. 이를 분명하게 하기 위한 문구수정작업을 하라고 의장은 지시하였다. 미국은 대부분의 경우에 제4항은 적용되지 않을 것이지만, 컨테이너가 면책사유인 황천에 의하여 10개가 유실되었는데, 7개는 불감항 때문에 다른 3개는 컨테이너의 하자 때문에 사고가 났다면, 3개에 대하여는 화주의 책임이 운송인의 면책과 경합되므로 제4항이 적용되어 법원이 책임비율을 산정하게 된다고 설명하였다. 김인현 · 오원석, 전게보고서, 회의록, 13면.

63) 미국의 코그사 개정안(제9조 e항)의 입장이기도 하다. M. Sturley, Transport Law, op. cit. p. 39.

만한 손해가 발생하였는지 입증하지 못하여 전 손해에 대하여 운송인이 책임을 부담한다고 하면서 이것은 불합리하다는 지적이 있다.[64] CMI안에서는 청구인이 운송물에 대한 손상이나 지연이 운송인이 귀책사유가 있는 원인에 의하여 사고가 발생하였음을 입증하면 그 한도에서 운송인은 책임을 부담하고, 운송인이 책임이 없는 원인에 의하여 사고가 발생하였음을 입증하면 그 한도에서 운송인은 책임을 부담하지 않는다는 제2안을 함부르크규칙과 같은 제1안과 함께 제시하였다.[65]

제1문은 CMI의 제2안의 입장을 따른 것이다. 즉, 경합되는 원인으로 운송물 손상 등의 사고가 있는 경우에 운송인은 자신이 책임이 있는 부분만큼만 책임진다는 것을 규정한 것이다.

제2문의 "책임은 전항에서 확정된 원칙에 따라서 분배된다"는 것은 제13차 회의에서 합의안으로 급하게 통과된 것으로서 해석상의 분명하지 않음이 있다. 이는 입증책임의 분배에 대한 것으로 보인다.

불충분한 포장과 부적절한 적부의 원인이 경합되는 경우를 보자. 불충분한 포장은 면책사유이나 부적절한 적부는 운송인의 귀책사유의 하나이다. 첫째, 화주는 제14조 제1항에 따라 운송구간 중에 사고가 발생하였음을 입증하여 손해배상청구를 한다. 운송인은 과실없음을 입증하지 못하여 책임을 면하지 못한다. 둘째, 그러나 운송인은 제14조 제2항에 의거하여 제14조 제3항의 불충분한 포장을 이유로 인한 면책주장을 하게 된다. 그런데 제14조 제4항에 의하여 사고가 면책사유가 아닌 부적절한 적부에 기인하였다는 입증책임을 청구인이 부담하게 된다. 청구인이 이런 입증을 하지 못하게 되면 운송인은 이 부분에 대하여도 책임을 부담하지 않게 될 것이다. 제14조 제1항에 의하면 운송인이 자신의 과실이 사고에 인과관계가 없음을 입증하지 못하면 운송인이 책임을 부담하여야 한다.[66]

---

64) M. Sturley, Transport Law, ibid., p. 97.

65) UNCITRAL Preliminary Draft Instrument, Article 6.1.4 If loss, damage, or delay in delivery is caused in part by an event for which the carrier is not liable and in part by an event for which the carrier is liable, then the carrier is (a) liable for the loss, damage, or delay in delivery to the extent that the party seeking to recover for the loss, damages, or delay proves that it was attributable to one or more events for which the carrier is liable; and (b) not liable for the loss, damage, or delay in delivery to the extent the carrier proves that it is attributable to one or more events for which the carrier is not liable. 미국 COGSA 제9조 e항 제1호와 같다.

어떤 사고가 황천면책과 항해과실면책 두 가지 사실에 기인하는 경우에 지금까지는 어느 것이나 면책이므로 운송인은 손해의 원인을 분리하여 볼 필요성이 없었으나, 항해과실 등이 폐지되는 경우에는 일부만의 면책이 필요하게 될 것이므로 유용할 것으로 보인다.[67)]

이 조항과 관련하여 해운국은 원인불명의 경우에 50:50으로 하자는 명문의 규정을 두고자 하였으나 이것은 받아들여지지 않았다.[68)]

5. 해상이행당사자의 책임(제15조, 제15조2) (WP.36/39)

(1) 초안의 조문

제15조

제1항 (a) 운송물을 점유하고 있는 기간 동안 그리고 (b) 운송계약에 의하여 의도된 어떠한 활동의 이행에 참가하여 운송물의 손상과 지연을 야기한 사고가 발생한 경우에 해상이행당사자는 본 조약이 정한 운송인의 의무와 책임을 부담하고 운송인이 가지는 권리와 면책의 이익을 향유한다.[69)]

---

66) 미국의 Vallescura rule(두 경합원인에 대한 손해의 분배를 운송인이 입증하여야 하는 것)을 배제하는 것에 의의가 있는 것으로 미국대표들은 해석한다. 그러나 다른 대표들은 전항에 그러한 분배의 원칙이 나타나 있지 않다고 하므로 해석에 어려움이 있다.

67) 동지, M. Sturley, Transport Law, op. cit., p. 97.

68) 기본적으로 제14조 제1항에서 화주가 운송기간중의 손해사실을 입증하면 운송인은 자신의 과실이 사고와 인과관계가 없다는 점을 입증하지 아니하면 책임을 부담하므로 결국 설명할 수 없는 손해에 대하여 운송인이 종국적인 책임을 지는 것이 논리적이다. 그런데 초안은 여러 차례의 논의를 거쳐 운송인은 자신이 기여한 만큼만 책임을 부담한다고 하였고, 설명되지 않는 경우에는 법원이 운송인과 화주가 각각 50%의 손해를 분담하도록 판결한다는 안이 제시되었다; (벨링제리 교수의 안 제14조 제4항) 운송인이나 제14조의 제2항에서 언급된 사람의 과실에 의하여 운송인이 책임을 부담하지 않는 경합된 원인과 함께 손상이나 지체가 발생한 경우에, 운송인이 부담하여야 하는 손해배상액은, 제18조하의 책임제한권에 영향을 미치지 않고, 법원에 의하여 자신의 과실에 기여한 부분만큼만 부담한다. [그 법원은 실제 과실비율을 정할 수 없는 경우 혹은 실제 과실비율이 동일한 경우에는 과실비율은 반반으로 하여야 한다.] 이 50% 분담안은 독일, 호주, 캐나다 등 다수국가가 부당함을 제기하였다. 특히 멕시코는 운송인이 모든 경우에 원인을 설명하지 않아 50%만 책임을 부담하는 남용을 지적하였다. 인도는 손해액의 분배는 각국에 맡기고 여기서는 간단한 원칙만 정하면 된다고 하였다. 독일은 기본적으로 설명되지 않는 손해는 운송인이 부담하는 것으로 되어 있는바, 이는 논리적인 근거가 없고 화주에게 불리하므로 삭제를 주장하였다. 피아타는 유럽국가는 이를 달리 해석할 가능성이 있음을 지적하였고, 일본은 이는 현재 지나치게 화주 위주로 되어가는 본 조약초안에서 운송인을 보호하는 기능을 하는 것이라고 솔직한 의견을 피력하였다. 노르웨이는 본 문구를 그대로 두고 비준시 각국이 채택을 결정하자는 중도안을 제시하였다. 찬반 토론이 있은 다음 의장은 다수가 삭제를 원한다고 하여 이를 삭제하였다.

제2항 만약 운송인이, 본 조약에서 정한 것 이외의 의무를 인수한 경우 혹은 운송물의 인도지연, 운송물의 멸실과 훼손에 대하여 제16조 제2항, 제24조 제4항 그리고 제18조에서 정한 것보다 상회하는 책임제한에 합의한 경우에는 해상이행당사자는 그러한 책임 혹은 책임제한의 인수에 명시적으로 합의하지 않는 한은 이에 구속되지 않는다.[70)]

제3항 제4항의 경우를 제외하고, 이행당사자는 자신의 하수이행자, 피용자 그리고 대리인을 포함하여 운송계약하에서 운송인의 책임의 어떠한 것이라도 자신이 그 이행을 위임한 자의 작위와 부작위에 대하여, 그러한 작위 혹은 부작위가 마치 자신의 것과 동일한 것과 같이 그것에 대하여 책임을 부담한다. 이행당사자는 관계자의 작위 혹은 부작위가 계약, 고용 혹은 대리의 범위안에 속하는 경우에만 본 조항하의 책임을 부담한다.[71)]

제4항 운송인 이외의 제14조의2와 제3항에서 언급한 사람[계약운송인 혹은 해상이행당사자의 피용자 혹은 대리인을 포함함]에 대하여 본 조약하의 소가 제기된 경우에 그 사람은 자신이 계약, 고용 혹은 대리의 범위내에서 행위한 것을 입증하면 본 조약하에서 운송인에게 인정되는 항변과 책임의 제한의 이익을 향유할 수 있다.[72)]

---

69) Article 15(1) A maritime performing party is subject to the responsibilities and liabilities imposed on the carrier under this instrument, and entitled to the carrier's rights and immunities provided by this instrument if the occurrence that caused the loss, damage or delay took place (a) during the period in which it has custody of the goods; and (b) at any other time to the extent that it is participating in the performance of any of the activities contemplated by the contract of carriage. A/CN.9/WG.III/WP.39, para. 3.

70) Article 15(2) If the carrier agree to assume responsibilities other than those imposed on the carrier under this instrument, or agrees that its liability for the delay in delivery of, loss of, or damage to or in connection with the goods shall be higher than the limits imposed under articles 16(2), 24(4) and 18, a maritime performing party shall not be bound by this agreement unless the maritime performing party expressly agrees to accept such responsibilities or such limits. A/CN.9/WG.III/WP.39, para. 3.

71) Article 15(3) Subject to par. 4, a performing party shall be responsible for the acts and omissions of any person to whom it has delegated the performance of any of the carrier's responsibilities under the contract of carriage, including its subcontractors, employees, and agents, as if such acts or omissions were its own. A performing party is responsible under this provision only when the act or omission of the person concerned is within the scope of its contract, employment, or agency. A/CN.9/WG.III/WP.39, para. 3.

72) Article 15(4) If an action under this instrument is brought against any person, other than the carrier, mentioned in article 14bis and par. 3, that person is entitled to the benefit of the

제15조의2

제1항 운송인과 한 사람 이상의 해상이행당사자가 운송물의 손상 혹은 지연에 책임이 있으면 그들의 책임은 연대책임이지만, [그러한 각 당사자는 그러한 손상과 지연의 전체금액을 보상할 책임을 부담하지만, 다른 채무자에게 구상권을 갖는다] 그 책임의 한도는 제16조, 제24조 그리고 제18조에서 규정한 금액으로 제한된다.[73](WP.32의 제6항에 해당)

제2항 제19조(책임제한의 배제)에 영향을 미치지 않고, 모든 그러한 사람들의 전체 총책임은 본 조약의 총책임제한액을 넘어서는 아니된다.[74](WP.32의 7항에 해당)

[제3항 청구인이 비해상이행당사자에게 운송물의 손상과 인도지연에 대하여 손해를 배상받은 경우에 청구인이 수령한 금액은 이후 청구인이 운송인 혹은 해상이행당사자에게 청구한 손상 혹은 지연에 대한 손해배상청구에서 삭감된다.][75]

제14조의2

제15조 제4항의 경우를 제외하고, 운송인은 (a) 어떠한 이행당사자, 그리고 (b) 이행당사자의 하수이행자(subcontractor), 피용자 그리고 대리인을 포함하여, 계약상 운송인의 책임의 어떠한 것이라도 수행하거나 할 것을 인수한 자의 작위와 부작위에 대하여, 그 사람이 운송인의 요청 혹은 운송인의 감독하에서 직접 혹은 간접으로 행한 한도에서 책임을 부담한다. 운송인은 이행당사자의 혹은 다른 사람의 작위 혹은 부작위가 계약, 고용 혹은 대리의 범위안에 속하

defences and limitations of liability available to the carrier under this instrument if it proves that it acted within the scope of its contract, employment, or agency. A/CN.9/WG.III/WP.39, para. 3.

73) Article 15bis(1) If the carrier and one or more maritime performing party(ies) are liable for the loss of, damage to, or delay in delivery of the goods, their liability is joint and several [, such that each such party shall be liable for compensating the entire amount of such loss, damage or delay, without prejudice to any right of recourse it may take against other liable parties,] but only up to the limits provided for in articles 16, 24 and 18. A/CN.9/WG.III/WP.39, para. 3.

74) Article 15bis(2) Without prejudice to article 19, the aggregate liability of all such persons shall not exceed the overall limits of liability under this instrument. A/CN.9/WG.III/WP.39, para. 3.

75) [Article 15bis2(3) Where a claimant has made a successful claim against a non-maritime performing party for the loss of, damage to, or delay in delivery of the goods, the amount received by the claimant shall be set off against any subsequent claim for that loss, damage or delay that the claimant makes against a carrier or a maritime performing party. A/CN.9/WG.III/WP.39., para. 3.

는 경우에만 본 조항하의 책임을 부담한다.[76]

(2) 초안에 대한 설명과 우리 법과의 관련성

오늘날 운송인은 운송과 관련된 자신의 의무를 직접 행하는 경우는 오히려 예외에 속하고 많은 이행보조자를 사용한다. 복합운송인이 운송인이 되는 경우가 가장 대표적인 예이다. 그런데 기존의 함부르크규칙까지도 이러한 이행보조자의 책임과 면책에 대하여 정확한 규정을 가지고 있지 않았다.[77]

새로운 운송법초안은 함부르크규칙과 같이 운송인(계약운송인에 해당)과 이행당사자(실제운송인과 유사하지만 더 넓은 개념)의 개념을 설정하고자 한다.[78]

제12차 회의에서 해상이행당사자의 개념을 새롭게 도입하여 초안의 내용을 변경하고, 제13차 회의에서 초안의 제5항과 제6항(WP.32에서 제6항과 제7항)의 운송인과 실행당사자의 연대책임을 별도의 제15조 제2항으로 하였다.

제15조 제1항은 이행당사자의 책임에 대하여 정한다. 이 경우의 이행당사자는 해상관련 이행당사자(maritime performing party)만을 의미하고 다른 이행당사자는 제외되는 것으로 제12차 회의에서 결정되었다.[79][80] 해상운송과 밀접한

76) Article 14bis Subject to par. 15(4), the carrier shall be responsible for the acts and omissions of (a) any performing party, and (b) any other person, including a performing party's subcontractors, employees and agents, who performs or undertakes to perform any of the carrier's responsibilities under the contract of carriage, to the extent that the person acts, either directly or indirectly, at the carrier's request or under the carrier's supervision or control, as if such acts or omissions were its own. The carrier is responsible under this provision only when the performing party's or other person's act or omission is within the scope of its contracts, employment, or agency. A/CN.9WG.III/WP.36, para. 12.

77) M. Sturley, Transport Law, op. cit., p. 79.

78) 복합운송에는 송하인과 계약을 체결한 자는 계약운송인이 되고 그 자는 다시 해상운송인과 해상운송계약을 체결한다. 그런데 복합운송에 있어서 계약운송인은 운송주선인 등으로서 선박을 소유하거나 점유하지도 않는 무선박운항자들이 많다. 송하인이 계약상 손해배상청구를 할 수 있는 자는 계약운송인이다. 계약운송인은 손해배상능력이 부족한 경우가 많다. 그리하여 함부르크규칙은 계약운송인과 실제운송인에 대하여 연대책임을 부과하고 있다.

79) 최준선, "UNCITRAL 국제운송법 제12차 회의참가보고서," 「한국해법학회지」, 제26권 제2호(2004.11), 539면.

80) 정의규정인 제1조 (e)항에 해상이행당사자라는 정의를 두게 되었다. "이행당사자란 운송인 이외의 자로서, 운송계약하에서 운송인의 책임의 일부를 물리적으로 이행하거나 이행할 것을 약정한 자를 말한다. 운송, 취급, 보관, 저장을 포함하고, 그 사람이 운송인의 요청에 의하여 혹은 운송인의 감독과 관리를 직접 · 간접으로 받는 정도에 한정된다. 이행당사자는 송하인 혹은 수하인에 의하여 고용된 자 혹은 송하인 혹은 수하인에 의하여 고용된 자의 피용

관련이 있는 이행당사자에게만 본 조약을 적용하기 위함이다. 이들의 책임은 자신이 운송인의 책임을 수행하고 있는 동안에만 운송인이 부담하는 의무와 책임을 부담할 뿐이다. 그 동안에는 운송인의 책임제한이익도 누릴 수 있다.

제15조 제2항은 운송인이 조약이 정한 책임한도액보다 고액의 책임제한 등에 합의한 경우에 이행당사자는 원칙적으로 이에 구속되지 않는다는 것이다.

제15조 제3항은 이행당사자 자신의 피용자 등이 야기한 손해에 대한 이행당사자의 책임에 대한 규정이다.

제15조 제4항은 전통적인 히말라야조항이다. 해상운송인의 피용자만 보호할 것인지 아니면 다른 이행보조자의 피용자도 보호할 것인지가 문제되어, 제12차 회의에서는 두 가지 안이 팽팽히 맞서서 괄호로 [employee or agents of the contracting carrier or of a maritime performing party]를 본 항에 삽입하여 추후 검토하기로 하였다.[81)]

제15조의2 제1항은 운송인과 해상이행당사자가 모두 운송물의 손상 등에 책임이 있는 경우에 이들의 연대책임(Joint and several liability)을 규정하고 있다. 논의의 결과 운송인과 해상관련 이행당사자의 책임은 제15조의2로 하여 별개의 조항을 두어 연대책임으로 하였다.[82)]

제15조의2 제2항은 한 사고에 있어서 각 당사자들이 배상하는 손해액은 합으로서의 손해배상액을 넘어서는 아니된다고 한다.[83)] 이를 분명히 하기 위한

자, 대리인, 하수이행보조자 등은 포함되지 않는다." "해상이행당사자란 운송물이 선적항 도착에서 양륙항에서의 출발에 이르기까지의 기간중 운송인의 책임의 일부를 이행하는 이행당사자를 말한다. 운송물의 양륙항 출발에서 다른 선적항의 도착기간 중에 육상에서 운송인의 책임의 일부를 이행하는 이행당사자는 해상이행당사자로 간주되지 않는다" A/CN.9/WG.III/WP.39, para. 4.

81) 최준선, 전게 보고서, 542면.

82) A/CN/WG.III/WP.39, para. 2.

83) 제13차 회의에서 제15조 제6항에 대하여, 다른 법제인 CMR이나 국내법이 적용되는 실행당사자에도 동 조항이 적용되어야 한다는 덴마크, 스페인의 주장이 있었다. 독일, 미국이 해상실행당사자에게만 적용되어야 한다고 주장하자 의장이 결국 이를 채택하였다. 제15조 제7항에 대하여, 독일대표가 손상액이 200, 해상운송인의 책임제한액이 100, 본 협약의 적용을 받지 않는 내륙운송인의 책임이 20으로 제한된다면, 화주는 내륙운송인에게 20만 수령하고 나머지는 운송인에게서 얼마를 수령할 것인가 하고 의문을 제기하였다. 이에 대하여 미국대표는 80만 주는 경우, 해상운송인의 책임제한액인 100을 받아 총 120을 화주가 받게 되는 경우 그리고 국내법에 위임하는 경우가 있을 수 있다고 하였다. 스페인, FIATA 등에서 본 협약에서 구체적으로 규정할 것을 주장하자, 의장이 사무국에 문구를 작성할 것을 지시하였다.

논의의 전제로서 제3항을 괄호로 하여 두었다.

제14조의 제2항은 초안의 제15조 제3항이었지만 제12차 회의의 논의를 반영하여 제14조와 연결시켜 두었다.[84] 운송인의 이행보조자에 대한 책임을 정하고 있다. 우리법의 이행보조자의 책임과 유사하다.

우리 상법은 제789조의3 제4항에서 운송물에 관한 손해배상청구가 운송인 이외의 실제운송인 또는 그 사용인이나 대리인에 대하여 제기된 경우에도 제1항 내지 제3항의 규정을 적용한다고 하여 조약초안 제15조와 유사한 구조를 취하고 있다. 다만, 제15조 제3항에서 말하는 운송인의 이행보조자의 이행보조자에 대하여까지가 상법 제789조의3 제4항에 포함될런지는 의문이다. 우리 상법은 해상관련 이행당사자들의 연대책임에 대한 규정이 없다.

V. 運送人의 責任制限制度

1. 책임의 제한

(1) 초안의 조문(제18조) (WP.39)[85]

제1항 제16조 제2항의 경우를 제외하고, 운송인의 운송물과 [관련된] 손상 혹은 손해에 대한 책임제한은 선적단위당 [ ] 및 무게당 [ ] 두 가지 기준 중에서 큰 금액으로 하도록 한다. 그러나 송하인이 선적전 운송물의 성질과 가격을 신고한 경우나, 운송인과 송하인이 고액의 책임제한액을 합의한 경우에는 그것으로 하기로 한다.

[제2항 운송인이 화물이 해상운송에서 혹은 해상운송을 전후한 곳 중 어디에서 손상 혹은 손실되었는지를 입증하지 못하는 경우는, 각기 다른 운송부분에 적용되는 강행적인 국제적 혹은 [국내법] 중에서 가장 높은 액수의 책임제한액을 적용한다.]

제3항 운송물이 컨테이너용기에 넣어져서 운송되는 경우에, 그 컨테이너 안에 적재되어 있다고 명기된 포장이나 선적단위가 있는 경우에는 그것이, 기재가 없는 경우에는 컨테이너 자체를 하나의 선적단위로 본다.

제4항 계산단위는 IMF의 SDR이다.[86]

84) A/CN.9/544, para. 167.
85) 제13차 회의의 결과를 반영한 것이다.

(2) 초안에 대한 설명 및 우리 법과의 관련성

1) 제1항 기본원칙

운송인을 보호하기 위한 제도로는 항해과실 등 면책제도와 책임제한제도가 있다. 현존 조약에서도 운송인의 책임은 포장 혹은 무게당으로 제한된다. 초안에서도 기본적으로 운송인에게 책임을 제한할 수 있는 권리를 부여하고 있다. 우리 상법도 마찬가지 입장이다(상법 제789조의2). 초안 제18조는 기본적으로 헤이그비스비체제의 책임제한조항의 내용을 그대로 가지고 왔다(제1항). 다만, 책임제한액수에 대하여는 괄호를 하여 논의가 계속될 것이다.[87][88]

---

86) Article 18(1) Subject to article 16(2) the carrier's liability for loss of or damage to or in connection with the goods is limited to [ ] units of account per package or other shipping unit, or [ ] units of account per kilogram of the gross weight or the goods lost or damaged, whichever is the higher, except where the nature and value of the goods has been declared by the shipper before shipment and included in the contract particulars, or where a higher amount than the amount of limitation of liability set out in this article has been agreed upon between the carrier and the shipper.

2. [Notwithstanding paragraph 1, if the carrier cannot establish whether the goods were lost or damaged during the sea carriage or during the carriage preceeding or subsequent to the sea carriage, the highest limit of liability in the international and national mandatory provisions that govern the different parts of the transport shall apply].

3. When goods are carried in or on a container, the packages or shipping units enumerated in the contract particulars as packed in or on such container are deemed to packages or shipping units. If not so enumerated, the goods in or on such container are deemed one shipping unit.

87) 제13차 뉴욕회의에서 책임제한에 대한 논의가 계속되었다. 책임제한이 가능한 범위에 대한 논의가 쟁점이 되어 "in connection with the goods"(화물과 관련한)이라는 문구를 삭제하자는 안과 존치하자는 안으로 대립되었다. 다수국가들은 이는 직접손해와 관계없으므로 삭제하거나 다른 항에서 다루고자 하였으나(일본, 핀란드, 한국, 독일 등), 미국과 네덜란드는 화주는 화물의 손상경로에는 관심이 없고 오인도로 인한 것도 직접손해이므로 존치하여야 한다고 주장하였다. 의장은 이를 괄호로 하여 추후 논의하도록 하였다.

괄호의 책임제한액은 다수국가가 의견을 표출하지 않은 가운데 스웨덴은 8.34SDR/Kg으로 프랑스는 2SDR/Kg으로 브라질은 헤이그비스비규칙보다 높은 금액을 지지하였다. 독일대표가 제18조 제2항에는 지연에 대한 손해가 규정되어 있지 않으므로 이를 추가하여야 한다고 주장하자, 스위스, 호주, 브라질, 프랑스, 노르웨이, 핀란드, 아르헨티나가 지지하였다. 이에 대하여 미국은 제18조 제2항은 이른바 사고장소를 확정하지 못한 손해(concealed damage)가 발생한 경우를 대비한 규정인데 지연손해는 그 발생영역을 손쉽게 확인할 수 있으므로 이를 굳이 따로 규정할 필요가 없다고 주장하고, 이에 대하여 네덜란드, 그리스, P&I Club, FIATA가 지지하였다. 의장은 전자의 견해가 다수이므로 제18조 제2항을 지연손해에 대하여도 확대 적용하는 문안 재구성을 사무국에 지시하였다. 우리나라는 제18조 제2항에서 해상운송인에게 구체적인 멸실 및 훼손에 따른 손해발생영역에 대한 입증책임을 부담시키는 것은 지나치게 불합리한 조치라며 문안의 재구성을 주장하였다. 다만, 지연손해 규정 우리 상법은 무게당 책임제한제도를 취하지 않고 있으므로 초안과 다르다. 그러나 한국해법학회의 초안도 무게당 책임제한제도를 도입하고자 한다.89) 이는 국제적인 조류와 화주보호의 측면에서 불가피한 선택이다. 미국의 1998년 COGSA개정안도 헤이그비스비규칙의 입장을 취하고 있다.

2) 사고구간이 확인된 경우

조약의 적용은 육상 혹은 항공운송까지를 포함함으로써 해상운송과의 조화가 문제된다. 현재까지의 논의는 조약의 비준가능성과 통일성을 모두 고려하는 타협안으로서 단일책임제한제도에 가까운 이종책임제한제도를 조약초안은 도입하고 있다.90) 즉, 해상운송에서는 당연히 해상운송에 사용되는 조약을 적용하고 육상운송에서 사고가 확인된 경우에는 제8조 제1항에 따라 그 구간에서 강제적으로 적용되는 국제조약 혹은 국내법을 적용한다.91) 다수의 견해는 국제

을 추가하는 문제에 대하여는 논의할 수 있다는 입장을 표명하였다. CMI에서 각국 해법회에 책임제한액(지연손해 및 육상운송의 것도 포함)에 대한 자료를 얻고 이에 미국의 조사데이트를 얻어서 사무국이 참조표를 만들기로 하였고, 묵시적인 합의절차(tacit amendment procedure)를 통하여 책임제한액에 대하여 인플레이션을 자동으로 반영하는 안이 반대없이 통과되었다. 최준선 · 김인현 · 신유철, 전게 보고서, 551면.

88) 제13차 회의에서 논의된 결과에 따라 책임제한액을 인플레이션 등을 고려해 당사국의 1/4의 요청에 따라 회의에 참석하고 투표한 비준국의 2/3가 찬성하면 인상하는 제도를 운시트랄 사무국에서 제18조의2로 제시하고 있다. A/CN.9/WG.III/WP.39, para. 7.

89) 한국해법학회 해상법개정문제연구회, 「해상법 개정연구보고서」(2004.4), 21면.

90) 국제운송은 해상운송이 기본이 된다. 해상운송에서 사용하던 책임제한제도를 그대로 육상에 적용하는 것을 단일책임제한제도라고 한다. 이는 현재 운송인이 사용하는 선하증권의 내용과 일치하고 해결을 단일화하는 장점이 있다. 그러나 기존의 강행법규와 충돌할 가능성을 내포하고 있다. 즉, 해상에서의 책임제한액수보다 육상에서의 책임제한액수는 고액이거나 아예 책임제한제도가 없는 경우에, 해상운송인이 사용하는 책임제한액수를 일관하여 육상에서도 적용한다는 내용의 약관이 무효가 되는지가 쟁점이 될 수 있다. 이에 반하여, 육상에서의 사고에 대하여는 육상에서 적용되는 강행법규를 적용하게 되는 제도를 이종책임제한제도라고 한다. 이는 기존의 조약과의 충돌을 방지하고 조약의 비준을 용이하게 한다는 장점이 있다. 그러나 운송인으로 하여금 복잡하고 불측의 책임을 부담하게 한다. 그리고 일관되고 단일된 조약으로 복합운송을 규율하려는 초안의 의도에 어긋난다.

91) 육상구간에서 손해가 발생하였음이 밝혀진 경우에는, 조약초안 제8조 제1항이 적용된다. 제8조 제1항 화물에 대한 손해배상 혹은 분쟁 혹은 지연이 전적으로 (a) 운송인 혹은 실행당사자에 의한 화물의 수령시부터 선박에의 적재시까지; 그리고 (b) 선박으로부터 양륙에서 수하인에게 인도시까지의 기간에서 발생한 경우; 그리고 그러한 손상과 지연시에 아래와 같은 국제조약[혹은 국내법] 조항이 있는 경우, 즉 (i) 그러한 조항들에 따르면 상기 기간 동안 운송계약하에서 운송인의 모든 혹은 어떤 활동에 적용되고 [어떤 특별서면의 발행이 그러한 국제협약조항을 적용가능하게 하는지의 여부와 관계없이], 그리고 (ii) 그 조항들이 운송인의 책임, 책임제한 혹은 제소기간에 대한 특별한 조항을 가지고 있고 그리고 (iii) 사적

조약만을 고려한다.92) 캐나다가 주장하여 추가된 강제적인 국내법은 [ ]로 되어 추가 논의된다.93)

초안 제8조 제1항은 해상운송을 전후한 육상 및 항공운송에서의 적용법규에 대하여 정하고 있다. 육상 등에서 적용되는 강행적인 국제조약이 있는 경우에만 본 조약의 적용이 배제되고 그 강행적인 국제조약이 본 조약에 우선하여 적용된다는 것이다. 이는 가능하면 운송법을 통일화시키려는 위원회의 의지의 표현이다. 그러므로 강행적인 국제조약이 없는 경우에는 비록 국내법이 있다고 하더라도(현재의 추세로 보아서는) 그 적용이 없고 본 조약이 적용된다.94) 우리나라가 장차 이 조약을 비준하면 육상에서 발생한 사건에 대하여는 우리나라가 가입한 특별히 강행적인 국제조약이 없으므로 상법이 적용되는 것이 아니라 본 조약이 적용된다. 그러므로 책임제한의 경우에는 본 조약의 한도액이 적용된다. 항공의 경우에는 우리나라가 가입한 바르샤바조약이 우선 적용되는 경우가 있게 된다. 앞으로의 논의과정에서 국내법이라는 용어가 존치된다고 하더라도 여기서 말하는 국내법이란, 정의규정에 따르면 책임, 책임제한, 제소기간에 대한 강행규정을 가지고 있어야 하는 것이므로, 우리 상법의 육상운송규정은 해상편과 달리 강행적인 성격을 갖지 않은 것으로 해석되므로 조약에서 말하는 국내법에 해당하지 않게 된다. 결국 우리나라의 현실로 보아서 육상에서 사고가 발생한 것이 밝혀진 경우에는 조약초안에 따르면 조약이 적용되게 된다고 할 수 있다.

3) 제2항 사고구간이 불명인 경우

손해발생구간이 해상운송구간인지 아니면 육상운송구간인지 등을 확인하지 못하는 소위 손해구간이 밝혀지지 않은 손해(non-localized damage)에 대하여는 현행의 국제 혹은 국내 강행규정 중에서 책임제한액이 가장 높은 액수로 한다는 내용이다. 즉, 제18조 제1항을 포함한 본 조약이나 CMR 등을 비교하여 높

인 계약으로 완전히 혹은 화주에게 불리하게 하는 것이 불가능한 경우에, 그러한 규정은, (iii)에서 말한 바와 같이 이것이 강행규정인 한도내에서는 본 협약의 다른 규정보다 우선한다. [제8조 제2항 제8조하의 규정들은 제18조 제2항의 적용에 영향을 미치지 아니한다.] [제8조 제3항 제8조는 그렇지 않다면 운송계약에 적용되었을 국내법에 관계없이 적용된다.]

92) M. Sturley, Transport Law, op. cit., p. 83.

93) CMI가 제출한 안에는 국내법은 고려되지 않고 오직 국제조약만 언급되어 있었다. A/CN.9/WG.III/WP.21, 4.2.1.

94) 동지, 최준선, 전게 제12차 회의참가보고서, 520면.

은 금액으로 한다는 것이다.[95]

제13차 회의에서는 이 조항은 그대로 [ ]로 존치하면서 지연손해에 대하여도 확대적용할 수 있는지 추가 논의하는 것으로 결정되었다. 만약, 제2항이 삭제된다면 사고구간이 불명확한 경우에도 본 조약이 적용되어 통일성이 기하여진다.[96]

우리 법의 입장에서는 현재 초안처럼 되면 해상운송과 육상운송이 연결되는 경우에는 국내법으로 책임제한을 배제하는 강행규정도 없고 국제조약도 없으므로 조약이 적용될 것이다. 해상운송과 항공운송이 결합된 경우에는 바르샤바조약과 비교하여 높은 금액이 정하여질 것이다. [97]

4) 포장의 개수 및 SDR

제3항은 포장의 개수를 산정하는 방법을, 제4항은 SDR에 대한 것으로 현재 우리 상법에도 있는 것으로 별다른 논의는 없을 것이다.

2. 개별적 책임제한권의 상실(제19조) (WP.39)

(1) 초안의 조문

청구인이 화물의 [지연손해] 혹은 화물의 [혹은 이와 관련된] 손상이 책임제한을 주장하는 자의 개인적인 고의 혹은 미필적 고의(필자가 줄임) 중에 의하여 발생한 경우에는 운송인 혹은 제14조 제2항에 언급된 사람은 본 조약의 [제16조 제2항], 제24조 제4항 그리고 제18조에서 [혹은 운송계약에서 약정하여] 허용하는 책임제한을 할 수 없다.[98]

---

95) 제12차 회의에서는 유럽제국들은 이 안을 선호하였고, 미국과 한국은 이의 삭제를 주장하면서, 동일한 조약의 제18조 제1항을 적용할 것을 주장하였다.

96) CMI가 제출한 안에는 이 항은 존재하지 않았다. A/CN.9/WG.III/WP.21, 4.2.1.

97) 해법학회의 초안 제831조의4(구간운송법과의 관계)에 따르면, ① 운송물의 멸실, 훼손 또는 운송지연이 발생한 운송구간이 확인된 경우에는 그 운송구간에 적용되는 법령 또는 국제조약의 관계 규정에 따라서 해상복합운송계약의 법률관계를 정한다. 운송물의 멸실, 훼손 또는 운송지연이 특정 운송구간에서 발생하였다는 사실은 이를 주장하는 자가 증명하여야 한다. ② 제1항에서 정한 요건에 해당하지 아니하거나 적용되는 법률 또는 국제조약이 없는 경우의 해상복합운송인의 책임에 관하여는 이 장에서 정하는 바에 의한다. 제2항의 규정은 조약의 입장을 따른다면, 통일성을 기하기 위하여 상법 "해상편의 규정을 준용한다"고 되어야 할 것이다.

98) Article 19 Neither the carrier not any of the persons mentioned in article 14bis shall be entitled to limit their liability as provided in articles [16(2),] 24(4), and 18 of this instrument, [or as

(2) 초안에 대한 설명 및 우리 법과의 관련성

운송인에게는 포장당 책임제한권이 주어진다. 그러나 책임제한권은 예외적인 것이고 운송인이 고의가 있는 경우에도, 책임제한을 인정하는 것은 공서양속에 반하는 것이다. 그러므로 우리 상법(제789조의2)을 비롯한 각국은 특별한 사정이 있는 경우에 책임제한을 배제하는 규정을 두고 있다. 조약초안은 헤이그비스비규칙의 예에 따라 운송인 자신만의 고의 및 미필적 고의를 상실원인으로 할 것으로 결정되었다.[99] 제13차 회의에서 운송인의 피용자의 개인적인 고의 혹은 미필적고의행위에 대하여는 운송인이 책임제한권이 상실되도록 하자는 주장이 있었으나 받아들여지지 않았다.[100]

전체적인 내용은 현재 우리 상법이나 헤이그비스비규칙의 내용과 같다.[101] 다만, 인도지연에 대한 내용을 추가하려고 한다는 점이 차이점이다.

3. 비계약청구에 대한 적용

(1) 초안의 조문(제21조) (WP.39)

조약에서 제공되는 항변과 책임제한 그리고 책임은, 운송물의 [혹은 이에 관련된] 손상과 인도지연손해에 대하여 운송인과 해상실행당사자를 피고로 하는 계약, 불법행위 등 어떠한 청구원인에 기한 소송에서도 적용된다.[102]

---

provided in the contract of carriage,] if the claimant proves that [the delay in delivery of,] the loss of, or the damages to [or in connection with] the goods resulted from a personal act or omission of the person claiming a right to limit done with the intent to cause such loss or damage, or recklessly and with knowledge that such loss or damage would probably result.l A/CN.9/WG.III/WP.39. para. 8.

99) 제13차 회의에서, 이에 대하여 독일과 호주가 강하게 반대했지만, 덴마크, 네덜란드, 일본, 스웨덴, 노르웨이, 미국, 한국, 핀란드 등이 personal이라는 단어를 두어 운송인 자신의 고의 및 미필적고의로 한정하기로 주장하여 채택되었다. 최준선 · 김인현 · 신유철, 전게 보고서, 552면.

100) A/CN.9/552, paras. 59, 60. 62.

101) 회사의 경우에 personal은 누구까지인가라는 의문에 대하여 미국대표는 회사의 이사까지라고 하였으나, 한국은 아직 법원의 사례는 없지만 감독(superintendent)까지도 포함된다고 하는 학자도 있다고 소개하였다. 책임제한배제의 문구는 헤이그비스비규칙, LLMC의 것인 현재문안을 그대로 두자는 한국, 미국 그리고 스웨덴의 의견이 채택되었다.

102) Article 21 The defences and limits of liability provided for in this instrument and the responsibilities imposed by this instrument apply in any action against the carrier or a maritime performing party for loss of, for damage to, [or in connection with] the goods covered by a contract of carriage and delay in delivery of such goods, whether the action is founded in

(2) 초안에 대한 설명 및 우리 법과의 관련성

운송과 관련한 사고에 있어서 원고에게는 불법행위에 기한 손해배상청구권, 채무불이행에 기한 손해배상청구권 그리고 법정(statutory) 청구권 등이 주어지는 것은 세계적인 현상이다. 운송과 관련하여 국제적인 조약이 체결되는 이유는 통일성을 기하고자 함에 있다. 그럼에도 각기 다른 청구원인에 의하여 다른 방법으로 손해배상의 청구나 운송인의 책임제한제도가 운영이 된다면 이는 통일성을 저해하게 된다. 그리하여 운송법은 국제조약의 내용은 청구원인의 여하에 불문하고 동시에 적용된다는 조항을 가지고 있다(우리 상법 제789조의3, 헤이그비스비규칙 제4조의2, 함부르크규칙 제7조).[103]

해상이행당사자로 한정하기 위하여 이를 추가하였다.[104]

Ⅵ. 結 論

1. 요 약

전통적인 보통법상의 운송인의 책임은 엄격책임주의이다. 엄격책임주의는 몇 가지 면책사유를 갖는다는 점에서 무과실책임(절대책임)주의와 다르다. 그러나 대륙법의 과실책임주의와 합의안이 마련되면서 과실추정주의에 면책사유를 갖는 제도가 정착되었다. 조약초안도 운송인의 과실추정주의를 기본으로 하면서 운송인에게 제한적인 면책사유를 인정하고 있다.

입증책임이 문제가 되는바, 화주가 운송물의 손상사실을 입증하면 운송인은 자신이 과실이 없음을 입증하지 못하는 한 운송물의 손상에 대한 손해를 배상하여야 한다. 즉, 운송인은 무과실과 그 과실과 사고 사이에 대한 인과관계에 대한 입증책임까지도 부담하게 된다. 이러한 입증책임의 분배가 해석상 인정되었지만, 조약초안은 이를 분명히하기 위하여 명문의 규정을 두었다.

감항성에 대한 주의의무에 대하여도 운송인의 과실추정이 인정된다. 그런

---

contract, in tort, or otherwise. A/CN.9/WG.III/WP.39. para. 10.

103) 제13차 회의에서 네덜란드, 미국, 노르웨이, 핀란드 그리고 한국이 존치를 주장하였고, 한국은 불법행위와 계약위반으로 인한 손해배상청구를 인정하는 국가에서 불법행위에 기한 손해배상청구의 경우 책임제한 등이 부인되는 사태를 막기 위하여서도 본 조항은 반드시 필요하다고 강조하였다. 최준선 · 김인현 · 신유철, 전게 보고서, 555면.

104) A/CN.9/552, para. 89.

데 기존의 조약에서 불감항성과 사고 사이의 인과관계에 대한 입증책임을 어느 쪽이 부담하는지 불확실한 점이 있었다. 조약초안은 논의끝에 타협의 산물로서 화주측이 인과관계를 입증하도록 되었다. 감항성이 우선적 의무로 기능하도록 된 것은 기존의 협약과 동일하다. 기존의 조약은 감항성을 갖출 것이 각종 면책의 전제가 된다는 점을 명문의 규정으로 두지 않고 판례와 학설로 이를 인정하였다. 초안은 이를 분명히 하여 동일한 조항안에 이를 배치시킴으로써 감항성을 갖추는 것이 면책의 전제가 된다는 점을 분명히 하였다.

현재 헤이그비스비규칙(현재 상법)은 항해과실과 화재면책에서 선원 등 피용자의 과실에 대하여는 운송인의 책임이 완전히 면제되는 책임면제규정이었으나 이들이 삭제되었다. 제14차 회의를 통하여 선주국(비CMR국가)은 화주국(CMR국가)의 반대를 넘어 화재면책을 면책카탈로그에 남기게 되었다. 그러나 현재 우리 상법과 헤이그비스비규칙은 운송인의 피용자의 과실로 화재가 발생한 경우(감항성을 갖춘 경우)에는 운송인이 면책되었지만, “선박의 화재” 뒤에 이어지는 “운송인의 고의 또는 과실로 인한 화재의 경우에는 그러하지 아니하다”(상법 제788조 제2항)가 삭제됨으로써, 운송인 자신뿐만 아니라 피용자의 과실에 기인한 화재 손상에 대하여는 면책이 아니되게 되었다. 그러나 화재사고에서 운송인의 면책사실인 화재사실의 주장에 대하여 운송인측의 과실을 화주가 입증하여야 하므로 면책존치의 효과는 상당할 것이다. 모든 면책사유가 무과실 추정으로 되어 화주측의 반증이 가능하게 되었다.

운송인의 과실과 사고 사이에 인과관계가 없음을 운송인이 입증하여야 운송인은 책임을 면하지만, 불감항에서 불감항 사실과 사고와의 인과관계에 대하여는 화주가 입증책임을 부담하게 되었다.

기타 운송인의 의무와 책임제한제도는 현재의 헤이그비스비체제 혹은 우리 상법의 입장과 크게 다르지 않다. 실행당사자의 책임문제와 복합운송의 경우에 대한 규정을 둔 것도 조약초안의 현대화된 모습이다.

2. 평 가

전체적으로 항해과실이 폐지된 점, 운송인의 감항성주의의무가 전 항해기간에 확대된 점 등은 헤이그비스비규칙(혹은 우리 상법)보다도 본 조약초안이 운송인에게는 불리하고 화주에게는 유리하다. 그러나 화주에 대한 주의의무도 강화되어 있고, 화재면책이 존치된 점 등은 함부르크규칙보다는 운송인에게 유리한 입장에 있다고 할 수 있다.

만약, 선주측이 이를 불만으로 여기면서도 새로운 운송법체제에 동반하려면 남은 방법으로서는 적용범위를 축소시키는 것일 것이다. 예컨대, 정기선에만 한정을 시킨다면 적어도 운송인과 화주 사이의 용선계약에서 당사자 사이에는 본 조약이 적용되지 않을 것이다. 또한 서비스계약(service contract)의 적용범위를 조종하는 것도 하나의 방법일 것이다.

항해과실면책에 대하여는 면책제도가 폐지된 것은 되돌릴 수 없는 사항이지만, 마지막 외교회의에서 운송인측의 과실에 대한 입증책임(즉, 운송인이 무과실임을 입증하여야하는 점)을 화주에게 돌려서 화주가 운송인의 과실이 운송물의 사고에 영향을 비쳤음을 입증하도록 하는 방안을 검토할 수 있을 것이다. 화주측에서는 항해과실면책 폐지에 찬성하는 입장을 취할지 모르지만, 현 헤이그비스비체제에 비하여 운송인은 이미 운송 전 구간에 걸치는 감항성의무 부담, 책임제한액의 상향조정 등으로 상당한 불리함을 가지고 있으므로, 지나친 변화는 운송인측에 조약비준을 꺼리게 된다는 점을 고려하여야 할 것이다.

우리나라도 미국과 같이 국제회의에서 하나의 통일된 목소리를 내기 위하여는 선주측과 화주측이 운송법개정 내용에 대하여 사전에 합의안을 마련하는 것도 한 가지 방법이라고 본다.

제 3 논 문

運送物의 處分權에 대한 立法動向

I. 序論

송하인은 수하인과의 운송물매매계약을 체결하고, 운송물을 수하인이 있는 장소까지 이동시키기 위하여 운송인과 운송계약을 체결한다. 운송계약의 내용으로서 수하인 및 운송물의 인도장소가 특정이 될 것이다. 그런데 운송계약을 체결하고 운송물에 대한 운송이 시작되고 난 다음에 송하인으로서는 여러 가지 사정에 의하여, 예컨대 수하인이 바뀌게 되어 인도장소가 변경될 수도 있고, 매매계약이 취소되어 운송물을 자신이 회수하여야 하는 경우도 있을 수 있다. 이러한 경우 원칙적으로 말한다면, 운송인과 송하인의 계약내용에 변경이 있는 것이므로 운송인은 송하인과 새로운 운송계약을 체결하여야 할 것이다.

이러한 경우에 대비하여 상법은 육상운송에 있어서 송하인은 운송의 중지, 운송물의 반환 기타의 처분을 운송인에게 청구할 수 있는 권리를 부여하고 있다. 이 규정을 해상운송에도 준용하고 있다. 그런데 이러한 송하인이 갖는 권리는 형성권으로 이해되고, 이러한 형성권이 육상운송과는 다른 성질을 갖는 해상운송에도 그대로 적용되는지에 대하여 의문이 제기된다. 이번 2007년 상법 해상편 개정에서 개품운송에는 육상운송의 처분권에 대한 규정을 준용하고 항해용선의 경우에는 준용규정을 삭제함으로써 91년 상법 해상편과는 다른 입장을 취하게 되어 그 의미가 무엇인지 궁금증을 자아낸다.

처분권은 또한 유엔 운시트랄 운송법회의에서 크게 다루어지고 있으므로 시사성이 있는 문제가 되었다. 본고에서는 처분권의 국내상법에서의 의미와 국제조약에서의 규정에 대하여 살펴보기로 한다.

Ⅱ. 商法上의 處分權

1. 의 의

상법 제139조 제1항은 "송하인 또는 화물상환증이 발행된 때에는 그 소지인이 운송인에 대하여 운송의 중지, 운송물의 반환 기타의 처분을 청구할 수 있다. 이 경우에 운송인은 이미 운송한 비율에 따른 운임, 체당금과 처분으로 인한 비용의 지급을 청구할 수 있다"고 하여 운송물의 처분권에 대하여 정하고 있다.

우리 상법은 이를 해상운송에도 준용하고 있다(상법 제812조). 한편 2007년 개정상법은 이를 개품운송에만 준용하고 항해용선에서는 준용하지 않고 있다.

송하인 등은 시장의 상황 또는 매수인의 신용상태의 변화에 따라 운송물을 처분할 필요성이 있기 때문에 상법은 송하인 등이 계약을 해제하지 않고 또 손해배상책임을 부담하지 않도록 하기 위하여 법정의 효력으로서 처분권을 인정한다.[1] 운송의 특수성을 감안하여 민법의 도급에 대한 특칙으로서 상법이 송하인에게 특별히 인정한 권리라고 할 수 있다.[2]

2. 법적 성질

(1) 형성권인지 여부

상법 규정에 따르면 송하인 등은 운송의 중지 등을 운송인에게 청구할 수 있다고 하므로 일방적 의사표시에 의하여 효력이 발생하는 형성권으로 이해된다.[3] 일방적 의사표시에 의하여 효력이 발생하는 것이므로 제한적으로 해석되지 않으면 운송인의 권리를 해하게 된다.

형성권으로 이해되므로 소멸시효는 10년이다.

---

1) 정찬형, 「상법강의(하)」(박영사, 2008), 316면; 손주찬, 「상법(상)」(박영사, 1996), 347면.

2) 정동윤, 「상법(상)」(법문사, 2005), 236.

3) 동지, 손주찬, 전게서, 347면. 운송의 중지반환 기타의 처분은 원래의 운송계약의 내용이나 목적에는 부합하지 않는 것이므로 운송계약의 성질이 도급이므로 당연히 인정되는 권리라고 볼 것은 아니라고 한다.

(2) 강행규정성

동 규정이 강행규정인지 여부가 의문이다. 송하인과 운송인이 특약으로서 처분권을 인정하지 않는다고 약정한 경우에 운송물에 대한 운송이 중단되어야 할 경우에 혹은 다른 양륙지에 양륙되어야 할 경우에도 그렇지 못한 것이 부당히 송하인을 해하는지에 따라 달라질 것이다.

만약 이를 임의규정이라고 한다면, 특약은 유효하여 송하인은 처분권을 행사하지 못하게 되고 새로운 계약을 체결하여야 할 것이다. 수하인의 변경, 목적지의 변경이 예상되는 경우에는 그러한 내용의 특약을 체결하여 추가운임의 지급을 막는 계약도 가능하여야 할 것이므로 임의규정으로 보아야 할 것으로 생각한다. 그러나 제140조의 수하인의 지위에 대하여는 제3자인 운송인의 의무와도 연결되므로 강행규정으로 보아야 한다고 생각한다.

3. 내 용

(1) 처분권자

처분권자는 송하인 혹은 화물상환증이 발행된 경우에는 증권의 소지인이다. 화물상환증이 발행된 경우에 처분권자는 송하인이 아니라 증권의 소지인이 된다.[4)]

(2) 처분권의 내용

처분권의 내용은 운송의 중지, 운송물의 반환 기타의 처분이다.

운송의 중지란 송하인 등이 목적지를 향하는 운송물의 운송을 운송인에게 중지할 것을 요구하는 것이다.[5)] 송하인은 매수인과의 정산이 종료되지 않은 경우에 매수인의 수중에 운송물이 들어가는 것을 방지하기 위하여 운송물의 중지를 희망할 수 있을 것이다.

이를 넓게 해석하면, 운송물의 반환은 송하인이 자신에게 운송물을 다시 가지고 올 것을 요구하는 것이다. 운송인이 운송물을 상당한 정도 운송하여 목적지에 가까이 간 경우에도 다시 송하인에게 운송물을 되돌려주어야 한다. 그러나 다수 학설은 이는 운송인에게 부당한 의무를 부과하므로 제한적으로 해석

---

4) 동지, 정동윤, 전게서, 237면.
5) 동지, 정찬형, 전게서, 316면.

하여 현재지에서 운송물을 송하인 등에게 인도하는 것이라고 한다.[6] 발송지로 반환하기 위하여는 새로운 계약을 체결하여야 한다는 견해도 있다.[7]

기타의 처분으로 대표적인 것으로는 목적지가 변경되는 경우이다.[8] 수하인이 주소를 변경하여 수하인이 새로운 주소로 운송물을 운송하여 줄 것을 요구하거나 수하인이 바뀌어 새로운 목적지로 운송물이 향하여야 하는 경우가 있을 것이다. 동일한 목적지로 향하면서 수하인을 변경하는 것도 가능할 것이다.[9]

운송인이 송하인 등의 지시에 따라 운송물을 처분한 경우에는 이미 한 운송의 비율에 따라 운임, 체당금, 비용의 변제를 청구할 수 있다(상법 제139조 제1항 제2문).

(3) 송하인과 수하인의 관계

증권이 발행된 경우에는 증권의 소지인이 처분권을 갖는다. 그런데 증권이 발행되지 않은 경우에는 특히 도착지에서 송하인과 수하인 중 누가 처분권을 갖는지가 논란이 된다. 우리 상법은 개정전, 전항의 송하인의 권리는 운송물이 도착지에 도착한 후 수하인이 그 인도를 청구한 때에는 소멸한다(구상법 제139조 제2항)고 정하고 있었다.

그런데 1995년 개정상법은 제140조 제1항에서 "운송물이 도착지에 도착한 때에는 수하인은 송하인과 동일한 권리를 취득한다"고 하고, 제2항에서 "운송물이 도착지에 도착한 후 수하인이 그 인도를 청구한 때에는 수하인의 권리가 송하인의 권리에 우선한다"고 한다.

즉, 도착지에 운송물이 도착하였으나 수하인이 인도를 청구하지 않은 때에는 송하인과 수하인이 동일하게 처분권을 행사할 수 있다. 수하인이 인도를 청구하면 이때부터는 수하인의 권리가 우선하지만, 송하인의 권리가 소멸하는 것은 아니다. 그러므로 수하인이 권리를 포기 혹은 수령을 거부한 경우에는 송하

6) 운송인에게 부과된 처분의무는 운송인에게 새로운 부담이나 불이익을 주어서는 아니되는 것이므로, 운송물의 반환이란, 운송지가 아니라 현재 소재하는 곳에서 운송물을 반환하는 것을 의미하는 것이라고 한다. 정찬형, 전게서, 316면; 손주찬, 전게서, 347면; 정동윤, 전게서, 237면.

7) 정동윤, 전게서, 237면.

8) 운송물의 반송, 다른 목적지에의 운송, 도착지의 연장은 허용되지 않는다는 것이 다수의 견해이다. 손주찬, 전게서, 347면; 채이식, 「상법강의(상)」(박영사, 1997), 292면.

9) 동지, 손주찬, 전게서, 347면.

인이 여전히 처분권을 행사할 수 있다고 해석된다.[10] 구상법에 비하여 수하인이 권리를 포기한 경우에 운송물에 대한 처분권을 송하인이 행사할 수 있다는 점에서 차이가 있다.

Ⅲ. 海上運送에서의 준용의 타당성

1. 해상운송의 특수성

해상운송은 육상운송과는 다른 여러 가지 특성을 가지고 있다. 특히, 컨테이너 운송의 특성을 이해하여야 한다.

컨테이너에는 수천개의 컨테이너가 적재되고 이를 기항지별로 양륙하기 쉽도록 계획하여 적재한다. 예컨대 가장 나중에 기항할 곳의 운송물은 가장 아래에 적재하게 된다. 이점에서 운송물의 적재순서가 달라도 쉽게 재적재가 가능한 육상운송의 소량화물 운송과는 다르다. 컨테이너 운송은 정기선 운항이다. 정기에 특정한 항구에 기항하여야 하는 고정된 스케쥴을 가지고 있다. 따라서 고정된 스케쥴을 가지고 있지 않는 단선 운송이 많은 육상운송과 차이가 난다. 또한 육상운송과는 달리 수천의 화주가 한척의 선박에 개입되어 있으므로 약간의 지연은 많은 화주에게 영향을 미치게 된다. 이 점에서 단일화주로 구성되거나 단지 수인에 지나지 않는 화주의 집단을 대상으로 하는 육상운송과 다르다.

2. 상법 제812조에서의 준용

(1) 운송의 중지

여러 이해당사자가 개입된 컨테이너 운송에서 운송을 중지하고 마냥 송하인의 지시를 기다리고 있을 수만은 없다. 또한 선장에게는 직항의무가 있다.[11] 그러므로 육상운송과는 달리 해상운송에서는 운송의 중지란 가능하지 않다고 본다.

---

10) 동지, 정찬형, 전게서, 316면; 손주찬, 전게서, 350면.

11) 선원법 제8조(항해의 성취) 선장은 항해의 준비가 끝난 때에는 지체없이 출항하여야 하며, 부득이한 사유가 있는 경우를 제외하고는 예정항로를 따라 도착항까지 항행하여야 한다.

(2) 운송물의 반환

운송물의 반환은 해상운송인에게 있어서는 처분권의 대상으로 하기에는 어렵다. 12일씩 걸리는 항해를 역으로 다시 하여 운송물을 출발항으로 되돌릴 수는 없다. 이 경우에는 가장 가까운 항구에 양륙을 하는 것으로 운송계약은 종료되고 송하인은 별도의 운송계약을 체결하여 운송물을 반환받아야 할 것이다.

(3) 기타의 처분

기타의 처분으로서 대표적인 것으로는 양륙항의 변경이 있다. 예컨대, 미국의 롱비치를 향하던 운송물을 기항지도 아닌 시애틀에서 양륙하라고 처분권을 행사한다고 하면, 이는 운송인에게 엄청난 손해를 야기한다. 이 경우에는 운송물은 일단 계약에 따라 롱비치에 양륙되고 송하인은 별도의 수배를 통하여 운송물을 시애틀로 이동시켜야 할 것이다. 만약, 동일한 기항지라고 한다면, 운송인은 별다른 손해없이 운송물을 양륙시킬 수 있을 것이다. 이 경우에 컨테이너 운송이라면, 동 운송물은 아래에 적재되어 있어서 환적에 추가적인 비용이 소요될 수도 있을 것이다.

수하인의 변경은 가능할 것으로 생각된다.

3. 입법론

육상운송에 있어서도 다수학설은 처분권의 행사는 형성권의 성질상 운송인에게 불리한 것이므로 제한적으로 허용하여야 한다고 하면서, 운송물의 목적지로의 반환, 목적지의 변경은 허용하지 않고 수하인의 변경은 가능하다고 한다.

입법론으로는, 처분권을 형성권으로 구성하는 한, 해상운송에서 송하인 혹은 소지인에게 운송인에 대한 처분권은 "운송계약의 본질을 해하지 않는 합리적인 범위내에서만" 인정되어야 할 것이고, 특히 운송의 중지와 반환은 허용되지 않아야 할 것이다.

한편, 2007년 개정상법은 개품운송에서는 여전히 상법 제139조를 준용하지만(개정상법 제815조), 항해용선에서는 이를 준용하지 않고 있다(개정상법 제841조). 이것은 개품운송에서 처분권의 필요성이 더 있다는 점에서 출발하였다.[12] 그러나 개품운송보다 항해용선에서 처분권의 행사는 용이하므로,[13] 항해용선에도 준용을 배제하지 말아야 할 것이다. 이 경우에도 위에서 본 바와 같은 제한적인 허용을 하여야 할 것이다.

IV. 國際條約의 立場

1. CMR

유럽의 도로운송에 대한 책임조약(CMR)은 처분권에 대하여 제12조에서 규정한다.

(1) 송하인은 운송중인 운송물에 대하여 운송의 중지, 인도가 이루어질 장소를 변경하거나 화물상환증에 기재된 수하인 이외의 자에게 인도를 요청함으로써 운송물에 대한 처분을 할 권리를 가진다.[14)]

제1항에 따르면, 송하인에게 주어지는 처분권의 내용은 (i) 운송의 중지, (ii) 인도장소의 변경운송, (iii) 수하인의 변경이다.

(2) 본 권리는 제2의 화물상환증이 수하인에게 건네지거나 수하인이 제13조 제1항하의 권리를 행사할 때 종료된다; 이 때부터 운송인은 수하인의 지시에 따라야 한다.[15)]

제2항에 따르면 처분권은 수하인이 운송인에게 인도의 요청을 하면 종료되는 것으로 된다.

위와 같은 제1항과 제2항은 우리 상법의 규정과 대동소이하다. 그런데 제5항에서는 처분권이 허용되는 조건이 아래와 같이 설정되어 있다. 즉, 송하인(혹은 수하인)은 (i) 화물상환증에 새로운 지시사항을 기재하여 발급하고 그러

---

12) 채이식, "2005년 상법 제5편 해상편 개정안에 대한 소고,"「한국해법학회지」, 제27권 제2호(2005.11), 459면. 법무부 개정위원장이었던 채이식 교수는 "송하인의 처분권은 항해용선계약에서 더욱 필요한 것이지만, 계약자유의 원칙에 맡기는 것이 타당하다고 보고 이를 준용하지 아니하기로 하였다"고 한다.

13) 개품운송에서의 화주는 다수이지만, 항해용선에서는 화주가 단일이므로 수하인의 변경, 목적지의 변경이 용이할 것으로 생각된다.

14) 1. The sender has the right to dispose of the goods, in particular by asking the carrier to stop the goods in transit, to change the place at which delivery is to take place or to deliver the goods to a consignee other than the consignee indicated in the consignment note.

15) 2. This right shall cease to exist when the second copy of the consignment note is handed to the consignee or when the consignee exercises his right under article 13, paragraph 1; from that time onwards the carrier shall obey the orders of the consignee.

한 지시사항을 이행함으로써 운송인이 입게 되는 모든 비용, 손해를 보상하여야 한다(제5항 a호). (ii) 그러한 지시를 이행함이 지시를 수행하는 자가 지시를 받은 시점에서 가능하고 운송인의 운송계약의 통상적인 이행을 방해하지 않거나 다른 송하인 혹은 수하인의 이익을 해하지 않아야 한다(제5항 b호). (iii) 그러한 지시는 운송의 분리를 가져와서는 아니된다(제5항 c호).[16] 지시를 따르지 않은 운송인은 그로 인하여 발생한 손해를 배상할 책임을 부담한다(제7항).

2. 운시트랄 운송법회의 초안

(1) 처분권의 내용

운송법회의에서는 위 CMR의 규정을 본받아, 송하인 혹은 선하증권의 소지인에게 처분권을 부여하고자 한다. 처분권은 운송중인 운송물에 대하여 운송인에게 지시를 줄 수 있는 운송계약상의 권리를 말한다.

여기에는 운송기간 중 운송물에 대하여 처분권자가 운송인에게 (a) 운송계약의 변경을 구성하지 않는 운송물에 대한 지시를 주거나 변경할 수 있는 권리 (b) 방문예정항구 혹은 내륙운송의 경우 통상의 운송로에서 운송물인도를 요구할 수 있는 권리 (c) 수하인을 교체할 수 있는 권리가 있다(2008.6. 최종초안 제52조 제1항).[17]

위의 처분권은 첫째, 지시를 준 자가 처분권을 행사할 권리가 있는 자이어야 한다. 둘째, 지시가 그것을 행할 자에게 도달한 순간에 그 내용에 따라 합리적으로 실행될 수 있어야 한다. 셋째, 운송인 혹은 이해당사자의 정상조업(인도

16) 5. The exercise of the right of disposal shall be subject to the following conditions: (a) that the sender or, in the case referred to in par. 3 of this article, consignee who wishes to exercise the right produces the first copy of the consignment note on which the new instructions to the carrier have been entered and indemnifies the carrier against all expenses, loss and damage involved in carrying out such instruction; (b) that the carrying out of such instructions is possible at the time when the instructions reach the person who is to carry them out and does not either interfere with the normal working of the carrier's undertaking or prejudice the senders or consignees of other consignments; (c) that the instructions do not result in a division of the consignment.

17) Article 52 Exercise and extent of right of control

1. The right of control amy be exercised only by the controlling party and is limited to: (a) the right to give or modify instructions in respect of the goods that do not constitute a variation of the contract of carriage; (b) the right to obtain delivery of the goods at a scheduled port of call or, in respect of inland carriage, any place en route; and (c) the right to replace the consignee by any other person including the controlling party. A/CN.9/645.

의 관행을 포함함)을 방해하지 않아야 한다는 조건하에서 의무가 발생한다(제54조 제1항).

(2) 처분권자

유통운송증권이 발행되지 않은 경우에는 송하인(운송계약의 체결자)이 처분권자이다. 처분권은 제3자에게 이전이 가능하다. 유통운송증권이 발행된 경우는 증권의 소지인이 처분권자이다.

(3) 처분권의 성질

제52조 제1항 (b)(c)의 처분권의 효과, 존속기간, 제54조의 처분권 허용의 조건은 당사자의 합의에 의하여 변경될 수 있다(제58조).

(4) 처분권의 소멸

운송증권이 발행된 경우에는 소지인이 처분권자이므로 송하인과 수하인의 관계가 별도로 논하여질 이유가 없다. 그러나 운송증권이 발행되지 않은 경우에는 송하인과 수하인 중에서 누가 처분권을 갖는지가 의문이 된다.

조약초안은 "처분권은 운송물이 목적지에 도착하고 수하인이 운송물의 인도를 요구한 경우에 종료된다(혹은 수하인에게 이전된다)"는 안(소수의견)과 "운송물의 인도가 있을 때까지 송하인이 처분권을 갖는다"는 안(다수의견)이 다투어졌다.[18] 다수의견에 따르면 개정전 우리 상법과 동일한 입장이 된다. 즉, 수하인이 도착지에서 운송물의 인도를 요구하기 전까지는 송하인이 처분권을 갖는다. 이 경우에는 운송물의 인도를 요구하기만 하고 수령을 하지 않은 경우에는 송하인의 처분권은 부활되지 않는다. 소수의견에 따르면 수하인이 인도를 요구하여도 실제 인도가 이루어지기까지는 송하인이 처분권을 가지므로 수하인이 권리를 포기하여도 송하인이 처분권을 가지게 된다. 이 경우에는 송하인이 처분권을 길게 가지게 되어 자신의 권리를 보호하기 쉽게 된다.

최종초안에서는 처분권을 가장 길게 인정하는 방향으로 합의가 이루어져(즉, 소수의견에 가까움), 제12조하의 운송인의 책임기간과 동일한 동안 처분권이

---

18) 김인현, "제17차 유엔 운시트랄 운송법회의에 대한 보고," 「한국해법학회지」, 제28권 제2호(2006.11), 365면.

존재하는 것으로 되었다.[19]

(5) 효 과

어떠한 경우에도 처분권자는 본조하의 지시를 실행한 결과로 운송인, 이행당사자 그리고 이해관계인이 입게 되고 보상함으로써 발생한 추가적인 비용에 대하여 이들에게 보상하여야 한다(제54조 제2항).

운송인이 요청하는 경우에는 처분권자는 보증금을 제공하여야 한다(제54조 제3항). 운송인이 제1항에서 정한 운송인의 의무를 위반하여 처분권자의 지시를 이행하지 않음으로 인하여 발생한 손해에 대하여 운송인은 책임을 부담한다.[20] 이 때의 책임은 일반책임과 같이 과실추정주의에 따르고 책임제한도 가능하다(제54조 제4항).

제54조 제1항에 규정한 지시에 따라서 인도된 운송물은 목적지에서 인도된 것으로 간주하고 그러한 인도에 관련된 규정은 그러한 운송물에 적용된다(제55조).[21]

처분권자는 지시에 추가되는 정보를 제공하여야 할 의무를 부담한다(제57조).

(6) 우리 법과의 차이점

우리 법과의 가장 큰 차이점은 운시트랄 운송법에서는 이를 당사자의 합의로써 변경이 가능한 것으로 하고 있는 점이다. 그런데 우리 법에서는 이를 형성권으로 이해하므로 당사자의 합의로써 변경이 어려울 것으로 생각된다. 그 내용에 있어서는 우리 학설이 처분권을 운송인을 보호하는 방향으로 해석을 하는 한에서는 큰 차이는 없지만, 법문의 내용으로는 상당한 차이가 있다. 특히, 운송인의 통상의 운송의 이행에 방해를 주어서는 아니되는 조건이 충족되는 한

---

19) Art. 52(2) The right of control exists during the entire period of responsibility of the carrier, as provided in article 12, and ceases when that period expires.

20) 한편, 운송인이 처분권자의 지시에 따라서 이를 이행하던 중 운송물의 사고에 대하여 원래의 운송계약과 동일하게 과실책임주의로 할 것인지 다른 책임체제로 할 것인지 논란되었다. 아무런 규정도 두지 않기로 결정되었다. 이성철, "유엔 국제상거래법위원회의 협약초안에서의 처분권의 이전,"「국제규범의 현황과 전망」(법원행정처, 2006), 237면.

21) 이성철 판사는 기본적으로 우리 상법의 입장과 동일하므로 처분권의 존치에 찬성한다. 이성철, 상게논문, 244면.

에서만 처분권이 유효하게 구성된다는 점이 다르다.

V. 結 論

운시트랄 운송법회의에서의 논의는 해상운송에서의 운송인과 송하인의 이해관계를 조화롭게 반영하고 있다. 이에 반하여 우리 상법의 처분권에 대한 해상운송의 준용규정은 운송인의 이익을 해할 우려가 있는 구조로 되어 있고, 학설은 법문의 내용을 제한적으로 해석하여 균형을 취하고자 한다. 해상운송에서는 운송인은 상법에 규정된 처분권을 이행하는 것이 제3자인 다른 화주와의 관계상 더욱 어렵다. 그러므로 해석론으로서는 합리적인 한도내에서만 송하인의 처분권이 인정되어야 한다는 현재의 학설의 입장을 지지한다. 입법론으로서는 상법 상행위편의 육상운송의 처분권을 해상운송에도 준용하는 규정을 삭제하고 해상편의 별도의 균형잡힌 처분권에 대한 규정을 둘 것을 제안한다.

제 4 논 문

UNCITRAL 運送法會議에서의 運送證券의 文言證券性에 대한 考察*

I. 序論

운시트랄 운송법회의는 헤이그비스비규칙을 대체하면서 현대의 복합운송에 더욱 적합한 운송법조약을 만들고 있다.[1] 이제 2회독을 마치고 2007년 3회독을 거치고 있다.[2] 2007년 4월의 제19차 뉴욕회의와 10월의 제20차 비엔나회의를 마치면, 2008년 1월의 최종점검회의를 한 다음 2008년 7월의 운시트랄 총회에서 조약으로 성안된다.[3]

국제해상운송과 관련하여 19세기말에 운송인이 선하증권의 이면에 많은 면책약관을 삽입하여 사용하여 왔고 이것이 화주에게 불리하다는 점이 공감대

* 본 논문은 「기업법연구」, 제21권 제3호(2007.9)에 정형진(경북대학교 법과대학 부교수)(제2저자)과 공저로 기고한 글이다.

1) 본 회의는 운시트랄이 세계해법회(CMI)에 의뢰하여 초안을 작성하고 이를 제9회 회의에서부터 운시트랄이 주관하여 1년에 2회씩 회의를 진행하면서 수정하는 작업을 행하고 있다. 2008년 10월 외교회의에서 조약으로 성안될 예정이다. 이에 대한 자세한 논의는 「한국해법학회지」에 부록으로 연재되고 있다.

2) 운시트랄 운송법회의에 대한 논문으로는 전체적인 개략을 소개한 것으로 김인현, "유엔 운시트랄의 새로운 운송조약안의 주요내용," 「한국해법학회지」, 제28권 제2호(2006.11), 7면 이하. 책임제도에 대하여는 김인현, "UN UNCITRAL 운송법회의에서 운송인의 책임제도," 「한국해법학회지」, 제27권 제2호(2005.11), 357면 이하. 관할권과 중재에 대하여는 최준선, "UNCITRAL 국제(해상)운송법초안의 재판관할권 조항에 대한 고찰," 「한국해법학회지」, 제28권 제1호(2006.5), 401면 이하. 복합운송과 관련하여서는 임동철, "해상물건운송에서 Door to Door 운송에 관하여 UNCITRAL/CMI 초안과 관련하여," 「한국해법학회지」, 제25권 제2호(2003.11), 5면 이하가 있다.

3) 필자(김인현)는 2004년 5월의 13차 회의부터 2007년 4월 19차 회의에 이르기까지 한국대표단으로 참가하여 왔다. 현재 UNCITRAL 운송법회의 10인 전문가그룹의 일원이다.

를 이루어 미국의 1895년 하터법과 1921년 헤이그규칙이 탄생되게 되었다. 이들은 운송계약에서 선하증권이 발행된 경우에 법정된 운송인의 의무와 책임을 감경하는 약정은 무효가 되도록 함으로써 화주를 보호하려는 것이 주목적이었다. 이후 1967년 비스비의정서에서는 선하증권의 유통성을 강화하기 위하여 제3자에게 간주적인 효력(conclusive evidence)을 인정하게 되었다. 미국을 제외한 선진 해운국들은 헤이그비스비조약을 비준하거나 이를 국내법화함으로써 소위 헤이그비스비체제를 유지하여 이 조약은 현재에도 국제해상운송을 규율하는 큰 규범이 되고 있다.

국제해상운송은 국제적인 성격을 당연히 가지게 된다. 그런데 각국마다 다른 해석과 법적용을 하게 되면 통일성이 저해되게 된다. 그리하여 운송관련 국제조약은 통일성과 예측가능성의 증대를 조약의 목표로 한다. 선하증권 중에서도 배서금지문구가 있는 기명식선하증권은 미국에서는 straight 선하증권으로 불리는 것으로 운송물의 인도에 선하증권의 상환을 필요로 하지 않는다. 그러나 다른 국가에서는 상환을 필요로 하는 차이점이 있어 이런 연유로 통일성이 결여되어 소송이 빈발하고 있는 문제점을 해결할 필요성이 새로운 운송법조약의 초안자들에게 제기되었다. 선하증권을 대체하는 기능을 갖는 해상화물운송장의 기재에 대하여 세계해법회(CMI)와 유사하게, 수하인에게 대항할 수 없는 권리를 부여할지도 새로운 운송법조약에서의 토의내용이 되었다.

선하증권과 같은 운송증권에 강한 문언증권성을 인정하게 되면 서면을 신뢰하여 국제거래를 행하는 상인들 사이의 거래는 활발하여질 것이다. 그러나 한편 유통성이 없는 증권에까지 제3자를 보호하면서 운송인이 불리한 지위에 놓인다는 것은 불합리하다는 반론이 가능할 것이다.

새로운 조약안은 선하증권이라는 용어 대신에 운송증권(transport records)이라는 용어를 사용한다. 이는 현재 상용되고 있는 선하증권, 해상화물운송장, 전자선하증권을 포함하는 개념이다.

새로운 조약안의 운송증권에 대한 논의내용을 살펴보고 우리나라 법에 미칠 영향에 대하여 논하고자 한다.

Ⅱ. 船荷證券의 文言證券性 一般

1. 선하증권[4]의 기능

첫째, 선하증권은 운송물에 대한 운송계약의 증거가 된다(as evidence of the contract of carriage). 개품운송의 경우에는 운송계약서가 별도로 발행되는 것은 아니다. 선하증권은 운송계약서가 아니지만 운송계약을 입증하는 가장 유력한 증거가 된다. 둘째, 선하증권의 기재의 내용은 기재된 대로 운송물을 수령하였다는 증거로서 기능한다(as receipt for goods shipped). 세 번째, 선하증권은 권원증권(document of title)으로서 운송물에 대한 인도청구권을 표창한다.[5]

위와 같은 분류는 영미법에서 주로 선하증권의 기능을 설명하는 방법이다. 이러한 세 가지 기능은 우리나라에서 말하는 선하증권의 효력과 다르지 않다. 두 번째 기능은 선하증권의 채권적 효력의 근거가 되는 것으로서 문언증권성과 관련된다. 선하증권은 유가증권으로서 증권에 운송물을 화체하고 이를 유통시키는 것이므로 화체된 서면의 내용은 발행자와 취득자 사이에 일정한 효력을 인정하여야 유통성을 가질 것이다. 그리하여, 헤이그비스비규칙과 우리 상법은 운송인과 선하증권을 소지한 제3자와의 관계에서는 간주적 효력(conclusive evidence)[6]을 인정하여 운송인은 선의의 제3자에 대하여 다른 내용을 가지고 대

4) 선하증권 이외에도 해상화물운송장, 전자선하증권이 운송계약을 보조하는 수단으로 등장하였기 때문에, 본 조약안에서는 더 이상 선하증권이라는 용어를 사용하지 않고 운송증권이라는 용어를 사용하기로 하였다.

5) Leo D'arcy and others, *Schmitthoff's Export Trade, The Law and Practice of International Trade* (Thompson Sweet & Maxwell, 2000), p. 267; Wilson, *Carriage of Goods by Sea*, 5th ed. (Pearson Longman, 2004), pp. 117-142.

6) conclusive evidence에 대하여 우리나라와 일본의 학계에서는 이를 결정적 효력(정완용, "해상화물운송장의 입법방안에 관한 고찰," 「한국해법학회지」, 제26권 제2호(2004.11), 83면), 확정적 효력(최종현 아래 각주 10 논문, 151면), 절대적 효력(相元隆, 「海法大系」(商社法務, 2003, 346면) 등으로 번역하여 사용하고 있어서 통일되어 있지 않다. 필자들은 사견으로 이들과 함께 종결적 효력과 간주적 효력 등을 검토하였다. 주저자는 反證을 허용하지 않는 것이니 우리 법상으로는 비록 실체법상의 용어이기는 하지만, 看做하는 것과 유사한 효력이므로 간주적 증거 혹은 간주적 효력이라고 하는 것이 적절하다고 생각하여 본 논문에서는 간주적 효력으로 부르기로 한다. 2007년 개정상법 해상편도 현행상법의 "대항하지 못한다"가 아니라 "본다"라는 용어를 사용하고 있다. 간주적 효력으로 사용하는 예로서는 김필곤, "선하증권과 UNCITRAL 운송법 협약에서의 운송증권," 국제거래법연구회 국제거래법학회 제13차 공동세미나, 2007.6.22, 25면이 있다.

항할 수 없다고 정하고 있다. 즉, 일정한 문언증권성을 인정하고 있는 것이다. 세 번째 기능은 두 번째 기능의 연장으로서 선하증권에 운송물인도의 약정이 있기 때문에 인도청구권이 표창된다.

2. 문언증권성과 관련한 쟁점

선하증권의 문언증권성과 관계되는 중요한 내용으로서는 선하증권 기재내용의 추정적 효력과 간주적 효력이다.[7] 선하증권이 발행된 경우에 간주적 효력을 인정하는 범위를 어디까지로 할 것인가가 쟁점이 된다. 간주적 효력의 인정을 피하여가는 방법으로는 운송인이 제한문구(qualifying clause)를 두게 된다.[8] 그런데 어떠한 경우에 이러한 제한문구에 효력을 부여할 것인가가 문제된다.[9] 문언증권성과 관련하여 운임선급기재는 여러 가지 법률적인 문제를 가지고 있다. 새롭게 대두된 것으로서 선하증권의 전면에 기재된 운송인의 성명을 문언증권성의 문제로 처리하여 선하증권 뒷면(이면)의 운송인특정약관을 무효화하는 논의도 있다.

Ⅲ. 推定的 效力과 看做的 效力

1. 의 의

선하증권을 발행한 운송인과 선하증권을 소지한 송하인 사이에서는 운송증권에 기재된 사항에 대하여 추정적 효력(prima facie evidence)을 인정한다. 운송물이 손상이 있는 경우 원고인 송하인은 손해배상을 받기 위하여는 손해를 증명하여야 하지만, 선하증권에 기재된 대로의 효력이 주어지므로 선적시의 상태를 입증할 필요가 없고 수령시 선하증권의 기재와 다름을 입증하면 되므로 일반적인 경우에 비하여 유리하게 된다. 그러나 추정적 효력에 지나지 아니한다고 하므로 운송인은 다른 증거로서 그 기재내용과 다름을 입증할 수 있다. 이는 운송인과 송하인 사이에는 원칙적으로 운송계약의 내용이 우선하므로 추정

7) 선하증권의 문언적 효력으로서 운송물인도청구권도 중요한 내용의 하나라고 할 수 있다. 운송인은 선하증권의 소지인에게 운송물을 인도하겠다는 내용의 기재를 선하증권에 하고 있고, 이러한 문언적 효력에 의하여 소위 채권적 효력으로서 운송물인도청구권이 발생한다.

8) said to contain 등과 같은 부지문구를 사용하는 것이 한 예이다.

9) 지면관계와 운시트랄 운송법회의에서의 수정가능성 때문에 본고에서는 논의를 생략한다.

적 효력만을 인정하는 것이 합리적이기 때문이다.

한편, 선의로 선하증권을 취득한 제3자에 대하여 운송인은 다른 증거로서 대항할 수 없다. 따라서 선하증권에 기재된 내용에 운송인은 구속되고 소지인은 보호되게 된다. 이러한 간주적 효력(conclusive evidence)의 인정은 아래와 같은 의미를 갖는다. 선하증권에 운송과 관련된 사항이 기재되어 있는 경우(예컨대 운송물의 개수가 10개) 송하인과의 관계에서는 운송인은 Mate's Receipt 등을 이용하여 이것이 아니었음을 입증하여 9개가 선적되었음을 인정받을 수 있다. 그러나 선하증권을 취득하게 된 제3자에게는 운송인은 다른 증거로서 대항할 수 없고 10개가 실린 것으로 된다는 것이다. 이러한 간주적인 효력을 인정하는 것은 유가증권인 선하증권의 유통성을 보호하기 위한 것이다.[10] 선하증권은 유통증권으로서 배서와 인도에 의하여 전전 유통된다. 송하인으로부터 선하증권을 양수받은 제3자는 운송인과의 계약의 당사자가 아니므로 운송계약의 내용을 알지 못하고 단지 선하증권의 기재의 내용으로서만 알 수 있을 뿐이다. 그럼에도 운송인에게 운송계약상의 다른 증거를 허용하게 하면 양수인의 지위는 불안하여진다. 그러므로 추정적인 효력에서 더 나아가 간주적인 효력을 인정하여 운송인은 다른 증거를 가지고 제3자에게 대항하지 못하도록 하여야 할 필요성이 제기된다.

2. 헤이그비스비규칙 및 함부르크규칙

(1) 헤이그비스비규칙

헤이그비스비규칙의 적용은 선하증권이나 이와 유사한 권원증권이 발행된 경우에만 적용된다. 해상화물운송장(seaway bill)은 선하증권이나 이와 유사한 권원증권이 아니므로 적용대상에서 제외된다.[11]

헤이그규칙 제3조 제4항은, "그러한 선하증권은 운송인이 제3항 a, b, c호에 따라 기재된 대로 운송물을 수령하였다는 추정적인 증거가 된다"로 되어 있

---

10) 동지, 최종현, "空선하증권의 효력," 「한국해법학회지」, 제29권 제1호(2007.4), 153면; 정동윤, 「상법(하)」(법문사, 2004), 841면은 문언증권성을 입법적으로 강화한 것으로 설명한다. 최기원, 「해상법」(박영사, 2002), 254면은 선의의 증권소지인을 보호하기 위하여 금반언의 원칙을 채용한 것이라고 한다.

11) 그러므로 해상화물운송장에 책임을 제한하는 규정을 둔 경우에는 헤이그비스비규칙의 적용을 받지 않게 된다.

었다.[12] 그런데 1968년 비스비의정서에서 제3조 제4항에 "그러나 선하증권이 선의의 제3자에게 양도된 경우에는 반대의 입증은 허용되지 않는다"는 내용이 추가되었다.[13]

그런데 헤이그비스비규칙에서는 선하증권의 정의에 대하여 아무런 규정을 가지고 있지 않고 운송계약이란 선하증권 혹은 유사한 권원증권에 의하여 증명되는 운송계약에만 적용된다고 하므로,[14] 규칙이 적용되는 선하증권이란 무엇인가에 대하여는 해석에 맡겨져 있다. 운송물에 대한 인도청구권을 표창하지 않는 해상화물운송장(seaway bill)은 권원증권이 아님으로써 본 규칙의 적용범위에서 벗어나 헤이그비스비규칙에서 정한 추정적 및 간주적 효력을 인정받지 못한다는 것이 통설이다.[15]

(2) 함부르크규칙

함부르크규칙은 제16조 제3항에서 "본조 제1항에서 허용되는 유보가 된 경우에 그 범위와 한도를 제외하고는, (a) 선하증권은 운송인에 의하여 선하증권에 기재된 대로 운송물을 수령하였거나 혹은 선적 선하증권이 발행된 경우에는 선적하였다는 추정적인 증거이다. 그리고 (b) 만약 선하증권이 증권에 기재된 운송물의 기재사항을 신뢰하여 선의로 이를 취득한 수하인을 포함한 제3자에게 이전된 경우에는 운송인에 의한 반대의 입증은 허용되지 않는다"고 정한다.[16]

그런데 헤이그비스비규칙과 달리 함부르크규칙 제1조 제7항은 선하증권에

---

12) Such a bill of lading shall be prima facie evidence of the receipt by the carrier of the goods as therein described in accordance with Art. 3(a), (b), (c).

13) However, proof to the contrary shall not be admissible when the bill of lading has been transferred to a third party acting in good faith.

14) contract of carriage applies to contracts of carriage covered by a bill of lading or any similar document of title...(제1조 제b항)이라고 한다.

15) John W. Wilson, op. cit., p. 161.

16) Except for particulars in respect of which and to the extent to which a reservation permitted under paragraph 1 of this Article has been entered:
 (a) the bill of lading is prima facie evidence of the taking over or, where a "shipped" bill of lading issued, loading, by the carrier of the goods as described in the bill of lading; and
 (b) proof to the contrary by the carrier is not admissible if the bill of lading has been transferred to a third party, including a consignee, who in good faith has acted in reliance on the description of the goods therein.

대하여 아래와 같이 정의하고 있다. “선하증권은 해상운송계약을 증명하고, 운송인에 의하여 운송물을 수령하거나 선적하였음을 증명하고 그리고 이것으로써 운송인이 증권과 상환으로 운송물의 인도를 약속하는 서면을 말한다. 운송물이 기명된 자의 지시에 의하여 혹은 지시식으로 혹은 무기명의 방식으로 인도되어야 한다는 서면 내용은 그러한 약속을 구성한다”고 한다.[17)]

함부르크규칙에서도 적용대상인 선하증권이기 위하여는 운송인이 운송물의 인도에 증서의 상환을 요구하고 있으므로 해상화물운송장은 범위에서 제외된다.

3. 세계해법회(CMI)의 해상화물운송장에 대한 1990년 통일규칙

(1) 제5조 운송물에 대한 기재내용 및 제7조 인도

CMI는 선하증권이 가지는 단점을 해소하기 위하여 실무에서 사용되기 시작한 해상화물운송장에 대하여 통일 규칙을 마련하게 되었다. 문언증권성과 관련된 조문은 제5조와 제7조이다.

제5조

① 송하인은 그가 제공한 운송물과 관련된 기재내용의 정확성에 대하여 담보한다. 그리고 어떠한 부정확으로부터 야기되는 손해, 손상 혹은 비용에 대하여 운송인에게 보상한다.[18)]

---

17) Bill of lading means a document which evidences a contract of carriage by sea and the taking over or loading of the goods by the carrier, and by which the carrier undertakes to deliver the goods against surrender of the document. A provision in the document that the goods are to be delivered to the order of a named person, or to order, or to bearer, constitutes such an undertaking.

18) (i) The shipper warrants the accuracy of the particulars furnished by him relating to the goods, and shall indemnify the carrier against any loss, damage or expense resulting from any inaccuracy.

(ii) In the absence of reservation by the carrier, any statement in a seaway bill or similar document as to the quantity or condition of the goods shall

(a) as between the carrier and the shipper be prima facie evidence of receipt of the goods as so stated;

(b) as between the carrier and the consignee be conclusive evidence of receipt of the goods as so stated, and proof to the contrary shall not be permitted, provided always that the consignee has acted in good faith.

② 운송인에 의한 유보가 없는 경우에, 해상화물운송장 혹은 이와 유사한 증권의 운송물의 수량과 상태에 대한 기재내용은

(a) 운송인과 송하인(shipper) 사이에는 그렇게 기재된 대로 운송물을 수령하였다는 추정적인 증거가 된다;

(b) 운송인과 수하인(consignee) 사이에는 그렇게 기재된 대로 운송물을 수령하였다는 간주적 증거가 되고, 수하인이 선의인 경우에만, 반대의 입증은 허용되지 않는다.

제7조

① 운송인은 적절한 동일성을 제기하면 즉시 수하인에게 운송물을 인도하여주어야 한다.

② 운송인은 수하인이라고 주장하는 자가 진실로 수하인임을 확인하기 위하여 합리적인 주의를 행사한 것을 입증할 수 있는 경우에는 잘못된 인도에 대하여 책임을 부담하지 않는다.19)

(2) 내 용

제5조는 송하인에게 증권상의 기재내용에 대하여 추정적 효력을 인정하고, 이에 대응하여 운송인을 보호하기 위하여 송하인에게 담보책임을 부과한다.

제7조에서 운송인은 적절한 동일성의 제시가 있으면 수하인에게 운송물을 인도하여야 한다고 함으로써 해상화물운송장은 상환성이 없음을 인정한다. 운송인이 운송물을 인도함에는 해상화물운송장과 상환이 필요없다는 점을 분명히 하고 있음으로써, 해상화물운송장은 유통성이 없으며 권원증권이 아님을 알 수 있다. 그럼에도 불구하고 수하인에게 간주적인 효력까지를 인정한다는 점에서 헤이그비스비규칙이나 함부르크규칙보다 선의의 제3자 보호에 적극적이다.

4. 우리 상법

(1) 선하증권

1991년 개정전 상법은 화물상환증의 효력을 선하증권에 준용하고 있었다(상법 제820조). 상법 제131조(화물상환증의 문언증권성)에 의하면 화물상환증을

---

19) (i) The carrier shall deliver the goods to the consignee upon production of proper identification.
(ii) The carrier shall be under no liability for wrong delivery if he can prove that he has exercised reasonable care to ascertain that the party claiming to be the consignee is in fact that party.

작성한 경우에는 운송에 관한 사항은 운송인과 소지인간에 있어서는 화물상환증에 기재된 바에 의하였다. 이 규정을 그대로 적용하면 운송인과 송하인 사이는 물론이고 선의의 제3자와의 사이에서도 추정적 효력만 인정되는 것이었다.[20]

그런데 1991년 개정시에 비스비의정서의 내용을 받아들여 선하증권을 발행한 운송인과 송하인 사이에는 선하증권의 기재내용에 대하여 추정적 효력을 인정하고 운송인과 이를 선의로 소지한 제3자 사이에는 간주적 효력을 인정하게 되었다.[21][22] 제814조의2[23] 규정의 신설로 이제 더 이상 상법 제131조의 선하증권의 문언증권성에 대한 규정은 선하증권에 적용되지 않게 되었다. 또한 그 적용범위에 대하여 개정상법은 "증권에 기재된 대로"라고 하고 있지만, 개정전 상법은 "운송에 관한 사항"으로 하고 있는 점에서 현행상법이 더 넓다고 할 수 있다.[24]

한편, 2007년 개정상법은 제814조의2를 쉬운 문구로 변경하게 되었다.

> 상법 제854조(선하증권 기재의 효력)
> ① 제853조 제1항의 규정에 따라 선하증권이 발행된 경우 운송인과 송하인 사이에 선하증권에 기재된 대로 개품운송계약이 체결되고 운송물을 수령 또는 선적한 것으로 추정한다.
> ② 제1항의 선하증권을 선의로 취득한 소지인에 대하여 운송인은 선하증권에 기재된 대로 운송물을 수령 혹은 선적한 것으로 보고 선하증권에 기재된 바에 따라 운송인으로서 책임을 진다.

20) 이의 효력에 대하여 의견이 분분하였지만, 배병태 박사는 문언증권성을 기계적으로 해석하면 선하증권의 요인성이 무시될 뿐더러, 추정적 증거력을 인정하고 있는 조약과 달라지므로 추정적 효력만 인정하는 것으로 해석하고자 한다. 배병태, 「주석상법」(사법행정학회, 1982), 229면; 동지, 박용섭, 「해상법론」(형설출판사, 1994), 560면.

21) 손주찬, 「상법(하)」(박영사, 1996), 986면.

22) 1991년 개정상법은 구상법상 요인증권성과 문언증권성의 관계에 대한 학설대립과 요인증권성을 취한 대법원 판례를 입법적으로 해결하여 문언성이 강화된 것으로 보는 것이 다수설이다. 최종현, 전게논문, 151면; 최준선, "선하증권의 채권적 효력," 「한국해법학회지」, 제27권 제2호(2005.11), 33-34면.

23) 상법 제814조의2(선하증권 기재의 효력) 제814조 제1항의 규정에 따라서 선하증권이 발행된 경우에는 운송인이 그 증권에 기재된 대로 운송물을 수령 또는 선적한 것으로 추정한다. 그러나 운송인은 선하증권을 선의로 취득한 제3자에게 대항하지 못한다.

24) 동지, 정찬형, 「상법강의(하)」(박영사, 2005), 878면.

제854조 제1항은 송하인과 운송인 사이의 효력을, 제2항은 송하인 이외의 선의의 선하증권의 소지인과 운송인 사이의 효력을 각각 정하고 있다. 추정적 효력과 간주적 효력이 인정되는 점에서 현행상법이나 헤이그비스비규칙과 같은 입장이다.

(2) 해상화물운송장

해상화물운송장의 사용빈도는 점차 증대되고 있다.[25] 유통성이 없다는 점, 상환증권성이 없다는 점에서 선하증권과 큰 차이점이 있다. 실무적으로는 선하증권의 대체수단으로 사용된다. 우리 상법 해상편의 선하증권이기 위하여는 선하증권으로서의 법적 성질을 가져야 한다. 해상화물운송장은 유통성이 없고 권원증권성도 없는 것을 이용하는 증권이므로,[26] 선하증권이 아니고 따라서 추정적 혹은 간주적 효력은 인정되지 않는다. 현행상법은 특별히 해상화물운송장에 대한 규정을 가지지 않고 실무의 약관에 따라 사용이 되어왔다.

2007년 개정상법은 해상화물운송장을 상법의 제도로서 입법화하였다.[27]

> 제864조(해상화물운송장의 효력)
>
> ① 제863조 제1항의 규정에 따라 해상화물운송장이 발행된 경우 운송인이 그 운송장에 기재된 대로 운송물을 수령 또는 선적한 것으로 추정한다.
>
> ② 운송인이 운송물을 인도함에 있어 수령인이 해상화물운송장에 기재된 수하인 또는 그 대리인임이라고 믿을 만한 정당한 이유가 있는 때에는 운송물의 수령인이 권리자가 아니었다 하더라도 운송인은 그 책임을 면한다.[28]

---

25) 대서양 컨테이너화물의 운송에서 85%가 해상화물운송장을 이용한다고 한다. Wilson, op. cit., p. 161.

26) 해상화물운송장에는 선하증권과 달리 운송물의 인도에는 본 증권과 교환하여야 한다거나, 본 증권의 소지인에게 운송인은 운송물을 인도한다는 등의 내용이 없다.

27) 제863(해상화물운송장의 발행) ① 운송인은 용선자 또는 송하인의 청구가 있으면 제852조 또는 제855조의 선하증권을 발행하는 대신 해상화물운송장을 발행할 수 있다. 해상화물운송장은 당사자 사이의 합의에 따라 전자식으로도 발행할 수 있다.
② 해상화물운송장에는 해상화물운송장임을 표시하는 외에 제853조 제1항 각 호 사항을 기재하고 운송인이 기명날인 또는 서명하여야 한다.
③ 제853조 제2항 및 제4항의 규정은 이를 해상화물운송장에 준용한다.

28) 입법이유서에 따르면, "해상화물운송장의 효력은 양도성이 없다는 점을 제외하고는 선하증권과 대체로 동일하지만 무권리자에 대한 운송물의 인도와 관련하여서는 해상화물운송의 신속성 · 효율성 증대를 목적으로 하는 해상화물운송장의 성격상 그 효력에 있어 선하증권

문언증권성과 직접적으로 관련되는 것은 제1항이다. 운송인과 송하인 사이에는 그 기재에 대하여 추정적 효력이 있으므로 수량부족에 대한 소가 제기된 경우에 송하인은 양륙시의 수량의 차이가 있음을 증명하면 운송인이 선하증권에 기재된 수량과 선적시의 실제수량이 다름을 입증하지 않는 한 책임을 부담하게 된다.[29)][30)]

그런데 CMI 규칙 제5조 제2항 (b)와 달리 2007년 개정상법은 수하인에 대하여 증권상의 기재에 대하여 간주적인 효력을 인정하지 않고 있다. 사용의 빈도를 높이기 위하여는 간주적 효력을 허용하여 수하인을 보호하고, 담보적 효력을 인정하여 운송인을 보호하는 것이 좋았다고 본다.

5. 운송법회의의 논의내용

(1) 초안의 내용

헤이그비스비규칙을 대체하는 새로운 조약을 만드는 운시트랄 운송법조약의 입안자들은 적어도 헤이그비스비규칙에서보다는 제3자를 더욱 보호하고 유통성을 확보하여야겠다는 생각을 하게 되었다.[31)]

이렇게 하여 제시된 초안은 유통운송증권이 발행된 경우는 물론이고 비유통운송증권인 경우에도 선의의 제3자에게 간주적인 효력을 인정하는 것이었다.

WP.21로 처음 제시된 초안의 내용은,[32)] 전통적인 헤이그비스비규칙의 입

과 구별되도록 하였다. 선하증권의 경우에는 선하증권과 상환하지 아니하고 무권리자에게 운송물이 인도되면 어떠한 경우에도 운송인이 그 책임을 면하지 못하지만, 해상화물운송장의 경우에는 운송인이 운송물을 인도함에 있어 해상화물운송장에 기재된 수하인 또는 그 대리인임을 확인하기 위한 모든 합리적 주의를 다하였음을 증명하는 경우에는 수령인이 권리자가 아니었다 하더라도 운송인은 책임을 면하도록 하였다"고 한다. 법무부, 상법 해상편 개정이유서, 2005.10.26, 46면.

29) 추정규정이 없다면, 원고인 송하인이 선적된 수량의 개수 및 양륙된 수량의 개수를 스스로 입증하여야 한다.

30) 제2항에 의하면, 화물운송장에 기재된 수하인 또는 그 대리인임을 확인하기 위한 정당한 이유가 있음을 운송인이 입증한 경우에는 운송물의 수령인이 권리가 없는 자였다고 하더라도 운송인은 책임을 면하게 된다.

31) A/CN.9/WG.III/WP.21, p. 48.

32) 8.3.3(추정적 효력 및 간주적 효력) 8.3.4에서 달리 규정한 경우를 제외하고, 운송물의 수령을 증명하는 운송증권 혹은 전자운송증권은: (a) 계약의 상세에 기재된 바대로 운송인이 운송물을 수령하였다는 추정적인 증거이다; 그리고 아래의 경우 (b) 계약의 상세에 기재된 바대로 운송인이 운송물을 수령하였다는 간주적인 증거이다. (i) 만약 유통운송증권 혹은 유

장을 취한 것이지만, 8.3.3 제b항 (ii)는 선하증권이 비유통증권인 경우에도 선하증권상의 내용을 신뢰한 제3자를 보호하기 위하여 간주적 효력을 인정하고자 하는 점에서 특이하면서 발전적이다. 이는 FOB 계약에서 매수인이 shipper가 되지만, 매도인이 매수인을 대신하여 운송을 수배한 경우에 운송인이 매도인에게 선하증권을 발행하면 매수인은 운송증권에 기재된 내용을 신뢰하고 상품의 매매대금을 지급하게 되는 경우를 말하는 것이다.[33]

(2) 논의의 경과

대표단들은 2003년 봄 뉴욕의 제11차 회의에서 이에 대한 첫 견해를 교환하였다. 조문 8.3.3.을 제43조로 하면서 (b)항 ii호에 선택B가 추가되게 되었다.[34]

2003년 봄의 제11차 회의에서 제43조 a항과 b항 (i)호의 내용은 이견없이 받아들여졌다.[35] 이어진 2006년 1월 23-24일의 런던 원탁회의에서도 이에 대

통전자증권이 선의인 제3자에게 양도된 경우 혹은 (ii) 만약 선의인 자가 대금을 지급하거나 계약의 상세에 기재된 운송물에 관한 기재를 신뢰하여 자신의 지위를 변경한 경우.

33) A/CN.9/W.G.III/WP.21, p. 48.

34) 제43조 제44조에서 달리 규정한 경우를 제외하고, 운송물의 수령을 증명하는 운송증권 혹은 전자운송증권은: (a) 계약의 상세에 기재된 바대로 운송인이 운송물을 수령하였다는 추정적인 증거이다;

그리고 아래의 경우 (b) 계약의 상세에 기재된 바대로 운송인이 운송물을 수령하였다는 간주적인 증거이다.

(i) 만약 유통운송증권 혹은 유통전자증권이 선의인 제3자에게 양도된 경우 혹은

(ii) 선택 A 만약 선의인 자가 대금을 지급하거나 계약의 상세에 기재된 운송물에 관한 기재를 신뢰하여 자신의 지위를 변경한 경우

(ii) 선택 B 만약 유통운송증권 혹은 유통전자운송증권이 발행되지 아니한 경우 그리고 수하인이 계약명세에 있는 운송물의 기재사항을 신뢰하고 운송물을 구매하고 대금을 지급한 경우

(Article 43 "Except as otherwise provided in article 44, a transport document or an electronic transport record that evidences receipt of the goods is: (a) prima facie evidence of the carrier's receipt of the goods as described in the contract particulars; and (b) conclusive evidence of the carrier's receipt of the goods as described in the contract particulars (i) if a negotiable transport document or a negotiable electronic transport record has been transferred to a third party acting in good faith or (ii) Variant A of paragraph (b) (ii) if a person acting in good faith has paid value or otherwise altered its position in reliance on the description of the goods in the contract particulars (ii) Variant B of paragraph (b) (ii) If no negotiable transport document or no negotiable electronic transport record has been issued and the consignee has purchased and paid for the goods in reliance on the descriptions of the goods in the contract particulars.)

한 논의가 계속되었다. 논쟁의 중심은 배서금지 기명식 선하증권(straight B/L)에 있었다. 북유럽의 대표들은 recta 선하증권이라는 새로운 형태의 선하증권에 대하여 문제점을 지적하면서 통일적인 법제도의 필요성을 역설하였다.

2006년 4월 제17차 회의에서 배서금지 기명식 선하증권(bill of lading consigned to a named person)의 문제를 해결하기 위하여 네덜란드 대표에 의하여 제43조 b항 (ii)에 C안이 제시되었다(WP.68).[36] 각국마다 이에 대한 명칭과 취급이 다르기 때문에 조약에 정의규정을 두기로 하였다.[37] 운송인으로부터 운송물의 인도를 받기 위하여는 증권의 제시(presentation rule)가 필요한 비유통선하증권을 말한다고 정의하기로 하였다.[38] 많은 대표들은 간주적 효력은 증권의 유통성을 보호하기 위한 것임에도 유통성이 없는 증권의 소지인에게도 간주적인 효력을 부여하는 것은 법리상 허용이 되지 않는다고 주장하였다. 이어서 미국 대표는 straight 선하증권의 경우에 최근의 싱가포르와 홍콩의 판결에서는 미국과는 달리 상환증권성을 가지는 것으로 인도를 위하여는 증권의 제시가 필요하다는 것으로 판시되어 국제적인 관심사가 되었다는 설명을 하였다. 네덜란드 대표는 유통운송증권과 비유통운송증권의 중간에 있는 운송증권에게만은 간주적인 효력을 인정하자고 주장하였다. 중간적인 성격을 가지는 운송증권이란, 비유통성 운송증권이지만 운송물의 인도를 위하여는 제시가 필요한 것이다. 예컨대, 기명증권에서 비유통임을 기재한 증권으로서 미국의 straight B/L, 우리나라의 배서금지문구가 있는 기명선하증권 그리고 유럽 북구에서의 recta B/L이 여기에 속한다. 이 안은 선택 C로서 수용되었다.

(iii) 선택 C[Variant C of paragraph(b)(ii)]
만약 운송물의 인도를 받기 위하여는 증권이 반드시 제시되어야 함을 나타내는 비유통운송증권 혹은 비유통전자운송증권이 발행된 경우에, 그러한 증권 혹은 기록이 선의의 수하인에게 양도된 경우[39]

---

35) A/CN.9/526, para. 44-48.

36) A/CN.9/594, paras. 208-215.

37) 예컨대, 북구에서는 Recta Bill of Lading, 미국에서는 Straight Bill of Lading, 한국에서는 배서금지 기명식 선하증권으로 불린다.

38) A/CN.9/594, paras. 214.

39) Variant C of paragraph(b)(ii) If a non-negotiable transport document or a non-negotiable electronic transport record that indicates that it must be surrendered in order to obtain delivery

(3) 제18차 회의의 내용

2006년 11월 제18차 회의에서는 위 제43조 b항 (ii)호의 내용이 집중적으로 다루어졌다.

일단의 대표단들은 선하증권상에 간주적 효력을 인정하여주는 것은 유통선하증권이 발행된 경우에만 가능하므로, 비유통선하증권의 경우에는 상대방의 일방적인 행위에 의한 것이므로 이를 인정하지 말아야 한다고 하면서, 선택A와 B의 추가에 반대하였다.[40] 한편, 비유통선하증권에서도 상환성을 가지는 경우에는 간주적 효력을 인정할 수 있다는 주장이 강하게 제기되었다.[41]

이러한 가운데에 간주적인 효력을 인정하는 근거가 유통성(negotiable status)에 있어야 하는지에 의문이 제기되었다. 해상화물운송장과 같은 경우에도 CMI의 예와 같이 증서에 달리 기재가 없는 한 간주적인 효력을 인정하여 이의 사용도(in an effort to elevate the status and use of such documents)를 높여주어야 한다는 주장도 제기되었다.[42]

한편으로는 채권양도에서 양도인보다 양수인이 더 큰 권리를 가질 수 없는 점이 강조되어 간주적인 효력의 불인정이 주장되기도 하고, 그러나 유가증권의 법리에 따라 어음수표와 같이 더 큰 권리를 인정하여 유통성이 보호되어야 한다는 주장도 나왔다.[43] 유통성의 관점에서 벗어나서 무역을 촉진하기 위하여 비유통성 증권에도 폭넓게 간주적인 효력을 인정하자는 주장도 있었다. 대표단은 합의안을 마련하기로 하였고, 제18차 회의 제2주간에 원로들인 네덜란드와 이탈리아의 대표는 합의안을 제출하였고,[44] 수정된 잠정초안은 아래와 같다.

제42조(운송물의 계약명세의 증명력)

제41조에서 정한 상황과 방식으로 계약의 명세가 제한된 경우를 제외하고,

---

of the goods has been issued, if such document or record has been transferred to the consignee acting in good faith. 네덜란드에 의하여 제17차 회의에서 제안되었다. A/CN.9/WG.III/WP.68, p. 7.

40) A/CN.9/616. para. 5.

41) Ibid. 한국도 선택 C를 지지하였다. 김인현, "제18차 유엔 운시트랄 운송법회의 보고서,"「한국해법학회지」, 제29권 제2호(2007.4), 274면.

42) Ibid.

43) A/CN.9/616, para. 9.

44) A/CN.9/616, para. 13.

(a) 운송물의 수령을 증명하는 운송증권 혹은 전자운송증권은 계약의 상세에 기재된 바대로 운송인이 운송물을 수령하였다는 추정적인 증거이다.

(b) 그러한 계약명세가 (i) 선의의 제3자에게 양도된 유통운송증권 혹은 유통전자운송기록에 포함되어 있는 경우 혹은 (ii) 운송물의 인도를 받기 위하여는 그 증권이 제시되어야 함을 나타내는 비유통운송증권 혹은 비유통전자운송기록에 포함되어 있는 경우, 운송물과 관련된 계약의 명세에 대하여 운송인에 의한 반대의 입증은 허용되지 않는다.

(c) 그러한 계약명세가 운송인에 의하여 제공된 경우에 비유통운송증권 혹은 비유통전자운송기록에 포함된 제37조 제2항 a호에 언급된 계약명세에 대하여 선의인 수하인에 대한 운송인의 반대의 입증은 허용되지 않는다. 본항의 목적상 컨테이너의 수량과 종류 그리고 식별번호(컨테이너의 봉합식별번호는 제외됨)는 운송인에 의하여 제공된 정보로 간주된다.[45][46]

새로운 안은 (a)항에서 운송증권의 추정적 효력을 인정하고, (b)항에서 간주적 효력에 대하여 규정한다. (a)항에서는 유통운송증권에 한정하지 않고 있으므로 해상화물운송장에도 추정적 효력이 인정된다. (b)항 (i)에서는 운송인과 제3자 사이에는 유통운송증권의 경우에 간주적인 효력이 있음을 정한 다음,

---

45) Article 42 Evidentiary effect of the contract particulars

Except to the extent that the contract particulars have been qualified in the circumstances and in the manner set out in article 41:

(a) A transport document or an electronic transport record that evidences receipt of the goods is prima facie evidence of the carrier's receipt of the goods as stated in the contract particulars;

(b) Proof to the contrary by the carrier in respect of any contract particulars shall not be admissible, when such contract particulars are included in:

(i) A negotiable transport document or a negotiable electronic transport record that is transferred to a third party acting in good faith, or

(ii) A non-negotiable transport document or a non-negotiable electronic transport record that indicates that it must be surrendered in order to obtain delivery of the goods and is transferred to the consignee acting in good faith.

(c) Proof to the contrary by the carrier shall not be admissible against a consignee acting in good faith in respect of contract particulars referred to in article 37, subparagraph 2(a) included in a non-negotiable transport document or a non-negotiable electronic transport record, when such contract particulars are furnished by the carrier. For the purpose of this paragraph, the information referred to in article 37, subparagraph 2(a), as well as the number, type and identifying numbers of the containers, but not the identifying numbers of the container seals, is deemed to be information furnished by the carrier.

46) A/CN.9/616, p. 16.

(b)항 (ii)에서 비유통증권이라고 하더라도 상환증권성이 있는 경우에는 간주적 효력이 있음을 인정한다. 당초의 초안에서의 선택 C가 채택된 셈이다. 그러므로 비유통증권이라고 하더라도 상환성이 있는 것은 간주적인 효력을 인정한다는 것이다. 따라서 유통성여부를 떠나 상환성이 있는지가 중요하게 되었다. 예컨대, 미국의 straight 선하증권은 미국에서는 상환성이 없으므로 간주적인 효력이 인정되지 않는다. (c)항의 내용은 비유통증권에서 운송인과 수하인 사이에 적용되는 것이다. "운송인에 의하여 제공된" 컨테이너의 수량 등 기재내용에 대해서는 해상화물운송장과 같은 비유통증권이 발행된 경우라고 하더라도 간주적인 효력이 있다고 한다. 따라서 송하인이 제공한 기재내용은 운송인과 수하인 사이에서는 간주적인 효력이 없다.

따라서 이러한 결과는 아래와 같이 현재의 헤이그비스비체제에서 한걸음 더 나아간 것이라고 할 수 있다.

첫째, 비유통증권에서는 운송인과 수하인 사이에는 간주적인 효력이 전혀 인정되지 않는 것이 헤이그비스비규칙에서의 입장이었지만, 비유통증권에서 상환성이 있는 경우에는 간주적인 효력을 인정한다. 각국의 법제에 따라 논란이 있는 부분을 조약에서 분명히 하는 효과가 있다. 둘째, 헤이그비스비규칙에서는 비유통운송증권인 해상화물운송장이 발행된 경우에 추정적 · 간주적 효력이 인정되지 않았지만, 본 조약초안하에서는 이것이 발행된 경우에 운송인이 정보를 제공한 사항에 대하여는 수하인에게 간주적인 효력을 인정하겠다는 것이다. 운송인에게 귀책사유가 있거나 혹은 금반언의 원칙을 적용하는 것이다.

이러한 제안된 초안은 세계적으로 논란이 되는 배서금지 기명식 선하증권의 효력을 분명히하여 상환증권성이 있는 선하증권에만 간주적인 효력을 인정하자는 것이다. 그러므로 상환증권성이 있는 선하증권이란 어떠한 것이 있는지가 중요하게 된다. 세계해법회(CMI)의 해상화물운송장에 대한 간주적 효력의 인정을 일정한 한도에서 조약에서 수용한 형태가 된다.

6. 상환증권성이 있는 운송증권에 대한 세계 각국의 입장

위의 정의규정에 따르면 어떤 증권이 상환증권성을 갖는지가 중요한 의미를 가지게 되었다. 조약에서 상환성을 갖는 증권을 열거하고 있지 않고, 운송물 인도를 위하여는 상환하여야 하는 성질을 가리켜야 한다고 하므로,[47] 결국 국내법에 따라서 결정될 것으로 보인다. 차례로 살펴본다.

(1) 지시식 선하증권과 백지식 선하증권

이에 대하여 상환증권성이 있다는 점에 대하여는 의문의 여지가 없다.

(2) 배서금지 기명식 선하증권

이와 관련하여서는 미국과 영국계 국가의 입장이 다르다. 용어와 관련하여 실무에서 기명식 선하증권이라고 하는 영미의 straight 선하증권이란 우리 법에서 말하는 배서금지 기명식 선하증권이다.[48] 미국법에 따르면 모든 기명식 선하증권은 배서금지의 문구가 있어야 한다. 그러므로 straight 선하증권을 우리나라의 기명식 선하증권 모두에 적용하여서는 아니된다.

먼저, 헤이그비스비규칙에서는 "선하증권 혹은 유사한 권원증권"이라고 되어 있고 이에 대한 정의규정을 가지고 있지 않다. 그러므로 권원증권성이 있는 경우만 헤이그비스비규칙의 적용범위에 속하게 된다. 권원증권이라면 상환증권성이 인정되어야 한다고 생각할 수 있다. 그런데 미국에서는 이에 대하여 상환증권성을 인정하지 아니함으로써 논리상 혼란을 초래하게 된 것이 현실이다.

홍콩의 Brij 사건에서도 매도인이 운송인을 상대로 straight 선하증권과 상환하지 않고 운송물을 인도한 잘못이 있다는 이유로 매도인이 손해배상청구를 운송인에게 제기하였다. 법원은 straight 선하증권의 요체는 비유통성인 점에 있고 따라서 기명된 사람에게 운송물을 인도하면 되지 선하증권을 상환할 필요가 없다고 하면서 운송인에게는 계약위반이 없다고 판시하였다.[49]

그러나 싱가포르법이 적용된 2003년 싱가포르 항소원 Voss v. APL 판례에서 straight 선하증권은 상환성이 있는 것으로 인정되어 선하증권과 상환하지 않은 운송인은 손해배상책임을 부담하게 되었다.[50]

---

47) 논의과정에서 state라고 하자는 의견이 있었지만, 현재의 관행에 따르면 운송물의 인도를 위하여는 상환이 필요하다는 문구가 선하증권에 없이도 상환증권성이 인정되고 있기 때문에, 이는 배척되고 중립적인 indicate라는 용어가 사용되었다. 그러므로 상환성은 각국의 법원에 의하여 결정될 전망이다.

48) 동지, 김창준, "배서가 금지된 기명식 선하증권의 법적 성질,"「한국해법학회지」, 제25권 제1호(2003.4), 280면.

49) The "Brij," [2001] 1 Lloyd's Rep. 431.

영국법에서도 straight 선하증권에 대하여 상환성에 대한 규정이 없으므로 다툼이 있었지만, 라파엘라 에스호(Rafaela S) 사건에서 영국 항소원과 귀족원은 straight 선하증권이 유통성은 없지만, 권원증권이므로[51] 선하증권을 소지하게 되는 수하인을 보호하여야 하고 대금지급을 확보하기 위한 수단으로 사용되므로 매도인을 보호하기 위하여도 상환증권성이 필요하다고 하였고, 귀족원은 이는 헤이그비스비규칙의 선하증권에 해당한다고 하였다.[52] 결국 운송인은 동 선하증권과 상환하여서만 운송물을 인도하여야 한다는 결과가 되었다.[53]

미국에서의 straight B/L은 상환증권성이 없다고 포메른법에서 정하고 있으므로 논란의 여지는 없다.[54]

(3) 해상화물운송장

해상화물운송장은 선하증권의 기능 중 권원증권성이 없고 수령증으로서 및 계약의 증거로서 기능한다. 권원증권성이 없으므로 해상화물운송장은 상환성이 있을 이유가 없다. 따라서 수하인으로 인정되는 자에게만 운송물을 인도

---

50) Voss v. APL, [2002] 2 Lloyd's Rep. 707.

51) Rafaela S의 귀족원 판결이전에는 학설은 권원증권성이 없다고 보았다. Boyd, *Scrutton on Charter Parties and Bill of Lading*, 20th ed.(Sweet & Maxwell, 1996), art 2 pp. 1-2; Treitel, *Carver on Bills of Lading*(Sweet & Maxwell, 2001), 6.007, 6.104. 라파엘라 사건의 1심법원은 이러한 입장을 취하였다.

52) The Rafaela S, [2005] 1 Lloyd's Rep. 347. 동 사건은 1971년 영국해상물품운송법 제4조 제1항이 해상물품운송계약이 선하증권 혹은 이와 유사한 권원증권의 발행을 규정하지 않은 경우에는 그 계약에 헤이그비스비규칙을 적용하지 않는다고 정하고 있어서, 발행된 문제의 증권이 권원증권인가가 문제되었다. 만약 권원증권이라면 헤이그비스비규칙에 따른 책임제한이 이루어지고, 아니라면 미국의 COGSA가 적용되는 사안이었다.

53) 동지, 江成公夫, "記名式BLわ權原證券なので, 英國 COGSAか適用,"「海事法硏究會誌」, No. 177(2003.12), 39頁 이하. 라파엘라 사건 이후에 영국, 일본 등에서 배서금지 기명식 선하증권의 상환성에 대한 많은 논문이 나왔다.

54) United States Code Title 49 Transportation Subtitle X- Miscellaneous Chapter 801 Bills of Lading Sec. 801103

(b) Nonnegotiable bills-

(1) A bill of lading is nonnegotiable if the bill states that the goods are to be delivered to the consignee. The indorsement of a nonnegotiable bill does not - (A) make the bill negotiable; or (B) give the transferee any additional right.

(2) A common carrier issuing a nonnegotiable bill of lading must put "nonnegotiable" or "not negotiable" on the bill. This paragraph does not apply to an informal memorandum or acknowledgment.

하면 될 것이다.

그런데 CMI에서는 모델법에서 해상화물운송장의 사용을 증대하고 법적 효력을 강화하기 위하여 운송인과 수하인 사이에는 증권의 기재에 대하여 간주적 효력을 인정하였다(제5조 제2항). 이는 해상화물운송장의 사용의 빈도를 높이고 이에 법적인 효력을 부여하여 제3자인 수하인을 보호하기 위한 것이다. 이 점은 권원증권도 아니고 유통증권도 아니라는 점에서 법논리보다도 입법정책적으로 간주적 효력을 인정한 것이다.

영국법과 미국법에서도 공히 해상화물운송장은 권원증권이 아니고 추정적 및 간주적 효력을 인정하고 있지 않다.[55] 일본에서도 이에 대한 규정은 없고 권원증권은 아니므로 상환성이 없고 이를 소지한 자에게는 간주적인 효력이 없다고 한다.[56]

7. 우리나라에 미칠 영향

(1) 지시식, 백지식 및 기명식 선하증권

조약초안에 따르면 상환성을 갖는 운송증권을 파악하는 것이 중요하게 된다. 지시식, 백지식 선하증권은 운송물반환청구권이 표창된 유가증권이므로 상환성을 가질 필요가 있고 입법적으로 상법 제129조와 제820조에 의하여 상환증권성을 가진다는 점에서 이론이 없다.

기명식 선하증권 중에서 배서금지문구가 없는 것은 당연한 지시증권이므로(상법 제130조, 제820조) 유통성이 있게 되고 선하증권과 달리 취급할 이유가 없고 따라서 상환성이 있다고 할 것이다.

(2) 배서금지 기명식 선하증권

다음으로 논란이 있는 것은 배서금지기재가 있는 기명식 선하증권이다. 기명식 선하증권에 배서금지라는 문구가 있는 선하증권이다.[57] 상법 제130조 단서에 의하면 이는 지시증권이 아니므로 이의 양도를 위하여는 민법 제449조 이

55) J.F. Wilson, op. cit., p. 167.

56) 藤田和孝, "運送契約と運送證券,"「海事法研究會誌」, No. 181(2004.8), 2頁.

57) 배서가 금지된 기명식 선하증권에 대한 법적 문제에 대한 선행연구로는 현덕규, "기명식 선하증권의 양도에 관련된 법적 문제들,"「한국해법학회지」, 제23권 제2호(2001.11), 299면 이하가 있다. 김창준, 전게논문, 265면 이하.

하의 지명채권양도의 방식으로 하여야 한다. 우리나라 대법원은 배서금지 기명식 선하증권의 양도방법에 대하여 지명채권 양도방법에 의하여 권리가 이전되어야 한다고 판시한 바 있다.[58]

배서금지 기명식 선하증권의 상환성에 대한 대법원의 판결은 아직 없다. 일설에 따르면 운송물을 인도받기 위하여는 증권의 제시와 상환이 필요없다.[59] 따라서, 수하인으로 기재된 자로서 확인되는 자에게 운송인이 운송물을 인도하면 운송인은 의무를 다한 것이 된다. 따라서 선하증권소지인이 새로이 나타나서 운송물의 인도를 요구하여도 불법인도로 인한 손해배상책임을 부담하지 않는다. 다른 설에 따르면 상환성이 있다고 한다.[60] 이 설에 따르면 운송인은 다른 선하증권과 같이 선하증권과 상환하여서만 운송물을 인도하여야 하고 그렇지 않은 경우에는 운송인은 소지인에 대하여 손해배상책임을 부담하게 된다. 송하인이 운송인에게 굳이 배서금지 기명식 선하증권의 발급을 요구한 것은 상품매매대금 지급에 대한 확실한 담보로서 선하증권을 소지하고자 하는 것이고 이러한 상업적인 목적을 인정하여야 한다는 설명이 유력하다.[61]

상환성이 필요한 이유는,[62] 결국 유가증권으로서 권원증권이기 때문에 필요한 것인가 아니면 다른 이유로도 인정이 가능한가에 논의가 귀착된다. 이의 논의는 곧 실무상 발행된 선하증권의 용도와 목적으로부터 출발하여야 한다고 본다. 배서금지 기명식 선하증권과 해상화물운송장은 모두 유가증권으로서의 배서양도는 이루어지지 않는다. 그런데 전자는 후자와 달리, 왜 선하증권으로서 발행되는가? 전자를 사용하는 매도인은 배서양도는 이루어지지 않도록 하면

58) 대법원 200.3.27. 선고 99다17890 판결은 배서금지 기명식 선하증권의 양도방법과 권리증권성에 대한 판결이었다. 지명채권에 의한 양도를 하여야 양도의 효력이 있다는 것이 주 내용이다.

59) 최준선, "배서금지의 기명식 선하증권이 상환증권인지 여부," 법률신문(1999.7.26); 이균성, "선하증권의 법률관계,"「무역상무연구」, 제10권(1997), 202면.

60) 김창준, 전게논문, 298면. 김변호사는 배서금지 기명식 선하증권도 유가증권으로 인정되므로 소지인의 기대는 보호되어야 한다는 점을 근거로 든다.

61) 싱가포르 판결로서 Voss v. APL [2002] 2 Lloyd's Report, 707; 김창준, 전게논문, 298면.

62) 상환성이 인정되어야 하는 근거가 (1) 약정에 의하여 (2) 법의 효력에 의하여 발생하는 것으로 나누어 볼 수 있다. 우리 법하에서는 유가증권 법정주의에 의하면 법정되지 않으면 아니 될 것으로 본다. 영국법에서는 약정에 의하여 선하증권에 상환하여 운송인은 운송물을 인도한다는 내용이 선하증권에 기재되어 있는 경우에 상환성이 인정된다고 하면서도, 그러한 기재가 없다고 하더라도 상환성이 법으로 인정된다고 한다.

서, 대금회수를 확실히 한 다음에야 비로소 선하증권을 수하인에게 내어주어 화물의 인도를 허락하고자 한다. 그러므로 상환성이 필요한 것이다. 따라서, 이러한 실무를 고려하면 반드시 유가증권으로서의 양도방법으로 양도되는 것에만 상환성을 인정하여야 하는 것은 아닌 것이 된다.[63] 실무상 상환성이 필요한 것에는 상환성이 인정될 필요가 있다. 그런데 나아가 이러한 설명이 배서금지 선하증권의 기재내용에 대하여 선의의 수하인에게 간주적 효력을 인정하여야 하는 근거가 되는지에 의문이 제기된다. 즉, 상환성이 있으므로 간주적인 효력을 인정하여야 하는가? 간주적인 효력은 선하증권의 배서양도라는 지시성에서 나오는 것은 아닌가 하는 것이다. 실무의 필요에 따른 당사자의 약정에 의한 상환성을 인정하고, 이와 별도로 배서금지 기명식 선하증권의 가치와 사용도를 높이는 측면에서 수하인을 보호하기 위하여, 지시성과 무관하게 간주적인 효력이 인정된다고 볼 수 있다.

요컨대, 배서금지 기명식 선하증권의 상환성은 권원증권성의 담보가치의 이용에 있고, 간주적 효력의 인정은 배서양도가 되지 않는다고 하더라도 선의의 수하인을 보호하기 위한 수단으로 금반언의 원칙 혹은 외관의 법리를 바탕으로 인정되게 되는 법정 효력이라고 할 것이다.

(3) 해상화물운송장

현행상법은 해상화물운송장에 대하여 아무런 규정을 가지고 있지 않다. 그러므로 해상화물운송장은 유가증권 법정주의에 의하여 유가증권이 아니고 권리증권도 아니다. 단지 운송물의 수령증으로서 계약의 증거로서 작용할 뿐이다. 권리의 이전은 채권양도의 방법에 의한다. 운송인은 수하인으로 확인되는 자에게 운송물을 인도하면 족하다. 수하인이 간주적인 효력을 운송인에게 주장할 수도 없다.

한편, 우리 2007년 개정상법은 해상화물운송장에 관한 규정을 신설하고 이에 대하여 간주적인 효력을 인정하고자 하였지만, 삭제되어 추정적 효력만 인정되었다(제864조 제1항).[64]

---

63) 즉, 유가증권으로서 운송인→송하인→수하인으로 선하증권이 양도될 때에 적어도 송하인과 수하인 사이에서는 기명식으로 배서되어 이전되어야 하는 것은 아니다.

64) 한국해법학회 해상법개정위원회에서는 간주적 효력까지를 인정하자는 논의를 하였다. 그러

(4) 개정의 필요성여부

배서금지 기명식 선하증권은 상환성에 대하여 학설대립이 있으므로 명문의 규정으로 상환성이 있음을 명기하는 것이 좋을 것이다. 해상화물운송장은 운송법조약에서 일정한 한도에서 수하인에게 추정적 효력을 인정하고자 하므로, 국제적인 통일성을 기하고 유통성을 확보하기 위하여 2007년 개정상법에 이를 추가하는 것이 좋았을 것이다.[65] 영국과 미국과 같이 이러한 내용을 별도로 규정하는 단행법으로 선하증권법을 갖는 것이 좋다고 본다.

Ⅳ. 運賃先給規定

1. 의 의

통상 운송계약에서 운임을 부담하는 자는 운송계약의 당사자인 송하인(shipper)이 된다. 그런데 운임은 도급계약의 성질상 후급이 원칙이다. 후급으로 한다는 것은 양륙항에서 운송이 완성된 다음에 운송인이 운임을 지급받는다는 것이다. 그런데 양륙항에서 운송물은 이미 수하인의 수중에 있기 때문에 양륙항에서 운임을 운송인이 수령하는 것은 쉽지가 않다. 그리하여 실무상 운임은 선급으로 하기로 약정한다. 통상의 선하증권에는 운임선급(freight prepaid)이라는 문구가 적혀 있다.

실제로 운임이 선급되지 않았으면서 선급되었다고 기재하는 경우도 있다. 이러한 경우에 실제로 운임을 지급받지 못하였다면 운송인은 운송물을 유치할 수 있을 것이다. 그런데 선의의 선하증권의 소지인은 선하증권에 기재된 운임선급기재를 신뢰하고 선하증권을 취득할 것이다. 만약, 운임에 대한 기재사항에 대하여도 선하증권 기재에 간주적 효력이 인정된다면 운송인은 운임을 선하증권의 소지인에게 강요하지 못할 것이다.

이 경우에 운송인의 운송물에 대한 유치권의 행사와 선하증권의 간주적 효력의 인정과 어떠한 관계가 있는지가 문제된다. 선하증권의 간주적 효력이 유치권의 행사를 거부하게 할 수 있는가?

나 법무부 상법개정안은 추정적 효력만을 인정하는 것으로 되었다.

65) 제한문구(qualifying clause)의 효력에 대하여는 아직 논의가 추가될 가능성이 많으므로 생략하도록 한다.

2. 헤이그비스비규칙 및 함부르크규칙

(1) 헤이그비스비규칙

헤이그비스비규칙에는 규정이 없다.

(2) 함부르크규칙

제15조(선하증권의 내용)

① 선하증권은 아래 사항을 포함하여야 한다.

(k) 수하인에 의하여 지급되어야 하는 정도의 운임 혹은 운임이 수하인에게 지급되는 다른 표시(the freight to the extent payable by the consignee or other indication that freight is payable to him)

제16조(선하증권: 유보 및 증거력)

④ 제15조 제1항 k호에 기재된 바와 같은 운임이 기재되지 않거나 수하인에 의하여 지급되어야 하는 운임이 나타나 있지 않거나 수하인에 의하여 지급되어야 하는 선적항에서 발생한 지체료가 선하증권에 나타나 있지 않다면, 그 선하증권은 운임 혹은 지체료가 수하인에 의하여 지급되지 않는다는 추정적인 증거가 된다. 그러나 선하증권에 그러한 내용이 없다는 점을 신뢰하고 선의로 행한 수하인을 포함한 선의의 제3자에게 양도된 경우 운송인에 의한 반대의 입증은 허용되지 않는다.[66)]

함부르크규칙에서는 선하증권에 기재된 운임에 대한 내용은 선의의 제3자에 대하여는 간주적인 효력이 인정되어 운송인이 선의의 선하증권소지인에게 미수금을 청구할 수 없게 된다.

---

66) 제4항 A bill of lading which does not, as provided in paragraph 1, subparagraph (k) of Article 15, set forth the freight or otherwise indicate that freight is payable by the consignee or does not set forth demurrage incurred at the port of loading payable by the consignee, is prima facie evidence that no freight or such demurrage is payable by him. However, proof to the contrary by the carrier is not admissible when the bill of lading has been transferred to a third party, including a consignee, who in good faith has acted in reliance on the absence in the bill of lading of any such indication.

3. 우리 법

현행상법 제814조의2(선하증권의 기재의 효력)는 운송인이 제814조 제1항의 규정에 따라서 그 증권에 기재된 대로 운송물을 수령 또는 선적한 것으로 추정하고, 그 기재에 대하여 선의의 제3자에게 대항하지 못한다. 따라서, 증권에 기재된 대로 추정적 · 간주적 효력을 가지는 것이므로, 제814조 제1항의 운송물의 종류, 중량 또는 용적(제2호)이 여기에 해당된다. 여기에 대하여 개정전 상법은 제131조를 준용하였고, 운송에 관한 사항에 대하여 추정적 효력을 가졌으므로 운임도 포함된다고 볼 수 있었으나 1991년 개정상법은 제131조를 배제하였으므로 적용범위가 협소하여졌다는 지적이 있다.[67]

그러나 제8호에 운임이 기재사항의 하나이므로 현행 제814조의2에도 적용이 가능하다고 본다. 따라서, 운임선급기재의 내용에 대하여는 운송인은 선의의 제3자에 대하여는 대항하지 못한다고 해석된다.[68] 그러므로 운송인은 선의의 선하증권소지인에 대하여 유치권을 행사하지 못한다.

4. 운시트랄 운송법회의

(1) 조약초안의 규정

제43조(선급운임)

만약 유통운송증권 혹은 유통전자운송증권에 있는 계약명세가 "운임 선급됨" 혹은 유사한 기재를 하고 있는 경우, 소지인이나 수하인은 운임의 지급에 대하여 책임이 없다. 그러나 소지인 혹은 수하인이 운송계약의 당사자인 경우에는 그러하지 아니하다.[69]

---

67) 현덕규, 전게논문, 315면.

68) 김창준 변호사는 운송인은 금반언의 원칙상 운임선급에 대하여 선하증권의 선의의 제3자에게 대항하지 못한다고 한다. 김창준, 전게논문, 294면. 현덕규 변호사도 결론은 같지만, 제814조의2의 "증권에 기재된 대로"라는 용어를 넓게 해석하자고 한다. 현덕규, 전게논문, 316면.

69) If the contract particulars in a negotiable transport document or a negotiable electronic transport record contain the statement "freight prepaid" or a statement of a similar nature, then neither the holder nor the consignee is liable for the payment of the freight. This article does not apply if the holder or the consignee is also the shipper.

(2) 해 석

운송증권이 유통성이 있는 경우에는 운임선불 등의 기재가 있으면 선하증권의 소지인이나 수하인은 운임의 지급에 대하여 책임이 없다는 것이다. 소지인이나 수하인에게 운송증권의 기재에 대한 간주적 효력을 인정하는 효과가 있다. 다만, 운송계약의 당사자가 수하인인 FOB계약에서는 그 자신이 운임을 지급할 책임의 주체이기 때문에 본조 본문의 적용은 없다.

조약초안은 간주적 효력이 인정되는 운송증권의 기재사항에 운임에 대한 것을 포함하고 있지 않으므로 운임선급의 경우에 별도의 규정을 추가할 필요가 있게 되고 따라서 본조가 존속하게 된다.

5. 우리나라에 미칠 영향

2007년 개정상법도 이에 대하여는 추가적인 변경을 하고 있지 않다. 제853조 제1항(현행상법 제814조 제1항)의 규정에 따라 선하증권이 발행된 경우에 제854조에 따라 추정적 · 간주적 효력이 인정된다(현행상법 제814조의2). 제853조 제1항에는 운임에 대한 내용도 있으므로 현재의 규정을 필자와 같이 해석하면, 운임선급규정에 대하여 운송인은 선의의 선하증권소지인에 대하여 대항할 수 없다고 생각된다.

V. 運送人特定條項 效力의 無效化

1. 의 의

해상법의 문제에서 운송인의 확정만큼 중요한 것도 없다. 해상운송인은 여러 다양한 법률적인 지위를 갖는다. 화주와 운송계약을 체결하는 자는 자신이 선박소유자와의 관계에서 정기용선자일 수도 나용선자일 수도 있다. 정기용선자가 선하증권을 발행하는 경우에도 선장이 서명을 하는 경우에 영국에서는 선박소유자의 대리인인 선장이 서명을 한 것이므로 선박소유자가 운송인이라고 판단하기도 한다. 또한 선하증권 이면에는 선박소유자가 운송인임을 나타내는 문구인 소위 demise clause 혹은 identity of carrier clause(모두 운송인특정약관이라고 불린다)가 있다. 이를 근거로 피고가 된 정기용선자는 자신은 운송인이 아니고 선박소유자가 운송인이라고 주장하기도 한다. 그런데 운송인특정약관의 효력은 국가에 따라서 인정하는 경우도 있고 부인하는 경우도 있다. 만약, 선하증권의 문언증권성을 고려한다면 선하증권의 전면에 나타난 운송인의 성명과 다른 내용이 이면에 있다면 선하증권의 선의의 제3자에게는 전면의 운송인의 성명에 대한 반증이 허용되지 않아야 할 것이다. 따라서, 운송인특정약관과 선하증권의 문언증권성과의 충돌의 문제가 발생한다.

헤이그비스비규칙에서는 운송인의 성명이 선하증권상 필요적 기재사항이 아니었다. 따라서 운송인의 성명에 간주적인 효력을 부과하여 이면의 내용을 부정하는 이론은 발달되지 않은 것으로 보인다.

그런데 운시트랄 운송법회의에서는 이와 관련하여 이면의 내용을 무효로 하는 초안을 소개하고 있다.

2. 헤이그비스비규칙과 함부르크규칙

헤이그비스비규칙이나 함부르크규칙에서는 법률로써 운송인을 확정하는 규정이 없다. 다만, 함부르크규칙에서는 제15조 제1항 c호와 j호에서 운송인의 성명과 운송인의 서명이 선하증권에 표기되도록 법정화되어 있다.

3. 우리 법

우리 법에서도 법률로써 운송인을 확정하는 규정은 없다. 다만, 상법 제806조는 운송인이 있는 경우에 선박소유자가 그 운송인과 함께 연대책임을 부담하는 것으로 법률로써 운송인을 확정하는 규정은 아니다.

우리 상법도 제814조의 선하증권의 기재사항에 운송인의 성명은 법정화되어 있지 않다. 그러나 2007년 개정상법은 운송인의 성명을 추가하였다(제853조 제1항 제11호).

운송인특정약관의 효력과 관련하여 소위 폴사도스호 사건에서 서울고등법원은 이는 정기용선자와 선박소유자 사이의 문제이기 때문에 원고인 선하증권소지인에게는 적용이 없고, 따라서 정기용선자가 책임을 부담한다고 판시하였다.[70] 학설도 이를 지지한다.[71]

---

70) 서울고등법원 1991.4.2. 선고 90나43614 판결. 폴사도스호 판결에 대하여는 김인현, 「해상법연구」(삼우사, 2002), 406면 이하를 참고바람.

71) 서헌제, "정기용선자의 선하증권소지인에 대한 책임," 「고시계」(1992.9), 127면.

4. 운시트랄 운송법회의

(1) 조약초안의 내용

제38조 운송인의 특정

① 운송인이 계약명세에 성명으로 확인되는 경우에는, 운송인의 동일성과 관련되는 운송증권이나 전자운송기록에서의 다른 정보는 그 동일성과 불일치하는 한도에서는 효력이 없다.[72][73]

(2) 설 명

본 조항은 2006년 11월 제18차 회의에서 WP.79에 의하여 이탈리아의 베린젤리 교수에 의하여 제안된 것으로 세계해법회(CMI)의 첫 초안에는 포함되지 않은 것이다.[74]

이 안은 운송인특정약관의 효력에 관한 각국의 다른 태도를 통일하기 위함을 목적으로 한다.[75][76] 그 이론적인 근거로는 운송증권기재의 문언증권성에서부터 나온다고 하여야 할 것이다.[77] 운송증권의 법정기재사항에 대하여 추정적 혹은 간주적인 효력이 인정된다면, 이와 다른 문구를 가지고 운송인이 자신의 책임을 회피할 수는 없다.[78]

---

72) Article 38. Identity of carrier

1. If the carrier is identified by name in the contract particulars, any other information in the transport document or electronic transport record relating to the identity of the carrier shall have no effect to the extent that it is inconsistent with that identification.

73) A/CN.9/WG.III/WP.81.

74) A/CN.9/WG.III/WP.79, para. 4.

75) 예컨대, 일본은 쟈스민호 판결에서 운송인특정약관의 효력이 인정되어 선박소유자가 운송인이 되었다. 여기에 대하여는 김인현, 전게 해상법연구, 395면 이하를 참고바람.

76) 영국은 운송인특정약관의 효력을 대체로 인정하는 국가였다. 그러나 최근의 영국의 스타신호 판결에서는 운송인특정약관의 효력은 부정되었다. 여기에 대하여는 김인현, "정기용선하에서 발행된 선하증권상의 운송인의 확정과 히말라야약관의 적용범위에 대한 영국귀족원의 Starsin 사건(2003.3.13)," 「한국해법학회지」, 제29권 제1호(2007.4), 55면 이하.

77) 김필곤, 앞의 제13차 공동세미나, 답변서 제2면.

78) 이외에도 제38조 제2항은 운송인의 기재가 없는 경우에 선박소유자를 운송인으로 추정하고 선박소유자가 선박이 나용선되었음을 입증하여 그 추정을 깨트리도록 하는 조항을 가지고 있다. 이 조항은 많은 문제점을 가지고 있어서 다시 한번 토의되어 수정될 것으로 보인다. 2006년 11월의 제18차 비엔나회의 및 2007년 4월의 제19차 뉴욕회의에서 필자(김인현)를 비롯한 많은 대표단이 이에 대한 수정안을 요구하였다. 김인현, 앞의 보고서, 「한국해법학회

5. 우리나라에 미칠 영향

운송인특정약관은 운송인인 정기용선자가 외국의 법인이거나 재산이 없는 경우에 법원이 선박소유자를 운송인으로 간주하여 선박에 대한 강제집행을 할 수 있게 하는 구체적 타당성을 찾는 방안의 하나로서 이용될 수 있다. 그럼에도 불구하고 운송인특정조항을 무효로하는 규정을 우리나라가 수용한다면, 우리나라와 같이 對物訴訟(action in rem)을 허용하지 않는 국가에서는 운송인특정약관의 효력 자체가 부인되므로 법운용의 탄력성이 줄어든다는 주장이 가능하다.79)

그러나 2007년 개정상법에 운송인의 성명이 법정화되었기 때문에 운시트랄 운송법의 이론적인 근거를 취하여 선하증권 전면의 운송인의 성명에 대하여 선하증권을 소지한 선의의 제3자에게 간주적 효력이 인정된다. 따라서, 이면의 운송인특정약관상 선박소유자가 운송인이라는 주장을 할 수 없다는 입론이 이론적으로 가능할 것이다.80)

VI. 結 論

운시트랄 운송법회의는 2007년 가을 회의를 마지막으로 공식적인 활동을 마치고 외교회의에서 조약으로 채택될 예정이다. 본고에서는 운송법회의에서의 운송증권의 처리에 대하여 살펴보았다. 운송증권에 대한 내용은 다음 2007년 10월의 비엔나회의에서 마지막으로 한번 더 토론된다.

본 조약초안에서 말하는 운송증권이란 유통성 있는 선하증권뿐만 아니라 비유통성 선하증권, 전자선하증권까지를 포섭하고, 해상화물운송장도 포함한다. 본 조약은 현대의 운송실무를 반영하여 새로운 운송증권에도 효력을 부여하고자 한다. 유통성을 확보하기 위하여 유통성이 있는 선하증권 등에는 추정

지」, 270면.

79) 손철우 판사의 견해, 전게 제13차 공동세미나.

80) 동지, 김필곤, 앞의 발표회의 답변서 제3면. 그러나 아직 영국에서도 이러한 논의는 이루어지지 않은 것으로 보인다. 전게 Starsin 판결에서 귀족원은 상인의 관점에서 보아 선하증권의 전면의 내용이 중요한 것으로 강조된다는 점을 근거로 하여 뒷면의 운송인특정약관의 내용을 부정하였을 뿐이지 선하증권의 문언적 효력을 근거로 한 것은 아니다.

적 효력과 간주적 효력을 인정하는 점은 헤이그비스비규칙과 같다. 이는 우리 상법과 동일하다.

실무에서 문제가 된 straight 선하증권에 대하여는 상환성이 있는 경우에는 간주적인 효력을 인정한다. 해상화물운송장은 추정적 효력은 물론 인정하고 일정한 한도에서 간주적인 효력을 인정한다. 운임선급의 기재에 대하여도 문언증권성을 인정하여 운송인은 선의의 선하증권소지인에게 대항하지 못하도록 하였다. 이러한 측면에서 새로운 운송법조약은 제3자를 보호하는 기능을 한다고 할 수 있다. 조약초안은 운송인의 성명을 법정 기재사항으로 한 다음, 선하증권 전면의 운송인의 성명과 달리 이면에 선박소유자가 운송인이라는 취지를 가지는 운송인특정약관은 무효임을 정하고 있다. 이 세 가지는 우리 법에 명문의 규정이 없거나 학설의 대립이 있는 것이다.

새로운 운송법조약 초안이 2008년 조약으로 성안되면 우리나라도 이를 비준하여 사용하든지 아니면 그 내용을 국내법화하여 사용할 것으로 예상된다. 본 조약초안은 운송인과 화주의 이익을 모두 보호하면서 예측가능성을 부여하는 조약으로 높이 평가될 것으로 본다.

부 록

- 정기용선표준계약서(KORTIME 2006)
- 텍사스 대학(오스틴) 법대와 미국 해상법
- 항해과실면책제도 존치론
- 국제유류오염손해보상기금—몽스 야콥슨 사무총장의 강연내용 소개
- 일본 옥스퍼드 고베 제2회 국제해운세미나
- 2007.7.3. 국회통과 상법해상편 개정법률 대비표

정기용선표준계약서(KORTIME 2006)*

이 정기용선계약서는 ....년 ....월 ....일 ....에서 다음에 지정한 선박소유자 ....와 용선자 ....와 사이에 체결한다.

선박의 명세(Description of Vessel)

선명 .... 국적 .... 건조 연월일 .... 선적항 및 선박번호 .... 선급 .... 해수 하기 만재흘수선의 흘수 ....에서 재화톤수 .... 롱톤*/미터톤*(청수 및 선용품을 포함하여 화물 및 연료 .... 롱톤*/미터톤*을 초과하지 않음). 용적은 .... 곡물 입방피드, 또는 .... 포대의 경우 입방 피드, 총톤수 ....톤, 속력은 만재항해속력으로 양호한 날씨 조건에서 최대 풍력 뷰포트 지수 ....까지를 포함하여(연료 .... 을 .... 롱톤*/미터톤*을 소모하는 약 .... 노트이다.

* 표시는 적절히 삭제한다.

선박 명세의 구체적인 추가사항은 이 계약서의 부속서 A(Appendix A)를 참고할 것.

---

* 이 표준정기용선 계약서는 1993년 뉴욕프로듀스(NYPE)를 모델로 하여 작성한 것임.

제1조 용선기간

선박소유자는 본선의 인도시부터 .... 기간 동안 .... 항행구역의 범위 안에서 인도하고 용선자는 이것을 용선할 것을 약정한다.

제2조 선박의 인도

본 선박은 용선자가 자유롭게 처분할 수 있는 .... 장소에 정박시켜야 한다. 선박은 인도시에 깨끗이 청소된 선창과 함께 화물을 수령할 준비가 되고, 수밀상태로 견고하여야 한다. 그리고 물 밸러스트를 유지하며, 동시에 윈치를 작동시킬 수 있는 충분한 동력을 가지고 모든 면에서 통상적인 운송 서비스에 적합하도록 하여야 한다.

선박소유자는 용선자에게 용선선박의 예상 인도일의 통지를 ....일 이전에 하여야 한다.

제3조 용선개시 및 종료시의 검사

계약 당사자는 별도의 합의가 없는 한, 용선선박을 인도 또는 반선하기 전에 각자의 비용으로써 검사원을 최초의 선적항/최후의 양륙항보다 앞서 각각 선임하여 용선선박 내의 연료량과 용선선박의 상태를 확인하기 위하여 공동 용선개시 및 종료(온-오프 하이어) 검사를 실시하여야 한다. 각 검사원은 각 사항에 관하여 1통의 보고서를 작성하고 각자 서명하여야 한다. 그러나 검사원이 합의할 수 없는 사항을 기재한 별도의 보고서를 제출할 권리에는 영향이 없다. 만일 일방 당사자가 검사에 입회할 대표자를 선임하지 못하거나 또 공동검사 보고서에 서명할 수 없는 경우라고 하더라도, 그 당사자는 상대방 당사자가 작성한 검사보고서의 조사결과에 관하여 모든 면에서 구속을 받는다. 용선개시(온 하이어) 검사에 소요되는 시간은 용선자가 부담하고, 용선종료(오프 하이어) 검사에 소요되는 시간은 선박소유자가 부담한다.

제4조 위험화물/면책화물

(a) 용선선박의 선적국, 선적항과 양륙항의 국가, 및 용선선박이 반드시 통과하여야 할 중간국 또는 항의 관할청이 요구하거나 권고하는 방법에 따라서

운송할 경우를 제외하고, 용선선박은 모든 위험성, 유해성, 가연물 또는 부식성을 가진 물건을 제외하고 적법한 운송물의 운송에 사용할 수 있다. 위의 일반규정에 영향을 미치지 아니하고, 특히 모든 종류의 산 동물, 무기, 탄약, 폭발물, 핵물질 및 방사능 물질의 운송을 추가 제외한다.

(b) 국제해사기구에서 지정한 운송물을 운송할 것을 합의한 경우에 그 운송물의 양은 ....톤으로 제한하여야 하고, 용선자는 국제해사기구의 규칙에 따라서 포장, 표시, 선적 및 적부되었는가를 알 수 있게 하기 위하여 선장이 합리적으로 요구하는 증거를 제출하여야 한다. 만일 이에 위반하면 선장은 운송물의 선적을 거부할 수 있고, 이미 선적된 운송물은 용선자의 위험과 비용으로써 양륙할 수 있다.

第5조 항행구역

용선선박은 용선자의 지시에 따라서 ....구역을 제외하고서 ....안에 있는 구역의 안전한 항 또는 안전한 장소 사이에서의 적법한 항해에 사용되어야 한다.

第6조 선박소유자가 제공하여야 하는 것

선박소유자는 별도의 합의가 있는 경우를 제외하고, 용선선박의 보험, 모든 식료품, 선원실, 갑판부, 기관부 및 보일러 물을 포함하여 기타 필요한 선용품을 제공하고 비용을 지급하여야 한다. 선원의 임금, 선원의 고용과 고지에 따른 영사비용, 선원에 관련된 항비도 지급하여야 한다. 그리고 선박소유자는 용선선박의 선급을 유지하고, 선체, 기관 및 장비를 철저하게 효과적인 작동 상태로 유지하고 또한 사관과 부원의 정원을 확보하여야 한다.

第7조 용선자가 제공하여야 할 것

용선자는 용선선박이 용선기간중에, 별도의 합의가 있는 경우를 제외하고, 연료 전부를 준비하고 지급하여야 한다. (강제적인 경비원과 화물 경비원 및 강제적인 폐기물 처분을 포함하여) 항비, 용선자의 업무에 관련된 일체의 통신비, 도선료, 예선료, 대리점비, 수수료, 영사비용(다만 각 선원 및 용선선박의 국적에 관한 비용을 제외한다) 그리고 제6조에 규정된 것을 제외한 기타 모든 통상비용을 지급하여야 한다. 다만, 용선선박에 책임있는 사유로 인하여(기상을 이유로 한 경우는 제외함) 발생한 모든 비용은 선박소유자가 부담한다. 선원의 발병으로 소독명령을 받은 경우의 비용은 선박소유자의 부담으로 한다. 그러나 이 용선계약에 따라서 용선선박을 사용할 동안 적재된 운송물 또는 기항한 항구 때문에 소독명령이 내려진 경우의 그 비용은 용선자가 부담하여야 한다. 본 선박이 연속 6개월 이상 용선된 이후의 기타의 모든 소독비용은 용선자가 부담하여야 한다.

용선자는 필요한 깔판과 특별 항해 및 운송물에 필요한 추가 의장품을 준비하여야 한다. 그러나 선박소유자는 용선자에게 이미 용선선박 위에 있는 모든 깔판의 사용을 허락하여야 한다. 용선자는 용선선박을 반선하기 전에 자기의 비용과 시간으로써 자기가 설치한 깔판과 의장품을 철거하여야 한다.

제8조 항해의 실행

(a) 선장은 신속하게 항해를 수행하여야 하고, 선원들과 함께 관습상 요구되는 모든 지원을 제공하여야 한다. 선장은 영어에 정통하여야 하고 또 (선박소유자에 의하여 선장이 선임되었다고 하여도) 용선선박의 사용 및 대리관계에 관하여 용선자의 지시를 따라야 한다. 용선자는 자기의 위험과 비용으로써, 선장의 감독 아래에서 제한없이 운송물의 선적, 적부, 고르기, 묶기, 고정, 더니징, 풀기, 양하 및 검수를 포함하여 모든 운송물에 대한 취급을 실행하여야 한다.

(b) 용선자가 선장과 선박 직원의 행위가 불만족하다는 합리적인 이유가 있는 경우에 선박소유자는 불만사유서를 접수하는 즉시 그 사실을 조사하고, 필요하면 그 선임을 변경하여야 한다.

제9조 선박연료

(a) 용선자는 용선선박을 인도할 때, 선박소유자는 반선할 때, 선내에 남아있는 모든 연료유 및 디젤유를 아래의 조건에 따라서 인도받고 그 대금을 지급하여야 한다. 용선선박은 톤당 .... 가격의 연료유 .... 롱톤*/미터톤* 및 톤당 .... 가격의 디젤유 ....톤의 연료유와 함께 인도된다. 용선선박은 톤당 .... 가격의 연료유 .... 톤과, 톤당 .... 가격의 디젤유 ....톤과 함께 반선된다.

* 위 조항에서는 동일한 톤수 단위를 적용한다.

(b) 용선자는 용선선박의 주기관 및 보조기관의 사용에 적합하고 그리고 부속서 A에서 기재하고 있는 명세에 적합한 품질의 연료유를 공급하여야 한다.

선박소유자는 부적당한 연료유 또는 합의된 명세와 적합하지 아니한 연료유를 사용하여 발생한 주기관 및 보조기관의 모든 손해에 대하여 용선자에게 손해배상청구권을 유보한다. 또한 제공된 연료유가 상호 합의한 명세와 일치하지 아니하거나 또는 용선선박의 주기관 또는 보조기관에 사용함에 부적당하다는 것이 증명된 때에, 선박소유자는 용선선박의 항해 속력의 저하 및/또는 연료유 소비량의 증가 및 상실된 시간, 기타의 결과에 대하여 책임을 지지 아니한다.

제10조 용선요율/반선구역과 통지

용선자는 매 30일마다 용선선박의 사용과 용선에 대하여 1일당 미화 ....달러의 비율 혹은 연료 및 선용품을 포함하여 하기 건현 ....에서 용선선박의 총재화 톤수에 대하여 1톤당 미화 ....달러의 비율에 의한 금액을 위의 인도일부터 지급한다. 1개월 미만의 기간에 대하여서도 동일한 비율에 따른다. 용선선박이 멸실되지 않는 한, 용선료는 통상의 소모를 제외하고서, 용선선박의 용선 개시시와 똑같이 양호한 상태로서 ....에서 선박소유자에게 반선일의 반선시까지 지급된다. 다만 별도의 합의가 있으면 그것에 따른다.

용선자는 예정 반선일 및 예정항에 대한 통지를 ....일 전까지 선박소유자에게 하여야 한다. 용선료 계산의 목적을 위한 인도, 반선 또는 용선 종료시간은 세계 표준시에 따라 조정한다.

제11조 용선료의 지급

(a) 지 급

용선료는 선박소유자 또는 선박소유자가 지정한 .... 곳에 있는 수취인에 대하여 ....의 통화 또는 미화로써 선박소유자가 사용 가능한 자금으로써 15일치를 지급일에 선급하여야 한다. 마지막 달 또는 마지막 달의 일부분에 대하여는 개략액을 선급한다. 그 개략액이 실제의 시간을 만족시키지 못하는 경우에는, 선박소유자가 원하면, 만기가 되면 그날그날로 나머지를 지급하여야 한다. 용선료의 정시지급과 규칙적 지급이 되지 않는 경우 또는 용선계약의 어떠한 기본조항위반의 경우에 선박소유자는, 자신이 용선자에 대하여 가지는 어떠한 손해배상청구에 대하여도 영향을 받지 않고, 용선자의 사용으로부터 용선선박을 철수시킬 권리를 갖는다.

제11조 (b)에 규정된 유예기간의 만료 후에 그리고 용선료의 미지급이 있는 경우는 언제나, 선박소유자는 자유로운 철수권을 침해받지 않고서, 이 용선계약의 어떠한 의무의 이행도 중단할 권리를 가지고 그 결과에 대하여 선박소유자는 어떠한 책임도 부담하지 아니한다. 용선자는 선박소유자에게 그러한 손해에 대하여 보상하여야 한다. 그리고 용선료는 계속하여 발생하며 또 그러한 중단에 의하여 발생한 모든 추가비용은 용선자가 부담한다.

(b) 유예기간

용선자측 또는 용선자의 은행측이 실수, 부주의, 잘못 또는 부작위로 말미암아 용선료가 정시에 정기적으로 지급되지 못한 경우, 선박소유자는 정상의 은행 영업일 (약정된 지급지에서 인정된) ....일 전에 서면으로 그에 대한 보완 통지를 용선자에게 보내어야 한다. 이 통지에 따라서 위의 ....일 이내에 그 미지급이 보완되었을 때에는 그 지급은 정시에 정기적으로 지급된 것으로 유효하게 된다.

여기에 규정된 선박소유자의 통지를 받은 ....일 이내에 용선자가 용선료를 지급하지 아니할 때에는 선박소유자는 위 제11조 (a)의 규정에 따라서 용선선박을 철수시킬 수 있다.

(c) 최종 용선료의 지급

최종 및/또는 그 직전의 용선료를 지급할 때에 용선선박이 반선항을 향하여 항해중일 때, 용선료의 지급은 그 항해를 완성하기 위하여 필요할 것으로 추정된 기간으로 계산되지만 그리고 반선 전에 용선선박 안에 실제로 남아 있는 연료유와 그 중에서 그리고 선박소유자가 인수할 것 및 또한 선박소유자의 계정으로 개략 산정한 것을 함께 고려하여 선박소유자와 정기용선자가 합의하여 정한다. 만일 그 지급액이 실제 기간의 용선료를 충족시키지 못할 때에 용선료 지급의 부족액은 만기가 되면 매일매일 지급되어야 한다. 용선선박을 반선한 후에 차액이 생겼을 때에는 경우에 따라서 선박소유자가 반환하거나 또는 정기용선자가 지급한다.

(d) **현금 가불금**

모든 항구에서 통상적인 용도를 위한 현금은 선박소유자의 요구에 따라서 2.5퍼센트의 수수료를 붙여서 용선자로부터 선박소유자는 빌릴 수 있고 그 가불금은 용선료에서 공제된다. 그러나 용선자는 그러한 가불금의 사용에 관하여 결코 책임을 지지 아니한다.

제12조 선석

용선선박은 조석에 관계없이 용선선박이 항상 떠서 안전하게 입항하여 정박하고 또 발항할 수 있는 조건하에서, 용선자 또는 그 대리인이 지시하는 어떠한 안전한 도크, 안전 선석 또는 안전한 장소에서 선적 및 양하를 이행한다.

제13조 화물공간

(a) 용선선박의 사관, 부원, 색구, 장비, 비품, 식료품, 선용품 및 연료를 위한 적절하고 충분한 구역을 제외하고, (용선선박이 합리적으로 안전하게 적부 및 운송을 할 수 있는 한도를 초과하지 않는 정도의) 용선선박의 선창, 갑판 및 기타 운송물을 위한 공간은, 만약 하역 감독이 승선할 경우에는 그를 포함하여, 모두 용선자가 자유롭게 사용할 수 있어야 한다.

(b) 갑판 위에 운송물을 운송할 경우, 갑판 위의 운송물을 운송한 결과 용선선박에 생긴 모든 종류의 멸실 및/또는 훼손 및/또는 책임 그리고 갑판적 화물을 적재하지 아니하였으면 생기지 아니하였을 모든 종류의 멸실 및/또는 훼손 및/또는 책임에 관하여 선박소유자는 용선자로부터 보상받을 수 있다.

제14조 하역 감독과 식사

용선자는 자신의 위험으로써 용선선박에 승선하여 항해를 신속히 실행하도록 감독하는 하역 감독을 선임할 권리를 가진다. 하역 감독은 거주 설비를 무상으로 사용하며 선장에게 제공되는 것과 동일한 대우를 받는다. 이 때에 용선자는 1일 ....의 비율의 금액을 지급하여야 한다. 선박소유자는 도선사 및 세관원의 식료를 제공하여야 하고, 용선자 또는 그 대리인으로부터 위임을 받았을 때에는 검수인, 하역 감독 등에게 식료를 제공하여야 한다. 용선자는 이러한 식료대를 1끼당 ....의 비율의 금액을 지급하여야 한다.

제15조 항해지시와 항해일지

용선자는 수시로 선장에게 영어로 된 서면으로 모든 필요한 지시 및 항해지시를 주어야 한다. 선장은 매 항차 또는 여러 항차에 대한 갑판일지 및 기관일지를 정확하게 작성하여 용선자 또는 그 대리인에게 제공하여야 한다. 또 용선자, 그 대리인 또는 하역 감독의 요구가 있으면 용선선박의 침로, 항주 거리 및 연료 소비량을 기재한 갑판 및 기관일지의 정본을 제출하여야 한다. 용선자가 요구하는 모든 일지의 요약은 영어로 작성되어야 한다.

제16조 인도/용선 해제

용선자의 요구가 있으면 용선기간은 ....보다 전에는 개시하지 아니하고 용선선박은.............일의...........시까지 인도 준비가 안된 경우 용선자는 이 계약을 해제할 선택권을 가진다.

해제권의 연장

선박소유자가 상당한 주의를 다하였음에도 불구하고, 해제일까지 용선선박의 인도 준비가 되지 아니하고 용선선박의 새로운 준비 예정일을 선박소유자가 합리적으로 담보할 수 있는 경우에는, 선박소유자는 용선선박의 인도항 또는 인도지로 향할 발항 예정일 7일 전에, 용선자에게 이 정기용선계약, 해제 여부의 확답을 요구할 수 있다. 용선자가 해제하지 아니하기를 선택하거나, 혹은 또는 2일 이내 또는 해제일 가운데, 둘 중에서 빨리 오는 기간안에 대답이 없는 경우, 선박소유자가 통지한 새로운 인도준비 예정일의 7일 후가 최초의 해제일을 대신한다. 용선선박이 다시 연기되었을 때에는 선박소유자는 이 조항에 따라서 용선자의 해제권 행사의 확답을 다시 요구할 수 있다.

제17조 용선료 지급중단

선박 사관 또는 부원의 부족 및/또는 태만 및/또는 동맹파업, 선용품 부족, 화재, 선체, 기관 또는 비품의 고장 또는 손상, 좌초, 용선선박의 압류에 의한 억류(다만 그 압류가 용선자, 그 대리인 또는 하도급자의 귀책사유로 인한 것을 제외한다.), 운송물의 고유한 흠, 성질 또는 결함에 기인하지 않는 용선선박 또는 운송물의 해난사고에 의한 선박의 지체, 검사 또는 선저 페인트 칠을 위한 드라이 도크 기타 용선선박의 완전한 운항을 저해하는 기타 유사한 사유로 인하여 시간을 상실한 때에는 용선료 및 시간외수당의 지급은 그 상실한 기간에 대해서 중단한다. 용선선박이 항해중 용선자의 지시를 위반하거나 또는 운송물의 사고, 또는 본 용선계약의 제22조에서 인정하는 경우 이외의 사유로 이로하고 다시 되돌아왔을 경우, 용선선박이 이로를 개시한 때부터 용선선박이 다시 그 개시점 또는 목적지에서 등거리의 지점에서 항해를 재개할 때까지, 용선료의 지급은 중단된다. 용선료 지급중단기간중에 용선선박이 소비한 연료는 선박소유자가 부담한다. 거친 바다 때문에 항 또는 정박지로 피항하게 되는 경우 또는 수심이 낮은 항, 낮은 곳이 있는 강 또는 항에 취항하게 된 경우 용선선박의 지체 및/또는 그러한 지체의 결과로 발생한 비용은 용선자의 부담으로 한다. 항해중에 선체 기관 또는 설비의 결함 또는 고장에 의하여 속력이 저하되었을 때에 발생한 상실시간 및 그 결과로 추가 소비된 연료비 및 기타 입증된 모든 비용은 용선료에서 공제한다.

제18조 재용선

별도의 합의가 없는 한, 용선자는 이 본 용선계약 기간의 전부 또는 일부에 대하여 용선선박을 재용선하여 줄 수 있다. 그러나 용선자는 이 용선계약의 이행의 책임을 여전히 부담한다.

제19조 드라이 도크 입거

용선선박은 드라이 도크의 입거를 ....마지막으로 하였다.

* (a) 선박소유자는 이 용선계약기간중에 선급협회의 요구 또는 상황에 따라 선저의 청소 및 페인트 칠 및/또는 수선에 대하여 선박소유자와 용선자가 합의한 경우에 보다 좋은 시기와 장소에서 용선선박을 드라이 도크에 입거시킬 선택권을 갖는다.
* (b) 긴급한 경우를 제외하고서 이 용선기간중에 용선선박을 드라이 도크에 입거하지 아니한다.

* 적절히 하나를 삭제함.

제20조 전손

용선선박이 멸실되었을 때에는 선급금 가운데 경과되지 아니한 금액(멸실 또는 최후에 소식이 있었던 날부터 기산하여)은 바로 용선자에게 반환하여야 한다.

제21조 면책사유

이 용선기간중에 천재지변, 공적, 화재, 군주, 지배자 및 인민에 의한 억류, 해상, 강, 기계, 보일러 및 항해의 모든 위험 및 사고, 그리고 항해과실에 기인한 손해에 대하여 계약당사자 사이에서는 상호 면책된다.

제22조 자유항해권

용선선박은 도선사의 승선여부에 관계없이 항해할 수 있고, 예항할 수 있고 또는 예항될 수 있으며, 조난선박을 구조하고, 인명 및 재산을 구조할 목적으로 이로할 권리를 갖는다.

제23조 유치권

선박소유자는 본 용선계약하에서 수령할 모든 금액(공동해손분담금을 포함하여)에 대하여 모든 운송물, 재운임 및/또는 재용선료 위에 유치권을 가진다. 용선자는 선급금으로써 미경과 금액의 전부 그리고 즉시 반환되어야 할 초과지급된 용선료 혹은 초과 예치액에 대하여 용선선박에 유치권을 가진다.

용선자는 직접 또는 간접이거나, 선박소유자가 용선선박 위에 가진 권리 및 이익보다 우선할 수 있는 어떠한 유치권 또는 채무를 발생시키지 못하고 또 존속시키지도 못한다. 용선자는 이 용선기간중에 항비 및 연료를 포함하여 어떠한 보급품 혹은 필요품 혹은 용역을 선박소유자의 신용(계산)으로 혹은 그 시간으로 조달하지 아니할 것을 약속한다.

제24조 해난구조

모든 습득한 해상유기물 및 해난구조료는, 선박소유자와 용선자의 비용과 선원의 배당금을 공제하고 그 잔액에 대하여 선박소유자와 용선자가 균분한다.

第25조 공동해손

공동해손은 1990년에 개정된 1974년 요크 앤트워프 규칙 또는 그 후에 개정된 규칙에 따라서 .... 곳에서 ....의 통화로써 정산한다.

용선자는 이 용선기간중에 발행된 모든 선하증권에 공동해손은 1990년 개정의 1974년 요크 앤트워프 규칙 또는 그 후에 개정된 규칙에 따라서 정산한다는 취지조항 및 제31조의 뉴제이슨조항을 삽입할 것을 약정한다.

정기용선료는 공동해손 분담의 대상이 아니다.

第26조 항해

본 용선계약서의 어느 조항도 용선자에 대하여 선박을 임대차한 것으로 해석되어서는 아니된다. 선박소유자는 용선선박의 항해, 도선 및 예항 행위, 보험, 선원 기타 일체의 사항에 대하여 자기의 계산으로 항해하는 경우와 동일한 책임을 진다.

第27조 운송물 손해배상청구

선박소유자와 용선자 사이의 운송물에 대한 손해배상은 1984년 5월 개정된 1970년의 인터 클럽 뉴욕 프로듀스 익스체인지 협정 또는 후속 개정에 따라서 정산된다.

第28조 하역설비와 조명

선박소유자는 용선선박에 ....
하역설비를 장치하고, 기재된 양하능력(모든 데릭 및 크레인용)을 가진 설비를 제공한다. 또한 선박소유자는 용선선박의 야간작업을 위한 조명을 준비하여야 한다. 그러나 선내의 조명 이외에 추가된 모든 조명의 비용은 용선자의 부담으로 한다. 용선자는 용선선박의 모든 설비의 사용권을 가진다. 용선자의 요구가 있는 경우 선박은 주 · 야간 작업을 하여야 한다. 그리고 운송물을 적 · 양하할 동안 모든 하역설비는 용선자가 자유로이 사용할 수 있다. 하역설비가 작동되지 않거나 또는 동력이 부족하여 작동되지 않을 경우, 그러한 불작동과 부족함이 용선자의 하역인부가 발생시키지 않는 한, 용선자가 실제로 잃은 시간은 용선료 지급이 중단된다. 또 그로 인하여 발생한 하역인부 대기로 인한 비용은 선박소유자가 지급하여야 한다. 만일 용선자의 요구가 있을 경우, 선박소유자는 그러한 하역설비에 대신하여 육상의 하역설비를 사용하고 그 임차료를 부담하여야 한다. 이 경우 용선선박에 대한 용선료 지급은 계속된다.

제29조 선원의 초과수당

용선자는 자신 또는 그 대리인의 명령에 따라 발생한 사관 또는 부원의 시간외 초과수당을 지급하는 대신으로 1개월에 ……………, 1개월 미만은 그 비율로써 용선료와 함께 이를 선박소유자에게 지급하여야 한다.

제30조 선하증권

(a) 선장은 화물수령증 또는 검수서의 기재에 따라서 제시된 선하증권 또는 해상화물운송장에 서명하여야 한다. 그러나 용선자는 사전에 선박소유자로부터 서면으로 권한을 위임받아서, 항상 화물수령증 또는 검수서와 일치하도록 발행된 선하증권 또는 해상화물운송장에, 선장을 대신하여, 서명할 수 있다.

(b) 어떠한 선하증권 또는 해상화물운송장도 이 용선계약에 영향을 미쳐서는 아니된다. 용선자는 자기에 의하여 또는 그 요청에 의하여 선장이 서명한 모든 선하증권 또는 해상화물운송장과 이 용선계약 사이에 불일치로부터 생긴 모든 결과 또는 책임에 대하여 선박소유자에게 보상한다.

(c) 갑판적 운송물에 대한 선하증권에는 "용선자, 송하인 및 수하인의 위험, 비용 및 책임으로써 갑판 위에 적재하였음. 또 그로 인하여 발생한 모든 멸실, 훼손 또는 지연에 대하여 용선선박 또는 선박소유자측에 책임을 부담시키지 아니함"이라는 뜻의 조항을 삽입하여야 한다.

제31조 보호조항

본 용선계약은 다음의 조항을 조건으로 하며, 이러한 조항은 모두 본 용선계약하에서 발행되는 모든 선하증권 또는 해상화물운송장에 포함된다.

(a) 지상약관

본 선하증권은 미국 해상물건운송법, 헤이그규칙, 헤이그비스비규칙 기타 선하증권 발행지 또는 목적지에 있어서 강행법으로서 적용되는 동종의 국내법의 조항에 의하여 효력을 가진다. 그리고 그러한 조항이 이 증권에 삽입된 것으로 본다. 그리고 이 증권에서 규정하고 있는 어떠한 규정도 위의 법에 기초한 운송인의 권리 또는 면책특권을 포기하거나 또는 책임 또는 의무를 가중시키는 것으로 보아서는 아니된다. 이 증권의 문언이 위의 법과 저촉하는 경우에 그 문언은 저촉범위 내에서는 무효가 된다. 그리고,

(b) **쌍방과실충돌약관**

다른 선박의 과실과 용선선박의 항해상 또는 관리상 선장, 해원, 도선사 또는 운송인의 피용자의 행위, 과실 또는 부주의의 결과로 인하여 용선선박(적재선박)이 다른 선박과 충돌한 경우에, 본 증권에 따라서 운송되는 화주는 비적재선 또는 그 선박소유자에 대하여 운송인이 부담하게 되는 모든 손해 또는 채무를 보상하여야 한다. 그러한 손해 또는 채무는 적재선박에 적재된 화주의 운송물에 대한 손상 혹은 손해 혹은 그 화주의 모든 손해배상을 나타내는 것으로서, 비적재선 또는 그 선박소유자가 적재선 화주에게 지급하였거나 지급할 것이며, 적재선박 혹은 그 운송인에 대하여 비적재선 선주가 구상권을 행사하여 상계하거나 공제하거나 회수한 것을 한도로 한다.

위의 조항은 충돌선박 또는 물체 이외의, 또는 여기에 추가하여, 모든 선박 또는 물체의 소유자, 운항자 또는 관리인에게 충돌 또는 접촉과 관련하여 과실이 있는 경우에 또한 적용한다. 그리고,

(c) **뉴제이슨약관**

항해의 개시 전 또는 후에 어떠한 원인의 결과이든지 또는 과실에 의한 것인지를 불문하고 발생한 사고, 위험, 손해 또는 재해가 발생하고 그 원인 또는 그 원인의 결과에 대하여 운송인이 법률, 계약 또는 기타에 의하여 책임을 지지 아니하는 경우에, 운송물, 송하인 · 수하인 또는 화주는, 공동해손의 성질을 가진 어떠한 희생, 손실 또는 비용에 대하여 운송인과 공동으로 분담하여야 한다. 운송물에 관련하여 발생한 해난구조료 및 특별비용도 지급하여야 한다.

운송인이 구조선을 소유하고 운항하는 경우에도, 마치 그 구조선이 제3자의 소유에 속하는 경우와 같이 구조료 전액을 지급하여야 한다. 운송물, 송하인, 수하인 또는 화주는 요구가 있으면 운송인 또는 그 대리인이 운송물의 예상공동해손 분담금, 모든 구조료 및 특별비용을 보상할 수 있는 정도의 충분한 금액을, 운송물을 인도하기 전에 운송인에게 예치하여야 한다.

(d) 미국 항행구역과 마약금지약관

1986년 미국 약물남용금지법 또는 그 법의 개정법 조항에 따라서, 정기용선자는 적하목록에 기재되지 아니한 마약 및 마리화나가 용선선박에 선적되고 숨겨지는 것을 방지하기 위한 최선의 주의의무를 행할 것을 담보한다.

본 조항을 준수하지 않는 것은 담보의 위반을 구성하고 그 결과에 대하여 용선자는 책임을 부담하고, 또한 선박소유자, 용선선박의 선장 및 해원이 손해가 없도록 하여야 한다. 그리고 용선자는 이들에게 개별적으로 또는 합동하여 발생하거나 또는 발생하였던 모든 손해에 대하여 보상하여야 한다. 나아가, 용선자의 이 조항의 위반의 결과로서 야기된 벌금을 포함한 모든 시간의 상실과 발생한 비용에 대하여는 용선자의 부담이고 이러한 기간 동안에도 용선은 계속된다.

용선자가 본 조항의 내용을 위반한 결과, 용선선박이 압류되었을 때에는 용선자는 자신의 비용으로써 적절한 기간 안에 용선선박의 해방을 보장하기 위하여 모든 합리적인 수단을 강구하여야 하고, 자신의 비용으로써 용선선박의 해방을 위하여 해방 공탁금을 제공하여야 한다.

마약 또는 마리화나를 용선선박의 승선자가 소지한 것이 발견되었을 때에 선박소유자는 벌금을 포함하여 모든 상실시간과 발생비용을 책임져야 한다. 그리고,

(e) 전쟁조항

(i) 전시금제품은 일절 선적하여서는 아니된다. 용선선박은 선박소유자의 승낙 없이, 그 승낙은 부당하게 억제됨이 없이, 선전포고의 유무에 관계없이, 전쟁상태, 전투행위, 적대행위, 내전, 폭동 또는 해적행위가 전개되고, 또 용선선박, 운송물 또는 선원이 교전국의 권력에 의하여 포획, 압류, 억류 또는 적대행위를 쉽게 받을 수 있다고 합리적으로 예측되는 항 또는 구역에 입항할 것을 요구하지 못한다(여기서 말하는 권력이란 해군, 육군 또는 공군을 가진 법률상 또는 사실상의 관헌 또는 모든 주장되는 정부기관을 말한다.).

(ii) 선박소유자가 그러한 승낙을 한 경우에는, 용선자는 통상 선박보험증권상의 가액과 같은 보험가액으로서(평가액 ....을 초과하지 아니한 금액으로서) 용선선박을 선박전쟁보험에 부보시키기 위하여 입증자료를 갖춘 할증보험료를 지급하여야 한다. 또한 선박소유자가 불가동 손해, 선비, 운임, 용선료

등의 손해, 전손, 봉쇄 등의 부수적 위험에 대하여 전쟁위험보험에 부보할 수 있고 용선자는 그 보험료를 지급하여야 한다. 만일 그러한 보험을 상업적으로 또는 정부의 프로그램을 통하여도 확보할 수 없는 경우, 용선선박은 그러한 항 또는 구역에 입항할 것이 강요되지 않는다.

(iii) 이 용선계약일 후에 또는 용선선박이 용선계약에 따라서 용선중에 (i)항에 기재된 상황이 있는 경우, 그러한 항 또는 지역으로 항해하는 것과 관련하여, 용선자는 그러한 전쟁, 전투행위 또는 적대행위의 결과, 선장, 사관 및 부원에 관하여 적절하게 발생하고 증명이 가능한 할증임금 및 할증보험료를 부담하여야 한다.

(iv) 용선선박의 항해 또는 운송되는 운송물에 기인하여 발생한 선박 사관과 부원에 지급하여야 할 특별수당은 모두 용선자의 계산으로 한다.

제32조 전쟁으로 인한 해지

다음에 기재된 국가들 중에서.. 2개국 이상의 국가가 (선전포고의 유무에 관계없이) 전쟁을 일으킨 경우, 선박소유자 또는 용선자는 누구나 이 용선계약을 해지할 수 있다. 이 경우, 용선자는 제10조에 따라서 용선선박이 운송물을 적재하고 있는 경우 목적항에서 양륙한 후에, 또는 이 조항에 따라서 목적지에 도착 또는 입항을 방해받을 때에는, 선박소유자가 지시하는 부근의 안전한 개항에서 양륙한 후에; 용선선박이 운송물을 적재하지 않은 경우에 그 당시에 정박하고 있는 항에서; 또는 항해중일 때에는 선박소유자가 지시하는 부근의 안전한 개항에서 선박을 반선하여야 한다. 어떠한 경우에도 용선료는 제11조에 따라서 계속 지급되어야 한다. 이 조항에 규정된 것을 제외하고 이 용선계약의 다른 규정은 모두 반선시까지 적용한다.

제33조 얼음

얼음으로 폐쇄된 항 또는 지역에, 또 얼음 때문에 등대선을 철수시켰거나 또는 철수시키려고 하는 경우에, 또한 통상적인 현상으로 얼음 때문에 용선선박이 안전하게 항 또는 지역에 입항하여 정박할 수 없거나 또는 양륙을 마치고 난 다음에 출항할 수 없는 위험이 있어서 출항할 수 없는 경우는 용선선박은 어떠한 얼음이 있는 항구지역에 입항하거나 남아 있기를 강요당하여서는 아니된다. 다만 선박소유자의 사전승인을 조건으로 하여, 용선선박의 크기, 구조 및 얼음의 등급을 고려하여 합리적인 경우에는 쇄빙선을 따라 항행하여야 한다.

제34조 징발

본 용선계약기간중에 용선선박의 기국정부에 의하여 용선선박이 징발된 경우에, 그 징발기간은 용선료 지급중단기간으로 본다. 정부가 그 징발기간중에 지급한 용선료는 선박소유자가 취득한다. 용선선박이 정부에 징발된 기간은 이 정기 용선계약에서 정한 기간의 일부로서 계산한다.

징발기간이 ....개월을 초과할 경우에는 계약당사자 누구도 이 용선계약을 해지할 수 있다. 이로 인하여 발생한 손해에 대하여서는 어느 당사자도 손해배상을 청구할 수 없다.

제35조 하역인부에 의한 손해

본 용선계약에 달리 정한 경우에도 불구하고, 하역인부가 용선선박에 야기한 모든 손상에 대하여, 선장이 실무상 가능한 한 빨리 그리고 발견 후 48시간 이내에 서면으로 용선자 및/또는 그 대리인에 통지하면, 용선자는 손해배상을 선박소유자에게 지급하여야 한다. 그 통지는 손상을 상세하게 명시하고, 또 용선자에게 손상의 정도를 산정하기 위하여 검사인을 지정하도록 요구하는 것이어야 한다.

(a) 손상의 일부 혹은 모두가 용선선박의 감항능력 및/또는 선원의 안전 및/또는 용선선박의 항해능력에 영향을 미치는 경우, 용선자는 직접 자기의 비용으로써 그러한 손상을 수선하도록 주선하여야 하고 용선선박은 그러한 수선을 완성할 때까지 계속 용선중이며 필요하면 선급협회의 검사에 합격하여야 한다.

(b) 위 (a)항에 명시되지 아니한 손해의 일부 혹은 모두도 용선자의 선택에 따라서 반선 전후에 선박소유자의 수선작업과 동시에 수선될 수 있다. 이러한 경우 용선자가 책임이 있는 수리를 위하여 필요한 시간과 비용이 선박소유자의 작업을 수행함에 있어서 필요한 시간과 비용을 초과하는 것을 제외하고는 어떠한 용선료 혹은 비용도 선박소유자에게 지급되지 않는다.

第36條 선창 청소

항차의 사이에 혹은 운송물의 적재의 사이에 필요한 선창 쓸기 및/또는 물로 씻기 및/또는 청소에 대하여, 이들은 선원들에 의해 행하여질 수 있고 그 지방 규칙이 승인한 경우에, 매 선창당 ....의 비율로써 필요한 추가비용을 용선자는 준비하여 지급하여야 한다.

이러한 어떤 작업에 관하여 용선선박의 선창이 항만 당국 또는 기타 당국의 검사에 합격하지 아니하여도 선박소유자는 책임을 지지 아니한다. 용선자는 선창 청소를 하지 않는 대신으로 총액 ....를 지급하면서 용선선박을 반선할 선택권을 가진다.

第37條 세금

용선자의 지시로부터 생긴 용선선박 또는 선박소유자에게 부과된 모든 지방세, 州세 및 국세는 이 용선계약기간중이거나 또는 이후이거나를 묻지 않고 운송물 및/또는 운임 및/또는 재운송임 및/또는 용선료에 대한 세금을 포함하여 용선자가 지급하여야 한다(다만 용선선박의 기국 또는 선박소유자의 국적국에서 부과한 세금을 제외한다.).

第38條 용선자의 회사기

용선자는 용선선박에 자신의 회사기를 게양할 수 있고 자기 회사의 표시를 페인트할 권리를 가진다. 용선선박은 용선계약의 종료 전에 선박소유자의 회사 색깔로 페인트 칠을 하여야 한다. 용선자가 행한 페인트 칠, 정비 및 다시 칠하는 데 필요한 시간과 비용은 용선자가 부담하여야 한다.

第39條 계선보험료 반환

용선선박이 최단 30일간 항내에서 정박하였기 때문에, 선박소유자가 보험자로부터 보험료를 환급받았을 때에는 용선자는 선박소유자가 보험자로부터 받은 환급보험료의 이익을 향유하고, 정박기간이 모두 용선기간 계속중이면 전액을, 용선기간의 일부이면 실제용선기간의 비율에 따라서 용선자는 이익을 가진다.

제40조 서류

선박소유자는, 유류오염에 대한 재정책임증서가 선박소유자의 상호보험조합으로부터 교부가능하다면 그 증명서, 국제톤수증명서, 수에즈운하 및 파나마운하 톤수증명서, 국적톤수증서, 용선선박의 기기의 강도 및/또는 능력 증서에 대한 증서를 포함하여 합의된 항행구역 안에서 항해를 허용하기 위하여 필요한 용선선박에 관련된 모든 서류를 비치하여야 한다.

제41조 밀항자

(a) (i) 용선자는 자기가 선적할 운송물 및/또는 컨테이너 속에 숨어서 밀항자가 본선에 들어오는 것을 방지하기 위하여 상당한 주의를 다할 것을 담보한다.

(ii) 용선자가 상당한 주의를 다하여도 밀항자가 용선자가 선적할 운송물 및/또는 컨테이너 속에 숨어서 용선선박에 들어왔을 때에는 용선계약의 위반이 되고, 용선자는 그 결과에 대하여 책임을 져야 하고 선박소유자가 손해를 보지 않도록 하여야 하고, 그리고 선박소유자에게 발생하고 입은 모든 손해에 대하여 보상하여야 한다. 더욱이 벌금을 포함하여 발생된 모든 상실 시간과 비용은 용선자의 계산으로 하고 용선선박은 계속 용선중이 된다.

(iii) 위의 (a)(ii)에 정한 바와 같이 용선자가 계약을 위반한 결과, 용선선박이 억류가 된 경우, 용선자는 해방을 보장하기 위하여 모든 적절한 조치를 마련하여야 하고, 자기의 비용으로 해방을 확보하기 위하여 공탁금을 제공하여야 한다.

제42조 밀수

선장, 사관 및/또는 부원이 밀수를 한 경우, 선박소유자는 모든 벌금, 세금 또는 부과금을 부담하여야 한다. 그 결과로 발생한 시간의 상실에 대하여는 용선료 지급이 중단된다.

제43조 선박소유자 수수료

용선선박 또는 선박소유자는 본 용선계약하에서 획득되고 지급된 용선료에 대하여 그리고 본 용선계약의 계속 혹은 연장에 대하여 ....%의 수수료를 ....에게 지급한다.

제44조 용선계약 주선료

본 용선계약하에서 지급된 용선료에 대하여 ....%의 수수료를 .... 에게 지급할 수 있다.

제45조 준거법

본 계약의 준거법은 한국법으로 한다.

제46조 중재/재판관할

(1) * 이 계약으로부터 또는 이 계약과 관련하여 또는 이 계약의 불이행으로 말미암아 당사자간에 발생하는 모든 분쟁, 논쟁 또는 의견차이는 대한민국 서울에서 대한상사중재원의 중재규칙 및 대한민국법에 따라 중재에 의하여 최종적으로 해결한다. 중재인(들)에 의하여 내려지는 판정은 최종적인 것으로 당사자 쌍방에 대하여 구속력을 가진다.

(2) * 본 계약으로부터 발생되는 모든 분쟁의 본안에 관한 제1심 재판의 관할은 서울지방법원의 전속관할로 하기로 한다.

* 제46조 제(1)항 및 제46조 제(2)항은 선택적임. 두 조항 중에 적용되지 않는 조항은 삭제할 것. 삭제되지 않는 경우에는 제46조 제(1)항을 적용함.

만일 계약당사자가 합의할 경우 아래 47조부터 ....조까지 양조항을 이 용선계약에 완전하게 삽입한다.

부속서 A(생략)

용선자 ______________ 선박소유자 ______________

텍사스 대학(오스틴) 법대와 미국 해상법*

Ⅰ. 들어가기(유학을 떠나기까지)

필자는 해양대학을 졸업하고 선박에서 선장까지 근무를 하다가 뜻한 바 있어 고려대학교 법과대학에서 법학석사와 법학박사 학위를 받고 김&장 법률사무소의 선장생활을 거친 다음 목포해양대학교에 해상법교수로 1999년 3월에 부임한 바 있다. 1년 정도만 근무를 더하면 김&장에서 보내주는 해외연수를 1년 6개월 다녀올 수 있었지만, 이를 포기하고 학교에 오게 되었었다.

대학에서는 5년 정도에 연구년이 주어진다. 재충전의 기회를 가지라는 것이다. 사실 필자는 4년 정도 근무를 하고나니 우선 영미법에 대한 이해가 필요하다는 생각이 들었다. 우리나라의 법은 독일법과 프랑스법을 계수한 일본법을 받아들여서 사용하고 있다. 다만, 상법의 일부를 이루고 있는 해상법만은 해운의 전통이 강한 영미법의 영향을 받고 있다. 이러한 경향은 세계적인 현상으로서 필자가 관여하고 있는 국제해사기구(IMO)의 법률위원회에서 진행되고 있는 국제조약의 논의에서도 마찬가지이다. 해상법이 업이 된 필자에게 있어서 영미

---

* 본 내용은 「월간 해양한국」(2003.12-2004.9)에 "미국 해상법 교실"이라는 제목으로 기고된 글의 일부이다.

법의 기초를 익힌다는 것은 하나의 과제가 된 지 오래이다.

많은 해상변호사들은 영국의 대학교를 선택한다. 필자도 영국으로 갈 것인지 아니면 미국으로 갈 것인지 선택을 하여야 하였다. 우리나라 실무가 영국법을 중심으로 이루어지고 있고 미국법의 뿌리는 영국법이므로 영국에 가서 공부하는 것이 더 올바른 선택일 수가 있다. 그런데 우리나라는 미국과의 교역이 늘어나고 있는 데도 불구하고 영국법에 치중하고 있으니 누군가가 정확한 미국해상법에 대한 소개를 할 필요가 있다. 그래서 필자는 미국의 대학으로 가기로 결정하고 2002년 6월부터 유학준비를 시작하였다. 보통은 미국대학에 방문학자(visiting scholar)로 가는 것이 통례이다. 필자는 방문학자보다는 석사과정(LL.M)에 들어가야겠다고 판단하였다. 불법행위, 계약법, 해상법 등의 수업을 직접 들으면서 연구를 하여야 제대로 공부가 되지 않겠나 하는 점이 그 이유였다.

그런데 소위 미국의 최일류대학에서는 해상법강좌 자체가 없다는 것을 알게 되었다. 길모어, 블랙 교수가 재직하던 1970년대에 예일에서도 강좌가 있었지만, 현재 미국의 대학에서 해상법강좌가 있는 학교는 몇 되지 않았다. 해상법도 연구하고 일반 미국법도 배우겠다는 필자의 목적에 맞아 떨어지는 학교는 텍사스 오스틴의 텍사스주립대학교, 튤레인 정도라는 것을 알게 되었다. 튤레인은 해상법 전문과정이 있는 학교로서 영국의 사우스 햄프턴 대학과 쌍벽을 이루는 학교이다. 평소에 보아오던 미국해상법연구지에서 텍사스주립대학에 스털리 교수(M. Sturley)와 로버슨(D. Robertson) 교수가 있다는 것을 알아온 필자는 여기가 좋은 선택이 될 수 있지 않나 생각하고 자료를 모았다. 여러 자료에 따르니 미국법대 순위로 랭킹 10위권이었다. 그리고 특히 교수진이 우수하고, 학비가 싸서 효율로 따지면 1위라는 자료도 있었다. 우리나라 법학계에는 텍사스주립대학교 법과대학은 잘 알려지지 않았는데, 필자도 이러한 사실에 즈음이 놀랐다. 텍사스가 기름이 많이 나는 주라서 학비가 싸고 우수한 교수들을 많이 영입하였기 때문이라고 하였다. 스털리 교수는 미국해상운송법 개정에 대한 논문을 많이 발표하였고, 현재 유엔의 운시트랄에서 진행하고 있는 운송법(transport law)에 대하여도 미국대표로서 일가견을 가지고 있는 교수이다. 예일 출신에 미국연방대법관 클럭(보좌역)을 역임한 대단한 분으로서 이미 국제적인 명성을 얻고 있음을 알게 되었다. 텍사스주립대학에 문의하였더니, 학부에서 법학을 공부하지 않은 자는 입학이 원칙적으로 허용이 되지는 않지만, 드물게 입학이 허가되는 경우가 있다는 희망적인 답장이 왔다.

필자는 텍사스주립대학교에 보내는 지원서에 해상법 교수라는 점 그리고 로버슨과 스털리 교수의 지도하에서 미국해상법을 꼭 공부하고 싶다는 내용을 피력하였다. 결과를 기다리면서, 학사편입을 하여 법학학사학위를 받아두어야 하는 것인데, 해양대학 학사만을 고집하였던 점이 후회가 되었다. 가만히 생각하니 텍사스 주립대학이 최상의 선택이 아닐까 하는 생각이 들었다. 비록 미국 동부의 아이비리그에서 허가가 와도 학비를 비교하니 동부의 대학은 1년에 4만달러가 필요하다. 그런데 택사스는 2만달러로 가능하다. 자비를 부담하여야 하는 필자의 입장에서는 이것도 무시못하는 요소가 되었다. 아이비 리그에서 해상법은 전혀 공부하지 않고 미국법을 공부하는 것은 이미 해상법 교수로 자리를 잡은 이상 효과적이지 못하다는 생각이 들었다.

2003년 3월초에 이메일로 텍사스주립대학 법과대학으로부터 입학이 허가되었다는 편지를 받았다. 우선 안심이 되었다. 주위에서 아는 변호사들이 텍사스주립대학교는 남부의 하버드로 불리는 명문이라면서 축하하여 주었다. 채이식 은사님께서도 텍사스 주립대학의 법과대학은 아이비 리그와 비슷하게 볼 수 있는 좋은 대학이라고 하면서 열심히 하여 기초를 탄탄히 하라고 말씀하여 주셨다. 최종적으로 코넬과 펜실베이니아에서도 입학허가가 나중에 왔지만, 이미 텍사스로 마음을 정한 다음이었다. 이들 대학도 아이비 리그에 속하는 대학이지만 해상법강좌가 없다는 점이 아쉬운 대목이었다.

학교가 결정된 이상 로버슨 교수와 스털리 교수에게 소식을 전하여야겠다고 생각하고 간단히 이메일을 보냈더니 답장이 왔다. 양 교수는 환영의 뜻을 밝히고 해상법 강좌가 4강좌나 개설되니 좋은 기회가 될 것이라고 하였다. 4월말에 프랑스 보르도에서 있는 세계해법학회에 스털리 교수도 참석을 한다고 하면서 그 때 구체적인 이야기를 하자고 하였다. 4월말 보르도에서 스털리 교수를 만났더니, 자신을 지도교수로 하여 세미나와 지도학점을 신청하면 논문을 작성하여 유수한 해상법 학회지에 기고도 가능할 것이라고 하였다. 다만, 더위에 이길 자신이 있느냐고 물었다.

해상법이라는 교과서를 법문사로부터 출간을 하느라고 출국이 늦어져서 2003년 8월 13일 드디어 대한항공을 이용하여 미국으로 출국하였다. 30킬로그램짜리 이민용가방 5개를 만들어 가족들과 비행기에 올랐다. 달라스를 거쳐서 오스틴 공항에 도착하니 김동현 박사가 반갑게 우리를 맞이하여 주었다. 이렇게 하여 필자의 미국 텍사스주립대학교 오스틴 법과대학 석사과정 1년간의 생활이 시작되게 되었다.

Ⅱ. 텍사스 오스틴과 텍사스주립대학교

1. 텍사스

텍사스는 미국 남부에 있는 주로서 알래스카 다음으로 큰 주이다. 텍사스는 멕시코와의 독립전쟁을 통하여 1837년 공화국으로 되었다가 미국의 주로 편입된 주로서 여느 다른 주와는 달리 주로서의 독립성과 정체성을 특별히 가지고 있는 주로 알려져 있다. 유전이 개발되면서 부자들이 많이 생겼고(부시 대통령 일가도 마찬가지이다), 주정부는 세금으로서 이를 텍사스주의 발전에 투자하여 텍사스 주는 살기 좋고 발전하는 주가 되었다. 오스틴은 텍사스주의 수도이다. 현재의 부시 대통령이 주지사로 있던 곳이다.

카우보이로 상징되던 텍사스는 유전의 개발과 더불어 하이테크 산업으로 거듭 태어났다. 그리하여 오스틴 유역에는 석유회사 엑슨, 델컴퓨터, 모토롤라, IBM 등 전자회사 등이 자리하고 있다. 우리나라 삼성반도체의 공장도 여기에 있다. 일반에 알려진 바와는 달리 오스틴은 여름철 2-3개월을 제외하고는 겨울의 기후가 온화하여 많은 미국인들이 살기 좋은 곳으로 선호하는 곳이기도 하다. 소득세(Income tax)가 없는 곳이라서 미국의 많은 거대회사들이 여기에 회사를 설립하여 경제적인 이익을 본다고 한다. 미국 경제전문잡지인 포브스에 따르면 기업하기 제일 좋은 도시로서 오스틴을 꼽았다.

필자가 공부하고 있는 텍사스주립대학교(오스틴)는 1883년에 설립된 학교로서 금년 개교 120주년을 맞는 맘모스 대학으로 정식 명칭이 University of Texas at Austin이다(텍사스주립대학교는 캘리포니아주립대학교처럼 지방 여러 군데에 대학이 있다. 오스틴이 가장 크고 좋다). 현지에서는 약자로 UT(이하 유티)라고 한다. 텍사스에는 이 대학 말고도 University of Texas A&M이 있다. 모두 주립대학이라는 점에서는 공통적이다. 그래서 사람들은 두 학교를 구별하기 위하여 오스틴과 A&M이라는 단어를 꼭 사용한다. 유티는 학생수가 5만5천명으로 미국에서 학생수로 최대의 학교이다. 이 중에서 한국 학생수는 700여명이다. 이들 중 공대에서 공부하는 한국학생들의 숫자가 압도적이다. 유티는 우리나라 대학교수들의 출신 유학학교로 볼 때 가장 많은 교수를 배출한 학교이다. 이러한 우리나라와의 관련성은 60년-70년대에 텍사스 주가 유티에 집중투자를 하면서 아주 싼 학비로 외국 학생들을 유치한 결과이다. 이러한 경향은 지금도 유지되고 있다. UT가 남부에서 최고의 명문이라는 것에 대하여 이의를 제기하는 사람은 없다. 미국 전체로 보아서도 공대, 경영대학 회계학과, 법대 등이 모두 10위권이다. 이 학교는 또한 모든 학과를 두루 갖추고 있다는 점이 특징이다. 위의 학과들 이외에도 음대, 미대, 체육대, 언론방송학과 등 모든 학과를 다 갖추고 있다. 영문학과도 좋다고 한다. 2003년도 노벨문학상을 받은 코에트지(Coetzee) 교수도 유티에서 영문학 박사학위를 받은 바 있다.

캠퍼스가 얼마나 넓은지 상상이 되지 않는다. 학교 내부로 학교차가 5분 간격으로 다녀 학생들의 발을 대신하고 있다. 학교차가 시내 곳곳의 노선에도 5분 간격으로 다녀 학생들의 통학은 아주 순조롭다. 시내버스도 유티 학생들은 무료로 이용하고 있어 얼마나 편리한지 모른다. 다만, 방학중에는 차가 다니지 않을 경우도 있고 배차간격이 줄어들므로 불편을 감수하여야 한다.

여기 출신들의 학생들은 미국 동부로 진출하지 않고 대부분 휴스턴과 달라스에서 직장을 잡는다고 한다. 이는 텍사스 주가 개인 소득세를 납부하지 않으면서 겨울에 춥지 않고(여름에는 상대적으로 덥기는 하지만) 범죄율이 낮아 살기가 좋다는 것에서 연유를 찾을 수 있다. 일례로, 필자가 만약 미국 동부에서 공부를 하였다면, 한 학기에 수업료만 하여도 여기보다는 2.5배를 부담하여야 한다. 물가를 따지면 여기에서 3만 5천달러가 뉴욕의 10만달러에 해당한다고 한다. 그런데 미국 달라스의 로펌에 근무를 하면 본점인 뉴욕과 같은 10만달러를 받게 되므로 경제적으로 엄청난 이익이라는 것이 졸업생들이 텍사스 주에 머무르는 큰 이유의 하나가 된다.

2. 텍사스 오스틴 법과대학

유티 법대는 10위권의 학교이다. 작년 미국의 US News & World Report의 자료에 따르면 미국 법대 중 15위로 기록되었다. 그런데 이 자료이외에 여러 다른 통계자료에 의하면 유티의 법대는 1위에서 7위 등 10위안에 든다고 하는 자료들이 많다. 공통적인 지적은 유티의 법대는 교수진이 5위권으로 아주 우수하고 교과과정이 좋고 학비가 저렴하여 효율성을 따지면 단연 상위권이라는 것이다. 유티 법대는 유티를 설립할 때 주축이 되었던 단과대학으로 120년의 전통을 자랑하는 법대이다. 한 학년이 500명으로 10:1의 경쟁을 뚫고 법대에 입학한다. 평균입학성적이 162점으로 미국 법대에서 6-7위권이다. 올해도 2명의 졸업생이 미국 연방대법관의 클럭으로 자리를 잡았다고 한다. 지난 10년간의 통계로 유티 법대는 8번째로 많은 연방대법관 클럭을 배출한 학교이다. 유티 법대는 주정부의 지원 및 여러 개인으로부터 기부를 받아 석좌교수제도를 이용하여 훌륭한 교수들을 많이 영입하여 왔다. 미국에서 가장 우수한 법대생이라면 대법관의 클럭(clerk: 법률비서)을 지내게 된다. 이 학교에는 연방대법관 클럭 출신들이 5여명이나 된다. 특히, 헌법과 형법 교수들은 미국에서 2위권이다. 이는 텍사스가 남부의 중심주로서 흑인간의 인종적인 갈등을 거치면서 수많은 판결들이 텍사스 법원에서 나왔다는 것에서 알 수 있다. 말하자면 텍사스는 헌법이나 형법 교수들에게 좋은 연구과제를 제공하는 곳이라는 것이다. 그런 연유인지 뉴욕대학교의 유명한 헌법교수인 사가 교수가 유티 법대에 작년에 옮겨왔다. 유티 법대의 교수를 말하면서 20여년간 6-70년대의 법대학장을 역임한 키튼(Keeton) 교수를 빼 놓을 수 없다. 그는 프로세 교수와 함께 불법행위 교과서를 편찬하였고 이 책은 미국 불법행위 중에서 현재 최고의 권위를 가지고 있는 책이다. 그의 이름을 딴 딘 키튼 거리(Dean Keeton street)가 있을 정도이다. 여기 법대의 교수들은 모두 자신의 이름 앞에 무슨무슨 석좌교수라는 이름을 하나씩 붙이고 있다. 소위 말하는 테뉴어(종신교수)가 되면 이러한 자리를 주는 모양이다. 각종 기부금으로 석좌교수 자리를 만들어 이 분들에게 정식 봉급 이외에 추가적인 지원을 한다.

총 교수 75명 중에서 유티 출신의 교수들은 5명밖에 되지 않는다. 여기 출신 교수에게 왜 이렇게 유티 출신 교수가 적으냐고 하였더니, 유티는 미국법대에서 많은 교수들을 배출하는 학교로서 5번째라고 하면서 원래 미국은 모교에서 근무하는 교수의 숫자는 적다고 한다. 우리나라와 좋은 대조를 보이고 있다. 서울법대는 모든 교수들이 서울 법대 출신이 아닌가?

한 가지 흥미로운 것은 이들 교수들의 정년이 없다는 것이다. 얼마전 유티 학교신문에 80세가 되어 이제 45년간 가르치던 법대에서 정년퇴직을 위한 마지막 강의를 한다는 소식이 나왔다. 그래서 알아보았더니, 미국에서 몇 년 전에 부당차별법이 통과되어 성별 연령별 차별을 못하게 되었다는 것이다. 즉, 60세 혹은 65세 강제 정년퇴직이라는 것은 연령에 따른 차별이 되어 헌법정신에 반한다는 것이다. 이것이 젊은이들의 실업률을 높이므로 정책당국으로서는 인기 없는 정책이 아닌가 하고 물었더니, 현재 미국도 노년층이 많아져서 이들을 부양하기가 힘이 들므로 오히려 노년층이 오래 일을 하는 것이 국가적 사회적으로 유리할 수 있다고 하였다. 그래서 자기가 원하는 한은 교수로서 강의를 할 수 있다고 한다. 보통은 70세 정도가 되면 절반의 퇴직(semi-retire)이라고 하여 강의시수를 줄여나간다.

유티 법대 출신으로 가장 유명한 사람이라면 두 사람을 들 수 있다. 한 사람은 레이건 대통령 시절 국무장관을 지낸 제임스 베이커(James Baker) 씨이다. 다른 한 사람으로는 억만장자인 조 자메일(Joe Jamail) 씨가 있다. 흥미를 끄는 것은 조 자메일 씨이다. 그는 불법행위의 귀재(King of Torts)로 알려져 있다. 소송을 하여 변호사보수로 받은 성공보수로 거부가 된 사람이다. 그는 미국에서 가장 영향력이 있는 변호사의 한 사람으로 뽑혔다. 이분의 법대성적은 거의 낙제점에 가까웠다는 말을 들으면 다들 웃게 된다. 이분은 유티 법대가 아니었다면 자신의 오늘은 없다고 하면서 유티에 많은 기부를 하고 있다. 그래서 법대 건물에도 그의 이름을 딴 회의실이 있고, 유티 축구장의 한쪽도 자신의 이름이 붙여져 있다. 지난 5월에 자서전을 출판하였다. 이번에도 주 정부에서의 지원금이 줄어든다는 소식을 듣고 법대학장에게 재량으로 유용하게 쓰라고 하면서 백만달러를 기부하였다. 이에 학교는 그의 흉상을 세워주었다. 미국이라는 나라는 불법행위를 당한 자는 징벌적 손해배상(punitive damage)이라는 엄청난 일종의 벌금형식의 손해배상을 피고에게서 받는다. 원고측 변호사는 승소금액의 30-40%를 수령하는 소위 성공보수약정(contingency fee arrangement)을 할 수 있다. 조 자마일 씨도 미국 재벌기업을 상대로 한 소송에서 징벌적 손해배상금을 여러 차례 받아냄으로써 거액의 성공보수금을 받게 되었다는 것이다. 그가 대기업인 텍사코를 상대로 승소를 이끌어낸 팬조일 대 텍사코(Pennzoil v. Texaco) 소송은 너무나 유명하다. 우리나라와 같이 이런 제도가 없는 국가에서는 상상하기 어려운 일이다.

유티 법대는 제이디(Juris Doctor) 과정과 석사과정만을 운영하고 있다. 석사과정은 25명에서 30명만을 뽑아서 철저한 교육을 시킨다. 학생수가 2-300명이 보통인 동부의 법대와 비교하면 석사과정 학생수는 너무 적은 숫자이다. 또한 박사과정을 두지 않는 것도 특이한 점이다. 이렇게 훌륭한 교수진을 두고서 박사과정을 왜 두지 않느냐고 필자가 교수들에게 물으면, 교수들은 한결같이 제이디 과정의 학생들을 제대로 지도하기도 어려운데 박사과정은 무리라는 것이었다.

Ⅲ. 해상법과 유티 법과대학

1. 유티의 해상법

유티의 해상법은 국외에는 널리 알려져 있지 않다. 이는 우리나라에서도 예외는 아니다. 미국 해상법하면 단연 튤레인(Tulane) 법대이다. 그런데 튤레인은 해상법 교수로서 정평이 있는 분이 사실상 없다(최근 호주에서 마틴 데이비스 교수를 영입하였다). 그렇지만 튤레인은 뉴올리언스에 있는 해상변호사들을 잘 이용하여 큰 연구소와 전문과정을 마련하여 석사와 박사를 배출함으로써 이름을 떨치게 되었다.

유티의 해상법 교수들이 대외적으로 활동하는 것은 1년에 한 번씩 하는 해상변호사 재교육과정이다. 매년 가을에 휴스턴에서 실시하고 있다. 매년 500여명의 해상변호사들이 텍사스주와 루이지애나주 등에서 모인다. 금년에도 휴스턴에서 강좌가 있었다.

유티의 법대생들은 2년 연속 미국해상법 모의법정에서 1등을 수상하였다. 작년에는 뉴욕대학의 학생과 결승에서 일합을 겨루었다. 금년에도 1등을 목표로 하고 있다. 이러한 성적은 두 가지에서 기인한다고 본다. 하나는 유티 학생들이 미국에서 해상법을 하는 학교 중에서 가장 우수한 학생들일 것이라는 것이다. 미국에서 해상법강좌를 가지고 있는 학교는 이제 몇 남지 않았다. 길모어, 블랙 교수(Gilmore and Black)가 있던 예일 법대, 하버드 등은 해상법강좌가 없어진 지 오래이다. 심지어 우리나라의 미국 해상법을 개척한 송상현 교수와 김현 변호사가 공부하던 코넬 대학도 해상법강좌가 없다. 뉴욕대학도 1년에 한 번씩 강좌가 개설되나 겸임교수만 있지 해상법교수는 없다. 그러므로 10위권의 학교로서 유티의 학생들이 가장 우수한 학생일 수밖에 없을 것이다.

2. 교과과정

다른 하나는 훌륭한 교수진들이 끌고가는 교과과정이다. 1학년 때에 법률문서작성이라는 교과목이 특이하다. 미국은 연방법과 주법이 있고 판례법 국가이므로 무엇이 현재의 법인지를 알기가 쉽지 않다. 그러므로 1학년 때에 도서관의 자료를 이용하는 방법과 법률문서(준비서면, 고객에게 보내는 의견서 그리고 변호사 사무실내에서의 내부 리서치 결과보고서 등) 작성법을 배운다. 1학년들은 미국 기초법을 배운다. 불법행위(필자가 수강함)와 계약법이 해상법 이해의 기초가 되는 것은 말할 나위가 없다. 여기에 2학년이 되면 해상법개론(필자가 수강함)을 배운다. 이 강좌를 마치면 상사해상법으로 항소법원의 판결을 중심으로 해상운송법을 공부하는 심층과정으로 간다. 다른 하나는 해사인사소송(maritime personal injury action) 강좌이다. 이 수업은 학생들이 각각 원고와 피고, 판사가 되어 사건을 진행하는 과정이다. 모의법정과 같은 수업이다. 그리고 다시 해상법 세미나 수업이 있다(필자가 수강함). 이 과정에서 학생들은 한 가지 흥미 있는 주제를 가지고 논문을 작성하게 된다. 최종적으로 더 특별히 공부를 하고 싶은 사람들은 교수로부터 1:1로 사사를 받는 연구과정이 있다. 이것도 1학점에서 3학점까지 그리고 성적을 주는 과정 혹은 통과과정으로 할 수도 있다(다음 학기에 필자는 스털리 교수로부터 2시간짜리 학점있는 과정에서 사사를 받기로 하였다). 이렇게 하여 유티에서 제공하는 해상법강좌는 4-5과목이 된다. 이러한 과정을 밟는 학생들이 모의법정에서 우승하는 것은 쉬운 일이다.

3. 해상법 교수들

유티법대의 해상법 관련 교수라고 하면 로버슨(D. Robertson), 스털리(M. Sturley), 와인트롭(Weintraub) 그리고 영(Young) 교수가 있다. 와인트롭 교수는 국제사법과 국제소송법 교수이고 영 교수는 헌법 교수이다. 진정한 해상법교수라면 로버슨과 스털리 두 분 교수이다.

로버슨 교수는 루이지애나 주립대학을 나와서 예일법대에서 박사학위를 받은 교수로서, 현재 미국에서 최고의 중진교수이다. 로버슨 교수는 1966년 유티 법대에 교수로 왔다가 1979년 학교를 떠나 루이지애나에서 4년간 해상변호사로 활동하다가 1983년 다시 학교로 돌아와서 오늘에 이르고 있다. 1970년 출간한 "해상법과 연방주의"는 미국의 여러 교과서와 연방대법원에서 인용되고 있다. 그의 담당과목은 해상법, 불법행위 그리고 해사인사사고소송이다. 그의 강의는 한마디로 실무적이면서도 이론적이다. 오랜 경험이 있으므로, 판례 하나하나의 역사에 대하여 소개를 한다. 많은 불법행위사건과 해상사건들에 그는 전문가 의견을 작성하여 제출한 바 있다. 현재에도 루이지애나의 해상 로펌의 고문으로 활동하고 있다. 그리하여 현재의 업계의 쟁점에 대하여 정통하다. 66세의 고령임에도 아직 청년이다. 우리나라에도 잘 알려진 *Journal of Maritime Law and Commerce* 에 보면 금년에도 2편의 논문을 작성하였다. 그 논문들은 한결같이 내용이 간단하지 않고 무게 있는 것들이다. 그리하여 미국 연방대법원은 물론이고 제5순회법원 등에서 거의 논문이 인용되는 것을 심심치 않게 본다. 심지어 로버슨 교수도 이렇게 보므로 그의 의견을 따라 결론을 이렇게 한다는 식의 판결내용도 볼 수 있다.

스털리 교수와 영 교수는 모두 연방대법원의 대법관의 클럭을 하였다는 공통점을 가지고 있다. 스털리 교수는 현재 48세의 젊은 나이에도 불구하고 미국 해상운송법 개정작업을 주도한 바 있으며, 유엔의 운송법 조약작업에도 미국의 대표로서, 그 전제가 되는 세계해법학회의 운송법 실무작업반에서도 라포트로 활동하면서 각종 전문지에 글을 기고함으로써 이미 미국 해상운송법을 대표하는 학자로서 우뚝 자리잡고 있다. 그는 영국의 해상법교수와 미국 해상운송법의 차이점에 대하여 *Lloyd's Martime and Commerce Law Quarterly* 에서 2년 전 논쟁을 벌이면서 국제적인 지명도를 높인 바 있다. 그가 1987년에 출간한 논문이 1995년 미국 대법원의 스카이 리프(Sky Reefer)호 사건에서 인용될 때 그의 성공은 이미 예견된 바 있다. 이 논문은 그가 대학에서 조교수로 자리잡은 32세에 쓴 것이다. 대단한 것이다. 그는 예일법대에서 블랙 교수로부터 그리고 옥스퍼드에서 레이놀드(Reynolds) 교수로부터 사사를 받음으로써 영미 정통 해상운송법의 맥을 이어간다고 말할 수 있다. 수업시간에 해상운송법에 관한 질문을 하여보면 얼마나 많은 판례를 알고 있으며 그가 개입하지 않은 사건이 없을 정도이다. 스털리 교수는 15년 이상을 미국운송법의 현대화를 위하여 청춘을 바치고 있다고 한마디로 말할 수 있다.

이들 이외에 와인트롭 교수를 들 수 있다. 와인트롭 교수는 섭외사법과 국제소송에서 국제적인 대가이다. 선주책임제한에서 사고 후의 현재 선박의 가치로 선주의 책임이 제한되는 미국선주책임제한제도의 문제점에 대하여 지적한 논문이 있고, 오팔 사고 등 굵직한 섭외사건에서는 그가 개입되지 않은 경우가 없다고 한다. 엑슨 발디즈호 사건에서도 그는 스털리 교수와 함께 엑슨측의 전문가로서 활동하였다.

미국은 헌법 교수들이 해상법 교수를 겸하는 경우가 많다. 미국교과서에서 알 수 있듯이 우리의 관점에서 보면 헌법내용이 해상법의 1/3을 차지하기 때문이다. 주와 연방관할 그리고 주법과 연방법의 적용에서 해상사건은 선두적인 역할을 하여왔다. 영 교수도 그러한 관점에서 해상법교수이다. 현재 미국법과대학 해상법교수위원회의 의장을 맡고 있다.

4. 기타치고 노래하는 로버슨 교수

학생들이 로버슨 교수는 수업시간에 기타를 치므로 학생들에게 인기가 있다고 말하였다. 필자는 불법행위와 해상법 두 강좌를 들었기 때문에 그의 노래를 4번이나 들을 기회가 있었다. 흔한 컨트리 송에 그의 수업내용을 번안하여 노래하는 것이다. 그가 뛰어난 가창력을 가지고 있느냐는 것은 중요하지 않다. 지루한 법과목 수업 중에 그동안 가르친 내용을 노래가사로 삼아서 학생들에게 노래를 들려준다는 점에서 이것은 독특한 교수방법이고 미국의 자유로운 수업분위기를 볼 수 있는 것이기도 하다. 이러한 그의 파격은, 소위 소크라테스식 수업에 따르는 교수의 날카로운 질문과 학생들의 답변으로 교실에 가득한 팽팽한 긴장감을 일거에 제거하는 기능을 하기도 한다.

이 학교는 연례행사로서 교수와의 만남을 경매하는 재미있는 놀이가 있다. 학생회에서 주최하여, 희망하는 교수들은 각자 자신의 집에서 식사하기, 영화구경하기, 호수에서의 산책 등을 경매상품으로 내어둔다. 그러면 학생들은 경매가격을 제시한다. 인기있는 교수들은 경매가격이 올라간다. 이렇게 하여 모인 돈은 법대학생들의 장학금으로 사용된다고 한다. 어떤 학생이 로버슨 교수를 경매하여 노래를 듣기로 하였는데, 그 학생이 자신 혼자서 듣기는 아까우니 다른 장소에서 특별공연을 하여달라고 하였다. 그래서 10월 30일로 날짜가 잡히고 학생들이 50여명 모인 장소에서 로버슨 교수는 무려 10여곡을 불렀다. 66세의 노인이 10여곡을 40여분에 걸쳐서 노래한다는 것은 쉽지 않은 일이다. 그런데 다음 날 수업에 보니 안색이 좋지 않고 목이 잠겨서 "나이 드신 분이 무리를 하셨구나" 하고 필자는 걱정을 하였다. 아니나 다를까 다음 주에는 독감에 걸려서 1주일 수업이 결강이 되고 말았다.

그의 10여곡 중에서 한 곡은 비틀즈의 예스터데이(Yesterday)라는 곡에 가사를 붙인 것이다. 내용은 아래와 같다.

1960년대에 위스콘신주에서 치과를 경영하는 피셔 부부가 솜씨가 좋은 알레타 존스 여사를 고용하였다. 그런데 존스가 돈이 필요하다고 이들 부부에게 말을 하여 돈을 빌려 주었는데 얼마 되지 아니하여, 치과 일을 그만 두고 나간다고 하였다. 이에 이들 부부는 돈을 갚고 가라고 존스를 잡고 실랑이를 벌였다. 그러던 중 이들 부부는 존스가 끼고 있던 틀니 중에서 위쪽의 것을 입에서 빼어내 버렸다. 존스는 피셔 부부를 상대로 폭행에 기한 고의적인 불법행위를 근거로 손해배상청구를 하였다. 판결의 결과 상당한 금액의 징벌적 손해배상이 피셔 부부에게 부과되었다. 이러한 판결에 얽힌 이야기를 로버슨 교수는 비틀즈(Beatles)의 예스터데이(Yesterday) 곡에 가사를 붙여 기타를 치면서 노래하면서, 수업시간에 가르친 불법행위 중 폭행 부분에 대한 복습을 겸하여 학생들에게 웃음을 선사하였다.

Ⅳ. 미국 해상법 일반

1. 미국 해상법의 전통

미국이 영국으로부터 분리되어 새로운 국가를 건설할 때에 해운의 중요성은 지금과는 비교가 되지 않았을 것이라는 것은 쉽게 짐작이 간다. 건국 기초자들은 해운업을 보호육성하고 해상법 적용의 통일성을 기하기 위하여 해상사건을 각 주의 관할에서 분리시켜 연방의 관할로 하기로 하여 이를 헌법에 명기하였다(미국연방헌법 제3조 제2항). 의회는 다시 입법을 통하여 연방법원 지방법원에서 제1심으로서 해상사건을 담당하도록 하였다. 이러한 미국법의 입장은 지금도 변함이 없다.

미국은 영국과 달리 해사법원(admiralty court)이 별도로 존재하지는 않는다. 건국시부터 미국 연방법원은 절차상으로 일반법(law), 형평법(equity) 그리고 해상법(admiralty) 등 세 가지 분야로 나누어져 있었다. 즉, 해상법분야의 소송은 별도의 절차를 가지고 있었다. 그래서 해상소송은 라이벌(libel)이라고 불리었고, 해상변호사는 proctor라고 하였다. 그러던 것이 1938년 연방소송절차법을 통합하는 과정에서 형평법 분야는 일반법 분야에 통합되어 일반법 분야(law side)가 되었다. 그러나 해상법(admiralty side)은 이에 통합되지 않고 독자적인 길을 갔다. 많은 논의를 거친 다음 1966 해상법 분야도 일반법에 통합되어 형식적으로는 하나의 절차가 되었다. 그러나 대물소송과 배심원 평결을 하지 않는다는 독자적인 규정 등에서 볼 수 있는 것과 같이 아직도 해상법은 실제적으로는 독자적인 절차를 가지고 있다고 말할 수 있다.

동일한 연방지방 법원내에서 연방법 사건, 상이한 주민들 사이의 사건과 함께 해상사건이 처리된다. 그러므로 모든 연방판사들은 필연적으로 해상사건을 처리하는 해상판사가 되어야 한다. 연방판사들은 이 점에서 자부심을 갖고 스스로 해상판사라는 점을 자랑스럽게 생각하였다. 미국연방법원의 판결에는 해상기업을 보호하기 위하여 선주책임제한제도를 둔다는 점, 해운의 발전을 위하여 선원들은 연방법원의 피감독 및 보호하에 있다는 점을 강조하는 내용의 명문장들이 나온다. 선박충돌사고에서 50:50 과실비율적용제도를 폐지하고 비례과실주의로 가겠다는 1975년의 릴라이어블 트랜스퍼 판결(Reliable Transfer)과 같은 좋은 판결들을 연방판사들이 만들어왔다.

미국 해상법에 대한 연구는 현직 교수뿐만 아니라 변호사들과 연방법원의 판사들에 의하여 이루어지고 있다. 특히, 판사들의 판결문은 하나하나가 교과서의 내용이다. 충분한 이론적인 근거를 제시한 다음에 결론을 내리므로 판결내용은 사건에 대한 논점을 모두 망라하고 있다. 그러므로 판례를 묶은 책으로 기초법 수업이 가능하게 된다. 필자가 그간 연구를 하면서 찾지 못하거나 궁금하게 생각하였던 점에 대하여 미국의 해상법 연구자들은 이미 상당한 논문을 발표하여 두었음을 발견하였다. 선주상호보험조합에 대한 직접청구권(direct action)의 문제도 그러하다. 미국은 독자적인 해상판례집(AMC)을 만들어 발간한지가 100년이 가까워 온다. 그리고 튤레인 법대와 샌프란시스코 법대에서는 해상법 저널을 매년 수차례씩 발간하고 있다. 권위있는 해상법 저널인 *Journal of Maritime Law and Commerce* 에도 많은 글들이 실린다.

2. 미국 법원과 해상법

미국법원은 알다시피 연방법원과 주법원이 있다. 해상사건은 연방법원이 실체적인 관할을 가지지만, 유보조항(saving clause)을 통하여 주법원에서도 심리할 수 있다.

우리나라 법원제도와는 달리 미국사법제도는 배심원 심판(jury trial)을 한다. 이는 지방법원인 1심에서만 이루어진다. 항소심에서 사실관계에서 문제가 있다고 판단되면 새로운 배심원 평결을 요구한다. 그리고 대법원에서 처리하는 사건은 극히 드물다. 따라서 해상사건에서 연방항소법원의 판결이 현실적으로 상당한 영향력을 가진다.

항소법원 중에서도 제5순회법원과 제11순회법원에서 판결이 많다. 이는 지리적으로 제5순회법원은 텍사스주, 루이지애나주 그리고 미시시피주를 관장하고 제11순회법원이 플로리다주를 관장하고 있어서 이들 주에서 해상사건이 많이 발생하기 때문이다. 이외에 뉴욕을 중심으로 하는 제2순회법원과 캘리포니아와 오레곤주 그리고 워싱턴주를 담당하는 제9순회법원에서도 좋은 해상판결이 나온다. 제11순회법원은 1981년에 제5순회법원에서 독립되어 나갔다. 그리하여 과거의 판결에 대하여는 제11순회법원은 제5순회법원의 판결을 따를 수밖에 없었고 지금도 제11순회법원은 제5순회법원의 영향을 강하게 받고 있다. 제5순회법원이 해상판결을 리드하고 있는 이유는 뉴올리언스와 휴스턴이라는 두 개의 큰 항구도시의 존재, 선박사고라는 수요에 부응하기 위한 해상변호사들의 활발한 활동 그리고 이러한 수요에 필요한 인재를 공급하는 튤레인 법대와 유티 법대의 존재 덕분이기도 하다고 생각된다.

3. 미국 해상법의 법원(法源)

미국법은 참으로 복잡하여 공부하기가 어렵다는 것이 독일, 일본이나 우리나라와 같은 대륙법계 국가에서 온 사람들의 공통적인 견해이다.

미국의 해상법도 그러하다. 일반 해상법(판례법)이라는 것이 기본으로 있고, 여기에 제정법으로 만들어진 각종 법규들이 있다. 해상물건운송법만 보기로 하자. 우선 현재도 국내간 운송 및 코그사의 적용범위가 아닌 국제운송에 적용되는 1893년에 만들어진 하터법(The Harter Act)이 있다. 국제운송에 적용되는

1936년의 코그사(The U.S. COGSA)가 있다. 이 법의 적용범위는 우리 법과 달리 선적에서 양륙까지이며(우리 법은 선적 이전의 수령에서부터 양륙 이후의 인도까지이다), 기본적으로 헤이그규칙체제이다. 그리고 선하증권과 관련하여서는 포메른법(The Pomerene Act)(1994년 개정됨)이 있다. 그러므로 우리 상법 해상편의 운송에 관한 규정은 위의 세 가지에 판례법을 모두 포함시켜야 동일하게 된다.

위의 세 가지 제정법을 보았을 때 우리 법이나 현재의 헤이그비스비규칙이 가지고 있는 기본적인 규정들이 미국법에는 없는 경우가 있다. 이런 것들은 미국법원의 판사들이 판례법으로서 이론을 개발하여 현실에 맞추어 판결을 하고 있다. 예컨대, 우리 상법에 있는 운송인의 포장당 책임제한에 대한 제한사유가 있다. 운송인에게 미필적 고의가 있으면 책임제한을 할 수 없다(우리 상법 제789조의2 제1항). 미국 코그사에는 우리 법에 있는 이 규정이 없다. 그러나 신고한 운송물에 대한 책임제한 비적용규정은 가지고 있다(우리 상법 제789조의2 제3항, 미국 코그사 제4조 제5항). 미국 연방순회법원의 판사들은 "공정한 기회이론"(Fair Opportunity Doctrine)을 만들었다. 그래서 만약 운송인이 화주에게 가액을 신고하여 고가의 운임을 지불하는 대가로 책임제한제도의 적용을 받지 않겠다는 결정을 할 수 있는 기회를 주지 않았다면, 이것은 공정한 기회를 화주에게 주지 않은 것이 되고 따라서 운송인은 책임제한을 할 수 없다는 판결을 판사들이 내리는 것이다.

4. 미국 해상법상 당사자 보호제도

우리나라에서 많은 사람들은 미국 해상법은 화주에게 대단히 유리한 법이라고 생각한다. 미국 해상법은 해운의 3요소라고 할 수 있는 선주(운송인 포함), 선원 그리고 화주를 동시에 보호하고 있다고 말하는 것이 더욱 정확한 표현이다.

(1) 선주에 대한 보호

해상법상 선주를 보호하는 제도라면, 책임제한제도와 각종 면책제도를 고려하지 아니할 수 없다. 책임제한제도는 두 가지가 있다. 하나는 운송인이 갖는 포장당 책임제한이고 다른 하나는 선주로서 가지는 책임제한제도이다.

미국의 포장당 책임제한제도에서 책임제한액은 포장당 미화 500달러이고 무게당 책임제한제도는 가지고 있지 않다(미국 코그사 제4조 제5항). 이 점에서는 우리나라는 포장당 500SDR(미화 700달러)이므로 미국법이 운송인에게 더 유리하다고 할 수 있다.

선주책임제한제도는 국제조약을 따르지 않고, 독특한 선가주의를 아직도 채택하고 있다. 기본적으로 사고후 현재가로 선주의 책임은 제한된다(책임제한법 The Limited Liability Act 제3조; 46U.S.C. app. §183). 그러므로 선박이 충돌하여 침몰한 경우에는 선가는 제로에 가까우므로 가해선주는 엄청난 혜택을 본다. 그러나 선박이 침몰하지 않고 건재하는 경우에는 선주의 책임은 제한되지 않는 것과 마찬가지이다. 그러므로 선주책임제한제도는 상황에 따라 선주에게 유리할 수도 있고 불리할 수도 있다.

(2) 선원에 대한 보호

선원을 보호하는 제도는 미국이 우리나라보다 철저하다고 할 수 있다. 미국의 선원들은 세 가지 법리에 따라서 보호받는다.

존스법(Jones Act)은 우리나라 선주의 사용자책임과 유사하다. 존스법은 일반불법행위법에 있는 기여과실제도(contributory negligence)를 폐지하여 선원의 보호를 기하고 있다. 일반불법행위법리에 따른다면, 선원측에 조금이라도 과실이 있다면 선원은 선주에게 사용자책임을 물을 수 없다. 존스법은 배상을 청구하는 선원에게 과실이 있으면 그 과실비율에 따라서 배상이 가능하도록 하고 있다.

상병치료보상청구권(Maintenance and Cure)은 우리 선원법상의 재해보상제도와 유사하다. 사용자인 선주의 무과실책임이다. 선원의 승선중의 상병에 대하여 치료비와 비용을 제공하는 것이다. 상병치료보상권리는 미국의 판례법으로 인정되어온 것으로 연방대법원의 판결은 참으로 인상적이다. 연방대법원은 자신들은 선원을 보호하는 수문장(ward)임을 자처한다. 선원보호의 이유는 첫째, 선원들은 열악한 환경에 처하여 있으므로 인도적인 차원에서 보호를 한다는 것이고 둘째, 젊은이들로 하여금 선원이 되도록 유인책을 마련하자는 것이다.

선원이 갖는 불감항에 기한 청구권(unseaworthiness)은 우리나라에는 없는 독특한 제도이다. 미국 판례법은 선원들이 안전하게 생활하고 근무할 수 있는 선박을 제공할 의무를 선주가 선원에게 부담한다고 판시하고 있다. 그러므로 선박자체의 하자는 물론이고 감항성이 없는 선원을 제공한 것도 선주의 의무위반이 된다. 불감항에 기한 청구는 선주의 무과실책임이다.

(3) 화주에 대한 보호

미국은 화주를 보호하는 법규정이 우리나라보다 좀더 강력하다. 특히 두 가지 점을 지적하지 않을 수 없다. 하나는 대물소송(action in rem)이다. 화주는 자신의 화물을 운송중이던 선박에서 화물사고가 있는 경우에는 그 선박 자신에게 책임을 물을 수 있다. 즉, 선박이 책임의 주체가 되어 소송에서 피고가 될 수 있다는 것이다. 운송인이 별도의 인적 책임(action in personam)을 부담하는 것은 물론이다. 그러므로 화물에 대한 운송계약상의 책임을 부담하는 자가 정기용선자인 경우에 화주는 선박에 대하여 책임을 물을 수 있으므로 화주는 정기용선자와 선박이라는 두 채무자를 가지는 셈이 되고 이는 화주를 보호하는 기능을 하게 된다. 우리나라의 선박우선특권제도(상법 제861조)도 이와 유사할 수 있다. 그런데 우리 상법은 국제조약의 입장에 맞추어, 화물사고에 있어서 화주가 가지는 우선특권을 1991년 상법개정시에 삭제하였다.

미국법은 함부르크규칙이 갖는 계약운송인과 실행운송인의 연대책임규정을 가지고 있지 않다. 이는 우리법과 동일하다. 그러나 미국 판례법(특히 제5항소법원)은 선박소유자와 정기용선자의 연대책임을 인정하고 있다. 예컨대, 정기용선자가 선하증권을 직접 발행한 경우에도 선박소유자가 선하증권 발행에 대한 위임을 정기용선자에게 하였다는 이론 구성이 가능한 상황이 되면, 법원은 선박소유자도 대리의 법리에 따라 운송인이 된다는 판단을 하고 있다. 즉, 선박소유자와 정기용선자가 연대채무자가 되는 것이다.

이러한 입장을 종합하면, 미국법상 선박과 운송인은 각각 대물소송과 인적책임소송에서 연대책임을, 선박소유자와 운송인은 인적소송에서 연대책임을 부담하게 된다는 것이 된다. 이러한 점에서 미국법이 우리 법보다 화주를 더 보호한다고 할 수 있다.

V. 법대의 강의와 학술활동

1. 2학기 수업

필자는 이번 학기에 계약법, 회사법, 보험법 그리고 연구논문지도를 신청하였다.

독자들이 관심을 가질 수 있는 것은 바로 스털리(Sturley) 교수로부터 지도를 받는 연구논문지도라는 과목이다. 연구논문지도란 일주일에 2시간짜리 수업으로서 지도교수를 정하여 관심있는 분야에 대하여 특별지도를 받는 것이다. 필자는 스털리 교수와 계속 만날 수 있는 계기를 마련하는 것이 좋겠다는 판단에서 추가로 이 과목을 듣기로 하였다. 제목은 운시트랄(UNCITRAL)에서 만들고 있는 조약인 운송법(Transport Law)으로 하기로 하였다. 금요일 아침 9시에 만나서 필자가 공부해간 사항 중에서 궁금한 것을 물어보는 형식으로 수업을 진행하고 있다. 이 분야에 대하여는 세계적인 권위자이고 자신이 운송법제정을 주도하고 있으니 질문에 대하여 항상 즉시 답을 들을 수 있다(이하에서 추가설명함).

보험법은 맥스웰(Maxwell)이라는 현지의 변호사가 강의를 한다. 그는 원고측 변호사이다. 처음에는, 보험법도 계약법의 일종이라 계약의 해석에 대하여 배웠다. 미국법은 소비자인 피보험자를 보호하기 위한 각종 제정법을 만들어 청구권을 인정하고 있음을 알게 되었다. 미국법에서는 보험금 지급을 이리저리 회피하다간 소비자 보호성격이 강한 보험법에 위반되어 보험회사가 징벌적 손해배상으로 엄청난 돈을 지급하여야 한다. 이분은 해상보험법을 전공하시는 분은 아니다. 교과서는 물론이고 이분도 보험의 기원은 선박보험을 중심으로 하는 해상보험이라고 하면서 해상보험의 역사성을 강조하였다. 필자가 관심을 갖는 것은 직접청구권 문제이다. 한국 P&I 클럽에 피해자들이 보험금에 대한 청구를 직접 할 수 있을 것인가? 영국법은 유명한 판티 & 빠드르 아일랜드(Fanti & Padre Island) 판결(1990)에서 선지급원칙(pay-to-be-paid)의 유효성이 인정되어 피해자들은 P&I에 직접 청구할 수 없다는 것이다. 이것이 과연 한국법에서도 그대로 적용될 것인가가 필자의 몇 년 묵은 학문적인 숙제였다. 그래서 교수에게 "한국과 미국간의 P&I 보험에서의 직접청구권에 대한 비교연구"로 논문을 작성하고자 한다고 하였다. 그는 흔쾌히 허락하면서 도와주겠다고 하였다. 그리하여 현재 20페이지 정도의 논문을 작성하여 1차 제출을 하였다. 종강을 하고 2-3일 동안 몇 가지를 더 보완하여 제출하고자 한다.

회사법은 유명한 이 학교의 해밀턴 교수의 회사법 케이스 북을 사용한다. 해밀턴 교수는 소위 말하는 넛셀 시리즈 회사법의 저자로 우리나라에 많이 알려져 있다. 우리나라의 대학원에서 미국 회사법 수업은 대개 이 책으로 하고 있다. 그의 책은 베스트셀러로서 많이 팔려 해밀턴 기금으로 만들어져 운영되고 있다. 이 과목은 소콜로(Sokolow)라는 교수분이 강의를 하신다. 이분은 아직 종신교수 신분(tenure)을 허락받지 못하였다. 들리는 바로는 논문실적이 없어서 그렇다고 한다. 그러나 그는 유티 법대의 최고의 강의교수로 손꼽힌다. 그의 강의는 분명한 발음이 장기이다. 그리고 학생들의 입장에서 이해하기 쉽도록 각종 수단을 동원한다. 학생들에게 깊은 인상을 남기기 위하여 점프를 하여 흑판에다 표기를 하기도 한다. 보통 미국법대의 수업은 무차별적인 질문공세이지만, 이 교수는 학생의 사정을 생각하여 1주일에 한 섹션씩 질문을 하겠다고 미리 공표를 한다. 그의 강의가 인기가 있는 것은 법대교수를 하면서 MBA과정을 다시 다닌 점에서도 찾아볼 수 있다. 회사법을 하면서 회사의 경영에 대하여도 알고 회사법을 강의하는 것은 많은 이점이 있을 것이라는 것은 자명하다. 한 번은 수업시간에 두 가지 물건을 들고 왔다. “나의 질문 공세에 학생들이 긴장하고 어려워하는 것 같아서 두 가지 선물을 가지고 왔다. 자진해서 답을 말하는 사람에게는 선물을 주겠다.” 선물은 이웃 술집의 할인 쿠폰과 커피 포트였다. 미국 회사법은 회사조직법을 중심으로 강의한다. 우리로 말하면 조합에 해당하는 파트너십에 대한 수업에 많은 시간을 할당하였다. 우리나라 회사법이 주식회사에 중심이 있는 것과는 다르다. 법대학생들이 졸업하고 변호사 사무실을 운영하여야 하는바 이것이 주로 파트너십으로 운영이 되니, 실무적으로 이를 중심으로 강의하는 것은 어쩌면 당연하다. 석사과정에 있는 학생 5명이 수업을 듣는다. 소콜로 교수는 학기가 시작되고 한 달 정도 만에 석사과정의 학생들을 불러서 JD학생들과 시험을 같이 보는 것은 의미가 없으니 각자가 관심있는 분야에 대한 20페이지 정도의 논문을 작성하는 것으로 대체한다고 하였다. 그래서 필자는 평소에 관심을 가지고 있었던 “해상사건에서 법인격 부인론에 대한 한국과 미국간의 비교법적인 연구”에 대하여 논문을 작성하기로 하였다. 법인격부인론에 대한 1988년의 우리 대법원의 첫 판결이 바로 해상사건이다. 그러므로 우리나라의 자료를 구하기는 어렵지 않다. 미국자료가 문제였으나 몇 가지 글들이 있어서 준비를 하였다.

계약법은 관심의 과목이다. 미국 계약법은 우리 법과 다른 점이 많아 가장 힘든 과목으로 정평이 나있다. 원래는 2학기에 6학점을 하던 것을 1학기에 4학점으로 줄였다. 그래서 월요일에서 목요일까지 2시에서 2시 50분까지 4일간 수업이 있다. 그러건(Gergen) 교수는 수업을 철저히 좌지우지한다. 이렇게 수업을 철저히 통제하여 자신의 의중대로 끌고가는 교수는 처음이다. 그는 학기가 시작되자 교수요목을 나누어주었다(학교 인터넷을 이용). 60강 정도를 나누어서 페이지를 적어두었다. 그런데 강의를 하다보면 수업이 늦추어지는 것이 일상이다. 그의 수업은 일자가 늦추어지는 법은 없다. 수업 중에도 이 문제를 5분간 이야기하겠다, 심지어는 35초간 이야기하겠다고 하면서 시간 조절을 한다. 교수인 필자로서도 놀랄 지경이다. 아마 수업을 위하여 얼마나 사전에 연습을 하였으면, 이렇게 정확하게 1분 1분을 맞추어서 수업진행이 가능할지 놀랄 따름이다. 그는 오스트리아 빈에서도 강의를 하고 영국 런던대학교의 UCL에서도 강의를 하여 영국법과 독일법에도 정통하여 수업시간에 비교법적인 접근을 많이 한다. 1,000페이지가 넘는 책을 전부 소화를 하려니 교수는 학생들이 공부할 내용을 모두 읽어온 것으로 간주한다. 그 내용을 바탕으로 학생들에게 질문을 던지는데, 공포의 대상이다. 그래도 학생들은 어찌나 답을 잘하는지 모른다. 필자도 이 수업을 따라가기 위하여 예습과 복습을 하느라 많은 시간을 소비하고 있다. 문제는 책을 읽어도 머리에 사례가 꽉 자리잡지 못한다는 것이다. 그래서 마치 형광등처럼 약간의 기억을 되살려야 내용이 생각이 나니, 교수의 질문에 즉답을 할 수 없다. 다른 것과는 달리 손해배상에 대한 내용부터 공부를 하였다. 해상관련 국제조약에서 많이 등장하는 간접손해(consequential damages), 부가손해(incidental damages) 등 미국법상 손해배상개념 그리고 약관과 관련된 해석이론 등에 대하여 이해를 하게 된 것은 큰 수확이다.

이들 과목 이외에 소개하고자 하는 과목은 로버슨(Robertson) 교수가 하는 해사인사소송(Maritime injury claim)이다. 10명의 학생이 수강신청을 하여 수업을 듣고 있다. 최근의 미국 대법원과 연방순회법원에서 다루어진 선원재해관련 판결들을 가지고 학생들이 원고인 선원측 변호사, 피고인 선주측 변호사 역할을 맡아서 모의법정(mock trial)처럼 수업을 진행한다. 학생들이 준비하여온 변론서에 대하여 로버슨 교수는 일일이 지적하여 준다. 이 수업이 진행되는 모의법정은 모의법정에 지나는 것이 아니라 실제로 법원을 여기로 옮겨와 공개재판을 하기도 한다. 미국 법대의 실무적인 법학교육의 일단을 보여주는 것이다. 이러한 수업의 덕분으로 유티 법대의 학생들은 지난 3월에 튤레인 법대에서 개최된 제11회 브라운판사 해상모의법정대회에서 다시 우승을 하여 3년 연속 우승(총 5회 우승)이라는 영광을 안았다.

2. 과외활동

유티 법대에서는 정식수업 말고도 하루에도 몇 군데에서 학생들을 대상으로 특강이 진행된다. 과외활동은 학생회와 저널모임을 통하여 이루어지고 공식적으로는 학교의 취업담당실에서 진행하는 것이 있다. 이 중에서 필자가 직접 강의에 참석하여 본 것 몇 가지를 소개한다.

(1) 법대교수가 되는 길

점심시간에 1시간에 결쳐서 법대교수가 되는 길에 대한 강의가 있다고 하여 가보았다. 의외로 참가학생수는 다른 특강과는 달리 10명 남짓이었다. 점심으로 피자를 제공하지 않아서 그런지도 모른다. 브라이언 레히트(Brian Leiter) 교수와 사라 클레브렌드(Sarah Cleveland) 교수가 나왔다. 레히트 교수는 독자적으로 미국법대 랭킹을 선정하는 일을 하고 있으면서 학생들의 진로에 관심을 많이 가지고 있다. 그는 미국법대의 교수가 되는 길로서 두 가지를 제시하였다. 하나는 정통 엘리트 길을 밟는 것으로서, 학생시절에 저널의 편집장이 되고, 졸업 후에 순회법원이나 연방대법관의 클럭(법무비서)을 거치고 유명저널에 글을 기고하는 것이고, 다른 하나는 소위 일류 대학에 가서 법학박사학위를 받거나 다른 인접학문을 더 연구하는 것이라고 하였다. 사라 교수는 전자의 전형이고 자신은 후자라고 하였다. 사라 교수는 브라운 대학 학부를 나와 예일 법대에서 제이디 과정을 마치고 연방대법관의 법무비서를 마쳤다고 한다. 자신은 영국 옥스퍼드에서 철학박사를 받았다고 소개하였다. 유티 법대도 교수진은 이렇게 두 부류가 있다. 전국 법대에서 출신학교별 교수진 분포를 보면 예일이 압도하고 다음으로 하버드, 스탠퍼드, 시카고, 미시간이 뒤를 잇고 있다고 한다. 유티 법대도 현직 교수들이 140명으로 10위안에 든다고 하였다. 나누어준 유인물을 보니, 그 유명한 불법행위의 페이지 키튼 교수와 보험법으로 유명한 로버트 키튼(Robert Keeton) 교수가 모두 유티 법대 출신이다. 페이지 키튼(Page Keeton) 교수는 유티 법대의 학장을 1940-70년대까지 30여년 이끌어오면서 불법행위로 이름을 날렸다. 그와 가까운 친척동생인 로버트 키튼 교수는 하버드 법대교수를 거쳐서 지금은 연방법원의 판사로 재직중이다.

(2) 저 널

유티 법대는 12개의 저널(법학 논문이 실리는 잡지)을 발행하고 있다. 미국 법대의 저널은 모두 학생들이 만드는 것으로 이상한 잡지이다. 학생들이 저명 교수들이 작성한 논문을 심사하여 통과시키고 교정하여 발간한다. 그런데 이런 전문학술지의 권위는 하늘을 찌를 정도이다. 어떻게 학생들이 교수의 논문을 심사하여 발간하는지 이해가 되지 않는다. 위에서도 말하였듯이 유명 저널의 편집장이 되었다면 이미 출세길은 탄탄하게 된다. 레히트 교수는 친구의 말을 빌려서 교수가 되기 위하여 그렇게 노력하였는데도 인터뷰요청이 없었는데, 저널에 글을 한 편 싣고나니 많은 대학에서 인터뷰요청이 왔다고 한다. 이 정도로 저널이 갖는 무게는 대단하다. 인용건수를 통계를 내어 저널의 순위를 매긴다. 유티는 텍사스 로 리뷰(Texas Law Review)가 단연 대표주자이다. 작년 랭킹으로 인용건수로 9위를 차지하였다. 1학년 학생들을 위한 저널회원 소개시간이 있어서 가보았다. 강당에 엄청난 학생들이 모였다. 저널의 힘을 느끼게 하였다. 경쟁이 치열하여 간단한 논문작성으로 회원을 모집한다고 한다. 저널의 회원이 되면 1년에 60시간을 의무적으로 저널 사무실에서 근무를 하여야 한다고 한다. 대단한 열기를 느낄 수 있었다.

3. 미국 해상법의 수준

필자는 해상법을 연구하면서 미국법은 우리 실무에서 왜 이렇게 비중이 낮은지 항상 궁금하였다. 컨테이너화된 화물의 미국으로의 수출이 증대되고 있음에도 계속하여 영국법이 절대적인 우위를 보이고 있는 것은 무언가 균형이 잡히지 않는다는 생각을 하여왔던 것이다. 미국 해상법이 우리에게 도움이 되는 무언가가 있지 않을까 하는 생각을 가지고 미국으로 건너왔다. 졸업을 앞둔 이

시점에서 적어도 학문적인 분야에서 미국의 해상법은 대단한 수준에 와있다고 말하고자 한다.

몇 가지 예를 들어보자. 필자가 연구하고자 하면서 자료의 부족으로 어려움을 겪은 논문테마로는 “슬로트 용선의 법률문제”, “통항불방해선박의 법적 지위”, “P&I 보험에서의 직접청구권”, “정기용선자의 법적 성질” 이런 것들이다. 정기용선자의 법적 성질을 제외하고는 우리 해상법학계나 실무자들에게 있어 모두 새로운 이슈이다. 그런데 이것들은 미국법의 입장에서는 이미 논의가 종료되었거나 해묵은 이슈이다. 우리나라에서 이러한 문제가 새로운 이슈라고 하는 것은 아직 연구가 없어서 의견이 개진되지 않았다는 것이다. 필자는 실무에서 제기된 이러한 문제들에 대한 해답을 얻기 위하여 고민을 하여왔다. 간신히 논문을 작성하기는 하였으나, 우리나라에서 선행된 연구결과는 찾을 수가 없었다. 영국의 자료도, 노력의 부족이었는지는 모르지만, 알맞은 것이 없었다. 미국으로 건너오기 전 슬로트 용선에 대한 나름대로의 견해를 세운 다음에 베네딕트에서 미국변호사의 슬로트 용선에 대한 논문을 발견하였었다. 그의 문제해결에 대한 접근이나 의견이 나와 유사한 점에 희열을 느낀 바 기억이 생생하다. 그러면서 미국해상법도 무언가가 있다는 생각을 하게 되었다.

미국에 와서 연구를 하여보니, 미국의 자료의 방대함과 연구결과의 축적이 상상을 뛰어넘음을 실감할 수 있다. 미국은 판례법 국가이고 각 주법이 있고 연방법이 있어서 무엇이 현재의 법인지를 알기가 어렵다. 그러므로 각 주의 판례를 정리하고 무엇이 법인지 알기 쉽도록 정리하는 작업이 오랫동안 진행되어왔다. 그리하여 West Law 같은 경우에 인터넷상으로도 한 번에 엄청난 자료를 찾을 수 있다. 법대학생들에게는 West Law와 LexisNexis 같은 회사는 무료로 리서치를 사용할 수 있도록 하고 프린트까지 하여준다. 미래의 고객에 대한 유인책이다. 이러한 자료의 정리와 연구는 해상법분야에도 동일하게 적용된다.

정기용선의 법적 성질에 대하여 영미법에서는 이를 운송계약으로 본다고 하지만, 미국에서는 운송계약이 아니라 선박의 사용이라는 측면을 강조한 용선계약으로 본다. 그러므로 우리나라 다수학설인 임대차유사설에 더 가까운 입장을 취하고 있다. 다만 차이가 나는 것은 미국은 판례법으로 동일한 사건에 선박소유자도 용선자도 모두 운송인이 될 수 있다는 입장을 취하고 있고, 선박은 대물소송의 대상이 되어 선박소유자가 최종적인 책임을 부담하게 되는 경우가 많다는 것이다. 이에 대한 논문은 이미 1970년대에 발표되어 있다.

P&I에 대한 직접청구권만 하여도, 미국에서는 이미 1990년을 전후한 시점에 많은 논문이 발표되었다. 미국에서 해상보험법은 윌번(Wilburn Boat) 판결에 따라 각 주의 관할이 되어, P&I 보험도 각주에 따라 다른 결과를 가져온다. 원칙적으로 제3자는 책임보험자에게 직접청구를 할 수 없다. 불합리한 결과에 대하여 미국 각주는 직접청구권법(Direct Action Statute)을 제정하여 피해자를 보호하고자 한다. 이러한 맥락속에서 P&I 보험에 대한 직접청구권 인정여부가 논의되고 있다. 텍사스주와 같이 아예 직접청구권이 인정되지 않는 주가 대부분이다. 그러나 루이지애나주는 가장 널리 피해자를 보호하고자 한다. 보험자의 항변을 인정하지 않고, 따라서 선지급규정도 인정되지 않는다. 뉴욕주는 가장 좁게 피해자를 보호하는 법을 가지고 있어서 보험자의 각종 항변이 가능하므로 P&I의 선지급 항변이 유효하고, 따라서 피해자들은 P&I에 직접청구를 할 수 없다. 이러한 양 극단 사이에 위스콘신, 캘리포니아, 그리고 괌 등이 있다. 영국에 이어 미국의 학자와 판례는 P&I보험을 책임보험(liability insurance)과는 다른 보상보험(indemnity insurance)으로 인정하고 있다.

해상교통법의 개념인 통항불방해선박에 대한 논의도 미국에서는 이미 15년 전의 이야기이다. 알다시피 국제해상충돌예방규칙(COLREG)의 1987년 개정시에 이 개념이 크게 다루어졌다. 이 때 미국대표로 회의에 참가한 분이 좋은 논문을 기고한 것을 여기에서 찾게 되었다.

이러한 지적은 우리 해상법이 미국 해상법에 대한 분야에서 일부분 학문적인 공백이 20년간 발생하였다는 것을 의미한다. 통항불방해의무선박은 1987년 COLREG 개정시에 국제적인 관심이 되었고, 슬로트 용선은 이미 20년 전부터 실무에서 나타난 현상이고, 직접청구권 문제는 1990년을 전후하여 판티 사건이 영국 귀족원에서 다루어지면서 국제적인 관심을 가진 것이다. 이들 이슈를 다루고 있는 미국의 판례나 논문들이 국내에 제대로 소개 인용되지 못하였다. 이것은 그동안 우리가 미국 해상법을 경시한 때문이 아닌가 생각된다. 실무적으로 준거법을 영국법으로 하는 경향이 있다고는 하지만, 분쟁에 대한 해결책으로서 미국법의 기능을 무시할 수는 없는 것이다. 혹자는 미국 해상법은 화주중심법이라고 하여 취할 바가 없다고 하지만, 이것은 오해이다. 미국의 소비자 보호운동에 따라 그러한 경향이 있는 것은 사실이지만 선주 혹은 운송인을 보호하는 법이나 판례도 많이 있다. 미국의 해상운송법이 1931년에 제정된 것으로 낡았기 때문에 부족한 부분을 법원의 판사들이 보통법으로서 형성하여 합리적인 결과를 얻고 있는 것은 앞에서 본 바와 같다. 우리 법에서 해결하기 어려운 사건들을 미국은 이미 경험한 것들이 많을 수 있다. 이는 미국법이 기본적으로 판례법의 국가이고, 큰 나라이기 때문에 다양한 사건을 많이 경험하였다는 것과 같다. 조만간 우리나라에서도 오일리그, 여객선 그리고 프레져 보트(Pleasure Boat) 등에 대한 법률적인 수요가 많아질 것이다. 미국은 이미 이러한 문제에 대한 많은 판례들을 이미 가지고 있다. 이러한 새로운 유형의 해상법 분쟁들에서 미국 해상법이 큰 참고가 될 것이다.

해상법은 법만으로서 존재하는 것은 아니다. 해상법은, 해운업의 주역들인 선박회사, 화주 그리고 선원들을 보호하고 해운업이 법률적으로도 국제적인 경쟁력을 갖추도록 백업을 하여주는 기능을 하여야 한다. 그런데 이러한 해상법은 어느 한 사람의 힘으로 되는 것은 아니다. 학자들은 학자 나름대로 연구를 열심히 하여 학문적인 업적을 남기여야 한다.(변호사 등 법조분야도 마찬가지일 것이다.) 그런데 이런 연구가 자신만으로 끝이 나서도 아니된다. 학문후속 세대에게 영속적으로 단절없이 이어지도록 하는 것도 중요한 일이다. 이러한 노력들이 계속되면서 우리 한국의 해상법은 세계속의 해상법으로 자리매김할 것이다. 한편, 외국에 우리 해상법을 알리는 작업도 소홀히 하여서는 아니될 분야이다. 미국 학계에서도 일본해상법과 중국해상법은 관심사이지만 한국의 해상법은 관심사가 아니다. 이것은 무역의 규모와 국력 때문이기도 하겠지만, 우리가 우리 법을 미국에 알리는 데에 소홀한 것에서도 기인한다.

4. 운시트랄 운송법회의 준비

유엔산하의 운시트랄(UNCITRAL)에서 2001년부터 운송법이라는 새로운 조약을 체결하고자 작업이 진행중임은 이미 여러 지면을 통하여 많이 알려져 있다. 필자는 이번에 한국대표단의 일원으로 참석을 하게 되었다. 필자는 IMO 법률위원회의 한국대표단으로 활동하여 왔으나 유티에 와서는 수업과 겹치는 바람에 두 번이나 참석을 못하게 되었다. 마침 수업이 종료된 뒤인 5월 3일에서 14일까지 뉴욕에서 회의가 열리므로 이 회의에 참석하기로 결정을 하였다. 1년 동안 공부한 미국해상법을 실무에 적용하는 기회이기도 하다.

해상운송을 축으로 하는 해상법은 국제적인 성격을 가진다. 그러므로 통일된 내용의 조약이 필요하다. 현재 해상운송은 헤이그비스비체제이다. 유엔의 주도로 제정된 함부르크규칙은 화주의 주도로 만들어진 것이라서 선주측의 큰 호응을 얻지 못하고 있다.

운시트랄의 운송법회의가 관심을 끄는 것은 이것이 세계해법학회(CMI)와 유엔의 운시트랄이 공동으로 주관을 한다는 것이다. 세계해법학회는 전통적으로 선주측에 서서 여러 가지 국제조약을 성안하여 왔다. 함부르크규칙이 선주측의 반대로 세계적 규범이 되지 못하고 있다. 그런데 이 기구가 이 회의를 지지하고 있다는 것은 큰 의미를 갖는다. 운시트랄 작업반의 멤버들이 모두 세계해법학회 중진들이기도 하다. 그런 점에서 이 조약이 성공가능성이 높지 않을까 하는 것이다. 또 하나의 관심사항은 이 조약은 해상운송만에 적용되는 것이 아니라 해상운송을 기본으로 하고 여기에 육상운송이 부대된 경우에 이를 한꺼번에 규율하고자 하는 것이다. 이는 컨테이너운송의 증대에 따른 문전 대 문전까지(door to door)의 운송에 부합하는 조약이 되는 것이다. 해상운송법이 육상운송도 규율하게 된다는 점에서 해상법학자들로서도 신나는 일이다. 미국과 같은 나라에게는 각주와 연방법으로 복잡한 법제도를 국제조약으로 한꺼번에 통괄할 수 있다는 점에서 매력적일 수 있다. 우리나라도 장래 부산에서 만주를 지나 시베리아를 거치는 컨테이너운송에서, 새로운 조약은 긍정적인 효과가 있을 것이다.

전통적인 운송인의 항해과실면책 등을 폐지하고 운송인의 책임제한액을 증액하는 한편, 화주측에게도 엄격한 책임을 부과함으로써 운송인과 화주 사이의 균형을 취하려고 한다. 항해과실의 폐지는 미국의 입장에서는, 최근에 들어 판례가 이를 인정하지 않는 경향이 있으므로, 대단한 것이 아니지만 우리나라의 입장에서는 운송인에게 대단히 중요한 기능을 하는 것이다. 화주측에게 엄격한 의무를 부담시키는 것은 송하인이 직접 봉함을 하여 운송인에게 화물을 인도하는 소위 FCL 화물을 생각하면, 쉽게 이해가 된다. 내용물을 알지 못하고 선적을 한 운송인이 그 화물로 인하여 손해를 본다면 이는 화주측의 책임으로 돌려야 할 것이다. 송하인은 내용물의 보고에 대하여 엄격책임을 운송인에게 부담하게 한다.

하나의 이슈로 제기된 것은 계약자유의 원칙이다. 해상운송법에서는 선하증권 등이 발행된 경우에는 운송인의 책임을 경감시키면 무효가 된다. 이는 경제적인 약자를 보호하기 위한 것이다. 그런데 대량화주는 오히려 운송인보다 강한 협상력을 가지고 있는 경우가 있다. 이 경우에 운송인은 운임을 낮추면서 책임제한액을 낮추는 계약을 체결할 수 있는지 그러한 것도 무효인지가 의문인 것이다. 이러한 경우는 특히 송하인을 보호할 필요가 없으므로 당사자의 합의하에 운송인의 책임을 경감시킬 수 있도록 하자는 제안이 제시된 것이다. 이상이 필자가 5월초에 뉴욕회의에서 다룰 사항들이다.

Ⅵ. 뉴욕 방문 및 유티 졸업식

1. 운시트랄 유엔회의 참가

5월 2일에서 8일까지 뉴욕의 유엔본부에서 개최된 운시트랄 운송법회의에 참석하였다. 법무부의 신유철 검사와 성균관대학교 법대의 최준선 교수가 필자와 함께 대표단을 구성하였다.

회의에서 크게 다루어진 내용은 지연손해(제16조), 포장당 책임제한(제18조), 책임제한권의 상실(제19조), 손상통지(제20조), 화재면책과 기타(제22조), 갑판적 화물(제24조) 등이다.

무릇 외교회의라는 것이 타협의 산물이듯이 운송법회의도 운송인과 화주측이 팽팽히 맞서있다. 이러한 입장이 극명하게 나타난 예로서는 지연손해와 화재면책이다. 지연손해는 원칙적으로 배상이 되지 않고 당사자의 합의가 있는 경우에만 배상하자는 미국의 안과 모두 배상되는 것을 원칙으로 하자는 독일의 안이 대립되었다. 한 가지 재미있는 것은 우리의 인식과는 달리 미국이 선주국가로서 선주의 이익을 대변한다는 것이다. 선주국가의 이익을 대변하는 국가로는 미국이 선봉장이고 일본, 네덜란드, 덴마크 그리고 한국이 이에 가세한다. 화주국가의 이익을 대변하는 국가로서는 독일이 단연 선봉장이다. 다음으로 브라질, 아르헨티나 그리고 호주가 여기에 가세한다. 화재면책은 일단 일반원칙과는 달리 운송인에게 유리하게 유지되기로 되었지만, 이것을 면책제도로 할 것인지 입증책임의 전환으로 할 것인지는 차후에 논의하기로 하였다. 필자는 화재면책과 책임제한제도의 필요성에 대하여 역설하였다.

2. 아미커스 쿠리에(Amicus Curie) 모임

5월 6일 목요일 저녁시간에 스털리 교수가 주최하는 모임에 초대를 받았다. 중요 해운국의 해상법의 중진 및 소장학자들이 모였다. *Journal of Maritime Law & Commerce* 의 편집장인 리치몬드 대학의 존 존스 교수, 튤레인 법대의 마틴 데이비스 교수, 벨기에의 드윗트 교수, 스페인의 보비오 교수, 핀랜드의 홍카 교수, 일본의 후지다 교수, 스웨덴의 조한 스캘린 교수 및 필자 등이다.

스털리 교수가 담당하는 소송(Kirby 사건)이 미국 대법원에 계류되었는데, 각국 해상법의 입장을 세계 각국의 교수들로부터 소개받아 이를 전문가 의견(amicus curie)으로 제출하고자 하였고 여기에 전문가 의견을 제출한 사람들이 모인 것이다. 원로이신 영국 옥스퍼드의 레이놀도 교수와 이탈리아의 벨린제리 교수 그리고 네덜란드의 지일 교수는 불참하였다. 필자에게도 질문이 들어와서 한국의 운송주선인에 대한 법률적인 의견을 대법원의 판례(대판 2000.3.10, 99다55052)와 더불어 제시하였더니 스털리 교수가 너무 좋아하였다. 존스 교수도 우리 대법원의 판례는 너무 좋은 자료라고 하면서 다음에 위의 저널에 소개하자고 하였다.

미국은 참 좋은 제도를 많이 가지고 있다. 아미커스 쿠리에 제도도 그렇다. 이것은 소송당사자가 아닌 전문가(교수, 각종협회)들이 어떤 소송이 사회적으로 중요한 의미를 갖는 경우에 일방을 지지하는 의견을 제시하는 것이다. 이번 소송도 미국 대법원이 운송주선인의 법적 성질에 대한 잘못된 판결을 내리게 되면 세계 해상법 실무에 악영향을 미칠 수 있다는 의견을 각국의 해상법 교수들이 의견을 제시한 것이다. 필자는 세계 중진교수들과 함께 한국해상법에 대한 의견을 제시할 수 있다는 것을 큰 영광으로 생각하면서 한편 학자로서 보람을 느꼈다.

3. 힐리 & 베일리 방문

힐리 & 베일리(Healy & Baillie)는 우리나라에 꽤 알려진 미국의 로펌이다. 전통의 헤이트 가드너는 대형 로펌(Holland & Knight)에 합병을 당하여 이제 미국에서 전통적인 해상 로펌으로는 힐리 & 베일리가 최고의 회사라고 말할 수 있다. 뉴욕으로 떠나기 전에 대표인 킴발(Kimball) 변호사(우리나라 실무에서 많이 참고하는 “항해용선계약”의 공저자)에게 이메일을 보냈더니 고맙게도 만나주겠다는 답변이 왔다. 사무실은 맨해튼의 남쪽에 위치하고 있었다. 5월 5일 8시 30분이 약속시간이었으나 조금 일찍 도착하여 옆의 월가를 찾아서 뉴욕주식거래소를 보았다. 약 20분간 대화를 나누었다. 뉴욕대학(NYU)에서 교수로서 해상법을 오랫동안 강의하여 오신 창립자인 힐리 변호사(충돌법의 저자)는 이미 고령이라서 여기에 더 이상 나오시지 않는다고 한다. 변호사는 35명이 있고, 해상사건을 주로 처리하는바, 충돌사건 용선분쟁사건 등이 많다고 한다. 최근에 발생한 큰 충돌사건도 자기가 처리한다고 하면서 아무리 기술이 발달하여도 인적과실 때문에 사고는 끊이지 않는다고 하였다. 힐리 교수의 후임으로서 자신이 뉴욕대학에서 해상법을 1년에 한 강좌씩 강의한다고 하였다.

4. 기 타

뉴욕 현지에는 한진해운, 현대상선, 범양상선 그리고 한국선급 등에서 주재원이 파견되어 있다. 한국선급의 소장인 김종헌 동기를 만나 도움을 많이 얻었다. 마침 뉴욕주재 해대동문 소모임이 있다고 하여 들렀더니 여러 해기사출신 주재원들을 만날 수 있었다. 최근 호황을 누리고 있는 해운경기에 대한 얘기를 나누었다. 한진해운의 컨테이너 선박은 일주일에 5척이 뉴욕에 기항을 한다고 하여 우리 해운의 발전상을 실감할 수 있었다.

이번 회의 중 독일대표는 운송인의 책임제한이 깨어지는 사례는 세계적으로 없다고 하였으나, 필자는 한국에서는 선하증권을 회수하지 않고 운송물을 인도하라는 지시를 운송인이 선장에게 하는 경우에 여러 차례 대법원이 운송인은 책임제한을 할 수 없다는 판결을 내린 바 있다고 소개하였더니, 파리 1대학의 데브리크 교수가 참고가 많이 되었다고 고마워하였다. 운송주선인에 대한 대법원의 판례도 각국으로부터 좋은 평가를 받은 것은 위에서도 말한 바와 같다. 우리 대법원이 해상법분야에서 좋은 판결을 많이 가지고 있는 가장 큰 이유는 30명 남짓 되는 해상변호사들이 세계적인 수준이라는 점이다. 그 나라의 최고 수준의 변호사들이 해상변호사로서 자부심을 가지고 활동하는 나라는 우리나라가 유일하다는 것이 필자의 판단이다. 해석의 어려움이 있는 부분은 우리 해상변호사들이 각국의 입장을 연구하여 법원에 제출하고 법원은 다시 이것을 취합하여 판단을 내리니 우리 법원의 판결이 좋은 판결이 된다.

다음 12월에 있는 비엔나회의는 국익을 다투는 큰 전쟁터가 될 전망이다. 입증책임과 계약자유의 원칙이 다루어지도록 되어 있기 때문이다.

5. 유티의 졸업식

5월 22일에 거행된 졸업식 행사는 하루 종일이 걸린 것으로 세 가지로 나누어 진행되었다.

(1) 아점식사

오전에 법대 학장이 주최하는 아점(brunch)식사가 있었다. 10시 30분에 식사모임이 있어서 이를 아침과 점심이 합하여진 것으로 아점이라고 한다. 석사과정의 학생들과 부모 등이 모두 초대를 받았다. 소장과 학장이 차례로 인사를 하였다. 소장이자 영문학박사인 테리 교수는 여성스러움과 자신의 전공인 영문학에 맞추어 무지개론을 끄집어내었다. 구름 속에서도 나타나는 레인보우가 돼라고 학생들에게 부탁하였다. 학장은 유티 법대의 우수성과 학생들이 이룬 업적을 치하하면서 이제 졸업이지만 학생들은 유티 법대와 영원히 함께하는 것이라고 하였다.

(2) 법대졸업식

학교가 워낙 크므로 각 단과대학별로 시간을 맞추어 졸업식을 한다. 법대는 오후 3시 30분에 어윈기념관에서 개최되었다. 이번 학기에는 JD학생 350여명과 석사과정 학생 23명이 졸업을 한다. 순서대로 모든 학생을 호명하고 단상에서 해바라기를 하나씩 꽂아주는 것이 이 학교 법대의 전통이기 때문에 제대로 줄을 서는 것이 중요하다. 그래서 45분전에 미리모여 20여개의 열에 각각 배치를 받고 앞뒤 사람을 확인하여 제자리를 찾았다. 3시 30분이 되어 입장을 하였다. 장중한 음악이 연주되고 시야가 확보되자 엄청나게 크고 웅장한 체육관 내부가 나타났다. 음악이라는 것이 사람의 기분을 이렇게 다르게 바꾼다. 파워 학장이 행사를 진행하였다. 학생들에 대한 치사를 먼저 하였다. 학장의 인사 및 기타 행사 모두가 중앙의 대형화면에 크게 나타난다. 다음 텍사스를 담당하고 있는 연방 제5순회법원의 법원장이 초빙인사로서 연설을 하였다.

다음으로는 이제 본격적인 해바라기 증정식이 있었다. 400여명의 졸업생 모두를 단상에 올라오게 한다는 것이 우리나라 대학의 졸업식과 다른 점이다. 결국 이러한 진행은 2시간이나 시간을 걸리게 하였다. 그러나 곰곰이 생각하면, 어떤 대표 한 사람만이 상을 받는 것보다 이것이 개개인에게 보람과 자부심을 줄 수 있다는 점에서 더욱 바람직한 것이 아닌가 생각하였다. JD학생들을 먼저 부르고 석사과정 학생들이 불려졌다. 학생들이 단상에서 진행하는 동안 부학장이 학생들이 고마움을 전하고자 하는 대상들을 낭독한다. 어떤 학생들은 교수들에게 학문적인 지도에 감사한다고 하였지만, 대부분은 부모님이나 부인들에게 감사를 표시하였다. 어떤 학생은 어머니의 희생은 "두 번째(첫번째가 아니라)로 감사드려야 할 대상"이라고 하여 웃기기도 하였다. 필자의 차례가 되었다. "Captain, In Hyeon Kim"이라고 필자를 호명하면서, 부모님들, 부인과 세 딸의 희생과 도움에 감사한다고 말하여주었다. 존경하는 부학장이신 굿디 교수님이 해바라기를 달아주셨다. 여기서 Captain 호칭에 대하여 약간 설명을 하고자 한다. 2개월 전에 졸업식 행사와 관련하여 학생들에게 자신을 나타내는 기재를 하도록 하는 서면이 회람되었다. 호칭에 Mr., Ms., Dr., 그리고 Captain이라고 되어 있어서 나는 흥분하였다. 이전에 간간이 미국에서 존칭으로 사용되는 것은 Dr. 와 Captain 밖에는 없다고 들었는데, 이는 바로 미국 대학에서 사용되는 이런 의전에서의 전통에서 온 것이라는 생각이 들었다. 이는 틀림없이 상선의 선장의 과거의 지위와 명예를 중시여겨 온 영국과 미국의 전통을 반영하고 있는 것이다. 필자는 Mr., Dr. 그리고 Captain 중에서 선택을 할 수 있는 풍족함을 누릴 수 있었다. 그러나 필자의 결정은 확고하면서도 머뭇거림이 없었다. Captain이라는 난에 동그라미를 한 것이다. 미국의 이런 전통이 왜 우리나라에는 없는지 아쉬움이 들었다. 단상을 지나 순회법원장과 동창회장 그리고 학장과 악수를 하였다.

법대로 옮겨서 행하여진 리셉션에는 음식도 풍족해서 참석한 모든 사람들을 만족시켜 주었다. 리셉션이라고 하여야 뷔페식으로 음식 몇 가지를 차려두고 사람들이 이것을 들고 대화하면서 식사를 하는 것이다. 소콜로라는 교수님은 일일이 학생들을 찾아다니면서 악수를 청하셨다. 필자에게도 다가와 한국에 돌아가서도 학생들에게 여기서 배운 것을 잘 활용하기 바란다고 하였다.

(3) 전체졸업식

학교가 미국에서 최대규모의 학교이므로 한꺼번에 졸업식은 할 수가 없다. 그래서 밤에 다시 전체졸업식을 갖는다. 나는 별다른 기대를 하지 않고 가운을 사서 입고 집사람과 같이 전체졸업식에 참석하기로 하였다. 기대치를 뛰어넘어선 감동적인 행사였다. 유티의 상징인 유티 탑의 아래 넓은 공간에서 졸업식은 거행되었다. 먼저 우리 졸업생들은 약 200미터 정도 떨어진 분수대 앞에 집합하였다. 법대가 앞을 서고 경영대학이 뒤를 이었다. 각 단과대학은 자신들의 깃발과 문장을 앞세우고 기념장에 입장을 한다. 각 단과대학의 대표교수들이 문장을 들고와서 단상 밑에 세워두었다.

이런 진행은 아마 유럽의 봉건시대에 각 영주들이 왕을 알현하면서 하였던 의식이 아닌가 싶었다. 학위수여는 각 대학의 학장들이 "우리 대학에서는 이번에 몇 명의 학생들에게 학위를 수여하고자합니다. 허가를 바랍니다"라고 한다. 그러면 총장이 최종적으로 유티 평의원회의 위임에 따라 본인은 이를 허가하고 학생들에게 학위를 수여한다고 한다. 각 학장들이 호명되어 학위에 대한 보고를 할 때마다 학생들은 환호를 하고 야단들이었다. 간호대학장의 유머는 일품이었다. 정하여진 격식을 갖춘 보고에 추가하여 그녀는 "친애하는 총장님께서도 몸이 편찮으실 경우가 있을 것입니다. 이 때는 반드시 유티 간호대학을 나온 간호사를 찾으십시오. 다른 대학을 나오신 졸업생들도 15개월이면 우리가 유능한 간호사로 양성하여 드립니다. 그것은 법대를 나온 변호사들에게도 마찬가지입니다"라고 하여 좌중을 웃겼다. 중간에 ROTC에 대한 보고도 있었다. 단장은 해군 대령이었다. 그의 보고에 따르면 육군 20여명 해군 20여명 공군 10명 그리고 해병대 3명이 이번 학기에 졸업을 한다고 하였다. 큰 학생수에 비하면 아주 적은 숫자이다.

총장은 121년의 유티 역사상 가장 많은 8,061명에게 학사 석사 박사 학위를 수여한다고 하였다. 그는 영국계인지 또박또박한 발음과 쉬운 영어문체가 듣기 좋았다. 우리나라의 졸업식 등과 달리 특별히 행사진행자가 없고 총장이 시작부터 끝까지를 모두 진행하였다. 이는 법대졸업식도 마찬가지였다. 이것은 중요한 미국 사회의 일단이다. 직위가 높아질수록 할 일이 많아진다는 것이다.

참으로 인상에 남는 명연설은 이 학교 동문(공대와 경영대학)인 현재 미국 상무장관인 에반스 씨의 연설이었다. 그의 연설은 작게는 텍사스 및 유티에서 크게는 세계를 말하였고, 자신의 과거와 미래를 말하였다. 그는 정치인답게 또박또박한 말씨에 힘찬 억양을 적절히 조화하여 명연설을 만들어내었다.

"남북전쟁이 미국전역을 황폐화시키고 미국민이 기아에 허덕일 때 텍사스의 롱혼(Long horn) 소떼가 미국민의 식량이 되었습니다. 그래서 유티의 상징물인 롱혼(long horn)은 바로 이러한 긴요함을 말합니다. 텍사스는 미국이 필요할 때에는 항상 앞서 희생하면서 봉사하였습니다. 1969년 이 자리에 본인이 있었고 오늘 여러분들이 바로 이 자리에 있습니다. 우등 졸업생들에게 축하를 드립니다. 그러나 한두 개의 D학점을 받은 학생들도 실망하지 마십시오. 여러분도 36년 뒤에는 미국의 상무장관이 될 수 있습니다. 저는 뉴올리언스에서 석유사업을 시작하였다가 석유값의 폭락으로 사업에 실패를 하였지만, 포기하지 않고 신념을 가진 결과 살아남았습니다. 9.11 테러가 일어나고 2개월이 지난 시점에서 러시아의 푸틴 대통령이 부시 대통령의 텍사스 크로프트 농장을 방문하여 나에게 질문을 하였습니다. 미국은 200년의 역사밖에 없다. 그런데도 어떻게 모든 나라들이 미국에 의존하고 미국은 세계경제를 이끌고 가는지 그 비결이 무엇인지 물었습니다. 저는 답하였습니다. 그것은 미국이 가지고 있는 '자유의 정신' 때문이라고. 모든 세계의 사람들이 정신적 경제적 빈곤에서 자유롭게 되도록 하여야 한다는 것이 미국의 자유정신입니다. 현재에는 테러로부터의 자유가 문제되고 있습니다. 유티의 정신은 바로 이러한 자유에 있고 여러 분들은 롱혼의 기상처럼 장래에도 이런 정신을 실현하도록 노력하여주시기 바랍니다."

그의 멋진 연설의 여운이 채 가시기도 전에 다시 교가제창이 있었다. 유티탑의 정면 건물에 롱혼의 영상이 드리워졌다. 교가제창이 끝나자 총장은 에반스 장관과 함께 졸업식의 폐회를 선언하고 축포가 터지면서 졸업식의 분위기는 절정에 이르렀다. 프랑스 파리 1대학을 나온 캔쟈의 모습을 보니 그녀도 어지간히 감동을 받았는지 자신의 손을 꼭 잡고 있었다. 형형의 불꽃이 하늘을 수놓으면서 우리들의 졸업식도 이렇게 끝이 났다. 우리들은 서로 포옹을 하면서 오늘의 감동을 간직하고자 하였다. 저녁 8시 30분에 시작한 졸업식이 10시 30분경에야 종료되었다.

Ⅶ. 연재를 마치며(한국해운과 해기인력의 장래에 대하여)

8월의 귀국을 앞두고 연재를 마치며 평소에 생각하였던 우리나라 해운과 해기사들에 대한 몇 가지 개인적인 의견을 적어보도록 한다.

1. 한국해운에 대한 긍정적 견해

필자는 미국에서의 1년간의 생활에서 한국해운은 성장할 것이고 또 성장하여야 한다는 점에 대하여 확신을 갖게 되었다. 미국은 이미 해운국이 아니다는 말은 잘못된 것임을 여러 번 피력한 바 있다. 객관적으로 드러난 미국의 대형선사들이 없다는 말은 올바르지만, 그렇다고 미국이 해운을 포기한 것은 아니다. 미국은 미시시피강을 비롯한 강을 이용한 운송과 넓은 연안 운송이 발달되어 있고, 무엇보다 중요한 것은 편의치적된 선박들을 미국의 자본이 지배를 하고 있다면 이것은 결국 미국은 해운국인 것이다. 미처 자각하지 못하고 있던 배후에 숨어있는 자본의 중요성을 미국에서 깨닫게 되었다. 미국이 유엔의 운송법회의에서 선주측의 입장을 대변하는 것도 바로 이러한 배후의 자본 때문이 아닐까 생각된다.

세계의 상품은 비행기로 운송이 되지 못할 바에는 모두 해상으로 운송될 수밖에 없다. 해상의 물동량의 상당부분이 컨테이너화되어 운반된다. 그러므로 해운의 운송수단이 변화되는 것이지 해운의 규모가 축소되지는 않는다. 따라서 우리나라 해운도 컨테이너화된 선사를 주축으로 전통의 벌커선대가 양립하는 구도를 형성하면서 선진되어 갈 것으로 전망한다. 우리나라와 같이 부존자원이 없는 나라에서 해운만큼 달러를 벌어들이기에 좋은 산업도 없지 않은가?

이러한 수요에 맞추어 해운산업이 성장하여야 할 터인데, 해운자본과 더불어 해운산업의 한 축을 이루고 있는 해기인력의 양성은 낙관할 수 없는 것이 우리나라의 현실이다.

2. 초심으로의 복귀

오늘의 한국해운은 해방을 전후한 해기사들의 선각자적인 정신에 의존한 바 크다. 신성모 전 국무총리서리와 고 조중훈 한진그룹회장이 모두 해기사 출신인 점은 널리 알려진 사실이다. 신성모 캡틴은 소위 엑스트라 캡틴으로서 일제시대 때에 명선장으로 이름을 날렸다. 그리고 조중훈 전회장님은 진해고등상선(한국해대 전신) 출신으로 2등기관사로 근무하였으며, 해운왕의 꿈을 안고 운수산업에 특화하여 오늘날의 대한항공 및 한진해운을 일궈낸 분이다.

1945년 해방과 더불어 한국해대라는 해기사교육 양성기관을 설립하여, 1950년대 우리나라 최초로 ROTC제도를 도입하고, 1960년대에 선박검사기관으로서의 한국선급을 만들고, 1970년대에 일본과 미국 선주들의 선박에 승선하여 해외송출을 일구어낸 쾌거와 해운산업에 대한 연구를 위하여 사재를 털어 해사문제연구소를 설립한 일 등은 모두 1세대 해기사분들이 프런티어 정신으로 만드신 것들이다. 이러한 선각자들의 자기희생과 선견지명에 힘입어 오늘의 한국해운은 무에서 유를 창출하였고 최대의 호황기를 누리고 있다.

그러나 오늘날 그동안 해운산업 성장의 하나의 축이 되어왔던 해기인력의 지속적인 배출이 위기에 봉착하고 있다. 위기의 원인은 해기경험을 가진 전문인들의 육상진출이 둔화되고 있는 점이다(사회과학분야에 한정시켜서 본다). 육상에서 필요한 사람들을 찾으려고 하여도 경력자가 없다는 하소연을 듣기도 한다. 이는 3년 의무경력 뒤에 곧장 하선하는 초급해기사들의 경향을 반영하고 있다. 이는 해기사 자신들의 문제에서 기인한다. 해양안전심판원에서 시행한 두 번에 걸친 최근의 심판관 모집시험에서 현직의 선장출신들이 한 분도 합격하지 못하였다는 점은 필자에게 상당히 충격적이다. 이러한 자리는 좋은 자리인데 왜 공개시험에 합격을 못하는지 알 수 없다. 정보부족인지 아니면 노력부족인지 모르겠다. 다른 원인은 해기인력의 관리라는 측면에 있다. 육상과 단절되어 있는 해상근무를 고려하여 일정한 경력을 갖춘 자들이 육상근무를 희망하면 이들이 수요에 맞추어 진출할 수 있도록 하는 관리제도가 제대로 작동되지 않고 있다는 점이다. 필자는 해상근무를 경시하고 육상근무를 조장하자는 취지는 아니다. 평생을 바다에서 해상근무를 할 수는 없다. 육상의 해운 인접분야에서 해기경험을 갖춘 전문인에 대한 수요가 있으면, 이들이 적소에 공급되어야만 국가기간산업인 해운이 제대로 기능하게 된다는 점을 말하고자 하는 것이다.

이제 한국 해기인들은 과거 선각자들이 하신 것과 같이 다시 초심으로 돌아가야 한다. 그래서 어디에 빠진 부분은 없는지 중간 점검을 하고 한 단계 도약을 위한 장기전략을 검토할 때이다. 필자는 너무 큰 부분을 이야기하는 것이 아니다. 예컨대, 해상법 분야만 예를 들어서, 필자가 1990년대에 해상법을 시작할 때, 지금은 여러분이 진입을 하셨지만, 배병태, 임동철, 황석갑, 박용섭 교수님의 뒤를 이어가는 형국이 되었고, 그래서 이분들과 연배차이가 있으므로 20년 공백이 생겼다. 이런 학문적인 공백이 국가경쟁력에서 상당히 큰 문제점이 있다는 점을 안고 있다는 것은 지난 6월호(제7편)에 지적한 바와 같다. 적어도 해기가 전승이 되는 적절한 터울로 인력이 공급되도록 하는 전체적인 시스템이 해운계에 있어야 하지 않을까 하는 것이다.

항해과실면책제도 존치론*

필자는 2004년 8월까지 미국 텍사스 오스틴에 있는 University of Texas at Austin School of Law에서 법학석사과정을 1년간 밟는 과정중 필자의 지도교수이며 현재 유엔의 운시트랄 운송법회의를 주도하고 있는 스털리(M. Sturley) 교수에게 지도학점을 신청하여 이 운송법회의에 대하여 사사받을 기회를 가졌다.

수업의 연장선상에서 필자는 지난 5월 뉴욕에서 개최된 제13차 운시트랄 운송법회의에 한국대표단의 일원으로 참석하였다. 이 회의는 기존의 헤이그비스비규칙을 대체하면서도 해상운송이 개재되어 있으면 육상운송이 추가되는 경우에도 새로운 운송법조약을 적용하자는 점에서 가장 큰 특징이 있다. 또 다른 특징은 미국이 상당한 이니셔티브를 쥐고 적극적으로 회의에 임하고 있다는 점이다. 뿐만 아니라 미국은, 우리나라에 알려진 일반적인 인식과는 달리, 선주측에 유리한 제도에 대한 주장을 많이 하여, 일본, 덴마크 그리고 한국과 이해를 같이하는 부분이 많았다.

회의중 필자의 마음을 계속 무겁게 한 것은 항해과실면책제도가 폐지되기로 기정사실화된 것이다. 우리나라는 선박이 충돌하면 항해과실로 일단 면책이

* 이 글은 한국해운신문, 2004.9에 기고한 것이다.

되는 것으로 이해한다(상법 제788조 제2항). 그러나 미국의 사정은 다르다. 최근에 미국에서는 항해과실을 인정하는 판결은 거의 없다. 그러므로 미국의 이해와 우리나라의 이해는 동일하지 않다. 미국은 당초 이 회의에서 항해과실면책 폐지에 반대하다가 이를 포기하였다.

알다시피 화주에 대한 관계에 있어서 운송인은 면책제도(상법 제788조 제2항)와 입증책임의 전환(상법 제789조 제2항)으로 보호된다. 항해과실과 화재는 이러한 사실이 있었다는 것과 해당사항에 대하여 감항능력을 갖추었음을 운송인이 입증하면 면책이 되는 것이고, 황천면책과 같은 경우는 과실에 대한 입증책임이 화주에게로 전환된다는 점에서 다르다. 일반원칙은 운송인이 자신이 과실이 없음을 입증하여야 한다. 그런데 입증책임을 부담한다는 것은 부담자에게 불리한 것이다. 필자는 이번 회의에서, 적어도 항해과실을 폐지를 하도록 버려둘 것이 아니라 입증책임을 전환하는 쪽으로 한 단계 낮추는 제안을 해운국에서 하지 못하고 완전히 폐지를 하는 쪽으로 1년전 이미 가닥을 잡은 것에 대하여 큰 불만이었다. 해운국의 입장은 이것을 폐지하면서 지연손해를 배제하자는 의도를 보이고 있지만, 필자의 사견으로는 항해과실면책부분은 흥정의 대상이 아니다.

항해과실면책은 그 명칭이 error of navigation이다. 과실(fault)이 아니라 실수(error)이다. 법률적으로 실수도 과실일 수 있다. 그러나 필자가 이해하는 한, 실수라고 표현되는 것은 항해과실면책은 감항능력주의의무를 다한 경우에만 인정되기 때문에 이런 테스트를 통과한 것은 비난가능성이 아주 낮은 실수일 것이기 때문이다. 일반 사람들이 많이 오해하는 부분이 바로 이 부분이기도 하다. 예를 들어보자. 선장이 황천을 만나 항로선정을 잘못하였고 이에 따라 화물에 손상이 생겼다. 이는 항해과실이나 황천면책이 가능한 사항이다. 그런데 선장의 항해과실을 주장하려면 선장이 유능한 사람이었지만 순간적인 판단착오를 한 것이 입증되어야 한다. 이것은 항해과실면책은 감항성이 전제가 되기 때문이다. 선장은 여러 번 황천을 경험하였고, 각종 자료를 바탕으로 피항침로를 남쪽으로 잡았지만 예상과 달리 저기압이 남쪽으로 왔다는 주장을 하여야 하는 것이다. 이에 더하여 운송인은 출항당시 선장으로 유능한 사람을 수배하여 승선시켰고 선장에게 판단에 대한 자료를 모두 제공하였다는 점을 입증하여야 한다.

그런데 진행중인 운시트랄 운송법은 감항능력주의의무를 발항당시만이 아니라 항해중에 계속 지속되는 것으로 하고자 한다. 그리고 지연손해도 배상이 되는 것으로 한다(계속 논의중). 여기에 항해과실이 폐지가 된다면, 운송인 혹은 선장은 양립할 수 없는 의무를 동시에 부담하게 되는 것이다. 특히 운송법이 적용대상으로 하고자 하는 정기선운송인 컨테이너에는 더욱 그러하다. 태평양에서 저기압을 만나는 경우 선장은 지연손해를 피하기 위하여 정시 도착을 하여야 하므로 항해를 계속할 것이다. 그런데 선장으로서는 혹시 판단이 잘못되면 이제는 항해과실면책이 없으니 확실한 경우가 아니면 항해를 하지 않고 기다리려고 할 것이다. 이것은 도착지연으로 이어진다. 항해를 계속하여 판단착오였다는 결과가 나오면 화물손상에 대하여 운송인은 손해를 배상하여야 하고, 운송인은 선장에게 구상청구를 할지도 모른다(이는 법률적으로는 가능하다). 선장으로서는 어느 쪽을 택하여도 해답이 없는 것이다. 선장은 선원법상 항해의 준비가 끝난 때에는 지체없이 출항할 의무를 부담할 뿐만 아니라(선원법 제8조), 용선계약상 선주는 또한 신속한 항해(reasonable despatch)의무를 부담하고 있다.

선장이 항해중 항해를 위하여 내리는 판단은 운송인과 화주 모두를 위한 것이다. 신속하고 안전하면서 정시를 지키는 항해는 운송인과 화주 모두의 이익을 위한 것이다. 감항성을 갖춘 선장이 항해를 위하여 내린 판단에 대하여 면책이 되지 않고서는 위와 같이 안전하고 신속한 항해가 담보되지 않는다. 물론 소송이 제기되면 선장은 불가항력이나 무과실을 주장 입증할 수도 있을 것이다. 그러나 항해과실이라는 제도가 정착이 되어 소송이 제기되지 않는 것과 소송이 제기되어 운송인과 선장이 이를 방어하여야 하는 것은 많은 차이가 있다.

순간순간 바다에 일어나는 사실을 사후적으로 법원이 정확하게 판단하는 것 또한 어려운 일이다. 황천을 만나는 경우 현장은 비상상태가 된다. 통신수단의 발달을 항해과실 폐지의 이유로 드는 분들이 있다. 그러나 아무리 통신수단이 발달하여도, 선장이 어떻게 피항하면 좋겠느냐고 회사에 전화를 하면 정답은 항상 "저희들은 현장의 상태를 모릅니다. 현장의 상태와 선박의 상태를 가장 잘 아는 것은 선장님입니다. 선장이 판단하십시오"라고 한다. 위기의 상황에서 대각도 변침을 하여 뱃머리를 돌려야 할 경우에 선장은 파도의 방향을 보고 변침을 한다. 그 방향의 판단에 대하여 현장의 선장이 아니고서는 누구도 조언을 할 수 없다. 선장은 초시계로 파도가 오는 주기와 선박의 회전속도를 감안하여 중대한 결정을 내리는 것이다. 이러한 것을 사후에 법정에서 어떻게 잘잘못을 정확히 따질 수 있겠는가? 설사 그 결과가 잘못되었다고 하더라도 그것이 선장에게 과실이 있었다고 할 수 있는가?

혹자는 항공운송에는 항해과실면책제도가 없다는 점을 해상운송에서도 항해과실이 폐지되어야 하는 근거로서 제시한다. 이는 항공운송과 해상운송은 성격이 다르다는 점을 간과한 논리이다. 항공운송은 항행기간이 고작 24시간을 넘지 않는다. 항공기는 출발이나 도착을 쉽게 조절할 수 있다. 이에 비하여 해상운송은 통상 15일이 넘는다. 일단 출항한 이상 선박은 회항이나 피난처를 찾을 수가 없다. 바다에서 어떻게든 나쁜 상황을 이기고 항해하여야 하는 것이다. 선박운항은 이렇게 육상과 격리된 바다를 이용하는 것이므로 육상의 안전함을 이용하지 못하는 원천적인 위험을 안고 있는 것이다. 항해과실의 대표적인 예의 하나인 선박충돌만 하여도 항공기는 서로 다른 고도를 정하여 비행하고, 관제탑의 통제를 받으므로 충돌의 여지가 거의 없다. 그러나 선박은 수면이라는 단일의 평면위를 항행하고, 육상에서 다른 선박과의 관계에 따른 통제가 아니되므로 현장에 있는 선장의 판단에 따라 항해하게 된다. 그러므로 충돌의 여지는 많아지는 것이다.

위와 같은 경우는 항해과실로 처리하여 화주는 보험으로 커버를 하고, 운송인은 그 대가로 운임을 낮추어주고 선장은 자신있게 항해에 대한 판단을 할 수 있도록 하자는 것이 항해과실의 취지인 것으로 필자는 이해하고 있다. 이런 의미에서 필자는 운시트랄 운송법회의에서 항해과실면책을 폐지하려는 결정은 잘못된 것이고, 적어도 범위를 축소하여 존치하든가 최후의 수단으로는 입증책임이 전환된 면책으로 존치시켜야 한다는 의견을 가지고 있다. 항해과실면책에는 순수한 항해상의 과실과 선박관리상의 과실이 포함되어 있다. 필자의 사견으로는 선박관리상의 과실의 개념은 불분명한 경우가 있다. 선박관리상의 과실의 적절한 예로서는, 선박의 홋줄을 감는다는 것이 선원이 잘못하여 이를 오히려 풀어줌으로써 계류중인 선박이 조류에 밀려 사고가 나는 경우이다. 그런데 밸브조작 잘못 등으로 인한 화물손상은 선박관리상의 과실인지 아니면 상사과실인지가 애매하다. 이러한 부분은 선박의 항행과 직접 관련이 없는 부분이므로 삭제를 하여도 필자가 위에서 말한 바와 같은 어려운 점은 없다. 그러므로 다른 균형점을 찾는 과정에서 선박관리상의 과실은 포기할 수 있는 부분으로 생각한다. 그러나 순수한 선박항행상의 과실부분은 흥정의 대상이 아니므로 반드시 존치되어야 한다고 본다. 앞으로 계속되는 운송법회의 진행과정에서 우리 대표단은 항해과실의 존치를 위하여 해운국과 공조를 취하여야 할 것이다. 그러나 이러한 시도는 많은 어려움이 따를 전망이다. 운시트랄 운송법회의는 각국의 상법 혹은 해상법 교수들이 주도하고 있다. 그런데 이들 교수들 중에서 필자를 제외하고 해기사 경력을 가지고 있는 분들을 찾아볼 수 없다는 것이다. 심지어 현재 운송법회의를 주도하고 있는 필자의 지도교수인 스털리(M. Sturley) 교수만 하여도 필자의 위와 같은 설명에 대하여 필자에게 이 논의는 이미 시기적으로 늦었다고 하면서, 국제적인 해상법 저널에 글을 하나 발표하여 세계각국의 이해를 구하는 것이 좋겠다는 말로써 유보적인 입장을 취하였다. 민사법 일반원칙에 따른다면 항해과실면책은 폐지되어야 하는 것이지만, 선박운항의 특수성이 인정되어 항해과실면책이 계속하여 존치될 수 있는 방법은 없는 것일까? 좀더 설득력있는 이론개발과 홍보작업이 필요할 때이다. 우리 상법 중 해상편의 개정작업에 있어서 항해과실폐지의 논의가 없는 것은 다행스런 일이다.

국제유류오염손해보상기금(IOPC FUND)*

몽스 야콥슨 사무총장의 강연내용 소개

한국의 유류오염사고에 대하여 많은 영향을 미친 IOPC FUND[1]의 야콥슨 사무총장이 은퇴를 앞두고 아시아 각국을 순방하면서 강연회를 가지는 가운데, 우리나라에 와서 해운조합(2006년 12월 7일)과 목포해양대학교(12월 8일)에서 강연회를 가지게 되었다. 필자는 채이식 교수의 후임으로 2006년 2월회의부터 한국대표로 IOPC FUND(이하 국제기금 혹은 펀드)에 참석한 바가 있어서 그와는 구면이고 코모스(KOMOS)의 김석기 사장님의 위촉으로 그의 통역으로 활동하여 직접 강연에 개입하게 되었다. 아래는 그의 강의내용 중에서 중요한 것을 정리한 것이다.

---

* 월간 해양한국(2007.1)에 기고한 것을 필자가 독자들의 이해를 돕기 위하여 각주를 추가한 것이다. 국제기금의 필요성, 기금의 역사 등은 모두 우리가 잘 알고 있는 내용은 생략하고자 한다. 야콥슨 사무총장의 강연내용 중에서 중요하고 우리 업계에 관심이 있을 사항을 중심으로 정리한 것이다.

1) 국제기금은 유조선의 오염사고에서 유조선 선주가 책임을 제한하는 경우에 일정한 액수만큼, 혹은 유조선 선주가 배상능력이 없는 경우에 피해자에게 보상을 하여 주기 위하여 정유회사들이 기금을 갹출한 것을 말한다. 이는 CLC 및 FUND 협약으로 법제화되어 있다.

Ⅰ. 선주의 면책사유

해상법의 일반책임체제는 과실책임주의이다. 과실있는 자만이 과실에 대하여 책임을 부담한다. 이는 피해자인 원고가 과실을 입증한 경우에만 손해배상책임을 인정받을 수 있음을 의미한다. 그러나 해상사고에 있어서 원고는 해외에 있는 선박의 과실을 입증하는 것은 쉽지 않다.

따라서, 유류오염법제도에서는 피해자를 보호하기 위하여 유류오염사고로 인한 손해배상은 무과실책임으로 전환하였다. 즉, 유조선의 등록선주는 무과실의 엄격책임(strict liability)을 부담하고 3가지 면책사유가 있을 때에만 면책된다.

첫째는 전쟁행위 등이다. 둘째는 제3자의 고의로 인한 행위이다. 이것은 처음에는 이론적인 사항에 지나지 않는 것으로 생각되었지만, 테러행위가 나타나고부터는 진정 현실적인 사유가 되었다. 독일과 아프리카에서 이러한 기도가 있었다. 세 번째는 정부의 항행표지 혹은 항해지도 등을 잘못 관리하여 사고가 발생한 경우이다. 이것도 이론적인 것에 지나지 않은 것으로 이해되었지만, 스웨덴에서 러시아국적의 선박이 스웨덴정부의 해도개정의 잘못으로 사고가 난 것으로 대법원에서 판단하자 스웨덴정부는 많은 책임을 부담하게 되었다.

Ⅱ. 손해배상의 범위

손해배상을 분류하면 직접손해(재물손해, physical damage), 부가(결과적)손해(consequential damages) 그리고 순경제적 손실(pure economic loss) 세 가지가 있다.

직접손해는 선박의 선체 혹은 그물에 달라붙은 기름으로 인한 손해이다. 이의 제거를 위하여 세척 등의 비용이 소요되고, 세척이 불가하다면 대체하는 비용을 국제기금이 보상한다. 여기에 대하여는 논쟁의 여지가 없다.

그물에 기름이 묻은 어민이 그물의 기름을 닦는 데 2주간이 소요되어 그가 고기작업을 하지 못하였다면 이는 부가(결과적)손해가 된다.

그런데 그 이웃은 다행히 그물을 바다에 가지고 나가지 않아서 그물에 오염은 없었지만, 바다의 오염이 상당기간 계속되어 고기잡이를 하지 못하였다면, 이는 순경제적 손실에 해당한다. 또 다른 예로 해변가의 호텔의 주인은 오염으로 인하여 여행객이 오지 않음으로 인한 손해가 발생하였다. 이도 순경제적 손실로서 배상이 가능하다.

그런데 해변가의 식당을 보자. 식당주인은 오염으로 인하여 고객이 떨어져 장사가 되지 않아 손해를 보게 되었다. 그가 고기를 슈퍼마켓에서 구입하는 경우라면, 슈퍼마켓 또한 손해배상을 요구할 것이다. 슈퍼마켓은 도매상으로부터 고기를 사올 것이고, 도매상은 다시 도살장으로부터 고기를 구입할 것이다. 도살장 주인, 도매상, 슈퍼마켓 주인 등은 모두 손해배상청구가 가능할 것인가? 국제기금에서는 첫 번째의 경우만 인과관계가 있는 것으로 제한하게 되었다.[2]

Ⅲ. 기금의 분담

기금의 분담의무자는 1년에 15만톤 이상의 지속성유류를 해상으로부터 수입하는 법인이나 개인이다. 정부는 부담의무자가 아니다. 정부는 단지 지난해에 수입량과 분담의무자를 펀드에 통보하면 된다. 분담의무자가 부과된 기부금을 납부하기를 원하지 않는다고 생각할지 모르지만 이것은 기우로서 98% 이상이 제때에 기금을 납부하여 왔다.

일본이 전체기금의 18%를, 이탈리아가 10%, 한국이 8%를 차지하고 있다(금년에 네덜란드가 한국을 추월하게 될 것이라고 한다).

Ⅳ. 협약체제의 재검토

일본의 나호도카호 사건에서 당시 1992년 국제기금의 보상한도액인 1억3천5백만SDR(미화 2억달러: 약 2000억원)를 넘어서게 되자 세계 각국은 이에 주목하게 되었다. 처음으로 한 것이 펀드협약의 특별절차에 따라 최고 보상액을 50% 증액하여 2003년 11월 1일부터 2억3백만SDR(미화 3억달러: 약 3000억원)이 되게 한 것이다.

---

2) 이는 사고와 손해 사이에 인과관계가 없다는 것으로도 설명이 가능하기도 하다. 손해배상의 범위를 무한대로 확장할 수는 없다. 우리 법에서는 특별손해로서 예견가능성이 필요한바, 이와 같은 것은 사고시에 가해자가 발생하리라고 생각할 수 없었으므로 배상책임이 없는 것으로 될 것이다.

그럼에도 불구하고 많은 국가들은 가상사건에서 전액을 보상받는 제도를 희망하고 있었다. 유럽국가와 일본, 호주, 캐나다가 이러한 유의 국가였다. 현상을 유지하자는 국가로는 아프리카 제국이 있었다. 아프리카 국가들은 자신들의 방제비용을 위한 인건비는 낮고, 어부들의 생활수준, 고기 가격 등 모두가 낮기 때문에 현재의 제도로도 충분하다는 주장을 하였다. 한국은 이 중간에 위치하면서 특별한 입장을 취하지 아니하였다.

이러한 대립되는 의견의 산물로서 임의적인 추가기금을 만드는 안이 논의되기 시작하였다. 追加基金(Supplementary Fund)의 탄생이다. 1992년 국제기금에 가입한 국가 중에서 희망하는 국가만이 추가기금에 가입하는 제도이다. 1992년 국제기금의 지급액을 포함하여 최대 7억5천만SDR(미화 11억달러: 약 1조1천억원)까지 보상하는 것으로 2005.4. 발효되었다.

추가기금에서도 정유회사는 일정한 금액을 추가로 부담하여야 한다. 따라서, 이러한 제도의 도입에 대하여 정유회사들은 선주와의 관계에서 불평등하다고 생각하게 되었다. 전체 유류오염사고에서 유조선 선주와 정유회사가 부담한 분배액은 65%:35%가 된다는 연구결과가 나왔다.[3] 정유회사들은 이의 시정을 요구하면서 국제기금협약의 개정을 요구하였다. 이를 위한 논의에는 개정에 찬성하는 국가가 25개국, 반대하는 국가가 25개국이었다. 이러한 상황에서는 어느 쪽의 의견도 취할 수 없다. 그래서 결정은 연기되었다.

그 사이에 국제선주책임상호보험조합 연합체(International Group of P&I Cub)에서 새로운 두 가지 제안을 하였다. 하나는 STOPIA(소형유조선유류오염손해보상협정)이고 다른 하나는 TOPIA(유조선유류오염손해보상협정)이다. STOPIA는 약 3만톤 이하의 유조선으로서 92펀드의 가입국에서 발생한 사고에 대하여 적용되는 것이다. 최고 2천만SDR(약 3천만달러, 약 300억원)까지는 선주측에서 부담하여 2천만SDR—선주책임제한액을 선주측의 P&I가 펀드에 되돌려준다는 제도이다.[4] 즉, 선주의 책임제한액이 2천만SDR로 인상하는 효과를 낳게 된다. 이는

3) 원래 가해자인 선주가 모든 손해를 배상하여야 하는 것이다. 따라서, 정유회사들이 기금을 갹출하여 국제기금에서 일정한 액수의 피해를 보상하는 것은 예외적인 것으로 보아야 한다.

4) 피해액이 400억이고 선주의 책임제한액이 200억인 경우, 선주는 200억으로 자신의 책임을 제한하여 배상한다. 펀드는 나머지 200억을 피해자들에게 보상한다. 그런데 이러한 펀드의 부담금이 정유회사들로서는 부당하다는 것이다. 이에 선주측은 100억을 추가로 부담하여 주겠다는 것이다. 100억을 펀드에게 되돌려주어 자신은 자발적으로 300억까지 배상하여주겠

정유회사의 분담금이 줄어드는 기능을 하는 것이 된다. 금년 8월에 발생한 필리핀의 솔라스호 사건이 STOPIA가 처음으로 실시되는 사건이 된다. 적용의 대상선박은 국제 P&I 클럽에 가입된 선박에만 해당하는 것이다.

다른 하나는 TOPIA로서 추가기금에 가입한 회원국에서 유조선에 의한 사고가 발생한 경우에 일률적으로 50%를 펀드에 선주측의 P&I가 되돌려준다는 약정을 한 것이다. 이것 또한 정유회사의 부담을 감쇄시켜주는 효과를 가져오는 것으로 긍정적이라고 생각한다.

V. 공과와 전망

국제기금은 28년간 135건의 유류오염사건을 처리하였고 피해자에게 10억 달러(약 1조원)를 지급하였다.

국제기금은 처음 19개국으로 출발하였지만 이제는 99개국이 회원국이 되었다. 이는 각국의 정부가 펀드의 중요성과 필요성을 인정하였다는 결과이다.

펀드의 장래는 결국 각국의 정부와 업계의 관심과 지원에 달려 있다고 본다. 펀드체제는 좋은 제도로서 다른 해상법의 제도에서도 도입되는 효과를 가져왔다. HNS 협약체제가 바로 그러하다.

한국정부는 3번째 많은 기금을 납부하므로 영향력이 있는 국가이다. 채이식 교수가 2년에 걸쳐 집행이사회의 의장을 역임하였고 많은 역할을 하였다. 후임자인 김인현 교수도 현재 중요한 역할을 하고 있다. 장차 추가기금의 가입 등 한국이 어떠한 입장을 취할 것인지 자못 궁금하다. 한국에서 오염사고가 줄어들고 있는 것은 국가와 업계의 노력의 결과로 생각하고 높이 평가한다.

〈질의응답〉

1. (목포해대 학생) 펀드에 한국전문가가 있는지, 없다면 앞으로의 채용가능성은?

답) 사무총장을 포함하여 현재 27명의 직원이 근무하고 있지만, 한국인은 아직 없다. 해상법에 대한 소양이 필요하지만, 지역적인 안배도 하나

다는 것이 STOPIA의 내용이다.

의 요소이므로 한국인을 선발할 여지가 있다. 무엇보다, 영어실력이 뛰어나야 한다.

2. **(목포해대 학생) 펀드가 사고방지 등의 교육기능을 가짐으로써 사고를 방지하는 것이 기금관리에 중요한 것이 아닌가?**

   답) 국제기금(펀드)은 사고방지를 위한 교육을 하는 기구가 아니다. 사고가 발생한 다음 손해배상과 보상을 하는 기관이다. 창립초기에 이러한 논의가 있었지만, 그러한 기능은 이미 존재하는 국제해사기구가 행하고 있으므로 중복된다는 이유로 배제되었다.

3. **(목포해대 학생) 순경제적 손실에 대하여 설명하였다. 어떤 선박이 유류오염이 발생한 지역을 우회하여 항해함으로써 발생하게 된 비용을 청구하면 이것도 보상이 가능한가?**

   답) 좋은 질문이다. 아직도 그러한 청구가 있은 적은 없다. 합리적인 우회였다면 보상이 가능하다고 본다. 물론 이는 나의 생각이고, 결정은 집행이사회에서 한다.

4. **(해운조합 직원) 기금의 보상한도를 인상하고 추가기금을 설치하는 것이 기금이 사고에 대한 보상절차를 쉽게 하여서 많은 기금이 소요되어서 그러한 것은 아닌가?**

   답) 그렇지 않다. 50% 인상과 추가기금의 설치는 단일 오염사고의 규모가 확대되고, 인플레 등으로 손해배상액이 커지기 때문이다. 클레임의 보상기준은 엄격하게 집행되고 있고, 한국정부도 여기에 찬성하고 있다.

일본 옥스퍼드 고베 제2회 국제해운세미나*

Ⅰ. 들어가며

약 3주전에 일본 關西대학의 아이하라(相源) 교수로부터 메일을 한 통 받았다. 해상법 국제세미나를 하는데, 와세다의 하코이(箱井) 교수의 추천으로 필자를 초청연사로 부르고 싶다는 것이다. 프로그램을 보니 영국의 사우스 헴턴의 가스킬(Gaskell) 교수와 바에츠(Baatz) 교수도 강사로 초청되었다. 고베는 나에게 친숙한 곳이다. 산코 기센의 항해사와 선장생활을 하면서 많이 들린 곳으로서 젊은 날의 추억에 가슴이 설렌다. 운송법에 대한 주제를 발표하여 달라고 하여 운송인의 책임제한이 깨어진 2006년 10월 26일 대법원의 판결을 가지고 발표하기로 하고, 초청에 수락하게 되었다.

2007년 6월 14일에는 안전과 해운경영쪽의 발표가, 15일과 16일 양일간에 해상법 세미나가 개최되었다. 6월 15일 오전에 비행기를 타고 간사이 국제공항으로 갔다. 간사이 국제공항에 내리자 MK 택시가 기다리고 있었다. 한 시간이 걸려 고베시의 산중에 있는 고베 재단에 도착하였다.

---

* 이 글은 한국해운신문, 2007.6.22.자에 기고되었다.

옥스퍼드 대학교 성 캐더린(St. Catherine) 대학 고베 재단(Kobe Institute)은 고배 시당국과 일본 기업가들(해운회사 포함)이 옥스퍼드 대학과 함께 1991년 설립한 재단이다. 일본과 유럽의 이해증진을 위하여 일본 고베에 건물을 세우고 각종 학술활동을 할 수 있는 시설을 구비하여 이를 지원하고 1년에 5명까지 일본학생들을 옥스퍼드에 유학 보내는 일을 한다. 1996년부터 각종 학술세미나가 개최되기 시작하였고 해운분야에서는 작년에 이어 두 번째로 세미나가 개최되게 된 것이다.

Ⅱ. 세미나의 내용

1. 가스킬 교수의 기념강연

가스킬 교수가 제1회 기념 강연자로 초청되었다. 이러한 대회에서 기념강연을 한다는 것은 학자로서는 대단히 영광스러운 것이다. 그는 영국 사우스 햄프턴 대학의 해상법 교수로서 영국법정변호사(barrister)로서 세계적으로 알려진 학자이다.

가스킬 교수는 국제해양환경법에 대하여 설명하였다. 유류오염배상에 대한 민사협약(CLC)과 유류오염손해배상보장기금협약(IOPC FUND)이 모법이 되고 여기에서 파생되어 유해독극물협약(HNS), 선박연료유협약, 그리고 난파물제거협약에 이르는 일련의 제도가 완성되었다고 설명하였다.

그는 지난 5월 중순에 채택된 난파물제거협약에 대하여 간략히 설명하였다. 원래는 배타적 경제수역에만 적용하기로 되었지만, 이번 외교회의를 통하여 영해내에서도 적용할 수 있도록 적용범위를 확장하게 되었다. 선박연료유협약과 난파물협약에서는 독자적인 책임제한제도가 없기 때문에 복잡한 법률적인 문제가 발생함을 지적하였다. 특히, 양 협약은 일반 선주의 책임제한기금과 경합되어 함께 처리되므로 원고가 실제로 받을 수 있는 금액이 낮아지게 되고 이는 독자적인 책임제한제도를 두지 않은 결과라는 것이다.

2. 바에츠 교수의 영국재판관할권에 대한 강연

사우스 햄프턴 대학의 바에츠 교수는 영국이 EU국가이기 때문에 EU법에 따른 재판관할권의 제약을 영국법원이 받고, 이 외에는 영국의 일반법이 적용된다고 지적한다. 예컨대, 일본 화주와 한국 선주의 소송이 영국에 제기된 경우에는 EU국가의 사람이 개입되지 않으므로, 영국 보통법이 적용된다. 일본 화주와 독일의 선주가 문제가 되면 EU법이 적용된다.

바에츠 교수는 EU법에서는, 제23조에서 당사자자치가 가능하므로 합의관할을 정할 수 있지만, 서면에 굵은 글씨로 그 내용을 기재하는 등의 형식요건이 필요하다고 한다. 복수의 소송이 제기된 경우 동일한 청구원인과 당사자 사이에서는 나중에 소가 제기된 국가가 소의 진행을 중지하여야 한다. 이는 남용의 여지가 있으므로 먼저 소가 제기된 국가가 우선권을 가지는 것이 아니라 합의관할로 지정된 국가의 법원이 우선권을 가져야 한다고 주장한다.

바에츠 교수는 영국법원은 당사자 자치의 원칙에 입각하여 합의관할을 널리 인정하는 국가이고, 소제기금지처분(anti-suit injunction)을 원고에게 허용함으로써 다른 당사자가 합의관할에 반하여 다른 국가에 소제기를 하지 못하도록 한다고 하였다.

3. 중국 송디황(Song Di Huang) 변호사의 중국 해상운송법 소개

중국의 송변호사는 중국법에서 운송인의 확정 등에 대하여 강의하였다. 정기용선하에서 선하증권이 발행된 경우에 누가 운송인인지의 문제가 중국에서도 심각하게 다루어진다. 중국 해상법이 선하증권은 운송인이 발행한 것으로 한다고 하므로, 규정상으로는 정기용선자가 운송인이 되어야 할 것으로 보이지만, 중국법원은 NYPE 용선계약서의 제30조를 강조한다. 여기에 따르면 정기용선자는 선장을 통하여 선하증권을 발행할 수 있지만, 선주의 허가(authority)가 있어야 한다고 한다. 이를 중국에서는 정기용선자는 선주의 대리인이라고 본다. 따라서 특단의 사정이 없는 한, 정기용선계약하에서 발행된 선하증권상의 운송인은 선박소유자가 된다는 것이다. 그러나 이에 반하여 제30조는 대리관계를 말하는 것이 아니라는 학설도 있다. 디마이즈 조항(demise clause)도 유효하다고 본다.

송변호사는 또한 중국의 무선박운항자(NVOCC)와 운송주선인(Freight Forward)의 문제점을 지적하였다. 둘은 서로 다른 개념이고, 상공부에서 통제하던 운송주선인에 대한 행정규제가 중국의 WTO 가입으로 폐지됨으로써 많은 무선박운항자가 운송주선인으로 등록하고자 한다. 운송주선인은 재정보증금을 유지할 의무가 없다. 이 점이 약 1억원 정도의 재정보증금을 갖추어야 하는 무선박운항자와 다르다. 그러나 이 금액도 너무 낮으므로 피해를 입은 화주측이 보통 불법행위책임을 선박소유자에게 묻게 되어 선주는 불리한 지위에 놓이게 된다.

4. 한국 김인현 교수의 책임제한배제사유에 대한 대법원판결 소개

필자는 한국의 2006.10.26. 판결을 소개하였다. 한국 해상법도 헤이그비스비규칙 등과 같이 운송인에게 포장당 책임제한권이 주어지지만, 운송인 자신이 고의 혹은 무모한 행위가 있는 경우에 책임제한을 할 수 없는 제도를 가지고 있다. 본 대법원 판결의 요지는 운송인의 차장, 과장이 운송계약에 반하여 갑판적을 결정한 경우에 이는 운송인의 포장당 책임제한이 배제되는 요건으로서 "운송인 자신"의 결정으로 간주된다는 것이다. 이 사건에서 고등법원은 갑판적에 대한 결정은 운송인이 사고발생의 염려를 인식하면서 무모하게 한 행위라고 판단하였다. 이 부분은 대법원에서 다루어지지 않았다. "무모한 행위" 요건은 제2주관적 요건이라고 부르는 것으로서 미국의 인식있는 악행(willful misconduct)에 해당하는 것이다. 한국에서는 중과실설과 미필적 고의설이 있지만, 인식있는 중과실로 파악하는 것이 필자의 견해라고 한다.

필자는 다시 법인격부인론에 대하여 설명하였다. 한국에서는 1988년에 처음으로 법인격부인론이 채택되었고 이는 편의치적선이 관련된 사건이었지만, 이번 사건은 순수한 종이회사(paper company)와 관련되고, 운송계약에서 처음으로 법인격부인론이 채택된 것이다. 편의치적선과 관련된 사안에서는, 편의치적회사가 선박 한 척이라도 가지고 있지만 순수한 종이회사의 경우에는 아무런 재산이 없다는 것이 특징이다. 이 점에서 종이회사의 채무면탈의 의사는 쉽게 인정될 수 있고 따라서 법인격부인론도 쉽게 인정이 가능하다.

필자는 대법원의 판결에 대하여 법인격부인론의 인정은 찬성하지만, 운송인은 자신에게 불리한 책임이 따르는 판단을 저지르지 않으므로, 갑판적의 결정에서 사고발생에 대한 인식있는 중과실이 있다고 인정하기 어렵다고 하였다.

5. 일본 다나까 변호사의 일본법 전반에 대한 발표

다나까(田中) 변호사는 전체적인 일본법에 대하여 설명하였다.

그는, 일본 국제해상물품운송법(COGSA)에서 운송인의 책임구간이 헤이그비스비규칙에 비하여 수령과 인도가 포함되어 길게 연장되어 있음을 상기시킨다. 일본은 오랫동안 정기용선에 대하여 법적 성질을 중시하여 정기용선자를 임차인으로 보았다. 그런데 이와 같이 법적 성질을 중시하여 선하증권상의 책임주체를 정하는 것은 쟈스민호 판결의 결과 폐기되었다.

다나까 변호사는 일본 상법하에서 선박의 운항에 필요한 물품을 공급한 경우도 우선특권이 인정되지만 그 불합리함을 지적하였다. 정기용선자가 연료유를 공급한 경우에 선박이 압류되게 된다.

그는 일본의 선박충돌에 의한 제척기간은 1년으로서 선박충돌조약과 다른 점이 있다는 점을 상기시킨다.

6. 와세대 대학의 하코이 교수의 총평

하코이 선생은 관할의 문제에 대하여는 함부르크법의 적용을 지지한다 (이에 대하여 바에츠 교수는 동시에 2개의 국가에서 소송이 진행되는 multiple suit를 해결하지 못한다고 하였다).

한국의 대법원 사건에 대하여는 한국에서 운송인의 책임제한액이 낮고 kg당 책임제한제도를 인정하지 않고 있기 때문에 그러한 입장을 취하는 것이 아닌가 생각된다. 그리고 2006년 12월에도 지방법원에서 갑판적에 책임제한이 깨트려진 사례가 나왔다고 한다.

7. 질의 응답

(1) **필자에 대하여 만약 일정한 액수까지 운송인이 무과실책임을 부담하는 몬트리올 의정서가 한국에서 채택이 된다면 위와 같은 대법원의 판결이 그대로 유지될지에 대하여 질문하였다.**

–필자는 항공운송에 관한 몬트리올의정서에 한국은 아직 가입하지 않았고 헤이그의정서를 채택하여 사용하지만, 장차 몬트리올의정서에 가입하게 되면 항공운송의 내용을 검토할 것이다. 다만, 책임제한액수가 낮고 무게

당 책임제한제도가 없어서 이번 상법 해상편 개정안에 이를 반영한다고 답하였다.

(2) **갸스킬 교수는 한국의 대법원의 판결이 제2주관적 요건에서 개연성(probably)을 유의하지 않은 것으로 생각된다고 한다. 이 점에서 김교수와 의견을 같이하지만, 사고발생의 개연성을 안다는 것은 가능성(possibly)보다 높은 인식을 의미하므로, 이러한 인식을 가지고 갑판적을 할 사람이 있겠느냐고 하였다.**
영국에서는 선하증권의 전면의 표지를 중시한다. 정기용선가가 서명한 경우에 선하증권의 뒷면에 demise clause가 있다면 중국, 한국, 일본에서 각각 어떻게 볼 것인가 질의하였다.
–일본, 중국의 발표자들은 demise clause가 유효하므로 선박소유자가 운송인이 된다고 답하였다.
–필자는 한국의 고등법원에서 이를 무효로 판시한 바 있고, 운시트랄 운송법에서도 이를 운송인이 책임을 선박소유자에게 전가하는 것으로 이해하여 무효로 하는 특별규정을 둔다. 1991년에 정기용선의 법적 성질에 따라 정기용선자가 선주가 되어 자동적으로 운송인이 된다고 하였다. 그러나 쟈스민 판결과 영국의 판결의 영향을 받아서 현재는 선하증권 전면의 내용이 중요하게 여겨진다. 만약, 현재 한국 대법원에서 동일한 사안이 문제가 되면 대법원은 1992년의 판결의 태도를 버리고 선하증권의 유통성에 관점을 두고 판결할 것으로 예견된다고 하였다.

Ⅲ. 성과 및 소감

필자의 발표가 관심을 끌었던지 많은 질문이 이어졌다. 그리고 일본의 저널에 필자의 글을 싣자는 제안이 들어왔다. 대법원 판례가 세계적으로 유례가 없는 것이기 때문에 그러하다고 본다. 필자는 제3회 대회의 집행위원이 되었다.

일본을 우습게 여기는 나라는 전세계에서 대한민국밖에 없다는 농담이 있다. 우리나라의 해상법 실무가 영국법이나 미국법을 주로 하여 이루어지므로, 일본의 해상법을 우습게 보는 경향이 생겨난 것으로 생각한다. 그러나 일본을 그렇게 보아서는 아니된다. 2003년 일본해법회창립 100주년 기념 논문집에서 28명의 교수가 주옥같은 글을 기고하여 책으로 편찬하여 널리 보급하였다. 일본은 해운집회소의 주관으로 1달에 한 번씩 영국의 판례를 연구하여 로이드 리포트(Lloyd's Report)에 나오는 중요판결이 2-3개월 안에 연구가 된다(바에츠 교수도 언젠가 일본에 와서 발표를 하는데 영국인인 자신보다 먼저 일본전문가들이 영국 로이드 리포트의 사례들을 알고 있어서 놀랐다고 한다).

이번에도 다께찌(武知), 아이하라(相源), 기요가와(清川), 하코이(相井) 등 교수가 참석하여 회의를 주도하였다. 이들은 모두 뉴욕대학, 튤레인 혹은 사우스햄턴 등에서 공부를 하여 영어도 잘하였다. 이들 교수들은 일본해사법연구회지 등을 통하여 끊임없이 연구하는 자세를 보여준다.

또 하나 발견한 것은 이들이 모두 일본 변호사이면서 해운회사의 감사역을 맡고 있다는 것이다. 일본은 법대 교수를 5년 정도하면 변호사 자격이 주어진다. 로스쿨이 몇 년전에 생기면서 실무가들(미쯔이 상선의 법무팀장, 해운집회소의 법무담당자 등)이 많이 법대의 교수로 영입되었다. 이제 세월이 지나 모두 변호사 자격증을 취득하여 해운선사에 전문지식을 전달하는 것이다.

고베재단에서 알 수 있듯이 산업계에서 국제적인 학술활동을 할 수 있는 장을 마련하고 있는 것도 좋았다.

해상법을 연구하는 학자들은 한국해대와 목포해대 등 상선대학에 한정되고 일반 법대 교수로서는 몇 분을 제외하고는 해상법에 관심이 없는 것이 우리나라의 현실이다. 해운업계의 사건이 대부분 영국으로 가는 경향은 변하지 않고 있다. 우리나라의 해상법의 발전은 어디에서 찾아야 하는지 참으로 답답하다. 한두 명 해상법교수의 노력으로 되는 일이 아니다. 앞으로 다가올 글로벌 시대에 한중일의 지역통합의 논의에서 해운과 해상법분야에서 우리가 어떤 지위를 차지할 수 있을지 여부는 결국 우수한 해상법 교수/해상변호사들의 숫자와 능력이 큰 비중을 차지할 것으로 필자는 보기 때문에 우리나라의 현실에 더욱 답답함을 느꼈다.

이번 회의에서 필자는 중국, 일본, 한국을 통합하여 해상법을 연구하고 발전시키자는 참석자들의 염원들을 보았다. 앞으로 지역통합을 위한 이러한 분위기는 이미 다른 분야(해운경영물류, 항해항만분야)에서도 시작되었기 때문에 해상법관련 모임도 어떠한 형태로든 이루어질 것으로 본다.

이런 의미에서 옥스퍼드 고베 세미나는 의미있는 모임이고, 우리나라의 해상법학자와 변호사 및 업계에서도 계속 참석하여 일본과 중국과 보조를 같이하고 한편으로서는 리더로서의 역할을 할 수 있기를 기대한다. 나아가 우리나라도 고베 재단과 같은 기능을 하는 재단이 있어서 한중일의 해상법 혹은 다른 학술단체들의 연구모임을 지원하여 주었으면 한다.

필자는 바쁜 일정을 소화하고 안도감과 무거운 마음을 동시에 안고 귀국하였다. 안도감이란 한중일의 해상법 통합의 움직임에 우리나라가 빠지지 않고 처음부터 참석하여 청중의 관심을 끌어낸 것이 다행이라는 점을 말한다. 무거운 마음이란 경제대국으로서 해상법에 많은 인적 자원을 가지고 있는 일본과 중국의 해상법과 어떻게 보조를 맞추어 나갈 수 있을지 우리나라의 현실에 가슴이 답답함을 느낀 점을 말하는 것이다.

최근 우리나라에서도 해운업과 조선업의 호황으로 이에 대한 국민적인 이해와 관심이 높아지고 있는 점이 해상법 발전에도 긍정적인 영향을 미칠 것이라는 생각으로 해상법에 대한 필자의 열정을 다시 한번 다잡아 본다.

2007.7.3. 국회통과 상법해상편 개정법률 대비표

법률 제8581호 2007.8.3. 공포
(2007년 개정상법 해상편)

(김인현, 해상법, 법문사, 2007면 354면 이하를 참조함)

2007년 개정 법률	1991년 법률	비 고
第126조(화물명세서) ① 송하인은 운송인의 청구에 의하여 화물명세서를 교부하여야 한다. ② 화물명세서에는 다음의 사항을 기재하고 송하인이 기명날인 또는 서명하여야 한다. 1. 운송물의 종류 · 중량 또는 용적, 포장의 종별 · 개수와 기호 2. 도착지 3. 수하인과 운송인의 성명 또는 상호, 영업소 또는 주소 4. 운임과 그 선급 또는 착급의 구별 5. 화물명세서의 작성지와 작성연월일	第126조(운송장) ① 송하인은 운송인의 청구에 의하여 운송장을 교부하여야 한다. ② 운송장에는 다음의 사항을 기재하고 송하인이 기명날인 또는 서명하여야 한다. 1. 운송물의 종류 · 중량 또는 용적, 포장의 종별 · 개수와 기호 2. 도착지 3. 수하인과 운송인의 성명 또는 상호, 영업소 또는 주소 4. 운임과 그 선급 또는 착급의 구별 5. 운송장의 작성지와 작성연월일	
第127조(화물명세서의 허위기재에 대한 책임) ①송하인이 화물명세서에 허위 또는 부정확한 기재를 한 때에는 운송인에 대하여 이로 인한 손해를 배상할 책임이 있다. ② 전항의 규정은 운송인이 악의인 경	第127조(운송장의 허위기재에 대한 책임) ① 송하인의 운송장에 허위 또는 부정확한 기재를 한 때에는 운송인에 대하여 이로 인한 손해를 배상할 책임이 있다. ② 전항의 규정은 운송인이 악의인 경	

우에는 적용하지 아니한다.	우에는 적용하지 아니한다.	
제5편 해상	제5편 해상	
제1장 해상기업	제1장 선박	ㅇ전체조문체계 변경, 제목수정
제1절 선박		ㅇ전체조문체계 변경, 제목수정
제740조(선박의 의의) 이 법에서 선박이란 상행위나 그 밖의 영리를 목적으로 항해에 사용하는 선박을 말한다.	제740조(선박의 의의) 이 법에서 선박이라 함은 상행위 기타 영리를 목적으로 항해에 사용하는 선박을 이른다.	ㅇ현행과 같음
제741조(적용범위) ①항해용 선박에 대하여는 상행위 기타 영리를 목적으로 하지 아니하더라도 이 편의 규정을 준용한다. 다만, 국유 또는 공유의 선박에 대하여는 「선박법」 제29조 단서에도 불구하고 항해의 목적·성질 등을 고려하여 이 편의 규정을 준용하는 것이 적합하지 아니한 경우로서 대통령령이 정하는 경우에는 그러하지 아니하다. ② 이 편의 규정은 단정 또는 주로 노 또는 상앗대로 운전하는 선박에는 적용하지 아니한다.	신설 제741조(단정 또는 노도선) 이 편의 규정은 단정 또는 노도로 운전하는 선박에 적용하지 아니한다.	
제742조(선박의 종물) 선박의 속구목록에 기재한 물건은 선박의 종물로 추정한다.	제742조(선박의 종물) 선박의 속구목록에 기재한 물건은 선박의 종물로 추정한다.	
제743조(선박소유권의 이전) 등기 및 등록할 수 있는 선박의 경우, 그 소유권의 이전은 당사자 사이의 합의만으로 그 효력이 생긴다. 다만, 이를 등기하고 선박국적증서에 기재하지 아니하면 제3자에게 대항하지 못한다.	제743조(선박에 관한 권리의 이전) 선박에 관한 권리의 이전은 당사자간의 합의만으로써 효력이 생긴다. 그러나 이를 등기하고 선박국적증서에 기재하지 아니하면 제3자에게 대항하지 못한다.	
제744조(선박의 압류·가압류) ① 항해의 준비를 완료한 선박과 그 속구는 압류 또는 가압류를 하지 못한다. 그러나 항해를 준비하기 위하여 생긴 채무에 대하여는 그러하지 아니하다. ② 제1항은 총톤수 20톤 미만의 선박에는 적용하지 아니한다.	제744조(선박의 압류·가압류) 항해의 준비를 완료한 선박과 그 속구는 압류 또는 가압류를 하지 못한다. 그러나 항해를 준비하기 위하여 생긴 채무에 대하여는 그러하지 아니하다.	ㅇ국회심사에서 변경됨

(삭제)	第745조(소형선박) 제743조와 제744조의 규정은 총톤수 20톤 미만의 선박에 적용하지 아니한다.	ㅇ제744조 제2항으로 조문을 이동하고, 소유권의 이전은 선박법에 의하여 규율됨
제2절 선장	제2장 선박소유자	ㅇ전체조문체계 변경에 따라 제목수정
第745조(선장의 선임 · 해임) 선장은 선박소유자가 선임 또는 해임한다.	第767조(선장의 선임 · 해임) 선장은 선박소유자가 선임 또는 해임한다.	ㅇ조문위치변경
第746조(선장의 부당한 해임에 대한 손해배상청구권) 선박소유자가 정당한 사유 없이 선장을 해임한 때에는 선장은 이로 인하여 생긴 손해의 배상을 청구할 수 있다.	第768조(선장의 부당한 해임에 대한 손해배상청구권) ① 선박소유자가 정당한 사유 없이 선장을 해임한 때에는 선장은 이로 인하여 생긴 손해의 배상을 청구할 수 있다. ② 선장이 선박공유자인 경우에 그 의사에 반하여 해임된 때에는 다른 공유자에 대하여 상당한 가액으로 그 지분을 매수할 것을 청구할 수 있다. ③ 선장이 제2항의 청구를 하고자 하는 때에는 지체없이 다른 공유자 또는 선박관리인에 대하여 그 통지를 발송하여야 한다.	ㅇ조문위치변경 ㅇ단, 현행 제768조 제2항 및 제3항의 내용은 체제변경에 따라 개정안 제762조 제1항 및 제2항으로 위치변경
第747조(선장의 계속직무집행의 책임) 선장이 항해중에 해임 또는 임기가 만료된 경우에도 다른 선장이 그 업무를 처리할 수 있는 때, 또는 그 선박이 선적항에 도착할 때까지 그 직무를 집행할 책임이 있다.	第769조(선장의 계속직무집행의 책임) 선장이 항해중에 해임 또는 임기가 만료된 경우에는 다른 선장이 그 업무를 처리할 수 있는 때, 또는 그 선박이 선적항에 도착할 때까지 그 직무를 집행할 책임이 있다.	ㅇ조문위치변경
第748조(선장의 대선장의 선임의 권한 및 책임) 선장이 불가항력으로 인하여 그 직무를 집행하기가 불능한 때에 법령에 다른 규정이 있는 경우를 제외하고는 자기의 책임으로 타인을 선정하여 선장의 직무를 집행하게 할 수 있다.	第772조(대선장의 선임의 책임) 선장이 불가항력으로 인하여 그 직무를 집행하기가 불능한 때에 법령에 다른 규정이 있는 경우를 제외하고는 자기의 책임으로 타인을 선정하여 선장의 직무를 집행하게 할 수 있다.	ㅇ조문위치변경 및 표제변경
第749조(대리권의 범위) ① 선적항 외에서는 선장은 항해에 필요한 재판상 또는 재판 외의 모든 행위를 할 권한	第773조(대리권의 범위) ①선적항 외에서는 선장은 항해에 필요한 재판상 또는 재판 외의 모든 행위를 할 권한	ㅇ조문위치변경

이 있다. ② 선적항에서는 선장은 특히 위임을 받은 경우 외에는 해원의 고용과 해고를 할 권한만을 가진다.	이 있다. ② 선적항에서는 선장은 특히 위임을 받은 경우 외에는 해원의 고용과 해고를 할 권한만을 가진다.	
第750조(특수한 행위에 대한 권한) ① 선장은 선박수선료, 해난구조료, 그 밖에 기타 항해의 계속에 필요한 비용을 지급하여야 할 경우 외에는 다음의 행위를 하지 못한다. 1. 선박 또는 속구를 담보에 제공하는 일 2. 차재(借財)하는 일 3. 적하의 전부나 일부를 처분하는 일 ② 적하를 처분할 경우의 손해배상액은 그 적하가 도달할 시기의 양륙항의 가격에 의하여 이를 정한다. 그러나 그 가격 중에서 지급을 요하지 아니하는 비용을 공제하여야 한다.	第774조(특수한 행위에 대한 권한) ① 선장은 선박수선료, 해양사고 구조료 기타 항해의 계속에 필요한 비용을 지급하여야 할 경우 외에는 다음의 행위를 하지 못한다. 1. 선박 또는 속구를 담보에 제공하는 일 2. 차재하는 일 3. 적하의 전부나 일부를 처분하는 일 ② 적하를 처분할 경우의 손해배상액은 그 적하가 도달할 시기의 양륙항의 가격에 의하여 이를 정한다. 그러나 그 가격 중에서 지급을 요하지 아니하는 비용을 공제하여야 한다.	ㅇ조문위치변경 ㅇ 현행조문상 '해양사고구조'를 '해난구조'로 용어수정함에 따라 '해양사고구조료'를 '해난구조료'로 수정함
第751조(대리권에 대한 제한) 선장의 대리권에 대한 제한은 선의의 제3자에게 대항하지 못한다.	第775조(대리권에 대한 제한) 선장의 대리권에 대한 제한은 선의의 제3자에게 대항하지 못한다.	ㅇ조문위치변경
第752조(이해관계인을 위한 적하의 처분) ① 선장이 항해중에 적하를 처분하는 경우에는 이해관계인의 이익을 위하여 가장 적당한 방법으로 하여야 한다. ② 제1항의 경우에 이해관계인은 선장의 처분으로 인하여 생긴 채권자에게 적하의 가액을 한도로 하여 그 책임을 진다. 다만, 그 이해관계인에게 과실이 있는 때에는 그러하지 아니하다.	第776조(이해관계인을 위한 적하의 처분) ① 선장이 항해중에 적하를 처분하는 경우에는 이해관계인의 이익을 위하여 가장 적당한 방법으로 하여야 한다. ② 제1항의 경우에 이해관계인은 선장의 처분으로 인하여 생긴 채권자에게 적하의 가액을 한도로 하여 책임을 진다. 그러나 그 이해관계인에게 과실이 있는 때에는 그러하지 아니하다.	ㅇ조문위치변경
第753조(선박경매권) 선적항 외에서 선박이 수선하기 불능하게 된 때에는 선장은 해무관청의 인가를 얻어 이를 경매할 수 있다.	第777조(선박경매권) 선적항 외에서 선박이 수선하기 불능하게 된 때에는 선장은 해무관청의 인가를 얻어 이를 경매할 수 있다.	ㅇ조문위치변경
第754조(선박의 수선불능) ① 다음 각 호의 경우에는 선박은 수선하기 불능하게 된 것으로 본다. 1. 선박이 그 현재지에서 수선을 받	第778조(선박의 수선불능) ① 다음의 경우에는 선박은 수선하기 불능하게 된 것으로 본다. 1. 선박이 그 현재지에서 수선을 받	ㅇ조문위치변경

을 수 없으며, 또 그 수선을 할 수 있는 곳에 도달하기 불가능한 때 2. 수선비가 선박의 가액의 4분의 3을 초과할 때 ②제1항 제2호의 가액은 선박이 항해중 훼손된 경우에는 그 발항한 때의 가액으로 하고 기타의 경우에는 그 훼손 전의 가액으로 한다.	을 수 없으며, 또 그 수선을 할 수 있는 곳에 도달하기 불능한 때 2. 수선비가 선박의 가액의 4분의 3을 초과할 때 ② 제1항 제2호의 가액은 선박이 항해중 훼손된 경우에는 그 발항한 때의 가액으로 하고, 기타의 경우에는 그 훼손 전의 가액으로 한다.	
第755條(보고·계산의 의무) ① 선장은 항해에 관한 중요한 사항을 지체없이 선박소유자에게 보고하여야 한다. ② 선장은 매항해를 종료한 때에는 그 항해에 관한 계산서를 지체없이 선박소유자에게 제출하여 그 승인을 얻어야 한다. ③ 선장은 선박소유자의 청구가 있을 때에는 언제든지 항해에 관한 사항과 계산의 보고를 하여야 한다.	第779條(보고·계산의 의무) ① 선장은 항해에 관한 중요한 사항을 지체없이 선박소유자에게 보고하여야 한다. ② 선장은 매항해를 종료한 때에는 그 항해에 관한 계산서를 지체없이 선박소유자에게 제출하여 그 승인을 얻어야 한다. ③ 선장은 선박소유자의 청구가 있을 때에는 언제든지 항해에 관한 사항과 계산의 보고를 하여야 한다.	ㅇ조문위치변경
제3절 선박공유		ㅇ전체조문체계 변경, 제목신설
第756條(선박공유자의 업무결정) ① 공유선박의 이용에 관한 사항은 공유자의 지분의 가격에 따라 그 과반수로 결정한다. ② 선박공유에 관한 계약을 변경하는 사항은 공유자의 전원일치로 결정하여야 한다.	第753條(선박공유자의 업무결정) ① 공유선박의 이용에 관한 사항은 공유자의 지분의 가격에 따라 그 과반수로 결정한다. ② 선박공유에 관한 계약을 변경하는 사항은 공유자의 전원일치로 결정하여야 한다.	ㅇ조문위치변경
第757條(선박공유와 비용의 부담) 선박공유자는 그 지분의 가격에 따라 선박의 이용에 관한 비용과 이용에 관하여 생긴 채무를 부담한다.	第754條(선박공유와 비용의 부담) 선박공유자는 그 지분의 가격에 따라 선박의 이용에 관한 비용과 이용에 관하여 생긴 채무를 부담한다.	ㅇ조문위치변경
第758條(손익분배) 손익의 분배는 매항해의 종료 후에 있어서 선박공유자의 지분의 가격에 따라서 한다.	第755條(손익분배) 손익의 분배는 매항해의 종료 후에 있어서 선박공유자의 지분의 가액에 따라서 한다.	ㅇ조문위치변경
第759條(지분의 양도) 선박공유자 사이에 조합관계가 있는 경우에도 각 공유자는 다른 공유자의 승낙 없이 그 지분을 타인에게 양도할 수 있다. 그러나 선박관리인의 경우에는 그러	第756條(지분의 양도) 선박공유자간에 조합관계가 있는 경우에도 각 공유자는 다른 공유자의 승낙 없이 그 지분을 타인에게 양도할 수 있다. 그러나 선박관리인의 경우에는 그러하지 아	ㅇ조문위치변경

하지 아니하다.	니하다.	
제760조(공유선박의 국적상실과 지분의 매수 또는 경매청구) 선박공유자의 지분의 이전 또는 국적상실로 인하여 선박이 대한민국의 국적을 상실할 때에는 다른 공유자는 상당한 대가로 그 지분을 매수하거나 그 경매를 법원에 청구할 수 있다. (삭제)	제757조(공유선박의 국적상실과 지분의 매수 또는 경매청구) ① 선박공유자의 지분의 이전 또는 그 국적상실로 인하여 선박이 대한민국의 국적을 상실할 때에는 다른 공유자는 상당한 대가로 그 지분을 매수하거나 그 경매를 법원에 청구할 수 있다. ② 사원의 지분의 이전으로 회사의 소유에 속하는 선박이 대한민국의 국적을 상실할 때에는 합명회사에 있어서는 다른 사원, 합자회사에 있어서는 다른 무한책임사원이 상당한 대가로 그 지분을 매수할 수 있다.	ㅇ조문위치변경 ㅇ단, 현행 제757조 제2항은 삭제
제761조(결의반대자의 지분매수청구권) ① 선박공유자가 신항해를 개시하거나 선박을 대수선할 것을 결의한 때에는 그 결의에 이의가 있는 공유자는 다른 공유자에 대하여 상당한 가액으로 자기의 지분을 매수할 것을 청구할 수 있다. ② 제1항의 청구를 하고자 하는 자는 그 결의가 있은 날로부터, 결의에 참가하지 아니한 경우에는 결의통지를 받은 날로부터 3일내에 다른 공유자 또는 선박관리인에 대하여 그 통지를 발송하여야 한다.	제758조(결의반대자의 지분매수청구권) ① 선박공유자가 신항해를 개시하거나 선박을 대수선할 것을 결의한 때에는 그 결의에 이의가 있는 공유자는 다른 공유자에 대하여 상당한 가액으로 자기의 지분을 매수할 것을 청구할 수 있다. ② 제1항의 청구를 하고자 하는 자는 그 결의가 있은 날로부터, 결의에 참가하지 아니한 경우에는 결의통지를 받은 날로부터 3일내에 다른 공유자 또는 선박관리인에 대하여 그 통지를 발송하여야 한다.	ㅇ조문위치변경
제762조(해임선장의 지분매수청구권) ① 선박공유자인 선장이 그 의사에 반하여 해임된 때에는 다른 공유자에 대하여 상당한 가액으로 그 지분을 매수할 것을 청구할 수 있다. ② 선박공유자가 제1항의 청구를 하고자 하는 때에는 지체없이 다른 공유자 또는 선박관리인에 대하여 그 통지를 발송하여야 한다.	제768조(선장의 부당한 해임에 대한 손해배상청구권) ① 선박소유자가 정당한 사유 없이 선장을 해임한 때에는 선장은 이로 인하여 생긴 손해의 배상을 청구할 수 있다. ② 선장이 선박공유자인 경우에 그 의사에 반하여 해임된 때에는 다른 공유자에 대하여 상당한 가액으로 그 지분을 매수할 것을 청구할 수 있다. ③ 선장이 제2항의 청구를 하고자 하는 때에는 지체없이 다른 공유자 또는 선박관리인에 대하여 그 통지를 발송하여야 한다.	ㅇ조문위치변경 ㅇ현행 제768조 제2항 및 제3항의 내용을 체계에 맞추어 자구수정 후에 규정 ㅇ현행 제768조 제1항의 내용은 개정안 제746조에 규정
제763조(항해중 선박 등의 양도) 항해	제759조(항해중 선박 등의 양도) 항해	ㅇ조문위치변경

중에 있는 선박이나 그 지분을 양도한 경우에 당사자 사이에 다른 약정이 없으면 양수인이 그 항해로부터 생긴 이익을 얻고 손실을 부담한다.	중에 있는 선박이나 그 지분을 양도한 경우에 당사자간에 다른 약정이 없으면 양수인이 그 항해로부터 생긴 이익을 얻고 손실을 부담한다.	
第764조(선박관리인의 선임·등기) ① 선박공유자는 선박관리인을 선임하여야 한다. 이 경우 선박공유자가 아닌 자를 선박관리인으로 선임함에는 공유자 전원의 동의가 있어야 한다. ② 선박관리인의 선임과 그 대리권의 소멸은 이를 등기하여야 한다.	第760조(선박관리인의 선임·등기) ① 선박공유자는 선박관리인을 선임하여야 한다. 선박공유자가 아닌 자를 선박관리인으로 선임함에는 공유자 전원의 동의가 있어야 한다. ② 선박관리인의 선임과 그 대리권의 소멸은 이를 등기하여야 한다.	ㅇ조문위치변경
第765조(선박관리인의 권한) ① 선박관리인은 선박의 이용에 관한 재판상 또는 재판외의 모든 행위를 할 권한이 있다. ② 선박관리인의 대리권에 대한 제한은 선의의 제3자에게 대항하지 못한다.	第761조(선박관리인의 권한) ① 선박관리인은 선박의 이용에 관한 재판상 또는 재판외의 모든 행위를 할 권한이 있다. ② 선박관리인의 대리권에 대한 제한은 선의의 제3자에게 대항하지 못한다.	ㅇ조문위치변경
第766조(선박관리인의 권한의 제한) 선박관리인은 선박공유자의 서면에 의한 위임이 없으면 다음의 행위를 하지 못한다. 1. 선박을 양도·임대 또는 담보에 제공하는 일 2. 신항해를 개시하는 일 3. 선박을 보험에 붙이는 일 4. 선박을 대수선하는 일 5. 차재하는 일	第762조(선박관리인의 권한의 제한) 선박관리인은 선박공유자의 서면에 의한 위임이 없으면 다음의 행위를 하지 못한다. 1. 선박을 양도, 임대 또는 담보에 제공하는 일 2. 신항해를 개시하는 일 3. 선박을 보험에 붙이는 일 4. 선박을 대수선하는 일 5. 차재하는 일	ㅇ조문위치변경
第767조(장부의 기재·비치) 선박관리인은 업무집행에 관한 장부를 비치하고, 그 선박의 이용에 관한 모든 사항을 기재하여야 한다.	第763조(장부의 기재·비치) 선박관리인은 특히 업무집행에 관한 장부를 비치하고, 그 선박의 이용에 관한 모든 사항을 기재하여야 한다.	ㅇ조문위치변경
第768조(선박관리인의 보고·승인) 선박관리인은 매항해의 종료 후에 지체없이 그 항해의 경과상황과 계산에 관한 서면을 작성하여 선박공유자에게 보고하고 그 승인을 얻어야 한다.	第764조(선박관리인의 보고·승인) 선박관리인은 매항해의 종료 후에 지체없이 그 항해의 경과상황과 계산에 관한 서면을 작성하여 선박공유자에게 보고하고, 그 승인을 얻어야 한다.	ㅇ조문위치변경
제4절 선박소유자 등의 책임제한		ㅇ전체조문체계변경, 제목신설
第769조(선박소유자의 유한책임) 선박	第746조(선박소유자의 유한책임) 선박	ㅇ조문위치변경

소유자는 청구원인의 여하에 불구하고 다음 각호의 채권에 대하여 제770조에 따른 금액의 한도로 그 책임을 제한할 수 있다. 다만, 그 채권이 선박소유자 자신의 고의 또는 손해발생의 염려가 있음을 인식하면서 무모하게 한 작위 또는 부작위로 인하여 생긴 손해에 관한 것인 때에는 그러하지 아니하다. 1. 선박에서 또는 선박의 운항에 직접 관련하여 발생한 사람의 사망, 신체의 상해 또는 그 선박 이외의 물건의 멸실 또는 훼손으로 인하여 생긴 손해에 관한 채권 2. 운송물, 여객 또는 수하물의 운송의 지연으로 인하여 생긴 손해에 관한 채권 3. 제1호 및 제2호 이외에 선박의 운항에 직접 관련하여 발생한 계약상의 권리 외의 타인의 권리의 침해로 인하여 생긴 손해에 관한 채권 4. 제1호 내지 제3호의 채권의 원인이 된 손해를 방지 또는 경감하기 위한 조치에 관한 채권 또는 그 조치의 결과로 인하여 생긴 손해에 관한 채권	소유자는 청구원인의 여하에 불구하고 다음 각호의 채권에 대하여 제747조의 규정에 의한 금액의 한도로 그 책임을 제한할 수 있다. 그러나 그 채권이 선박소유자 자신의 고의 또는 손해발생의 염려가 있음을 인식하면서 무모하게 한 작위 또는 부작위로 인하여 생긴 손해에 관한 것인 때에는 그러하지 아니하다. 1. 선박에서 또는 선박의 운항에 직접 관련하여 발생한 사람의 사망, 신체의 상해 또는 그 선박이외의 물건의 멸실 또는 훼손으로 인하여 생긴 손해에 관한 채권 2. 운송물, 여객 또는 수하물의 운송의 지연으로 인하여 생긴 손해에 관한 채권 3. 제1호 및 제2호 이외에 선박의 운항에 직접 관련하여 발생한 계약상의 권리 이외의 타인의 권리의 침해로 인하여 생긴 손해에 관한 채권 4. 제1호 내지 제3호의 채권의 원인이 된 손해를 방지 또는 경감하기 위한 조치에 관한 채권 또는 그 조치의 결과로 인하여 생긴 손해에 관한 채권	
第770조(책임의 한도액) ① 선박소유자가 제한할 수 있는 책임의 한도액은 다음 각호의 금액으로 한다. 1. 여객의 사망 또는 신체의 상해로 인한 손해에 관한 채권에 대한 책임의 한도액은 그 선박의 선박검사증서에 기재된 여객의 정원에 17만5천 계산단위(국제통화기금의 1 특별인출권에 상당하는 금액을 말한다. 이하 같다)를 곱하여 얻은 금액으로 한다. 2. 여객 이외의 사람의 사망 또는 신체의 상해로 인한 손해에 관한 채권에 대한 책임의 한도액은 그 선	第747조(책임의 한도액) ① 선박소유자가 제한할 수 있는 책임의 한도액은 다음 각호의 금액으로 한다. 1. 여객의 사망 또는 신체의 상해로 인한 손해에 관한 채권에 대한 책임의 한도액은 그 선박의 선박검사증서에 기재된 여객의 정원에 4만6천6백6십6계산단위를 곱하여 얻은 금액과 2천5백만 계산단위에 상당하는 금액 중 적은 금액으로 한다. 2. 여객 이외의 사람의 사망 또는 신체의 상해로 인한 손해에 관한 채권에 대한 책임의 한도액은 그 선	○조문위치변경 ○여객사망에 대한 책임제한액을 1996년 의정서에 맞추어 상향조정함. ○제5항은 국회 심사과정에서 제1항 제1호에 추가되어 삭제됨

박의 톤수에 따라서 다음 각목에 정하는 바에 의하여 계산된 금액으로 한다. 그러나 300톤 미만의 선박의 경우에는 16만7천 계산단위에 상당하는 금액으로 한다. 가. 500톤 이하의 선박의 경우에는 33만3천 계산단위에 상당하는 금액 나. 500톤을 초과하는 선박의 경우에는 가목의 금액에 500톤을 초과하여 3천톤까지의 부분에 대하여는 매톤당 500 계산단위, 3천톤을 초과하여 3만톤까지의 부분에 대하여는 매톤당 333 계산단위, 3만톤을 초과하여 7만톤까지의 부분에 대하여는 매톤당 250 계산단위 및 7만톤을 초과한 부분에 대하여는 매톤당 167 계산단위를 각 곱하여 얻은 금액을 순차로 가산한 금액	박의 톤수에 따라서 다음 각목에 정하는 바에 의하여 계산된 금액으로 한다. 그러나 3백톤 미만의 선박의 경우에는 1십6만7천 계산단위에 상당하는 금액으로 한다. 가. 5백톤 이하의 선박의 경우에는 3십3만3천 계산단위에 상당하는 금액 나. 5백톤을 초과하는 선박의 경우에는 가목의 금액에 5백톤을 초과하여 3천톤까지의 부분에 대하여는 매톤당 5백 계산단위, 3천톤을 초과하여 3만톤까지의 부분에 대하여는 매톤당 3백3십3 계산단위, 3만톤을 초과하여 7만톤까지의 부분에 대하여는 매톤당 2백5십 계산단위 및 7만톤을 초과한 부분에 대하여는 매톤당 1백6십7 계산단위를 각 곱하여 얻은 금액을 순차로 가산한 금액
3. 제1호 및 제2호 이외의 채권에 대한 책임의 한도액은 그 선박의 톤수에 따라서 다음 각목에 정하는 바에 의하여 계산된 금액으로 한다. 그러나 300톤 미만의 선박의 경우에는 8만3천 계산단위에 상당하는 금액으로 한다. 가. 500톤 이하의 선박의 경우에는 16만7천 계산단위에 상당하는 금액 나. 500톤을 초과하는 선박의 경우에는 가목의 금액에 500톤을 초과하여 3만톤까지의 부분에 대하여는 매톤당 167 계산단위, 3만톤을 초과하여 7만톤까지의 부분에 대하여는 매톤당 125 계산단위 및 7만톤을 초과한 부분에 대하여는 매톤당 83 계산단위를 각 곱	3. 제1호 및 제2호 이외의 채권에 대한 책임의 한도액은 그 선박의 톤수에 따라서 다음 각목에 정하는 바에 의하여 계산된 금액으로 한다. 그러나 3백톤 미만의 선박의 경우에는 8만3천 계산단위에 상당하는 금액으로 한다. 가. 5백톤 이하의 선박의 경우에는 1십6만7천 계산단위에 상당하는 금액 나. 5백톤을 초과하는 선박의 경우에는 가목의 금액에 5백톤을 초과하여 3만톤까지의 부분에 대하여는 매톤당 1백6십7 계산단위, 3만톤을 초과하여 7만톤까지의 부분에 대하여는 매톤당 1백2십5 계산단위 및 7만톤을 초과한 부분에 대하여는 매톤당 8십3 계

하여 얻은 금액을 순차로 가산한 금액 ② 제1항 각호에 따른 각 책임한도액은 선박마다 동일한 사고에서 생긴 각 책임한도액에 대응하는 선박소유자에 대한 모든 채권에 미친다. ③ 제769조에 따라 책임이 제한되는 채권은 제1항 각호에 따른 각 책임한도액에 대하여 각 채권액의 비율로 경합한다. ④ 제1항 제2호에 따른 책임한도액이 동호의 채권의 변제에 부족한 때에는 제3호에 따른 책임한도액을 그 잔액채권의 변제에 충당한다. 이 경우에 동일한 사고에서 제3호의 채권도 발생한 때에는 이 채권과 제2호의 잔액채권은 제3호에 의한 책임한도액에 대하여 각 채권액의 비율로 경합한다. (삭제)	산단위를 각 곱하여 얻은 금액을 순차로 가산한 금액 ② 제1항 각호의 규정에 의한 각 책임한도액은 선박마다 동일한 사고에서 생긴 각 책임한도액에 대응하는 선박소유자에 대한 모든 채권에 미친다. ③ 제746조의 규정에 의하여 책임이 제한되는 채권은 제1항 각호의 규정에 의한 각 책임한도액에 대하여 각 채권액의 비율로 경합한다. ④ 제1항 제2호에 의한 책임한도액이 동호의 채권의 변제에 부족한 때에는 제3호에 의한 책임한도액을 그 잔액채권의 변제에 충당한다. 이 경우에 동일한 사고에서 제3호의 채권도 발생한 때에는 이 채권과 제2호의 잔액채권은 제3호에 의한 책임한도액에 대하여 각 채권액의 비율로 경합한다. ⑤ 제1항에서 "계산단위"라 함은 국제통화기금의 1특별인출권에 상당하는 금액을 이른다.	
第771조(동일한 사고로 인한 반대채권액의 공제) 선박소유자가 책임의 제한을 받는 채권자에 대하여 동일한 사고로 인하여 생긴 손해에 관한 채권을 가지는 경우에는 그 채권액을 공제한 잔액에 한하여 책임의 제한을 받는 채권으로 한다.	第749조(동일한 사고로 인한 반대채권액의 공제) 선박소유자가 책임의 제한을 받는 채권자에 대하여 동일한 사고로 인하여 생긴 손해에 관한 채권을 가지는 경우에는 그 채권액을 공제한 잔액에 한하여 책임의 제한을 받는 채권으로 한다.	ㅇ조문위치변경
第772조(책임제한을 위한 선박톤수) 제770조 제1항에서 규정하는 선박의 톤수는 국제항해에 종사하는 선박의 경우에는 「선박법」에서 규정하는 국제총톤수로 하고 그 밖의 선박의 경우에는 동법에서 규정하는 총톤수로 한다.	第751조(책임제한을 위한 선박톤수) 제747조 제1항에서 규정하는 선박의 톤수는 국제항해에 종사하는 선박의 경우에는 선박법에서 규정하는 국제총톤수로 하고, 그 밖의 선박의 경우에는 동법에서 규정하는 총톤수로 한다.	ㅇ조문위치변경
第773조(유한책임의 배제) 선박소유자는 다음 각호의 채권에 대하여는 그 책임을 제한하지 못한다. 1. 선장·해원 기타의 사용인으로서	第748조(유한책임의 배제) 선박소유자는 다음 각호의 채권에 대하여는 그 책임을 제한하지 못한다. 1. 선장·해원 기타의 사용인으로서	ㅇ조문위치변경 ㅇ'해양사고구조'를 '해난구조'로 용어

그 직무가 선박의 업무에 관련된 자 또는 그 상속인 · 피부양자 기타의 이해관계인의 선박소유자에 대한 채권 2. 해난구조로 인한 구조료 채권 및 공동해손의 분담에 관한 채권 3. 1969년 11월 29일 성립한 「유류오염손해에 대한 민사책임에 관한 국제조약」 또는 그 조약의 개정조항이 적용되는 유류오염손해에 관한 채권 4. 침몰 · 난파 · 좌초 · 유기 그 밖의 해양사고를 당한 선박 및 그 선박 안에 있거나 있었던 적하 기타의 물건의 인양 · 제거 · 파괴 또는 무해조치에 관한 채권 5. 원자력손해에 관한 채권	그 직무가 선박의 업무에 관련된 자 또는 그 상속인 · 피부양자 기타의 이해관계인의 선박소유자에 대한 채권 2. 해양사고구조 또는 공동해손분담에 관한 채권 3. 1969년 11월 29일 성립한 유류오염손해에 대한 민사책임에 관한 국제조약 또는 그 조약의 개정조항이 적용되는 유류오염손해에 관한 채권 4. 침몰 · 난파 · 좌초 · 유기 기타의 해양사고를 당한 선박 및 그 선박 안에 있거나 있었던 적하 기타의 물건의 인양 · 제거 · 파괴 또는 무해조치에 관한 채권 5. 원자력손해에 관한 채권	변경함, 책임제한배제 채권이 해난구조로 인한 '구조료' 채권임을 분명히 표시함
第774조(책임제한을 할 수 있는 자의 범위) ① 다음 각호에 어느 하나에 해당하는 자는 이 절의 규정에 따라 선박 소유자의 경우와 동일하게 책임을 제한할 수 있다. 1. 용선자 · 선박관리인 및 선박운항자 2. 법인인 선박소유자 및 제1호에 게기한 자의 무한책임사원 3. 자기의 행위로 인하여 선박소유자 또는 제1호에 규정된 자에 대하여 제769조 각호에 따른 채권이 성립하게 한 선장 · 해원 · 도선사, 그 밖의 선박소유자 또는 제1호에 규정된 자의 사용인 또는 대리인 ② 동일한 사고에서 발생한 모든 채권에 대한 선박소유자 및 제1항에 규정된 자에 의한 책임제한의 총액은 선박마다 제770조에 따른 책임한도액을 초과하지 못한다. ③ 선박소유자 또는 제1항 각호에 규정한 자의 1인이 책임제한절차개시의 결정을 받은 때에는 책임제한을 할 수 있는 다른 자도 이를 원용할 수	第750조(책임제한을 할 수 있는 자의 범위) ① 다음 각호에 게기한 자는 이 장의 규정에 의하여 선박소유자의 경우와 동일하게 책임을 제한할 수 있다. 1. 용선자 · 선박관리인 및 선박운항자 2. 법인인 선박소유자 및 제1호에 게기한 자의 무한책임사원 3. 자기의 행위로 인하여 선박소유자 또는 제1호에 게기한 자에 대하여 제746조 각호의 규정에 의한 채권이 성립하게 한 선장 · 해원 · 도선사 기타 선박소유자 또는 제1호에 게기한 자의 사용인 또는 대리인 ② 동일한 사고에서 발생한 모든 채권에 대한 선박소유자 및 제1항에 게기한 자에 의한 책임제한의 총액은 선박마다 제747조의 규정에 의한 책임한도액을 초과하지 못한다. ③ 선박소유자 또는 제1항 각호에 게기한 자의 1인이 책임제한절차개시의 결정을 받은 때에는 책임제한을 할 수 있는 다른 자도 이를 원용할 수	ㅇ조문위치변경

있다.	있다.	
第775조(구조자의 책임제한) ① 구조자 또는 그 피용자의 구조활동과 직접 관련하여 발생한 사람의 사망, 신체의 상해 또는 재산의 멸실이나 훼손, 또는 계약상 권리 이외의 타인의 권리의 침해로 인하여 생긴 손해에 관한 채권 및 그러한 손해를 방지 혹은 경감하기 위한 조치에 관한 채권 또는 그 조치의 결과로 인하여 생긴 손해에 관한 채권에 대하여는 제769조 내지 제774조(제769조 제2호 및 제770조 제1항 제1호를 제외한다)의 규정에 따라 구조자도 책임을 제한할 수 있다. ② 구조활동을 선박으로부터 행하지 아니한 구조자 또는 구조를 받는 선박에서만 행한 구조자는 제770조에 따른 책임의 한도액에 관하여 1천500톤의 선박에 의한 구조자로 본다. ③ 구조자의 책임의 한도액은 구조선마다 또는 제2항의 경우에는 구조자마다 동일한 사고로 인하여 생긴 모든 채권에 미친다. ④ 제1항에서 "구조자"란 구조활동에 직접 관련된 용역을 제공한 자를 말하며, "구조활동"이란 해난구조시의 구조활동은 물론 침몰·난파·좌초 또는 유기, 그 밖의 해양사고를 당한 선박 및 그 선박안에 있거나 있었던 적하 기타 물건의 인양·제거·파괴 또는 무해조치 및 이와 관련된 손해를 방지 또는 경감하기 위한 모든 조치를 말한다.	第752조의2(해양사고구조자의 유한책임) ① 제746조 내지 제752조의 규정은 해양사고구조자의 구조활동에 직접 관련하여 발생한 채권에 대한 책임의 제한에 준용한다. ② 구조활동을 선박으로부터 행하지 아니한 구조자 또는 구조를 받는 선박에서만 행한 구조자는 제747조의 규정에 의한 책임의 한도액에 관하여 1천5백톤의 선박에 의한 구조자로 본다. ③ 구조자의 책임의 한도액은 구조선마다 또는 제2항의 경우에는 구조자마다 동일한 사고로 인하여 생긴 모든 채권에 미친다.	ㅇ조문위치변경 ㅇ1976년 선주책임조약에 충실하게 제1항과 제4항의 조문을 정리함
第776조(책임제한의 절차) ① 이 절의 규정에 따라 책임을 제한하고자 하는 자는 채권자로부터 책임한도액을 초과하는 청구금액을 명시한 서면에 의한 청구를 받은 날부터 1년내에 법원에 책임제한절차개시의 신청을 하여	第752조(책임제한의 절차) ① 이 장의 규정에 의하여 책임을 제한하고자 하는 자는 채권자로부터 책임한도액을 초과하는 청구금액을 명시한 서면에 의한 청구를 받은 날부터 1년내에 법원에 책임제한절차개시의 신청을 하	ㅇ조문위치변경

야 한다. ② 책임제한절차개시의 신청, 책임제한의 기금의 형성 · 공고 · 참가 · 배당, 기타 필요한 사항은 따로 법률로 정한다.	여야 한다. ② 책임제한절차개시의 신청, 책임제한의 기금의 형성, 공고, 참가, 배당 기타 필요한 사항은 따로 법률로 정한다.	
제5절 선박담보	제8장 선박채권	ㅇ전체조문체계 변경, 제목신설
제777조(선박우선특권 있는 채권) ① 다음의 채권을 가진 자는 선박 · 그 속구, 그 채권이 생긴 항해의 운임, 그 선박과 운임에 부수한 채권에 대하여 우선특권이 있다. 1. 채권자의 공동이익을 위한 소송비용, 항해에 관하여 선박에 과한 제세금, 도선료와 예선료, 최후입항후의 선박과 그 속구의 보존비와 검사비 2. 선원 기타의 선박사용인의 고용계약으로 인한 채권 3. 선박에 대한 해난구조로 인한 구조료채권과 공동해손의 분담에 대한 채권 4. 선박의 충돌 그 밖의 항해사고로 인한 손해, 항해시설 · 항만시설 및 항로에 대한 손해와 선원이나 여객의 생명 · 신체에 대한 손해의 배상채권 ② 제1항의 우선특권을 가진 선박채권자는 이 법 기타의 법률의 규정에 따라 전항의 재산에 대하여 다른 채권자보다 자기채권의 우선변제를 받을 권리가 있다. 이 경우에는 그 성질에 반하지 아니하는 한 민법의 저당권에 관한 규정을 준용한다.	제861조(선박우선특권 있는 채권) ① 다음의 채권을 가진 자는 선박, 그 속구, 그 채권이 생긴 항해의 운임, 그 선박과 운임에 부수한 채권에 대하여 우선특권이 있다. 1. 채권자의 공동이익을 위한 소송비용, 선박과 속구의 경매에 관한 비용, 항해에 관하여 선박에 과한 제세금, 도선료와 예선료, 최후입항후의 선박과 그 속구의 보존비와 검사비 2. 선원 기타의 선박사용인의 고용계약으로 인한 채권 3. 선박의 구조에 대한 보수와 공동해손의 분담에 대한 채권 4. 선박의 충돌로 인한 손해 기타의 항해사고로 인한 항해시설, 항만시설 및 항로에 대한 손해와 선원이나 여객의 생명 · 신체에 대한 손해의 배상채권 ② 제1항의 우선특권을 가진 선박채권자는 이 법 기타의 법률의 규정에 따라 제1항의 재산에 대하여 다른 채권자보다 자기채권의 우선변제를 받을 권리가 있다. 이 경우에는 그 성질에 반하지 아니하는 한 민법의 저당권에 관한 규정을 준용한다.	ㅇ조문위치변경 ㅇ제1호에서 경매비용은 다른 절차에서 우선 지급되므로 삭제함. 제4호는 조약의 원문에 충실하게 변경함
제778조(선박 · 운임에 부수한 채권) 제777조에 따른 선박과 운임에 부수한 채권은 다음과 같다. 1. 선박 또는 운임의 손실로 인하여 선박소유자에게 지급할 손해배상	제862조(선박 · 운임에 부수한 채권) 제861조의 규정에 의한 선박과 운임에 부수한 채권은 다음과 같다. 1. 선박 또는 운임의 손실로 인하여 선박소유자에게 지급할 손해배상	ㅇ'해양사고구조'를 '해난구조'로 용어변경. 책임제

2. 공동해손으로 인한 선박 또는 운임의 손실에 대하여 선박소유자에게 지급할 상금 3. 해난구조로 인하여 선박소유자에게 지급할 구조료	2. 공동해손으로 인한 선박 또는 운임의 손실에 대하여 선박소유자에게 지급할 상금 3. 해양사고 구조로 인하여 선박소유자에게 지급할 보수	한 배제채권이 해난구조로 인한 '구조료' 채권임을 분명히 표시함
第779조(운임에 대한 우선특권) 운임에 대한 우선특권은 지급을 받지 아니한 운임 및 지급을 받은 운임 중 선박소유자나 그 대리인이 소지한 금액에 한하여 이를 행사할 수 있다.	第863조(운임에 대한 우선특권) 운임에 대한 우선특권은 지급을 받지 아니한 운임, 지급을 받은 운임으로 선박소유자나 그 대리인이 소지한 금액에 한하여 이를 행사할 수 있다.	ㅇ조문위치변경 ㅇ의미를 분명히 하기 위하여 자구 수정
第780조(보험금 등의 제외) 보험계약에 의하여 선박소유자에게 지급할 보험금과 그 밖의 장려금이나 보조금에 대하여는 제778조의 규정을 적용하지 아니한다.	第864조(보험금 등의 제외) 보험계약에 의하여 선박소유자에게 지급할 보험금과 기타의 장려금이나 보조금에 대하여는 제862조의 규정을 적용하지 아니한다.	ㅇ조문위치변경
第781조(선박사용인의 고용계약으로 인한 채권) 제777조 제1항 제2호에 따른 채권은 고용계약 존속 중의 모든 항해로 인한 운임의 전부에 대하여 우선특권이 있다.	第865조(선박사용인의 고용계약으로 인한 채권) 제861조 제1항 제2호의 규정에 의한 채권은 고용계약존속중의 모든 항해로 인한 운임의 전부에 대하여 우선특권이 있다.	ㅇ조문위치변경
第782조(동일항해로 인한 채권에 대한 우선특권의 순위) ① 동일항해로 인한 채권의 우선특권이 경합하는 때에는 그 우선의 순위는 제777조 제1항 각호의 순서에 의한다. ② 제777조 제1항 제3호에 따른 채권의 우선특권이 경합하는 때에는 후에 생긴 채권이 전에 생긴 채권에 우선한다. 동일한 사고로 인한 채권은 동시에 생긴 것으로 본다.	第866조(우선특권의 순위) ① 동일항해로 인한 채권의 우선특권이 경합하는 때에는 그 우선의 순위는 제861조 제1항 각호의 순서에 의한다. ② 제861조 제1항 제3호의 규정에 의한 채권의 우선특권이 경합하는 때에는 후에 생긴 채권이 전에 생긴 채권에 우선한다. 동일한 사고로 인한 채권은 동시에 생긴 것으로 본다.	ㅇ조문위치변경
第783조(수회항해에 관한 채권에 대한 우선특권의 순위) ① 수회의 항해에 관한 채권의 우선특권이 경합하는 때에는 후의 항해에 관한 채권이 전의 항해에 관한 채권에 우선한다. ② 제781조에 따른 우선특권은 그 최후의 항해에 관한 다른 채권과 동일한 순위로 한다.	第867조(동전) ① 수회의 항해에 관한 채권의 우선특권이 경합하는 때에는 후의 항해에 관한 채권이 전의 항해에 관한 채권에 우선한다. ② 제865조의 규정에 의한 우선특권은 그 최후의 항해에 관한 다른 채권과 동일한 순위로 한다.	ㅇ조문위치변경
第784조(동일순위의 우선특권이 경합한 경우) 제781조 내지 제783조의	第868조(동일순위의 우선특권이 경합한 경우) 제865조 내지 제867조의	ㅇ조문위치변경

규정에 따른 동일순위의 우선특권이 경합하는 때에는 각 채권액의 비율에 따라 변제한다.	규정에 의한 동일순위의 우선특권이 경합하는 때에는 각 채권액의 비율에 따라 변제한다.	
第785條(우선특권의 추급권) 선박채권자의 우선특권은 그 선박소유권의 이전으로 인하여 영향을 받지 아니한다.	第869條(우선특권의 추급권) 선박채권자의 우선특권은 그 선박소유권의 이전으로 인하여 영향을 받지 아니한다.	ㅇ조문위치변경
第786條(우선특권의 소멸) 선박채권자의 우선특권은 그 채권이 생긴 날부터 1년이내에 실행하지 아니하면 소멸한다.	第870條(우선특권의 소멸) ① 선박채권자의 우선특권은 그 채권이 생긴 날로부터 1년내에 실행하지 아니하면 소멸한다. ② 삭제 <1991.12.31>	ㅇ조문위치변경
第787條(선박저당권) ① 등기한 선박은 저당권의 목적으로 할 수 있다. ② 선박의 저당권은 그 속구에 미친다. ③ 선박의 저당권에는 「민법」의 저당권에 관한 규정을 준용한다.	第871條(선박저당권) ① 등기한 선박은 저당권의 목적으로 할 수 있다. ② 선박의 저당권은 그 속구에 미친다. ③ 선박의 저당권에는 민법의 저당권에 관한 규정을 준용한다.	ㅇ조문위치변경
第788條(선박저당권 등과 우선특권의 경합) 선박채권자의 우선특권은 질권과 저당권에 우선한다.	第872條(선박저당권 등과 우선특권의 경합) 선박채권자의 우선특권은 질권과 저당권에 우선한다.	ㅇ조문위치변경
第789條(등기선박의 입질불허) 등기한 선박은 질권의 목적으로 하지 못한다.	第873條(등기선박의 입질불허) 등기한 선박은 질권의 목적으로 하지 못한다.	ㅇ조문위치변경
第790條(건조중의 선박에의 준용) 이 절의 규정은 건조중의 선박에 준용한다.	第874條(건조중의 선박에의 준용) 이 장의 규정은 건조중의 선박에 준용한다.	ㅇ조문위치변경
제2장 운송과 용선	제4장 운송	ㅇ전체조문체계 변경에 따른 제목변경
제1절 개품운송	제1절 물건운송 제1관 통칙	
(삭제)	第780條(운송계약의 종류) 물건의 운송계약은 다음의 2종으로 한다. 1. 선박의 전부 또는 일부를 물건의 운송에 제공함을 목적으로 하는 용선계약 2. 개개의 물건의 운송을 목적으로 하는 계약	ㅇ운송계약이 개품운송과 항해용선으로 분리됨으로써 삭제함
第791條(개품운송계약의 의의) 개품운송계약은 운송인이 개개의 물건을 해상에서 선박으로 운송할 것을 인수하고, 송하인이 이에 대하여 운임을 지	신설	

급하기로 약정함으로써 그 효력이 생긴다.		
第792條(운송물의 제공) ① 송하인은 당사자 사이의 합의 또는 선적항의 관습에 의한 때와 곳에서 운송인에게 운송물을 제공하여야 한다. ② 제1항의 규정에 의한 때와 곳에서 송하인이 운송물을 제공하지 아니한 경우에는 계약을 해제한 것으로 본다. 이 경우 선장은 즉시 발항할 수 있고, 송하인은 운임의 전액을 지급하여야 한다.	第785條(개품운송과 운송물의 제공) ① 개개의 물건을 운송계약의 목적으로 한 경우에는 송하인은 당사자간의 합의 또는 선적항의 관습에 의한 때와 곳에서 운송인에게 운송물을 제공하여야 한다. ② 제1항의 규정에 의한 때와 곳에서 송하인이 운송물을 제공하지 아니한 경우에는 계약을 해제한 것으로 본다. 이 경우에는 선장은 즉시 발항할 수 있고, 송하인은 운임의 전액을 지급하여야 한다.	ㅇ조문위치변경 ㅇ제2장 제1절에 속하는 규정은 모두 개품운송에 관한 것이므로 중복을 피하기 위해 제1항 제목 및 내용에서 개품운송계약을 표시하는 용어를 삭제
第793條(운송에 필요한 서류의 교부) 송하인은 선적기간내에 운송에 필요한 서류를 선장에게 교부하여야 한다.	第786條(운송에 필요한 서류의 교부) 용선자 또는 송하인은 선적기간내에 운송에 필요한 서류를 선장에게 교부하여야 한다.	ㅇ조문위치변경 ㅇ제2장 제1절은 개품운송에 관한 것, 항해용선에서의 "용선자" 삭제
第794條(감항능력주의의무) 운송인은 자기 또는 선원 기타의 선박사용인이 발항 당시 다음의 사항에 관하여 주의를 해태하지 아니하였음을 증명하지 아니하면 운송물의 멸실 · 훼손 또는 연착으로 인한 손해를 배상할 책임이 있다. 1. 선박이 안전하게 항해를 할 수 있게 할 것 2. 필요한 선원의 승선, 선박의장(艤裝)과 필요품의 보급 3. 선창, 냉장실 기타 운송물을 적재할 선박의 부분을 운송물의 수령 · 운송과 보존을 위하여 적합한 상태에 둘 것	第787條(감항능력주의의무) 운송인은 자기 또는 선원 기타의 선박사용인이 발항 당시 다음의 사항에 관하여 주의를 해태하지 아니하였음을 증명하지 아니하면 운송물의 멸실 · 훼손 또는 연착으로 인한 손해를 배상할 책임이 있다. 1. 선박이 안전하게 항해를 할 수 있게 할 것 2. 필요한 선원의 승선, 선박의장과 필요품의 보급 3. 선창, 냉장실 기타 운송물을 적재할 선박의 부분을 운송물의 수령 · 운송과 보존을 위하여 적합한 상태에 둘 것	ㅇ조문위치변경
第795條(운송물에 관한 주의의무) ① 운송인은 자기 또는 선원 기타의 선박사용인이 운송물의 수령 · 선적 · 적부(積付) · 운송 · 보관 · 양륙과 인	第788條(운송물에 관한 주의의무) ① 운송인은 자기 또는 선원 기타의 선박사용인이 운송물의 수령 · 선적 · 적부 · 운송 · 보관 · 양륙과 인도에	ㅇ조문위치변경

도에 관하여 주의를 해태하지 아니하였음을 증명하지 아니하면, 운송물의 멸실 · 훼손 또는 연착으로 인한 손해를 배상할 책임이 있다. ② 운송인은 선장 · 해원 · 도선사 기타의 선박사용인의 항해 또는 선박의 관리에 관한 행위 또는 화재로 인하여 생긴 운송물에 관한 손해를 배상할 책임을 면한다. 그러나 운송인의 고의 또는 과실로 인한 화재의 경우에는 그러하지 아니하다.	관하여 주의를 해태하지 아니하였음을 증명하지 아니하면, 운송물의 멸실 · 훼손 또는 연착으로 인한 손해를 배상할 책임이 있다. ② 운송인은 선장 · 해원 · 도선사 기타의 선박사용인의 항해 또는 선박의 관리에 관한 행위 또는 화재로 인하여 생긴 운송물에 관한 손해를 배상할 책임을 면한다. 그러나 운송인의 고의 또는 과실로 인한 화재의 경우에는 그러하지 아니하다.	
第796조(동전－면책사유) 운송인은 다음 각호의 사실이 있었다는 것과 운송물에 관한 손해가 그 사실로 인하여 보통 생길 수 있는 것임을 증명한 때에는 이를 배상할 책임을 면한다. 다만, 제794조 및 제795조 제1항에 따른 주의를 다하였더라면 그 손해를 피할 수 있었음에도 불구하고 그 주의를 다하지 아니하였음을 증명한 때에는 그러하지 아니하다. 1. 해상 그 밖에 항행할 수 있는 수면에서의 위험 또는 사고 2. 불가항력 3. 전쟁, 폭동 또는 내란 4. 해적행위 그 밖에 이에 준한 행위 5. 재판상의 압류, 검역상의 제한 기타 공권에 의한 제한 6. 송하인 또는 운송물의 소유자나 그 사용인의 행위 7. 동맹파업 기타의 쟁의행위 또는 선박폐쇄 8. 해상에서의 인명이나 재산의 구조행위 또는 이로 인한 항로이탈 기타 정당한 이유로 인한 항로이탈 9. 운송물의 포장의 불충분 또는 기호의 표시의 불완전 10. 운송물의 특수한 성질 또는 숨은	第789조(동전－면책사유) ① 삭제 <1991.12.31> ② 운송인은 다음 각호의 사실이 있었다는 것과 운송물에 관한 손해가 그 사실로 인하여 보통 생길 수 있는 것임을 증명한 때에는 이를 배상할 책임을 면한다. 그러나 제787조와 제788조 제1항의 규정에 의한 주의를 다하였더라면, 그 손해를 피할 수 있었음에도 불구하고 그 주의를 다하지 아니하였음을 증명한 때에는 그러하지 아니하다. 1. 해상 기타 항행할 수 있는 수면에서의 위험 또는 사고 2. 불가항력 3. 전쟁, 폭동 또는 내란 4. 해적행위 기타 이에 준한 행위 5. 재판상의 압류, 검역상의 제한 기타 공권에 의한 제한 6. 송하인 또는 운송물의 소유자나 그 사용인의 행위 7. 동맹파업 기타의 쟁의행위 또는 선박폐쇄 8. 해상에서의 인명이나 재산의 구조행위 또는 이로 인한 이로 기타 정당한 이유로 인한 이로 9. 운송물의 포장의 불충분 또는 기호의 표시의 불완전 10. 운송물의 특수한 성질 또는 숨은	ㅇ조문위치변경 ㅇ이로는 항로이탈로 용어가 변경됨

하자 11. 선박의 숨은 하자	하자 11. 선박의 숨은 하자	
제797조(책임의 한도) ① 제794조부터 제796조까지의 규정에 의한 운송인의 손해배상의 책임은 당해운송물의 매포장당 또는 선적단위당 666과 100분의 67 계산단위의 금액과 중량 1킬로그램당 2계산단위의 금액 중 큰 금액을 한도로 이를 제한할 수 있다. 다만, 운송물에 관한 손해가 운송인 자신의 고의 또는 손해발생의 염려가 있음을 인식하면서 무모하게 한 작위 또는 부작위로 인하여 생긴 것인 때에는 그러하지 아니하다. ② 제1항의 적용에 있어서 운송물의 포장 또는 선적단위의 수는 다음과 같이 정한다. 1. 컨테이너 그 밖에 이와 유사한 운송용기가 운송물을 통합하기 위하여 사용되는 경우에 그러한 운송용기에 내장된 운송물의 포장 또는 선적단위의 수를 선하증권 그 밖에 운송계약을 증명하는 문서에 기재한 때에는 그 각 포장 또는 선적단위를 하나의 포장 또는 선적단위로 본다. 이 경우를 제외하고는 이러한 운송용기내의 운송물 전부를 하나의 포장 또는 선적단위로 본다. 2. 운송인이 아닌 자가 공급한 운송용기 자체가 멸실 또는 훼손된 경우에는 그 용기를 별개의 포장 또는 선적단위로 본다. ③ 제1항과 제2항의 규정은 송하인이 운송인에게 운송물을 인도할 때에 그 종류와 가액을 고지하고 선하증권 그 밖에 운송계약을 증명하는 문서에 이를 기재한 경우에는 적용하지 아니한다. 다만, 송하인이 운송물의 종류 또는 가액을 고의로 현저하게 부실의 고지를 한 때에는 운송인은 자기 또	제789조의2(책임의 한도) ① 제787조 내지 제789조의 규정에 의한 운송인의 손해배상의 책임은 당해운송물의 매포장당 또는 선적단위당 500계산단위의 금액을 한도로 이를 제한할 수 있다. 그러나 운송물에 관한 손해가 운송인 자신의 고의 또는 그 손해가 생길 염려가 있음을 인식하면서 무모하게 한 작위 또는 부작위로 인하여 생긴 것인 때에는 그러하지 아니하다. ② 제1항의 적용에 있어서 운송물의 포장 또는 선적단위의 수는 다음과 같이 정한다. 1. 컨테이너 기타 이와 유사한 운송용기가 운송물을 통합하기 위하여 사용되는 경우에 그러한 운송용기에 내장된 운송물의 포장 또는 선적단위의 수를 선하증권 기타 운송계약을 증명하는 문서에 기재한 때에는 그 각 포장 또는 선적단위를 하나의 포장 또는 선적단위로 본다. 이 경우를 제외하고는 이러한 운송용기내의 운송물 전부를 하나의 포장 또는 선적단위로 본다. 2. 운송인이 아닌 자가 공급한 운송용기 자체가 멸실 또는 훼손된 경우에는 그 용기를 별개의 포장 또는 선적단위로 본다. ③ 제1항과 제2항의 규정은 송하인이 운송인에게 운송물을 인도할 때에 그 종류와 가액을 고지하고, 선하증권 기타 운송계약을 증명하는 문서에 이를 기재한 경우에는 적용하지 아니한다. 그러나 송하인이 운송물의 종류 또는 가액을 고의로 현저하게 부실의 고지를 한 때에는 운송인은 자	ㅇ조문위치변경

는 그 사용인이 악의인 경우를 제외하고 운송물의 손해에 대하여 책임을 면한다. ④ 제1항부터 제3항까지의 규정은 제769조부터 제774조까지 및 제776조의 적용에 영향을 미치지 아니한다. (삭제)	기 또는 그 사용인이 악의인 경우를 제외하고 운송물의 손해에 대하여 책임을 면한다. ④ 제1항 내지 제3항의 규정은 제746조 내지 제752조의 규정의 적용에 영향을 미치지 아니한다. ⑤ 제1항의 계산단위는 제747조 제5항의 규정에 의한 계산단위를 이른다.	
제798조(비계약적 청구에 대한 적용) ① 이 절의 운송인의 책임에 관한 규정은 운송인의 불법행위로 인한 손해배상의 책임에도 적용한다. ② 운송물에 관한 손해배상청구가 운송인의 사용인 또는 대리인에 대하여 제기된 경우에 그 손해가 그 사용인 또는 대리인의 직무집행에 관하여 생긴 것인 때에는 그 사용인 또는 대리인은 운송인이 주장할 수 있는 항변과 책임제한을 원용할 수 있다. 다만, 그 손해가 그 사용인 또는 대리인의 고의 또는 운송물의 멸실·훼손 또는 연착이 생길 염려가 있음을 인식하면서 무모하게 한 작위 또는 부작위로 인하여 생긴 것인 때에는 그러하지 아니하다. ③ 제2항 본문의 경우에 운송인과 그 사용인 또는 대리인의 운송물에 대한 책임제한금액의 총액은 제797조 제1항의 규정에 의한 한도를 초과하지 못한다. ④ 제1항부터 제3항까지의 규정은 운송물에 관한 손해배상청구가 운송인 외의 실제운송인 또는 그 사용인이나 대리인에 대하여 제기된 경우에도 이를 적용한다.	제789조의3(비계약적 청구에 대한 적용) ① 이 장의 운송인의 책임에 관한 규정은 운송인의 불법행위로 인한 손해배상의 책임에도 이를 적용한다. ② 운송물에 관한 손해배상청구가 운송인의 사용인 또는 대리인에 대하여 제기된 경우에 그 손해가 그 사용인 또는 대리인의 직무집행에 관하여 생긴 것인 때에는 그 사용인 또는 대리인은 운송인이 주장할 수 있는 항변과 책임제한을 원용할 수 있다. 그러나 그 손해가 그 사용인 또는 대리인의 고의 또는 운송물의 멸실·훼손 또는 연착이 생길 염려가 있음을 인식하면서 무모하게 한 작위 또는 부작위로 인하여 생긴 것인 때에는 그러하지 아니한다. ③ 제2항 본문의 경우에 운송인과 그 사용인 또는 대리인의 운송물에 대한 책임제한 금액의 총액은 제789조의2 제1항의 규정에 의한 한도를 초과하지 못한다. ④ 제1항 내지 제3항의 규정은 운송물에 관한 손해배상청구가 운송인 이외의 실제운송인 또는 그 사용인이나 대리인에 대하여 제기된 경우에도 이를 적용한다.	ㅇ조문위치변경
제799조(운송인의 책임경감금지) ① 제794조 내지 제798조의 규정에 반하여 운송인의 의무 또는 책임을 경감 또는 면제하는 당사자 사이의 특	제790조(운송인의 책임경감금지) ① 제787조 내지 제789조의3의 규정에 반하여 운송인의 의무 또는 책임을 경감 또는 면제하는 당사자간의 특약	ㅇ조문위치변경 ㅇ제2장 제1절에 속하는 규정은 모두 개

약은 효력이 없다. 운송물에 관한 보험의 이익을 운송인에게 양도하는 약정 또는 이와 유사한 약정도 또한 같다. ② 제1항은 산 동물의 운송 및 선하증권 기타 운송계약을 증명하는 문서의 표면에 갑판적으로 운송할 취지를 기재하여 갑판적으로 행하는 운송에 대하여는 적용하지 아니한다. (삭제)	은 효력이 없다. 운송물에 관한 보험의 이익을 운송인에게 양도하는 약정 또는 이와 유사한 약정도 또한 같다. ② 제1항의 규정은 산 동물의 운송 및 선하증권 기타 운송계약을 증명하는 문서의 표면에 갑판적으로 운송할 취지를 기재하여 갑판적으로 행하는 운송에 대하여는 적용하지 아니한다. ③ 제1항의 규정은 제787조의 규정에 반하는 경우를 제외하고 용선계약에는 이를 적용하지 아니한다. 그러나 용선계약에 따라 선하증권이 발행된 경우에 용선자 이외의 선하증권소지인에 대한 운송인의 의무 또는 책임에 관하여는 그러하지 아니하다.	품운송에 관한 것인바, 현행 제3항은 항해용선계약 및 항해용선계약에서 선하증권이 발행된 경우에 관한 것으로 삭제하고, 그 내용을 제839조 및 제855조 제5항에서 규정
제800조(위법선적물의 처분) ① 선장은 법령 또는 계약에 위반하여 선적한 운송물은 언제든지 이를 양륙할 수 있고, 그 운송물이 선박 또는 다른 운송물에 위해를 미칠 염려가 있는 때에는 이를 포기할 수 있다. ② 선장이 제1항의 물건을 운송하는 때에는 선적한 때와 곳에서의 동종 운송물의 최고운임의 지급을 청구할 수 있다. ③ 제1항 및 제2항의 규정은 운송인과 그 밖의 이해관계인의 손해배상청구에 영향을 미치지 아니한다.	제791조(위법선적물의 처분) ① 법령 또는 계약에 위반하여 선적한 운송물은 선장은 언제든지 이를 양륙할 수 있고, 그 운송물이 선박 또는 다른 운송물에 위해를 미칠염려가 있는 때에는 이를 포기할 수 있다. ② 선장이 제1항의 물건을 운송하는 때에는 선적한 때와 곳에서의 동종운송물의 최고운임의 지급을 청구할 수 있다. ③ 제1항과 제2항의 규정은 운송인 기타의 이해관계인의 손해배상청구에 영향을 미치지 아니한다.	ㅇ조문위치변경
제801조(위험물의 처분) ① 인화성·폭발성 그 밖의 위험성이 있는 운송물은 운송인이 그 성질을 알고 선적한 경우에도 그 운송물이 선박이나 다른 운송물에 위해를 미칠 위험이 있는 때에는 선장은 언제든지 이를 양륙·파괴 또는 무해조치할 수 있다. ② 운송인은 제1항의 처분에 의하여 그 운송물에 발생한 손해에 대하여는 공동해손분담책임을 제외하고 그 배상책임을 면한다.	제791조의2(위험물의 처분) ① 인화성·폭발성 기타의 위험성이 있는 운송물은 운송인이 그 성질을 알고 선적한 경우에도 그 운송물이 선박이나 다른 운송물에 위해를 미칠 위험이 있는 때에는 선장은 언제든지 이를 양륙, 파괴 또는 무해조치할 수 있다. ② 운송인은 제1항의 처분에 의하여 그 운송물에 발생한 손해에 대하여는 공동해손분담책임을 제외하고 그 배상책임을 면한다.	ㅇ조문위치변경

第802조(운송물의 수령) 운송물의 도착통지를 받은 수하인은 당사자 사이의 합의 또는 양륙항의 관습에 의한 때와 곳에서 지체없이 운송물을 수령하여야 한다.	第799조(개품운송과 운송물의 수령) 개개의 물건의 운송을 계약의 목적으로 한 경우에 운송물의 도착통지를 받은 수하인은 당사자간의 합의 또는 양륙항의 관습에 의한 때와 곳에서 지체없이 운송물을 수령하여야 한다.	ㅇ제2장 제1절은 모두 개품운송에 관한 것, 중복을 피하기 위해 제목 및 내용에서 개품운송계약을 표시하는 용어를 삭제
第803조(운송물의 공탁 등) ① 수하인이 운송물의 수령을 게을리한 때에는 선장은 이를 공탁하거나 세관 그 밖에 법령이 정한 관청의 허가를 받은 곳에 인도할 수 있다. 이 경우 지체없이 수하인에게 그 통지를 발송하여야 한다. ② 수하인을 확실히 알 수 없거나 수하인이 운송물의 수령을 거부한 때에는 선장은 이를 공탁하거나 세관 그 밖의 관청의 허가를 받은 곳에 인도하고 지체없이 용선자 또는 송하인 및 알고 있는 수하인에게 그 통지를 발송하여야 한다. ③ 제1항 및 제2항에 따라 운송물을 공탁하거나 세관 기타 관청의 허가를 받은 곳에 인도한 때에는 선하증권소지인 그 밖의 수하인에게 운송물을 인도한 것으로 본다.	第803조(운송물의 공탁 등) ① 수하인이 운송물의 수령을 해태한 때에는 선장은 이를 공탁하거나 세관 기타 법령이 정하는 관청의 허가를 받은 곳에 인도할 수 있다. 이 경우에는 지체없이 수하인에게 그 통지를 발송하여야 한다. ② 수하인을 확지할 수 없거나 수하인이 운송물의 수령을 거부한 때에는 선장은 이를 공탁하거나 세관 기타 관청의 허가를 받은 곳에 인도하고, 지체없이 용선자 또는 송하인 및 알고 있는 수하인에게 그 통지를 발송하여야 한다. ③ 제1항과 제2항의 규정에 의하여 운송물을 공탁하거나 세관 기타 관청의 허가를 받은 곳에 인도한 때에는 선하증권소지인 기타 수하인에게 운송물을 인도한 것으로 본다.	ㅇ현행과 동일
第804조(운송물의 일부 멸실·훼손에 관한 통지) ① 수하인이 운송물의 일부 멸실 또는 훼손을 발견한 때에는 수령 후 지체없이 그 개요에 관하여 운송인에게 서면에 의한 통지를 발송하여야 한다. 다만, 그 멸실 또는 훼손이 즉시 발견할 수 없는 것인 때에는 수령한 날부터 3일내에 그 통지를 발송하여야 한다. ② 제1항의 통지가 없는 경우에는 운송물이 멸실 또는 훼손 없이 수하인에게 인도된 것으로 추정한다.	第800조의2(운송물의 일부 멸실·훼손에 관한 통지) ① 수하인이 운송물의 일부 멸실 또는 훼손을 발견한 때에는 수령 후 지체없이 그 개요에 관하여 운송인에게 서면에 의한 통지를 발송하여야 한다. 그러나 그 멸실 또는 훼손이 즉시 발견할 수 없는 것인 때에는 수령한 날부터 3일내에 그 통지를 발송하여야 한다. ② 제1항의 통지가 없는 경우에는 운송물이 멸실 또는 훼손 없이 수하인에게 인도된 것으로 추정한다.	ㅇ조문위치변경

③ 제1항 및 제2항은 운송인 또는 그 사용인이 악의인 경우에는 적용하지 아니한다. ④ 운송물에 멸실 또는 훼손이 발생하였거나 그 의심이 있는 경우에는 운송인과 수하인은 서로 운송물의 검사를 위하여 필요한 편의를 제공하여야 한다. ⑤ 제1항부터 제4항까지의 규정에 반하여 수하인에게 불리한 당사자 사이의 특약은 효력이 없다.	③제1항과 제2항의 규정은 운송인 또는 그 사용인이 악의인 경우에는 적용하지 아니한다. ④ 운송물에 멸실 또는 훼손이 발생하였거나 그 의심이 있는 경우에는 운송인과 수하인은 서로 운송물의 검사를 위하여 필요한 편의를 제공하여야 한다. ⑤ 제1항 내지 제4항의 규정에 반하여 수하인에게 불리한 당사자간의 특약은 효력이 없다.	
제805조(운송물의 중량·용적에 따른 운임) 운송물의 중량 또는 용적으로 운임을 정한 때에는 운송물을 인도하는 때의 중량 또는 용적에 의하여 그 액을 정한다.	제801조(운임) 운송물의 중량 또는 용적으로 운임을 정한 때에는 운송물을 인도하는 때의 중량 또는 용적에 의하여 그 액을 정한다.	ㅇ조문위치변경
제806조(운송기간에 따른 운임) ① 기간으로 운임을 정한 때에는 운송물의 선적을 개시한 날로부터 그 양륙을 종료한 날까지의 기간에 의하여 그 액을 정한다. ② 제1항의 기간에는 불가항력으로 인하여 선박이 선적항이나 항해도중에서 정박한 기간 또는 항해도중에서 선박을 수선한 기간을 산입하지 아니한다. (후단 삭제)	제802조(동전) ① 기간으로 운임을 정한 때에는 운송물의 선적을 개시한 날로부터 그 양륙을 종료한 날까지의 기간에 의하여 그 액을 정한다. ② 제1항의 기간에는 불가항력으로 인하여 선박이 선적항이나 항해도중에서 정박한 기간 또는 항해도중에서 선박을 수선한 기간을 산입하지 아니한다. 제782조 제2항 또는 제798조 제2항의 경우에 선적기간 또는 양륙기간이 경과한 후 운송물을 선적 또는 양륙한 일수도 이와 같다.	ㅇ조문위치변경 ㅇ제2장 제1절에 속하는 규정은 모두 개품운송에 관한 것인바, 현행 제2항 말미 규정은 항해용선계약에 관한 것으로 이를 삭제하고 그 대신 제841조에 제2항에서 규정함
제807조(수하인의 의무, 선장의 유치권) ① 수하인이 운송물을 수령하는 때에는 운송계약 또는 선하증권의 취지에 따라 운임·부수비용·체당금·체선료, 운송물의 가액에 따른 공동해손 또는 해난구조로 인한 부담액을 지급하여야 한다. ② 선장은 제1항에 따른 금액의 지급과 상환하지 아니하면 운송물을 인도할 의무가 없다.	제800조(수하인의 의무, 선장의 유치권) ① 수하인이 운송물을 수령하는 때에는 운송계약 또는 선하증권의 취지에 따라 운임, 부수비용, 체당금, 정박료, 운송물의 가액에 따른 공동해손 또는 해양사고 구조로 인한 부담액을 지급하여야 한다. ② 선장은 제1항의 규정에 의한 금액의 지급과 상환하지 아니하면 운송물을 인도할 의무가 없다.	ㅇ조문위치변경

第808조(운송인의 운송물경매권) ① 운송인은 제807조 제1항에 따른 금액의 지급을 받기 위하여 법원의 허가를 얻어 운송물을 경매하여 우선변제를 받을 권리가 있다. ② 선장이 수하인에게 운송물을 인도한 후에도 운송인은 그 운송물에 대하여 제1항의 권리를 행사할 수 있다. 다만, 인도한 날로부터 30일을 경과하거나 제3자가 그 운송물에 점유를 취득한 때에는 그러하지 아니하다.	第804조(선박소유자의 운송물경매권) ① 운송인은 제800조 제1항의 규정에 의한 금액의 지급을 받기 위하여 법원의 허가를 얻어 운송물을 경매하여 우선변제를 받을 권리가 있다. ② 선장이 수하인에게 운송물을 인도한 후에도 운송인은 그 운송물에 대하여 제1항의 권리를 행사할 수 있다. 그러나 인도한 날로부터 30일을 경과하거나 제3자가 그 운송물에 점유를 취득한 때에는 그러하지 아니하다.	ㅇ조문위치변경
第809조(항해용선자 등의 재운송계약시 선박소유자의 책임) 항해용선자 또는 정기용선자가 자기의 명의로 제3자와 운송계약을 체결한 경우에는 그 계약의 이행이 선장의 직무에 속한 범위안에서는 선박소유자도 그 제3자에 대하여 제794조와 제795조의 규정에 의한 책임을 진다.	第806조(재운송계약과 선박소유자의 책임) 용선자가 자기의 명의로 제3자와 운송계약을 체결한 경우에는 그 계약의 이행이 선장의 직무에 속한 범위안에서 선박소유자도 그 제3자에 대하여 제787조와 제788조의 규정에 의한 책임을 진다.	ㅇ조문위치변경 ㅇ표제가 변경됨 ㅇ항해용선자는 물론 정기용선자가 운송인인 경우에도 제809조가 적용됨 ㅇ항해용선에는 준용규정이 없음
第810조(운송계약의 종료사유) ① 운송계약은 다음의 사유로 인하여 종료한다. 1. 선박이 침몰 또는 멸실한 때 2. 선박이 수선할 수 없게 된 때 3. 선박이 포획된 때 4. 운송물이 불가항력으로 인하여 멸실된 때 ② 제1항 제1호 내지 제3호의 사유가 항해도중에 생긴 때에는 송하인은 운송의 비율에 따라 현존하는 운송물의 가액의 한도에서 운임을 지급하여야 한다.	第807조(운송계약의 종료사유) ① 운송계약은 다음의 사유로 인하여 종료한다. 1. 선박이 침몰 또는 멸실한 때 2. 선박이 수선할 수 없게 된 때 3. 선박이 포획된 때 4. 운송물이 불가항력으로 인하여 멸실된 때 ② 제1항 제1호 내지 제3호의 사유가 항해도중에 생긴 때에는 용선자 또는 송하인은 운송의 비율에 따라 현존하는 운송물의 가액의 한도에서 운임을 지급하여야 한다.	ㅇ조문위치변경 ㅇ제2장 제1절에 속하는 규정은 모두 개품운송에 관한 것이므로 제2항에서 "용선자" 표시 삭제
第811조(법정사유로 인한 해제 등) ① 항해 또는 운송이 법령에 위반하게 되거나 기타 불가항력으로 인하여 계약의 목적을 달할 수 없게 된 때에는	第808조(법정사유로 인한 해제) ① 항해 또는 운송이 법령에 위반하게 되거나 기타 불가항력으로 인하여 계약의 목적을 달할 수 없게 된 때에는 각	ㅇ조문위치변경 ㅇ제2장 제1절에 속하는 규정은 모두 개

각 당사자는 계약을 해제할 수 있다. ② 제1항의 사유가 항해도중에 생긴 경우에 계약을 해지한 때에는 송하인은 운송의 비율에 따라 운임을 지급하여야 한다.	당사자는 계약을 해제할 수 있다. ② 제1항의 사유가 항해도중에 생긴 경우에 계약을 해지한 때에는 용선자 또는 송하인은 운송의 비율에 따른 운임을 지급하여야 한다.	품운송에 관한 것이므로 제 2 항 에 서 "용선자" 표시 삭제
제812조(운송물의 일부에 관한 불가항력) ① 제810조 제1항 제4호와 제811조 제1항의 사유가 운송물의 일부에 대하여 생긴 때에는 송하인은 운송인의 책임이 가중되지 아니하는 범위안에서 다른 운송물을 선적할 수 있다. ② 송하인이 제1항의 권리를 행사하고자 하는 때에는 지체없이 운송물의 양륙 또는 선적을 하여야 한다. 그 양륙 또는 선적을 게을리한 때에는 운임의 전액을 지급하여야 한다.	제809조(운송물의 일부에 관한 불가항력) ① 제807조 제1항 제4호와 제808조 제1항의 사유가 운송물의 일부에 대하여 생긴 때에는 용선자 또는 송하인은 운송인의 책임이 가중되지 아니하는 범위내에서 다른 운송물을 선적할 수 있다. ② 용선자 또는 송하인이 제1항의 권리를 행사하고자 하는 때에는 지체없이 운송물의 양륙 또는 선적을 하여야 한다. 그 양륙 또는 선적을 해태한 때에는 운임의 전액을 지급하여야 한다.	ㅇ조문위치변경 ㅇ제2장 제1절에 속하는 규정은 모두 개품운송에 관한 것이므로 제 2 항 에 서 "용선자" 표시 삭제
제813조(선장의 적하처분과 운임) 운송인은 다음 각호의 어느 하나에 해당하는 경우에는 운임의 전액을 청구할 수 있다. 1. 선장이 제750조 제1항에 따라의하여 적하를 처분하였을 때 2. 선장이 제865조에 따라 적하를 처분하였을 때	제810조(선장의 적하처분과 운임) 운송인은 다음의 경우에는 운임의 전액을 청구할 수 있다. 1. 선장이 제744조 제1항의 규정에 의하여 적하를 처분하였을 때 2. 선장이 제832조의 규정에 의하여 적하를 처분하였을 때	ㅇ조문위치변경
제814조(운송인의 채권 · 채무의 소멸) ① 운송인의 송하인 또는 수하인에 대한 채권 및 채무는 그 청구원인의 여하에 불구하고 운송인이 수하인에게 운송물을 인도한 날 또는 인도할 날부터 1년이내에 재판상 청구가 없으면 소멸한다. 다만, 이 기간은 당사자의 합의에 의하여 연장할 수 있다. ② 운송인이 인수한 운송을 다시 제3자에게 위탁한 경우에 송하인 또는 수하인이 제1항의 기간 이내에 운송인과 배상 합의를 하거나 운송인에게 재판상 청구를 하였다면, 그 합의 또는 청구가 있은 날로부터 3월이 경과	제811조(운송인의 채권 · 채무의 소멸) 운송인의 용선자, 송하인 또는 수하인에 대한 채권 및 채무는 그 청구원인의 여하에 불구하고 운송인이 수하인에게 운송물을 인도한 날 또는 인도할 날부터 1년내에 재판상 청구가 없으면 소멸한다. 그러나 이 기간은 당사자의 합의에 의하여 연장할 수 있다.	ㅇ조문위치변경 ㅇ제2장 제1절에 속하는 규정은 모두 개품운송에 관한 것이므로 제 1 항 에 서 "용선자" 표시 삭제

하기 이전에는 그 제3자에 대한 운송인의 채권·채무는 제1항의 규정에도 불구하고 소멸하지 아니한다. 운송인과 그 제3자 사이에 제1항 단서와 과 동일한 취지의 약정이 있는 경우에도 또한 같다. ③ 제2항의 경우에 있어서 재판상 청구를 받은 운송인이 그로부터 3개월 이내에 그 제3자에 대하여 소송고지를 하면 3개월의 기간은 그 재판이 확정 그 밖의 종료된 때부터 기산한다.		
第815조(준용규정) 제134조, 제136조부터 제140조까지의 규정은 이 절에서 정한 운송인에 준용한다.	第812조(준용규정) 제134조, 제136조 내지 제140조의 규정은 운송인에 준용한다.	ㅇ조문위치변경 및 체계변경에 따른 문구수정
第816조(복합운송인의 책임) ① 운송인이 인수한 운송에 해상 이외의 운송구간이 포함된 경우, 운송인은 손해가 발생한 운송구간에 적용될 법에 따라 책임을 진다. ② 어느 운송구간에서 손해가 발생하였는지 불분명한 경우 및 손해의 발생이 성질상 특정한 지역으로 한정되지 아니하는 경우에는 운송인은 운송거리가 가장 긴 구간에 적용되는 법에 따라 책임을 진다. 다만, 운송거리가 같거나 가장 긴 구간을 정할 수 없는 경우에는 운임이 가장 비싼 구간에 적용되는 법에 따라 책임을 진다.	신설	ㅇ제2항의 손해구간불명손해는 법원이 사후적으로 정한다는 것이 입법예고안이었고논란의 대상이었음. 국회에서 심의를 거치면서 예측가능성을 부여하기 위하여 운송거리가 기준이 되었음
	(법무부 국회제출안) 第817조(적용범위) 이 절의 규정은 운송물의 수령지消굠弧快양륙지 그 밖의 어느 한 곳이 대한민국인 경우에 있어서 운송인의 의무 또는 책임을 감경 또는 면제하는 것을 내용으로 하는 특약은 개품운송계약의 준거법에 관계 없이 이 절의 규정에 의하여 허용되지 아니하는 범위 내에서는 무효이다.	ㅇ국회심의과정에서 삭제됨

제2절 해상여객운송	제2절 여객운송	
제817조(해상여객운송계약의 의의) 해상여객운송계약은 운송인이 특정한 여객을 출발지에서 도착지까지 해상에서 선박으로 운송할 것을 인수하고, 이에 대하여 상대방이 운임을 지급하기로 약정함으로써 그 효력이 생긴다.	신설	
제818조(기명식의 선표) 기명식의 선표는 이를 타인에게 양도하지 못한다.	제821조(기명식의 선표) 기명식의 선표는 이를 타인에게 양도하지 못한다.	ㅇ조문위치변경
제819조(식사 · 거처제공의무 등) ① 여객의 항해중의 식사는 다른 약정이 없으면 운송인의 부담으로 한다. ② 항해의 중도에 선박을 수선하는 경우에는 운송인은 그 수선 중 여객에게 상당한 거처와 식사를 제공하여야 한다. 다만, 여객의 권리를 해하지 아니하는 범위 내에서 상륙항까지의 운송의 편의를 제공한 때에는 그러하지 아니하다. ③ 제2항의 경우에 여객은 항해의 비율에 따른 운임을 지급하고 계약을 해지할 수 있다.	제822조(식사제공의무) 여객의 항해중의 식사는 다른 약정이 없으면 운송인의 부담으로 한다. 제823조(선박수선중의 거처식사제공의무) ① 항해의 중도에서 선박을 수선하는 경우에는 운송인은 그 수선중 여객에게 상당한 거처와 식사를 제공하여야 한다. 그러나 여객의 권리를 해하지 아니하는 범위 내에서 상륙항까지의 운송의 편의를 제공한 때에는 그러하지 아니하다. ② 제1항의 경우에 여객은 항해의 비율에 따른 운임을 지급하고 계약을 해지할 수 있다.	ㅇ조문위치변경 ㅇ현행 제822조 및 제833조를 통합하여 규정
제820조(수하물 무임운송의무) 여객이 계약에 의하여 선내에서 휴대할 수 있는 수하물에 대하여는 운송인은 다른 약정이 없으면 별도로 운임을 청구하지 못한다.	제824조(수하물무임운송의무) 여객이 계약에 의하여 선내에서 휴대할 수 있는 수하물에 대하여는 운송인은 다른 약정이 없으면 따로 운임을 청구하지 못한다.	ㅇ조문위치변경
제821조(승선지체와 선장의 발항권) ① 여객이 승선시기까지 승선하지 아니한 때에는 선장은 즉시 발항할 수 있다. 항해중도의 정박항에서도 또한 같다. ② 제1항의 경우에는 여객은 운임의 전액을 지급하여야 한다.	제825조(승선지체와 선장의 발항권) ① 여객이 승선시기까지 승선하지 아니한 때에는 선장은 즉시 발항할 수 있다. 항해중도의 정박항에서도 이와 같다. ② 제1항의 경우에는 여객은 운임의 전액을 지급하여야 한다.	ㅇ조문위치변경
제822조(여객의 계약해제와 운임) 여객이 발항 전에 계약을 해제하는 경우에는 운임의 반액을 지급하고, 발항 후에 계약을 해제하는 경우에는	제826조(여객의 계약해제와 운임) 여객이 발항 전에 계약을 해제하는 경우에는 운임의 반액을 지급하고, 발항 후에 계약을 해제하는 경우에는	ㅇ조문위치변경

운임의 전액을 지급하여야 한다.	운임의 전액을 지급하여야 한다.	
第823조(법정사유에 의한 해제) 여객이 발항 전에 사망·질병이나 기타의 불가항력으로 인하여 항해할 수 없게 된 때에는 운송인은 운임의 10분의 3을 청구할 수 있고, 발항 후에 그 사유가 생긴 때에는 운송인의 선택으로 운임의 10분의 3 또는 운송의 비율에 따른 운임을 청구할 수 있다.	第827조(법정사유에 의한 해제) 여객이 발항 전에 사망·질병이나 기타의 불가항력으로 인하여 항해할 수 없게 된 때에는 운송인은 운임의 10분의 3을 청구할 수 있고, 발항 후에 그 사유가 생긴 때에는 운송인의 선택으로 운임의 10분의 3 또는 운송의 비율에 따른 운임을 청구할 수 있다.	ㅇ조문위치변경
第824조(사망한 여객의 수하물처분의무) 여객이 사망한 때에는 선장은 그 상속인에게 가장 이익이 되는 방법으로 사망자가 휴대한 수하물을 처분하여야 한다.	第828조(사망한 여객의 수하물처분의무) 여객이 사망한 때에는 선장은 그 상속인에게 가장 이익이 되는 방법으로 사망자가 휴대한 수하물을 처분하여야 한다.	ㅇ조문위치변경
第825조(법정종료사유) 운송계약은 제810조 제1항 제1호부터 제3호까지의 사유로 인하여 종료한다. 그 사유가 항해의 중도에서 생긴 때에는 여객은 운송의 비율에 따른 운임을 지급하여야 한다.	第829조(법정종료사유) 운송계약은 제807조 제1항 제1호 내지 제3호의 사유로 인하여 종료한다. 그 사유가 항해의 중도에서 생긴 때에는 여객은 운송의 비율에 따른 운임을 지급하여야 한다.	ㅇ조문위치변경
第826조(준용규정) ① 제148조, 제794조·제799조 제1항 및 제809조는 해상여객운송에 준용한다. ② 제134조·제136조·제149조 제2항·제794조부터 제801조까지·제804조·제807조·제809조·제811조 및 제814조는 운송인이 위탁을 받은 여객의 수하물의 운송에 준용한다. ③ 제150조, 제797조 제1항·제4항, 제798조, 제799조 제1항, 제809조 및 제814조는 운송인이 위탁을 받지 아니한 여객의 수하물에 준용한다.	第830조(준용규정) ①제148조, 제787조, 제790조 제1항과 제806조의 규정은 해상여객운송에 준용한다. ② 제134조, 제136조, 제149조 제2항, 제787조 내지 제791조의 2, 제800조, 제800조의 2, 제806조, 제808조와 제811조의 규정은 운송인이 위탁을 받은 여객의 수하물의 운송에 준용한다. ③제150조, 제789조의2 제1항과 제4항, 제789조의 3, 제790조 제1항, 제806조와 제811조의 규정은 운송인이 위탁을 받지 아니한 여객의 수하물에 준용한다.	ㅇ조문위치변경
(삭제)	第831조(동전) 여객운송을 하기 위하여 용선계약을 체결한 경우에는 운송인과 용선자의 관계에는 제781조, 제782조 제1항, 제783조, 제784조, 제786조, 제787조, 제790조 제1항, 제791조, 제792조 내지 제797조, 제802조, 제807조, 제808조와 제811	ㅇ현행 제831조는 여객운송을 목적으로 하는 항해용선계약에 관한 것으로 체제개편에 따

	조의 규정을 준용한다.	라 이를 삭제하고, 별도로 개정안 제827조 제2항에서 규정
제3절 항해용선		ㅇ전체조문체계 변경, 제목신설
제827조(항해용선계약의 의의) ① 항해용선계약은 특정한 항해를 할 목적으로 선박소유자가 용선자에게 선원이 승무하고 항해장비를 갖춘 선박의 전부 또는 일부를 물건의 운송에 제공하기로 약정하고, 용선자가 이에 대하여 운임을 지급하기로 약정함으로써 그 효력이 생긴다. ② 이 절의 규정은 그 성질에 반하지 아니하는 한 여객운송을 목적으로 하는 항해용선계약에도 준용한다. ③ 선박소유자가 일정한 기간 동안 용선자에게 선박을 제공할 의무를 지지만 항해를 단위로 운임을 계산하여 지급하기로 약정한 경우에도 그 성질에 반하지 아니하는 한 이 절의 규정을 준용한다.	신설	
제828조(용선계약서) 용선계약의 당사자는 상대방의 청구에 의하여 용선계약서를 교부하여야 한다.	제781조(용선계약과 운송계약서) 용선계약의 당사자는 상대방의 청구에 의하여 운송계약서를 교부하여야 한다.	ㅇ조문위치변경 ㅇ 체계변경에 따른 자구수정
제829조(선적준비완료의 통지, 선적기간) ① 선박소유자는 운송물을 선적함에 필요한 준비가 완료된 때에는 지체없이 용선자에게 그 통지를 발송하여야 한다. ② 운송물을 선적할 기간의 약정이 있는 경우에는 그 기간은 제1항의 통지가 오전에 있은 때에는 그 날의 오후 1시부터 기산하고, 오후에 있은 때에는 다음 날 오전 6시부터 기산한다. 이 기간에는 불가항력으로 인하	제782조(용선계약과 선적준비완료의 통지, 선적기간) ① 용선계약을 체결한 경우에 운송인은 운송물을 선적함에 필요한 준비가 완료된 때에는 지체없이 용선자에게 그 통지를 발송하여야 한다. ② 운송물을 선적할 기간의 약정이 있는 경우에는 그 기간은 제1항의 통지가 오전에 있은 때에는 그 날의 오후 1시부터 기산하고, 오후에 있은 때에는 다음 날 오전 6시부터 기산한다. 이 기간에는 불가항력으로 인하	ㅇ조문위치변경 ㅇ제2장 제2절에 속하는 규정은 모두 항해용선에 관한 것이므로 중복을 피하기 위해 제목에서 "용선계약"이란 표시 및 제1항에 "용선계약을

여 선적할 수 없는 날과 그 항의 관습상 선적작업을 하지 아니하는 날을 산입하지 아니한다. ③ 제2항의 기간을 경과한 후 운송물을 선적한 때에는 선박소유자는 상당한 보수를 청구할 수 있다.	여 선적할 수 없는 날과 그 항의 관습상 선적작업을 하지 아니하는 날을 산입하지 아니한다. ③ 제2항의 기간을 경과한 후 운송물을 선적한 때에는 운송인은 상당한 보수를 청구할 수 있다.	체결한 경우" 라는 규정을 삭제 ㅇ운송인을 선박소유자로 변경하여 의미를 분명히 함
第830조(제3자가 선적인인 경우의 통지 · 선적) 용선자 이외의 제3자가 운송물을 선적할 경우에 선장이 그 제3자를 확지할 수 없거나 그 제3자가 운송물을 선적하지 아니한 때에는 선장은 지체없이 용선자에게 그 통지를 발송하여야 한다. 이 경우에 선적기간이내에 한하여 용선자가 운송물을 선적할 수 있다.	第783조(제3자가 선적인인 경우의 통지 · 선적) 용선자 이외의 제3자가 운송물을 선적할 경우에 선장이 그 제3자를 확지할 수 없거나 그 제3자가 운송물을 선적하지 아니한 때에는 선장은 지체없이 용선자에게 그 통지를 발송하여야 한다. 이 경우에는 선적기간내에 한하여 용선자가 운송물을 선적할 수 있다.	ㅇ조문위치변경
第831조(용선자의 발항청구권, 선장의 발항권) ① 용선자는 운송물의 전부를 선적하지 아니한 경우에도 선장에게 발항을 청구할 수 있다. ② 선적기간의 경과 후에는 용선자가 운송물의 전부를 선적하지 아니한 경우에도 선장은 즉시 발항할 수 있다. ③ 제1항 및 제2항의 경우에 용선자는 운임의 전액과 운송물의 전부를 선적하지 아니함으로 인하여 생긴 비용을 지급하고, 또한 선박소유자의 청구가 있는 때에는 상당한 담보를 제공하여야 한다.	第784조(용선자의 발항청구권, 선장의 발항권) ① 용선자는 운송물의 전부를 선적하지 아니한 경우에도 선장에게 발항을 청구할 수 있다. ② 선적기간의 경과 후에는 용선자가 운송물의 전부를 선적하지 아니한 경우에도 선장은 즉시 발항할 수 있다. ③ 제1항과 제2항의 경우에는 용선자는 운임의 전액과 운송물의 전부를 선적하지 아니함으로 인하여 생긴 비용을 지급하고, 또 운송인의 청구가 있는 때에는 상당한 담보를 제공하여야 한다.	ㅇ조문위치변경 ㅇ'운송인'을 '선박소유자'로 하여 의미를 분명히 함
第832조(전부용선의 발항 전의 계약해제 등) ① 발항 전에는 전부용선자는 운임의 반액을 지급하고 계약을 해제할 수 있다. ② 왕복항해의 용선계약인 경우에 전부용선자가 그 회항 전에 계약을 해지하는 때에는 운임의 3분의 2를 지급하여야 한다. ③ 선박이 다른 항에서 선적항에 항행하여야 할 경우에 전부용선자가 선적항에서 발항하기 전에 계약을 해지	第792조(전부용선의 발항 전의 계약해제 등) ① 발항 전에는 전부용선자는 운임의 반액을 지급하고 계약을 해제할 수 있다. ② 왕복항해의 용선계약인 경우에 전부용선자가 그 회항 전에 계약을 해지하는 때에는 운임의 3분의 2를 지급하여야 한다. ③ 선박이 타항에서 선적항에 항행하여야 할 경우에 전부용선자가 선적항에서 발항하기 전에 계약을 해지하는	ㅇ조문위치변경

하는 때에도 제2항과 같다.	때에도 제2항과 같다.	
第833조(일부용선과 발항 전의 계약해제 등) ① 일부용선자나 송하인은 다른 용선자와 송하인 전원과 공동으로 하는 경우에 한하여 제832조의 해제 또는 해지를 할 수 있다. ② 제1항의 경우 외에는 일부용선자나 송하인이 발항 전에 계약을 해제 또는 해지한 때에도 운임의 전액을 지급하여야 한다. ③ 발항 전이라도 일부용선자나 송하인이 운송물의 전부 또는 일부를 선적한 경우에는 다른 용선자와 송하인의 동의를 얻지 아니하면 계약을 해제 또는 해지하지 못한다.	第793조(일부용선과 발항 전의 계약해제 등) ① 일부용선자나 송하인은 다른 용선자와 송하인 전원과 공동으로 하는 경우에 한하여 제792조의 해제 또는 해지를 할 수 있다. ② 제1항의 경우 외에는 일부용선자나 송하인이 발항 전에 계약을 해제 또는 해지를 한 때에도 운임의 전액을 지급하여야 한다. ③ 발항 전이라도 일부용선자나 송하인이 운송물의 전부 또는 일부를 선적한 경우에는 다른 용선자와 송하인의 동의를 얻지 아니하면 계약을 해제 또는 해지하지 못한다.	ㅇ조문위치변경
第834조(부수비용 · 체당금 등의 지급의무) ① 용선자나 송하인이 제832조와 제833조 제1항의 규정에 따라 계약을 해제 또는 해지를 한 때에도 부수비용과 체당금을 지급할 책임을 면하지 못한다. ② 제832조 제2항과 제3항의 경우에는 용선자나 송하인은 제1항에 게기한 것 외에도 운송물의 가액에 따라 공동해손 또는 해난구조로 인하여 부담할 금액을 지급하여야 한다.	第794조(부수비용 · 체당금 등의 지급의무) ① 용선자나 송하인이 제792조와 전조 제1항의 규정에 따라 계약을 해제 또는 해지를 한 때에도 부수비용과 체당금을 지급할 책임을 면하지 못한다. ② 제792조 제2항과 제3항의 경우에는 용선자나 송하인은 제1항에 게기한 것 외에도 운송물의 가액에 따라 공동해손 또는 해양사고 구조로 인하여 부담할 금액을 지급하여야 한다.	ㅇ조문위치변경
第835조(선적 · 양륙비용의 부담) 제833조와 제834조의 경우에 운송물의 전부 또는 일부를 선적한 때에는 그 선적과 양륙의 비용은 용선자 또는 송하인이 부담한다.	第795조(선적 · 양륙비용의 부담) 제793조와 제794조의 경우에 운송물의 전부 또는 일부를 선적한 때에는 그 선적과 양륙의 비용은 용선자 또는 송하인이 부담한다.	ㅇ조문위치변경
第836조(선적기간 내의 불선적의 효과) 용선자가 선적기간내에 운송물의 선적을 하지 아니한 때에는 계약을 해제 또는 해지한 것으로 본다.	第796조(선적기간 내의 불선적의 효과) 용선자가 선적기간내에 운송물의 선적을 하지 아니한 때에는 계약을 해제 또는 해지한 것으로 본다.	ㅇ조문위치변경
第837조(발항 후의 계약해지) 발항 후에는 용선자나 송하인은 운임의 전액, 체당금 · 체선료와 공동해손 또는 해난구조의 부담액을 지급하고, 그 양륙하기 위하여 생긴 손해를 배상하거나 이에 대한 상당한 담보를 제공	第797조(발항 후의 계약해지) 발항 후에는 용선자나 송하인은 운임의 전액, 체당금 · 정박료와 공동해손 또는 해양사고구조의 부담액을 지급하고, 그 양륙하기 위하여 생긴 손해를 배상하거나 이에 대한 상당한 담보를	ㅇ조문위치변경 ㅇ'해양사고구조'를 '해난구조'로 용어수정함에 따라 '해양사고

하지 아니하면 계약을 해지하지 못한다.	제공하지 아니하면 계약을 해지하지 못한다.	구조료'를 '해난구조료'로 수정함
第838조(운송물의 양륙) ① 운송물을 양륙함에 필요한 준비가 완료된 때에는 선장은 지체없이 수하인에게 그 통지를 발송하여야 한다. ② 제829조 제2항은 운송물의 양륙기간의 계산에 준용한다. ③ 제2항의 양륙기간을 경과한 후 운송물을 양륙한 때에는 선박소유자는 상당한 보수를 청구할 수 있다.	第798조(용선의 경우와 운송물의 양륙) ① 용선계약을 체결한 경우에 운송물을 양륙함에 필요한 준비가 완료된 때에는 선장은 지체없이 수하인에게 그 통지를 발송하여야 한다. ② 제782조 제2항의 규정은 운송물의 양륙기간의 계산에 준용한다. ③ 제2항의 기간을 경과한 후 운송물을 양륙한 때에는 운송인은 상당한 보수를 청구할 수 있다.	ㅇ조문위치변경 ㅇ제2장 제2절에 속하는 규정은 모두 항해용선에 관한 것이므로 중복을 피하기 위해 제목에서 "용선계약"이란 표시 및 제1항에 "용선계약을 체결한 경우"라는 규정을 삭제
第839조(선박소유자의 책임경감금지) ① 제794조에 반하여 이 절에서 정한 선박소유자의 의무 또는 책임을 경감 또는 면제하는 당사자 사이의 특약은 효력이 없다. 운송물에 관한 보험의 이익을 선박소유자에게 양도하는 약정 또는 이와 유사한 약정도 또한 같다. ② 제799조 제2항은 제1항의 경우에 준용한다.	신설	
第840조(선박소유자의 채권 · 채무의 소멸) ① 선박소유자의 용선자 또는 수하인에 대한 채권 및 채무는 그 청구원인의 여하에 불구하고 선박소유자가 운송물을 인도한 날 또는 인도할 날부터 2년내에 재판상 청구가 없으면 소멸한다. 이 경우 제814조 제1항 단서를 이 경우에 준용한다. ② 제1항의 기간을 단축하는 선박소유자와 용선자의 약정은 이를 운송계약에 명시적으로 기재하지 아니하면 그 효력이 없다.	第811조(운송인의 채권 · 채무의 소멸) 운송인의 용선자, 송하인 또는 수하인에 대한 채권 및 채무는 그 청구원인의 여하에 불구하고 운송인이 수하인에게 운송물을 인도한 날 또는 인도할 날부터 1년내에 재판상 청구가 없으면 소멸한다. 그러나 이 기간은 당사자의 합의에 의하여 연장할 수 있다.	ㅇ조문위치변경 ㅇ제척기간을 1년에서 2년으로 연장함. 또한 제2항에서 서면성을 요구함
第841조(준용규정) ① 제134조, 제136	신설	

조, 제137조, 제140조, 제793조 내지 제797조, 제798조 제1항 부터 제3항까지, 제800조, 제801조, 제803조, 제804조 제1항 부터 제4항까지, 제805조 내지 제808조와 제810조부터 제813조까지의 규정은 항해용선계약에 준용한다. ② 제1항에 따라 제806조의 운임을 계산함에 있어 제829조 제2항의 선적기간 또는 제838조 제2항의 양륙기간이 경과한 후에 운송물을 선적 또는 양륙한 경우에는 경과 후의 선적 또는 양륙 기간은 이를 그에 산입하지 아니하고, 제829 제3항 및 제839조 제3항에 따라 별도로 보수를 정한다.		
제4절 정기용선		ㅇ전체조문체계변경, 제목신설
제842조(정기용선계약의 의의) 정기용선계약은 선박소유자가 용선자에게 선원이 승무하고 항해장비를 갖춘 선박을 일정한 기간 동안 항해에 사용하게 할 것을 약정하고, 용선자가 이에 대하여 기간으로 정한 용선료를 지급하기로 약정함으로써 그 효력이 생긴다.	제812조의2(정기용선계약의 의의) 정기용선계약은 선박소유자 또는 임차인이 용선자에게 선원이 승무하고 항해장비를 갖춘 선박을 일정한 기간 동안 항해에 사용하게 할 것을 약정하고, 용선자가 이에 대하여 기간으로 정한 용선료를 지급할 것을 약정함으로써 그 효력이 생긴다.	ㅇ조문위치변경
제843조(정기용선자의 선장지휘권) ① 정기용선자는 약정한 범위안의 선박의 사용을 위하여 선장을 지휘할 권리가 있다. ② 선장 · 해원, 기타의 선박사용인이 정기용선자의 정당한 지시에 위반하여 정기용선자에게 손해가 발생한 경우에는 선박소유자가 이를 배상할 책임이 있다.	제812조의3(정기용선자의 선장지휘권) ① 정기용선자는 약정한 범위안의 선박의 사용을 위하여 선장을 지휘할 권리가 있다. ② 선장 · 해원 기타의 선박사용인이 정기용선자의 정당한 지시에 위반하여 정기용선자에게 손해가 발생한 경우에는 선박소유자가 이를 배상할 책임이 있다.	ㅇ조문위치변경
제844조(선박소유자의 운송물유치권 및 경매권) ① 제807조 제2항과 제808조는 정기용선자가 선박소유자에게 용선료 · 체당금, 그 밖에 이와 유사한 정기용선계약에 의한 채무를	제812조의4(선박소유자의 운송물유치권 및 경매권) ① 제800조 제2항과 제804조의 규정은 정기용선자가 선박소유자에게 용선료, 체당금 기타 이와 유사한 정기용선계약에 의한 채	ㅇ조문위치변경

이행하지 아니하는 경우에 준용한다. 다만, 선박소유자는 정기용선자가 발행한 선하증권을 선의로 취득한 제3자에게 대항하지 못한다. ② 제1항에 따른 선박소유자의 운송물에 대한 권리는 정기용선자가 운송물에 관하여 약정한 용선료 또는 운임의 범위를 넘어서 이를 행사하지 못한다.	무를 이행하지 아니하는 경우에 준용한다. 그러나 선박소유자는 정기용선자가 발행한 선하증권을 선의로 취득한 제3자에게 대항하지 못한다. ② 제1항의 규정에 의한 선박소유자의 운송물에 대한 권리는 정기용선자가 운송물에 관하여 약정한 용선료 또는 운임의 범위를 넘어서 이를 행사하지 못한다.	
제845조(용선료의 연체와 계약해지 등) ① 정기용선자가 용선료를 약정기일에 지급하지 아니한 때에는 선박소유자는 계약을 해제 또는 해지할 수 있다. ② 정기용선자가 제3자와 운송계약을 체결하여 운송물을 선적한 후 선박의 항해중에 선박소유자가 제1항에 따라 계약을 해제 또는 해지한 때에는 선박소유자는 적하이해관계인에 대하여 정기용선자와 동일한 운송의무가 있다. ③ 선박소유자가 제2항에 따른 계약의 해제 또는 해지 및 운송계속의 뜻을 적하이해관계인에게 서면으로 통지를 한 때에는 선박소유자의 정기용선자에 대한 용선료·체당금, 그 밖에 이와 유사한 정기용선계약상의 채권을 담보하기 위하여 정기용선자가 적하이해관계인에 대하여 가지는 용선료 또는 운임의 채권을 목적으로 질권을 설정한 것으로 본다. ④ 제1항부터 제3항까지의 규정은 선박소유자 또는 적하이해관계인의 정기용선자에 대한 손해배상청구에 영향을 미치지 아니한다.	제812조의5(용선료의 연체와 계약해지 등) ① 정기용선자가 용선료를 약정기일에 지급하지 아니한 때에는 선박소유자는 계약을 해제 또는 해지할 수 있다. ② 정기용선자가 제3자와 운송계약을 체결하여 운송물을 선적한 후 선박의 항해중에 선박소유자가 제1항의 규정에 의하여 계약을 해제 또는 해지한 때에는 선박소유자는 적하이해관계인에 대하여 정기용선자와 동일한 운송의무가 있다. ③ 선박소유자가 제2항의 규정에 의한 계약의 해제 또는 해지 및 운송계속의 뜻을 적하이해관계인에게 서면에 의한 통지를 한 때에는 선박소유자의 정기용선자에 대한 용선료, 체당금 기타 이와 유사한 정기용선계약상의 채권을 담보하기 위하여 정기용선자가 적하이해관계인에 대하여 가지는 용선료 또는 운임의 채권을 목적으로 질권을 설정한 것으로 본다. ④ 제1항 내지 제3항의 규정은 선박소유자 또는 적하이해관계인의 정기용선자에 대한 손해배상청구에 영향을 미치지 아니한다.	ㅇ조문위치변경
제846조(정기용선계약상의 채권의 소멸) ① 정기용선계약에 관하여 발생한 당사자 사이의 채권은 선박이 선박소유자에게 반환된 날부터 2년이내에 재판상 청구가 없으면 소멸한다. 이 경우 제814조 제1항 단서를	제812조의6(정기용선계약상의 채권의 소멸) 정기용선계약에 관하여 발생한 당사자간의 채권은 선박이 선박소유자에게 반환된 날부터 1년내에 재판상 청구가 없으면 소멸한다. 그러나 제811조 단서의 규정은 이 경우	ㅇ조문위치변경

준용한다. ② 제840조 제2항은 제1항의 경우에 준용한다.	에 준용한다.	
제5절 선체용선		ㅇ전체조문체계 변경, 제목신설 및 용어변경
제847조(선체용선계약의 의의) ① 선체용선계약은 용선자의 관리·지배하에 선박을 운항할 목적으로 선박소유자가 용선자에게 선박을 제공할 것을 약정하고 용선자가 이에 따른 용선료를 지급하기로 약정함으로써 그 효력이 생긴다. ② 선박소유자가 선장 그 밖의 해원을 공급할 의무를 지는 경우에도 용선자의 관리·지배하에서 해원이 선박을 운항하는 것을 목적으로 하면 이를 선체용선계약으로 본다.	신설	ㅇ법제처의 심의를 거치면서 국회제출안에서의 '나용선'이 선체용선으로 용어가 변경됨
제848조(법적 성질) ① 선체용선계약은 그 성질에 반하지 아니하는 한 「민법」상 임대차에 관한규정을 준용한다. ② 용선기간이 종료된 후에 용선자가 선박을 매수 또는 인수할 권리를 가지는 경우 및 금융의 담보를 목적으로 채권자를 선박소유자로 하여 선체용선계약을 체결한 경우에도 용선기간 중에는 당사자 사이에서는 이 절의 규정에 따라 권리와 의무가 있다.	신설	
제849조(선체용선자의 등기청구권, 등기의 효력) ① 선체용선자는 선박소유자에 대하여 선체용선등기에 협력할 것을 청구할 수 있다. ② 선체용선을 등기한 때에는 그 때부터 제3자에 대하여 효력이 생긴다.	제765조(선박임차인의 등기청구권, 등기의 효력) ① 선박임차인은 선박소유자에 대하여 임대차등기에 협력할 것을 청구할 수 있다. ② 선박임대차를 등기한 때에는 그때로부터 제3자에 대하여 효력이 생긴다.	ㅇ조문위치변경 ㅇ선박임대차를 '나용선'으로 규정함에 따라 용어수정
제850조(선체용선과 제3자에 대한 법률관계) ① 선체용선자가 상행위 그 밖의 영리를 목적으로 선박을 항해에 사용하는 경우에는 그 이용에 관한	제766조(선박임차와 제3자에 대한 법률관계) ① 선박임차인이 상행위 기타 영리를 목적으로 선박을 항해에 사용하는 경우에는 그 이용에 관한	ㅇ조문위치변경 ㅇ선박임대차를 '선체용선자'로 규정함에

사항에는 제3자에 대하여 선박소유자와 동일한 권리의무가 있다. ② 제1항의 경우에 선박의 이용에 관하여 생긴 우선특권은 선박소유자에 대하여도 그 효력이 있다. 그러나 우선특권자가 그 이용의 계약에 반함을 안 때에는 그러하지 아니하다.	사항에는 제3자에 대하여 선박소유자와 동일한 권리의무가 있다. ② 제1항의 경우에 선박의 이용에 관하여 생긴 우선특권은 선박소유자에 대하여도 그 효력이 있다. 그러나 우선특권자가 그 이용의 계약에 반함을 안 때에는 그러하지 아니한다.<개정 1991.12.31>	따라 용어수정
第851조(선체용선계약상의 채권의 소멸) ① 선체용선계약에 관하여 발생한 당사자 사이의 채권은 선박이 선박소유자에게 반환된 날부터 2년 이내에 재판상 청구가 없으면 소멸한다. 이 경우 제814조 제1항 단서를 준용한다. ② 제840조 제2항은 제1항의 경우에 준용한다.	신설	
제6절 운송증서	제2관 선하증권	ㅇ전체조문체계변경, 제목신설
第852조(선하증권의 발행) ① 운송인은 운송물을 수령한 후 송하인의 청구에 의하여 1통 또는 수통의 선하증권을 교부하여야 한다. ② 운송인은 운송물을 선적한 후 송하인의 청구에 의하여 1통 또는 수통의 선적선하증권을 교부하거나 제1항의 선하증권에 선적의 뜻을 표시하여야 한다. ③ 운송인은 선장 또는 기타의 대리인에게 선하증권의 교부 또는 제2항의 표시를 위임할 수 있다.	第813조(선하증권의 발행) ① 운송인은 운송물을 수령한 후 용선자 또는 송하인의 청구에 의하여 1통 또는 수통의 선하증권을 교부하여야 한다. ② 운송인은 운송물을 선적한 후 용선자 또는 송하인의 청구에 의하여 1통 또는 수통의 「선적」선하증권을 교부하거나 제1항의 선하증권에 선적의 뜻을 표시하여야 한다. ③ 운송인은 선장 또는 기타의 대리인에게 선하증권의 교부 또는 제2항의 표시를 위임할 수 있다.	ㅇ조문위치변경 ㅇ제1항 및 제2항에서 "용선자" 표시 삭제
第853조(선하증권의 기재사항) ① 선하증권에는 다음의 사항을 기재하고, 운송인이 기명날인 또는 서명하여야 한다. 1. 선박의 명칭 · 국적과 톤수 2. 송하인이 서면으로 통지한 운송물의 종류 · 중량 또는 용적, 포장의 종별 · 개수와 기호 3. 운송물의 외관상태	第814조(선하증권의 기재사항) ① 선하증권에는 다음의 사항을 기재하고, 운송인이 기명날인 또는 서명하여야 한다. 1. 선박의 명칭 · 국적과 톤수 2. 송하인이 서면으로 통지한 운송물의 종류 · 중량 또는 용적, 포장의 종별 · 개수와 기호 3. 운송물의 외관상태	ㅇ조문위치변경 ㅇ기재사항에 11.호 운송인의 성명 또는 상호, 12. 운송인의 주된 영업소 소재지 추가 ㅇ 제4항에서

4. 용선자 또는 송하인의 성명 · 상호 5. 수하인 또는 통지수령인의 성명 · 상호 6. 선적항 7. 양륙항 8. 운임 9. 발행지와 그 발행연월일 10. 수통의 선하증권을 발행한 때에는 그 수 11. 운송인의 성명 또는 상호 12. 운송인의 주된 영업소소재지 ② 제1항 제2호의 기재사항 중 운송물의 중량 · 용적 · 개수 또는 기호가 운송인이 실제로 수령한 운송물을 정확하게 표시하고 있지 아니하다고 의심할 만한 상당한 이유가 있는 때 또는 이를 확인할 적당한 방법이 없는 때에는 그 기재를 생략할 수 있다. ③ 송하인은 제1항 제2호의 기재사항이 정확함을 운송인에게 담보한 것으로 본다. ④ 운송인이 선하증권에 기재된 통지수령인에게 운송물에 관한 통지를 한 때에는 송하인 및 선하증권소지인과 그 밖의 수하인에게 통지한 것으로 본다.	4. 용선자 또는 송하인의 성명 또는 상호 5. 수하인 또는 통지수령인의 성명 또는 상호 6. 선적항 7. 양륙항 8. 운임 9. 발행지와 그 발행연월일 10. 수통의 선하증권을 발행한 때에는 그 수 ② 제1항 제2호의 기재사항 중 운송물의 중량 · 용적 · 개수 또는 기호가 운송인이 실제로 수령한 운송물을 정확하게 표시하고 있지 아니하다고 의심할 만한 상당한 이유가 있는 때, 또는 이를 확인할 적당한 방법이 없는 때에는 그 기재를 생략할 수 있다. ③ 송하인은 제1항 제2호의 기재사항이 정확함을 운송인에게 담보한 것으로 본다. ④ 운송인이 선하증권에 기재된 통지수령인에게 운송물에 관한 통지를 한 때에는 용선자 또는 송하인 및 선하증권소지인 기타 수하인에게 통지한 것으로 본다.	"용선자" 표시 삭제
第854조(선하증권기재의 효력) ① 제855조 제1항의 규정에 따라 선하증권이 발행된 경우, 운송인과 송하인 사이에 선하증권에 기재된 대로 개품운송계약이 체결되고 운송물을 수령 또는 선적한 것으로 추정한다. ② 제1항의 선하증권을 선의로 취득한 소지인에 대하여 운송인은 선하증권에 기재된 대로 운송물을 수령 혹은 선적한 것으로 보고 선하증권에 기재된 바에 따라 운송인으로서 책임을 진다.	第814조의2(선하증권기재의 효력) 제814조 제1항의 규정에 따라서 선하증권이 발행된 경우에는 운송인이 그 증권에 기재된 대로 운송물을 수령 또는 선적한 것으로 추정한다. 그러나 운송인은 선하증권을 선의로 취득한 제3자에게 대항하지 못한다.	ㅇ조문위치삭제 ㅇ 선하증권의 기재의 효력을 알기 쉽게 풀어서 규정함
第855조(용선계약과 선하증권) ① 용선자의 청구가 있는 경우 선박소유자	신설	ㅇ 개품운송과 항해용선계약

는 운송물을 수령한 후에 제852조 및 제853조에 따라 선하증권을 발행한다. ② 제1항에 따라 선하증권이 발행된 경우 선박소유자는 선하증권에 기재된 대로 운송물을 수령 또는 선적한 것으로 추정한다. ③ 제3자가 선의로 제1항의 선하증권을 취득한 경우 선박소유자는 제854조 제2항에 따라 운송인으로서 권리와 의무가 있다. 용선자의 청구에 따라 선박소유자가 제3자에게 선하증권을 발행한 경우에도 또한 같다. ④ 제3항의 경우에 그 제3자는 제833조 부터 제835조까지 및 제837조에 따른 송하인으로 본다. ⑤ 제3항의 경우 제799조를 위반하여 운송인으로서의 의무와 책임을 감경 또는 면제하는 특약을 하지 못한다.		이 분리되어 있으므로 개품운송의 내용을 준용할 필요가 있음
第856條(등본의 교부) 선하증권의 교부를 받은 용선자 또는 송하인은 발행자의 청구가 있는 때에는 선하증권의 등본에 기명날인 또는 서명하여 교부하여야 한다.	第815條(등본의 교부) 선하증권의 교부를 받은 용선자 또는 송하인은 발행자의 청구가 있는 때에는 선하증권의 등본에 기명날인 또는 서명하여 교부하여야 한다.	○조문위치변경
第857條(수통의 선하증권과 양륙항에 있어서의 운송물의 인도) ① 양륙항에서 수통의 선하증권 중 1통을 소지한 자가 운송물의 인도를 청구하는 경우에도 선장은 그 인도를 거부하지 못한다. ② 제1항의 규정에 의하여 수통의 선하증권 중 1통의 소지인이 운송물의 인도를 받은 때에는 다른 선하증권은 그 효력을 잃는다.	第816條(수통의 선하증권과 양륙항에 있어서의 운송물의 인도) ① 양륙항에서 수통의 선하증권 중 1통을 소지한 자가 운송물의 인도를 청구하는 경우에도 선장은 그 인도를 거부하지 못한다. ② 제1항의 규정에 의하여 수통의 선하증권 중 1통의 소지인이 운송물의 인도를 받은 때에는 다른 선하증권은 그 효력을 잃는다.	○조문위치변경
第858條(수통의 선하증권과 양륙항 외에서의 운송물의 인도) 양륙항 외에서는 선장은 선하증권의 각 통의 반환을 받지 아니하면 운송물을 인도하지 못한다.	第817條(수통의 선하증권과 양륙항 외에서의 운송물의 인도) 양륙항 외에서는 선장은 선하증권의 각 통의 반환을 받지 아니하면 운송물을 인도하지 못한다.	○조문위치변경

第859조(2인 이상 소지인에 의한 운송물인도청구와 공탁) ① 2인 이상의 선하증권소지인이 운송물의 인도를 청구한 때에는 선장은 지체없이 운송물을 공탁하고 각 청구자에게 그 통지를 발송하여야 한다. ② 선장이 제857조 제1항에 따라 운송물의 일부를 인도한 후 다른 소지인이 운송물의 인도를 청구한 경우에도 그 인도하지 아니한 운송물에 대하여는 제1항과 같다.	第818조(2인 이상의 소지인에 의한 운송물인도청구와 공탁) ① 2인 이상의 선하증권소지인이 운송물의 인도를 청구한 때에는 선장은 지체없이 운송물을 공탁하고, 각 청구자에게 그 통지를 발송하여야 한다. ② 선장이 제816조 제1항의 규정에 의하여 운송물의 일부를 인도한 후 다른 소지인이 운송물의 인도를 청구한 경우에도 그 인도하지 아니한 운송물에 대하여는 제1항과 같다.	ㅇ조문위치변경
第860조(수인의 선하증권소지인의 순위) ① 제859조에 따라 공탁한 운송물에 대하여는 수인의 선하증권소지인에게 공통되는 전 소지인으로부터 먼저 교부를 받은 증권소지인의 권리가 다른 소지인의 권리에 우선한다. ② 격지자에 대하여 발송한 선하증권은 그 발송한 때를 교부받은 때로 본다.	第819조(수인의 선하증권소지인의 순위) ① 제818조의 규정에 의하여 공탁한 운송물에 대하여는 수인의 선하증권소지인에게 공통되는 전자로부터 먼저 교부를 받은 증권소지인의 권리가 다른 소지인의 권리에 우선한다. ② 격지자에 대하여 발송한 선하증권은 그 발송한 때를 교부받은 때로 본다.	ㅇ조문위치변경
第861조(준용규정) 제129조 · 제130조 · 제132조 및 제133조는 제852조 및 제855조의 선하증권에 준용한다.	第820조(준용규정) 제129조, 제130조, 제132조와 제133조의 규정은 선하증권에 준용한다.	ㅇ조문위치변경
第862조(전자선하증권) ① 제852조 또는 제855조의 선하증권을 발행하는 대신에 송하인 또는 용선자의 동의를 얻어 법무부장관이 지정하는 등록기관에 등록을 하는 방식으로 전자선하증권을 발행할 수 있다. 이 경우 전자선하증권은 제852조 및 제855조의 선하증권과 동일한 법적 효력을 갖는다. ② 전자선하증권에는 제853조 제1항 각호의 정보가 포함되어야 하고, 운송인이 전자서명을 하여 송신하고 용선자 또는 송하인이 이를 수신하여야 그 효력이 생긴다. ③ 전자선하증권의 권리자는 배서의 뜻을 기재한 전자문서를 작성한 다음 전자선하증권을 첨부하여 지정된 등	신설	ㅇ전자화의 수요에 부응하기 위하여 규정을 가짐

록기관을 통하여 상대방에게 송신하는 방식으로 그 권리를 양도할 수 있다. ④ 제3항에서 정한 방식에 따라 배서의 뜻을 기재한 전자문서를 상대방이 수신하면 제852조 및 제855조의 선하증권을 배서하여 교부한 것과 동일한 효력이 있고, 제2항 및 제3항의 전자문서를 수신한 권리자는 제852조 및 제855조의 선하증권을 교부받은 소지인과 동일한 권리를 취득한다. ⑤ 전자선하증권의 등록기관의 지정요건, 발행 및 배서의 전자적인 방식, 운송물의 구체적인 수령절차 그 밖에 필요한 사항은 대통령령으로 정한다.		
제863조(해상화물운송장의 발행) ① 운송인은 용선자 또는 송하인의 청구가 있으면 제852조 또는 제855조의 선하증권을 발행하는 대신 해상화물운송장을 발행할 수 있다. 해상화물운송장은 당사자 사이의 합의에 따라 전자식으로도 발행할 수 있다. ② 해상화물운송장에는 해상화물운송장임을 표시하는 외에 제853조 제1항 각호 사항을 기재하고 운송인이 기명날인 또는 서명하여야 한다. ③ 제854조 제2항 및 제4항은 이를 해상화물운송장에 준용한다.	신설	ㅇ실무에서 사용되는 해상화물운송장을 법제화함. 추정적 효력만 부여함
제864조(해상화물운송장의 효력) ① 제863조 제1항의 규정에 따라 해상화물운송장이 발행된 경우 운송인이 그 운송장에 기재된 대로 운송물을 수령 또는 선적한 것으로 추정한다. ② 운송인이 운송물을 인도함에 있어 해상화물운송장에 기재된 수하인 또는 그 대리인이라고 믿을 만한 정당한 사유가 있는 때에는 수령인이 권리자가 아니라고 하더라도 운송인은 그 책임을 면한다.	신설	

제3장 해상위험		ㅇ전체조문체계 변경, 제목신설
제1절 공동해손	제5장 공동해손	
第865條(공동해손의 요건) 선박과 적하의 공동위험을 면하기 위한 선장의 선박 또는 적하에 대한 처분으로 인하여 생긴 손해 또는 비용은 공동해손으로 한다.	第832條(공동해손의 요건) 선박과 적하의 공동위험을 면하기 위한 선장의 선박 또는 적하에 대한 처분으로 인하여 생긴 손해 또는 비용은 공동해손으로 한다.	ㅇ조문위치변경
第866條(공동해손의 분담) 공동해손은 그 위험을 면한 선박 또는 적하의 가액과 운임의 반액과 공동해손의 액과의 비율에 따라 각 이해관계인이 이를 분담한다.	第833條(공동해손의 분담) 공동해손은 그 위험을 면한 선박 또는 적하의 가액과 운임의 반액과 공동해손의 액과의 비율에 따라 각 이해관계인이 이를 분담한다.	ㅇ조문위치변경
第867條(공동해손분담액의 산정) 공동해손의 분담액을 정함에 있어서는 선박의 가액은 도달의 때와 곳의 가액으로 하고, 적하의 가액은 양륙의 때와 곳의 가액으로 한다. 다만, 적하에 관하여는 그 가액 중에서 멸실로 인하여 지급을 면하게 된 운임 기타의 비용을 공제하여야 한다.	第834條(공동해손분담액의 산정) 공동해손의 분담액을 정함에 있어서는 선박의 가액은 도달의 때와 곳의 가액으로 하고, 적하의 가액은 양륙의 때와 곳의 가액으로 한다. 그러나 적하에 관하여는 그 가액 중에서 멸실로 인하여 지급을 면하게 된 운임 기타의 비용을 공제하여야 한다.	ㅇ조문위치변경
第868條(공동해손분담자의 유한책임) 제866조 및 제867조에 따라 공동해손의 분담책임이 있는 자는 선박이 도달하거나 적하를 인도한 때에 현존하는 가액의 한도에서 책임을 진다.	第835條(공동해손분담자의 유한책임) 제833조와 제834조의 규정에 의하여 공동해손의 분담책임이 있는 자는 선박이 도달하거나 적하를 인도한 때에 현존하는 가액의 한도에서 그 책임을 진다.	ㅇ조문위치변경
第869條(공동해손의 손해액산정) 공동해손의 액을 정함에 있어서는 선박의 가액은 도달의 때와 곳의 가액으로 하고, 적하의 가액은 양륙의 때와 곳의 가액으로 한다. 다만, 적하에 관하여는 그 손실로 인하여 지급을 면하게 된 모든 비용을 공제하여야 한다.	第836條(공동해손의 손해액산정) 공동해손의 액을 정함에 있어서는 선박의 가액은 도달의 때와 곳의 가액으로 하고, 적하의 가액은 양륙의 때와 곳의 가액으로 한다. 그러나 적하에 관하여는 그 손실로 인하여 지급을 면하게 된 모든 비용을 공제하여야 한다.	ㅇ조문위치변경
第870條(책임 있는 자에 대한 구상권) 선박과 적하의 공동위험이 선박 또는 적하의 하자나 그 밖의 과실 있는 행위로 인하여 생긴 경우에는 공동해손의 분담자는 그 책임이 있는 자에 대	第837條(책임 있는 자에 대한 구상권) 선박과 적하의 공동위험이 선박 또는 적하의 하자나 기타 과실있는 행위로 인하여 생긴 경우에는 공동해손의 분담자는 그 책임이 있는 자에 대하여	ㅇ조문위치변경

하여 구상권을 행사할 수 있다.	구상권을 행사할 수 있다.	
第871조(공동해손분담 제외) 선박에 비치한 무기, 선원의 급료, 선원과 여객의 식량·의류는 보존된 경우에도 그 가액을 공동해손의 분담에 산입하지 아니하고, 손실된 경우에는 그 가액을 공동해손의 액에 산입한다.	第838조(공동해손분담 제외) 선박에 비치한 무기, 선원의 급료, 선원과 여객의 식량과 의류는 보존된 경우에도 그 가액을 공동해손의 분담에 산입하지 아니하고, 손실된 경우에는 그 가액을 공동해손의 액에 산입한다.	ㅇ조문위치변경
第872조(공동해손분담청구에서의 제외) ① 속구목록에 기재하지 아니한 속구, 선하증권 그 밖의 적하의 가격을 정할 수 있는 서류 없이 선적한 하물 또는 종류와 가액을 명시하지 아니한 화폐나 유가증권 기타의 고가물은 보존된 경우에는 그 가액을 공동해손의 분담에 산입하고, 손실된 경우에는 그 가액을 공동해손의 액에 산입하지 아니한다. ② 갑판에 적재한 하물에 대하여도 제1항과 같다. 다만, 갑판에 선적하는 것이 관습상 허용되는 경우와 그 항해가 연안항행에 해당되는 경우에는 그러하지 아니하다.	第839조(공동해손분담청구에서의 제외) ① 속구목록에 기재하지 아니한 속구, 선하증권 기타 적하의 가격을 정할 수 있는 서류 없이 선적한 하물 또는 종류와 가액을 명시하지 아니한 화폐나 유가증권 기타의 고가물은 보존된 경우에는 그 가액을 공동해손의 분담에 산입하고, 손실된 경우에는 그 가액을 공동해손의 액에 산입하지 아니한다. ② 갑판에 적재한 하물에 대하여도 제1항과 같다. 그러나 연안항행의 경우에는 그러하지 아니하다.	ㅇ조문위치변경
第873조(적하가격의 부실기재와 공동해손) ① 선하증권 그 밖에 적하의 가격을 정할 수 있는 서류에 적하의 실가보다 고액을 기재한 경우에 그 하물이 보존된 때에는 그 기재액에 의하여 공동해손의 분담액을 정하고, 적하의 실가보다 저액을 기재한 경우에 그 하물이 손실된 때에는 그 기재액을 공동해손의 액으로 한다. ② 제1항은 적하의 가격에 영향을 미칠 사항에 관하여 허위의 기재를 한 경우에 준용한다.	第840조(적하가액의 부실기재와 공동해손) ① 선하증권 기타 적하의 가격을 정할 수 있는 서류에 적하의 실가보다 고액을 기재한 경우에 그 하물이 보존된 때에는 그 기재액에 의하여 공동해손의 분담액을 정하고, 적하의 실가보다 저액을 기재한 경우에 그 하물이 손실된 때에는 그 기재액을 공동해손의 액으로 한다. ② 제1항의 규정은 적하의 가격에 영향을 미칠 사항에 관하여 허위의 기재를 한 경우에 준용한다.	ㅇ조문위치변경
第874조(공동해손인 손해의 회복) 선박소유자·용선자·송하인 기타의 이해관계인이 공동해손의 액을 분담한 후 선박·속구 또는 적하의 전부나 일부가 소유자에게 복귀된 때에는 그 소유자는 공동해손의 상금으로 받은 금액에서 구조료와 일부손실로 인	第841조(공동해손인 손해의 회복) 선박소유자·용선자·송하인 기타의 이해관계인이 공동해손의 액을 분담한 후 선박, 속구 또는 적하의 전부나 일부가 소유자에게 복귀된 때에는 그 소유자는 공동해손의 상금으로 받은 금액에서 구조료와 일부손실로 인한	ㅇ조문위치변경

한 손해액을 공제하고 그 잔액을 반환하여야 한다.	손해액을 공제하고, 그 잔액을 반환하여야 한다.	
第875條(공동해손 채권의 소멸) 공동해손으로 인하여 생긴 채권 및 제870조에 의한 구상채권은 그 계산이 종료한 날부터 1년이내에 재판상 청구가 없으면 소멸한다. 이 경우 제814조 제1항 단서의 규정을 준용한다.	第842條(공동해손채권의 소멸) 공동해손으로 인하여 생긴 채권 및 제837조에 의한 구상채권은 그 계산이 종료한 날부터 1년내에 재판상 청구가 없으면 소멸한다. 그러나 제811조 단서의 규정은 이 경우에 준용한다.	ㅇ조문위치변경
제2절 선박충돌	제6장 선박충돌	ㅇ전체조문체계 변경에 따른 수정
第876條(선박충돌에의 적용법규) ① 항해선 상호간 또는 항해선과 내수항행선 간의 충돌이 있은 경우에 선박 또는 선박내에 있는 물건이나 사람에 관하여 생긴 손해의 배상에 대하여는 어떠한 수면에서 충돌한 때라도 이 절의 규정을 적용한다. ② 이 절에서 "선박의 충돌"이라 함은 2척 이상의 선박이 그 운용상 작위 또는 부작위로 선박 상호간에 다른 선박 또는 선박내에 있는 사람 또는 물건에 손해를 생기게 하는 것을 말하며, 직접적인 접촉의 유무를 묻지 아니한다.	第843條(선박충돌에의 적용법규) 항해선 상호간 또는 항해선과 내수항행선 간의 충돌이 있은 경우에 선박 또는 선박내에 있는 물건이나 사람에 관하여 생긴 손해의 배상에 대하여는 어떠한 수면에서 충돌한 때라도 이 장의 규정을 적용한다.	ㅇ조문위치변경 ㅇ제2항에서 간접충돌을 추가함
第877條(불가항력으로 인한 충돌) 선박의 충돌이 불가항력으로 인하여 발생하거나 충돌의 원인이 명백하지 아니한 때에는 피해자는 충돌로 인한 손해의 배상을 청구하지 못한다.	第844條(불가항력으로 인한 충돌) 선박의 충돌이 불가항력으로 인하여 발생하거나 충돌의 원인이 명백하지 아니한 때에는 피해자는 충돌로 인한 손해의 배상을 청구하지 못한다.	ㅇ조문위치변경
第878條(일방의 과실로 인한 충돌) 선박의 충돌이 일방의 선원의 과실로 인하여 발생한 때에는 그 일방의 선박소유자는 피해자에 대하여 충돌로 인한 손해를 배상할 책임이 있다.	第845條(일방의 과실로 인한 충돌) 선박의 충돌이 일방의 선원의 과실로 인하여 발생한 때에는 그 일방의 선박소유자는 피해자에 대하여 충돌로 인한 손해를 배상할 책임이 있다.	ㅇ조문위치변경
第879條(쌍방의 과실로 인한 충돌) ① 선박의 충돌이 쌍방의 선원의 과실로 인하여 발생한 때에는 쌍방의 과실의 경중에 따라 각 선박소유자가 손해배상의 책임을 분담한다. 이 경우 그 과	第846條(쌍방의 과실로 인한 충돌) ① 선박의 충돌이 쌍방의 선원의 과실로 인하여 발생한 때에는 쌍방의 과실의 경중에 따라 각 선박소유자가 손해배상의 책임을 분담한다. 그 과실의 경	ㅇ조문위치변경

실의 경중을 판정할 수 없는 때에는 손해배상의 책임을 균분하여 부담한다. ② 제1항의 경우에 제3자의 사상에 대한 손해배상은 쌍방의 선박소유자가 연대하여 그 책임을 진다.	중을 판정할 수 없는 때에는 손해배상의 책임을 균분하여 부담한다. ② 제1항의 경우에 제3자의 사상에 대한 손해배상은 쌍방의 선박소유자가 연대하여 그 책임을 진다.	
第880조(도선사의 과실로 인한 충돌) 선박의 충돌이 도선사의 과실로 인하여 발생한 경우에도 선박소유자는 제878조 및 제879조를 준용하여 손해를 배상할 책임이 있다.	第847조(도선사의 과실로 인한 충돌) 선박의 충돌이 도선사의 과실로 인하여 발생한 경우에도 선박소유자는 제845조와 제846조의 규정에 의하여 손해를 배상할 책임이 있다.	ㅇ조문위치변경
第881조(선박충돌채권의 소멸) 선박의 충돌로 인하여 생긴 손해배상의 청구권은 그 충돌이 있은 날부터 2년이내에 재판상 청구가 없으면 소멸한다. 이 경우 제814조 제1항 단서를 준용한다.	第848조(선박충돌채권의 소멸) 선박의 충돌로 인하여 생긴 손해배상의 청구권은 그 충돌이 있은 날부터 2년내에 재판상 청구가 없으면 소멸한다. 그러나 제811조 단서의 규정은 이 경우에 준용한다.	ㅇ조문위치변경
제3절 해난구조	제7장 해양사고구조	ㅇ조문체계변경, 용어수정
第882조(해난구조의 요건) 항해선 또는 그 적하 그 밖의 물건이 어떠한 수면에서 위난에 조우한 경우에 의무 없이 이를 구조한 자는 그 결과에 대하여 상당한 보수를 청구할 수 있다. 항해선과 내수항행선간의 구조의 경우에도 또한 같다.	第849조(해양사고구조의 요건) 항해선 또는 그 적하 기타의 물건이 어떠한 수면에서 위난에 조우한 경우에는 의무 없이 이를 구조한 자는 결과에 대하여 상당한 보수를 청구할 수 있다. 항해선과 내수항행선간의 구조도 같다.	ㅇ조문위치변경 ㅇ 현행조문상 '해양사고구조'를 '해난구조'로 용어수정함에 따라 '해양사고구조료'를 '해난구조료'로 수정함
第883조(보수의 결정) 구조의 보수에 관한 약정이 없는 경우에 그 액에 대하여 당사자 사이에 합의가 성립하지 아니한 때에는 법원은 당사자의 청구에 의하여 구조된 선박·재산의 가액, 위난의 정도, 구조자의 노력과 비용, 구조자나 그 장비가 조우했던 위험의 정도, 구조의 효과, 환경손해방지를 위한 노력 그 밖의 제반사정을 참작하여 그 액을 정한다.	第850조(구조료의 결정) 구조의 보수에 관한 약정이 없는 경우에 그 액에 대하여 당사자간에 합의가 성립하지 아니한 때에는 법원은 당사자의 청구에 의하여 위난의 정도, 구조의 노력, 비용과 구조의 효과, 환경손해방지를 위한 노력 기타 제반사정을 참작하여 그 액을 정한다.	ㅇ조문위치변경
第884조(보수의 한도) ① 구조의 보수액은 다른 약정이 없으면 구조된 목	第852조(구조료의 한도) ① 구조의 보수액은 다른 약정이 없으면 구조된	ㅇ조문위치변경 ㅇ구조료를 보

적물의 가액을 초과하지 못한다. ② 선순위의 우선특권이 있는 때에는 구조의 보수액은 그 우선특권자의 채권액을 공제한 잔액을 초과하지 못한다.	목적물의 가액을 초과하지 못한다. ② 선순위의 우선특권이 있을 때에는 구조의 보수액은 그 우선특권자의 채권액을 공제한 잔액을 초과하지 못한다.	수로 변경
第885조(환경손해방지작업에 대한 특별보상) ① 선박 또는 그 적하로 인하여 환경손해가 발생할 우려가 있는 경우에 손해의 경감 또는 방지의 효과를 수반하는 구조작업에 종사한 구조자는 구조의 성공 여부 및 제884조와 상관없이 구조에 소요된 비용을 특별보상으로 청구할 수 있다. ② 제1항에서 "비용"이란 구조작업에 실제로 지출한 합리적인 비용 및 사용된 장비와 인원에 대한 정당한 보수를 말한다. ③ 구조자는 발생할 환경손해가 구조작업으로 인하여 실제로 감경 또는 방지된 때에는 보상의 증액을 청구할 수 있고, 법원은 제883조의 사정을 참작하여 증액 여부 및 그 금액을 정한다. 이 경우 증액된다 하더라도 구조료는 제1항의 비용의 배액을 초과할 수 없다. ④ 구조자의 고의 또는 과실로 인하여 손해의 감경 또는 방지에 지장을 가져 온 경우 법원은 제1항 및 제3항에서 정한 금액을 감액 혹은 부인할 수 있다. ⑤ 하나의 구조작업을 시행한 구조자가 제1항부터 제4항까지의 규정에서 정한 특별보상을 청구하는 것 외에 제882조에서 정한 보수도 청구할 수 있는 경우 그 중 큰 금액을 구조료로 청구할 수 있다.	신설	1989년 해난구조협약 제14조를 수용함
제886조(구조료의 지급의무) 선박소유자와 그 밖에 구조된 재산의 권리자는 그 구조된 선박 또는 재산의 가액에 비례하여 구조에 대한 보수를 지급하고 특별보상을 하는 등 구조료를	신설	

지급할 의무가 있다.		
第887條(구조에 관한 약정) ① 당사자가 미리 구조계약을 하고 그 계약에 따라 구조가 이루어진 경우에도 그 성질에 반하지 아니하는 한 구조계약에서 정하지 아니한 사항은 이 절에서 정한 바에 따른다. ② 해난 당시에 구조료의 금액에 대해 약정을 한 경우에도 그 금액이 현저하게 부당한 때에는 법원은 제883조의 사정을 참작하여 그 금액을 증감할 수 있다.	신설 第851條(약정구조료의 변경청구) 해양사고 당시에 구조의 보수액에 관한 약정을 한 경우에도 그 액이 현저하게 부당한 때에는 법원은 제850조의 사정을 참작하여 그 액을 증감할 수 있다.	ㅇ제1항은 계약구조에도 본 절이 임의규정으로 적용될 가능성을 열어둠 ㅇ제2항은 현행 제851조를 조문위치변경하여 규정함
第888條(공동구조자간의 구조료분배) ① 수인이 공동으로 구조에 종사한 경우에 그 구조료의 분배비율에 관하여는 제883조를 준용한다. ② 인명의 구조에 종사한 자도 제1항에 따라 구조료의 분배를 받을 수 있다.	第853條(공동구조자간의 구조료분배) ① 수인이 공동으로 구조에 종사한 경우에 그 보수액분배의 비율에 관하여는 제850조의 규정을 준용한다. ② 인명의 구조에 종사한 자도 제1항의 규정에 따라 구조의 보수액의 분배를 받을 수 있다.	ㅇ조문위치변경
第889條(1선박 내부의 구조료분배) ① 선박이 구조에 종사하여 그 구조료를 받은 경우에는 먼저 선박의 손해액과 구조에 들어간 비용을 선박소유자에게 지급하고 잔액을 절반하여 선장과 해원에게 지급하여야 한다. ② 제1항에 따라 해원에게 지급할 구조료의 분배는 선장이 각 해원의 노력, 그 효과와 사정을 참작하여 그 항해의 종료 전에 분배안을 작성하여 해원에게 고시하여야 한다.	第854條(1선박내부의 구조료분배) ① 선박이 구조에 종사하여 그 보수를 받은 경우에는 먼저 선박의 손해액과 구조에 요한 비용을 선박소유자에게 지급하고 그 잔액을 절반하여 선장과 해원에게 지급하여야 한다. ② 제1항의 규정에 의하여 해원에게 지급할 보수액의 분배는 선장이 각 해원의 노력, 그 효과와 사정을 참작하여 그 항해의 종료 전에 분배안을 작성하여 해원에게 고시하여야 한다.	ㅇ조문위치변경
第890條(예선의 구조의 경우) 예선의 본선 또는 그 적하에 대한 구조에 관하여는 예선계약의 이행으로 볼 수 없는 특수한 노력을 제공한 경우가 아니면 구조료를 청구하지 못한다.	第855條(예선의 구조의 경우) 예선의 본선 또는 그 적하에 대한 구조에 관하여는 예선계약의 이행으로 볼 수 없는 특수한 노력을 제공한 경우가 아니면 구조의 보수를 청구하지 못한다.	ㅇ조문위치변경
第891條(동일소유자에 속한 선박간의 보수) 동일소유자에 속한 선박의 상호간에 있어서도 구조에 종사한 자는 상당한 구조료를 청구할 수 있다.	第856條(동일소유자에 속한 선박간의 보수) 동일소유자에 속한 선박상호간에 있어서는 구조에 종사한 자는 상당한 보수를 청구할 수 있다.	ㅇ조문위치변경

第892조(구조료청구권 없는 자) 다음의 자는 구조료를 청구하지 못한다. 1. 구조받은 선박에 종사하는 자 2. 고의 또는 과실로 인하여 해난사고를 야기한 자 3. 정당한 거부에 불구하고 구조를 강행한 자 4. 구조된 물건을 은닉하거나 정당한 이유 없이 처분한 자	第857조(구조료청구권 없는 자) 다음의 자는 구조의 보수를 청구하지 못한다. 1. 구조받은 선박에 종사하는 자 2. 고의 또는 과실로 인하여 해양사고를 야기한 자 3. 정당한 거부에 불구하고 구조를 강행한 자 4. 구조된 물건을 은닉하거나 정당한 사유 없이 처분한 자	ㅇ조문위치변경
第893조(구조자의 우선특권) ① 구조에 종사한 자의 구조료채권은 구조된 적하에 대하여 우선특권이 있다. 다만, 채무자가 그 적하를 제3취득자에게 인도한 후에는 그 적하에 대하여 이 권리를 행사하지 못한다. ② 제1항의 우선특권에는 그 성질에 반하지 아니하는 한 제777조의 우선특권에 관한 규정을 준용한다.	第858조(구조자의 우선특권) ① 구조에 종사한 자의 보수채권은 구조된 적하에 대하여 우선특권이 있다. 그러나 채무자가 그 적하를 제3취득자에게 인도한 후에는 그 적하에 대하여 이 권리를 행사하지 못한다. ② 제1항의 우선특권에는 선박채권자의 우선특권에 관한 규정을 준용한다.	ㅇ조문위치변경
第894조(구조료지급에 관한 선장의 권한) ① 선장은 구조료를 지급할 채무자에 갈음하여 그 지급에 관한 재판상 또는 재판 외의 모든 행위를 할 권한이 있다. ② 선장은 그 구조료에 관한 소송의 당사자가 될 수 있고, 그 확정판결은 구조료의 채무자에 대하여도 효력이 있다.	第859조(구조료지급에 관한 선장의 권한) ① 선장은 보수를 지급할 채무자에 갈음하여 그 지급에 관한 재판상 또는 재판 외의 모든 행위를 할 권한이 있다. ② 선장은 그 보수에 관한 소송의 당사자가 될 수 있고, 그 확정판결은 구조의 보수액의 채무자에 대하여도 효력이 있다.	ㅇ조문위치변경
第895조(구조료청구권의 소멸) 구조료청구권은 구조가 완료된 날부터 2년 이내에 재판상 청구가 없으면 소멸한다. 이 경우 제814조 제1항 단서를 준용한다.	第860조(구조료청구권의 소멸) 구조에 대한 보수의 청구권은 구조가 완료한 날부터 2년내에 재판상 청구가 없으면 소멸한다. 그러나 제811조 단서의 규정은 이 경우에 준용한다.	ㅇ조문위치변경

부 칙

제1조(시행일) 이 법은 공포 후 1년이 경과한 날부터 시행한다. 다만, 제797조 제1항의 개정규정 중 중량 1킬로그램당 2계산단위의 금액 부분은 공포 후 3년이 경과한 날부터 시행한다.

제2조(운송장에 관한 경과조치) 이 법 시행 당시 종전의 규정에 의하여 발행된 운송장은 제126조의 개정규정에 의하여 발행된 화물명세서로 본다.

제3조(손해배상에 관한 경과조치) 이 법 시행 전에 발생한 사고 그 밖의 손해배상의 원인으로 인하여 생긴 손해에 관한 채권에는 제5편의 개정규정에 불구하고 종전의 규정에 의한다.

제4조(책임한도액에 관한 경과조치) 이 법 시행 후 3년간 발생한 사고에 대한 제770조 제1항 제1호의 개정규정에 따른 선박소유자의 책임한도에 관하여는 그 선박의 선박검사증서에 기재된 여객의 정원에 8만7천500계산단위를 곱하여 얻은 금액을 그 책임한도액으로 한다.

제5조(운송인 등의 채권 · 채무에 관한 경과조치) ① 이 법 시행 전에 운송인 또는 선박소유자가 개품운송계약 · 항해용선계약 또는 정기용선계약을 체결한 경우에 용선자 · 송하인 또는 수하인에 대한 채권 · 채무의 소멸에 관하여는 제814조 제2항 · 제840조 및 제846조의 개정규정에 불구하고 종전의 규정에 의한다.

② 이 법 시행 전에 선박소유자가 선박임대차계약을 체결한 경우에 있어서 당사자간 채권의 소멸에 관하여는 제851조의 개정규정에 불구하고 종전의 규정에 의한다.

제6조(선박임대차계약에 관한 경과조치) 이 법 시행 전에 체결된 선박임대차계약은 이 법 시행과 동시에 제847조의 개정규정에 의한 선체용선계약의 효력이 있는 것으로 본다.

제7조(선하증권에 관한 경과조치) 이 법 시행 당시 종전의 규정에 의하여 발행된 선하증권은 제853조 제1항의 개정규정에 적합한 선하증권으로 본다.

제8조(다른 법률과의 관계) 이 법 시행 당시 다른 법률에서 종전의 「상법」 규정을 인용한 경우에 이 법 중 그에 해당하는 규정이 있을 때에는 종전의 규정에 갈음하여 이 법의 해당조항을 인용한 것으로 본다.

제9조(다른 법률의 개정) ① 민사집행법 일부를 다음과 같이 개정한다.

제185조 제3항 중 "상법 제760조"를 "상법 제764조"로 한다,

② 非訟事件節次法 일부를 다음과 같이 개정한다.

제72조 제5항 중 "同法 第804條第1項"을 "동법 제808조 제1항"으로 한다.

③ 船舶所有者등의責任制限節次에관한法律 일부를 다음과 같이 개정한다.

제1조 중 "商法 第746條 내지 第752條의2"를 "상법 제769조 내지 제776조"로 한다.

제10조 중 "商法 第747條第1項"을 "상법 제770조 제1항"으로 한다.

제11조 제1항 중 "商法 第747條第1項 各號와 第4項"을 "상법 제770조 제1항 각호와 제4항"으

로 하고, 동조 제2항 중 "商法 第747條第5項"을 "상법 제770조 제5항"으로 한다.

제17조 제1호 중 "商法 第752條第1項"을 "상법 제776조 제1항"으로 한다.

제18조 제1호 중 "商法 第747條第1項"을 "상법 제770조 제1항"으로 하고, 동조 제2호 중 "商法 第746條 但書 또는 第748條"를 "상법 제769조 단서 또는 제773조"로 한다.

제31조 제1항 중 "商法 第747條第1項"을 "상법 제770조 제1항"으로 한다.

제43조 제1항 제4호 중 "商法 第747條第1項"을 "상법 제770조 제1항"으로 한다.

제53조 중 "商法 第747條第1項"을 "상법 제770조 제1항"으로 한다.

제56조 중 "商法 第747條第1項"을 "상법 제770조 제1항"으로 한다.

제57조 제2항 중 "商法 第747條第1項"을 "상법 제770조 제1항"으로 한다.

제66조 제2항 중 "商法 第747條第1項"을 "상법 제770조 제1항"으로 한다.

④ 原子力損害賠償法 일부를 다음과 같이 개정한다.

제3조 제4항 중 "商法 第746條 내지 第748條 · 第842條 및 第848條"를 "상법 제769조, 제770조, 제773조, 제875조 및 제881조"로 한다.

⑤ 유류오염손해배상보장법 일부를 다음과 같이 개정한다.

제41조 중 "商法 第747條第1項"을 "상법 제770조 제1항"으로 하고, 동조 "商法 第747條第1項各號와 第4項"을 "상법 제770조 제1항 각호와 제4항"으로 하며, 동조 "商法 第752條第1項"을 "상법 제776조 제1항"으로 한다.

제43조 제2항 중 "商法 第861條第1項第4號"를 "상법 제777조 제1항 제4호"로 하고, 동조 제3항 중 "商法 第861條 내지 第870條"를 "상법 제777조 내지 제786조"로 한다.

참 고 문 헌

곽윤직, 「민법총칙」(박영사, 1990).

______, 「채권각론」(박영사, 1992).

고평석, 「책임보험계약법론」(삼지원, 1990).

김동인, 「선원법」(법률문화원, 2004).

김성태, 「보험법강론」(법문사, 2002).

______, 「상법총칙 상행위법 강론」(법문사, 1998).

김인현, 「선박충돌과 항법연구」(다솜출판사, 2007).

______, 「선원의 법적 책임과 보호」(효성출판사, 2001).

______, 「해상교통법」(삼우사, 2007).

______, 「해상법」(법문사, 2007).

______, 「해상법연구」(삼우사, 2003).

김일수, 「형법총론강의」(두성사, 1994).

김정호, 「상법강의(상)」(법문사, 2005).

______, 「상법강의(하)」(법문사, 2005).

김형배, 「노동법강의」(신조사, 2004).

______, 「노동법」(박영사, 1996).

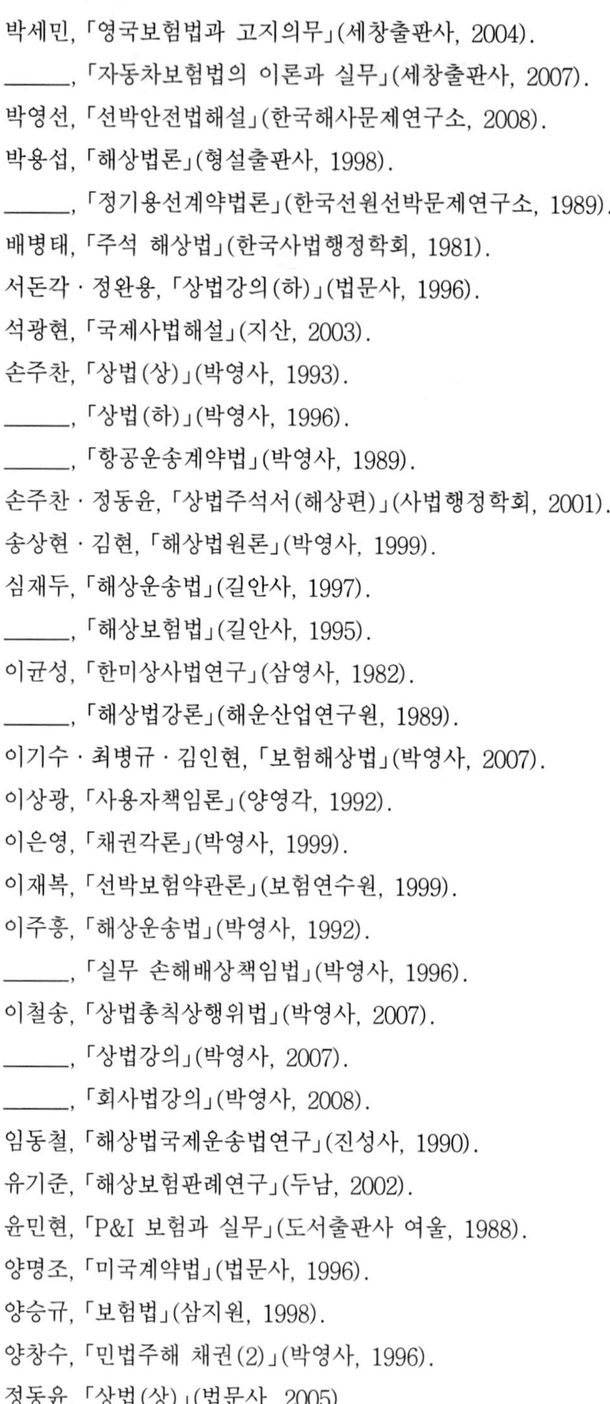

박세민, 「영국보험법과 고지의무」(세창출판사, 2004).

______, 「자동차보험법의 이론과 실무」(세창출판사, 2007).

박영선, 「선박안전법해설」(한국해사문제연구소, 2008).

박용섭, 「해상법론」(형설출판사, 1998).

______, 「정기용선계약법론」(한국선원선박문제연구소, 1989).

배병태, 「주석 해상법」(한국사법행정학회, 1981).

서돈각 · 정완용, 「상법강의(하)」(법문사, 1996).

석광현, 「국제사법해설」(지산, 2003).

손주찬, 「상법(상)」(박영사, 1993).

______, 「상법(하)」(박영사, 1996).

______, 「항공운송계약법」(박영사, 1989).

손주찬 · 정동윤, 「상법주석서(해상편)」(사법행정학회, 2001).

송상현 · 김현, 「해상법원론」(박영사, 1999).

심재두, 「해상운송법」(길안사, 1997).

______, 「해상보험법」(길안사, 1995).

이균성, 「한미상사법연구」(삼영사, 1982).

______, 「해상법강론」(해운산업연구원, 1989).

이기수 · 최병규 · 김인현, 「보험해상법」(박영사, 2007).

이상광, 「사용자책임론」(양영각, 1992).

이은영, 「채권각론」(박영사, 1999).

이재복, 「선박보험약관론」(보험연수원, 1999).

이주흥, 「해상운송법」(박영사, 1992).

______, 「실무 손해배상책임법」(박영사, 1996).

이철송, 「상법총칙상행위법」(박영사, 2007).

______, 「상법강의」(박영사, 2007).

______, 「회사법강의」(박영사, 2008).

임동철, 「해상법국제운송법연구」(진성사, 1990).

유기준, 「해상보험판례연구」(두남, 2002).

윤민현, 「P&I 보험과 실무」(도서출판사 여울, 1988).

양명조, 「미국계약법」(법문사, 1996).

양승규, 「보험법」(삼지원, 1998).

양창수, 「민법주해 채권(2)」(박영사, 1996).

정동윤, 「상법(상)」(법문사, 2005).

______, 「상법(하)」(법문사, 2003/2008).

______, 「회사법」(법문사, 2000).

정영석, 「해상운송법강의」(국제해양문제연구소, 2001).

______, 「국제해상운송법」(범한서적주식회사, 2004).

정찬형, 「상법강의(상)」(박영사, 2007).

______, 「상법강의(하)」(박영사, 2007/2008).

______, 「어음수표법강의」(박영사, 2004).

채이식, 「상법IV 보험법해상법」(박영사, 2001).

______, 「상법강의(상)」(박영사, 1996).

______, 「상법강의(하)」(박영사, 1992/2003).

최기원, 「해상법」(박영사, 2002).

최준선, 「보험법해상법」(삼지원, 2005).

최종화, 「현대 국제해양법」(두남, 2004).

허영, 「한국헌법론」(박영사, 2000).

김인현, "선박운항과 관련한 책임주체확정에 대한 연구"(고려대학교 법학박사학위논문, 1999).

김창준, "복합운송주선업자의 법적 지위에 관한 연구"(경희대학교 법학박사학위논문, 2004.2).

박영준, "선주책임상호보험에 관한 연구"(고려대학교 법학박사학위논문, 2003.2).

주금동, "국제법상 편의치적에 대한 연구"(연세대학교 법학박사학위논문, 1988).

최종현, "선박에 의한 오염손해의 전보에 관한 연구"(서울대학교 법학박사학위논문, 2001.2).

「국제거래상사소송의 실무」(서울지방법원, 1997).

「보험계약규정」(한국 P&I Club, 2003).

보험법연구회, 「보험법연구」, 제1권-제5권(삼지원).

「해상법개정에 관한 연구」(한국해사문제연구소, 1986.12).

「한국해법학회지」(한국해법학회, 제1권-제30권).

石井照久, 「海商法保險法」(勁草書房, 昭和59).

田中誠二, 「海商法詳論」(勁草書房, 1985).

中村眞澄, 「海上運送責任の諸問題」(成文堂, 1998).

村田治美, 「體系海商法」(成山堂書店, 平成2年).

落合誠一,「海法大系」(商事法務, 2003).

________,「運送責任の基礎理論」(弘文堂, 平成6年).

________,「運送法の課題と展開」(弘文堂, 1994).

相原隆,「海上運送人責任法の展開」(成文堂, 1999).

戸田修三・中村眞澄,「國際海上物品運送法」(青林書院, 1997).

日本海運振興會,「海洋法と船舶の通航」(成山堂書店, 2002).

松井孝之,「定期傭船契約の解説」(成山堂書店, 2003).

山下友信,「保險法」(有斐閣, 2005).

山本草二(번역 최홍배),「海洋法」(지산, 2002).

「海事法研究會誌」(日本海運集會所).

Appleman, *Insurance Law & Practice*(1962).

Baker, *Insurance Law and Policy*(Aspen Publishers, 2003).

Bouglass, *Marine Insurance and General Average in the United States*(1991).

Boyd, *Scrutton on Charter Parties and Bill of Lading*(Sweet & Maxwell, 2001).

Mary Charman, *Contract Law*(Willan Publishing, 2001).

Lee Sik, Chai, *Introduction to Korean Maritime Law*(Korea University, 1999).

Julian Cook and others, *Voyage Charters*(LLP, 2001).

Leo Darcy and others, *Schmitthoff's Export Trade, The Law & Practice of International Trade*(Thompson Sweet & Maxwell, 2000).

Dan B. Dobbs, *The Law of Torts*(West Group, 2000).

Diana Faber, *Multimodal Transport*(LLP, 1997).

Farnsworth, *Contracts*(Aspen, 2004).

Flitner & Brunk, *Ocean Marine Insurance*(Insurance Institute of America, 1992).

Gauci, *Liability for Oil Pollution and Collisions*(Wiley, 1997).

Simon Gault, *MARSDEN Collision at Sea*(Thomson Sweet & Maxwell, 2003).

G. Gilmore and C. Black, *The Law of Admiralty*(The Foundation Press Inc., 1985).

E. Giemulla and others, *WARSAW CONVENTION*(Kluwer Law International, 2002).

Edgar Gold and others, *Maritime Law*(Irwin Law, 2003).

Robert W. Hamilton and Jonathan Macey, *Corporation including Partnership and Limited Liability Companies*(Thomson West, 2003).

Robert W. Hamilton, *The Law of Corporations*(West Publishing Co., 2000).

Steven J. Hazelwood, *P&I Clubs-Law and Practice*(LLP, 1994).

Healy and Sharpe, *Admiralty*(Thomson West, 1999).

Healy and Sweeney, *The Law of Collision*(Cornell Maritime Press, 1998).

Christoper Hill, *Maritime Law*(LLP, 2003).

Susan Hodges, *Law of Marine Insurance*(Cavendish Publishing, 1996).

N. G. Hudson and T. Madge, *Marine Insurance Clauses*(LLP, 2005).

E.R. Hardy Ivamy, *Chalmers' Marine Insurance Act 1906*(Butterworths, 1976).

Page Keeton, *Torts*(West Publishing, 1984).

Robert Keeton & Widiss, *Insurance Law*(Thomson West, 1988).

G. Mangone, *United States Admiralty Law*(Kluwer Law International, 1997).

Frank L. Maraist, *Admiralty*(West Publishing Com., 1996).

Sir MJ Mustill & J. Gilman, *ARNOULD Law of Marine Insurance & Average*(Stevens & Sons, 1981).

Robert Merkin, *Colinvaux's Law of Insurance*(Sweet & Maxwell, 1990).

Parks, *The Law and Practice of Marine Insurance and Average*(1987).

D. Robertson, S. Friedell and M. Sturley, *Admiralty and Maritime Law in the United States* (Carolina Academic Press, 2001).

John Richardson, *Combined Transport Documents*(LLP, 2000).

Schoenbaum, *Admiralty and Maritime Law*(West Group, 2002).

B. Soyer, *Warranties in Marine Insurance*(Cavendish Publishing, 2006).

Rhidian Thomas, *Marine Insurance: The Law in Transition*(Informa, 2006).

J. Wilson, *Carriage of Goods by Sea*(Pearson Longman, 2004).

Treitel & Reynolds, *Carver on Bills of Lading*(Thomson Sweet and Maxwell, 2005).

Ozcayir, *Liability for Oil Pollution and Collision*(LLP, 1998).

CMI Yearbook, 2004/2005/2006/2007.

색 인

□ 판 례

[대법원 판결 · 결정]

[하급심 판결 · 결정]

[해양안전심판원 재결 · 결정]

[해 상 사 건]

□ 용 어

著者 略歷

한국해양대학교 항해학과(공학사)
고려대학교 법학사 · 법학석사 · 법학박사(상법)
University of Texas at Austin 법학석사(LLM)
일본 三光汽船(Sanko Kisen) 항해사 및 선장
김&장 법률사무소 해상팀 선장(해사자문역)
법무법인 세경 비상임고문
국립목포해양대학교 부교수 및 학부장
고려대학교 법과대학 및 한양대학교 법과대학 외래강사
한국해법학회 편집이사 · 상무이사 · 상법해상편 개정위원
IMO 법률위원회 한국대표단
(현) 부산대학교 법과대학 부교수
운시트랄 운송법회의 한국대표단
유류오염국제기금(IOPC FUND) 한국대표단
한국해법학회 부회장
상사중재인, 해양안전심판원 심판변론인, 법원 전문심리위원
선장(1급항해사) 면허보유

著書 및 論文

해상법(법문사)
해상법연구(삼우사)
선박충돌과 항법연구(다솜출판사)
보험해상법(박영사, 공저)
해상교통법(삼우사)
주석상법 Ⅷ(사법행정학회, 공저)
"해상사건에서의 법인격 부인론에 대한 한미간 비교법적인 연구" 외 60여편(학회지 기준)

海商法研究 II

2008년 12월 5일 초판인쇄
2008년 12월 10일 초판발행

저 자 김 인 현
발행인 조 병 철
발행처 **三 宇 社**

서울특별시 용산구 청파동3가 82-1
전화 718-8553(대) Fax 718-8554
등록 1994. 9. 23. 제17-189호

정가 48,000원
ISBN 978-89-91083-22-6